Riga
REICHS
Memel
see
Kaunas
Tilsit
Wilna
Dnjepr
Königsberg
enhafen
Stutthof
Danzig
Elbing
Ostpreußen
Minsk
Danzig-West-preußen
Bezirk Bialystok (seit 1941)
Łomża
Białystok
Bromberg
Thorn
Regierungs-bezirk Ziechenau
Bug
Treblinka
Pripjet
Pinsk
Pripjetsümpfe
Weichsel
Reichsgau Wartheland
Warschau
Brest-Litowsk
Warthe
Kulmhof
Litzmannstadt (Łódź)
Sobibor
Radom
Lublin
Majdanek
Wolhynien
Schitomir
lau
Kielce
Zamość
Tschenstochau
Belzec
REICHSKOMMISSARIAT UKRAINE
Generalgouvernement
Kattowitz
Krakau
Lemberg
Gleiwitz
Plaszow
Ober-schlesien
Auschwitz-Birkenau
Przemyśl
Tarnopol
Ostrau
Olmütz
ünn
SLOWAKEI
Preßburg (Bratislava)
Theiß
Budapest
UNGARN
Donau
RUMÄNIEN
Agram)
Batschka
West-banat
Grenze des Großdeutschen Reiches 1944
Grenze des Generalgouvernements
Vernichtungslager
Konzentrationslager

Verfolgung und Ermordung der Juden 1933–1945

Die Verfolgung und Ermordung der
europäischen Juden durch das nationalsozialistische
Deutschland 1933–1945

Herausgegeben im Auftrag des
Bundesarchivs, des Instituts für Zeitgeschichte,
des Lehrstuhls für Neuere und Neueste Geschichte
an der Albert-Ludwigs-Universität Freiburg
von
Susanne Heim, Ulrich Herbert, Michael Hollmann,
Horst Möller, Dieter Pohl, Sybille Steinbacher,
Simone Walther-von Jena und Andreas Wirsching

Die Verfolgung und Ermordung der europäischen Juden durch das nationalsozialistische Deutschland 1933–1945

Band 6

Deutsches Reich und Protektorat Böhmen und Mähren Oktober 1941–März 1943

Bearbeitet von Susanne Heim

Mitarbeit: Maria Wilke

DE GRUYTER
OLDENBOURG

ISBN 978-3-11-036496-5
e-ISBN (PDF) 978-3-11-040232-2
e-ISBN (EPUB) 978-3-11-040239-1

Library of Congress Control Number: 2019948107

Bibliografische Information der Deutschen Nationalbibliothek
Die Deutsche Nationalbibliothek verzeichnet diese Publikation in der Deutschen Nationalbibliografie; detaillierte bibliografische Daten sind im Internet über http://dnb.dnb.de abrufbar.

Endredaktion: Stephan Lahrem, Berlin
Karten: Peter Palm, Berlin
Einband und Schutzumschlag: Frank Ortmann und Martin Z. Schröder
Satz: Meta Systems Publishing & Printservices GmbH, Wustermark
Druck & Bindung: Hubert & Co. GmbH & Co. KG, Göttingen

MIX
Papier aus verantwortungsvollen Quellen
FSC® C016439

www.degruyter.com

Inhalt

Vorwort der Herausgeber

Die Edition „Die Verfolgung und Ermordung der europäischen Juden durch das nationalsozialistische Deutschland 1933–1945" ist auf insgesamt 16 Bände angelegt, die bis 2020 erscheinen werden. In ihnen wird eine thematisch umfassende, wissenschaftlich fundierte Auswahl von Quellen publiziert. Der vorliegende 6. Band der Edition dokumentiert die Verfolgung der Juden im Deutschen Reich und dem Protektorat Böhmen und Mähren vom Beginn der systematischen Deportationen im Oktober 1941 bis zum März 1943.

Im Vorwort zum ersten Band der Edition sind die Kriterien der Dokumentenauswahl detailliert dargelegt. Die wichtigsten werden im Folgenden noch einmal zusammengefasst: Quellen im Sinne der Edition sind Schrift- und gelegentlich auch Tondokumente aus den Jahren 1933 bis 1945. Fotografien sind nicht einbezogen, vor allem weil sich die Umstände ihrer Entstehung oft nur schwer zurückverfolgen lassen. Auch Lebenserinnerungen, Berichte und juristische Unterlagen, die nach Ende des Zweiten Weltkriegs entstanden sind, werden aus quellenkritischen Gründen nicht in die Edition aufgenommen. Allerdings wird von ihnen in der Kommentierung vielfältig Gebrauch gemacht. Dokumentiert werden die Aktivitäten und Reaktionen von Menschen mit unterschiedlichen Lebenserfahrungen, Überzeugungen und Absichten, an verschiedenen Orten, mit jeweils begrenzten Horizonten und Handlungsspielräumen Behördenschreiben ebenso wie private Briefe und Tagebuchaufzeichnungen, Zeitungsartikel, Gerichtsurteile und die Berichte ausländischer Beobachter.

Die Dokumentation wechselt vom Brief eines Mannes aus Essen, der seinem emigrierten Sohn die beklemmende Situation nach den ersten Deportationen schildert, zum Protokoll der Wannsee-Konferenz; auf das Telegramm Gerhard Riegners vom Jüdischen Weltkongress, in dem er seine Kollegen wegen der massenhaften Ermordung von Juden durch Blausäure alarmiert, folgt das Gedicht eines untergetauchten Juden für seine Lebensgefährtin, die ihn versteckt. Der Artikel einer antisemitischen tschechischen Zeitschrift, der die Errichtung des Gettos Theresienstadt begrüßt, steht neben dem Tagebuch eines Prager Versicherungsbeamten, der seinen Hunger und die schwere Zwangsarbeit in den Kladnoer Bergwerken schildert. Auf eine thematische Zusammenstellung der Dokumente haben die Herausgeber bewusst verzichtet und auch der häufige Perspektivenwechsel ist gewollt. Ein Sachgruppenindex soll die thematische Zuordnung der Dokumente sowie transnationale Vergleiche erleichtern und Zusammenhänge verdeutlichen.

Die Herausgeber danken der Deutschen Forschungsgemeinschaft für die großzügige Förderung des Editionsprojekts. Ferner schulden sie einer großen Zahl von Fachleuten und Privatpersonen Dank, die durch Quellenhinweise, biographische Informationen über die in den Dokumenten erwähnten Personen und Auskünfte zur Kommentierung die Arbeit unterstützt oder Teile des Manuskripts kritisch gelesen haben.

Die in englischer Sprache verfassten Dokumente haben Theo Bruns und Dr. Britta Grell ins Deutsche übertragen. Die im Original tschechischen Dokumente übersetzten Ines Koeltzsch, Miroslav Szábo und Maria Wilke. Aus dem Italienischen übersetzte Walter Kögler. Die Übersetzungen aus dem Hebräischen und Jiddischen hat Doron Oberhand angefertigt.

Das Übersetzungslektorat besorgte Ulrike Baureithel. Recherchearbeiten in tschechischen und israelischen Archiven übernahmen Magda Veselská bzw. Riki Bodenheimer und Anat Wollenberger.
Als studentische oder wissenschaftliche Hilfskräfte haben an diesem Band mitgearbeitet Johannes Breit, Florian Danecke, Max Derrien, Niklas Lämmel, Anselm Meyer, Miriam Schelp, Gil Shohat und Barbara Wünnenberg, als wissenschaftliche Mitarbeiter Romina Becker, Johannes Gamm, Stefanie Haupt, Sonja Knopp, Dr. Ingo Loose und Carolin Raabe.
Sollten sich trotz aller Sorgfalt an einzelnen Stellen Ungenauigkeiten ergeben haben, sind die Herausgeber für entsprechende Mitteilungen dankbar.

Die Adresse des Herausgeberkreises lautet: Institut für Zeitgeschichte, Edition Judenverfolgung, Finckensteinallee 85/87, D-12205 Berlin oder vej@ifz-muenchen.de.

Berlin, München, Freiburg i. Br., Frankfurt a. M., Klagenfurt im Juli 2019

Editorische Vorbemerkung

Die Quellenedition zur Verfolgung und Ermordung der europäischen Juden soll in der wissenschaftlichen Literatur als VEJ abgekürzt zitiert werden. Das geschieht im Fall von Querverweisen zwischen den einzelnen Bänden auch in dem Werk selbst. Die Dokumente sind mit jedem Band neu beginnend fortlaufend nummeriert. Demnach bedeutet „VEJ 5/318" Dokument Nummer 318 in Band 5 dieser Edition. Die Drucklegung der einzelnen Schriftzeugnisse folgt dem Schema: Überschrift, Kopfzeile, Dokument, Anmerkungen.

Die halbfett gesetzte, von den Bearbeitern der Bände formulierte Überschrift gibt Auskunft über das Entstehungsdatum des folgenden Schriftstücks, dessen Kernbotschaft, Verfasser und Adressaten. Die darunter platzierte Kopfzeile ist Teil des Dokuments. Sie enthält Angaben über die Gattung der Quelle (Brief, Gesetzentwurf, Protokoll usw.), den Namen des Verfassers, den Entstehungsort, gegebenenfalls Aktenzeichen, Geheimhaltungsvermerke und andere Besonderheiten. Die in Berlin seinerzeit ansässigen Ministerien und zentralen Behörden, etwa das Reichssicherheitshauptamt oder die Kanzlei des Führers, bleiben ohne Ortsangabe. Die Kopfzeile enthält ferner Angaben über den Adressaten, gegebenenfalls das Datum des Eingangsstempels, sie endet mit dem Entstehungsdatum und Hinweisen auf Bearbeitungsstufen der überlieferten Quelle, etwa „Entwurf", „Durchschlag" oder „Abschrift".

Dem schließt sich der Text an. In der Regel wird er vollständig ediert. Anrede- und Grußformeln werden mitgedruckt, Unterschriften jedoch nur einmal in die Kopfzeile aufgenommen. Hervorhebungen der Verfasser in den Originaltexten werden übernommen. Sie erscheinen unabhängig von der in der Vorlage verwendeten Hervorhebungsart im Druck immer kursiv. Fallweise erforderliche Zusatzangaben finden sich im Anmerkungsapparat.

Während die von den Editoren formulierten Überschriften und Fußnoten sowie die Übersetzung fremdsprachiger Dokumente der heutigen Rechtschreibung folgen, gilt für die Quellen die zeitgenössische. Offensichtliche Tippfehler in der Vorlage und kleinere Nachlässigkeiten sowie besondere Schreibweisen, die auf das Fehlen entsprechender Typen auf der Schreibmaschine zurückzuführen sind (ae statt ä, ss statt ß) werden stillschweigend korrigiert, widersprüchliche Schreibweisen und Zeichensetzungen innerhalb eines Dokuments vereinheitlicht. Dokumente, die von Schweizer Autoren stammen bzw. in der Schweiz verfasst wurden, werden nach Schweizer Schreibweise (ohne ß) wiedergegeben. Versehentlich ausgelassene Wörter oder Ergänzungen infolge unlesbarer Textstellen fügen die Editoren in eckigen Klammern ein. Bilden jedoch bestimmte orthographische und grammatikalische Eigenheiten ein Charakteristikum der Quelle, vermerken sie „Grammatik und Rechtschreibung wie im Original". Abkürzungen, auch unterschiedliche (z. B. NSDAP, N.S.D.A.P. und NSDAP.) werden im Dokument nicht vereinheitlicht. Sie werden im Abkürzungsverzeichnis erklärt. Ungebräuchliche Abkürzungen, vor allem in privaten Briefen, werden bei der ersten Nennung in eckigen Klammern aufgelöst.

Handschriftliche Zusätze in maschinenschriftlichen Originalen übernehmen die Editoren ohne weitere Kennzeichnung, sofern es sich um formale Korrekturen und um Einfügungen handelt, die mit hoher Wahrscheinlichkeit vom Verfasser stammen. Verändern sie die Aussage in beachtlicher Weise schwächen sie ab oder radikalisieren sie , wird das in den Fußnoten vermerkt und, soweit feststellbar, der Urheber mitgeteilt. Auf die in den Originalen häufigen, von den Empfängern oder auch von späteren Lesern vorgenommenen Unterstreichungen mit Blei- und Farbstift wird im Allgemeinen pauschal, in interessanten Einzelfällen speziell in der Fußnote hingewiesen.

In der Regel werden die Dokumente im vollen Wortlaut abgedruckt. Lediglich in Ausnahmefällen, sofern einzelne Dokumente sehr umfangreich sind, erfolgt der Abdruck nur teilweise. Dasselbe gilt etwa für Protokolle, die nur in einem abgeschlossenen Teil von der nationalsozialistischen Judenpolitik oder den damit verbundenen Reaktionen handeln. Solche Kürzungen sind mit eckigen Auslassungsklammern gekennzeichnet; der Inhalt wird in der Fußnote skizziert. Undatierte Monats- oder Jahresberichte erscheinen am Ende des jeweiligen Zeitraums. Von der Einordnung der Dokumente nach ihrer Entstehungszeit wird nur in wenigen Ausnahmen abgewichen. So wird unter Umständen ein Bericht über ein zurückliegendes Ereignis unter dem Datum des Ereignisses abgedruckt, das Entstehungsdatum aber in der Kopfzeile vermerkt.

In der ersten, der Überschrift angehängten Fußnote stehen der Fundort, sofern er ein Archiv bezeichnet, auch die Aktensignatur und, falls vorhanden, die Blattnummer. Hinweise auf Kopien von Archivdokumenten werden immer dann verzeichnet, wenn die an den ursprünglichen Fundorten befindlichen Originale dort nicht eingesehen wurden. Handelt es sich um gedruckte Quellen, etwa Zeitungsartikel oder Gesetzestexte, finden sich in dieser Fußnote die üblichen bibliographischen Angaben. Wurde eine Quelle schon einmal in einer Dokumentation zum Nationalsozialismus bzw. zur Judenverfolgung veröffentlicht, wird sie nach dem Original ediert, doch wird neben dem ursprünglichen Fundort auch auf die erste Publikation verwiesen. In einer weiteren Fußnote werden die Entstehungsumstände des Dokuments erläutert, gegebenenfalls damit verbundene Diskussionen, die besondere Rolle von Verfassern und Adressaten, begleitende oder sich unmittelbar anschließende Aktivitäten.

Die folgenden Fußnoten erläutern sachliche und personelle Zusammenhänge. Sie verweisen auf andere unveröffentlichte, andernorts oder in der Edition publizierte Dokumente, sofern das für die geschichtliche Einordnung hilfreich erscheint. Weiterhin finden sich in den Fußnoten Erläuterungen zu einzelnen Details, etwa zu handschriftlichen Randnotizen, Unterstreichungen, Streichungen. Bearbeitungsvermerke und Vorlageverfügungen werden entweder in der weiteren Fußnote als vorhanden erwähnt oder aber in den späteren Fußnoten entschlüsselt, sofern sie nach Ansicht der Editoren wesentliche Aussagen enthalten. Für die im Quellentext genannten Abkommen, Gesetze und Erlasse werden die Fundorte nach Möglichkeit in den Fußnoten angegeben, andere Bezugsdokumente mit ihrer Archivsignatur. Konnten diese nicht ermittelt werden, wird das angemerkt. Für die in den Schriftstücken angeführten Absender und Adressaten wurden, soweit möglich, die biographischen Daten ermittelt und angegeben. Dasselbe gilt für die im Text erwähnten Personen, sofern sie als handelnde Personen eingestuft werden. Die Angaben stehen in der Regel in der Fußnote zur jeweils ersten Nennung des Namens innerhalb eines Bandes und lassen sich so über den Personenindex leicht auffinden.

Die Kurzbiographien beruhen auf Angaben, die sich in Nachschlagewerken, in der Fachliteratur und in speziellen, auf die NS-Zeit bezogenen Datenbanken, Personenkarteien und -dossiers einschlägiger Archive finden. In vielen Fällen wurden im In- und Ausland

Personalakten und -karteien eingesehen, Stadt- und Firmenarchive aufgesucht, Standesämter und Spezialisten befragt.
Trotz aller Mühen gelang es nicht immer, die biographischen Daten vollständig zu ermitteln. In solchen Fällen enthält die jeweilige Fußnote nur die gesicherten Angaben, wie z. B. das Geburtsjahr. Waren Personen nicht zu identifizieren, wird auf eine entsprechende Anmerkung verzichtet; desgleichen bei allseits bekannten Personen wie Adolf Hitler oder Heinrich Himmler.
In der Regel setzen die Editoren die zeitüblichen Begriffe des nationalsozialistischen Deutschlands nicht in Anführungszeichen. Dazu gehören Wörter wie Judenrat, Judenältester etc. Der Kontext macht deutlich, dass keines der Wörter affirmativ gebraucht wird. Die Begriffe Jude, Jüdin, jüdisch werden folglich, den Umständen der Zeit entsprechend, auch für Menschen verwandt, die sich nicht als jüdisch verstanden haben, aber aufgrund der Rassengesetze so definiert wurden und daher der Verfolgung ausgesetzt waren. Andere Begriffe wie z. B. „Mischlinge" oder „Mischehe", die eigentlich auch Termini technici der Zeit waren, werden in Anführungszeichen gesetzt. Ein solcher nicht klar zu definierender Gebrauch der Anführungszeichen lässt sich nicht systematisch begründen. Er bildet einen gewiss anfechtbaren Kompromiss zwischen historiographischer Strenge und dem Bedürfnis, wenigstens gelegentlich ein Distanzsignal zu setzen.
Ein Teil der Dokumente wurde aus Fremdsprachen übersetzt. Dabei sind Straßennamen gegebenenfalls durch den Zusatz „-Straße", „-Gasse" oder „-Platz" ergänzt worden. Aufgrund von Besatzung oder Gebietsverschiebungen nach dem Krieg änderten viele Orte mehrfach ihren Namen.
Die Ortsnamen werden im Teil über das Protektorat Böhmen und Mähren in deutscher Bezeichnung benutzt, es sei denn, in deutschsprachigen Dokumenten wird die tschechische Form verwendet. Deutsche und tschechische Varianten wurden in diesen Gebieten teilweise über Jahrhunderte nebeneinander benutzt. Die deutschen Bezeichnungen sind also seit alters gebräuchlich, auch wenn mit dem Aufkommen des tschechischen Nationalismus im 19. Jahrhundert diese Frage bedeutsam wurde. Im Register, das zugleich als Konkordanz der deutschen und tschechischen Ortsnamensformen dient, werden alle Orte in beiden Schreibweisen aufgeführt.
Bei den Frauen, die in den Dokumenten zum Protektorat nur mit Vornamen oder Funktion genannt werden, ließ sich nicht immer einwandfrei ermitteln, ob sie ihren Nachnamen in der tschechischen Form, also mit der Endung -ová, führten oder nicht; bisweilen wurden auch beide Formen verwendet. In Titelzeilen und Anmerkungen wird daher bei Frauen mit tschechischer Mutter- oder Erstsprache die tschechische Namensform benutzt.
Ein besonderes Problem bildet die wechselnde Schreibweise des Begriffs Getto bzw. Ghetto. Im Deutschen waren damals beide Formen gebräuchlich. Sie werden daher wie im Original belassen. In übersetzten Dokumenten wird die Schreibweise Getto benutzt, desgleichen in der Einleitung und im Kommentierungstext.
Hebräische und andere erklärungsbedürftige Begriffe werden in einer Fußnote, bei Mehrfachnennung im Glossar erläutert.
Die Landkarten sollen das Auffinden der im Band erwähnten Orte und Lager erleichtern. Aus diesem Grund sind in den Karten nicht alle seinerzeit bestehenden Lager aufgeführt, sondern nur diejenigen, die im Band erwähnt sind und nicht mit einem ohnehin auf der Karte verzeichneten Ort identisch sind.

Einleitung

In den frühen Abendstunden des 15. Oktober 1941 holte die Gestapo mehr als 1000 Berliner Jüdinnen und Juden aus ihren Wohnungen, zwang sie, auf Lastwagen zu steigen, und brachte sie in die Synagoge in der Levetzowstraße. In dem entweihten und zu einem Sammellager umfunktionierten Gotteshaus wurden ihnen Uhren, Schmuck, sonstige Metallgegenstände und alles Geld abgenommen. Erst dort erfuhren sie, dass sie drei Tage später in das Getto Litzmannstadt deportiert würden. „So überraschend hatte niemand die Aktion erwartet", berichtete der Journalist Hermann Samter einer Bekannten, „und Sie können sich die vielen Tragödien vorstellen: Eltern, die sich nicht von ihren Kindern verabschieden konnten usw."[1] Ähnliches war wenige Tage zuvor in Wien und Prag passiert und geschah nahezu gleichzeitig auch in Düsseldorf, Köln, Hamburg und anderen Städten. In Frankfurt am Main wurden die Juden auf dem Weg zum Sammellager von Schaulustigen bespuckt, beschimpft und mit faulem Gemüse beworfen. Den Zielort ihrer Deportation erfuhren sie, anders als die Berliner Juden, erst, als der Zug in Litzmannstadt eintraf.[2]

Auf diese Weise begannen die systematischen Deportationen der Juden aus dem Deutschen Reich. In der Zeit zwischen dem 15. Oktober und 4. November 1941 fuhren 20 Züge mit Juden aus dem Reichsgebiet, aus Prag und Luxemburg nach Litzmannstadt, dann allein bis zum Jahresende weitere 22 Züge nach Minsk, Kaunas und Riga.

Im vorliegenden Band wird die Judenverfolgung im Deutschen Reich sowie im Protektorat Böhmen und Mähren zwischen Oktober 1941 und März 1943 dokumentiert. In diesen Zeitabschnitt fällt die Kernphase der Ermordung der Juden im gesamten deutsch beherrschten Europa. In Berlin, Wien, Prag, in Paris, Brüssel und Amsterdam pferchten Polizei und SS die Juden im Verlauf des Jahres 1942 massenhaft in Züge, in Oslo auf Schiffe, und deportierten sie Richtung Osten, entweder zunächst in Gettos oder Lager oder aber direkt in die neu errichteten Mordzentren. Im besetzten Polen wurden in diesem Jahr die Juden aus den Gettos in die Vernichtungslager deportiert und nur wenige als Arbeitskräfte am Leben gelassen. In der besetzten Sowjetunion erschossen deutsche Mordkommandos die Juden zu Hunderttausenden. Die zentralen, in Berlin getroffenen Entscheidungen, die den Weg zur Ermordung der europäischen Juden markieren, und ihr Zusammenhang mit dem Scheitern der deutschen Blitzkriegstrategie nach dem Angriff auf die Sowjetunion sind Thema dieses Bandes.

Die Dokumente schildern die Lage der Juden nach dem Beginn der systematischen Deportationen und den um sich greifenden Schrecken, als Lebenszeichen von den

1 Hermann Samter, „Worte können das ja kaum verständlich machen". Briefe 1939–1943, hrsg. von Daniel Fraenkel, Göttingen, Jerusalem 2009, S. 68; Hildegard Henschel, Aus der Arbeit der Jüdischen Gemeinde Berlin während der Jahre 1941–1943. Gemeindearbeit und Evakuierung von Berlin 16. Oktober 1941–16. Juni 1943, in: Zeitschrift für die Geschichte der Juden, 9 (1972), Nr. 1/2, hrsg. von Hugo Gold, S. 33–52.

2 „Und keiner hat für uns Kaddisch gesagt …" Deportationen aus Frankfurt am Main 1941 bis 1945, Katalog des Jüdischen Museums Frankfurt a. M., Redaktion: Fritz Backhaus, Frankfurt a. M. 2004, S. 184.

deportierten Freunden und Verwandten ausblieben und gleichzeitig immer mehr Juden den Bescheid zum Transport in den Osten bekamen. Zeitungsartikel, Diplomatenberichte und Tagebücher skizzieren die Reaktionen in den nicht besetzten Ländern auf den Beginn der Deportationen und auf die sich in der zweiten Jahreshälfte 1942 verdichtenden Nachrichten von der systematischen Ermordung der Juden. Einen weiteren Schwerpunkt bildet die Situation der Juden im Protektorat Böhmen und Mähren und dort vor allem im Getto Theresienstadt, dem als vermeintlichem Alters- oder Vorzeigegetto eine wichtige Rolle bei der Verschleierung der Vernichtungspolitik zukam. Der Band endet mit Dokumenten zur sogenannten Fabrik-Aktion, der Deportation der zunächst noch aus wirtschaftlichen Gründen verschonten jüdischen Rüstungsarbeiter aus Berlin und anderen deutschen Städten. Von wenigen Ausnahmen abgesehen, lebten in Deutschland fortan nur noch Juden, die als „Mischlinge" oder als Partner einer „Mischehe" von den Deportationen – vorerst – ausgenommen waren, sowie einige tausend Untergetauchte. Auch von ihnen handelt dieser Band.

Der Krieg gegen die Sowjetunion und die Diskussionen über die „Lösung der Judenfrage" im Herbst 1941

Als die Wehrmacht am 22. Juni 1941 die Sowjetunion, die bisher Partner im Nichtangriffspakt gewesen war, überfiel, ging die deutsche Führungsspitze noch von einem „Blitzkrieg" aus. Innerhalb weniger Monate, in jedem Falle noch vor Einbruch des Winters, sollte die Rote Armee in die Knie gezwungen werden. Ein solcher Sieg, so das Kalkül, würde die deutschen Rohstoff- und Nahrungsmittelvorräte erheblich vergrößern und somit die Voraussetzungen schaffen, um binnen kurzem auch den Krieg im Westen siegreich zu beenden, also noch vor dem zu erwartenden Kriegseintritt der USA.[3] Im Spätsommer 1941 zeichnete sich jedoch ab, dass die deutsche Kriegsstrategie auf einer Fehleinschätzung beruhte. Nachdem die Wehrmacht Smolensk eingenommen hatte, konnte die Rote Armee den weiteren Vormarsch deutscher Truppen für längere Zeit stoppen. Der Vorstoß der Heeresgruppe Mitte gegen Moskau, der nach mehrfacher Verschiebung erst am 2. Oktober begann, stagnierte schon nach wenigen Wochen. Nachschubprobleme und die rasch steigende Zahl von Verwundeten, Vermissten und Gefallenen unter den deutschen Soldaten beeinträchtigten nicht nur die militärische Schlagkraft, sondern auch die Stimmung an der „Heimatfront". Führende Vertreter der Wehrmacht und Rüstungsfachleute waren angesichts des sich abzeichnenden Desasters schon bald davon überzeugt, dass der Krieg gegen die Sowjetunion nicht mehr zu gewinnen sei. Fritz Todt, Minister für Bewaffnung und Munition, forderte bereits im November 1941 einen Friedensschluss mit der Sowjetunion.[4] Als schließlich Anfang Dezember die

3 Ian Kershaw, Hitler 1936–1945, Stuttgart 2001, S. 545 f. Zur Vorbereitung des Krieges gegen die Sowjetunion siehe Horst Boog/Jürgen Förster/Joachim Hoffmann u. a., Der Angriff auf die Sowjetunion, Frankfurt a. M. 1996 (Erstauflage 1983); Ulrich Herbert, Geschichte Deutschlands im 20. Jahrhundert, München 2014, S. 424–445.

4 Ludolf Herbst, Das nationalsozialistische Deutschland 1933–1945. Die Entfesselung der Gewalt: Rassismus und Krieg, Frankfurt a. M. 1996, S. 367; Adam Tooze, Ökonomie der Zerstörung. Die Geschichte der Wirtschaft im Nationalsozialismus, Bonn 2007, S. 584 f.; Kershaw, Hitler (wie Anm. 3), S. 563, 593.

Rote Armee der Heeresgruppe Mitte nördlich von Moskau eine Niederlage bereitete, wurden auf deutscher Seite noch vor Jahresende 1941 einige hochrangige Militärs entlassen, so Generalfeldmarschall Walther von Brauchitsch und der populäre Generaloberst Heinz Guderian.[5] Trotzdem hielt Hitler an der Vorstellung fest, die Sowjetunion besiegen zu können, um anschließend mit den erbeuteten Ressourcen die Westmächte zu schlagen.

Doch auch in ökonomischer Hinsicht war der Raubzug gegen die Sowjetunion nicht so einträglich wie erhofft: Bei wichtigen Rohstoffen sowie bei Getreide erreichte die Beute bei weitem nicht den Umfang der Lieferungen zu Friedenszeiten.[6] Zudem gelang es der sowjetischen Seite im ersten Kriegsjahr sogar, ihre Rüstungsproduktion zu steigern. In Deutschland hingegen fehlte es an strategisch wichtigen Rohstoffen wie Kohle und Stahl sowie an Arbeitskräften, um die Kampfflugzeuge, Panzer, Lastwagen und Kriegsschiffe zu produzieren, die der Wehrmacht zuvor in Aussicht gestellt worden waren.[7] Als der Winter hereinbrach, war nicht nur der „Blitzsieg" in weite Ferne gerückt, sondern die Wehrmacht hatte außer mit der Witterung auch mit erheblichen Treibstoff- und Nachschubproblemen zu kämpfen. In der Zeit von Dezember 1941 bis Ende März 1942 starben mehr als 723 000 deutsche Soldaten, nicht allein durch die Waffen des Gegners, sondern auch an Erfrierungen und Krankheiten. Rechnet man die Verwundeten und Vermissten hinzu, so hatte die Wehrmacht bis Ende März 1942 Verluste von 1,1 Millionen Mann zu beklagen.[8]

Die Folgen des „Unternehmens Barbarossa" für die Juden im deutschen Machtbereich

Der Krieg gegen die Sowjetunion hatte weitreichende Auswirkungen auf die Situation der Juden im gesamten deutschen Machtbereich und auf die Entwicklung der antijüdischen Politik. Im Generalgouvernement lebte die jüdische Bevölkerung unter elenden Bedingungen in Gettos, in denen viele an den sich rasch ausbreitenden Krankheiten und Unterernährung zugrunde gingen. In den deutsch beherrschten Teilen Westeuropas waren Juden im Herbst 1941 von öffentlichen Ämtern sowie aus zahlreichen Vereinen und Organisationen ausgeschlossen; ihre Teilnahme am öffentlichen Leben war durch zahlreiche Sonderbestimmungen stark eingeschränkt, ihre wirtschaftliche Situation durch Berufsverbote, Vermögensanmeldungen und den Ausschluss aus Unternehmensführungen geschwächt. In Amsterdam lebten sie in einem 1941 zum Getto erklärten jüdischen Viertel und durften ihre Kinder nicht mehr auf allgemeine Schulen schicken. In den verbündeten Staaten Südosteuropas eiferten die Regierungen dem deutschen Beispiel nach, indem sie die Kennzeichnung und Enteignung der Juden verfügten;

5 Tooze, Ökonomie (wie Anm. 4), S. 576; Ronald Smelser/Enrico Syring (Hrsg.), Die Militärelite des Dritten Reiches. 27 biographische Skizzen, Berlin 1995; Boog/Förster/Hoffmann u. a., Angriff (wie Anm. 3), S. 689–712.

6 Herbst, Deutschland (wie Anm. 4), S. 366.

7 Tooze, Ökonomie (wie Anm. 4), S. 572–575.

8 Horst Boog u. a., Das Deutsche Reich und der Zweite Weltkrieg, Bd. 6: Der globale Krieg. Die Ausweitung zum Weltkrieg und der Wechsel der Initiative 1941–1943, Stuttgart 1990, S. 778 f.

rumänische Truppen beteiligten sich nicht nur am Krieg gegen die Sowjetunion, sondern auch am Massenmord an den dortigen Juden.[9]
Im Deutschen Reich waren die Juden weitgehend von der übrigen Bevölkerung separiert; die Ausübung der meisten Berufe war ihnen verboten; ihre Geschäfte, Unternehmen und Werkstätten waren entweder geschlossen oder von Nichtjuden übernommen worden. Wer nicht hatte auswandern können, war in der Regel als Jude registriert und hatte sein Vermögen anmelden müssen. Seitdem zu Kriegsbeginn die Lebensmittelrationierung eingeführt worden war, durften Juden vielerorts nur zu begrenzten Zeiten und in vorgeschriebenen Geschäften einkaufen und waren bei der Zuteilung der rationierten Waren deutlich benachteiligt (Dok. 114). Der Besuch von Kulturveranstaltungen sowie das Betreten vieler beliebter Straßen und Parks war ihnen verboten. In Berlin bot der jüdische Friedhof in Weißensee eine der wenigen Möglichkeiten zur Erholung im Grünen, in Prag das Areal des jüdischen Sportvereins Hagibor.
Nachdem die Sowjetunion zum Hauptfeind geworden war, hatte die deutsche Propaganda ihre antisemitische Agitation deutlich verstärkt und darauf fokussiert, die Juden für den Krieg verantwortlich zu machen, sie als die wahren Drahtzieher in Moskau darzustellen sowie generell den Bolschewismus als jüdische Erfindung zu brandmarken. In verschiedenen Regionen des deutschen Herrschaftsbereichs erlebte nach dem Angriff auf die Sowjetunion die kommunistische Widerstandsbewegung, bis dahin durch den Hitler-Stalin-Pakt gelähmt, neuen Auftrieb. Auf die wachsende Zahl der Attentate auch von Seiten der serbischen Tschetniks und erster Partisanenverbände auf deutsche Militärs sowie Besatzungsfunktionäre reagierten die Deutschen mit „Sühnemaßnahmen“, zu deren Opfern immer auch Juden gehörten.
Nachdem der Plan, die europäischen Juden auf die französische Kolonialinsel Madagaskar auszusiedeln, Ende 1940 gescheitert war,[10] hatten die Führungszirkel des NS-Regimes im Zuge der Vorbereitungen des Vernichtungskriegs gegen die Sowjetunion verstärkt über andere Möglichkeiten zur „Endlösung der Judenfrage“ in Europa diskutiert und sich bisweilen auch öffentlich dazu geäußert. Im Hinblick auf die erwarteten Eroberungen im Osten war nun von einer „territorialen Lösung“ die Rede. Die Idee, die Juden „hinter den Ural“ zu vertreiben oder „weit nach Osten“ auszusiedeln, war noch keine Chiffre für ihre systematische Ermordung, jedoch das Massensterben bei solchen gigantischen Vertreibungsaktionen einkalkuliert. Allerdings sollte diese sogenannte Ostraumlösung erst nach Ende des Krieges oder zumindest nach Ende der Kampfhandlungen an der Ostfront in Angriff genommen werden. Dessen ungeachtet erschossen die Einsatzgruppen der Sicherheitspolizei und des SD hinter der Front schon in den ersten Tagen des Feldzugs im Juni 1941 jüdische Männer zu Tausenden und gingen wenige Wochen später dazu über, auch Frauen und Kinder zu ermorden und ganze jüdische Gemeinden auszulöschen.
Der Chef des Reichssicherheitshauptamts, Reinhard Heydrich, hatte sowohl von Hitler als auch von Hermann Göring den Auftrag erhalten, die „Evakuierung“ der Juden aus dem deutschen Machtbereich vorzubereiten. Göring hatte ihm mit Datum vom 31. Juli 1941 eine Vollmacht zur Vorbereitung der „Gesamtlösung der Judenfrage im deutschen

9 Zur antijüdischen Politik in Bulgarien und Rumänien siehe VEJ 13, zur Beteiligung der rumänischen Truppen am Überfall auf die Sowjetunion auch VEJ 7.
10 VEJ 3, S. 27 und 60.

Einflussgebiet in Europa“ erteilt.[11] Doch noch am 15. August 1941 hatte Hitler bekräftigt, dass diese „Gesamtlösung“ erst nach Abschluss des Feldzugs gegen die Sowjetunion realisiert werden könne, und Heydrichs Ansinnen abgelehnt, die Juden noch während des Kriegs aus dem Reichsgebiet zu „evakuieren“.[12] Heydrich hatte daraufhin „Teilevakuierungen“ aus den größeren Städten vorgeschlagen, und Propagandaminister Joseph Goebbels, der als Berliner Gauleiter seit langem auf eine „judenreine“ Hauptstadt drängte, gab sich in seinem Tagebuch optimistisch, zumal Hitler ihm am 18. August die Deportation der Berliner Juden zugesagt hatte, „sobald sich die erste Transportmöglichkeit biete“.[13]

Im September jedoch änderte Hitler seine Meinung und verfügte die Deportation der Juden aus dem Deutschen Reich in Richtung Osten noch vor Kriegsende.[14] Vier Wochen später fuhren die ersten Deportationszüge aus dem Deutschen Reich und dem Protektorat in das Getto Litzmannstadt. Die Motive für diesen Meinungsumschwung sind unklar und vermutlich auch vielschichtig. Jedenfalls bedeutete die Entscheidung Hitlers zur Deportation der Juden aus dem Reich noch nicht seine Zustimmung zu ihrer Ermordung. Doch sie beflügelte offensichtlich die Phantasien der Gauleiter und anderer Statthalter der deutschen Macht ebenso wie die Debatte über die „Lösung der Judenfrage“. Die Gauleiter mehrerer großer Städte im Reich, Baldur von Schirach in Wien, Goebbels in Berlin und Karl Kaufmann in Hamburg, machten sich dafür stark, die Juden möglichst rasch abzuschieben, und begründeten dies unter anderem mit der Wohnungsnot infolge der Bombardierungen. Auch in den deutsch besetzten Gebieten Europas drängten Militärs und Verwaltungsbeamte darauf, sich der Juden baldmöglichst zu entledigen. Alfred Rosenberg, Reichsminister für die besetzten Ostgebiete, plädierte dafür, die Deportation der Juden als Druckmittel gegen Stalin einzusetzen, um ihn von Repressionen gegen die Wolgadeutschen abzuhalten.[15]

Der deutsche Botschafter in Paris, Otto Abetz, unterbreitete dem Reichsführer SS Heinrich Himmler Mitte September 1941 den Vorschlag, die Juden aus Frankreich und anderen besetzten Ländern in die Ostgebiete abzuschieben. Nach dem deutschen Angriff auf die Sowjetunion hatte in Frankreich die Widerstandsbewegung mehrere Attentate auf deutsche Militärs verübt. Als Vergeltung drängte die Führung in Berlin auf massenhafte Geiselerschießungen, wohingegen der Militärbefehlshaber im besetzten Frankreich befürchtete, dass dadurch die Kollaborationsbereitschaft der französischen Verwaltung beeinträchtigt würde. Man verständigte sich darauf, als Vergeltung für die Attentate der Résistance zunächst jüdische Geiseln zusammen mit französischen Kommunisten zu deportieren. Abetz’ Initiative zielte aber bereits darüber hinaus auf die Deportation aller

11 VEJ 3/196.

12 VEJ 3/203, Anm. 3.

13 Die Tagebücher von Joseph Goebbels, hrsg. im Auftrag des Instituts für Zeitgeschichte von Elke Fröhlich, Teil II: Diktate 1941–1945, Bd. 1, Juli bis September 1941, S. 266, Eintrag vom 19.8.1941.

14 Himmler an Greiser, 18.9.1941; siehe auch VEJ 3/223. In diesem Schreiben teilte Himmler dem Gauleiter im Warthegau, Arthur Greiser, mit, der Führer wünsche, dass die Juden aus dem Altreich und dem Protektorat in die eingegliederten Ostgebiete abgeschoben und im nächsten Frühjahr weiter nach Osten deportiert würden.

15 VEJ 3, S. 62; Christian Gerlach, Der Mord an den europäischen Juden. Ursachen, Ereignisse, Dimensionen, München 2017, S. 85.

in Frankreich lebenden Juden.[16] Zeitgleich zum Beginn der Deportationen der Juden aus dem Deutschen Reich, dem Protektorat und Luxemburg im Oktober/November 1941 gründete die Vichy-Regierung eine dem Innenministerium unterstellte spezielle Polizei für Judenfragen, die nun auch im direkten Auftrag der deutschen Sicherheitspolizei an der Erfassung und Verfolgung der Juden in der unbesetzten Südzone des Landes beteiligt war.[17]

Auch in Serbien forderten die deutschen Besatzer die Abschiebung der Juden „nach dem Osten", ebenfalls als „Sühnemaßnahme" für Attentate der Widerstandsbewegung. Die deutsche Gesandtschaft in Belgrad wollte vorrangig 8000 „jüdische Hetzer" loswerden. Doch noch bevor über die Deportation entschieden war, begannen dort Wehrmachtseinheiten, in großer Zahl jüdische Männer zu erschießen, darunter auch die etwa 1100 deutschen, österreichischen und tschechischen Juden, die auf dem Weg nach Palästina im jugoslawischen Donauhafen Kladovo gestrandet waren. Erstmals wurden somit deutsche Juden von deutschen Einheiten erschossen.[18] Am 18. Oktober 1941 trafen Friedrich Suhr, ein Mitarbeiter Eichmanns, und Franz Rademacher, Judenreferent im Auswärtigen Amt, in Belgrad ein, um sich ein Bild von den Schwierigkeiten bei der „Lösung der Juden- und Zigeunerfrage" zu machen. Sie vermittelten ihren Gesprächspartnern in der Besatzungsverwaltung, dass eine Abschiebung der serbischen Juden in nächster Zeit nicht in Frage käme. Stattdessen sollten die verbliebenen 20 000 jüdischen Frauen, Kinder und alten Leute sowie 1500 „Zigeuner", von denen, so Rademacher, „die Männer ebenfalls noch erschossen werden", interniert werden, bis sie „im Rahmen der Gesamtlösung der Judenfrage [...] auf dem Wasserwege in die Auffanglager im Osten abgeschoben" würden.[19]

Im Zuge der Kriegsplanung gegen die Sowjetunion war das deutsch besetzte Polen zum Aufmarschgebiet geworden, was auf die dortige Politik gegen die Juden massive Auswirkungen hatte. Hitlers Entscheidung im September 1941, die deutschen Juden aus dem Reich nach Osten abzuschieben, spitzte die Lage weiter zu. In Krakau herrschte seit nunmehr fast zwei Jahren Generalgouverneur Hans Frank, dessen Zivilverwaltung brutal gegen die Juden vorging, sich aber gleichwohl bisweilen mit der Himmler direkt unterstellten SS über die Zuständigkeit in Sachen antijüdischer Politik stritt, ohne dass dies die Situation der terrorisierten jüdischen Bevölkerung gemildert hätte. Frank drängte seit längerem darauf, die Juden aus seinem Einflussgebiet loszuwerden, wohin auch immer, und protestierte zudem vehement und partiell durchaus erfolgreich gegen die Abschiebung von Juden aus den an das Reich angeschlossenen westpolnischen Gebieten in

16 Siehe VEJ 5, S. 59; Peter Longerich, Politik der Vernichtung. Eine Gesamtdarstellung der nationalsozialistischen Judenverfolgung, München 1998, S. 430, 437; Barbara Lambauer, Otto Abetz et les Français ou l'envers de la Collaboration, Paris 2001, S. 422–436, insbesondere S. 423 f.; Michael Wildt, Generation des Unbedingten. Das Führungskorps des Reichssicherheitshauptamts, Hamburg 2003, S. 615 f.; Saul Friedländer, Das Dritte Reich und die Juden, Bd. 2: Die Jahre der Vernichtung 1939–1945, München 2006, S. 313.

17 VEJ 5/319; Serge Klarsfeld, Vichy – Auschwitz. Die Zusammenarbeit der deutschen und französischen Behörden bei der „Endlösung der Judenfrage" in Frankreich, Nördlingen 1989, S. 58.

18 VEJ 3, S. 49 f.

19 Aufzeichnung Rademachers für Luther vom 25.10.1941, ADAP, Serie D: 1937–1941, Bd. 13,2: 15. September bis 11. Dezember 1941, Göttingen 1970, Dok. 425, S. 570–572; siehe auch Peter Longerich (Hrsg.), Die Ermordung der europäischen Juden. Eine umfassende Dokumentation des Holocaust 1941–1945, Mitarbeit: Dieter Pohl, München 1989, S. 288–290.

sein Territorium. Von dort waren Juden und nichtjüdische Polen seit Dezember 1939 zu Hunderttausenden ins Generalgouvernement zwangsumgesiedelt worden, um Platz für die Ansiedlung von Angehörigen der deutschen Minderheiten aus verschiedenen Ländern Osteuropas zu schaffen, die Hitler versprochen hatte, „heim ins Reich" zu holen.[20]
Im Herbst 1941 fühlte sich Frank in mehrfacher Hinsicht in seinem Drängen auf eine „Lösung der Judenfrage" bestärkt: Seit Monaten stieg im Warschauer Getto, wo rund 400 000 Juden auf wenigen Quadratkilometern zusammengedrängt waren, die Zahl der Toten aufgrund von Unterernährung stark an. Aus der Sicht der deutschen Besatzer drohte die Ausbreitung des Flecktyphus auch unter der „arischen" Bevölkerung. Zudem würden die von der Außenwelt abgeriegelten Juden nicht in der Lage sein, allein für ihren Unterhalt aufzukommen.[21] Die Ausbreitung von Krankheiten in den beengten Wohnverhältnissen, der Hunger und die in Folge dessen geringe Arbeitsleistung der Gettobewohnerinnen und -bewohner waren das Ergebnis der deutschen Politik und dienten zugleich den Besatzern als Begründung dafür, warum die Zustände unhaltbar seien und die Juden aus dem Generalgouvernement abgeschoben werden müssten.
Vorerst jedoch reagierten die Besatzungsbehörden mit neuen, für die Juden bedrohlichen Maßnahmen: Im September 1941 wurden in den ländlichen Gegenden, wo die Juden sich noch halbwegs frei bewegen konnten und aus Sicht der Besatzer so zur Ausbreitung des Fleckfiebers beitrugen, als Vorstufe zur Gettoisierung sogenannte Judensammelorte eingerichtet.[22] Mitte Oktober ordnete Generalgouverneur Frank an, dass künftig auf das unerlaubte Verlassen des Gettos die Todesstrafe stehe. Auf diese Weise sollte sowohl die Verbreitung von Fleckfieber- und Typhusepidemien eingedämmt werden als auch der sogenannte Schwarzhandel, für den die Besatzungsverwaltung ebenfalls vorrangig die Juden verantwortlich machte.[23]
Nachdem die Wehrmacht im Sommer 1941 den seit Ende September 1939 von der Sowjetunion besetzten östlichen Teil Polens eingenommen hatte, begann die Diskussion über die künftige Verwaltung dieses Gebiets und die Möglichkeiten einer Erweiterung des Generalgouvernements. Hans Frank machte sich für die Angliederung der auf weißrussischem Gebiet gelegenen Pripjetsümpfe an das Generalgouvernement in der Hoffnung stark, die Juden seines Herrschaftsbereichs dorthin deportieren zu können, ohne Widerspruch von anderen Besatzungsbehörden zu ernten.[24] Stattdessen wurde jedoch im August 1941 der Bezirk Galizien dem Generalgouvernement zugeschlagen. Kurz darauf schoben die ungarischen Behörden aus der annektierten Karpatoukraine massenhaft Juden nach Galizien ab, so dass die Besatzungsbehörden im Generalgouvernement nun, anstatt die Juden ihres Machtbereichs loszuwerden, vor der Aufgabe standen, etliche tausend zusätzlich aufzunehmen. Umgangen wurde dies, indem Einheiten der Sicherheitspolizei die bereits in den weiter östlich gelegenen Gebieten praktizierten Massenerschießungen auf Ostpolen ausweiteten. Da die Besatzungsbehörden im Generalgouvernement die Juden vorerst nicht in die besetzten Gebiete der Sowjetunion

20 VEJ 4, S. 32–38.
21 VEJ 9/14 und 15.
22 VEJ 9/9.
23 VEJ 9/13 und 17.
24 Philippe Burrin, Hitler und die Juden. Die Entscheidung für den Völkermord, Frankfurt a. M. 1989, S. 115; Longerich, Politik der Vernichtung (wie Anm. 16), S. 426.

abschieben konnten, aber möglichst die Einrichtung ähnlich großer Gettos wie in Warschau vermeiden wollten, dezimierten sie die Zahl der Juden gewaltsam und sperrten die Überlebenden in Gettos. Mobile Tötungseinheiten ermordeten Anfang Oktober 1941 unter anderem in den Bezirken Stanislau, Kolomea, Tarnopol und Drohobycz Zehntausende Juden, die die Massenmordaktionen der Einsatzgruppen einige Wochen zuvor noch überstanden hatten. Bis zum Jahresende 1941 wurden etwa 70 000 Juden in dieser Region erschossen.[25]

Ostimperium und Judenmord

Nachdem Himmler am 17. Juli 1941 von Hitler mit der polizeilichen Sicherung der neu besetzten Ostgebiete beauftragt worden war, erweiterte er umgehend die Befugnisse des SS- und Polizeiführers Odilo Globocnik, der im Distrikt Lublin ein System von Zwangsarbeitslagern aufgebaut hatte. Himmler übertrug ihm umfangreiche Bauarbeiten für Siedlungsprojekte sowie die Errichtung eines Konzentrationslagers für 20 000 bis 25 000 Häftlinge. Ferner sollte Globocnik SS- und Polizeistützpunkte im gesamten Gebiet der besetzten Sowjetunion aufbauen. Dieses Vorhaben stand im Zusammenhang mit dem sogenannten Generalplan Ost, für den Himmlers Planungschef, Konrad Meyer, kurz zuvor einen ersten Entwurf vorgelegt hatte. Der Plan sah die langfristige Eindeutschung weiter Teile der Sowjetunion vor und Meyer hielt dafür die „Evakuierung" von 31 Millionen Menschen für erforderlich.[26] Der Distrikt Lublin, wohin die ersten aus dem Reich deportierten Juden gebracht worden waren,[27] sollte nun unter Globocniks Regie Ausgangspunkt für den Aufbau eines Ostimperiums der SS werden.

Wenig später übertrug Himmler Globocnik auch die Zuständigkeit für die Errichtung der Vernichtungslager Belzec, Sobibor und schließlich Treblinka. Deren Bau wurde wahrscheinlich im Oktober 1941 beschlossen und die ersten Vorarbeiten für das Lager Belzec fingen noch im selben Monat an. Um die gleiche Zeit begann die SS, in Auschwitz einen neuen Lagerkomplex zu errichten: das zunächst als Kriegsgefangenenlager geplante spätere Vernichtungszentrum Birkenau. Von Ende August 1941 an hatten im KZ Auschwitz die ersten Experimente mit dem Giftgas Zyklon B stattgefunden; in einer ersten größeren Mordaktion wurden Anfang September 600 sowjetische Kriegsgefangene und etwa 250 kranke polnische Häftlinge durch Zyklon B ermordet. Erfahrungen mit dem Mord durch Giftgas gab es bereits durch die „Euthanasie", zu deren Opfern auch

25 Dieter Pohl, Nationalsozialistische Judenverfolgung in Ostgalizien 1941–1944. Organisation und Durchführung eines staatlichen Massenverbrechens, München 1996, S. 139–154; VEJ 9, S. 20.

26 Czesław Madajczyk, Die Okkupationspolitik Nazideutschlands in Polen 1939–1945, Berlin 1987; Mechthild Rössler/Sabine Schleiermacher (Hrsg.), Der „Generalplan Ost". Hauptlinien der nationalsozialistischen Planungs- und Vernichtungspolitik, Berlin 1993; Isabel Heinemann/Dieter Hüsken (Hrsg.), Wissenschaft, Planung, Vertreibung. Der Generalplan Ost der Nationalsozialisten. Katalog zur Ausstellung der Deutschen Forschungsgemeinschaft, Bonn 2006; Isabel Heinemann, Wissenschaft und Homogenisierungsplanungen für Osteuropa. Konrad Meyer, der „Generalplan Ost" und die Deutsche Forschungsgemeinschaft, in: dies./Patrick Wagner (Hrsg.), Wissenschaft – Planung – Vertreibung. Neuordnungskonzepte und Umsiedlungspolitik im 20. Jahrhundert, Stuttgart 2006, S. 45–72.

27 Zur sog. Nisko-Aktion siehe VEJ 3, S. 37 f. und VEJ 3/27.

KZ-Häftlinge gehörten. Ende Juli 1941 waren die ersten Häftlinge aus Auschwitz, 575 Kranke und Arbeitsunfähige, in die Tötungsanstalt Pirna-Sonnenstein gebracht und dort mittels Giftgas ermordet worden. Parallel dazu testete die SS unter anderem in Minsk und im 200 Kilometer weiter östlich gelegenen Mogilev auf Befehl Himmlers ein neues Modell eines Gaswagens, mit dem möglichst alle mobilen Mordkommandos ausgestattet werden sollten. Um die Opfer zu ersticken, wurde das Gas nun nicht mehr aus separaten Gasflaschen ins Wageninnere geleitet, sondern direkt aus dem Auspuff des Lastwagens. Für Mogilev war Mitte November 1941 eine große Krematoriumsanlage mit 32 Verbrennungskammern vorgesehen. Der neue Gaswagen wurde im November 1941 erstmals im KZ Sachsenhausen eingesetzt, im Dezember dann im Vernichtungslager Kulmhof und in Riga. So sind in den letzten Monaten des Jahres 1941 an verschiedenen Orten Bemühungen nachweisbar, den Massenmord zu professionalisieren und regelrechte Vernichtungszentren aufzubauen. Damit wurden die technischen Voraussetzungen geschaffen, um in kürzerer Zeit mehr Menschen zu ermorden, und dies mit weniger Personal und mehr Distanz der Täter zu den Opfern.[28] Da die Massenerschießungen insbesondere von Frauen und Kindern manchen Angehörigen der Erschießungsbataillone psychisch zu schaffen machten, war die SS bemüht, andere Mordmethoden zu entwickeln.[29] In diesem Zusammenhang standen sowohl die Versuche mit den Gaswagen als auch die Experimente mit Zyklon B.

In den ersten Wochen nach Beginn des Krieges gegen die Sowjetunion wurde das Generalgouvernement zum Aufnahmegebiet für Zigtausende sowjetische Kriegsgefangene. In den Lagern starben viele von ihnen an Hunger, Entkräftung oder Fleckfieber.[30] Auch in den Gettos des Distrikts Lublin grassierten Fleckfieber- und Typhusepidemien; die Sterberate dort war ähnlich hoch wie im Warschauer Getto und die Unterversorgung der Gettobevölkerung mit Lebensmitteln gleichfalls dramatisch. Und wie in Warschau, so reagierte auch im Distrikt Lublin die Verwaltung mit einer strikten Abriegelung der Gettos und der Vollstreckung der Todesstrafe gegen alle Juden, die außerhalb angetroffen wurden. Darüber hinaus gab es im Distrikt mehrfach Massenerschießungen, allein in der zweiten Jahreshälfte 1941 mindestens 25, denen sowohl sowjetische Kriegsgefangene als auch Juden zum Opfer fielen.[31]

Nachdem Frank die Hoffnung, die Juden des Generalgouvernements nach Madagaskar aussiedeln zu können, ebenso hatte aufgeben müssen wie seine Pläne zur Angliederung der Pripjetsümpfe an das Generalgouvernement, drohte nach dem Ausbleiben eines raschen Siegs über die Sowjetunion nun auch die „Ostraumlösung" in immer weitere

28 Götz Aly, „Endlösung". Völkerverschiebung und der Mord an den europäischen Juden, Frankfurt a. M. 1995, S. 358–362; Longerich, Politik der Vernichtung (wie Anm. 16), S. 445.

29 VEJ 7, S. 39; Matthias Beer, Die Entwicklung der Gaswagen beim Mord an den Juden, in: Vierteljahrshefte für Zeitgeschichte, 35 (1987), H. 3, S. 403–417; Dan Michman, Adolf Hitler, the Decision-Making Process Leading to the „Final Solution of the Jewish Question," and the Grand Mufti of Jerusalem Hajj Amin al-Hussayni: The Current State of Research, Jerusalem 2017, S. 23 f.

30 Dieter Pohl, Von der „Judenpolitik" zum Judenmord. Der Distrikt Lublin des Generalgouvernements 1939–1944, Frankfurt a. M. 1993, S. 89 f.; Bertrand Perz, The Austrian Connection: SS and Police Leader Odilo Globocnik and His Staff in the Lublin District, in: Holocaust and Genocide Studies 29 (2015), H. 3, S. 400–430.

31 Pohl, „Judenpolitik" (wie Anm. 30), S. 90, 94.

Ferne zu rücken, obwohl ihm Hitler in den vorangegangenen Monaten mehrfach versichert hatte, die Juden würden „in absehbarer Zeit aus dem Generalgouvernement entfernt“ werden.[32] Am 13. Oktober 1941 sprach Frank mit dem Reichsminister für die besetzten Ostgebiete, Alfred Rosenberg, über die Möglichkeit, die Juden aus dem Generalgouvernement in die von der Wehrmacht eroberten Gebiete der Sowjetunion abzuschieben. Auch die deutsche Militärverwaltung in Frankreich hatte bei Rosenberg bereits die Möglichkeiten einer Abschiebung der Juden in die besetzten Ostgebiete sondiert. Allerdings sah dieser im Gespräch mit Frank Mitte Oktober dazu „noch keine Möglichkeit“, erklärte jedoch für die Zukunft seine Bereitschaft zur Aufnahme der Juden, „zumal die Absicht bestehe, überhaupt die asozialen Elemente innerhalb des Reichsgebiets in die dünn besiedelten Ostgebiete zu verschicken“.[33] Gut zwei Monate später erfuhr Frank in seinem Bemühen, die Juden aus dem Generalgouvernement nach Osten abzuschieben, in Berlin erneut eine Abfuhr, aber erhielt gleichzeitig einen entscheidenden Hinweis: Nachdem die Regierung des Generalgouvernements aufgefordert worden war, einen Vertreter zur Besprechung über die „Gesamtlösung der Judenfrage“ nach Berlin zu schicken (Dok. 47), hatte Franks Staatssekretär Josef Bühler Erkundigungen eingezogen, über die Frank dann auf der Regierungssitzung in Krakau am 16. Dezember 1941 berichtete. Mit den Juden müsse „so oder so Schluss gemacht werden. [...] Ich werde daher den Juden gegenüber grundsätzlich nur von der Erwartung ausgehen, dass sie verschwinden. Sie müssen weg.“ Er habe, so Frank weiter, Verhandlungen geführt, um sie nach Osten abzuschieben. „Aber was soll mit den Juden geschehen? Glauben Sie, man wird sie im Ostland in Siedlungsdörfern unterbringen? Man hat uns in Berlin gesagt: Weshalb macht man diese Scherereien; wir können im Ostland oder im Reichskommissariat [Ukraine] auch nichts mit ihnen anfangen, liquidiert sie selber!“ Dass sämtliche Juden ermordet würden, stand für Frank zu diesem Zeitpunkt fest: „Wir müssen die Juden vernichten, wo immer wir sie treffen und wo es irgend möglich ist, um das Gesamtgefüge des Reiches hier aufrechtzuerhalten.“[34] Seine Überlegungen konzentrierten sich nicht mehr darauf, wohin man die Juden aussiedeln könne, sondern welche Methoden zu ihrer Vernichtung anzuwenden seien.

Wie im Generalgouvernement waren auch in den annektierten polnischen Gebieten die deutschen Verwaltungsbehörden bestrebt, Judendeportationen in ihr Gebiet möglichst abzuwehren und gleichzeitig die „eigenen“ Juden nach Osten abzuschieben oder auf andere Weise loszuwerden. Im Juli 1941 hatte der Leiter der Umwandererzentralstelle Posen, SS-Sturmbannführer Rolf-Heinz Höppner, in einem Brief an Eichmann bereits Vorschläge zur „Lösung der Judenfrage im Reichsgau Wartheland“ unterbreitet: Da die

32 Laut Frank hatte Hitler ihm am 25.3.1941 gesagt, das Generalgouvernement werde „als erstes Gebiet judenfrei gemacht“; Das Diensttagebuch des deutschen Generalgouverneurs in Polen 1939–1945, hrsg. von Werner Präg und Wolfgang Jacobmeyer, Stuttgart 1975, S. 337. Am 19.6.1941, also unmittelbar vor dem deutschen Überfall auf die Sowjetunion, hatte Hitler dann, wie hier zitiert, von der Entfernung der Juden „in absehbarer Zeit“ gesprochen; ebd., S. 386; siehe auch VEJ 3, S. 53 und 59.

33 Diensttagebuch des Generalgouverneurs (wie Anm. 32), S. 413, Eintrag vom 14.10.1941; siehe auch Raul Hilberg, Die Vernichtung der europäischen Juden, Bd. 2, Frankfurt a. M. 1990, S. 505; Christopher Browning, Die Entfesselung der „Endlösung“. Nationalsozialistische Judenpolitik 1939–1942, München 2003, S. 475.

34 VEJ 9/26; siehe auch Hilberg, Vernichtung (wie Anm. 33), S. 505 f.

Gefahr bestehe, dass im kommenden Winter die Juden nicht mehr sämtlich ernährt werden können, wäre zu erwägen, die nicht arbeitsfähigen Juden „durch irgendein schnellwirkendes Mittel zu erledigen". Außerdem schlug Höppner vor, „sämtliche Jüdinnen, von denen noch Kinder zu erwarten sind, zu sterilisieren, damit mit dieser Generation tatsächlich das Judenproblem restlos gelöst wird".[35]

Am 18. September eröffnete Himmler dem Gauleiter im Warthegau, Arthur Greiser, dass das Altreich sowie das Protektorat Böhmen und Mähren auf Wunsch Hitlers „möglichst bald [...] von Juden geleert und befreit werden" und in diesem Zusammenhang 60 000 Juden in das bereits überfüllte Getto Litzmannstadt deportiert werden sollten.[36] Daraufhin kam es zu einer vehementen Auseinandersetzung mit dem für Litzmannstadt zuständigen Regierungspräsidenten Friedrich Uebelhoer, der die Deportationen mit dem Argument abzuwehren versuchte, dass dadurch die Produktion für die Wehrmacht in den Werkstätten des Gettos behindert würde. Am 11. Oktober stützte General Georg Thomas vom Wehrwirtschafts- und Rüstungsamt diese Position und bat Himmler darum, Juden und „Zigeuner" in ein anderes Getto als Litzmannstadt einzuweisen.[37] Tatsächlich wurde die Zahl derer, die nach Litzmannstadt deportiert werden sollten, auf 25 000 Menschen gesenkt, während weitere 25 000 jeweils in die Gettos Riga und Minsk verbracht wurden.[38]

Dadurch aber war die Zahl der in den eingegliederten Ostgebieten lebenden Juden nicht, wie von den dortigen Verwaltungsbehörden gefordert, vermindert, sondern im Gegenteil noch erhöht worden. Durch die Abschiebung der Juden ins Generalgouvernement wollten sie Platz für die Ansiedlung auslandsdeutscher Siedler schaffen, die aus der Sowjetunion und anderen Ländern „heim ins Reich" geholt worden waren, nun aber in den Umsiedlerlagern lebten, weil ihnen nicht in hinreichendem Umfang Bauernhöfe, Handwerksbetriebe und Wohnungen zwangsausgesiedelter Polen und Juden zur Verfügung gestellt werden konnten. Adolf Eichmann, im Reichssicherheitshauptamt nicht nur für Juden-, sondern auch für Umsiedlungsangelegenheiten zuständig, suchte die Behörden in den eingegliederten Ostgebieten zu beschwichtigen, indem er darauf verwies, dass mit der Wiederaufnahme einer Evakuierung „zur Zeit" nicht gerechnet werden könne, er aber auf der Suche nach einer vorläufigen „Ausweichmöglichkeit" in den besetzten Gebieten der Sowjetunion sei. Allerdings, so teilte er den für die eingegliederten Ostgebiete zuständigen Umsiedlungsexperten mit, müsse erst eine Verbesserung der Transportlage abgewartet werden.[39]

Obwohl also die Frage, wohin die Juden abgeschoben werden sollten, nach wie vor nicht geklärt war, betrieb das Reichssicherheitshauptamt weiterhin die Deportation der deutschen Juden. Am 4. Oktober 1941 traf Heydrich einige Beamte des Reichsministeriums für die besetzten Ostgebiete, darunter den stellvertretenden Minister Alfred Meyer, um Kompetenzstreitigkeiten in Bezug auf die antijüdische Politik in diesen Gebieten zu klären. Die Vertreter des Ostministeriums beharrten darauf, ihre eigenen Sachbearbeiter

35 VEJ 4/314.
36 Wie Anm. 14.
37 BArch, NS 19/2655, Bl. 44 f.
38 Longerich, Politik der Vernichtung (wie Anm. 16), S. 433 f.
39 Schreiben Eichmanns vom 29.9.1941 an Ernst Fähndrich, in Kopie an die Umwandererzentralstelle Posen, zit. nach: Aly, „Endlösung" (wie Anm. 28), S. 351.

für Judenfragen zu beschäftigen; Heydrich hingegen wollte die Zuständigkeit für die antijüdische Politik beim Reichssicherheitshauptamt zentralisiert wissen. Ansonsten bestehe die Gefahr, dass der „Plan einer totalen Aussiedlung der Juden aus den von uns besetzten Gebieten zunichte[gemacht]" würde, weil etwa die Wirtschaft Juden als unentbehrlich reklamieren könne, statt sich um andere Arbeitskräfte zu bemühen.[40] In den Notizen zu der Besprechung ist von „Aussiedlung" die Rede, ohne dass ein Zielort genannt wurde.

Zwei Tage später, am 6. Oktober 1941, erklärte Hitler gegenüber dem Wehrmachtsbevollmächtigten beim Reichsprotektor, General Rudolf Toussaint, die Juden sollten alle aus dem Protektorat „entfernt werden, und zwar nicht erst ins Generalgouvernement, sondern gleich weiter nach Osten". Momentan sei dies nur nicht möglich, weil die Transportmittel für militärische Zwecke gebraucht würden. „Mit den Protektoratsjuden", so Hitler weiter, „sollen gleichzeitig alle Juden aus Berlin und Wien verschwinden." (Dok. 243)

Verbündete und Berater

Auch an der Peripherie des deutschen Machtbereichs hatte der Krieg gegen die Sowjetunion zu einer Verschärfung im Vorgehen gegen die Juden geführt – unter Mitwirkung der in diese Staaten entsandten deutschen „Judenberater". Die Slowakei, die auch mit eigenen Truppen an dem Feldzug beteiligt war, führte die Kennzeichnung der Juden und ihrer Wohnungen ein, beschränkte ihre Freizügigkeit und verabschiedete im September 1941 mit dem sogenannten Judenkodex einen ganzen Katalog von Maßnahmen gegen die ohnehin schon diskriminierte und bereits weitgehend enteignete jüdische Minderheit.[41] Seit Juli 1940 war auf Vorschlag Eichmanns dessen Mitarbeiter SS-Hauptsturmführer Dieter Wisliceny als sogenannter Judenberater in Bratislava (Pressburg) tätig, wo er eng mit der deutschen Gesandtschaft kooperierte und seinen Einfluss in allen Ministerien geltend machte, die in die antijüdische Politik involviert waren. Er war der erste „Judenberater", der direkt vom Reichssicherheitshauptamt entsandt wurde, während in anderen Staaten meist deutsche Diplomaten diese Funktion wahrnahmen.[42] Am 20. Oktober 1941 erläuterte Himmler der slowakischen Staatsführung die deutschen Pläne, die Juden nach Polen abzuschieben, und bei dieser Gelegenheit wurde auch über die slowakischen Juden gesprochen. Anfang Dezember 1941 konnte der deutsche Gesandte in Preßburg, Hanns Ludin, nach Berlin melden, dass die slowakische Regierung damit einverstanden sei, wenn die im Reich lebenden slowakischen Juden ebenso behandelt würden wie die deutschen, das heißt in die Gettos im besetzten Polen abgeschoben würden. Allein auf das Vermögen dieser Juden erhob die slowakische Regierung Anspruch (Dok. 153).[43]

40 Zit. nach: Longerich, Politik der Vernichtung (wie Anm. 16), S. 439 f.; Alfred Rosenberg, Die Tagebücher von 1934 bis 1944, hrsg. und kommentiert von Jürgen Matthäus und Frank Bajohr, Frankfurt a. M. 2015, S. 75.

41 VEJ 13/38.

42 Leni Yahil, The Holocaust. The Fate of European Jewry, New York u. a. 1987, S. 180.

43 Der Dienstkalender Heinrich Himmlers 1941/42, hrsg. von Peter Witte u. a., Hamburg 1999, S. 241, Eintrag vom 20.10.1941; VEJ 13, S. 21 und VEJ 13/45.

Im „Unabhängigen Staat Kroatien" ging die faschistische Ustascha-Regierung seit der Staatsgründung im April 1941 mit Unterstützung der deutschen Verbündeten besonders grausam gegen Serben, Juden und Roma vor. Die Juden wurden als nicht zur Nation gehörig angesehen und zur Auswanderung gedrängt. Sie unterlagen diskriminierenden Bestimmungen nach dem Vorbild der Nürnberger Gesetze[44] und hatten im Rahmen einer radikal durchgeführten „Arisierungs"-Kampagne einen Großteil ihres Eigentums verloren. Als nach dem Überfall auf die Sowjetunion auch in Kroatien die Attentate und Sabotageakte zunahmen und die kommunistische Aufstandsbewegung weite Teile des Staatsgebiets unter ihre Kontrolle brachte, trafen die Vergeltungsaktionen des Regimes Juden in besonderem Maße. Ganze Familien wurden in Konzentrationslagern inhaftiert. Im Juli 1941 bekräftigte Hitler gegenüber dem kroatischen Verteidigungsminister Slavko Kvaternik seine Entschlossenheit, die Juden aus Europa zu entfernen. In der Mitschrift der Unterredung heißt es: „Wenn auch nur ein Staat aus irgendwelchen Gründen eine jüdische Familie bei sich dulde, so würde diese der Bazillenherd für eine neue Zersetzung werden. Gäbe es keine Juden mehr in Europa, so würde die Einigkeit der europäischen Staaten nicht mehr gestört werden. Wohin man die Juden schicke, nach Sibirien oder nach Madagaskar, sei gleichgültig. Er werde an jeden Staat mit dieser Forderung herantreten."[45] Eben diese Aufgabe übernahmen in den folgenden Monaten Diplomaten des Auswärtigen Amts. In Anerkennung dessen bat die kroatische Regierung Ende September 1941 bei der deutschen Gesandtschaft in Zagreb um Übersendung der deutschen Judengesetze, da die Judenfrage zu den wichtigen Fragen gehöre, „die in unserem jungen Staate auf ihre definitive Lösung warten".[46] Von September 1941 an wurden im neu errichteten und schon bald berüchtigten Lager Jasenovac vor allem Juden inhaftiert. Ende des Jahres 1941 waren bereits zwei Drittel der kroatischen Juden in Konzentrationslager deportiert worden.

Das verbündete Rumänien hatte sich am Angriff auf die Sowjetunion mit beträchtlichen Truppenkontingenten beteiligt und binnen kurzem nicht nur das 1940 unter Druck an die Sowjetunion abgetretene Bessarabien und die Nordbukowina zurückerobert, sondern auch das östlich davon gelegene Transnistrien einschließlich des Großraums Odessa von den Deutschen als Besatzungsgebiet zugesprochen bekommen. Dorthin deportierten die rumänischen Behörden von August 1941 an Juden aus Bessarabien und der Bukowina. Als die östlich der neuen Grenze in der Ukraine operierenden deutschen Truppen die Juden nach Rumänien zurücktrieben, protestierte der rumänische Staatschef Ion Antonescu.[47] Bereits bei der Vertreibung kamen etwa 60 000 Menschen um, noch weit mehr starben in den folgenden Monaten unter den entsetzlichen Bedingungen, an den Folgen von Hunger und Zwangsarbeit in den Gettos und Lagern Transnistriens. Zudem ermordeten rumänische Truppen im Oktober etwa 25 000 Juden, unter anderem als „Sühnemaßnahme" für ein Bombenattentat, bei dem am 22. Oktober 1941

44 VEJ 14/88 und 89.

45 Aufzeichnung des Gesandten Hewel über Hitlers Unterredung mit Slavko Kvaternik im Beisein von Joachim von Ribbentrop und Wilhelm Keitel im Führerhauptquartier, 22.7.1941; Abdruck: VEJ 14/100.

46 Schreiben aus dem Büro des kroatischen Staatsführers, gez. Sabljak, an die Gesandtschaft des Deutschen Reichs, 29.9.1941; Abdruck: VEJ 14/113.

47 Burrin, Hitler (wie Anm. 24), S. 115.

in Odessa 80 deutsche und rumänische Militärangehörige umgekommen waren.[48] Die Deportationen waren ein weiterer Schritt der rumänischen Führung in Richtung auf eine ethnische „Homogenisierung" der zurückeroberten Gebiete. In den Jahren zuvor hatte sie bereits mit dem gleichen Ziel Juden massiv zur Auswanderung gedrängt, ihre Bürgerrechte eingeschränkt, ausländischen Juden die Aufenthaltsgenehmigung sowie vielen anderen durch Berufsverbote die Lebensgrundlage entzogen. Mitte November 1941 erklärte General Antonescu auf Anfrage des Auswärtigen Amts, dass an der Rückkehr der im Reich lebenden rumänischen Juden kein Interesse bestehe und sie ebenso wie die deutschen Juden in die Gettos im Osten abgeschoben werden könnten.[49]

Wann genau die Entscheidung zur Ermordung der europäischen Juden gefällt wurde, ist bis heute umstritten. Vieles spricht jedoch dafür, dass dies in den letzten Wochen des Jahres 1941 geschah, noch bevor am 20. Januar 1942 auf der Wannsee-Konferenz die Abfolge der Deportationen koordiniert wurde. Offenkundig ist, dass die Verantwortlichen in Berlin Ende September/Anfang Oktober 1941 die antijüdische Politik nicht nur in Deutschland, sondern in ganz Europa radikalisierten.[50] Der Angriff auf die Sowjetunion schien die Möglichkeit zu eröffnen, die Juden nach Beendigung des Feldzugs in die neu eroberten Gebiete im Osten abzuschieben. Während das „Unternehmen Barbarossa" nach einigen militärischen Anfangserfolgen ins Stocken geriet, wüteten SS- und Polizeiverbände hinter den Frontlinien immer brutaler und trugen so dazu bei, den massenhaften Mord zumindest als ersten Schritt zur „Lösung der Judenfrage" praktikabel erscheinen zu lassen. Eine zentrale Anweisung zur Ermordung aller Juden ist nicht bekannt; wahrscheinlich gab es dezentral in den verschiedenen Regionen des deutschen Herrschaftsbereichs unterschiedliche Motive, die antijüdische Politik bis zur Ermordung zu verschärfen. Einzelne Gruppen von Juden gerieten aus jeweils unterschiedlichen Gründen ins Visier von Juden- und Umsiedlungsexperten, Gauleitern und anderen Regionalpotentaten, denen dann die Beseitigung der unerwünschten Minderheit als Ausweg aus ihren jeweiligen Ressortproblemen erschien, unabhängig davon, ob es sich um Wohnungsnot, Versorgungsengpässe, Seuchengefahr oder Defätismus in der Bevölkerung handelte. Nachdem man den Juden jahrelang jedes Übel angelastet hatte, wurde nun ihre schiere Existenz zur Disposition gestellt. Andere Verbrechen hatten die Hemmschwelle zum Massenmord zusätzlich gesenkt: Im Rahmen der „Euthanasie" waren bis August 1941 allein in Deutschland 70 000 Psychiatriepatienten ermordet worden, hinzu kamen Tausende Opfer des Krankenmordes in den eingegliederten Ostgebieten. Vom Frühjahr 1941 an fuhren die „Euthanasie"-Ärzte zudem auch in die Konzentrationslager, wo sie Häftlinge zur Ermordung auswählten, die als politisch oder rassisch unerwünscht galten, krank oder aufgrund von Erschöpfung arbeitsunfähig waren. Binnen eines Jahres wurden im Rahmen dieser unter dem Kürzel „14f13" firmierenden Mordkampagne mindestens 10 000 Häftlinge getötet. Seit dem Spätsommer 1941 starben die sowjetischen

48 VEJ 7, S. 67; VEJ 13, S. 63.

49 VEJ 13/175.

50 Yahil, The Holocaust (wie Anm. 42), S. 288–305; Aly, „Endlösung" (wie Anm. 28), S. 327–367; Christian Gerlach, Die Wannsee-Konferenz, das Schicksal der deutschen Juden und Hitlers politische Grundsatzentscheidung, alle Juden Europas zu ermorden, in: ders., Krieg, Ernährung, Völkermord, Hamburg 1998, S. 85–166; Longerich, Politik der Vernichtung (wie Anm. 16), S. 421 bis 472; Browning, Entfesselung (wie Anm. 33), S. 536–603; Friedländer, Jahre der Vernichtung (wie Anm. 16), S. 289–358;

Kriegsgefangenen in deutschen Lagern zu Hunderttausenden, die meisten verhungerten. In der besetzten Sowjetunion kalkulierten die deutschen Kriegsstrategen mit vielen Millionen, die nicht in Kampfhandlungen, sondern aufgrund gezielter Hungerpolitik sterben sollten. Am 25. November 1941 kündigte Göring gegenüber dem italienischen Außenminister Graf Ciano an, dass noch im selben Jahr „20 bis 30 Millionen Menschen in Rußland verhungern“ würden, und fügte hinzu: „Vielleicht ist das gut so, da bestimmte Völker dezimiert werden müssen.“[51] Angesichts solcher Massenverbrechen verlor der Mord an den Juden, denen die deutsche Propaganda die Schuld am Krieg zuschrieb, für die Täter zunehmend die Dimension des Unvorstellbaren. Ging es um die Frage, welche „Teillösungen“ machbar seien, diskutierten die Verantwortlichen immer offener auch über die Möglichkeit des Massenmords, wie ihn die Einsatzgruppen in den besetzten Gebieten der Sowjetunion seit August 1941 bereits praktizierten.

Die Radikalisierung der antijüdischen Politik im Herbst 1941 entstand also aus dem Widerspruch zwischen der Entscheidung zur vorgezogenen Deportation der Juden aus dem Reich und Teilen Westeuropas einerseits und der Stagnation des Feldzugs gegen die Sowjetunion, die eine Abschiebung in die besetzten Ostgebiete unmöglich machte, andererseits, während gleichzeitig immer mehr Menschen den dezentralen Mordaktionen in den besetzten Gebieten der Sowjetunion und Teilen des Generalgouvernements zum Opfer fielen. Die anvisierte sogenannte Zwischenlösung, das heißt die Deportation in die Gettos im besetzten Polen, stieß jedoch auf Ablehnung der dortigen Besatzungsbehörden. Gleichzeitig häuften sich die Ankündigungen führender Politiker, aber auch der Praktiker der Besatzungs- und Umsiedlungspolitik, dass die Zeit für eine „Lösung“, „Endlösung“ oder „Gesamtlösung der Judenfrage in Europa“ gekommen sei. Und tatsächlich ergriffen an der Peripherie des deutschen Herrschaftsbereichs SS und Wehrmacht verschiedentlich die Initiative und entledigten sich der Juden auf eigene Faust. Das Reichssicherheitshauptamt agierte zweigleisig, indem es diejenigen, die auf eine Abschiebung der Juden drängten, auf später vertröstete und gleichzeitig die Deportation der Juden aus Deutschland und dem Protektorat vorantrieb. Ende November, als Heydrich erstmals zur kurz darauf verschobenen Wannsee-Konferenz einlud, schien dann der Zeitpunkt gekommen, um die Deportationen aus ganz Europa zu koordinieren.

Vorbereitendes und vorauseilendes Morden

An den Zielorten der ersten Deportationen aus dem Reich, in den Gettos von Litzmannstadt, Riga und Minsk, wurden im Herbst 1941 Vorbereitungen getroffen, um für die Aufnahme der deutschen, österreichischen und tschechischen Juden Platz zu schaffen – durch die Ermordung der einheimischen polnischen, lettischen und weißrussischen Juden. In Litzmannstadt geschah dies nicht an Ort und Stelle, sondern im 70 Kilometer nordwestlich im Dorf Chełmno gelegenen Vernichtungslager Kulmhof. Dort standen, wie erwähnt, Anfang Dezember 1941 zunächst zwei, später drei Gaswagen bereit, wie man schon zuvor Gaswagen bei der Tötung von Patienten der Heilanstalten in

51 Les Archives Secrètes du Comte Ciano 1936–1942, Paris 1948, S. 478, zit. nach: Madajczyk, Okkupationspolitik (wie Anm. 26), S. 92.

der Region benutzt hatte. Das Sonderkommando Lange, das bereits für den Krankenmord im Warthegau verantwortlich gewesen war, stellte nun gemeinsam mit der Ordnungspolizei aus Litzmannstadt das Personal des Lagers. Nachdem im Oktober und November 1941 etwa 20 000 Juden aus dem gesamten Reichsgebiet und dem Protektorat sowie 5000 sogenannte Zigeuner aus dem Burgenland zunächst zusätzlich zu den damals ca. 144 000 Insassen im Getto Litzmannstadt eingesperrt worden waren, begannen im Januar 1942 die Deportationen polnischer Gettobewohner nach Kulmhof unter dem Vorwand des Arbeitseinsatzes. Zwischen dem 12. und 29. Januar wurden 10 103 Juden aus dem Getto Litzmannstadt in Kulmhof ermordet.[52]

In Minsk ermordete die SS am 7. November 1941 insgesamt 7000 und am 20. November weitere 5000 Bewohner des dortigen Gettos, um Platz für die Aufnahme der aus dem Deutschen Reich und dem Protektorat verschleppten Juden zu schaffen.[53]

In Riga erschossen SS-Männer, deutsche Polizisten und lettische Hilfspolizisten unter Leitung des Höheren SS- und Polizeiführers Friedrich Jeckeln am 30. November sowie am 8. und 9. Dezember 1941 insgesamt 26 000 lettische Juden. Auf diese Weise wurde das „große Getto" ausgelöscht, während im „kleinen Getto" etwa 4000 arbeitsfähige jüdische Männer sowie einige hundert Frauen vorerst verschont blieben.[54] Den Auftrag zu diesen Erschießungen hatte Himmler Mitte November im Hinblick auf die Deportationen aus dem Deutschen Reich, dem Protektorat und Luxemburg erteilt. Die Erschießung der nach Riga deportierten deutschen Juden hatte er explizit verboten. Doch traf seine Anordnung erst am Mittag des 30. November ein, nachdem am Morgen bereits 1053 Berliner Juden direkt nach ihrer Ankunft ermordet worden waren.[55] Empört über dessen eigenmächtiges Handeln bestellte Himmler Friedrich Jeckeln zum Rapport ein. Himmlers Rüge ist ein Indiz dafür, dass über die Ermordung der deutschen Juden zu diesem Zeitpunkt noch nicht entschieden worden war; zugleich aber offenbart Jeckelns Vorstoß auch, wie naheliegend es für die inzwischen an das Morden gewöhnten

52 Das Vernichtungslager Kulmhof wird ausführlich in VEJ 10 dokumentiert. Friedländer, Jahre der Vernichtung (wie Anm. 16), S. 342–344; Andrea Löw, Juden im Getto Litzmannstadt. Lebensbedingungen, Selbstwahrnehmung, Verhalten, Göttingen 2010 (Erstauflage 2006), S. 263–291; Ingo Loose, Wartheland, in: Wolf Gruner/Jörg Osterloh (Hrsg.), Das „Großdeutsche Reich" und die Juden. Nationalsozialistische Verfolgung in den „angegliederten Gebieten", Frankfurt a. M. u. a. 2010, S. 229–258; ders., Das Vernichtungslager Kulmhof am Ner (Chełmno nad Nerem) 1941 bis 1945, in: Beate Meyer (Hrsg.), Deutsche Jüdinnen und Juden in Ghettos und Lagern (1941–1945). Łódź, Chełmno, Minsk, Riga, Auschwitz, Theresienstadt, Berlin 2017, S. 54–75.

53 Gerlach, Wannseekonferenz (wie Anm. 50), S. 96; Alfred Gottwaldt/Diana Schulle, Die „Judendeportationen" aus dem Deutschen Reich. Eine kommentierte Chronologie, Wiesbaden 2005, S. 89; Robert Gerwarth, Reinhard Heydrich. Biographie, München 2011, S. 261; Petra Rentrop, Das Minsker Ghetto (1941–1943), in: Anja Reuss/Kristin Schneider (Hrsg.), Berlin – Minsk. Unvergessene Lebensgeschichten. Ein Gedenkbuch für die nach Minsk deportierten Berliner Jüdinnen und Juden, Berlin 2013, S. 68–77; VEJ 8/15.

54 Bernhard Press, Judenmord in Lettland 1941–1945, Berlin 1988, S. 88–92.

55 VEJ 7, S. 57; Gerald Fleming, Hitler and the Final Solution, Oxford 1986, S. 78–90; Gottwaldt/Schulle, „Judendeportationen" (wie Anm. 53), S. 111; Gerlach, Krieg, Ernährung (wie Anm. 53), S. 95; Peter Klein, Die Wannsee-Konferenz als Echo auf die gefallene Entscheidung zur Ermordung der europäischen Juden, in: Norbert Kampe/Peter Klein (Hrsg.), Die Wannsee-Konferenz am 20. Januar 1942. Dokumente, Forschungsstand, Kontroversen, Köln u. a. 2013, S. 182–201, hier: S. 195 f.

SS-Einheiten war, ihren Vernichtungsfeldzug nun auch auf die deutschen Juden auszudehnen.

Die mit späteren Zügen nach Riga deportierten deutschen Juden wurden ins Behelfslager Jungfernhof, vor allem aber in das Rigaer Getto eingewiesen – in die zwischenzeitlich von Deutschen und Letten geplünderten Wohnungen der kurz zuvor erschossenen lettischen Juden.[56]

Im litauischen Kaunas, wo in der zweiten Novemberhälfte 1941 fünf Deportationszüge aus verschiedenen deutschen Städten und aus Wien eintrafen, erschoss das Einsatzkommando 3 der Sicherheitspolizei und des SD sämtliche 4934 Juden noch Ende November in dem außerhalb der Stadt gelegenen Fort IX. Auch diese Erschießungen gingen wahrscheinlich auf die Initiative des Höheren SS- und Polizeiführers Jeckeln zurück und waren von Himmler oder Heydrich nicht genehmigt worden.

Gerüchte über diese Massenerschießungen von Juden in Riga und Kaunas kursierten bald in Deutschland. Meist beruhten sie auf den Berichten der Täter.[57] Kurz nach dem Massaker an den lettischen Juden trafen auch im Getto Riga zwei Gaswagen ein. Zweck ihres Einsatzes war es nicht in erster Linie, das Morden zu beschleunigen, sondern die Täter zu schonen.

Die Lage der Juden im Deutschen Reich

Versorgungslage und Alltagsleben

Anfang September 1941 notierte Victor Klemperer in sein Tagebuch: „Es wird nicht gehungert, Lebensmittel sind knapp, für uns *sehr* knapp, aber man *hungert nicht.*“[58] Seit Kriegsbeginn war die Lebensmittelrationierung eingeführt worden; frisches Obst und Fleisch waren bald für die meisten Deutschen Mangelware. Wie in der Baubranche und in der Konsumgüterindustrie allgemein wurden auch auf dem Lebensmittelmarkt zunehmend Ersatzprodukte minderer Qualität gehandelt; auf Vollmilch hatten nur noch Schwerarbeiter, Schwangere und Kinder Anspruch. Bereits im Sommer 1941 machte sich unter der Bevölkerung vor allem in den Großstädten aufgrund der schlechten Ernährungslage Missstimmung breit. In Berlin kursierten Gerüchte, dass in den Metzgereien Hundefleisch verkauft würde.[59] Lange Arbeitswege, unzureichende Verkehrsverbindungen, häufige

56 Press, Judenmord (wie Anm. 54), S. 110–117; Andrej Angrick/Peter Klein, Die „Endlösung“ in Riga. Ausbeutung und Vernichtung 1941–1944, Darmstadt 2006, S. 212–245; S. Alexander Bergmann, Aufzeichnungen eines Untermenschen. Ein Bericht über das Ghetto Riga und die deutschen Konzentrationslager, Bremen 2009, S. 44–54.

57 Gerlach, Krieg, Ernährung (wie Anm. 53), S. 97–99; Wolfgang Scheffler/Diana Schulle, Buch der Erinnerung. Die ins Baltikum deportierten deutschen, österreichischen und tschechoslowakischen Juden, München 2003; Christoph Dieckmann, Deutsche Besatzungspolitik in Litauen 1941–1944, Bd. 2, Göttingen 2011, S. 959–976; VEJ 7, S. 56–58 und VEJ 7/229. Gottwaldt/Schulle, „Judendeportationen“ (wie Anm. 53), S. 103–109 gehen von 7000 deutschen Juden aus, die in Kaunas ermordet wurden.

58 Victor Klemperer, Ich will Zeugnis ablegen bis zum letzten. Tagebücher 1933–1945, Berlin 1995, Bd. 1, S. 661, Eintrag vom 2.9.1941.

59 Nancy R. Reagin, Sweeping the German Nation. Domesticity and National Identity in Germany, 1870–1945, Cambridge 2007, S. 173–178.

nächtliche Luftangriffe und Versorgungsengpässe erschwerten den Alltag in deutschen Großstädten in der zweiten Jahreshälfte 1941. Unter Arbeitern, insbesondere bei älteren Leuten und Frauen, erhöhte sich der Krankenstand, der Nahrungsmangel führte zu gravierenden Gewichtsverlusten. Das Wehrwirtschafts- und Rüstungsamt sowie das Reichsministerium für Bewaffnung und Munition versuchten den Produktionsausfällen entgegenzusteuern, indem sie harte Strafen bei Arbeitsverweigerung bis hin zur Einweisung in ein Arbeitserziehungslager androhten.[60] Die sinkende Arbeitsmoral hatte nicht zuletzt auch mit der Überbeanspruchung durch Sonderschichten und Akkordarbeit zu tun. Lohnzulagen waren nur bedingt ein Ansporn mehr zu arbeiten, solange das Warenangebot ohnehin begrenzt und zudem durch die Bezugsscheinvergabe reguliert war.[61]
Die Juden waren ungleich schlechteren Bedingungen unterworfen als die übrige Bevölkerung. Ihre Lebensmittelkarten waren mit einem „J“ gestempelt und für wesentlich geringere Rationen ausgelegt als die der nichtjüdischen Deutschen. Je nach Versorgungslage änderten sich die Bestimmungen darüber, welche Produkte an Juden gar nicht verkauft werden durften. Blanka Alperowitz, die noch im Herbst 1942 aus Deutschland entkommen war, schrieb kurz darauf in Palästina ihre Eindrücke von der allmonatlichen Ausgabe der Lebensmittelkarten in Berlin nieder: „So war die erste Überraschung schon nach wenigen Kriegsmonaten, dass wir Juden keine Milchkarte erhielten. Bald darauf war die Kuchenkarte ‚nur noch für Schwarzbrot‘ gültig. Ein andermal bekamen wir keine Eierkarten mehr, oder wir durften uns nicht mehr für Fisch- und Räucherwaren eintragen lassen. […] Zuletzt erhielten wir auch keine Fleischkarten mehr.“[62] Im Herbst 1941 wurde schließlich aufgrund der schlechten Ernte auch das Grundnahrungsmittel Kartoffeln knapp. Emilie Braach vertrat in dieser Zeit ihre Mutter, die nach den NS-Gesetzen als „Mischling“ galt und eine kleine Pension führte, in der acht ältere Juden wohnten. Für diese war, so Emilie Braach in einem Brief an ihre Tochter, „die Lebensmittelbeschaffung schier unmöglich. […] Mutter und Vater sind dadurch, daß sie nicht direkt als Juden gelten, besser dran. Aber stell Dir vor: zwei Leute, die berechtigt sind, Kartoffeln zu kaufen, und acht Pensionäre plus zwei Hausgehilfinnen, die alle satt werden wollen.“[63]
In vielen Städten war den Juden das Einkaufen ohnehin nur in bestimmten Läden und am Spätnachmittag erlaubt, wenn die Regale bereits leer gekauft waren. In manchen Städten, etwa in Kassel, mussten sie höhere Lebensmittelpreise zahlen als Nichtjuden. Kaffee, Tee, Reis, Konserven, Kunsthonig und Obst wurden an Juden nicht mehr verkauft (Dok. 5); ein Erlass des Reichsernährungsministeriums vom September 1942 ver-

60 Bernhard Kroener, Die personellen Ressourcen des Dritten Reiches im Spannungsfeld zwischen Wehrmacht, Bürokratie und Kriegswirtschaft 1939–1945, in: ders./Rolf-Dieter Müller/Hans Umbreit (Hrsg.), Das Deutsche Reich und der Zweite Weltkrieg, Bd. 5: Organisation und Mobilisierung des deutschen Machtbereichs, 1. Halbband: Kriegsverwaltung, Wirtschaft und personelle Ressourcen 1939–1941, Stuttgart 1988, S. 953–955.

61 Klaus-Michael Mallmann/Gerhard Paul, Herrschaft und Alltag. Ein Industrierevier im Dritten Reich, Bd. 2, Bonn 1991, S. 64–69.

62 Blanka Alperowitz, Die letzten Tage des deutschen Judentums. Berlin Ende 1942, hrsg. von Klaus Hillenbrand, Berlin 2017 (Erstausgabe: Tel Aviv 1943), S. 42.

63 Emilie Braach, Wenn meine Briefe Dich erreichen könnten. Aufzeichnungen aus den Jahren 1939 bis 1945, hrsg. und ausgewählt von Bergit Forchhammer, Frankfurt a. M. 1987, S. 93; siehe auch Mallmann/Paul, Herrschaft und Alltag (wie Anm. 61), S. 77; Klemperer, Zeugnis (wie Anm. 58), S. 689 f., Einträge vom 28. und 30.11.1941.

bot außer der Abgabe von Fleisch und allen Weizenprodukten an Juden auch den Verkauf von Milch und Eiern sowie sämtliche Sonderzuteilungen an sie.[64] Kleiderkarten erhielten sie bereits seit Kriegsbeginn nicht mehr, für Schuhe noch nicht einmal mehr Reparaturkarten.

Die Enteignung der Juden spielte zwar für die Finanzierung der militärischen Ausgaben keine wesentliche Rolle, war aber für die Befriedung im Innern nicht unwichtig. Die Versteigerung von Hausrat und Möbeln und die Räumung der Wohnungen von Juden boten die Möglichkeit, die Verluste durch Bombenschäden zumindest partiell auszugleichen oder den nichtjüdischen Nachbarn zu dem einen oder anderen Schnäppchen zu verhelfen, was die Kritik an der Versorgungslage besänftigte.

Die Zwangsarbeit für Juden war schon seit längerem über die offiziell verfügte Altersbegrenzung von 18 bis 55 Jahren ausgedehnt worden; von Oktober 1940 an wurden auch jüdische Kinder unter 16 Jahren zur Arbeit verpflichtet.[65] So musste etwa der spätere Unterhaltungskünstler Hans Rosenthal, der als 16-Jähriger im jüdischen Umschulungszentrum Neuendorf im Sande lebte, auf dem Friedhof im brandenburgischen Fürstenwalde für 16 Pfennig Stundenlohn Gräber schaufeln.[66] Im Oktober 1941 regelten die Vierjahresplanbehörde und der Reichsarbeitsminister den Arbeitseinsatz von Juden neu: Kinder und Jugendliche ab 14 Jahren wurden in puncto Arbeitszeit den Erwachsenen gleichgestellt: Für sie alle galten in dieser Hinsicht keine Beschränkungen.[67] Juden wurde der arbeitsrechtliche Schutz entzogen, sie unterlagen nunmehr einem „Arbeitsverhältnis besonderer Art“ (Dok. 28).

Seit dem Angriff auf die Sowjetunion tauchten Floskeln vom „jüdischen Bolschewismus“ und von der „jüdischen Weltverschwörung“ vermehrt in den deutschen Medien, auf politischen Versammlungen und in den Reden von NS-Funktionären auf, ebenso wie die Behauptung, dass die Juden Schuld am Krieg trügen und ohnehin „unser Unglück“ seien.[68] Aufmerksame, an zensierte Zeitungen gewöhnte Beobachter und vor allem Juden begannen, das Auf und Ab der Hasstiraden zu interpretieren: „Bei jeder erneuten Hetze fühlten wir, dass irgendein diplomatischer oder militärischer Misserfolg geschehen sein musste oder irgendein Attentat versucht worden war […]. Wir Juden waren immer gewissermaßen das Barometer für die jeweilige Kriegslage“, heißt es in dem bereits erwähnten Bericht von Blanka Alperowitz.[69]

Die Auswanderung war seit Kriegsbeginn ohnehin nur noch wenigen Juden möglich gewesen und erforderte im Herbst 1941 geradezu astronomische Summen an Bestechungsgeldern und dubiosen Gebühren. Allerdings hatte Himmler das Auswanderungsverbot im Oktober 1941 als Geheimerlass verfügt.[70] So hielt sich unter den Juden eine Zeitlang die Hoffnung, das Land noch verlassen zu können (Dok. 7, Dok. 13 und Dok. 15). Anfang November bat der Vorsitzende der Israelitischen Kultusgemeinde in Wien, Josef Löwenherz, noch darum, Wiener Juden, deren Emigration unmittelbar bevorstand, von

64 RMEuL an die Landes- und Provinzialernährungsämter, 18.9.1942; BArch, R 3601/3424.
65 Beate Meyer/Hermann Simon (Hrsg.), Juden in Berlin 1938–1945, Berlin 2000, S. 151.
66 Hans Rosenthal, Zwei Leben in Deutschland, Bergisch Gladbach 1980, S. 45.
67 Dieter Maier, Arbeitseinsatz und Deportation. Die Mitwirkung der Arbeitsverwaltung bei der nationalsozialistischen Judenverfolgung in den Jahren 1938–1945, Berlin 1994, S. 129.
68 Richard Evans, Das Dritte Reich, Bd. 3: Krieg, München 2009, S. 312; VEJ 3, S. 57.
69 Alperowitz, Die letzten Tage (wie Anm. 62), S. 46.
70 VEJ 5/286.

der Deportation auszunehmen. Erst daraufhin erfuhr er, dass die Auswanderung der Juden nicht mehr möglich sei.[71] Eine Verfügung vom 13. November 1941 verpflichtete Juden, alle elektrischen Geräte, Schreibmaschinen, Fahrräder, Kameras und Ferngläser abzuliefern. Jede neue restriktive Bestimmung schuf neue Anlässe für Hausdurchsuchungen und Verhaftungen – und sei es auch nur wegen des Besitzes von geschenkten, aber für Juden verbotenen Lebensmitteln. Doch vor allem ein Thema beherrschte im Herbst 1941 die Tagebücher von Juden, ihre Briefe, die Protokolle jüdischer Institutionen und vermutlich auch die persönlichen Gespräche: die beginnenden Deportationen, die Mutmaßungen über das Ausmaß und die Zielorte sowie die Befürchtung, dass man selbst vielleicht auch nicht mehr lange würde bleiben dürfen.

Deportationen

Im Jahr 1941 fiel der höchste jüdische Feiertag, Jom Kippur, auf den 30. September. Am Vormittag dieses Tages teilte SS-Hauptsturmführer Alois Brunner, der Leiter der Zentralstelle für jüdische Auswanderung, Josef Löwenherz mit, dass ein Teil der jüdischen Bevölkerung Wiens, zusammen mit Juden aus dem sogenannten Altreich und dem Protektorat nach Litzmannstadt „umgesiedelt“ werden solle. Die angespannte Wohnungssituation der „arischen“ Bevölkerung, verursacht durch die Fliegerangriffe auf die Stadt, mache diese Maßnahme notwendig. Brunner wies Löwenherz an, dass die Kultusgemeinde das Gebäude der jüdischen Schule in der Sperlgasse 2a im 2. Wiener Gemeindebezirk räumen und als Sammellager herrichten müsse. Ferner solle sie die zum Abtransport vorgesehenen Menschen dort betreuen und ihnen Proviantpakete für drei Tage mitgeben. Vorerst seien fünf Transporte geplant, zu deren Begleitung jeweils ein bis zwei Ärzte sowie Pflegepersonal zu bestimmen seien.[72] Aus Wien waren bereits im Februar und März 1941 insgesamt etwa 5000 Juden in das besetzte Polen deportiert worden.[73] Im Verlauf des Sommers waren 10 000 Juden innerhalb Wiens in drei vorgeschriebene Stadtbezirke, den 2., den 9. und den 20. Gemeindebezirk, zwangsumgesiedelt worden.[74] Gerüchte über weitere „Evakuierungen“ waren unter den Wiener Juden nie ganz verstummt, in den Wochen vor Jom Kippur sogar wieder stärker geworden. Doch diesmal drohte nicht einer begrenzten Zahl von Wiener Juden die Deportation, sondern allen.

In Berlin war es Franz Prüfer, der für Judenangelegenheiten zuständige Gestapo-Beamte, der am Vormittag von Jom Kippur führende Vertreter der Jüdischen Gemeinde in die Gestapo-Zentrale in der Burgstraße beorderte. Dort kündigte er ihnen an, dass auch aus Berlin demnächst Juden deportiert würden, und beauftragte sie mit den Vorbereitungen. Neben dem Vorsitzenden der Gemeinde, Moritz Henschel, und seinem Stellvertreter Philipp Kozower war auch die Leiterin der gemeindeeigenen Wohnungsabteilung, Mar-

71 Doron Rabinovici, Instanzen der Ohnmacht. Wien 1938–1845. Der Weg zum Judenrat, Frankfurt a. M. 2000, S. 236.

72 Herbert Rosenkranz, Verfolgung und Selbstbehauptung. Die Juden in Österreich 1938–1945, Wien 1978, S. 282; Rabinovici, Instanzen (wie Anm. 71), S. 235.

73 VEJ 3, S. 53 und VEJ 3/144 und 151.

74 Rabinovici, Instanzen (wie Anm. 71), S. 254.

tha Mosse, vorgeladen. Denn auch in Berlin wurde die angebliche „Teilevakuierung“ der Juden mit der Wohnungsnot der bombengeschädigten Nichtjuden begründet. Mosses Abteilung sollte den von der Gestapo zum Transport ausgewählten Familien die Wohnungskündigung übermitteln, ihnen aber statt der Deportation lediglich ihren Zwangsumzug in ein „Judenhaus“ innerhalb Berlins ankündigen. Unter Androhung des Todes verpflichtete Prüfer die drei Gemeindevertreter dazu, kein Wort über die wahre Bedeutung der Kündigungen verlauten zu lassen, mit anderen Worten, das Täuschungsmanöver der Gestapo mitzutragen.[75]

Sammellager und Erfassung der Juden

In Frankfurt am Main holte die Gestapo die ersten 1125 jüdischen Bürger am 19. Oktober 1941 aus ihren Wohnungen und eskortierte sie zum Sammellager. Noch zwei Tage zuvor hatte sie den Vorstand der Gemeinde gezwungen, beim Freitags-Gottesdienst den umlaufenden Gerüchten über bevorstehende Deportationen entgegenzutreten.[76]

Häufig mussten sich die zur Deportation Vorgesehenen in Räumen der jüdischen Gemeinden versammeln: in jüdischen Schulen, Synagogen, Gemeinde- oder Logenhäusern. In größeren Städten, in denen sich die Deportationen über Monate hinzogen, dienten auch verschiedene Gebäude nacheinander oder gleichzeitig als Sammellager: In Berlin wurden die Transporte anfangs in der Levetzowstraße zusammengestellt, von Sommer 1942 an dann auch im jüdischen Altersheim in der Großen Hamburger Straße.[77] In Wien geschah dies im Herbst 1941 in der stacheldrahtumzäunten Schule in der Sperlgasse, später dann in den Schulen in der Malzgasse und der Castellezgasse; sie alle befanden sich in der Leopoldstadt, wo traditionell viele Juden lebten.[78] In Frankfurt mussten die Juden hingegen in der Großmarkthalle,[79] in Prag und in Köln auf dem örtlichen Messegelände und in Düsseldorf sowie in Wiesbaden auf dem Schlachthof auf ihre Deportation warten. In kleineren Landgemeinden mietete die Gestapo zu diesem Zweck für einige Tage den Rathaussaal oder den Festsaal des örtlichen Wirtshauses an (Dok. 94).

Die chaotischen Zustände in den meisten Sammellagern zeugten von der hektischen Improvisation der Vorbereitungen. Es fehlte an sanitären Einrichtungen, Matratzen, Decken und vielem anderen, von Rückzugsmöglichkeiten ganz zu schweigen. Unter diesen Bedingungen genügten wenige Tage, so der Bericht von Berthold Rudner aus Berlin, „um aus einem Kulturmenschen einen Primitiven zu machen“ (Dok. 80). War schon

75 Henschel, Aus der Arbeit (wie Anm. 1), S. 34 f.; Beate Meyer, Tödliche Gratwanderung. Die Reichsvereinigung der Juden in Deutschland zwischen Hoffnung, Zwang, Selbstbehauptung und Verstrickung (1939–1945), Göttingen 2011, S. 131.

76 „Und keiner hat für uns Kaddisch gesagt …“ (wie Anm. 2), S. 187.

77 Akim Jah, Die Deportation der Juden aus Berlin. Die nationalsozialistische Vernichtungspolitik und das Sammellager Große Hamburger Straße, Berlin 2013, S. 158–173; ders., Die Berliner Sammellager im Kontext der „Judendeportationen“ 1941–1945, in: ZfG Nr. 3 (2013), S. 211–231; Philipp Dinkelaker, Das Sammellager in der Berliner Synagoge Levetzowstraße 1941/42, Berlin 2017.

78 Dieter J. Hecht/Eleonore Lappin-Eppel/Michaela Raggam-Blesch (Hrsg.), Topographie der Shoah. Gedächtnisorte des zerstörten jüdischen Wien, Wien 2015, S. 410–432.

79 Raphael Gross/Felix Semmelroth (Hrsg.), Erinnerungsstätte an der Frankfurter Großmarkthalle. Die Deportation der Juden 1941–1945, München u. a. 2016, S. 111 f.

die Unterbringung entwürdigend, so häufig auch die Behandlung durch die Gestapo-Mitarbeiter. Männer, Frauen und oft auch Kinder wurden bei Einlieferung ins Sammellager voneinander getrennt und ihre Gepäckstücke nach verbotenen Gegenständen durchsucht. Sie selbst mussten sich Leibesvisitationen unterziehen, bei denen es auch zu sexuellen Übergriffen von Seiten der Gestapo-Männer kam. In der Frankfurter Großmarkthalle mussten sich alle Frauen und Mädchen im Beisein von SA- und SS-Männern einer entwürdigenden Leibesvisitation unterziehen.[80] Beschimpfungen, Schläge und Tritte drohten denen, die mehr als die maximal zulässigen 50 Kilogramm Gepäck bei sich hatten oder die Anweisungen der Gestapo nicht schnell genug befolgten.

Die Durchsuchungen in den Sammellagern nutzten die Gestapo-Beamten vielfach dazu, den Juden Geld und Wertgegenstände zu stehlen, um sich persönlich zu bereichern. Die Vorschriften verlangten hingegen, dass alle Gegenstände, die Juden unerlaubt mitführten, entweder der Nationalsozialistischen Volkswohlfahrt oder dem Finanzamt bzw. dem Wirtschaftsamt zu übergeben seien. Für ihre Deportation mussten die Juden bezahlen. In Bayreuth verlangte die Gestapo 700 RM von jedem Deportierten,[81] in Würzburg dagegen 80 RM,[82] von denen sie 20 RM einbehielt und den Rest an die Stapoleitstelle Nürnberg/Fürth weiterleitete, die unter anderem die Bahnfahrkarten davon bezahlte.[83] Die Reichsvereinigung der Juden musste auf Geheiß des Reichssicherheitshauptamts ein „Sonderkonto W" einrichten – W stand für „Wanderung" –, von dem weitere Ausgaben in Zusammenhang mit der „Endlösung der Judenfrage" zu bestreiten waren. Die Gestapo war darum bemüht, sich einen möglichst großen Teil des jüdischen Vermögens zu sichern, bevor dieses, in der Regel mit der Deportation, von den Finanzämtern vereinnahmt wurde. Daher drängte sie darauf, dass die Reichsvereinigung die Juden zu „Spenden" auf das Sonderkonto nötigte. Meist handelte es sich dabei um Gelder, die die Juden ohnehin zurücklassen mussten, weil sie nur einen limitierten Betrag mit auf den Transport nehmen durften.[84]

Mit der Benachrichtigung über die bevorstehende „Evakuierung" erhielten die Juden ein Formular zur Vermögenserklärung, in das sie ihren gesamten Besitz bis zum letzten Taschentuch eintragen mussten. Anfangs diente das Gesetz zur Einziehung volks- oder staatsfeindlichen Vermögens als Rechtsgrundlage für die Konfiskation des jüdischen Besitzes;[85] die Juden wurden also pauschal zu Staatsfeinden erklärt und mussten die Mitteilung darüber auch noch gegenzeichnen. Mit der 11. Verordnung zum Reichsbürgergesetz vom 25. November 1941 verloren Juden, die ihren „gewöhnlichen Aufenthalt im Ausland" hatten, die deutsche Staatsangehörigkeit. Dies galt auch für deportierte Juden. Ihr Vermögen „verfiel" dem Reich, wie es in der Verordnung hieß, und sollte „zur Förderung aller mit der Lösung der Judenfrage im Zusammenhang stehenden Zwecke dienen" (Dok. 43). Eventuell hinterlassene Schulden waren aus dem konfiszierten Vermögen zu zahlen. Die Wohnungen der Deportierten wurden versiegelt, das Mobiliar, soweit nicht

80 „Und keiner hat für uns Kaddisch gesagt …" (wie Anm. 2), S. 184.
81 Meyer, Tödliche Gratwanderung (wie Anm. 75), S. 137.
82 ITS Archive, Arolsen Archives, 1.2.3.0/0007 Stapoleitstelle Nürnberg-Fürth, Außendienststelle Würzburg.
83 Meyer, Tödliche Gratwanderung (wie Anm. 75), S. 136.
84 H. G. Adler, Der verwaltete Mensch. Studien zur Deportation der Juden aus Deutschland, Tübingen 1974, S. 523 f.; Meyer, Tödliche Gratwanderung (wie Anm. 75), S. 136.
85 Siehe VEJ 1/123.

die mit der Deportation befassten Behörden es zur Ausstattung ihrer Amtsstuben nutzten, an Auktionshäuser und Trödler vergeben, die es verkauften. Bisweilen fanden die Versteigerungen von Möbeln und Hausrat direkt auf dem Treppenabsatz vor den verlassenen Wohnungen statt (Dok. 133).[86] Die Wiener Gestapo unterhielt mit der Vugesta eine eigene Verwertungsstelle für das Eigentum von Juden, die zwangsweise in kleinere Wohnungen ziehen mussten oder deportiert wurden. Auf deren Antrag erlaubte sie der Israelitischen Kultusgemeinde, einen Teil der Einrichtungsgegenstände, Kleidung oder Bettwäsche an jüdische Fürsorgeempfänger zu verteilen.[87]

Das Dilemma der jüdischen Institutionen

In den Sammellagern arbeiteten Mitglieder der jüdischen Gemeinden als Helferinnen und Helfer, die sich oft mit großem Engagement bemühten, das Leid der kurz vor der Deportation Stehenden zu mindern. Nicht ohne – einen befremdlich anmutenden – Stolz erinnerte sich Hildegard Henschel, die Frau des Berliner Gemeindevorstehers, wie rasch und effizient es gelungen war, die Synagoge in der Levetzowstraße zum Sammellager umzugestalten, während die Gestapo schon die Juden zur Deportation abholte: „Eine vorzüglich organisierte, fieberhafte Tätigkeit begann. Lebensmittel, Medikamente, sanitäre Hilfsmittel, Wäsche, Kleider, Schuhe aus der Kleiderkammer, alles wurde nach der Levetzowstraße geschafft." Innerhalb kürzester Zeit wurden Küchen und eine Sanitätsstation mit medizinischem Personal eingerichtet sowie für die Betreuung von Kindern, alten und gebrechlichen Personen Sorge getragen; „man organisierte einen Gepäckträgerdienst aus den Beamten und Angestellten der Gemeinde und der Reichsvereinigung, und in einer in der Nähe gelegenen Küche der Gemeinde wurden Proviantpakete für jede einzelne Person gepackt."[88]

In einigen Orten oblag es der jüdischen Gemeindevertretung auch, die Mitglieder zu benachrichtigen, die mit dem nächsten Transport deportiert werden sollten, andernorts erhielten sie die Nachricht per Boten vom Ortsbürgermeister oder per Post von der Gestapo. In Berlin lud zunächst die Wohnungsberatungsstelle der Jüdischen Gemeinde die zur Deportation ausgewählten Personen vor oder ein Mitarbeiter suchte sie zu Hause

86 Zum Umgang mit dem Hab und Gut der Deportierten siehe Heinz Knobloch, „Meine liebste Mathilde". Das unauffällige Leben der Mathilde Jacob, Berlin 1986, S. 189–213; Hilberg, Vernichtung (wie Anm. 33), S. 493–505; Frank Bajohr, „Arisierung" in Hamburg. Die Verdrängung der jüdischen Unternehmer 1933–1945, Hamburg 1997; Susanne Meinl/Jutta Zwilling, Legalisierter Raub. Die Ausplünderung der Juden im Nationalsozialismus durch die Reichsfinanzverwaltung in Hessen, Frankfurt a. M. u. a. 2004; Wolfgang Dreßen (Hrsg.), Betrifft: „Aktion 3". Deutsche verwerten jüdische Nachbarn. Dokumente zur Arisierung, Berlin 1998.

87 Rabinovici, Instanzen (wie Anm. 71), S. 254–258. Vugesta, auch Vugestap, stand für „Verkauf jüdischen Umzugsgutes Gestapo".

88 Henschel, Aus der Arbeit (wie Anm. 1), S. 35; zum Sammellager in Breslau siehe Karla Wolff, Ich blieb zurück. Erinnerungen an Breslau und Israel, hrsg. und mit einem Nachwort versehen von Ingo Loose, Berlin 2012 (Erstauflage 1990), S. 73–82; zum Sammellager in Hamburg siehe das Interview mit der Helferin Ingrid Wecker in: Beate Meyer (Hrsg.), Die Verfolgung und Ermordung der Hamburger Juden 1933–1945, Göttingen 2006, S. 127–130; dies., Tödliche Gratwanderung (wie Anm. 75), S. 155–158; zur Rolle des Hilfspersonals in der Berliner Levetzowstraße siehe Dinkelaker, Sammellager (wie Anm. 77), S. 161–170.

auf.[89] In Wien übernahm dies die Zentralstelle für jüdische Auswanderung. Die Listen basierten auf den Mitgliederverzeichnissen der jüdischen Gemeinden und mussten von diesen regelmäßig auf den neuesten Stand gebracht werden. Auf die Zusammenstellung der Transporte hatten die Gemeinden oder die Reichsvereinigung der Juden hingegen allenfalls indirekten Einfluss: Sie konnten ihre eigenen Mitarbeiter als unentbehrlich reklamieren und darum bitten, sie von einer Liste wieder zu streichen. Allerdings wurde für jede zurückgestellte Person eine andere deportiert. Der Historiker Willy Cohn versuchte selbst noch nach Erhalt des Deportationsbefehls von der Jüdischen Gemeinde Breslau als Mitarbeiter reklamiert zu werden. Das Scheitern seiner Bemühungen führte er auf die Aversionen des örtlichen Rabbiners gegen ihn zurück (Dok. 38). In Wien wurden die Deportationslisten im Zimmer 8 der Kultusgemeinde abgetippt, in dem auch Kurt Mezei arbeitete (Dok. 1) und das dem stellvertretenden Amtsdirektor der Gemeinde, dem Rabbiner Benjamin Murmelstein, unterstand (Dok. 6). Dieser gab nach dem Krieg an, er habe nicht nur beantragt, Gemeindeangestellte von der Deportation zurückzustellen, sondern auch alte und kranke Menschen, da er geglaubt habe, dass Jüngere und Gesunde eine Chance hätten, die Deportation zu überleben.[90] Nach Kriegsende sah er sich heftigen Anfeindungen ausgesetzt, da viele Überlebende meinten, er habe darüber entschieden, wer zur Deportation aufgerufen werde und wer nicht.

Die Mithilfe der jüdischen Institutionen bei den Deportationen erleichterte der Gestapo die Arbeit. Bei der Erfassung der Gemeindemitglieder, der Abholung der Juden aus den Wohnungen, der Versorgung in den Sammellagern, dem Verladen von Gepäck und Personen in die Züge – überall mussten Juden Handlangerdienste bei der Durchführung der Transporte übernehmen. Ein wichtiges Motiv für die Bereitschaft zur Kooperation war zumindest in der Anfangszeit die Vorstellung, durch Mitwirkung Einfluss auf das scheinbar Unvermeidliche nehmen und besondere Härten abmildern zu können. Die jüdischen Funktionäre, so formulierte es der Wiener Historiker Doron Rabinovici, „konnten keine richtige Wahl treffen. Sie hätten sich allerhöchstens gänzlich verweigern, jegliche Zusammenarbeit mit den Tätern ablehnen oder gleich Selbstmord begehen können. Aber hätte dies nicht bedeutet, die Verpflichtung für jene aufzugeben, die sie noch zu retten hofften? Die Täter ließen den Opfern keinen Ausweg aus dem moralischen Dilemma."[91]

Anfangs war den jüdischen Repräsentanten in Aussicht gestellt worden, dass sie und ihre Familien nicht deportiert oder aber ins Getto Theresienstadt eingewiesen würden. Auch wenn sie solchen Versprechen trauten, so war dies in der Regel nicht das Hauptmotiv für die Mitarbeit; vielmehr dominierte oft das Pflichtgefühl, die Gemeinde in schwerer Zeit nicht im Stich lassen zu dürfen. Die meisten jüdischen Funktionäre hatten mehrfach die Gelegenheit zum Verlassen des Landes verstreichen lassen, weil sie glaubten, in Deutschland gebraucht zu werden.

Zudem hatten sie die Erfahrung gemacht, dass die Gestapo auch vor der Ermordung angesehener Gemeinderepräsentanten nicht zurückschreckte. Die beiden Vorstandsmitglieder der Reichsvereinigung Otto Hirsch und Julius Seligsohn hatten ihr Eintreten für

89 Aussage von Martha Mosse bei der Gestapo, 19.8.1942; LAB, B Rep. 058, Nr. 338.

90 Lisa Hauff, Zur politischen Rolle von Judenräten. Benjamin Murmelstein in Wien 1938–1942, Göttingen 2014, S. 233, 252–262.

91 Rabinovici, Instanzen (wie Anm. 71), S. 277.

die jüdischen Belange mit dem Leben bezahlt (Dok. 105). Darüber hinaus gelang es den Verfolgungsbehörden immer wieder, den jüdischen Funktionären die Wahl des kleineren Übels aufzuzwingen. In Wien hatte Josef Löwenherz es anfangs strikt abgelehnt, Mitarbeiter bereitzustellen, die die SS bei den „Aushebungen", wie die Abholung der Juden dort genannt wurde, begleiten sollten. Daraufhin soll Alois Brunner einen jüdischen Gestapo-Spitzel beauftragt haben, ein jüdisches Einsatzkommando zusammenzustellen, das bei den Aushebungen besonders brutal vorgehen sollte. Gemeinsam mit den SS-Männern raubte, prügelte, erpresste und vergewaltigte dieses Kommando die Abzuholenden, so dass Löwenherz sich binnen kurzem bereitfand, Gemeindemitarbeiter als Begleitpersonal für die Abholungen bereitzustellen. Sie unterstanden selbst der strikten Kontrolle durch die Gestapo, die damit drohte, sie und ihre Angehörigen zu deportieren, wenn sie andere Juden auf dem Weg ins Sammellager entkommen ließen (Dok. 241).[92] In Berlin musste Anfang 1943 auch Hermann Samter bei den Abholungen assistieren. Für ihn war diese Aufgabe „das Schlimmste, was man sich vorstellen kann" (Dok. 218).

Litzmannstadt, Minsk und Riga – Deportationen im Winter 1941/42

Die Forschung unterteilt die Deportationen aus dem Deutschen Reich in verschiedene Phasen: Die ersten Transporte im Oktober und Anfang November 1941 gingen in das Getto Litzmannstadt; in der unmittelbar anschließenden zweiten Phase bis zum Februar 1942 waren Minsk, Kaunas und Riga die Ziele der Deportationszüge. Im März 1942 begann die dritte Phase, in der die Juden aus dem Deutschen Reich, Luxemburg und dem Protektorat in das Generalgouvernement deportiert wurden. Die vierte Phase kennzeichneten von Juni 1942 an die Transporte nach Theresienstadt; von November 1942 an wurden schließlich etliche Züge mit Juden aus dem Reich direkt nach Auschwitz und in andere Vernichtungslager geleitet.

In den knapp drei Wochen von Mitte Oktober bis zum 4. November 1941 waren ungefähr 20 000 Menschen in das Getto Litzmannstadt deportiert worden; mehr als 9000 aus dem sogenannten Altreich, je 5000 aus Wien und Prag sowie 326 Luxemburger Juden. Anfangs konnten sie immerhin noch Lebenszeichen an die Heimatgemeinden senden; es gab die Möglichkeit, ihnen Briefe oder Päckchen ins Getto zu schicken.[93] Zwischen dem 8. und 28. November 1941 wurden 7000 Juden aus Hamburg, Bremen, Düsseldorf, Frankfurt, Berlin, Brünn und Wien nach Minsk in Weißrussland deportiert. Den Transport aus Düsseldorf im November 1941 begleitete der Hauptmann der Schutzpolizei Wilhelm Meurin, dessen Bericht über die Zugfahrt, über das Getto Minsk und die Kriegsgefangenen in der Stadt von Pedanterie, Zynismus und Ekel gesprägt ist. Er schilderte Brutalität und moralische Entgrenzung in Ausnahmesituationen, in denen sich sowohl die Juden als auch die verhungernden sowjetischen Kriegsgefangenen befanden. Dabei

92 Ebd., S. 283–285.

93 Berliner Juden im Getto Litzmannstadt 1941–1944. Ein Gedenkbuch, bearbeitet von Ingo Loose, Berlin 2009; Angela Genger/Hildegard Jakobs (Hrsg.), Düsseldorf – Getto Litzmannstadt 1941, Essen 2010; Pascale Eberhard (Hrsg.), Der Überlebenskampf jüdischer Deportierter aus Luxemburg und der Trierer Region im Getto Litzmannstadt, Saarbrücken 2012.

deutete Meurin den zu Tage tretenden Kannibalismus als Zeichen sowjetischer Bestialität und hob dagegen positiv die disziplinierte und in seinen Augen gerechtfertigte Gewalt der lettischen Polizisten bei der Erschießung von 8000 Juden hervor (Dok. 42).[94]
Nur einen Tag später wurde Berthold Rudner aus Berlin nach Minsk deportiert, wo er noch mehrere Monate lebte; in seinem Tagebuch und dem Nachruf auf eine Weggefährtin zeichnete er sowohl vom Transport als auch vom Getto und seinen Bewohnern ein Gegenbild zu demjenigen von Meurin (Dok. 60 und Dok. 80).
Zwischen dem 17. und 25. November 1941 fuhren fünf Züge mit insgesamt etwa 5000 Juden aus dem Reichsgebiet nach Kaunas. Ursprünglich war Riga als Zielort vorgesehen, doch wurden die Züge auf Veranlassung der Gestapo kurzfristig umgeleitet. Die Juden, die aus Berlin, München, Frankfurt am Main, Wien und Breslau stammten, wurden nicht in das örtliche Getto gebracht, sondern, wie bereits erwähnt, am 25. und 29. November im Fort IX erschossen.[95] Fünf Tage später verbot Himmler die Erschießungen von Deportierten aus dem Deutschen Reich. Alles, was über die Begleitumstände dieser Transporte bekannt ist, haben litauische Juden berichtet, von denen einige die Massaker im Fort IX überlebt hatten. Unter den Ermordeten befand sich auch der Breslauer Historiker Willy Cohn mit seiner Frau und den beiden jüngsten Töchtern des Paares (Dok. 8 und Dok. 38).
Vom 27. November an fuhren die Deportationszüge aus dem Deutschen Reich dann tatsächlich nach Riga. Die Tatsache, dass von den ersten, gleich nach der Ankunft erschossenen Deportierten keine Nachrichten in Berlin eintrafen, beunruhigte die dort verbliebenen Angehörigen. Schon bald kursierten Gerüchte über die Ermordung. Sechs Wochen später, Mitte Januar 1942, notierte Victor Klemperer in Dresden, dass er von mehreren Seiten gehört habe, die nach Riga Deportierten seien „reihenweise, wie sie den Zug verließen, erschossen worden".[96] Gleichwohl bemühten sich die Täter, weiterhin die Fiktion eines jüdischen Arbeitseinsatzes „im Osten" aufrechtzuerhalten, und forderten die Deportierten auf, Öfen, Nähmaschinen und anderes Arbeitsgerät mitzunehmen, das sie jedoch in der Regel am Ankunftsort nicht wiedersahen.[97]

94 Bastian Fleermann, Deportiert von Düsseldorf in das Ghetto von Minsk. Der Transportbericht des Schutzpolizisten Wilhelm Meurin vom Herbst 1941, in: Düsseldorfer Jahrbuch. Beiträge zur Geschichte des Niederrheins, 83. Band, hrsg. vom Düsseldorfer Geschichtsverein, Essen 2013, S. 261–295; Reuss/Schneider (Hrsg.), Berlin – Minsk (wie Anm. 53); zu den Deportationen aus Bremen siehe: „... sind Sie für den geschlossenen Arbeitseinsatz vorgesehen ...". „Judendeportationen" von Bremerinnen und Bremern während der Zeit der nationalsozialistischen Gewaltherrschaft, hrsg. vom Staatsarchiv Bremen, Bremen 2006; zu den Deportationen aus Frankfurt a. M. siehe Monica Kingreen, „Wir werden darüber hinweg kommen". Letzte Lebenszeichen deportierter hessischer Juden. Eine dokumentarische Annäherung, in: Birthe Kundrus/Beate Meyer (Hrsg.), Die Deportation der Juden aus Deutschland. Pläne – Praxis – Reaktionen 1938–1945, Göttingen 2004, S. 86–111, hier: S. 94–97.

95 „Und keiner hat für uns Kaddisch gesagt ..." (wie Anm. 2), S. 225–244; Kingreen, „Wir werden darüber hinweg kommen" (wie Anm. 94), S. 97 f.; Gottwaldt/Schulle, „Judendeportationen" (wie Anm. 53), S. 103–109; Dieckmann, Deutsche Besatzungspolitik (wie Anm. 57), S. 959–967; siehe auch VEJ 7, S. 57 und VEJ 7/215.

96 Klemperer, Zeugnis (wie Anm. 58), Bd. 2, S. 9, Eintrag vom 13.1.1942.

97 Jeanette Wolff, Mit Bibel und Bebel. Ein Gedenkbuch, Bonn 1980, S. 21 f.; Richard J. Yashek (Jürgen Jaschek), Die Geschichte meines Lebens. Wie ein zwölfjähriger jüdischer Junge aus Lübeck und Bad Schwartau die Konzentrationslager überlebte, Lübeck 1998, S. 27.

Die Juden aus den vier Zügen, die auf den ersten Berliner Transport nach Riga folgten und im November und Dezember 1941 aus Nürnberg, Stuttgart, Wien und Hamburg kamen, wurden zunächst im Gut Jungfernhof am Stadtrand von Riga unter primitiven Bedingungen untergebracht. Jeder Fünfte von ihnen überlebte die Wintermonate nicht. Der Lübecker Josef Katz erinnerte sich, dass die Aufseher im Lager des Öfteren Juden aus den Baracken holten und sie erschossen: „Es sterben täglich sehr viele Menschen. Sie werden dann auf einer Bahre hinausgetragen und nahe am Kartoffelacker in einem Massengrab verscharrt. Mit den Erschossenen zusammen sollen in der kurzen Zeit [innerhalb von anderthalb Wochen] schon zweihundert Juden dort liegen."[98] Nach wenigen Tagen wurde Katz zusammen mit anderen jüdischen Männern in das einige Kilometer östlich vom Jungfernhof gelegene Lager Salaspils abkommandiert, wo sie ein Polizeihaftlager errichten sollten. Seine Mutter musste er auf dem Jungfernhof zurücklassen. Etwa einen Monat später wurde ihm ein Zettel mit der Nachricht von ihrem Tod zugespielt. Josef Katz hingegen gehörte zu den wenigen, die das Lager Salaspils überlebten.[99]

Bis zum 15. Dezember, dem Beginn einer vorübergehenden Transportsperre, trafen noch neun Züge in der lettischen Hauptstadt ein. Einen davon begleitete der Hauptmann der Schutzpolizei Paul Salitter, dessen Bericht, ähnlich wie der Meurins, die antisemitischen Denk- und Wahrnehmungsmuster verdeutlicht, mit deren Hilfe die Täter sich selbst von der Nützlichkeit und Notwendigkeit ihres Handelns überzeugten (Dok. 59). In der Zeit vom 9. Januar bis zum 10. Februar 1942 folgten weitere zehn Deportationstransporte nach Riga, einer davon aus dem Protektorat. Danach leitete das Reichssicherheitshauptamt erst zwischen dem 18. August und 26. Oktober 1942 noch einmal fünf Züge nach Riga. Insgesamt wurden etwa 23 650 deutsche, österreichische und tschechische Juden nach Riga deportiert und die allermeisten von ihnen in den folgenden Monaten ermordet.

Jeanette Wolff kam im Januar 1942 zusammen mit ihrem Mann und zwei ihrer Töchter aus Dortmund nach Riga. „Mit Stockschlägen, Fußtritten und unter Gebrüll", so erinnerte sich die jüdische Sozialdemokratin und spätere Bundestagsabgeordnete, wurden sie in eine Wohnung eingewiesen, deren lettische Bewohner kurz zuvor ermordet worden waren, um Platz für die aus Deutschland Deportierten zu schaffen. „Auf den gedeckten Tischen stand das gekochte Essen. Die Vertreiber hatten zertrümmert, was ihnen in der kurzen Zeit möglich war." Wie Katz, so berichtete auch Wolff von willkürlichen Erschießungen und von der brutalen Habgier der SS-Männer und Hilfspolizisten, die nicht selten ihren Opfern die Finger abschnitten, wenn sie ihnen die Eheringe nicht schnell genug herunterreißen konnten.[100]

Schon bei ihrer Ankunft wurde Jeanette Wolff Zeugin, wie noch auf dem Bahnhof Alte und Behinderte selektiert und in einem nahegelegenen Wald erschossen wurden. In der Zeit zwischen Anfang Februar und Anfang April 1942 erlebte sie, wie die jüdischen Verwalter der nach Herkunftsorten unterteilten Gettogebiete alte und gebrechliche Leute benennen mussten, denen angeblich eine leichtere Arbeit zugewiesen würde: „Als die Transporte bereitstanden – meist handelte es sich um Frauen und Männer über 50 Jahre

98 Josef Katz, Erinnerungen eines Überlebenden, Kiel 1988, S. 35 f.
99 Zum Lager Salaspils siehe auch Angrick/Klein, „Endlösung" in Riga (wie Anm. 56), S. 246–258.
100 Wolff, Mit Bibel (wie Anm. 97), S. 23–26, Zitat: S. 23 f.

und Schwache –, gingen auch den Ahnungslosesten die Augen auf. Alle waren Todeskandidaten."[101] Mindestens 4400 Menschen wurden im Rahmen dieser sogenannten Aktion Dünaburg ermordet. Die Tochter von Jeanette Wolff entging dem nur knapp; nicht jedoch die Familie des Hamburger Oberrabbiners Joseph Carlebach, der in den Monaten vor seinem Tod den Juden auf dem Jungfernhof, darunter auch Josef Katz' Mutter, Beistand geleistet hatte.[102]
So brutal das Vorgehen von SS und Wachmannschaften im Getto Riga war, so hatten sie die Situation dort dennoch keineswegs völlig unter Kontrolle. Dem 22-jährigen Heinrich Heinen aus Köln gelang es noch im Frühjahr 1942, seine Verlobte Edith Meyer aus dem Getto Riga zu befreien und mit ihr nach Deutschland zurückzukehren. Doch noch bevor die beiden in die Schweiz weiterfliehen konnten, wurden sie verraten (Dok. 154).

Die Wannsee-Konferenz

Am 29. November 1941, sechs Wochen nach Beginn der Deportationen, lud Heydrich einige Vertreter der wichtigsten Ministerien sowie der SS zu einer Besprechung am 9. Dezember in Berlin ein (Dok. 47). Ziel der Zusammenkunft sollte laut dem Einladungsschreiben die Abstimmung aller beteiligten Zentralinstanzen zur Vorbereitung einer „Gesamtlösung der Judenfrage in Europa" sein. Eine weitere Absicht des Reichssicherheitshauptamts bestand zudem darin, die Federführung des Amts in Sachen Judenverfolgung ein für alle Mal festzuschreiben.[103]
Vermutlich wegen des japanischen Angriffs auf den US-Flottenstützpunkt Pearl Harbor am 7. Dezember 1941 und wegen der deutschen Kriegserklärung an die USA wurde der Besprechungstermin jedoch kurzfristig verschoben. Derweil hatten sich die Diplomaten des Auswärtigen Amts bereits Gedanken darüber gemacht, welche Wünsche sie auf der Konferenz vortragen wollten (Dok. 52).
Am 12. Dezember hielt Hitler eine Rede vor den Gauleitern, deren Inhalt Joseph Goebbels in seinem Tagebuch skizzierte. Die festgefahrene Lage an der Ostfront erklärte Hit-

101 Ebd., S. 26.

102 Gottwaldt/Schulle, „Judendeportationen" (wie Anm. 53), S. 110–136; Miriam Gilles-Carlebach, „Licht in der Finsternis". Jüdische Lebensgestaltung im Konzentrationslager Jungfernhof, in: Gerhard Paul/Miriam Gillis-Carlebach (Hrsg.), Menora und Hakenkreuz. Zur Geschichte der Juden in und aus Schleswig-Holstein, Lübeck und Altona 1918–1998, Neumünster 1998, S. 549–564; Andreas Brämer, Biographie Familie Carlebach, in: Meyer (Hrsg.), Deutsche Jüdinnen (wie Anm. 52), S. 152–161. Zur „Aktion Dünaburg" siehe Angrick/Klein, „Endlösung" in Riga (wie Anm. 56), S. 338–345, die von etwa 4800 Opfern ausgehen.

103 Gerald Reitlinger, Die Endlösung. Hitlers Versuch der Ausrottung der Juden Europas 1939–1945, Berlin 1956 (englische Originalausgabe 1953); Kurt Pätzold/Erika Schwarz, Tagesordnung: Judenmord. Die Wannsee-Konferenz am 20. Januar 1942, Berlin 1992; Christian Gerlach, Die Wannsee-Konferenz, das Schicksal der deutschen Juden und Hitlers politische Grundsatzentscheidung, alle Juden Europas zu ermorden, in: Werkstatt Geschichte, 6 (1997), S. 7–44; Cornelia Essner, Die „Nürnberger Gesetze" oder die Verwaltung des Rassenwahns 1933–1945, Paderborn 2002; Mark Roseman, Die Wannsee-Konferenz. Wie die NS-Bürokratie den Holocaust organisierte, München u. a. 2002; Kampe/Klein (Hrsg.), Wannsee-Konferenz (wie Anm. 55); Peter Longerich, Wannsee-Konferenz. Der Weg zur „Endlösung", München 2016; Peter Klein, Die „Wannsee-Konferenz" am 20. Januar 1942. Eine Einführung, Berlin 2017; Hans-Christian Jasch/Christoph Kreutzmüller (Hrsg.), Die Teilnehmer. Die Männer der Wannsee-Konferenz, Berlin 2017; Michman, Adolf Hitler (wie Anm. 29), S. 29.

ler zwar zum „unabwendbaren Schicksal", zeigte sich aber insgesamt durchaus optimistisch und entschlossen, „im nächsten Jahr das sowjetische Rußland wenigstens bis zum Ural zu erledigen". Ferner entwickelte er die Idee von einem „ganz großzügigen und erschöpfenden Sozialprogramm", in dessen Genuss auch die deutschen Arbeiter und Bauern kommen sollten und für das die Arbeit der Kriegsgefangenen die Grundlage bilden sollte. Auf die antijüdische Politik kam Hitler, folgt man Goebbels' Aufzeichnungen, nur kurz zu sprechen, indem er ankündigte, er werde „bezüglich der Judenfrage reinen Tisch machen". Im Hinblick auf den Kriegseintritt der USA wenige Tage zuvor erinnerte Hitler noch einmal daran, dass er den Juden im Falle eines Weltkriegs die Vernichtung prophezeit habe. Nun sei der Weltkrieg da und die Vernichtung der Juden „die notwendige Folge".[104]

Kurz darauf, am 18. Dezember, hatte Goebbels eine Unterredung mit Hitler im Führerhauptquartier, bei der dieser erneut seine Entschlossenheit bekräftigte, „konsequent" und ohne „bürgerliche Sentimentalitäten" gegen die Juden vorzugehen. Besonders wichtig sei es, möglichst schnell die Juden aus der Reichshauptstadt zu deportieren (Dok. 55).

Am 8. Januar 1942 erging eine neuerliche Einladung zur Wannsee-Konferenz, die schließlich am 20. Januar stattfand (Dok. 65). Zu den Teilnehmern gehörten die Vertreter der unmittelbar mit der Judenverfolgung befassten Reichsministerien: des Innen-, des Außen- und des Justizministeriums sowie des Vierjahresplans und der Reichskanzlei. Zwei Repräsentanten des Reichsministeriums für die besetzten Ostgebiete sowie der Staatssekretär des Generalgouvernements, Josef Bühler, vertraten die Interessen der Zivilverwaltung in den Zielgebieten der Deportationen, während für die SS die Befehlshaber der Sicherheitspolizei und des Sicherheitsdienstes im Generalgouvernement und im Reichskommissariat Ostland teilnahmen. Ferner war neben dem Reichssicherheitshauptamt auch das Rasse- und Siedlungshauptamt und die ebenfalls mit Rassenfragen befasste Partei-Kanzlei vertreten. Die meisten Teilnehmer der Konferenz waren entweder Staatssekretäre oder hochrangige SS-Funktionsträger.

Die Liste der Eingeladenen war sorgfältig darauf abgestimmt, die Federführung des Reichssicherheitshauptamts in der „Endlösung der Judenfrage" endgültig zu bestätigen und gleichzeitig alte, durch Kompetenzstreitigkeiten entstandene Blockaden zu überwinden. Die anwesenden SS-Führer bekleideten niedrigere Ränge als Heydrich oder waren ihm direkt unterstellt und hatten sich in der Vergangenheit als loyale Praktiker des Massenmords und bei dessen bürokratischer Vorbereitung bewährt. Widersacher aus den Reihen der SS waren, obwohl zuständig, entweder nicht eingeladen oder durch Vorabgespräche in die Strategie eingebunden worden. So konnte Heydrich praktisch als Personifizierung des gesamten Sicherheitsapparats auftreten und sich überdies darauf berufen, sowohl von Himmler als auch von Göring mit der Vorbereitung der „Endlösung" beauftragt worden zu sein.[105]

Das Konferenzprotokoll, von dem nur ein einziges Exemplar überliefert ist, basiert auf stenographischen Notizen der Sitzung, die Eichmann ausgearbeitet und auf Anweisung

104 Goebbels, Tagebücher (wie Anm. 13), Bd. 2, Oktober bis Dezember 1941, München 1996, S. 496–498, Eintrag vom 13.12.1941.

105 Andrej Angrick, Die inszenierte Selbstermächtigung? Motive und Strategie Heydrichs für die Wannsee-Konferenz, in: Kampe/Klein (Hrsg.), Wannsee-Konferenz (wie Anm. 55), S. 241–258; siehe auch Roseman, Wannsee-Konferenz (wie Anm. 103), S. 95–98.

Heydrichs mehrfach umformuliert hatte. Der Text ist in verschleiernd-bürokratischem Vokabular verfasst, und dennoch wird deutlich, dass es um massenhaften Mord ging, wenn von „Endlösung“ oder „Evakuierung“ die Rede war oder davon, dass die Juden „im Osten zum Arbeitseinsatz kommen“ sollten und diejenigen, die trotz der auf Vernichtung angelegten Arbeitsbedingungen nicht starben, „entsprechend behandelt“ werden müssten. Vor Gericht in Jerusalem gab Eichmann an, dass auf der Konferenz selbst nicht so vorsichtig formuliert wurde wie im Protokoll; vielmehr hätten die Teilnehmer unzweideutig von „Töten und Eliminieren und Vernichten gesprochen“.[106]
Einleitend resümierte Heydrich, für den Eichmann vorab entsprechendes Zahlenmaterial zusammengestellt hatte, die bisher gegen die Juden gerichteten Maßnahmen, insbesondere die Politik der Zwangsemigration. Diese habe der Reichsführer SS nun verboten; an ihre Stelle sei jetzt „nach entsprechender vorheriger Genehmigung durch den Führer die Evakuierung der Juden nach dem Osten getreten“. Von einem Führer*befehl* ist hierbei nicht die Rede.
Im Anschluss listet das Protokoll, unterteilt in A und B, die Länder auf, deren jüdische Bevölkerung für die „Endlösung der europäischen Judenfrage“ in Betracht komme. Insgesamt ging es um elf Millionen Juden. Da in den meisten Ländern die Juden nur nach ihrer Konfession erfasst wurden, nicht entsprechend den deutschen Rassegesetzen, handelte es sich bei dieser Zahl nur um sogenannte Glaubensjuden. Unter „A“ sind Deutschland in den Grenzen von 1937 und die von Deutschland besetzten und annektierten Gebiete mit Ausnahme der Ukraine und Weißrusslands, außerdem Vichy-Frankreich aufgelistet. Zu jedem Land ist die Zahl der dort lebenden Juden vermerkt. Estland galt bereits als „judenfrei“. Dort hatten beim Einmarsch der Deutschen noch etwa 1000 Jüdinnen und Juden gelebt. Bis auf einige wenige, die entkommen konnten, wurden sie alle bis zum Ende des Jahres 1941 von Truppen der estnischen Sicherheitspolizei ermordet. In Gruppe „B“ werden verbündete Staaten wie Bulgarien, Kroatien und die Slowakei, aber auch besetzte Gebiete wie Albanien, Serbien, die Ukraine und Weißrussland genannt. In dieser Gruppe sind zudem mit der Schweiz, Schweden, Spanien, Portugal und der Türkei auch neutrale Staaten aufgelistet sowie England und Irland, auf deren jüdische Bevölkerung die Deutschen im Januar 1942 gar keinen Zugriff hatten – möglicherweise ein Hinweis darauf, dass auch die Autoren der „Endlösung“ nicht damit rechneten, dass diese in naher Zukunft abgeschlossen sein würde.
Heydrich kündigte an, dass zuerst die Juden aus dem Deutschen Reich und dem Protektorat „abtransportiert“ werden sollten. Anschließend werde Europa von Westen nach Osten „durchkämmt“. Der aus Krakau angereiste Staatssekretär Bühler bat hingegen darum, mit dem Generalgouvernement zu beginnen, zumal dort das Transportproblem keine Rolle spiele, die meisten Juden ohnehin arbeitsunfähig seien und als Seuchenträger und Schleichhändler „die wirtschaftliche Struktur des Landes dauernd in Unordnung“ brächten. Tatsächlich wurden die Juden im Generalgouvernement bereits von März 1942 an in die nahegelegenen Vernichtungslager deportiert, die Massendeportationen aus Westeuropa begannen mit Ausnahme der Geiseltransporte aus Frankreich hingegen erst im Juli desselben Jahres.[107]

106 Verhör Eichmanns durch den Vorsitzenden Richter Moshe Landau am 24.7.1961; zit. nach: Kampe/Klein (Hrsg.), Wannsee-Konferenz (wie Anm. 55), S. 107; siehe auch ebd., S. 92.

107 Ingo Loose, Josef Bühler. Regierung des Generalgouvernements. Ein Hintermann, in: Jasch/Kreutzmüller (Hrsg.), Teilnehmer (wie Anm. 103), S. 145–161.

Nach Kriegsende behauptete Eichmann, sowohl Heydrich als auch er selbst seien überrascht davon gewesen, dass die Wannsee-Konferenz so reibungslos verlief. „Keine einzige Stimme des Widerspruchs wurde laut. Bei jeder Pause, die er [Heydrich] machte, nickten sie heftig mit dem Kopf, obwohl es ganz klar war, daß die Endlösung nichts anderes bedeutete als – Vernichtung. [...] Ein jeder Teilnehmer dieser Konferenz war von der Größe des Planes berauscht."[108]

Zusammen mit dem Protokoll der Wannsee-Konferenz verschickte Heydrich die Einladung zu einer Folgekonferenz über die Behandlung der „Mischlinge", über die am 20. Januar keine Einigung erzielt worden war. Am 6. März 1942 wurde daraufhin in veränderter personeller Zusammensetzung in Eichmanns Dienstsitz in der Berliner Kurfürstenstraße erneut darüber diskutiert, ob die „Mischlinge ersten Grades", also Personen mit mindestens zwei jüdischen Großeltern, von Ausnahmen abgesehen, deportiert oder ob sie im Reich verbleiben und zwangssterilisiert werden sollten. Gegen den von Staatssekretär Wilhelm Stuckart favorisierten Sterilisationsplan (Dok. 87) sprachen praktische Gründe: Der Ärzte- und Bettenmangel lasse es nicht zu, alle „Halbjuden", deren Zahl man auf 70 000 veranschlagte, zu sterilisieren.[109] Erst vor Beginn einer weiteren Konferenz über die „Mischlingsfrage" im Oktober 1942 waren die von Himmler geförderten Experimente des Gynäkologen Professor Carl Clauberg so weit fortgeschritten, dass Eichmann glaubte, eine neue Methode der operationslosen Massensterilisation als „Lösung" des Problems in Aussicht stellen zu können (Dok. 182).[110] Ein Kompromissvorschlag, der jedoch nicht weiter verfolgt wurde, sah daher vor, die „Mischlinge" in einer gesonderten Stadt zu isolieren und ihre Sterilisation auf die Zeit nach Kriegsende zu verschieben. Doch brachten auch mehrere Folgekonferenzen, die sich dem Thema widmeten, keine Einigung (Dok. 84, Dok. 87 und Dok. 97).

Die Situation der jüdischen „Mischlinge" blieb weiterhin völlig unsicher, im alltäglichen Leben verschlechterte sich ihre Situation 1942 deutlich. Die unklare Rechtslage dürfte so manchen Verwaltungsangestellten bewogen haben, den Antrag eines „Halbjuden" abzulehnen, auch wenn ihm die Vorschriften eine andere Entscheidung ermöglicht hätten. „Mischlinge" galten weder als vollwertige Deutsche noch als richtige Juden und fühlten sich nicht selten zwischen beiden Gruppen hin- und hergerissen. Die Bestimmungen über „Mischlinge" wurden zudem uneinheitlich gehandhabt. Die Wehrmacht sollte sogenannte Halbjuden entlassen, tat dies jedoch nicht immer. An manchen Universitäten und sonstigen Ausbildungsinstitutionen wurden „Mischlinge" zugelassen, andernorts jedoch abgewiesen. Die Ministerialbürokratie setzte die Diskussion über Zwangssterilisation oder Deportation auch später fort (Dok. 97 und Dok. 130). Die Ungewissheit sowie dadurch

108 Adolf Eichmann, Meine Flucht, zit. nach Kampe/Klein (Hrsg.), Wannsee-Konferenz (wie Anm. 55), S. 91.

109 Niederschrift „Besprechung über die Endlösung der Judenfrage" am 6. März 1942 im Dezernat IV B4 des Reichssicherheitshauptamts; abgedruckt in: Pätzold/Schwarz, Tagesordnung (wie Anm. 103), S. 116–119; siehe auch Essner, „Nürnberger Gesetze" (wie Anm. 103), S. 410–419; Hans-Christian Jasch, Staatssekretär Wilhelm Stuckart und die Judenpolitik. Der Mythos von der sauberen Verwaltung, München 2012, S. 316–372.

110 Hilberg, Vernichtung (wie Anm. 33), S. 1007–1011; Gisela Bock, Zwangssterilisation im Nationalsozialismus. Studien zur Rassenpolitik und Geschlechterpolitik, Münster 2010 (Erstauflage 1986), S. 446–450; Nikolaus Wachsmann, KL. Die Geschichte der nationalsozialistischen Konzentrationslager, Bonn 2016, S. 506.

beflügelte Gerüchte erzeugten unter den Betroffenen ein Klima permanenter Angst.[111] Akute Gefahr bestand für „Mischlinge“ oder die Partner in „Mischehen“ vor allem dann, wenn sie, aus welchem Grund auch immer, die Aufmerksamkeit der Gestapo erregten oder gegen eine der zahlreichen diskriminierenden Bestimmungen verstießen, die dann auch bei unklarer Rechtslage meist gegen sie ausgelegt wurden. Am 5. November 1942 verfügte das Reichssicherheitshauptamt, dass alle in KZs inhaftierten Juden in die Konzentrationslager Auschwitz und Lublin überstellt werden sollten (Dok. 187). In diesem Fall wurden die „Mischlinge ersten Grades“ den Juden gleichgestellt.[112]

Auf der Wannsee-Konferenz war auch darüber debattiert worden, welche Schwierigkeiten der Durchführung der „Endlösung“ im Wege standen. Einwände fürchtete Heydrich vor allem gegen die Deportation sowohl älterer Juden als auch jüdischer Veteranen, die für ihre Verdienste im Ersten Weltkrieg ausgezeichnet worden waren. Um etwaigen Protesten den Wind aus den Segeln zu nehmen, sollten die über 65-jährigen Juden sowie diejenigen mit Kriegsauszeichnungen laut Konferenzprotokoll „nicht evakuiert“, sondern in ein Altersgetto, voraussichtlich nach Theresienstadt, verbracht werden. Die Garnisonsstadt Theresienstadt, etwa 70 Kilometer von Prag entfernt im Protektorat Böhmen und Mähren gelegen, diente zum damaligen Zeitpunkt bereits als Getto, in das die tschechischen Juden vor ihrer Deportation „in den Osten“ gesperrt wurden. Die Einrichtung dieses Gettos hatte Heydrich gleich zu Beginn seiner Amtszeit als stellvertretender Reichsprotektor in Prag verfügt und schon im Herbst 1941 keinen Zweifel daran gelassen, dass er die Aussiedlung der Juden aus dem Protektorat nur noch als Formalität ansah.

Das Protektorat Böhmen und Mähren und Heydrichs Besatzungspolitik

Am 24. September 1941 wurde Reinhard Heydrich zum stellvertretenden Reichsprotektor für Böhmen und Mähren ernannt. Seine bisherige Funktion als Chef des Reichssicherheitshauptamts behielt er weiterhin bei. In Prag führte er von nun an die Geschäfte des angeblich aus gesundheitlichen Gründen beurlaubten Reichsprotektors Konstantin Baron von Neurath. Dieser war nach Ansicht Hitlers nicht der geeignete Mann, um im Protektorat eine harte Linie konsequent umzusetzen. Seit dem deutschen Überfall auf die Sowjetunion hatten auch im Protektorat Sabotageakte deutlich zugenommen, zu einem Zeitpunkt, als die deutsche Kriegswirtschaft auf die dortigen Rüstungsschmieden besonders angewiesen war. Zudem hatte sich, nachdem der rasche Zugriff auf die sowjetischen Nahrungsmittelreserven nicht im erhofften Maße möglich war, auch die Versor-

111 Zur Situation der „Mischlinge“ siehe: John Grenville, Die „Endlösung“ und die „Judenmischlinge“ im Dritten Reich, in: Ursula Büttner (Hrsg.), Das Unrechtsregime. Internationale Forschung über den Nationalsozialismus, Bd. 2: Verfolgung – Exil – Belasteter Neubeginn, Hamburg 1986, S. 91–121; Helmut Krüger, Der halbe Stern. Leben als deutschjüdischer „Mischling“ im Dritten Reich, Berlin 1993; Beate Meyer, „Jüdische Mischlinge“. Rassenpolitik und Verfolgungserfahrung 1933–1945, Hamburg 1998, insbesondere S. 97 f., 303; Friedländer, Jahre der Vernichtung (wie Anm. 16), S. 321.

112 Meyer, „Jüdische Mischlinge“ (wie Anm. 111), S. 248 f.

gungslage im Protektorat verschlechtert, weswegen die Besatzungsmacht weitere Unruhe befürchtete.[113]

Auf dem Papier war das Protektorat autonom und verwaltete sich selbst. Doch schon von der Gründung im März 1939 an war diese Selbständigkeit eine Farce, da sie laut Führererlass nur „im Einklang mit den politischen, militärischen und wirtschaftlichen Belangen des Reiches“ zugestanden worden war.[114] Die wichtigsten Positionen hatten Deutsche übernommen, viele von ihnen stammten aus dem ein halbes Jahr zuvor angeschlossenen Sudetenland. Formal blieb der tschechische Präsident Emil Hácha weiter im Amt. Als Ministerpräsident fungierte zunächst General Alois Eliáš , nach dessen Verhaftung Jaroslav Krejčí. In London hatte sich unter Leitung von Präsident Edvard Beneš eine Exilregierung formiert, die sich als Repräsentantin des gesamten unter deutschem Druck gespaltenen Landes, also auch des slowakischen Teils, begriff. Sie hielt Kontakt zur Widerstandsorganisation ÚVOD[115] im Protektorat und war über Kuriere und geheime Nachrichtensender in der Regel exzellent über die Vorgänge dort und die Stimmung der Bevölkerung informiert. Ihr Aufruf zum Boykott der gleichgeschalteten Protektoratspresse in der Woche vom 14. bis zum 21. September 1941, den der britische Sender BBC kurz zuvor verbreitete, stieß auf große Resonanz in der Bevölkerung – und soll Hitler in seinem Entschluss bestärkt haben, von Neurath abzusetzen und Heydrich nach Prag zu schicken.[116]

Bis zum Herbst 1941 waren Juden im Staatsrat (Státní rada), dem Exilparlament, nicht vertreten, was nicht nur an Beneš' Skepsis gegenüber Minderheiten, sondern auch an der Uneinigkeit der verschiedenen jüdischen Organisationen lag. Am 1. November 1941 wurde Arnošt (Ernst) Frischer, Mitglied der zionistischen Jüdischen Partei, zum Repräsentanten der Juden in der Exilregierung bestimmt.[117] Zu diesem Zeitpunkt hielt er sich jedoch in Palästina auf. Erst nach seiner Rückkehr nach London im März 1942 nahm Frischer sein Amt mit großem Engagement wahr. Als sich im Verlauf des Jahres 1942 die Informationen über den Massenmord an den Juden in Ost- und Ostmitteleuropa verdichteten, bemühte er sich, bisweilen gemeinsam mit den jüdischen Vertretern in der ebenfalls in London ansässigen polnischen Exilregierung, die Alliierten zu Rettungsaktionen für die europäischen Juden zu bewegen. Zudem baute er einen Paketdienst auf, der aus dem neutralen Ausland – also unter Umgehung der alliierten Boykottbestimmungen – Lebensmittel in die Gettos unter deutscher Besatzung und insbesondere nach Theresienstadt schickte.[118]

113 Miroslav Kárný/Jaroslava Milotová/Margita Kárná (Hrsg.), Deutsche Politik im „Protektorat Böhmen und Mähren“ unter Reinhard Heydrich 1941–1942. Eine Dokumentation, Berlin 1997, S. 20–22, 26; Jan Gebhart/Jan Kuklík, Velké dějiny zemí Koruny české, Bd. XV.b, Praha u. a. 2007, S. 44–47.

114 RGBl., 1939 I, S. 485; VEJ 3, S. 19.

115 Ústřední vedení odboje domácího (tschech.): Zentrale Leitung des Widerstands in der Heimat.

116 Gebhart/Kuklík, Velké dějiny (wie Anm. 113), S. 35 f.

117 Jan Němeček, Das tschechoslowakische politische Exil in London und die „jüdische Frage“, in: TSD, 9 (2002), S. 347–366; Avigdor Dagan, Die tschechoslowakische Exilregierung und die jüdische Tragödie während des Zweiten Weltkriegs, in: Miroslav Kárný/Vojtěch Blodig/Margita Kárná (Hrsg.), Theresienstadts in der „Endlösung der Judenfrage“, Prag 1992, S. 279–284.

118 Jan Láníček, Arnošt Frischer und seine Hilfe für Juden im besetzten Europa (1941–1945), in: TSD, 14 (2007), S. 11–91.

Heydrich traf am 27. September 1941 in Prag ein und verhängte noch am selben Tag den Ausnahmezustand, der auch die Einführung einer Sondergerichtsbarkeit vorsah.[119] In den folgenden zwei Monaten wurden mehr als 4000 Personen verhaftet und die Sondergerichte in Prag und Brünn fällten 404 Todesurteile. Zu den Verurteilten gehörten Schwarzhändler oder Bauern, die die Ablieferungspflichten nicht erfüllt hatten, in großer Zahl aber auch Angehörige der tschechischen Widerstandsbewegung. Der ÚVOD, ein Bündnis verschiedener nichtkommunistischer Widerstandsgruppen, war aufgrund der Verhaftung vieler Funktionäre im Herbst 1941 praktisch nicht mehr handlungsfähig. Erst nach und nach gelang es einigen Gruppen, sich zu reorganisieren und gemeinsam mit einigen kommunistischen Widerstandskämpfern unter dem Kürzel PNRV (Přípravný národní revoluční výbor – Vorbereitender National-Revolutionärer Ausschuss) einen neuen Zusammenschluss zu formieren. Nachdem der Ausnahmezustand in den meisten Orten Ende November 1941, in Prag und Brünn am 19. Januar 1942 aufgehoben worden war, gingen die Zahlen der Verhaftungen und Hinrichtungen deutlich zurück.[120]
Noch am Tag von Heydrichs Ankunft in Prag war der bisherige Ministerpräsident, General Alois Eliáš, der der militärischen Geheimorganisation Obrana národa (Verteidigung der Nation) angehörte und Kontakte zur Exilregierung unterhielt, auf Betreiben Heydrichs verhaftet und anschließend vom Volksgerichtshof wegen Hoch- und Landesverrats zum Tode verurteilt worden. Vor Bekanntgabe des Todesurteils hatte Eliáš unter der Drohung, dass andernfalls 20 000 Tschechen hingerichtet würden, einen Aufruf unterschrieben, in dem er seine Mitbürger zur Loyalität gegenüber den deutschen Besatzern aufforderte – ein Dokument, das diese propagandistisch weidlich ausnutzten. Die Vollstreckung des Todesurteils wurde vorerst ausgesetzt, um Eliáš weiter zu verhören und den Widerstand sowie die tschechische Protektoratsregierung in Schach zu halten. Erst nach dem Attentat auf Heydrich erteilte Hitler die Weisung, ihn hinzurichten.[121]
Vom 29. September an galt auch im Protektorat die Kennzeichnungspflicht für Juden. Im selben Erlass verfügte Heydrich, dass Tschechen, die sich in der Öffentlichkeit freundlich gegenüber Juden verhielten, in sogenannte Schutzhaft zu nehmen seien. Zudem befahl er die sofortige Schließung aller Synagogen, da sich dort angeblich „subversive jüdische Elemente" versammelten.[122]

Am 2. Oktober hielt Heydrich vor deutschen Regierungs- und NSDAP-Vertretern eine Rede, in der er ihnen einschärfte, dass sich jeder Deutsche im Protektorat als „Soldat des Führers" fühlen müsse, um an der Verwirklichung der anstehenden Aufgaben mit-

119 Gerwarth, Heydrich (wie Anm. 53), S. 277.

120 Von Ende Nov. 1941 bis zum 27.5.1942 wurden nach offiziellen Angaben noch 33 Personen hingerichtet; Gerwarth, Heydrich (wie Anm. 53), S. 278, 280, 285; Detlef Brandes, Die Tschechen unter deutschem Protektorat. Teil I: Besatzungspolitik, Kollaboration und Widerstand im Protektorat bis Heydrichs Tod (1939–1942), München u. a. 1969, S. 212 f., 220. Gebhart/Kuklik, Velké dějiny (wie Anm. 113), S. 55, gehen für die Zeit vom 28.9.1941 bis 20.1.1942 von 489 Todesurteilen aus, die durch die Sondergerichte in Prag und Brünn verhängt worden seien.

121 Kárný u. a., Deutsche Politik (wie Anm. 113), S. 41–43; Livia Rothkirchen, The Jews of Bohemia and Moravia. Facing the Holocaust, Jerusalem 2005, S. 141, 151; Gerwarth, Heydrich (wie Anm. 53), S. 279; Heydrichs Bericht an Bormann über den Prozess sowie Eliáš' Aufruf an die Tschechen sind abgedruckt in: ebd., S. 103 f.; Gebhart/Kuklík, Velké dějiny (wie Anm. 113), S. 48–50. Zum Attentat auf Heydrich s. u., S. 60–62.

122 Kárný u. a., Deutsche Politik (wie Anm. 113), S. 44, 97 f.

zuwirken. In den vorangegangenen Wochen sei, so Heydrich, „durch Sabotage-, durch Terrorgruppen, durch Vernichtung der Ernte, durch Langsamarbeiten, durchgesteuert von der Londoner Propaganda, geduldet und gefördert von der Protektoratsregierung“, die Ausbreitung einer „gefährlichen Unruhe“ feststellbar gewesen. Daher müsse man aus kriegstaktischen Gründen „zunächst einmal den Tschechen zeigen, wer Herr im Hause ist“, ohne jedoch einen Aufstand zu provozieren, der Vorbild auch für die übrigen besetzten Gebiete sein könnte. Von seinen Untergebenen verlangte Heydrich absolute Unnachgiebigkeit gegenüber den Tschechen. Leute, die nicht zu rigorosem Vorgehen bereit seien oder nur den eigenen Vorteil, zum Beispiel in Form von „Arisierungs“-Gewinnen, im Auge hätten, seien im Protektorat fehl am Platze.
Neben der Bekämpfung des Widerstands sah Heydrich seine zweite, eher langfristig zu lösende Aufgabe darin, „daß dieser Raum einmal endgültig deutsch besiedelt werden muß“. Zu diesem Zweck plante er eine rassische Bestandsaufnahme der gesamten Bevölkerung, etwa getarnt als Röntgenuntersuchungen oder Arbeitstauglichkeitsprüfungen, deren Ergebnis dann darüber entscheide, wer eingedeutscht und wer als „schlechtrassig“ ausgesiedelt werde. Zu den „Schlechtrassigen“ zählten aus deutscher Sicht neben den Juden auch die Sinti und Roma. Die Germanisierung des Protektorats, in seiner Rede „Endlösung“ genannt, wollte Heydrich durch eine bevölkerungspolitische Selektion bewerkstelligen sowie durch eine Kulturpolitik, in der jeglicher Gedanke an tschechische Autonomie konsequent unterdrückt wurde. Dagegen sollte alles gefördert werden, was den Tschechen vermittele, dass sie kein Volk, sondern lediglich ein Stamm seien und nur in einem deutsch beherrschten Raum existieren könnten.[123] Die tschechische Bevölkerung sollte vollkommen entpolitisiert, ihr Interesse auf Beruf, materielle Nöte und Sportveranstaltungen gelenkt werden. Heydrich beabsichtigte, die tschechische Regierung jedoch vorerst bestehen zu lassen, da für die Deutschen das Funktionieren der Verwaltung von Interesse sei. Als einer der entschiedensten Protagonisten der Germanisierungspolitik, über die die deutschen Besatzer schon seit längerem diskutierten, hatte sich Neuraths Staatssekretär, der sudetendeutsche Funktionär Karl Hermann Frank, profiliert, der im Protektorat auch das Amt des Höheren SS- und Polizeiführers innehatte und nun als Heydrichs rechte Hand fungierte.[124]

Die weitreichende Reorganisation der Verwaltung, die Heydrich noch im Herbst 1941 umzusetzen begann, sollte ebenfalls dazu dienen, die Handlungsspielräume der tschechischen Regierung weiter einzuschränken. Als Ordnungsmacht standen ihr 7000 Gendarmen zur Verfügung.[125] Die Zahl der tschechischen Ministerien wurde unter Heydrichs Ägide von 15 auf sieben reduziert. Aus der deutschen Verwaltung, der Behörde des Reichsprotektors und den Oberlandratsämtern, wechselte ein Großteil der Beamten in die untergeordnete tschechische Protektoratsverwaltung und übernahm dort nun

123 NAP, ÚŘP dodatky I, Karton 53; Abdruck in: Kárný u. a., Deutsche Politik (wie Anm. 113), S. 107–122; Notizen zur Besprechung über künftige Planungen im Protektorat Böhmen und Mähren, 17.10.1941; NAP, ÚŘP-AMV 114, Karton 3.

124 René Küpper, Karl Hermann Frank (1898–1946). Politische Biographie eines sudetendeutschen Nationalsozialisten, München 2010, S. 164–223.

125 Moses Moskowitz, Three Years of the Protectorate of Bohemia and Moravia, in: Political Science Quarterly, Bd. LVII, Nr. 3, September 1942, S. 353–375, hier: S. 355.

Kontrollfunktionen. Jeder tschechische Minister hatte fortan einen deutschen Vertreter, der in allen Angelegenheiten Entscheidungen auch ohne Wissen des Ministers treffen konnte. Die tschechische Verwaltung stand somit unter genauerer Kontrolle, weil die Zahl der deutschen Beamten auf den unteren Ebenen zunahm. Gleichzeitig führte die Reform zu einer Einsparung von deutschem Verwaltungspersonal, weil nun nicht mehr für jedes tschechische Ministerium eine deutsche Aufsichtsinstanz in der Behörde des Reichsprotektors bestand. Das neu gegründete Ministerium für Wirtschaft und Arbeit übernahm auf Heydrichs Betreiben nicht der von Staatspräsident Hácha bevorzugte tschechische Gewerkschaftsfunktionär Václav Stočes, sondern der deutsche SS-Oberführer Dr. Walter Bertsch. Da dieser kein Tschechisch konnte, war die „autonome" tschechische Regierung künftig gezwungen, ihre Sitzungen auf Deutsch abzuhalten. In allen Ämtern existierten fortan deutsche Abteilungen, die die Belange der deutschen Bevölkerung vertraten und die Umsetzung der deutschen Verordnungen kontrollierten. Durch die Reform blieb von der Autonomie der Protektoratsregierung praktisch nur noch die Fassade erhalten.[126]

Wirtschaftspolitik unter Heydrich

Bereits unter der Amtsführung von Neuraths hatte die „Arisierung" jüdischen Vermögens als Hebel zur Germanisierung der Wirtschaft gedient: Die Firmenanteile jüdischer Eigentümer waren bevorzugt Deutschen zugesprochen worden, wodurch sich das deutsche Aktienkapital in der ehemaligen Tschechoslowakei verzehnfacht hatte; es betrug im März 1941, als die „Arisierung" weitgehend zum Abschluss gekommen war, gleichwohl nur etwa ein Viertel. Die bedeutendsten Unternehmen wie etwa die Škoda-Werke und die Brünner Waffenwerke waren den Hermann-Göring-Werken einverleibt, andere wie etwa die Schuhfabrik Bat'a jedoch sehr zum Missfallen deutscher Unternehmer in tschechischer Hand belassen worden. Weder in den Führungsetagen der Unternehmen noch in den Wirtschaftsverbänden war das tschechische Personal vollständig durch deutsches ersetzt worden. Um dennoch zu gewährleisten, dass wichtige Entscheidungen nicht den deutschen Interessen widersprachen, hielten einzelne Deutsche in den wirtschaftlichen Führungsgremien Einzug.[127]

126 Detlef Brandes, Nationalsozialistische Tschechenpolitik im Protektorat Böhmen und Mähren, in: ders./Václav Kural (Hrsg.), Der Weg in die Katastrophe. Deutsch-tschechoslowakische Beziehungen 1938–1947, Essen 1994, S. 39–56, hier: S. 46; Brandes, Tschechen, Teil I (wie Anm. 120), S. 222 bis 225; Kárný u. a., Deutsche Politik (wie Anm. 113), S. 49–52; Pavel Maršálek, Protektorát Čechy a Morava. Státoprávní a politické aspekty nacistického okupačního režimu v českých zemích 1939–1945, Praha 2002, S. 64–75; Detlef Brandes, Politische Kollaboration im „Protektorat Böhmen und Mähren", in: Joachim Tauber (Hrsg.), „Kollaborationen" in Nordosteuropa. Erscheinungsformen und Deutungen im 20. Jahrhundert, Wiesbaden 2006, S. 453–462; zur tschechischen Regierung im Protektorat siehe auch VEJ 3, S. 21 f.

127 Jaromír Balcar, Panzer für Hitler – Traktoren für Stalin. Großunternehmen in Böhmen und Mähren 1938–1950, München 2014, S. 60–73. Zur „Arisierung" im Protektorat siehe auch: Jörg Osterloh/Harald Wixforth, Die „Arisierung" im Protektorat Böhmen und Mähren, in: Harald Wixforth, Die Expansion der Dresdner Bank in Europa, München 2006, S. 306–350, hier: S. 346–350; Jaroslav Kučera/Volker Zimmermann, Zum tschechischen Forschungsstand über die NS-Besatzungsherrschaft in Böhmen und Mähren, in: Boehmia, 49 (2009), H. 1, S. 164–183, hier: S. 172–174.

Für eine Wirtschaftspolitik, bei der die Germanisierung zwar erwünscht war, die Produktivität vor allem im Rüstungssektor jedoch absolute Priorität hatte und daher im Zweifelsfalle auch tschechische Wirtschaftsinteressen Berücksichtigung fanden, standen vor allem die beiden mächtigsten Männer in der Protektoratswirtschaft, Walter Bertsch und Bernhard Adolf. Letzterer hatte neben etlichen anderen Funktionen vor allem Aufsichtsratsposten, das Amt des Rüstungsobmanns und des stellvertretenden Vorsitzenden der Rüstungskommission inne und war zudem Beauftragter für die Rationalisierung der Wirtschaft im Protektorat.[128] In der Zeit der äußersten Anspannung der Rüstungsproduktionskapazitäten bedeutete die Rationalisierung der Wirtschaft vor allem eine Zusammenlegung und Schließung von Betrieben, um Arbeitskräfte in die Rüstungsfabriken zu transferieren. In den neun Monaten, die Heydrich in Prag regierte, sollen allein 30 000 Arbeitskräfte auf diese Weise für die Rüstungsproduktion freigesetzt worden sein.[129]

Wenn sie sich kooperativ verhielten, bestand für tschechische Unternehmer nicht nur die Aussicht, ihre bisherigen Positionen beizubehalten, sondern unter Umständen auch von der „Arisierung" zu profitieren. Die Arbeiter im Protektorat versuchte Heydrich durch propagandistisch aufbereitete sozialpolitische Angebote und Leistungsprämien zur loyalen Mitarbeit am deutschen Endsieg zu motivieren – immer in Kombination mit Repressionsdrohungen. Nach vier Wochen Ausnahmezustand, Hinrichtungen und Gestapo-Terror empfing er am 24. Oktober 1941 auf der Prager Burg handverlesene Vertreter der tschechischen Arbeiterschaft und versicherte ihnen, dass er ein offenes Ohr für ihre Wünsche habe. Als Zeichen des Entgegenkommens kündigte er eine ohnehin beschlossene Erhöhung der Fettrationen sowie die kostenlose Abgabe von Arbeitsschuhen an und machte zugleich deutlich, dass dies großzügige Gaben des Reichs bzw. des Führers seien, die nur dann zu erwarten wären, wenn sich die Beschenkten ihrer würdig erwiesen und verstünden: „Wenn Deutschland siegt, siegen Sie mit. Deutschland besiegt den Osten. Deutschland schafft neue Werte im Osten, opfert Blut für den Sieg im Osten, bringt unheimliche Beute heim."[130]

De facto jedoch verschlechterte sich vor allem die Lebensmittelversorgung im Protektorat in der Amtszeit Heydrichs deutlich und somit, trotz Nominallohnsteigerung, auch die Lage der Arbeiter. Die Nahrungsmittelpreise stiegen stark an; im Herbst 1941 waren die Lebenshaltungskosten im Protektorat zwölf bis 17 Prozent höher als in Deutschland, die Reallöhne hingegen mehr als ein Drittel niedriger. Insbesondere lagen die Fettrationen unter denen im Reich, weshalb die deutsche Bevölkerung im Protektorat, nicht jedoch die tschechische, einen Ausgleich in Form der sogenannten Fettreichshilfe erhielt. Im Frühjahr 1942 wurden die Lebensmittelzuteilungen – ebenso wie in Deutschland – herabgesetzt. Die ins Protektorat entsandten Reichsdeutschen schmälerten durch höhere Kaufkraft das Warenangebot zusätzlich; Heydrichs rigides Vorgehen gegen den Schwarzhandel trieb zudem die Preise auf dem Schwarzmarkt in die Höhe, auf dem sich bis dato noch ein Teil der tschechischen Bevölkerung hatte versorgen können. Die

128 Balcar, Panzer (wie Anm. 127), S. 82.

129 Kárný u. a., Deutsche Politik (wie Anm. 113), S. 64 f.

130 Ansprache des stellvertretenden Reichsprotektors an die Vertreter der Arbeiterschaft, 24.10.1941; NAP, ÚŘP, dodatky I, Karton 53; siehe auch Miroslav Kárný, Die materiellen Grundlagen der Sozialdemagogie in der Protektoratspolitik Heydrichs, in: Historica XXIX, Prag 1989, S. 123–159.

propagandistische Verteilung beschlagnahmter Schwarzmarktgüter an Werkskantinen kompensierte den Preisanstieg nicht annähernd, zumal die Arbeiter als Gegenleistung Lebensmittelmarken abliefern mussten.[131]
Neben der schlechten Versorgungslage förderte auch die Repression die Unzufriedenheit, die sich nicht zuletzt im Sinken der Arbeitsmoral niederschlug. Die deutschen Arbeitsämter sowie der SD beklagten vor allem in den letzten Monaten des Jahres 1942 hohe Krankenstände und eine wachsende Zahl von Personen, die sich der Arbeit für die Deutschen ganz entzogen. Die Arbeitsproduktivität pro Kopf und Schicht lag 1942 um etwa 25 Prozent unter derjenigen von 1939. Immer häufiger wiesen die deutschen Behörden unwillige Arbeiter nun in die neu errichteten Arbeitserziehungslager ein. Zudem waren die Besatzer auch mit Sabotageaktionen konfrontiert. Durchgeschnittene Bremsschläuche bei der Eisenbahn und später auch in Brand gesetzte Waggons gehörten zu den häufigsten Sabotageakten; in der Zeit von August bis Oktober 1942 registrierte die Abwehrstelle Prag monatlich etwa 65 Sabotagefälle in Betrieben, nicht jedoch in der Rüstungsproduktion; im ersten Quartal 1943 verhaftete die Gestapo 15 Rüstungsarbeiter, die sie der Sabotage verdächtigte oder überführt hatte. Anlass für die meisten Verhaftungen in Betrieben waren allerdings nicht Sabotageaktionen, sondern die Beteiligung an Widerstandsorganisationen.[132]

Antijüdische Politik im Protektorat

Im Oktober 1941 durften Juden im Protektorat viele der rationierten Lebensmittel wie etwa Obst, Geflügel oder Fisch nicht mehr kaufen. Im Dezember 1941 wurde es den jüdischen Einwohnerinnen und Einwohnern Prags und Brünns untersagt, Museen zu besuchen.[133] Das Jahr 1942 begann für die Juden mit dem Verbot, Knoblauch oder Zwiebeln einzukaufen und die Parkanlagen in Prag zu betreten.[134] Vom 3. März 1942 an waren sie verpflichtet, eine Kennkarte, die sie als Juden auswies, bei sich zu tragen und auf Ämtern unaufgefordert vorzuzeigen.[135] Als im selben Monat das Nürnberger Blutschutzgesetz, das Ehen und sexuelle Kontakte zwischen Juden und Nichtjuden verbot, auch auf das Protektorat ausgedehnt wurde, hatte dies für die betroffenen Paare gravierende Folgen; andere antijüdische Vorschriften wie etwa das Knoblauch- oder das Schweinefleischverbot hatten eher demonstrativen Charakter oder dienten offenbar der bloßen Gängelung der Juden. Die lange Liste der Verbote und schikanösen Vorschriften,

131 Kárný u. a., Deutsche Politik (wie Anm. 113), S. 56–61; zu den Leistungsprämien siehe Heydrichs Rede vor führenden Persönlichkeiten der Okkupationsbehörden vom 17.10.1941, ebd., S. 147–157, hier: S. 151 f.; Kárný, Die materiellen Grundlagen (wie Anm. 130), S. 134 f., 138. Zur Entwicklung der Kaufkraft und der Sozialpolitik unter deutscher Besatzung siehe Kučera/Zimmermann, Zum tschechischen Forschungsstand (wie Anm. 127), S. 174–176.

132 Detlef Brandes, Die Tschechen unter deutschem Protektorat. Teil II: Besatzungspolitik, Kollaboration und Widerstand im Protektorat Böhmen und Mähren von Heydrichs Tod bis zum Prager Aufstand (1942–1945), München u. a. 1975, S. 87–93.

133 NAP, 1590.

134 Jüdisches Nachrichtenblatt vom 2.1.1942.

135 Bekanntmachung zur VO über Kennkarten; RGBl., 1942 I, S. 100.

die den Juden das Leben erschweren sollten, nahm immer bizarrere Züge an, je länger der Krieg sich hinzog und je weniger Juden es noch im Protektorat gab.[136]
Die jüdischen Arbeiter im Protektorat unterlagen nach und nach den gleichen Einschränkungen und Verboten, die auch im Reich für jüdische Arbeiter galten: Ende 1941 nahm das tschechische Sozial- und Gesundheitsministerium sie von der Zahlung von Weihnachtsgeld und Jahresabschlussgratifikationen aus.[137] Zum 1. August 1942 verloren sie unter anderem das Recht auf Sozialversicherung, Überstundenbezahlung und Urlaub, das für die nichtjüdischen Arbeiter im Protektorat nach wie vor galt. Bereits seit März 1940 waren die Arbeitsämter dazu übergegangen, arbeitslose Juden für Zwangseinsätze zu rekrutieren. Vom 23. Januar 1941 an galt für Juden zwischen 18 und 50 Jahren im Protektorat Arbeitspflicht; Ende August 1941 dehnte das tschechische Ministerium für Sozial- und Gesundheitsverwaltung den Zwangseinsatz auf alle Juden im Alter von 16 bis 60 Jahren aus. Bei Heydrichs Amtsantritt befanden sich mehr als 12 000 Juden im Zwangseinsatz.[138] Nach dem Verbot der jüdischen Schulen im Sommer 1942 mussten auch 14-Jährige zum Arbeitseinsatz antreten. Da viele Juden infolge der antijüdischen Maßnahmen einkommenslos geworden waren, bemühten sich auch jüdische Institutionen darum, den Betroffenen Arbeit und Verdienstmöglichkeiten zu vermitteln. Bisweilen forderten die deutschen Behörden von den jüdischen Gemeinden die Bereitstellung von Arbeitskräften für Bauvorhaben oder zum Schneeschaufeln. Da sie auf eine strikte Trennung von nichtjüdischen und jüdischen Arbeitern Wert legten, wurden letztere nach Möglichkeit in geschlossenen Arbeitskommandos eingesetzt.

Die Deportation der tschechischen Juden

Überlagert wurden all die kleinlich-bürokratischen, schikanösen und niederschmetternden Bestimmungen vom Beginn der systematischen Deportationen Mitte Oktober 1941. Zeitgleich mit den ersten reichsdeutschen Juden wurden auch mehrere tausend jüdische Einwohnerinnen und Einwohner Prags deportiert. Zwei Jahre zuvor hatten Juden aus Mährisch-Ostrau zu den ersten gehört, die Eichmann im Rahmen des sogenannten Nisko-Plans ins Generalgouvernement hatte deportieren lassen. Einige von ihnen, darunter auch der Leiter des Prager Palästina-Amts, Jakob Edelstein, waren, nachdem der Plan eines „Judenreservats Lublin" in den Anfängen steckengeblieben war, nach Prag zurückgekehrt. Edelstein hatte über seine Erfahrungen berichtet und sich nach Kräften bemüht, die Legende von der Ansiedlung der Juden im Distrikt Lublin zu widerlegen, da die Bedingungen, unter denen dies geschehe, eher auf die Vernichtung der Juden gerichtet seien.[139] Als im Sommer 1941 erneut Gerüchte über bevorstehende Deportationen aufkamen, sah die Jüdische Kultusgemeinde in Prag das kleinere Übel in

136 Franz Friedmann, Rechtsstellung der Juden im Protektorat Böhmen und Mähren. Stand am 31.7.1942, in: Helena Krejčová/Jana Svobodová/Anna Hyndráková, Židé v protektorátu: Hlášení Židovské náboženské obce v roce 1942. Dokumenty, Praha 1997, S. 232–264.

137 Wolf Gruner, Die Judenverfolgung im Protektorat Böhmen und Mähren. Lokale Initiativen, zentrale Entscheidungen, jüdische Antworten 1939–1945, Göttingen 2016, S. 229, 255.

138 Ebd., S. 169, 197–199.

139 VEJ 3, S. 37 f. und VEJ 3/38.

der Errichtung von Lagern im Protektorat. Dort, so die Hoffnung, könnte man auf die Lebensbedingungen eher Einfluss nehmen und die Eingesperrten wären eher in der Lage, die Verbindung zu Freunden und Verwandten aufrechtzuerhalten. Entsprechend versuchten die Vertreter der Kultusgemeinde, die Zentralstelle für jüdische Auswanderung von diesem Vorschlag zu überzeugen. Dabei war es gerade die Zentralstelle gewesen, die ihre Ängste vor der Deportation geschürt hatte, denn sie hatte den jüdischen Repräsentanten signalisiert, dass sie im Falle einer Deportation der Juden aus dem Protektorat überflüssig – und das hieß: ebenfalls deportiert – würden.[140] Anfang September 1941 hatte der Leiter der Zentralstelle für jüdische Auswanderung in Prag, Hans Günther, der Jüdischen Kultusgemeinde den Auftrag erteilt, die jüdische Bevölkerung im Protektorat zu registrieren und dabei auch Alter, Gesundheitszustand, Arbeitsfähigkeit und Familienstand zu erfassen.[141] Als in der ersten Oktoberhälfte dann mehrere tausend Juden in Prag und Brünn die Aufforderung erhielten, sich zum Abtransport bereitzuhalten, brach Panik aus und die Zahl derer, die sich das Leben nahmen, stieg deutlich an. Es kursierten Mutmaßungen über die Zielorte der Deportationen, vor allem Befürchtungen, dass die Transporte nach Polen oder auch in die gerade erst eroberten und weitgehend zerstörten Gebiete der Sowjetunion führen würden (Dok. 250).

Die zur Deportation vorgesehenen Prager Juden mussten sich in der Messehalle der Stadt, einer unbeheizten, düsteren und nicht regendichten Holzbaracke, einfinden.[142] Das Procedere, wonach sie registriert, durchsucht und formell enteignet wurden, unterschied sich nicht von demjenigen im Reich. Und ebenso wie die deutschen erfuhren auch die tschechischen Juden erst unmittelbar vor oder sogar erst während der Fahrt den Zielort der Deportationen:[143] Fünf Transporte mit jeweils etwa 1000 Juden gingen ins Getto Litzmannstadt,[144] ein weiterer Transport aus Brünn nach Minsk.[145] Zu den Ersten, die deportiert wurden, gehörten Juden aus den führenden Wirtschaftskreisen des Landes. Doch bereits am 18. Oktober 1941 wies die Zentralstelle für jüdische Auswanderung die jüdischen Gemeinden an, Namenslisten der Gemeindemitglieder anzufertigen, auf denen die Fürsorgeempfänger besonders zu kennzeichnen waren.[146]

Eine Woche zuvor hatte Hans Günther gemeinsam mit Eichmann an einer Sitzung teilgenommen, auf der die „Lösung der Judenfragen im Protektorat“ Thema war (Dok. 244). Dabei wurde zunächst die Deportation nach Osten erörtert, die jedoch mit „Rücksicht auf die Litzmannstädter Behörden“ und die Verhältnisse im dortigen Getto nicht im ursprünglich beabsichtigten Umfang durchgeführt werden könne. Als weitere

140 H. G. Adler, Theresienstadt 1941–1945. Das Antlitz einer Zwangsgemeinschaft, Göttingen 2012 (Erstausgabe 1955), S. 19–21; Benjamin Murmelstein, Theresienstadt. Eichmanns Vorzeige-Ghetto, Wien 2014, S. 27.

141 Rothkirchen, The Jews (wie Anm. 121), S. 123; Magda Veselská, „Sie müssen sich als Jude dessen bewusst sein, welche Opfer zu tragen sind …“. Handlungsspielräume der jüdischen Kultusgemeinden im Protektorat bis zum Ende der großen Deportationen, in: Andrea Löw/Doris L. Bergen/Anna Hájková (Hrsg.), Alltag im Holocaust. Jüdisches Leben im Großdeutschen Reich 1941–1945, München 2013, S. 151–166, hier: S. 164.

142 Adler, Theresienstadt (wie Anm. 140), S. 69.

143 Friedländer, Jahre der Vernichtung (wie Anm. 16), S. 339.

144 Richard Seemann (Hrsg.), Ghetto Litzmannstadt 1941–1944. Dokumenty a výpovědi o životě českých židů v lodžském ghettu, Praha 2000.

145 Adler, Theresienstadt (wie Anm. 140), S. 21.

146 Gruner, Judenverfolgung (wie Anm. 137), S. 213 f.

Zielorte standen Minsk und Riga zur Diskussion sowie nicht näher spezifizierte „Lager für kommunistische Häftlinge im Operationsgebiet" – möglicherweise eine Umschreibung für die Erschießung der Deportierten. Schließlich wurde auch die Möglichkeit erwogen, in Böhmen und in Mähren je ein Getto einzurichten. Als der am besten geeignete Ort in Böhmen galt Theresienstadt, wo noch einige Wehrmachtseinheiten einquartiert waren, deren Verlagerung sich durch Heydrichs Vorsprache beim zuständigen Militärbefehlshaber Toussaint bewerkstelligen ließe. Die in Theresienstadt lebende tschechische Bevölkerung, zwischen 3000 und 4000 Personen, könne zum Teil auch in die in Prag frei werdenden Wohnungen der Juden umgesiedelt und die Umzugskosten ihnen aus dem jüdischen Vermögen erstattet werden. Die letzten Bewohner verließen die Festungsstadt erst Ende Juni 1942, als die ersten Transporte aus dem Reich dort eintrafen.[147] Während das mährische Getto nie zustande kam, konkretisierten sich die Pläne in Bezug auf Theresienstadt binnen kurzem. Heydrich ging davon aus, dass die Deportation der Juden aus dem Protektorat schon bald abgeschlossen werden könne: Er rechnete vor, dass etwa 88 000 Juden dort lebten, davon mehr als die Hälfte in Prag, und täglich zwei bis drei Züge mit jeweils 1000 Personen in Theresienstadt eintreffen könnten. Dabei war von vornherein geplant, dass das Getto nur ein „vorübergehendes Sammellager" sein sollte, von dem aus die Juden in „die östlichen Gebiete" weiterdeportiert würden. In Vorwegnahme der katastrophalen Lebensbedingungen in Theresienstadt heißt es im Protokoll der Sitzung vom 10. Oktober 1941, dass die Juden dort schon „stark dezimiert" würden. Nach ihrer „Evakuierung" in den Osten könnte dann Theresienstadt, wo sich der Boden hervorragend zum Gemüseanbau eigne, vollständig eingedeutscht werden.[148]

Wie im Deutschen Reich so wurden auch im Protektorat die Sinti und Roma zusammen mit den Juden deportiert. Im August 1942 mussten sich alle als „Zigeuner" oder „Zigeunermischlinge" verdächtigte oder „nach Zigeunerart umherziehende" Personen registrieren lassen und wurden selektiert: Die etwa 2400 Sinti und Roma, die keine geregelte Arbeit und keinen festen Wohnsitz nachweisen konnten, wurden in Vorbeugehaft genommen und in einem der beiden „Zigeunerlager", Lety in Böhmen und Hodonín in Mähren, interniert, alle anderen vorerst in Freiheit belassen. In den beiden Lagern mussten die Sinti und Roma nicht nur schwere Arbeiten verrichten, sondern litten unter Mangelernährung und miserablen sanitären Bedingungen, so dass nach kurzer Zeit Epidemien ausbrachen. Von Dezember 1942 an wurden die Internierten in mehreren Transporten nach Auschwitz deportiert und die meisten von ihnen dort ermordet. Einige

147 Thomáš Fedorovič, Zánik města Terezín a jeho přeměna v ghetto, in: Terezínské listy, Nr. 32, 2004, S. 15–43; Ludmila Chládková, Ghetto Theresienstadt, Gedenkstätte Terezín 1991, S. 26, gibt die Einwohnerzahl mit 3142 an. Tatsächlich wurde die tschechische Bevölkerung Theresienstadts für ihr zurückgelassenes Eigentum aus dem Vermögen der Juden entschädigt, das diese bei ihrer Deportation dem sog. Auswanderungsfonds hatten übereignen müssen; Adler, Theresienstadt (wie Anm. 140), S. 24, 36.

148 Siehe auch Notizen aus der Besprechung führender Persönlichkeiten der Okkupationsbehörden bei Heydrich über künftige Planungen im Protektorat, 17.10.1941, abgedruckt in: Kárný u. a., Deutsche Politik (wie Anm. 113), S. 147–157; Anita Franková, Die Vorbereitungen zur Konzentrierung der Juden im Protektorat. Die „Vorgeschichte" des Theresienstädter Ghettos, in: TSD, 8 (2001), S. 49–74.

Monate später, überwiegend im März und Mai 1943, geschah dies auch mit denjenigen, die als „Sesshafte“ zunächst nicht interniert worden waren.[149]

Theresienstadt

Am 24. November 1941 kamen die ersten 342 jüdischen Männer in Theresienstadt an, die dort die Unterkünfte für die späteren Massentransporte tschechischer Juden vorbereiten sollten. Diesem Aufbaukommando gehörte auch der Historiker Miroslav Kárný an, der später wichtige Forschungen zur Geschichte des Gettos sowie zur deutschen Besatzungspolitik im Protektorat vorlegte. Ebenfalls noch im November 1941 wurde der aus Niederösterreich stammende SS-Sturmführer Dr. Siegfried Seidl zum Kommandanten von Theresienstadt bestimmt, eine Funktion, die er bis zum Sommer 1943 innehatte. Seidl war schon seit längerem im Stab Eichmanns tätig und zuvor im SD-Leitabschnitt Posen für die Zwangsumsiedlung der polnischen Bevölkerung aus dem Warthegau zuständig gewesen.[150] Mit ihm waren noch etwa 30 SS-Männer und eine Reihe von Verwaltungsangestellten im Getto tätig. Am 4. Dezember traf dann das zweite Aufbaukommando mit 1000 Mann ein, zu dem auch der bereits erwähnte, damals 36-jährige Jakob Edelstein gehörte, den die Zentralstelle für jüdische Auswanderung zum Judenältesten ernannte, sowie sein Stellvertreter Otto Zucker. Edelstein, ein überzeugter Zionist, betrachtete es als seine Pflicht, „im Moment höchsten Leidens und schicksalsschwerster Entscheidungen in die Bresche zu springen“ (Dok. 314). Die Zentralstelle für jüdische Auswanderung hatte die „Selbstverwaltung“ der Juden in Theresienstadt verfügt, und Edelstein sah die Chance für ein Überleben bis Kriegsende darin, das Getto zu „produktivieren“, etwa durch Auftragsarbeiten für die Wehrmacht. Im Gegensatz zu Chaim Rumkowski, dem Judenältesten im Getto Litzmannstadt, verfocht Edelstein dieses Ziel nicht mit despotischen Mitteln.[151] Gleichwohl geriet auch er, wie alle jüdischen Repräsentanten in einer vergleichbaren Position, in unlösbare Konflikte, weil die SS die Selbstverwaltung der Juden in Theresienstadt für die Umsetzung der „Endlösung“ ebenso instrumentalisierte wie etwa die Judenräte im besetzten Polen. Zudem stützte Edelstein sich auf ein Netz von ehemaligen Weggefährten, die wichtige Funktionen im Ältestenrat oder in der Gettoverwaltung übernahmen, in deren Mitte jedoch nach einer Weile die Korruption um sich griff. Nach einem Jahr als Judenältester zog Edelstein eine nachdenkliche, insgesamt jedoch positive Bilanz seiner Tätigkeit (Dok. 314). Kurz darauf, im Januar 1943, wurde er von Paul Eppstein von der Reichsvereinigung der deutschen Juden abgelöst und fungierte fortan als dessen Vertreter. Edelstein wurde im Dezember 1943 zusammen mit seiner Frau Mirjam und seinem zwölfjährigen Sohn Arje nach Auschwitz

149 Ctibor Nečas, Lety und Hodonín – zwei Internierungslager für Sinti und Roma in der Tschechoslowakei, in: Donald Kenrick (Hrsg.), Sinti und Roma unter dem Nazi-Regime 2. Die Verfolgung im besetzten Europa, Berlin 2000, S. 159–181.

150 Gabriele Anderl, Die Lagerkommandanten des jüdischen Ghettos Theresienstadt, in: Kárný/Blodig/Kárná (Hrsg.), Theresienstadt (wie Anm. 117), S. 213–222; Tomáš Fedorovič, Der Theresienstädter Lagerkommandant Siegfried Seidl, in: TSD, 10 (2003), S. 162–209.

151 Ruth Bondy, Jakob Edelstein – der erste Judenälteste von Theresienstadt, in: Kárný/Blodig/Kárná (Hrsg.), Theresienstadt (wie Anm. 117), S. 79–87, hier: S. 84; siehe auch: dies., Elder of the Jews. Jakob Edelstein of Theresienstadt, New York 1989.

deportiert und dort im Juni 1944 erschossen, nachdem er die Ermordung seiner Angehörigen hatte mitansehen müssen.[152]
Die Judenältesten nahmen ihre Anweisung von der Lagerkommandantur mündlich entgegen, mussten sie aber an die Gettobewohner schriftlich in sogenannten Tagesbefehlen weiterleiten, die tatsächlich im Kommandoton abgefasst waren (Dok. 297). Dem Ältestenrat der Juden gehörten die Leiter der wichtigsten Abteilungen in der sogenannten Selbstverwaltung des Gettos an: Evidenz (Statistik), Wirtschafts-, Finanz- und technische Abteilung, ferner die Abteilung für Gesundheits- und Sozialfürsorge. Der Ältestenrat hatte seinen Sitz in der Magdeburger Kaserne und seine Mitglieder lebten dort unter deutlich günstigeren Bedingungen als das Gros der Gettobevölkerung. Im Rahmen der Selbstverwaltung urteilte ein Gettogericht über Verstöße gegen die Lagerordnung und bestrafte diese unter Umständen mit Lagergefängnis. Die Gettowache, die aus Häftlingen bestand und unbewaffnet war, hatte die Disziplin innerhalb des Gettos aufrechtzuerhalten. Sie wurde mehrfach umstrukturiert und bestand zwischenzeitlich aus 500 jungen, militärisch trainierten Männern, die zwar keine Waffen, aber zeitweise Uniformen trugen und gemeinschaftlich untergebracht waren. Von September 1942 an befehligte der ehemalige Marineoffizier und Freikorpskämpfer Dr. Karl Loewenstein die Truppe, den die SS mit dieser Aufgabe betraut hatte. Er hatte in Berlin zu den Mitbegründern der Bekennenden Kirche gehört, war nach Minsk deportiert und von dort, gesundheitlich schwer mitgenommen, aufgrund seiner militärischen Verdienste nach Theresienstadt überstellt worden. Die Bewachung des Gettos unterlag einer Einheit der Protektorats-Gendarmerie.[153]

In den ersten Monaten kamen die Deportationszüge ausschließlich aus dem Protektorat nach Theresienstadt. Am Jahresende 1941 lebten bereits 7365 Jüdinnen und Juden im Getto. Doch Anfang Januar 1942 wurden die ersten von ihnen schon wieder von Theresienstadt nach Osten deportiert. Die Hoffnung auf ein selbstverwaltetes Getto auf heimatlichem Boden, das die tschechischen Juden vor der Deportation bewahren würde, erwies sich als Illusion. Am Tag nachdem der erste Zug Theresienstadt verlassen hatte, ließ die SS neun junge Juden hinrichten und zwang den Ältestenrat, dabei zuzusehen. Weitere sieben Jugendliche wurden am 26. Februar gehängt. Die ihnen zur Last gelegten „Verbrechen“ bestanden unter anderem darin, dass einer von ihnen seiner Mutter einen Brief geschrieben, ein anderer im „arischen“ Teil Theresienstadts eingekauft hatte. Vermutlich wollte die SS durch diese Demonstration ihrer Grausamkeit jeden Widerstand gegen die Deportationen im Keim ersticken.[154]
Bis Mitte 1942 verließen 16 Züge mit jeweils 1000 Juden Theresienstadt und fuhren nach Riga und ins Warschauer Getto, überwiegend aber in den Distrikt Lublin. Die allermeisten Deportierten wurden nur wenig später in einem der Vernichtungslager im Generalgouvernement ermordet. Zwischen dem 14. Juli und 22. September fuhren vier Züge aus Theresienstadt nach Malyj Trostinec bei Minsk, wo die Deportierten sofort nach der

152 Bondy, Edelstein (wie Anm. 151), S. 87.
153 Miroslav Kárný, Die Gendarmerie-Sonderabteilung und die Theresienstädter Häftlinge. Zur Methodologie der kritischen Interpretation von Erinnerungen, in: TSD, 3 (1996), S. 136–152.
154 Anna Hájková, The Last Ghetto: An Everyday History of the Theresienstadt Ghetto, 1941–1945 (Dissertation, University of Toronto), S. 46.

Ankunft erschossen wurden. Dorthin hätte auch der Zug fahren sollen, der Theresienstadt am 28. Juli 1942 verließ und dessen Verbleib lange ungeklärt war. Inzwischen ist bekannt, dass dieser Zug ebenfalls nach Weißrussland ging, aber nach Baranowitschi, wo die etwa 1000 Juden in einem nahegelegenen Wald entweder in einem Gaswagen ermordet, die meisten aber an vorbereiteten Gruben erschossen wurden. Im September und Oktober 1942, während noch immer laufend Deportationszüge aus dem Reich in Theresienstadt eintrafen, wurden etwa 19 000 Juden von dort ins Vernichtungslager Treblinka deportiert. Von Ende Oktober 1942 an fuhren die Züge aus Theresienstadt nach Auschwitz.[155]

Am 2. Juni 1942 traf der erste Transport mit Juden aus dem Reich in Theresienstadt ein. Wie von Heydrich angekündigt, handelte es sich überwiegend um Menschen, die 65 Jahre oder älter waren, um Männer mit Kriegsauszeichnungen aus dem Ersten Weltkrieg sowie um einige jüdische Repräsentanten und bekannte Persönlichkeiten, deren Deportation möglicherweise Kritik von Seiten einflussreicher Nichtjuden hervorgerufen hätte. Viele von ihnen hatten vor der Abfahrt ihre gesamten Ersparnisse aufgewandt, um einen sogenannten Heimeinkaufsvertrag abzuschließen, der ihnen eine passable Unterbringung und Versorgung bis an ihr Lebensende garantieren sollte. De facto handelte es sich bei diesen Verträgen, die formal mit der Reichsvereinigung geschlossen wurden, um eine verdeckte Form der Enteignung, an der sich die SS bereicherte (Dok. 200).[156] Anstatt in dem erwarteten Alterssitz fanden sich die Juden in Kasernen wieder, in denen sie nach Geschlechtern getrennt und in überfüllten Schlafsälen untergebracht waren.

Im Sommer 1942 hatten gerade die letzten nichtjüdischen Bewohner Theresienstadt verlassen und um ihre Wohnungen war ein heftiger Konkurrenzkampf zwischen den im Getto verbliebenen Juden entbrannt. Durch die Transporte aus dem Deutschen Reich stieg die Zahl der Gettobewohner stark an. Waren die Verhältnisse ohnehin schon äußerst beengt gewesen, so wurden nun selbst Keller und Dachböden, Abstellkammern oder Treppenabsätze als Unterkünfte genutzt. Nicht einmal für alle Kranken standen Betten oder Matratzen zur Verfügung; viele mussten auf den Betonböden der Kasernen nächtigen (Dok. 298). Auf den Dachböden war es im Sommer unerträglich heiß, im Winter eisig. Bis zum nächsten Wasseranschluss musste man oft etliche Treppen zurücklegen und nachts über Schlafende steigen. Aufgrund der Enge und der schlechten hygienischen Bedingungen – es fehlte an sanitären Anlagen – breiteten sich im Getto Läuse und ansteckende Krankheiten rasch aus. Waren im Mai 1942 155 Menschen gestorben, so lag die Zahl der Toten im August bereits bei 2327 und im September bei 3931. Die Abteilung Gesundheitswesen kämpfte trotz fehlender Medikamente, medizinischer Geräte und Fachleute mit großem Einsatz gegen Masern, Scharlach und Typhus an. Die

155 Adler, Theresienstadt (wie Anm. 140), S. 45–60; Gottwaldt/Schulle, „Judendeportationen" (wie Anm. 53), S. 397 f., 401–404, 453 f.; http://www.ghetto-theresienstadt.de/pages/t/transporte.htm (zuletzt aufgerufen am 19.6.2019).

156 Adler, Theresienstadt (wie Anm. 140), S. 62, 108 f.; Philipp Manes, Als ob's ein Leben wär. Tatsachenbericht. Theresienstadt 1942–1944, hrsg. von Ben Barkow und Klaus Leist, Berlin 2005, S. 30, 34.

meisten Patienten litten jedoch an Enteritis; die Magen-Darm-Infektion wurde auch als *terezínka*, also als Theresienstädter Krankheit, bezeichnet.[157]
Die deutschen und österreichischen Juden, die in Theresienstadt ankamen, waren gegenüber den tschechischen, die dort bereits lebten, in entscheidenden Punkten im Nachteil: Sie waren nicht nur im Durchschnitt deutlich älter, sondern hatten auch keine Verbindungen ins nahegelegene Prag; die günstigsten Schlaf- und Arbeitsplätze waren bereits besetzt, und in der Selbstverwaltung hatten sie in den ersten Monaten so gut wie keine Fürsprecher. Die Haltung, auf die sie bei den Gettoinsassen aus dem Protektorat trafen, beschreibt der Wiener Rabbiner Benjamin Murmelstein so: „Die böhmischen Juden, die über junges und gut ausgebildetes Menschenmaterial verfügten, hatten mit ihrer Arbeitskraft das Ghetto aufbauen müssen, kaum waren sie damit fertig, wurden sie deportiert. Das Refugium, von dem sie geglaubt hatten, es sei für sie bestimmt, sollte nun deutschsprachige Juden aufnehmen. [...] die blühende Jugend musste den verlausten Alten Platz machen."[158] Während die jüngeren unter den Neuankömmlingen noch eine Chance hatten, sich mit der Situation zu arrangieren, über eine besondere Qualifikation an eine günstige Arbeit zu kommen oder über persönliche Verbindungen und Liebesbeziehungen mit jungen tschechischen Juden Vergünstigungen zu erreichen, hatten die Alten das Nachsehen. Die drastische Veränderung in der Zusammensetzung der Gettobevölkerung ließ auch die Moral einbrechen: Gegenüber Fremden waren die Hemmungen im alltäglichen Konkurrenzkampf um manche kleinen und großen, entscheidenden Vorteile deutlich geringer als gegenüber Bekannten, zumal wenn man davon ausging, dass man ihnen nach Kriegsende wiederbegegnen würde.[159]
Die erste Station in Theresienstadt war für alle neu Ankommenden die sogenannte Schleuse, in der sie sich registrieren lassen mussten und ihr Gepäck nach verbotenen Gegenständen durchsucht wurde. Bereits bei dieser Gelegenheit büßten sie einen Teil ihrer Habe ein. Tschechische Gendarmen, aber auch die jüdische Gettowache und andere Juden, die aufgrund ihrer Funktion zum Aufenthalt in der Schleuse berechtigt waren, sollen sich am Gepäckdiebstahl beteiligt haben.[160] Am Ende wurde den auf diese Weise „Durchgeschleusten" eine Unterkunft zugewiesen. Mit Ausnahme der Prominenten bedeutete dies in der Regel für alle die Trennung von ihren Familien. Ein im April 1942 in Theresienstadt Angekommener schilderte die niederschmetternde Wirkung der Schleuse folgendermaßen: „[...] wir waren nicht mehr wir, wir waren Objekte, Nummern, ghettoisiert. [...] Todmüde und todkrank, mit Sehnsucht nach Ruhe und Schlaf kam man in die Kellerräume und dunklen Löcher der Kavalierkaserne. [...] Fünf Tage lebten wir in der Schleuse wie Ratten im Keller und wurden lichtscheu, auch menschenscheu."[161]

157 Adler, Theresienstadt (wie Anm. 140), S. 137 f.; Anna Hájková, Medicine in Theresienstadt, in: Social History of Medicine 2018, https://academic.oup.com/shm/advance-article/doi/10.1093/shm/hky066/5087809 (zuletzt aufgerufen am 19.6.2019).

158 Murmelstein, Theresienstadt (wie Anm. 140), S. 47; siehe auch Anna Hájková, Die fabelhaften Jungs aus Theresienstadt. Junge tschechische Männer als dominante soziale Elite im Theresienstädter Ghetto, in: Christoph Dieckmann/Babette Quinkert (Hrsg.), Im Ghetto 1939–1945. Neue Forschungen zu Alltag und Umfeld, Göttingen 2009, S. 116–135.

159 Hájková, Last Ghetto (wie Anm. 154), S. 184–192.

160 Adler, Theresienstadt (wie Anm. 140), S. 271–274; Hájková, Last Ghetto (wie Anm. 154), S. 95 f.

161 Zit. nach: Adler, Theresienstadt (wie Anm. 140), S. 274.

In Theresienstadt bestand Arbeitspflicht, wobei Mindest- und Höchstalter variierten: In der Regel mussten 16- bis 60-Jährige arbeiten, zeitweise wurden aber auch schon Zwölfjährige herangezogen und alte Menschen bis zum 70. Lebensjahr.[162] Im Durchschnitt arbeiteten die Gettobewohnerinnen und -bewohner 60 Stunden wöchentlich.[163] Als besonders günstige Arbeitsbereiche galten solche, in denen man vor der Weiterdeportation in den Osten geschützt war, aber auch solche, die leichteren Zugang zu Lebensmitteln, Anspruch auf höhere Rationen oder Verbindungen zur Außenwelt boten. Zum Getto gehörten einige landwirtschaftliche Betriebe, in denen Obst und Gemüse angebaut, Vieh, Bienen und Seidenraupen gezüchtet wurden. Die Erträge erreichten das Getto in der Regel nicht, sondern wurden verkauft; doch die Arbeitsplätze dort waren besonders begehrt, da sie außerhalb der Gettomauern lagen und frisches Obst und Gemüse in Theresienstadt legal nicht zu haben war.[164]
Anfangs hatten alle Neuankömmlinge im Getto, unabhängig von ihrer Qualifikation, 100 Stunden körperliche Arbeit zu verrichten, bevor sie dann ihrem endgültigen Arbeitsbereich zugeteilt wurden (Dok. 315). Über die Einteilung entschied die Arbeitszentrale, die von Erich Österreicher geleitet wurde.

In Theresienstadt herrschte vom ersten Tag an Hunger. Viele Insassen verhungerten oder fielen aufgrund der Unterernährung Krankheiten zum Opfer, die sie unter normalen Umständen problemlos überstanden hätten.[165] Die Lebensmittelzuteilungen waren chronisch zu niedrig angesetzt für die Zahl der Bewohner, und die landwirtschaftlichen Erträge, die die Häftlinge erwirtschafteten, gingen an die SS oder wurden an die nichtjüdische Bevölkerung verkauft. Verschärft wurde die Versorgungslage durch Korruption und Wirtschaftskriminalität. Viele, die Zugang zu Essen hatten, insbesondere die Köche, entwendeten im großen Stil Nahrungsmittel, um sie selbst zu verzehren oder unter der Hand zu verkaufen. Die Geschädigten waren vor allem die schlechter versorgten Nichtarbeitenden. Als Karl Loewenstein die Leitung der Gettowache übernahm, gelang es ihm, Korruption und Diebstahl zumindest einzudämmen, womit er sich noch mehr Feinde schuf, als er aufgrund seiner Position, seines Führungsstils und der Nichtachtung der Gettohierarchie ohnehin schon hatte. Nach Kriegsende wurde er, der qua Amt häufig in Kontakt mit der SS stand, von ehemaligen Mithäftlingen der Kollaboration bezichtigt.[166] Nachdem anfangs die Verpflegungssätze für alle Gettobewohner gleich waren, entschied der Ältestenrat vom Mai 1942 an, also mit der Ankunft der Juden aus dem Deutschen Reich, nach und nach Differenzierungen einzuführen: Arbeiter, Schwer- und Kurzarbeiter erhielten unterschiedliche Zulagen, die bei den Rationen der Nichtarbeitenden eingespart werden mussten (Dok. 285). Am schlechtesten waren die Alten und Gebrechlichen dran. Sie bekamen keine Extrarationen und konnten sich zudem gegen Unterschlagung auch durch die Haus- und Zimmerältesten, die die Rationen an die Bewohner weitergeben sollten, nicht wehren.[167] Viele von ihnen waren schon nach kurzer

162 Ebd., S. 377; Hájková, Last Ghetto (wie Anm. 154), S. 101.
163 Adler, Theresienstadt (wie Anm. 140), S. 383.
164 Murmelstein, Theresienstadt (wie Anm. 140), S. 72; Pavla Zemanová, Die Theresienstädter Außenkommandos, in: TSD, 8 (2001), S. 75–105.
165 Hájková, Last Ghetto (wie Anm. 154), S. 32.
166 Ebd., S. 68, 76, 87.
167 Adler, Theresienstadt (wie Anm. 140), S. 346, 355, 369 f.

Zeit bis auf die Knochen abgemagert und starben im Getto, in dem sie nur Wochen zuvor als gesunde Menschen angekommen waren. Die knappen Essensrationen zwangen alte Menschen, auch über die vorgeschriebene Altersgrenze hinaus Arbeit anzunehmen, weil sie ohne die Extrazulagen für Arbeiter zu verhungern drohten. Ihrer Stellung in der sozialen Hierarchie des Gettos entsprechend bekamen sie die Tätigkeiten zugewiesen, die ansonsten niemand verrichten wollte wie etwa die Toilettenreinigung.[168]
Auch die Gefahr, deportiert zu werden, war für die älteren deutschen Juden besonders groß. Sie waren nicht als unverzichtbare Arbeitskräfte geschützt und hatten meist keine Beziehungen zu einflussreichen Leuten in der Gettohierarchie. Die SS verlangte vom Ältestenrat, eine bestimmte Anzahl von Juden für den nächsten Osttransport bereitzustellen, entschied aber nur in Einzelfällen, etwa bei Strafaktionen, wer deportiert werden sollte. Unter Edelsteins Leitung setzte sich im Ältestenrat die Ansicht durch, dass die jungen tschechischen Juden nach Kriegsende für den Aufbau einer tschechischen Republik sowie eines jüdischen Staats besonders wichtig seien, während die alten Leute das Kriegsende vermutlich gar nicht mehr erleben würden.[169]

Unter besonderem Schutz stand hingegen die Gruppe der Prominenten. Außer den Mitgliedern des Ältestenrats hatten hochdekorierte Offiziere, Personen mit einflussreichen nichtjüdischen Fürsprechern oder Verwandten, beliebte Künstler oder anerkannte Wissenschaftler gute Aussichten, den begehrten Status zugesprochen zu bekommen. Die SS führte die Kategorie der Prominenten im September 1942 ein, als die ersten Nachrichten über den systematischen Mord an den Juden an die internationale Öffentlichkeit gedrungen waren und die Funktion Theresienstadts als Vorzeigegetto umso wichtiger wurde. Die Prominenten, insgesamt etwa 100 Personen, waren vom Arbeitszwang befreit, erhielten gleichwohl Zusatzrationen, hatten ein Minimum an Privatsphäre, da sie gemeinsam mit ihren Angehörigen leben durften, und waren vor allem lange Zeit vor Deportationen in den Osten geschützt. Doch auch sie konnten sich dieses Privilegs nicht sicher sein.[170]
Ob als Prominente anerkannt oder nicht, gab es in Theresienstadt viele bekannte Künstler, Wissenschaftler und angesehene Persönlichkeiten, die das kulturelle Leben im Getto geprägt und Gedichte, Lieder, Zeichnungen, literarische und wissenschaftliche Texte hinterlassen haben. Der aus Berlin stammende Unternehmer Philipp Manes organisierte Vortragsreihen, Lesungen und Theateraufführungen (Dok. 313). Viele der Beteiligten und der Zuschauer sahen in diesem Engagement eine Form der Selbstbehauptung, so auch Ruth Elias: „Die Menschen fingen im Ghetto an, ihr aufgespeichertes Wissen an die anderen Ghettoinsassen weiterzugeben, denn dies war der einzig mögliche Weg, sich geistig nicht unterkriegen zu lassen und sich so gegen die Absicht der Nazis, uns geistig zu töten, zu wehren.“[171]

168 Hájková, Last Ghetto, (wie Anm. 154), S. 159–174.

169 Murmelstein, Theresienstadt (wie Anm. 140), S. 47.

170 Ruth Bondy, Prominent auf Widerruf, in: TSD, 2 (1995), S. 136–154; Beate Meyer, „Altersghetto“, „Vorzugslager“ und Tätigkeitsfeld. Die Repräsentanten der Reichsvereinigung der Juden in Deutschland und Theresienstadt, in: TSD, 12 (2005), S. 124–149; Hájková, Last Ghetto (wie Anm. 154), S. 78; Murmelstein, Theresienstadt (wie Anm. 140), S. 62.

171 Ruth Elias, Die Hoffnung erhielt mich am Leben, München 1988, S. 103; zur Kultur in Theresienstadt siehe auch: Anne Weise, Alfred Bergel. Skizzen aus einem vergessenen Leben. Wien, Theresienstadt, Auschwitz, Stuttgart 2014.

Obwohl die deutsche Lagerverwaltung dies verboten hatte, unterrichteten die Intellektuellen auch die Kinder im Getto.[172] Die damals elfjährige Ruth Klüger erinnerte sich später, dass ihnen ein Kunsthistoriker in unregelmäßig stattfindenden Unterrichtsstunden die Bilder Dürers erklärte und der Rabbiner Leo Baeck sie mit seinen Erläuterungen faszinierte, wie die Bibel mit den Erkenntnissen moderner Wissenschaft in Einklang zu bringen sei. Das Gedränge im Getto, Hunger, Krankheiten und bedrohliche Ungewissheit kommen auch in den Erinnerungen Ruth Klügers vor. Doch erlebte sie in der Kinderbaracke mit 30 anderen Mädchen in einem Zimmer auch das Gemeinschaftsleben in einer zionistischen Jugendgruppe. In Theresienstadt, so Klüger, „war jede Menge an Mangel und keine Grenze der Beschränkung. [...] Gut war nur, was die Juden daraus zu machen verstanden, wie sie diese Fläche von weniger als einem Quadratkilometer tschechischer Erde mit ihren Stimmen, ihrem Intellekt, ihrer Freude am Dialog, am Spiel, am Witz, überfluteten. So daß ich zum ersten Mal erfuhr, was dieses Volk sein konnte, zu dem ich mich zählen durfte, mußte, wollte."[173] Gleichwohl war für sie Theresienstadt „der Stall, der zum Schlachthof gehörte", von dem aus auch sie gemeinsam mit ihrer Mutter nach Auschwitz weiterdeportiert wurde.

Das Attentat auf Heydrich und die Folgen

Am 27. Mai 1942 wurde Heydrich, als er mit dem Dienstwagen von seinem Wohnort zur Prager Burg fuhr, durch ein Attentat schwer verletzt. Die Täter entkamen zunächst. Unmittelbar nach dem Anschlag entfesselten die deutschen Besatzer im Protektorat einen extrem brutalen Rachefeldzug gegen die tschechische Bevölkerung. Ausgangssperre, Ausnahmezustand und Razzien, an denen mehr als 12 000 Einsatzkräfte, darunter auch mehrere Wehrmachtsbataillone beteiligt waren, führten zu Tausenden Verhaftungen, nicht jedoch zur Ergreifung der Täter. 477 Personen wurden hingerichtet, weil sie das Attentat gutgeheißen hatten.[174] Insgesamt fielen den „Heydrichiade" genannten Repressionen 5000 Menschen zum Opfer, davon etwa 3000 Juden. Die tschechische Protektoratsregierung distanzierte sich von dem Anschlag und verdoppelte die Belohnung für Hinweise auf die Attentäter (Dok. 287–289). Auf dem Altstädter Ring in Prag fand eine von den deutschen Behörden initiierte große Kundgebung statt, bei der auch tschechische Politiker nicht nur das Attentat verurteilten, sondern auch Beneš und seine vermeintlich jüdische Entourage. Nun stellte sich auch Staatspräsident Hácha öffentlich gegen Beneš, mit besonderer Verve aber der von Heydrich zum Minister für Schulwesen und Volksaufklärung gekürte Emanuel Moravec.[175] Goebbels mutmaßte in seinem Tagebuch, dass die Attentäter Juden gewesen sein könnten, und kündigte an: „Jedenfalls halten wir uns an den Juden schadlos." Um zu verhindern, dass das Attentat auch in anderen besetzten Gebieten Schule mache, so notierte er am 28. Mai 1942, müsse man „mit brutalsten Mitteln dagegen vorgehen": Nachdem zehn Tage zuvor in Berlin ein

172 Elena Makarova, Education: Against all Odds, in: dies./Sergei Makarov/Victor Kuperman, University Over The Abyss. The story behind 489 lecturers and 2309 lectures in KZ Theresienstadt 1942–1944, Jerusalem 2000, S. 129–162.

173 Ruth Klüger, Weiter leben. Eine Jugend, München 1994, S. 100 f., 103, 82.

174 Brandes, Tschechen, Teil I (wie Anm. 120), S. 266.

175 Ebd., S. 258 f.

Brandanschlag auf die antisowjetische Propagandaausstellung „Das Sowjetparadies" verübt worden war, wollte Goebbels nun seinen „Kampf gegen die Juden in Berlin durchführen. Ich lasse augenblicklich die Judengeiselliste zusammenstellen und dann umfangreiche Verhaftungen vornehmen."[176]

Am 4. Juni erlag Heydrich seinen Verletzungen, am 9. Juni wurde er in Berlin beerdigt. Noch am selben Tag stimmte Hitler dem Vorschlag des Befehlshabers der Sicherheitspolizei und des SD im Protektorat, Horst Böhme, zu, den unweit von Prag gelegenen Ort Lidice niederzubrennen, deren Einwohner angeblich die Attentäter unterstützt hatten (Dok. 295). In der Nacht vom 9. auf den 10. Juni 1942 wurden alle Dorfbewohner aus ihren Häusern getrieben; die 198 Frauen des Ortes sowie 98 Kinder wurden zunächst in die Industriestadt Kladno verschleppt und dort in eine Turnhalle gesperrt. Anschließend erschoss ein Exekutionskommando sämtliche Männer des Dorfes. Die Frauen wurden in das Konzentrationslager Ravensbrück deportiert, wo 43 von ihnen starben. Die Kinder aus Lidice mussten eine Rassenprüfung über sich ergehen lassen; zehn von ihnen kamen später zu deutschen Adoptivfamilien im Altreich. Die anderen wurden der Gestapo Litzmannstadt übergeben und vermutlich noch im Juli 1942 im Vernichtungslager Kulmhof ermordet. Das brutale Vorgehen machte das Dorf binnen kurzem auch international bekannt. Zwei Wochen nach der Zerstörung Lidices wüteten die Deutschen in dem kleineren Ort Ležáky bei Louka, in dem sie eine Funkstation des Widerstands ausgemacht hatten, in ähnlicher Weise: Dort wurden alle 33 erwachsenen Einwohner, Männer wie Frauen, erschossen und von den 13 Kindern zwei zur Eindeutschung ausgewählt, alle anderen wahrscheinlich in Kulmhof ermordet.[177]

Nach drei Wochen Verhaftungen, Erschießungen und Folterungen von Verdächtigen und deren Angehörigen erhielt die Gestapo den Hinweis auf das Versteck der Attentäter: die orthodoxe Kirche St. Cyrill und Method. Bei dem Sturm auf das Gebäude im Zentrum Prags wurden am 18. Mai die beiden Attentäter Jan Kubiš und Josef Gabčík sowie fünf ihrer Kampfgefährten getötet. Kubiš und Gabčík waren bereits im Dezember 1941 zusammen mit anderen Widerstandskämpfern per Fallschirm über dem Protektorat abgesprungen, um den Anschlag vorzubereiten. Beide hatten in Großbritannien der 3000 Mann starken Tschechischen Brigade angehört, die der Exilregierung unterstand. Die Vorbereitungen des Attentats hatte der britische Geheimdienst maßgeblich unterstützt, in der Hoffnung, dass die absehbaren Vergeltungsmaßnahmen der Deutschen einen Aufstand im Protektorat auslösen würden. Die dortige Widerstandsorganisation war jedoch in die Beratungen nicht einbezogen worden. Exilpräsident Beneš verband mit seiner Billigung des Attentats – wie sich herausstellte zu Recht – die Hoffnung, dass die britische Regierung das Münchener Abkommen für ungültig erklären und somit den Weg zur Wiedererstehung des tschechoslowakischen Staats nach Kriegsende freimachen würde.[178]

176 Goebbels, Tagebücher (wie Anm. 13), Bd. 4, April bis Juni 1942, S. 432 bzw. 386, Einträge vom 2.6.1942 und 28.5.1942.

177 Brandes, Tschechen, Teil I (wie Anm. 120), S. 262–265; Ines Hopfer, Geraubte Identität. Die gewaltsame „Eindeutschung" von polnischen Kindern in der NS-Zeit, Wien 2010, S. 254–259; Rothkirchen, The Jews (wie Anm. 121), S. 155 f.

178 Miroslav Ivanov, Der Henker von Prag. Das Attentat auf Heydrich, Berlin 1993; Hellmut G. Haasis, Tod in Prag. Das Attentat auf Reinhard Heydrich, Reinbek 2002; Gerwarth, Heydrich (wie Anm. 53), S. 17–31, 337–354.

Nach dem Attentat auf Heydrich hatte Hitler dem tschechischen Präsidenten Emil Hácha damit gedroht, im Fall von Unruhen Millionen Tschechen aus dem Protektoratsgebiet aussiedeln zu lassen.[179] Auf der Gedenkfeier für Heydrich am 9. Juni 1942 hatte Himmler angekündigt, dass die Germanisierungspolitik im Protektorat fortgesetzt werde. Anschließend hatte er im kleineren Kreis auch über eine geplante Beschleunigung des Massenmords an den Juden Europas gesprochen. Die „Völkerwanderung der Juden" werde binnen eines Jahres beendet sein: „Dann wandert keiner mehr. Denn jetzt muß eben reiner Tisch gemacht werden."[180]

Die Eskalation der Vernichtungspolitik im Jahr 1942

Nach der Wannsee-Konferenz: Deportationen ins Generalgouvernement

Nur elf Tage nach der Wannsee-Konferenz unternahm Eichmann einen Vorstoß, um die Deportationen neu zu regeln. In einem Schnellbrief an die Staatspolizeileitstellen und die Zentralstelle für jüdische Auswanderung in Wien teilte er mit, dass die bereits laufenden Deportationen der „Beginn der Endlösung der Judenfrage im Altreich, der Ostmark und im Protektorat Böhmen und Mähren" seien, diese jedoch wegen der Transportschwierigkeiten und fehlender Aufnahmekapazitäten zunächst nur in „Teilaktionen" durchgeführt werden könne. Um für die Zukunft genauer planen zu können, verlangte Eichmann eine Aktualisierung der Statistik. Bis zum 9. Februar 1942 sollten die Stapostellen melden, wie viele Juden, die für eine Deportation in Frage kämen, noch in ihrem Zuständigkeitsgebiet lebten. Auszunehmen von den Transporten, aber trotzdem zu erfassen waren bestimmte Gruppen wie etwa Juden über 65 Jahre oder besonders gebrechliche Personen, in „Mischehe" lebende Juden und ausländische Staatsangehörige sowie jüdische Rüstungsarbeiter (Dok. 72). Ebenfalls noch im Januar 1942 gab das Reichssicherheitshauptamt neue Deportationsrichtlinien heraus und weitete damit en passant auch die Kompetenzen der Gestapo aus. Diese war ursprünglich lediglich für die Durchführung der Deportationstransporte zuständig gewesen, nach den neuen Richtlinien nun aber auch für die „Erfassung des zu evakuierenden Personenkreises" und damit in Zweifelsfällen auch für die Entscheidung, wer deportiert werden sollte.[181] Am 6. März kündigte Eichmann die nächsten Deportationen an: 55 000 Juden sollten aus dem Reich und dem Protektorat zum „Arbeitseinsatz" in den Osten verbracht werden. Da es in Bezug auf die Deportationen nach Riga zu Beschwerden gekommen sei, mahnte Eichmann, die Bestimmungen hinsichtlich des Alters und der Gebrechlichkeit der Betroffenen genau einzuhalten. Die ihnen unbequemen älteren Juden könnten die Staatspolizeileitstellen schon bald loswerden. Sie würden nach Theresienstadt deportiert, um „nach außen das Gesicht zu wahren" (Dok. 83).

179 Gerwarth, Heydrich (wie Anm. 53), S. 339.

180 Heinrich Himmler, Geheimreden 1933 bis 1945 und andere Ansprachen, hrsg. von Bradley F. Smith und Agnes F. Peterson, Frankfurt a. M. u. a. 1974, S. 159.

181 Richtlinien zur technischen Durchführung der Evakuierung von Juden in das Generalgouvernement (Trawniki bei Lublin), zit. nach: Gottwaldt/Schulle, „Judendeportationen" (wie Anm. 53), S. 148–154; Essner, „Nürnberger Gesetze" (wie Anm. 103), S. 399.

Der vorerst letzte Transport nach Riga hatte Wien am 6. Februar verlassen. Nach einer gut vierwöchigen Pause begann am 11. März eine neue Serie von Deportationen. Bis Mitte Juni fuhren im Abstand von wenigen Tagen mindestens 43 Züge mit jeweils etwa 1000 Jüdinnen und Juden aus verschiedenen Städten im Altreich, aus Wien und dem Protektorat Böhmen und Mähren in den Distrikt Lublin im Generalgouvernement.[182] Um die Sommeroffensive der Wehrmacht an der Ostfront nicht zu behindern, wurden die Transporte dann erneut für knapp vier Wochen unterbrochen, bevor am 11. Juli drei weitere Züge folgten, die Juden aus Hamburg, Bielefeld und Berlin in den Distrikt Lublin, das Warschauer Getto, möglicherweise auch nach Auschwitz brachten. Die deutsche Besatzungsverwaltung im Generalgouvernement erhob nun keine Einwände mehr gegen eintreffende Deportationszüge. Staatssekretär Bühler, der auf der Wannsee-Konferenz bereits darauf gedrängt hatte, das Generalgouvernement baldmöglichst „judenfrei" zu machen, äußerte Anfang März 1942, er habe sein „Einverständnis erklärt, daß im Lauf des nächsten Monats insgesamt 14 000 Juden vorübergehend im Distrikt Lublin Aufenthalt nehmen".[183] Bühler wusste, dass die Juden nicht auf Dauer im Generalgouvernement verbleiben würden, denn schon Mitte März wurde das Vernichtungslager Belzec in Betrieb genommen, wenig später die Mordfabrik Sobibor. Von März 1942 an wurde auch Auschwitz zum Zielort von Judendeportationen. In dieser Zeit ließ die Lagerführung zwei Bauernhäuser in Birkenau zu Gaskammern umbauen und plante den Bau von zunächst einem, später vier Krematorien mit integrierten Gaskammern.[184]

Die ersten vier Züge in das Generalgouvernement hatten das südöstlich von Lublin gelegene Izbica zum Ziel (Dok. 278). Kurz nachdem die Juden aus dem Protektorat, aus Koblenz und Nürnberg dort eingetroffen waren, begann die Vernichtung der in Izbica lebenden polnischen Juden im Lager Belzec.[185] Im Transport aus Nürnberg befanden sich auch die noch verbliebenen jüdischen Einwohner von Fürth. Deren Deportation vermerkte Daniel Lotter in seinem Tagebuch ebenso wie die Gerüchte, „an deren Wahrheit kaum mehr gezweifelt werden kann", dass die Juden im besetzten Polen zu Tausenden ermordet würden (Dok. 91).

In den neuen Richtlinien des Reichssicherheitshauptamts hieß es, dass die Transporte in das Lager Trawniki bei Lublin gehen sollten; tatsächlich jedoch fuhren sie in verschiedene Orte in der Nähe des Lagers Trawniki – außer nach Izbica auch nach Piaski, Rejowiec und Zamość sowie ins Warschauer Getto. Mit Ausnahme Warschaus wurden diese Orte zu Durchgangslagern, in denen Die deutschen, österreichischen und tschechischen Juden zunächst noch eine Weile meist unter furchtbaren Umständen lebten und manchmal auch noch Postkarten nach Hause schreiben konnten. Von Mitte April 1942 an wurden die Züge über Lublin-Majdanek geleitet und dort jüngere und kräftige Männer

182 Gottwaldt/Schulle, „Judendeportationen" (wie Anm. 53), S. 138; Longerich, Politik der Vernichtung (wie Anm. 16), S. 484 f., geht davon aus, dass es neben den nachgewiesenen 43 Transporten noch weitere gegeben hat und insgesamt etwa 55 000 Juden in 60 Zügen ins Generalgouvernement deportiert wurden.

183 Bühler am 3.3.1942 gegenüber dem Gouverneur Ernst Zörner, zit. nach: Pohl, „Judenpolitik" (wie Anm. 30), S. 107.

184 VEJ 16/36, Anm. 15.

185 Gottwaldt/Schulle, „Judendeportationen" (wie Anm. 53), S. 183; Steffen Hänschen, Das Transitghetto Izbica im System des Holocaust. Die Deportationen in den Distrikt Lublin im Frühsommer 1942, Berlin 2018.

herausgeholt, die als Zwangsarbeiter ein angebliches Kriegsgefangenenlager aufbauen sollten.[186] Im Juni 1942 wurden Juden in mindestens drei Deportationszügen aus dem Deutschen Reich und dem Protektorat direkt ins kurz zuvor fertiggestellte Vernichtungslager Sobibor geleitet und dort in Gaskammern ermordet.[187]

Anfang März 1942 war das Vernichtungslager Belzec funktionsfähig.[188] Dorthin wurden nun zunächst die nicht arbeitsfähigen Juden aus dem Generalgouvernement deportiert. In der Zeit zwischen dem 16. März und 20. April ließ SS- und Polizeiführer Globocnik das Getto von Lublin mit großem Polizeiaufgebot räumen. 30 000 Gettoinsassen wurden nach Belzec deportiert und dort ermordet, viele weitere noch im Getto erschossen. Andere Gettos des Distrikts wurden wenig später geräumt und von dort bis Mitte April 14 000 Juden nach Belzec gebracht; anschließend wurde das Lager vorübergehend geschlossen, um es weiter auszubauen. Von Anfang Mai an wurden die Juden aus dem Distrikt Lublin in das Vernichtungslager Sobibor deportiert.

Im galizischen Lemberg führte die SS im Getto gemeinsam mit ukrainischen Hilfstruppen im März 1942 ebenfalls eine große „Aktion" durch. Sie richtete sich zuerst gegen jüdische Fürsorgeempfänger. Da jedoch auf diese Weise nicht genügend Opfer zusammenkamen, überfiel die Polizei Juden am Vorabend des Pessachfests in ihren Wohnungen, verhaftete wahllos Leute und zwang sie in die Züge nach Belzec. Auch in anderen Orten des Distrikts Galizien führten Polizeikommandos Razzien durch, verhafteten massenhaft Juden und deportierten sie in die Vernichtungslager.[189]

Goebbels notierte in seinem Tagebuch am 27. März 1942, dass die Juden aus dem Generalgouvernement nun „nach dem Osten abgeschoben" würden und dabei „ein ziemlich barbarisches und nicht näher zu beschreibendes Verfahren angewandt" werde. Die dadurch freiwerdenden Gettos würden dann mit Juden aus dem Reich „gefüllt, und hier soll sich dann nach einer gewissen Zeit der Prozess erneuern".[190] Mit anderen Worten: Die deutschen Juden sollten den polnischen in die Vernichtungslager folgen.

Ebenfalls im März 1942, als der neue Deportationszyklus aus Deutschland, Österreich und dem Protektorat einsetzte, wurden auch die ersten Juden aus der Slowakei deportiert. In der Zeit zwischen dem 25. März und 28. April 1942 wurden 8000 slowakische Jüdinnen und Juden gezwungen, die Züge nach Auschwitz zu besteigen. Im Februar war das Auswärtige Amt noch einmal bei der slowakischen Regierung vorstellig geworden und hatte angefragt, ob diese bereit sei, 20 000 Juden „zum Arbeitseinsatz" in den Osten deportieren zu lassen.

186 Pohl, „Judenpolitik" (wie Anm. 30), S. 118 f. Zum Briefverkehr aus den Durchgangslagern siehe Lebenszeichen aus Piaski. Briefe Deportierter aus dem Distrikt Lublin 1940–1943, hrsg. von Else Behrend-Rosenfeld und Gertrud Luckner, München 1968; Kingreen, „Wir werden darüber hinweg kommen" (wie Anm. 94).

187 Longerich, Wannsee-Konferenz (wie Anm. 103), S. 147.

188 Robert Kuwałek, Das Vernichtungslager Belzec. Mit einem Vorwort von Ingo Loose, Berlin 2014.

189 Pohl, Nationalsozialistische Judenverfolgung (wie Anm. 25), S. 185–188; ders., Hans Krüger – der „König von Stanislau", in: Klaus-Michael Mallmann/Gerhard Paul (Hrsg.), Karrieren der Gewalt. Nationalsozialistische Täterbiographien, Darmstadt 2011, S. 134–144; VEJ 9, S. 24 f.; Eliyahu Yones, Die Juden in Lemberg während des Zweiten Weltkriegs und im Holocaust 1939–1944, Stuttgart 2018, S. 225–228.

190 VEJ 9/54.

Doch schon vom 11. April an waren es nicht mehr nur jüdische Arbeitskräfte, die in den Distrikt Lublin verbracht wurden, sondern ganze Familien. Die Deportationen wurden den ganzen Sommer über fortgesetzt. Als am 20. Oktober der vorerst letzte Transport aus der Slowakei Richtung Osten fuhr, waren insgesamt 57 628 Juden deportiert worden, davon 18 725 nach Auschwitz.[191] Die „Aussiedlung" der slowakischen Juden sei, so versicherte ein Bevollmächtigter Himmlers am 10. April dem slowakischen Ministerpräsidenten Vojtech Tuka, nur ein Teil eines weiterreichenden Programms, das die Aussiedlung einer halben Million Juden aus Europa nach Osten vorsehe. Nach der Slowakei, dem ersten Land, dessen Juden die Deutschen zu übernehmen bereit seien, würden das besetzte Frankreich, die Niederlande und Belgien folgen.[192] Tatsächlich hatten die Deportationen aus Frankreich bereits zwei Wochen zuvor begonnen. Am 30. März 1942 traf der erste Zug mit 1112 Juden französischer und anderer Nationalität, von denen viele nach den Anschlägen der Widerstandsbewegung von den deutschen Besatzern als Geiseln genommen worden waren, in Auschwitz ein. In der Zeit vom 5. Juni bis 17. Juli wurden die Transporte dorthin fortgesetzt und nochmals etwa 4700 Personen deportiert, die als Geiseln verhaftet worden waren; die meisten von ihnen hatten keine französische Staatsangehörigkeit, die weitaus größte Gruppe waren Männer polnischer Herkunft.[193]

Radikalisierung im Sommer 1942

Bis ins Frühjahr 1942 hinein waren die aus dem Deutschen Reich und dem Protektorat sowie in der Regel auch die aus der Slowakei und Frankreich deportierten Juden an den Zielorten in Gettos oder Lager eingewiesen worden, oftmals in die Unterkünfte der unmittelbar zuvor in die Vernichtungslager deportierten polnischen Juden. Von Mai 1942 an aber änderte sich diese Praxis. Wie genau die Entscheidung zustande kam, nun auch die allermeisten deutschen und westeuropäischen Juden zu ermorden, ist nicht eindeutig rekonstruierbar. Bekannt ist lediglich, dass sich Himmler und Heydrich im April und Mai mehrfach in kurzen Abständen trafen, Protokolle dieser Besprechungen sind jedoch nicht überliefert.[194] Im Mai 1942 begann die vierte Serie von Deportationen aus dem Deutschen Reich. Im Protektorat wurden nun zunehmend auch Juden aus kleineren Orten deportiert und in der Folge im Frühjahr 1942 die jüdischen Gemeinden in der Provinz aufgelöst bzw. zu Außenstellen der Jüdischen Kultusgemeinde Prag erklärt.[195] Bis September 1942 fuhren 17 Züge mit insgesamt 16 000 Juden aus verschiedenen deutschen und österreichischen Städten sowie aus dem Protektorat nach Minsk. Anders als bei den vorangegangenen Deportationen wurden die Juden nicht ins dortige Getto eingewiesen, sondern von Ausnahmen abgesehen auf dem wenige Kilometer von der Stadt entfernt liegenden Gutshof Malyj Trostinec ermordet, den die Sicherheitspolizei im

191 VEJ 13, S. 34.
192 VEJ 13/57.
193 Klarsfeld, Vichy – Auschwitz (wie Anm. 17), S. 378, 384 f., 389, 408.
194 Dienstkalender Himmlers (wie Anm. 43), S. 410–415, Einträge vom 25., 26., 27. und 30.4. sowie 2.5.1942; Longerich, Wannsee-Konferenz (wie Anm. 103), S. 146.
195 Veselská, „Sie müssen sich als Jude …" (wie Anm. 141), S. 164.

Frühjahr 1942 beschlagnahmt hatte.[196] Ebenfalls im Mai wurden auch die Juden, die Ende 1941 aus dem Reichsgebiet ins Getto Litzmannstadt deportiert worden waren, in die Vernichtung einbezogen. Sie wurden – ebenso wie zuvor ausschließlich polnische Juden aus Litzmannstadt – nach Kulmhof gebracht und dort in Gaswagen ermordet. Aus Sosnowitz und Bendzin in Ostoberschlesien wurden die Juden vom 12. Mai 1942 an deportiert. Rund 34 500 Juden, die die Deutschen nicht als wertvolle Arbeitskräfte ansahen, wurden in diesen Städten selektiert und in das nahegelegene Vernichtungslager Birkenau gebracht, wo sie ohne weitere Selektion in den Gaskammern ermordet wurden.[197] Ende Mai begann die Sicherheitspolizei mit der Deportation der Juden aus dem Distrikt Krakau. Nur diejenigen, die eine Bescheinigung vorweisen konnten, dass sie eine kriegswichtige Arbeit verrichteten, wurden vorerst verschont, die anderen in die Züge ins soeben erweiterte Vernichtungslager Belzec gepfercht und nach der Ankunft dort ermordet.[198]

Die Ermordung der Juden im besetzten Polen war also bereits in vollem Gange, als Heydrich am 4. Juni den Folgen des Attentats erlag. Ihm zu Ehren bezeichneten die Täter die weitere Ermordung der Juden aus dem Generalgouvernement in den Vernichtungszentren Belzec, Sobibor und Treblinka nun als „Aktion Reinhardt“. Am 21. Juli 1942 begannen die Deutschen mit der Vernichtung der Warschauer Juden. Bis zum September wurden mindestens 250 000 Juden aus dem dortigen Getto in das Vernichtungslager Treblinka deportiert. In anderen Teilen des Generalgouvernements gingen die Besatzer ähnlich vor: Aus dem Distrikt Radom wurden in der Zeit zwischen dem 4. August und 7. November 1942 zwischen 310 000 und 325 000 Juden in Treblinka ermordet.[199]

Auch in den besetzten Gebieten der Sowjetunion wurde von Februar 1942 an die Vernichtungspolitik beschleunigt. Das Morden wurde nun auf die dort lebenden Roma ausgeweitet, die bei den Besatzern, ähnlich wie die Juden, generell unter Spionageverdacht standen.[200] Nachdem bereits im Herbst 1941 einzelne jüdische Gemeinden weitgehend ausgelöscht worden waren, begannen die Deutschen im Frühjahr 1942 mit einer neuen großangelegten Massenerschießungskampagne, bei der nun auch die zuvor noch verbliebenen Gemeinden in Weißruthenien und der Ukraine nicht mehr ausgenommen wurden. Im März und April waren kurz nacheinander sowohl Eichmann als auch Himmler und Heydrich ins weißrussische Minsk gereist. Eichmann hatte Anfang

196 Petra Rentrop-Koch, Maly Trostinez – ein Landgut als Vernichtungsstätte, in: Martin Langebach/ Hanna Liever (Hrsg.), Im Schatten von Auschwitz. Spurensuche in Polen, Belarus und der Ukraine, Bonn 2017, S. 152–169.

197 Alfred Konieczny, Die Zwangsarbeit der Juden in Schlesien im Rahmen der „Organisation Schmelt“, in: Götz Aly u. a., Sozialpolitik und Judenvernichtung. Beiträge zur nationalsozialistischen Gesundheits- und Sozialpolitik 5, Berlin 1983, S. 91–111; Sybille Steinbacher, „Musterstadt“ Auschwitz. Germanisierungspolitik und Judenmord in Ostoberschlesien, München 2000, S. 290; Andrea Rudorff, Arbeit und Vernichtung reconsidered. Die Lager der Organisation Schmelt für polnische Jüdinnen und Juden aus dem annektierten Teil Oberschlesiens, in: Sozial.Geschichte Online 7 (2012), S. 10–39.

198 VEJ 9, S. 25.

199 Jacek A. Młynarczyk, Judenmord in Zentralpolen. Der Distrikt Radom im Generalgouvernement 1939–1945, Darmstadt 2007, S. 275.

200 Martin Holler, Der nationalsozialistische Völkermord an den Roma in der besetzten Sowjetunion (1941–1944). Gutachten für das Dokumentations- und Kulturzentrum Deutscher Sinti und Roma, Heidelberg 2009.

März 1942 wahrscheinlich die Wiederaufnahme der Judendeportationen aus dem Deutschen Reich nach Minsk in die Wege leiten wollen und hatte sich bei der Gelegenheit ein Massaker an jüdischen Kindern angesehen.

Im Reichskommissariat Ukraine waren bis Ende 1942 nahezu alle Juden vernichtet worden.[201] Im Generalkommissariat Weißruthenien wurden zunächst noch diejenigen am Leben gelassen, die die deutsche Zivilverwaltung und die Sicherheitspolizei als Arbeitskräfte brauchten. An einigen Orten musste der Judenrat zuvor eine Liste der arbeitsfähigen Juden zusammenstellen. Tausende, die nicht auf den Listen standen, wurden am Rande von zuvor ausgehobenen Massengräbern erschossen.[202] In den letzten Julitagen 1942 wurden in Minsk 10 000 Juden erschossen, darunter nun erstmals auch 3500 deutsche Juden, die bis dahin in einem separaten Teil des örtlichen Gettos untergebracht waren.[203] Insgesamt wurden im Generalkommissariat Weißruthenien im Jahr 1942 etwa 115 000 Juden ermordet, die Hälfte von ihnen in der Zeit zwischen Anfang Mai und Anfang August. Sie galten den Deutschen als unnütze Esser, deren Versorgung die Ernährungsbilanz belastete.

Auch in den besetzten Staaten Westeuropas gingen die deutschen Besatzer im Jahr 1942 zur Ermordung der Juden über. In Paris kündigte Heydrich am 6. Mai 1942 die Deportation staatenloser Juden aus dem besetzten Landesteil an. Im Verlauf des Monats Juni fuhren daraufhin bereits mehrere Deportationszüge nach Auschwitz. Am 11. Juni 1942 trafen sich die Judenreferenten aus Paris, Brüssel und Den Haag im Reichssicherheitshauptamt, um die Deportationen aus allen drei Ländern zu planen. Demnach sollten aus den Niederlanden 15 000 Juden nach Auschwitz deportiert werden, aus Belgien vorerst 10 000 und aus Frankreich 100 000. Doch schon bald stellte sich heraus, dass die für Frankreich anvisierten Deportationszahlen unrealistisch waren, weil die deutschen Besatzer so vieler Juden in kurzer Zeit gar nicht habhaft werden konnten. Daraufhin wurde die Zahl der Deportierten aus Frankreich auf 40 000 gesenkt, während aus den Niederlanden nun ebenfalls 40 000 Juden in die Züge Richtung Osten gezwungen werden sollten.[204] Mitte Juli verhaftete die französische Polizei im Rahmen einer Razzia in Paris 13 000 staatenlose Juden. 5000 von ihnen, darunter viele Kinder, wurden anschließend nach Auschwitz deportiert. Die Deportation von Juden französischer Staatsangehörigkeit galt zu diesem Zeitpunkt noch nicht als durchsetzbar, da sie die Kollaboration der einheimischen Verwaltung beinträchtigen könnte. Auf deren Mitwirkung aber glaubten sich die Besatzer schon allein aufgrund des Mangels an eigenem Personal angewiesen. Mitte Juni drängten die Deutschen dann auch bei den Behörden im besetzten Teil Frankreichs auf die Deportation der staatenlosen Juden.

Der erste Deportationszug aus den Niederlanden Richtung Osten verließ das Lager Westerbork am 15. Juli 1942; am 4. August wurden erstmals 998 Juden aus Belgien deportiert. Ziel dieser und der meisten folgenden Transporte war Auschwitz. Dort wurden sie an

201 VEJ 8, S. 28.

202 Christian Gerlach, Kalkulierte Morde. Die deutsche Wirtschafts- und Vernichtungspolitik in Weißrußland 1941 bis 1944, Hamburg 1999, S. 688–709.

203 Ebd., S. 704; Petra Rentrop, Das Minsker Ghetto (1941–1943), in: Reuss/Schneider (Hrsg.), Berlin – Minsk (wie Anm. 53), S. 68–77; Projektgruppe Belarus (Hrsg.), „Existiert das Ghetto noch?“ Weißrussland: Jüdisches Überleben gegen nationalsozialistische Herrschaft, Berlin 2003.

204 VEJ 5, S. 53.

der Rampe im Hinblick auf ihre Arbeitsfähigkeit selektiert; Kinder, die sie begleitenden Mütter und alte Leute – das hieß meist: über 50-Jährige – gleich nach der Ankunft in den Gaskammern ermordet.
Sowohl in den Gettos im besetzten Polen als auch unter den Juden, die noch im Deutschen Reich lebten, bedeutete ein Arbeitsplatz, zumal in der Rüstungsproduktion, einen vorübergehenden Aufschub der Deportation. In den Gettos wurden neue Arbeitsausweise ausgegeben, die die Inhaber vorerst schützten; bisweilen wurden die Arbeitenden auch räumlich von der übrigen Gettobevölkerung getrennt. Nicht arbeitsfähige Juden und Fürsorgeempfänger wurden hingegen vorrangig zur Deportation in die Vernichtungslager ausgewählt. Innerhalb Deutschlands blieben zunächst noch die als unverzichtbar geltenden jüdischen Gemeindeangestellten und die Arbeiter in Rüstungsfabriken ausgenommen.
Gleichzeitig trafen im Sommer 1942 täglich Tausende Zwangsarbeiter aus den besetzten Gebieten der Sowjetunion in Deutschland ein, die trotz des kriegsbedingten Arbeitskräftemangels die deutsche Rüstungsproduktion aufrechterhalten sollten. Allerdings waren Unterbringung und Ernährung der Zwangsrekrutierten so katastrophal, dass viele schon nach kurzer Zeit nicht mehr arbeitsfähig waren oder aber aus den Lagern, die in allen größeren Städten existierten, zu fliehen versuchten. Nachdem zwischen April und Juli 1942 mehr als 42 000 Zwangsarbeiter Fluchtversuche unternommen hatten, führte die Gestapo ein rigides Kontrollsystem auf Ausfallstraßen und allen Bahnhöfen ein, um der Flüchtigen habhaft zu werden.[205]

Um die gleiche Zeit begannen die Transporte aus dem Deutschen Reich nach Theresienstadt. Aufgrund der militärisch bedingten Verkehrssperre wurden die deutschen Juden im Juni und Juli 1942 aus Berlin in der Regel in relativ kleinen Gruppen von 50 bis 100 Personen in gesonderten Wagen, aber mit fahrplanmäßigen Zügen in das angebliche Altersgetto deportiert; hingegen verkehrten aus Wien sowie vereinzelt auch aus Köln, Hamburg, Hannover, Aachen, Trier, Münster, Breslau und Königsberg in dieser Zeit bereits Großtransporte dorthin. Von August an erreichten in dichter Folge Sonderzüge aus dem gesamten Reichsgebiet Theresienstadt. In ihnen wurden jeweils etwa 1000 meist ältere Jüdinnen und Juden sowie jüdische ehemalige Frontkämpfer mit Kriegsauszeichnungen deportiert. Darüber hinaus trafen laufend auch Transporte mit tschechischen Juden aus dem gesamten Protektorat Böhmen und Mähren ein. In den Monaten Juni bis Oktober 1942 kamen insgesamt 40 000 deutsche und österreichische Juden in der inzwischen völlig überfüllten Kleinstadt an.

Die Zerschlagung der jüdischen Gemeindestrukturen und der Widerstandsgruppe um Herbert Baum

Die ersten Juden, die aus dem Reichsgebiet nach Theresienstadt deportiert wurden, waren die Bewohnerinnen und Bewohner des jüdischen Altersheims in der Großen Hamburger Straße 26–27 in Berlin-Mitte. Am 2. Juni 1942 morgens um 5 Uhr brachte die

205 Tooze, Ökonomie (wie Anm. 4), S. 598–603.

Polizei 46 alte Leute, etwa ein Viertel der Heimbewohner, zum nahegelegenen Monbijouplatz, von wo aus sie mit der Straßenbahn zum Anhalter Bahnhof fuhren. Dort mussten sie, begleitet von vier Pflegerinnen, einen Waggon besteigen, der an einen regulären Personenzug, den Karlsbader Bäderzug, angehängt wurde und sie nach Theresienstadt brachte (Dok. 119). Zwei Tage später folgte ein weiterer Transport mit 100 Personen, fast alle ebenfalls aus dem Altersheim. Schließlich blieben von den ursprünglichen Bewohnern nur noch etwa 50 in der Großen Hamburger Straße.

Das 1844 erbaute Gebäude, das älteste Altersheim der Berliner Jüdischen Gemeinde, war in den zurückliegenden Jahren sehr stark belegt gewesen, weil die Gemeinde verschiedene andere Heime hatte auflösen müssen. Aufgrund der Auswanderung der Jüngeren waren zudem die im Reich verbliebenen alten Juden eher auf solche Einrichtungen angewiesen. Im Juni nun sollte auf Anordnung der Gestapo auch das Heim in der Großen Hamburger Straße fast vollständig geräumt und zum Sammellager für die Transporte zunächst nach Theresienstadt, später auch nach Auschwitz umfunktioniert werden.[206]

Die Tatsache, dass erstmals auch Personen über 65 Jahre deportiert wurden und dass ein ganzes Altersheim auf diese Weise „geräumt“ wurde, bedeutete einen Schock für die Jüdische Gemeinde,[207] auch wenn Theresienstadt im Vergleich zur Deportation „in den Osten“ als Vorzugslager galt. Die eingangs zitierte, nach Palästina geflohene Blanka Alperowitz schrieb über die Theresienstadt-Transporte: „Im Sommer 1942 begannen plötzlich Aktionen gegen Juden vom 65. Lebensjahre an einzusetzen. Natürlich hörte dabei die Evakuierung der jüngeren Juden nicht auf [...] Nur ging man bei den älteren Leuten anders vor. Bei ihnen erschienen ganz plötzlich Damen und Herren von der Jüdischen Kultusvereinigung mit ‚Aufnahmebögen‘, auf welchen das Nationale, Vermögensverhältnisse und diverse andere nötige Dinge vermerkt werden mussten. Nach einigen Tagen erhielten diese älteren Herrschaften, von denen sich nachher zahllose das Leben genommen haben, eine Mitteilung, dass sie sich für einen bestimmten Tag bereit zu halten hätten.“[208]

Allein aus Berlin hätten entsprechend den Transportrichtlinien 15 000 Juden in das Altersgetto deportiert werden sollen; tatsächlich wurde aber etwa ein Drittel von ihnen, obwohl über 65 Jahre alt, in einen der Osttransporte gezwungen.[209] Diese wurden vom Sommer 1942 an vereinzelt wieder nach Riga geleitet, wo bis auf wenige zur Zwangsarbeit selektierte Juden alle ermordet wurden. Ähnlich erging es den Insassen der zwei Transporte, die in das eigentlich längst für „judenfrei“ erklärte Estland fuhren. Dort mussten einige von ihnen als Zwangsarbeiter Ölschiefer gewinnen, um die Treibstoffknappheit zu mindern. Die allermeisten aber wurden von estnischen Polizisten in Raasiku bei Tallinn erschossen.[210]

Von Oktober 1942 an gingen die meisten Osttransporte direkt nach Auschwitz. Überwiegend wurden Juden aus der Reichshauptstadt in das Vernichtungslager transportiert, nur drei Züge kamen aus anderen Städten: Sie brachten Anfang März 1943 Juden aus

206 Jah, Deportation (wie Anm. 77), S. 158–173.
207 Ebd., S. 298.
208 Alperowitz, Die letzten Tage (wie Anm. 62), S. 61.
209 Gottwaldt/Schulle, „Judendeportationen“ (wie Anm. 53), S. 260–342, hier: S. 276.
210 Ebd., S. 252 f.

Stuttgart, Düsseldorf und Dortmund sowie aus Hannover, Erfurt und Dresden und schließlich aus Breslau nach Auschwitz. Unter den Anfang März Deportierten befanden sich auch die letzten jüdischen Rüstungsarbeiter aus Berlin.

Die Auflösung des jüdischen Altersheims in der Großen Hamburger Straße war nicht nur der Auftakt zu den Deportationen nach Theresienstadt, sondern auch zur Liquidierung der jüdischen Organisationsstrukturen in Berlin. Im Verlauf des Sommers 1942 wurden auch nahezu alle Bewohner der anderen jüdischen Altersheime deportiert. Die letzten sonst noch bestehenden jüdischen Wohlfahrtseinrichtungen wie Waisenhäuser, Suppenküchen, Kinder- und Altenheime sowie fast alle Krankenhäuser mit Ausnahme des Krankenhauses in der Iranischen Straße wurden aufgelöst, die Kinder, Alten und Kranken deportiert. Als bei der Deportation von Waisenkindern nicht die vorher festgelegte Zahl erreicht werden konnte, befahl die Gestapo den Helferinnen der Jüdischen Gemeinde, die fehlende Zahl von Kindern aus Pflegefamilien zu holen und bis zum nächsten Morgen um 4 Uhr ins Sammellager zu bringen. Die zu solcher Mission entsandte Krankenschwester Gerda Schild Haas berichtete darüber: „Die Wohnungstüren der Juden wurden uns erst nach wiederholtem Klingeln und Klopfen geöffnet, denn es war die berüchtigte Stunde der Abholungen, wo die Familie bei jedem Klingeln blaß wird und, während der Mann öffnet, die Frau schon die Rucksäcke hervorholt. [...] Wenn man uns mit dem Stern vor der Tür stehen sah, atmete man auf. Aber welch schreckliche Szenen erlebten wir, wenn wir den Grund unseres Kommens gesagt hatten.“ (Dok. 241) Zu den Waisenkindern, die im Oktober 1942 aus Berlin deportiert wurden, gehörte auch der zehnjährige Gert Rosenthal. Sein älterer Bruder Hans entging der Deportation nur, weil er kurz zuvor in ein Jugendheim hatte umziehen müssen. Die Idee, seinen Bruder vor der Deportation zu verstecken, redete ihm seine Großmutter aus, die glaubte, der Zehnjährige werde ein Leben im Versteck nicht durchhalten.[211] Gert überlebte nicht.

Manche der ehemaligen Wohlfahrtseinrichtungen dienten vorübergehend noch als Sammellager oder Versorgungsküchen für die unmittelbar vor der Deportation stehenden Juden, doch waren die organisatorischen Strukturen der Gemeinde praktisch zerschlagen. Auch aus der letzten Heilanstalt für psychisch kranke Juden in Bendorf-Sayn bei Koblenz wurden zwischen März und November die dort verbliebenen 570 Patienten in die Vernichtungslager deportiert und die Anstalt wurde dann geschlossen.

Am 18. Mai 1942, wenige Tage vor dem Attentat auf Heydrich, verübte eine jüdisch-kommunistische Widerstandsgruppe um Herbert Baum einen Brandanschlag auf die Propagandaausstellung „Das Sowjetparadies“ im Berliner Lustgarten. Der Sachschaden war gering; die Attentäter konnten zunächst entkommen. Doch folgten schon nach kurzer Zeit die ersten Verhaftungen, weil ein Spitzel die Aktion verraten hatte. Nach und nach wurde die gesamte Widerstandsgruppe gefasst; alle Verhafteten wurden schwer gefoltert (Dok. 157). Herbert Baum nahm sich in der Haft am 11. Juli 1942 angeblich das Leben. Charlotte Holzer, die ebenfalls verhaftet und zum Tode verurteilt wurde, entging ihrer Hinrichtung und erinnerte sich später: „Es fanden drei Prozesse statt, in denen

211 Rosenthal, Zwei Leben (wie Anm. 66), S. 54 f.

22 Todesurteile verhängt wurden. Diese Urteile wurden vollstreckt und die übrigen Verhafteten in verschiedenen Konzentrationslagern ermordet. Keines der Opfer der Gruppe Baum erreichte das dreißigste Lebensjahr. Die jüngsten waren noch nicht achtzehn Jahre alt."[212]

Die Rache der Gestapo traf auch völlig Unbeteiligte. Nach dem Attentat verhaftete sie etwa 500 Juden in Berlin als Geiseln und ließ 250 von ihnen erschießen (Dok. 117). Die jüdischen Häftlinge des Konzentrationslagers Sachsenhausen, die sich unter den Geiseln befanden, starben ebenfalls durch ein Erschießungskommando. Alle anderen Geiseln wurden zunächst in Sachsenhausen gefangen gehalten. Die meisten von ihnen kamen dort um. Die Überlebenden starben in Auschwitz, wohin sie im Oktober mit einem der Osttransporte gebracht worden waren. Die Familienangehörigen der Geiseln wurden ebenfalls verhaftet und nach Theresienstadt deportiert.[213]

Die jüdischen Funktionäre in Berlin, die selbst einen strikt legalistischen Kurs verfolgten, sahen den Anschlag der Baum-Gruppe als verheerend an und bemühten sich, über Kontakte zu den Widerstandskreisen ähnliche Aktionen zukünftig zu verhindern. Doch der Versuch, durch Befolgen aller Gestapo-Anweisungen und Aushandlung kleiner Zugeständnisse das Schlimmste zu verhindern, war im Sommer 1942 auch für die Funktionäre unübersehbar in eine Sackgasse geraten.[214]

Hatte die Gestapo anfangs die Zurückstellung der Gemeindeangestellten von der Deportation akzeptiert, so drängte sie nun zunehmend darauf, Mitarbeiter zu entlassen, deren Dienste nicht mehr gebraucht würden. Spätestens im Herbst 1942 dürfte klar geworden sein, dass auch eine Anstellung bei der Gemeinde nicht mehr den erhofften Schutz bot. In Wien verfügte Alois Brunner, nunmehr SS-Obersturmbannführer, im Juli 1942, dass entlassene Gemeindeangestellte fortan nicht mehr beim Arbeitsamt, sondern direkt bei der Zentralstelle zu melden seien, um sie in einen Transport einzugliedern.[215] Nachdem im September 1942 die Deportationen aus Wien weitgehend abgeschlossen waren, traf es dann auch diejenigen, die noch eine Anstellung bei der Kultusgemeinde hatten. In der Zeit zwischen dem 1. und 10. Oktober 1942 wurden 1500 Mitarbeiter der Israelitischen Kultusgemeinde deportiert. Als Belohnung für ihre Dienste hatten sie die Erlaubnis erhalten, mehr Gepäck als üblich mitzunehmen, und die Zusage, am Zielort eine „angemessene Arbeit" zugewiesen zu bekommen. Beide Versprechen erwiesen sich als Bluff.[216]

212 Bericht von Richard und Charlotte Holzer; YVA, O.2/1125.

213 Zum Attentat auf die Propagandaausstellung siehe auch Martha Mosse, Vermerk, LAB, B Rep. 058, Nr. 338; Konrad Kwiet/Helmut Eschwege, Selbstbehauptung und Widerstand. Deutsche Juden im Kampf um Existenz und Menschenwürde 1933–1945, Hamburg 1984, S. 114–139; Wolfgang Scheffler, Der Brandanschlag im Berliner Lustgarten im Mai 1942 und seine Folgen. Eine quellenkritische Betrachtung, in: Berlin in Geschichte und Gegenwart, Jahrbuch des Landesarchivs Berlin 1984, hrsg. von Hans J. Reichard, Berlin 1984, S. 91–118; Meyer, Tödliche Gratwanderung (wie Anm. 75), S. 190–194; Jah, Deportation (wie Anm. 77), S. 292–297.

214 Meyer, Tödliche Gratwanderung (wie Anm. 75), S. 188.

215 Rabinovici, Instanzen (wie Anm. 71), S. 271.

216 Ebd., S. 275.

In Berlin ließ die Gestapo am frühen Morgen des 20. Oktober sämtliche Gemeindemitarbeiterinnen und -mitarbeiter in der Oranienburger Straße 31 antreten. Nachdem einige Abteilungsleiter der Gemeindeverwaltung der Aufforderung, entbehrliche Mitarbeiter zu benennen, nicht nachgekommen waren, entschied die Gestapo. Von den etwa 1500 bezahlten Angestellten der Jüdischen Gemeinde oder der Reichsvereinigung bestimmte sie 533 Personen, die sich zusammen mit 328 Familienangehörigen zwei Tage später im Sammellager Große Hamburger Straße einfinden sollten, darunter auch das Ehepaar Frieda und Max Reinach (Dok. 178). Nur sehr wenige Mitarbeiter konnten nachträglich als unverzichtbar reklamiert werden. Kurz darauf mussten die zurückbleibenden Gemeindeangestellten beim Abtransport ihrer bisherigen Kollegen auf dem Bahnhof helfen. Mehr als die Hälfte der Selektierten wurde zusammen mit ihren Familien am 26. Oktober 1942 nach Riga deportiert und kurz darauf erschossen. Die anderen vermeintlich Entbehrlichen hatten in Theresienstadt noch eine Überlebenschance.

Bei der Selektion in der Oranienburger Straße hatte die Gestapo Geiselerschießungen angedroht, falls jemand versuchen sollte, sich der Deportation zu entziehen. Gleichwohl tauchten 20 Personen unter oder nahmen sich das Leben. Als auch die Nachforschungen der Jüdischen Gemeinde nach den meisten Verschwundenen erfolglos blieben (Dok. 185), wurden am 20. November sieben oder acht der 20 Geiseln erschossen und ihre Angehörigen kurz darauf zusammen mit den verbliebenen Geiseln deportiert.[217]

Alois Brunner in Berlin

Diese sogenannte Gemeindeaktion war die vorerst letzte größere Amtshandlung der führenden Gestapo-Beamten des Berliner Judenreferats. Seit Beginn der Deportationen im Herbst 1941 hatte es Gerüchte über die Bestechlichkeit der Gestapo-Leute gegeben sowie Diebstahls- und Unterschlagungsvorwürfe. Im Zentrum stand das Judenreferat, doch auch Mitarbeiter anderer Abteilungen waren involviert. Ende Oktober 1942 wurde eine größere Anzahl von Beschuldigten, namentlich bekannt sind 20 Personen, verhaftet, darunter auch die gesamte Spitze des Judenreferats unter Franz Prüfer und Gerhard Stübs. Die Abteilung war von da an personell so ausgedünnt, dass sie nicht mehr in der Lage war, die von Eichmann geplante letzte größere Deportation durchzuführen. Vermutlich sollten schon im November 1942 die noch in Berlin verbliebenen jüdischen Rüstungsarbeiter deportiert werden, um die Reichshauptstadt endgültig „judenrein“ zu machen.

Zur Verstärkung der Berliner Stapoleitstelle nach der Unterschlagungsaffäre und zur Vorbereitung der vermeintlichen „Schlussaktion“ gegen die Juden sandte Eichmann einen seiner Getreuen aus Wien nach Berlin. Alois Brunner war seit 1938 bei der Zentralstelle für jüdische Auswanderung in Wien beschäftigt gewesen und hatte nach dem Weggang Eichmanns die Leitung der Behörde übernommen. Um ihn von seinem Untergebe-

217 Zur Gemeindeaktion siehe Henschel, Aus der Arbeit (wie Anm. 1), S. 42 f.; Beate Meyer, Gratwanderung zwischen Verantwortung und Verstrickung – Die Reichsvereinigung der Juden in Deutschland und die jüdische Gemeinde von Berlin 1938–1945, in: dies./Simon (Hrsg.), Juden in Berlin (wie Anm. 65), S. 310–312; dies., Tödliche Gratwanderung (wie Anm. 75), S. 205–207; Jah, Deportation (wie Anm. 77), S. 326–330.

nen Anton Brunner zu unterscheiden, wurde er Brunner I genannt, sein Namensvetter hingegen Brunner II. Unter den Wiener Juden war Alois Brunner ebenso gefürchtet wie verhasst, nicht zuletzt, weil er es verstanden hatte, die Kultusgemeinde durch die Kombination von Versprechungen und Drohungen zur Kooperation zu zwingen, aber auch wegen seiner besonderen Brutalität. Seinen Kollegen galt er als willfähriges Werkzeug Eichmanns, dabei als äußerst ehrgeizig. Für die Deportation der Wiener Juden, deren Zahl von März 1938 bis zum Sommer 1942 von 180 000 auf nicht einmal mehr 10 000 gesunken war, zeichnete im Wesentlichen Alois Brunner verantwortlich.[218]

Im November 1942 traf er zusammen mit mindestens vier weiteren „Eichmann-Männern“ in Berlin ein, darunter auch ein langjähriger Mitarbeiter Brunners, Rolf Müller, und der für seine Grausamkeit gegenüber Juden bekannte Josef Weiszl, der Anfang 1943 zur Zentralstelle für jüdische Auswanderung in Prag wechselte (Dok. 324). In ihrer Begleitung sollen sich auch einige jüdische Wiener Polizisten befunden haben. Aus Wien brachten Brunner und seine Kollegen ihre dort seit längerem praktizierte Methode der „Aushebungen“ mit: Fortan erhielten die zur Deportation Bestimmten auch in Berlin keine Benachrichtigung mehr vorab und wurden auch nicht von einem zweiköpfigen Polizeikommando zu Hause abgeholt; vielmehr sperrte die Gestapo jetzt ganze Straßenzüge ab und ging anschließend von Haus zu Haus und bestimmte in den einzelnen Wohnungen, wer zum Sammellager gebracht werden sollte. In Wien waren die Listen für solche Transporte noch zuvor der Israelitischen Kultusgemeinde vorgelegt worden, die dann Zurückstellungen beantragen konnte.[219] In Berlin hielt sich die Gestapo nun nicht mehr an die Listen, sondern nahm möglichst viele Juden mit, die sie auf den abgeriegelten Straßen oder in ihren Wohnungen antraf. Jüdische Ordner gehörten zum Abholtrupp und mussten dafür einstehen, dass kein Jude entkam, den sie beim Packen seiner Sachen zu beaufsichtigen hatten. Paul Scheurenberg, Angestellter der Jüdischen Gemeinde Berlin, schilderte eine solche Razzia der Wiener Gestapo-Leute in der Reichshauptstadt: „Der SS-Scharführer Slawick stand mit der Reitpeitsche auf dem Hof. (Dieser Slawick war mehr wie ein Tier, und mehr wie ein Untier. Ich weiß hierfür keinen Namen.) Die Ordner rannten durchs Haus. Alles fertig machen zur Evakuierung. Der Schrecken ist nicht zu beschreiben. […] Zirka 100 liebe gute Menschen (wir hatten einander alle gern im Hause) mußten schnellstens packen. Der Wiener SS-Sturmführer Brunner war von Wien nach Berlin gekommen, mit noch einigen entmenschten Kreaturen, um in Berlin die Judenfrage zu lösen.“[220]

Brunner reorganisierte die Deportationen aus Berlin und gab Anweisungen zum Umbau der Sammellager. Aus dem ehemaligen Altersheim in der Großen Hamburger Straße ließ er binnen weniger Stunden sämtliche Möbel entfernen und die Räume nur noch mit Matratzen und Strohsäcken auslegen, so dass dort zehnmal so viele Personen hineingepfercht werden konnten wie bisher. Die Fenster wurden vergittert, der Bau nachts

218 Mary Felstiner, Alois Brunner: „Eichmann's Best Tool“, in: Simon Wiesenthal Center annual, 3 (1986), S. 1–46; Hans Safrian, Eichmann und seine Gehilfen, Frankfurt a. M. 1995, S. 177–179; Rabinovici, Instanzen (wie Anm. 71), S. 228 f.

219 Rabinovici, Instanzen (wie Anm. 71), S. 285; Eleonore Lappin, Einleitung zu: „zu lesen, wenn alles vorüber ist“. Die Briefe von Rita Rockenbauer 1938–1942, hrsg. von Eleonore Lappin, Katharina und Johann Soukup, Wien 2014.

220 Christian Dirks, „Traurige Erlebnisse aus der Nazi-Hölle Deutschland“. Zum Schicksal der Familie Scheurenberg, in: Meyer/Simon (Hrsg.), Juden in Berlin (wie Anm. 65), S. 204–213, Zitat: S. 208 f.

angestrahlt und die wachhabenden Polizisten angewiesen, bei Fluchtversuchen der Juden sofort von der Schusswaffe Gebrauch zu machen. Die Mitarbeiter der Jüdischen Gemeinde, die in dem Sammellager arbeiteten, durften von draußen keine Nachrichten oder Gegenstände mehr für die Inhaftierten mitbringen. Wer gegen die Anordnungen der Gestapo verstieß, musste damit rechnen, bis zur Deportation in den im Keller eingerichteten Strafbunker gesperrt zu werden. In der Großen Hamburger Straße wurden von November 1942 an die Osttransporte zusammengestellt. Außer den dafür vorgesehenen Opfern war in dem Gebäude auch die sogenannte Judenpolizei untergebracht, der jüdische Fahndungsdienst, dessen Aufgabe primär darin bestand, Untergetauchte aufzuspüren. Margot Friedlander traf dort nach ihrer Verhaftung auch die als Gestapo-Spitzel verrufene Stella Kübler, geb. Goldschlag, die sie von früher kannte und verdächtigte, die Flucht ihrer Mutter und ihres Bruders ins sichere Ausland vereitelt zu haben.[221] Unter Brunners Regie wurde die Zahl der jüdischen Ordner im Sammellager deutlich erhöht; zudem mussten etwa 120 Mitarbeiter der Gemeinde im Schichtdienst Juden aus ihren Wohnungen abholen, darunter auch der schon zitierte Hermann Samter.[222]
Obwohl erst kurz vor Brunners Ankunft Hunderte Mitarbeiter der Jüdischen Gemeinde zur Deportation selektiert worden waren, unternahm er im November 1942 bereits den nächsten Vorstoß, um die Mitarbeiterzahl drastisch zu reduzieren. So mussten sich am 19. November 1942 alle Mitarbeiter der Fürsorgeabteilung der Gemeinde versammeln und über ihre derzeitige Tätigkeit Auskunft geben. Brunner entschied dann persönlich, wer sofort in die Große Hamburger Straße gebracht und mit dem nächsten Transport deportiert wurde. Während dieser Selektion erlitt Leo Kreindler, der damals 56-jährige langjährige Redakteur jüdischer Zeitungen, seit kurzem Vorstandsmitglied der Reichsvereinigung und Leiter der Fürsorgeabteilung, einen tödlichen Herzinfarkt. Brunner soll daraufhin gefordert haben: „Schafft's den Juden da weg, damit er nicht so kalt liegt." (Dok. 241) Die nicht ausgesonderten Kollegen mussten die Angehörigen der Selektierten benachrichtigen, dass auch sie zum Abtransport ins Sammellager zu kommen hätten.[223]

Ende Januar 1943 folgte schließlich auch die Deportation der führenden Funktionäre der Reichsvereinigung der Juden und der Jüdischen Gemeinde Berlin. Leo Baeck und Paul Eppstein wurden zusammen mit Philipp Kozower und weiteren leitenden Gemeindemitarbeitern und Familienangehörigen in das Getto Theresienstadt eingewiesen.[224] Baeck, der langjährige Vorsitzende der Reichsvereinigung und die herausragende Rabbinerpersönlichkeit des deutschen Judentums, war eigentlich zugesichert worden, dass er

221 Margot Friedlander (mit Malin Schwerdtfeger), „Versuche, dein Leben zu machen". Als Jüdin versteckt in Berlin, Berlin 2008; zum jüdischen Fahndungsdienst siehe auch: Christian Dirks, „Greifer". Der Fahndungsdienst der Berliner Gestapo, in: Meyer/Simon (Hrsg.), Juden in Berlin (wie Anm. 65), S. 233–257.

222 Safrian, Eichmann (wie Anm. 218), S. 189–192; Beate Meyer, Das unausweichliche Dilemma: Die Reichsvereinigung der Juden in Deutschland, die Deportationen und die untergetauchten Juden, in: Beate Kosmala/Claudia Schoppmann (Hrsg.), Überleben im Untergrund. Hilfe für Juden in Deutschland 1941–45, Berlin 2002, S. 273–296; dies., Tödliche Gratwanderung (wie Anm. 75), S. 207–211; Jah, Deportation (wie Anm. 77), S. 372–389;

223 Safrian, Eichmann (wie Anm. 218), S. 192; Meyer, Tödliche Gratwanderung (wie Anm. 75), S. 209; Jah, Deportation (wie Anm. 77), S. 394 f.

224 Zu Baeck in Theresienstadt siehe Hájková, Last Ghetto (wie Anm. 154), S. 80–85.

von der Deportation ausgenommen würde – eines von vielen falschen Versprechen, die die führenden Vertreter der jüdischen Institutionen im Glauben wiegen sollten, sie hätten dem Gegner ein Zugeständnis abgetrotzt. Die unangekündigten Abholer ließen Baeck anderthalb Stunden Zeit zum Packen, bevor sie ihn ins Sammellager brachten. Paul Eppstein, dem Leiter der Zentrale der Reichsvereinigung, wurde vorgegaukelt, dass er auch von Theresienstadt aus seine Berliner Funktion als „Ortsabwesender“ weiter ausüben werde. Darüber hinaus sollte er zusammen mit den Funktionären der Wiener Kultusgemeinde und der Prager Jüdischen Gemeinde die Leitung des Gettos Theresienstadt übernehmen.[225] Die Berliner Jüdische Gemeinde hörte als selbständige Körperschaft auf zu bestehen und fungierte nunmehr nur noch als Bezirksstelle der Reichsvereinigung.

Alois Brunner und seine Gefolgsleute verließen Berlin wahrscheinlich Anfang Februar 1943; ihr Intermezzo hatte etwa drei Monate gedauert. Die rabiaten Methoden der Abholung wurden beibehalten, ebenso die bis ins Kleinste reichenden Demütigungen: Die Vertreter der Reichsvereinigung mussten, wie von Brunner eingeführt, die Weisungen der Gestapo auch künftig stehend entgegennehmen.

Brunner setzte seine Karriere als Deportationsexperte in verschiedenen Staaten Europas fort: Er war maßgeblich an der Deportation der Juden aus Saloniki nach Auschwitz beteiligt sowie an den Deportationen französischer Juden aus dem Durchgangslager Drancy. Im Jahr 1944 übernahm er die Leitung eines Arbeitslagers in der Slowakei, von dem aus Tausende Juden nach Auschwitz deportiert wurden.[226]

Die letzten großen Deportationen im Frühjahr 1943 und die Reaktionen auf die Judenverfolgung

Die „Fabrik-Aktion“ im Februar 1943

Den letzten großen Schlag gegen die Berliner Juden bereitete Brunner zwar noch vor, die Durchführung lag jedoch in den Händen des restrukturierten Berliner Judenreferats. Ende November 1942 forderte das Berliner Arbeitsamt die Betriebe in der Hauptstadt auf, Namenslisten ihrer jüdischen Zwangsarbeiter einzureichen und dabei die Facharbeiter und in „privilegierter Mischehe“ lebenden Arbeiter zu kennzeichnen. Diese wurden vorerst zurückgestellt, als in den folgenden Wochen zunehmend jüdische Zwangsarbeiter gegen polnische ausgetauscht wurden.[227] Letztere stammten aus dem Kreis Zamość. Ihre Verschleppung nach Berlin stand im Zusammenhang mit einem anderen Aspekt von Eichmanns Tätigkeit als Um- und Aussiedlungsexperte. Er war nicht nur für die Judendeportationen, sondern auch für die Massenaussiedlungen im Zusammenhang mit der „Eindeutschung“ der Region Zamość zuständig. Deutsche Umsiedlungsfachleute teilten die polnische Bevölkerung aus dieser Region in verschiedene Wertigkeitsgruppen ein und wählten eine Minderheit von ihnen zur „Eindeutschung“ aus. Alle anderen wurden entweder direkt zur Vernichtung nach Auschwitz geschickt oder aber

225 Meyer, Tödliche Gratwanderung (wie Anm. 75), S. 212 f.
226 VEJ 12, S. 77–80; VEJ 13, S. 43; VEJ 14, S. 65–69.
227 Jah, Deportation (wie Anm. 77), S. 405.

als Zwangsarbeiter ins Deutsche Reich – im Austausch gegen die letzten jüdischen Rüstungsarbeiter.[228]

Am frühen Morgen des 27. Februar 1943 führte die Berliner Stapoleitstelle mit Unterstützung der Waffen-SS eine großangelegte Razzia in mehr als 100 Betrieben durch. Sie verhaftete jüdische Arbeiterinnen und Arbeiter und brachte sie direkt von ihrem Arbeitsplatz ins Sammellager, ohne dass sie die Möglichkeit hatten, Familienmitglieder oder Freunde zu benachrichtigen, geschweige denn Gepäck mitzunehmen. Andere holte die Gestapo zu Hause ab. Angehörige durften sich „freiwillig" ebenfalls deportieren lassen. Die jüdische Ärztin Justina Bischofswerder konnte gerade noch eine Nachricht auf eine Postkarte kritzeln, als sie an diesem Tag in der Nähe ihrer Wohnung verhaftet wurde (Dok. 227). Nur wenige Wochen zuvor hatte sie von der Ermordung ihres in das Getto Warschau deportierten Sohnes erfahren, dessentwegen sie auf eine Emigration verzichtet hatte (Dok. 216). Nun wurde sie selbst nach Auschwitz deportiert und wenig später ermordet.

Etwa 11 000 Personen wurden in diesen Tagen allein in Berlin verhaftet und an verschiedenen Orten in der Stadt eingesperrt. Mehrere tausend holte die Gestapo zudem aus Rüstungs- und anderen kriegswichtigen Betrieben, u. a. in München, Düsseldorf, Duisburg, Essen, Kassel und Wiesbaden, sowie aus Zwangsarbeitslagern etwa in Paderborn und Dresden. Auch die ehemaligen jüdischen Umschulungslager Gut Winkel und Skaby in Brandenburg und Groß Breesen in Schlesien wurden im Zuge der Razzia geräumt und geschlossen. Mancherorts erhielten die letzten dort noch lebenden jüdischen Einwohner ebenfalls die Aufforderung zur Deportation.[229]

In Berlin, wo die Zahl der Verhafteten weitaus am höchsten war, dienten neben der ehemaligen Synagoge in der Levetzowstraße auch noch das Konzerthaus Clou sowie zwei Kasernen in Reinickendorf und Moabit (siehe Dok. 241) als Sammellager. Ebendiese Funktion hatte auch das Haus der Jüdischen Gemeinde in der Rosenstraße 2–4 in Berlin-Mitte. Dort inhaftierte die Gestapo ungefähr 2000 Juden, darunter etwa 100 Frauen, die mit nichtjüdischen Partnern verheiratet waren. Ende Februar, Anfang März versammelten sich vor dem Gebäude tagelang die nichtjüdischen Angehörigen, überwiegend Ehefrauen der Inhaftierten, um Nachrichten über die Gefangenen zu erhalten, Wäsche- oder Lebensmittelpakete für sie abzuliefern und um ihre Freilassung zu fordern. Ihr Protest ist später in die Literatur eingegangen und verfilmt worden als eine mutige Demonstration gegen die Polizeigewalt.[230] Die Tatsache, dass die Sicherheitsbehörden nicht gegen die Menschenansammlung vorgingen, mag günstigen Umständen

228 Götz Aly/Susanne Heim, Vordenker der Vernichtung. Auschwitz und die deutschen Pläne für eine neue europäische Ordnung, Frankfurt a. M. 2013 (Erstausgabe: Hamburg 1991), S. 405–410.

229 Wolf Gruner, Widerstand in der Rosenstraße. Die Fabrik-Aktion und die Verfolgung der „Mischehen" 1943, Frankfurt a. M. 2005, S. 55–59.

230 Ruth Andreas Friedrich, Der Schattenmann. Tagebuchaufzeichnungen 1938–1945, Berlin 1947; Annegret Ehmann/Wolf Kaiser/Christiane Klingsport u. a., Die Grunewald-Rampe. Die Deportation der Berliner Juden, Berlin 1993; Gernot Jochheim, Frauenprotest in der Rosenstraße Berlin 1943, Berlin 1993; Nathan Stoltzfus, Widerstand des Herzens. Der Aufstand der Berliner Frauen in der Rosenstraße 1943, München 2002 (engl. Erstausgabe: New York 1996); Rosenstraße, D. 2003, Regie: Margarethe von Trotta; Gruner, Widerstand in der Rosenstraße (wie Anm. 229); Antonia Leugers (Hrsg.), Berlin Rosenstraße 2–4: Protest in der NS-Diktatur. Neue Forschungen zum Frauenprotest in der Rosenstraße 1943, Annweiler 2005; Jah, Deportation (wie Anm. 77), S. 433–457.

wie etwa der Popularitätseinbuße des Regimes nach der Niederlage von Stalingrad geschuldet gewesen sein. Sie wirft aber auch ein Schlaglicht darauf, welche Handlungsspielräume Nichtjuden gehabt hätten, um gegen die Deportationen zu protestieren – wenn sie denn gewollt hätten. Die in „Mischehe" lebenden jüdischen Zwangsarbeiterinnen und -arbeiter wurden bis auf 25 Männer Anfang März wieder freigelassen. Ob der Protest in der Rosenstraße sie gerettet hat oder ihre Deportation zu diesem Zeitpunkt ohnehin noch nicht geplant war, ist bis heute umstritten. Selbst die 25 von ihnen, die deportiert worden waren, konnten nach zwei Wochen aus Auschwitz zurück nach Berlin fahren. Die Freigelassenen durften nicht an die alten Arbeitsplätze zurückkehren, sondern mussten entweder für die Gestapo oder das Reichssicherheitshauptamt Arbeitsaufträge erfüllen oder aber die sogenannten Volljuden ersetzen, die noch in der Jüdischen Gemeinde oder der Reichsvereinigung der Juden beschäftigt waren und kurz darauf deportiert wurden. Alle anderen während der sogenannten Fabrik-Aktion verhafteten Juden hingegen wurden nach Auschwitz deportiert und die meisten von ihnen kurz nach der Ankunft ermordet. Etwa 4000 Juden hatten sich noch gerade rechtzeitig der Verhaftung entziehen können und tauchten unter. Nicht wenige von ihnen waren vor der Razzia gewarnt worden, wie Goebbels verärgert in seinem Tagebuch notierte. Wegen der vielen Betriebe, in denen Juden verhaftet wurden, war eine verhältnismäßig große Zahl von Personen vorab informiert worden.[231]

Am 10. März 1943 unternahm die Gestapo den Versuch, auch eine der letzten jüdischen Institutionen zu liquidieren – das Krankenhaus in der Iranischen Straße in Berlin. Der Leiter der Klinik, Walter Lustig, konnte die Verhaftung der Patienten und des Pflegepersonals in letzter Minute verhindern, indem er darauf verwies, dass das Krankenhaus dem Reichssicherheitshauptamt direkt unterstand, die Gestapo dort also keine Befehlsgewalt hatte. Doch schon am folgenden Tag stellte der für das Krankenhaus zuständige SS-Hauptsturmführer Fritz Wöhrn – laut Urteil seiner Nachkriegsrichter „einer der radikalsten und bekanntesten Funktionäre des Judenreferats, der besonders bei seinen Inspektionen im Jüdischen Krankenhaus Furcht und Schrecken verbreitete" – eine Liste mit den Namen von etwa 300 Angestellten zusammen, die eine Woche später mit ihren Familien deportiert wurden.[232] Das Gebäude in der Iranischen Straße war damals nicht nur Krankenhaus mit einer psychiatrischen Abteilung und einer geschlossenen, der Polizei unterstehenden Haftstation, sondern auch Unterkunft für einige der Pflegekräfte sowie für etliche Juden oder „Mischlinge", bei denen noch nicht geklärt war, ob sie aufgrund ihrer Abstammungsverhältnisse oder einflussreicher Fürsprecher von der Deportation auszunehmen waren. Ein Teil des Krankenhauses war zudem Gefangenenlazarett. Dort war Anfang März 1943 Irma Salomon, alias Irma Sohn, inhaftiert, die sich bei der Flucht während der sogenannten Fabrik-Aktion verletzt hatte. In den herausgeschmuggelten Briefen an eine Freundin schilderte sie die Jagd auf die Juden in den Berliner

231 Zvi Aviram, Mit dem Mut der Verzweiflung. Mein Widerstand im Berliner Untergrund, hrsg. von Beate Kosmala, Berlin 2015; Goebbels, Tagebücher (wie Anm. 13), Bd. 7, Januar bis März 1943, S. 449, Eintrag vom 2.3.1943 und S. 528, Eintrag vom 11.3.1943.

232 Zit. nach: Meyer, Gratwanderung (wie Anm. 217), S. 321 f. Zur Situation im Jüdischen Krankenhaus in der Iranischen Straße siehe auch den Bericht von Hermann Pineas in: Jüdisches Leben in Deutschland. Selbstzeugnisse zur Sozialgeschichte 1918–1945, hrsg. und eingeleitet von Monika Richarz, Stuttgart 1982, S. 431–442, hier: S. 432 f.

Straßen während dieser Tage und die Angst um ihren Mann, der möglicherweise schon deportiert worden war, nachdem er sich freiwillig im Sammellager gemeldet hatte, in der irrigen Annahme, dort seine Frau zu treffen (Dok. 231).

Seit dem Beginn der Deportationen und zumal seitdem die Gerüchte über das Schicksal der Deportierten immer beunruhigender wurden, entschieden viele Juden, sich der Verhaftung zu entziehen. Insgesamt 7000 Juden sollen sich in Berlin das Leben genommen haben. Die hohe Zahl der Suizide fiel auch außenstehenden Beobachtern auf (Dok. 17 und Dok. 128). Margarete Königsfeld berichtete in einem privaten Brief von 70 Selbstmorden allein in ihrem Bekanntenkreis – und wurde dafür gerichtlich wegen „staatsfeindlicher Äußerungen“ belangt (Dok. 88). Manch einer besorgte sich vorsorglich Gift, um im Falle der Abholung rechtzeitig aus dem Leben scheiden zu können (Dok. 147). In den Akten der Kriminalpolizei finden sich zahlreiche Protokolle von den Überprüfungen, ob es sich bei den Vergiftungen mit Tabletten oder Gas, bei Fensterstürzen oder beim Ertrinken wirklich um Freitod gehandelt habe – und ob es wirklich eine Leiche zur Todesmeldung gab (Dok. 198). Denn auch wer untertauchen wollte, tat dies, wie etwa Hans Hirschel (Dok. 149), häufig durch Vortäuschen eines Selbstmords, um Angehörige nicht zu gefährden und weitere Nachforschungen zu vermeiden. Wer sich dazu entschieden hatte, wartete meist, so lang es irgend ging, weil das Überleben ohne gültige Papiere und Lebensmittelmarken und ohne feste Bleibe mühsam zu organisieren und extrem gefährlich war. So tauchten sowohl Marie Jalowicz Simon als auch Margot Friedlander erst im letzten Moment unter, mit kaum mehr als dem, was sie auf dem Leib trugen, nachdem die Abholer schon geklingelt hatten.[233]
In den Wochen rund um die sogenannte Fabrik-Aktion, als die allermeisten älteren Jüdinnen und Juden bereits deportiert waren und die Hatz auf die wenigen verbliebenen immer aggressiver wurde, entschieden sich besonders viele unterzutauchen. Schätzungen zufolge wählten insgesamt 10 000 bis 12 000 Juden diesen Weg, 6000 bis 7000 allein in Berlin, wo damals noch etwa 40 Prozent der deutschen Juden lebten. Möglich war dies nicht ohne die Unterstützung von Personen, die Lebensmittelmarken, Schlafplätze, Ausweise oder Kleidung zur Verfügung stellten. Für jeden Untergetauchten waren im Durchschnitt sieben Helfer nötig, um das Leben in der Illegalität abzusichern, allein in Berlin also etwa 30 000 Menschen.[234] Walter und Leonie Frankenstein hatten sich auf das Leben in der Illegalität nicht vorbereitet, sahen aber Anfang 1943 keine andere Möglichkeit mehr, nachdem einige ihrer nächsten Angehörigen abgeholt worden waren und Leonie Frankenstein selbst nur durch ihr beherztes Auftreten aus dem Sammellager hatte entkommen können. In den mehr als zwei Jahren, die sie mit zwei kleinen Kindern als sogenannte U-Boote überlebten, entgingen sie etliche Male nur um Haaresbreite, mit viel Glück und mit der Hilfe von Edith Berlow, einer mutigen Verwandten, der Verhaf-

233 Friedlander, „Versuche“ (wie Anm. 221), S. 109–111; Marie Jalowicz Simon, Untergetaucht. Eine junge Frau überlebt in Berlin 1940–1945, Frankfurt a. M. 2014, S. 107; siehe auch den Bericht von Hermann Pineas (wie Anm. 232), S. 434–440; Beate Kosmala, Zwischen Ahnen und Wissen. Flucht vor der Deportation (1941–1945), in: Kundrus/Meyer (Hrsg.), Deportation (wie Anm. 94), S. 135–159; Anna Fischer (Hrsg.), Erzwungener Freitod. Spuren und Zeugnisse in den Freitod getriebener Juden der Jahre 1938 bis 1945 in Berlin, Berlin 2007; Christian Goeschel, Selbstmord im Dritten Reich, Berlin 2011.

234 Beate Kosmala, Stille Helden, in: Aus Politik und Zeitgeschehen 14-15/2007, S. 1–7.

tung. Diese baute ein regelrechtes Unterstützernetzwerk auf, das bis Kriegsende nicht zerschlagen wurde.[235] Andere Helfer ließen sich ihre Dienste auch mit Geld oder durch sonstige Gegenleistungen bezahlen (Dok. 162). Margot Friedlander berichtete, dass ihre Familie versuchte, mit Hilfe eines Mittelsmanns ein Visum zu bekommen. Der Mann entpuppte sich als Betrüger; seine Verhaftung hatte nicht nur zur Folge, dass die Juden, von denen er sich vorab hatte bezahlen lassen, um ihr Geld gebracht waren, sondern bescherte ihnen auch noch eine Vorladung bei der Gestapo und Friedlanders Mutter eine zweimonatige Inhaftierung.[236] Sehr viele der Untergetauchten hielten das strapaziöse Leben nur einige Monate durch, bis sie gefasst wurden. Nach dem Ende der Massendeportationen im Rahmen der „Fabrik-Aktion" wurden sie in kleinen Gruppen nach Auschwitz oder Theresienstadt deportiert.

Gerüchte, Ahnungen, Gewissheiten

In allen offiziellen Mitteilungen über die Deportationen war die Rede davon, dass diese in Arbeitslager im Osten führen würden. Dies diente dazu, die Opfer zu täuschen und ihren Widerstand gering zu halten. Doch reichten solche Mitteilungen auch schon anfangs, als sie noch geglaubt wurden, um Angst und Schrecken zu verbreiten.[237] Die Zahl der Juden, die sich das Leben nahmen, als sie den Deportationsbefehl erhielten, spricht eine deutliche Sprache. Allmählich wurde auch die Tarnung immer unglaubwürdiger,

235 Zur Situation untergetauchter Juden siehe Inge Deutschkron, Ich trug den gelben Stern, Köln 1978; Kurt Schilde, Versteckt in Tiergarten. Auf der Flucht vor den Nachbarn, Berlin 1995; Barbara Schieb, „Wir hatten gar nichts geplant – wir wußten nur, daß wir nicht mitgehen werden". Vom Überleben der Familie Frankenstein in der Illegalität 1943–1945, in: Meyer/Simon (Hrsg.), Juden in Berlin (wie Anm. 65), S. 259–279; Michael Schäbitz, „Wir waren Ausgestoßene im eigenen Vaterland." Überleben in der NS-Zeit. Das Beispiel Hans Rosenthal, in: ebd., S. 280–289; Peter Schneider, „Wenn wir nur eine Stunde gewinnen ...". Wie ein jüdischer Musiker die Nazi-Jahre überlebte, Berlin 2001; Mark Roseman, In einem unbewachten Augenblick. Eine Frau überlebt im Untergrund, Berlin 2002; Katrin Rudolph, Hilfe beim Sprung ins Nichts. Franz Kaufmann und die Rettung von Juden und „nichtarischen" Christen, Berlin 2004; Klaus Hillenbrand, Nicht mit uns. Das Leben von Leonie und Walter Frankenstein, Frankfurt a. M. 2008; Friedlander, „Versuche" (wie Anm. 221); Jalowicz Simon, Untergetaucht (wie Anm. 233); Susanna Schrafstetter, Flucht und Versteck. Untergetauchte Juden in München. Verfolgungserfahrung und Nachkriegsalltag, Göttingen 2015; Aviram, Mit dem Mut der Verzweiflung (wie Anm. 231); Brigitte Ungar-Klein, Schattenexistenz – Jüdische U-Boote in Wien 1938–1945, Wien 2019.

236 Friedlander, „Versuche" (wie Anm. 221), S. 81–92.

237 Hans Mommsen/Dieter Obst, Die Reaktion der deutschen Bevölkerung auf die Verfolgung der Juden 1933–1943, in: Hans Mommsen/Susanne Willems (Hrsg.): Herrschaftsalltag im Dritten Reich. Studien und Texte, Düsseldorf 1988, S. 374–436; Jörg Wollenberg (Hrsg.), „Niemand war dabei und keiner hat's gewußt." Die deutsche Öffentlichkeit und die Judenverfolgung 1933–1945, München 1989; David Bankier, Die öffentliche Meinung im Hitler-Staat. Die „Endlösung" und die Deutschen. Eine Berichtigung, Berlin 1995; Götz Aly (Hrsg.), Volkes Stimme. Skepsis und Führervertrauen im Nationalsozialismus, Frankfurt a. M. 2006; Frank Bajohr/Dieter Pohl, Der Holocaust als offenes Geheimnis. Die Deutschen, die NS-Führung und die Alliierten, München 2006; Peter Longerich, „Davon haben wir nichts gewusst!" Die Deutschen und die Judenverfolgung 1933–1945, München 2006; Bernward Dörner, Die Deutschen und der Holocaust. Was niemand wissen wollte, aber jeder wissen konnte, Berlin 2007; Otto Dov Kulka, Popular Opinion in Nazi Germany as a Factor in the Policy of the „Solution of the Jewish Question": The Nuremberg Laws and the Reichskristallnacht, in: Paul Corner (Hrsg.), Popular Opinion in Totalitarian Regimes: Fascism, Nazism, Communism, Oxford 2009, S. 81–106.

zuerst für die Juden, doch bald auch für alle, die hinzusehen bereit waren. Schon die Umstände des Transports – alte Menschen, Gebrechliche und Kinder, die auf Lastwagen geprügelt wurden – passten nicht zu der Legende (Dok. 32). Bereits am 21. Oktober 1941, nachdem gerade die ersten Deportationszüge Richtung Litzmannstadt abgefahren waren, schrieb James Graf von Moltke an seine Frau Freya, die Berliner Juden würden „zusammengetrieben" und nach Litzmannstadt oder Smolensk deportiert: „Man will es uns ersparen zu sehen, daß man sie einfach in Hunger und Kälte verrecken läßt, und tut das daher in Litzmannstadt und Smolensk." (Dok. 16) Postkarten aus den Gettos, in denen die Deportierten um Lebensmittel baten, oder aber das völlige Ausbleiben jeglicher Nachricht ließen unter den Zurückgebliebenen bald Unruhe aufkommen. Deutsche Soldaten, die während ihres Heimaturlaubs hinter vorgehaltener Hand oder mehr oder minder verklausuliert in Briefen berichteten, was sie „im Osten" gesehen oder woran sie beteiligt gewesen waren, bestätigten die Ahnungen und Gerüchte vom Massenmord (Dok. 12 und Dok. 23). Auf diese Weise kursierten Informationen über die Massenerschießungen von Juden deutlich früher als Nachrichten über die Vernichtungslager. Der Schweizer Konsul in Köln, Franz-Rudolf von Weiss, hatte im Juni 1942 von einem Gewährsmann, der „die deutsche Stelle in dieser Judenfrage vertritt", bereits Genaueres über die Art des Mordens erfahren: Der Transport mit jüdischen „Greisinnen und Greisen bis zu 90 Jahren", der ein paar Tage zuvor Köln verlassen hatte, sei bereits vergast worden (Dok. 131). Victor Klemperer folgerte im Oktober 1942 aus den Informationen, die ihn in der Isolation des „Judenhauses" über das Schicksal der Deportierten erreichten, dass Auschwitz „ein schnell arbeitendes Schlachthaus zu sein scheint".[238] Die Existenz und Funktionsweise von Vernichtungslagern lagen für die meisten Menschen jenseits des Vorstellbaren. Doch die Informationen, die zugänglich waren, verfestigten sich bei vielen zu der Gewissheit, dass die Deportation den Tod bedeutete. Zudem sprachen seit Beginn des Krieges gegen die Sowjetunion auch führende deutsche Politiker immer häufiger offen von der Vernichtung der Juden (Dok. 110).

Das rege Interesse, auf das die Versteigerung der Habe von deportierten Juden bei ihren nichtjüdischen einstigen Nachbarn stieß, macht deutlich, dass niemand mit der Rückkehr der Juden rechnete (Dok. 133 und Dok. 201). Seit Oktober 1941 drohte nichtjüdischen Deutschen, die freundschaftliche Kontakte zu Juden unterhielten, KZ-Haft (Dok. 20). Doch in den meisten Fällen waren solche Kontakte ohnehin längst abgebrochen, die Nichtjuden, selbst dort, wo sie noch im selben Haus mit Juden lebten, über deren Lebensverhältnisse und Not kaum informiert (Dok. 116). Der Krieg mit seinen vielfältigen Auswirkungen auf das Alltagsleben und die Sorge um Söhne oder Ehemänner an der Front erleichterten das Wegsehen, wenn es um die Juden ging. In den wenigen Tagebüchern von nichtjüdischen Deutschen, in denen die Deportationen überhaupt thematisiert werden, kommen bisweilen Mitgefühl für die Opfer oder Scham und Bestürzung über die von Deutschen begangenen Verbrechen zum Ausdruck, doch meist nur in wenigen Sätzen (Dok. 67 und Dok. 166). Je ungünstiger die militärische Lage für die Deutschen wurde, desto mehr schob sich auch die Angst vor Vergeltung im Fall einer Niederlage in den Vordergrund. Im Dezember 1942 berichtete der Sicherheitsdienst aus dem bayerischen Schwabach von „stärksten Beunruhigungen in kirchlich gebundenen

238 Klemperer, Zeugnis (wie Anm. 58), S. 259, Eintrag vom 17.10.1942.

Kreisen und in der Landbevölkerung" wegen der Nachrichten über die „Ausrottung der Juden" in der besetzten Sowjetunion. Da nicht sicher sei, dass Deutschland den Krieg gewinne, herrsche allgemein „große Angst, Kummer und Sorgen", dass die Juden nach Deutschland zurückkehren und „fürchterlich Rache an uns nehmen" könnten.[239]
Aus verschiedenen Städten ist überliefert, dass der Weg zum Bahnhof, von dem aus der Transport abging, für die Deportierten zum Spießrutenlauf wurde. Doch es kam auch vor, dass Passanten ihr Missfallen über die Deportation zum Ausdruck brachten oder den Juden Lebensmittel zusteckten. Äußerungen von Mitgefühl oder Solidarität blieben fast immer anonym, so etwa, wenn in Berlin vor den Sammellagern Lebensmittelspenden für die Deportierten abgegeben wurden (Dok. 17). In den Stimmungsberichten des Sicherheitsdienstes ist häufiger die Rede davon, dass insbesondere in katholischen Kreisen die Deportation der Juden negativ beurteilt würde, sei es, weil man die Strafe Gottes oder aber die Rache der Juden fürchtete, oder einfach, weil man die Deportation alter Menschen, die „keiner Fliege etwas zu leide" tun, für eine unnötige Grausamkeit hielt.[240]
In den Kirchen blieb eine Kritik an der Judenverfolgung auch nach dem Beginn der Deportationen auf wenige Ausnahmen wie etwa den Berliner Domprobst Bernhard Lichtenberg begrenzt (Dok. 21). Im Gegenteil beeilten sich manche evangelische Landesverbände, ihren Gemeinden den Ausschluss der zum Christentum konvertierten, aber als Juden verfolgten „Nichtarier" nahezulegen (Dok. 33, Dok. 54, Dok. 63 und Dok. 70). Die Katholische Kirche nahm hingegen wiederholt Stellung gegen die Verfolgung der zum Katholizismus konvertierten „Nichtarier" und verteidigte das Sakrament der Ehe; so widersetzte sich etwa der Breslauer Erzbischof Adolf Bertram den Plänen einer Zwangsscheidung sogenannter Mischehen. Hinsichtlich der Deportation der Juden übten sich die Repräsentanten der Katholischen Kirche in Zurückhaltung. Der Apostolische Nuntius in Berlin, Cesare Orsenigo, riet mehrfach von einer öffentlichen Stellungnahme zugunsten der Juden ab, nicht ohne zu betonen, wie besorgt er über die Deportationen sei, dass jedoch Interventionen keine Aussicht auf Erfolg hätten und die Kirche selbst gefährden könnten.[241] In der Slowakei, deren Staatspräsident Jozef Tiso katholischer Priester war, sahen katholische Würdenträger hingegen mehr Chancen zur Einflussnahme und baten die Regierung, sowohl von der Diskriminierung der getauften „Nichtarier" als auch von der Deportation der Juden abzusehen.[242] Den Papst erreichten sowohl von Seiten einzelner katholischer Würdenträger als auch von jüdischen Hilfsorganisationen Informationen über die Ermordung der Juden sowie dringende Bitten, die Verbrechen zu verurteilen. Doch selbst als die Alliierten bereits eindeutig Stellung bezogen hatten, konnte Pius XII. sich in seiner Weihnachtsansprache nicht zu mehr als verklausulierten Bekundungen seiner Sorge durchringen (Dok. 204). Sowohl Goebbels als auch der faschistische Ministerpräsident Italiens, Benito Mussolini, spotteten über die

239 SD-Außenstelle Schwabach, Bericht für Dezember 1942, zit. nach: Otto Dov Kulka/Eberhard Jäckel (Hrsg.), Die Juden in den geheimen NS-Stimmungsberichten 1933–1945, Düsseldorf 2004, S. 510.

240 Kulka/Jäckel, NS-Stimmungsberichte (wie Anm. 239), S. 493, 503.

241 Giovanni Miccoli, I Dilemmi e il Silenzio die Pio XII. Vaticano, Seconda guerra mondiale e Shoah, Milano 2000, S. 84–86; Friedländer, Das Dritte Reich (wie Anm. 16), S. 494 f.; Jana Leichsenring, Die Katholische Kirche und „ihre Juden". Das „Hilfswerk beim Bischöflichen Ordinariat Berlin" 1938–1945, Berlin 2007, S. 215–238.

242 VEJ 13/50 und 78.

niemanden beunruhigenden Gemeinplätze in der päpstlichen Weihnachtsbotschaft. Der Sicherheitsdienst empörte sich dennoch über die Ansprache (Dok. 206).

Am 17. Dezember 1942 drohten die Alliierten in einer öffentlichen Erklärung, die Verantwortlichen für die Verbrechen an den Juden zur Rechenschaft zu ziehen. Von Vernichtungslagern war in der Proklamation noch nicht die Rede, wohl aber von einer barbarischen Behandlung der Juden, von Vernichtung durch Arbeit, Erschöpfung, Hunger und Massenerschießungen (Dok. 202 und Dok. 203). Die Erklärung änderte trotz der Feierlichkeit, mit der sie verkündet wurde, nichts daran, dass für die Alliierten die militärische Niederlage Deutschlands Priorität hatte gegenüber der Rettung der noch lebenden Juden. Vorausgegangen waren dem gemeinsamen Statement eine monatelange Überzeugungsarbeit, da auch auf Seiten der Kriegsgegner Deutschlands die Nachrichten vom systematischen Massenmord an den Juden auf Unglauben stießen.
Die BBC hatte im Mai 1942 einen ersten Bericht auf der Basis von Informationen des Allgemeinen Jüdischen Arbeiterbunds gesendet,[243] in dem von Hunderttausenden toter Juden die Rede war und der in der Presse verschiedentlich aufgegriffen wurde (Dok. 136). Neben London, dem Sitz mehrerer Exilregierungen, war vor allem Genf der Ort, an dem die Informationen über die deutschen Verbrechen im Osten gesammelt wurden. In der neutralen Schweiz residierten verschiedene jüdische Organisationen ebenso wie der Weltkirchenrat und das Internationale Rote Kreuz. Am 8. August 1942 hatte Gerhart Riegner, Vertreter des Jüdischen Weltkongresses, sein berühmtes Telegramm an den Präsidenten des Weltkongresses, Stephen Wise, geschickt (Dok. 148).[244] Darin gab er unter Vorbehalt die Nachricht von der vermeintlich noch bevorstehenden Ermordung von bis zu vier Millionen Juden weiter sowie einen vagen Hinweis, dass dazu Blausäure verwendet würde.
Riegners Telegramm wurde nur mit Verspätung an Wise weitergeleitet, da man die Informationen im State Department – Riegner hatte zur sicheren Übersendung den Versand über die US-Botschaft in Bern gewählt – für unglaubwürdig hielt. In der Tat kursierten über den Judenmord im Herbst 1942 in diplomatischen Kreisen auch verschiedene unwahre Gerüchte, insbesondere über die Mordmethoden und die Opferzahlen (Dok. 174). In der Folgezeit sammelten sowohl Richard Lichtheim von der Jewish Agency in Genf als auch Riegner weiterhin alle verfügbaren Informationen, darunter auch Hinweise auf eine gezielte Hungerpolitik zur Vernichtung der Juden (Dok. 179), und drängten sowohl die vor Ort ansässigen internationalen Organisationen als auch die alliierten Regierungen zum Handeln. Ihr Appell, den Verantwortlichen Vergeltung anzudrohen, wurde in der Erklärung der Alliierten aufgenommen. Ihre Forderung nach „Sofortmaßnahmen, um das Leben der 1,3 Millionen in den halb unabhängigen Staaten

243 VEJ 9/74.

244 Raya Cohen, Das Riegner-Telegramm – Text, Kontext und Zwischentext, in: Tel Aviver Jahrbuch für deutsche Geschichte XXIII/1994, S. 301–324; Christopher Browning, A Final Hitler Decision for the „Final Solution"? The Riegner Telegram reconsidered, in: Holocaust and Genocide Studies, 10 (1996) 1, S. 3–10; Susanne Heim, Widersprüchliche Loyalitäten. Die Reaktionen internationaler jüdischer Hilfsorganisationen auf die Situation der deutschen Juden, in: Löw/Bergen/Hájková (Hrsg.), Alltag (wie Anm. 141), S. 237–252.

wie Ungarn, Italien, Rumänien, Bulgarien und Vichy-Frankreich noch verbliebenen Juden zu retten", verhallte ungehört.

Während der 18 Monate, von denen die Dokumente dieses Bandes berichten, ermordeten die Deutschen Millionen Juden in ganz Europa. Was die Erschießungskommandos in der besetzten Sowjetunion begonnen hatten, führten die Mordexperten mit Hilfe von Gaswagen und Zyklon B in eigens ersonnenen Vernichtungslagern fort. Weder das Ende der militärischen Erfolge noch der Tod Heydrichs als einem der Hauptorganisatoren der „Endlösung" hatten das Mordprogramm stoppen können. Zwei Jahre vor Kriegsende war zwar der „Endsieg" äußerst ungewiss geworden, aber für die Juden, die bis dahin überlebt hatten, lag die Rettung noch in weiter Ferne.

Dokumentenverzeichnis

Teil 1 Deutsches Reich

71 Der Wiener Dirigent Josef Krips bittet am 27. Januar 1942 Reichsstatthalter Baldur von Schirach darum, ihm die Ausreise zu ermöglichen

72 Eichmann erteilt der Gestapo am 31. Januar 1942 Richtlinien zur Deportation der Juden

73 Rudolph Herrschel setzt sich am 5. Februar 1942 beim Chef der Reichskanzlei dafür ein, dass Harriet Freifrau von Campe nicht als Jüdin gilt

74 Die Gestapo fordert die Berliner Großbetriebe am 9. Februar 1942 auf, Zwangsarbeitslager für Juden einzurichten und plant, deren Angehörige zu deportieren

75 Legationsrat Rademacher vom Auswärtigen Amt teilt am 10. Februar 1942 die Entscheidung Hitlers mit, die Juden nicht nach Madagaskar, sondern in den Osten zu deportieren

76 Ostfriesische Tageszeitung: Artikel vom 11. Februar 1942 über den Einfluss der Juden auf die Wirtschaft mit der Ankündigung, dass sie nicht nach Deutschland zurückkehren werden

77 Ulrich von Hassell erhält am 14. Februar 1942 Besuch von einem Freund, der ihm von Massenmorden an Juden in der besetzten Sowjetunion erzählt

78 Ruth Hadassah Herz beschreibt ihrem Onkel Theodor Goldreich am 22. Februar 1942 ihre Unterkunft im Sammellager Kloster Endenich und die Zwangsarbeit in einer Fabrik

79 Der Jüdische Religionsverband Hamburg fordert seine Mitglieder am 25. Februar 1942 auf, den Umgang mit nichtjüdischen Ausländern zu vermeiden und ihn notfalls anzumelden

80 Berthold Rudner schildert Ende Februar 1942 die gemeinsame Zeit mit Martha Crohn von der Deportation aus Berlin bis zu ihrem Tod im Getto Minsk

81 Die Jüdische Gemeinde Berlin ruft im Frühjahr 1942 ihre Mitglieder dazu auf, Lebensmittelmarken für diejenigen zu spenden, die deportiert werden sollen

82 Alexander Graf zu Erbach-Erbach fragt am 2. März 1942 beim Judenreferat des Reichswirtschaftsministeriums an, ob er dem jüdischen Verwalter seiner Ländereien eine Abfindung zahlen müsse

83 Auf einer Besprechung im Reichssicherheitshauptamt kündigt Eichmann am 6. März 1942 weitere Deportationen in den Osten und nach Theresienstadt an

84 Legationsrat Rademacher berichtet über eine Besprechung im Reichssicherheitshauptamt am 6. März 1942, bei der die Gettoisierung und Sterilisation der „Mischlinge“ erwogen wurde

85 Joseph Goebbels meint am 7. März 1942 in seinem Tagebuch, die Zeit für die „Lösung der Judenfrage“ sei gekommen

86 Der Dekan der Philosophischen Fakultät der Universität Wien sorgt sich am 7. März 1942 um den Verbleib der Bibliothek des verhafteten Albanologen Norbert Jokl

87 Der Staatssekretär im Reichsinnenministerium Wilhelm Stuckart spricht sich am 16. März 1942 dagegen aus, „Halbjuden“ mit Juden gleichzustellen, und plädiert für ihre Sterilisierung

175 Das Reichssicherheitshauptamt gibt am 2. Oktober 1942 Himmlers Befehl weiter, alle Jüdinnen aus dem Konzentrationslager Ravensbrück nach Auschwitz zu überstellen

176 Die Partei-Kanzlei erteilt am 9. Oktober 1942 vertrauliche Anweisungen, wie den Gerüchten über die Judenverfolgung in den Ostgebieten zu begegnen sei

177 SS-Hauptsturmführer Alois Brunner empört sich am 17. Oktober 1942 darüber, dass sich Fanny Dux und ihre Ziehtochter gegen antijüdische Maßnahmen wehren

178 Frieda und Max Reinach aus Berlin schreiben ihren Kindern am 20. Oktober 1942, dass sie zu den Mitarbeitern der Jüdischen Gemeinde gehören, die deportiert werden sollen

179 Vetreter jüdischer Organisationen in Genf drängen am 22. Oktober 1942 die Alliierten, die Ermordung weiterer Juden zu verhindern und den Tätern Vergeltung anzudrohen

180 Die Gestapo Düsseldorf verweigert Anne Baum am 23. Oktober 1942 Auskünfte über ihre deportierte Tochter und widerspricht Gerüchten über den Judenmord im Osten

181 Der Oberlandesgerichtspräsident Wien erklärt am 23. Oktober 1942, dass nichtjüdische Rechtsanwälte Juden nur vertreten dürfen, wenn dies im Interesse des deutschen Volkes liege

182 Auf einer Besprechung im Reichssicherheitshauptamt zur „Endlösung der Judenfrage" wird am 27. Oktober 1942 über Maßnahmen gegen „Mischlinge" diskutiert

183 Die Ortskrankenkasse der Mechaniker und Optiker teilt dem Versicherungsamt Berlin am 2. November 1942 mit, dass für die Übernahme der Krankenhauskosten von Juden besondere Maßstäbe gelten

184 Das Oberkommando der Wehrmacht erfährt am 2. November 1942, dass Hitler Ehen zwischen Wehrmachtsangehörigen und Frauen, die mit einem Juden verheiratet waren, verboten hat

185 Die Jüdische Gemeinde Berlin sucht am 2. November 1942 nach ihren Mitarbeitern, die sich der Deportation entzogen haben

186 Völkischer Beobachter: Artikel vom 3. November 1942 über den angeblichen Reichtum emigrierter Juden

187 Das Reichssicherheitshauptamt verfügt am 5. November 1942, dass alle Juden und „Mischlinge 1. Grades" aus den Konzentrationslagern nach Auschwitz und Lublin zu deportieren seien

188 Der US-Konsul in Genf notiert, was ihm Carl Burckhardt vom Internationalen Roten Kreuz am 7. November 1942 über Hitlers Befehl zur Vernichtung der Juden erzählt hat

189 Die Gestapo Wien listet Juden auf, die zwischen dem 6. und dem 9. November 1942 festgenommen wurden, weil sie zu fliehen versuchten oder Fluchthilfe leisteten

190 Philipp Kozower gibt am 14. November 1942 die Anweisungen der Gestapo weiter, das Sammellager im ehemaligen Altersheim Große Hamburger Straße zu einem Massenlager umzugestalten

209 Howard K. Smith schildert in seinem Buch 1942 Hausdurchsuchungen, Deportationen und die Versteigerung des Eigentums der Berliner Juden

210 Im Vorwort zu seiner Sammlung antisemitischer Sprichwörter rühmt sich Ernst Hiemer 1942, die Erkenntnisse der Völker über die Böswilligkeit der Juden zu überliefern

211 Der Pressedezernent beim Landgericht Feldkirch berichtet am 9. Januar 1943 über einen Fluchtversuch von 16 slowakischen Juden

212 Legationsrat Rademacher vom Auswärtigen Amt empfiehlt am 14. Januar 1943, dem Internationalen Roten Kreuz Informationen über das Schicksal der Deportierten vorzuenthalten

213 Mina Wellisch fragt am 15. Januar 1943 beim Kinderheim der Israelitischen Kultusgemeinde Wien nach einem Mädchen, dessen Eltern in Palästina ohne Nachricht geblieben sind

214 Daniel Lotter erwähnt am 20. Januar 1943 in seinem Tagebuch Gerüchte, dass deportierte Juden durch Giftgas ermordet würden

215 Luise Solmitz erfährt am 26. Januar 1943, dass ihre Tochter als „Mischling" ihren belgischen Verlobten nicht heiraten darf

216 Die Ärztin Justina Bischofswerder aus Berlin antwortet am 28. Januar 1943 Pastor Paul Gerhard Braune, der ihr die Nachricht vom Tode ihres Sohns übermittelt hat

217 Eichmann verständigt sich im Januar 1943 mit dem Auswärtigen Amt darüber, Juden aus neutralen, verbündeten und besetzten Staaten zu deportieren

218 Hermann Samter berichtet am 7. Februar 1943 einer Bekannten, dass er zusammen mit der Gestapo Juden zur Deportation abholen muss

219 Das Reichspropagandaministerium regt gegenüber der Partei-Kanzlei am 10. Februar 1943 an, die aus der Wehrmacht entlassenen „Mischlinge" wieder einzuziehen

220 Der Anwalt Josef Berg informiert den Ältestenrat der Juden in Wien am 14. Februar 1943 über das Gerichtsurteil gegen Otto Preisz, der sich einen gefälschten Ausweis ausstellen ließ

221 Das Sondergericht Nürnberg verurteilt Fritz Schöffer am 16. Februar 1943 zu drei Jahren Gefängnis, weil er über die Fleischrationen für Soldaten gespottet haben soll

222 Der Stürmer: Die Redaktion begründet am 18. Februar 1943 in einem Leitartikel, warum sie die Juden nach wie vor als das Unglück der Deutschen ansieht

223 Goebbels spricht im Berliner Sportpalast am 18. Februar 1943 vor 15 000 Zuhörern von der drohenden Weltherrschaft der Juden

224 Der Oberfinanzpräsident Berlin-Brandenburg erläutert am 23. Februar 1943, warum verschiedene Grundstücke aus dem eingezogenen Besitz von Juden nicht der SS übereignet werden können

225 Das Ernährungs- und Wirtschaftsamt unterscheidet am 24. Februar 1943 die Lebensmittelrationen der Kinder des Ehepaars Herold nach der Religionszugehörigkeit

Teil 2 Protektorat Böhmen und Mähren

DOKUMENTE

Teil 1
Deutsches Reich

DOK. 1
Der Schüler Kurt Mezei schreibt am 2. Oktober 1941 über die Ausgangssperre für Juden in Wien und die bevorstehenden Deportationen[1]

Handschriftl. Tagebuch von Kurt Mezei,[2] Wien, Eintrag vom 2.10.1941

Donnerstag, 2.10.1941
Gegen 1/2 10 bei Mutti[3] in der *I.K.G.*, von hier in die Währinger Straße (Pension) u[nd] z[war] bis zur Länderbank mit Jozsi.[4] Von der Pension fahre [ich] in die *Kartenstelle*.[5] (Veränderungsmeldung), wo [ich] bis ca. 1/2 2 [blieb]. Hier treffe [ich] Hansl Kohn, einige Kinder.
Am Nachmittag fahre [ich] gegen 1/4 3 auf den *Zentralfriedhof*, wo [ich] um 3 h [war]. Arbeite in der Werkstätte. Reichmann[6] sehr nett. Um 5 h gehe [ich] aufs Grabeland, mit Anni, Trude, Britta, Eri, Dressler, Preger auf die Spielwiese, wo [wir] bis 6 h Ball spielen. Heim fahre [ich] wieder mit Anni, Trude, Flocki. Ab Schwedenplatz wieder mit Selma, Trude, Widda. Bei I.K.G. treffe [ich] Mimi, Ida, Walter. Mit Walter bis Schwedenplatz, um 3/4 8 zu Hause.
Ab heute ist die Ausgehzeit für Juden auf 8 h reduziert worden.[7]
Zu Mittag bringt sowohl Mutti als auch Onkel Poldi[8] die Nachricht, daß ab 15.X.41 die Polenaktion wieder beginne, u. z. gehe am 15. d.[M.] der erste Transport. Vorläufig sind 5000 Juden zur Umsiedlung vorgesehen, u. z. umfaßt der erste Transport alle diejenigen, die schon zum 6. Transport im Frühjahr eingeteilt waren oder jetzt strafweise in der Sperlgasse sind ...[9]

1 JMW, Inv. Nr. 4465/3, Tagebuch von Kurt Mezei, Heft 3.
2 Kurt Mezei (1924–1945), Schüler; 1934–1939 besuchte er mit seiner Zwillingsschwester Ilse (1924–1945) das Wiener Chajes-Gymnasium in der Castellezgasse, das später zum Sammellager umfunktioniert wurde; er nahm an Umschulungskursen der IKG teil, 1940/41 als Elektriker und Bote der IKG tätig, vom 15.10.1941 an musste er an der administrativen Vorbereitung der Deportationen mitwirken; er versteckte sich am 11./12.4.1945 in einem Keller und wurde von einer SS-Einheit erschossen. Seine Schwester starb bei einem Bombenangriff.
3 Margarete Mezei, geb. Neufeld (1899–1993), Sekretärin, Übersetzerin; bis zu ihrer Hochzeit mit dem Journalisten Moritz (Maurus) Mezei (1886–1944) 1923 Leiterin der Speditionsabt. einer Wiener Chemiefirma; arbeitete während und nach dem Krieg für die IKG, u. a. als Sekretärin Benjamin Murmelsteins, bei einem Bombenangriff am 12.3.1945 schwer verletzt.
4 Josef Horowitz (1925/26–1942).
5 In der Kartenstelle der IKG wurden Lebensmittelkarten für die Wiener Juden ausgegeben; am 19.9.1941 wurden von dort aus die gelben Sterne zur Kennzeichnung der Juden verteilt; siehe VEJ 3/225.
6 Arthur Reichmann organisierte über die Friedhofsverwaltung sog. Grabelandaktionen, in denen Kinder und Jugendliche Obst und Gemüse für die IKG anbauten.
7 Von Kriegsbeginn an bestand für Juden im Sommer ab 21 Uhr und im Winter ab 20 Uhr eine Ausgangssperre.
8 Leopold Neufeld (1894–1944), Kaufmann; im Nov. 1943 nach Theresienstadt und von dort im Sept. 1944 nach Auschwitz deportiert, wo er ermordet wurde.
9 Im Febr. und März 1941 waren Wiener Juden in fünf Transporten in das Generalgouvernement deportiert worden, danach wurden die Deportationen gestoppt. Als Sammellager für Personen, die deportiert werden sollten, diente u. a. das Gebäude einer jüdischen Schule in der Kleinen Sperlgasse 2a.

DOK. 2
Der Beauftragte für den Vierjahresplan regelt am 3. Oktober 1941 nachträglich die Zwangsarbeit deutscher Juden im Altreich[1]

Verordnung über die Beschäftigung von Juden vom 3.10.1941

Auf Grund der Verordnung zur Durchführung des Vierjahresplans vom 18. Oktober 1936 (Reichsgesetzbl. I, S. 887)[2] wird verordnet:
§ 1 Juden, die in Arbeit eingesetzt sind, stehen in einem Beschäftigungsverhältnis eigener Art.
§ 2 Der Reichsarbeitsminister wird ermächtigt, das Beschäftigungsverhältnis der Juden im Einvernehmen mit dem Leiter der Partei-Kanzlei und dem Reichsminister des Innern zu regeln.[3]
§ 3 Diese Verordnung gilt auch in den eingegliederten Ostgebieten. Sie tritt am Tage ihrer Verkündung in Kraft.
Der Beauftragte für den Vierjahresplan
In Vertretung
Körner[4]

DOK. 3
Der Chef der Ordnungspolizei informiert die nachgeordneten Dienststellen am 4. Oktober 1941 über die bevorstehenden Deportationen von Juden, Sinti und Roma in das Getto Litzmannstadt[1]

Schnellbrief (geheim) des Chefs der Ordnungspolizei,[2] Kdo.g 2 (O1) Nr. 514/41 (g.), i. V. gez. von Bomhard,[3] an a) die Befehlshaber (Inspekteure) der Ordnungspolizei in Prag, Wien, Wiesbaden, Kassel, Münster i.W., Hamburg, Berlin,[4] nachrichtlich an b) die Höheren SS- und Polizeiführer in Prag, Wien, Wiesbaden, Kassel, Düsseldorf, Hamburg, Berlin,[5] c) den Polizeipräsidenten in Berlin,[6] d) den Chef der Sicherheitspolizei und des SD in Berlin,[7] vom 4.10.1941[8]

Betr.: Evakuierungen von Juden aus dem Altreich und dem Protektorat.
1.) Ab 15.10.1941 werden durch die Sicherheitspolizei aus der Ostmark, dem Protektorat Böhmen und Mähren, Luxemburg und den Städten Berlin, Frankfurt a. M., Hamburg,

1 RGBl., 1941 I, S. 184. Abdruck in: H.G. Adler, Der verwaltete Mensch. Studien zur Deportation der Juden aus Deutschland, Tübingen 1974, S. 213.

2 Mit dieser VO ermächtigte Hitler Hermann Göring, alle zur wirtschaftlichen Kriegsvorbereitung erforderlichen Maßnahmen zu ergreifen, Vorschriften zu erlassen und sämtlichen Behörden sowie Parteidienststellen Weisungen zu erteilen zwecks „einheitlicher Lenkung aller Kräfte des Deutschen Volkes".

3 Auf der Basis dieser VO wurden Juden künftig aus vielen arbeitsrechtlichen Bestimmungen ausgenommen; sie wurden nur gruppenweise und getrennt von nichtjüdischen Arbeitern eingesetzt und hatten u. a. keinen Anspruch auf Krankengeld oder Lohnzulagen; für sie galten weder Arbeitsschutzbestimmungen noch Kündigungsfristen.

4 Paul Körner (1893–1957), Jurist; 1931 NSDAP-, 1932 SS-Eintritt; 1933 und 1936–1945 MdR; 1933 StS im Preuß. Staatsministerium, 1936 Stellv. Görings als Beauftragter für den Vierjahresplan; 1942 SS-Obergruppenführer; 1949 in Nürnberg zu 15 Jahren Haft verurteilt, 1951 entlassen.

1 NAP, 109-5/30, Karton 99.

Köln und Düsseldorf insgesamt 20 000 Juden nach dem Ghetto in Litzmannstadt abgeschoben. Dazu kommen 5000 Zigeuner aus dem Burgenlande. Die Evakuierungen erfolgen in Transportzügen der Reichsbahn zu je 1000 Personen. Die Fahrpläne gehen den Dienststellen nachträglich zu.

2.) Auf Grund der Vereinbarungen mit dem Chef der Sicherheitspolizei und des SD. übernimmt die Ordnungspolizei die Bewachung der Transportzüge durch Gestellung von Begleitkommandos in Stärke von je 1/12;[9] die Kommandos für die Zigeunertransporte sind etwas stärker zu halten. Einzelheiten sind mit den zuständigen Dienststellen des SD. zu besprechen. Dem Inspekteur der Ordnungspolizei in Salzburg,[10] der durch Sonderaufgaben keine Kräfte abgeben kann, sind durch den Inspekteur der Ordnungspolizei in Wien auf Anfordern für die Bewachung der 4 Zigeunertransporte aus dem Bereich Graz Verstärkungskräfte zu stellen.[11] Die Aufgabe der Begleitkommandos ist nach der ordnungsmäßigen Übergabe der Transporte an die zuständigen Stellen der Sicherheitspolizei im Ghetto Litzmannstadt erledigt. Sie kehren dann unverzüglich zu ihren Heimatdienststellen zurück.

3.) Die durch die Gestellungen der Begleitkommandos entstehenden Kosten trägt der Chef der Sicherheitspolizei. Die Kostenaufstellungen der Pol.-Verwaltungen sind nach Beendigung der Transporte zur Abrechnung an den Chef der Sicherheitspolizei einzureichen.[12]

2 Kurt Daluege (1897–1946), Ingenieur; 1922 NSDAP-, 1930 SS-Eintritt; 1933 MdR; 1933–1936 Leiter der Polizeiabtl. im preuß., seit 1945 dem Reichsinnenministerium; 1936 wurde er stellv. Chef der Deutschen Polizei und Chef der Ordnungspolizei; 1942–1943 stellv. Reichsprotektor von Böhmen und Mähren, dann krankheitsbedingt beurlaubt; 1946 in Prag hingerichtet.

3 Adolf von Bomhard (1891–1976), Offizier; von 1920 an bei der bayer., 1933 bei der brandenburg. Landespolizei; 1937 NSDAP-, 1938 SS-Eintritt; 1936–1942 Chef des Kommando-Amts der Ordnungspolizei, 1940 Generalleutnant und SS-Gruppenführer; 1942–1943 BdO des Reichskommissariats Ukraine, 1944/45 Leiter der Ordnungspolizei in Mähren; 1960–1966 Bürgermeister von Prien a. Chiemsee, 1971 zum Ehrenbürger ernannt.

4 Karl Hermann Frank (1898–1946), Dr. Ernst Kaltenbrunner (1903–1946), Erwin Rösener (1902–1946), Josias Erbprinz zu Waldeck und Pyrmont (1896–1967), Karl Gutenberger (1905–1961), Rudolf Querner (1893–1945), August Heißmeyer (1897–1979).

5 Paul Riege (1888–1980), Dr. Karl Retzlaff (1890–1967), Paul Scheer (1889–1946), Karl Hoffmann (1887–1970), Dr. Heinrich Lankenau (1891–1983), Herbert Becker (1887–1974), Ernst Hitzegrad (1889–1976).

6 Wolf Heinrich von Helldorf (1896–1944).

7 Reinhard Heydrich.

8 Im Original handschriftl. Bearbeitungsvermerke und Eingangsstempel des Büros des StS beim Reichsprotektor in Böhmen und Mähren vom 6.10.1941.

9 Ein Offizier in Begleitung von zwölf Polizisten.

10 Hellmut Mascus (1891–1972).

11 In der Zeit vom 4. bis 8.11.1941 wurden 5008 Sinti und Roma aus Zwangsarbeitslagern in fünf Transporten in das Getto Litzmannstadt deportiert. Im dortigen „Zigeunerlager“ brach schon bald eine Fleckfieberepidemie aus; im Dez. 1941 und Jan. 1942 wurden die Überlebenden (ca. 4300) im Vernichtungslager Kulmhof ermordet.

12 Am 24.10.1941 erteilte Daluege in einem weiteren Schnellbrief Anweisungen für die Deportation von 50 000 Juden aus dem Altreich, der Ostmark und dem Protektorat Böhmen und Mähren nach Riga und Minsk. Die Transporte sollten vom 1.11. bis 4.12.1941 durchgeführt und jeweils von Polizeikommandos begleitet werden.

DOK. 4
Max und Gertrud Löwendorff aus Köln schreiben ihrem Schwager Hanns Nerreter am 7. Oktober 1941 von den Schikanen gegen Juden und ihren Hoffnungen auf bessere Zeiten[1]

Brief von Max[2] und Gertrud Löwendorff,[3] Köln, vom 7.10.1941

Mein lieber Hanns,[4]
ich habe bis heute gewartet, Dir für Deinen lieben telegrafischen Geburtstagswunsch und Grüße zu danken, da Du durch die l. Hete,[5] mir einen Brief avisiertest. Heute möchte ich jedoch meine schon lange gehegte Absicht, Dir mal wieder zu schreiben, verwirklichen und Dir auch danken für die laufend eingehenden lieben Grüße. Soweit es von Allgemeininteresse, gibt uns Hete ja immer Kenntnis von dem bezüglichen Teil Deiner Briefe, so daß wir über Dich und was Dich persönlich angeht so ziemlich unterrichtet sind.
Daß wir über Deine, die Gesundheit betreffenden Zeilen nicht gerade befriedigt sind, ja, daß wir uns schon lange Zeit erhebliche Sorge Deinetwegen machen, will und kann ich nicht verschweigen, und wenn wir auch erstaunt sind über die von Dir aufgewandte Energie und die damit verbundenen Leistungen, so muß doch ehestens etwas geschehen, damit Du wieder richtig in Ordnung kommst und Du körperlich erstarkst. Was ist bei Dir das Grundleiden? Sind es die Zähne, ist es der Magen oder sind es die gesamten Nerven? Du mußt ja fürchterlich verloren und gelitten haben, und wie Du es bei solch geringen Körperkräften überhaupt noch fertigbringst, Deinen vielseitigen Pflichten nachkommen zu können, ist uns ein Rätsel. Ärzte hast du genügend consultiert. Die Diagnosen haben nach Deinem Bericht immer gestimmt, bis Du plötzlich wieder ganz entgegengesetzte Kuren begonnen hast. Gib mal genaue Auskunft und auch einen richtigen Bericht über die Gesamtlage Deines körperlichen Zustandes. Kann man etwas für Dich tun, Dir etwas schicken oder irgendwie Hilfe leisten? Ist es nicht irgendwie möglich, daß Du eine geeignete Hilfe für Deinen Hausstand irgendwie bekommst, denn sicher gibt es doch in Nürnberg oder in der Umgebung alleinstehende und ehrbare gesetzte Frauen, die aushelfen können und wollen. An den dazu nötigen Mitteln fehlt es nicht, und jetzt, wo Du pflegebedürftig bist, muß Rat und Hilfe geschaffen werden, willst Du nicht Schiffbruch erleiden. Dieses, meine ich, wäre nach all den Jahren des großen per-

1 IfZArch, ED 984, Bestand Gertrud und Max Löwendorff.
2 Max Löwendorff (1886–1944), Kaufmann; lebte im Okt. 1941 mit seiner Frau und Schwester vermutlich in einem sog. Judenhaus in der Wörthstraße 17 in Köln; er wurde am 22.10.1941 von Köln nach Litzmannstadt deportiert, vermutlich im Aug. 1944 mit der Auflösung des Gettos nach Auschwitz deportiert und dort ermordet.
3 Gertrud Löwendorff, geb. Wolff (1891–1944), wurde zusammen mit ihrem Mann nach Litzmannstadt deportiert und vermutlich im Aug. 1944 nach Auschwitz deportiert und dort ermordet.
4 Hanns Nerreter (gest. 1943); er war mit Max Löwendorffs Schwester Hedwig verheiratet, sie ließen sich 1938 scheiden.
5 Hedwig Nerreter, geb. Löwendorff (1891–1943), Strickerin und Hausfrau; Schwester von Max Löwendorff; zog nach der Scheidung nach Dortmund, später nach Köln; von dort am 22.10.1941 nach Litzmannstadt deportiert, wo sie im Jan. 1943 verstarb.

sönlichen Opfers schade, denn in nicht zu ferner Zeit werden wir alle es geschafft haben und ein neuer und hoffentlich schönerer Morgen wird herandämmern!
Dieses Bewußtsein und der fanatische Glaube, daß es nicht mehr lange so weitergehen kann, läßt ja auch uns all das Ungemach mit Würde und sicherer Ruhe tragen und ertragen, und Du kannst es mir glauben, daß es manches Mal nicht leicht ist. Daß man uns so manche zusätzliche Nahrung, Kaffee und Tee nicht gab, daß Reis und Conserven, Kunsthonig und Obst auf J-Karten[6] nicht verabfolgt wurden, man dieses und jenes nicht durfte, daß man uns mehrere Male zwangsweise umsiedelte[7] und jetzt, wo man uns in eine Einzimmerwohnung zusammenquetschte, wiederum davon spricht und vorbereitet, uns evtl. in Holzbaracken unterzubringen, daß man uns einen Kennzeichnungsstern[8] anhängt, alles dieses ist nicht leicht, aber aus der sicheren Erkenntnis heraus, daß man nicht schlechter, sondern besser als seine Widersacher ist, daß man kein anderes Verbrechen begangen hat als das, daß der Großvater als Jude geboren wurde, und daß die Zeit kommen wird und bald kommen muß, wo wieder Recht und Gerechtigkeit und Geist und Vernunft die Grundlage des Staates sein werden, läßt einen das Ungemach ertragen, besonders unter dem glücklichen Umstand, daß man gesund ist und innerlich zufrieden. Sieht man von den äußeren Umständen und der Tatsache ab, daß man ja nie weiß, was der morgige Tag bringt, kann man froh sein, daß man wehrunwürdig ist und daß die engere Familie an dem Massenmord nicht activen Anteil nimmt und man dadurch wieder in Sorgen auch nicht allzu leichter Art gestürzt wird. Wo Schatten ist, gibt es auch Licht, und so wollen wir weiter hoffen und der Dinge harren, die da kommen müssen.
Wenn Du, l. Hanns, uns bessere Berichte über Deinen Gesundheitszustand geben kannst, ist dieses für uns schon sehr wichtig und genauso für unser Wohlbefinden von Bedeutung wie die G.s.D. fast immer guten Berichte unserer drei Kinder.[9] Gewiß, die Trennung wird immer ärger, und oft meint man, daß das so nicht weitergehen könne, ruhige Überlegung besagt aber immer wieder, daß man froh sein soll, die Kinder draußen und außerhalb dieser vielen Häßlichkeiten zu wissen, die ja täglich sich noch vermehren können und zu vermehren scheinen. Neuerdings ist wieder eine listenmäßige Erhebung in Vorbereitung über Bestand an Wäsche, Teppichen, Garderobe und sonstigen Werten, und es scheint mir, daß man diese Ausstattungs- und Bekleidungssachen nötig hat, um sonst nicht zu deckenden Bedarf zu befriedigen. Die Zeit scheint gekommen, wo zwar Geld da ist, aber keine Ware und Rohstoffe, und nun muß der letzte Akt beginnen. Es gibt kein Entrinnen aus einer solch hoffnungslosen Lage, die man sich

6 Die Lebensmittelkarten von Juden waren mit einem „J" gekennzeichnet.
7 Das Ehepaar Löwendorff musste mehrfach umziehen, da Juden i. d. R. nur noch in sog. Judenhäusern, auf sehr engem Raum leben durften.
8 Laut VO vom 1.9.1941 mussten von Mitte Sept. 1941 an alle Juden im Reich, die älter als sechs Jahre waren, einen gelben Stern auf der Kleidung tragen; siehe VEJ 3/212.
9 Bruno Werner Löwendorff (*1927) emigrierte im Febr. 1939 in die Niederlande und später nach Großbritannien, wo er als 15-Jähriger ankam und eine kaufmännische Ausbildung begann; auch die Tochter Ruth Löwendorff, später Bohm (1920–1985?), wanderte nach Großbritannien aus, heiratete Markus Bohm, der in einer Futtermittelhandlung tätig war, und bekam zwei Kinder. Das dritte Kind von Gertrud und Max Löwendorff war Doris Löwendorff (1924–1944?); sie emigrierte ebenfalls in die Niederlande, wurde am 3.10.1942 nach Westerbork und von dort am 3.3.1944 nach Auschwitz deportiert; für tot erklärt.

1934 vorbereiten sah, und die Statistiken bewiesen es, daß, da immer mehr abging, als dazukam, der Tag kommen mußte, wo der Bedarf größer als der Bestand ist. Die neuerlichen Einschränkungen und Kürzungen lassen auch bezüglich der Lebensmittelversorgung harte Zeiten befürchten, und wenn man auch bisher sagen durfte, daß niemand zu hungern brauche, einschränken mußte sich der Durchschnittsbürger schon sehr, und das Existenzminimum ist bald erreicht, besonders für die, die hart arbeiten müssen, ohne irgendwelchen Zusatz zu haben.

Von der politischen und militärischen Lage will ich gar nicht reden, da ich hiervon nichts verstehe. Es geht aber so, wie ich es mir immer gedacht habe. Langsamer, aber absolut sicher, und es bleibt die Frage, wann der Sieg sichtbar wird. Der Führer hat in seiner letzten Rede schon die Entscheidung für nahe bevorstehend ausgesprochen, und bisher ist dieses alles immer wieder eingetroffen.[10] Wer kann und will da zweifeln. Zwar sind unsere Verluste nicht zu schwer und deshalb tragbar gemessen an den Zahlen, die die rumänische Heeresverwaltung für die kleine Front, die die Rumänen haben, erlitten haben.[11] Aber die Deutschen kämpfen ja auch ganz anders und wissen sich besser zu schützen. Die Russen sind wohl bald fertig, denn Petersburg und Moskau müssen ja bald fallen, und dann hat auch England sein letztes Lied gesungen.[12]

Daß Du mit dem Geschäft nicht zufrieden bist, kann ich mir vorstellen, und sicher gibt es dort keine vergnügten Tage mehr für Dich. Hier sind sehr viele Läden geschlossen, und ich bin der Ansicht, daß die Inhaber ein gutes Geschäft dabei machen. Die Zeit ist eben ganz anders wie früher, und nur wer keinen Verstand mehr hat, versteht sie. Im übrigen haben wir hier die schönsten Herbsttage, die man sich denken kann, und es ist immer ein großer Genuß, einen Spaziergang am schönen Rhein zu machen. Wir nutzen die Zeit und die Gelegenheit hierzu aus, und ich kann Dir sagen, daß wir alle drei recht gesund und frisch aussehen. Auch figürlich sind wir nicht viel dünner geworden und hoffen, daß Du uns bald wieder von einem dickeren Hals Deinerseits Bericht geben kannst. Ansonsten wird Dir die l. Hete ja täglich berichten, und ich kann mich darauf beschränken, Dir mein unverändertes Wohlwollen und Zuneigung bekanntzugeben. Vielen herzlichen Dank für die verschiedenen Spenden, die immer große Freude auslösen und nur dann uns munden, wenn wir nicht befürchten müssen, daß Du zu wenig haben wirst. Ich drücke Dir die Hand und wünsche Dir herzlichst baldige Gesundung.

Dein Max

10 In der am 3.10.1941 gehaltenen Rede anlässlich der Eröffnung des Kriegswinterhilfswerks äußerte sich Hitler über eine angeblich neue Offensive „in gigantischem Ausmaß" an der Ostfront. Russland sei „bereits gebrochen", die deutschen Soldaten hätten „gewaltige Siege erkämpft" und in den letzten zwei Jahren wäre u. a. gegen Polen, Norwegen, Frankreich und auf dem Balkan „jede Aktion [...] planmäßig verlaufen"; zit. nach Max Domarus, Hitler. Reden und Proklamationen 1932–1945. Kommentiert von einem deutschen Zeitgenossen, Bd. 2, Neustadt a. d. Aisch 1963, S. 1758–1767, Zitate S. 1758, 1763, 1765.

11 Von Mitte Aug. bis Mitte Okt. 1941 kämpften rumän. und deutsche Truppen in der sog. Schlacht um Odessa gegen die Rote Armee. Die rumän. Armee hatte eine Gesamtstärke von 160 000 Mann, wovon mehr als 20 000 fielen.

12 Von Sept. 1941 bis Winter 1943/44 wurde Leningrad (St. Petersburg) von deutschen Einheiten belagert. Zwischen 800 000 und einer Million Einwohner starben vor allem an Unterernährung und Kälte. Anfang Okt. 1941 hatte der deutsche Angriff auf Moskau begonnen, der jedoch durch Schneeregen und Schlamm unterbrochen wurde und schließlich Anfang Dez. 1941 scheiterte.

Lieber Hanns,[13] nach Maxens ausführlichen Zeilen habe ich nicht mehr viel zu berichten. Man kommt nicht mehr zur Ruhe. Kaum hat man die eine Maßnahme verarbeitet, sitzt einem schon eine andere wieder im Nacken, und dazu zehrt die Sehnsucht nach den Kindern an einem. Wenn man doch endlich einen Weg aus diesem Dilemma sähe! Daß es Dir bessergeht, hören wir mit Freude, hoffentlich kannst Du weiter von einem Fortschreiten Deiner Gesundheit und einer Zunahme Deines Gewichtes berichten. Viele herzliche Grüße und alles Gute.
Trude
Heute kam Dein Sonntagsbrief, Hannsl, damit Du siehst, daß ich auch da bin, viele liebe Grüße und Kuß, deine

DOK. 5
Die SD-Hauptaußenstelle Bielefeld berichtet am 7. Oktober 1941 von einem Gemüsehändler, der jüdische Kunden aufgrund des Marktverbots und der Kennzeichnungspflicht zu Hause beliefert[1]

Schreiben der SD-Hauptaußenstelle Bielefeld (Skm./Sj.),[2] ungez., an III D 1,[3] Bielefeld, vom 7.10.1941

Unwürdiges Verhalten einzelner Händler gegenüber – Juden.
In letzter Zeit wurde im Hauptaußenstellenbereich mehrfach beobachtet, daß Händler an Juden, die auf Grund des Kennzeichnungszwanges und Marktverbots ihre Einkäufe nicht mehr in dem früher gewohnten Maße durchführen können, direkt beliefern. Diese Tatsache hat in mehreren Fällen dazu geführt, daß Volksgenossen nur mit großer Mühe von tätlichem Einschreiten gegen die Händler abgehalten werden konnten. In Warburg wurde ein Händler festgestellt, der aus Volkmarsen mit dem Motorrad kommt und den Juden noch Geflügel liefert. Die Polizei habe den Fall aufgegriffen, staatspolizeiliche Maßnahmen sind veranlaßt. Weiter wurde festgestellt, daß der Gemüsehändler Adolf Wedderwille[4] aus Schukenhof b. Leopoldshöhe an folgende Jüdinnen Gemüse und Obst lieferte:

13 Die letzten Zeilen des Briefs sind handschriftl. angefügt, zunächst von Gertrud Löwendorff, der letzte Satz von Hedwig Löwendorff, die als Hedi zeichnet.

1 LAV NRW OWL, M18 Nr. 16, Bd. II, Bl. 437 f. Abdruck in: Otto Dov Kulka/Eberhard Jäckel (Hrsg.), Die Juden in den geheimen NS-Stimmungsberichten 1933–1945 (CD-Rom), Nr. 3339, Düsseldorf 2004.
2 Vermutlich: Julius Siekmann (1886–1971), Polizist; von 1910 an bei der Polizei Bochum, 1925 politische Abt. der Kriminalpolizei, 1933 Gestapo Berlin, 1934–1945 Gestapo Bielefeld, dort bis 1938 Leiter des Dezernats „Linksbewegung"; 1937 NSDAP-Eintritt; zuletzt Kriminalobersekretär; 1945–1948 interniert, im Dez. 1949 zu sieben Jahren Haft verurteilt, 1954 auf Bewährung entlassen; lebte zuletzt in Milse.
3 Abt. D 1, Ernährungswirtschaft, im Amt III Deutsche Lebensgebiete – SD-Inland unter der Leitung von Otto Ohlendorf.
4 Adolf Wedderwille (1914–1994), Bau- und Maschinenschlosser (nicht identisch mit dem gleichnamigen lippischen NSDAP-Kreisleiter).

Hedwig Sarah Seelig,[5] Bielefeld, Goldstraße 10,
Minchen Sarah Schlaupitz,[6] Bielefeld, Oberntorwall 2,
Anna Sarah Herzberg,[7] Bielefeld, Mühlenstr. 7.

Der genannte Händler lieferte die Ware in der Nähe der Firma Dargel, bei der die Jüdinnen beschäftigt sind, an diese ab. Vor einigen Tagen kam es zu heftigen Auftritten, da der Händler an die Jüdinnen je 15 Pfd. Zwetschgen, ein in hiesiger Gegend nur selten zu habendes Obst, lieferte und die Jüdinnen dieses Obst mit in die Firma nahmen, um es demonstrativ bei den arischen Mitarbeitern herumzuzeigen. Diese Tatsache rief bei den deutschen Volksgenossen, die, wie oben schon erwähnt, dieses Obst kaum bekommen können, erhebliche Erregung hervor. Auch hier sind staatspolizeiliche Maßnahmen eingeleitet. Die angeführten Fälle ließen sich beliebig ergänzen. Es ist in hiesiger Gegend schon ein geflügeltes Wort geworden, daß die Juden trotz aller Einschränkungen immer noch besser lebten als die deutschen Volksgenossen. Immer wieder kann man beobachten, daß vor Häusern, in denen Juden wohnen, die Wagen der Gemüsehändler stehen und verdeckte Körbe in die Häuser getragen werden.[8]

DOK. 6

Benjamin Murmelstein von der Israelitischen Kultusgemeinde erhält in den ersten Oktobertagen 1941 Anweisungen für die Deportationen der Wiener Juden[1]

Aktenvermerke (Zahl X-14), gez. Dr. Benjamin Murmelstein,[2] Kennort Wien, Kenn-Nr. G 078798, für den Leiter der Israel. Kultusgemeinde Wien,[3] über Vorsprachen bei SS O'Stuf Brunner[4] in der Zentralstelle für jüdische Auswanderung am 4., 6. und 8.10.1941

A) 4. Oktober 1941.

1. Herr *SS O'Stuf Brunner* erteilt folgende Weisungen, betreffend die Durchführung der Umsiedlungstransporte:

5 Hedwig Seelig, geb. Grimm (1898–1968), Möbelhändlerin; lebte mit ihrem Ehemann Moritz Seelig (1894–1943), Kaufmann, seit Anfang 1942 in verschiedenen sog. Judenhäusern in Bielefeld; die gemeinsame Tochter Ruth Willner, geb. Seelig, später Gross (auch Groß) (1919–1983), wurde am 13.12.1941 mit ihrem Mann nach Riga deportiert und überlebte mehrere Lager; sie emigrierte 1949 mit ihrem zweiten Mann und Kind in die USA, Hedwig Seelig folgte 1961.

6 Minna Schlaupitz, geb. Feldheim (*1906), Hausangestellte und Hilfsarbeiterin; 1930–1942 verheiratet mit dem Molkereiangestellten Heinrich Schlaupitz (*1902), lebte von 1939 an in Bielefeld, u. a. in den „Judenhäusern" im Oberntorwall 2, Bahnhofstr. 42 und Steinstr. 7, von dort am 31.7.1942 nach Theresienstadt, im Jan. 1943 nach Auschwitz deportiert; weiteres Schicksal unbekannt.

7 Richtig: Aennie (Anni/Annie) Herzberg, geb. Callmann (*1912), Modistin; lebte bis 1938 in Gladbeck; heiratete im Sept. 1939 den Kaufmann Fritz Herzberg (*1891); von Juli 1940 bis Ende Nov. 1941 Zwangsarbeiterin bei der Lederwarenfirma Dargel; das Ehepaar wurde am 13.12.1941 von Bielefeld nach Riga deportiert und kam dort um.

8 In der Akte liegt kein Antwortschreiben.

1 Archiv der IKG Wien, A/VIE/IKG/II/AD/2/1.

2 Dr. Benjamin Murmelstein (1905–1989), Rabbiner; von 1931 an Gemeinderabbiner in Wien, von 1938 an in leitender Position in der IKG tätig, u. a. Leiter der Auswanderungsabt.; im Jan. 1943 nach Theresienstadt deportiert, dort 1944/45 Judenältester; 1945–1947 wegen Kollaboration in tschechoslowak. Untersuchungshaft, wanderte nach Italien aus.

3 Dr. Josef Löwenherz (1884–1960), Jurist; Delegierter auf den Zionistenkongressen der Jahre 1911–1915, von 1918 an Rechtsanwalt in Wien, 1924–1937 Vizepräsident, 1937–1942 Amtsdirektor der

a) Die an diesem Tage im Sammellager Wien 2. Kl. Sperlgasse 2a befindlichen Rückkehrer aus dem Generalgouvernement[5] sind von der Israel. Kultusgemeinde Wien im Schulgebäude Wien 2. Castellezgasse 35 unterzubringen.

b) Zur Durchführung von Erhebungen im Zusammenhang mit den zur Umsiedlung bestimmten Personen sind zwanzig Angestellte der Israel. Kultusgemeinde Wien namhaft zu machen.

c) Die zur Umsiedlung bestimmten Personen sind von der Israel. Kultusgemeinde Wien vorzuladen und über die Mitnahme von 50 kg Gepäck, wozu zusätzlich Bettwäsche kommen kann, über die Mitnahme von Bargeld in der Höhe von RM 100.– sowie die Ablieferung des sonstigen Bargeldes zu belehren.

Die Wohnungen der zur Umsiedlung bestimmten Personen sind abzusperren, die Schlüssel mit Tafeln, enthaltend Zu- und Vorname, Geburtsdaten, genaue Adresse sowie die Angabe, ob Hauptmieter oder Untermieter, zu versehen. Bei fehlenden Möbeln ist der Vermerk „keine Möbel" anzubringen. Die Schlüssel sind nicht gleich bei der Aufnahme ins Sammellager, sondern bei der Überprüfung durch die Kommission abzugeben.

d) Bis zum 6. d. M. ist ein Verzeichnis sämtlicher jüdischen Ärzte, gegliedert nach zugelassenen jüdischen Krankenbehandlern, Krankenbehandlern in den Anstalten der Israel. Kultusgemeinde Wien sowie nicht zugelassenen ehemaligen Ärzten, mit Geburtsdaten versehen, zu überreichen.

2. Über Ersuchen des Endesgefertigten bestätigt Herr *SS O'Stuf Brunner*, daß Angestellte der Israel. Kultusgemeinde Wien, soweit sie in Umsiedlungstransporte eingeteilt wurden, enthoben werden sollen, da ihre Dienstleistung benötigt werde.

3. Endesgefertigter berichtet, daß im Spitale der Israel. Kultusgemeinde Wien eine gesonderte Unterbringungsmöglichkeit für Personen, die aus dem Sammellager über Auftrag der Lagerführung hingeschafft werden sollen, vorgesehen wurde.

4. Über Ersuchen des Endesgefertigten stimmt Herr *SS O'Stuf Brunner* zu, daß bei der Betreuung der zur Umsiedlung bestimmten Personen, soweit es sich um die Durchführung der der Israel. Kultusgemeinde Wien erteilten Aufträge handelt, ausschließlich Angestellte der Israel. Kultusgemeinde Wien verwendet werden sollen.

IKG Wien, nach deren Auflösung am 1.1.1943 offiziell zum Judenältesten in Wien ernannt; 1945 von sowjet. Behörden wegen Kollaboration verhaftet, nach drei Monaten entlassen, lebte nach 1945 in New York.

4 Alois Brunner (1912–2001?), Kaufmann; 1931 NSDAP- und SA-, 1938 SS-Eintritt; bis 1938 Verkäufer und Dekorateur; von 1938 an beim SD und der Zentralstelle für jüdische Auswanderung in Wien tätig, seit 1941 deren Leiter; 1942 SS-Hauptsturmführer; organisierte von 1939 bzw. 1941 an die Deportationen der Juden aus Österreich, Berlin, Griechenland, Frankreich und der Slowakei; lebte 1947–1954 unter falschem Namen im Ruhrgebiet, 1954 in Paris in Abwesenheit zum Tode verurteilt, floh nach Syrien.

5 In der Zeit vom 15.2. bis 12.3.1941 waren etwa 5000 Juden aus Wien in das Generalgouvernement, u. a. nach Opole Lubelskie, deportiert worden. Obwohl im Rahmen des sog. III. Nahplans weit umfangreichere Deportationen geplant waren, wurde das Vorhaben nach kurzer Zeit vorerst gestoppt und einige der Deportierten konnten nach Wien zurückkehren; siehe VEJ 3/144, 150 und 155 sowie S. 52 f.

5. Über Ersuchen des Endesgefertigten stimmt Herr *SS O'Stuf Brunner* zu, daß der Angestellte der Israel. Kultusgemeinde Wien, Robert Israel *Prochnik*,[6] im vorgesehenen Sammellager, als Vertreter der Amtsdirektion der Israel. Kultusgemeinde Wien, zur Übernahme von Weisungen sowie zum Vorbringen von Ansuchen berechtigt sei. Genannter wird in dieser Eigenschaft dem Lagerführer vorgestellt.
6. Endesgefertigter berichtet, daß vom Arbeitsamt bei Zuweisung von Lernschwestern für zeitweise Beschäftigung in den Altersheimen die Befürwortung der Zentralstelle für jüdische Auswanderung verlangt werde. Herr *SS O'Stuf Brunner* stellt die Befürwortung des über die Zentralstelle für jüdische Auswanderung einzureichenden Antrages in Aussicht.

B) 6. Oktober 1941.
1. Mit Rücksicht auf die inzwischen eingetretene Sperre des Sammellagers 2. Kleine Sperlgasse 2a und die Unterbringung der aus dem Generalgouvernement zurückgekehrten Personen im Städtischen Obdachlosenheim Wien 10. Gänsbachergasse erteilt Herr *SS O'Stuf Brunner* die Weisung, daß die Wohnungen, in denen diese Personen vor ihrer Einlieferung ins Sammellager wohnten, festzustellen und mitzuteilen seien.
2. Die Verpflegung der im Städtischen Obdachlosenheim befindlichen Personen hat durch die Israel. Kultusgemeinde Wien zu erfolgen.
3. Für die Unterbringung der zum ersten Umsiedlungstransport bestimmten Personen ist das Schulgebäude Wien 2. Castellezgasse 35 vorgesehen, als dessen Ergänzung die Magazinräume Wien 2. Gr. Stadtgutgasse 36 in Betracht kommen. Endesgefertigter bittet für die Sammellagerzwecke das Städtische Obdachlosenheim, das entsprechend eingerichtet ist, in Anspruch nehmen zu wollen.
Herr *SS O'Stuf Brunner* stellt eine Entscheidung in Aussicht. (Herr *SS O'Stuf Brunner* teilt dem Endesgefertigten am gleichen Tage in der Israel. Kultusgemeinde Wien mit, daß dieser Vorschlag undurchführbar sei; es sollen daher die Ausspeisungsräume Wien 2. Krummbaumgasse 8 als zweites Sammellager dienen.)[7]
4. Für die Verpflegung der im Sammellager befindlichen Personen, ebenso für die Reisezehrung, sowie für mitzugebende Vorräte wird Herr *SS O'Stuf Brunner* Bezugscheine in entsprechender Anzahl ausfolgen.
5. Über Befragen des Endesgefertigten teilt Herr *SS O'Stuf Brunner* mit, daß Familien, deren Angehörige im Gebiete des Altreichs zum Arbeitseinsatz herangezogen wurden, nach entsprechender Erhebung namhaft zu machen seien, damit sie bei der Einteilung in Umsiedlungstransporte zurückgestellt werden.
6. Über Befragen des Endesgefertigten werden die Angehörigen der bei der Israel. Kultusgemeinde Wien angestellten Personen, welche mit ihnen zusammen enthoben werden sollen, auf Eltern, Kinder und Geschwister beschränkt.

6 Robert Prochnik (1915–1977); musste nach dem Anschluss Österreichs sein Jurastudium abbrechen und wurde Mitarbeiter Murmelsteins bei der IKG Wien, im Mai 1940 nach Berlin beordert, um die Auswanderung der Juden zu organisieren, 1941 Rückkehr nach Wien; 1942 nach Theresienstadt deportiert, von 1943 an dort im Ältestenrat tätig; nach 1945 Mitarbeiter des Joint in München und Paris, später Direktor eines Stahlwerks in London.

7 In der Krummbaumgasse 8, wo es seit 1919 eine Armenausspeisung gab, befand sich von Okt. 1938 an die Zentrale für jüdische Ausspeisungsstellen. 1941 diente sie auch als „Möbelverwertungsstelle" der Vugesta, einer von der Gestapo gegründeten Institution zum Verkauf von Möbeln deportierter Juden.

7. Herr *SS O'Stuf Brunner* teilt folgende Richtlinien bezüglich der Benützung von Verkehrsmitteln durch Juden mit:[8]
Die Benützung von Schlafwagen, Speisewagen u. dgl. ist verboten. Grundsätzlich dürfen bei der Eisenbahn nur Waggons III. Klasse, bei sonstigen Verkehrsmitteln ebenfalls nur die billigste Klasse in Anspruch genommen werden.
Bei Straßenbahnlinien ist darauf zu achten, daß Juden bloß auf der hinteren Plattform des letzten Beiwagens einsteigen können, hier, ebenso wie bei Autobuslinien, nur, soweit dadurch das Einsteigen anderer Fahrgäste nicht verhindert wird. Sitzplätze dürfen nur, wenn ganz frei oder von keiner anderen Seite belegt, eingenommen werden. Junge und gesunde Personen haben überhaupt keine Sitzplätze zu belegen.
8. Herr *SS O'Stuf Brunner* teilt folgende, an die Umschulungslager *Doppl* und *Sandhof*[9]
für den Monat September zu überweisenden Beträge mit:

Umschulungslager Doppl RM 1845,36

Taschengeld	RM	324,–
Verpflegung	"	798,34
Bekleidung	"	34,77
Transportspesen	"	554,95
Unterkunft	"	34,69
Sanitätswesen	"	82,46
Sonstiges	"	16,15

Umschulungslager *Sandhof* RM 2274,97

Taschengeld	RM	548,–
Verpflegung	"	1.373,71
Bekleidung	"	31,40
Transportspesen	"	44,35
Unterkunft	"	132,34
Geräte	"	36,27
Sonstiges	"	108,90

C) 8. Oktober 1941.
1. Endesgefertigter spricht zusammen mit dem Leiter der Wirtschaftsstelle Salomon *Süss*[10] in den mit der Verpflegung der im Sammellager befindlichen Personen zusammenhängenden Fragen vor:
Herr *SS O'Stuf Brunner* wird für die Zeit bis 3. November 1941 Bezugscheine zur Verpflegung von tausend Personen täglich zur Verfügung stellen. Selbstverständlich ist, da die

8 Siehe VEJ 3/158 und 222.
9 Anders als die Umschulungslager jüdischer Organisationen, die zur Vorbereitung der Auswanderung nach Palästina dienten, waren Gut Sandhof in Nieder- und Doppl in Oberösterreich von 1939 an Zwangsarbeitslager der Zentralstelle für jüdische Auswanderung; 14- bis 40-jährige jüdische Jungen und Männer mussten dort unter Aufsicht der SS meist Forst-, (Straßen-)Bau- und landwirtschaftliche Tätigkeiten ausführen; Doppl wurde Ende 1941, Sandhof 1943 geschlossen.
10 Salomon Süss (1894–1970), Kaufmann; von Sept. 1938 an als Vertragsangestellter bei der Abt. Rechnungs- und Wirtschaftskontrolle der IKG tätig, später deren Leiter; im Nov. 1943 nach Theresienstadt deportiert; nach dem Krieg Rückkehr nach Wien.

Zahl schwanken und manchmal mehr, manchmal weniger betragen dürfte, abschließend eine tabellarische Aufstellung und Endabrechnung vorzulegen.
Die den zur Umsiedlung gelangenden Personen als Reisezehrung mitzugebenden Taschen haben Lebensmittel für zwei Tage zu enthalten. Herr *SS O'Stuf Brunner* nimmt von Salomon Süss eine Aufstellung der zur Mitnahme vorgeschlagenen Lebensmittel an und gestattet die Mitgabe auch anderer bezugscheinfreier Warengattungen, soweit sie geeignet erscheinen.
2. Die vom Hauptternährungsamt genehmigte Anstaltsverpflegung für das Sammellager Wien 2. Kl. Sperlgasse 2a ist auf die derzeit im Städtischen Obdachlosenheim befindlichen, aus dem Sammellager Wien 2. Kleine Sperlgasse 2a dorthin gebrachten Personen, welche im Laufe der nächsten Woche in das Schulgebäude Wien 2. Castellezgasse 35 gebracht werden sollen, anzuwenden.
3. Die laut Bericht des Salomon Süss bei der Verpflegung im Sammellager Wien 2. Kleine Sperlgasse 2a unausgenützt gebliebene Milchmenge in der Höhe von ungefähr 1000 Liter, ist für die Umsiedlungstransporte zu verwenden.
4. Nach Entfernung des Salomon Süss bittet Endesgefertigter um entsprechende Maßnahmen, damit die Auswanderungstätigkeit nicht lahmgelegt werde und weist darauf hin, daß die gegenwärtig, wenn auch zahlenmäßig beschränkte Auswanderungsmöglichkeit in finanzieller Beziehung zur Aufrechterhaltung der Israel. Kultusgemeinde Wien hauptsächlich beitrage.[11]
Herr *SS O'Stuf Brunner* stellt geeignete Vorkehrungen in Aussicht, insbesondere sollen die zur Abfertigung des für die nächste Woche vorgesehenen Transportes erforderlichen drei Reisepässe sowie allfällige Dokumentenverlängerungen durchgeführt werden.

DOK. 7
Die Eheleute Malsch aus Düsseldorf schreiben ihrem Sohn am 9. Oktober 1941 von ihren Bemühungen um Ausreise[1]

Handschriftl. Brief von Amalie und Paul Malsch,[2] Karl-Anton-Str. 2, Düsseldorf, an William R. Malsh[3] und seine Frau Trude, 1129 South Norton Avenue, Los Angeles (Cal.), vom 9.10.1941

Meine guten geliebten Kinder! Nun warten wir täglich auf eine Nachricht von Euch, aber es kommt leider nichts. Wir wissen gar nicht, was wir davon denken sollen. Du, lb. Willy, hast die Feiertage und meinen Geburtstag vergessen, und ich hatte mich so auf einen lieben Brief von Euch gefreut. Ihr schriebt uns zuletzt am 4. September, der Brief

11 Wohlhabende Juden mussten, wenn sie emigrierten, eine Auswandererabgabe zahlen, die dazu vorgesehen war, ärmeren die Emigration zu ermöglichen. Doch diente der Fonds der IKG zunehmend als Reserve, um andere Unkosten zu begleichen.

1 USHMM, RG-10.086/13 of 13.
2 Amalie Malsch, geb. Samuel (1889–1942), und Paul Malsch (1885–1942), Handelsvertreter; das Ehepaar wurde am 27.10.1941 mit dem ersten Düsseldorfer Transport ins Getto Litzmannstadt deportiert und im Mai 1942 in Kulmhof ermordet.
3 William Ronald Malsh, geb. als Wilhelm Malsch (1913–1994), einziger Sohn von Amalie und Paul Malsch; emigrierte um die Jahreswende 1935/36 nach Großbritannien, von dort im Jan. 1937 in die USA, wo er im Sommer 1940 heiratete.

kam am 18. Sept. hier an. Wir antworteten auch am gleichen Tage, seitdem haben wir nichts mehr von Euch gehört. Hoffentlich seid Ihr gesund, und es ist alles in Ordnung. Wir sind alle beide nichts wert, wenn Ihr nicht schreibt, das Warten macht uns ganz krank. Das Denken ist furchtbar. Das dürft Ihr aber nicht mehr machen. Wir schreiben jetzt nur, damit Ihr nicht zu lange Pausen habt und seht, daß wir beide gesund sind. Wenn dieser Tage Post von Euch kommt, wir beantworten sie gleich wieder. Lieb' Männele, Du kennst mich doch, wir denken uns dann gleich allerlei zusammen, und das wollt Ihr doch gewiß nicht haben. Bei uns ist G.s.D. alles in Ordnung, wir sind gesund, das ist die Hauptsache. Wir werden wohl in Kürze umziehen, Familie Steinhardt[4] auch. Wenn wir wissen, wohin, geben wir Euch die neue Adresse gleich an. Wir dachten bestimmt, aus dieser Wohnung zu Euch zu kommen, aber leider, leider hat es nicht sollen sein. Ich muß immer wieder sagen, 5 Jahre, *lange Jahre*, sind für uns eine Ewigkeit, sein geliebtes Kind nicht zu sehen, und wie lange noch? Unser Herz hängt daran, zu Euch [zu] kommen, ob es überhaupt noch einmal möglich sein wird? Man wird immer älter. Unsere Gedanken sind immer nur bei Euch, meine guten Kinder. Wie geht es Frau Fraenkel mit ihrer Hand? Hoffentlich ist sie inzwischen wieder in Ordnung, wünsche recht gute Besserung. Was schreibt denn eigentlich Onkel Ernst? Wir hörten schon lange nichts mehr von ihm, auch Tante Ruth nicht, sie macht sich sehr Sorgen. Von Vera hört sie auch nichts. Gib uns doch mal Nachricht, wie es Onkel Ernst geht. Schreibt Alfred noch? Und was? Ihr werdet es ja längst wissen, wir bekommen von Irma[5] aus Hannover die furchtbare Nachricht vor 2 Wochen, daß Ihr Sohn Heinz in New York bei einem Auto-Unfall tödlich verunglückt sei, eine ganz schreckliche Nachricht. Sie schrieb uns ganz verzweifelt, die arme Irma. Gebt uns doch mal eine Nachricht, wie das eigentlich kam. Ihr wißt es doch sicher. Wir finden, Du fährst auch zu viel im Auto herum, zu schnell ist ein Unglück geschehen. Also gebt uns doch bitte *sofort* eine Nachricht und schreibt uns häufiger, sonst kommen wir hier um vor lauter Sorgen. Grüßt Frau Fraenkel und Bruder Hans recht herzl. von mir. Wenn ich doch nur erst mit Frau Fraenkel einkaufen gehen könnte, es wäre gar nicht auszudenken, es wäre wirklich zu schön, um wahr zu sein. Ich habe schreckliche Sehnsucht nach Euch. Für heute innige Grüße und Küsse, in Liebe Eure Euch sehr liebende *Mutter.*

Meine lieben Kinder, ganz richtig finde ich es nicht, solche Zwischenberichte zu schreiben, doch das vergebliche Warten auf einen Brief ruft geradezu nervöse Spannungen hervor, die sich auszugleichen suchen in einem neuen Brief. Ich nehme an, daß ein Brief von Euch längst unterwegs ist. Die wichtigste Frage – Auswanderung – ist voll in der Schwebe. Hilfsverein schlug vor, nach Montevideo – 2000 $ Depot – !! Und dann von da zu Euch! Das geht nicht, so viel Geld gibt's gar nicht! Es reisen manche via Cuba. Aber da ist für uns beide das Depot noch mehr als doppelt so hoch! Durchreise kommt nicht in Frage, weil kein Visum des Ziellandes vorhanden ist. – Wie man es nun dennoch machen soll oder kann, ist mir ein Rätsel. Die Nachricht vom Tode des Heinz Simon

4 Das Ehepaar lebte in einem Zimmer der Wohnung von Familie Steinhardt.

5 Irma Simon, geb. Malsch (1890–1963), verheiratet mit dem Kaufmann Albert Simon (*1885), der mit den Söhnen Heinz (1917–1941) und Frank (*1921) 1937 in die USA emigrierte, wo Heinz eine Banklehre absolvierte; Irma Simon wurde am 15.12.1941 nach Riga deportiert; sie emigrierte nach dem Krieg in die USA.

hat auch uns sehr betrübt. Es ist furchtbar, der Mutter in ihrer jetzigen Lage solche Nachricht zu geben! Herr Carl M. kann sich glücklich schätzen, dort zu sein. Es ist alles noch trüber, als es bei seiner Abfahrt war!
Übrigens las ich kürzlich einen rechnerischen Beweis des Pythagoras, der von dem Präsidenten Garfield[6] stammt, der 1881 Präsident in USA war. Hier habt ihr ihn – den Beweis:[7]

Inhalt der 3 Δe ist $\frac{ab}{2} + \frac{ab}{2} + \frac{c^2}{2}$

" des Trapezes ist $\frac{a+b}{2} \times (a+b)$

$\frac{2ab}{2} + \frac{c^2}{2} = \frac{a^2+2ab+b^2}{2}$; $c^2 = a^2+b^2$

Der Mann ist mir sympathisch! Übrigens schrieb ich auch, einmal unter Schilderung der Tatsachen Euch an Frau Frank zu wenden – sie soll Einfluß haben! Wenn der Brief weg ist, wird schon eine Nachricht von Euch kommen! Für heut herzl. Grüße, viele Küsse, Euer Euch stets liebender Papa.

The Earthly Paradise (by Morris)[8]
Of heaven or hell I have no power to sing,
I cannot ease the burden of your fears,
Or make quick coming death a little thing,
Or bring again the pleasure of past years.
Nor for my words shall ye forget your tears
Or hope again for aught that I can say,
The idle singer of an empty day.

Translation (von mir is se!)
Von Höll und Himmel kann ich Dir nicht singen
Erleichtern kann ich nicht die Bürde Deiner Brust,
Den schnellen Tod nicht rechnen zu den leichten Dingen.
Rückrufen nicht vergangner Jahre Lust,
Noch kann mein Wort versiegen lassen Deine Tränen
Noch Hoffnung Dir erwecken auf etwas, was ich mag,
Der eitle Sänger ich, an einem leeren Tag.

Neues Buch, das wir lesen: Vom Winde verweht (Gone with the wind) by Margard Mitchel.[9]

6 James A. Garfield (1831–1881), Mathematiklehrer und Politiker; von März bis Sept. 1881 Präsident der Vereinigten Staaten von Amerika, starb an den Folgen eines Attentats.

7 Im Original ergänzt durch die Zeichnung eines Trapezes.

8 William Morris (1834–1896), englischer Maler und Dichter. Es handelt sich um die erste Strophe von „The Singer's Prelude" aus dem Gedichtband „The Earthly Paradise", erstmals erschienen 1896.

9 Richtig: Margaret Mitchell (1900–1949), US-amerikan. Schriftstellerin. Der Roman „Gone with the wind" wurde 1936 in New York veröffentlicht, die deutsche Übersetzung erschien 1937 in Hamburg.

DOK. 8

Willy Cohn berichtet am 11. Oktober 1941 in seinem Tagebuch über Deportationen aus Breslau nach Grüssau und Gerüchte über Verbrechen an Juden in Kiew[1]

Handschriftl. Tagebuch von Willy Cohn,[2] Breslau, Eintrag vom 11.10.1941

11. Okt. 1941 Breslau, Sonnabend.
Gestern vormittag mit Frl. Cohn[3] gearbeitet, Post und für die Lehranstalt. Ich habe auch an Lotte[4] nach Tientsin[5] geschrieben, daß sie sich um eine Nachricht von Ruth[6] bemühen möchte. Am Nachmittag Ordnungsarbeiten in meiner Bibliothek gemacht, die mich leider wie alles Körperliche ziemlich anstrengen, Post, Synagoge. Gestern sind die ersten Transporte nach Grüssau[7] mit Auto abgerollt; bei jedem war ein Kommissar der Staatspolizei dabei. Es soll ein sehr trauriger Anblick gewesen sein; diese alten Leute. Ein richtiger Jeziath mizrajim;[8] heute gehen wieder Transporte, auch unsere Edith Rösler ist dabei; der Vater[9] mußte sie gestern von der Arbeit abholen; sie hatten für heute früh um sieben Uhr den Reisebefehl bekommen! Der Abschied ist mir sehr schwergefallen, wie oft hat man nicht schon Abschied genommen! Ich habe das Mädel sehr lieb gehabt! Für die jungen Menschen ist diese Verbannung sehr schwer. Abends beim Barbier Nothmann Koll. Freund[10] gesprochen; er will liebenswürdigerweise Susanne Geigenstunden geben.
Lage: Die Deutschen kommen wohl im Osten vorwärts, aber man hat doch den Eindruck, als ob die Sondermeldung vom Tage vorher große Vorschußlorbeeren gewesen wäre! Immer noch gehört den anderen die Welt! Aber in Rußland wird man alles an den Juden abreagieren, und in Kiew soll es schon ein großes Blutbad gegeben haben.[11] In

1 CAHJP, P 88/108. Abdruck in: Willy Cohn, Kein Recht, nirgends. Tagebuch vom Untergang des Breslauer Judentums, 1933–1941, hrsg. von Norbert Conrads, Bd. 2, Köln u. a. 2007, S. 990 f.

2 Dr. Wilhelm (Willy) Cohn (1888–1941), Lehrer und Historiker; Zionist, SPD-Mitglied; von 1919 bis zu seiner Zwangspensionierung 1933 Gymnasiallehrer in Breslau, verdiente von da an seinen Unterhalt mit Vortragsreisen zur jüdischen Geschichte; seine Auswanderungspläne nach Palästina scheiterten; am 25.11.1941 mit seiner zweiten Frau Gertrud Cohn, geb. Rothmann, und den Töchtern Susanne und Tamara nach Kowno deportiert und dort ermordet.

3 Elli Cohn (1882–1941), Schreibkraft Willy Cohns; im selben Transport nach Kowno deportiert und dort ermordet.

4 Charlotte Cohn, geb. Wolpe, wiederverh. Ziegler (*1893), Ärztin; Schwägerin Willy Cohns.

5 Tianjin (auch: Tientsin), Hafenstadt im Norden Chinas, liegt ca. 115 km südöstlich von Peking.

6 Ruth Cohn, später Atzmon (*1924), die älteste Tochter von Willy und Gertrud Cohn; emigrierte 1939 mit der Jugendalija zunächst nach Dänemark und erreichte über Stockholm, Helsinki, Moskau, Odessa und Istanbul Ende Dez. Palästina.

7 Das sog. Judenwohnheim Grüssau befand sich in einem beschlagnahmten Kloster. Von Okt. 1941 bis Febr. 1943 waren dort schles. Juden interniert, die meist nach Theresienstadt deportiert wurden. Zuvor und danach wurde Grüssau als Umsiedlerlager genutzt.

8 Hebr.: Auszug aus Ägypten.

9 Edith Rösler (1921–1942/43), Haushaltshilfe von Willy Cohn; wurde am 3.5.1942 mit ihrem Vater Josef Rösler (1882–1942/43) von Grüssau nach Theresienstadt deportiert, ihr weiteres Schicksal ist unbekannt; der Vater wurde vermutlich in Auschwitz ermordet.

10 Dr. Johannes Freund (*1876), Studienrat; 1942 ins Durchgangsgetto Izbica östlich von Lublin deportiert, sein weiteres Schicksal ist unbekannt.

11 In Babij Jar am Stadtrand von Kiew ermordete die Einsatzgruppe C am 29. und 30.9.1941 über 33 000 Juden; siehe auch VEJ 7/84, 90, 94 und 155 sowie VEJ 8/275.

Prag tobt man sich auch gegen Juden und Tschechen aus; die Synagogen sind geschlossen; auch die Tschechen dürfen abends nach 8 nicht mehr ausgehen; viele Erschießungen. So wirbt man um die Gunst in den besetzten Gebieten und spricht dabei über die Härte der Engländer.[12] Jedenfalls nimmt der Krieg immer drohendere Formen an, dazu kommen die Lebensmittelschwierigkeiten!

DOK. 9
Der Generaldirektor des Botanischen Gartens in Berlin erbittet am 14. Oktober 1941 vom Reichserziehungsminister Weisung, ob Juden der Zutritt verweigert werden soll[1]

Schreiben (Tgb.-Nr. 910) des Generaldirektors des Botanischen Gartens und Museums, Diels,[2] Königin-Luise-Straße 6–8, Berlin-Dahlem, an den Reichsminister für Wissenschaft, Erziehung und Volksbildung[3] (Eing. 17.10.1941), durch den Herrn Universitätskurator,[4] Berlin C2 (Eing. 15.10.1941), vom 14.10.1941[5]

Betr.: *Besuchsordnung des Botanischen Gartens in Berlin-Dahlem.*
Seit der vorgeschriebenen Kennzeichnung der Juden sind Zweifel entstanden, ob der Eintritt der Juden in den Botanischen Garten zuzulassen ist. Nach Auskunft des Gartenbüros von Sanssouci ist dort verfügt worden, der früher dort gegebene Hinweis „Juden nicht erwünscht“ solle sofort entfernt werden. Demnach scheint für die staatlichen Anlagen, die ähnlich wie der Botanische Garten von Ausländern stark besucht werden, eine einheitliche Regelung noch nicht vorzuliegen.[6] Da aber eine solche dringend erforderlich ist, bitte ich baldmögliche Anweisung geben zu wollen, ob in die an den Pforten angeschlagene amtliche Besuchsordnung des Gartens der Ausschluß der Juden aufgenommen werden soll oder nicht.[7]

12 Gemeint sind die Bombardierungen deutscher Städte durch die Royal Air Force.

1 BArch, R 4901/14588.
2 Dr. Ludwig Diels (1874–1945), Botaniker; 1896 Assistent, 1914 zweiter Direktor, von 1921 an Generaldirektor des Botanischen Gartens und Museums Berlin.
3 Bernhard Rust (1883–1945), Lehrer; 1925 NSDAP-Eintritt; 1930–1945 MdR, 1932–1940 Gauleiter von Südhannover-Braunschweig, 1933 SA-Gruppenführer; 1933 Preuß. Staatsrat, Mitglied der Akademie für Deutsches Recht, 1934–1945 REM; nahm sich das Leben.
4 Dr. Karl Büchsel (1885–1965), Jurist; 1916 Konsistorialassessor in der kirchlichen Verwaltung in Kiel, 1932 im Vorstand des Kirchlich-sozialen Bunds; 1940 NSDAP-Eintritt; 1925–1944 mit Unterbrechungen zunächst Verwaltungsdirektor, dann Kurator der Universität Berlin.
5 Im Original handschriftl. Bearbeitungsvermerke, darunter „Juden ist der Zutritt verboten“, sowie Stempel.
6 Bereits 1937 wurden erste Parkbänke „Nur für Juden“ aufgestellt, in der Folgezeit verboten viele Städte den Zutritt zu öffentlichen Parks; siehe VEJ 1/192.
7 Im Antwortschreiben an den Universitätskurator vom 28.10.1941 forderte das REM nachdrücklich, den Generaldirektor in Kenntnis zu setzen, dass Juden der Zutritt zum Botanischen Garten verboten und dies auch in der Besuchsordnung zu verankern sei; wie Anm. 1.

DOK. 10

Malke Prucz beantragt am 15. Oktober 1941 bei der Israelitischen Kultusgemeinde Wien, ihren Mann von der Deportation zurückzustellen[1]

Handschriftl. Brief von Malke Prucz,[2] II/27 Adambergergasse 8/6, Wien, an die Auswanderungsabt. der Israelitischen Kultusgemeinde, Wien I, vom 15.10.1941[3]

Mein Mann Naftali Israel hat eine Einberufung für die Auswanderung per 23. *dieses* Monats erhalten und ist derselbe[n] aus nachfolgenden Gründen, die die löbliche Kultus-Gemeinde, falls erforderlich, amtsärztlich überprüfen lassen wollen, nicht in der Lage Folge zu leisten. Derselbe liegt größtenteils apathisch und geistig verloren mit ständigen Kopfschmerzen u. Schwindelanfällen zu Bette als Folgeerscheinung eines erlittenen Unfalles (Schädelgrundbruch), der in der beiliegenden Bescheinigung der II. Chirurgischen Universitätsklinik Prof. Dr. W. Denk näher erläutert ist. Laut weiterer beiliegenden Bescheinigung des behandelnden Arztes Dr. Ernst Israel Pick leidet derselbe an häufigen Schwindelanfällen infolge der seinerzeit erlittenen Schädelverletzung, insbesondere die jetzige kalte Jahreszeit ist für seinen Zustand sehr abträglich, und derselbe ist den mit der gedachten Umsiedlung verbundenen Strapazen keineswegs gewachsen. Ich bitte untertänigst, in Berücksichtigung der erwähnten Umstände, denselben von der Umsiedlung *diesmal* auszunehmen[4] & zeichne in Erwartung geneigter Rückäußerung

Hochachtend

2 Beilagen u.e.R.[5] rekommandiert

1 Archiv der IKG Wien, Bestand Jerusalem, A/W 2764,15.

2 Malke Prucz (1884–1942); wurde am 17.8.1942 gemeinsam mit ihrem Mann Naftali Prucz (1882–1942) von Wien in das Vernichtungslager Malyj Trostinec bei Minsk deportiert und dort erschossen.

3 Grammatik und Rechtschreibung behutsam korrigiert.

4 Offenbar wurde dem Gesuch von Malke Prucz entsprochen, was jedoch nichts an der späteren Deportation und Ermordung des Ehepaars im Aug. 1942 änderte.

5 Um ehestmögliche Rücksendung. Die Beilagen befinden sich nicht in der Akte.

DOK. 11

Der Reichsstatthalter in Wien teilt dem Polizeipräsidenten am 16. Oktober 1941 mit, dass die Leichen von Juden vor der Bestattung gekennzeichnet werden müssen[1]

Schreiben des Reichsstatthalters in Wien (Ia Pol.-1301-2258/41), i. A. Baldur von Schirach (Unterschrift unleserlich),[2] an den Polizeipräsidenten von Wien[3] (Eing. 17.10.1941) vom 16.10.1941[4]

Betrifft: Jüdische Leichen, Bestattung.
Der Reichsstatthalter in Wien – Gemeindeverwaltung – hat im Grunde des Art. II der Instruktion des Reichsministers des Innern vom 31.10.1940 – Ib 1529/40/5360 c –, wonach die Bestattung von Juden verweigert werden kann, wenn im Gemeindegebiet oder im Bezirke der unteren Verwaltungsbehörde, dem die Gemeinde angehört, ein israelitischer Friedhof vorhanden ist, und wonach die Gemeinde, wenn mehrere solche Friedhöfe bestehen, wegen Benützung der Friedhöfe in örtlicher Beziehung Bestimmungen treffen darf, für das Gebiet des Reichsgaues Wien nachfolgende Verfügung getroffen:

1. Die Bestattung von Juden darf in Hinkunft nur mehr in dem an den Wiener Zentralfriedhof angrenzenden jüdischen Friedhof, in dem in Verwaltung der israelitischen Kultusgemeinde stehenden Friedhofsteile des Zentralfriedhofes sowie in den jüdischen Friedhöfen Leopoldau und Enzersdorf erfolgen.

Jude im Sinne dieser Verfügung ist unabhängig von der konfessionellen Zugehörigkeit jeder, der seiner rassischen Abstammung nach im Sinne der Nürnberger Gesetze Jude ist oder als Jude zu gelten hat.[5]

[2.] Die den Benützungsberechtigten an eigenen Gräbern und Grüften auf gemeindeeigenen Friedhöfen für die Beilegung von Leichen erteilten Benutzungsrechte ruhen, wenn es sich um die Bestattung jüdischer Leichen handelt. Es dürfen daher vom Zeitpunkte des Inkrafttretens dieser Verfügung an in solchen Grabstellen und Grüften keine jüdischen Leichen mehr bestattet werden.

3. Die Genehmigung der Einäscherung von Juden ist in Hinkunft nicht mehr zu erteilen, Urnen, die von anderwärts kommen, sind ebenfalls auf den in Punkt 1 dieser Verfügung genannten Friedhöfen beizusetzen.

4. Juden ist das Betreten gemeindeeigener Friedhöfe nur an Wochentagen in der Zeit von 8 bis 12 Uhr gestattet. Zu Allerheiligen und zu Allerseelen ist Juden der Besuch dieser Friedhöfe gänzlich verboten.

1 ÖStA, AdR, RStH Wien, Ia Pol 1301,2.258/1941 (in RStH Wien, Karton 362).

2 Baldur von Schirach (1907–1974), Schriftsteller, Politiker; 1925 NSDAP-Eintritt, 1928 Führer des NS-Studentenbundes, von 1931 an Reichsjugendführer der NSDAP; 1932 MdR; seit 1933 Jugendführer des Deutschen Reichs; 1939 freiwilliger Kriegseinsatz; von Aug. 1940 an Gauleiter und Reichsstatthalter in Wien und Reichsleiter für Jugenderziehung; 1946 in Nürnberg zu 20 Jahren Haft verurteilt, 1966 entlassen.

3 Dr. Leo Gotzmann (1893–1946), Jurist, Polizeibeamter; seit 1920 im österreich. Polizeidienst; 1935–1938 Haft wegen Beteiligung am Dollfuß-Attentat; 1938 NSDAP-, 1941 SS-Eintritt; 1938–1945 MdR; zunächst kommissar., von Jan. 1941 an ordentlicher Polizeipräsident von Wien; seit 1942 als SS-Brigadeführer auch SS-Führer im RSHA; im Internierungslager Stuttgart-Zuffenhausen gestorben.

4 Im Original Bearbeitungsvermerke.

5 Siehe VEJ 1/198 und 199.

5. Die Standesämter sowie die Totenbeschauärzte werden angewiesen, auf der von ihnen auszustellenden Bescheinigung durch den Vermerk „Jude“ darauf hinzuweisen, daß es sich um eine jüdische Leiche handelt.
6. Die Bestimmungen der §§ 17 und 18 der Begräbnis- und Gräberordnung für die Friedhöfe der Stadt Wien[6] sind strengstens einzuhalten.
Ich bringe dies zur gegebenen weiteren Veranlassung im dortigen Wirkungskreise zur Kenntnis.

DOK. 12
Herbert Papst aus dem Kreis Torgau schildert den Nachbarn in seinem Heimatort am 18. Oktober 1941 seine Tätigkeit als Wachmann im Kriegsgefangenenlager Bergen-Belsen[1]

Handschriftl. Brief von Herbert Papst,[2] Bergen, an Familie Höde,[3] Dorfstraße, Strelln/Kreis Torgau, vom 18.10.1941[4]

Liebe Familie Höde!
Will Ihnen kurz mal ein paar Zeilen senden, denn ich habe gerade mal etwas Zeit, und außerdem bin ich gerade beim Briefeschreiben. Ja, hier haben wir den schwersten Dienst, den wir bisher hatten.[5] Außerdem gibt es auch so gut wie nie Freizeit, und wenn mal, dann ist man müde, und bis zum nächsten kleinen Dorf erst km weit laufen, das lohnt sich nicht. So werden wir hier alle richtig von der Außenwelt abgeschnitten und sehen nur immer diese verdammten Russen. Ja, Russen, das klingt nicht schlecht, aber es sind andere Russen wie 1918. Ich habe an die Bilder im Kino oder in der Zeitung auch immer nicht geglaubt, aber jetzt sehe ich es mit eigenen Augen und muß sogar mit diesen Bürschchen umgehen. Es sind furchtbare Menschen. Wir können wahrhaft Gott danken, daß uns Adolf Hitler vor diesem Gesindel bewahrt hat. Sie sind so dumme, unkultivierte Menschen, daß derjenige, welcher diese nicht sieht, es gar nicht glaubt. Ich habe nun von früh 5 Uhr bis spät abends Dienst. Mittagessen kann ich immer erst des Abends einnehmen, wenn ich vom Lager zurück in die Kaserne komme. Dies ist auch

6 Diese Paragraphen der Friedhofsordnung vom 19.3.1920 besagen, dass die Gräber von den jeweiligen Nutzungsberechtigten auf eigene Kosten instand gehalten werden müssen, da andernfalls das Nutzungsrecht erlischt und die Grabplätze von der Gemeinde Wien verwaltet werden.

1 Original in Privatbesitz, Kopie: IfZArch, F 601.
2 Herbert Papst (1920–1943?), Korbmacher; Angestellter bei der Munitionsanstalt Torgau, von 1940 an bei der Wehrmacht, zunächst als frontuntauglich eingestuft und bei den Landesschützen eingesetzt, 1942 an die Ostfront versetzt, 1943 als vermisst gemeldet.
3 Karl Höde (1886–1968) und Lina Höde, geb. Apitz (1896–1982), sowie ihre drei Kinder Gerhard (*1924), Martin (*1925) und Liesbeth (*1928); Herbert Papst hatte im landwirtschaftlichen Betrieb der benachbarten Familie Höde als Erntehelfer gearbeitet.
4 Grammatik und Rechtschreibung wie im Original, Zeichensetzung behutsam korrigiert. Handschriftl. über dem Brief: „Sehen Sie nicht nach Schrift, es mußte schnell gehen. Morgen, zum Sonntag auch Dienst, an Mädels [?] ist hier nicht zu denken.“
5 Das Kriegsgefangenenlager Bergen-Belsen bestand seit Juni 1940 und wurde nach dem Angriff auf die Sowjetunion erweitert. 1943 übernahm die SS einen Teil des Lagergeländes, um ein KZ zu errichten.

jedesmal eine ¾ Std Weg. Früher mußten wir um das Lager herum Wache schieben. Jetzt bin ich aber täglich drin und habe da meinen Dienst zu tun. Ich habe jetzt den Titel „Kriegsgefangenen-Kompanieführer“. 300 Mann habe ich in meinen Händen und muß über diese wachen. Muß mit diesen exerzieren, ihnen deutsche Kommandos lernen, und überhaupt mit einem Wort gesagt, ihnen Ordnung beibringen. Dies ist nun sehr schwer, denn sie kennen überhaupt keine Sauberkeit. Bewaffnet sind wir mit Pistolen, und ich wäre froh, wenn ich diesen Posten wieder los würde. Man kann sich auch sehr leicht eine Krankheit holen, und ein Glück ist es, daß es nicht so warm ist, denn sonst wäre die Pest da. Ich bin jetzt so kalt geworden, und mich stört überhaupt nichts mehr. Ich esse mein Brot nur so zwischen den Leichen. Ein schauriger Anblick ist es nun, diese Toten zu sehen. Sie liegen alle nackt da, denn die anderen ziehen diesen immer die Kleidung aus. Denn alles unterernährte Menschen, mit richtig tierischen Gesichtszügen. Kameradschaft kennen sie überhaupt nicht. Es kann gleich einer halb tot daliegen, aber da rennen sie drüber weg, lassen ihn liegen, und geben ihm auch nichts zu essen. Es ist aber ein Volk mit ganz anderen Ansichten. Juden und die Kommissare werden hier herausgesucht, und kommen in ein Sonderlager.[6] Da haben sie nun eine Behandlung, wie sie früher die vielen anderen Menschen unschuldig behandelt haben. Sie werden da so ganz langsam und allmählich mürbe gemacht, denn sie müssen jetzt erst selbst mal sehen, wie es ist, andere Menschen leiden zu lassen. Von diesen wird keiner seine Heimat wiedersehen. Wir haben auch extra noch Lagerpolizei, welche aber von den Russen selbst gestellt wird. Diese prügeln den ganzen Tag und besonders bei der Essenausgabe. Wir wissen, wie sie unsere Soldaten an der Front behandeln oder behandelt haben. Wir richten uns danach, und hier kennen wir kein Erbarmen und Mitleid mit diesen. Es ist wirklich nicht schade um diese Untermenschen. Wir haben hier richtige Beerdigungskommandos, und ich will nicht die Totenzahl nennen.[7] Auch kann ich nicht alles schreiben, was sich hier abspielt, es wäre zu furchtsam.[8] Als diese noch unter freiem Himmel waren und in Erdlöchern hausten, konnten wir auch keine Nacht schlafen.[9] Sie machten immer Feuer, und das war immer gefährlich, der Engländer wegen. Da sind wir mit Hunden, Knüppeln und anderen Waffen hineingemacht und haben alles kurz und klein geschlagen, und kein Wimmern half, und oft stöhnte es durch die Nacht. Wir dürfen auch keine Angst haben und ihre[10] 15 Mann sind wir in ein Lager von 8 tausend Mann eingedrungen und [haben] Ordnung geschafft. Allerdings rundherum Posten, und wir sind immer alle zusammengeblieben. Einmal, als die Regentage anfingen, wollten sie meutern und in Baracken kommen. Durch schnelle Verstärkung wurden wir aber Herr

6 Auf Grundlage des „Kommissarbefehls“ vom 6.6.1941 ermordete die Wehrmacht ohne Gerichtsverfahren aufgegriffene politische Funktionäre in der Roten Armee bzw. griff sie in den Kriegsgefangenenlagern gezielt zur Ermordung heraus. Im KZ Bergen-Belsen wurden die Gefangenen im abgesonderten Lagerbereich „Sonderpferch“ gesammelt, ins KZ Sachsenhausen deportiert und dort ermordet.

7 Bis zum Frühjahr 1942 starben etwa 14 000 sowjet. Kriegsgefangene in Bergen-Belsen an Krankheiten, Misshandlungen und Unterernährung. Von Okt. 1941 an wurden die Toten in Massengräbern auf dem Lagerfriedhof bestattet.

8 So im Original.

9 Da der Bau von Baracken im Hauptlager von Juni 1941 an nur zögerlich vorankam, mussten die Gefangenen bis zum Winter in selbst gebauten Erdhöhlen oder provisorischen Zelten und Laubhütten schlafen.

10 So im Original. Gemeint ist „mit“.

der Lage, und es sind manchmal Bilder wie auf einem Schlachtfeld, wo der Kampf drüber weg ist. Jetzt sind nun alle in Baracken, aber wir müssen draußen stehen, und der Schlamm hier geht uns überall bis an die Knöchel. Haben immer nasse Füße, und ich bin auch schon erkältet. Das Lager ist so richtig im Wald und in einer menschenarmen Gegend. Ich kann nicht alles schreiben, was sich hier abspielt, und ich möchte Sie bitten, nicht davon zu reden, es ist immer das beste. Auf das Land kommen auch Russen, aber das sind meist Ukrainer. Nun wünsche ich Euch allen alles Gute, und mit besten Wünschen verbleibe ich

DOK. 13
Margarete Korant hofft in einem Brief vom 19. Oktober 1941 an ihre Tochter auf eine baldige Ausreise nach Kuba[1]

Brief von Margarete Korant,[2] Sächsische Str. 10/11, Berlin W 15, an Ilse Schwalbe,[3] 251 South 15th Street, San José (California), vom 19.10.1941

Mein inniggeliebtes Kind,
das waren schreckliche Wochen des Wartens, bis gestern endlich die Erlösung kam in Form eines langen Kabels[4] aus New York, wohl von Mr. R., vermute ich. Wenn ich es jetzt noch schaffe, 5 Minuten vor 12, so muß ich dem Schicksal wirklich dankbar sein, da bewahrheitet sich wieder Lottchens[5] Theorie. Du kannst Dir gar nicht denken, was das Telegramm für mich bedeutet, das erzähle ich Dir mal später gelegentlich, ich kann es noch gar nicht richtig fassen, daß es jetzt wirklich klappen sollte, und richtig freuen werde ich mich erst, wenn ich das Visum in Händen habe und weiß, wann ich reisen kann.[6] Ich soll es in etwa 3 Wochen haben, nach dem Kabel, und arbeite nun mit Hochdruck an den Vorbereitungen. Ich war gestern sofort beim Hilfsverein, ein Kabel an den Joint sollte beschleunigt rausgehen, damit er das Geld freigibt, und für die Passage bin ich auch schon vorgemerkt. Ich betonte nochmals, daß Du nicht in der Lage bist, diese zu bezahlen; es wird der Rest meines Geldes dazu verwendet, und was noch fehlt, gibt der H.V. Morgen früh beantrage ich bereits den Paß, und in den nächsten Tagen werden

1 JMB, 2006/57/303, Schenkung von Stephanie Wells.
2 Margarete Korant, geb. Apt (1882–1942); nach dem Tod der Eltern nahm ein Onkel die damals Zwölfjährige zusammen mit ihren beiden Schwestern in Breslau auf, 1903 heiratete sie Georg Korant, 1910 zogen sie nach Berlin, wo ihr Mann 1937 starb; am 25.1.1942 wurde sie nach Riga deportiert und dort ermordet.
3 Ilse Schwalbe, geb. Korant (1904–1992), Sekretärin; 1923/24 Arbeit in der Lederhandlung ihres Onkels, heiratete 1926 Herbert Schwalbe, der 1933 nach Palästina, 1938 in die USA emigrierte; 1934–1939 Sekretärin bei der Kinder- und Jugendalija in Berlin, emigrierte im März 1939 in die USA, dort u. a. Sekretärin der Jüdischen Gemeinde in San José.
4 Veraltet für Telegramm.
5 Lotte Liebermann, geb. Orgler (1907–1995), Sekretärin; Tochter von Margarete Korants Schwester Hedwig Orgler; heiratete 1928 den Arzt Hans Liebermann, 1938 emigrierte das Paar mit dem Sohn Franz in die USA, wo Hans Liebermann eine Arztpraxis eröffnete und sich für die Auswanderung von Juden aus Europa einsetzte.
6 Zu Margarete Korants Versuchen einer Ausreise siehe auch VEJ 2/327 und VEJ 3/230.

die Listen eingereicht.[7] Das Gepäck kann man leider nur bis zur Grenze mit deutschem Geld bezahlen, aber ich hoffe, es wird nicht allzu viel kosten. Eine kleine Versicherung wird wohl auch notwendig sein. Mir brummt schon der Schädel, wenn ich dran denke, was alles zu erledigen ist, und man hat niemanden, der einem hilft. Aber das schadet auch nichts, die Hauptsache ist, daß ich es schaffe. Tante Düssel ist ganz traurig bei dem Gedanken, daß ich weggehe, auf einmal! Meine Bekannten sind Donnerstag abgereist und heute fahren Friedl. Ich sprach sie noch 2 Mal, da sie seit Donnerstag hier sind, sie wären so gern mit mir zusammen gefahren und haben sich aufrichtig gefreut, als ich ihnen noch das Kabel zeigen konnte. Von Tante Hede sprachen sie nicht sehr freundlich. Sie werden auf dem Schiff ihre goldene Hochzeit erleben und haben sich für diesen Zweck eine Flasche frz. Sekt mitgenommen, im übrigen fahren sie Zwischendeck, wie ich vermutlich auch. Aber das ist ja alles egal. Du sollst an sie nach Havanna (Cuba) poste restante[8] schreiben, und sie werden Dir sofort antworten. Neugierig bin ich, was O-s[9] nun machen werden, sie wollen absolut nur mit Helmut[10] fahren, und der Bengel will nicht. Dadurch kann sich Tante Hede zu nichts entschließen und verpaßt zu guter Letzt den Anschluß, es ist schlimm für Onkel Alfred. Die beiden anderen, incl. Marianne,[11] sind sehr froh, daß sie nicht mehr zusammenwohnen, es ist wirklich schlimm. Vater Lieberm.[12] wird wohl auch in diesen Tagen abreisen, und Lotte hat die Absicht, ihn in Cuba abzuholen. Ich glaube, daß Hans sehr viel Geld verdient. Ich komme jetzt mit keinem Menschen zusammen, auch der Zirkel bei Frl. J. wird auffliegen, weil niemand mehr die Gedanken darauf hat. Meine Mieter sind nette Menschen, mit denen ich sehr gut auskomme. Ab und zu mal sitze ich bei ihnen drin. Die Frau, die noch relativ jung ist, jünger wie Du, leidet schwer an Ischias und mußte sich außerdem gestern einer Kiefernoperation unterziehen. Der Mann ist rührend zu ihr und nimmt ihr alle Arbeit ab, wie Papa, eine Schwägerin kommt auch ab und zu und besorgt die Küche. Da ich ja, wie Du weißt, mit meiner Kocherei nicht viel hermache, kommen wir uns nicht ins Gehege. Leider habe ich schon seit langer Zeit keinen Brief mehr von Dir, der letzte war vom 18. Sept. Ich kann mir gar nicht vorstellen, wie das mal sein wird, daß man nicht ewig auf Post zu warten braucht und überhaupt, daß Kinder zu Briefen geworden sind.

7 Laut § 58 des Gesetzes über die Devisenbewirtschaftung vom 12.12.1938, RGBl., 1938 I, S. 1734, war es Juden, die emigrieren wollten, nicht gestattet, mehr Gegenstände als „für den persönlichen Gebrauch unbedingt erforderlich" mitzunehmen. Vor ihrer Ausreise mussten sie ihren gesamten Besitz in Umzugslisten eintragen.

8 Postlagernd.

9 Alfred Orgler (1875–1944) und Hedwig Orgler, geb. Apt (1883–1944), Schwester von Margarete Korant; das Ehepaar wohnte in Oppeln, wo Alfred Orgler bis 1938 eine Lederhandlung führte; am 21.4.1943 wurden sie nach Theresienstadt, von dort am 28.10.1944 nach Auschwitz deportiert und ermordet.

10 Helmut Orgler (*1918) lebte als jüngster Sohn von Alfred und Hedwig Orgler im Haus seiner Eltern; sein Schicksal ist unbekannt.

11 Mit „Die beiden anderen" sind die Zwillinge Walter und Heinz Orgler (*1910) gemeint, die Brüder von Helmut und Lotte; ihr Schicksal ist unbekannt; Marianne Orgler, geb. Ledermann (1914–1942), war die Frau von Heinz Orgler.

12 Bernhard Liebermann (1869–1942), Kaufmann; Schwiegervater von Lotte Liebermann; lebte nach dem Tod seiner Frau 1935 bei der Familie seines Sohnes Hans, von 1938 an in einem Pflegeheim in Breslau; er konnte seine Ausreise nach Kuba wegen einer Krankheit nicht antreten und wurde am 30.8.1942 nach Theresienstadt deportiert, wo er starb.

Ich will schließen für heute, da ich keine Geduld mehr zum Schreiben habe. Die Kinder sollen fleißig beten, daß alles klappt und daß es ein baldiges Wiedersehen gibt. Es ist gar nicht auszudenken, wie schön das sein wird. Ich lese augenblicklich noch einmal „Vom Winde verweht“,[13] es ist so fürchterlich aktuell, daß es mich mehr aufregt als seinerzeit, als ich es das erste Mal las. Hoffentlich ist recht gute Nachricht von ir[...][14] unterwegs, tausend innige Grüße und Küsse in treuer Liebe und Sehnsucht
Eure

DOK. 14
Der Journalist Alfons Paquet schildert am 20. Oktober 1941 in einem Brief an Hanna Meuter sein Entsetzen über die Deportation der Juden aus Frankfurt am Main[1]

Brief von Alfons Paquet,[2] Frankfurt a. M., an Hanna Meuter,[3] Köln (Typoskript)

Liebe Hanna,
Ihr Brief aus der Alarmnacht vom 17ten kam vorhin mit meinem gedruckten Aufsatz. Vielen Dank für Ihre Pünktlichkeit, aber sie soll gewiß nicht übertrieben werden. Ich habe ja die Korrektur des „Einmaligen“ schon gelesen, werde also eines Tages wohl auch ein paar gedruckte Stücke bekommen. Nur weil ich selbst in solchen selbstverständlich gewordenen Dingen grundsätzlich skeptisch geworden bin, sprach ich überhaupt vom Zurückgeben. Das hat Zeit und käme nur in dem Fall in Betracht, daß die ganze Zeitschrift, in der der Beitrag stehen soll, sie wird in Osnabrück gedruckt, nicht mehr erschiene. Therstappens[4] Verse, die Sie beilegten, sind apokalyptisch schwarz, man kann sie nur mit einem Seufzer lesen, aber es paßt in diese Tage. Ich habe gestern so Bedrückendes erlebt, daß ich noch ganz krank bin. Als ich am Sonntagmorgen durch die Stadt kam, sah ich an der Hauptwache eine kleine schwarzgekleidete Jüdin, mit einer Plaidrolle in der

13 Siehe Dok. 7 vom 9.10.1941, Anm. 9.
14 Rest des Wortes unleserlich.

1 Universitätsbibliothek Johann Christian Senckenberg der Johann Wolfgang Goethe-Universität, Frankfurt a. M., Nachlass A. Paquet (II) A8III (Hanna Meuter). Abdruck als Faksimile in: „Und keiner hat für uns Kaddisch gesagt ...“. Deportationen aus Frankfurt am Main 1941 bis 1945, Frankfurt a. M. 2004, S. 188 f.
2 Dr. Alfons Paquet (1881–1944), Handschuhmacher, Kaufmann, Journalist und Schriftsteller; 1901 Redakteur der Kulturzeitschrift Die Rheinlande, von 1903 an Korrespondent der Frankfurter Zeitung, ab 1915 in Stockholm; 1933 verließ er die Preuß. Akademie der Künste aus Protest gegen deren Selbstgleichschaltung und wurde Mitglied der Quäker; 1935 kurzzeitig verhaftet; schrieb zahlreiche Reisebücher, Gedichte und Theaterstücke; starb an einem Herzinfarkt.
3 Dr. Hanna Meuter (1889–1964), Lehrerin, Soziologin; von 1909 an Lehrerin in Köln, 1918 dort erste deutsche Gymnasialdirektorin, von 1923 an Mitarbeiterin der Kölner Vierteljahreshefte für Soziologie, Bibliothekarin der Universitätsbibliothek Köln, 1933 aus politischen Gründen entlassen; 1945 Mitbegründerin der Deutschen Journalistenschule und an der Wiedergründung der Deutschen Gesellschaft für Soziologie beteiligt; ORR und Wohlfahrtsdezernentin in Aachen.
4 Vermutlich: Paul Therstappen (1872–1949), Bibliothekar, Dichter und rheinischer Regionalhistoriker, mit dem Hanna Meuter 1932 die zweisprachige Gedichtsammlung „Amerika singe auch ich“ publiziert hatte.

Hand, begleitet von zwei Goldb[...][5] gekleideten, auf die Trambahn warten, kurz darauf vernahm ich, daß eine größere Aktion im Gange sei, hörte von Einzelheiten, besuchte Bekannte in einem Hause, das in voller Aufregung war, sah zurückkehrend an derselben Haltestelle abermals eine solche, fast verlegene Eskorte für zwei gutgekleidete, fast siebzigjährige Leute, der alte Herr trug einen Überzieher und einen Wintermantel – mit dem gelben Stern – über dem Arm, an den Füßen Galoschen, die alte Frau einen offenen Korb, aus dem die Thermosflasche und allerlei Reisezeug herausschaute. So in kleinen Gruppen, in Zügen und Trupps wurden den ganzen Tag die Leute zur Großmarkthalle gebracht. Das seltsame Gebäude, in weitem Kreise abgesperrt, lag grau da im dünnen Regen. An neugierigen Lungernden vorbei ging die trostlose Wanderung der mit ihren Bündel[n], Rucksäcken, Koffern Beladen[en], man stellte sie am Rand des Platzes vor einen Schuppen, der an der Seite die große weiße Aufschrift trug *Schützet die Tiere*, das Gepäck wurde abgestellt und anscheinend nochmals durchsucht wie in einer Zollstation unter freiem Himmel, ehe es in das große Gebäude weiterging.[6] Am erschreckendsten aber war die Stumpfheit und der Hohn der Menschen. Es waren kleine Szenen, wie sie Goya[7] gezeichnet hat, so hat Daumier[8] die Menschen gesehen, in ihrer groben wuchtigen Tierheit. Ich versuchte mit meinem Ausweis Zutritt in die Halle zu erlangen, wurde aber zurückgewiesen und ging fort. Der ganze Umkreis trug noch das Gepräge dieses Geschehens, an der Straßenbahnhaltestelle Leute, die stumm warteten, andere triumphierten gegen eine alte Frau, die dann wegging: Für Juden gäbe es keine Straßenbahn. Ist nun das alles der Abschluß einer tausendjährigen Episode in dieser Stadt? Was bedeutet diese furchtbare Urteilsvollstreckung für den Angeklagten, dem jeder Anwalt versagt ist, selbst der Offizialverteidiger, den selbst das strenge Kriegsrecht noch kennt. Und was bedeutet es für die andern, die wie jene am Karfreitag schreien: Bist du Gottes Sohn, dann steige herab von dem Kreuz und hilf dir selbst. Es heißt, daß alle diese Unglücklichen nach Lodz, Litzmannstadt, geschickt werden, dessen Ghetto längst überfüllt ist. Es wird eine Reise sein, die Wochen dauert,[9] in Güterzügen, man wagt es nicht, sich Einzelheiten auszumalen. Es scheint, dieselbe Sache ist auch in anderen Städten im Gang und wird nicht zu Ende kommen, eh nicht die Letzten ausgestoßen sind. Und doch sind das alles nur Teile der grausigen Dinge, die im Osten geschehen. Der vorige Krieg war noch mild dagegen. Aber die steinernen Tafeln der Zehn Gebote sind zerschlagen, die Dämonen losgebunden worden.

Wann ich nach Köln komme, weiß ich noch immer nicht, denn Ende dieser Woche muß ich einmal wieder nach Leipzig und Berlin. Ich käme über Köln zurück, wenn es nicht ein Umweg vor dem Zuhause wäre. Aber auch der Rhein ist mir ein Stück Zuhause,

5 Rest des Wortes unleserlich, möglicherweise „Goldbraun", könnte ein Hinweis auf die NSDAP-Parteiuniform sein.

6 Die Sätze „So in kleinen Gruppen … in das große Gebäude weiterging" sind auf einer Glasscheibe in der Erinnerungsstätte Großmarkthalle in Frankfurt a. M. zitiert; Raphael Gross/Felix Semmelroth (Hrsg.), Erinnerungsstätte an der Frankfurter Großmarkthalle. Die Deportation der Juden 1941–1945, München u. a. 2016, S. 111 f.

7 Francisco de Goya (1746–1828), Maler und Graphiker. Gemeint sind wahrscheinlich seine „Caprichos", ein in den 1790er-Jahren entstandener Zyklus von gesellschaftskritischen Zeichnungen.

8 Honoré Daumier (1808–1879), Maler, Karikaturist.

9 Die Züge ins Getto Litzmannstadt waren i. d. R. 24 Stunden unterwegs, manchmal auch etwas länger.

es geht nicht ohne ihn. Solch ein kleiner Fluß, fast ein Flüßchen nach amerikanischen Begriffen, und mir doch wesentlicher als der Nil, breiter als der Mississippi. Sie wissen's ja und wundern sich nicht.
Alles Gute Ihnen und dem rüstigen, von der Tochter treu behüteten Papa!
Und auf ein baldiges Wiedersehen. Auch Ih. herzliche Grüße.
Ihr alter

DOK. 15
Ludwig und Elly Kroch aus Breslau bitten am 21. Oktober 1941 ihren Sohn in Montevideo darum, einen Kredit für ihre Auswanderung nach Uruguay aufzunehmen[1]

Brief von Ludwig und Elly Kroch,[2] Goethestr. 18, Breslau, an ihren Sohn Ernst Kroch,[3] Maldonado 1090, Montevideo, vom 21.10.1941

Mein lieber Ully.[4]
Diesmal haben wir keinen Brief von Dir zu beantworten. Ich nehme an, daß Du inzwischen unser Schreiben vom 13. Oktober bekommen hast. Heute wollte ich doch noch einmal Näheres über unsere Einwanderungsangelegenheit mit Dir besprechen. – Wir wissen ganz genau, daß Du, mein Junge, alles Erdenkliche tust, um uns das Visum für Uruguay zu beschaffen. Wir wissen aber auch, daß alle Deine Mühe erfolglos sein wird, solange die erforderlichen 2000 Dollar Vorzeigegeld, die 2 Jahre zinslos in der Staatsbank von Montevideo hinterlegt sein müssen, nicht zur Stelle sind. Da wir doch leider weder reiche Verwandte noch Bekannte haben, die diese hohe Summe für uns legen können, so wollten wir Dich heute mal anfragen, ob folgender Weg möglich wäre. – Wäre es Dir möglich, das Vorzeigegeld von einer Bank geliehen zu bekommen gegen eine Verzinsung, die Du übernehmen würdest? Da dies Geld ja nicht angegriffen wird, sondern in der Staatsbank nur für 2 Jahre hinterlegt bleibt, so bestünde doch für den Kreditgeber, in diesem Falle für die Bank, keinerlei Risiko. Nun wissen wir ja über dortige Verhältnisse nicht Bescheid, müssen Dir dies deshalb überlassen. – Wir haben auch an Michaleks im selben Sinne geschrieben und sie gebeten, sich mit Dir über diese Angelegenheit zu unterhalten. – Du kannst Dir ja denken, mein Junge, daß wir uns sehr viel mit dem Gedanken über unsere Auswanderungsangelegenheit beschäftigen, und da so gar nichts Positives in Aussicht steht, sind wir auf diese Möglichkeit verfallen. Aber,

1 YVA, O.75/430.
2 Ludwig Kroch (1874–1943), Handelsvertreter, und Elly Kroch, geb. Voss (1886–1944), Hausfrau; von 1940 an versuchten sie, nach Palästina zu ihren Kindern Heinz (*1910) und Suse (*1922) bzw. nach Uruguay zu Ernst auszuwandern; 1942 wurden sie gemeinsam nach Theresienstadt deportiert, wo Ludwig Kroch 1943 umkam; seine Frau wurde 1944 nach Auschwitz deportiert.
3 Ernst Julius, später Ernesto, Kroch (1917–2012), Maschinenschlosser; Mitglied des deutsch-jüdischen Jugendbunds Kameraden und der antistalinistischen Kommunistischen Jugend-Opposition; 1934–1937 u. a. im KZ Lichtenburg inhaftiert, anschließend Emigration nach Uruguay, dort Metallarbeiter; 1982 Flucht vor der Diktatur nach Frankfurt a. M., später in Uruguay in den Basisorganisationen des linken Parteienbündnisses Frente Amplio und als Schriftsteller tätig.
4 In der Familie wurde Ernst Kroch Ully genannt.

wie gesagt, wir können von hier […][5] ja weiter nichts tun als wünschen und hoffen. Und so hoffen wir eben weiter, daß es doch eines Tages mit unserem Wiedersehen in Montevideo klappen wird. – Wir wissen natürlich, daß Michaleks weder selbst noch ihre Bekannten oder Verwandten hierfür einspringen könnten. Wir haben auch nur an sie über die Möglichkeit eines Darlehens von einer Bank geschrieben. – Wir sind gesund und munter. Mit unseren Bekannten kommen wir öfter zusammen; allerdings hat ein Teil unserer Freunde ihr Domizil gewechselt. Auch wir werden möglicherweise unser Domizil wechseln. Meinen Geburtstag haben wir nett verlebt. Unser früherer Mieter, der uns oft besucht, hat mir mit einem Alpenveilchen auch ein selbstverfaßtes Gedicht gebracht. – Also mein Junge, betreffs unserer Auswanderungsangelegenheit war es ja nur eine Anfrage, und Du wirst uns ja wohl bald darauf Bescheid geben. – Lasse es Dir sehr gut gehen und sei herzlichst gegrüßt und geküßt von Deiner Mutter.

Mein lieber Ully,[6]
aus Mutters Brief erfährst Du alles Nötige. Wir wissen, daß Du alles tust, um unsere Auswanderung zu ermöglichen. Wir müssen aber auch jeder Möglichkeit nachgehen. Daß Michaleks nicht imstande sind, wissen wir genau, aber vielleicht können sie Dir noch irgendeinen neuen Rat geben? Hat sich mal […] Vo[…] gemeldet u. bist Du noch bei der […] gewesen?[7] Bleib gesund, mein guter Junge, u. sei herzl. gegrüßt!

DOK. 16
Helmuth James von Moltke schreibt seiner Frau Freya am 21. Oktober 1941 über den Beginn der Deportationen aus Berlin[1]

Brief von Helmuth James von Moltke[2] an seine Frau Freya[3] vom 21.10.1941

Meine Liebe, der Tag ist so voller grauenhafter Nachrichten, daß ich nicht in Ruhe schreiben kann, obwohl ich mich um 5 zurückgezogen und eben einen Tee getrunken habe. Aber mein Kopf tut mir trotzdem weh. Das, was mir augenblicklich am nächsten geht, sind die mangelhaften Reaktionen der Militärs. Falkenhausen[4] und Stülpnagel[5] sind an ihre Plätze zurückgekehrt, statt nach den letzten Vorfällen abzugehen, neue

5 Unleserlich, vermutlich: aus.
6 Ludwig Kroch hat dem maschinenschriftl. Brief seiner Frau die folgenden Zeilen handschriftl. hinzugefügt.
7 Teile des Satzes unleserlich.

1 Deutsches Literaturarchiv Marbach, Bestand HS.2009.0116, A. Moltke. Abdruck in: Helmuth James von Moltke: Briefe an Freya 1939–1945, hrsg. von Beate Ruhm von Oppen, München 1988, S. 307 f.
2 Helmuth James Graf von Moltke (1907–1945), Jurist; begründete die Widerstandsgruppe Kreisauer Kreis; 1939 Mitarbeiter des Kaiser-Wilhelm-Instituts für ausländisches Recht und Völkerrecht sowie im Sonderstab für wirtschaftliche Kampfmaßnahmen im Amt für Auslandsabwehr des OKW; wurde am 19.1.1944 verhaftet und im KZ Ravensbrück inhaftiert, nach dem Attentat vom 20.7.1944 in die Haftanstalt Tegel verlegt, im Jan. 1945 zum Tode verurteilt und hingerichtet.
3 Freya von Moltke, geb. Deichmann (1911–2010), Juristin; Mitglied des Kreisauer Kreises; lebte nach dem Krieg in Südafrika und siedelte 1960 in die USA über.

schreckliche Befehle werden gegeben und niemand scheint etwas dabei zu finden.[6] Wie soll man die Mitschuld tragen?
In Serbien sind an einem Ort zwei Dörfer eingeäschert worden, 1700 Männer und 240 Frauen von den Einwohnern sind hingerichtet.[7] Das ist die „Strafe“ für den Überfall auf drei deutsche Soldaten. In „Griechenland“ sind 220 Männer eines Dorfes erschossen worden.[8] Das Dorf wurde niedergebrannt, Frauen und Kinder wurden an der Stätte zurückgelassen, um ihre Männer und Väter und ihre Heimstatt zu beweinen. In Frankreich finden umfangreiche Erschießungen statt, während ich hier schreibe. So werden täglich sicher mehr als 1000 Menschen ermordet, und wieder Tausende deutscher Männer werden an den Mord gewöhnt. Und das alles ist noch ein Kinderspiel gegen das, was in Polen und Rußland geschieht. Darf ich denn das erfahren und trotzdem in meiner geheizten Wohnung am Tisch sitzen und Tee trinken? Mach’ ich mich dadurch nicht mitschuldig? Was sage ich, wenn man mich fragt: Und was hast Du während dieser Zeit getan?
Seit Sonnabend werden die Berliner Juden zusammengetrieben; abends um 21.15 werden sie abgeholt und über Nacht in eine Synagoge gesperrt.[9] Dann geht es mit dem, was sie in der Hand tragen können, ab nach Litzmannstadt und Smolensk.[10] Man will es uns ersparen zu sehen, daß man sie einfach in Hunger und Kälte verrecken läßt, und tut das daher in Litzmannstadt und Smolensk. Eine Bekannte von Kiep[11] hat gesehen, wie ein Jude auf der Straße zusammenbrach; als sie ihm aufhelfen wollte, trat ein Schutzmann dazwischen, verwehrte es ihr und gab dem auf dem Boden liegenden Körper einen Tritt,

4 Freiherr Alexander von Falkenhausen (1878–1966), Berufsoffizier; 1933–1938 bei der deutschen Militärmission in China, 1940–1944 Militärbefehlshaber in Belgien und Nordfrankreich; wegen seiner Kontakte zu den Attentätern vom 20.7.1944 im KZ Dachau inhaftiert; 1948 nach Belgien ausgeliefert, dort 1951 zu zwölf Jahren Zwangsarbeit verurteilt, kurz darauf in die Bundesrepublik entlassen.

5 Otto von Stülpnagel (1878–1948), Berufssoldat; Angehöriger der Kaiserlichen Armee bzw. der Reichswehr, 1935–1939 Kommandeur der Luftkriegsakademie, 1939/40 stellv. Kommandierender General im Wehrkreis XVII in Wien, Okt. 1940 bis Febr. 1942 Militärbefehlshaber für Frankreich; 1945 Verhaftung, nahm sich in franz. Haft das Leben.

6 Nachdem am 20.10.1941 der deutsche Feldkommandant von Nantes und am Tag darauf ein deutscher Kriegsverwaltungsrat von der franz. Widerstandsbewegung erschossen worden waren, wurden auf Befehl Hitlers 98 Geiseln erschossen. Da dies die franz. Kollaborationsbereitschaft zu gefährden drohte, schlug die deutsche Militärverwaltung vor, statt mit Geiselerschießungen mit der Deportation von Juden auf die Attentate zu reagieren; siehe VEJ 5, S. 59.

7 Im Zuge der Antipartisanenaktionen ermordeten Soldaten der 717. Infanteriedivision am 15.10.1941 in dem serb. Ort Kraljevo 1736 Männer und 19 Frauen. Zeitgleich erschossen Soldaten des 749. und 727. Infanterieregiments in dem Dorf Kragujevac insgesamt 2332 Menschen.

8 Vermutlich bezog sich Moltke auf die Massaker von Ano und Kato Kerdylia, einem Doppeldorf bei Serres. Dort erschossen Soldaten der Wehrmacht am 17.10.1941 nach eigenen Angaben alle Männer zwischen 16 und 60 Jahren, insgesamt 207 Personen, und brannten die Dörfer bis auf die Kirche nieder; die verbliebene Bevölkerung wurde umgesiedelt.

9 Der erste Deportationszug verließ Berlin am 18.10.1941 nach Litzmannstadt. Die Juden wurden zuvor in der entweihten Synagoge in der Levetzowstraße inhaftiert; siehe Einleitung, S. 13, 35.

10 Aus Berlin wurden die Juden zwischen Mitte Okt. und dem 4.11.1941 ins Getto Litzmannstadt, in der Zeit vom 8.11. bis 4.12.1941 nach Riga und Minsk deportiert. Deportationen nach Smolensk wurden von der Heeresgruppe Mitte abgelehnt.

11 Otto Kiep (1886–1944), Gesandter und Major der Reserve.

damit er in die Gosse rollte; dann wandte er sich mit einem Rest von Schamgefühl an die Dame und sagte: „So ist es uns befohlen."
Wie kann jemand so etwas wissen und dennoch frei herumlaufen? Mit welchem Recht? Ist es nicht unvermeidlich, daß er dann eines Tages auch drankommt und daß man ihn auch in die Gosse rollt? – Das alles sind ja nur Wetterleuchten, denn der Sturm steht vor uns. – Wenn ich nur das entsetzliche Gefühl loswerden könnte, daß ich mich selbst habe korrumpieren lassen, daß ich nicht mehr scharf genug auf solche Sachen reagiere, daß sie mich quälen, ohne daß spontane Reaktionen entstehen. Ich habe mich selbst verzogen, denn auch in solchen Sachen reagiere ich über den Kopf. Ich denke über eine mögliche Reaktion nach, statt zu handeln.
Auf Wiedersehen, mein Lieber,[12] lassen Sie es sich wohlergehen, pflegen Sie sich, grüßen Sie Ihre Söhnchen und behalten Sie, bitte, lieb Ihren Ehewirt,

DOK. 17

Jochen Klepper notiert am 23. Oktober 1941 in sein Tagebuch, dass sich viele Juden vor der Deportation das Leben nehmen[1]

Tagebuch von Jochen Klepper,[2] Eintrag vom 23.10.1941

Donnerstag, den 23. Oktober 1941
Du bist gekommen zu dem Herrn, daß du unter seinen Flügeln Zuversicht hättest.
Ruth 2,12[3]

Renerle[4] ging wieder in den Dienst. Ich war zur Audienz bei dem Innenminister.[5] Zum mindesten kein rein negativer, sondern ein problematischer Eindruck; was am meisten für ihn spricht, ist, daß Frick gequält aussieht.[6] Die Formen beherrscht er sehr sicher,

12 Moltke verwendete in Briefen an seine Frau häufig die männliche Anrede.

1 Deutsches Literaturarchiv Marbach, Bestand A: Klepper, ZN: 77 3346. Teilweise abgedruckt in: Jochen Klepper, Unter dem Schatten deiner Flügel. Aus den Tagebüchern der Jahre 1932 bis 1942, Stuttgart 1955, S. 971–973.

2 Jochen Klepper (1903–1942), Theologe, Journalist, Schriftsteller; 1923–1932 SPD-Mitglied; 1932/33 Mitarbeiter des Rundfunks in Berlin, 1933–1935 beim Ullstein-Verlag, danach als freier Schriftsteller tätig; er sollte 1937 wegen seiner jüdischen Ehefrau aus der Reichsschrifttumskammer ausgeschlossen werden, erhielt jedoch eine Sondergenehmigung; 1940/41 Soldat; nahm sich gemeinsam mit seiner Frau und deren Tochter das Leben; Autor u. a. von „Kyrie. Geistliche Lieder" (1938).

3 Von 1933 an stellte Klepper jedem Tagebucheintrag ein Bibelzitat aus den Losungen der Herrnhuter Brüdergemeine voran.

4 Renate Stein (1922–1942), Tochter aus früherer Ehe von Jochen Kleppers Ehefrau Johanna; Sept./ Okt. 1940 als Zwangsarbeiterin bei Siemens-Schuckert, nahm anschließend an einem Kurs für Modezeichnen teil; im April 1941 dienstverpflichtet in einem Konfektionsbetrieb.

5 Dr. Wilhelm Frick (1877–1946), Jurist; von 1903 an in der bayer. Verwaltung, leitete 1919–1921 die Politische Polizei München, 1923 die Kriminalpolizei München, 1923/24 Haft wegen Beteiligung am Hitler-Putsch, 1924 Dienstenthebung und Wiedereinsetzung; 1925 NSDAP-Eintritt; 1930/31 thüring. Minister des Inneren und für Volksbildung, 1933–1943 RMdI, von Aug. 1943 an Reichsprotektor für Böhmen und Mähren; im Nürnberger Prozess zum Tode verurteilt und hingerichtet.

6 Klepper konnte bei Frick zunächst Schutz vor Verfolgung für sich und seine Familie erwirken, da der Innenminister ein großer Verehrer von Kleppers Roman „Der Vater" war, wie Klepper in ei-

ob die Haltung einer gewissen Menschlichkeit mehr ist als eine Pose, läßt sich nicht entscheiden; auch nicht, ob ihn die Dinge so beschäftigten, wie er es wirken ließ. Die persönliche Artigkeit war groß; und dieser Weg ist nicht endgültig abgeschlossen, abgeschnitten.

Hinter den Maßnahmen steht der entschiedene Wunsch des Führers, und ohne ihn – wie ich erwartete – läßt sich nichts tun. Er sei aber bereit, meine Sache in Verbindung mit Renerle vor dem Führer zu vertreten, sobald meine militärische Sondergenehmigung positiv entschieden wäre;[7] dies wäre ein Anknüpfungspunkt, wo sonst keiner ist. Was die Deportation, als das Entscheidende, angeht, so hat die „Aussiedlung" zum Ziel die Schaffung von Wohnraum angesichts der Wohnungsknappheit und der Bauschwierigkeiten. Minister Frick hält Renerle, als zu meinem Hause gehörig, nicht für bedroht, aber er ist bereit, zur Befreiung von diesem Druck „im Interesse meiner Arbeit" zu veranlassen, daß sie davor auf weitere Sicht – das Beste sieht er in der Auswanderung nach Schweden – bewahrt bleibe. Dies könne er auf sich nehmen. Ich habe nun mein Anliegen noch einmal schriftlich vorzutragen, darf nur die Bitte um Befreiung von dem Gelben Stern nicht äußern, der eben der „entschiedene Wunsch des Führers" sei; von dem das Gesetz keine Ausnahmen über die Mischehen hinaus vorsehe. Ich habe in meinem nachträglichen Schreiben zu betonen, daß – so wie auch das Gespräch geführt war – schriftstellerische Sondergenehmigung und Antrag auf mil. Sondergenehmigung beweisen, daß man mich und meine Arbeit will; nur nach den Bedingungen, unter denen meine Arbeit erfolge, sei nicht gefragt, und da gehe ein allmählich nicht mehr tragbarer, lähmender Druck auf die Schaffensfreudigkeit aus. – Nur um die Arbeit, die das Dritte Reich wünscht, darf es ja in solcher Audienz und solchem Antrag gehen.[8] Wesentlich war mir aber, daß Minister Frick mit keiner Silbe andeutete, daß Renerles Anwesenheit in meinem Hause eine zu starke Belastung für mich bedeute. Bei aller großen Zurückhaltung und Vorsicht erklärte Minister Frick doch noch, daß „wir es damit", Renerle „aus dem Arbeitseinsatz und der Dienstverpflichtung herauszubekommen", im Falle einer Einwanderungserlaubnis nach Schweden schaffen würden. Irgendein Schritt außerhalb des Gesetzesrahmens kann aber also nicht getan werden. Ich glaube, heute würde man ihn auch in puncto Sondergenehmigung für uns Künstler nicht mehr tun.

Unterdes war Hanni[9] bei der alten Talka Gerstel,[10] deren 70jährige Schwester Nanni nun – nachts um 3 Uhr aus ihrem Zimmer abgeholt – nach Litzmannstadt (Lodz) deportiert ist.[11] Fräulein Anni,[12] gestern abend aus, sah wie spät alte Juden mit Polizeiautos

nem Brief von 1937 einer Freundin schrieb. Der Roman über den preuß. Soldatenkönig Friedrich Wilhelm, der in einer Auflage von 100 000 Exemplaren erschien, fand viel Zuspruch in den NS-Führungskreisen.

7 Der Stab seiner ehemaligen Division hatte Kleppers Wiederzulassung zum Militär beantragt, aus dem er wegen seiner Ehe mit einer Jüdin entlassen worden war. Die Wiederzulassung hätte auch einen gewissen Schutz für Frau und Tochter bedeutet.

8 Klepper schilderte sein Anliegen in einem Brief an Frick vom 25.10.1941 erneut. Dieser ließ ihm am 27.10.1941 mitteilen, dass er sich keine Sorgen um seine Stieftochter machen solle, da sie nicht unter die Maßnahmen „in Verbindung mit dem Evakuierungsprogramm" falle.

9 Johanna Klepper (1890–1942), geb. Gerstel, verw. Stein, Ehefrau von Jochen Klepper.

10 Talka Gerstel, Tante von Johanna Klepper.

11 Nanni Gerstel (1871–1942) wurde am 18.10.1941 von Berlin-Grunewald aus in das Getto Litzmannstadt deportiert und im Mai 1942 in Kulmhof ermordet.

12 Anni Tiecke, Haushälterin der Familie Klepper.

aus ihren Wohnungen abgeholt wurden. – Die Selbstmorde sollen sich so gehäuft haben, daß den Juden in den „Sammel"-Synagogen Scheren, Nagelfeilen etc. abgenommen werden. Auch sonst, noch in den Wohnungen, viele Selbstmorde. Weithin bringt die arische Bevölkerung den Juden Lebensmittel; vor der Synagoge in der Levetzowstraße soll es zum ersten Mal nahezu Demonstrationen gegeben haben.[13]
So kalt Fräulein Anni ist – dies alles nimmt sie in der Erinnerung an das, was sie seit Jahren in jüdischen Häusern erfahren hat, sehr mit, und sie ist von großem Wert für uns als Hausgenosse.
Um ½ 7 kam Renerle heim, sehr bedrückt, weil aus ihrem Betrieb nun auch wieder einer verschwunden und fortgebracht ist. Renerle, Hanni und ich sind heute – indes all dies verzweiflungsvolle Unheil weitergeht – doch viel ruhiger. Das Entsetzlichste steht nicht so unmittelbar vor einem. So führt Renerle zwar ein Leben ohne alle Freude – aber doch in behütendem Elternhause, nicht so furchtbarer Trennung und Gefahr preisgegeben.[14] In die Auswanderung nach Schweden, gelänge sie, – obwohl sie auch dann noch keine endgültige Lösung darstellt –, haben wir drei ja nun auch innerlich eingewilligt, ja, hoffen auf sie als letzte irdische Hoffnung.[15] –
Der Abend brachte eine kleine Abwechslung für Renerle, obwohl auch solcher Abendbesuch nur in unserer Begleitung sich wagen läßt. Nachdem ich früh auf dem Wege Frau Foelsche zum Geburtstag einbeschert hatte, was wir für Heinz in seinem Auftrag besorgt hatten, waren wir des Abends bei ihr in ihrem hübschen Häuschen. Als Reiterin ist sie ja Renerle besonders verbunden, obwohl ja auch diese Gespräche, nun es für sie aufgehört hat, sehr schmerzlich für Renerle sind. Waren auch gesinnungsmäßig ordentliche Leute da, saß man auch bei Wein und einer Schallplatten (leider)-Sinfonie am Kaminfeuer, sah Hanni auch besonders schön aus – für sie und mich war solch belanglose, dabei mühsame Konversation doch recht qualvoll und für das Kind nach seinem Dienst zu anstrengend. Wir gehören eben einfach nicht mehr zu alledem.
Immer wieder muß ich mich fragen: Bedeutet der beharrliche Wunsch zu sterben einen „Bruch" im Glauben, einen Bruch mit Gott? Und immer wieder, ohne etwas zu beschönigen, muß ich sagen: Nein. Denn was auf Erden war mir mehr als das Evangelium? Was auf Erden habe ich mehr geliebt, verehrt, an was mich mehr gebunden gefühlt, an was mehr geheftet als an alles, was Glaube und Kirche heißt? So ist es auch bei Hanni. Und bei Renerle fordert, in aller Schwere der Erfahrungen und so auch dem Ernst ihres Glaubens, ihre Jugend ihr Recht. Das quält so. –

13 Siehe Einleitung, S. 81.

14 Renate Steins Schwester Brigitte war kurz vor Kriegsausbruch über Schweden nach Großbritannien ausgereist.

15 Von Ende Nov. 1939 an bemühten sich die Kleppers um eine Unterkunft für Renate Stein in Schweden oder der Schweiz, da dies die Voraussetzung für eine Einwanderungserlaubnis darstellte. Die Schweizer Fremdenpolizei lehnte Renate Steins Antrag jedoch am 10.5.1940 ab. Im Dez. 1942 wurde ihr endgültig die Ausreise verwehrt. Sie nahm sich daraufhin gemeinsam mit Johanna und Jochen Klepper das Leben.

DOK. 18

Jüdisches Nachrichtenblatt: Leitartikel von Leo Kreindler vom 24. Oktober 1941 über die mangelnde Unterstützung aus Übersee für die Juden in Deutschland[1]

Haben sie nicht genug getan?

L.I.K.[2] Haben die Juden in Übersee und ihre Hilfsorganisationen in den vergangenen Jahren in der Tat alles ihnen Mögliche zur Schaffung von Einwanderungsgelegenheiten getan? Diese Frage wurde und wird vielfach von Lesern an uns gestellt, und wir haben sie zu keiner Zeit in völlig bejahendem Sinne beantworten können. Die Juden in Übersee haben gewiß manches getan, um die Einwanderung zu fördern, beispielhaft war insbesondere das Verhalten vieler ausgewanderter Familienmitglieder, die sich um die Nachwanderung ihrer Angehörigen eifrig bemüht haben. Auch aus der Familiennachwanderung ist nicht alles herausgeholt worden, was sich hätte erreichen lassen, aber man konnte immerhin zufrieden sein. Weniger befriedigend war schon die Gesamthaltung der jüdischen Wanderungsorganisationen in Übersee, die ihre Kräfte und Mittel zersplittert haben, ohne in ausreichendem Umfang einen wirklich großen und konstruktiven Plan gefördert zu haben.[3] Wahr ist allerdings, daß sie manchen Plänen und Projekten ihre Aufmerksamkeit gewidmet haben, sie haben auch Verständnis für die Notwendigkeit der Verbreiterung der Einwanderungsbasis bekundet, aber nur in ganz wenigen Fällen ist es zu positiven Entscheidungen gekommen. Was ist nicht alles an Einwänden gegen die großzügigen von unserer Seite gemachten Lösungsvorschläge vorgebracht worden, und wie wenig stichhaltig waren diese Gegenargumente. Man hatte förmlich Angst, die Großeinwanderung in ein überseeisches Land zu fördern, weil man fürchtete, jede Zuwanderung neuer jüdischer Massen könnte zu einer grundsätzlichen Versagung der Einwanderungserlaubnis führen. Vielleicht waren diese Befürchtungen nicht grundlos, aber dann hätte es doch nahegelegen, Pläne zu realisieren, die die Seßhaftmachung von jüdischen Einwanderern in solchen Gebieten zum Gegenstand hatten, die erst für die Bebauung erschlossen werden mußten.

Die zwei Kategorien
Wie häufig haben wir in unseren Aufsätzen eine Unterscheidung zwischen den Auswanderern gemacht, die mit Hilfe ihrer vorgewanderten Verwandten im Wege der individu-

1 Jüdisches Nachrichtenblatt (Berliner Ausg.), Nr. 67 vom 24.10.1941, S. 1. Die Zeitung erschien von Nov. 1938 bis Juni 1943 zunächst zweimal, dann einmal wöchentlich und schließlich 14-tägig als Mitteilungsblatt der Reichsvereinigung der Juden. Sie wurde zunächst vom RMfVuP und von Sept. 1941 an vom RSHA kontrolliert und zensiert.

2 Leonhard (Leo) Kreindler (1886–1942), Theaterkritiker, Schriftsteller; von 1907 an für die Jüdische Gemeinde Berlin tätig, 1925–1938 Redakteur beim Israelitischen Familienblatt, leitete die Wohlfahrtsabt. der Reichsvereinigung, war verantwortlicher Redakteur des Jüdischen Nachrichtenblatts; erlitt im Nov. 1942 einen Herzinfarkt, als die Gestapo seine Abt. zum Appell antreten ließ.

3 Die wichtigsten Organisationen, die die Auswanderung der Juden aus Deutschland unterstützten, waren das American Jewish Joint Distribution Committee (Joint) sowie HICEM, ein Zusammenschluss der Organisationen Hebrew Immigrant Aid Society (HIAS) in New York, der Jewish Colonization Agency (ICA) in Paris und der Emigdirect in Berlin.

ellen Einwanderung in ein Überseeland kommen können, und der anderen Kategorie von Auswanderungsaspiranten, die mangels verwandtschaftlicher Beziehungen nach Übersee und wegen des Fehlens eigener Mittel nur durch eine gemeinschaftliche Maßnahme der jüdischen Wanderungsorganisationen in Übersee zu einem Einwanderungsziel hätten gelangen können. Mit welchem Aufgebot an Einzelheiten haben wir diese Pläne verfochten, mit welcher Beharrlichkeit haben wir sie immer wieder vorgetragen, und wie sehr haben wir selbst den Vorwurf der steten Wiederholung der gleichen Gedanken in Kauf genommen, um den Juden in Übersee klarzumachen, was sie zur Lösung des Wanderungsproblems der Juden in Deutschland beitragen können. Man sagte uns von drüben, es seien die Geldmittel nicht vorhanden, um wirklich große und für zahlreiche Einwanderer in Frage kommende Projekte durchzuführen, und wir antworteten darauf mit Gegenvorschlägen, wie sich Mittel beschaffen ließen. In frischer Erinnerung wird den Lesern dieses Blattes noch der Hinweis auf die mehrere hundert Millionen Dollars betragenden Sozialetats der Juden in den überseeischen Ländern sein, und unvergessen ist wohl auch unser Aufruf an die jüdischen Wanderungsorganisationen und an die Juden in Übersee, einen wirklich großzügigen einmaligen Drive zu veranstalten, mit dem einzigen Ziele, eine erhebliche Summe für die Finanzierung von Einwanderungsprojekten zu gewinnen. Große Ländereien in Übersee, so sagten wir, stehen bereit, die Menschen brauchen, und die Menschen, so fügten wir hinzu, sind vorhanden, die danach Verlangen tragen, in diese Gebiete zu gehen, wenn man ihnen nur die Chance gewährt hätte.

Mangel an Entschlußfähigkeit

Wir erörterten die mannigfachen Gesichtspunkte einer rein sachlich fundierten Wanderungspolitik und wiesen auch auf die Notwendigkeit hin, durch eine zweckmäßige Propaganda die Juden in Übersee für die Durchführung von Großeinwanderungsprojekten zu gewinnen. Es war in den letzten Jahren angesichts der wechselnden Einwanderungsbestimmungen in Übersee und im Hinblick auf die Tendenz fast aller Länder, sich gegen die Zuwanderung von Juden abzuriegeln,[4] ziemlich schwierig, Einwanderungsmöglichkeiten in großem Umfange zu schaffen. Es war nicht leicht, aber es wäre doch keineswegs unmöglich gewesen. Sehr viele Dinge im Leben sind nicht leicht durchzuführen, aber bei Geschicklichkeit und voll einsetzender Hilfsbereitschaft glücken sie letzten Endes doch. Bei allem Respekt vor den anerkennenswerten Einzelleistungen auf dem Gebiete der Wanderung kann man doch nicht allen in Frage kommenden jüdischen Stellen das Zeugnis ausstellen, sie hätten das Problem als solches so behandelt, wie es seiner Natur nach hätte gelöst werden müssen. Können sie zu ihrer Entlastung anführen, man hätte ihnen die Tragweite und den Umfang der Frage nicht genügend deutlich zur Kenntnis gebracht? Sie können es ganz gewiß nicht, wenn man nur halbwegs objektiv die Veröffentlichungen in diesem Blatte würdigt, die in den letzten Jahren diesem Thema gewidmet waren. Vielleicht muß man zu dem Schlusse kommen, es säßen in den Gremien, die über die großen Projekte zu entscheiden hatten, nicht immer die richtigen Menschen

4 Insbesondere nach dem Anschluss Österreichs im März 1938 und dem Novemberpogrom im selben Jahr hatten viele Länder die Einwanderung namentlich von Juden durch zahlreiche Bestimmungen erschwert; siehe VEJ 2, S. 43–48. Nach Kriegsbeginn war die Emigration nur noch wenigen Juden möglich.

auf den Plätzen, auf die sie gehören, *vielleicht sähe es auch auf dem Gebiete der Wanderung anders aus, wenn dort, wo die endgültigen Entschließungen getroffen worden sind, die jüdischen Persönlichkeiten vorhanden gewesen wären, die über den Tag hinaus die Dinge zu beurteilen vermochten.* Wir sind nicht im geringsten von dem Bedürfnis nach Kritik an der jüdischen Wanderungsarbeit berührt, wir haben häufig genug Worte des Dankes und der Anerkennung in diesem Blatte an die Adresse der jüdischen Wanderungsorganisationen in Übersee gerichtet, nicht etwa nur deshalb, weil wir ja doch wußten, wie sehr wir auf ihre Hilfsbereitschaft bei der Regelung aller finanziellen Fragen angewiesen sind. Nur dachten und denken wir, wie wir es einmal schrieben, daß auch diejenigen, denen die Hilfe gewidmet wird, ein gewisses Anrecht haben, mit den Helfern die Methode der Hilfeleistung zu erörtern.

Pflichterfüllung ist Opferbereitschaft

Wir rufen die Argumente, die wir hier gestreift haben, nicht in Erinnerung, um etwa ein Verzeichnis von verpaßten Gelegenheiten zusammenzustellen, wir haben diese Fragen lediglich Revue passieren lassen, um denen Antwort zu geben, die uns gefragt haben, ob unserer Meinung nach die Juden in Übersee auch wirklich alles in ihrer Möglichkeit Befindliche getan haben, um Einwanderungschancen ausfindig zu machen und zu finanzieren. Dies gilt nicht etwa nur für die Großeinwanderungspläne,[5] es bezieht sich auch auf die Möglichkeiten der individuellen Einwanderung, zumal für Menschen älterer Jahrgänge, die draußen keine Verwandten haben, aber auch solcher, deren Angehörige in Übersee leben. Erst vor ganz kurzer Zeit haben wir unter Hinweis auf verschiedene Briefe von Kindern an ihre Eltern von den Pflichten gesprochen, die die Kinder in Übersee gegenüber den noch nicht ausgewanderten Eltern haben.[6] Inzwischen sind uns wieder einige solcher Briefe zu Gesicht gekommen, in welchen die Kinder in Übersee an ihre alten Eltern schreiben, aus welchen Gründen sie die Mittel nicht beschaffen können, die zur Finanzierung der Elterneinwanderung erforderlich wären. Daß in vielen Fällen die Argumente keineswegs überzeugend sind, man vielmehr den Eindruck gewinnt, es seien nicht alle verfügbaren Möglichkeiten ausgeschöpft, braucht wohl nicht erst betont zu werden. Pflichterfüllung gegen andere bedingt sehr häufig, daß man sich selbst ein Opfer auferlegt, und eben das ist es, was manche, Organisationen und Einzelpersonen, nicht gern tragen wollen. Sie möchten tun, was sich in den Grenzen der eigenen Bequemlichkeit schaffen läßt, was aber darüber hinausgeht, scheint ihnen über ihre Kraft zu reichen. Deshalb war es notwendig, die Frage zu überprüfen, ob die Juden in Übersee auf dem Gebiete der Wanderung ihre Pflicht voll erfüllt haben, und jeder Leser wird sich nach seinen Erkenntnissen leicht seine Meinung bilden können. *Es gibt auch heute noch Einwanderungsmöglichkeiten in Übersee,* die ausgenutzt werden könnten, und die

5 Pläne für eine Gruppeneinwanderung der aus Deutschland vertriebenen Juden bestanden u. a. in Alaska, in verschiedenen Staaten Südamerikas, im australischen Kimberley, in Ostafrika, auf der philippin. Insel Mindanao. In China hatte die Oberste Verteidigungskommission in Nanking der Einrichtung eines jüdischen Siedlungsgebiets im Südwesten des Landes zugestimmt; siehe VEJ 2/227. In der Sowjetunion existierte die Autonome Jüdische Republik Birobidschan; in der Dominikanischen Republik finanzierte der Joint die Ansiedlung von Juden in Sosúa. Alle diese Projekte erfüllten jedoch nicht die in sie gesetzten Hoffnungen als Zufluchtsorte für eine große Zahl verfolgter Juden.

6 Jüdisches Nachrichtenblatt (Berliner Ausg.), Nr. 65 vom 10.10.1941, S. 1: Die wichtigsten Gebote.

fortlaufende Erfahrung lehrt zur Genüge, wie einzelne Menschen drüben diese Chancen in der Tat für ihre alten Angehörigen nutzbar machen. Hätten alle, die es konnten, ihre Pflicht bis zur Höhe des Opfers gesteigert, manche hätten dann wohl ihre Auswanderungspläne längst reifen sehen. Würden jetzt die Zwischenwanderungsgelegenheiten, die wir in der vorigen Woche an dieser Stelle erörtert haben,[7] bis zur letzten Möglichkeit ausgenutzt, manche könnten ihre Auswanderung nach den in Betracht kommenden überseeischen Ländern sehr bald durchführen.

DOK. 19
Aufbau: Artikel vom 24. Oktober 1941 über Verhaftungen und Vertreibungen der Juden aus dem Deutschen Reich[1]

Die Austreibungen im Reich

Es ist unmöglich, augenblicklich ein klares Bild darüber zu haben, wie weit die bedrückenden Nachrichten, die in der letzten Woche aus Deutschland hierher gelangt sind, in allem zutreffen. Die Berichte der „New York Times" darüber stammen von einem an sich zuverlässigen Dienst, der „Associated Press"; andere Meldungen sind namentlich über schwedische und Schweizer Stellen hierher gelangt.
Faßt man die vorliegenden Meldungen zusammen, so ergibt sich, daß die Nazis die Drohung, die in Deutschland verbliebenen Juden, soweit sie ihnen nicht für die Zwangsarbeiten wertvoll sind, abzutransportieren, durchzuführen begonnen haben. Es fing an mit der Schließung zweier großer Synagogen in Berlin (in der Levetzowstraße und Münchener Straße), in die Strohsäcke geschafft wurden, um „durchreisende Juden" vorübergehend zu beherbergen.[2]
Bei diesen durchreisenden Juden handelte es sich meist um Scharen Vertriebener aus dem Westen Deutschlands. Gleichzeitig fanden in Berlin eine Anzahl Verhaftungen statt, denen Haussuchungen nach verbotenen Lebensmitteln vorangegangen waren. Die Zahl der Verhafteten beträgt 1500. Ihre Arretierung wurde der Öffentlichkeit gegenüber als „Alibi" benutzt. Gleichzeitig wurde unter der deutschen Bevölkerung folgendes Flugblatt verbreitet: „Vergiß nicht, was die Juden dem deutschen Volk angetan haben … Jeder Jude ist Dein Feind … Jeder Deutsche, der einem Juden aus einem falschen Gefühl heraus hilft – selbst wenn er nur eine freundliche Haltung gegen die Juden einnimmt – begeht Verrat gegen sein eigenes Volk!"[3]

7 Jüdisches Nachrichtenblatt (Berliner Ausg.), Nr. 66 vom 17.10.1941, S. 1: Die Zwischenwanderung. In dem Artikel argumentiert Kreindler, dass vor allem ältere Menschen, die keine Arbeitserlaubnis beanspruchen würden, vorübergehend in solchen Staaten, möglichst in Übersee, Aufnahme finden könnten, in denen die Einwanderung aus arbeitsmarktpolitischen Gründen beschränkt sei.

1 Aufbau, Nr. 43 vom 24.10.1941, S. 1. Der Aufbau erscheint seit Dez. 1934, wurde zunächst in New York vom German-Jewish Club herausgegeben – bis 1939 14-tägig, danach wöchentlich; erscheint heute monatlich in Zürich. Die Auflage stieg von anfangs 500 auf 8000 im Jahr 1938.
2 Im Okt. 1941 war nur die Synagoge in der Levetzowstraße Sammellager für Deportationen.
3 The New York Times, Nr. 30 587 vom 22.10.1941, S. 11: Anti-Jewish Drive Renewed in Reich.

Kurz darauf verstärkten sich die Hiobs-Botschaften. Der Berliner Korrespondent der schwedischen Zeitung „Socialdemokraten" berichtet am 19. Oktober,[4] daß 5000 Berliner Juden zwischen 50 und 80 Jahren nach Nazipolen transportiert worden seien, und zwar zuerst nach Lodz. Von dort sollen sie zu Arbeiten im Distrikt von Rokitno[5] gebracht werden. Die Austreibungen, bei denen die Betreffenden nur ein kleines Köfferchen und etwa 100 Mark mitnehmen konnten, standen unter der Leitung des berüchtigten Gestapo-Agenten Eichmann, der bekanntlich aus der deutschen Templer-Kolonie Sarona in Palästina stammt.[6]

Am 21. Oktober brachte dann die „New York Times" die Nachricht, daß seitens der Nazis die Absicht bestünde, von den 65 000 Juden, die noch in Berlin seien, 55 000 zu exilieren, und daß im ganzen in Deutschland 190 000 Juden in kurzer Zeit von dieser Katastrophe betroffen sein könnten.[7]

Und am 22. Oktober kommt die Meldung, daß die Naziregierung offiziell beschlossen habe, die Gesamtdeportierung durchzuführen. Selbst die Zwangsarbeiter werden davon betroffen werden. Die Deportationen erfolgen mitten in der Nacht. Am stärksten betroffen wurden bisher außer den Juden Berlins die von Köln, Frankfurt und Düsseldorf.

Soweit die in New York eingelangten Meldungen. Wir hoffen, daß sie sich nicht in diesem Umfang bestätigen werden. Aber das ist natürlich nur eine Hoffnung, denn das Ziel der Nazis ist seit langem eindeutig und klar. Es ist leider nur von den meisten Juden statt im Jahre 1933 erst viele Jahre später erkannt worden.

Fast schlimmer noch als die deutschen Meldungen sind die Nachrichten, die aus den Gebieten kommen, in die die Nazis mit dem Zurückweichen der sowjetrussischen Armeen einrücken. Das ukrainische Pro-Nazi-Blatt „Krakovski Wisti",[8] das in Krakau erscheint, berichtet, daß seit dem Einmarsch der Nazis in Kiew am 29. September, also in ganz kurzer Frist, die 150 000 in Kiew wohnenden Juden aus der Stadt vertrieben und auf die Landstraßen gejagt wurden. Ihr Schicksal ist unbekannt.[9] Nach der gleichen Zeitung hat die Stadt Zitomir, die vor der Nazibesetzung 50 000 Juden hatte, heute nur noch 6000.[10] In Zitomir stationierten die Nazis die erste ukrainische Division,[11] die sich ungefähr aus den gleichen Elementen zusammensetzt, wie sie in den Pogromen des Petljura-Regimes „tätig" waren.[12] Das ukrainische Blatt jubelt: „Die Gestapo hat eine wundervolle Arbeit mit der Reinigung des ukrainischen Bodens von diesen fremden Elementen geleistet", und „Kiew ist judenrein" verkünden die deutschen Blätter.

4 Socialdemokraten, Nr. 285 A vom 20.10.1941, S. 6: 20 000 av Stortysklands judar exporteras österut.

5 Die in das Getto Litzmannstadt deportierten Juden wurden nicht weiter nach Rokitno gebracht, sondern, soweit sie nicht schon im Getto starben, im Vernichtungslager Kulmhof ermordet. Gemeint waren vermutlich die Rokitno-Sümpfe.

6 Adolf Eichmann stammte aus Solingen.

7 The New York Times, Nr. 30 586 vom 21.10.1941, S. 9: 55 000 of Berlin's Jews Reported to Face Exile.

8 Richtig: Krakivski Wisti, eine von 1940 bis 1944 erscheinende Zeitung, die antipolnische Propaganda betrieb und Deutschland als Befreier der Ukraine darstellte.

9 In diesen Zeitraum fällt das Massaker von Babij Jar, dokumentiert u. a. in VEJ 7/84.

10 Zu den Massenmorden aus Shitomir siehe VEJ 8/112.

11 Gemeint ist vermutlich das Bataillon Nachtigall, das aus ukrainischen Freiwilligen bestand und von der Wehrmacht aufgestellt und ausgebildet worden war.

12 Während Symon V. Petljuras (1879–1926) Regierungszeit 1918/19 ereigneten sich in der Ukraine zahlreiche antijüdische Pogrome, bei denen man von Zehntausenden Toten ausgeht.

Unter diesen Umständen wirken die Tragödien in den anderen Ländern fast nur wie Episoden neben dem Geschehen im Reich und in Rußland. In Luxemburg sind eine große Anzahl der noch verbliebenen Juden – man spricht von 400 – nach einem Bericht der JTA deportiert worden; 134 entkamen noch in der letzten Minute nach Spanien.[13] In Frankreich verschlimmert sich die Lage der Juden ebenfalls. Es handelt sich hier nach einem Bericht des New Yorker Institute of Jewish Affairs um 340 000 Personen,[14] in beiden Zonen, und Berlin drängt auf immer schärfere Maßnahmen gegen sie.[15] Der einzige Lichtblick ist die Haltung des französischen Volkes, über dessen „Lauheit" der Naziführer Raymond Schultz sich erst soeben wieder in der Pariser Presse beklagt hat.[16]

DOK. 20
Das Reichssicherheitshauptamt kündigt am 24. Oktober 1941 an, Kontakte zwischen Juden und Nichtjuden mit der Einweisung in ein Konzentrationslager zu bestrafen[1]

Runderlass des RSHA, Ref. IV B4b[2] (1027/41), gez. i. V.zt Müller,[3] an alle Staatspolizei(leit)stellen und nachrichtlich an den IdS und den BdS in Prag vom 24.10.1941 (Abschrift)[4]

Betrifft: Verhalten Deutschblütiger gegenüber Juden.
Bezug: Ohne.
Wie hier in der letzten Zeit wiederholt bekannt geworden ist, unterhalten deutschblütige Personen nach wie vor freundschaftliche Beziehungen zu Juden und zeigen sich mit

13 Im Okt. 1941 brachten die ersten Deportationszüge aus dem Deutschen Reich auch 512 Juden aus Luxemburg und Trier in das Getto Litzmannstadt, von wo aus die meisten von ihnen im Mai 1942 in das Vernichtungslager Kulmhof weitertransportiert wurden; siehe auch VEJ 5/214–216.

14 Das Institute of Jewish Affairs ist ein Forschungsinstitut des Jüdischen Weltkongresses und des American Jewish Congress, das 1941 zur Erforschung und Dokumentation jüdischen Lebens gegründet wurde und heute seinen Sitz in London hat. Der erwähnte Bericht stellt unter dem Titel „Expulsion and Deportation of Jews on the German-Controlled Territory" die Verfolgung der Juden im Deutschen Reich sowie in den besetzten Ländern und den Beginn des Massenmords dar; siehe AJA, WJC C88, 03, Part IV. Catastrophe, Deportation, Observations, 1942, Bl. 10.

15 In Frankreich hatte die deutsche Besatzungsmacht nach Attentaten der franz. Widerstandsbewegung auf deutsche Soldaten am 22. und 24. Okt. 1941 98 Geiseln erschießen lassen. Hitler drängte auf ein schärferes Vorgehen. Daraufhin schlug der Militärbefehlshaber die Deportation von Kommunisten und staatenlosen Juden aus Frankreich „zur Zwangsarbeit in den Osten" vor; siehe VEJ 5, S. 59.

16 Siehe JTA-Meldung vom 16.10.1941: Jewish Elimination in France has not yet been carried out with all the necessary Energy and Interest.

1 BArch, R 58/276, Bl. 312. Abdruck in: Die jüdische Emigration aus Deutschland 1933–1941. Die Geschichte einer Austreibung, Frankfurt a. M. 1985, S. 305 f.

2 Rechtsabt. des Judenreferats unter Leitung von Friedrich Suhr.

3 Heinrich Müller (1900–1945?), Flugzeugmonteur; von 1919 an in der Polizeidirektion München tätig, seit 1929 bei der Politischen Polizei für die Überwachung kommunistischer Organisationen zuständig; 1934 SS-Eintritt; Versetzung zum Gestapa Berlin, 1936 stellv. Chef des Amts Politische Polizei im Hauptamt Sicherheitspolizei; 1938 NSDAP-Eintritt; 1939 Geschäftsführer der Reichszentrale für jüdische Auswanderung und Chef des Amts IV (Gestapo) im RSHA, 1942 Teilnehmer an der Wannsee-Konferenz; seit 1945 verschollen.

4 Im Original Stempel und Unterschriften.

diesen in auffälliger Weise in der Öffentlichkeit. Da die betreffenden Deutschblütigen auch heute noch den elementarsten Grundbegriffen des Nationalsozialismus verständnislos gegenüberzustehen scheinen und ihr Verhalten als Mißachtung der staatlichen Maßnahmen anzusehen ist, ordne ich an, daß bei derartigen Vorkommnissen der deutschblütige Teil aus erzieherischen Gründen vorübergehend in Schutzhaft zu nehmen bzw. in schwerwiegenden Fällen bis zur Dauer von drei Monaten in ein Konzentrationslager, Stufe I,[5] einzuweisen ist. Der jüdische Teil ist in jedem Falle bis auf weiteres unter Einweisung in ein Konzentrationslager in Schutzhaft zu nehmen.
Entsprechende Anträge an das RSHA, Ref. IV C 2,[6] sind zu stellen.

DOK. 21
Der Berliner Domprobst Bernhard Lichtenberg verteidigt am 25. Oktober 1941 in einem Gestapo-Verhör, dass er Juden in sein Andachtsgebet eingeschlossen hat[1]

Protokoll des Verhörs von Bernhard Lichtenberg[2] durch die Geheime Staatspolizei, Staatspolizeileitstelle Berlin (STAPO IV B 1), v.g.u. Bernhard Lichtenberg, Domprobst, geschlossen:[3] gez. Kriminal-Assistent (Unterschrift unleserlich), vom 25.10.1941 (Typoskript)

[...][4]
Politisch:
In politischer Hinsicht gehörte ich bis zur Auflösung der Parteien im Jahre 1933, schon von vor dem Weltkriege an, der Zentrumspartei als Mitglied an.
Ich war in Charlottenburg Stadtverordneter als Mitglied der bürgerlichen Fraktion und in Berlin Stadtverordneter als Mitglied der Zentrumsfraktion. Diese Tätigkeit erstreckte sich bis in die Jahre 1930/31. Außerdem war ich Mitglied des Friedensbundes Deutscher Katholiken in Berlin. Als diese Vereinigung mit anderen derartigen Verbänden sich in die „Vereinigung der Konfessionen für den Frieden" zusammenschloß, war ich Mitglied des Präsidiums dieser Vereinigung.
Über meine Einstellung zur NSDAP., dem nationalsozialistischen Staat und seinen führenden Männern, erkläre ich auf Befragen folgendes:

5 Himmler hatte Anfang 1941 eine Einstufung der KZ angeordnet. Stufe I bezeichnete Lager für „alle wenig belasteten und unbedingt besserungsfähigen Schutzhäftlinge, außerdem für Sonderfälle und Einzelhaft" und umfasste die Lager Dachau, Sachsenhausen und Auschwitz I.
6 Ref. für Schutzhaftangelegenheiten unter Leitung von Emil Berndorff.

1 BLHA, Rep. 12 C Berlin II, Nr. 19 106, Bl. 12–17.
2 Bernhard Lichtenberg (1875–1943), Theologe; 1899 zum Priester geweiht, von 1900 an Kaplan und Kuratus in Berlin, während des Ersten Weltkriegs Militärpfarrer; 1926 von Papst Pius XI. zum Geheimkämmerer ernannt; von 1930 bis zu seiner Festnahme am 23.10.1941 Dompfarrer und -probst der Berliner St.-Hedwigs-Kirche; nach mehreren Vernehmungen kam er in Untersuchungshaft, wurde trotz eines schweren Herzleidens für haftfähig erklärt, starb auf dem Weg ins KZ Dachau.
3 Verhör abgeschlossen.
4 Das Dokument beginnt mit einer tabellarischen Erfassung der persönlichen Daten von Bernhard Lichtenberg, gefolgt von seinem detaillierten Lebenslauf.

In dem Kapitel „Weltanschauung und Organisation" des Buches „Mein Kampf" auf der Seite 507, 2. Absatz[5] heißt es:
Eine von infernalischer Unduldsamkeit erfüllte Weltanschauung wird aber nur zerbrochen werden durch eine vom gleichen Geist vorwärtsgetriebene, vom gleichen stärksten Willen verfochtene, dabei aber in sich reine und durchaus wahrhaftige neue Idee.
Der einzelne mag heute schmerzlich feststellen, daß in die viel freiere antike Welt mit dem Erscheinen des Christentums der erste geistige Terror gekommen ist, er wird die Tatsache aber nicht bestreiten können, daß die Welt seitdem von diesem Zwange bedrängt und beherrscht wird und daß man Zwang nur wieder durch Zwang bricht und Terror nur mit Terror. Erst dann kann aufbauend ein neuer Zustand geschaffen werden.
Da nun dieses Buch die Grundlage der nationalsozialistischen Weltanschauung ist, muß ich auf Grund des vorstehend zitierten Auszuges aus diesem Buch als katholischer Priester diese Weltanschauung ablehnen und lehne sie auch de facto ab.
Meine Einstellung zu dem heute bestehenden nationalsozialistischen Staat richtet sich nach der Einstellung des Apostels Paulus, wie sie im Römerbrief Kapitel 13 zum Ausdruck kommt. Da mir eine katholische Ausgabe des Neuen Testamentes in diesem Raum zur Zeit nicht zur Verfügung steht, zitiere ich dem Gedächtnis nach:
Es gibt keine Gewalt außer von Gott und die besteht
ist angeordnet von Gott .... Die Obrigkeit ist
Dienerin Gottes zum Guten ....[6]
Damit will ich gesagt haben, daß ich den Staat als solchen anerkenne. Ich kann aber als katholischer Priester nicht von vornherein zu jeder Verfügung und Maßnahme, die von der Regierung getroffen wird, ja und amen sagen. Ich bitte, dazu meinen Brief an den Reichsärzteführer Dr. Conti zu vergleichen,[7] den ich in Abschrift der Staatspolizei übersandt habe. Wenn sich die Tendenz derartiger Regierungsverfügungen und Maßnahmen gegen die geoffenbarte Lehre des Christentums und damit gegen mein priesterliches Gewissen richten, werde ich meinem Gewissen folgen und alle Konsequenzen mit in Kauf nehmen, die sich daraus für mich persönlich ergeben.
Das ergibt sich auch daraus, daß ich die Evakuierungen mit all ihren Begleiterscheinungen innerlich ablehne, weil sie gegen das Hauptgebot des Christentums gerichtet sind, „Du sollst Deinen Nächsten lieben wie Dich selbst", und ich erkenne auch im Juden meinen Nächsten, der eine unsterbliche nach dem Bild und Gleichnis Gottes geschaffene Seele besitzt. Da ich aber diese Regierungsverfügung nicht hindern kann, war ich entschlossen, deportierte Juden und Judenchristen[8] in die Verbannung zu begleiten, um ihnen dort als Seelsorger zu dienen. Ich benutze diese Gelegenheit, um die Geheime Staatspolizei zu bitten, mir diese Erlaubnis zu geben.
Zur Sache:
In Zusammenhang mit vorstehender Einstellung steht auch die von mir verfaßte „Vermeldung" zu dem Flugblatt: „Wenn Du dieses Zeichen siehst... *Jude*".[9] Ich hatte die

5 In der Ausgabe Hitler, Mein Kampf. Eine kritische Edition, hrsg. von Christian Hartmann u. a., München 2016, findet sich das Zitat in Bd. 2, S. 1151 f.
6 Richtig: „Jedermann sei Untertan der Obrigkeit, die Gewalt über ihn hat. Denn es ist keine Obrigkeit ohne von Gott; wo aber Obrigkeit ist, die ist von Gott verordnet", Römer, Kap. 13, Vers 1.
7 Nicht ermittelt.
8 Christen, die nach den NS-Rassegesetzen als Juden galten.

Absicht, diese Vermeldung am kommenden Sonntag (26.10.41) in allen Gottesdiensten der Hedwigskirche vermelden zu lassen. Wenn das nun nicht geschehen kann, ist nur meine inzwischen erfolgte Inhaftierung der Hinderungsgrund dafür.

Zu der dritten Frage, wie ich zu den führenden Männern des Staates stehe, muß ich mir eine Unterteilung erlauben:

Ich erkenne Adolf Hitler als Reichsoberhaupt an. Wenn ich in dem mir gehörigen Exemplar des Buches „Mein Kampf" wiederholt Randbemerkungen mit Rotstift gemacht habe, so soll das keine Kritik an der Person „Adolf Hitler" sein, sondern lediglich an den Gedankengängen, die mir nicht eingingen. Die Persönlichkeit des Adolf Hitler ist für mich als Geistlichen genau so heilig wie jedes andere menschliche Wesen. Deshalb schließe ich Adolf Hitler auch in mein Morgengebet namentlich mit ein.

Wenn mir vorgehalten wird, daß die Randbemerkungen in dem Buch „Mein Kampf", die ich gemacht habe, nicht nur eine Kritik an den Gedankengängen Adolf Hitlers sind, sondern darin stellenweise eine offene Kritik an seiner Person und den durch seine Person im Deutschen Vaterlande geschaffenen Zustand zutage tritt, so habe ich dazu folgendes zu sagen:

Die Taten eines Menschen sind die Konsequenzen seiner Grundsätze. Sind die Grundsätze falsch, werden die Taten nicht richtig sein. Das trifft selbst für Adolf Hitler zu. Im Vorstehenden meiner Vernehmung habe ich mir bereits erlaubt, auf einige falsche Grundsätze Adolf Hitlers hinzuweisen. Deshalb werden auch die daraus entspringenden Taten nicht richtig sein.

Ich bekämpfe falsche Grundsätze, aus welchen falsche Taten entstehen müssen, man denke an Beseitigung des Religionsunterrichtes aus den Schulen, Kampf gegen das Kreuz (vergl. Entfernung der Kreuze aus den Schulen), Beseitigung der Sakramente, Verweltlichung der Ehe, absichtliche Tötung angeblich lebensunwerten Lebens (Euthanasie), Judenverfolgung etc.

Frage: Vertreten Sie diesen Standpunkt auch von der Kanzel herab?

Antwort: Ja.

Frage: Danach geben Sie zu, daß Sie staatliche Maßnahmen nicht billigen?

Antwort: Die aus den ebengenannten Grundsätzen fließenden Maßnahmen billige ich nicht.

Frage: Es dürfte auch Ihnen klar sein, daß durch die soeben geschilderten Ansichten, die von Ihnen auch öffentlich vertreten werden, eine Beunruhigung der Volksgemeinschaft eintreten kann?

Antwort: Diese Beunruhigung kann nur verhindert werden, indem man falsche Maßnahmen unterläßt.

Frage: Damit stellen Sie die Rechte der Kirche vor die des Staates.

Antwort: Christus der Herr hat das Recht, zu lehren, Sakramente zu spenden und sittliche Gebote zu geben, nicht dem Staat übertragen, sondern der Kirche.

Frage: Das heißt also, daß die vom Staat durchgeführten Maßnahmen, wie zum B. die Evakuierung der Juden, nicht zum staatlichen Aufgabenspektrum gehören.

9 In seiner am 23.10.1941 verfassten „Vermeldung" kritisierte Lichtenberg ein „anonymes Hetzblatt gegen die Juden" und appellierte an die Menschen, „ihre Nächsten zu lieben wie sich selbst". Es handelte sich dabei um ein Flugblatt der NSDAP, das auf Goebbels' Anordnung die Deutschen aufrief, im Juden ihren Feind zu erkennen.

Antwort: Es war im Vorstehenden nicht nur von Judenverfolgung die Rede, sondern von vielen anderen dem christlichen Sittengesetz widersprechenden Maßnahmen.
Frage: Sie sollen in der Gebetsstunde am Freitag dem 29.8.1941 folgende Äußerung getan haben: Wir beten für die Juden, wir beten für die Gefangenen in den Konzentrationslagern und besonders für die armen Brüder. Das Wort Bolschewisten soll ebenfalls in diesem Zusammenhang gebraucht worden sein.
Antwort: Ich bete jeden Abend mit meiner Gemeinde u.a. für die schwer bedrängten nichtarischen Christen, für die Juden, für die Gefangenen in den Konzentrationslagern, zumal für die gefangenen Priester und Ordensleute, besonders für die Priester unseres Bistums, für die zum Unglauben, zur Verzweiflung und zum Selbstmord versuchten Menschen, für die Millionen namen- und staatenloser Flüchtlinge, für die kämpfenden, verwundeten und sterbenden Soldaten hüben und drüben, für die bombardierten Städte in Freundes- und Feindesland usw. und den Passus aus dem allgemeinen Kirchengebet, für das Vaterland und die Führer des Volkes. Es trifft zu, daß ich am 29. August 1941, an einem Freitag, abends um 19.30 Uhr nach dem Kreuzweg auch die eben erwähnten Fürbitten verrichtet habe. Der Berichterstatter[10] über die Vorgänge an diesem Abend muß sich wohl verhört haben, wenn er auch die Bolschewisten aus den Fürbitten herausgehört haben will. Ich würde aber kein Bedenken tragen, in die täglichen Bitten auch eine für die Bolschewisten einzuschließen, damit sie von ihrem Wahnsinn geheilt werden. Auch in der Lesung kann der Ausdruck Bolschewismus nicht vorgekommen sein, weil wir zur Zeit die Schrift des Heiligen Augustinus über den Gottesstaat lesen und im vierten christlichen Jahrhundert dieser Ausdruck noch nicht üblich war.
Durch nachträgliches Nachdenken, warum wohl der Berichterstatter über mein Abendgebet zu der Idee gekommen ist, daß ich *für* den Bolschewismus bete, bin ich zu folgender Ansicht gekommen. Ich pflegte in diesem Abendgebet für die Beseitigung der Wohnungsnot und der Arbeitslosigkeit zu beten, als es keine Arbeitslosigkeit in Deutschland mehr gab, aber mein Gebet war ja katholisch, d.h. allgemein, und ich dachte, die Bitte behältst du bei, denn in anderen Ländern gibt es eben auch Arbeitslosigkeit und Wohnungsnot. So pflege ich auch jetzt noch für die bedrängten mexikanischen, russischen und spanischen Völker zu beten, wegen der Christenverfolgung, die in diesen Ländern herrschte.
Vielleicht hat der Berichterstatter bei Erwähnung der russischen Völker an den Bolschewismus gedacht und irrigerweise gemeint, ich bäte für das Gedeihen des Bolschewismus.[11]

10 Zeuginnen waren zwei Schülerinnen der Chemotechnikerschule, Lieselotte Schmachtenberg (*1923) und Ilse Herbell (*1922), die zufällig am Gottesdienst teilnahmen; BLHA, Rep. 12 C Berlin II, Nr. 19106, Bl. 2–6. 1960 nannte der ehemalige V-Mann der Gestapo Willi Weber (*1927) in seiner Vernehmung zwei andere Namen: Christa Döör (evtl. Dörr) und Erika Hölls, Jurastudentinnen. Laut Weber hatte die Gestapo-Informantin und spätere Mitarbeiterin des Staatssicherheitsdienstes der DDR, Dagmar Imgart, die beiden beauftragt; LAB, B Rep. 058, Nr. 5495, Bl. 7–9.

11 Das Sondergericht I beim Landgericht Berlin verurteilte Bernhard Lichtenberg am 22.5.1942 wegen Kanzelmissbrauchs nach § 130a StGB und wegen Vergehens gegen § 2 des Heimtückegesetzes zu zwei Jahren Gefängnis. Wegen des Verdachts, weitere staatsfeindliche Aktionen zu planen, sollte Lichtenberg anschließend ins KZ Dachau überführt werden, auf dem Weg dorthin starb er. Am 17.6.1996 hob das Landgericht Berlin das Urteil gegen ihn auf. Er wurde am 23.6.1996 von Papst Johannes Paul II. seliggesprochen.

DOK. 22

Der Deutsche Gemeindetag kündigt am 28. Oktober 1941 vertraulich die Deportation der Juden aus verschiedenen Städten nach Minsk, Riga und Litzmannstadt an[1]

Telegramm (Nr. I 1339/41–16.00 Uhr) des Deutschen Gemeindetags, gez. Zeitler,[2] Alfenstraße 7, Berlin NW 40, an den Münchener Oberbürgermeister Karl Fiehler[3] vom 28.10.1941

Nach Fühlungnahme mit RMdI teile ich *streng vertraulich* mit:
Von der Abschiebung der Juden aus dem Reichsgebiet werden jüdische Mischlinge und (vorläufig) die in Mischehe lebenden Juden nicht betroffen. Ferner werden alle über 70 Jahre alten und kranken Juden nicht abgeschoben.
25 000 Juden werden nach Minsk
25 000 Juden nach Riga
20 000 Juden und 5000 Zigeuner nach Litzmannstadt
verbracht.[4] Die Abschiebung erfolgt nach keinem besonderen Verfahren. Es werden Transporte von je 1000 Personen zusammengestellt, die von einem Arzt und der erforderlichen Polizeimannschaft (1 Beamter auf 15 Personen) begleitet werden. Aus Berlin werden 11 000, aus Hannover 11 000, Wien 10 000, Prag 10 000, München 2000–3000 (nähere Auskunft kann die dortige Polizei-Leitstelle geben) abgeschoben. Die Transporte nach Litzmannstadt rollen bereits. Die Transporte nach Minsk beginnen am 4., nach Riga am 13.11. Am 4. Dezember soll der Transport von 75 000 Juden durchgeführt sein.[5] Eine Verschärfung des Kennzeichnungszwanges hinsichtlich der jüdischen Mischlinge ist nicht beabsichtigt. Lediglich im Protektorat sind die für Mischlinge vorgesehenen Ausnahmen nicht in Kraft gesetzt worden.[6] Die Aktion ist vom Führer genehmigt. Die Orte, wohin die Juden abgeschoben werden, sind von ihm selbst bestimmt worden.

1 LAB, B Rep. 142–07, Nr. 1-2-6-1.

2 Dr. Ralf Zeitler (1903–1953), Volkswirt; 1931 SA- und 1932 NSDAP-Eintritt; von 1933 an beim Deutschen Gemeindetag tätig, 1935–1937 dessen Vizepräsident, 1937–1939 Geschäftsführender Generaldirektor der Wirtschaftl. Vereinigung der Deutschen Gaswerke AG, von 1941 an wieder Geschäftsführer des Gemeindetags und Mitarbeit im RMfbO; 1942 SA-Oberführer; nach 1945 Geschäftsführer einer Krankenhausgesellschaft in Hamburg.

3 Karl Fiehler (1895–1969), Kaufmann, Beamter; 1923 NSDAP-Eintritt und Teilnahme am Hitler-Putsch, zu Festungshaft in Landsberg verurteilt; 1924–1933 ehrenamtl. Stadtrat von München; 1933 SS-Eintritt; vom 20.3.1933 an kommissar. Erster Bürgermeister und vom 20.5.1933 bis 1945 OB von München; 1933–1945 Leiter des NSDAP-Hauptamts Kommunalpolitik und Vorsitzender des Deutschen Gemeindetags; 1945–1949 in Haft, danach Geschäftsführer eines Bauunternehmens.

4 Die Deportationen ins Getto Litzmannstadt hatten am 15.10.1941 mit einem Transport aus Wien begonnen; siehe Dok. 3 vom 4.10.1941 und Dok. 6 von Anfang Okt. 1941.

5 Hierbei waren die oben erwähnten sog. Zigeuner mitgerechnet, 5007 Personen, die aus dem Burgenland deportiert wurden. Zu den Deportationen nach Minsk und Riga zwischen dem 8.11.1941 und dem 6.2.1942 siehe Einleitung, S. 37–40.

6 Zur Kennzeichnung der Juden im Protektorat und Reaktionen darauf siehe Dok. 242 vom 2.10.1941 und Dok. 247 vom 27.10.1941.

DOK. 23

Der Justizinspektor Friedrich Kellner notiert in einem Tagebucheintrag vom 28. Oktober 1941 Gerüchte über die Erschießung der Juden im besetzten Polen[1]

Handschriftl. Tagebuch von Friedrich Kellner,[2] Laubach, Eintrag vom 28.10.1941

Ein in Urlaub befindlicher Soldat berichtet als Augenzeuge fürchterliche Grausamkeiten in dem besetzten Gebiet in Polen. Er hat gesehen, wie *nackte* Juden u. Jüdinnen, die vor einem langen, tiefen Graben aufgestellt wurden, auf Befehl der SS von Ukrainern[3] in den Hinterkopf geschossen wurden u. in den Graben fielen. Der Graben wurde dann zugeschaufelt. Aus den Gräben drangen oft noch Schreie!![4]
Diese unmenschlichen Schandtaten sind so furchtbar, daß selbst die als Handwerkszeuge benutzten Ukrainer Nervenzusammenbrüche erlitten.
Sämtliche Soldaten, die Kenntnis von der bestialischen Handlungsweise dieser Nazi-Untermenschen bekamen, waren der einheitlichen Meinung, daß das deutsche Volk heute schon vor einer Vergeltung zittern kann.
Es gibt keine Strafe, die hart genug wäre, bei diesen Nazi-Bestien angewendet zu werden. Natürlich müssen bei der Vergeltung auch wieder die Unschuldigen mitleiden. 99 % der deutschen Bevölkerung tragen mittelbar oder unmittelbar die Schuld an den heutigen Zuständen. Deshalb kann es nur heißen: „Mitgegangen – mitgefangen."
Ich bin seither stets auf sehr viel Ungläubigkeit gestoßen, wenn ich mich auf den Standpunkt stellte, daß eines Tages die amerikanische Rüstungsindustrie in diesem schweren Ringen den Ausschlag geben werde. Die geheime deutsche Rüstung (seit 1933) hat bisher triumphiert und bei der Bevölkerung den fast unzerstörbaren Glauben erweckt, daß die übrige Welt tatsächlich außerstande ist, uns zu bezwingen.
Es war ja stets eine typisch deutsche Eigenschaft, auf andere Völker mit Verachtung herabzublicken und die eigenen Leistungen an die erste Stelle zu rücken. Diese Selbstherrlichkeit wurde selbstverständlich von der mit allen Wassern gewaschenen Nazi-Propaganda zur Siedehitze gebracht. Ich muß zugeben, daß meine Gegenargumente in meinen Bekanntenkreisen noch nicht gezündet haben. Selbst wenn mit Engelszungen geredet wird, kann höchstens ein Schweigen als Antwort erzwungen werden. Kaum einer glaubt daran, daß die Engländer und Amerikaner doch noch uns in der Herstellung von Waffen übertreffen werden. –
Ich bin felsenfest davon überzeugt, daß die angelsächsischen Mächte uns niemals den Sieg überlassen werden.

1 Original in Privatbesitz, Kopie: Archiv der Arbeitsstelle Holocaustliteratur an der Universität Gießen. Abdruck in: Friedrich Kellner, „Vernebelt, verdunkelt sind alle Hirne". Tagebücher 1939–1945, hrsg. von Sascha Feuchert u. a., Bd. 1, Göttingen 2011, S. 191 f.

2 Friedrich Kellner (1885–1970), Justizinspektor; seit den 1920er-Jahren SPD-Mitglied; 1933–1948 geschäftsleitender Justizinspektor am Amtsgericht Laubach; nach 1945 zeitweise SPD-Vorsitzender in Laubach, 1945/46 Beigeordneter der Stadt Laubach; 1948–1950 am Bezirksgericht Gießen; 1956–1960 stellv. Bürgermeister in Laubach.

3 Gemeint sind ukrain. Hilfspolizisten.

4 Die Verbrechen deutscher SS- und Polizeiverbände im 1939 von der Sowjetunion annektierten und von 1941 an deutsch besetzten Ost-Polen sind dokumentiert in VEJ 7 und VEJ 9; zu den Massenerschießungen, wie Kellner sie schildert, siehe auch VEJ 9, S. 19–22.

U.S.A. war 1939 ebenso wie England keineswegs gerüstet. Zuerst war es nötig, dort die öffentliche Meinung über die große nationalsozialistische Gefahr überzeugend aufzuklären. Diejenigen, die in den USA. für eine für mich gänzlich unverständliche „Isolierungspolitik" eintraten, hatten dem Anscheine nach anfänglich eine erhebliche Anhängerzahl. Roosevelt[5] hätte als Diktator nach meiner Überzeugung schneller gehandelt. Die demokratische Maschinerie ist für derartige Weltereignisse wahrlich fehl am Platze. Nachdem die Geldmittel bewilligt und die Industrie sich auf die Kriegserzeugnisse umgestellt hat, dürfte es nur noch eine Frage der Zeit sein, *wann* USA. am Kriege sichtbar beteiligt ist.
Dies wird spätestens Frühjahr 1942 der Fall sein.[6]

DOK. 24
New York Times: Artikel vom 28. Oktober 1941 über die Transporte aus dem Reich, Wien und Prag in das Getto Litzmannstadt[1]

Nazis streben ein Europa ohne Juden an
Die Massentransporte in das polnische Gebiet halten unvermindert an
Berlin, 27. Oktober

Die völlige Eliminierung der Juden aus dem europäischen Leben scheint jetzt die festgelegte politische Linie Deutschlands zu sein.
Mehrmals wöchentlich gehen Judentransporte aus dem Rheinland und Westfalen, aus Berlin, Prag oder Wien in Richtung Osten.[2]
Die zur Deportation Vorgesehenen erhalten einige Tage vorher die Benachrichtigung, dass sie ihre Wohnungen aufzugeben haben. Danach müssen sie jederzeit damit rechnen, von der Gestapo oder der regulären Polizei abgeholt zu werden. Ihre Wohnungen und Häuser werden versiegelt und fallen zusammen mit dem gesamten Inventar an den Staat. Jüdischen Quellen zufolge werden einige Flüchtlinge gezwungen, auch Eheringe, Armbanduhren, Füllfederhalter und Rasierutensilien zurückzulassen. Es heißt, die meisten Juden dürften lediglich 100 Mark mitnehmen, davon seien 90 Mark für die Transportkosten zu entrichten, so dass die Menschen ihren Bestimmungsort mit nur 10 Mark erreichten.[3]

5 Franklin Delano Roosevelt (1882–1945), 1933–1945 Präsident der Vereinigten Staaten von Amerika.
6 Nach dem japan. Angriff auf Pearl Harbor am 7.12.1941 traten die USA tags darauf offiziell in den Krieg ein. Am 11.12.1941 erklärten Deutschland und Italien den USA den Krieg.

1 New York Times, Nr. 30 593 vom 28.10.1941, S. 10: „Nazis Seek To Rid Europe of All Jews. Mass Transportation to Polish Zone Continues Unabated". Die Tageszeitung The New York Times erscheint seit 1851. Das Dokument wurde aus dem Englischen übersetzt.
2 Vom 15.10.1941 an wurden die Juden mit 20 Transporten aus dem Deutschen Reich, dem Protektorat Böhmen und Mähren sowie Luxemburg zunächst in das Getto Litzmannstadt deportiert.
3 Das Ref. IV B 4 im RSHA unter Leitung Eichmanns legte die organisatorischen Details der Deportationen fest. In diesen jeweils lokal angepassten und von Zeit zu Zeit veränderten Richtlinien war u. a. geregelt, was die Juden mitnehmen durften. Den im Herbst 1941 ins Getto Litzmannstadt verschleppten Juden war die Mitnahme von bis zu 100 RM gestattet, nicht erlaubt war es hingegen, Sparbücher, Wertsachen oder Devisen mitzunehmen.

Die entwurzelten Juden werden unseren Erkenntnissen nach als „Kriminelle", „unerwünschte soziale Elemente" oder „Inhaber von Katastrophenwohnungen" klassifiziert. Letzteres bezieht sich auf Wohnungen, die für die Unterbringung arischer Flüchtlinge aus bombardierten Städten gebraucht werden.
Diejenigen, die man den beiden ersten Kategorien zugeordnet hat, werden ins Generalgouvernement (den nicht annektierten Teil Polens) gebracht, die meisten von ihnen nach Litzmannstadt,[4] einige werden jedoch auch nach Riga, der besetzten Hauptstadt von Lettland, und nach Minsk im besetzten Teil Russlands verbannt.[5]
Es ist in jüdischen Kreisen von einer hohen Zahl von Selbstmorden die Rede.

DOK. 25
Der Schweizer Konsul Franz-Rudolf von Weiss schildert dem Gesandten in Berlin am 28. Oktober 1941 die bedrückenden Verhältnisse der Kölner Juden kurz vor ihrem Abtransport[1]

Bericht des Schweizer Konsuls in Köln (vW/D, Ha 1), gez. von Weiss,[2] an die Gesandtschaft der Schweiz, Berlin, vom 28.10.1941[3]

Herr Minister,[4]
im Nachgang zu meinem letzten innerpolitischen Bericht vom 20. ds. Mts. beehre ich mich, Ihnen zunächst mitzuteilen, dass wir hier in Köln in der Nacht von Donnerstag, den 23. auf Freitag, den 24. Oktober um 20.45 Uhr wiederum Alarm hatten, der bis um 11 Uhr andauerte. Wie üblich versuchten die fremden Flieger, wichtige Ziele zu bombardieren, allerdings ohne sichtlichen Erfolg. Die Flak trat heftig in Aktion. Das gleiche war in der Nacht von Freitag, den 24. auf Samstag, den 25. ds. Mts. der Fall. In dieser Nacht mussten wir zwei Alarme erleben, und zwar fanden diese von 21.20 bis 11.20 Uhr[5] abends und von 2 bis 2.45 Uhr morgens statt. Auch in dieser Nacht wurden die fremden Flugzeuge sehr heftig beschossen. Es schien mir, dass die Flak, welche die Stadt Köln und Umgebung schützt, wiederum eine Verstärkung erfahren hat. Grössere Erfolge der Angreifer kamen mir nicht zu Ohren.

4 Die von den Deutschen in Litzmannstadt umbenannte Stadt Łódź lag nicht im Generalgouvernement, sondern im annektierten Teil Polens, den sog. eingegliederten Ostgebieten.
5 Zu den Deportationen nach Minsk und Riga zwischen dem 8.11.1941 und dem 6.2.1942 siehe Einleitung, S. 37–40.

1 BAR, E2300#1000-716#379. Abdruck in: Markus Schmitz/Bernd Haunfelder, Humanität und Diplomatie. Die Schweiz in Köln 1940–1949, Münster 2001, S. 160.
2 Dr. Franz-Rudolf von Weiss, auch François-Rodolphe de Weiss (1885–1960), Diplomat; 1914–1917 Mitarbeiter des Eidgenössischen Auswanderungsamts, 1917 Beauftragter für fremde Interessen in der Schweizer Gesandtschaft in Berlin, von 1920 an im Schweizer Konsulat in Köln, von 1937 an als Konsul, 1943–1950 Generalkonsul; erhielt 1955 das Große Verdienstkreuz der Bundesrepublik.
3 Im Original Dienststempel des Konsulats in Köln.
4 Übliche Anrede für einen Diplomaten, der keinen Botschafterrang hatte, aber Verhandlungsvollmacht besaß. Schweizer Gesandter in Berlin war zu diesem Zeitpunkt Hans Frölicher (1887–1961).
5 So im Original.

Was die Verschickung der Juden nach dem Osten betrifft, möchte ich nicht verfehlen, Ihnen noch folgendes zu berichten:
Die Juden, welche für den Transport von letztem Mittwoch, den 22. Oktober aufgeboten worden waren, konnten nicht alle mitgenommen werden. Nur diejenigen bis zum Buchstaben S wurden nach Litzmannstadt abtransportiert. Die anderen wurden wieder nach Hause zurückgeschickt mit dem Befehl, sich für den nächsten Transport bereit zu halten.[6] Der Bahnhof von Köln-Deutz, von wo aus die Abfahrt stattfand, war in weitem Umkreise von der Gestapo abgesperrt worden. Hier spielten sich an diesem Morgen die traurigsten Szenen ab. Nur ein Bruchteil der abfahrenden Juden konnte ihr auf 50 kg begrenztes Gepäck mitnehmen, viele unter ihnen mussten ihre Habe zurücklassen. Vor der Abfahrt wurden die Züge noch von SS- und Gestapo-Leuten mit entsicherten Revolvern durchsucht. Zwei Frauen, die Veronal eingenommen hatten, starben, bevor die Züge wegfuhren. Wie ich von zuverlässiger Seite höre, haben sich in den Tagen, die diesem 22. Oktober vorangingen, 37 Juden das Leben genommen. So sollen u. a. in einem einzigen Hause sieben Selbstmorde stattgefunden haben. Die Witwe eines früheren hochangesehenen Chefarztes des Israelitischen Asyls, eines der bekanntesten Krankenhäuser der hiesigen Gegend, nahm sich das Leben, indem sie sich aus ihrer im dritten Stock befindlichen Wohnung stürzte. Eine weitere Frau übte mit zwei Kindern auf gleiche Weise Selbstmord aus. Am Bahnhofe sangen die SS- und SA-Leute verschiedene Lieder mit Anspielungen darauf, dass die Juden über das Rote Meer getrieben werden.[7] Arier, die diesem Schauspiel beigewohnt hatten, betrachteten dies als grosse Geschmacklosigkeit.
Alle abfahrenden Juden mussten vor ihrer Abreise eine Erklärung unterschreiben, wonach sie zugaben, staatsfeindlich gesinnt zu sein, und womit sie auf ihr Gesamtvermögen verzichteten.[8]
Vor der Machtübernahme durch die NSDAP lebten in Köln etwas über 16 500 Juden. Heute befinden sich nur noch ca. 5000 Juden in dieser Stadt. Im Auftrage der Staatspolizei erhielten diese Juden vorgestern durch die Synagogen-Gemeinde ein Zirkular des Inhalts, dass in Zukunft nicht mehr 50 kg, sondern nur noch 25 kg Gepäck mitgenommen werden dürften. Der von ihnen mitgeführte kleine Rucksack habe nur Reiseproviant zu enthalten. Wie mir ein hoher städtischer Beamter soeben mitteilte, sind heute wiederum 500 Juden nach Litzmannstadt abtransportiert worden und weitere Transporte werden nachfolgen.[9] Die Stadt Köln soll bis Ende dieses Jahres als judenfrei erklärt werden können. Dass den Juden vor ihrer Abreise unter Androhung schwerster Strafen

6 Die ersten Kölner Juden wurden am 22.10.1941 in das Getto Litzmannstadt deportiert. Ein zweiter Deportationszug fuhr am 30.10.1941 ebenfalls nach Litzmannstadt ab.

7 In dem Lied, das vor allem in der HJ gesungen wurde, heißt es u. a.: „Die Briten zieh'n dahin, daher, sie zieh'n durchs Mittelmeer/die Stukas schlagen zu, die Welt hat Ruh./ Krumme Juden zieh'n dahin, daher, sie zieh'n durchs Rote Meer./ Die Wellen schlagen zu, die Welt hat Ruh."

8 Bis zur Verfügung der 11. VO zum Reichsbürgergesetz am 25.11.1941 (siehe Dok. 43) wurde das Eigentum von Juden bei deren Deportation nach dem Gesetz über die Einziehung volks- und staatsfeindlichen Vermögens vom 14.7.1933 (RGBl., 1933 I, S. 479) sowie dem Gesetz über die Einziehung kommunistischen Vermögens vom 26.5.1933 (RGBl., 1933 I, S. 293) vom Reich vereinnahmt und ihnen somit pauschal staatsfeindliche Betätigung unterstellt.

9 Für den 28.10.1941 ist keine Deportation aus Köln verzeichnet.

verboten worden ist, irgendetwas aus ihrem Besitz, wie Möbel, Schmucksachen, usw., zu verkaufen, ist selbstverständlich. [...][10]
Wie aus der zuletzt angeführten Verordnung ersichtlich ist, werden die Juden in Luxemburg noch fast strenger behandelt als diejenigen im übrigen Reiche.
Wie mir Herr Müller noch sagte, ist die jüdische Synagoge in Luxemburg zerstört und abgetragen worden. Allerdings erfolgte dies nicht ohne Mühe, da die luxemburgischen Unternehmen sich zuerst weigerten, die nötigen Arbeiten auszuführen.
Genehmigen Sie, Herr Minister, die Versicherung meiner ausgezeichneten Hochachtung.
Der Schweizerische Konsul:[11]
Beilagen erwähnt.

P.S.
Da dieser Bericht nicht wie vorgesehen gestern abend abgehen konnte, möchte ich Ihnen noch mitteilen, dass wir gestern abend, d. h. in der Nacht von Dienstag, den 28. auf Mittwoch, den 29. Oktober um 20.45 Uhr bis um 21.45 Uhr Alarm hatten. Flieger waren aber weder zu hören noch zu sehen. Auch die Flakabwehr trat nicht in Tätigkeit.
Zum Schlusse möchte ich noch erwähnen, dass hartnäckige Gerüchte in Köln zirkulieren, wonach vor kurzem von den hier zahlreich untergebrachten russischen Gefangenen 150 erschossen worden sein sollen, nachdem die Wache des Gefangenenlagers angeblich umgebracht worden war.[12]
Wie mir weiter berichtet wird, soll der hiesige Gauleiter Grohé die übrigen Gefangenen sich versammeln lassen haben. Die Gefangenen hätten bei seinem Erscheinen Weste und Hemd aufgerissen und gesagt: „Auch hier schießen."
Wenn diese Gerüchte der Wahrheit entsprechen sollten, würde dies den Fanatismus dieser Leute bezeugen.

10 Im Folgenden berichtet Weiss ausführlich über die Situation im deutsch besetzten Luxemburg, u. a. über die Bestrebungen, den luxemburg. Nationalismus zu unterdrücken sowie die durch die Besatzung erschwerte Ernährungslage im Land. Weiss führt abschließend neben den Verordnungen die luxemburg. Zivilbevölkerung betreffend auch antijüdische Verordnungen auf, die die Kennzeichnungspflicht sowie die besonderen Ausgeh- und Sperrzeiten für Juden in Luxemburg regeln.

11 Handschriftl. Unterschrift.

12 Gewaltverbrechen gegen sowjet. Kriegsgefangene und/oder Zwangsarbeiter sind in diesem Ausmaß für das Kölner Stadtgebiet erst im Herbst 1944 bekannt.

DOK. 26
Iwan Katz verweist am 28. Oktober 1941 auf seinen Einsatz für den Nationalsozialismus, um von der Sondersteuer für Juden befreit zu werden[1]

Schreiben von Iwan Katz,[2] Diplomvolkswirt, s. Z. Vorsitzender des Rechtsausschusses des Deutschen Reichstags, Berlin-Friedrichsfelde, Delbrückstr. 15, an den Reichsfinanzminister Graf Schwerin v. Krosigk[3] vom 28.10.1941 (Abschrift)

Betr. Bitte um Einreihung derjenigen kinderlosen jüdischen Einkommen- und Lohnsteuerpflichtigen in Steuergruppe III,[4] welche mit einer über 55jährigen arischen Ehefrau verheiratet sind, andernfalls um Niederschlagung oder Erlaß der entsprechenden Sondersteuern des Unterzeichneten wegen Untragbarkeit dieser Sondersteuern und wegen großer Verdienste um Führer und Partei, insbesondere durch die Befreiung des Führers aus der Festung Landsberg im Jahre 1924.

Hochverehrter Herr Minister!
Der Vorzug, aus der Zeit, da ich Mitglied des Reichstags war, Sie persönlich zu kennen, und die so ganz besondere Lage meines Falles rechtfertigen es wohl, daß ich mich mit einer Bitte um Hilfe in einer Steuerangelegenheit an Sie persönlich wende.
Nach einem langen arbeitsreichen Leben und Schaffen für Deutschland bin ich durch neuerliche Ermittlung der Religion von Großelternteilen „Jude" im Sinne der Nürnberger Gesetze geworden und dadurch einer steuerlichen Sonderbelastung unterworfen, bei der ich mit meiner 62 Jahre alten nichtjüdischen Ehefrau[5] meinen Lebensunterhalt nicht mehr zu bestreiten vermöchte und die ich bei meinen Verdiensten um Reich und Führer als untragbare Härte empfinden muß.
Ich habe an der Universität Berlin und an der Technischen Hochschule Hannover Rechts- und Wirtschaftswissenschaften studiert und mein Studium mit dem Staatsexamen als Diplom-Volkswirt „mit Auszeichnung" abgeschlossen. Von 1909 bis 1933 stand ich im öffentlichen Dienst, von 1909 bis 1911 als besoldeter Assistent im juristisch-wirtschaftlichen Seminar der Technischen Hochschule Hannover, von 1911 bis 1928 in Diensten der Stadtverwaltung Hannover als wissensch. Hilfsarbeiter, Statistiker und Leiter

1 BArch, R 43/4112, Bl. 280–283 RS.

2 Iwan Katz (1889–1956), Jurist, Wirtschaftswissenschaftler; 1919 USPD-Eintritt, 1921–1924 MdL in Preußen und MdR für die KPD, bis 1925 in der Komintern, 1926 parteilos; 1927–1933 beim Sozialamt Berlin-Wedding; kurzzeitig inhaftiert, auf Veranlassung von RMdI Frick amnestiert, 1941 erneut inhaftiert, konnte fliehen und sich bis 1944 verstecken, Deportation nach Auschwitz und Mauthausen; 1946 SED-Mitglied, 1948 aus dem Staatsdienst und der SED ausgeschlossen; 1954 Umzug ins Tessin.

3 Johann Ludwig (Lutz) Graf Schwerin von Krosigk (1887–1977), Jurist; von 1909 an im preuß. Staatsdienst, von 1920 an im RFM tätig, von 1929 an dort Chef der Haushaltsabt., 1932–1945 RFM; 1945 Internierung, 1949 im Wilhelmstraßen-Prozess zu zehn Jahren Gefängnis verurteilt, Haft bis 1951, danach schriftstellerische Tätigkeit, Autor von „Es geschah in Deutschland" (1951).

4 Juden wurden nach der Einkommenssteuerreform vom Febr. 1939 unabhängig von Familienstand und Kinderzahl in die Steuergruppe I eingereiht. Die Einführung dieser Maßnahme hatte zur Folge, dass die Finanzämter nun alle Einkommenssteuerzahler auf ihre rassische Zugehörigkeit prüfen mussten.

5 Anna Katz, geb. Kerwel (1879–1947).

des Arbeitsnachweises, von 1929 bis 1933 in Diensten der Stadt Berlin in der Stelle eines Magistratsrats als Dezernent des Bezirkswohlfahrtsamtes Wedding.
Im Weltkrieg 1914/18 war ich als Frontkämpfer (E.K.) zunächst Maschinengewehrschütze der 2. M.G.K. des akt. Inf. Reg. 74,[6] später im Stabe der 19. Inf.-Division. In der Doppelschlacht Aisne-Champagne wurde ich durch Granatsplitter am linken Knie und an beiden Oberschenkeln verwundet, so daß ich nur g.v.h.[7] blieb, meldete mich aber noch unverheilt zur Truppe zurück und verblieb im Heeresdienst über das Kriegsende hinaus bis zum 31. Dezember 1920, zuletzt als Geschäftsführer des Demobilmachungsausschusses, in welcher Eigenschaft ich die Auflösung, Versorgung und Inarbeitbringung der heimkehrenden Truppen nach Hindenburgs[8] Urteil „vorbildlich" durchführte.
Von Kriegsende ab führte ich den leidenschaftlichsten Kampf gegen den Schmachfrieden von Versailles und kam dabei zur *KPD*, die damals ebenfalls gegen Versailles kämpfte, und wurde in ihr Bürgervorsteher der Stadt Hannover, Landtagsabgeordneter in Preußen und Mitglied des Deutschen Reichstags. Bald wurde ich führender Vertreter des Flügels, der – im Gegensatz zu dem, der mit SPD und Demokratie zusammengehen wollte – unter Zusammengehen mit den nationalen Verbänden sich für die „nationale Revolution" einsetzte. In zahlreichen Kundgebungen gegen Versailles und Genf sprach ich gemeinsam mit Freikorpsführern und völkischen Abgeordneten.
Gegen Versailles aber habe ich nicht nur gesprochen, sondern auch mein Leben eingesetzt. Im Ruhrabwehrkampf kämpfte ich unter dem Namen „Lehrer Baumann" aktiv als Soldat neben Schlageter[9] in vorderster Linie. Truppenbeunruhigungen und Sabotageakte in Gelsenkirchen, Speyer, Worms, Mainz, Kreuznach und im Gebiet rings um Aachen waren mein Werk. Die Franzosen setzten auf meine Ergreifung eine Prämie aus.
Im Reichstag arbeitete ich eng mit der NSDAP. Auf Wunsch Herrn v. Graefes,[10] ihres damaligen Fraktionsführers, vertrat ich mehrfach die Interessen der NSDAP im Ältestenrat. Als ich 1924 Vorsitzender des Rechtsausschusses des Deutschen Reichstags wurde, habe ich auch dort vom ersten Tage an *aufs engste mit den nationalsozialistischen Mitgliedern des Rechtsausschusses, die unter Führung des jetzigen Herrn Reichsinnenministers Dr. Frick standen, zusammengearbeitet.*
Ich sorgte vorab für schnellste Aufhebung aller Ausnahmeverordnungen gegen die NSDAP im Reiche und in Bayern, so daß die Partei nach den Ereignissen vom November 1923[11] *zum ersten Mal wieder Bewegungsfreiheit bekam, ich übertrug alle Amnestiesachen der nationalsozialistischen Kämpfer, die in Verfolg des Blutmarsches eingekerkert waren, zur Berichterstattung ausschließlich nationalsozialistischen oder ihnen nahestehenden Abgeordneten wie Freiherrn von Freytagh-Loringhoven, und ich sorgte für ihre schnellste und immer erfolgreiche Erledigung.* Zahlreiche Nationalsozialisten verdanken mir so ihre Befreiung. *Vor allem der Führer Adolf Hitler selbst.*

6 Maschinengewehrkompanie des aktiven Infanterieregiments.
7 Garnisonsverwendungsfähig Heimat.
8 Paul von Hindenburg (1847–1934), Soldat und Politiker; im Ersten Weltkrieg Generalfeldmarschall und Chef der Obersten Heeresleitung.
9 Albert Leo Schlageter (1894–1923), Soldat, Freikorpskämpfer; wurde im Mai 1923 von einem franz. Militärgericht wegen Sabotage gegen die Besatzungstruppen im Ruhrgebiet zum Tode verurteilt und hingerichtet, anschließend nicht nur im Umfeld der NSDAP als Märtyrer verehrt.
10 Albrecht von Graefe (1868–1933), Politiker.
11 Gemeint ist der gescheiterte Hitler-Putsch vom 9.11.1923.

Die Befreiung des Führers war am schwierigsten. Gegen seine Freilassung wandten sich, weil es am 9. November 1923 Tote gegeben hatte, Sozialdemokraten, Demokraten, Zentrum und besonders auch die Bayerische Staatsregierung aufs Hartnäckigste. Aber nachdem mir Herr Dr. Frick auf seiner Amnestieliste des Führers Namen mit der Bitte um Berücksichtigung an erster Stelle überreichte, habe ich nicht geruht, bis ich alle Widerstände gegen die Freilassung des Führers beseitigt hatte. Unablässige Überredung einzelner sozialdemokratischer und mittelparteilicher Abgeordneter, stete energische Verhandlungen mit den bayerischen Gesandten Dr. von Preger und Dr. Ritter von Nüsslein, mit Minister Fehr und Staatssekretär Zweigert[12] und zuletzt legislativer Druck auf die Bayerische Staatsregierung (wegen eines Formfehlers) ließen endlich meine Bemühungen um des Führers Befreiung aus der Festung Landsberg von Erfolg sein. Weihnachten 1924 war der Führer frei.

Die Freilassung des Führers war für die NSDAP und für die deutsche Geschichte von höchster Bedeutung. Während der Abwesenheit des Führers drohte die NSDAP in Richtungskämpfe zu zerbrechen und dem gleichen Schicksal wie die anderen völkischen Bewegungen entgegenzugehen. Nur die rechtzeitige Wiederkehr des Führers aus Landsberg neben der ebenfalls von mir erwirkten legalen Agitationsmöglichkeit schuf nach allen vorliegenden parteiamtlichen Verlautbarungen über diese Zeit die Voraussetzung für den Wiederaufstieg der NSDAP und für alles, was der Führer seither mit der NSDAP geschaffen hat.

Herr Dr. Frick hat mir damals den besonderen Dank der Partei für die Befreiung des Führers zugesichert. Von der KPD wurde ich dagegen Anfang 1925 wegen „nationalsozialistischer Betätigung" ausgeschlossen. Ich *„hatte nicht gewollt, daß der deutsche Arbeiter in einer Bewegung länger verbleiben soll, die bevormundet wird von einer ausländischen Stelle, der Internationale in Moskau."*

(Zitiert aus „Wer war Iwan Katz?" im „Völkischen Beobachter" Nr. 299 vom 26.10.1933).[13]

Nach meinem Ausschluß bildeten die Angehörigen meiner Gruppe (besonders im Rheinland, in Westfalen und in Niedersachsen) mehrfach die Grundlage der nat. soz. Parteiorganisation. Maßlos waren Haß und Schimpfflut der KPD gegen mich. Nach meiner Aussage im Anlauf-Prozeß[14] überfielen mich kommunistische Arbeiter vor dem Gerichtsgebäude, mißhandelten mich und verletzten mich am linken Auge. Als im Reichstagsbrandprozeß 1933 gar einer meiner engsten Mitarbeiter, der jetzige Reichstagsabgeordnete und Reichsleiter Berthold Karwahne,[15] zum Hauptbelastungszeugen

12 Dr. Konrad Ritter von Preger (1867–1933), Jurist, stellv. Bevollmächtigter Bayerns im Bundesrat, Staatenausschuss und Reichsrat; Dr. Adam Ritter von Nüsslein (1866–1930), Jurist, Ministerialbeamter; Anton Fehr (1881–1954), Agrarwissenschaftler, Politiker; Erich Zweigert (1879–1947), Jurist, Ministerialbeamter.

13 Katz bezieht sich auf den Artikel „Torgler mit van der Lubbe im Reichstag gesehen", VB (Norddt. Ausg.), Nr. 299 vom 26.10.1933, S. 4, in dem eine Zwischenüberschrift „Wer war Iwan Katz?" lautet.

14 Gemeint ist der Prozess wegen des Mordes an den Polizeioffizieren Paul Anlauf und Franz Lenck, in dem u. a. Erich Mielke, späterer Minister für Staatssicherheit der DDR, Erich Ziemer sowie der Leiter des militärischen Apparats der KPD, Hans Kippenberger, angeklagt waren.

15 Berthold Karwahne (1887–1957), Politiker; 1920–1926 KPD-Mitglied, mit Iwan Katz u. a. aus der KPD ausgeschlossen, 1927 NSDAP-Eintritt, von 1930 an MdR; 1934 Leiter Reichsbetriebsgruppe Chemie der DAF; 1936 Ernennung zum Ratsherrn, 1943 ehrenamtl. Stadtrat Hannover, 1944 Leiter der Personalverwaltung in Hannover.

wurde, kannte die Hetze kaum noch Grenzen. „Man muß sich wundern", hieß es im Moskauer Sender damals, „daß dieser Renegat noch nicht totgeschlagen ist."
Bis 1928 gehörte ich dem Reichstag noch als fraktionsloser Abgeordneter an. Dann schied ich ganz aus dem politischen Leben aus und widmete mich ausschließlich meiner Beamtentätigkeit, seit 1929 in der Stelle eines Magistratsrats als Dezernent des Bezirkswohlfahrtsamts Wedding. 1933 mußte ich auf Grund des BBG[16] wegen der früheren Zugehörigkeit zur KPD fristlos und ohne Ruhegeld entlassen werden. Herr Minister Dr. Frick aber sorgte dafür, daß mir wegen der Verdienste um Führer und Partei eine laufende Rente gezahlt wurde, und Ende 1938 erhielt ich durch den damaligen Stellvertreter des Führers, Rudolf Hess, den ich ebenfalls aus Landsberg befreit hatte, eine Anstellung als Expeditionsleiter in einem Wehrbetriebe in Berlin, die ich trotz der inzwischen ermittelten Religionsverhältnisse meiner Großeltern mit Zustimmung der Kanzlei des Führers und des Arbeitsamtes Berlin auch jetzt noch innehabe.
Die Reichsstelle für Sippenforschung, die ich selber, weil eigene Ermittlungsversuche beim Fehlen aller großelterlichen Geburtsurkunden erfolglos waren, um Prüfung meiner Abstammungsverhältnisse gebeten hatte, hat nach mehrjähriger Forschung ermittelt, daß 3 meiner Großeltern der jüdischen Religion angehört haben und ich nach den Nürnberger Gesetzen mithin als „Jude" zu betrachten bin. Dieses Ermittlungsergebnis ist mir am 5. Nov. 1940 mitgeteilt worden. Neuere eigene Weiterforschungen haben noch kein Ergebnis gehabt. Ich gelte daher bis auf weiteres als Jude.
Persönlich gehöre ich zwar der jüdischen Religionsgemeinschaft nicht an, und ich habe ihr auch nie angehört, bin vielmehr seit Geburt ohne Religionszugehörigkeit, und meine 62jährige Ehefrau Anna Katz, geb. Kerwel, ist reine „Arierin", Tochter eines Militärbeamten der alten Armee im Hauptmannsrang, Frontkämpfers von 1866 und 1870/71, und Schwester eines Offiziers der alten Armee, Parteimitglieds von 1924, Oberstfeldmeisters im Reichsarbeitsdienst, jetzt Majors und Bataillonskommandeurs im Felde.
Leider aber ist unserer 28jährigen Ehe ein Kind versagt geblieben. Und nur wegen dieses Versagens muß ich nun nach den geltenden Steuergesetzen vom kommenden Steuerjahre ab (für das jetzt laufende Steuerjahr bleibt die Verschlechterung, weil ich am Stichtage, dem 10. Okt. 1940, noch nicht als „Jude" galt, noch außer Betracht) als Jude behandelt, in Steuergruppe I eingestuft und dazu noch mit einer „Sozialausgleichsabgabe"[17] von 15 % des Einkommens sonderbelastet werden!
Diese Sonderbelastung ist für mich untragbar. Bei meinem Bruttoeinkommen von RM 300,- monatlich hätte ich dann RM 49,40 + 39,15 = RM 88,55 allein an Lohnsteuer zu zahlen. Hierzu kommen die übrigen Pflichtsozialabgaben mit RM 31,35 und das Fahrgeld mit RM 9,- mtl., so daß sich eine Gesamtvorbelastung von 128,90 und ein Nettolohn von RM 171,10 ergeben würde, von dem wir allein RM 57,50 mtl. für Miete abzuführen haben. *Uns verblieben dann zum gesamten Lebensunterhalt neben der Miete RM 113,60 mtl. = RM 26,23 wöchentlich.*

16 Berufsbeamtengesetz; nach dem Gesetz zur Wiederherstellung des Berufsbeamtentums vom 7.4.1933 wurden Kommunisten und andere politisch unliebsame Personen sowie Juden aus dem Staatsdienst entlassen; siehe VEJ 1/29.

17 Die Sozialausgleichsabgabe wurde ab Okt. 1940 von poln. Arbeitern, die seit Sept. 1939 ins Reich geschickt worden waren, und von Dez. an auch von Juden erhoben. Begründet wurde dies mit der Notwendigkeit, einen Ausgleich dafür zu schaffen, dass beide Gruppen nicht durch Beiträge und Spenden belastet seien und keinen Wehrdienst leisteten.

Es ist offensichtlich unmöglich, von diesem Betrage uns in Berlin die nötigen Lebensmittel, die meiner Stellung gemäße Kleidung und Wäsche, Heizung, Beleuchtung und Haushaltungsbedürfnisse zu kaufen, auch wenn wir uns auf das Notdürftigste beschränken wollten.
Ich bitte Sie, hochverehrter Herr Minister, daher ergebenst, mir gegen diese untragbare Belastung Ihre gütige Hilfe zu gewähren.
Die einfachste Hilfe wäre ein Erlaß, demzufolge jüdische Lohnsteuerpflichtige, die mit einer über 55 Jahre alten nichtjüdischen Ehefrau verheiratet, aber kinderlos sind, so behandelt werden sollen wie nichtjüdische Steuerpflichtige, die mit einer über 55 Jahre alten Ehefrau verheiratet sind, daß sie also gemäß § 18, Abs. 6 der Lohnsteuerdurchführungsbestimmungen vom 10.3.39 in Steuergruppe III eingereiht werden, wobei gleichzeitig wie bei den übrigen jüdischen Steuerpflichtigen in Steuergruppe III gemäß Ihrem Erlaß vom 15.9. d. J. (R.St.Bl.,[18] S. 681) automatisch die Sozialausgleichsabgabe von 15 % in Fortfall käme.
Solcher Erlaß wäre nur der logische Ausbau der §§ 32, Abs. 6 und 39, Abs. 6 des Einkommensteuergesetzes.[19]
Denn wenn einem jüdischen Steuerpflichtigen schon wegen eines *toten* Kindes aus einer Ehe mit einer nichtjüdischen Ehefrau (ja sogar aus einer früheren Ehe dieser Ehefrau oder wegen eines toten Pflegekindes!) unter Gleichstellung mit den nichtjüdischen Steuerpflichtigen die Vergünstigung der Steuerstufe III und der Befreiung von der Sozialausgleichsabgabe zugebilligt wird, wieviel mehr verdient diese Gleichstellung mit den in gleicher Lage befindlichen nichtjüdischen Steuerpflichtigen der jüdische Steuerpflichtige, der eine *lebende* nichtjüdische Ehefrau über 55 Jahre zu unterhalten hat, die unter der Überlast der Einweisung ihres Ehemannes in Steuerstufe I und der Sozialausgleichsabgabe stärker und ungerechter leiden müßte als die nichtjüdische junge Ehefrau eines jüdischen Steuerpflichtigen, die nichts anderes für ihre steuerliche Vergünstigung vorzuweisen hat als ein totes, also nicht mehr zu unterhaltendes Kind.
Stellt man allgemein über 55 Jahre alte Ehefrauen den Ehefrauen mit verstorbenen Kindern gleich, so ist es nicht erfindlich, warum das nicht auch bei den Mischehen sein sollte.
Ein Erlaß, der diese Gleichstellung schaffte, wäre aber nicht nur gerecht, billig und logisch, er würde für das Reich auch finanziell so gut wie gar nicht ins Gewicht fallen, da die Zahl der in Deutschland lebenden jüdischen Steuerpflichtigen mit einer über 55 Jahre alten Ehefrau sehr gering ist und wegen der freiwilligen und zwangsweisen Abwanderung ständig noch geringer wird.
Sollten Sie, hochverehrter Herr Minister, dennoch Bedenken haben, solchen Erlaß herauszugeben, so bitte ich Sie, wenigstens das für mich zuständige Finanzamt Berlin-Lichtenberg (Steuerjahr 1941 Bezirk 21 Nr. 741) anzuweisen, mir bis auf weiteres die Lohnsteuerbeträge insoweit zu erlassen oder niederzuschlagen, wie sie über die entsprechenden Beträge der Steuergruppe III hinausgehen und mir das individuell in Form der Eintragung der Steuergruppe III in die Steuerkarte zu bescheinigen.

18 Reichssteuerblatt.
19 Nach diesen Paragraphen des Einkommenssteuergesetzes vom 28.2.1939 wurden Juden, die „eheliche Abkömmlinge oder Stiefkinder" hatten, in Steuergruppe IV eingruppiert; RGBl., 1939 I, S. 307, 309.

Ich habe 1924 dafür gesorgt, daß die Ausnahmebestimmungen für *alle* Nationalsozialisten beseitigt wurden. Da ist es wohl nicht mehr als recht und billig, wenn Sie mich dafür wenigstens persönlich jetzt von einer der drückendsten und untragbaren finanziellen Ausnahmebestimmungen befreien. Ich will keine Belohnung für das, was ich 1924 für den Führer und für Deutschland getan habe. Aber ich glaube mit Recht erhoffen zu dürfen, daß ich dafür nicht jetzt auch noch obendarein bestraft werde, wie es in empfindlichster Weise der Fall wäre, wenn ich ab 1942 mit Steuerstufe I und der Sozialausgleichsabgabe belastet würde.
Meine Bitte an Sie aber entspringt nicht vor allem diesen Erwägungen, sondern bitterster finanzieller und seelischer Not und Hilfsbedürftigkeit. Bei dem Ihnen, hochverehrter Herr Minister, nachgerühmten Gefühl für Gerechtigkeit darf ich daher wohl auf Erfüllung meiner Bitte in der einen oder der anderen Form rechnen, und ich danke Ihnen dafür im voraus auch namens meiner Frau von ganzem Herzen.
In vorzüglicher Hochachtung
Ihr sehr ergebener[20]

DOK. 27
Martin Gerson erklärt sich gegenüber der Reichsvereinigung der Juden am 29. Oktober 1941 bereit, einen Bautrupp zu leiten, der die Umsiedlung der Juden nach Osten vorbereitet[1]

Schreiben von Martin Gerson[2] an die Reichsvereinigung der Juden in Deutschland, z. Hd. Dr. Eppstein,[3] Berlin-Charlottenburg, Kantstr. 158, vom 29.10.1941

Betr. Führung eines Bautrupps im Osten
Zur Führung eines Bautrupps im Osten bin ich bereit, wenn folgende Voraussetzungen vorliegen:
1) Es müßten von seiten der deutschen Behörden die Aufgaben des Bautrupps klargestellt sein, daß der Bautrupp für nachkommende Juden Unterkunftsmöglichkeiten schaffen und einrichten soll, damit diesen Juden eine Bleibe im Osten entsteht. Es müßte klargestellt sein, daß es der Wille der Behörde ist, daß die Juden aus eigener Kraft unter

20 Der Antrag von Iwan Katz wurde abgelehnt; wie Anm. 1, Bl. 279 RS.

1 Schocken Library, SchA, 921/11/76(1). Teilweise abgedruckt in: Beate Meyer, Tödliche Gratwanderung. Die Reichsvereinigung der Juden in Deutschland zwischen Hoffnung, Zwang, Selbstbehauptung und Verstrickung (1939–1945), Göttingen 2011, S. 58.

2 Martin Gerson (1902–1944), Landwirt, Lehrer; Beauftragter für die landwirtschaftlichen Umschulungszentren der Reichsvertretung der Juden; leitete von 1933 an mit seiner Frau Baila (Bertel) Gerson, geb. Helmenreich (1902–1944), Architektin, das Umschulungszentrum Gut Winkel in Spreenhagen/Brandenburg, lebte nach dessen Schließung durch die NS-Behörden von Juni 1941 an auf dem Landwerk Neuendorf bei Fürstenwalde/Spree; am 17.6.1943 mit seiner Familie nach Theresienstadt, am 1.10.1944 nach Auschwitz deportiert und dort ermordet.

3 Dr. Paul Eppstein (1902–1944), Soziologe; von 1926 an Dozent an der Handelshochschule Mannheim; 1933 Entlassung, danach Lehre an der Hochschule für die Wissenschaft des Judentums, von 1935 an Sozialreferent in der Reichsvertretung der Juden; wurde am 26.1.1943 nach Theresienstadt deportiert, wo er bis Sept. 1944 Judenältester war und dann ermordet wurde.

Aufsicht der deutschen Behörde ihr Leben gestalten und daß sie mit der Unterstützung der Behörden rechnen können, um die elementarsten Ansprüche, die ans Leben zu stellen sind, Arbeit und Nahrung, zu erhalten.[4] Es müßte klargestellt sein, daß, wenn die Juden dort ihre Pflicht tun, arbeiten und Disziplin halten, auch die Sicherung ihres Lebens seitens der deutschen Behörden erfolgt. Unter diesen Voraussetzungen bin ich gewillt, die Führung eines Bautrupps zu übernehmen, dessen Auswahl auf Grund der Freiwilligkeit erfolgen muß und der bereit sein muß, schwerste Arbeit und Entbehrungen auf sich zu nehmen, um der Allgemeinheit zu dienen. Ich gehe dabei davon aus, daß es Pflicht der jüdischen Jugend sein muß, sich unter Zurückstellung aller persönlichen Belange für die ältere jüdische Generation einzusetzen und von sich aus alles zu tun, um die von den Behörden vorgesehene Umsiedlung so zu unterstützen, daß die Aufnahme der Juden in den Zielorten ohne Schwierigkeiten vor sich geht.

Da hierbei die Innehaltung von Ordnung, Disziplin, Sauberkeit verbunden mit geordnetem Arbeitseinsatz ebenso in unserem Interesse wie in dem Interesse der Behörde sein muß, glaube ich, daß wir in diesem Bestreben auch die Unterstützung der deutschen Behörden finden werden. Voraussetzung für das Gelingen dieser Aufgabe ist die in Übereinstimmung mit den Behörden zu erfolgende Planung für die Aufbauarbeit und für die spätere Arbeit der nach dort zur Umsiedlung kommenden Menschen. Wir nehmen an, daß die nach dort kommenden Menschen in der Industrie Arbeit finden werden und daß dort, wo durch die jüdischen Menschen konsumiert wird, auch den Juden die Möglichkeit gegeben wird, in der Landwirtschaft zu produzieren, um soweit wie möglich den Bedarf an landwirtschaftlichen Produkten selbst zu erzeugen.

Ob dies durch eigene Landbearbeitung oder Landarbeiter geschehen kann, müßte nach Kenntnis der dortigen Verhältnisse entschieden werden.

2) Entsprechend der zu erfolgenden Planung ist zur Erfüllung dieser Aufgaben weiter notwendig, daß gemäß der Anzahl der umzusiedelnden Menschen genügend große Mengen an Material und Handwerkszeug für den Aufbau und für die spätere Arbeit mitgegeben wird, resp. die Voraussetzungen geschaffen werden, das Material an Ort und Stelle zu erwerben. Es wird notwendig sein, daß entsprechend der gestellten Aufgaben die Ausrüstung des Bautrupps zweckentsprechend erfolgt. Demgemäß sollte die Mitnahme genügender Einrichtungen und genügenden Handwerkszeugs und Materials genehmigt werden. Während der Zeit der dortigen Aufbauarbeiten müßten die Gelder zum Aufbau zur Verfügung gestellt werden. Hierbei ist zu beachten, daß die Menschen, die zur Herstellung von Unterkünften für nachkommende Menschen eingesetzt werden, der eigentlichen Erwerbsarbeit entzogen werden und ihr Lebensunterhalt während dieser Zeit aus zentralen Mitteln erfolgen müßte.

Wenn diese Voraussetzungen vorliegen, glaube ich, daß es gelingen müßte, eine genügende Anzahl einsatzfähiger jüdischer Menschen mit dem Geiste zu erfüllen, der für diesen Einsatz notwendig ist, und so einen Vortrupp zu schaffen, der in der Lage ist, durch seinen Einsatz, unter Billigung der deutschen Behörden, die Umsiedlung der Juden in geregelten Bahnen zu ermöglichen.

4 Im Okt. 1941, als die systematischen Deportationen aus dem Deutschen Reich gerade erst begonnen hatten, gingen die meisten Juden noch davon aus, dass sie tatsächlich umgesiedelt würden und ein sehr hartes, entbehrungsreiches Leben zu erwarten hätten, nicht jedoch die gezielte Ermordung.

DOK. 28

Eine Verordnung des Reichsarbeitsministers vom 31. Oktober 1941 schränkt die Rechte von jüdischen Arbeitern und Angestellten drastisch ein[1]

Verordnung zur Durchführung der Verordnung über die Beschäftigung von Juden.
Vom 31. Oktober 1941.
Auf Grund des § 2 der Verordnung des Beauftragten für den Vierjahresplan über die Beschäftigung von Juden vom 3. Oktober 1941 (Reichsgesetzbl. I, S. 675)[2] wird im Einvernehmen mit dem Leiter der Partei-Kanzlei und dem Reichsminister des Innern verordnet:

Abschnitt I
Arbeitsrechtliche Bestimmungen
§ 1 Der Jude kann als Artfremder nicht Mitglied einer Betriebsgemeinschaft sein, die sich auf dem Grundsatz der gegenseitigen Treuepflicht aller im Betrieb Schaffenden aufbaut.
§ 2 (1) Folgende Vorschriften finden auf das Beschäftigungsverhältnis von Juden keine Anwendung:

1. das Gesetz zur Ordnung der nationalen Arbeit (AOG) vom 20. Januar 1934 (Reichsgesetzbl. I, S. 45),
2. das Gesetz zur Ordnung der Arbeit in öffentlichen Verwaltungen und Betrieben (AOGÖ) vom 23. März 1934 (Reichsgesetzbl. I, S. 220),
3. das Gesetz über die Heimarbeit vom 23. März 1934 (Reichsgesetzbl. I, S. 214) in der Fassung vom 30. Oktober 1939 (Reichsgesetzbl. I, S. 2145),
4. das Gesetz über die Lohnzahlung am nationalen Feiertag des deutschen Volkes vom 26. April 1934 (Reichsgesetzbl. I, S. 337),
5. das Gesetz über einmalige Sonderfeiertage vom 17. April 1939 (Reichsgesetzbl. I, S. 763),
6. die Verordnung zur Durchführung des Vierjahresplanes über die Lohnzahlung an Feiertagen vom 3. Dezember 1937 (Deutscher Reichsanz. u. Preuß. Staatsanz. Nr. 280)

mit den hierzu erlassenen Durchführungsbestimmungen.[3]
(2) Anzuwenden sind jedoch die Vorschriften über den Erlaß, die Durchführung und den Schutz von Richtlinien, Tarifordnungen und Betriebs- (Dienst-) Ordnungen sowie über die Listenführung und die Entgeltbelege für Heimarbeit, soweit sich nicht aus den folgenden Vorschriften etwas anderes ergibt.
§ 3 (1) Jüdische Beschäftigte haben Anspruch auf Vergütung nur für die tatsächlich geleistete Arbeit.
(2) Die Fortzahlung des Arbeitsverdienstes ohne Arbeitsleistung ist unzulässig.

1 RGBl., 1941 I, S. 681 f.
2 Siehe Dok. 2 vom 3.10.1941.
3 Durch die hier aufgeführten Gesetze wurden u. a. der Kündigungsschutz, der Schutz vor möglicher Willkür von Seiten der Vorgesetzten, Löhne und Arbeitszeiten sowie die Lohnfortzahlung an staatlichen Feiertagen geregelt.

(3) Unberührt bleiben die Bestimmungen über die Fortzahlung des Lohns bei Arbeitsausfall infolge ungünstiger Witterung.
(4) Ein Anspruch auf Fortzahlung des Gehalts in Krankheitsfällen oder auf Zuschußzahlungen zum Krankengeld besteht nicht.
(5) Besteht ein Anspruch auf Urlaub oder Familienheimfahrt, so beschränkt er sich auf die Gewährung von unbezahlter Freizeit; ein Verzicht auf den Anspruch ist zulässig. Der Anspruch von Jugendlichen richtet sich nach den für Erwachsene geltenden Bestimmungen.
§ 4 Jüdische Beschäftigte haben keinen Anspruch auf Zuschläge zum Lohn oder Gehalt für Arbeit, die an Sonn- oder Feiertagen geleistet wird oder über die regelmäßige Arbeitszeit hinausgeht.
§ 5 (1) Familien- oder Kinderzulagen dürfen jüdischen Beschäftigten nicht gewährt werden.
(2) Das gleiche gilt für Geburten- oder Heiratsbeihilfen, für Sterbegelder oder ähnliche Zuwendungen anläßlich des Todes des Beschäftigten.
(3) Die Gewährung von Weihnachtszuwendungen, von Abschlußgratifikationen, Jubiläumsgaben, Treugeld, eines dreizehnten Monatsgehalts, Abfertigungen sowie ähnlicher einmaliger Zuwendungen aus besonderen Anlässen an jüdische Beschäftigte ist unzulässig.
§ 6 Die Gewährung von tariflichen oder betrieblichen Leistungen aus Anlaß der Niederkunft (Wochenhilfe) ist unzulässig.
§ 7 Vereinbarungen über Altersversorgung neben den gesetzlichen Vorschriften dürfen mit jüdischen Beschäftigten nicht getroffen werden.
§ 8 Trennungs- und Unterkunftsgelder sowie Auslösungen und Zehrgelder dürfen jüdischen Beschäftigten nur mit Zustimmung des für den Betrieb zuständigen Reichstreuhänders der Arbeit gewährt werden.
§ 9 Der Beschäftigungsgeber kann das Beschäftigungsverhältnis der Juden – abgesehen von den Fällen der fristlosen Entlassung – jederzeit zum Schluß des folgenden Werktags kündigen, soweit nicht besondere Vorschriften über die Kündigung auch auf das Beschäftigungsverhältnis von Juden für anwendbar erklärt sind. Für die Kündigung des Beschäftigungsnehmers gelten die allgemeinen Vorschriften.
§ 10 (1) Über Streitigkeiten, die sich aus dem Beschäftigungsverhältnis eines Juden ergeben, entscheidet eine mit einem Richter besetzte Spruchstelle, die vom Reichsminister der Justiz am Sitz eines Arbeits-(Gewerbe-)Gerichts errichtet wird.
(2) Die für das arbeits-(gewerbe-)gerichtliche Verfahren geltenden Vorschriften finden auf das Verfahren und die Entscheidung der Spruchstelle entsprechende Anwendung. Gegen die Entscheidung der Spruchstelle ist ein Rechtsmittel nicht gegeben.
Abschnitt II
Arbeitseinsatz
§ 11 (1) Juden haben die ihnen von den Arbeitsämtern zugewiesenen Beschäftigungen anzunehmen.
(2) Die Verordnung über die Beschränkung des Arbeitsplatzwechsels vom 1. September 1939 (Reichsgesetzbl. I, S. 1685) gilt entsprechend.[4]

4 Diese VO besagt, dass die Einstellung in einen Betrieb der vorherigen Zustimmung durch das zuständige Arbeitsamt bedarf, desgleichen eine Kündigung, die vom Beschäftigten ausgeht und nicht im Einvernehmen beider Vertragspartner geschieht.

§ 12 (1) Jüdische Beschäftigte dürfen nur gruppenweise zur Arbeit eingesetzt werden; das Landesarbeitsamt kann Ausnahmen zulassen.
(2) Jüdische Beschäftigte sind von der übrigen Gefolgschaft getrennt zu halten. Werden jüdische Beschäftigte außerhalb des Heimatorts gruppenweise eingesetzt, so sind sie in gesonderten Unterkünften unterzubringen.
§ 13 Juden dürfen nicht als Lehrlinge oder Anlernlinge vermittelt oder beschäftigt werden.
Abschnitt III
Arbeitsschutz
§ 14 Für jüdische Beschäftigte im Alter von 14 bis 18 Jahren gelten an Stelle des Gesetzes über Kinderarbeit und die Arbeitszeit der Jugendlichen (Jugendschutzgesetz) vom 30. April 1938 (Reichsgesetzbl. I, S. 437) die Arbeitszeitverordnung vom 30. April 1938 (Reichsgesetzbl. I, S. 447) und die sonstigen für Erwachsene geltenden Vorschriften über die Arbeitszeit. Der dritte Abschnitt der Arbeitszeitverordnung findet sinngemäß auch auf männliche jüdische Beschäftigte unter 18 Jahren Anwendung.[5]
§ 15 Auf erwachsene jüdische Beschäftigte findet die Verordnung über den Arbeitsschutz vom 12. Dezember 1939 (Reichsgesetzbl. I, S. 2403) keine Anwendung.[6]
§ 16 Das Gewerbeaufsichtsamt kann besondere Bestimmungen über den Beschäftigungsschutz von Juden abweichend von den geltenden Vorschriften über den Arbeitsschutz erlassen.
Abschnitt IV
Arbeitslosenhilfe
§ 17 Die Arbeitslosenhilfe für Juden beschränkt sich auf das zum Lebensunterhalt unerläßlich Notwendige.
§ 18 Die Bestimmungen über die Kurzarbeiterunterstützung finden auf jüdische Beschäftigte keine Anwendung.
Abschnitt V
Sonstige Bestimmungen
§ 19 Die Vorschriften über die Beschäftigung Schwerbeschädigter gelten nur für schwer kriegsbeschädigte Juden.
§ 20 Für jüdische Beschäftigte gelten bis zum Erlaß besonderer Bestimmungen die Vorschriften der Reichsversicherung (einschließlich Beitragspflicht zum Reichsstock für Arbeitseinsatz) zunächst weiter.
Abschnitt VI
Schlußbestimmungen
§ 21 Die §§ 3, 4, 5 Abs. 3, die §§ 6 bis 9 und 12 Abs. 1 sowie die §§ 17 und 18 finden keine Anwendung

a) auf den in einer Mischehe lebenden jüdischen Ehegatten, sofern Abkömmlinge aus der Ehe vorhanden sind und diese nicht als Juden gelten, und zwar auch dann,

5 In diesem Abschnitt werden Arbeitsschutzbestimmungen für Frauen, insbesondere das Verbot besonders schwerer oder gesundheitsschädlicher Arbeiten, das Nachtarbeitsverbot sowie Arbeits- und Pausenzeiten geregelt. Laut §§ 20 und 21 konnten diese Schutzbestimmungen durch staatliche Genehmigungen jedoch ausgesetzt werden.

6 Diese VO nahm die mit dem Kriegsbeginn begründeten Einschränkungen des Arbeitnehmerschutzes zum Teil wieder zurück.

wenn die Ehe nicht mehr besteht oder der einzige Sohn im gegenwärtigen Kriege gefallen ist;

b) auf die jüdische Ehefrau bei kinderloser Mischehe während der Dauer der Ehe.

§ 22 Die §§ 3 bis 9 finden keine Anwendung, wenn der Beschäftigungsgeber Jude ist.

§ 23 Wer den Vorschriften dieser Verordnung zuwiderhandelt, wird mit Gefängnis und Geldstrafe, letztere in unbegrenzter Höhe, oder mit einer dieser Strafen bestraft.

§ 24 (1) Diese Verordnung gilt einstweilen nicht in den eingegliederten Ostgebieten.

(2) Sie tritt zugleich mit der Verordnung über die Beschäftigung von Juden vom 3. Oktober 1941 (Reichsgesetzbl. I, S. 675) in Kraft.[7] Zum gleichen Zeitpunkt treten die von den Reichstreuhändern der Arbeit erlassenen Anordnungen über die arbeitsrechtliche Behandlung der Juden sowie sonstige Sonderbestimmungen, die dieser Verordnung entgegenstehen, außer Kraft.

Berlin, den 31. Oktober 1941.
Der Reichsarbeitsminister[8]
In Vertretung des Staatssekretärs
Dr. Engel[9]

DOK. 29

Ulrich von Hassell hält am 1. November 1941 in seinem Tagebuch die Reaktionen der Bevölkerung auf die Deportationen aus Berlin fest[1]

Tagebuch von Ulrich von Hassell,[2] Eintrag vom 1.11.1941

Ebenhausen, 1.11.1941. Nach Rückkehr von der Südostreise fand ich in Berlin folgenden Zustand vor: 1) Nach anfänglicher Siegesgewißheit infolge des Sieges vor Moskau schwere Enttäuschung über die vom schlechten Wetter unterstützte wiedererstandene russische Widerstandskraft im Zentrum;[3] ein gewisser Trost nur die weiter erzielten Fortschritte im Süden (Richtung Petroleum). 2) Zunehmende Sorge wegen der Überspannung des gesamten Apparats sowie der Versorgungsschwierigkeiten auf zahlreichen

7 Wie Anm. 2.

8 Franz Seldte (1882–1947), Kaufmann; 1918 Gründer und Führer des Stahlhelm; 1933 NSDAP-Eintritt; 1933–1945 RArbM; 1945 wurde er verhaftet und starb 1947 in einem US-amerikan. Militärgefängnis.

9 Dr. Hans Engel (1887–1945), Jurist, Ministerialbeamter; 1920–1933 Beamter im RMEuL, von 1933 an im RArbM; 1936 NSDAP-Eintritt; seit 1942 StS im RArbM; im April 1945 in Berlin umgekommen.

1 Das Original befindet sich in Privatbesitz und konnte nicht eingesehen werden. Abdruck in: Ulrich von Hassell, Die Hassell-Tagebücher 1938–1944. Aufzeichnungen vom Andern Deutschland, Freiburg u. a. 1946, S. 231–235. Auslassungen wie in der Druckfassung.

2 Ulrich von Hassell (1881–1944), Jurist; von 1909 an im AA, 1919–1921 Botschaftsrat in Rom, 1921–1926 Generalkonsul in Barcelona, 1926–1930 Gesandter in Kopenhagen, 1930–1932 Belgrad, 1932–1938 Rom, im Febr. 1938 abberufen, 1943 Versetzung in den Ruhestand, 1943/44 am Institut für Wirtschaftsforschung; als Mitverschwörer des Attentats vom 20. Juli 1944 zum Tode verurteilt und hingerichtet.

3 Mitte Okt. 1941 waren deutsche Truppen bis etwa 100 km vor Moskau vorgedrungen, die Eroberung der Stadt schien unmittelbar bevorzustehen; doch dann weichte Herbstregen die Straßen und Wege auf, so dass die deutschen Nachschublieferungen stark zurückgingen und der Vormarsch stagnierte.

Gebieten. 3) Immer stärkere Erkenntnis der sich in allen besetzten Gebieten entwickelnden unerträglichen Zustände. 4) Angewidertheit aller anständigen Menschen über die schamlosen [Maßnahmen], im Osten gegen Juden und Gefangene, in Berlin und anderen Großstädten gegen harmlose, angesehene Juden. 5) Langsam zunehmende „Disposition" bei der militärischen Führung, diese ganze schandbare Schweinerei nicht mehr mitzumachen.

Zahlreiche Unterhaltungen mit Geißler;[4] einige Male zusammen mit Nordmann,[5] je einmal mit Forster[6] und Pfaff.[7] Zu vieren (Geißler, Nordmann, Pfaff und ich) wurde endlich einmal die ganze Lage im „Falle des Falles" durchgesprochen. Pfaff war relativ umgänglich, hielt aber offensichtlich etwas hinter dem Berge, so daß man den Eindruck hatte, er werde unter Umständen doch einen Sonderkurs einzuschlagen suchen. Es besteht der Plan (ich glaube auf Nordmanns Initiative), daß ich noch einmal über Spielberg[8] zu Scherz[9] fahren soll. Pfaff, der, glaube ich, *mir* gegenüber *ziemlich* vorbehaltlos ist, erschien darauf am nächsten Tage, um mich über Schritte zu unterrichten, die er im Einverständnis mit den Josephs[10] vor dem Kriege in England, Amerika und Frankreich unternommen hat (bei zahlreichen führenden Staatsmännern, darunter Churchill, Sumner Welles, Daladier, Vansittart), um sie über die wirkliche Lage in Deutschland zu unterrichten und ihre Stimmung zu erforschen. Meines Erachtens zieht er (wie immer) aus diesen Unterhaltungen zu weitgehende, seinen eigenen Wünschen entsprechende Folgerungen, schätzt besonders Churchill zu günstig ein und vergißt, was sich alles inzwischen verschärfend und trennend ereignet hat.

Spielberg sowohl wie Auerley[11] waren bei Pappenheim[12] und berichteten übereinstimmend (ersterer an Geißler, letzterer auch an Förster[13]), daß dieser einsähe, welche Schweinerei herrsche, und wohl auch allmählich, daß *er* mitverantwortlich ist. *Wenn* No. 1 ausfällt,[14] ist er entschlossen zu handeln. Das ist immerhin ein Fortschritt. – Fal-

4 Von Hassells Deckname für Dr. Johannes Popitz (1884–1945), Jurist; von 1914 an im Preuß. MdI, 1919–1929 im Preuß. Finanzministerium, 1925–1929 StS, 1933–1944 Preuß. Finanzminister; 1937 NSDAP-Eintritt; 1938 Rücktrittsgesuch wegen der Judenverfolgung, 1944 als Mitverschwörer des Attentats vom 20. Juli verurteilt und hingerichtet.

5 Deckname für Dr. Jens Peter Jessen (1895–1944), Wirtschaftswissenschaftler; Professor für Staatswissenschaft in Göttingen, Kiel und Marburg; 1930 NSDAP-Eintritt; von 1935 an Ordinarius in Berlin; 1941 beim Stab des Generalquartiermeisters des Heeres Eduard Wagner; im Zusammenhang mit dem Attentat vom 20. Juli 1944 zum Tode verurteilt und hingerichtet.

6 Wahrscheinlich ist entweder General Ludwig Beck oder General Franz Halder gemeint.

7 Deckname für Dr. Carl Friedrich Goerdeler (1884–1945), Jurist und Politiker; von 1920 an 2. Bürgermeister in Königsberg i. Pr.; bis 1931 DNVP-Mitglied; 1930–1937 OB von Leipzig, von 1934 an zugleich Reichskommissar für Preisbildung und Preisüberwachung, 1937 Rücktritt als OB, danach Berater der Bosch AG; Mitverschwörer des Attentats vom 20. Juli 1944 (als Reichskanzler nach dem Sturz Hitlers vorgesehen), hingerichtet.

8 Deckname für Freiherr Alexander von Falkenhausen.

9 Deckname für Erwin von Witzleben (1881–1944), Berufsoffizier; Befehlshaber beim Polen- und Frankreichfeldzug, 1940 Oberbefehlshaber der Heeresgruppe D, 1941 Oberbefehlshaber West, 1942 abgelöst; als Mitverschwörer des 20. Juli 1944 verhaftet, zum Tode verurteilt und hingerichtet.

10 Gemeint sind die Wehrmachtsgeneräle.

11 Deckname für Georg Thomas (1890–1946), Berufsoffizier; Leiter des Wehrwirtschaftsstabs im Wehrmachtsamt des Reichskriegsministeriums, 1939–1942 Chef des Wehrwirtschafts- und Rüstungsamts im OKW, 1941/42 im Aufsichtsrat der AG Reichswerke Hermann Göring; Verhaftung im Zusammenhang mit dem Attentat vom 20. Juli 1944.

kenhausen, der sich der Henkermethode widersetzt (wenn er auch nicht verhindern konnte, daß ein ihm unterstellter Befehlshaber (Lille) hat Geiseln erschießen lassen), wäre um ein Haar abgesägt worden, scheint aber von Brauchitsch gehalten worden zu sein.[15] Wie sehr die geistige und sittliche Verwahrlosung zunimmt, bemerkt man täglich. Am „Rheinbaben"-Tisch[16] wurde die Geiselerschießung erörtert, und ganz vernünftige Leute wie der Admiral Groos[17] meinten, die Maßnahme sei sehr richtig. Ich widersprach und bezweifelte das Erreichen des erstrebten Erfolgs, worauf Dr. Seeberg[18] lebhaft beistimmte: Als alter nationaler Saboteur aus dem Rheinland wisse er, daß solche Maßnahmen auf die Handelnden ohne Eindruck blieben. Ich fügte hinzu, daß die Attentäter sicher Nationalisten, die Geiseln aber Kommunisten und Juden seien. Gr[oos] blieb bei seiner Ansicht: Was man denn sonst machen solle! Das heißt also: Man macht irgend etwas möglichst Brutales, vergiftet die Stimmung in einem Lande, das man zur Zusammenarbeit bringen will und sät Haß auf lange hinaus, *weil* man nichts anderes weiß. Ein Bekenntnis der Ohnmacht und des Versagens der Methode des Herrschens. Ähnlich erzählte Auerley, daß ein großer Industrieller bei der Poensgenfeier[19] erklärt habe, die Gefangenenmorde seien ganz richtig, denn so würde man diese unbrauchbare Rasse los. Auerley hat ihm erwidert: Hoffentlich passiert Ihnen nicht einmal Ähnliches. Auf der andern Seite bewirken diese schandbaren Taten des offiziellen Deutschland, daß anständige kluge Leute den Kompaß verlieren und das Heil in international-pazifistischen, sozialistisch gefärbten Lösungen suchen. So der brave Neffe H. Pappenheims.[20] Sie

12 Deckname für Walther von Brauchitsch (1881–1948), Berufsoffizier; 1914–1918 Generalstabsoffizier, 1921 Übernahme in die Reichswehr, 1932 Generalmajor, Febr. 1938 bis Dez. 1941 Oberbefehlshaber des Heeres; vom 30.6. bis 25.10.1940 Militärbefehlshaber in Frankreich, 19.7.1940 Generalfeldmarschall; starb in brit. Internierung.

13 Wahrscheinlich: Edmund Glaise von Horstenau (1882–1946), Politiker, Publizist; 1934 Staatsrat, 1936 Minister ohne Portefeuille in der Regierung Schuschnigg, deutscher Staatsminister unter Reichsstatthalter Seyß-Inquart; 1939 General z.b.V. im OKW, von April 1941 bis Sept. 1944 Bevollmächtigter General der Wehrmacht in Kroatien; 1945 in US-Kriegsgefangenschaft, nahm sich das Leben.

14 Vermutlich: Hitler.

15 Gemeint ist die Kontroverse zwischen der Regierung in Berlin und der deutschen Militärverwaltung im besetzten Frankreich um die Geiselerschießungen; siehe Einleitung, S. 17, Dok. 16 vom 21.10.1941, Anm. 6, sowie VEJ 5, S. 59–62.

16 Gesprächskreis des großbürgerlich-konservativen „Deutschen (Herren-)Klubs", galt als wichtige Institution zum Austausch politischer Informationen; benannt nach Werner Freiherr von Rheinbaben (1878–1975), Marineoffizier, Diplomat und Politiker.

17 Dr. Otto Groos (1882–1970), Marineoffizier; von 1900 an in der Kaiserlichen Marine, 1918–1926 in deren kriegsgeschichtlicher Abt., 1934 zum Vizeadmiral ernannt, 1939–1944 Chef des Sonderstabs Handelskrieg und wirtschaftliche Kampfmaßnahmen der Abwehr.

18 Dr. Axel Seeberg (1904–1986), Geograph, Journalist; im Deutschen Auslandswissenschaftlichen Institut Leiter des Ressorts Auslandsstelle und Ferienkurse, bis 1939 Dozent an der Deutschen Hochschule für Politik, Mitarbeiter des AA, bis 1945 im AA Ressortleiter „Politische Geographie"; nach 1949 Mitglied im Geschäftsführenden Ausschuss des Arbeitskreises für Ost-West-Fragen im AA, 1954–1969 Chefredakteur des Deutschen Allgemeinen Sonntagblatts.

19 Gemeint ist wahrscheinlich eine Feier bei dem Großindustriellen Ernst Poensgen (1871–1949), 1935–1942 Präsident der Vereinigten Stahlwerke und Wehrwirtschaftsführer.

20 Hans-Bernd von Haeften (1905–1944), Jurist, Diplomat; 1933 Eintritt ins AA, 1934 bei der Gesandtschaft Kopenhagen, 1935–1937 in Wien, 1937–1940 in Bukarest, von 1940 an Vortragender Legationsrat; im Zusammenhang mit dem Attentat vom 20. Juli 1944 zum Tode verurteilt und hingerichtet.

werden in ihrem Nationalgefühl erschüttert. Es ist ein furchtbares Chaos, das die Partei und vor allem ihr Führer selbst angerichtet hat. Immer schwerer wird es, die Kräfte der Abwehr noch wirksam zu kristallisieren. Besonders illustrativ ist auch die Form, die der Partikularismus angenommen hat, den der Nationalsozialismus ausrotten zu wollen vorgab. Jede Erörterung mit Burger[21] und Förster zeigt, daß in Bayern und Österreich sich Entwicklungen vollzogen haben, und zwar ausschließlich dank den Nazimethoden, die bei äußeren Rückschlägen Schlimmes befürchten lassen und im Falle einer Systemänderung die Aufgabe der neuen Leute aufs äußerste erschweren. Geißler ist als ein Mann, der die Dinge allzu stark als Verwaltungsbeamter sieht, geneigt, einfach darüber hinwegzusehen. Ich dränge auf Beachtung der Imponderabilien. [...]

G[ritzbach],[22] Famulus von Sepp[23] war bei Geißler, entsetzt über die Judenexmissionen in Berlin usw. In Berlin sei ein Pour-le-mérite-Ritter, mehrere Hohenzollern-Ritter und zahlreiche Eiserne-Kreuz-Inhaber dabei! Fürchterliche Szenen haben sich nachts in den Häusern abgespielt. Die Bevölkerung war teilweise so angewidert, daß man Flugblätter verteilt hat: Die Juden seien eben an allem schuld; wer Mitleid habe, begehe Volksverrat. Geißler hat G[ritzbach] gesagt, er habe die Pflicht, die Sache seinem Herrn vorzutragen. G. habe erwidert, das wolle er gern tun, sein Herr denke sicher wie er, aber er werde nichts unternehmen, denn der Befehl komme von Hitler selbst. Man habe diesen gebeten, die Feldzugsteilnehmer von den Judensternen (und von diesen Exmissionen?) auszunehmen, vergeblich; dann wenigstens die Eiserne-Kreuz-Inhaber. „Nein, denn diese Schweine haben sich diese Dekoration doch erschlichen." Man hat die Juden gezwungen zu unterschreiben, daß sie freiwillig die Wohnung geräumt (nachts um 2 durch Polizei!!), sich an kommunistischen Umtrieben beteiligt hätten und ihr Vermögen dem Staat übertrügen.[24] Schamloser kann man nicht mehr die Gemeinheit durch Lügen verkleiden.

So wie Galen[25] nicht nur einen gewaltigen moralischen Erfolg in ganz Deutschland erzielt hat, sondern auch einen gewissen unmittelbaren, so zeigt sich auch sonst, daß eine energische Abwehr oft sich durchsetzt. So hat der evangelische Pfarrerbund sich gegen eine Verfügung des bayerischen Landesverbandes des Roten Kreuzes gewandt, durch die alle Geistlichen „wegen des interkonfessionellen Charakters des Roten Kreuzes" hinausbefördert wurden. Der Bund hat das in scharfer Sprache getan und angeregt, dann lieber alle Pfarrer, unter denen zahllose Gefallene, Verwundete, Ritterkreuzträger usw. seien, aus der deutschen Volksgemeinschaft auszuschließen. Erfolg: Aufhebung der Ver-

21 Deckname für Dr. Karl Ludwig Freiherr von und zu Guttenberg (1902–1945), Historiker, Publizist; 1939 im AA, Abt. Abwehr; Herausgeber der monarchistischen Monatszeitschrift Weiße Blätter; vermittelte den Kontakt zwischen Hassell und Goerdeler; im Zusammenhang mit dem Attentat vom 20. Juli 1944 verhaftet und am 24.4.1945 von der SS ermordet.

22 Dr. Erich Gritzbach (*1896), Beamter; 1933 NSDAP- und SS-Eintritt; 1933–1936 Hauptkommissar für die Olympischen Spiele, 1936 Min.Dir.; 1938 SS-Gruppenführer; 1938–1945 Chef des Stabsamts des Ministerpräsidenten Göring; Herausgeber von Der Vierjahresplan. Zeitschrift für nationalsozialistische Wirtschaftspolitik; 1945 in US-Internierung, danach leitender Angestellter bei der Internationalen Montanunion.

23 Hermann Göring.

24 Siehe Dok. 25 vom 28.10.1941.

25 Clemens August Graf von Galen (1878–1946), kath. Theologe; 1904 Priesterweihe, bis 1929 Seelsorger in Berlin, danach in Münster, 1933–1946 Bischof von Münster; kritisierte u. a. in einer Predigt am 3.8.1941 offen die „Euthanasie"-Morde; 1946 zum Kardinal erhoben.

fügung. Ebenso ist bei Göring durchgesetzt worden, daß die Luftwaffe, die bisher ohne Seelsorge war, Feldgeistliche bekommt. Man erzählt auch (authentisch?), daß die besten Jagdflieger Mölders[26] und Galland[27] (oder einer von ihnen) bei Hitler oder Göring unter Zurverfügungstellen ihrer Orden energisch gegen die Kirchenverfolgung protestiert hätten. Leider erzählte mir Pater Noppel[28] (früherer Rektor des Collegium Germanicum in Rom), daß das deutsche Episkopat keineswegs einig sei. Die Mehrheit unter dem alten „irenischen" Kardinal Bertram[29] in Breslau sei gegen den offenen Kampf, gegen „politische" (statt religiöser) Methoden, so daß die Vertreter der scharfen Richtung Galen und Preysing in der Minderheit seien. Solche Leute wie Bertram werden gegenüber Leuten wie Hitler und Himmler nichts erreichen. Der früher „brauner Konrad" genannte Gröber[30] ist nach Noppel jetzt allerdings völlig bekehrt.

Pappenheims Neffe erzählte mir als schaurigen Beleg für die Art der Nazis zu „regieren", daß Benzler[31] aus Belgrad verzweifelt berichtet habe, was man mit dort zusammengetriebenen 8000 Juden machen solle, mit Vorschlägen, wie er sich ihre Behandlung denke. Im AA (das heißt Luther)[32] darauf Entrüstung über den schlappen Benzler; Fühlung mit Heydrich[33] genommen, der sofort einen Spezialisten heruntergeschickt habe, um mit den Ärmsten aufzuräumen.[34]

26 Werner Mölders (1913–1941), Offizier; war als Jagdflieger einer der höchstdekorierten Soldaten der Luftwaffe; nach seinem Tod versuchte der brit. Geheimdienst seine Popularität zu nutzen, um die Loyalität gegenüber dem NS-Regime durch ein gefälschtes Schreiben zu untergraben, das Mölders' vermeintliche Kritik am Nationalsozialismus zum Ausdruck gebracht habe.

27 Adolf Galland (1912–1996), Offizier; von 1933 an Jagdflieger, 1937/38 in der Legion Condor am Spanischen Bürgerkrieg auf Seiten Francisco Francos beteiligt, 1944 zum Generalleutnant der deutschen Luftwaffe ernannt.

28 Constantin Noppel (1883–1945), kath. Theologe; 1932–1935 Rektor des Collegium Germanicum in Rom, auf deutschen diplomatischen Druck hin aus seinem Amt abberufen und als Hausgeistlicher der Barmherzigen Brüder nach Freiburg versetzt.

29 Adolf Bertram (1895–1945), kath. Theologe; 1906–1914 Bischof von Hildesheim, von 1914 an Fürstbischof von Breslau, 1916 zum Kardinal bestimmt und 1919 öffentlich ernannt, 1919–1945 Vorsitzender der Fuldaer Bischofskonferenz, 1930–1945 Erzbischof von Breslau. Irenisch: Friedfertig.

30 Richtig: Conrad Gröber (1872–1948), kath. Theologe; 1932 Erzbischof von Freiburg; 1934 förderndes Mitglied der SS, 1938 ausgeschlossen; kritisierte von 1940 an die „Euthanasie"-Morde.

31 Felix Benzler (1891–1977), Jurist und Diplomat; 1919 Eintritt in den auswärtigen Dienst; 1940 NSDAP-Eintritt; April 1941 bis Aug. 1943 Bevollmächtigter des AA beim Militärbefehlshaber Serbien, 1944 in den einstweiligen Ruhestand versetzt.

32 Martin Luther (1885–1945), Spediteur; 1932 NSDAP- und SA-Eintritt; 1936–1938 Dienststelle Ribbentrop, 1938–1943 im AA, von 1940 an Leiter der Abt. Deutschland, 1941 UStS; 1942 Vertreter des AA auf der Wannsee-Konferenz; 1943–1945 wegen eines Komplotts gegen Ribbentrop inhaftiert, kurz nach Kriegsende verstorben.

33 Reinhard Heydrich (1904–1942), Berufsoffizier; 1922–1931 Marinelaufbahn, 1931 NSDAP- und SS-Eintritt; von 1932 an Chef des SD, 1933–1936 beauftragt mit der Zentralisierung der politischen Polizeien und dem Aufbau der Gestapo, 1939–1942 an Chef des RSHA, von Sept. 1941 an stellv. Reichsprotektor Böhmen und Mähren; am 4.6.1942 an den Folgen eines Attentats in Prag gestorben.

34 Am 12.9.1941 hatte Benzler die Abschiebung von 1200 serb. Juden in das Generalgouvernement gefordert, da diese die Unruhe im Land schüren würden. Daraufhin hatte der Judenreferent im AA Rademacher bei UStS Luther angeregt, die Ruhe durch die Erschießung einer größeren Zahl von Geiseln wiederherzustellen. Luther hatte sich dann seinerseits in einem Telegramm an Benzler dafür ausgesprochen, die in Lagern inhaftierten Juden als „Geiseln für das Wohlverhalten ihrer Rassegenossen" zu nehmen; siehe VEJ 14/108, 109, 112 und 114.

Um beim Balkan zu bleiben: Förster erzählte von fantastisch offenen Äußerungen hoher italienischer Generäle über Mussolini. Ziel dieser Leute sei Sturz des Regimes und Überschwenken zu England. Förster fügte hinzu, daß Hitler eisern an Mussolini als seiner einzigen Säule in Italien festhalte und daher auch keinen Sonderfrieden mit Frankreich machen wolle. [...]
Pappenheims Neffe sieht häufig Wüster,[35] der ihm erzählt hat, daß er in Rom Bischof Hudal[36] gesehen und mit ihm die Friedenschancen erörtert habe. Hudal habe angedeutet, daß über den Vatikan vielleicht doch noch etwas zu machen sei. Wüster habe dann gemeint, am besten würde man mich zu Hudal schicken, denn ich sei zwar durchaus kein Nationalsozialist, aber ein guter Botschafter. Keppler[37] dagegen habe, als mein Name in irgendeinem Zusammenhang genannt wurde, gesagt, ach, das sei der Mann, von dem Hitler erklärt habe, er würde ihn verhaften lassen, wenn er da wäre. Auf den Einwand, diese Äußerung stamme offenbar aus den Tagen vor meiner Abberufung aus Rom, habe Keppler zugegeben, daß das wohl stimmen könne. Es kann auch stimmen; im übrigen ist die Äußerung ziemlich sinnlos, denn er konnte mich ja einfach holen. [...]
Großer Kummer: Inez'[38] viel zu früher Tod. Ein lichter Geist, rein wie Bergkristall, warmherzig, ein treuer Freund. Für das geliebte Haus Wille ein unersetzlicher Verlust, für uns auch. [...]

DOK. 30
Ludwig und Emma Heilbronner verabschieden sich am 4. November 1941 in Erwartung der Deportation von ihren Freunden[1]

Handschriftl. Brief von Emma und Ludwig Heilbronner,[2] Düsseldorf, an Freunde[3] vom 4.11.1941[4]

Meine lieben Getreuen!
In schlaflosen Stunden habe wiederholt den Brief in Gedanken zurechtgelegt, m.l. Mann gibt aber nicht zu, daß ich m. Gedanken des Nachts niederschreibe, & deshalb habe

35 Walther Wüster (1901–1949), Diplomat; 1931 NSDAP-Eintritt, von Sept. 1939 an mit dem Aufbau des Reichspropagandaamts in Krakau beauftragt, 1940 Generalkonsul in Mailand und Judenberater in der Slowakei, Rumänien, Ungarn, Serbien und Griechenland, 1941–1943 Leiter der Informationsabt. des AA, vom 21.5.1943 an Generalkonsul in Neapel, 1944/45 Leiter des Quartiersamts der Ausweichstelle des AA in Krummhübel in Niederschlesien.

36 Dr. Alois Hudal (1885–1963), kath. Theologe; 1908 zum Priester geweiht; 1923–1945 Professor in Graz, 1923–1952 Rektor des Priesterkollegs Santa Maria dell'Anima in Rom, 1933 Ernennung zum Bischof, Titularbischof von Ela (Aela, heute Aquaba, Jordanien), päpstlicher Hausprälat; nach 1945 Fluchthelfer für NS-Verbrecher; Autor von „Die Grundlagen des Nationalsozialismus" (1937) und „Römische Tagebücher" (posthum 1976).

37 Wilhelm Keppler (1882–1960), Ingenieur; 1927 NSDAP- und 1933 SS-Eintritt; von 1931 an Hitlers Wirtschaftsberater, 1933 Kommissar für Wirtschaftsfragen in der Reichskanzlei, 1936 Berater Görings, 1938 StS z.b.V. im AA und Reichsbeauftragter für Österreich; 1942 SS-Obergruppenführer; 1949 im Wilhelmstraßen-Prozess zu zehn Jahren Haft verurteilt, 1951 entlassen.

38 Inez Wille, geb. Rieter (1879–1941), Ehefrau des Schweizer Offiziers Ulrich Wille Jr. (1899–1959).

1 Mahn- und Gedenkstätte Düsseldorf, GED-31-421-3. Teilweise abgedruckt in: Hildegard Jakobs/Angela Genger/Andrea Kramp, Stolpersteine. Erinnerung an Menschen aus Düsseldorf, Erkrath, Langenfeld, Mettmann, Monheim und Ratingen, Düsseldorf 2012, S. 109.

noch so viel zu tun & zu schreiben, & wir wollen uns das Herz auch nicht noch schwerer machen, wie es schon ist! Worte vermögen ja auch m. Empfinden nicht auszudrücken; Sie waren mir in schwerer & schwerster Zeit unendlich viel, haben durch Ihre so l. guten Zeilen mich gestützt, durch das Bewußtsein als Mensch gewertet zu werden & wir wollen weiter auf Gottes Beistand hoffen, den Sie ja auch stets für uns erflehen! Und Ihnen Allen wünsche ich, daß der l. Gott Ihnen für all Ihre Liebe & Güte seinen allmächtigen Segen geben möge, daß Ihrer Hände Werk stets Sie befriedigen darf, daß Sie vor allem immer gesund bleiben mögen & Ihre l. Kinder zu Ihrer Freude heranwachsen dürfen s.G.w.![5] Ihrer l. Mutter noch m. herzl. Dank für den warmen, herrlichen Rock; l. Gothe, denken Sie daran, Ihrer l. Mutter den versprochenen Gruß zu schicken! Tante Grete ist stets mir zur Seite & wir wollen hoffen, daß wir es richtig machen s.G.w.! Wir müssen kl. Öfen mitnehmen, Wannen, Eimer, Töpfe & Hausrat aller Art & Lebensm. für 3 Wochen.[6] Hoffentlich kommt alles gut an! Die l. Oma[7] hat von Dr. Paul gerade zur rechten Zeit Nachricht erhalten, wofür ich so sehr dankbar bin. & von Fr. Else[8] hatten wir auch 1 verhältnismäßig ordentliche Karte, die Feiertage waren sie zusammen, was mich so beruhigte, G.l.![9] Von all' unseren l. Freunden erhalten wir so viele Beweise von Freundschaft & Treue, die gewiß kein leerer Wahn ist – vertrauen wir weiter auf ein besseres Schicksal, wie der Augenblick zu erwarten berechtigt!
Grüßen Sie, bitte, alle, die Interesse haben! [...][10] da ich für die Kälte & das Leben, das unser wartet, selbst nicht genug habe um uns einigermaßen zu schützen. Durch die Heizung brauchte man ja sich nicht so warm anzuziehen, wie wir es nun benötigen. Wir haben Joppen etc. für Pantoffel & Fäustlinge zerschnitten & alte Deck[...] dabei sind bis jetzt nur 20 kg. erlaub[...] mit Bettwerk. Lebensmittel gehen extra. Wie wir da packen sollen, weiß ich nicht, ich bin dabei ratlos. Aber nun wollen wir ganz vernünftig sein & weiter beten wie bisher & auf eine bessere Zukunft hoffen, m. Lieben!
Leben Sie wohl, m. lieben Getreuen, ich drücke Ihnen im Geiste innigst in Dankbarkeit die Hand & werde Sie nie, nie vergessen! Unser Vermächtnis für Sie ist Tante Grete, welche ebenso glücklich ist, in Ihnen so liebe, wertvolle Menschen gefunden zu haben!
Alles Gute & herzliche Grüße
in Liebe Ihre E.H.

2 Emma Heilbronner, geb. Scharff (1884–1942), Hausfrau, und Ludwig Heilbronner (1874–1942), Vertreter für Champignon-Käse-Produkte; die gemeinsame Tochter Liesl (*1924) gelangte 1939 mit einem Kindertransport nach Großbritannien zu ihrem Onkel Julius Altschüler; das Ehepaar Heilbronner wurde am 10.11.1941 nach Minsk deportiert und dort ermordet.

3 Vermutlich: Familie Volz aus Speyer, dem Geburtsort von Emma Heilbronner. Agathe Volz war eine enge Freundin der Familie.

4 Rechtschreibung und Grammatik wie im Original, Zeichensetzung behutsam korrigiert.

5 So Gott will.

6 Zur Mitnahme von Öfen, Werkzeug und Haushaltsgeräten in den Deportationszügen siehe Dok. 39 vom 19.11.1941.

7 Vermutlich: Betty Heilbronner, geb. Preßburger (1850–1943), Sprachlehrerin; Mutter von Ludwig Heilbronner; sie wurde am 29.7.1942 nach München und von dort einen Tag später nach Theresienstadt deportiert und kam dort um.

8 Tochter von Emma Heilbronners Schwester Frieda Beissinger, geb. Scharff (1883–1942); Else (1908–1954) wanderte mit ihrem Mann und ihrer Tochter nach Palästina aus; nahm sich während eines Besuchs in Deutschland das Leben.

9 Gott lob.

10 Folgender Teilsatz im Original gestrichen: „Zu m. Bedauern kann ich mit Pelz nicht dienen".

Meine Lieben! Worte können die Tragödie[n] nicht schildern, die uns bettelarmen Menschen bevorstehen. Schweigen wir lieber! Möge unser [Herr?]gott uns ferner beistehen, denn unser Gewissen ist rein. Möge Ihnen eine glücklichere Zukunft beschieden sein & der Segen auf Ihnen Allen ruhen.
I. Treue Ihr[11]

DOK. 31
Der Reichsfinanzminister regelt am 4. November 1941 die Enteignung der deportierten Juden[1]

Schnellbrief des Reichsministers der Finanzen (o 5205 - 740 VI g), i. A. gez. Schlüter,[2] an die Oberfinanzpräsidenten[3] vom 4.11.1941 (Abschrift, Nachdruck)

Betr. Abschiebung von Juden
1. Allgemeines
Juden, die nicht in volkswirtschaftlich wichtigen Betrieben beschäftigt sind, werden in den nächsten Monaten in eine Stadt in den Ostgebieten *abgeschoben.* Das *Vermögen* der abzuschiebenden Juden wird zugunsten des Deutschen Reichs *eingezogen.* Es verbleiben den Juden 100,- RM und 50 kg Gepäck je Person. Die Abschiebung hat schon begonnen in den Gebieten der Oberfinanzpräsidenten Berlin, Kassel, Hamburg, Köln, Weser-Ems in Bremen, Düsseldorf.
Es werden demnächst weiter abgeschoben:
im Oberfinanzbezirk[4]
Es kann angenommen werden, daß vier Personen einen Haushalt bilden.
2. Durchführung der Abschiebung
Die Abschiebung der Juden wird von der *Geheimen Staatspolizei* (Gestapo) durchgeführt. Die Gestapo sorgt auch für die erste Sicherstellung des Vermögens.
Die Juden, deren Abschiebung bevorsteht, haben der Gestapo Vermögensverzeichnisse nach bestimmtem Vordruck einzureichen. Die Gestapo-Stellen versiegeln die Wohnungen und hinterlegen die Wohnungsschlüssel bei den Hausverwaltern.
3. Einziehung des Vermögens
Gesetzliche Grundlage für die Einziehung des Vermögens sind die folgenden Bestimmungen:

11 Der Zusatz am Ende des Briefs ist von Ludwig Heilbronner geschrieben und z. T. unleserlich, da das Manuskript beschädigt ist.

1 BArch, R 2 Anhang/Nr. 7. Abdruck in: George Weiss, Einige Dokumente zur Rechtsstellung der Juden und zur Einziehung ihres Vermögens 1933–1945, Berlin 1954, S. 47–52.
2 Walter Schlüter (*1878), Jurist; von April 1922 an beim RFM tätig, 1937 Ministerialdirigent, Referatsleiter und stellv. Leiter der Abt. VI (Personal und Verwaltungsangelegenheiten); 1945 im Ruhestand.
3 Berlin, Hamburg, Weser-Ems, Köln, Düsseldorf, Kassel, Hannover, Westfalen, Niederschlesien, München, Nürnberg, Württemberg, Danzig-Westpreußen, Nordmark.
4 Im Original ist an dieser Stelle Platz für Eintragungen gelassen, um den Erlass für die jeweiligen Empfänger anzupassen.

a) Gesetz über die Einziehung volks- und staatsfeindlichen Vermögens vom 14. Juli 1933 (RGBl. 1933 I, S. 479) in Verbindung mit dem Gesetz über die Einziehung kommunistischen Vermögens vom 26. Mai 1933 (RGBl. I, S. 293),[5]
b) Verordnung über die Einziehung volks- und staatsfeindlichen Vermögens im Lande Österreich vom 18. November 1938 (RGBl. I, S. 1620),
c) Verordnung über die Einziehung volks- und staatsfeindlichen Vermögens in den sudetendeutschen Gebieten vom 12. Mai 1939 (RGBl. I, S. 911),
d) Verordnung über die Einziehung von Vermögen im Protektorat Böhmen und Mähren vom 4. Oktober 1939 (RGBl. I, S. 1998).
e) Erlaß des Führers und Reichskanzlers über die Verwertung des eingezogenen Vermögens von Reichsfeinden vom 29. Mai 1941 (RGBl. I, S. 303).[6]
Die Bestimmungen für die Ostmark, den Sudetengau und das Protektorat sind in der Aufzählung enthalten, weil auch Vermögenswerte erfaßt werden, die sich in diesen Teilen des Reichsgebiets befinden.
Für *Forderungen gegen Juden,* deren Vermögen zugunsten des Reichs eingezogen ist, *haftet* im Altreich das *Reich* mit den ihm durch die Einziehung zugefallenen Sachen und Rechten (§ 39 des Gesetzes über die Gewährung von Entschädigungen bei der Einziehung oder dem Übergang von Vermögen vom 9. Dezember 1937, RGBl. I, S. 1333).[7]
Die *Einziehungsverfügungen* werden von den *Regierungspräsidenten* – in Berlin von dem Geheimen Staatspolizeiamt, in Hamburg und Bremen von den Reichsstatthaltern – erlassen. Sie werden den Juden vor ihrem Abtransport durch Gerichtsvollzieher zugestellt.
4. Aufgaben der Reichsfinanzverwaltung
a) Allgemeines
Die *Verwaltung und Verwertung* des eingezogenen Vermögens der Juden liegt mir ob. Ich übertrage die Erfüllung dieser Aufgabe den *Oberfinanzpräsidenten.* Die Oberfinanzpräsidenten können sich dabei in Orten außerhalb des Sitzes des Oberfinanzpräsidiums eines Finanzamts bedienen. Ich habe der Gestapo als Stellen, denen das Vermögen zu übergeben ist, die Oberfinanzpräsidenten benannt, für Osnabrück das Finanzamt Osnabrück, für Dortmund das Finanzamt Dortmund-Süd.
Die nächste Abschiebung von Juden *beginnt* mit dem *7.* oder *8. November 1941.* Ich bitte den *genauen* Zeitpunkt für die einzelnen Städte *sofort* bei den örtlich zuständigen Staatspolizeistellen zu *erfragen.*
Die *erste Aufgabe* der mit der Verwaltung und Verwertung betrauten Stellen besteht darin, von den örtlich zuständigen Stapostellen die Vermögensverzeichnisse und Einziehungsverfügungen in Empfang zu nehmen und die gesamte Vermögensmasse zu

5 Nach diesen Gesetzen wurden von 1933 an zunächst die Vermögenswerte sozialdemokratischer, kommunistischer und anderer oppositionell eingestellter Organisationen und Persönlichkeiten eingezogen, sie wurden aber zunehmend auch gegen jüdische Institutionen und einzelne Juden gerichtet, um an deren Vermögen zu kommen.

6 Nach diesem Erlass sollte sich der RFM zur Verwaltung und Verwertung des Vermögens der mittleren Verwaltungsbehörden bedienen.

7 Nach diesem Paragraph haftete das Land für Forderungen gegen den früheren Besitzer eingezogener Gegenstände nur mit den ihm durch Einziehung zugefallenen Sachen und Rechten. Bei Überschuldung sollte ein Konkursverfahren eingeleitet werden.

übernehmen. Es wird insbesondere dafür zu sorgen sein, daß Verfügungen anderer Stellen über diese Vermögenswerte unterbleiben.[8]
Die freigemachten Wohnungen werden im allgemeinen der Bewirtschaftung durch die städtischen Behörden unterliegen. Wegen der Behandlung der Wohnungen ist mit den Städten Verbindung aufzunehmen. Ich lege Wert darauf, daß die Wohnungen möglichst bald von der Stadt übernommen werden, damit das Reich so schnell wie möglich von der Zahlung der Miete für die Wohnungen frei wird (Hinweis auf § 39 des Entschädigungsgesetzes).
Werden die Wohnungen erst nach der Räumung von der Stadt übernommen, so ist für *beschleunigte Räumung* zu sorgen. Das gilt insbesondere für die Städte, in denen die Wohnungen zur Unterbringung fliegergeschädigter Volksgenossen bestimmt sind. Die Wohnungen müssen entwest und instand gesetzt werden, bevor sie obdachlosen Volksgenossen zugewiesen werden können. Es ist deshalb erforderlich, sofort größere *Lagerräume* (auch Säle von Gaststätten usw.) für die Unterbringung der Möbel zu beschaffen und die zum Abtransport der Möbel erforderlichen *Transportmittel* und Transportarbeiter bereitzustellen. Es ist zweckmäßig, sofort die Verbindung mit den Berufsvertretungen des Speditеurgewerbes aufzunehmen.
Ich bitte die Möglichkeit zu prüfen, einen Teil der anfallenden Wohnungen von den mit ihrer Bewirtschaftung beauftragten Stellen für Zwecke der *Beamtenwohnungsfürsorge* zu erhalten. Die Verhandlungen darüber bitte ich sofort aufzunehmen.
b) Organisation der Dienststelle
Die mit der Durchführung der Aufgaben betraute *Dienststelle* ist *sofort einzurichten*. Es ist für jeden Einziehungsfall ein besonderes Aktenstück anzulegen, das zunächst das Vermögensverzeichnis und die Einziehungsverfügung aufnimmt.
Ein *Karteiblatt* für jeden abgeschobenen Juden erleichtert die Übersicht. Erlöse und Ausgaben sind auf einer *Kontokarte* (für jeden Juden besonders) festzuhalten, damit jederzeit eine Übersicht über den Stand des eingezogenen Vermögens vorhanden ist.
Ich füge einen Satz Vordrucke bei, die vom Finanzamt Moabit-West in Berlin verwendet werden.[9]
c) Behandlung des beweglichen Vermögens
Ich bitte, vor anderweit[ig]er Verwertung der Wohnungseinrichtungen zu prüfen, welche *Gegenstände für die Reichsfinanzverwaltung* gebraucht werden können. Es kommen in Betracht: Für die Ausstattung der *Ämter* (Dienstzimmer der Vorsteher und Sachbearbeiter, Büroräume): Schreibtische, Bücherschränke, Sessel, Teppiche, Bilder, Schreibmaschinen u. a.m.
Für die Ausstattung der *Erholungsheime* und *Schulen* der Reichsfinanzverwaltung: Schlafzimmer, Betten, Musikinstrumente und insbesondere Bettwäsche, Tischwäsche, Handtücher usw.
Die Gegenstände, die nicht für Zwecke der Reichsfinanzverwaltung gebraucht werden, sind in geeigneter Weise zu *veräußern*. Versteigerungen in den Wohnungen selbst sind nach den gemachten Erfahrungen unerwünscht.[10]

8 Zuvor war es bei der Vermögenseinziehung wiederholt zu Konflikten zwischen den Finanzbehörden und der Gestapo bzw. der Innenverwaltung gekommen.
9 Liegen nicht in der Akte.

Es besteht die Möglichkeit, daß die NSV oder die Städte, denen die *Ausstattung fliegergeschädigter Volksgenossen* obliegt, bereit sind, größere Mengen der nicht für Zwecke der Reichfinanzverwaltung gebrauchten Gegenstände gegen angemessene Bezahlung abzunehmen. Es besteht auch die Möglichkeit, daß die Berufsvertretungen des Altwarenhandels größere Posten erwerben. Die Veräußerungspreise sind in allen Fällen nach den Schätzungen zuverlässiger Sachverständiger festzusetzen.

Es ist darauf zu achten, daß *Schränke* und Behälter aller Art *nicht mit Inhalt* verkauft werden. Schränke und Behälter sind deshalb nach dem Abtransport zu leeren. Diese Gegenstände sind gesondert zu veräußern.

Der Abtransport und die Lagerung der Möbel sind ständig durch geeignete Beamte zu *überwachen,* damit Diebstähle nach Möglichkeit vermieden werden.

d) Behandlung von Kunstgegenständen

Kunstgegenstände (Bilder, Plastiken usw.), die nicht von vornherein als minderwertige Erzeugnisse anzusehen sind, sind nicht zu veräußern. Sie sind in geeigneter Weise zu lagern und dem zuständigen *Landesleiter* der Reichskammer der bildenden Künste zu *melden.*

Der Landesleiter wird binnen Monatsfrist erklären, ob ein museales Interesse für diese Gegenstände besteht. Es wird bezüglich dieser Gegenstände besondere Weisung ergehen. Die übrigen Kunstgegenstände können veräußert werden.

Die Anschriften der zuständigen Landesleiter (Landesleitungen) sind die folgenden: [...][11]

Jüdisches Schrifttum und sonstige kulturelle und künstlerische Erzeugnisse jüdischen Schaffens sind sicherzustellen. Weitere Weisung wegen ihrer Behandlung folgt.

e) Behandlung von Gegenständen aus Edelmetall und Briefmarkensammlungen

Gegenstände aus Edelmetall und Briefmarkensammlungen sind der Zentralstelle bei der Städtischen Pfandleihanstalt Berlin, Berlin W 8, Jägerstraße 64, zu übersenden. Diese Stelle wird die Erlöse an die abgebende Stelle abführen.

f) Wertpapiere

Wertpapiere sind an die Reichshauptkasse in Berlin abzuliefern.

g) Forderungen

Bankguthaben und andere Forderungen sind einzuziehen.

h) Behandlung des unbeweglichen Vermögens

Grundstücke sind zunächst in Ihre Verwaltung zu nehmen. Die Verwertung der Grundstücke, die nicht für Zwecke der Reichsfinanzverwaltung (Diensträume, Beamtenwohnungsfürsorge) gebraucht werden, wird durch besonderen Erlaß geregelt werden.

Die Umschreibung der eingezogenen Grundstücke und grundstücksgleichen Rechte im Grundbuch ist zu beantragen. Die Einziehungsverfügung mit Zustellungsurkunde

10 Die hohe Zahl der Kaufinteressenten hatte bei Versteigerungen in Mietshäusern zu starkem Andrang geführt, weswegen der Hausrat aus dem Besitz der Deportierten möglichst zunächst abtransportiert und dann in einer Auktionshalle oder einem provisorisch eingerichteten Lager versteigert wurde. Die Finanzbehörde konnte auf diese Weise die Wohnungen schneller wieder vermieten.

11 Hier folgen die Adressen der Landesleitungen der Gaue Berlin, Hamburg, Weser-Ems, Köln-Aachen, Moselland, Düsseldorf, Kurhessen, Ost-Hannover, Süd-Hannover Braunschweig, Westfalen-Nord, Westfalen-Süd, Schlesien, München Oberbayern, Franken, Württemberg, Danzig, Schleswig-Holstein.

ersetzt die nach den Vorschriften des BGB und der Grundbuchordnung erforderlichen Urkunden und Erklärungen.

i) Schuldenregelung

Gläubiger können erst dann befriedigt werden, wenn feststeht, daß das übernommene Vermögen nicht überschuldet ist (§ 39 des Entschädigungsgesetzes). Wegen der Wohnungsmiete Hinweis auf Abschnitt 4a).[12]

5. Erfahrungsaustausch

Die Oberfinanzpräsidenten Berlin, Hamburg, Düsseldorf, Köln, Weser-Ems und Kassel haben bereits im Oktober 1940 Vermögen abgeschobener Juden übernommen.[13] Es erscheint mir zweckmäßig, daß die Sachbearbeiter derjenigen Oberfinanzpräsidenten, die neu mit dieser Aufgabe betraut sind, sofort mit den Sachbearbeitern der nächstgelegenen oben genannten Oberfinanzpräsidenten in Verbindung treten (Münster mit Düsseldorf, Kiel und Hannover mit Hamburg).

Die Sachbearbeiter der Oberfinanzpräsidenten Niederschlesien und Danzig-Westpreußen werden in Berlin, die Sachbearbeiter der Oberfinanzpräsidenten Württemberg, München und Nürnberg werden in einer gemeinsamen Besprechung in München durch meinen Sachbearbeiter unterrichtet werden.

6. Zweifelsfragen und Erfahrungsberichte

Ich bitte, über *Zweifelsfragen sofort* zu Händen des Ministerialrats Dr. Maedel zu berichten. Als Deckwort für die Abschiebung der Juden ist in Ferngesprächen die Bezeichnung „Aktion 3" zu verwenden.

Es ist damit zu rechnen, daß noch weitere Judenabschiebungen folgen. Ich bitte deshalb, mir jeweils nach Abschluß einer Aktion *möglichst bald* über die dabei gemachten *Erfahrungen* und die aufgetretenen Schwierigkeiten zu *berichten* und etwaige Vorschläge für Änderungen im Verfahren beizufügen. Ich behalte mir vor, feste Termine für die Berichterstattung noch zu bestimmen, bitte jedoch, nicht darauf zu warten.

DOK. 32

Cläre von Mettenheim beschreibt in einem Brief an ihre Tochter am 5. November 1941 die Vorbereitungen in Frankfurt am Main für eine Deportation durch die Gestapo[1]

Brief von Cläre von Mettenheim[2] an ihre Tochter Hildegart[3] vom 5.11.1941[4]

5.11. Was ist seit dem 16.9. nicht alles passiert! Dieter[5] wurde telephonisch an die russische Front beordert, ohne sich ausrüsten zu können und Abschied zu nehmen. Er hat dann auf dem Weg nach Rußland ein Eisenbahnunglück gehabt, durch das er unversehrt

12 Gemeint ist der Abschnitt 4a dieses Erlasses.

13 Am 22. und 23.10.1940 waren 6504 Juden aus Baden und der Saarpfalz in das Lager Gurs im besetzten Teil Frankreichs abgeschoben worden; siehe VEJ 3/111–113. Die Erfassung und Verwaltung ihres Vermögens hatten die Regierungspräsidenten übernommen; das bewegliche Vermögen wurde größtenteils versteigert. Möglicherweise ist hier von Eigentum die Rede, das sie in anderen Regionen besessen hatten.

1 IfS Frankfurt a. M., Nachlass Mettenheim, S1/273/1318. Teilweise abgedruckt in: Amelis von Mettenheim, Die zwölf langen Jahre. Eine Familiengeschichte im Dritten Reich, in: Archiv für Frankfurts Geschichte und Kunst, hrsg. von Dieter Rebentisch, Heft 65, Frankfurt a. M. 1999, S. 243 f.

gekommen ist, und liegt jetzt frierend in einem Erdloch vor Petersburg, Du bist in Glasgow, ein direkter Brief von Dir von der Isle of Man war da – u. am 19.10. haben wir nun mit eigenen Augen eine „Aktion" gegen die Juden miterleben müssen.[6]
Der Brief von Dir war eine ganz große Freude. Und daß Du frei u. in Glasgow u. so überglücklich schreibst, wie Paul schreibt, auch. Wenn wir auch die Tage der Verbindung über Paul für gezählt erachten – liebe Hildegart, man (vielmehr: ich kann ja eigentlich nur ich sagen), also ich habe das Gefühl, man muß nur stillhalten. Was so über uns kommt, wenn man da sich wehren wollte, nachdenken – unmöglich.
Das schlimmste fast war das ohnmächtige Ansehenmüssen, wie die Juden ausgetrieben wurden. Früh am Sonntag sahen wir schon die jungen SS-Männer (warum sie nicht an der Front sind in dieser Not draußen?) in das Haus Staufenstr., das so nahe vor uns liegt, gehen. Es war also Wirklichkeit geworden, was ein Gerücht uns zugetragen hatte. Nachdem von Haussuchung nach Lebensmitteln, von Evakuierung der jüd. Männer gesprochen u. gemunkelt (Mundfunk) worden war, der Vorstand der jüd. Gemeinde nach Berlin telephoniert hatte, ob etwas zu befürchten sei, u. den Befehl bekommen hatte, alle Gerüchte zu dementieren – nachdem also eine Woche sich verstärkender Unsicherheit hinter uns war, erzählte beim Abendessen Amelis,[7] Cora[8] hat gefragt, was eigentlich aus Tante Mé[9] wird, weil doch morgen alle Juden in die Markthalle kommen? Quelle dieser Nachricht war die Direktorin, die an maßgebender Parteistelle wegen einer anderen Sache war u. das gehört hatte.

2 Cläre (Clara) von Mettenheim, geb. Hirschhorn (1884–1980); stammte aus einer Tabakhändlerfamilie in Mannheim; Mitglied der Bekennenden Kirche; sie hatte aus erster Ehe vier, aus der zweiten mit dem Kinderarzt Prof. Dr. med. Heinrich von Mettenheim (1867–1944) zwei weitere Kinder; nach dem Tod ihres Mannes im Jan. 1944 stand sie nicht mehr unter dem Schutz der „privilegierten Mischehe", überlebte versteckt auf einem Gut in Silmersdorf bei Sybille Dierke; kehrte 1945 nach Frankfurt zurück.

3 Dr. Hildegart Fischer (1910–1982), Ärztin; Tochter Cläre von Mettenheims aus erster Ehe; ging 1936 nach London, nach Aberkennung ihres Staatsexamens nach Schottland, um ihr Medizinstudium zu beenden, betrieb zunächst ein privates Laboratorium, wurde im Mai 1940 für 16 Monate auf der Isle of Man interniert und arbeitete nach ihrer Entlassung als Ärztin.

4 Cläre von Mettenheim schrieb regelmäßig sog. Dauerbriefe, zunächst als Briefe an ihre in Großbritannien lebende Tochter Hildegart und später in Form eines Tagebuchs.

5 Dieter Fischer (1916–2002), Elektrotechniker; jüngster Sohn von Cläre von Mettenheim und ihrem ersten Ehemann Erwin Fischer; als Sanitäter im Krieg tätig, wurde Mitte 1944 aufgrund seiner jüdischen Abstammung entlassen, arbeitete danach als Mechaniker in einer orthopädischen Werkstatt; 1944/45 nach einem Luftangriff auf Frankfurt untergetaucht.

6 Die Gestapo verhaftete am 19.10.1941 mehr als 1125 Frankfurter Juden und brachte sie in die Großmarkthalle an der Hanauer Landstraße, von wo aus sie am nächsten Tag ins Getto Litzmannstadt deportiert wurden.

7 Dr. Amalie (Amelis) Elisabeth von Mettenheim (1920–1999), Biologin; jüngste Tochter von Cläre und Heinrich von Mettenheim; ging 1942 von Frankfurt auf ein Gut in Westpreußen und arbeitete dort als Erzieherin, kam später zurück nach Frankfurt; 1945 Biologiestudium, 1946–1948 CDU-Stadtverordnete, bis 1961 an der Landwirtschaftlichen Versuchsanstalt in Darmstadt tätig, 1962–1980 am Paul-Ehrlich-Institut.

8 Cora Flinsch, eine Freundin von Amalie von Mettenheim.

9 Meta Luise Salomon, geb. Eichengrün (1869–1942); eine Cousine Cläre von Mettenheims; sie wurde im Sommer 1942 von Frankfurt a. M. nach Ravensbrück deportiert und starb dort.

Also war's ernst. Amelis per Rad in die neue Wohnung Liebigstr. 53.[10] Und dann – bis sie einen Arzt gefunden (es war dann schließlich Frl. Dr. Tönges, eine Freundin von Margot), bis alles soweit war u. Bernhard[11] mit seinen 86 Jahren ins jüd. Krankenhaus eingeliefert wurde – war es 1 Uhr nachts. Von Gemüse bis zur Perlenkette wurde das Zeug zu uns gebracht, im gleichen Wagen, in dem Bernhard ins Krankenhaus kam. – Am Morgen dann kam alles viel schlimmer, als die Gerüchte wissen wollten. Wahllos wurden etwa 2000 Juden (natürlich auch getaufte) vom kleinen Baby bis zur alten weißhaarigen Großmutter, von 1–80 Jahren, Frauen, Damen, Pack u. die Blüte der Wissenschaft [mitgenommen]. Caspari u. Frau,[12] die Witwe von Geh.rat Freund, Ellinger u. Tochter, Stilling – das erzählt sich so u. zählt sich her – aber nun sehen wir es doch mit eigenen Augen. Drüben im Goldstein'schen Haus war in den 2 unteren Etagen eine jüd. Pension.[13] Zusammengepfercht lebten sie da, wohl meist zu 2 u. 3 in einem Zimmer. Wohnungen waren ihnen ja vorher gekündigt worden, seit Wochen u. Monaten suchten sie, wurden umhergejagt. Dann kam der Stern,[14] der ja eigentlich das Mittelalter insofern übertrifft, als ihn ja getaufte Juden auch tragen müssen. So ist die Anfrage von Lueken, ob der Kirche die christl. Seelsorge im Ghetto übertragen wird – so grotesk sie klingt, ganz richtig.

Also Stunden u. Stunden standen die Familien da drüben. Jeder ein Pappdeckelschild umgehängt (wie ein Schandschild aus dem Mittelalter), das Gepäck in der Hand, den Rucksack auf dem Rücken. Scenen, die sich nie vergessen lassen werden: eine feine, alte, schmale, blasse Dame. Persianermantel. Ein großes Schild unter dem Kinn. Als sie es tiefer hängen wollte, riefen die Umstehenden: der Stern! der Stern!, den zu verdecken ja schwere Strafen kostet. – Ein alter, schwacher Mann mußte vor dem kraftstrotzenden SS-Mann – Laufschritt üben! Weil es ihm nicht schnell genug ging. Die Mädchen von Kaufmanns im 3. Stock hatten dem Black-and-tan-Terrier, den du ja auch kennst, ein Schild umgehängt, in der optimistischen Meinung, ihn mitnehmen zu können! Aber nein: dafür gibt es ja einen von der Regierung geförderten Tierschutzverein – der darf nicht mit ins Ghetto. Er sprang an den Mädchen in die Höhe, wedelte, den Mädchen liefen die Tränen über die Backen. – Den ganzen Tag über dauerte das Warten, Packen, Warten – bis sie dann alle gesammelt in den Keller der Markthalle kamen. Unterwegs

10 Meta Salomon und ihr Ehemann mussten 1940 ihr Haus in der Westendstraße verlassen und zogen in die Liebigstraße 53.

11 Dr. Bernhard Salomon (1855–1942), Elektroingenieur; Professor in Aachen, von der Jahrhundertwende bis 1933 Generaldirektor der Elektrizitäts-AG vormals W. Lahmeyer u. Co. (EAG) in Frankfurt; verheiratet mit Meta Salomon; starb kurz vor seiner Deportation nach Theresienstadt im Juli 1942 in Frankfurt.

12 Dr. Wilhelm Caspari (1872–1944), Arzt; verheiratet mit Gertrud, geb. Gerschel (1884–1942); 1908 Professor in Berlin, 1920 Leiter der Abt. Krebsforschung am Königlichen Institut für Experimentelle Therapie in Frankfurt a. M.; 1935 zwangsweise in den Ruhestand versetzt; ihre vier Kinder konnten emigrieren; das Ehepaar Caspari wurde am 19.10.1941 von Frankfurt ins Getto Litzmannstadt deportiert, dort arbeitete er im Krankenhaus, von Sept. 1942 an in der Statistischen Abt. des Judenrats tätig, Gertrud Caspari wurde im Sept. 1942 nach Kulmhof deportiert und ermordet, ihr Mann verstarb im Getto.

13 Das Haus befand sich in der Staufenstraße 31.

14 Vom 15.9.1941 an mussten Juden sich in der Öffentlichkeit mit einem gelben Stern kenntlich machen; siehe VEJ 3/212.

u. dort viele Todesfälle: vor Aufregung, Überanstrengung u. natürlich ungezählte Selbstmorde jeder Art. Im Main wurden am nächsten Tag viele geländet.[15]
In der Markthalle dann: Ausziehen! Leibesvisitation. 100 M durften sie mitnehmen, davon mußten sie 90 M! für die Reise abgeben. Pelzmäntel wurden ihnen – nachdem sie erlaubt bekommen hatten, [sie] mitzunehmen, abgenommen. Morgens ½ 4 Uhr ging ein Zug ab, der andere am Montag Vorm. Von Tante Mé mußte die gute Emma fort. Die Zimmer, resp. Wohnungen wurden versiegelt. Das ganze Besitztum: Möbel, Wäsche etc. (nachdem sich die Gestapo genommen, was sie für persönlichen Bedarf gebraucht) versteigert. Es ist eine solche zum Himmel schreiende Grausamkeit, eine Gemeinheit, ein Sumpf – u. wenn man bedenkt, daß draußen die Männer in Scharen ihr Leben für *dies* Vaterland opfern!, in dem – ungeachtet der Zeit – diese Bestie Mensch sich austobt. – Hildegart – das können wir nie wieder gutmachen. – Nun soll es aber weitergehen – die Hiergebliebenen (wie viele Verwandte u. Bekannte) leben nun in Angst u. Unsicherheit: Wann steht der Häscher vor uns? U. wie viele sagen: Haben wir noch Zeit, uns das Leben zu nehmen? U. kann man ihnen abraten? Im ganzen Land war diese Aktion. Wie die Armen in Polen leben u. untergebracht sind – es kommt einem wie Diebstahl vor, in Behaglichkeit zu leben u. um solche Not zu wissen. – Frankenburger[16] gefährdet, Mé wohl durch den gefallenen Offizierssohn geschützt, Arthur durch die arische Frau.

15 Angeschwemmt. Im Zusammenhang mit den Deportationen aus Frankfurt und Umgebung ins Getto Litzmannstadt, wohin am 20. und 22.11.1941 zwei Züge fuhren, nahmen sich allein aus der Stadt Frankfurt mehr als 20 Personen das Leben. Aus dem hess. Limburg meldete der Bischof, dass dort am 20.11.1941 „elf Leichen von jüdischen Selbstmördern auf dem Friedhof" gefunden worden seien; Dokumente zur Geschichte der Frankfurter Juden 1933–1945, hrsg. von der Kommission zur Erforschung der Geschichte der Frankfurter Juden, Frankfurt a. M. 1963, S. 516.

16 Dr. Max Frankenburger (1860–1943), Kunsthistoriker, Hofrat, Privatgelehrter; verheiratet mit Marie Frankenburger, geb. Hirschhorn (1870–1942), einer Cousine von Cläre von Mettenheim; beide wurden am 23.6.1942 von München nach Theresienstadt deportiert und kamen dort um.

DOK. 33

Eine Bremer Kirchengemeinde protestiert am 7. November 1941 gegen die Verhaftung einiger Mitglieder, denen vorgeworfen wird, „nichtarische" Christen nicht ausgegrenzt zu haben[1]

Schreiben der Gemeindeleitung in Bremen, gez. i.A. Magdalene Thimme,[2] Gustav Greiffenhagen,[3] Elisabeth Forck,[4] 1.) an den Reichsminister für die Kirchlichen Angelegenheiten,[5] Berlin (Eing. 10.11.1941); 2.) an die Kirchenkanzlei der Deutsch-Evangelischen Kirche, Berlin, vom 7.11.1941[6]

An dem Reformationsgottesdienst mit anschließendem Abendmahl, den Herr Pastor Greiffenhagen hielt, haben drei nichtarische Gemeindeglieder (mit Stern) teilgenommen.[7]

– Herr Fischer, der durch Herrn „Landesbischof" Weidemann[8] gegen den Willen der Gemeinde eingesetzte D.C.-„Pastor",[9] hat das von seiner Wohnung aus beobachtet und der Gestapo angezeigt.

Die Gestapo hat Herrn Pastor Greiffenhagen und der Gemeinde vorgeworfen, daß sie die Teilnahme der Nichtarier geduldet haben.[10] Unsere Gemeindehelferin und acht Ge-

1 BArch, R 5101/23795, Bl. 164 f.

2 Magdalene Thimme (1880–1951), Studienrätin; 1934–1936 Mitglied des Landesbruderrates, dem regionalen Gremium der Bekennenden Kirche; 1939 in den Ruhestand versetzt, da sie sich weigerte, der NSV beizutreten; 1945–1951 Vorstandsmitglied der St. Stephani Gemeinde.

3 Gustav Greiffenhagen (1902–1968), Theologe; von 1931 an Pastor der St. Stephani Gemeinde Bremen, im Juni 1934 Gründungsmitglied der Bekennenden Kirche in Bremen; im Juli Verbot der Amtsausübung, hielt weiter Gottesdienste in Privatwohnungen ab, zeitweise in Schutzhaft, 1936 Austritt aus der Bekennenden Kirche, da diese ihm zu kompromissbereit war; diente als Soldat; 1945–1967 wieder Pastor in der St. Stephani Gemeinde.

4 Elisabeth Forck (1900–1988), Studienrätin; 1934–1936 Mitglied des Landesbruderrates, war ebenfalls in der Gemeindeleitung St. Stephani tätig. Eine vierte Unterschrift ist unleserlich.

5 Hanns Kerrl (1887–1941), Justizbeamter; 1923 NSDAP-Eintritt; 1928–1933 MdL in Preußen; 1929 bis 1941 Bezirks- bzw. Kreisleiter der NSDAP in Peine; 1933–1941 MdR; März 1933 Reichskommissar für das preuß. Justizministerium, dann bis Juni 1934 preuß. Justizminister, 1935–1941 Reichskirchenminister, zugleich Leiter der Reichsstelle für Raumordnung.

6 Im Original handschriftl. Bearbeitungsvermerke und Unterstreichungen.

7 Nach Beginn der Deportationen verabschiedete sich die Gemeinde am 2.11.1941 von einigen Mitgliedern jüdischer Herkunft im Gottesdienst, in dem sie ausdrücklich gesegnet und mit warmer Kleidung und Geld versorgt wurden, da man annahm, dass sie in den Osten in Arbeitslager deportiert würden.

8 Dr. Heinrich Weidemann (1895–1976), Theologe; 1922 Assistent am Theologischen Seminar in Göttingen, 1925 Pastor in Bremke/Göttingen; 1933 NSDAP-Eintritt; 1934 Landesbischof in Bremen, im Okt. 1941 wegen Betrugs suspendiert, 1943 Parteiausschluss, im Okt. 1944 wegen Anstiftung zum Meineid zu 2½ Jahren Gefängnis verurteilt; 1949 von der Bremer Spruchkammer in Abwesenheit zu vier Jahren Arbeitslager verurteilt, zwischenzeitlich vermutlich SED-Bürgermeister in Thüringen.

9 Pastor der nationalsozialistischen Deutschen Christen. Herbert-Werner Fischer (1905–1945), Theologe; 1931 NSDAP-Eintritt; 1934 ordiniert, Pastor in Pommern, Wengern, Winterberg, Lübeck, 1939–1945 Pastor der St. Stephani Gemeinde in Bremen.

10 Zum Ausschluss von konvertierten Juden aus der protestantischen Kirche siehe Dok. 54 vom 17.12.1941.

meindeglieder sind in Haft genommen,[11] von denen inzwischen vier wieder entlassen sind. Ihnen wird außer der Duldung der Nichtarier im Gottesdienst vorgeworfen, daß sie der armen nichtarischen Arbeiterfamilie, die zur Evakuierung vorgesehen war, geholfen haben, die ihnen fehlende Ausrüstung zu beschaffen.
Die drei nichtarischen Christen sind Gemeindeglieder, die seit ca. zehn Jahren zur Gemeinde gehören. Auf Grund der heiligen Taufe und ihrer regelmäßigen Beteiligung am gottesdienstlichen Leben der Gemeinde steht ihnen grundsätzlich jedes Recht eines Gemeindegliedes zu: d. h., sie haben teil an der Wortverkündigung und Sakramentsverwaltung und an den Gaben der Gemeinde, sofern sie der Hilfe bedürfen.
Die staatlichen Anordnungen, die auf Grund ihres Blutes auch sie als Nichtarier treffen, haben sie treulich erfüllt, und sie sind darin von der Gemeinde bestärkt worden.
Gegen den schweren Eingriff in unser Gemeindeleben erheben wir Anklage. Es ist nicht recht, daß man Gemeindegliedern ihre selbstverständlichen Pflichten als Christen zum Vorwurf macht und zum Anlaß nimmt, sie ihrer Freiheit zu berauben.
Es dürfen unsere nichtarischen Gemeindeglieder nicht bestraft werden, weil sie einen Gottesdienst besuchten und am heiligen Abendmahl teilnahmen oder sich helfen ließen.
Es dürfen unsere arischen Gemeindeglieder nicht bestraft werden, weil sie ihrer selbstverständlichen Christenpflicht genügten und keinen Anstoß an ihren sterntragenden Mitchristen im Gottesdienst nahmen oder ihnen die Hilfe nicht schuldig blieben. Wir fordern darum, daß allen unseren Gemeindegliedern die Freiheit wiedergegeben wird und daß die beleidigenden Drohungen gegen unsere Lehrerinnen und ihre Amtstüchtigkeit zurückgenommen werden.
Wir erwarten, daß das Verbot, das bereits einem nichtarischen Gemeindeglied – wohl in ganz Deutschland zum ersten Mal! – auferlegt wurde, sich nicht mehr am gottesdienstlichen Leben der Gemeinde zu beteiligen, mit sofortiger Wirkung aufgehoben wird.
Die Gemeindeleitung

11 Verhaftet wurden die Lehrerinnen Thimme, Forck, Maria Schröder (1901–1984), Hedwig Baudert (1899–1991), Anna Dietrich (1899–1891) und Pastor Greiffenhagen. Die Frauen wurden vom Dienst suspendiert und ein Viertel ihres Gehalts wurde einbehalten, Greiffenhagen wurde erst nach Itzehoe und später nach Dänemark versetzt.

DOK. 34
Bernhard Goldschmidt aus München schreibt am 10. November 1941 vor seiner Deportation eine Abschiedskarte an seine Mutter[1]

Postkarte von Bernhard und Magda Goldschmidt,[2] Kyreinstr. 3/ II V,[3] München 25, an Ida Goldschmidt,[4] Princess Beatrixsingel 1, Oss, Holland, vom 10.11.1941

Meine l. Mutter.
Deine letzte Karte mit Dank erhalten. Heute l. Mutter will ich Dir Adieu sagen, denn wir kommen fort von hier mit vielen, vielen anderen. Wir sind offengestanden froh darob, denn die letzte Zeit war für Magda auch mehr als anstrengend. Auch die Entspannung nach all den aufregenden Tagen des Wartens ist viel wert. Für Vaters Grab sorge ich, soweit möglich ist.[5] Denke, daß dies jetzt die beste Lösung ist, Aufregung ist zwecklos. Sei so ruhig wie wir, die darob allgemein bewundert werden. Wahrscheinlich kommen wir nach Polen. Hoffentlich geht's den Kindern[6] weiter gut, ich glaube, ihr Glaube stärkt sie & hilft über alles. Sei umarmt, l. Mutter, u. herzlichst gegrüßt, bleibe gesund – die Altersbeschwerden müssen ertragen werden – auch wir werden nicht verschont bleiben.
Dein dankbarer Sohn
Hardi

Viele liebe Grüße u. alles Gute, bleibe gesund u. wir schreiben so bald als möglich
Viele liebe Grüße
Deine Magda,

Es kann länger dauern, bis Ihr von uns hört.[7]

1 Stadtarchiv München, Judaica Varia, 144.
2 Bernhard Goldschmidt (1890–1941), Kaufmann; wurde im Ersten Weltkrieg mit dem EK ausgezeichnet; später Geschäftsführer einer Fabrik für Elektrogeräte in München; am 20.11.1941, dem Geburtstag seiner Frau, Magdalena Goldschmidt, geb. Herzfelder (1898–1941), wurden beide nach Kowno deportiert und dort erschossen.
3 Vermutlich: Vorderhaus.
4 Ida Goldschmidt, geb. Levi (1865–1948); heiratete 1887 Isidor Goldschmidt (1858–1925), den Besitzer einer Handschuhfabrik in München, mit dem sie zwei Söhne hatte; 1939 emigrierte sie in die Niederlande zu ihrem Sohn Stefan Goldschmidt (1889–1971), der der Verfolgung entkam, weil er in „Mischehe" lebte; nach dem Krieg gemeinsame Rückkehr nach München.
5 Isidor Goldschmidt wurde auf dem neuen israelitischen Friedhof in München bestattet, sein Grab blieb unversehrt. 1948 wurde seine Frau dort beerdigt.
6 Die Töchter von Magda und Bernhard Goldschmidt, Annemarie (1922–1942) und Elfriede Goldschmidt (1923–1942), emigrierten im März 1939 in die Niederlande, wo sie im Kloster Konnigsbosch in Echt lebten; im Aug. 1942 von Westerbork nach Auschwitz deportiert und dort ermordet.
7 Dieser Satz wurde von Bernhard Goldschmidt hinzugefügt.

DOK. 35

Der Reichsstatthalter in Wien erklärt am 11. November 1941 die Anthropologen des Naturhistorischen Museums für qualifiziert, Rassen- und Abstammungsgutachten zu erstellen[1]

Schreiben des Reichsstatthalters in Wien (I b Pers.-10150), ungez., an den Direktor des Reichssippenamtes,[2] Berlin, Schiffbauerdamm 26, vom 11.11.1941 (Entwurf)[3]

Betrifft: Wastl, Dr. Josef;[4] Kustos
Abgabe von Abstammungsgutachten.
Zum Schreiben vom 8.10.1941 – I O 1234/b Schg/PW –.
Die von Ihnen bekanntgegebene Zustimmungserklärung des Herrn Reichsministers des Innern zur Heranziehung des Kustos Dr. *Wastl* als anthropologischen Gutachter ist bei mir noch nicht eingelangt.
Ich habe – wie ich in meinem Schreiben vom 18.8.41 – Ia Pst L 33/41[5] – bereits mitgeteilt habe – gegen diese Art der Verwendung des Dr. *Wastl* Bedenken, da es vom beamtenrechtlichen Standpunkt aus nicht vertretbar ist, daß von Beamten an Juden Gutachten über ihre Abstammung gegen Bezahlung abgegeben werden. Ich werde den Erlaß des Herrn Reichsministers des Innern vom 27.9.1941 – Ie 174/41 5018 b[6] – auch in diesem Sinne auslegen.
Ich halte es jedoch nicht für zweckmäßig, diese Befugnis zur Abgabe von Gutachten auf die Person des Dr. *Wastl* allein abzustellen, sondern die ganze anthropologische Abteilung des Naturhistorischen Museums, wo insgesamt 3 Bedienstete beschäftigt werden, zur Abgabe von Gutachten über Anforderung öffentlicher oder Parteidienststellen heranzuziehen. Dieser Abteilung obliegt außer der rein musealen Tätigkeit vor allem die Lösung von Forschungsaufgaben auf dem Gebiete der Menschenkunde.
Da die Menschenkunde auch alle rassenpolitischen Fragen umfaßt, wurden zur Lösung solcher wichtiger Fragen von der anthropologischen Abteilung in den letzten Jahren bereits großzügige Untersuchungen an Juden, Kriegsgefangenen verschiedener Völker

1 ÖStA, AdR, RStH Wien, 1b Pers 100/70, 10 150/1941 (in RStH Wien, Karton 140).
2 Dr. Kurt Mayer (1903–1945), Historiker; 1923 NSDAP-Eintritt; 1929 für den Evangelischen Bund tätig; 1933 im RuSHA der SS, 1935 Amtschef der Reichsstelle für Sippenforschung (ab 1940 Reichssippenamt), zuständig für die Erstellung von Ariernachweisen; nahm sich das Leben.
3 Im Original handschriftl. Bearbeitungsvermerke.
4 Dr. Josef Wastl (1892–1968), Anthropologe; 1932 NSDAP-Beitritt, NSDAP-Organisationsleiter des Bezirks Innere Stadt Wien; 1934 Kustos am Museum für Völkerkunde Wien, von 1938 an Leiter der anthropologischen Abt. am NHM und Gutachter für das Reichssippenamt, ab 1942 Direktor der anthropologischen Abt.; 1948 Ruhestand und weiterhin gerichtlicher Sachverständiger für menschliche Erbbiologie, zuständig für Vaterschaftsgutachten.
5 Gemeint ist wahrscheinlich das Schreiben vom 16.8.1941 (Abschrift), i. V. gez. Dr. Dellbrügge, in dem der Reichsstatthalter dem Direktor des Reichssippenamts mitteilt, dass er es als mit der Stellung eines Beamten nicht vereinbar ansehe, wenn dieser im Auftrag von Juden Gutachten über deren Abstammung erstelle. Aus der weiteren Korrespondenz geht jedoch hervor, dass diese Bedenken sich nicht auf Abstammungsgutachten bezogen, die von Staats- oder Parteiorganen in Auftrag gegeben wurden; wie Anm. 1. Wastl war die Annahme privater Aufträge von Juden 1938 untersagt worden.
6 Nicht ermittelt.

und an Bewohnern der Ostmark durchgeführt bezw. sind noch in Durchführung begriffen.[7] Eine Tätigkeit der Beamten als Gutachter auf dem Gebiete der Rassen- und Abstammungsfragen würde nicht nur dem Tätigkeitsbereich der Beamten entsprechen, sondern auch infolge des Materialgewinnes an Untersuchten eine wesentliche Bereicherung des Museums, insbesondere der Schausammlung bedeuten.[8]
Die Eignung der wissenschaftlichen Beamten der anthropologischen Abteilung, Kustos Dr. *Wastl*, Universitätsassistent Dr. *Routil*[9] und wissenschaftlicher Angestellter Dr. *Lang*,[10] zur Tätigkeit als rassen- und erbbiologische Begutachter steht außer Zweifel, da diese schon vor ihrem Dienstantritt durch Jahre am Anthropologischen Institut der Universität Wien fachlich tätig waren und der Leiter der Abteilung, Kustos Dr. *Wastl*, sich überdies mit den [von] Ihnen gewünschten Untersuchungsmethoden vollkommen vertraut gemacht hat.
Die für die Erstellung von rassenkundlichen erbbiologischen Befunden und Gutachten notwendigen Hilfsmittel sind in der anthropologischen Abteilung restlos vorhanden.
Ich bitte daher, eine Ausdehnung der Ermächtigung des Herrn Reichsministers des Innern im Sinne meines Antrags zu erwirken.[11]

DOK. 36
Die Kriminalpolizeileitstelle Wien berichtet am 14. November 1941 über Diebe, die als Gestapo-Beamte verkleidet Juden bestehlen[1]

Bericht der Staatlichen Kriminalpolizei, Kriminalpolizeileitstelle Wien (KPL. III B), Roßauerlände 7–9, gez. Kaphengst e.h.,[2] vom 14.11.1941 (Abschrift)

Bericht.
Betrifft: Festnahme der falschen Gestapo-Beamten.
Seit September 1941 wurden bisher 16 Fälle bekannt, bei welchen angebliche Gestapobeamte in Judenwohnungen erschienen und unter der Vorgabe, eine Hausdurchsuchung

7 Unter Leitung Wastls führte eine von ihm zusammengestellte Kommission zwischen 1939 und 1943 rassenkundliche Untersuchungen von Juden vor deren Deportation, von Kriegsgefangenen und Einwohnern mehrerer Dörfer durch. Sie erfasste insgesamt 7000 Personen; siehe VEJ 2/282 und VEJ 3, S. 30.
8 Bei den Untersuchungen wurden Fotos und Gipsmasken angefertigt, die das Museum u. a. in der Ausstellung „Das Erscheinungsbild der Juden" öffentlich präsentierte; VEJ 3, S. 30.
9 Dr. Robert Routil (1893–1955), Versicherungsmathematiker und Anthropologe; 1922–1929 für diverse Versicherungsfirmen tätig, von 1931 an Assistent am Anthropologischen Institut der Universität Wien; 1941 Arbeit am NHM Wien; 1945 Leiter der anthropologischen Abt. des NHM.
10 Dr. Anton Lang (*1914), Geograph; 1932 HJ-Eintritt; von 1939 an Mitglied in Wastls anthropologischer Kommission, später Wehrmachtssoldat; nach 1945 weiterhin Mitarbeiter des NHM.
11 Das RMdI erklärte sich einverstanden, Dr. Wastl in das Verzeichnis geeigneter Gutachter aufzunehmen, nicht jedoch die anderen Mitarbeiter der anthropologischen Abt. des NHM; Schreiben des Reichssippenamts an den Reichsstatthalter in Wien, 27.1.1942 (Eing. 31.1.1942), wie Anm. 1.

1 ÖStA, AdR, RStH Wien, Ia Pol 2700, 2523/1941 (in RStH Wien, Karton 373).
2 Hans Kaphengst (*1887), Kriminalbeamter; 1933 NSDAP-Eintritt; 1935 Kripo Saarbrücken, 1937–1941 Leiter der Kripoleitstelle München; 1939 SS-Eintritt; 1939 im RSHA und SS-Obersturmbannführer; 1941–1944 Leiter der Kripoleitstelle Wien; 1942 SS-Standartenführer. e.h.: eigenhändig.

nach kommunistischem Propagandamaterial durchzuführen, von den Juden die Herausgabe von Bargeld verlangten. Jeweils traten entweder 2 oder 3 Männer mit der gleichen Personsbeschreibung in Erscheinung. Die einzelnen Fälle sind folgende:

a) Am 28.9.1941 gegen 20 Uhr erschienen 2 Männer, von denen sich einer als Kriminalbeamter, der zweite als Organ der Partei ausgab, bei der Jüdin Ettel Sara Steuer,[3] 9., Rotenlöwengasse 13, verlangten Bargeld und erhielten 134.– RM.

b) Am 17.9.1941, nach Mitternacht, erschienen 3 Männer bei der Jüdin Franziska Antalis, 2., Rotensterngasse 6, gaben sich als Kriminalbeamte aus, nahmen unter der Beschuldigung der Geldhortung eine Hausdurchsuchung vor und beschlagnahmten 750.– RM.

c) Am 1.10.1941 nach 21 Uhr erschienen in der Wohnung der Olga Sara Spiegler,[4] I., Ebendorferstraße 10, 2 Männer, die sich als Gestapobeamte ausgaben, nahmen eine Hausdurchsuchung wegen kommunistischer Betätigung vor und beschlagnahmten 275.– RM.

d) Am 5.10.1941 gegen 19.30 Uhr erschienen in der Wohnung der Ella Sara Lang,[5] 2., Komödiengasse 10, 2 angebliche Kriminalbeamte, nahmen die Durchsuchung vor und beschlagnahmten 110.– RM.

e) Am 13.10.1941 gegen 20 Uhr erschienen bei Sara Paula Weiß,[6] 1., Sterngasse 11, 3 Täter und nahmen bei der Hausdurchsuchung 595.– RM mit.

f) Am 16.10.1941 um 21 Uhr erschienen in der Wohnung der Hilde Sara Feldschreiber, 9., Pelikangasse 4, 3 Täter, nahmen wiederum wegen Verdachtes der kommunistischen Betätigung eine Durchsuchung vor und „beschlagnahmten" 210.– RM.

g) Am 17.10.1941 gegen 20 Uhr erschienen bei der Jüdin Josefine Sara Steinhardt,[7] 2., Herminengasse 21, 2 Täter, gaben sich als Angehörige der NSDAP aus, nahmen eine Hausdurchsuchung vor und beschlagnahmten 40.– RM.

h) Am 19.10.1941 gegen 20 Uhr kamen 3 Männer in die Wohnung des Salomon Rose,[8] 7., Kirchengasse 24, und nahmen bei der „Hausdurchsuchung" 410.– RM an sich.

i) Am 20.10.1941 um 21.20 Uhr erschienen in der Wohnung der Elsa Sara Stern, I., Dominikanerbastei 22, 3 Männer und beschlagnahmten 330.– RM.

j) Am 21.10.1941 nach 20 Uhr traten 3 Männer in der Wohnung des Juden Denes,[9] 13., Elßlergasse 23, auf und beschlagnahmten im Zuge der Hausdurchsuchung 440.– RM.

k) Am 29.10.1941 um 21 Uhr erschienen bei Sophie Sara Hofmann,[10] 12., Meidlinger Hauptstraße 27, 3 angebliche Kriminalbeamte und beschlagnahmten 440.– RM.

l) Am 30.10.1941 um 19.15 Uhr erschienen bei Dr. Arthur Israel Leyer, 9., Kolingasse 9, 3 Täter, gaben sich als Kriminalbeamte aus und beschlagnahmten 400.– RM.

3 Ettel Steuer, geb. Weiss (Weisz) (1892–1942?), Hausfrau; am 12.5.1942 nach Izbica deportiert.

4 Olga Spiegler, geb. Lemberger (1876–1959), nach Theresienstadt deportiert, überlebte und kehrte nach Wien zurück.

5 Ella Lang, geb. Ehrenzweig (1902–1942), Hausfrau; nach Malyj Trostinec deportiert.

6 Richtig: Paula Weiss (*1874), am 11.1.1942 nach Riga deportiert, umgekommen.

7 Richtig: Josefine Steinhart (*1889), am 12.5.1942 nach Izbica deportiert, umgekommen.

8 Vermutlich: Salomon Rose (1863–1942), am 10.7.1942 nach Theresienstadt deportiert, umgekommen.

9 Vermutlich: Rudolf Denes (*1864), am 27.4.1942 in das Getto Włodawa deportiert, umgekommen.

10 Richtig: Sofie Hoffmann (*1890), am 28.11.1941 nach Minsk deportiert, umgekommen.

m) Am 31.10.1941 gegen 20 Uhr tauchten 3 Täter in der Wohnung des Ing. Gustav Israel Pollak, 3., Untere Viaduktgasse 53, auf und beschlagnahmten 490.– RM.
n) Am 1.11.1941 um 7.15 Uhr versuchten offenbar dieselben Täter bei dem Juden Dr. Klinger,[11] 19., Hofzeile 1, als „Kriminalbeamte" vorzusprechen, doch war der Jude bereits ausgezogen.
o) Am 1.11.1941 mittags erschienen 2 Männer im Hause 13, Eitelbergergasse 13 und beschlagnahmten bei mehreren dort wohnhaften Juden 510.– RM. Der verständigte Schutzpolizeibeamte, Hwm.[12] Seidl, hielt einen der Täter an, dieser konnte jedoch entkommen, nachdem er den Schupobeamten durch einen Faustschlag zurückgestoßen hatte. Unmittelbar vorher hatte der Hauptwachtmeister den zweiten Täter, der sich beim Hauseingang aufhielt, nach seiner Legitimation gefragt, und der zweite Täter hatte den Beamten auf den im Haus befindlichen „Inspektor" verwiesen. Hwm. Seidl schoß dem einen flüchtenden Täter nach, ohne ihn jedoch zu treffen und ihn anhalten zu können. Auch der zweite entkam.
p) Am 7.11.1941 um 19.45 Uhr nahmen 3 Täter beim Juden Jaques Israel Fried,[13] 9., Porzellangasse 14, eine Durchsuchung vor, wobei sich einer der Täter mit irgendeiner Legitimation legitimierte. Beschlagnahmt wurden 220.– RM.
In den angeführten 16 Fällen, von denen es nur bei einem beim Versuch geblieben ist, wurden insgesamt 5354.– RM erbeutet.
Am 13.11.1941 wurden die Täter von der Kriminalpolizeileitstelle verhaftet. Es sind dies:
1.) Friedrich *Mayer*, Geschäftsdiener, am 25.1.1914 Wien geb., RD.[14], kath., led., derz. Wehrmachtsangehöriger, 16., Heigerleingasse 26/10 whn.[15] Mayer ist insgesamt 5mal, darunter wegen Verbrechens der öffentlichen Gewalttätigkeit mit 3 Monaten Kerkers, vorbestraft.
2.) Ladislaus *Maschek*, Tischlergeh., am 29.8.1909 Wien geb., RD., kath., led., 16., Geblergasse 72/17 whn., wegen Übertretung des Hasardspieles[16] mit 3 Tagen Arrest bedingt vorbestraft.
3.) Walter *Schulczi*, Hilfsarbeiter, am 18.10.1922 Wien geb., staatenlos, kath., led., 16., Lienfeldergasse 60a/29 whn., wegen Diebstahls mit 3 Monaten strengen Arrestes und wegen Diebstahls und Veruntreuung mit 2 Monaten strengen Arrestes vorbestraft, und
4.) Hans *Weingartner*, Finanzangestellter, tätig beim Finanzamt Wien-Ost, am 18.4.1899 Wien geb., RD, ggl.[17], verh., 16., Arnethgasse 95/1 whn.
Nach einem 5. Täter wird gefahndet.
Die 4 Verhafteten sind geständig, in wechselnden Rollen die eingangs erwähnten Straftaten verübt zu haben. Sie geben selbst zu, über die bekannten Straffälle hinaus insgesamt etwa 22 derartige Straftaten verübt zu haben. Der verhaftete Hans Weingartner ist insbes. geständig, daß er zuerst auf den Gedanken gekommen sei, seinem ihm seit dem Jahre

11 Vermutlich: Dr. Norbert Klinger (1865–1941), Rechtsanwalt; starb im Dez. 1941 im Spital der IKG Wien.
12 Hauptwachtmeister.
13 Vermutlich: Jacques Fried (1872–1943), am 20.6.1942 nach Theresienstadt deportiert, umgekommen.
14 Reichsdeutscher.
15 Wohnhaft.
16 Glücksspiel.
17 Gottgläubig.

1934 bekannten Freunde Friedrich Mayer Wohnadressen von Juden zu beschaffen, worauf Mayer den Schulczi und Maschek für die Durchführung der „Aktionen" beibrachte. Weingartner selbst kommt nach den bisherigen Feststellungen als unmittelbarer Täter nicht in Betracht, doch war er am Gewinn beteiligt. Täter in dem unter dem Buchstaben o) angeführten Faktum – wobei der Schupobeamte einen Schuß auf den flüchtenden Täter abgab – waren Mayer und Maschek.
Die Klärung der einzelnen Straffälle dauert an. Bargeld wurde keines zustande gebracht.[18]

DOK. 37
Das Reich: Rede von Joseph Goebbels vom 16. November 1941, in der er den Juden die Schuld an der Ausweitung des Kriegs gibt und ihre Vernichtung rechtfertigt[1]

Die Juden sind schuld!

Von Reichsminister Dr. Goebbels
Die historische Schuld des Weltjudentums am Ausbruch und an der Ausweitung dieses Krieges ist so hinreichend erwiesen, daß darüber keine Worte mehr zu verlieren sind. Die Juden wollten ihren Krieg, und sie haben ihn nun. Aber es bewahrheitet sich an ihnen auch die Prophezeiung, die der Führer am 30. Januar 1939 im Deutschen Reichstag aussprach, daß, wenn es dem internationalen Finanzjudentum gelingen sollte, die Völker noch einmal in einen Weltkrieg zu stürzen, das Ergebnis nicht die Bolschewisierung der Erde und damit der Sieg des Judentums sein werde, sondern die Vernichtung der jüdischen Rasse in Europa.[2]
Wir erleben eben den Vollzug dieser Prophezeiung, und es erfüllt sich damit am Judentum ein Schicksal, das zwar hart, aber mehr als verdient ist. Mitleid oder gar Bedauern ist da gänzlich unangebracht. Das Weltjudentum hat in der Anzettelung dieses Krieges die ihm zur Verfügung stehenden Kräfte vollkommen falsch eingeschätzt, und es erleidet nun einen allmählichen Vernichtungsprozeß, den es uns zugedacht hatte und auch bedenkenlos an uns vollstrecken ließe, wenn es dazu die Macht besäße. Es geht jetzt nach seinem eigenen Gesetz: „Auge um Auge, Zahn um Zahn!" zugrunde.
In dieser geschichtlichen Auseinandersetzung ist jeder Jude unser Feind, gleichgültig, ob er in einem polnischen Ghetto vegetiert oder in Berlin oder in Hamburg noch sein parasitäres Dasein fristet oder in New York oder Washington in die Kriegstrompete bläst. Alle Juden gehören auf Grund ihrer Geburt und Rasse einer internationalen Verschwörung gegen das nationalsozialistische Deutschland an. Sie wünschen seine Niederlage und Vernichtung und tun, was in ihren Kräften steht, um daran mitzuhelfen. Daß

18 Als Reichsstatthalter von Wien ordnete Baldur von Schirach an, die vier Täter nach Verbüßung der noch zu verhängenden Haftstrafe in ein KZ einzuweisen; wie Anm. 1.

1 Das Reich, Nr. 46 vom 16.11.1941, S. 1 f. Die Wochenzeitschrift erschien von Mai 1940 bis April 1945 in einer Auflage von bis zu 1,4 Millionen Exemplaren; bis Dez. 1942 war Eugen Mündler Hauptschriftleiter, Nachfolger wurde Rudolf Sparing; der Artikel wurde ebenfalls im Rundfunk verlesen.
2 Siehe auch VEJ 2/248.

sie im Reich selbst dazu nur noch geringe Möglichkeiten finden, ist nicht etwa darauf zurückzuführen, daß sie hier loyal wären, sondern ausschließlich darauf, daß wir dagegen die uns geeignet erscheinenden Maßnahmen getroffen haben.

Eine dieser Maßnahmen ist die Einführung des gelben Judensterns, den jeder Jude sichtbar zu tragen hat. Damit wollen wir ihn äußerlich kennzeichnen, vor allem auch deshalb, damit er beim geringsten Versuch, sich gegen die deutsche Volksgemeinschaft zu vergehen, auch gleich als Jude erkannt wird. Es ist das eine außerordentlich humane Vorschrift, sozusagen eine hygienische Prophylaxe, die verhindern soll, daß der Jude sich unerkannt in unsere Reihen einschleichen kann, um Zwietracht zu säen.
Als die Juden vor einigen Wochen, geschmückt mit ihrem Judenstern, im Berliner Stadtbild erschienen,[3] war der erste Eindruck unter den Bürgern der Reichshauptstadt der einer allgemeinen Verblüffung. Nur die allerwenigsten wußten, daß es noch so viele Juden in Berlin gab. Jeder entdeckte in seiner Umgebung oder Nachbarschaft einen harmlos tuenden Zeitgenossen, der zwar durch gelegentliches Meckern oder Miesmachen aufgefallen war, den aber niemand für einen Juden gehalten hatte. Er hatte sich also offenbar getarnt, Mimikry getrieben, sich in seiner Schutzfarbe dem Milieu, in dem er lebte, angepaßt und auf seine Stunde gewartet. Wer unter uns hatte auch nur eine Ahnung, daß der Feind direkt neben ihm stand, daß er schweigender oder geschickt antreibender Zuhörer war bei Gesprächen auf der Straße, in der U-Bahn, in den vor den Zigarettenläden stehenden Schlangen? Es gibt Juden, die man kaum noch an ihrem Äußeren erkennen kann. Sie haben sich auch in dieser Beziehung angeglichen, soweit es geht. Diese sind die gefährlichsten. Es ist charakteristisch, daß jede Maßnahme, die wir gegen die Juden treffen, schon am anderen Tage in englischen und USA-Zeitungen zu lesen steht. Die Juden verfügen also heute noch über geheime Verbindungen zum feindlichen Ausland und nutzen diese auch nicht nur in eigener Sache, sondern in allen kriegswichtigen Angelegenheiten des Reiches aus. Der Feind sitzt also mitten unter uns. Was liegt nun näher, als daß wir ihn wenigstens für jeden Bürger äußerlich kenntlich machen?
In den ersten Tagen nach Einführung des Judensterns ging der Berliner Zeitungsverkauf rapide in die Höhe. Jeder Jude, der über die Straße mußte, erstand sich eine Zeitung, um schamhaft sein Kainsmal damit zu verdecken. Als das verboten wurde, sah man hier und da Juden auf den Straßen des Berliner Westens in Begleitung von nichtjüdischen Ausländern herumparadieren. Diese Judenknechte hätten eigentlich auch Anspruch auf einen Judenstern. Die Argumente, die sie für ihr provokatorisches Verhalten vorbringen, sind immer dieselben: Die Juden seien doch auch Menschen – als wenn wir jemals etwas anderes behauptet hätten und dasselbe nicht ebenfalls auf Raubmörder, Kindervergewaltiger, Diebe und Zuhälter zuträfe, ohne daß man gleich mit ihnen auf dem Kurfürstendamm spazierengehen wollte! –, ihr Jude sei ein anständiger Jude – jeder betroffene Jude hatte danach einen dummen und instinktlosen Goi gefunden, der ihn für anständig hielt! –, man kenne sich schon seit Jahren – als wenn das ein Grund wäre, dem Juden eine Art Ehrengeleit zu geben – und was deren Unsinn mehr ist.

3 Die Vorschrift, nach der Juden sich in der Öffentlichkeit mit einem gelben Stern zu kennzeichnen hatten, galt vom 15.9.1941 an; siehe VEJ 3/212.

Die Juden sehen sich nun allmählich ganz auf sich selbst gestellt und versuchen jetzt, einen neuen Trick anzuwenden. Sie kennen doch den gutmütigen deutschen Michel in uns, der immer gerne bereit ist, für eine sentimentale Träne alles ihm angetane Unrecht zu vergessen: Plötzlich hat man den Eindruck, als ob es unter den Berliner Juden nur noch putzige kleine Babys, die durch ihre kindliche Hilflosigkeit rühren sollen, oder gebrechliche alte Frauen gibt. Die Juden schicken ihre Mitleidgarde vor. Sie mögen damit einige harmlose Gemüter in momentane Verwirrung bringen, uns nicht. Wir wissen ganz genau, woran wir mit ihnen sind.

Schon ihretwegen müssen wir den Krieg gewinnen. Verlören wir ihn, so würden sich die harmlos tuenden jüdischen Biedermänner plötzlich in reißende Wölfe verwandeln. Sie würden sich auf unser Volk, auf unsere Frauen und Kinder stürzen, um an ihnen ein Rachewerk zu vollziehen, für das es in der Geschichte kein Beispiel gibt. So haben sie es ja in Bessarabien und in den baltischen Staaten gemacht, als hier der Bolschewismus Einzug hielt; und dort hatten weder die Völker noch die Regierungen ihnen irgendein Leid zugefügt. Wir können in unserem Kampf gegen das Judentum nicht mehr zurück – ganz abgesehen davon, daß wir das auch gar nicht wollen. Die Juden müssen von der deutschen Volksgemeinschaft abgesondert werden, denn sie gefährden unsere nationale Geschlossenheit.

Das ist ein elementares Gebot völkischer, nationaler und sozialer Hygiene. Sie werden niemals Ruhe geben. Sie würden, wenn sie es könnten, ein Volk nach dem anderen gegen uns in den Krieg hineinführen. Was gilt ihnen das damit verbundene Leid der Menschen, wenn sie nur die Welt unter ihre Geld- und Blutherrschaft zwingen! Die Juden sind eine parasitäre Rasse, die sich wie ein faulender Schimmel auf die Kulturen gesunder, aber instinktarmer Völker legt. Dagegen gibt es nur ein wirksames Mittel: einen Schnitt machen und abstoßen.

Wie armselig nehmen sich vor diesem Weltproblem, das seit Jahrtausenden die Menschen beschäftigt, die stupiden, gedankenlos rührseligen Argumente einiger zurückgebliebener Judenfreunde aus! Sie würden wahrscheinlich Augen, Nase und Mund aufsperren, wenn sie ihre lieben Juden sich einmal im Besitz der Macht betätigen sähen. Aber dann wäre es zu spät. Und deshalb ist es die Pflicht einer nationalen Führung, mit den ihr geeignet erscheinenden Mitteln dafür zu sorgen, daß dieser Zustand nie eintritt. Es gibt einen Unterschied zwischen Menschen und Menschen, genau wie es einen Unterschied zwischen Tieren und Tieren gibt. Wir kennen gute und böse Menschen, wie wir auch gute und böse Tiere kennen. Die Tatsache, daß der Jude noch unter uns lebt, ist kein Beweis dafür, daß er auch zu uns gehört, genauso wie der Floh ja auch nicht dadurch zum Haustier wird, daß er sich im Hause aufhält. Wenn Herr Bramsig oder Frau Knöterich beim Anblick einer alten Frau, die den Judenstern trägt, eine Regung von Mitleid empfinden, dann mögen sie gefälligst auch nicht vergessen, daß ein entfernter Neffe dieser alten Frau mit Namen Nathan Kaufmann in New York sitzt und einen Plan vorbereitet hat, nach dem die deutsche Bevölkerung unter 60 Jahren sterilisiert werden soll,[4] und daß der Sohn ihres entfernten Onkels als Kriegstreiber unter dem

4 Richtig: Theodore Newman Kaufman; der Inhaber einer Werbeagentur veröffentlichte 1941 im Selbstverlag die Broschüre „Germany must perish“ (Deutschland muss untergehen), in der er die Sterilisation aller deutschen Männer forderte. In den USA wurde die Schrift nicht weiter beachtet, während die deutsche Propaganda sie ausschlachtete, Kaufman zum Freund Roosevelts und den sog. Kaufman-Plan somit zum politischen Programm der US-Regierung erklärte; siehe VEJ 3, S. 57.

Namen Baruch oder Morgenthau oder Untermayer hinter Mr. Roosevelt steht,[5] um ihn in den Krieg hineinzuhetzen, und daß, wenn das gelänge, unter Umständen ein braver, aber unwissender USA.-Soldat den einzigen Sohn von Herrn Bramsig oder von Frau Knöterich totschießt, alles zur höheren Ehre des Judentums, zu dem auch diese alte Frau gehört, sie mag noch so zerbrechlich und mitleiderregend tun.

Wenn wir Deutschen überhaupt einen verhängnisvollen Fehler in unserem Nationalcharakter aufweisen, dann ist es der einer allzu großen Vergeßlichkeit. Dieser Fehler zeugt zwar für unsere menschliche Anständigkeit und Großzügigkeit, nicht immer aber für unsere politische Einsicht und Klugheit. Wir halten alle Menschen für so gutmütig, wie wir selber sind. Die Franzosen drohten uns im Winter 1939/40 die Zerstückelung des Reiches an und daß wir mit unseren Familien vor ihren dampfenden Feldküchen Schlange stehen müßten, um einen Schlag warmes Essen zu bekommen. Unsere Heere werfen Frankreich in sechs Wochen nieder, und dann sieht man die deutschen Soldaten an den Landstraßen Brot und Wurst an die hungernden französischen Frauen und Kinder und Benzin an die Pariser Flüchtlinge verteilen, damit sie möglichst schnell wieder in ihre Hauptstadt zurückkommen, um dort wenigstens zum Teil erneut ihre Hetze gegen das Reich entfalten zu können.

So sind wir Deutschen nun mal. Unsere Nationaltugend ist unser Nationalfehler. Wir möchten wohl alle nicht anders sein, und wo unsere weltbekannte Michelhaftigkeit keinen schweren Schaden anrichtet, sei auch nichts dagegen gesagt. Aber schon Klopstock hat uns den guten Rat gegeben, nicht allzu gerecht zu sein; unsere Feinde dächten nicht edel genug, zu sehen, wie schön unser Fehler sei.[6]

Wenn irgendwohin, dann paßt dieses Wort auf unser Verhältnis den Juden gegenüber. Hier ist Nachgiebigkeit nicht nur Schwäche, sondern Pflichtvergessenheit und ein Verbrechen gegen die Staatssicherheit obendrein. Denn die Juden sehnen ja nur eine Möglichkeit herbei, um uns unsere Tölpelhaftigkeit mit Blut und Terror zu belohnen. Dazu darf es niemals kommen. Und eine der wirksamsten Maßnahmen dagegen ist eine unerbittliche, kalte Härte gegen die Verderber unseres Volkes, gegen die Anstifter dieses Krieges, gegen seine Nutznießer, wenn wir ihn verlören, und deshalb notwendigerweise auch gegen seine Opfer, wenn wir ihn gewinnen.

Darum sei es noch einmal zu allem Überfluß gesagt:

1. Die Juden sind unser Verderb. Sie haben diesen Krieg angezettelt und herbeigeführt. Sie wollen mit ihm das Deutsche Reich und unser Volk vernichten. Dieser Plan muß zuschanden gemacht werden.

2. Es gibt keinen Unterschied zwischen Juden und Juden. Jeder Jude ist ein geschworener Feind des deutschen Volkes. Wenn er seine Feindschaft gegen uns nicht zeigt, so nur aus Feigheit und Schlauheit, nicht aber, weil er sie nicht im Herzen trüge.

5 Prominente jüdische Freunde und Berater des US-Präsidenten Roosevelt wie die hier erwähnten Bernard Baruch, Politikberater, Henry Morgenthau Jr., Finanzminister, und der demokratische Politiker Samuel Untermyer (auch Untermeyer) dienten der deutschen Propaganda als Vorwand, um Roosevelts Politik als von Juden gesteuert darzustellen.

6 Der Satz spielt auf Klopstocks Gedicht „Mein Vaterland" an: „Nie war, gegen das Ausland, ein anderes Land gerecht, wie du! Sei nicht allzu gerecht. Sie denken nicht edel genug, zu sehen, wie schön dein Fehler ist." Friedrich Gottlieb Klopstock, Werke und Briefe. Historisch-kritische Ausgabe, Bd. 1: Oden, Berlin u. a. 1974, S. 296–299.

3. Jeder deutsche Soldat, der in diesem Kriege fällt, geht auf das Schuldkonto der Juden. Sie haben ihn auf dem Gewissen, und sie müssen deshalb auch dafür bezahlen.
4. Wenn einer den Judenstern trägt, so ist er damit als Volksfeind gekennzeichnet. Wer mit ihm noch privaten Umgang pflegt, gehört zu ihm und muß gleich wie ein Jude gewertet und behandelt werden. Er verdient die Verachtung des ganzen Volkes, das er in seiner schwersten Zeit feige und gemein im Stich läßt, um sich auf die Seite seiner Hasser zu stellen.
5. Die Juden genießen den Schutz des feindlichen Auslandes. Es bedarf keines weiteren Beweises für ihre verderbliche Rolle in unserem Volk.
6. Die Juden sind Sendboten des Feindes unter uns. Wer sich zu ihnen stellt, läuft im Kriege zum Feinde über.
7. Die Juden haben kein Recht, sich unter uns als gleichberechtigt aufzuspielen. Wo sie auf der Straße, in Schlangen vor den Läden, auf den Verkehrsmitteln das Wort ergreifen wollen, sind sie zum Schweigen zu veranlassen, nicht nur, weil sie grundsätzlich unrecht haben, sondern weil sie Juden sind und keine Stimme in der Gemeinde besitzen.
8. Wenn die Juden Dir sentimental kommen, so wisse, daß das eine Spekulation auf Deine Vergeßlichkeit ist; zeige ihnen sofort, daß Du sie durchschaust, und strafe sie mit Verachtung.
9. Dem anständigen Feind gebührt nach der Niederlage unsere Großmut. Aber der Jude ist kein anständiger Feind, er tut nur so.
10. Die Juden sind schuld am Kriege. Sie erleiden durch die Behandlung, die wir ihnen angedeihen lassen, kein Unrecht. Sie haben sie mehr als verdient.

Mit ihnen endgültig fertig zu werden, ist Sache der Regierung. Keiner hat das Recht, auf eigene Faust zu handeln, aber jeder die Pflicht, die Maßnahmen des Staates gegen die Juden zu würdigen, sie jedermann gegenüber zu vertreten und sich durch keine Tricks und Winkelzüge der Juden in seiner klaren Erkenntnis über ihre Gefährlichkeit irremachen zu lassen.

Das verlangt die Sicherheit des Staates von uns allen.

DOK. 38

Willy Cohn schildert Mitte November 1941 in seinem Tagebuch seine Bemühungen, der angekündigten Deportation zu entgehen[1]

Handschriftl. Tagebuch von Willy Cohn, Breslau, Einträge vom 15. bis 17.11.1941

15. Nov. 1941

Breslau, Sonnabend nachmittag. Gestern noch einiges für die GJ[2] gemacht, wegen der großen Kälte bin ich dann nicht mehr in die Synagoge gegangen, wir haben dann noch einen gemütlichen Freitagabend verlebt! Heute früh zeitig beide Öfen geheizt und dann

1 CAHJP, P 88/108. Abdruck in: Cohn, Kein Recht (wie Dok. 8 vom 11.10.1941, Anm. 1), Bd. 2, S. 1007–1009.

2 Germania Judaica. Cohn arbeitete von 1939 an am zweiten Band der „Germania Judaica" mit, die von der Gesellschaft zur Förderung der Wissenschaft des Judentums herausgegeben wurde. Er sollte die Abschnitte Schlesien, Böhmen, Mähren, Niederlande und Brabant verfassen. Von seinen über 60 Beiträgen ist nur der Artikel über Breslau überliefert.

zur Bank, wo 25 Mark auf meinem b.v.S.-Kto.[3] vom Nachrichtenblatt[4] eingegangen waren. Als ich nach Hause kam, traf ich die Briefträgerin auf der Treppe; die Post brachte für uns keine schöne Nachricht; wir müssen voraussichtlich am 30.11. die Wohnung räumen und werden voraussichtlich verschickt werden, falls uns nicht die Gemeinde reklamiert. Wohin usw. weiß man noch nicht. In dieser Jahreszeit, wo eine böse Kälte eingesetzt hat, ist das doppelt grausam; aber das muß nun alles bewältigt werden, und man muß versuchen, im Interesse der Kinder durchzuhalten, und das, was ich anderen zugerufen habe, chasak weemaz,[5] das gilt nun auch für mich selbst. Bei dem anfälligen Zustand der Kinder ist das alles besonders schlimm! Aber G'tt wird uns schon helfen! Wir haben dann noch mit unserer Nachbarin alles durchgesprochen.

Später bin ich noch zu Eugen Perle[6] gegangen, der mich immer gut beraten hat; er wußte es schon; er hatte auch schon mit dem Vorsitzenden Dr. Kohn[7] gesprochen, der ihn an Dr. Lewin[8] verwiesen hat; mit ihm wollte Perle aber nicht sprechen; er gab mir den Rat, mich persönlich an den Direktor Lasch[9] zu wenden, der ja die Unterbringung unter sich hat. – Perle meinte, daß die Gemeinde mich reklamieren würde, wenn ich eine Unterkunft hätte. Er riet mir auch, mich mit Pakulla[10] in Verbindung zu setzen; das habe ich auch getan; ich habe ihn im Gemeindegrundstück erwischt. Er sagte mir, daß er sein Äußerstes tun würde, mir ein Zimmer zu verschaffen. Trotzdem habe ich kein sehr großes Zutrauen, da der Gemeinderabbiner Lewin mir nicht wohlwill. Es sind übrigens 300 Wohnungsinhaber von der Kündigung betroffen worden, das bedeutet 1200–1500 Juden![11] Bis Montag werden wir weitergehende Entschlüsse noch nicht treffen können; aber es muß alles durchdacht werden.

Der Luftangriff auf Breslau hat zehn Tote gekostet, jedenfalls steht für diese heute in der „Schlesischen Tageszeitung" eine Anzeige! Ein Blindgänger ist in der Straße der S.A. eingeschlagen; die Hauptbombe soll in der Tankstelle von Mercedes-Benz eingeschlagen sein. All das aber werden wir letzten Endes bezahlen! U.S.A. hat jetzt das Neutralitätsgesetz geändert. Ihre Schiffe können nun auch feindliche Häfen anlaufen. Es ist das im Grunde auch der Krieg mit U.S.A.[12] All das aber wird das endgültige Schicksal Deutschlands auch nicht aufhalten können. Es ist ein Kampf um Sein oder Nichtsein fast für den ganzen Erdball! Unsere Angehörigen werden draußen in der Sorge um uns auch viel durchmachen. Aber wir stehen dem ja gänzlich machtlos gegenüber! Heute natür-

3 „Beschränkt verfügbares Sicherungskonto": Im Aug. 1939 verfügte das RWM, dass Juden alle Barmittel auf ein solches Konto einzahlen mussten, von dem sie monatlich einen festgelegten Betrag abheben durften. Für darüberliegende Beträge war die Genehmigung der Devisenstelle erforderlich.

4 Jüdisches Nachrichtenblatt.

5 Hebr.: Sei stark und fest.

6 Eugen Perle (1871–1944), Kaufmann; Vorsitzender des jüdischen Armen-Verpflegungs-Vereins in Breslau; er wurde 1942 nach Theresienstadt deportiert und kam dort ums Leben.

7 Dr. Georg Friedrich Kohn (1888–1944), Jurist; Landgerichtsrat; letzter Vorsitzender der Jüdischen Gemeinde in Breslau; 1943 nach Theresienstadt und 1944 von dort nach Auschwitz deportiert und ermordet.

8 Dr. Reinhold Lewin (1888–1943), Rabbiner; von 1913 an in Leipzig, 1921–1938 in Königsberg i. Pr., dann in Breslau; er wurde im März 1943 nach Auschwitz deportiert und ermordet.

9 Fritz Lasch (1869–1943); Leiter des Gemeindeamts für Wohnungsvermittlung; 1943 nach Theresienstadt deportiert und dort umgekommen.

10 Wolf Pakulla (*1865), Kantor und Lehrer.

11 1005 Breslauer Juden, darunter 66 Kinder, wurden am 25.11.1941 nach Kowno deportiert. Dort wurden sie von dem Einsatzkommando 3 unter der Führung Karl Jägers im Fort IX erschossen.

lich zum Teil wieder sehr schlimme Beschwerden und nach Tisch nur wenige Minuten zur Ruhe gekommen.
Goebbels soll eine Rundfunkrede gehalten haben, wer mit einem Juden spricht, wird als Jude behandelt.[13] Wie müssen die Dinge in Wirklichkeit stehen!

16. Nov. 1941
Breslau, Sonntag. Gestern nachmittag eigentlich das erste Mal in meinem Leben, oder mindestens in den letzten Jahren, daß ich, abgesehen von den Operationstagen, nicht zu arbeiten in der Lage war. Es ging mir sehr vieles im Kopf herum. Hedwig Bermann[14] war da, die von unserem Schicksal auch noch nichts wußte; sie wird uns aber bei den Auflösungsarbeiten nach Kräften helfen; auf mich ist ja leider nicht sehr zu rechnen! Nachts mit mancherlei Beschwerden lange munter gelegen, viele Medikamente, nach denen ich jetzt ziemlich zerbrochen bin. Doch habe ich den eisernen Wunsch, im Interesse der Familie keinesfalls schlappzumachen.

17. Nov. 1941
Breslau, Montag. Gestern vormittag mit Frl. Cohn gearbeitet, über eine blöde Redensart von ihr geärgert. Am Nachmittag mit Tamara etwas spazierengegangen; es war ganz schöne Sonne, die verschiedenen Stellen besichtigt, wo neulich die Bomben eingeschlagen haben: Neudorfstr. ist ein Haus sehr demoliert. Dr. Hadda[15] muß auf seine eigenen Kosten das Sanatorium Bukesfield,[16] das ihm gehört, instand setzen lassen; das sagt ein Luftschutzgesetz![17] Heute früh ein unangenehmer Gang zur Gemeinde; erst mit Fräulein Silberstein[18] gesprochen, dann mit Direktor Lasch; er sagte mir, daß wenn ich von seiten des Vorstandes reklamiert würde, er mir eine Wohnung, d. h. ein Zimmer, beschaffen würde. Lasch war sehr verständnisvoll. Zwischendurch immer mit Eugen Perle gesprochen, der mich taktisch beraten hat; dann mit dem Vorsitzenden der Gemeinde Dr. Kohn, der zuerst sehr unangenehm war, dann aber, als ich mir nicht alles gefallen ließ, einlenkte. Zuerst sagte er, daß bei der Geheimen Staatspolizei keine Möglichkeit bestände,[19]

12 Nach mehreren Angriffen deutscher U-Boote gegen US-Marine- und Handelsschiffe wurden im Okt. und Nov. 1941 in den USA diejenigen Paragraphen des Neutralitätsgesetzes aufgehoben, die die Bewaffnung von Handelsschiffen verboten und US-amerikan. Schiffe daran hinderten, die Häfen kriegsführender Staaten anzusteuern, diese zu beliefern oder in Kriegsgebieten zu verkehren.

13 Siehe Dok. 37 vom 16.11.1941.

14 Hedwig Bermann, geb. Schwarz (1871–1942), Verwandte Cohns; 1942 wurde sie über Theresienstadt nach Treblinka deportiert und dort ermordet.

15 Dr. Siegmund Hadda (1882–1977), Chirurg; 1935–1943 Leiter des jüdischen Krankenhauses in Breslau; er wurde 1943 nach Theresienstadt deportiert, arbeitete dort im Krankenhaus; konnte im Febr. 1945 mit 1600 anderen Juden aus Theresienstadt in die Schweiz ausreisen; danach Emigration über Großbritannien in die USA.

16 Nicht ermittelt.

17 Die VO über die Behandlung von Kriegsschäden von Juden des RMdI vom 20.7.1941 legte fest, dass Juden keine Entschädigung aufgrund der Kriegssachschädenverordnung vom 30.11.1940 erhalten und bei öffentlichem Interesse verpflichtet werden können, Sachschäden auf eigene Kosten zu beseitigen; RGBl., 1941 I, S. 437.

18 Gertrud Silberstein (*1883), Kassiererin.

19 An dieser Stelle bricht das Tagebuch ab. Die Cohns erhielten am 17. Nov. einen Deportationsbefehl. Willy Cohn schickte seine Tagebücher daraufhin zur Verwahrung an eine befreundete Familie Zeitz in Berlin, die sie nach dem Krieg an die überlebenden Kinder übergab.

DOK. 39

Die Gestapo Nürnberg erteilt am 19. November 1941 Anweisungen für die Deportation der Juden aus Bamberg, Bayreuth und Coburg[1]

Schreiben der Geheimen Staatspolizei, Staatspolizeistelle Nürnberg-Fürth, i.A. gez. Unterschrift unleserlich, an die Geheime Staatspolizei Nürnberg-Fürth – Außendienststelle Würzburg – z. Hd. v. Krim. Insp. Völkl,[2] Würzburg, den Oberbürgermeister der Stadt Bamberg – Kriminalpolizei – z. Hd. v. Krim. Insp. Bezold,[3] Bamberg, den Oberbürgermeister der Stadt Bayreuth – Kriminalpolizei – z. Hd. v. Krim. Komm. Meyer,[4] Bayreuth, und den Oberbürgermeister der Stadt Coburg – Kriminalpolizei – z. Hd. v. Krim. Sekr. Hocker,[5] Coburg, vom 19.11.1941

Betrifft: Evakuierung von Juden aus dem Altreich.
Vorgang: Mündliche Besprechung mit KK. Woesch.[6]
Anlagen: [7]
Zum Vollzug der Anordnung der Evakuierung der Juden vom Reichssicherheitshauptamt vom 31.10.1941[8] ergehen hiermit folgende Anweisungen:
Auf die z. Zt. gepflogenen mündlichen Vorbesprechungen wird Bezug genommen. Die Eröffnung an die betroffenen Juden kann je nach der örtlichen Zweckmäßigkeit am 23.11.1941 bezw. 24.11.1941 erfolgen.
Für die Bezahlung der bis zum Eintreffen in Nürnberg entstehenden unmittelbaren Ausgaben müssen die örtlichen Polizeibehörden Sorge tragen. Evtl. ist Sonderumlage von den zu evakuierenden Juden zu erheben. Die als Transportkosten abzuliefernden RM 60.– pro Ev. Nr.[9] dürfen nicht hierzu verwendet werden.
Bezüglich der vermögensrechtlichen Angelegenheiten wird auf das Merkblatt aufmerksam gemacht, gleichzeitig werden Vermögenserklärungen übersandt, deren Übergabe an die Juden zwecks Ausfüllung am 23.11.1941 bezw. 24.11.1941 zu erfolgen hat.[10] *Die Ausfüllung der Vermögenserklärung ist von jedem einzelnen Juden (auch Kindern unter 6 Jahren, wenn Vermögen vorhanden) jeweils zu fordern.*
Es wird nochmals darauf aufmerksam gemacht, daß jede für den Transport in Frage kommende Person – ausgenommen Kinder unter 6 Jahren, welche, wenn zur Familie gehörend, mit transportiert werden –, eine Ev. Nr. zugeteilt erhalten haben muß.

1 Original nicht aufgefunden, Kopie: ITS Archive, Arolsen Archives, 1.2.3.0/0006/0044.
2 Michael Völkl (1892–1945), stellv. Leiter der Gestapo Würzburg; nahm sich das Leben.
3 Karl Bezold (*1916), Oberkriminalkommissar; 1933 NSDAP-Eintritt.
4 Fritz Meyer (*1895), Kriminalkommissar; später bei der Gestapo Leipzig.
5 Karl Hocker (*1906); 1940 NSDAP-Eintritt; später Kriminalobersekretär.
6 Christian Woesch (1893–1977), Kaufmann; 1933 NSDAP-Eintritt; von 1934 an bei der Polizei Nürnberg, 1940 bei der Gestapo Stettin, vom 1.9.1940 an bei der Gestapo Nürnberg, wo er bis Ende Mai 1942 eine leitende Position im Judenreferat innehatte.
7 Unleserliche Zahl.
8 Am 31.10.1941 erging von Eichmanns Ref. IV B 4 des RSHA an diverse Stapoleitstellen ein Schreiben mit detaillierten Deportationsrichtlinien. Die Anordnung ist als solche nicht erhalten, ergibt sich jedoch aus den Schreiben der Stapoleitstellen an ihre Außenstellen.
9 Evakuierungsnummer.
10 Die Deportationsrichtlinien änderten sich immer wieder. Juden wurde es i. d. R. erlaubt, max. 50 kg Gepäck, bis zu 100 RM, eine Decke, warme Kleidung, Essgeschirr wie Löffel und Trinkbecher sowie Verpflegung für einige Tage mitzunehmen; siehe auch Einleitung, S. 34.

Der jeweilige Transportbeamte hat für sichere Übergabe der jeweiligen abgelieferten Vermögenswerte sowie der ausgefüllten Vermögenserklärungen in Nürnberg Sorge zu tragen.
Über die weiteren Maßnahmen bezüglich des sichergestellten Mobiliars, Entsiegelung der Wohnung, ergehen später gesonderte Anordnungen ausschließlich durch Reg. Ass. Korn, Nürnberg.
Es wird nochmals im Interesse des reibungslosen Ablaufes der Aussiedelung der Juden darauf hingewiesen, daß dem Transport möglichst reichhaltig Bauwerkzeuge, Baugeräte, Öfen, Geschirre und sonstige Einrichtungsgegenstände mitgegeben werden. Diese Maßnahme ist weniger wegen der Juden erforderlich als wegen der Ansiedlungsdienststellen im Osten, die sonst die Annahme weiterer Transporte ablehnen.
Grundsätzlich sind für je 100 Ev. Nr. mitzugeben: 1 eiserner Ofen mit Rohrteilen, 1 größerer Kochkessel und 1 Rolle Stacheldraht. Ferner pro 100 Juden 2 Fensterscheiben Größe 25,7–34,3 cm, 5 Fensterscheiben 26–44 cm, 1 Schaufel und 1 Beil. Die Beschaffung ist den Juden selbst aufzugeben, es besteht jedoch keine Erinnerung, wenn die Behörde in diesem Falle entsprechende befürwortende Rücksprache mit dem jeweiligen Wirtschaftsamt nimmt.
Alles eingangs aufgeführte Material läuft unter dem Sammelnamen Gettogerät.
Es wird nochmals daran erinnert, daß jeder Jude sichtbar angebracht Anhängezettel mit seiner groß aufgedruckten Ev. Nr. zu tragen hat. Die Kinder ohne eigene Ev. Nr. tragen die Ev. Nr. des Familienvorstandes mit der Voransetzung des Buchstabens K. (z. B. Ev. Nr. K 211). Auf der Rückseite des Anhängezettels ist die bisherige persönliche Anschrift des Juden anzubringen.
Wegen Gestellung der Transportfahrzeuge wurde bereits mit der Reichsbahn Nürnberg, Oberbahnrat Schrenk, das Notwendige veranlasst.
Würzburg und Bamberg können das Nähere jeweils durch Rückfrage beim örtlichen Bahnhofsvorstand erfahren.
Der Würzburger Transport bestehend aus 4 Personenwagen, 2 Güterwagen, wird mit GZ[11] 6610 am 27.11.1941 in Würzburg um […][12] Uhr abfahren,[13] Ankunft in Nürnberg[14] Uhr. Dort wird der Transportzug mittels Schublokomotive unmittelbar an das Lager herangebracht – Langwasser Lager II[15] –. Nach dem Eintreffen ist sofort mit dem Lagerleiter Verbindung aufzunehmen; bezüglich der Ausladung usw. ergehen sodann unmittelbare Weisungen. Ein vorheriges Verlassen der Transportwagen durch die Juden hat zu unterbleiben.
Der Bamberger Transport wird mit GZ 6842 am 27.11.1941 um 12.48 Uhr in Bamberg abfahren, Ankunft in Nürnberg 13.39 Uhr (2 Güterwagen, 4 Personenwagen). Wegen Meldung im Lager II ist dieselbe Weisung wie für Würzburg maßgebend.
Das Eintreffen des Bayreuther Transportes – ein LKW und ein PKW – in Nürnberg am 27.11.1941 vormittags 10.00 Uhr wird auf der Reichsautobahn, Hauptausfahrt Nürnberg, von einem hies. Beamten erwartet.

11 Güterzug.
12 Im Original „13.55" durchgestrichen und unleserlich korrigiert.
13 Am 27.11.1941 wurden insgesamt 202 Juden von Würzburg aus in das Lager Jungfernhof bei Riga deportiert. Es war die erste von insgesamt sechs Deportationen.
14 Unleserlich.
15 Das Sammellager befand sich im Stadtteil Langwasser im Südosten Nürnbergs.

Für den Coburger Transport verbleibt es bei den mündlich getroffenen Abmachungen, d. h. in Einvernehmen mit Bamberg.
Die in dieser Anordnung gegebenen Weisungen sowie die im Merkblatt für die Juden festgelegten Auflagen sind unter allen Umständen und genauestens einzuhalten. Falls örtlich bereits abweichende Maßnahmen und Auflagen festgelegt worden sind, müssen diese im Interesse der reibungslosen Durchführung der Aktion den oben vorgeschriebenen Richtlinien angepaßt werden.

DOK. 40
Der Vorstand der Jüdischen Kultusvereinigung Gleiwitz bittet die Baupolizei am 20. November 1941, den Umbau eines Friedhofsgebäudes zum Wohnhaus für Juden zu unterstützen[1]

Schreiben des Vorstands der Jüdischen Kultusvereinigung Synagogengemeinde Gleiwitz e. V. (JK/A.), gez. A.K., Justizrat,[2] an den Oberbürgermeister der Stadt Gleiwitz, Baupolizei, Gleiwitz, vom 20.11.1941

Seitens des hiesigen Rechtsamts ist uns aufgegeben worden, aus den Häusern, die im arischen Eigentum stehen, die jüdischen Mieter nach den jüdischen Wohnhäusern zu verlegen.[3] Die Unterbringung, die mit Rücksicht auf die Raumnot mit erheblichen Schwierigkeiten verknüpft ist und es notwendig macht, daß die uns zur Verfügung stehenden wenigen Räume in übermäßiger Weise belegt werden, kann auch nur in der Weise erfolgen, daß Räume, die bisher für Wohnzwecke überhaupt nicht benutzt wurden, umgestaltet werden. Wir wollen u. a. auch Räume in dem neuen Friedhofsgebäude benutzen.[4] Diese haben aber nur einen Steinfußboden, so daß eine Dielung mit Brettern notwendig ist, weil sonst die Erheizung dieses Raumes überhaupt nicht möglich wäre, auch Gesundheitsschädigungen zu befürchten sind. Wir brauchen für diesen Zweck:

110 qm.	Dielung
200 lfdm.	Latten
100 "	Fußleisten und
15 kg.	Nägel.

Außerdem sind zur notdürftigsten Brauchbarmachung der Räume 5 Kochherde notwendig.[5]

1 AŻIH, 112/14d, Bl. 245 f.

2 Dr. Arthur Adolph Kochmann (1864–1943), Jurist; 1919 Mitglied des Preuß. Landtags für die DDP, langjähriger Stadtverordneter, Stadtrat, Ehrenbürger der Stadt Gleiwitz; Vorsitzender der Synagogengemeinde, von 1933 an Vertrauensmann für Oberschlesien bei der Reichsvertretung der Juden in Deutschland; bis 1938 Rechtsanwalt und Notar in Gleiwitz; wurde am 24.12.1943 nach Auschwitz deportiert und dort ermordet.

3 Das Gesetz über Mietverhältnisse mit Juden vom 30.4.1939 schränkte den Kündigungsschutz für Juden ein und verpflichtete sie, „auf Verlangen der Gemeindebehörde Juden als Mieter oder Untermieter" bei sich aufzunehmen; RGBl., 1939 I, S. 864 f.; siehe auch VEJ 2/277. Viele Juden mussten in sog. Judenhäuser umziehen. In Gleiwitz gab es zu dieser Zeit 17 solche Häuser, z. B. in der Bahnhofstraße 25 oder in der Oberwallstraße 14.

4 Hiermit war die Leichenhalle gemeint.

Wir möchten hierzu noch bemerken, daß die Räume derartig von uns ausgenutzt werden mußten, daß wir eine Trennung der Geschlechter nur in der Weise vornehmen können, daß größere Räume, um Holzmaterial zu sparen, nicht geteilt, sondern durch Schränke getrennt werden. Da die Räumung größtenteils *bis zum 30. November* durchgeführt werden muß, also auch die erforderlichen Dielungsarbeiten Anfang der nächsten Woche vorgenommen werden müssen, ist die dringliche Erledigung unseres Schreibens geboten.[6]
Wir bitten, uns die Dringlichkeit der Arbeiten zu bescheinigen und das Arbeitsamt zu veranlassen, uns den erforderlichen Bezugsschein auszustellen. Die Arbeiten werden, da wir einen Baumeister für diesen Zweck nicht erhalten können, von uns selbst durch unsere eigenen Kräfte ausgeführt werden.[7]

DOK. 41
Der Schweizer Konsul in Köln, Franz-Rudolf von Weiss, berichtet am 21. November 1941 seinen Vorgesetzten über das Auswanderungsverbot für Juden und die Deportationsrichtlinien[1]

Bericht des Schweizerischen Konsulats Köln (vW/D, TL1 Ha1), gez. von Weiss, an die Abt. für Auswärtiges des Eidgenössischen Politischen Departements, Bern, vom 21.11.1941[2]

Herr Minister,[3]
hiermit beehre ich mich, Ihnen Durchschläge von zwei Berichten zu übersenden,[4] die ich am 17. und 19. ds. Mts. an die Eidgenössische Fremdenpolizei in Bern richtete. Wie Sie daraus zu ersehen belieben, hatte ich mich kürzlich mit Einreise- bzw. Durchreisegesuchen von verschiedenen Nichtariern zu befassen, welche Anträge in Anbetracht der Besonderheit dieser Fälle von der obengenannten Behörde in entgegenkommendem Sinne behandelt wurden. Wie Sie den Beilagen ferner entnehmen wollen, sind alle die monatelangen Bemühungen der betreffenden Juden, ihre Papiere zur Auswanderung in

5 Nachdem die Kultusgemeinde Gleiwitz die Reichsvereinigung mehrfach vergeblich um Übernahme der Umzugskosten in Höhe von 3620 RM gebeten hatte, wurden Gemeindemitglieder aufgefordert, Geld zu überweisen. 1150 RM kamen durch Spenden von sechs Mitgliedern zusammen.

6 Den jüdischen Gemeindemitgliedern wurden deren Mietwohnungen in „arischen" Häusern gekündigt, und ihnen wurde auferlegt, sie bis zum 30.11.1941 zu verlassen. Bis Ende Jan. 1942 mussten auch Juden ausziehen, die als Mieter in kürzlich „arisierten" Wohnungen lebten. Hiervon war etwa die Hälfte der Jüdischen Gemeinde aus Gleiwitz, 325 Personen, betroffen. Die Jüdische Kultusvereinigung musste die Umzüge organisieren; wie Anm. 1, Bl. 222, 244, 247.

7 Am nächsten Tag beantragte die Kultusvereinigung beim Arbeitsamt in Gleiwitz die Zuweisung von neun Arbeitern und einem Leiter, der die Arbeit betreuen sollte; wie Anm. 1, Bl. 244.

1 BAR, E2300#1000-716#379#2#76. Teilweise abgedruckt in: Documents Diplomatiques Suisses (DDS) 1848–1945, Bd. 14 (1941–1943), Bern 1997, Dok. 125, S. 379 f.

2 Im Original Dienststempel des Konsulats und handschriftl. Ergänzung: „Herrn Dr. Veldscher zur gef[älligen] Kenntnisnahme." Gemeint ist vermutlich Peter Anton (Pierre Antoine) Feldscher, der 1942–1944 Schweizer Minister (Botschafter) in Berlin war.

3 Vermutlich: Pierre Bonna (1891–1945), Jurist; 1935–1944 Leiter der Abt. für Auswärtiges des Eidgenössischen Politischen Departements, dem Schweizer Außenministerium.

4 Liegen nicht in der Akte.

Ordnung zu bringen, plötzlich nutzlos geworden, indem auf Verfügung der Geheimen Staatspolizei alle bereits erteilten, noch nicht benutzten Sichtvermerke von Juden ungültig wurden, auch wenn die fraglichen Auswanderer im Besitze der Passage-Billets und der nötigen Visa waren.[5]
Soeben habe ich eine einstündige Unterredung mit dem hiesigen Polizeipräsidenten[6] gehabt, während welcher ich vor allen Dingen versuchen wollte, eine Änderung in der Stellungnahme der zuständigen deutschen Behörden gegenüber unseren Landsleuten zu erwirken, die die Erteilung eines Aus- und Wiedereinreise-Sichtvermerks für eine Reise nach ihrer Heimat beantragen, da unsere Landsleute immer erbitterter werden, weil ihren diesbezüglichen Gesuchen nicht entsprochen wird.
Bei dieser Gelegenheit streifte ich auch die neue Praxis der deutschen Amtsstellen Juden gegenüber. Ich berührte diese Frage nur nebenbei, um nicht den Eindruck zu erwecken, dass ich mich für sie besonders einsetzen wollte, sondern, wie dies auch der Fall ist, dass ich ihre Einreisegesuche genau so wie die übrigen vorschriftsgemäss prüfen und erledigen würde.
Der vorerwähnten Unterredung folgte eine zweite mit dem Regierungsdirektor Delius,[7] dem Vizepolizeipräsidenten. Anlässlich der beiden Besprechungen konnte ich wiederum die eigentümliche Lage der Polizeibehörde feststellen, indem sie einfach Vollzugsorgan ist und die willkürlichen, plötzlich ergehenden Verfügungen der Geheimen Staatspolizei blindlings anwenden muss. Meine 22jährige Bekanntschaft, beinahe könnte ich sagen Freundschaft, mit Herrn Regierungsdirektor Delius erlaubte ihm, über diese heikle Frage offen mit mir zu sprechen. Er machte auch keinen Hehl daraus, wie schwer die Stellung aller Behörden durch das willkürliche Eingreifen der allmächtigen Gestapo geworden ist.
Anfang Dezember wird wiederum ein Transport von 1000 Juden nach Minsk vor sich gehen,[8] was in den getroffenen jüdischen Kreisen eine wahre Panikstimmung hervorgerufen hat, sind doch alle diese Juden davon überzeugt, dass sie ihrem Ende entgegengehen. Ich gestatte mir, Ihnen hiermit eine Anzahl Druckschriften und Zirkulare der hiesigen jüdischen Kultusvereinigung zugehen zu lassen,[9] aus denen Sie das Nähere betreffend diesen Transport und den bereits erfolgten entnehmen werden. Wie der einzelne neben seinen Habseligkeiten, Kleidern, Nahrungsmitteln noch Bettzeug, Ofen, Spaten, Werkzeuge zum Bauen von Baracken mitnehmen soll, ohne die zulässige Gepäckgrenze von 25 kg zu überschreiten, ist schwer zu erraten. Eine Verfügung sagt auch, dass jeder bis zur Grenze von 25 kg nur mitnehmen kann, was ihm auch möglich ist, zu tragen. Ältere Leute, Kinder usw. müssen sich selbstverständlich mit viel weniger Gepäck begnügen. Bezeichnend ist ferner das Verbot, Messer und Gabeln mitzunehmen.[10]

5 Nach dem Auswanderungsverbot für Juden aus Deutschland vom 23.10.1941 konnten nun auch Juden mit Transitvisa das Land nicht mehr verlassen, um etwa durch die Schweiz und Frankreich nach Spanien und Portugal und von dort nach Übersee zu gelangen.

6 Walter Hoevel (1894–1956), 1935–1945 Polizeipräsident in Köln.

7 Conrad Delius (1881–1945), Jurist; 1933 NSDAP-Eintritt; 1919–1933 Landrat des Kreises Gelnhausen, danach ORR beim Polizeipräsidium Köln, zuletzt Reg.direktor und Polizeivizepräsident in Köln.

8 Zwischen dem 29.11.1941 und dem 6.2.1942 fuhren alle Deportationszüge aus dem Deutschen Reich sowie aus Wien nach Riga.

9 Liegen nicht in der Akte.

Nach dem in der letzten Nummer des Reiches veröffentlichten scharfen Artikel des Herrn Reichsministers Josef Göbbels[11] ist am letzten Sonntag im WB ein Artikel erschienen, der den Titel „Der gelbe Fleck" trägt.[12] Dieser Artikel stammt aus der Feder des Hauptschriftleiters des vorgenannten Blattes, Herrn Martin Schwaebe.[13] Ich erlaube mir, Ihnen hiermit diese Veröffentlichung zur gefälligen Kenntnisnahme zuzustellen.
Ich benutze diese Gelegenheit, um Ihnen einen weiteren im Westdeutschen Beobachter erschienenen Artikel zu übermitteln. Es handelt sich dabei um eine Veröffentlichung, die am Samstag, den 15. November 1941 unter dem Titel „Nathan contra Winkelried" in diesem Blatte erschienen ist.[14]
Genehmigen Sie, Herr Minister, die Versicherung meiner ausgezeichneten Hochachtung.
Beilagen [wie] erwähnt.

DOK. 42

Schutzpolizeihauptmann Wilhelm Meurin schildert am 22. November 1941 seine Eindrücke als Begleiter eines Deportationszugs von Düsseldorf nach Minsk[1]

Vertraulicher Bericht des Hauptmanns der Schutzpolizei Wilhelm Meurin,[2] gez. Meurin, Düsseldorf, vom 22.11.1941 (Abschrift)

Betr. Evakuierung von Juden nach Minsk
Transportbegleitung vom 10.11.–18.11.41.

1. Transportverlauf.
Der Judentransport, umfassend 992 Juden aus den Städten Düsseldorf, Essen und Wuppertal, wurde am 10.11.1941 um 10.40 Uhr vom Güterbahnhof Düsseldorf-Derendorf

10 Zur Änderung der Deportationsrichtlinien siehe Dok. 39 vom 19.11.1941, Anm. 10.
11 Richtig: Joseph Goebbels. Siehe Dok. 37 vom 16.11.1941.
12 Der Westdeutsche Beobachter war eine Tageszeitung der NSDAP des Gaues Köln-Aachen mit zwölf Lokalausgaben und einer Gesamtauflage von über 200 000 Exemplaren. Der antisemitische Artikel „Der gelbe Fleck" propagierte die „Lösung der Judenfrage in Europa", ein Ziel, das bis zum Ende des Kriegs verwirklicht werden solle. Der Autor bezeichnet Juden u. a. als Parasiten, Verschwörer oder Marxisten; Westdeutscher Beobachter (Köln-Stadt), Nr. 585 vom 16.11.1941, S. 1 f.
13 Martin Schwaebe (1911–1985), Journalist; 1930 NSDAP-Eintritt; von 1929 an Redakteur und später Hauptschriftleiter beim WB, 1934 Gauamtspresseleiter der NSDAP in Köln, Direktor des Instituts für Zeitungswissenschaft an der Universität Köln; 1943–1945 MdR; nach 1945 in Österreich an der Gründung von SOS-Kinderdörfern beteiligt.
14 Der Artikel berichtete über die schweizer., deutschen und englischsprachigen Wochenschauen, die in der Schweiz gezeigt wurden, und polemisierte gegen die Schweizer, die sich ihres Helden Arnold Winkelried nicht als würdig erwiesen, sowie gegen einen unter dem Pseudonym „Nathan" verfassten Leserbrief, in dem ausländische Wochenschauen kritisiert wurden; Westdeutscher Beobachter (Köln-Stadt, Abend-Ausgabe), Nr. 584 vom 15.11.1941, S. 5.

1 Wiener Library, DOC 1113/1. Abdruck in: Bastian Fleermann, Deportiert von Düsseldorf in das Ghetto Minsk. Der Transportbericht des Schutzpolizisten Wilhelm Meurin vom Herbst 1941, in: Düsseldorfer Jahrbuch. Beiträge zur Geschichte des Niederrheins, Bd. 83, Essen 2013, S. 261–295.
2 Wilhelm Meurin (1906–1945?), Polizist; 1932 SS- und NSDAP-Eintritt; von 1925 an im Polizeidienst, 1938 Zugführer einer Hundertschaft beim Anschluss Österreichs, 1940–1942 Leiter des 7. Polizeireviers in Düsseldorf, seit Mai 1942 Kompaniechef im Reservepolizeibataillon 67 in Leslau und Lublin, von Nov. 1942 an Kommandeur der Polizeiabt. z.b.V. in Zamość; 1944 SS-Sturmbannführer; weiteres Schicksal unbekannt; 1957 für tot erklärt.

abgelassen.[3] Die Fahrt führte über Mettmann nach Wuppertal-Steinbeck,[4] wo die von dort zu evakuierenden Juden fertig verladen bereitstanden und an den Zug angehängt wurden. In Wuppertal betrug die Verspätung des Zuges schon 40 Minuten. Die Fortsetzung der Fahrt führte über Hagen-Soest nach Paderborn. Die Verspätung war bis hierher weiter angestiegen und betrug nun schon 125 Minuten. 6 Kilometer vor der nächstfolgenden Station Altenbeken[5] riß der Zug auseinander, da die Lok den schweren Zug nicht über die Steigung Heimberg brachte und immer mehr stampfte. Das Herbeirufen einer Schiebelok, die den abgerissenen Zugteil bis nach Altenbeken nachschob, das Auswechseln des beschädigten Wagens und das Umladen der Juden verursachte eine Ausdehnung der Verspätung auf 3 Std. 40 Minuten. Hiernach wurde der Transport weitergeleitet über Northeim – Nordhausen – Halle – Cottbus – Sagan – Glogau (wo die Verspätung nunmehr auf 8 Std. 30 Min. angestiegen war) – Lissa – Kalisch – Litzmannstadt nach Warschau, wo der Zug auf dem Bhf. Warschau-Ost am 12.11. um 4.15 Uhr eintraf. Die Verspätung betrug bereits über 13 Stunden. Wegen dieser großen Verspätung war die für den Zug vorgesehene Lok inzwischen anderweitig verfügt worden. Das Warten auf eine neue Lok dauerte bis 12 Uhr, also fast 8 Stunden, währenddessen der Zug ungeheizt am Bahnhof stand. Die Außentemperatur betrug an diesem Tage 12° unter Null. Danach führte die Fahrt über die Grenzstation an der ehemaligen deutsch-russischen Grenze Malkinia (hier wiederum 1 ½ Stunden Aufenthalt) nach Bialystok. Dort wurde der Zug mit einer bemerkenswerten Auffälligkeit empfangen. Es stellte sich heraus, daß unterwegs eine Lok mit zwei Güterwagen auf der Strecke gewesen war, die noch eben auf ein Ausweichgleis geleitet werden und die Weiche etwa 20 m vor dem Transportzug umgelegt werden konnte. In Bialystok wurde mir sodann von der Bahnhofskommandantur eröffnet, daß auf der weiteren Strecke mit Partisanentrupps zu rechnen sei, die Züge anhielten und zu plündern versuchten. Der Zug wurde nun nicht auf der direkten Strecke weitergeschickt, sondern mußte in Richtung Brest-Litowsk ausweichen, um über den kleinen Knotenpunkt Czeremcha nach Wolkowirsk[6] zu fahren, wo die Hauptstrecke wieder erreicht wurde. Bereits eine Station hinter Bialystok, bei Lowitzka, wurde der Zug infolge schlechter Fahrweise des polnischen Lokführers zum zweiten Mal auseinandergerissen. Da es ausgeschlossen war, eine Schiebelok zu bekommen, wurde der Zug umrangiert. Die ausgerissene Kopplung befand sich glücklicherweise an der Rückseite des beschädigten Wagens, so daß dieser Wagen am Ende des Zuges mitgeführt werden konnte. Eine Weiche war in der Nähe, so daß das Umrangieren möglich war. In Czeremcha mußte der Wagen dann ausgewechselt werden, da er nicht mehr an Bremsschläuche angeschlossen werden konnte. Ein Ersatzwagen war zur Stelle. Der beschädigte Wagen, übrigens der in Altenbeken ausgeliehene Ersatzwagen, blieb in Czeremcha stehen. Infolge dieses Zwischenfalls wurde die Hauptstrecke bei Wolkowirsk

3 Von den am 10.11.1941 deportierten Juden kamen 627 aus Düsseldorf, 121 aus Essen und 244 aus Wuppertal. Der Transport mit der Nummer Da 52 erreichte am 15.11.1941 sein Ziel. Nur fünf der im Nov. 1941 in das Minsker Getto deportierten Juden überlebten.

4 Der Bahnhof Steinbeck lag im Wuppertaler Stadtteil Elberfeld. Von dort wurden von 1941 an Juden aus der Stadt und dem Umland entweder nach Düsseldorf-Derendorf deportiert und dort den großen Sammeltransporten angeschlossen oder als geschlossene Gruppe in einen aus Derendorf kommenden Zug übernommen.

5 Kreis Paderborn.

6 Richtig: Wołkowysk.

nach einer Wegelänge von 174 km erst 24 Stunden später wieder erreicht. In Czeremcha selbst mußte der Zug wiederum wegen Lokwechsels von 2.30–9.30 Uhr liegenbleiben. Der Zug war wieder ungeheizt, die Außentemperatur betrug 18 ° unter Null. Die Heizleitung war derart eingefroren, daß die Lok später den Dampf nicht mehr durchtreiben konnte. Immerhin gelang es, die Schläuche wenigstens bis zum Wagen des Begleitkommandos aufzutauen. Nach weiterem Aufenthalt von 1 ½ Stunden in Hainovka wurde die Hauptstrecke dann am 13.11. um 13.45 Uhr bei Wolkowirsk wieder erreicht. Hier wurde bekannt, daß aus dem an der Strecke liegenden Wald von Bialowicze, der ehem. polnischen Staatsjagd, wo Reichsmarschall Göring früher Gast Pilsudskis[7] war, 1200 Sowjets herausgeholt worden waren und daß noch weitere 2 Bataillone dort verborgen seien. Der Aufenthalt in Wolkowirsk betrug wieder 3 Stunden. Auf der Reststrecke mußte der Transport nochmals in Baranowicze 2 Stunden und schließlich in Stolpcze 2 1/2 Std. halten. Am 14.1.[8] um 10.40 Uhr erreichte der Transport nach genau 96 Std. den Bestimmungsort Minsk. Die Juden waren um diese Zeit ziemlich weich, da der Zug vielfach ungeheizt geblieben war und vor allem seit Einfahrt ins russische Gebiet keine Möglichkeit mehr gegeben war, Wasser zu fassen, weil dort das Wasser nur gekocht verwendet werden darf, ich andererseits keine Abkochmöglichkeit für fast 1000 Personen hatte und nicht bereits während der Fahrt Ruhr- oder Typhusanfälle im Zuge haben wollte. Der jüdische Arzt, Felsentaler[9] aus Düsseldorf, der unterwegs sehr um seine Rassegenossen bemüht war, hat mir bereits in Warschau erklärt, daß etwa 300 Juden nicht mehr marschfähig seien. Das Ausladen in Minsk konnte trotzdem mit der gewünschten Beschleunigung durchgeführt werden. Alle Juden sind auch den Weg von etwa 40 Minuten zum Ghetto marschiert. Beim Ausladen war bereits neben dem Begleitkdo. lettische Polizei[10] eingesetzt, die nach ihren noch frischen Erfahrungen mit den russischen Juden ein entsprechend deutliches, tempobeschleunigendes Verhalten an den Tag legten. Das Ausladen war gegen 12.25 Uhr beendet. Bereits kurz nach der Ankunft im Ghetto haben dann Juden aus Düsseldorf in einer ehemaligen Wirtschaft ein Klavier entdeckt und einen Aufzug veranstaltet, der überraschen muß. Etwa 20 jüngere Leute veranstalteten Nackttänze, drei Pärchen führten vor versammelter Mannschaft einen Geschlechtsakt aus. Die Rückkehr zum Asiatismus schien demnach wenig Schwierigkeiten zu machen.

2. *Stadt Minsk.*
Die Stadt Minsk liegt zu 90 % in Schutt und Asche. Ziemlich unversehrt ist das Judenviertel, das freilich auch nur aus den typisch russischen Holzhäusern besteht und unbeschreiblich verdreckt ist.[11] Erhalten sind in Minsk drei größere Bauten, das Leninhaus,

7 Im Jan. 1935 hatte der poln. Staatschef Józef Piłsudski (1867–1935) für seinen Gast Hermann Göring eine Staatsjagd im Wald von Białowieza veranstaltet. Im Juli 1941 erklärte Göring das besetzte Areal zum „Reichsjagdgebiet" und ordnete dessen Vergrößerung an. Bis zum Sommer 1942 wurden dabei 116 Dörfer zerstört und mindestens 900 Menschen erschossen.

8 Richtig: 14.11.1941.

9 Richtig: Dr. Erwin Felsenthal (1896–1941?), Arzt; wurde 1941 nach Minsk deportiert und wahrscheinlich dort ermordet.

10 Das Begleitkommando des Zugs stellte die Ordnungspolizei. Für die Mordaktionen im Minsker Getto setzten die Deutschen vor allem lett., litau. und ukrain. Hilfspolizei ein. Für die Bewachung des Gettos war die weißruss. Hilfspolizei zuständig.

11 Feldkommandeur Karl Schlegelhofer ordnete am 19.7.1941 an, im Zentrum von Minsk ein Getto einzurichten, in das alle Juden Anfang Aug. umziehen mussten.

Verwaltungsgebäude der Sowjets, ferner die Oper, ein ebenso geschmackloser wie im Innern in neureicher Manier überladener Bau, in welchem jetzt ein Soldatenkino untergebracht ist, und schließlich eine ehem. Offiziersschule, ein ebenfalls übler Kasten, der innen den Eindruck eines Magazins macht. Dieser Bau ist mit dem Pol.-Batl. 32,[12] einem Batl. Letten und der S.D.- und Stapostelle belegt. Der Raum für diese Einheiten ist ganz außerordentlich beschränkt. Über die Bevölkerungszahl, die vordem 200 000 Menschen betragen haben soll, konnte ich nichts Genaues erfahren.[13] In der Stadt existierte nur ein Geschäft, ein Blumenladen, die Bevölkerung fällt der Versorgung durch die Besatzung zur Last. Aus dem Judenviertel sind, um für die aus dem Reich evakuierten Juden Platz zu schaffen, 8000 russische Juden entfernt und von lettischer Polizei erschossen worden.[14] Die Leitung hatte ein lettischer Offizier, welchem von den Sowjets seine Ehefrau vor seinen Augen vergewaltigt und mitsamt seinen 6 Kindern ermordet worden war. Er selbst ist von einem Gefangenentransport entflohen. Dieser 27Jährige war völlig weißhaarig und sah aus wie ein ganz alter Mann. Mit den Juden ging er entsprechend um. In der Stadt Minsk wird allnächtlich die männliche Bevölkerung zusammengetrieben und bewacht. Trotzdem ereignen sich weiterhin dauernd Überfälle auf Soldaten. Tage zuvor ist ein Oberleutnant dort dadurch in die Falle gelockt worden, daß ein etwa 7jähriger Junge am Straßenrand etwas gegen den Wagen ausstreckte, als wolle er es verkaufen. Als der Offizier hielt und auf das Kind zuging, fielen zwei Schüsse, die ihn tödlich verletzten.

Wegen der Quartier- und Verpflegungsschwierigkeiten in Minsk war ich bestrebt, sobald als möglich den Rückmarsch anzutreten. Das Batl. 32 hatte selbst nur für einen Tag Verpflegung verfügbar und konnte mir für die 16 Mann nur je ½ Brot und zusammen zwei Büchsen Leberwurst abgeben.

3. Russische Kriegsgefangene.

Bereits auf der Anfahrt nach Minsk waren uns unterwegs von den Soldaten und Bahnhofsbediensteten wahre Schauergeschichten über die russischen Kriegsgefangenen erzählt worden. Obwohl diese Dinge mit dem Transport an sich nichts zu tun haben, will ich sie des Interesses halber doch erwähnen. Es wurde erzählt, daß die Gefangenen sich selbst anfielen und auffräßen. Durch zwei selbst festgestellte Fälle mußten wir uns von der Richtigkeit dieser Erzählungen überzeugen lassen. Einmal wurde ein von den Bewachungsmannschaften eines Gefangenentransportes wegen Fluchtversuchs angeschossener Mann von den anderen sofort seiner Kleidung beraubt. Sodann wurde ihm mit einer Glasscherbe der Leib aufgeschnitten, Leber und Lunge herausgerissen und von den Mitgefangenen verschlungen.[15] Am Güterbahnhof Minsk spielte sich an der Nachbarrampe folgender Vorfall

12 Das Reservepolizeibataillon 32 aus Berlin kam nach verschiedenen vorherigen Einsatzorten im Nov. 1941 nach Minsk und stand unter dem Befehl des Majors der Schutzpolizei Leo von Braunschweig. Im Juli 1942 wurde es in Brünn stationiert.

13 Anfang 1941 lebten in Minsk ca. 280 000 Einwohner, davon waren 85 000 Juden. Von diesen waren ca. 14 000 nach Kriegsbeginn aus Polen nach Minsk geflohen. Kurz bevor deutsche Truppen im Sommer 1941 die Stadt erreichten, gelang etwa 180 000 Menschen die Flucht, so dass nur noch 100 000 Bewohner, davon 55 000 Juden, zurückblieben.

14 Am 7. und 20.11.1941 fanden Massenerschießungen im Getto statt. In deutschen Quellen ist von 6624 Opfern die Rede. Zwischen dem 11.11. und 5.12.1941 trafen dann etwa 7000 Juden aus dem Deutschen Reich ein.

15 Derartige Vorkommnisse sind nicht durch andere Quellen belegt.

ab: Von drei Gefangenen wurde einer gegen den Wachtposten aufsässig, als dieser ihn zur Arbeit antrieb. Der Posten schoß dem Mann in den Kopf, die Schädeldecke zerbarst. Die beiden Mitgefangenen stürzten sich sofort darauf und fraßen das heraustretende Gehirn. Schließlich konnten wir an einem Haufen von mehreren Hunderten von Leichen russischer Gefangener, die hinter dem Güterbahnhof Minsk lagen, feststellen, daß auch hier entweder die Schädel zertrümmert, die Leiber aufgerissen oder Stücke aus dem Gesäß herausgeschnitten worden waren. Diese Leichen wurden später von Gefangenen verladen, wobei sie herumgeschmissen wurden wie Tierkadaver und um die paar Hemdfetzen, die einzelne noch anhatten, wiederum eine Auseinandersetzung zwischen den Gefangenen erfolgte. Nach diesen Wahrnehmungen war es wie eine Erlösung zu beobachten, mit welcher Liebe und Sorgfalt die deutschen Gräber hergerichtet sind.

4. *Rückfahrt des Transportkommandos.*
Da auf russischem Gebiet noch keine Planzüge verkehren, war das Begleitkommando darauf angewiesen, die nächstbeste Fahrgelegenheit wahrzunehmen. Eine solche Gelegenheit sollte dadurch gegeben sein, daß gegen 17.30 Uhr ein Postzug nach Warschau ginge, an den für das Kommando ein Personenwagen angehängt werden sollte. Ein Personenwagen war dann jedoch nicht verfügbar. Statt dessen erhielt das Kdo. einen Packwagen älterer Art, der immerhin mit einem eisernen Ofen ausgestattet war. Es wurden Holz und Kohle besorgt und aus Brettern wenigstens Sitzgelegenheiten provisorisch zusammengeschlagen. Als wir bis gegen 20.30 Uhr vergeblich auf die Abfahrt des Postzuges gewartet hatten – in der Zwischenzeit war das Kdo. mit dem Packwagen reichlich umherrangiert worden –, wurde mitgeteilt, daß der Leerzug, in welchem morgens die Juden angekommen waren, noch am gleichen Abend nach Warschau – Berlin abgeschickt werden solle. Es wurde also umgestiegen, leider in die 3. Klasse, da inzwischen der Waggon, der auf der Hinfahrt benutzt worden war, seiner Wasserkannen, Glühbirnen sowie eines Teiles der Polster beraubt worden war und außerdem auch die Heizleitungen eingefroren waren. Das Kdo. belegte den ersten Wagen hinter der Lo[k]. Zahlreiche Wehrmachtsangehörige sprachen um Erlaubnis zum Mitfahren vor. Einige von ihnen waren von der Front kommend schon seit dem 3.11. unterwegs und hatten ihre 7 Reisetage längst überschritten. Dies war am 14.11.
Die Abfahrt von Minsk erfolgte schließlich um 22.30 Uhr. Sehr bald war festzustellen, daß dieser Leerzug natürlich überall zweitrangig, besser gesagt letztrangig abgefertigt wurde. In Wolkowirsk, wohin 262 km Strecke zurückzulegen sind, kam der Zug am nächsten Tage, dem 15.11. um 23.00 Uhr an, um erst am 16.11. um 7.15 Uhr von dort angelassen zu werden. Am gleichen Tage folgte in Czeremcha ein weiterer Aufenthalt von 10.50–20.30 Uhr = 9 Std. 40 Minuten. Für die anschließende 78 km lange Strecke nach Bialystok wurden dann 4 Std. 10 Minuten benötigt. In Bialystok sollte der Zug wieder bis zum darauffolgenden 18.11. liegenbleiben. Daher entschloß ich mich, mit dem um 4.54 Uhr täglich von Bialystok nach Königsberg/Pr. fahrenden Eilzug weiterzufahren. Die Ankunft in Königsberg erfolgte um 10.43 Uhr. Ab Königsberg wurde die Fahrt um 12.39 Uhr fortgesetzt. In Berlin, wo der Zug um 22.30 eintreffen sollte, wurde der letzte Zug Richtung Westen verpaßt, so daß die Weiterfahrt am 18.11. um 8.33 Uhr ab Berlin erfolgte. Für die Nacht konnten die Männer in der Unterkunft Chausseestr. schlafen. Die Ankunft in Düsseldorf erfolgte mit einstündiger Verspätung am 18.11. um 20.38 Uhr. Damit waren 3476 km zurückgelegt.

4.[16] *Erfahrungen.*
a) Die Marschverpflegung muß bei solchen weiten Transporten auf mehr als nur drei Tage ausgegeben werden. Zusätzlich ist ein angemessenes Quantum Alkohol erforderlich.
b) Die Männer müssen je zwei Decken mitführen. Kochgeschirre müssen mitgegeben werden.
c) Falls nicht dienstlich verfügbar, müssen die Männer möglichst Spirituskocher mitnehmen.
d) An wärmender Bekleidung sind Ohrenschützer und wollene Fingerhandschuhe erforderlich. Für die Posten, die während der Halte am Zuge stehen müssen, werden Filzstiefel erbeten. Zwei Paar würden für ein solches Kommando ausreichen.
e) Die *Bewaffnung* erscheint angesichts der noch recht unsicheren Verhältnisse mit Karabinern und je 30 Schuß nicht ausreichend. 2–4 M.P.'s oder 2 l.Mg's sind wünschenswert. Wenn nicht vorhanden, wird vorgeschlagen, den Kommandos Handgranaten mitzugeben. Die Männer müssen Stahlhelme mitnehmen.
f) Ferner sind Handscheinwerfer erforderlich. Die Wagen der Begleitkdo's befinden sich in der Mitte der Züge. Bei Halten ist es nicht immer möglich, Männer so weit nach hinten zu entsenden, daß das Zugende übersehen werden kann. Solche Streifen erreichen bei der Weiterfahrt den Begleitwaggon nicht. Auch für die an den vorderen Zugteil entsandten Männer ist es gefahrvoll, auf den anfahrenden Zug aufzusteigen, wenn der Begleitwaggon bis in ihre Höhe gelangt ist. Dies muß fast immer vom Bahnkörper aus, also ohne jeden Bahnsteig pp. erfolgen. Für den Fall von Plünderungsversuchen sind auch Leuchtpistolen nötig. Schließlich müssen Reservebatterien für Taschenlampen und für den Begleitwaggon selbst Kerzen als Notbeleuchtung mitgeführt werden.
g) Die Unterstützung durch Wehrmachtsstellen, besonders im Punkte Verpflegung, war sehr gut. Besonders hervorzuheben aber ist die Tätigkeit der Schwestern des Roten Kreuzes, die zu jeder Tages- und Nachtzeit zur Stelle waren und dem Kdo. mehrfach sehr gut über die Verpflegungslücken hinweggeholfen haben.

5. Das von der 1. Komp. gestellte Kdo. hat sich sehr gut geführt. Die Männer waren frisch und gleichbleibend diensteifrig. Zwischenfälle oder Krankmeldungen sind nicht vorgekommen.

DOK. 43

Die Elfte Verordnung zum Reichsbürgergesetz vom 25. November 1941 macht deportierte Juden zu Staatenlosen und legalisiert die Einziehung ihres Vermögens[1]

Elfte Verordnung zum Reichsbürgergesetz. Vom 25. November 1941[2]

Auf Grund des § 3 des Reichsbürgergesetzes vom 15. September 1935 (Reichsgesetzbl. I, S. 1146) wird folgendes verordnet:[3]
§ 1 Ein Jude, der seinen gewöhnlichen Aufenthalt im Ausland hat, kann nicht deutscher Staatsangehöriger sein. Der gewöhnliche Aufenthalt im Ausland ist dann gegeben,

16 Falsche Nummerierung im Original.

1 RGBl., 1941 I, S. 722–724.

wenn sich ein Jude im Ausland unter Umständen aufhält, die erkennen lassen, daß er dort nicht nur vorübergehend verweilt.

§ 2 Ein Jude verliert die deutsche Staatsangehörigkeit

a) wenn er beim Inkrafttreten dieser Verordnung seinen gewöhnlichen Aufenthalt im Ausland hat, mit dem Inkrafttreten der Verordnung,

b) wenn er seinen gewöhnlichen Aufenthalt später im Ausland nimmt, mit der Verlegung des gewöhnlichen Aufenthalts ins Ausland.

§ 3

(1) Das Vermögen des Juden, der die deutsche Staatsangehörigkeit auf Grund dieser Verordnung verliert, verfällt mit dem Verlust der Staatsangehörigkeit dem Reich. Dem Reich verfällt ferner das Vermögen der Juden, die bei dem Inkrafttreten dieser Verordnung staatenlos sind und zuletzt die deutsche Staatsangehörigkeit besessen haben, wenn sie ihren gewöhnlichen Aufenthalt im Ausland haben oder nehmen.

(2) Das verfallene Vermögen soll zur Förderung aller mit der Lösung der Judenfrage im Zusammenhang stehenden Zwecke dienen.

§ 4

(1) Personen, deren Vermögen gemäß § 3 dem Reich verfallen ist, können von einem deutschen Staatsangehörigen nichts von Todes wegen erwerben.[4]

(2) Schenkungen von deutschen Staatsangehörigen an Personen, deren Vermögen gemäß § 3 dem Reich verfallen ist, sind verboten. Wer dem Verbot zuwider eine Schenkung vornimmt oder verspricht, wird mit Gefängnis bis zu zwei Jahren und mit Geldstrafe oder mit einer dieser Strafen bestraft.

§ 5

(1) Das Deutsche Reich haftet für Schulden eines Juden, dessen Vermögen dem Reich verfällt, nur bis zur Höhe des Verkaufswerts derjenigen Sachen und Rechte dieses Juden, die in die Verfügungsgewalt des Reichs gelangt sind. Die Haftung besteht nicht für Schulden, deren Erfüllung durch das Reich dem Volksempfinden widersprechen würde.

(2) Rechte an den auf das Deutsche Reich übergegangenen Gegenständen bleiben bestehen.

(3) Im Falle der Überschuldung findet auf Antrag des Reichsministers der Finanzen oder eines Gläubigers über das auf das Deutsche Reich übergegangene Vermögen das Konkursverfahren nach der Konkursordnung statt. Der Konkursverwalter (Masse-Verwalter) ist mit Zustimmung des Oberfinanzpräsidenten Berlin zu bestellen und auf sein Verlangen abzuberufen.

§ 6

(1) Ist ein Jude, dessen Vermögen gemäß § 3 dem Reich verfällt, auf Grund gesetzlicher Vorschrift oder auf Grund einer Vereinbarung verpflichtet, einem Dritten

2 Zu den Diskussionen um die inhaltliche Ausgestaltung und Reichweite der VO siehe VEJ 3/166 und 184 sowie Dok. 62 vom 9.1.1942 in diesem Band.

3 Das Reichsbürgergesetz entzog deutschen Juden die politischen Rechte und erklärte sie zu bloßen Staatsangehörigen, die gegenüber den „arischen" Reichsbürgern einen minderen Status hatten; siehe VEJ 1/198 und VEJ 1, S. 45. Nach § 3 des Gesetzes oblag dem RMdI und dem StdF die rechtliche und administrative Ergänzung und Ausführung des Gesetzes.

4 Erwerben durch Erbfall.

Unterhalt zu gewähren, so haftet das Reich nicht für die Unterhaltsansprüche, die nach dem Verfall des Vermögens fällig werden. Das Reich kann jedoch den nichtjüdischen Unterhaltsberechtigten, die ihren gewöhnlichen Aufenthalt im Inland haben, einen Ausgleich gewähren.

(2) Der Ausgleich kann durch einen Kapitalbetrag gewährt werden. Er darf die Höhe des Verkaufswerts des in die Verfügungsgewalt des Deutschen Reichs übergegangenen Vermögens nicht übersteigen.

(3) Der Ausgleich kann durch Überlassung von Sachen und Rechten aus dem übernommenen Vermögen gewährt werden. Für die hierfür erforderlichen Rechtshandlungen werden Gerichtsgebühren nicht erhoben.

§ 7

(1) Alle Personen, die eine zu dem verfallenen Vermögen gehörige Sache im Besitz haben oder zu der Vermögensmasse etwas schuldig sind, haben den Besitz der Sache oder das Bestehen der Schuld dem Oberfinanzpräsidenten Berlin innerhalb von sechs Monaten nach Eintritt des Vermögensverfalls (§ 3) anzuzeigen. Wer dieser Anzeigepflicht vorsätzlich oder fahrlässig zuwiderhandelt, wird mit Gefängnis bis zu drei Monaten oder mit Geldstrafe bestraft.

(2) Forderungen gegen das verfallene Vermögen sind innerhalb von sechs Monaten nach Eintritt des Vermögensverfalls (§ 3) bei dem Oberfinanzpräsidenten Berlin anzumelden. Die Befriedigung von Forderungen, die nach Ablauf der Frist geltend gemacht werden, kann ohne Angabe von Gründen abgelehnt werden.

§ 8

(1) Die Feststellung, ob die Voraussetzungen für den Vermögensverfall vorliegen, trifft der Chef der Sicherheitspolizei und des SD.

(2) Die Verwaltung und Verwertung des verfallenen Vermögens liegt dem Oberfinanzpräsidenten Berlin ob.

§ 9

(1) Soweit die Grundbücher durch den Verfall unrichtig geworden sind, sind sie auf Ersuchen des Oberfinanzpräsidenten Berlin gebührenfrei zu berichtigen.

(2) Zur Eintragung des Verfalls einer Hypothek, über die ein Brief erteilt ist,[5] sowie zur Eintragung des Ausschlusses der Erteilung des Hypothekenbriefes bedarf es der Vorlegung des Briefes nicht. Wird der Brief vorgelegt, so hat das Grundbuchamt ihn dem Oberfinanzpräsidenten Berlin auszuhändigen, sofern er nicht nach den allgemeinen Vorschriften bei den Grundakten verbleibt.

(3) Wenn eine Hypothek, über die ein Brief erteilt ist, dem Reich verfallen ist, kann der Oberfinanzpräsident Berlin die Erteilung eines neuen Briefes an Stelle des bisherigen Briefes beantragen, wenn er erklärt, daß der bisherige Brief nicht zu erlangen ist. Das Grundbuchamt hat vor Erteilung des neuen Briefes geeignete Ermittlungen nach dem bisherigen Brief anzustellen. Mit Erteilung des neuen Briefes wird der alte Brief kraftlos. Das Kraftloswerden des alten und die Erteilung des neuen Briefes ist einmal im Deutschen Reichsanzeiger bekanntzumachen. Die Erteilung des neuen Briefes ist gebührenfrei.

(4) Das Grundbuchamt kann den Besitzer des alten Briefes zur Vorlegung anhalten.

5 Ein Hypothekenbrief ist eine Urkunde über eine im Grundbuch eingetragene Hypothek.

(5) Bei Briefhypotheken, die dem Reich verfallen sind, sind die an den Brief anknüpfenden Vorschriften zugunsten derjenigen, welche Rechte von einem Nichtberechtigten herleiten, nur anzuwenden, wenn ein Rechtsgeschäft im Gebiet des Großdeutschen Reichs vorgenommen wird und der Brief sich im Gebiet des Großdeutschen Reichs befindet.

(6) Das Reich kann nach billigem Ermessen eine Entschädigung gewähren, wenn jemand einen Schaden dadurch erleidet, daß er nach Eintragung des Verfalls (Abs. 2) ohne grobe Fahrlässigkeit auf den noch im Verkehr befindlichen unberichtigten Brief vertraut. Ansprüche auf Grund allgemeiner Vorschriften werden hierdurch nicht berührt.

(7) Die Vorschriften der Abs. 2 bis 6 gelten entsprechend für Grund- und Rentenschulden, über die ein Brief erteilt ist.

§ 10

(1) Versorgungsansprüche von solchen Juden, die gemäß § 2 die deutsche Staatsangehörigkeit verlieren, erlöschen mit dem Ablauf des Monats, in dem der Verlust der Staatsangehörigkeit eintritt.

(2) Soweit in den Versorgungsgesetzen vorgesehen ist, daß Angehörigen im Falle des Todes des Versorgungsberechtigten Witwengeld, Waisengeld, Unterhaltsbeitrag oder ähnliche Bezüge gewährt werden, kann diesen Angehörigen, solange sie sich im Inland aufhalten, vom Zeitpunkt des Wegfalls der Versorgungsbezüge gemäß Abs. 1 ab ein Unterhaltsbeitrag bewilligt werden. Der Unterhaltsbeitrag kann an nichtjüdische Angehörige bis zur Höhe der entsprechenden Hinterbliebenenversorgung, an jüdische Angehörige bis zur Hälfte dieser Bezüge bewilligt werden. Kinderzuschläge werden nur an nichtjüdische Versorgungsempfänger gewährt.

§ 11 Um Härten zu vermeiden, die aus dem Vermögensverfall entstehen, kann der Reichsminister der Finanzen eine von den Vorschriften der §§ 3 bis 7, § 9 abweichende Regelung treffen. Das gilt auch für Fälle, in denen das Vermögen auf Grund des § 2 des Gesetzes über den Widerruf von Einbürgerungen und die Aberkennung der deutschen Staatsangehörigkeit vom 14. Juli 1933 (Reichsgesetzbl. I, S. 480) für verfallen erklärt worden ist oder in Zukunft für verfallen erklärt wird.[6]

§ 12 Die Verordnung gilt auch im Protektorat Böhmen und Mähren und in den eingegliederten Ostgebieten.

§ 13 Die zur Ergänzung und Durchführung erforderlichen Bestimmungen erläßt der Reichsminister des Innern im Einvernehmen mit dem Leiter der Partei-Kanzlei und den sonst beteiligten Reichsministern.[7]

6 Laut § 2 konnte im Ausland lebenden Reichsangehörigen, denen „volks- und staatsfeindliches Verhalten" vorgeworfen wurde, die Staatsangehörigkeit aberkannt und ihr Vermögen beschlagnahmt werden. Das Gesetz war ursprünglich zur Verfolgung emigrierter politischer Gegner konzipiert worden, diente aber auch als rechtliche Grundlage zur Enteignung ausgebürgerter Juden; siehe auch Dok. 25 vom 28.10.1941, Anm. 8.

7 Eine Woche später präzisierte der RMdI, dass auch die deutsch besetzten und deutsch verwalteten Gebiete, insbesondere das Generalgouvernement sowie die Reichskommissariate Ostland und Ukraine, als Ausland anzusehen seien; Vertrauliches Schreiben des RMdI an die Obersten Reichsbehörden vom 3.12.1941; Adler, Der verwaltete Mensch (wie Dok. 2 vom 3.10.1941, Anm. 1), S. 503 f.; siehe auch Jüdisches Nachrichtenblatt (Berliner Ausg.), Nr. 74 vom 12.12.1941. Damit wurde die 11. VO so zugeschnitten, dass auch das Vermögen der deutschen Juden, die in diese Gebiete deportiert worden waren, vom Reich vereinnahmt werden konnte.

Berlin, den 25. November 1941.
Der Reichsminister des Innern
Frick
Der Leiter der Partei-Kanzlei
M. Bormann[8]
Der Reichminister der Finanzen
In Vertretung
Reinhardt[9]
Der Reichsminister der Justiz
Mit der Führung der Geschäfte beauftragt:
Dr. Schlegelberger[10]

DOK. 44
Vor ihrer Deportation am 27. November 1941 müssen Würzburger Juden Anweisungen der Gestapo entgegennehmen[1]

Merkblatt der Geheimen Staatspolizei, Staatspolizeistelle Nürnberg-Fürth, Außendienststelle Würzburg[2] vom 23.11.1941 (Abschrift)

Eröffnung!
Mir wurde heute durch die Geheime Staatspolizei, Staatspolizeistelle Nürnberg-Fürth, Außendienststelle Würzburg, eröffnet, daß ich am 27.11.1941 evakuiert werde,[3] daß mein gesamtes Vermögen rückwirkend ab 15.10.1941 staatspolizeilich beschlagnahmt ist und die seit dieser Zeit getroffenen Verfügungen über Vermögensteile (Schenkungen oder Verkäufe) wirkungslos sind. Mir ist bekannt, daß ich deshalb bei Aufstellung der mir

8 Martin Bormann (1900–1945), Hilfsarbeiter; 1927 NSDAP- und SA-Eintritt; 1930–1933 Hauptabteilungsleiter in der NSDAP-Reichsleitung, von 1933 an Reichsleiter der NSDAP, 1933–1941 Stabsleiter des StdF; 1933–1945 MdR; 1937 SS-Eintritt; 1938–1945 Mitglied des Persönlichen Stabs des Führers; 1940 SS-Obergruppenführer; 1941–1945 Leiter der Partei-Kanzlei, 1943–1945 Sekretär und Persönlicher Adjutant Hitlers; nahm sich das Leben.
9 Fritz Reinhardt (1895–1969), Kaufmann; von 1919 an Direktor der Thüring. Handelsschule; 1923 NSDAP-Eintritt, 1929–1931 Gauleiter von Oberbayern; 1933–1945 StS im RFM, zugleich 1934–1941 Hauptdienstleiter im Stab des StdF; 1945–1949 Haft, 1950 von der Spruchkammer München als Hauptschuldiger eingestuft, aber nach Haftanrechnung entlassen, dann als Steuerberater tätig.
10 Dr. Franz Schlegelberger (1876–1970), Jurist; von 1918 an im RJM, 1921 Min.Rat, 1927 Min.Dir., 1931 StS; 1938 NSDAP-Eintritt; Jan. 1941 bis Aug. 1942 kommissar. RJM; 1947 in Nürnberg zu lebenslanger Haft verurteilt, 1951 entlassen.

1 ITS Archive, Arolsen Archives, 1.2.3.0/0006/0063.
2 Leiter der Gestapo-Stelle Würzburg war im Nov. 1941 Ernst Gramowski (1903–1973), Polizist; zunächst in Stettin und Bielefeld; 1931 NSDAP-Eintritt; 1938 zur Gestapo Würzburg, 1939 Mitglied des Einsatzkommandos 3 in Lublin, dort u. a. Nachrichtenfachmann, Febr./März 1940 zurück nach Würzburg, Sept. 1941 bis Dez. 1942 Leiter der dortigen Gestapo, 1942/43 beim RSHA, Mitte 1944 bei der Stapoleitstelle Berlin; tauchte nach dem Krieg unter falschem Namen unter.
3 202 Juden aus Würzburg befanden sich in diesem Deportationstransport, mit dem 1008 Menschen am 29.11.1941 Nürnberg in Richtung Riga verließen. Nach ihrer Ankunft wurden sie im Lager Jungfernhof eingesperrt. Nur 52 Nürnberger und Würzburger aus diesem Transport überlebten den Krieg.

heute überreichten Vermögenserklärung auch die inzwischen veräußerten oder verschenkten Gegenstände aufzuführen und die Namen und Anschriften der derzeitigen Besitzer anzugeben habe. Der Vermögenserklärung habe ich sämtliche in meinem Besitz befindlichen, mein Vermögen verkörpernde Urkunden (Wertpapiere, Kaufverträge, Schuldscheine, Hypotheken- und Grundschuldbriefe, Versicherungspolicen usw.) beizufügen. Die der Vermögenserklärung vorausgeschickte Anmerkung ist genauestens zu beachten, insbesondere sind die bei der Evakuierung mitzunehmenden Gegenstände *nicht* im Vermögensverzeichnis aufzunehmen.
Für die in meinem Besitz befindlichen Lebensmittelkarten habe ich mir *für mindestens 3 Wochen* Marschverpflegung und für weitere 4 Tage Mundvorrat zu beschaffen. Mir ist bekannt, daß ich keinen weiteren Anspruch auf Lebensmittel mehr habe, wenn ich diese vorzeitig verbrauchen sollte. Weiter wurde mir eröffnet, daß ich meinen Transportkoffer – Höchstgewicht 50 kg – *(kein sperrendes Gut!)* am 26.11.1941 zwischen 8 und 10 Uhr zum Güterbahnhof Aumühle zu verbringen habe; außerdem muß mein Ghettogepäck ab 25.11.1941 zur Abholung durch das jüdische Arbeitskommando bereitstehen. Für Transportkosten habe ich 60.- RM mitzuführen.
Die mir ausgehändigte Vermögensaufstellung habe ich gewissenhaft auszufüllen und am 24.11.1941 im Laufe des Tages mit den in meinem Besitz befindlichen Wertsachen, Urkunden usw. in einem festen offenen Briefumschlag, auf dem meine genaue Adresse und die Evakuierungsnummer verzeichnet sind, bei der Außendienststelle Würzburg abzuliefern. Meine Wohnung habe ich so herzurichten, daß sie nach meinem Verlassen am 26.11.1941 polizeilich versiegelt werden kann. (Abstellung von Gas-, Licht- und Wasserleitungen usw.!) Verderbliche Waren habe ich zu entfernen. Das Feuer in den Öfen muß gelöscht werden. Die Wohnung habe ich in sauberem Zustand zu hinterlassen; die Gas- und Lichtrechnungen sind bei den Städtischen Werken vorher noch zu begleichen. Den Hausverwalter werde ich von meiner Evakuierung verständigen. Sämtliche Zimmer- und Hausschlüssel habe ich mit einem Anhänger, auf dem meine Würzburger Anschrift verzeichnet ist, zu versehen und bei meinem Eintreffen in der Stadthalle der Staatspolizei-Außendienststelle Würzburg zu übergeben.
Am 26.11.1941 in der Zeit von 14 bis 16 Uhr habe ich mich in der Stadthalle (hinter dem Stadttheater) in Würzburg zum Abtransport zu melden.
Bei irgendwelchen Zweifeln habe ich mich mit Rückfragen an die Israelitische Kultusgemeinde Würzburg, Iwan Israel Schwab,[4] zu wenden. Unmittelbare Anfragen an die Außendienststelle Würzburg haben zu unterbleiben.

4 Iwan Schwab (1889–1943), Textilproduzent; 1930 Mitarbeiter der Jüdischen Gemeinde Neustadt a. d. Aisch, 1932 Umzug nach Würzburg; 1939 misslang der Versuch, gemeinsam mit seiner Frau Hilde, geb. Galser (1896–1943), nach Kuba zu emigrieren, weil ihre Visa für ungültig erklärt wurden; von Juni 1939 an Leiter der Jüdischen Gemeinde Würzburg; 1943 verhaftet und nach Auschwitz deportiert, wo er und seine Frau ermordet wurden.

DOK. 45

Annaliese Geisse schildert ihrer Freundin am 28. November 1941 die Schwierigkeiten, die Wohnung der inhaftierten Eltern aufzulösen[1]

Handschriftl. Brief von Annaliese Geisse,[2] Mainz, an ihre Freundin Mizzi Lang,[3] Budenheim am Rhein, vom 28.11.1941

Meine liebe Mizzi! Herzlichen Dank für Deinen lb. Brief. Eine fürchterliche Woche liegt hinter mir. Am 24. kamen die Packer, was nicht in die neue Wohnung geht, steht unten bei Kom. Scheid. Ich danke Dir für den guten Rat, es nützt aber alles nichts, die Packer sind sogar von der Gestapo vereidigt. Am 25. erhielt ich einen gemeinen Drohbrief vom Hausbesitzer Michael Freund.[4] Wenn ich wagen würde, nur einen Nagel entfernen zu lassen, müsse ich 900.- Miete für die kommenden 6 Monate bezahlen, sowie 1500.- bereitstellen für Ausbesserungsarbeiten, andernfalls ließe er pfänden. Freunds wollen alles Eingebaute, das ganze Herrenzimmer, Bad sowie Waschtische etc. billig ramschen. Mit dem Brief ging ich zur Gestapo, um Sprecherlaubnis bitten.[5] Kriminalkomm. Weger[6] erledigte alles für mich, so daß ich nicht zu zahlen brauche, letzten Endes schluckt aber Herr Freund, der selbst bei der Polizei ist, alles für einen Spottpreis. Übrigens bat mich Gerti Fuchs, die ich persönlich gar nicht kenne, ich möge sie berücksichtigen beim Verkauf der Möbel!! – Es kam außerdem ein Herr von der Gestapo, als am 26. alles fertig verpackt war, Razzia bei mir halten. Eine Riesenkiste alter Weine sowie ein Waschkorb voll Sachen ging mit. Außerdem wäre ich fast selbst ins Kittchen gekommen, da er in Muttis Koffer ein goldenes Nädelchen fand, um das Halstuch zuzustecken. – Der Kriminalkomm. sagte mir, warum ich mir eigentlich die Arbeit machte, die Wohnung einzurichten, da sie wohl nie benutzt würde. Bis die Eltern[7] aus der Haft dürften, wäre es wohl soweit, daß alle Juden nach Polen müßten. Trotzdem fühle ich mich verpflichtet, den Eltern mal auf alle Fälle ein Heim zu schaffen. Im übrigen behandelten die Herren der Gestapo mich sehr zuvorkommend, ich darf sogar für die Kinder alles behalten, wenn

1 JMB, 2006/24, Schenkung von Mariella Fehl.

2 Annaliese Geisse, geb. Cantor (1902–1943); ihre Familie besaß eine Sektkellerei in Mainz, 1936 wurde ihr Mann, Walter Geisse (1897–1957), zunächst Geschäftsführer, 1941 übernahm er das Geschäft; gemeinsam hatten sie zwei Söhne, Reinhard (*1931) und Wolfgang; am 1.7.1943 wurde Annaliese Geisse nach Auschwitz deportiert und im Sept. dort ermordet.

3 Marie Maximiliane Lang (1901–1988) war die Ehefrau des Landgerichtsdirektors in Mainz, Dr. Karl Lang (1898–1972); beide waren Freunde der Familie Cantor.

4 Michael Freund (*1901), Bankkaufmann, Weinhändler; 1919–1930 bei der Allg. Elsässischen Bankgesellschaft; 1931 NSDAP-Eintritt; Besuch einer Weinbauschule und selbständiger Weinhändler; von 1939 an im Polizeidienst, 1944 Revier-Oberwachtmeister der Schutzpolizei der Reserve.

5 Annaliese Geisse wollte mit ihren inhaftierten Eltern sprechen.

6 Adolf Weger.

7 Emilie Cantor, geb. Dielmann (1881–1942), und Alfred Cantor (1875–1942), Inhaber der Sektkellerei E. & F. Cantor, waren im Okt. 1941 festgenommen worden, weil sie sich geweigert hatten, den gelben Stern zu tragen. Am 28.1.1942 folgte eine Verurteilung wegen eines „Vergehens gegen das Heimtückegesetz". Im Anschluss an die Haft wurde Alfred Cantor nach Buchenwald deportiert, wo er am 16.3.1942 starb; seine Frau wurde im Okt. 1942 von Ravensbrück nach Auschwitz deportiert und dort ermordet.

nicht Gegenorder von Berlin kommt, wo der Fall beim Hauptsicherheitsamt liegt.[8] Mutti ist in einem grauenhaften Zustand. Papa durfte ich gar nicht sprechen. Wohin soll ich mich nur um Hilfe wenden? Alles mußte ich allein durchbeißen. Euch Beiden u. Mutter innige Grüße.
Kuß
Deine

DOK. 46
Hitler verspricht dem Großmufti von Jerusalem am 28. November 1941, auch die Juden im arabischen Raum zu vernichten[1]

Aufzeichnung (geheime Reichssache; 515, Füh. 57/41 a g. Rs.) des Gesprächs am 28.11.1941 zwischen Hitler und dem Großmufti von Jerusalem[2] in Berlin in Anwesenheit des RAM Joachim von Ribbentrop und des Gesandten Grobba,[3] gez. Schmidt,[4] vom 30.11.1941[5]

Der Großmufti bedankte sich zunächst beim Führer für die große Ehre, die ihm dieser erwiese, indem er ihn empfinge. Er benutze die Gelegenheit, um dem von der gesamten arabischen Welt bewunderten Führer des Großdeutschen Reiches seinen Dank für die Sympathie auszusprechen, die er stets für die arabische und besonders die palästinensische Sache gezeigt habe und der er in seinen öffentlichen Reden deutlichen Ausdruck verliehen habe. Die arabischen Länder seien der festen Überzeugung, daß Deutschland den Krieg gewinnen würde und daß es dann um die arabische Sache gut stehen würde. Die Araber seien die natürlichen Freunde Deutschlands, da sie die gleichen Feinde wie Deutschland, nämlich die Engländer, die Juden und die Kommunisten, hätten. Sie seien daher auch bereit, von ganzem Herzen mit Deutschland zusammenzuarbeiten, und stünden zur Teilnahme am Kriege zur Verfügung, und zwar nicht nur negativ durch Verübung von Sabotageakten und Anstiftung von Revolutionen, sondern auch positiv durch Bildung einer arabischen Legion.

8 In einem Brief vom 8.11.1941 schrieb Annaliese Geisse, ihr Vater habe beim Rassenpolitischen Amt der NSDAP in Berlin beantragt, den „Judenstern" wegen seines nichtjüdischen Schwiegervaters und seiner „deutschblütigen" Enkel nicht tragen zu müssen. Bevor ihnen eine Entscheidung mitgeteilt wurde, wurden er und Emilie Cantor verhaftet. Die Zuständigkeit lag nun beim RSHA; wie Anm. 1.

1 PAAA, R 35 475, F10018–F10024. Abdruck in: ADAP, Serie D: 1937–1941, Bd. 13,2: 15. September bis 11. Dezember 1941, Göttingen 1970, Dok. 515, S. 718–721.
2 Mohammed Amin al-Husseini (1893–1974), islamischer Rechtsgelehrter; 1921–1937 Großmufti von Jerusalem, 1937 floh er nach fehlgeschlagenem Aufstand aus Palästina in den Irak, 1941 nach Scheitern des antibrit. Putsches im Irak Flucht nach Berlin; von dort aus 1942–1945 prodeutsche Propagandatätigkeit, rekrutierte Muslime für die Waffen-SS in Bosnien; 1945 Flucht nach Ägypten, 1948 Mitbegründer der sog. Arabischen Regierung für ganz Palästina.
3 Fritz Grobba (1886–1973), Bevollmächtigter des AA für die arab. Länder und politischer Betreuer El-Husseinis.
4 Dr. Paul Schmidt (1899–1970), Ministerialdirigent im AA, offizieller Dolmetscher Hitlers.
5 Das Treffen kam auf Betreiben von RAM von Ribbentrop zustande, der einen baldigen Durchbruch der Wehrmacht in Richtung Kaukasus und in der Folge militärische Operationen im arab. Raum erwartete und deswegen eine Propagandakampagne für den Mittleren Osten initiierte.

Die Araber könnten für Deutschland als Verbündete nützlicher sein, als es vielleicht auf den ersten Blick den Anschein habe, sowohl aus geographischen Gründen als auch wegen der Leiden, die ihnen von den Engländern und Juden zugefügt worden seien. Zudem besäßen sie zu allen muselmanischen Nationen enge Beziehungen, die sie für die gemeinsame Sache benutzen könnten. Die arabische Legion würde mit Leichtigkeit aufzustellen sein. Ein Appell des Mufti an die arabischen Länder sowie an die Gefangenen arabischer, algerischer, tunesischer und marokkanischer Nationalität in Deutschland würde eine große Anzahl von kampfeswilligen Freiwilligen ergeben. Vom Siege Deutschlands sei die arabische Welt fest überzeugt, nicht nur weil das Reich eine große Armee, tapfere Soldaten und geniale militärische Führer besäße, sondern weil der Allmächtige niemals einer ungerechten Sache den Sieg verleihen könne.

Die Araber erstrebten in diesem Kampf die Unabhängigkeit und Einheit Palästinas, Syriens und des Irak. Sie hätten das vollste Vertrauen zum Führer und erwarteten von seiner Hand den Balsam für die Wunden, die ihnen die Feinde Deutschlands geschlagen hätten.

Der Mufti erwähnte sodann das Schreiben, das er von Deutschland erhalten habe, in dem ausgeführt sei, daß Deutschland keine arabischen Länder besetzt halte und die Unabhängigkeits- und Freiheitsbestrebungen der Araber verstünde und anerkenne, ebenso wie es für die Beseitigung der national-jüdischen Heimat eintrete.[6]

Im jetzigen Augenblick würde für die propagandistische Einwirkung auf die arabischen Völker eine öffentliche Erklärung in diesem Sinne von größtem Nutzen sein. Sie würde die Araber aus ihrem augenblicklichen Lähmungszustand aufrütteln und ihnen neuen Mut geben. Sie würde außerdem dem Mufti die Arbeit der geheimen Organisierung des Arabertums für den Augenblick des Losschlagens erleichtern. Gleichzeitig könne er zusagen, daß die Araber voller Disziplin den richtigen Augenblick geduldig erwarten und erst auf einen Befehl von Berlin losschlagen würden.

Zu den Vorgängen im Irak[7] bemerkte der Mufti, daß die Araber dort keineswegs etwa von Deutschland zum Angriff auf England aufgefordert worden seien, sondern lediglich auf einen direkten Angriff Englands auf ihre Ehre gehandelt hätten.

Die Türken würden seiner Ansicht nach die Errichtung einer arabischen Regierung in den Nachbargebieten begrüßen, da sie lieber eine schwächere arabische Regierung als starke europäische Regierungen in den Nachbarländern sähen und im übrigen von den 1,7 Millionen Arabern, die in Syrien, Transjordanien, Irak und Palästina wohnten, nichts zu befürchten hätten, da sie selbst ein Volk von 7 Millionen[8] seien.

6 Schreiben Weizsäckers im Namen Hitlers an al-Husseini vom 8.4.1941, abgedruckt in: ADAP, Serie D: 1937–1941, Bd. 12,2: 6. April bis 22. Juni 1941, Göttingen 1969, Dok. 293, S. 405 f. Bei einem Treffen mit Mussolini im Okt. 1941 hatte al-Husseini davon gesprochen, dass die Juden in Palästina dieselbe Behandlung wie in den Staaten der Achse erfahren sollten.

7 Im April 1941 hatte al-Husseini gemeinsam mit dem ehemaligen irak. Premier Rashid Ali al-Gailani und Generälen der Armee die probrit. Regierung gestürzt. Obwohl er den Putsch dem AA angekündigt hatte, war Deutschland weder militärisch noch logistisch darauf vorbereitet, Hilfe zu leisten; schon im Mai 1941 flohen al-Husseini und al-Gailani vor anrückenden brit. Truppen aus Bagdad.

8 Richtig: 17 Millionen.

Auch Frankreich würde gegen die Vereinigung nichts einzuwenden haben, da es bereits im Jahre 1936 Syrien die Unabhängigkeit gewährt habe und bereits im Jahre 1933 der Vereinigung von Irak und Syrien unter König Feisal[9] zugestimmt hätte.
Unter diesen Umständen erneuere er die Bitte, der Führer möge eine öffentliche Erklärung abgeben, damit die Araber nicht die Hoffnung, die eine so große Kraft im Leben der Völker darstelle, verlören. Mit dieser Hoffnung im Herzen seien die Araber, wie gesagt, bereit zu warten. Sie hätten es mit der sofortigen Durchführung ihrer Bestrebungen nicht eilig; ein halbes oder ein ganzes Jahr könnten sie leicht zuwarten. Wenn ihnen jedoch durch eine derartige Erklärung eine solche Hoffnung nicht gegeben würde, sei zu erwarten, daß die Engländer den Nutzen daraus ziehen würden.
Der Führer erwiderte, daß die grundsätzliche Einstellung Deutschlands zu diesen Fragen, wie das vom Mufti bereits selbst ausgesprochen sei, klar wäre. Deutschland trete für einen kompromißlosen Kampf gegen die Juden ein. Dazu gehöre selbstverständlich auch der Kampf gegen die jüdische Heimstätte in Palästina, die nichts anderes sei als ein staatlicher Mittelpunkt für den destruktiven Einfluß der jüdischen Interessen. Deutschland wisse auch, daß die Behauptung, das Judentum übe die Rolle eines Wirtschaftspioniers in Palästina aus, eine Lüge sei. Dort arbeiteten nur die Araber, nicht aber die Juden. Deutschland sei entschlossen, Zug um Zug eine europäische Nation nach der anderen zur Lösung des Judenproblems aufzufordern und sich im gegebenen Augenblick mit einem gleichen Appell auch an außereuropäische Völker zu wenden.
Gegenwärtig stehe Deutschland in einem Kampf auf Leben und Tod gegen zwei Machtpositionen des Judentums: Großbritannien und Sowjetrußland. Theoretisch sei[en] der Kapitalismus Englands und der Kommunismus Sowjetrußlands voneinander verschieden, in Wirklichkeit jedoch verfolge das Judentum in beiden Ländern ein gemeinsames Ziel. Dieser Kampf sei das Entscheidende; auf der politischen Ebene stelle er sich im Grunde als eine Auseinandersetzung zwischen Deutschland und England dar, weltanschaulich sei es ein Kampf zwischen dem Nationalsozialismus und dem Judentum. Selbstverständlich würde Deutschland dem im gleichen Ringen stehenden Arabertum positive und praktische Hilfe zukommen lassen, denn platonische Zusicherungen seien in einem Kampf um Sein oder Nichtsein, wo das Judentum die britischen Machtmittel für seine Zwecke einsetzen könne, zwecklos.
Die Unterstützung der Araber müßte materieller Art sein. Wie wenig in einem solchen Kampf Sympathien allein hülfen, sei an der Unternehmung im Irak klargeworden, wo die Umstände eine wirklich durchschlagende praktische Hilfe nicht zugelassen hätten. Trotz aller Sympathien habe die deutsche Hilfe nicht genügt, und der Irak sei von den britischen Machtmitteln, das heißt von dem Vormunde der Juden, besiegt worden.
Der Mufti müsse jedoch einsehen, daß in dem gegenwärtigen Kampf auch das Schicksal der arabischen Welt mit entschieden werde. Der Führer müsse daher nüchtern und kühl abwägend als Verstandesmensch und primär als Soldat, als Führer der deutschen und alliierten Armeen denken und sprechen. Alles, was geeignet sei, in diesem riesigen Kampf der gemeinsamen Sache und daher auch dem Arabertum zu helfen, müsse geschehen. Alles jedoch, was zu einer Schwächung der militärischen Lage beitragen könne, müsse trotz evtl. Unpopularität zurückgestellt werden.

9 Richtig: Faisal ibn Abd al-Aziz (1883–1933); 1919 Leiter der arab. Delegation bei den Pariser Friedensverhandlungen, 1920 als Faisal I. zum König von Syrien ernannt.

Deutschland stehe in sehr schweren Kämpfen, um sich den Zugang zum nordkaukasischen Gebiet zu eröffnen. Die Schwierigkeiten lägen vor allem im Nachschub, der infolge der Zerstörung der Eisenbahnen und Straßen sowie des einsetzenden Winters außerordentlich erschwert sei. Wenn in diesem Augenblick der Führer in einer Erklärung das Problem Syrien vorwegnähme, so würde dies diejenigen Elemente in Frankreich stärken, die unter dem Einfluß de Gaulles stehen.[10] Sie würden die Erklärung des Führers als eine Absicht der Auflösung des französischen Kolonialreiches auslegen und ihre Landsleute auffordern, lieber gemeinsame Sache mit den Engländern zu machen und zu retten zu versuchen, was noch zu retten wäre. Man würde in Frankreich die deutsche Erklärung bezüglich Syriens auf die französischen Kolonien im allgemeinen beziehen, und daher würden im jetzigen Augenblick daraus neue Schwierigkeiten in Westeuropa entstehen, das heißt ein Teil der deutschen Wehrmacht würde im Westen gebunden werden und nicht mehr für den Ostfeldzug zur Verfügung stehen.
Der Führer gab sodann dem Mufti folgende Erklärung ab, indem er ihn bat, sie in seinem tiefsten Herzen zu verschließen:
1.) Er (der Führer) werde den Kampf bis zur völligen Zerstörung des jüdisch-kommunistischen europäischen Reiches fortführen.
2.) Im Zuge dieses Kampfes würde zu einem heute noch nicht genau nennbaren, aber jedenfalls nicht fernen Zeitpunkt von den deutschen Armeen der Südausgang Kaukasiens erreicht werden.
3.) Sobald dieser Fall eingetreten sei, würde der Führer von sich aus der arabischen Welt die Versicherung abgeben, daß die Stunde der Befreiung für sie gekommen sei. Das deutsche Ziel würde dann lediglich die Vernichtung des im arabischen Raum unter der Protektion der britischen Macht lebenden Judentums sein. In dieser Stunde würde dann auch der Mufti der berufenste Sprecher der arabischen Welt sein. Es würde ihm obliegen, die von ihm insgeheim vorbereitete arabische Aktion auszulösen. Dann würde auch Deutschland die Reaktion Frankreichs auf eine derartige Erklärung gleichgültig sein können.
Wenn Deutschland sich den Weg über Rostow zum Iran und nach Irak erzwinge, würde dies gleichzeitig den Beginn des Zusammenbruchs des britischen Weltreichs bedeuten. Er (der Führer) hoffe, daß sich für Deutschland im nächsten Jahre die Möglichkeit ergeben werde, das Kaukasische Tor nach dem Mittleren Orient aufzustoßen. Es sei besser, im Dienst der gemeinsamen Sache mit der arabischen Proklamation noch einige Monate zu warten, als daß sich Deutschland selbst Schwierigkeiten schüfe, ohne den Arabern dadurch helfen zu können.
Er (der Führer) verstehe durchaus die Sehnsucht der Araber nach einer öffentlichen Erklärung, wie sie der Großmufti verlange. Er gäbe diesem jedoch zu bedenken, daß er (der Führer) selbst fünf Jahre lang Staatsoberhaupt des Deutschen Reichs gewesen sei, ohne seiner eigenen Heimat gegenüber die Erklärung der Befreiung abgeben zu können. Er habe damit bis zu dem Augenblick warten müssen, in dem auf Grund der durch die Waffen geschaffenen Tatsache die Erklärung erfolgen konnte, daß der Anschluß vollzogen sei.

10 Das franz. Mandatsgebiet Syrien war zum damaligen Zeitpunkt unter brit. Kontrolle. Eine Erklärung, dass Deutschland die dortige Unabhängigkeitsbewegung unterstütze, hätte gleichwohl auch in Frankreich die Opposition gegen Deutschland gestärkt.

In dem Augenblick, in dem Deutschlands Tankdivisionen und Luftgeschwader südlich des Kaukasus erschienen, könne auch der vom Großmufti erwartete öffentliche Appell an die arabische Welt erfolgen.
Der Großmufti erwiderte, daß sich seiner Ansicht nach alles so verwirklichen werde, wie es der Führer angedeutet habe. Er sei absolut beruhigt und zufriedengestellt durch die Worte, die er vom deutschen Staatsoberhaupt vernommen hätte. Er frage jedoch, ob es nicht möglich sei, wenigstens insgeheim eine Abmachung mit Deutschland zu treffen, so wie er sie dem Führer vorher skizziert habe.
Der Führer antwortete, daß er ja bereits soeben diese vertrauliche Erklärung dem Großmufti gegenüber abgegeben habe.
Der Großmufti bedankte sich dafür und bemerkte abschließend, daß er voller Vertrauen mit nochmaligem Dank für die Interessenahme an der arabischen Sache vom Führer scheide.[11]

DOK. 47
Heydrich lädt am 29. November 1941 zu einer Besprechung über die „Gesamtlösung der Judenfrage“ am 9. Dezember ein[1]

Schreiben (persönlich) des Chefs der Sicherheitspolizei und des SD, IV B 4–3076/41g (1180), gez. Reinhard Heydrich, Berlin, an Unterstaatssekretär Martin Luther, Auswärtiges Amt, D III (Eing. am 23.12.1941), vom 29.11.1941[2]

Lieber Parteigenosse *Luther*!
Am 31.7.1941 beauftragte mich der Reichsmarschall des Großdeutschen Reiches,[3] unter Beteiligung der in Frage kommenden anderen Zentralinstanzen alle erforderlichen Vorbereitungen in organisatorischer, sachlicher und materieller Hinsicht für eine Gesamtlösung der Judenfrage in Europa zu treffen und ihm in Bälde einen Gesamtentwurf hierüber vorzulegen.
Eine Fotokopie dieser Bestellung lege ich meinem Schreiben bei.[4]
In Anbetracht der außerordentlichen Bedeutung, die diesen Fragen zuzumessen ist, und im Interesse der Erreichung einer gleichen Auffassung bei den in Betracht kommenden

11 Das Treffen zwischen Hitler und al-Husseini blieb folgenlos. Hitler machte lediglich vage Zusagen bezüglich einer antibrit. und antijüdischen Koalition zwischen Deutschland und der islamischen Welt. Al-Husseini bemühte sich erfolglos um weitere Zusammenkünfte mit Hitler.

1 PAAA, R 100 857 (Fiche 2207), Bl. 188 f. Abdruck in: Robert M. W. Kempner, Eichmann und Komplizen, Zürich 1961, S. 127 f.
2 Im Original handschriftl. Anmerkungen von Luther vom 4.12.1941: „Pg. Rademacher, bitte O-Gruf Heydrich mitzuteilen, daß ich erkrankt bin, ihm für seine Einladung sehr danke und wenn irgend möglich teilnehme. Bitte mir für die Sitzung eine Aufzeichnung über unsere Wünsche und Ideen anzufertigen, bitte auch sofort St.S zu unterrichten“; siehe Dok. 52 vom 8.12.1941; darunter ein handschriftl. Vermerk von Franz Rademacher vom 8.12.1941: „Staatssekretär ist unterrichtet, Sitzung auf unbestimmte Zeit verschoben.“
3 Hermann Göring.
4 Liegt in der Akte. Görings Anschreiben ist nicht datiert, das Datum ist nur aufgrund des hier abgedruckten Schreibens bekannt; siehe VEJ 3/196.

Zentralinstanzen an den übrigen mit dieser Endlösung zusammenhängenden Arbeiten rege ich an, diese Probleme zum Gegenstand einer gemeinsamen Aussprache zu machen, zumal seit dem 15.10.1941 bereits in laufenden Transporten Juden aus dem Reichsgebiet einschließlich Protektorat Böhmen und Mähren nach dem Osten evakuiert werden.
Ich lade Sie daher zu einer solchen Besprechung mit anschließendem Frühstück zum 9. Dezember 1941, 12.00 Uhr, in die Dienststelle der Internationalen Kriminalpolizeilichen Kommission, Berlin, Am großen Wannsee Nr. 56–58 ein.[5]
Ähnliche Schreiben habe ich an Herrn Generalgouverneur Dr. Frank, Herrn Gauleiter Dr. Meyer, die Herren Staatssekretäre Stuckart, Dr. Schlegelberger, Gutterer und Neumann sowie an Herrn Reichsamtsleiter Dr. Leibbrandt, SS-Obergruppenführer Krüger, SS-Gruppenführer Hofmann, SS-Gruppenführer Greifelt, SS-Oberführer Klopfer und an Herrn Ministerialdirektor Kritzinger gerichtet.
Heil Hitler!

Ihr

DOK. 48
Die Gestapo Würzburg listet Ende November 1941 die Gegenstände auf, die sie Juden bei der Durchsuchung vor der Deportation abgenommen hat [1]

Liste beschlagnahmter Gebrauchsgegenstände und Lebensmittel von Würzburger Juden durch die Geheime Staatspolizei, ungez., o. D.[2]

Verzeichnis
der am 26./27.11.1941 anläßlich der Evakuierung von Juden aus Würzburg bei der körperlichen Durchsuchung abgenommenen Waren:
-13- spitze Küchenmesser
-95- Taschenmesser
-5- Rasiermesser
-1- Etui mit einem Rasiermesser und zwei Scheren
-1- Etui mit Friseurhandwerkszeug
-1- elektr. Rasierapparat,
-19- Rasierapparate

5 Im Original handschriftl. verbessert aus „Am kleinen Wannsee 16". Es ist unklar, wann die Adresse korrigiert wurde. Im nahezu textidentischen Schreiben vom 1.12.1941 an den StS im Generalgouvernement Josef Bühler ist die ursprüngliche Adresse angegeben; siehe VEJ 9/22. Vermutlich wegen des japan. Angriffs auf Pearl Harbor am 7.12.1941 und des Kriegseintritts der USA am Tag darauf wurde die Konferenz auf den 20.1.1942 verschoben; siehe Dok. 65 vom 20.1.1942.

1 Staatsarchiv Würzburg, Gestapo 18 874, Bl. 94 f. Abdruck als Faksimile in: Wege in die Vernichtung. Die Deportation der Juden aus Mainfranken 1941–1943, hrsg. von Albrecht Liess, München 2003, S. 150 f.
2 Das Verzeichnis entstammt einer Akte, in der sich u. a. auch eine Liste frei werdender Wohnungen der Deportierten befindet. Verantwortlich für die Vorbereitung der Deportation von 202 Würzburger Juden am 27.11.1941 nach Nürnberg und von dort zwei Tage später nach Riga war Michael Völkl (1892–1945), Zuschneider; 1919–1923 bei der Schutzpolizei in Würzburg; 1933 NSDAP- und

-1- elektr. Rasierapparat unvollständig
diverse Rasierklingen
-1- Rasierpinsel
-1- Haarschneidemaschine
-2- Stück Rasierseife
-1- Rasiermesser-Schärfapparat
-1- Reisenecessaire
-2- Mundharmonikas
-3- Büchsenöffner
-30- Scheren
-17- Nagelscheren
-13- Kaffeelöffel
-15- Eßlöffel
-1- Etui mit Schere und Nagelfeile
-2- Lorgnetten[3]
diverse Nagelfeilen und Manikürgegenstände
-1- kleiner Spiegel
-5- Kochgeschirre
-9- Feldflaschen
-1- Thermosflasche
-1- Wasserkessel
-8- Feuerzeuge (Benzin)
-5- Weckeruhren
-1- Ledergürtel
-1- Eisernes Kreuz II. Klasse
-1- Verdienstkreuz II. Klasse
-2- Frontkämpferehrenkreuze
-123- Flaschen Alkohol (große und kleine Flaschen Schnaps, Likör und Wein)
-8- Herrenschirme
-2- Damenschirme
-3- Spazierstöcke
-42- Fläschchen Parfüm
-18- Flaschen Medikamente
verschiedene Tabletten (Medikamente)
-1- Karton mit Streichholzschachteln
-5- Päckchen Tee, 1 Säckchen Tee
-1- Päckchen Pumpernickel
-2- Dosen Kakao
-1- Säckchen Kakao
diverse Süßigkeiten (Schokolade, Bonbon usw.)
diverse Fleischbrühwürfel

SA-Eintritt; bis März 1933 bei der Kriminalpolizei, dann bei der Gestapo als Kriminalinspektor in der Abt. II B (Kirchen, Emigranten, Freimaurer, Judentum) tätig und stellv. Leiter der Würzburger Gestapo; nahm sich das Leben.

3 Stielbrillen.

-1- Päckchen Mühlenfranck[4]
-1- Glas Honig
-1- Säckchen Zucker
-1- Etui mit Nagelschere, -feile usw.)
-15- Pakete Tabak
-3- Beutel Tabak
-1- Dose Tabak
-4- Pfeifen
-74- Schachteln Zigaretten
-8- Zigarettenetui mit Zigaretten
-5- Zigarrenetui mit 45 Zigarren
-1- kleine Schachtel Zigarren
-12- Zigarren in einem Briefumschlag
-10- Päckchen Zigarettenpapier
-40- verschiedene Zigaretten
-3- Tabakspfeifen
-1- Heizkissen
-2- Füllfederhalter mit Etuis
-1- Hängematte
Für den Oberfinanzpräsidenten Mainfranken[5]

DOK. 49

Die Reichsvereinigung der Juden informiert am 1. Dezember 1941 die Jüdischen Kultusvereinigungen, dass Juden künftig nicht mehr über ihr Eigentum und Vermögen verfügen dürfen[1]

Rundschreiben (mit zwei beigefügten Anlagen) der Reichsvereinigung der Juden in Deutschland, Abt. Wohnungs- und Versorgungswesen, Philipp Kozower,[2] Paul Eppstein, Berlin-Charlottenburg 2, Kantstraße 158, an die Jüdischen Kultusvereinigungen, Bezirksstellen der Reichsvereinigung der Juden in Deutschland zur Weitergabe an den in Betracht kommenden Personenkreis vom 1.12.1941

Betr.: Verfügungsbeschränkungen über das bewegliche Vermögen für Juden
Im Zusammenhang mit der Tatsache, daß in der letzten Zeit ohne allgemeine Veranlassung in beträchtlichem Umfang ein Besitzwechsel von Vermögenswerten, insbesondere auch von bewirtschafteten Gegenständen, die bisher Juden gehörten, festgestellt worden

4 Kaffeewürze.
5 Dr. Otto Weymann (1880–1958). Darunter handschriftl.: „Erhalten" und unleserliche Unterschrift.

1 BArch, R 58/276, Bl. 318–320. Abdruck in: Archives of the Holocaust. An International Collection of Selected Documents, Bd. 19, hrsg. von Henry Friedlander, Sybil Milton und Elisabeth Klamper, New York 1992, Dok. 164, S. 317 f.
2 Philipp Kozower (1894–1944), Jurist; von 1929 an im Vorstand der Jüdischen Gemeinde in Berlin; nach 1933 Berufsverbot, von 1937 an im Vorstand der Reichsvereinigung der Juden, dort für das Wohnungs- und Bestattungswesen zuständig; im Jan. 1943 nach Theresienstadt deportiert, wo er dem Ältestenrat angehörte, er wurde 1944 nach Auschwitz deportiert und dort ermordet.

ist, wurde seitens der Aufsichtsbehörde[3] zur Vermeidung von Störungen einer geordneten Marktregelung folgende Anordnung getroffen, die wir nachstehend bekanntzugeben haben.

I. Verfügungsverbot

1. Juden (vgl. 11) ist es grundsätzlich verboten, über ihr bewegliches Vermögen zu verfügen.

2. Eine Verfügung über Vermögenswerte ist von einer behördlichen Erlaubnis abhängig, die nur in besonders begründeten Fällen erteilt wird.

3. Ohne behördliche Erlaubnis vorgenommene Verfügungen sind nichtig, ein gutgläubiger Erwerb ist in solchen Fällen ausgeschlossen.

II. Umfang des Verfügungsverbots

[4.] Verboten sind grundsätzlich sämtliche Verfügungen (vor allem Veräußerung, Verpfändung, Verschenkung, Verwahrung bei Dritten) über die im Eigentum oder im Besitz von Juden befindlichen beweglichen Vermögenswerte, wie z. B. über Möbel, sonstige Einrichtungsgegenstände und Hausgerät.

5. Dem Verbot unterliegen auch Verfügungen über sämtliche Forderungen und Rechte sowie über Wertpapiere (vgl. 7b), ferner über Konten (vgl. 7c) bei Banken, Sparkassen, anderen Kreditinstituten und Postscheckämtern, die mit Formblatt (vgl. 13) anzuzeigen sind.

6. Die von dem Verfügungsverbot betroffenen Gegenstände dürfen nicht in ihrem Wert vermindert und nicht aus der Wohnung verbracht werden; ihre Benutzung im Rahmen einer ordnungsmäßigen Haushaltsführung ist gestattet.

III. Ausnahmen

7. Von diesem Verfügungsverbot sind ausgenommen:

a) Vermögenswerte, die unter der Verwaltung von amtlich eingesetzten Treuhändern oder dergl. stehen bzw. von Amts wegen beschlagnahmt sind.

b) Verfügungen über Wertpapiere,
sofern in dem Auftrag an die depotführende Bank die Anweisung enthalten ist, daß der Gegenwert auf ein Bankkonto überwiesen wird, oder
sofern es sich um die Anbietung von Aktien und Kuxen[4] an die Preußische Staatsbank (Verfügung des Herrn Reichswirtschaftsministers III WOS 8/20348/41)[5] bzw. den Umtausch in 3 1/2 % Deutsche Reichsschatzanweisungen handelt und wenn deren Gegenwert einer Bank überwiesen wird.

c) Verfügungen im Rahmen erteilter behördlicher Genehmigungen, insbesondere auch im Rahmen der monatlichen Freigrenzen bei beschränkt verfügbaren Sicherungskonten im Sinne des § 59 DevG.[6]

3 Aufsichtsbehörde der Reichsvereinigung war das RSHA.

4 Spezieller Rechtsbegriff für den Anteil an einem Bergwerk.

5 Nicht ermittelt.

6 Gesetz über die Devisenbeschaffung vom 12.12.1938, RGBl., 1938 I, S. 1734–1748. Der § 59 sah vor, dass bei Verdacht auf Vermögensverschiebungen eine Sicherungsanordnung verfügt werden konnte, der Besitzer also nur noch nach vorheriger Genehmigung über sein Vermögen verfügen durfte. Diese Bestimmung wurde häufig gegen Juden angewandt, die beabsichtigten, auszuwandern.

d) Verfügungen
über in bar ausgezahltes Reineinkommen, sofern außerdem keine Verfügungen über nichtgesicherte Konten erfolgen,
über Konten, wenn kein Sicherungskonto (vgl. 7c) besteht, bis zur Höhe von monatlich insgesamt RM 150.-,
sodann zur Bezahlung oder Sicherstellung
von Steuern, Gebühren und anderen Abgaben an öffentliche Kassen, ferner
von Beiträgen, Leistungsentgelten und Spenden an die Reichsvereinigung der Juden in Deutschland, deren Bezirksstellen und an die Jüdischen Kultusvereinigungen, sowie
von Rechnungen zugelassener jüdischer Konsulenten, Kranken- und Zahnbehandler, sofern der Rechnungsbetrag in diesen Fällen auf ein Bankkonto überwiesen wird, weiterhin
von Rechnungen für ärztlich verschriebene Arzneimittel, außerdem
von Versicherungsprämien.

e) Die Mitnahme von zugelassenen Ausrüstungsgegenständen bei Evakuierungstransporten,

f) Spenden von Spinnstoffwaren und Schuhwerk an die Kleiderkammern der Reichsvereinigung, ihrer Bezirksstellen und der Jüdischen Kultusvereinigungen.

8. Die mit Rundschreiben vom 13.11.41 bekanntgegebene Erfassung von Schreibmaschinen, Fahrrädern, Fotoapparaten und Ferngläsern im Eigentum von Juden wird durch die Bestimmungen dieses Rundschreibens nicht berührt.[7]

IV. *Verfügungserlaubnis*

9. Die Erlaubnis zur Verfügung über bewegliche Vermögenswerte wird in besonders begründeten Fällen durch die zuständige Staatspolizei(leit)stelle erteilt; sie ist auf einem Formblatt (Anlage 1)[8] zu beantragen.

10. Der Antrag ist bei der für den Wohnort des Antragstellers zuständigen Jüdischen Kultusvereinigung oder Bezirksstelle der Reichsvereinigung einzureichen, die den Antrag mit ihrem Prüfungs- und Befürwortungsvermerk der zuständigen Staatspolizei(leit)stelle zur Entscheidung vorzulegen hat.

V. *Personenkreis*

11. Der Verfügungsbeschränkung unterliegen (staatsangehörige und staatenlose) Juden im Sinne des § 5 der Ersten Verordnung zum Reichsbürgergesetz vom 14.11.1935 (RGBl. I, S. 1333).[9]

12. Die Verfügungsbeschränkung erstreckt sich nicht

a) auf den in einer Mischehe lebenden jüdischen Ehegatten, sofern Abkömmlinge aus der Ehe vorhanden sind und diese nicht als Juden gelten, und zwar auch dann, wenn die Ehe nicht mehr besteht oder der einzige Sohn im gegenwärtigen Kriege gefallen ist.

b) auf die jüdische Ehefrau bei kinderloser Mischehe während der Dauer der Ehe,

c) auf Juden ausländischer Staatsangehörigkeit, es sei denn, daß sie Staatsangehörige eines besetzten und eingegliederten Gebiets sind (also belgische, französische,

7 Gemäß Rundschreiben des RSHA vom 13.11.1941 waren Juden gezwungen, Schreibmaschinen, Rechenmaschinen, Vervielfältigungsapparate, Fahrräder, Fotoapparate und Ferngläser abzugeben. Ausgenommen waren die Reichsvereinigung, Personen, welche diese Gegenstände im Arbeitseinsatz benötigten, sowie sog. jüdische Krankenbehandler.

8 Hier nicht abgedruckt.

früher jugoslawische, früher luxemburgische, früher polnische, sowjetrussische Staatsangehörige sowie Protektoratsangehörige).

VI. Rückwirkende Meldung über bereits getroffene Verfügungen

13. Verfügungen, die Juden über Gegenstände oder über sonstige Werte ihres beweglichen Vermögens, auch in der Form der Abtretung von Rechten, nach dem 15.10.1941 getroffen haben, sind sofort unter Benutzung eines Formblatts (Anlage 2)[10] bei der Jüdischen Kultusvereinigung oder Bezirksstelle der Reichsvereinigung zu melden mit einem Verzeichnis der Gegenstände oder Werte, über die verfügt worden [ist], im Falle von Verfügungen über Bankkonten, die einer Sicherungsanordnung gemäß DevG nicht unterliegen, wenn der Betrag, über den verfügt worden ist, insgesamt 300,- RM übersteigt, mit entsprechenden Angaben über Art der Verfügung, Art und Höhe der Gegenleistung, Verwendung und Verbleib des Erlöses, Name [und] Anschrift des Empfängers, Anlaß der Verfügung (vgl. Anlage 2). Auf diesem Formblatt sind auch die bestehenden Konten (vgl. 5) anzuzeigen.

14. Die Jüdischen Kultusvereinigungen und Bezirksstellen der Reichsvereinigung haben die bei ihnen eingegangenen Meldungen über seit dem 15.10.1941 getroffene Verfügungen nachzuprüfen (hierzu ergehen noch besondere Anweisungen) und dann Listen in fünffacher Anfertigung herzustellen, und zwar nach Wohnorten der Anmeldenden, innerhalb der [...][11] alphabetisch nach Namen, mit einem Prüfungsvermerk und der Unterschrift der Bezirksstellen bzw. Kultusvereinigung, unter Beifügung [der] eingegangenen Meldungen.

15. Von den fünf Listen verbleiben
zwei bei der Bezirksstelle bzw. Kultusvereinigung, eine ist der zuständigen Staatspolizei(leit)stelle mit den urschriftlichen Meldungen einzureichen, zwei sind der Zentrale der Reichsvereinigung einzusenden.

VII. Vordrucke

16. Formblätter für Anträge auf Verfügungserlaubnis (vgl. 9) sowie für Meldungen über seit dem 15.10.1941 erfolgte Verfügungen (vgl. 13) sind den Bezirksstellen bzw. Jüdischen Kultusvereinigungen auszuhändigen.

VIII. Inkrafttreten

17. Diese Verfügung tritt mit sofortiger Wirkung in Kraft. Ein entsprechender Hinweis wird im „Jüdischen Nachrichtenblatt" veröffentlicht.

IX. Übergangsregelung

18. Soweit im Zeitpunkt des Inkrafttretens der Anordnung Verfügungen ähnlicher Art von örtlichen Behörden (wie z. B. in Berlin durch den Herrn Oberbürgermeister der Reichshauptstadt) ergangen waren, hat es bei diesen Verfügungen sein Bewenden, jedoch mit der Maßgabe, daß auch die örtlich ergangenen Verfügungen [der] Gesamtregelung dieser Anordnung (mit ihren weitergehenden Bestimmungen, ihren Ausnahmen und ihrer Verfahrensregelung) unterliegen.

X. Strafbestimmung

19. Zuwiderhandlungen gegen diese Regelung werden mit schärfsten staatspolizeilichen Maßnahmen geahndet.

9 § 5 der 1. VO zum Reichsbürgergesetz legte fest, wer als Jude im Sinne des Reichsbürgergesetzes zu gelten habe; RGBl., 1935 I, S. 1333 f.; siehe auch VEJ 1/210.

10 Hier nicht abgedruckt.

11 Unleserlich.

DOK. 50

Unterstaatssekretär Luther schlägt am 4. Dezember 1941 vor, die deutsche Judengesetzgebung in allen europäischen Staaten einzuführen[1]

Vermerk (geheim), gez. Unterstaatssekretär Luther (zu DIII 660 g),[2] über Staatssekretär von Weizsäcker,[3] zur Vorlage beim Herrn Reichsaußenminister[4] vom 4.12.1941[5]

Vortragsnotiz

Die Anregung des bulgarischen Außenministers *Popoff*,[6] die Behandlung der Juden europäischer Staatsangehörigkeit zwischen den europäischen Ländern gemeinsam zu regeln, wird von der Abteilung Deutschland begrüßt.[7]

Da durch die 11. Verordnung zum Reichsbürgergesetz[8] sämtliche Juden deutscher Staatsangehörigkeit, die sich im Auslande aufhalten, kraft Gesetzes ausgebürgert sind, unterliegen diese Juden ohne weiteres als Staatenlose den in den einzelnen Ländern geltenden Juden-Vorschriften.

In Deutschland sind die Juden ausländischer Staatsangehörigkeit grundsätzlich wie inländische Juden behandelt worden mit Ausnahme von vermögensrechtlichen Angelegenheiten, um Repressalien im Auslande zu vermeiden.

Auf Juden feindlicher Staatsangehörigkeit werden die Feind-Vorschriften angewendet.

Besondere Rücksicht ist im allgemeinen nur auf Juden amerikanischer Staatsangehörigkeit genommen worden, weil diese Staaten die Möglichkeit haben, gegen Reichsdeutsche Repressalien zu ergreifen und deshalb am längeren Hebel sitzen.

Von europäischen Staaten sind in letzter Zeit nur Ungarn, Italien und Spanien vorstellig geworden. Von diesen Staaten wird auch bei einer gemeinsamen europäischen Regelung ein Widerstand zu erwarten sein. Insoweit wirkt sich der Einfluß des Judentums in diesen Ländern und die katholische Auffassung aus.

Die Gelegenheit dieses Krieges muß benutzt werden, in Europa die Judenfrage endgültig zu bereinigen. Die zweckmäßigste Vorbereitung hierfür wäre, alle europäischen Staaten dazu zu bringen, die deutschen Judengesetze bei sich einzuführen und zuzustimmen, daß die Juden unabhängig von ihrer Staatsangehörigkeit den Maßnahmen des Aufent-

1 PAAA, R 100 863, Bl. 18–20. Abdruck in engl. Übersetzung in: NMT, Bd. XIII: October 1946 bis April 1949, Washington, D.C. 1952, Doc. NG-4667, S. 195 f.

2 Abt. Deutschland, Judenreferat. 660 g meint die laufende Nummer.

3 Ernst Freiherr von Weizsäcker (1882–1951), Diplomat; von 1920 an im AA tätig, 1931 Gesandter in Oslo, 1933 in Bern, 1936 Leiter der Politischen Abt. des AA, 1938 StS; 1938 NSDAP-Mitglied; 1943–1945 Botschafter beim Vatikan; 1947 inhaftiert, 1949 in Nürnberg zu sieben Jahren Haft verurteilt, 1950 entlassen.

4 Joachim von Ribbentrop.

5 Im Original handschriftl. Vermerke.

6 Richtig: Ivan Vladimirov Popov (1890–1944), Philologe, Jurist und Diplomat; Studium der Sprachwissenschaften in Frankreich und Deutschland; 1924–1933 Pressedirektor im bulgar. Außenministerium, 1933–1940 bulgar. Gesandtschaftsrat in Budapest, Prag und Belgrad, 1940–1942 Außenminister, 1944 bulgar. Botschafter in Bukarest; nahm sich das Leben.

7 Bei einem Treffen zwischen Popov und Ribbentrop am 26.11.1941 hatte Popov vorgeschlagen, dass die europäischen Länder gemeinsam die „Judenfrage" lösen sollten; ADAP, Serie D: 1937–1941, Bd. 13,2 (wie Dok. 46, Anm. 1), Dok. 504, S. 686–689. Zu diesem Treffen siehe auch VEJ 13, S. 71.

8 Siehe Dok. 43 vom 25.11.1941.

halts-Landes unterworfen werden, während das Vermögen der Juden für die Endlösung zur Verfügung gestellt werden sollte. Ein halbwegs konsequentes Durchführen der deutschen Judengesetze in den europäischen Ländern würde insbesondere in Ungarn den noch deutschfeindlichen Kreisen das Rückgrat brechen.

Ob die außenpolitische Situation mit Rücksicht auf den inneren Widerstand Ungarns, Italiens und Spaniens für eine solche Regelung schon reif ist, kann vom Standpunkt der Abteilung Deutschland allein nicht beurteilt werden. Es wird daher zunächst vorgeschlagen, eine Vereinbarung der im Antikomintern-Pakt[9] zusammengeschlossenen europäischen Mächte darüber herbeizuführen, daß die Juden mit der Staatsangehörigkeit dieser Länder in die Judenmaßnahmen des Aufenthaltslandes einbezogen werden können.

Die Juden norwegischer, polnischer, luxemburgischer, griechischer, serbischer und sowjetrussischer Staatsangehörigkeit einschließlich der früheren baltischen Staaten werden ohne weiteres unter diese Regelung fallen.

Hiermit
über Herrn Staatssekretär von Weizsäcker
dem Herrn Reichsaußenminister
mit der Bitte um Weisung vorgelegt.[10]

DOK. 51

Die Bezirksstelle Rheinland der Reichsvereinigung der Juden erläutert am 8. Dezember 1941, was den Deportierten im Getto Litzmannstadt geschickt werden darf[1]

Schreiben der Reichsvereinigung der Juden in Deutschland, Bezirksstelle Rheinland, gez. Ernst Peiser,[2] Rubensstraße 33, Köln, an die Israelitische Kultusvereinigung Luxemburg, Neypergstraße 71, Luxemburg, vom 8.12.1941

Betr.: Transporte nach Litzmannstadt.

Auf Ihre Zuschrift vom 4. ds. Mts. teilen wir Ihnen mit, daß auch wir keinerlei direkte Nachrichten von unseren Glaubensbrüdern und -schwestern aus Litzmannstadt haben.[3]

9 Der Antikominternpakt war ein 1936 zwischen dem Deutschen Reich und Japan geschlossener Vertrag, der die Bekämpfung der Kommunistischen Internationalen (Komintern) zum Ziel hatte. 1937 trat Italien, 1939 Ungarn sowie der japan. Satellitenstaat Mandschuko bei, 1939 folgten Spanien sowie nach dem Überfall auf die Sowjetunion im Nov. 1941 Rumänien, Finnland, Kroatien, Slowakei, Bulgarien, das besetzte Dänemark sowie das sog. Nanjing-China und schließlich 1942 die unter einer japan. Marionettenregierung stehenden Philippinen.

10 Eine Weisung Ribbentrops ist nicht bekannt.

1 ANLux, FD-083-38 (MF C.I.05).

2 Ernst Peiser (1893–1944), Bankangestellter; 1934 Sekretär der Jüdischen Gemeinde in Saarbrücken, nach dem Novemberpogrom 1938 für mehrere Wochen im KZ Dachau inhaftiert, Sept. 1939 Flucht nach Köln; im Juni 1943 wurde er nach Theresienstadt und am 28.10.1944 nach Auschwitz deportiert und dort ermordet.

3 Alfred Oppenheimer und Martin Meyer von der Israelitischen Kultusvereinigung Luxemburg hatten die Bezirksstelle Rheinland am 4.12. um Informationen gebeten, wie die korrekten Vorschriften für Geldsendungen und Päckchen nach Litzmannstadt seien; wie Anm. 1. Dorthin waren am 16.10.1941 mehr als 500 Gemeindemitglieder aus Luxemburg und Trier deportiert worden. Aufgrund einer Postsperre bis zum 4.12.1941 für neu deportierte Juden im Getto erhielt die IKG keinerlei Nachrichten.

Es sind vereinzelt Adressen hierher gelangt, die durch das Sekretariat des „Der Älteste der Judenstadt Litzmannstadt-Getto, Ch. Rumkowski“[4] mitgeteilt wurden. Auf diesen Mitteilungen der Adressen schreibt der „Älteste der Judenstadt ...“, Geldsendungen sind gestattet. Unseres Wissens sind Geldsendungen auf Postanweisungen in Höhe bis zu RM. 10.- gestattet, die man beliebig wiederholen kann, dagegen sind Pakete und Päckchen nicht erwünscht. – Sofern also noch keine genauen Adressen bekannt sind, kann der Versuch gemacht werden, daß Geldsendungen an den Ältesten der Judenstadt gerichtet werden, mit der Bitte, diese an die Empfänger, deren Adresse noch unbekannt ist, weiterzuleiten.[5]

Es sei noch erwähnt, daß Geldeinlagen in Briefen postalisch unzulässig sind.

Wir hoffen, Ihnen mit diesen Angaben gedient zu haben, und begrüßen Sie mit vorzüglicher Hochachtung:

DOK. 52

Das Referat für Judenfragen im Auswärtigen Amt macht am 8. Dezember 1941 Vorschläge zur geplanten „Gesamtlösung der Judenfrage in Europa“[1]

Schreiben des Referats D III G.[2] (709 G 186) an Unterstaatssekretär Luther[3] vom 8.12.1941[4]

Wünsche und Ideen des Auswärtigen Amts zu der vorgesehenen Gesamtlösung der Judenfrage in Europa.

1. Abschiebung aller im Deutschen Reich ansässigen Juden deutscher Staatsangehörigkeit unter Einbeziehung der kroatischen, slowakischen und rumänischen Juden nach dem Osten.
2. Abschiebung aller in den von uns besetzten Gebieten lebenden, durch die jüngste Verordnung zum Reichsbürgergesetz[5] staatenlos gewordenen Juden früherer deutscher Staatsangehörigkeit.
3. Abschiebung aller serbischen Juden.[6]
4. Abschiebung der uns von der ungarischen Regierung übergebenen Juden.[7]

4 Mordechai Chaim Rumkowski (1877–1944), Kaufmann; vor 1939 als Zionist im Vorstand der Jüdischen Gemeinde in Łódź tätig; im Okt. 1939 zum „Ältesten der Juden“ in Łódź bestimmt, 1940–1944 Leiter der jüdischen Verwaltung im Getto Litzmannstadt. Er ließ die Produktion für die Wehrmacht und für deutsche Firmen ausbauen mit der Absicht, so das Überleben möglichst vieler Gettoinsassen sicherzustellen. Im Aug. 1944 wurde er nach Auschwitz deportiert und dort ermordet.

5 Geldsendungen waren erlaubt, es war den Gettobewohnern jedoch verboten, um Lebensmittelsendungen zu bitten. Trotzdem erreichten zahlreiche Pakete bzw. Päckchen das Getto, im Febr. 1941 z. B. insgesamt 2511 Paketsendungen aus dem Ausland. Zwischen März 1940 und März 1941 überbrachte die Post Geldüberweisungen in Höhe von fast 1,7 Mio. Reichsmark.

1 PAAA, R 100 857, Bl. 186 f. Abdruck in: Hans-Jürgen Döscher, SS und Auswärtiges Amt im Dritten Reich. Diplomatie im Schatten der „Endlösung“, Berlin 1987, S. 222 f.

2 Das Referat für Judenangelegenheiten der Abt. Deutschland im AA unterstand Franz Rademacher.

3 Auf dem Vorblatt zu dem Dokument heißt es: „Anliegende Aufzeichnung wird als Vorbereitung für die morgige Sitzung bei SS-Obergruppenführer Heydrich [gemeint ist die Wannsee-Konferenz, die ursprünglich für den 9.12.1941 anberaumt war und kurzfristig verschoben wurde] Herrn Unterstaatssekretär Luther vorgelegt.“

4 Im Original handschriftl. Bearbeitungsvermerke.

5 Gemeint ist die 11. VO zum Reichsbürgergesetz; siehe Dok. 43 vom 25.11.1941.

5. Erklärung der Bereitwilligkeit gegenüber der rumänischen, slowakischen, kroatischen, bulgarischen und ungarischen Regierung, die in diesen Ländern lebenden Juden ebenfalls nach dem Osten abzuschieben.
6. Einflußnahme auf die bulgarische und ungarische Regierung, Judengesetze nach Nürnberger Vorbild einzuführen.[8]
7. Einwirkung auf die übrigen Regierungen Europas zur Einführung von Judengesetzen.[9]
8. Durchführung dieser Maßnahmen wie bisher im guten Einvernehmen mit dem Geheimen Staatspolizeiamt.

DOK. 53
Der Polizeipräsident in Recklinghausen bittet am 13. Dezember 1941 das Finanzamt, die Wohnungen deportierter Juden an Mitarbeiter seiner Behörde zu vergeben[1]

Schreiben (vertraulich) des Polizeipräsidenten in Recklinghausen – I (W)2(a)-56.00 –, Polizeipräsidium, Westerholterweg 27, i.V. gez. Dr. Eckrieder,[2] an den Herrn Vorstand des Finanzamtes Recklinghausen[3] (Eing. 18.12.1941) vom 13.12.1941[4]

Betrifft: Sicherstellung von Wohnungen.
Wie hier bekanntgeworden ist, werden in absehbarer Zeit die Wohnungen der hier noch anwesenden Juden frei.[5] In der Annahme, daß Sie als Reichsbehörde mit der Verwaltung

6 Die Wehrmacht hatte nahezu alle männlichen Juden Serbiens im Okt. und Nov. erschossen. Die jüdischen Frauen und Kinder wurden im Dez. 1941 im Lager Semlin (Sajmište) inhaftiert und dort vom Frühjahr 1942 an in Gaswagen ermordet; VEJ 14, S. 44 f. sowie VEJ 14/130, 136, 143 und 148.
7 Im Aug. 1941 schob Ungarn über 10 000 Juden meist nichtungar. Staatsangehörigkeit aus den im Aug. 1940 von Rumänien abgetretenen Gebieten in die Ukraine ab. Die meisten von ihnen wurden auf Befehl des HSSPF Friedrich Jeckeln (1895–1946) in Kamenez-Podolsk ermordet; siehe VEJ 7/47, 67 und 70.
8 Die bulgar. Regierung hatte bereits im Jan. 1941 das „Gesetz zum Schutz der Nation" erlassen, in dem der Begriff „Jude" ähnlich wie in den Nürnberger Gesetzen definiert wurde, das jedoch hinsichtlich Staatsangehörigkeit, „Mischehen" und Kennzeichnung weniger weitreichend war als die deutschen Vorschriften; siehe VEJ 13/286. In Ungarn waren 1938, 1939 und 1941 antisemitische Gesetze erlassen worden. Besonders das sog. Dritte Judengesetz von 1941 ähnelte den Nürnberger Gesetzen, ging in einigen Bereichen jedoch nicht so weit wie die deutschen Regelungen.
9 Zu West- und Nordeuropa siehe VEJ 12/3, 197 und 266.

1 Institut für Stadtgeschichte Recklinghausen, III/6519, unpag. Abdruck in: Janet von Stillfried, Ein blinder Fleck. Zwangsarbeit bei der Üstra 1938 bis 1945, Hannover 2011, S. 149.
2 Dr. Alois Eckrieder (1890–1974), Jurist, Polizeibeamter; von 1926 an für die Polizeiverwaltung Graz tätig, 1938 Oberkriminalrat und ORR, von Juli 1940 an beim Polizeipräsidium Recklinghausen, dort Stellv. des Polizeipräsidenten Hans Vogel; lebte nach Kriegsende wieder in Graz.
3 Dr. Bruno Kück (1890–1947), Jurist; von 1918 an Gerichtsassessor, von Dez. 1920 bis Nov. 1922 als Rechtsanwalt in Düsseldorf tätig, Reg.Rat in Düsseldorf; 1933 NSDAP-Eintritt; bis 30.6.1942 Vorsteher des Finanzamts Recklinghausen.
4 Stempel des Polizeipräsidenten, Unterschrift unleserlich.
5 Vom 1.7.1941 an waren die Recklinghäuser Juden gezwungen, in fünf Häusern mit ausschließlich jüdischen Bewohnern zu leben. Die meisten von ihnen wurden am 27.1.1942 von Gelsenkirchen nach Riga deportiert. Im März 1942 wurden die Zwangsunterkünfte für Juden in Recklinghausen aufgelöst, die letzten Jüdinnen wurden am 31.7.1942 von Münster nach Theresienstadt deportiert.

der frei werdenden Gebäude beauftragt werden, bitte ich Sie, einen Teil dieser Wohnungen beim Freiwerden für Trennungsentschädigungsempfänger[6] meiner Behörde freizugeben und mir zur gegebenen Zeit davon Mitteilung zu machen.

DOK. 54
Vertreter evangelischer Landeskirchen halten am 17. Dezember 1941 die Schuld der Juden am Krieg für erwiesen und fordern den Ausschluss getaufter „Nichtarier" aus der Kirche[1]

Bekanntmachung über die kirchliche Stellung evangelischer Juden.

Die nationalsozialistische deutsche Führung hat mit zahlreichen Dokumenten unwiderleglich bewiesen, daß dieser Krieg in seinen weltweiten Ausmaßen von den Juden angezettelt worden ist. Sie hat deshalb im Innern wie nach außen die zur Sicherung des deutschen Lebens notwendigen Entscheidungen und Maßnahmen gegen das Judentum getroffen. Als Glieder der deutschen Volksgemeinschaft stehen die unterzeichneten deutschen evangelischen Landeskirchen und Kirchenleiter in der Front dieses historischen Abwehrkampfes, der unter anderem die Reichspolizeiverordnung über die Kennzeichnung der Juden[2] als der geborenen Welt- und Reichsfeinde notwendig gemacht hat, wie schon Dr. Martin Luther nach bitteren Erfahrungen die Forderung erhob, schärfste Maßnahmen gegen die Juden zu ergreifen und sie aus deutschen Landen auszuweisen.[3] Von der Kreuzigung Christi bis zum heutigen Tage haben die Juden das Christentum bekämpft oder zur Erreichung ihrer eigennützigen Ziele mißbraucht oder verfälscht. Durch die christliche Taufe wird an der rassischen Eigenart eines Juden, seiner Volkszugehörigkeit und seinem biologischen Sein nichts geändert. Eine deutsche evangelische Kirche hat das religiöse Leben deutscher Volksgenossen zu pflegen und zu fördern. Rassejüdische Christen haben in ihr keinen Raum und kein Recht.
Die unterzeichneten deutschen evangelischen Kirchen und Kirchenleiter haben deshalb jegliche Gemeinschaft mit Judenchristen aufgehoben. Sie sind entschlossen, keinerlei Einflüsse jüdischen Geistes auf das deutsche religiöse und kirchliche Leben zu dulden.

6 Behördenangestellten, deren Wohnsitz außerhalb des Einzugsgebiets der ihnen zugewiesenen Behörde lag, stand zur Kompensation anfallender Fahrtkosten eine Trennungsentschädigung zu. Alois Eckrieder empfing infolge seiner Versetzung nach Recklinghausen selbst eine solche Entschädigung und suchte eine Wohnung in Recklinghausen.

1 Thüringer Kirchenblatt und Kirchlicher Anzeiger. Gesetz- und Nachrichtenblatt der Thüringer evangelischen Kirche, B: Kirchliche Anzeigen, 1942, Nr. 1, S. 2. Abdruck in: Joachim Beckmann (Hrsg.), Kirchliches Jahrbuch für die Evangelische Kirche in Deutschland 1933–1945, Gütersloh 1948, S. 481.

2 Vom 15.9.1941 an mussten Juden in der Öffentlichkeit einen gelben Stern tragen; siehe VEJ 3/212.

3 Martin Luther bezeichnete die Juden als „Unglück in unserm Lande" und schlug u. a. folgende Maßnahmen gegen sie vor: Synagogen, jüdische Hochschulen und Wohnungen seien zu zerstören, jüdische Schriften und rabbinischer Unterricht zu verbieten; der mobile Handel von Juden sowie Geldgeschäfte sollten untersagt werden, um Juden stattdessen zu körperlicher Feldarbeit zu zwingen. Reiche das nicht aus, müssten sie „wie die tollen Hunde" aus dem Land gejagt werden; Martin Luther, Von den Jüden und ihren Lügen, Reprint der Volksausgabe Wittenberg 1543, München 1931.

Berlin, den 17. Dezember 1941
Evangelisch-lutherische Landeskirche Sachsens
Klotsche,[4] Präsident des Landeskirchenamts.
Evangelische Landeskirche Nassau-Hessen
Kipper,[5] Präsident des Landeskirchenamts.
Evang.-lutherische Landeskirche Schleswig-Holstein
Dr. Kinder,[6] Präsident des Landeskirchenamts.
Thüringer evangelische Kirche
Der Landeskirchenrat: *Dr. Volk i.V.*[7]
Evangelisch-lutherische Kirche Mecklenburgs
Schultz,[8] Landesbischof.
Evangelische Landeskirche Anhalts
Der Evangelische Landeskirchenrat für Anhalt:
Wilkendorf,[9] Oberkirchenrat.
Der Kirchenrat der evangelisch-lutherischen Kirche in Lübeck
Der Vorsitzende: *Sievers*,[10] Oberkirchenrat.[11]

4 Johannes Klotsche (1895–1965), Verwaltungsbeamter; 1920–1923 Regierungssekretär in der sächs. Gesandtschaft in Berlin; 1925 NSDAP-Eintritt, Mitarbeiter im Rassenpolitischen Amt; 1933–1937 Oberkirchenrat, 1937–1945 Präsident des Landeskirchenamts Sachsen; 1951/52 Ausbildung zum volksmissionarischen Dienst und Prediger im Aushilfsdienst.

5 Paul Kipper (1876–1963), Jurist, Amtsgerichtsrat; von 1900 an im preuß. Staatsdienst, 1930–1934 Rechtsberater des späteren Landesbischofs von Nassau-Hessen und kommissar. Präsident der Landeskirchenkanzlei, 1934–1945 deren Präsident; zum 1.6.1945 vom Kirchlichen Untersuchungsausschuss in den Ruhestand versetzt.

6 Dr. Christian Kinder (1897–1972), Jurist; 1924 Rechtsanwalt in Altona, von 1925 an im Landeskirchenamt in Kiel; 1932 NSDAP-Eintritt; 1933–1935 Reichsleiter der Deutschen Christen; 1937–1945 Präsident des Landeskirchenamts, 1943–1945 Universitätskurator in Kiel; nach 1945 Kaufmann in Hamburg.

7 Dr. Otto Volk (1877–1974), Jurist; im sächsisch-weimarischen Staatsdienst, 1920–1943 Leiter der Rechtsabt. und stellv. Präsident des Landeskirchenrats in Eisenach, dann Versetzung in den Wartestand und Aushilfstätigkeit im Landeskirchenrat; von 1945 an im Staatsdienst.

8 Walther Schultz (1900–1957), Theologe; 1928 Pastor in Badendiek; 1931 NSDAP-Eintritt; 1933 Landeskirchenführer in Mecklenburg, 1934 Landesbischof, 1939–1945 Mitglied im geistlichen Vertrauensrat der Deutschen Evangelischen Kirche; 1952–1957 Pfarrer in Schnackenburg.

9 Dr. Rudolf Wilkendorf (1897–1985), Jurist; 1925 Richter, von 1926 an Rechtsanwalt in Dessau; 1931 NSDAP- und SA-Eintritt; 1932 Notar; 1933–1944 Oberkirchenrat der evang. Landeskirche Anhalt; 1939 Justizrat; 1944/45 Kirchenpräsident; Vorsitzender der Dessauer Anwaltskammer und Ratsherr der Stadt Dessau; 1945–1947 interniert; 1951–1977 wieder als Rechtsanwalt tätig.

10 Johannes Sievers (1881–1959), Kaufmann; von 1920 an im Vorstand der Kirchengemeinde Lübeck-Lauenburg; 1933 NSDAP-Eintritt; 1933 Ortsgruppenleiter der Deutschen Christen, 1935–1945 Oberkirchenrat der Landeskirche Lübeck, 1939 im Verwaltungsausschuss des Instituts zur Erforschung und Beseitigung des jüdischen Einflusses auf das deutsche kirchliche Leben.

11 Am 22.12.1941 forderte die Deutsche Evangelische Kirchenkanzlei in einer Bekanntmachung alle Landeskirchen auf, getaufte „Nichtarier" aus dem Gemeindeleben auszuschließen; EZA, 50/155, Bl. 71.

DOK. 55
Joseph Goebbels berichtet am 18. Dezember 1941 in seinem Tagebuch von einer Besprechung mit Hitler über die geplante Abschiebung der Berliner Juden[1]

Tagebuch von Joseph Goebbels, Eintrag vom 18.12.1941

[...][2]
Dann habe ich die erste Unterredung mit dem Führer. Er kommt frisch und glänzend aussehend aus seinen schweren Auseinandersetzungen mit den Herren vom OKH zurück.[3] Man merkt ihm die damit verbundene Belastung überhaupt nicht an. Von Depression kann bei ihm gar keine Rede sein. Es ist für mich unverständlich und bewundernswert, wie der Führer die schwersten Belastungen, denen er seit dem 22. Juni[4] und vorher schon körperlich und seelisch ausgesetzt ist, aushält. Er ist auch in dieser Beziehung einfach ein Wunder. Ich wäre dazu nicht in der Lage, aber ich glaube, auch kein anderer in Partei und Staat und Wehrmacht. Wenn man sieht, wie jetzt auf der ganzen Linie die Männer anfangen, nervös zu werden, so kann man vor der Haltung des Führers nur umso mehr Respekt haben.
Der Führer ist außerordentlich glücklich über die Entwicklung im Fernen Osten.[5]
Ich erstatte ihm Bericht über die Stimmung im Reich. Dieser Bericht erweckt seine große Zufriedenheit.
Der Führer ist über und über beschäftigt. Eine Besprechung jagt die andere, und es ist für mich deshalb umso beglückender, daß er sich für die Aussprache mit mir so außerordentlich viel Zeit nimmt.
Himmler trägt ihm vor, daß in Unterkärnten ein kommunistischer Aufstand ausgebrochen ist.[6] Der Führer gibt ihm Auftrag, ihn mit brutalen Mitteln zu unterdrücken. Das fehlte uns noch, daß jetzt in diesen kleinen Kleckerländchen auf dem Balkan Schwierigkeiten entstehen. Es ist gut, daß Kutschera[7] durch Rainer[8] abgelöst worden ist, denn

1 RGVA, Nachlass Goebbels, Tagebucheintrag vom 18. Dezember 1941, fols. 1–69. Abdruck in: Die Tagebücher von Joseph Goebbels, hrsg. im Auftrag des Instituts für Zeitgeschichte von Elke Fröhlich, Teil II: Diktate 1941–1945, Bd. 2: Oktober – Dezember 1941, München 1996, S. 532–534.
2 Im ersten Teil des Eintrags schildert Goebbels die Stimmung im Führerhauptquartier und berichtet über Unterredungen mit verschiedenen Generälen. Es folgt eine ausführliche Darstellung der Entwicklungen an der Ostfront.
3 Nach dem Scheitern des Angriffs auf Moskau kam es zum Konflikt zwischen Hitler und Generälen der Heeresgruppe Mitte; Hitler erließ am 16.12.1941 den Haltebefehl, mit dem er einen Rückzug verbot.
4 Am 22.6.1941 begann der Krieg Deutschlands gegen die Sowjetunion.
5 Am 10.12.1941 hatte die japan. Luftwaffe vor der Ostküste Malaysias zwei brit. Kriegsschiffe versenkt. Japan. Truppen brachten in der Folgezeit weite Teile Südostasiens unter ihre Kontrolle.
6 Die Gebiete des besetzten Sloweniens wurden als Krain dem österreich. Gau Kärnten angegliedert. Nach dem deutschen Angriff auf die Sowjetunion kam es in Unterkärnten zu schweren Partisanenkämpfen.
7 Franz Kutschera (1904–1944), Gärtner; 1930 NSDAP-, 1931 SS-Eintritt; 1938 MdR; 1938–1941 Geschäftsführender Gauleiter von Kärnten und Krain (Slowenien); 1942/43 SSPF Mogilew, Sept. 1943 SSPF Warschau; in Warschau von poln. Untergrundkämpfern erschossen.
8 Dr. Friedrich Rainer (1903–1950?), Jurist; 1930 NSDAP-Eintritt; 1938 MdR; 1940 Reichsstatthalter Salzburg, Nov. 1941 Gauleiter Kärnten, Dez. Reichsstatthalter Kärnten, CdZ Krain, 1943 SS-Ober-

Rainer ist doch eine entschlossenere und gefestigtere Persönlichkeit. Kutschera war zu weich, um mit diesen schwierigen Fragen in Unterkärnten fertig zu werden. Der Gau Kärnten hat damit wieder eine straffe und zielbewußte Führung.
Die Unterworfenen sind überhaupt immer ein gefährliches Pack gewesen. Man muß sich bei ihnen vorsehen. Vor allem darf man ihnen nicht entgegenkommen, da sie das sofort in den falschen Rachen kriegen. Das brutalste Durchgreifen ist hier am Platze; das ist auch die einzige Sprache, die die Slowenen verstehen. Im übrigen soll man einen großen Teil der Bevölkerung dort umsiedeln, und wer sich partout nicht in die neue Ordnung hineinfügen kann und will, wird nach dem Osten abgeschoben werden.
Die Aufstände im dortigen Gebiet sind auch zum großen Teil auf die Italiener zurückzuführen, die, so absurd das klingen mag, den Aufständischen Waffen liefern und nur ein Vergnügen daran haben, daß uns hier Schwierigkeiten entstehen. Aber auch dagegen ist ein Kraut gewachsen. Wir werden jetzt jeden, der aus dem italienischen Gebiet in unser Gebiet überläuft, um bei uns Krach zu machen und Schwierigkeiten zu verursachen, gleich standrechtlich erschießen lassen; dann wird diese Überläuferei schon bald aufhören.
Ich bespreche mit dem Führer die Judenfrage. Der Führer ist entschlossen, hier weiterhin konsequent vorzugehen und sich nicht durch bürgerliche Sentimentalitäten aufhalten zu lassen.[9] Die Juden müssen vor allem aus dem Reichsgebiet heraus. Wir beraten über Möglichkeiten, vor allem Berlin möglichst schnell zu räumen. Es werden zwar hier Einsprüche erhoben – vom Vierjahresplan, vom Wirtschaftsministerium –, weil etwa 13 000 Juden in der Kriegsindustrie in Berlin beschäftigt sind; aber die kann man mit einigem guten Willen ja durch bolschewistische Kriegsgefangene ersetzen. Jedenfalls werden wir diesem Problem so bald wie eben möglich, vor allem wenn wir den nötigen Transportraum haben, auf den Leib rücken. Berlin kann solange nicht als absolut konsolidiert gelten, solange noch Juden in der Reichshauptstadt leben und wohnen. Im übrigen haben die bürgerlichen Schlappmeier immer neue Entschuldigungen, um die Juden zu schonen. Früher war es das jüdische Geld und der jüdische Einfluß, jetzt ist es der jüdische Facharbeiter. Der deutsche Intellektualismus und die deutsche Gesellschaft sind dem Juden gegenüber völlig instinktlos. Ihre Wachsamkeit ist nicht geschärft. Es ist also notwendig, daß wir dieses Problem lösen, da es wahrscheinlich, wenn es ungelöst bleibt, nach unserem Tode die verheerendsten Folgen nach sich ziehen wird. Die Juden sollen alle nach dem Osten abgeschoben werden. Was dort aus ihnen wird, kann uns nicht sehr interessieren. Sie haben sich dies Schicksal gewünscht, sie haben dafür den Krieg angefangen, sie müssen jetzt auch die Zeche bezahlen.
Es ist erfreulich, daß der Führer bei der Last der militärischen Verantwortung für diese Probleme immer noch Zeit, Gelegenheit zur Beratung und vor allem auch einen klaren Blick hat. Er allein ist in der Lage, dies Problem endgültig mit der gebotenen Härte zu lösen.

gruppenführer; Oberster Kommandeur der Operationszone Adriatisches Küstenland; 1945 Verhaftung, 1947 von einem Militärgericht in Ljubljana zum Tode verurteilt und wahrscheinlich 1950 hingerichtet.

9 Hitler hatte sich bereits am 12.12.1941 auf einer Tagung der Reichs- und Gauleiter dafür ausgesprochen, so Goebbels, „bezüglich der Judenfrage […] reinen Tisch zu machen", und seine Entschlossenheit zur Vernichtung der Juden zum Ausdruck gebracht; wie Anm. 1, S. 498 f.

Am Nachmittag muß der Führer noch eine Reihe von Offizieren empfangen, um sich ein endgültig schlüssiges Bild über die Lage im Osten zu verschaffen. Sie stellt sich Gott sei Dank nicht als so bewegt heraus, wie man auf den ersten Blick vermuten möchte. Das ist auch zum großen Teil darauf zurückzuführen, daß die Truppenführer schwärzer malen, also es geboten ist, weil sie hoffen, damit mehr Hilfe herauszuschinden. Eine solche Berichterstattung ist zwar verwerflich; aber wer will es einem Truppenführer an der Front verdenken, daß er möglichst viel für seine Truppen herauszuholen versucht? [...][10]

DOK. 56

Bernhard Lösener bittet am 19. Dezember 1941 um seine Versetzung aus dem Innenministerium, nachdem er erfahren hat, dass Juden ermordet werden[1]

Aufzeichnung von Bernhard Lösener[2] über ein Gespräch mit seinem Vorgesetzten Wilhelm Stuckart[3] in Berlin am 19.12.1941 (Abschrift)

Abschrift einer Aufzeichnung über meine Unterredung mit Staatssekretär Dr. Stuckart am 19. Dezember 1941 (12.45–13.30)

Am Mittwoch, 17.XII.41 nachm. hatte ich erfahren, in welcher Weise mit den neuerdings aus Berlin und dem übrigen Altreich deportierten Juden in der Nähe von Riga verfahren wird.[4] Ich beantragte darauf eine Rücksprache in dringender persönlicher Angelegenheit, die mir am Freitag mittag gewährt wurde und rd. 3/4 Stunden währte.
Ich trug vor: Die hoffnungslose Entwicklung der Judenfrage gebe mir dringenden Anlaß, auch einmal über meine persönliche Situation zu sprechen. Meine 8 1/2-jährige mühselige und seelisch zermürbende Arbeit als Referent dieses Sachgebietes im Reichsministerium des Innern sei nun umsonst gewesen. Das Schwergewicht habe sich *tatsäch-*

10 Im Folgenden schreibt Goebbels über Gespräche mit Generälen über die Lage an der Ostfront, schildert die allgemeine Freude im Führerhauptquartier über den Kriegsbeitritt Japans und ein langes Gespräch mit Hitler.

1 BArch, R 1501/3746a, Bl. 102–104. Abdruck in: Wilhelm Lenz, Die Handakten von Bernhard Lösener, „Rassereferent" im Reichsministerium des Inneren, in: Klaus Oldenhage/Hermann Schreyer/Wolfram Werner (Hrsg.), Archiv und Geschichte: Festschrift für P. Kahlenberg, Düsseldorf 2000, S. 695–699.

2 Dr. Bernhard Lösener (1890–1952), Jurist; 1930 NSDAP-Eintritt; von 1933 an im RMdI als Rassereferent des Referats für Juden- und Mischlingsfragen der Abt. I, wirkte 1935 an der Abfassung der Nürnberger Rassegesetze mit, Jan. 1942 Teilnehmer der Konferenz des Ostministeriums zur Bestimmung des Begriffs „Jude" in den besetzten Ostgebieten, 1943 Wechsel zum Reichsverwaltungsgericht, 1944 Verhaftung wegen seiner Verbindungen zu den Attentätern vom 20. Juli; 1950 Beamter bei der Oberfinanzdirektion Köln.

3 Wilhelm Stuckart (1902–1953), Jurist; 1922 Mitglied im Freikorps Epp und NSDAP-Eintritt, 1926 Rechtsberater der NSDAP in Wiesbaden; 1930 Amtsrichter; 1932 SA-Eintritt; 1933 Preuß. Staatsrat, 1935 Staatssekretär im RMdI und federführend bei der Abfassung der Nürnberger Rassegesetze; 1936 SS-Eintritt; 1942 Teilnehmer der Wannsee-Konferenz; 1944 SS-Obergruppenführer; 1945 Minister in der Regierung Dönitz; 1948 Angeklagter im Wilhelmstraßen-Prozess, zu vier Jahren Haft verurteilt, die mit der Untersuchungshaft als verbüßt galten.

4 Siehe Einleitung, S. 28.

lich bereits völlig auf das Reichssicherheitshauptamt verlagert; es bleibe nur noch eine Frage von wenigen Wochen, wann auch *förmlich* die wesentlichen Zuständigkeiten dorthin übergehen würden. Ich hätte bis jetzt immer noch eine Aufgabe darin erblickt, die privilegierten Mischehen und die Mischlinge ersten Grades vor der ihnen von der Partei und der Gestapo zugedachten Gleichstellung mit den Juden zu bewahren, insgesamt rd. 90 000 Menschen. Diesem Streben habe nun die neue Wendung der Dinge ein Ende gesetzt.

Dr. St.[5] widersprach dem und las mir den Entwurf eines Briefes an OGruf. Heydrich über die geplante und vom Minister bereits gebilligte Verteilung der Zuständigkeit zwischen Abt. I und dem RSichHA. vor. Ich erwiderte, daß diese Verteilung nichts ändern würde, da die Zuweisung der „Endlösung" an das RSHA.[6] diesem auch formell die Möglichkeit gäbe, jede von dort beabsichtigte Maßnahme durchzuführen, weil nach der dort herrschenden Auffassung die Judenfrage sich bereits im Stadium der Endlösung befinde. Dr. St. meinte, es könne freilich sein, daß eines Tages auch die Halbjuden deportiert würden.

Ich sagte, es käme noch ein zweites dazu: Ich hätte vorgestern erfahren, in welch grauenhafter Weise die aus dem Altreich kürzlich deportierten Juden ermordet würden. Man sei allerdings mit den polnischen und russischen Juden bisher ebenso verfahren, doch habe dies meine dienstlichen Aufgaben nicht berührt, weil ich mich nur mit der Judenfrage im Altreich zu befassen habe. Das sei nun anders geworden, denn nun würden auch Menschen betroffen, deren rassische Angelegenheiten von mir zu bearbeiten gewesen seien. „Ich kann es vor Gott und meinem Gewissen nicht mehr verantworten, weiter auf diesem Sachgebiet zu arbeiten." Auch müsse ich mich dagegen verwahren, daß mein Name künftig überhaupt noch mit diesen Dingen zusammengebracht werde; ich sei zwar nicht mitverantwortlich, habe im Gegenteil immer mit allen Kräften gegen diese Entwicklung gekämpft, aber draußen in der Bevölkerung könne man davon nichts wissen, dort sei ich vielmehr bekannt als der Referent für Judenangelegenheiten. „Ich bin entschlossen, mit allen mir nur irgend zu Gebote stehenden Mitteln darum zu kämpfen, daß ich von diesem Sachgebiet loskomme, und zwar in einer auch nach außen hin deutlich erkennbaren Art." Ich müsse daher auch dringend bitten, daß das der Abt. I nach der neuen Zuständigkeitsregelung noch verbleibende Restreferat nicht an mir hängen bliebe.

Dr. St.: „Das Verfahren gegen die evakuierten Juden beruht auf einer Entscheidung von höchster Stelle. Damit werden Sie sich abfinden müssen!"

Ich (zeige auf meine Brust): „Ich habe hier drin einen Richter, der mir sagt, was ich tun muß!"

Dr. St. sagte dann, wenn ich es mit meinem Gewissen nicht vereinbaren könne, dann müßte er mir wohl ein anderes Referat geben. Ich erwiderte: In der U.-Abt. von Herrn Geh.R. Hering[7] kämen nur noch die Arbeitsgebiete Staatsangehörigkeit und Protektorat Böhmen-Mähren in Frage, wenn mein Referat fortfiele. Bei ersterem werde binnen kurzem dasselbe Dilemma eintreten, da das RSHA. auch die Staatsangehörigkeit an sich

5 Stuckart.

6 Am 31.7.1941 hatte Göring den Chef des RSHA Reinhard Heydrich beauftragt, die „Endlösung der Judenfrage" in Europa vorzubereiten; siehe VEJ 3/196.

7 Geheimrat Hermann Hering leitete die Unterabt. I 2 (Staatsangehörigkeit und Rasse; Angelegenheiten des Protektorats Böhmen und Mähren).

ziehen wolle, und der Protektor in B.-M. heiße jetzt auch OGruf. Heydrich. Ein Referat in einer der übrigen Unterabteilungen der Abt. I zu übernehmen bedeute aber für mich, daß ich mich einem der Herren unterordnen müßte, durch deren Beförderung ich mich seit Jahren übergangen fühlte. Dies könne man mir nicht zumuten, denn ich sei von allen älteren Mitgliedern der Abt. der einzige alte Kämpfer der NSDAP., die Herren Hoche, Medicus und Hubrich seien im Lebensalter mir gleich oder nur ganz unwesentlich älter, und schließlich glaube ich auch nicht, daß sie in ihren Leistungen mich überboten hätten. Ich fügte hinzu, daß auch meine ständige Zurücksetzung in den letzten Jahren neben den bereits besprochenen Hauptursachen dazu beigetragen habe, meine Arbeitsfreudigkeit zu mindern. Ich sähe somit in der Abt. I keinen Platz mehr für mich und bäte, meinem Ausscheiden nichts in den Weg zu legen.
Dr. St. erwiderte, es sei wohl erwogen worden, weshalb ich nicht befördert worden sei. „Sie sind nicht dynamisch genug. Sie sind stehengeblieben bei dem 14. November 1935 (Unterzeichnung der Ersten Verordnungen zu den Nürnberger Gesetzen durch den Führer) und haben sta[...][8] an der damaligen Regelung festgehalten. Dadurch ist uns die Führung in der Judenfrage entglitten. Hätten Sie sich nicht so verhalten, könnte vieles anders sein. Nicht, daß ich darüber besonders unglücklich wäre, denn so habe ich nun mit diesen Sachen nicht mehr viel zu tun. Sie haben nicht gefühlt, daß das Leben seit damals weitergegangen ist und die damalige Regelung unhaltbar geworden ist. Sie haben es nicht verstanden, die erforderliche Fühlung mit der Partei und neuerdings mit der SS zu halten, damit uns die Dinge nicht aus der Hand genommen würden. Herr Schiedermair[9] hatte das verstanden. Die andere Entwicklung begann mit seinem Ausscheiden (bei Kriegsausbruch). Ihre Leistungen sollen damit aber nicht herabgesetzt werden."
Ich entgegnete, daß ich mich mit dieser Beurteilung abfinden müsse, da ich wie jeder andere eine bestimmte Arbeitsweise hätte, die auf einer Veranlagung beruhe und daher nicht ohne weiteres sich ändern lasse.
Dr. St. sagte mir darauf zu, daß er mich auf jeden Fall alsbald von meinem Referat entbinden werde, und fragte mich, welche Absichten ich wegen meiner weiteren Verwendung hätte. Es folgten zunächst einige Erörterungen über den Nachfolger im Referat oder Restreferat. Als Wunsch von mir führte ich an, ich möchte, wenn möglich, nunmehr aus jeglicher politischer Arbeit beiseite treten. Um einen möglichst deutlichen Schnitt zwischen meiner bisherigen und einer neuen Tätigkeit zu erreichen, wäre es mir am liebsten, wenn ich aus dem Ministerium ausscheiden könnte, damit eine Veröffentlichung darüber im Ministerialblatt erschiene. Vielleicht könnte ich zum Reichsverwaltungsgericht übertreten. Dr. St. fragte, ob ich damit an eine der neugeschaffenen Richterstellen im Range eines Ministerialdirigenten dächte. Ich bejahte dies und sagte, ich möchte freilich nicht eine Versetzung aus dem Hause in meinem bisherigen Rang erstreben, denn ich wollte mir ja nicht geradezu eine Strafversetzung erbitten und hätte das

8 Rest des Wortes unleserlich.
9 Rudolf Schiedermair (1909–1991), Jurist; 1933 NSDAP-, 1937 SS- und 1939 SA-Eintritt; 1933 Leitung der Stelle für Gesetzgebung im Rassenpolitischen Amt der NSDAP, 1935 im RMdI Sachbearbeiter für Rassefragen, 1940 Abteilungsleiter beim Reichskommissar für die besetzten norweg. Gebiete; 1944 mit Stuckart Hrsg. von „Rassen- und Erbpflege in der Gesetzgebung des Reiches"; 1945 Verwaltungsgerichtspräsident in Würzburg, 1958 dort Honorarprofessor.

wohl auch nicht verdient. Im übrigen hätte ich auch nicht die Absicht, ihm jetzt gleichsam die Pistole auf die Brust zu setzen, vielmehr sei der Zweck der erbetenen Besprechung bereits voll damit erreicht, daß er mir die Befreiung von dem Judenreferat zugesagt habe, wofür ich ihm von Herzen danke. Auch sei ich es Herrn Staatssekretär Pfundtner[10] schuldig, ihm sofort nach dieser Besprechung Vortrag zu halten und seine Stellungnahme abzuwarten.

Abschließend sagte Dr. St., man müsse die Endlösung der Judenfrage doch von einem höheren Standpunkt aus betrachten. „Allein in den letzten Wochen sind 50 000 deutsche Soldaten an der Ostfront gefallen; Millionen werden noch fallen, denn, Herr Lösener, der Krieg wird noch sehr lange dauern. Denken Sie daran, daß an jedem deutschen Toten die Juden schuldig sind, denn nur den Juden haben wir es zu verdanken, daß wir diesen Krieg führen müssen. Das Judentum hat ihn uns aufgezwungen. Wenn wir da mit Härte zurückschlagen, so muß man die weltgeschichtliche Notwendigkeit dieser Härte einsehen und darf nicht ängstlich fragen, ob denn gerade dieser oder jener bestimmte evakuierte Jude, den sein Schicksal ereilt, persönlich daran schuldig ist."

Ich bat, als Antwort ein Gleichnis anführen zu dürfen: Ich bin überzeugter Anhänger der Todesstrafe für bestimmte Verbrechen, muß es aber ablehnen, für meine Person selbst den Henker zu machen. Und seitdem ich weiß, was mit den Evakuierten geschieht, würde jede Unterschrift von mir unter einen notwendigerweise ablehnenden Bescheid auf ein Gnadengesuch sich bedenklichst der Henkersarbeit nähern. Bisher bedeutete eine solche Unterschrift wenigstens nur, daß ich den Gesuchsteller ins Elend zurückstieß, von jetzt ab aber wäre es ein Urteil, das ihn zu einem bestialischen Tode binnen kurzer Zeit verdammte.

Dr. St. beendete die Unterredung in freundlichem Ton mit der Zusage, sich meine weitere Verwendung zu überlegen. Die Unterredung war trotz der selbstverständlichen inneren Spannung in angemessenen Formen verlaufen.

Am nächsten Vormittag (20.XII.41) erstattete ich Staatssekretär Pfundtner Bericht, der mich – wie immer – mit größtem Wohlwollen behandelte und mir jede ihm mögliche Unterstützung versprach.

Niedergeschrieben an Hand von Notizen am 26. Dezember 1941.

10 Johannes (Hans) Pfundtner (1881–1945), Jurist; von 1918 an im RWM tätig, 1925–1933 Rechtsanwalt und Notar; 1932 NSDAP-Eintritt; 1933–1943 Staatssekretär im RMdI, 1943 a. D.; nahm sich das Leben. Pfundtner hatte Lösener seine Anstellung im RMdI verschafft und ihn dort mit Rassefragen betraut; siehe Erinnerungen von Bernhard Lösener, in: VfZ 9 (1961), Heft 3, S. 262–313, hier: S. 265 bis 267.

DOK. 57
Die Kameradschaft der Deutschen Künstler teilt am 23. Dezember 1941 mit, es werde geprüft, welche Kunstwerke aus jüdischem Eigentum sich zur Dekoration von Staatsgebäuden eignen[1]

Schreiben des geschäftsführenden Präsidenten der Kameradschaft der Künstler München e.V.,[2] gez. Robert Scherer,[3] München, Künstlerhaus Lenbachplatz 8 (Präsident: Gauleiter und Staatsminister Adolf Wagner[4]), an Präsident Rauch,[5] Finanzpräsidium München, vom 23.12.1941 (Abdruck)[6]

Sehr geehrter Herr Präsident Rauch!
Der gestrige Besuch des Herrn Staatsministers bei der Münchner Kunsthandels-Gesellschaft,[7] behufs Besichtigung des dort gelagerten jüdischen Kunstbesitzes, hat ein überraschendes Ergebnis gebracht. Der Herr Staatsminister hat folgendes angeordnet:
1. Nachdem entsprechend der Führerweisung die Museen bereits ihre Wahl getroffen haben und der Direktor der Staatl. Gemäldegalerien Dresden, Dr. Posse,[8] im Auftrag des Führers auch schon 5 Bilder endgültig für den Führer ausgewählt hat, obliegt die weitere Verwertung nach dem klaren Entscheid des Führers (wie ich Ihnen selbst schon wiederholt sagte) Herrn Staatsminister Wagner. Dies ist der gestern von dem Herrn Staatsminister klar herausgestellte Kernpunkt der Sache.
2. Der Herr Staatsminister läßt nun durch Herrn Generaldirektor Dr. Buchner[9] sämtliche Gemälde usw. nochmals auf ihre Verwendbarkeit als repräsentativer Wandschmuck für die verschiedenen Staats- und Parteigebäude prüfen und wird darnach entscheiden, welche übrigbleibenden Kunstgegenstände dem Kunsthandel, einschl. der Münchner Kunsthandels-Gesellschaft, zugeführt werden sollen.
Davon bitte ich Sie, einstweilen Kenntnis zu nehmen und gleichzeitig auch von der Ansicht des Herrn Staatsministers, daß, nachdem die Museen und Herr Dr. Posse nur die damaligen Schätzpreise zahlen bzw. bezahlt haben, für die von ihm auszuwählenden

1 BArch, R 2/31098, Bl. 68+RS.
2 Die Kameradschaft der Deutschen Künstler (KDDK) ging 1933 aus dem Bund nationalsozialistischer Bühnen- und Filmkünstler hervor, organisierte Kunstausstellungen und gab die Zeitschrift Blätter der Kameradschaft der Deutschen Künstler heraus.
3 Robert Scherer (1889–1982), Möbelfabrikant; 1937 NSDAP-Eintritt; ehrenamtl. geschäftsführender Präsident der Kameradschaft der Deutschen Künstler.
4 Adolf Wagner (1890–1944), Unternehmer und Politiker; 1922 NSDAP-Eintritt, 1923 Teilnahme am Hitler-Putsch, von 1929 an Gauleiter von München-Oberbayern; 1933 MdI und stellv. Ministerpräsident in Bayern, von 1936 an bayer. Kultusminister, von 1939 an Reichsverteidigungskommissar.
5 Hans Rauch (1885–1963), Agrarwissenschaftler; von 1917 an MdL (Bayer. Volkspartei); von 1921 an als Min.Rat in der Reichsfinanzverwaltung; 1933 SA-, 1937 NSDAP-Eintritt; 1941 Oberfinanzpräsident in Nürnberg und München; nach 1945 Generalbevollmächtigter der Herzoglichen Verwaltung in Tegernsee.
6 Im Original eine unleserliche handschriftl. Randnotiz.
7 Die Münchner Kunsthandels-Gesellschaft entstand 1938 aus der „arisierten" und von der KDDK treuhänderisch verwalteten Kunsthandlung Otto Bernheimer.
8 Dr. Hans Posse (1879–1942), Kunsthistoriker; von 1910 an Direktor der Staatlichen Gemäldegalerie Dresden; 1939 von Hitler mit der Beschaffung von Kunstwerken für ein geplantes Führermuseum in Linz betraut.
9 Dr. Ernst Buchner (1892–1962), Kunsthistoriker; 1933 NSDAP-Eintritt; von 1928 an Direktor des Wallraf-Richartz-Museums in Köln, seit 1933 Generaldirektor der Bayer. Staatsgemäldesammlun-

Kunstgegenstände auch keine anderen Preise als die damaligen Schätzpreise in Frage kommen können.
Heil Hitler!
Ihr

DOK. 58
Ein anonymes NSDAP-Mitglied warnt am 23. Dezember 1941, dass Lügen, Korruption, „Euthanasie" und die Vernichtung der Juden die Kampfbereitschaft der Deutschen untergraben[1]

Anonymes Schreiben an den Chef der Reichskanzlei, Reichsminister Dr. Lammers[2] (persönlich), ungez., o. D. [23.12.1941][3]

Als alter Soldat und Parteigenosse fühle ich mich verpflichtet, den obersten Stellen des Reiches einige Gedanken zur gegenwärtigen Lage zu unterbreiten.
Mit dem Kriegseintritt der Vereinigten Staaten und Japans hat der zweite Weltkrieg seinen Anfang genommen.[4] Hierbei stehen die drei an Einwohnerzahl, Gebietsausdehnung und wirtschaftlichen Hilfsmitteln größten Reiche der Welt in einer Auseinandersetzung auf Leben und Tod mit den drei Achsenmächten, die vorläufig noch die militärische Überlegenheit besitzen. Dieser Krieg wird voraussichtlich viele Jahre, nach amerikanischer Auffassung sogar Jahrzehnte, dauern und für Deutschland und seine Verbündeten schwere Verluste, Leiden und Entbehrungen mit sich bringen, denen gegenüber die bisher gebrachten Opfer wie ein Kinderspiel erscheinen werden. Wir haben nur dann Aussicht, diesen Kampf zu bestehen, wenn das deutsche Volk gewillt ist, das Äußerste zu leisten und durch seine moralische Widerstandskraft die Übermacht des Feindes an Menschen und Material wettzumachen. Leider muß aber jeder nüchterne Beobachter feststellen, daß bereits jetzt Kriegsmüdigkeit Platz greift und die Stimmung im Volk und Heer sich verschlechtert. Es ist daher eine dringende Aufgabe der Staatsführung, die Ursachen dieser Ermüdungserscheinungen, soweit wie irgend möglich, zu beseitigen.
Dabei verkenne ich nicht, daß es viele durch den Krieg bedingte Schwierigkeiten gibt, die einfach unabwendbar sind. Weder kann der Staat die Sorgen der Volksgenossen um ihre Angehörigen an der Front erleichtern, noch kann er mehr Lebensmittel und Verbrauchsgüter zur Verfügung stellen, als vorhanden sind. Er kann auch nicht die Wirkung der feindlichen

gen, von 1940 an zudem Professor in München; beteiligt an Kunstraub, u. a. in Vichy-Frankreich; 1948 als Mitläufer eingestuft; 1953–1957 erneut Generaldirektor der Bayer. Staatsgemäldesammlungen sowie Ehrenprofessor der Universität München.

1 BArch, R 43/413, Bl. 104–112.

2 Dr. Hans Heinrich Lammers (1879–1962), Jurist; von 1912 an Landrichter, von 1920 an im RMdI; 1923–1933 Stahlhelm-Mitglied, 1932 NSDAP-, 1933 SS-Eintritt; 1933–1944 Chef der Reichskanzlei, seit 1937 im Rang eines Reichsministers; 1949 vom US-Militärgerichtshof in Nürnberg zu 20 Jahren Haft verurteilt, im Jan. 1951 zu zehn Jahren begnadigt, im Dez. 1951 entlassen.

3 Die Datierung ist angegeben auf dem Begleitschreiben, mit dem die Reichskanzlei den Brief am 6.1.1942 „zum weiteren Befinden" mit dem Betreff „Schmähschreiben an den Führer" an das Geheime Staatspolizeiamt übermittelte; wie Anm. 1.

4 Nachdem japan. Streitkräfte am 7.12.1941 den US-Militärstützpunkt Pearl Harbor angegriffen hatten, traten die USA tags darauf offiziell in den Krieg ein, der so endgültig zum Weltkrieg wurde.

Luftangriffe ausschalten oder den in der Kriegswirtschaft außerhalb ihres Wohnortes eingesetzten Arbeitskräften Wohnungen beschaffen, damit sie ihre Familien nachkommen lassen können. Diese Kriegsnöte werden aber vom deutschen Volk ertragen, wenn es durch Partei, Staat und Presse ständig und ruhig über ihre Notwendigkeit aufgeklärt wird.
Trotzdem sollte man den Bogen nicht überspannen und vor allem der Wehrmacht, der Arbeiterschaft und den Bauern keine fortlaufende Überanstrengung zumuten, die auf die Dauer die Spannkraft aushöhlt und zu einer gleichgültigen Abstumpfung führt. So hat die Truppe im Osten seit dem 22.6.41[5] Übermenschliches geleistet, was jedoch auf ihre Kampfkraft nicht ohne Einfluß geblieben ist. Auch die Arbeiterschaft kann nicht ständig, nicht täglich zehn Stunden schaffen, wie es in manchen Betrieben geschieht, sonst sinkt ihre Arbeitsleistung. Den Bauern, besonders den kleinbäuerlichen Wirtschaften, müßten aus der Millionenzahl von Kriegsgefangenen genügende Arbeitskräfte zugeteilt werden, denn Frauen und alte Leute sind allein nicht in der Lage, auf Jahre hinaus die eingezogenen Männer zu ersetzen.
Daneben gibt es aber viele Mißstände, die im deutschen Volk einen stets sich steigernden Unwillen hervorrufen.
Wie im letzten Weltkrieg macht sich auch jetzt wieder das Schiebertum bemerkbar. Nur sind es diesmal nicht Juden und Judengenossen, die sich an der Not des Volkes bereichern, sondern viele zur Führung berufene Persönlichkeiten aus Partei, Staat und Wehrmacht suchen ihr Schäfchen ins Trockene zu bringen und auf Kosten ihrer darbenden Volksgenossen ein üppiges Leben zu führen. Von oben her hat eine schamlose Korruption sich wie ein Ölfleck verbreitet und die Grundlagen unseres staatlichen Lebens vergiftet. Auch manche Wirtschaftskreise beteiligen sich an dieser Korruption. Der Führer hat zwar erklärt, daß niemand an diesem Krieg verdienen soll, aber das Deutsche Reich ist der einzige kriegführende Staat, der keine Kriegsgewinnsteuer[6] eingeführt hat. Es werden große Festgelage veranstaltet, während das Volk leidet und die Soldaten an der Ostfront hungern und frieren. Die Einführung des Feldküchengerichts in den Gaststätten an zwei Tagen bedeutet zwar eine kleine Besserung, aber es handelt sich nur um eine halbe Maßnahme.
Wenn der Soldat auf Urlaub kommt, sieht er viele kräftige Männer, die angeblich unabkömmlich sind. Durch Beziehungen und Bestechungen gelingt es diesen Heimatkriegern, sich vom Militärdienst zu drücken.
Der Frontsoldat auf Urlaub erlebt auch, daß der christliche Glaube, der ihm in Todesgefahr Mut und Kraft gibt, in der Heimat bekämpft wird, daß seine Kinder keine christliche Erziehung mehr erhalten und daß Klöster und andere religiöse Einrichtungen aufgelöst werden. Das deutsche Volk ist zu 90 % christlich gesinnt. Es wird nur so lange bestehen, wie es seinen christlichen Glauben behält. Sonst wird es untergehen, wie das Römische Reich, die germanischen Stämme und viele andere Völker untergegangen sind, nachdem sie ihren Glauben aufgegeben hatten.
Die Abkehr vom Christentum hat bereits furchtbare Folgen gezeitigt. Die Geisteskranken werden systematisch umgebracht, eine Maßnahme, die sich angeblich auch auf

5 Datum des deutschen Angriffs auf die Sowjetunion.

6 Eine solche Steuer zur Abschöpfung besonderer Gewinne in Kriegszeiten war zwar im Vorfeld des Kriegs geplant, wurde aber nie eingeführt. Dennoch gab es von 1939 an verschiedene steuerpolitische Maßnahmen, wie z. B. die sog. Gewinnabführung für Kapitalgesellschaften und die Erhöhung der Körperschaftssteuer, die die steuerlichen Belastungen von Reichsbürgern und Kapitalgesellschaften vergrößerten.

Taubstumme, Krüppel und Greise erstrecken soll. Die entsetzlichen Massenhinrichtungen in Polen und Rußland, die in den Konzentrationslagern begangenen Untaten, die erbarmungslose Ausrottung der Juden, einschließlich unschuldiger Kinder, Frauen und alter Leute, erwecken im ganzen deutschen Volk Empörung und Abscheu. Selbst ausgekochte SS-Männer, die zu diesen Grausamkeiten gezwungen werden, brechen mit den Nerven zusammen. Diese Untaten bilden einen ewigen Schandfleck in der deutschen Geschichte. Dabei nützen sie weder der deutschen Kriegführung, noch stärken sie das nationalsozialistische Regime.

Wehrmacht und Volk sind bereit, alles für die Verteidigung des Vaterlandes einzusetzen, sie wollen Deutschland in seinen völkischen Grenzen sichern, lehnen aber uferlose Eroberungspläne ab. Der deutsche Soldat im Osten hat von dem russischen Dreckland die Nase voll und ist enttäuscht, daß er Leben und Gesundheit für den Erwerb sagenhafter Kolonien opfern soll, in denen einige Bonzen große Güter und Herrschaftsgebiete für sich erhoffen. Er weiß aus eigener Erfahrung, daß die Kampfkraft der Roten Armee keineswegs gebrochen ist, und er ärgert sich daher, wenn es in deutschen amtlichen Erklärungen heißt, daß die Wehrmacht der Sowjets vernichtet sei und es sich nur noch um Aufräumungsarbeiten handle. Wir sind keine kleinen Kinder, denen man Märchen erzählen muß. Es wäre viel besser, uns die volle Wahrheit zu sagen, damit bekämpft man am wirksamsten die vom Feind geförderte Flüsterpropaganda und beugt pessimistischen Gerüchten vor.

Alle diese von mir erwähnten Mißstände haben nichts mit der großen nationalsozialistischen Idee zu tun und stehen teilweise im krassen Widerspruch zum Parteiprogramm. Sie werden aber amtlich geduldet oder sogar veranlaßt, was dem Volk nicht verborgen bleibt und sein Vertrauen in die Führung schwächt. Das deutsche Volk ist sich in seiner überwiegenden Mehrheit bewußt, daß eine Niederlage das Ende unserer Unabhängigkeit, namenloses Elend und den Tod von vielen Millionen deutscher Menschen bedeuten würde. Es hat die Folgen des Versailler Diktats[7] erlebt und weiß, was es von den lügenhaften Versprechungen unserer Feinde zu halten hat. Deshalb besteht nicht die Gefahr einer Meuterei wie 1918.[8] Auch verfügt der nationalsozialistische Staat über genügend Autorität, um irgendwelche Unruhen im Innern sofort zu ersticken. Ich fürchte aber, daß die Führung zu wenig Rücksicht auf die Gesinnung des Volkes nimmt und daß dieses daher in einen Zustand der Hoffnungslosigkeit versinkt, der Kampfgeist und Entschlossenheit lähmt. Höchste Leistungen und Opfer, wie sie im zweiten Weltkrieg vom deutschen Volk gefordert werden müssen, sind nur unter der Bedingung zu erzielen, daß jeder sie freiwillig und gern vollbringt. Dies setzt jedoch voraus, daß das Volk uneingeschränktes Vertrauen zur Führung besitzt, die es ihrerseits vermeiden sollte, weiteste Kreise des Volkes ständig vor den Kopf zu stoßen und allgemeine Verbitterung zu erregen. Wie ein guter Reiter durch geeignete Hilfen sein Pferd zu lenken versteht, so sollte auch die nationalsozialistische Führung durch eine psychologisch richtige Behandlung des deutschen Volkes die in ihm schlummernden Kräfte zu ungeahnter Leistung erwecken. Dann können wir zuversichtlich in die Zukunft blicken und alles ertragen, was uns die kommenden Kriegsjahre bringen werden.

Deutschland Sieg Heil!

7 Abschätzige Bezeichnung für den Friedensvertrag von Versailles, der 1919 den Ersten Weltkrieg völkerrechtlich beendete und u. a. die Reparationsleistungen Deutschlands festlegte.

8 Kieler Matrosenaufstand vom Nov. 1918, der den Anstoß zur Novemberrevolution in Deutschland gab.

DOK. 59

Der Polizeioffizier Paul Salitter berichtet am 26. Dezember 1941 über die Deportation von Juden aus dem Rheinland und die Unannehmlichkeiten für die Begleitmannschaft[1]

Bericht (vertraulich), gez. Salitter,[2] Hauptmann der Schutzpolizei, vom 26.12.1941[3]

Über die Evakuierung der Juden nach Riga.[4]
Transportbegleitung in Stärke 1/15[5]
vom 11.12.–17.12.1941.

1.) Transportverlauf.
Der für den 11.12.1941 vorgesehene Judentransport umfaßte 1007 Juden aus den Städten Duisburg, Krefeld, mehreren kleineren Städten und Landgemeinden des rhein.westf. Industriegebietes. Düsseldorf war nur mit 19 Juden vertreten. Der Transport setzte sich aus Juden beiderlei Geschlechts und verschiedenen Alters, vom Säugling bis zum Alter von 65 Jahren, zusammen.[6]
Die Ablassung des Transportes war für 9.30 Uhr vorgesehen, weshalb die Juden bereits ab 4 Uhr an der Verladerampe zur Verladung bereitgestellt waren. Die Reichsbahn konnte jedoch den Sonderzug, angeblich wegen Personalmangels, nicht so früh zusammenstellen, so daß mit der Einladung der Juden erst gegen 9 Uhr begonnen werden konnte. Das Einladen wurde, da die Reichsbahn auf eine möglichst fahrplanmäßige Ablassung des Zuges drängte, mit der größten Hast vorgenommen. Es war daher nicht verwunderlich, daß einzelne Wagen überladen waren (60–65 Personen), während andere nur mit 35–40 Personen besetzt waren. Dieser Umstand hat sich während des ganzen Transportes bis Riga nachteilig ausgewirkt, da einzelne Juden immer wieder versuchten, in weniger stark besetzte Wagen zu gelangen. Soweit Zeit zur Verfügung stand, habe ich dann auch in einigen Fällen, weil auch Mütter von ihren Kindern getrennt worden waren, Umbelegungen vorgenommen.

1 Wiener Library, DOC 1656/3/3/298. Abdruck in: Kurt Düwell, Die Rheingebiete in der Judenpolitik des Nationalsozialismus vor 1942. Beitrag zu einer vergleichenden zeitgeschichtlichen Landeskunde, Bonn 1968, S. 302–308.
2 Paul Salitter (1898–1972), Polizist; von 1919 an im Polizeidienst; 1937 NSDAP-, 1940 SS-Eintritt; 1941 Hauptmann der Schutzpolizei Düsseldorf, im März 1942 zur Polizeiverwaltung Brest-Litowsk versetzt, 1942–1944 in Minsk, 1944/45 bei der Schutzmannschaft-Brigade „Siegling“ im Elsass; im Jan. 1945 zum SS-Sturmbannführer ernannt; 1946 zunächst als minderbelastet, 1951 als Mitläufer eingestuft; arbeitete als Wachmann und Tankwart.
3 Der Bericht wurde mit Fernschreiben Nr. 13 165 (II B4/71.02/1300/41) aus Düsseldorf an das Ref. IV B 4 des RSHA, z. Hd. von SS-[Ober-]Sturmbannführer Eichmann übersandt und an den Befehlshaber der Sipo und des SD, Einsatzgruppe A in Riga, z. Hd. von Dr. Lange; ein weiteres Exemplar war für die Akten des Ref. II B 4 des RSHA bestimmt; wie Anm. 1. Im Original handschriftl. Unterstreichungen. Dem Bericht liegt eine zweiseitige, z.T. handschriftl. Aufstellung von Alter, Geschlecht und Berufsgruppen der Deportierten bei.
4 Im Herbst/Winter 1941/42 wurden mindestens 21 000 Juden aus dem Reichsgebiet und aus Theresienstadt nach Riga deportiert.
5 Ein Offizier (Salitter) in Begleitung von 15 Polizisten. Die Namen der 15 Mannschaftsmitglieder sind nicht überliefert.
6 Die Deportierten – darunter 76 Kinder unter zehn Jahren – stammten aus 40 Gemeinden. Das Durchschnittsalter lag bei 42 Jahren. 98 Personen aus diesem Transport überlebten.

Auf dem Wege vom Schlachthof zur Verladerampe hatte ein männlicher Jude versucht, Selbstmord durch Überfahren mittels der Straßenbahn zu verüben. Er wurde jedoch von der Auffangvorrichtung der Straßenbahn erfaßt und nur leichter verletzt. Er stellte sich anfänglich sterbend, wurde aber während der Fahrt bald sehr munter, als er merkte, daß er dem Schicksal der Evakuierung nicht entgehen konnte. Ebenfalls hatte sich eine ältere Jüdin unbemerkt von der Verladerampe, es regnete und war sehr dunkel, entfernt, sich in ein nahe liegendes Haus geflüchtet, entkleidet und auf ein Klosett gesetzt. Eine Putzfrau hatte sie jedoch bemerkt, so daß auch sie dem Transport wieder zugeführt werden konnte. Die Verladung der Juden war gegen 10.15 Uhr beendet. Nach mehrmaligem Rangieren verließ der Zug dann gegen 10.30 Uhr den Güterbahnhof Düsseldorf-Derendorf in Richtung Wuppertal, also schon mit einer Verspätung von einer Stunde. Nach dem letzten Rangieren in Düsseldorf stellte ich fest, daß der Wagen des Begleitkommandos (2. Klasse) anstatt in der Mitte des Zuges am Ende der Personenwagen, also als 21. Wagen einrangiert worden war. Hinter unserem Wagen befanden sich dann die 7 mit Gepäck beladenen Güterwagen. Die falsche Einrangierung des Begleitwagens hatte folgende Nachteile:
a) Der Dampfdruck erreichte infolge fehlerhafter Heizungsanlagen die hinteren Wagen nicht. Infolge der Kälte konnte die Kleidung der Posten nicht trocknen (fast während des ganzen Transportes regnete es), so daß ich mit Ausfällen durch Erkrankung zu rechnen hatte.
b) Dem Transportführer ging die Übersicht über den Zug verloren. Wenn auch die mitgeführten Scheinwerfer gute Dienste leisteten, so hatten die Posten bei jedem Halten einen zu weiten Weg zur Aufsicht über die ersten Wagen zurückzulegen und oft Mühe, bei plötzlicher Abfahrt des Zuges noch den Wagen des Begleitkommandos zu erreichen. Außerdem versuchten die Juden immer wieder, sofort nach dem Halten in Bahnhofshallen mit dem reisenden Publikum in Verbindung zu treten, Post abzugeben oder sich Wasser holen zu lassen. Ich mußte mich daher entschließen, 2 Posten in einem Abteil des vorderen Personenwagens unterzubringen.
Meine diesbezüglichen Einwendungen auf dem Abgangsbahnhof Düsseldorf blieben unberücksichtigt und der Zug wurde mit dem Bemerken abgelassen, daß infolge der Verspätung in Düsseldorf eine Umrangierung des Wagens des Begleitkommandos nicht mehr erfolgen könne. Die Umrangierung des Wagens könnte auch unterwegs erfolgen. Die Fahrt verlief dann planmäßig und berührte folgende Städte: Wuppertal, Hagen, Schwerte, Hamm. Gegen 18 Uhr wurde Hannover-Linden erreicht. Hier hatte der Zug einen Aufenthalt von fast einer Stunde. Ich ließ einem Teil der Juden etwas Wasser verabfolgen und erbat gleichzeitig die Umrangierung des Wagens. Eine Zusage wurde mir gegeben, jedoch war in letzter Minute keine Rangierlok vorhanden. Der Bahnhof in Stendal sollte jedoch entsprechende Nachricht erhalten, damit meinem Wunsche dort entsprochen werden konnte. Die Fahrt führte dann bis zur Station Miesterhorst.[7] Hier wurde um 21 Uhr ein Achsenbrand am Wagen 12 festgestellt. Der Wagen mußte ausrangiert und die Juden dieses Wagens, weil die Station keinen Ersatzwagen stellen konnte, auf andere Wagen verteilt werden. Diese Aktion schien den schlafenden Juden durchaus nicht zu passen und gestaltete sich wegen unaufhörlichen Regens und Dunkelheit sowie mit Rücksicht darauf, daß der Zug außerhalb des Bahnhofs ohne Bahnsteig stand, an-

7 Im Original schlecht lesbar; vermutlich ist die Ortschaft Miesterhorst in der Altmark (Sachsen-Anhalt) gemeint.

fänglich etwas schwierig, wurde aber mit entsprechendem Nachdruck dennoch sehr schnell durchgeführt. Bei der Umladung haben sich die mitgeführten Scheinwerfer sehr gut bewährt. Der Bahnhof Stendal wurde um 23 Uhr erreicht. Hier war Lok.-Wechsel, auch wurde ein leerer 3.-Klasse-Wagen an die Spitze des Zuges gesetzt. Aus Zweckmäßigkeitsgründen habe ich jedoch die Belegung des Wagens erst bei Tageslicht vornehmen lassen. Die Umrangierung des Begleitwagens war hier nicht möglich, da der Zug auf dem Hauptgeleise stand und sofort abgelassen werden mußte. Bahnhof Wustermark sollte jedoch Nachricht erhalten, damit Umrangierung dort erfolgen konnte.
Am 12.12. um 1.15 Uhr wurde Wustermark erreicht. Dieser Bahnhof wollte jedoch von Stendal keine Nachricht von der Umrangierung erhalten haben. So wurde ich von Bahnhof zu Bahnhof vertröstet, ohne daß meinem inzwischen als sehr dringend geschilderten Ersuchen entsprochen wurde. Um 3.30 Uhr hatte der Zug auf der Station Berlin-Lichterfelde einen Aufenthalt von ½ Stunde. Hier lehnte die obere Zugleitung eine Umrangierung ohne Angabe näherer Gründe mit dem Bemerken ab, daß diese erfolgen werde, sofern es sich auf einem der nächsten Bahnhöfe ermöglichen läßt. Der Zug hatte bereits 155 Minuten Verspätung. Die Fahrt wurde dann über Küstrin, [...],[8] Schneidemühl, Firchau fortgesetzt.
Um [...][9] Uhr habe ich vom Bahnhof Firchau den Bahnhof Konitz verständigen lassen, daß der Zug dort etwa 1 Stunde Aufenthalt auf ein Nebengleis nehmen muß, um
a) den leeren Wagen mit Juden zu beladen,
b) die Versorgung der Juden mit Wasser vorzunehmen,
c) die Umrangierung des Begleitwagens zu veranlassen,
d) eine Erfrischung vom Roten Kreuz für die Begleitmannschaft in Empfang zu nehmen.

Der Aufenthalt wurde mir gewährt. Kurz vor Konitz riß der Wagen wegen seiner Überlastung auseinander. Auch zerriß das Heizungsrohr. Der Zug konnte jedoch behelfsmäßig repariert seine Fahrt bis Konitz fortsetzen. Um 11.10 Uhr wurde Konitz erreicht. Ich konnte mein Vorhaben bis auf die Umrangierung des eigenen Wagens durchführen. Anfänglich wurde mir diese zugesagt, dann erklärte mir der Stationsvorsteher, daß die Einrangierung des Wagens in die Mitte des Zuges wegen Fehlens einer Rangierlok und der erforderlichen Gleise nicht durchführbar sei, er aber den Wagen nach vorn rangieren lassen werde. Hiermit war ich unter den obwaltenden Umständen einverstanden. Nach etwa 5 Minuten erschien er aber wieder und erklärte mir, daß er den Zug sofort wieder abfahren lassen müsse und ein Rangieren jetzt, es waren inzwischen 50 Minuten vergangen, nicht mehr möglich sei. Das Verhalten des Stationsvorstehers erschien mir unverständlich, weshalb ich ihn in energischer Weise zur Rede stellte und mich beschwerdeführend an die zuständige Aufsichtsstelle wenden wollte. Er erklärte mir darauf, daß diese Stelle für mich nicht zu erreichen sei, er seine Anweisungen habe und den Zug sofort abfahren lassen müsse, weil 2 Gegenzüge zu erwarten seien. Er stellte sogar das Ansinnen an mich, einen Wagen in der Mitte des Zuges von Juden zu räumen, ihn mit meinem Kdo. zu belegen und die Juden im Begleitwagen 2. Klasse unterzubringen. Es erscheint angebracht, diesem Bahnbediensteten von maßgebender Stelle einmal klarzumachen, daß er Angehörige der Deutschen Polizei anders zu behandeln hat als Juden.

8 Ortsname unleserlich.
9 Unleserlich.

Ich hatte den Eindruck, als ob es sich bei ihm um einen von denjenigen Volksgenossen handelt, die immer noch von den „armen Juden" zu sprechen pflegen und denen der Begriff „Jude" völlig fremd ist. Dieser Bahnbeamte brachte es sogar fertig, den Zug, den ich für 2 Minuten verlassen mußte, um mir auf der Station des Roten Kreuzes einen Fremdkörper aus dem Auge entfernen zu lassen, führerlos abfahren zu lassen. Nur dem Eingreifen eines meiner Posten war es zu verdanken, daß der Lok.-Führer nach dem Abfahren noch einmal hielt und ich den Zug noch mit Mühe erreichen konnte. Seine Behauptung, daß Gegenzüge zu erwarten seien, stellte sich als eine fadenscheinige Begründung seines Verhaltens heraus, denn es ist dem Transport auf der anschließenden Fahrt weder ein Gegenzug begegnet, noch sind wir von einem Zug auf einer anderen Haltestation überholt worden.

Die den Transport seit Firchau begleitenden Bahnbeamten (1 Zugführer und 1 Schaffner) konnten das Verhalten des Bahnhofsbeamten in Konitz nicht begreifen. Ihrer Meinung nach als Fachleute wäre die Umrangierung bei einem Aufenthalt von 1 Stunde auf einem Nebengleis ohne weiteres möglich gewesen, wenn nur der gute Wille dagewesen wäre. Sie hatten sich ihm beide zur Hilfeleistung beim Rangieren zur Verfügung gestellt und den Begleitwagen bereits abgekoppelt. Um 12.10 Uhr verließ der Zug den Bahnhof Konitz. Die Fahrt führte dann weiter über Dirschau, Marienburg, Elbing nach Königsberg (Pr.). Hier wurde der Zug von 20.12 bis 22 Uhr hin- und herrangiert, ohne daß der Begleitwagen umrangiert wurde. Auf diesem Bahnhof erreichte mich die Meldung, daß im Wagen 17 ein Kind am Sterben sei. Nach näherer Feststellung durch die begleitende jüdische Ärztin hatte es ein 14-jähriges Mädchen mit Herzbeschwerden gelegentlich der Periode zu tun. Um 22.10 Uhr (13.12.) wurde die Fahrt fortgesetzt. Kurz vor Insterburg riß der Zug abermals auseinander. Beide Teile des Zuges mußten zur Station Insterburg geschleppt werden, wo der beschädigte Wagen 15 ausgewechselt und die Juden in den neu bereitgestellten Wagen umgeladen wurden. Um 1.50 Uhr ging es weiter nach Tilsit. Auf dieser Station nahe der ostpr. litauischen Grenze wurde auf meine erneute Bitte in Insterburg hin der Wagen des Begleitkdos. nach vorn rangiert und erhielt endlich Heizung. Die Wärme wurde von der Begleitmannschaft sehr wohltuend empfunden, da die Uniformen der Posten infolge des auf der ganzen Fahrt fast ununterbrochen anhaltenden Regens völlig durchnäßt [waren] und nunmehr getrocknet werden konnten. Um 5.15 Uhr wurde die Grenzstation Laugszargen und nach 15 Minuten die litauische Station Tauroggen erreicht. Von hier aus sollte die Fahrt bis Riga normal nur noch 14 Stunden betragen. Infolge des eingleisigen Bahngeländes und der Zweitrangigkeit des Zuges in der Abfertigung gab es auf den Bahnhöfen oft lange Verzögerungen in der Weiterfahrt. Auf dem Bahnhof Schaulen (1.12 Uhr) wurde die Begleitmannschaft von Schwestern des Roten Kreuzes ausreichend und gut verpflegt. Es wurde Graupensuppe mit Rindfleisch verabfolgt. In Schaulen wurde in allen Judenwagen durch litauisches Eisenbahnpersonal die Lichtzufuhr abgestellt. Auf dem nächsten Bahnhof hatte ich Gelegenheit, die Juden letztmalig aus einem in der Nähe liegenden Brunnen Wasser fassen zu lassen. Das Wasser auf litauischen und lettischen Bahnhöfen ist durchweg ungekocht genießbar, nur schwierig erreichbar, da Brunnen nicht immer in der Nähe des Bahnkörpers liegen und Zapfstellen nach deutschem Muster nicht vorhanden sind.

Um 19.30 Uhr wurde Mitau (Lettland) erreicht. Hier machte sich schon eine erheblich kühlere Temperatur bemerkbar. Es setzte Schneetreiben mit anschließendem Frost ein. Die Ankunft in Riga erfolgte um 21.50 Uhr, wo der Zug auf dem Bahnhof 1 ½ Stunden festgehalten

wurde. Hier stellte ich fest, daß die Juden nicht für das Rigaer Ghetto bestimmt waren, sondern im Ghetto Stirotawa,[10] 8 km nordwärts von Riga, untergebracht werden sollten.
Am 13.12., um 23.35 Uhr, erreichte der Zug nach vielem Hin- und Herrangieren die Militärrampe auf dem Bahnhof Skirotawa. Der Zug blieb ungeheizt stehen. Die Außentemperatur betrug bereits 12° unter Null. Da ein Übernahmekdo. der Stapo nicht zur Stelle war, wurde die Bewachung des Zuges vorläufig von meinen Männern weiter durchgeführt. Die Übergabe des Zuges erfolgte alsdann um 1.45 Uhr, gleichzeitig wurde die Bewachung von 6 lettischen Polizeimännern übernommen. Da es bereits nach Mitternacht war, Dunkelheit herrschte und die Verladerampe stark vereist war, sollte die Ausladung und die Überführung der Juden in das noch 2 km entfernt liegende Sammelghetto erst am Sonntag früh beim Hellwerden erfolgen. Mein Begleitkdo. wurde durch 2 vom Kdo. d. Sch.[11] bereitgestellte Pol.-Streifenwagen nach Riga gebracht und bezog dort gegen 3 Uhr Nachtquartier. Ich selbst erhielt Unterkunft im Gästehaus des Höh. SS- und Pol.-Führers, Petersburger Hof, am Schloßplatz 4.

2.) Aufenthalt in Riga.
Mit Rücksicht auf die während des Transportes durchnäßte und verschmutzte Bekleidung, der Waffen und des Geräts setzte ich für den 14.12. von 13–16 Uhr Waffenreinigen und Instandsetzen der Bekleidung und Ausrüstung an. Vorher gab ich den Männern Gelegenheit, in einem in der Nähe der Unterkunft gelegenen Lokal warmes Mittagessen einzunehmen. Lebensmittelmarken wurden mir vom BdO. in Riga zur Verfügung gestellt. Den Rückmarsch des Begleitkdos. mußte ich auf den 15.12. um 15.01 Uhr festsetzen. Da täglich nur dieser eine Zug von Riga nach Tilsit für Wehrmachtsangehörige verkehrt und ich die mitgeführten RM 50 000 Judengelder dem Geldverwalter der Stapo am 15.12. früh noch zu übergeben hatte.
Die Stadt Riga ist durch den Krieg so gut wie unversehrt geblieben. Mit Ausnahme der gesprengten Dünabrücken und einiger in der Nähe gelegener zerschossener Häuser der Altstadt habe ich weitere Beschädigungen nicht bemerkt. Riga umfaßt etwa 360 000 Einwohner, darunter befanden sich etwa 35 000 Juden. Die Juden waren in der Geschäftswelt wie überall führend. Ihre Geschäfte sind jedoch sogleich nach dem Einmarsch der deutschen Truppen geschlossen und beschlagnahmt worden. Die Juden selbst wurden in einem durch Stacheldraht abgeschlossenen Ghetto an der Düna untergebracht. Z. Zt. sollen sich in diesem Ghetto nur 2500 männliche Juden, die als Arbeitskräfte verwendet werden, befinden. Die übrigen Juden sind einer anderen zweckentsprechenden Verwendung zugeführt bezw. von den Letten erschossen worden.[12]
Riga ist städtebaulich eine sehr schöne Stadt, die sich mit jeder Stadt des Reiches messen kann. Das Verkehrs- und Wirtschaftsleben ist bereits geordnet. Es sind seit einiger Zeit

10 Richtig: Skirotawa, Šķirotava. Gemeint ist der Gutshof Jungfernhof, unweit der Bahnstation Skirotawa, etwa vier km von Riga entfernt. Da das Getto in Riga überfüllt war, diente das Lager von Anfang Dez. 1941 bis März 1942 zur behelfsmäßigen Unterbringung von knapp 4000 deutschen und österreich. Juden.

11 Kommando der Schutzpolizei.

12 Auf Befehl des HSSPF Ostland Friedrich Jeckeln erschossen deutsche Polizisten und SS-Angehörige am 30.11.1941 und 8.12.1941 etwa 26 000 Juden aus dem Getto Riga, um Platz für die dorthin deportierten deutschen Juden zu schaffen. Zur Bewachung der Hinrichtungsstätte waren lettische Hilfspolizisten eingesetzt worden, an der zweiten Mordaktion beteiligten sich außerdem lettische Freiwillige; siehe VEJ 7/256, 261 und 283.

Kleider- und Lebensmittelkarten eingeführt worden. Die Lebensmittel pp.[13] sind dort sehr billig. So kostete ein ausreichendes Mittagessen 50–75 Pfennige. Das lettische Volk ist, soweit ich beobachten konnte, deutschfreundlich und spricht auch zum großen Teil Deutsch. Vielfach war aber aus dem Verhalten von Einzelpersönlichkeiten erkennbar, daß sie dem zaristischen Rußland noch immer in Treue ergeben sind. Von den Bolschewisten will jedoch kein Lette etwas wissen, da es selten eine Familie gibt, die während der Besetzung durch die Sowjets ohne Blutopfer davongekommen ist. Ihr Haß gilt insbesondere den Juden. Sie haben sich daher vom Zeitpunkt der Befreiung bis jetzt auch sehr ausgiebig an der Ausrottung dieser Parasiten beteiligt. Es erscheint ihnen aber, was ich insbesondere beim lettischen Eisenbahnpersonal feststellen konnte, unverständlich, weshalb Deutschland die Juden nach Lettland bringt und sie nicht im eigenen Lande ausrottete.
Die Straßen in Riga dürfen von der Bevölkerung während der Nacht ohne Passierschein nicht betreten werden. Zu Schießereien ist es in der letzten Zeit nicht mehr gekommen. Auf dem flachen Lande soll dieses jedoch noch immer der Fall sein. Zum Teil handelt es sich bei den Unruhestiftern um alte Kommunisten, zum Teil aber auch um von den Sowjets durch Fallschirm abgesetzte Saboteure in Zivil. Zur Bekämpfung dieses Gesindels sind Pol.Batl. in ausreichendem Umfange eingesetzt. In Riga selbst befinden sich sehr viele Stäbe der Nachschubeinheiten der Wehrmacht und auch solche der Polizei. Pol.-Truppenverbände sind in Riga nicht stationiert.

3.) Rückmarsch des Begleitkommandos.
Die Inmarschsetzung des Begleitkdos. nach Düsseldorf erfolgte am 15.12. mit dem um 15.01 Uhr nach Tilsit verkehrenden Zug. Der Zug war durch Weihnachtsurlauber stark besetzt und traf erst am 16.12. um 8 Uhr in Tilsit ein. Immerhin brauchte er für die 360 km lange Fahrtstrecke 17 Stunden. Nach einem Aufenthalt von 3 Stunden verlief die Fahrt ab Tilsit mit den fahrplanmäßigen Zügen über Insterburg, Königsberg, Marienburg, Dirschau reibungslos. Am 17.12. um 0.06 Uhr wurde Berlin erreicht. Bereits um 0.30 Uhr konnte ab Berlin ein Urlaubszug benutzt werden, der über Hannover, Hamm und Dortmund geleitet wurde und um 13 Uhr Düsseldorf erreichte. Die gesamte Rückfahrzeit ab Riga betrug 46 Stunden, während für die Hinfahrt mit dem Sonderzug 61 Stunden benötigt wurden.

4.) Erfahrungen.
a) Die mitgegebene Verpflegung war gut und ausreichend.
b) Die Mitnahme von 2 Decken, Kochgeschirren, Petroleumkocher, warmer Kleidung, Postenpelzen und Filzstiefeln kam den Männern sehr zu statten und ist auch für künftige Transporte wünschenswert.
c) Die Bewaffnung mit Pistolen und Karabinern war ausreichend, da in Litauen und Lettland Überfälle durch Partisanen auch[14] zu befürchten sind. Dagegen ist die Bewaffnung des Begleitkdos. mit M.P.s, l.MG.s oder Handgranaten erforderlich, wenn Transporte nach Städten geleitet werden, die im ehemals russischen Gebiet liegen.
d) Die beiden Handscheinwerfer haben sich gut bewährt. Ihre Mitnahme halte ich auch bei künftigen Transporten für unbedingt erforderlich. Ihre Anwendung habe ich vom Zuge aus vornehmen lassen, da sie für die Posten selbst sehr hinderlich waren und

13 Perge, perge (lat.) = und so fort.
14 So im Original, gemeint ist vermutlich „kaum“.

einen etwaigen Gebrauch der Schußwaffe in Frage stellten. Ebenso ist die Ausrüstung der Männer mit Taschenlampen, Ersatzbatterien sowie die Mitnahme von Kerzen als Notbeleuchtung nach wie vor erforderlich.
e) Die Unterstützung durch das Rote Kreuz muß ich lobend erwähnen. In bezug auf die Verabreichung von Erfrischungen ist dem Kdo. von den in Anspruch genommenen Stationen jede nur erdenkliche Unterstützung zuteil geworden.
f) Zur Verabfolgung von Trinkwasser für die Juden ist es unbedingt erforderlich, daß die Gestapo mit der Reichsbahn für je einen Tag des Transportes 1 Stunde Aufenthalt auf einem geeigneten Bahnhof des Reichsgebietes vereinbart. Es hat sich herausgestellt, daß die Reichsbahn wegen des festgelegten Fahrplanes nur mit Widerwillen auf entsprechende Wünsche des Transportführers eingeht. Die Juden sind gewöhnlich vor Abgang des Transportes 14 Stunden und länger unterwegs und haben die mitgenommenen Getränke vor der Abfahrt bereits aufgebraucht. Bei einer Nichtversorgung mit Wasser während des Transportes versuchen sie dann, trotz Verbot, bei jeder sich bietenden Gelegenheit aus dem Zuge zu gelangen, um sich Wasser zu holen oder holen zu lassen.
g) Es ist ferner dringend erforderlich, daß die Reichsbahn die Züge rechtzeitig, mindestens 3–4 Stunden vor der festgesetzten Abfahrtzeit, bereitstellt, damit die Einladung der Juden und ihres Gepäcks geordnet erfolgen kann. Vor allem ist von der Gestapo mit der Reichsbahn zu vereinbaren, daß der gestellte Wagen für das Begleitkdo. (2. Kl.) gleich bei der Zusammenstellung in die Mitte des Zuges einrangiert wird. Diese Einrangierung ist aus Gründen der sicheren Überwachung des Transportes dringend notwendig. In anderen Fällen ergeben sich die in Ziff. 1 geschilderten Schwierigkeiten. Bei starker Kälte ist darauf zu achten, daß die Beheizungsanlagen des Zuges in Ordnung sind.

5.) Die gestellten Männer des Begleitkommandos haben zu nennenswerten Klagen keinen Anlaß gegeben. Abgesehen davon, daß ich einzelne von ihnen zu schärferem Vorgehen gegen Juden, die meine erlassenen Verbote zu übertreten glaubten, anhalten mußte, haben sich alle sehr gut geführt und ihren Dienst einwandfrei versehen. Krankmeldungen oder Zwischenfälle sind nicht vorgekommen.

DOK. 60
Berthold Rudner schreibt Ende 1941 in seinem Tagebuch über seine Deportation aus Berlin und die Ankunft in Minsk[1]

Handschriftliches Tagebuch von Berthold Rudner,[2] Einträge vom 5.11. bis 8.12.1941

Novembertage 41
5. XI. Kündigung der Wohnung.

7. ". abends Empfang der Vermögensliste.[3]
". ". u. 21 h Ausfüllung.
" " 21 ¼ h Bombeneinschlag.

1 IfZArch, ED 424. Teilweise abgedruckt in: Petra Rentrop, Berthold Rudners Aufzeichnungen aus dem Ghetto Minsk (November 1941 – Juni 1942), in: Wolfgang Benz/Barbara Distel/Angelika Königseder (Hrsg.), Nationalsozialistische Zwangslager. Strukturen und Regionen – Täter und Opfer, Berlin 2011, S. 387 f.

8. " laufe als obdachloser „Bombengeschädigter" herum, ohne ein Zimmer zu bekommen.

9. Empfang des „Festprogramms" für den 12. XI.[4]

12. ". u. 19.45 h. Empfang durch 2 Beamte, von denen der Federführende anmaßend und frech sich zeigte. Nahm mir RM 11.35 ab, beließ mir eine Papiermark und zwang mich, alles Gepäck zum Revier zu tragen. Zurückzulassende Stücke wollte er beschlagnahmen. Wie ein Packesel keuchte [ich] zum Revier mit ca. 100 kg. Dort eine Treppe rauf. Oben angekommen, hieß es runter, denn der Wagen sei da. Dann befahl man mir, zu Fuß etc., jedenfalls *alleine* zur Synagoge zu gehen. – Landete kurz vor 20 h, betrat das Haus und bin seitdem gefangen!

12. " (13.11.) 2mal im Gotteshaus übernächtigt, ebenso eng und unhygienisch.

14. " u. 2.30 h. mit dem Polizeiwagen nach Grunewald gebracht. Stundenlang vor dem Zug gestanden, ohne einsteigen zu können. Alles fror. Kinder weinten. Endlich Verladung in uralte eiskalte Zuggarnitur. Gegen 19 h Abfahrt bei Nacht und Nebel und Kälte. Alles bibberte. Ca. 1200 Menschen führte der überfüllte Zug nach dem Osten.[5] Menschen waren bedrückt.

15. und 16. XI. Fahrt ohne Ende. Kein warmes Essen noch Getränke. Toilette eingefroren. Lief alles über. Jauche rann in's Koupe. 4 Personen badeten ihre Schuhe in diesem Morast. Auch ich. Morast wurde mit Hand und Eßgeschirr ausgelöffelt!
Abends heimliches Konzert mit Max Rosenthal.[6]

16.+17. Ohne Licht und Heizung im Wagen. Nächte kalt. Morgens in Warschau. Stundenlanges Stehen. Empfangen Brot und – kaltes Wasser. –

18.XI. Morgens in Minsk. Erst nachmittags ausgeladen. Zug der Verfluchten und Erniedrigten zieht ins Getto nach 90stündiger Fahrt.
Überfüllt und keine Quartiere. Übernachtung eng aneinander in 3 Fluren. Kein Licht, kein Wasser, kein Essen!

2 Berthold Rudner (1885–1942), Automechaniker; 1920 Mitarbeiter der USPD-Parteizeitung Freiheit, später Inhaber einer Autowerkstatt; nach 1933 im sozialistischen Widerstand aktiv, 1940 deswegen zu einer Zuchthausstrafe verurteilt, unmittelbar nach der Haftentlassung im Nov. 1941 nach Minsk deportiert; dort Zwangsarbeit in der Autowerkstatt des SS-Fuhrparks; sein Tagebuch endet am 3.6.1942 und gelangte nach dem Krieg auf ungeklärte Weise an Hermann Brill.

3 Vor der Deportation mussten Juden sämtliche in ihrem Besitz befindlichen Gegenstände, Wertsachen und Barbeträge in Vermögenslisten eintragen.

4 Gemeint sind die Anweisungen zur bevorstehenden Deportation.

5 Laut den Deportationslisten befanden sich 956 Menschen in diesem Transport nach Minsk.

6 Max Rosenthal (*1884), Musiker; 1933 Berufsverbot, 1935 aus der Reichsmusikkammer ausgeschlossen, 1936 wurde ihm die Unterrichtserlaubnis entzogen; am 14.11.1941 aus Berlin nach Minsk deportiert, ermordet.

Hungrig und verdreckt wirft sich eine müde Masse auf den harten Boden, versucht zu schlafen, schnarcht und knirscht, Aufschreien von Kindern, Weinen und lautes Gerede erfüllt die Luft.
Dazu Mitteilungen, die energisch vorgetragen werden. Waschen sei Luxus, das Wasser darf nicht getrunken werden, auch nicht zum Zähneputzen etc. weil es seuchenverdächtig ist. Nur abgekochtes Wasser dürfe konsumiert werden. Wer stehle oder das Getto verläßt, wird – erschossen – .
In sehr gedrückter Stimmung lagert sich die Masse Mensch und ergibt sich seinem harten Schicksal.

19.) [11.] Kein Frühstück, kein Abendbrot, kein Wasser.

20.) [11.] Austreibung der russischen Juden.[7]
Unterredung mit Dr. Frank, Leiter.[8] Zuzug von Brünnern.

21.) [11.] D. Eisinstädter, Wien, im Lager begraben. Halserei mit den Brünnern, die ihre Lebensmittel für sich behalten wollten. Kein Essen.

22.[11.] Wieder ein Begräbnis. Eine alte Frau. Entsetzlicher Zustand. Seit 8 Tagen nicht aus Kleidern und Stiefeln. Kein Schlaf. Das Gehirn verödet. Waschen unmöglich. Funktionen des Körpers werden zu grauslichen Problemen.

8.XII. Androhung von „Genickschüssen", verprügelte Juden (Russen und auch Deutsche), röchelnde Kranke in vielen Nächten, such is life –.
Ich habe jetzt meinen Schreibtisch in Wohnstätte und kann zur Not versteckt ein paar Zeilen schreiben.
Über allem: no place like home!
Viele Österreicher bei der S.S. hier, mit denen ich in heimatlicher Mundart gut auskomme. Schreibe bisher am Knie als Unterlage.
Schreibe bitte an J[üdische] Gemeinde, daß der Transportführer und Lagerleiter *Freudenthal*[9] ein ganz rüder Knoten ist, fehl am Platze wäre, höchstens mit Viechern umzugehen versteht und daß die „Verpflegung" des Berliner Transportes die schlechteste war. Ohne Namen. *Diesen Skandal werde ich später publik machen.*

7 Gemeint ist die Ermordung von 5000 weißruss. Juden am 20.11.1941; bereits am 7. und 11.11.1941 hatten Sicherheitspolizisten 6624 Juden erschossen, um für die Deportationstransporte aus dem Deutschen Reich Platz im Getto zu schaffen; siehe VEJ 7/23.

8 Richtig: Dr. Edgar Franck (1896–1942), Jurist, Ökonom, Bankier; jüdischer Leiter des Transports aus Hamburg, der einen Tag vor dem Transport aus Berlin eingetroffen war; Judenältester der Sondergettos I und II, in denen die deutschen Juden getrennt von den weißruss. im Getto Minsk untergebracht waren; nach einem misslungenen Versuch, Post aus dem Getto zu schmuggeln, wurde er im März 1942 schwer gefoltert und erlag wenig später seinen Verletzungen.

9 Günter Freudenthal (1914–1942); wohnte in Berlin-Charlottenburg und wurde am 14.11.1941 nach Minsk deportiert, dort Leiter des Berliner Lagers im Sondergetto II, später wegen Pelzschmuggels abgesetzt und wegen des Diebstahls von Paketen erschossen.

DOK. 61
Die Enzyklopädie Brockhaus von 1941 erklärt den Begriff „Judenfrage"[1]

Eintrag aus der Enzyklopädie Der Neue Brockhaus, 1941

Judenfrage,

die Erscheinungen, die sich bereits seit dem Altertum aus der Überschneidung des jeweils nichtjüdischen Lebenskreises mit dem jüdischen beim Zusammenleben der Juden mit ihren Wirtsvölkern ergeben. Die Zerstreuung der →Juden unter die Völker der Welt und die freigewollte Isolierung von ihren Wirtsvölkern (→Talmudismus), die bes. geartete rassische, religiöse und ethische Entwicklung des Judentums haben die Begegnung der nichtjüdischen Völker mit den Splittern dieses Volkes zu allen Zeiten zu einem ernsten Lebensproblem gemacht.
Seit Juden im Troß römischer Legionen nach Germanien gezogen kamen, gibt es auch in der deutschen Geschichte die J. Im Mittelalter bildete sie für das deutsche Volk ein großes religiöses und wirtschaftsethisches Problem, trotz der Gettolösung. Anfang des 17. Jahrh. erfolgte der politisch bedeutsame Einbruch einzelner Juden in das deutsche Wirtschaftsleben als Hofjuden deutscher Fürsten. Sie waren in der Folge nicht nur die einflußreichen Wegbereiter neuer Judengemeinden in deutschen Städten, sondern auch eines grundsätzlich neuen Lösungsversuches der J., der Gleichstellung der Juden mit den Angehörigen der Wirtsvölker. Diese Entwicklung, die sich bis 1871 verfassungsrechtlich gegen große Widerstände durchzusetzen vermochte, ist die Grundlage der modernen J. auch in Deutschland. Nachdem der Grundsatz der reinlichen Scheidung endgültig aufgegeben war, konnte sich der dem deutschen Wesen fremde Einfluß des Judentums ungehindert auf alle Bezirke des deutschen Lebens ausdehnen. Die Juden warfen sich zu geistigen und politischen Führern des deutschen Volkes auf, beherrschten Wirtschaft, Presse, Kultur. Die blutsmäßige Vermischung führte zu ernsthaften Störungen der lebensgesetzlichen Grundlagen bes. in den führenden Schichten des deutschen Volkes.
Der Nationalsozialismus hat der Epoche der Gleichberechtigung der Juden im Deutschen Reich ein Ende gemacht und die J. auf rassischer Grundlage gelöst: die Juden sind von den deutschen Volksgenossen völlig geschieden (→Blutschutzgesetz, →Reichsbürgergesetz),[2] der jüd. Einfluß auf das polit., kulturelle und wirtschaftl. Leben des deutschen Volkes ist beseitigt. Das internationale Judentum hat dieser Lösung den schärfsten Kampf angesagt: Greuelpropaganda und Boykotthetze, vor allem in den Vereinigten Staaten, der Mord an Wilhelm Gustloff[3] und schließlich an dem Gesandtschaftsrat vom

1 Der Neue Brockhaus. Allbuch in vier Bänden und einem Atlas, Bd. 2, 2., verb. Auflage, Leipzig 1941, S. 549 f.

2 Im Sept. 1935 wurden die Nürnberger Gesetze erlassen, darunter das sog. Blutschutzgesetz, das die Ehe zwischen Juden und Nichtjuden verbot, und das Reichsbürgergesetz, das die staatsbürgerlichen Rechte von Juden einschränkte; RGBl., 1935 I, S. 1146 f., siehe VEJ 1/198 und 199.

3 Wilhelm Gustloff (1895–1936), Bankkaufmann; von 1932 an Landesgruppenleiter der NSDAP-Auslandsorganisation in der Schweiz, wurde am 4.2.1936 in Davos von dem Studenten David Frankfurter erschossen; siehe VEJ 1/226.

Rath[4] im November 1938. Daraufhin wurde die gesetzliche Regelung der J. wesentlich beschleunigt, und Maßnahmen zur völligen Absonderung der Juden auf allen Lebensgebieten wurden getroffen: Ausschaltung aus Einzelhandel und Handwerk, aus leitenden Stellen wirtschaftlicher Unternehmungen; Verbot des Erwerbs von Grundbesitz; Ermächtigung zu Zwangsveräußerungen jüd. Gewerbebetriebe, jüd. Grundbesitzes und sonstiger jüd. Vermögensteile; Verbot der Teilnahme an deutschen Kulturveranstaltungen.[5] — Auch das faschistische Italien hat sich 1938 zum Rassegedanken bekannt und Gesetze zur Reinerhaltung der Rasse erlassen; gleichzeitig wird das Judentum als Herd des Antifaschismus bekämpft. Ebenso drängt in Ungarn, Rumänien und vielen anderen Ländern das völkische Erwachen zu einer Lösung der J. (→Rassenschutzgesetzgebung.)

Walter *Frank*: Händler und Soldaten (1933), Hofprediger Adolf Stöcker und die christlich-soziale Bewegung (2. Aufl. 1935), Deutsche Wissenschaft und J. (1937); Die Juden in Deutschland, herausgegeben vom Institut zum Studium der J. (1935); Das Judentum in der Rechtswissenschaft (4 H., 1936); Forschungen zur J. hg. v. Reichsinstitut für Geschichte des neuen Deutschlands, Bd. 1–6 (1936–40); W. *Ziegler*: Die J. in der modernen Welt (1937); *v. Eichstätt*: Bibliographie zur Geschichte der J. (1938 ff.); K. G. *Kuhn*: Die J. als weltgeschichtl. Problem (1939); W. *Stoffers*: Juden und Ghetto in der deutschen Literatur (1939).

DOK. 62
Aufbau: Artikel vom 9. Januar 1942 über die Ausbürgerung von Juden, die das Reich verlassen haben[1]

Du bist kein Deutscher mehr! Alle jüdischen Auswanderer ausgebürgert

Nach einer Meldung des „Deutschen Nachrichtenbüros“ (DNB) vom 26. Dezember 1941, u. a. wiedergegeben in der „Neuen Zürcher Zeitung“ vom 27. Dezember 1941, und einer weiteren und ausführlicheren Mitteilung des „Manchester Guardian“[2] ist im „Reichsgesetzblatt“ ein Erlaß der Reichsregierung erschienen, demzufolge alle Juden ausgebürgert werden, die das Reich, das Protektorat Böhmen-Mähren sowie die vom deutschen Reich besetzten Gebiete verlassen oder bereits verlassen haben.[3]

4 Ernst Eduard vom Rath (1909–1938), Jurist und Diplomat; nachdem Ende Okt. 1938 etwa 17 000 poln. Juden aus Deutschland an die poln. Grenze deportiert worden waren, darunter auch die Familie von Herschel Grynszpan, verübte dieser ein tödliches Attentat auf vom Rath, damals Legationssekretär der deutschen Botschaft in Paris. Daraufhin löste die NS-Führung am 9.11.1938 im gesamten Reichsgebiet das sog. Novemberpogrom aus; siehe VEJ 2, S. 51–58.

5 Die hier aufgelisteten antijüdischen Maßnahmen wurden binnen weniger Tage bzw. Wochen nach dem Novemberpogrom erlassen: VO zur Ausschaltung der Juden aus dem deutschen Wirtschaftsleben, 12.11.1938, RGBl., 1938 I, S. 1580, siehe VEJ 2/143; VO über den Einsatz des jüdischen Vermögens, 3.12.1938, RGBl., 1938 I, S. 1709–1712, siehe VEJ 2/193; Verbot der Teilnahme an Kulturveranstaltungen, siehe Amtliche Mitteilungen der Reichsmusikkammer, Nr. 22 vom 15.11.1938.

1 Aufbau, Nr. 2 vom 9.1.1942, S. 1.

2 Die Meldung des Nachrichtenbüros sowie die beiden Zeitungsartikel konnten nicht ermittelt werden.

3 Gemeint ist die 11. VO zum Reichsbürgergesetz; siehe Dok. 43 vom 25.11.1941.

Hierbei gelten im gesetzlichen Sinne *nicht* als Juden Personen, die deutschblütiger Abkunft sind, die aber selber oder deren Vorfahren zur jüdischen Konfession übergetreten sind. Auch gelten nicht als Juden die Mischlinge zweiten Grades, bei denen drei Großelternteile deutschblütig und nur ein Großelternteil jüdisch ist, auch dann nicht, wenn diese Menschen der jüdischen Religionsgemeinschaft angehören. Das wird sich praktisch im Falle von Mischehen häufig ergeben.[4]
Nach der Gesetzes-Verordnung wird das Vermögen der auswandernden oder ausgewanderten Juden zugunsten des Reiches beschlagnahmt. Das war auch bei den bisherigen Ausbürgerungen bereits der Fall. Neuartig ist die Bestimmung, daß alle Vermögenswerte in einen Fonds überführt werden sollen, aus dem „die Kosten zu bestreiten sind, die sich aus der Lösung der Judenfrage ergeben."[5] Hieraus würden beispielsweise die Kosten gedeckt werden, die durch eine Deportation von Juden aus dem Reich nach Polen usw. entstehen. Als Vermögen gelten nicht nur Bar- und Bankvermögen wie auch Wertpapiere, sondern Ansprüche aus Versicherungen, Pensionen und Renten, weiterhin Liegenschaften, Waren, Möbel, Schmuck und Werte aller Art. Auch solche Gegenstände, die sich, wie beispielsweise Lifts, im Zollausland befinden – Zollausland sind Freihäfen wie Hamburg, Bremen, Stettin –, verfallen der Beschlagnahme. Pensionen des Reiches und der Länder, die bisher an in Deutschland lebende Angehörige bezahlt werden konnten, sind danach der Beschlagnahme durch das Reich verfallen. Ebenso auch Pensionen, die ehemalige Beamte und Angestellte der jüdischen Gemeinden in Deutschland bezogen. Naturgemäß treffen alle diese Bestimmungen auch auf das ehemalige österreichische Staatsgebiet zu.

DOK. 63

Jochen Klepper beschreibt am 9. und 10. Januar 1942 Rettungsversuche von Juden, die Grenzen der Hilfsbereitschaft und den Ausschluss „nichtarischer" Christen aus der Kirche[1]

Handschriftl. Tagebuch von Jochen Klepper, Berlin, Einträge vom 9. und 10.1.1942

Freitag, den 9. Januar 1942
Es soll geschehen, wer den Namen des Herrn anrufen wird, soll selig werden.
Apostelgeschichte 2,21[2]
Es ist kalt geblieben, der Zauber des Reifes geschwunden. Ein grauer Tag.
Bei Baronin Stengel[3] (= Binder, ein Fotoatelier der Großen Gesellschaft, der Prominenz), die die Einreiseerlaubnis in die Schweiz bekommen soll; ihre Reise hat in Wirklichkeit

4 Dies entspricht den Regelungen der 1. VO zum Reichsbürgergesetz vom 14.11.1935; siehe VEJ 1/210.
5 In der 11. VO zum Reichsbürgergesetz heißt es wörtlich: „Das verfallene Vermögen soll zur Förderung aller mit der Lösung der Judenfrage im Zusammenhang stehenden Zwecke dienen."

1 Deutsches Literaturarchiv Marbach, Bestand A: Klepper, ZN: 77 3347. Teilweise abgedruckt in: Klepper, Unter dem Schatten (wie Dok. 17 vom 23.10.1941, Anm. 1), S. 1017–1019.
2 Von 1933 an stellte Klepper jedem Tagebucheintrag ein Bibelzitat aus den Losungen der Herrnhuter Brüdergemeine voran.
3 Elisabeth Freifrau von Stengel (1896–1978), Geschäftsführerin des Berliner Fotoateliers Binder; sie wurde 1943 nach Theresienstadt deportiert.

den Grund, die Möglichkeiten der Adoption für jüdische Freunde zu erkunden; sie hat uns selbst angeboten, sich für Renerle mit Tappolets[4] in Verbindung zu setzen. – Auf mich wirkt entsetzlich niederdrückend, daß alle Helfer jetzt immer gleich die ganze Skala auf der Zunge haben: Adoption im Ausland, Scheinehe, andere Vaterschaft.
Noch nie aber habe ich gehört, daß gutsituierte, hilfsbereite arisch-christliche Kreise sich zusammengetan hätten, Juden nach ihrer furchtbaren finanziellen Beraubung mit Subventionen zu helfen, ihnen heimlich Zuwendungen in Höhe des Verlorenen oder auch nur zu einem Teil des Verlorenen zu machen.
Heute gingen nun auch vier Briefe von mir durch diplomatischen Kurier in die Schweiz. – Ich bin all dieser Verbindungen, dieser „glänzenden Verbindungen" so müde. Renerle war heut bei Frau Dr. Hornung, bekam alle möglichen Rezepte; ihre Morgenbeschwerden scheinen aber einen ernstlichen Grund nicht zu haben. Auf die nervösen Begründungen gesehen, kann man sich ja nur wundern, daß sich nicht schlimmere Störungen zeigen. Bis Mittwoch soll Renerle noch zu Hause bleiben.
Die „erbitterten Abwehrkämpfe" im Osten dauern an. Aus der Tatsache, daß z. B. in [...][5] nun wieder Quartiermacher erscheinen, kann man schon wieder seine Schlüsse auf die Truppenbereitstellungen für das Frühjahr ziehen. Wo soll's hinaus mit diesem Jahre, das ein Erbe von nichts als Unsegen angetreten hat. Man erkennt nichts als Verhängnis. Ich glaube, ich bin nur noch in einem Zustand der Angst. Und brauchte doch nur einzuwilligen in Gottes Willen und wäre hindurch durch alles Grauen, das zu kommen droht.
Es gibt also eine „Wahl", eine „Entscheidung"?
„Und führe uns nicht in Versuchung."
Die bevorstehende Reise löst wieder jenen unruhigen, niedergeschlagenen Zustand bei mir aus, der uns so oft in den letzten Jahren – wenn auch aus begründeter Sorge und Angst heraus – Reisen, die Hanni so not tun, durchkreuzt hat.
Aber diesmal bleibe ich fest, obwohl ich Renerle gar nicht ansehen kann. Ich habe tel. noch einmal durch Fräulein Neumann erfahren, daß „bis auf weiteres für Renerle alles bei der Jüd. Gemeinde in Ordnung ist."
Trotz Truppenverschiebungen und Winterversorgung der Ostfront und der komplizierten Verkehrslage: Die Deportationen gehen weiter: – morgen – zwei in der neuen Woche – vier oder fünf Transporte allein von Berlin aus in diesem Monat.

Sonnabend, den 10. Januar 1942
Schrecken ist um und um; sie ratschlagen miteinander über mich und denken, mir das Leben zu nehmen. Ich aber, Herr, hoffe auf dich und spreche: Du bist mein Gott!
Psalm 31,14.15
Jeden Tag geht es nun so weiter: Nachrichten über die Bestechungssummen, die an SS-Leute für Arisierungsvorgänge, falsche Pässe gezahlt werden, für illegale Transporte über die Schweizer Grenze; Nachrichten über illegale Vaterschaften, die konstruiert wer-

4 Die Familie von Walter Tappolet (1897–1991), Kirchenmusiker, Theologe und Schriftsteller, erklärte sich Ende Dez. 1939 bereit, Renate Stein aufzunehmen. Ihren Antrag auf Einwanderung lehnte die Schweizer Fremdenpolizei jedoch am 10.5.1940 ab.

5 Ein Wort unleserlich. In der publizierten Fassung Moddelkau, Gemeinde in Ostpreußen.

den; Scheinehe; Adoption; unsinnige Gesuche an die höchsten Stellen, indiskutables Paktieren mit der Unterwelt. – Was soll das alles um uns?
Heute war eine Vikarin bei uns, die, bei Siemens dienstverpflichtet, eine Jüdin dort kennt, die – mit großen Offiziersverbindungen – durch eine Hilfsaktion von Frau Sauerbruch,[6] der Frau des großen Arztes, und Frau Goebbels[7] arisiert wurde. Nun soll ich mich an Frau Sauerbruch wenden. Dabei wird der letzte Schritt doch immer Geheimnis bleiben und bei solchem Ausnahmefall unwiederholbar sein.
Alles dies ist nicht der Weg, der Weg Gottes mit uns vor den Menschen.
Das Ergebnis für mich ist lediglich, daß ich mit drei Schlafmitteln früh um 1/2 6 noch wach liege und meine Migräne immer quälender wird. Renerle wird nur noch mehr hin und her gerissen.
Grau und kalt; flüchtiges Schneien; Augenblicke gedämpfter winterlicher Sonne.
Zu meiner Freude nach dem Drei-Königs-Kaffee bei Hilde heute mit Hanni und Renerle zum Tee bei Erhard, zur Besichtigung seiner Wohnung – die nun einmal, obwohl sie außerhalb der Sphäre der Kunst bleibt, doch sehr viel Kolorit der kühlen, zarten Empirewohnung hat – und zum Anschauen seines Andersen-Zyklus. Auch lieh mir Erhard alle Sachen für die winterliche Gebirgsreise.
Abend war Frau Foelsche bei den Dames, und noch immer ist ein wenig Leben um Renerle. Anrufe, Anrufe, die mich doch so seltsam erschöpfen. Das „Evangelische Deutschland" schreibt: „Zur kirchlichen Stellung ev. Juden haben die evangelischen Kirchen und Kirchenleiter von Sachsen, Nassau-Hessen, Schleswig-Holstein, Thüringen, Mecklenburg, Anhalt und Lübeck eine Kundgebung und entsprechende Kirchengesetze erlassen; die kirchliche Mitgliedschaft von Judenchristen wird danach in den betreffenden Kirchengebieten aufgehoben."[8]
Renerle saß abends lange bei mir, mit allen ihren Nöten und Hoffnungen; indessen führte nebenan Frau Foelsche ein langes verzweifeltes Gespräch über ihren erst in diesem neuen Jahr erfolgten Ehebruch.

6 Margot Sauerbruch (1905–1995), Ärztin; war von 1939 an mit dem Arzt Ferdinand Sauerbruch (1875–1951) verheiratet.
7 Magda Goebbels, geb. Behrend (1901–1945), Ehefrau von Joseph Goebbels.
8 Aufhebung der christlichen Mitgliedschaft von Juden, in: Das Evangelische Deutschland. Kirchliche Rundschau für das Gesamtgebiet der Deutschen Evangelischen Kirche (19. Jahr, Nr. 2) vom 11.1.1942; siehe auch Dok. 54 vom 17.12.1941.

DOK. 64

Erich Langer berichtet seinem Sohn Klaus Jacob am 12. Januar 1942 über die ersten Deportationen von Essener Juden, seinen sinkenden Lebensmut und die Erfahrungen beim Arbeitseinsatz[1]

Handschriftl. Brief[2] von Erich Langer,[3] Essen, an seinen Sohn Klaus Jacob[4] vom 12.1.1942

Seit dem Tode der guten Mama[5] ging es mit unserem Schicksal hier rapide bergab. Wir haben heute den 12. Januar 1942 – ich schreibe den Brief in Etappen – und ich muß leider sagen, daß sich in den letzten vier Monaten nichts Erfreuliches ereignet hat. Am Todestage von Mama kam die Bestimmung heraus, daß wir auf unsern Kleidungsstükken den Davidstern in gelber Farbe mit der Aufschrift „Jude" tragen müßten und daß wir unsern Wohnsitz nur mit polizeilicher Genehmigung verlassen dürfen.[6] Und dann begannen etwa 6 Wochen später die entsetzlichen Abtransporte von Juden nach dem Osten in Hunger und Kälte. Der erste Transport aus dem Rheinland, an dem etwa 130 Essener beteiligt waren, ging Ende Oktober ab,[7] der zweite mit etwa 250 Essenern 14 Tage später. Die Armen durften nur 50 Pfund Gepäck mitnehmen, außerdem Proviant für die dreitägige Reise und Lebensmittel (Nährmittel) für 3 Wochen. Das ganze Vermögen der Abtransportierten ist dem Staate verfallen. Der erste Transport ging nach Litzmannstadt (Lodz), von dem zweiten sind bis heute noch keine bestimmten Nachrichten da. Er soll nach Minsk gegangen sein.[8] Die arme Tante Kaethe ist auch abtransportiert worden. Nachricht von ihr habe ich noch nicht erhalten. Wie sehr uns alle das Schicksal dieser Ärmsten erschüttert hat, brauche ich Dir nicht zu sagen. Und dazu kommt, daß auch über uns das Damoklesschwert stets hängt und wir uns immer fragen müssen: Wann kommst Du an die Reihe. Wenn ich mitgehen muß, so habe ich mich entschlossen, wenn irgend möglich, durchzuhalten in dem Gedanken an Dich und in der Hoffnung, Dich noch einmal wiederzusehen. Sobald ich aber draußen sehe, daß das Leben unerträglich ist und nur einem langsamen Hinsiechen gleichkommt, dann will ich Schluß machen. Du wirst diesen Schritt verstehen und mich, wie ich hoffen will, deshalb nicht tadeln.

1 Original in Privatbesitz, Kopie: IfZArch, F 601. Teilweise abgedruckt in: Augenblick. Berichte, Informationen und Dokumente der Mahn- und Gedenkstätte Düsseldorf, hrsg. von der Mahn- und Gedenkstätte der Landeshauptstadt Düsseldorf, Nr. 20/21, Düsseldorf 2002, S. 29–31.

2 Die Aufzeichnungen sind Teil eines 22-seitigen Sammelbriefs, den Erich Langer in der Zeit von Okt. 1941 bis April 1942 verfasste. Dessen Sohn Klaus Langer erhielt ihn erst nach Kriegsende durch Freunde seines Vaters.

3 Erich Langer (*1882), Jurist; als Landgerichtsrat in Wiesbaden tätig, 1933 als Amtsgerichtsrat nach Gelsenkirchen-Buer versetzt, 1935 zwangspensioniert; zog mit seiner Familie nach Essen; zuletzt als Gartenarbeiter tätig; am 22.4.1942 über Düsseldorf ins Getto Izbica deportiert; für tot erklärt.

4 Klaus, später Jacob (auch Yaacov) Langer (1924–2016), Chemiker; Sohn von Erich und Rose Rahel Langer; emigrierte im Sept. 1939 nach Dänemark und von dort 1940 nach Palästina, wo er zunächst im Kibbuz lebte, später in Tivon und Kfar Saba.

5 Rose Rahel Langer, geb. Benderski (1889–1941); Geigenlehrerin; starb in Essen an einer Lungenkrankheit.

6 Polizeiverordnung zur Kennzeichnungspflicht der Juden vom 1.9.1941; siehe VEJ 3/212.

7 Deportation von Düsseldorf nach Litzmannstadt am 27.10.1941. Unter den Deportierten waren mehr als 200 aus Essen.

8 Deportation von Düsseldorf nach Minsk am 10.11.1941; siehe Dok. 42 vom 22.11.1941.

Der Entschluß wird sicher nicht leicht sein und durch die dringendste Notwendigkeit diktiert werden. Ich brauche Dir wohl nicht zu sagen, daß viele diesen Weg schon gegangen sind.
Eine weitere Bestimmung, die vor mehreren Wochen uns bekanntgegeben worden ist, ordnet an, daß wir über unsere ganze bewegliche Habe nicht mehr verfügen, nichts verkaufen und nichts verschenken dürfen.[9] Dann wiederum wurde uns die Benutzung der öffentlichen Fernsprechzellen untersagt und kürzlich mußten wir unsere Pelz- und Wollsachen (mit Ausnahme unseres dringenden Bedarfs) abgeben.[10] Du wirst wahrscheinlich schon über einzelne dieser Maßnahmen unterrichtet sein und wohl auch wissen, daß uns unsere Radios bald nach Kriegsausbruch genommen worden sind.[11] (Bereits anfangs erwähnt.)
Bei dem letzten Transport, der von hier aus wegging, waren von näheren Bekannten Ferses und Frl. Dr. Strauss dabei. Herr Ogutsch[12] ist noch hier und waltet seines Amtes. Er hat sich in den schweren Tagen nach Mamas Tode ganz reizend benommen und mich öfter besucht. Daß Mama und ich ihn sehr hoch schätzen, ist Dir ja bekannt.
Wenn ich alle diese traurigen Ereignisse betrachte, so sage ich mir oft, daß das Schicksal es mit Mama vielleicht gut meinte, indem es ihr alles dies, den schweren Kummer und die Sorge um unsere Mitmenschen erspart hat. Wie sehr würde ihre mitfühlende Seele darunter gelitten haben! Viele von meinen Bekannten äußerten, daß sie sie um ihr Los beneiden. Für mich persönlich ist dies ja nur ein schwacher Trost. Ich komme mir vor wie ein Baum, dessen Krone abgeschnitten ist und dessen Stamm weiter vegetiert und ein kümmerliches Leben fristet.
Seit der Beendigung meiner Tätigkeit in der Gemeinde trug ich mich mit dem Gedanken, Arbeit zu suchen. Wir werden nun im Tiefbau beschäftigt, und ich fürchtete, eine Arbeit zugewiesen zu bekommen, die meine Kräfte übersteigt. So hatte ich mit Mamas Billigung beschlossen, mich bei einer jüdischen Arbeitskolonne zu melden, die in der Stadtgärtnerei tätig ist. Durch die Ereignisse ist die Ausführung dieses Entschlusses aufgeschoben worden. Mitte Oktober habe ich mich aber dann bei der Stadt gemeldet und bald meine Arbeit in der Stadtgärtnerei (im sogen. Stenzhof) angetreten. Diese Gärtnerei liegt in der Lührmannstraße bald hinter der Gruga.[13] Du wirst Dich vielleicht daran erinnern, dort die Treibhäuser, die dem Publikum nicht zugänglich sind, gesehen zu haben. Die Tätigkeit ist abwechslungsreich und nicht zu anstrengend. Ich muß graben, Mist laden und fahren oder auf Tragen fortschaffen, Fenster tragen und legen, fegen, gießen, manchmal auch junge Pflanzen pikieren, kurz alle Arbeiten, die vorkommen, verrichten. Anfangs fiel mir das neun Stunden lange Stehen nicht leicht, aber ich habe

9 VO des RSHA vom 27.11.1941; siehe Dok. 49 vom 1.12.1941.

10 Durch Erlasse des RSHA wurde Juden am 12.12.1941 die Benutzung öffentlicher Fernsprechzellen verboten (RSHA IV B 4 b – 1244/41) und am 5.1.1942 hatten sie im Rahmen einer Sammelaktion für die Wehrmacht ihre Pelz- und Wollsachen abzuliefern (RSHA IV B 4 – 7/42).

11 Am 16.9.1939 gab der Chef der Sicherheitspolizei und des SD in einem Schnellbrief bekannt, Himmler habe mit Hitlers Genehmigung die Beschlagnahme von Radiogeräten durch die Gestapo angeordnet, ohne dass darüber eine Veröffentlichung erfolgen solle; siehe VEJ 3/15.

12 Wilhelm Ogutsch (1893–1944); Lehrer und Kantor der Synagogengemeinde Essen; wurde am 21.7.1942 von Düsseldorf nach Theresienstadt deportiert, wo er ums Leben kam.

13 Gemeint ist das Areal der Großen Ruhrländischen Gartenbauausstellung (GRUGA), die 1929 in Essen stattfand.

mich daran gewöhnt. Die Behandlung ist anständig. Wir sind in unserer Kolonne jetzt nur noch 6 Juden, mit denen ich ebenso wie mit den andern gut auskomme. Vier Wochen lang waren wir zur Gruga kommandiert, wo wir beim Tulpen legen (etwa 100 000 Tulpen) und mit dem Fegen des Laubes beschäftigt waren. Da die Arbeit früh um 8 1/2 Uhr beginnt und bis 5 3/4 Uhr dauert und der Weg jedesmal etwa 1/2 Stunde beansprucht, gehe ich jetzt in der Dunkelheit von zu Hause weg und kehre in der Dunkelheit wieder heim. Ich führe also etwa das Leben eines Tagelöhners, aber ich will nicht darüber klagen und will es gern bis zum Kriegsende und auch länger ertragen. Das Gute der Arbeit ist, daß sie mich vom Grübeln abhält und mich zeitweise mein Schicksal vergessen läßt. Oma,[14] der nun die Sorge um den Haushalt allein obliegt, versorgt mich in rührender Weise, kocht, räumt auf, wäscht, und ist den ganzen Tag in ihrer fleißigen, tätigen Art beschäftigt, um mir das Leben möglichst angenehm zu gestalten. Für sie ist diese Arbeit sicher von Nutzen, denn sie füllt ihr Leben aus und gibt ihr sicher auch eine gewisse innere Befriedigung.

Meine Abende fülle ich mit Lektüre aus; sie sind aber ziemlich kurz, da ich früh zu Bett gehe.

Nun will ich Dir über unsere Wohnungsangelegenheit berichten. Etwa seit Juli 1941 wurde unsere Wohnung wiederholt von Beamten der Staatspolizei und Offizieren der Schutzpolizei besichtigt. Da sie anscheinend niemandem recht zusagte, konnten wir weiter wohnen bleiben. Schließlich wurde mir im Dezember von einem Beamten der Staatspolizei eröffnet, daß wir die Wohnung zum 1. Januar räumen müßten; gleichzeitig wurde mir eine angemessene Ersatzwohnung in Aussicht gestellt. Wir fanden bald eine recht nette Wohnung in einem jüdischen Hause, Krawehlstraße 4, zweite Etage. Hier haben wir zwei nette Zimmer und eine recht gemütliche Küche. Das eine, größere Zimmer ist mit unsern Eßzimmermöbeln eingerichtet; in diesem schläft Oma. Ein kleineres Zimmer habe ich mir als Herrenzimmer eingerichtet, in diesem werde ich auf unserer Couch schlafen. Vorläufig aber schlafe ich, da das Herrenzimmer keinen Ofen hat, in der Wohnküche, die recht behaglich und wohnlich ist. Unsern Flügel habe ich an unsere Wirtin in der Moorenstraße, Frau Willich, für 1350 RM verkauft. Ich bedauerte sehr, ihn nicht für Dich erhalten zu können; aber da unsere ganze Existenz jetzt so unsicher ist und hier auch kein Platz für ihn wäre, hielt ich diesen Schritt für den einzig richtigen. Das Musizieren habe ich ganz aufgesteckt. Zwar hatte ich einen Monat nach Mamas Tode wieder einmal angefangen, Klavier zu üben; als aber die Transporte begannen, ist mir die Lust dazu vergangen. Wenn ich nun auch die Musik nicht mehr ausübe, so bin ich doch innerlich voll von Musik. Denn die viele Musik, die ich 50 Jahre lang gehört und selbst gemacht habe, lebt in mir weiter und erfüllt mich. Wir fühlen uns in der neuen Wohnung recht wohl. Die vielen jüd. Bewohner unseres Hauses sind freundlich und hilfsbereit und halten sehr zusammen. Mehrmals wöchentlich kommen sie abends in irgendeiner Wohnung zusammen. Diese Zusammenkünfte finde ich für mich nicht sehr ergötzlich[?], denn die Leute haben absolut keine geistigen Interessen und füllen die Zeit nur mit Quatschen aus. Um mich nicht auszuschließen, nehme ich ab und zu an den Zusammenkünften teil, aber nicht zu oft. In unserem Hause wohnen übrigens

14 Mina Benderski, geb. Meyer (1867–1942); wohnte in Essen; wurde am 21.7.1942 von Düsseldorf nach Theresienstadt, zwei Monate später in das Vernichtungslager Treblinka deportiert und dort ermordet.

die Eltern Deines Kameraden Rollmann, mit denen ich wiederholt über Dich und Paul[15] sprach, sowie Familie Liebreich. Die Trennung von Bachrachs[16] ist uns nicht schwergefallen. Daß Mama und ich unsern Verkehr mit ihnen beinahe ganz eingestellt haben, schrieb ich Dir. Bei Mamas Erkrankung und nach ihrem Tode benahmen sie sich jedoch sehr hilfsbereit und freundschaftlich. Sie kamen öfter abends zu uns herunter, um uns zu zerstreuen. Schließlich besuchten sie uns in den letzten Wochen beinahe jeden Abend. Bachrach ist ja ein kluger, überlegter Mensch, mit dem man ein ernstes Gespräch führen kann. Sie hat aber eine oft alberne Art des Klatschens an sich, die mir manchmal auf die Nerven geht. Dazu ist sie sehr mißgünstig; stößt einem etwas Gutes zu, so wurmt sie das; widerfährt einem aber ein Unglück, so bemüht sie sich, einem beizustehen und zu helfen.

Ich vergaß, Dir noch von einem, meinem letzten Auswanderungsprojekt zu berichten. Nach Mamas Tode war mir jede Lust zur Auswanderung vergangen; denn allein in einem fremden Lande unter wesensfremden Menschen eine Existenz zu suchen, erschien mir zumal in meinem Alter wenig erstrebenswert. Auf das Zureden von Bekannten habe ich mich aber, als sich die Zustände für uns immer mehr verschlimmerten, dazu entschlossen, meine Zwischenlandung in Kuba zu betreiben. Dazu war die Sicherstellung eines größeren Betrages für den Lebensunterhalt und eine Bearbeitungsgebühr in Dollars erforderlich. Ich wandte mich wieder an Dr. Weitmann, Mamas Vetter, der die notwendigen Schritte unternommen und wohl auch gewisse Zahlungen geleistet hat. Die Sache war schon so weit gediehen, daß Weitmann mir telegraphierte, das Kubanische Konsulat in Berlin sei angewiesen, mir das Visum auszustellen, da wurde mir plötzlich jede Auswanderung untersagt.[17] Jedenfalls hat sich Dr. W. wiederum sehr verwandtschaftlich und hilfsbereit gezeigt.

15 Paul Rollmann, später Pinchass Ron-Gwaram (*1923), Freund von Klaus Langer und Sohn von Sally Rollmann (1885–1942), Kaufmann, und Charlotte Rollmann, geb. Sanders (*1885); Paul Rollmann gelangte über die Niederlande im Nov. 1939 nach Palästina, seine beiden Brüder konnten ebenfalls emigrieren; die Eltern wurden am 22.4.1942 über Düsseldorf nach Izbica deportiert und kamen um.

16 Hermann Bachrach (1880–1942), Kaufmann, und Jenny Bachrach, geb. Rosendahl (1881–1942); das Ehepaar lebte zeitweise mit Familie Langer in der Moorenstr. 14 in Essen und wurde am 22.4.1942 von Düsseldorf ins Getto Izbica deportiert, beide überlebten nicht.

17 In der zweiten Oktoberhälfte 1941 verbot Himmler die Auswanderung der Juden. Die Anordnung ist nicht überliefert, nur deren Weitergabe durch Heinrich Müller an den BdS für Frankreich und Belgien vom 23.10.1941; siehe VEJ 5/286.

DOK. 65

Auf der Wannsee-Konferenz beraten am 20. Januar 1942 Staatssekretäre und Vertreter des Reichssicherheitshauptamts über die „Endlösung der Judenfrage"[1]

Protokoll (geheime Reichssache!) der Besprechung am 20.1.1942 in Berlin-Wannsee[2]

30 Ausfertigungen
16. Ausfertigung[3]
Besprechungsprotokoll
I. An der am 20.1.1942 in Berlin, Am Großen Wannsee Nr. 56/58, stattgefundenen Besprechung über die Endlösung der Judenfrage nahmen teil:
Gauleiter Dr. Meyer[4] und Reichsamtsleiter Dr. Leibbrandt,[5] Reichsministerium für die besetzten Ostgebiete
Staatssekretär Dr. Stuckart, Reichsministerium des Innern
Staatssekretär Neumann,[6] Beauftragter für den Vierjahresplan
Staatssekretär Dr. Freisler,[7] Reichsjustizministerium
Staatssekretär Dr. Bühler,[8] Amt des Generalgouverneurs
Unterstaatssekretär Luther, Auswärtiges Amt
SS-Oberführer Klopfer,[9] Partei-Kanzlei

1 PAAA, R 100 857, Bl. 166–180. Abdruck in engl. Übersetzung in: NMT, Bd. XIII (wie Dok. 50 vom 4.12.1941, Anm. 1), Doc. NG-2586 G, S. 210–217.
2 Im Original Stempel und handschriftl. Unterstreichungen.
3 Eichmann erstellte das Protokoll nach eigener Aussage in Absprache mit Heydrich. Jeder der 15 Teilnehmer erhielt das Protokoll in zwei Ausfertigungen, nur die 16. Ausfertigung (aus der Unterabt. des AA von UStS Luther) ist erhalten geblieben.
4 Dr. Alfred Meyer (1891–1945), Jurist; 1928 NSDAP-, 1938 SA-Eintritt; 1931 Gauleiter Westfalen-Nord, 1933 auch Reichsstatthalter Lippe, 1938 Oberpräsident der Provinz Westfalen, Sommer 1941 bis Nov. 1942 StS im RMfbO und Stellv. Rosenbergs, von Nov. 1942 an Reichsverteidigungskommissar für Westfalen-Nord; nahm sich das Leben.
5 Dr. Georg Leibbrandt (1899–1982), Ethnograph; geb. bei Odessa, von 1917 an in Deutschland; 1933 NSDAP-Eintritt; 1933–1941 Direktor der Ostabt. des Außenpolitischen Amts der NSDAP, 1941–1943 Leiter der Politischen Abt. im RMfbO; 1945–1949 interniert; 1955 Berater Adenauers für die Rückführung deutscher Kriegsgefangener aus der Sowjetunion, leitete später das Bonner Büro der bundeseigenen Salzgitter AG; 1966 Bundesverdienstkreuz.
6 Erich Neumann (1892–1951); Jurist und Volkswirt; von 1920 an am Preuß. MdI, von 1923 an im Preuß. Handelsministerium tätig, 1932 Min.Dir. im Preuß. Staatsministerium, 1933–1942 Preuß. Staatsrat; 1933 NSDAP- und SS-Eintritt; 1936–1942 Leiter der Geschäftsgruppe Devisen des Beauftragten für den Vierjahresplan, von 1938 an StS, von 1942 an Generaldirektor der Kalisyndikat GmbH; 1945–1948 Internierung.
7 Dr. Roland Freisler (1893–1945), Jurist; 1925 NSDAP-Eintritt; von 1924 an Rechtsanwalt und Stadtverordneter in Kassel, von 1934 an StS im RJM, stellv. Leiter und Vorsitzender der Strafrechtsabt. der Akademie für Deutsches Recht, vertrat auf der Wannsee-Konferenz StS Franz Schlegelberger, von Aug. 1942 bis 1945 Präsident des Volksgerichtshofs; starb in Berlin während eines Luftangriffs.
8 Dr. Joseph Bühler (1904–1948), Jurist; 1933 NSDAP-Eintritt; von 1933 an Amtsgerichtsrat, seit 1935 Oberstaatsanwalt am OLG München, von 1939 an Staatssekretär der Regierung des Generalgouverneurs Frank in Krakau, von Juni 1940 an Franks Stellv.; 1948 von einem poln. Gericht zum Tode verurteilt und hingerichtet.
9 Gerhard Klopfer (1905–1987), Jurist; 1933 NSDAP- und SA-Eintritt, 1935 SS-Eintritt; 1933 beim RMEuL, 1934 bei der Preuß. Gestapo, von April 1935 an persönlicher Referent von Bormann im

Ministerialdirektor Kritzinger,[10] Reichskanzlei
SS-Gruppenführer Hofmann,[11] Rasse- und Siedlungshauptamt
SS-Gruppenführer Müller,[12] SS-Obersturmbannführer Eichmann,[13] Reichssicherheitshauptamt
SS-Oberführer Dr. Schöngarth,[14] Befehlshaber der Sicherheitspolizei und des SD im Generalgouvernement, Sicherheitspolizei und SD
SS-Sturmbannführer Dr. Lange,[15] Kommandeur der Sicherheitspolizei und des SD für den Generalbezirk Lettland, als Vertreter des Befehlshabers der Sicherheitspolizei und des SD für das Reichskommissariat Ostland, Sicherheitspolizei und SD.[16]

II. Chef der Sicherheitspolizei und des SD, SS-Obergruppenführer *Heydrich*, teilte eingangs seine Bestellung zum Beauftragten für die Vorbereitung der Endlösung der europäischen Judenfrage durch den Reichsmarschall[17] mit und wies darauf hin, daß zu dieser Besprechung geladen wurde, um Klarheit in grundsätzlichen Fragen zu schaffen. Der Wunsch des Reichsmarschalls, ihm einen Entwurf über die organisatorischen, sachlichen und materiellen Belange im Hinblick auf die Endlösung der europäischen Judenfrage zu übersenden, erfordert die vorherige gemeinsame Behandlung aller an diesen Fragen unmittelbar beteiligten Zentralinstanzen im Hinblick auf die Parallelisierung der Linienführung.

Stab der Dienststelle SdF, später StS und Leiter der Abt. III für staatliche Aufgaben, Führer im SD-Hauptamt; 1946 interniert, 1949 zu einer Geldstrafe und drei Jahren auf Bewährung verurteilt; von 1956 an als Rechtsanwalt in Ulm tätig.

10 Friedrich Kritzinger (1890–1947), Jurist; 1935 NSDAP-Eintritt; arbeitete zunächst im RJM, von 1938 an Min.Dir. in der Reichskanzlei, seit 1942 StS; nach Kriegsende in Haft, wegen Krankheit entlassen.

11 Otto Hofmann (1896–1982), Kaufmann; 1923 NSDAP-, 1931 SS-Eintritt; von 1936 an Chef des RuSHA, im April 1943 Führer des SS-Oberabschnitts Südwest und HSSPF in Württemberg, Baden und im Elsass; 1948 zu 25 Jahren Haft verurteilt, 1954 begnadigt.

12 Heinrich Müller.

13 Adolf Eichmann (1906–1962), Vertreter; 1932 NSDAP- und SS-Eintritt; 1934–1938 im SD-Hauptamt tätig, führte von Sommer 1938 an die Geschäfte der Zentralstelle für jüdische Auswanderung, erst in Wien, ab März 1939 auch in Prag; von Dez. 1939 an Sonderreferent des RSHA für die Räumung der annektierten Ostprovinzen, dann Leiter des Ref. IV D 4 (Räumungsangelegenheiten und Reichszentrale für jüdische Auswanderung), spätestens von März 1941 an IV B 4 (Juden-, Räumungsangelegenheiten); 1945 Inhaftierung, 1946 Flucht, 1950–1960 in Argentinien untergetaucht, 1960 nach Israel entführt, dort 1961 zum Tode verurteilt, hingerichtet.

14 Dr. Eberhard Schöngarth (1903–1946), Jurist; 1922 NSDAP- und SA-, 1933 SS-Eintritt; von 1936 an Leiter der Staatspolizeistellen in Dortmund, Bielefeld und Münster; 1939 ORR und SS-O'Stubaf.; von Febr. 1941 an BdS im Generalgouvernement, seit Mai 1943 BdS in den Niederlanden; 1946 von einem brit. Militärgericht zum Tode verurteilt und hingerichtet.

15 Dr. Rudolf Lange (1910–1945), Jurist; 1935 SA-, 1936 SS-, 1937 NSDAP-Eintritt; von Juni 1941 an Stabschef der Einsatzgruppe A, Chef des Einsatzkommandos 2, seit Dez. 1941 KdS Lettland, von Jan. 1945 an KdS Posen; nahm sich vermutlich nach Gefangennahme durch die Rote Armee das Leben.

16 Von den eingeladenen Personen nahmen an der Wannsee-Konferenz nicht teil: Dr. Hans Frank, Generalgouverneur für die besetzten polnischen Gebiete; Dr. Franz Schlegelberger, kommissar. RJM; Leopold Gutterer (1902–1996), StS im RMfVuP; Friedrich-Wilhelm Krüger (1894–1945), 1939–1943 HSSPF im Generalgouvernement; Ulrich Greifelt (1896–1949), Leiter des Stabshauptamts des Reichskommissars für die Festigung deutschen Volkstums.

17 Siehe Dok. 47 vom 29.11.1941, Anm. 4. und VEJ 3/196.

Die Federführung bei der Bearbeitung der Endlösung der Judenfrage liege ohne Rücksicht auf geographische Grenzen zentral beim Reichsführer-SS und Chef der Deutschen Polizei (Chef der Sicherheitspolizei und des SD).[18]
Der Chef der Sicherheitspolizei und des SD gab sodann einen kurzen Rückblick über den bisher geführten Kampf gegen diesen Gegner. Die wesentlichsten Momente bilden
a) die Zurückdrängung der Juden aus den einzelnen Lebensgebieten des deutschen Volkes,
b) die Zurückdrängung der Juden aus dem Lebensraum des deutschen Volkes.
Im Vollzug dieser Bestrebungen wurde als einzige vorläufige Lösungsmöglichkeit die Beschleunigung der Auswanderung der Juden aus dem Reichsgebiet verstärkt und planmäßig in Angriff genommen.
Auf Anordnung des Reichsmarschalls wurde im Januar 1939 eine Reichszentrale für jüdische Auswanderung errichtet, mit deren Leitung der Chef der Sicherheitspolizei und des SD betraut wurde.[19] Sie hatte insbesondere die Aufgabe
a) alle Maßnahmen zur *Vorbereitung* einer verstärkten Auswanderung der Juden zu treffen,
b) den Auswanderungsstrom zu *lenken*,
c) die Durchführung der Auswanderung im *Einzelfall* zu beschleunigen.
Das Aufgabenziel war, auf legale Weise den deutschen Lebensraum von Juden zu säubern.
Über die Nachteile, die eine solche Auswanderungsforcierung mit sich brachte, waren sich alle Stellen im klaren. Sie mußten jedoch angesichts des Fehlens anderer Lösungsmöglichkeiten vorerst in Kauf genommen werden.
Die Auswanderungsarbeiten waren in der Folgezeit nicht nur ein deutsches Problem, sondern auch ein Problem, mit dem sich die Behörden der Ziel- bzw. Einwandererländer zu befassen hatten. Die finanziellen Schwierigkeiten, wie Erhöhung der Vorzeige- und Landungsgelder[20] seitens der verschiedenen ausländischen Regierungen, fehlende Schiffsplätze, laufend verschärfte Einwanderungsbeschränkungen oder -sperren, erschwerten die Auswanderungsbestrebungen außerordentlich. Trotz dieser Schwierigkeiten wurden seit der Machtübernahme bis zum Stichtag 31.10.1941 insgesamt rund 537 000 Juden zur Auswanderung gebracht. Davon
vom 30.1.1933 aus dem Altreich rd. 360 000
vom 15.3.1938 aus der Ostmark rd. 147 000
vom 15.3.1939 aus dem Protektorat Böhmen und Mähren rd. 30 000.
Die Finanzierung der Auswanderung erfolgte durch die Juden bzw. jüdisch-politischen Organisationen selbst. Um den Verbleib der verproletarisierten Juden zu vermeiden, wurde nach dem Grundsatz verfahren, daß die vermögenden Juden die Abwanderung der vermögenslosen Juden zu finanzieren haben; hier wurde, je nach Vermögen gestaffelt, eine entsprechende Umlage bzw. Auswandererabgabe vorgeschrieben, die zur Be-

18 Heydrich.
19 Schreiben des Beauftragten für den Vierjahresplan an den RMdI vom 24.1.1939; siehe VEJ 2/243.
20 In manchen Zielländern der Emigration mussten jüdische Einwanderer eine bestimmte Summe Geldes vorweisen oder ein Landungsgeld bezahlen als Sicherheit, dass sie nicht auf öffentliche Fürsorge angewiesen sein würden.

streitung der finanziellen Obliegenheiten im Zuge der Abwanderung vermögensloser Juden verwandt wurde.
Neben dem Reichsmark-Aufkommen sind Devisen für Vorzeige- und Landungsgelder erforderlich gewesen. Um den deutschen Devisenschatz zu schonen, wurden die jüdischen Finanzinstitutionen des Auslandes durch die jüdischen Organisationen des Inlandes verhalten,[21] für die Beitreibung entsprechender Devisenaufkommen Sorge zu tragen. Hier wurden durch diese ausländischen Juden im Schenkungswege bis zum 30.10.1941 insgesamt rund 9 500 000 Dollar zur Verfügung gestellt.
Inzwischen hat der Reichsführer-SS und Chef der Deutschen Polizei im Hinblick auf die Gefahren einer Auswanderung im Kriege und im Hinblick auf die Möglichkeiten des Ostens die Auswanderung von Juden verboten.[22]

III. Anstelle der Auswanderung ist nunmehr als weitere Lösungsmöglichkeit nach entsprechender vorheriger Genehmigung durch den Führer die Evakuierung der Juden nach dem Osten getreten.
Diese Aktionen sind jedoch lediglich als Ausweichmöglichkeiten anzusprechen, doch werden hier bereits jene praktischen Erfahrungen gesammelt, die im Hinblick auf die kommende Endlösung der Judenfrage von wichtiger Bedeutung sind.
Im Zuge dieser Endlösung der europäischen Judenfrage kommen rund 11 Millionen Juden in Betracht, die sich wie folgt auf die einzelnen Länder verteilen:

	Land	*Zahl*
A.	Altreich	131 800
	Ostmark	43 700
	Ostgebiete[23]	420 000
	Generalgouvernement	2 284 000
	Bialystok	400 000
	Protektorat Böhmen und Mähren	74 200
	Estland – judenfrei -	
	Lettland	3 500
	Litauen	34 000
	Belgien	43 000
	Dänemark	5 600
	Frankreich / Besetztes Gebiet[24]	165 000
	Unbesetztes Gebiet	700 000
	Griechenland	69 600
	Niederlande	160 800
	Norwegen	1 300
B.	Bulgarien	48 000
	England	330 000
	Finnland	2 300
	Irland	4 000

21 So im Original; gemeint ist vermutlich „angehalten“.
22 Siehe Dok. 64 vom 12.1.1942, Anm. 17.
23 Gemeint sind vermutlich die sog. eingegliederten Ostgebiete. In diesem Fall wäre die Zahl zu niedrig.
24 Vermutlich sind die franz. Kolonien hier einbezogen; die Zahl ist stark überhöht.

Italien einschl. Sardinien		58 000
Albanien		200
Kroatien		40 000
Portugal		3 000
Rumänien einschl. Bessarabien		342 000
Schweden		8 000
Schweiz		18 000
Serbien		10 000[25]
Slowakei		88 000
Spanien		6 000
Türkei (europ. Teil)		55 500
Ungarn		742 800
UdSSR		5 000 000
Ukraine	2 994 684	
Weißrußland ausschl. Bialystok	446 484	
Zusammen: über		11 000 000[26]

Bei den angegebenen Judenzahlen der verschiedenen ausländischen Staaten handelt es sich jedoch nur um Glaubensjuden, da die Begriffsbestimmungen der Juden nach rassischen Grundsätzen teilweise dort noch fehlen.[27] Die Behandlung des Problems in den einzelnen Ländern wird im Hinblick auf die allgemeine Haltung und Auffassung auf gewisse Schwierigkeiten stoßen, besonders in Ungarn und Rumänien. So kann sich z. B. heute noch in Rumänien der Jude gegen Geld entsprechende Dokumente, die ihm eine fremde Staatsangehörigkeit amtlich bescheinigen, beschaffen.

Der Einfluß der Juden auf alle Gebiete in der UdSSR ist bekannt. Im europäischen Gebiet leben etwa 5 Millionen, im asiatischen Raum knapp 1/4 Million Juden.[28] Die berufsständische Aufgliederung der im europäischen Gebiet der UdSSR ansässigen Juden war etwa folgende:

In der Landwirtschaft	9,1 %
als städtischer Arbeiter	14,8 %

25 Vermutlich handelt es sich hier um die Zahlenangabe zum Zeitpunkt der ersten Einladung zur Wannsee-Konferenz, also von Anfang Dez. 1941. Im Jan. 1942 waren die meisten serb. Juden bereits erschossen worden; die 7500–8000 im Lager Semlin (Sajmište) inhaftierten jüdischen Frauen und Kinder wurden im Frühjahr 1942 in einem aus Berlin angeforderten Gaswagen erstickt.

26 Die Zahlen für die UdSSR, insbesondere die Ukraine, sind überhöht. Laut einer Schätzung lebten am 1.1.1941 in den neuen Grenzen der Sowjetunion 4,8 Mio. Juden, darunter 4,1 Mio. in den Gebieten, die von der Wehrmacht später besetzt wurden. Etwa 1,2 Mio. Menschen wurden rechtzeitig evakuiert oder flüchteten, ca. 700 000 wurden von deutschen und rumän. Einheiten bis Jahresende 1941 ermordet. Vermutlich lebten im Jan. 1942 noch etwa 1,8 Millionen Juden in den besetzten sowjet. Gebieten, davon etwa die Hälfte in der Ukrainischen SSR (jeweils in den Grenzen von 1941).

27 Die Zahl der sog. Rassejuden, d. h. derer, die nach den NS-Bestimmungen als Juden anzusehen waren, lag deutlich über der hier für die meisten Länder angegebenen Zahl der Glaubensjuden, also der Mitglieder der jüdischen Religionsverbände.

28 Diese Zahl ist stark überhöht.

im Handel	20,0 %
als Staatsarbeiter angestellt	23,4 %
in den privaten Berufen – Heilkunde, Presse, Theater, usw.	32,7 %

Unter entsprechender Leitung sollen nun im Zuge der Endlösung die Juden in geeigneter Weise im Osten zum Arbeitseinsatz kommen. In großen Arbeitskolonnen, unter Trennung der Geschlechter, werden die arbeitsfähigen Juden straßenbauend in diese Gebiete geführt,[29] wobei zweifellos ein Großteil durch natürliche Verminderung ausfallen wird.

Der allfällig endlich verbleibende Restbestand wird, da es sich bei diesem zweifellos um den widerstandsfähigsten Teil handelt, entsprechend behandelt werden müssen, da dieser, eine natürliche Auslese darstellend, bei Freilassung als Keimzelle eines neuen jüdischen Aufbaues anzusprechen ist. (Siehe die Erfahrung der Geschichte.)

Im Zuge der praktischen Durchführung der Endlösung wird Europa vom Westen nach Osten durchgekämmt.[30] Das Reichsgebiet einschließlich Protektorat Böhmen und Mähren wird, allein schon aus Gründen der Wohnungsfrage und sonstigen sozial-politischen Notwendigkeiten, vorweggenommen werden müssen.

Die evakuierten Juden werden zunächst Zug um Zug in sogenannte Durchgangsghettos verbracht, um von dort aus weiter nach dem Osten transportiert zu werden.[31]

Wichtige Voraussetzung, so führte SS-Obergruppenführer *Heydrich* weiter aus, für die Durchführung der Evakuierung überhaupt ist die genaue Festlegung des in Betracht kommenden Personenkreises.

Es ist beabsichtigt, Juden im Alter von über 65 Jahren nicht zu evakuieren, sondern sie einem Altersghetto – vorgesehen ist Theresienstadt – zu überstellen.

Neben diesen Altersklassen – von den am 31.10.1941 sich im Altreich und der Ostmark befindlichen etwa 280 000 Juden sind etwa 30 % über 65 Jahre alt – finden in den jüdischen Altersghettos weiterhin die schwerkriegsbeschädigten Juden und Juden mit Kriegsauszeichnungen (EK I) Aufnahme. Mit dieser zweckmäßigen Lösung werden mit einem Schlag die vielen Interventionen ausgeschaltet.[32]

Der Beginn der einzelnen größeren Evakuierungsaktionen wird weitgehend von der militärischen Entwicklung abhängig sein. Bezüglich der Behandlung der Endlösung in den

29 Seit dem deutschen Angriff auf die Sowjetunion wurden bereits viele tausend Juden als Zwangsarbeiter beim Straßenbau eingesetzt, u. a. an der Durchgangsstraße IV, die von Krakau in den Kaukasus führen sollte. In den Zwangsarbeiterlagern entlang dieser Straße starben in Galizien und der Ukraine mehr als 25 000 Juden.

30 Der systematische Mord an den Juden hatte bereits mit den Massenerschießungen in den besetzten sowjet. Gebieten und im Generalgouvernement begonnen; seit Spätherbst 1941 wurden im besetzten Polen die ersten Vernichtungslager errichtet. Die systematischen Massendeportationen aus Frankreich und den Niederlanden begannen im Sommer 1942.

31 Sowohl Gerneralgouverneur Hans Frank als auch der Gauleiter des Warthegaus Arthur Greiser hatten seit dem Beginn der Deportationen aus dem Deutschen Reich darauf gedrängt, dass die deutschen Juden allenfalls vorübergehend in den Gettos im Generalgouvernement und in Litzmannstadt bleiben könnten und baldmöglichst weiter nach Osten in die eroberten Gebiete der Sowjetunion abgeschoben werden müssten.

32 Gemeint sind hier Interventionen zugunsten bzw. Nachfragen nach dem Verbleib von prominenten Verfolgten oder Personen mit Kriegsauszeichnungen.

von uns besetzten und beeinflußten europäischen Gebieten wurde vorgeschlagen, daß die in Betracht kommenden Sachbearbeiter des Auswärtigen Amtes[33] sich mit dem zuständigen Referenten der Sicherheitspolizei und des SD besprechen.
In der Slowakei und Kroatien ist die Angelegenheit nicht mehr allzu schwer, da die wesentlichsten Kernfragen in dieser Hinsicht dort bereits einer Lösung zugeführt wurden.[34] In Rumänien hat die Regierung inzwischen ebenfalls einen Judenbeauftragten eingesetzt.[35] Zur Regelung der Frage in Ungarn ist es erforderlich, in Zeitkürze einen Berater für Judenfragen der Ungarischen Regierung aufzuoktroyieren.[36]
Hinsichtlich der Aufnahme der Vorbereitungen zur Regelung des Problems in Italien hält SS-Obergruppenführer *Heydrich* eine Verbindung zum Polizei-Chef in diesen Belangen für angebracht.
Im besetzten und unbesetzten Frankreich wird die Erfassung der Juden zur Evakuierung aller Wahrscheinlichkeit nach ohne große Schwierigkeiten vor sich gehen können.
Unterstaatssekretär *Luther* teilte hierzu mit, daß bei tiefgehender Behandlung dieses Problems in einigen Ländern, so in den nordischen Staaten, Schwierigkeiten auftauchen werden und es sich daher empfiehlt, diese Länder vorerst noch zurückzustellen. In Anbetracht der hier in Frage kommenden geringen Judenzahlen bildet diese Zurückstellung ohnedies keine wesentliche Einschränkung.
Dafür sieht das Auswärtige Amt für den Südosten und Westen Europas keine großen Schwierigkeiten.
SS-Gruppenführer *Hofmann* beabsichtigt, einen Sachbearbeiter des Rasse- und Siedlungshauptamtes zur allgemeinen Orientierung dann nach Ungarn mitsenden zu wollen, wenn seitens des Chefs der Sicherheitspolizei und des SD die Angelegenheit dort in Angriff genommen wird. Es wurde festgelegt, diesen Sachbearbeiter des Rasse- und Siedlungshauptamtes, der nicht aktiv werden soll, vorübergehend offiziell als Gehilfen zum Polizei-Attaché abzustellen.

IV. Im Zuge der Endlösungsvorhaben sollen die Nürnberger Gesetze gewissermaßen die Grundlage bilden, wobei Voraussetzung für die restlose Bereinigung des Problems auch die Lösung der Mischehen- und Mischlingsfragen ist.
Chef der Sicherheitspolizei und des SD erörtert im Hinblick auf ein Schreiben des Chefs der Reichskanzlei zunächst theoretisch die nachstehenden Punkte:
1) *Behandlung der Mischlinge 1. Grades.*

Mischlinge 1. Grades sind im Hinblick auf die Endlösung der Judenfrage den Juden gleichgestellt.

Von dieser Behandlung werden ausgenommen:

33 Gemeint ist die Abt. D III im AA, zuständig für Judenfragen und Rassenpolitik.

34 Die slowak. Regierung hatte Anfang Dez. 1941 mit dem deutschen Gesandten Hanns Ludin ein Abkommen zur Deportation der slowak. Juden ausgehandelt; siehe VEJ 13/45. Die kroat. Regierung hatte bereits im Juni 1941 begonnen, die Juden in ihrem Machtbereich in Lager zu deportieren und sie dort zu ermorden; siehe VEJ 14, S. 43 f.

35 Radu Lecca war seit 17.12.1941 der Judenbeauftragte der rumän. Regierung und stand dem neu etablierten Büro für jüdische Angelegenheiten vor; siehe VEJ 13, S. 62.

36 Einen solchen Berater hat es vor März 1944 bei der ungar. Regierung nicht gegeben. Zur ungar. antijüdischen Politik siehe auch Dok. 52 vom 8.12.1941, Anm. 7.

a) Mischlinge 1. Grades verheiratet mit Deutschblütigen, aus deren Ehe Kinder (Mischlinge 2. Grades) hervorgegangen sind. Diese Mischlinge 2. Grades sind im wesentlichen den Deutschen gleichgestellt.

b) Mischlinge 1. Grades, für die von den höchsten Instanzen der Partei und des Staates bisher auf irgendwelchen Lebensgebieten Ausnahmegenehmigungen erteilt worden sind.

Jeder Einzelfall muß überprüft werden, wobei nicht ausgeschlossen wird, daß die Entscheidung nochmals zu Ungunsten des Mischlings ausfällt.

Voraussetzungen einer Ausnahmebewilligung müssen stets grundsätzliche Verdienste des in Frage stehenden Mischlings *selbst* sein. (Nicht Verdienste des deutschblütigen Eltern- oder Eheteiles.)

Der von der Evakuierung auszunehmende Mischling 1. Grades wird – um jede Nachkommenschaft zu verhindern und das Mischlingsproblem endgültig zu bereinigen – sterilisiert. Die Sterilisierung erfolgt freiwillig. Sie ist aber Voraussetzung des Verbleibens im Reich. Der sterilisierte „Mischling" ist in der Folgezeit von allen einengenden Bestimmungen, denen er bislang unterworfen ist, befreit.[37]

2) *Behandlung der Mischlinge 2. Grades.*

Die Mischlinge 2. Grades werden grundsätzlich den Deutschblütigen zugeschlagen, mit *Ausnahme folgender Fälle*, in denen die Mischlinge 2. Grades den Juden gleichgestellt werden:

a) Herkunft des Mischlings 2. Grades aus einer Bastardehe (beide Teile Mischlinge).

b) Rassisch besonders ungünstiges Erscheinungsbild des Mischlings 2. Grades, das ihn schon äußerlich zu den Juden rechnet.

c) Besonders schlechte polizeiliche und politische Beurteilung des Mischlings 2. Grades, die erkennen läßt, daß er sich wie ein Jude fühlt und benimmt.

Auch in diesen Fällen sollen aber dann Ausnahmen nicht gemacht werden, wenn der Mischling 2. Grades deutschblütig verheiratet ist.

3) *Ehen zwischen Volljuden und Deutschblütigen.*

Von Einzelfall zu Einzelfall muß hier entschieden werden, ob der jüdische Teil evakuiert wird oder ob er unter Berücksichtigung auf die Auswirkungen einer solchen Maßnahme auf die deutschen Verwandten dieser Mischehe einem Altersghetto überstellt wird.

4) *Ehen zwischen Mischlingen 1. Grades und Deutschblütigen.*

a) Ohne Kinder.

Sind aus der Ehe keine Kinder hervorgegangen, wird der Mischling 1. Grades evakuiert bzw. einem Altersghetto überstellt. (Gleiche Behandlung wie bei Ehen zwischen Volljuden und Deutschblütigen, Punkt 3.)

b) Mit Kindern.

Sind Kinder aus der Ehe hervorgegangen (Mischlinge 2. Grades), werden sie, *wenn sie den Juden gleichgestellt werden*, zusammen mit dem Mischling 1. Grades evakuiert

37 Die geplante massenhafte Sterilisierung der „Mischlinge 1. Grades" wurde nicht umgesetzt; siehe Dok. 84 vom 6.3.1942 und Dok. 182 vom 27.10.1942, Anm. 28. Mehrere Ärzte arbeiteten allerdings an der Entwicklung von Verfahren zur Massensterilisation. Von Nov. bzw. Dez. 1942 an führten Dr. Horst Schumann und Dr. Carl Clauberg entsprechende Experimente an Häftlingen in Auschwitz durch; siehe VEJ 16, S. 34 f.

bzw. einem Ghetto überstellt. Soweit diese Kinder *Deutschen gleichgestellt werden* (Regelfälle), sind sie von der Evakuierung auszunehmen und damit auch der Mischling 1. Grades.

5) *Ehen zwischen Mischlingen 1. Grades und Mischlingen 1. Grades oder Juden.*
Bei diesen Ehen (einschließlich der Kinder) werden alle Teile wie Juden behandelt und daher evakuiert bzw. einem Altersghetto überstellt.

6) *Ehen zwischen Mischlingen 1. Grades und Mischlingen 2. Grades.*
Beide Eheteile werden ohne Rücksicht darauf, ob Kinder vorhanden sind oder nicht, evakuiert bzw. einem Altersghetto überstellt, da etwaige Kinder rassenmäßig in der Regel einen stärkeren jüdischen Bluteinschlag aufweisen als die jüdischen Mischlinge 2. Grades.

SS-Gruppenführer *Hofmann* steht auf dem Standpunkt, daß von der Sterilisierung weitgehend Gebrauch gemacht werden muß; zumal der Mischling, vor die Wahl gestellt, ob er evakuiert oder sterilisiert werden soll, sich lieber der Sterilisierung unterziehen würde.
Staatssekretär Dr. *Stuckart* stellt fest, daß die praktische Durchführung der eben mitgeteilten Lösungsmöglichkeiten zur Bereinigung der Mischehen- und Mischlingsfragen in dieser Form eine unendliche Verwaltungsarbeit mit sich bringen würde. Um zum anderen auf alle Fälle auch den biologischen Tatsachen Rechnung zu tragen, schlug Staatssekretär Dr. *Stuckart* vor, zur Zwangssterilisierung zu schreiten.
Zur Vereinfachung des Mischehenproblems müßten ferner Möglichkeiten überlegt werden mit dem Ziel, daß der Gesetzgeber etwa sagt: „Diese Ehen *sind* geschieden."[38]
Bezüglich der Frage der Auswirkung der Judenevakuierung auf das Wirtschaftsleben erklärte Staatssekretär *Neumann*, daß die in kriegswichtigen Betrieben im Arbeitseinsatz stehenden Juden derzeit, solange noch kein Ersatz zur Verfügung steht, nicht evakuiert werden könnten.
SS-Obergruppenführer *Heydrich* wies darauf hin, daß diese Juden nach den von ihm genehmigten Richtlinien zur Durchführung der derzeit laufenden Evakuierungsaktionen ohnedies nicht evakuiert würden.[39]
Staatssekretär Dr. *Bühler* stellte fest, daß das Generalgouvernement es begrüßen würde, wenn mit der Endlösung dieser Frage im *Generalgouvernement begonnen würde*, weil einmal hier das Transportproblem keine übergeordnete Rolle spielt und arbeitseinsatzmäßige Gründe den Lauf dieser Aktion nicht behindern würden. Juden müßten so schnell wie möglich aus dem Gebiet des Generalgouvernements entfernt werden, weil gerade hier der Jude als Seuchenträger eine eminente Gefahr bedeutet und er zum anderen durch fortgesetzten Schleichhandel die wirtschaftliche Struktur des Landes dauernd in Unordnung bringt. Von den in Frage kommenden etwa 2 1/2 Millionen Juden sei überdies die Mehrzahl der Fälle *arbeitsunfähig*.
Staatssekretär Dr. *Bühler* stellt weiterhin fest, daß die Lösung der Judenfrage im Generalgouvernement federführend beim Chef der Sicherheitspolizei und des SD liegt[40] und

38 Ein derartiges Gesetz hat es nicht gegeben.
39 Nicht ermittelt.
40 De facto lag die Federführung zu diesem Zeitpunkt bei der Regierung des Generalgouvernements und wurde erst am 2.6.1942 formell an den BdS übergeben; siehe auch VEJ 9/22.

seine Arbeiten durch die Behörden des Generalgouvernements unterstützt würden. Er hätte nur eine Bitte, die Judenfrage in diesem Gebiet so schnell wie möglich zu lösen. Abschließend wurden die verschiedenen Arten der Lösungsmöglichkeiten besprochen, wobei sowohl seitens des Gauleiters Dr. *Meyer* als auch seitens des Staatssekretärs Dr. *Bühler* der Standpunkt vertreten wurde, gewisse vorbereitende Arbeiten im Zuge der Endlösung gleich in den betreffenden Gebieten selbst durchzuführen,[41] wobei jedoch eine Beunruhigung der Bevölkerung vermieden werden müsse.

Mit der Bitte des Chefs der Sicherheitspolizei und des SD an die Besprechungsteilnehmer, ihm bei der Durchführung der Lösungsarbeiten entsprechende Unterstützung zu gewähren, wurde die Besprechung geschlossen.

DOK. 66

Erich Röhmer aus Breslau fordert am 20. Januar 1942 von der Reichsvereinigung der Juden, die Desinfektion einer Wohnung zu bezahlen, die er an eine Jüdische Familie vermietet hatte[1]

Schreiben von Erich Röhmer, Breslau, Gabitzstr. 25, an die Reichsvereinigung der Juden in Deutschland, Abt. Zweig- und Bezirksstellen, Berlin-Charlottenburg 2, Kantstr. 158, vom 20.1.1942 (Abschrift)

Betr.: Wohnung Schreiner, Breslau, Gabitzstr. 25

In dem Vorderhause meines Grundstücks Gabitzstr. 25 im Hochparterre hatte die jüdische Familie Frau Schreiner seit ca. 4 Jahren eine 3-Zimmer-Wohnung mit Mädchengelaß, Badeeinrichtung, Kabinett zu einer monatlichen Miete von RM 65.– inne.

Diese Wohnung wurde am 19. November 1941 seitens der Liegenschaft Herr[n] Rupprecht zugewiesen mit der Mitteilung, daß die Wohnung am 27.–30. November geräumt wird. Gleichzeitig wurde mir seitens des Oberbürgermeisters der Hauptstadt Breslau, Abteilung Wohnungs- und Liegenschaftsamt mitgeteilt, daß vor Instandsetzung der Wohnung diese auf Kosten des bisherigen jüdischen Mieters, oder falls dieser vermögenslos sein sollte, auf Kosten *der jüdischen Kultusgemeinde* zu entgasen ist, sofern die Notwendigkeit hierzu durch ein Gutachten eines Schädlingsbekämpfers nachgewiesen wird.

Nicht nur 1 Zimmer, sondern die ganze Wohnung war derartig verwanzt, daß sie unbedingt in ihrer Gesamtheit vergast werden mußte.[2] Die Wohnung wurde mir geradezu in einem haarsträubenden Zustande hinterlassen. Keller, Böden, besonders der Keller waren ebenfalls mit allem möglichen Gerümpel noch belegt, ganze Ballen angesammeltes Papier waren noch in der Wohnung vorhanden und mußten längere Zeit noch im Keller liegen, ehe sie [...][3] entfernt werden konnten.

Frau Schreiner war nicht in der Lage, einen Betrag für die Vergasung zu hinterlegen, und hatte ich mich daher gemäß der Mitteilung des Oberbürgermeisters der Hauptstadt Breslau wegen einer Rückerstattung der Vergasungskosten in Höhe von RM 81,40 mit

41 Gemeint ist hier die Unterbringung von Deportierten in Durchgangslagern und Gettos, solange die Kapazität der geplanten Vernichtungslager nicht ausreichte, um sie unmittelbar nach ihrer Ankunft zu ermorden.

1 BArch, R 8150/112, Bl. 115.

2 Zeitgenössische Bezeichnung für Schädlingsbekämpfung.

3 Ein Wort unleserlich.

Schreiben vom 12. Dezember an die Jüdische Kultusvereinigung gewandt. Diese erwiderte mir auf mein Schreiben vom 12. Dezember mit Schreiben vom 22.12., daß ihr inzwischen von ihrer Aufsichtsbehörde[4] untersagt worden ist, Ausgasungen in fremden Grundstücken zu bezahlen.
Ich ersuchte nun die jüdische Kultusgemeinde, mir zunächst die genaue Anschrift der in Frage kommenden Aufsichtsbehörde mitteilen zu wollen, und machte dieselbe gleichzeitig darauf aufmerksam, daß an dem Tage der Zuweisung des Herrn Rupprecht, das ist der 19. November 1941, fragliches [...][5] seitens der Aufsichtsbehörde noch nicht bestand, so daß mithin eine Rückerstattung der mir entstandenen Vergasungskosten in Höhe von RM 81,40 seitens der jüdischen Kultusgemeinde zweifellos zu Recht besteht, denn ich kann mir nicht denken, daß die Hauswirte, die nicht bereits vorher jüdischen Mietern ihre Wohnung aufgekündigt haben, nunmehr durch die höchst fahrlässigen Behandlungen von Wohnungen seitens der jüdischen Mieter Verluste erleiden sollen.
Ich ersuche Sie, die Angelegenheit einer Prüfung zu unterziehen, und sehe ich einem Bescheide entgegen.[6]

DOK. 67
Daniel Lotter notiert in seinem Tagebuch am 22. Januar 1942 Gerüchte über Verbrechen an Juden im Osten[1]

Handschriftl. Tagebuch von Daniel Lotter,[2] Fürth, Eintrag vom 22.1.1942

Die grimmige Kälte hält an. Wir haben sogar nachmittags noch 12–14 und mehr Grad unter 0. Früh sind es 20° und bei Nacht und im Freien soll es noch kälter sein. Es ist dies der 3. strenge Winter. Ein großer Teil der Obstbäume ist schon zum Opfer gefallen, und viele werden heuer folgen. Hoffentlich überstehen die vielen Tausend neu gepflanzter Bäume.
Von Polen kommen Nachrichten über unerhörte Grausamkeiten gegenüber den dortigen und von Deutschland dorthin gesandten Juden. Die Zahlen der Getöteten und die Einzelheiten, welche von Mund zu Mund weitergegeben werden, sind so schrecklich, daß ich mich scheue, sie dem Papier anzuvertrauen. Ich kann es nicht glauben, daß deutsche Menschen zu solchen Taten fähig sind, und unsere Soldaten sind doch keine Henkersknechte. Als Vollzieherin der schlimmsten Unmenschlichkeiten wird allerdings die SS genannt. Wenn sie wahr wären, würden sie als unauslöschlicher Schandfleck durch die Jahrhunderte dem deutschen Volke anhängen. –

4 Vermutlich: die Gestapoleitstelle Breslau.
5 Ein Wort unleserlich, möglicherweise „Verbot".
6 Am 9.2.1942 antwortete Arthur Lilienthal im Namen der Reichsvereinigung der Juden, dass die Jüdische Kultusvereinigung Breslau nicht zur Kostenübernahme verpflichtet und diese zudem von der „Aufsichtsbehörde", also der Gestapo, verboten worden sei; wie Anm. 1, Bl. 114.

1 Original in Privatbesitz, Kopie: IfZArch, F 601, abgetippte Fassung im Deutschen Tagebucharchiv Emmendingen.
2 Daniel Lotter (1873–1953), Lebküchner; übernahm 1897 die elterliche Lebküchnerei in Nürnberg; trat 1901 der Freimaurerloge Zur Wahrheit und Freundschaft in Fürth bei; Aufsichtsrat einer Fürther Einkaufsgenossenschaft, von 1929 an Mitglied der Kirchenverwaltung der evang.-luther. Pfarrei St. Michael.

Churchill ist wieder nach England zurückgekehrt. Über seine Abmachungen mit Roosefeld[3] hört man nichts.[4] Auch seine Reden im Unterhaus, das in öffentlicher Sitzung über die Kriegslage verhandelt, werden dem deutschen Volke verschwiegen bleiben. Die U.S.A. sind z.Z. drüber,[5] die südamerikan. Staaten zum Eintritt in den Krieg zu bewegen.[6] Ob es gelingen wird, ist noch zweifelhaft, besonders angesichts der großen Erfolge der Japaner, die schon vor Singapur stehen und im Norden bereits auf Rangoon marschieren.

Neuerdings wurde zwischen den Staaten des 3-Mächtepaktes eine Militärkonvention abgeschlossen.[7]

Merkwürdig ist nur, daß die Russen ihre sibirischen Truppen zum großen Teil an unsere Ostfront werfen konnten, da sie sich vor den Japanern anscheinend sicher fühlen.[8]

Auf der Krim haben wir Feodosia wieder genommen und sind anscheinend dabei, das verlorengegangene Gebiet wiederzugewinnen.[9] Es kommen aber schlimme Nachrichten über erfrorene Gliedmaßen unserer Truppen. Auch unser Passauer Heinz Laun[10] hat sich beide Füße erfroren. Er ist im Lazarett in Breslau, wohin seine Eltern abgereist sind.

DOK. 68

Cläre von Mettenheim schildert ihrer Tochter am 25. Januar 1942 eine Hausdurchsuchung der Gestapo, das anschließende Verhör und ihre kurzzeitige Haft[1]

Handschriftl. Brief von Cläre von Mettenheim an ihre Tochter Hildegart vom 25.1.1942[2]

Im Diakonissenhaus, am 25.1. – ja, was wir in dieser Woche durchgemacht haben – u. wie dankbar wir sein müssen, daß nun alles – gebe Gott – vorbei ist. Wenn ich mir es auch einerseits vom Herzen schreiben möchte, schüttelt mich doch das Grauen, wenn

3 Richtig: Roosevelt.

4 Wahrscheinlich ist die sog. Arcadia-Konferenz von Dez. 1941 bis Jan. 1942 in Washington gemeint, auf der neben anderen strategischen Entscheidungen die „Germany first"-Strategie offiziell beschlossen wurde, derzufolge der Krieg in Europa Priorität gegenüber dem im Pazifik hatte.

5 So im Original.

6 Bereits im Dez. 1941, kurz nach Kriegseintritt der USA, erklärten die meisten südamerikan. Staaten auf Drängen der US-Regierung den Achsenmächten ebenfalls den Krieg. Meist handelte es sich dabei um eine symbolische Handlung. Zu den wenigen Ausnahmen gehörte Brasilien, das Truppen nach Europa sandte.

7 In der Militärkonvention vom 18.1.1942 grenzten das Deutsche Reich, Italien und Japan ihre Operationsgebiete voneinander ab und vereinbarten eine Zusammenarbeit im Handelskrieg gegen die angelsächs. Mächte; ADAP, Serie E: 1941–1945, Bd. 1: 12. Dezember 1941 bis 28. Februar 1942, Dok. 145, S. 260–262.

8 Die Rote Armee hatte durch den Spion Richard Sorge bereits im Sept. 1941 erfahren, dass die japan. Führung sich entschieden hatte, die US-Truppen im Pazifik anzugreifen und nicht den deutschen Verbündeten durch einen Angriff auf die Sowjetunion zu entlasten.

9 Im Jan. 1942 hatte die Rote Armee das Gebiet Kertsch auf der Krim zurückerobert. Die Stadt Feodosia nahm die Wehrmacht am 18.1.1942 wieder ein, die restliche Halbinsel erst im Mai 1942.

10 Heinz Laun, vermutlich der Schwager von Daniel Lotter.

1 IfS Frankfurt a. M., Nachlass Mettenheim, S1/273/1319. Teilweise abgedruckt in: Mettenheim, Die zwölf langen Jahre (wie Dok. 32 vom 5.11.1941, Anm. 1), S. 244 f.

2 Siehe Dok. 32 vom 5.11.1941, Anm. 4. Grammatik wie im Original.

ich alles wiederaufleben lasse. Ich muß der Reihe nach berichten. Mittwoch, 14.1. aß Frl. v. Oettingen[3] bei uns zu abend. Ließ einige Äußerungen des württembergischen Bischofs Wurm[4] bei uns, ähnlich wie die berühmten Galenbriefe,[5] männlich u. deutsch. Ich las sie schnell durch, Vater[6] hatte keine Zeit u. Lust, u. gab sie Amelies[7] mit in die Stunde zu Frl. Kolb im offenen Umschlag an die Theologin D. Carola Barth.[8] Dazu ein Begleitschreiben: Die Papiere würden Samstag wieder abgeholt (ich wollte sie Dieter[9] schicken durch Amelies, die hinfuhr). Als nun Vater hinkam – war die Gestapo zur Haussuchung da! Hatte die Schwestern Barth dabei gefunden, die Papiere abzuschreiben u. meinen Begleitbrief dabei. Die Haussuchung war deshalb, weil ein Hptm., der Pfarrer ist, bei Barths wohnt u. der eine christliche Weihnachtsfeier mit den Soldaten gehalten hatte. Da sie nicht an ihn herankonnten (Wehrmacht untersteht ihnen nicht) machten sie die Haussuchung bei Barths. Sofort nachdem Vater dort erschienen war u. mein Brief gefunden, wurde telephonisch ein Beamter zu uns beordert. Ich hatte, durch Vater gewarnt, gerade noch Zeit, einige gesuchte Sachen Frau L. mitzugeben, die die Wohnzimmertür verließ, während der Stapomann zu Vaters Tür hereinkam. Diese Hefte gab ich – während ich bei der Durchsuchung strickend im Sessel saß – Rosa[10] unter die Schürze, nachdem ich sie für eine Menüfrage heraufgerufen hatte. Auch verdächtige Einträge in m. Kalender radierte ich ruhig in ihrer Anwesenheit. Meinen Schemel, das Schränkchen unter dem Radio, haben sie gar nicht durchsucht. Ja – ich hatte von Hans Heinz[11] aus einem Buch Briefe von dir mit den Codewörtern bekommen u. die noch in der Handtasche. Aber auch die konnte ich Vater zustecken u. die Handtasche wurde gar nicht durchsucht. Auf die Frage, woher ich die Papiere habe, habe ich geantwortet: anonym mit der Post. Wußte aber damals nicht mehr, was ich an C. B.[12] geschrieben hatte. U. in dem Brief stand eben: zur Einsicht geliehen bekommen. – Wohl hat uns die Sache aufgeregt. Wohl haben wir an dem Samstag gleich Frl. v. Oettingen gewarnt. Wohl wußten wir, daß Telephon u. Post überwacht wurde – aber (Rosmarie[13] war gerade zum Wo-

3 Dora von Oettingen (1913–2009), evang. Gemeindepädagogin; Juni 1938 bis 1942 Gemeindehelferin in Frankfurt a. M.; wegen „Verbreitung konfessioneller Hetzschriften“ von Febr. bis Juli 1942 in Haft, ihr Onkel Werner von Oettingen, ein NS-Funktionär, konnte sie vor der Einweisung in ein KZ bewahren, nach Haftentlassung musste sie Frankfurt innerhalb von 24 Stunden verlassen und erhielt Berufsverbot, ging in ihren Heimatort Barmen zurück und musste bis Kriegsende in einem Rüstungsbetrieb arbeiten.

4 Dr. Theophil Wurm protestierte seit den 1930er-Jahren gegen die Juden- und Kirchenpolitik des NS-Regimes sowie gegen „Euthanasie“-Morde, er schrieb mehrfach an die Staats- und Parteiführung. Anfang Jan. 1942 wandte er sich an die Reichsführung und forderte, den Kampf gegen das Christentum zu beenden; siehe auch Dok. 233 vom 12.3.1943.

5 Der Münsteraner Bischof Clemens August Graf von Galen (1878–1946) kritisierte im Aug. 1941 die „Euthanasie“-Morde. Seine Predigten wurden in kirchlichen Kreisen auch von Cläre von Mettenheim unter der Hand verbreitet; siehe auch VEJ 3, S. 50 f.

6 Dr. Heinrich von Mettenheim.

7 Dr. Amalie (Amelis) Elisabeth von Mettenheim; Tochter von Cläre von Mettenheim.

8 Dr. Carola Barth (1879–1959), evang. Theologin, Religionspädagogin.

9 Dieter Fischer, Sohn von Cläre von Mettenheim aus erster Ehe.

10 Haushaltshilfe von Mettenheims.

11 Hans-Heinz von Mettenheim (1919–1987), Sohn von Cläre von Mettenheim.

12 Carola Barth.

13 Vermutlich: Rosmarie von Mudra.

chenende da) wir waren vergnügt, wir feierten Adalberts[14] Geburtstag mit feierlichem Essen u. Festtagsgedeck. Wir dachten, alles verläuft im Sande. – Aber am Dienstag, wir schliefen noch nach Tisch gegen 3 Uhr, Telephon: Ich soll hinkommen. Auf Vaters Einwand, ich sei noch krank u. noch nicht ausgegangen, die Antwort, ich käme ja gleich wieder heim. Also nahmen wir an, eine Zeugenaussage. – Aber bei der Haussuchung hatte ich mir den Gestapomann – er heißt ungefähr Thorn[15] – zum Feind gemacht. Als er losbrüllte, sie könnten nicht dulden, daß in der Heimat „derartiges" geschieht – habe ich (damals noch ahnungslos, was alles bedeutet) ihn gefragt, ob er annehme, diese seine Art u. Tätigkeit stärke die Front in der Heimat? Das war, wie ich später im Protokoll unterschreiben mußte „die Dreistigkeit, die Tätigkeit der Staatspolizei herabzusetzen". / Also zu diesem Mann kam ich nun in die Lindenstr.,[16] ins ehemalige Stift. Jetzt ein Ort des Grauens. Das vornehme Haus bewohnt von jungen ungebildeten, aber allmächtigen Rohlingen. Bis ich begriffen hatte, daß nur schweigen u. sich fügen u. ihnen sagen, was sie wollen, das einzig mögliche ist – hatte ich unendliche Beschimpfungen u. eine Gefängnisnacht hinter mir. Heute weiß ich es – u. zittere doch noch vor jedem Telephonruf. Nachdem nun mein Lebenslauf aufgenommen war – im Detail auch das der Kinder[17] – mit unendlichen Unterbrechungen durch Privatgespräche der Edlen untereinander u. Privattelephongespräche waren 3 Stunden vergangen. Dann hätte ich heimgehen können u. am nächsten Tag zum Verhör wiederkommen. Aber ich wollte es hinter mir haben u. so fing das Verhör an. Es war nicht zu leugnen, daß meine Aussage unwahrscheinlich war. Denn an C. B. hatte ich das verhängnisvolle „geliehen" geschrieben. So konnte es einfach nicht stimmen. Aber wie fielen sie über mich her! Denn der „Kommissar" (Nachtrag: Nellen,[18] der jetzt – 42 – unser Nachbar ist) wie zu meinem Erstaunen mit russischem Einschlag der „Chef" heißt, wurde zu Hilfe gerufen. Erst eine Schmähsalve über die „Frau von u. zu" die nicht wisse, woher der Wind weht u. noch denke, sie sei unantastbar, wie Anno Tobak. In dem Stil, brüllend, geifernd, stundenlang. Wenn ich etwas einwenden wollte: jüdische Frechheit! Überhaupt, nur Gutes hätten wir Juden gehabt u. benehmen uns derart undankbar. Ohne die jüdische Hetze überhaupt wäre kein Krieg. Nur die Juden hätten die Ausländer veranlaßt, unser armes Vaterland zu überfallen. Daß er einmal sich versprochen hat u. Rathenaumord als jüdische Gemeinheit sagte – er meinte vom Rath[19] – konnte meine Situation nicht erhellen. – Vater durfte mir Brot u. Nacht- u. Waschsachen bringen u. um 9 im Dunkeln gings ins Gefängnis in die Klapperfeldstr. – Wenn ich dachte, nun zu Menschen zu kommen – welche Täuschung.

14 Adalbert Fischer (1915–1987), Sohn von Cläre von Mettenheim aus erster Ehe.

15 Rudolf Thorn (1902–1985), Schlosser; 1933–1935 bei der Landespolizei in Frankfurt a. M., von Herbst 1935 an bei der Gestapo und zuständig für kath. Kirchenangelegenheiten; Kriminalsekretär; 1937 NSDAP-, 1938 SS-Eintritt; Juli 1943 bis Anfang 1944 Leiter des Judenreferats; 1945 kurzfristig in US-Kriegsgefangenschaft; Ende Juli 1947 verhaftet und 1950 vom Landgericht Meiningen zu acht Jahren Haft verurteilt, 1956 entlassen; bis 1964 Empfangschef am Flughafen Frankfurt.

16 Von April 1941 bis März 1945 befand sich in der Lindenstraße 27 die Frankfurter Gestapo-Zentrale.

17 Cläre von Mettenheim hatte vier Söhne und zwei Töchter.

18 Fritz Nellen (1909–1987); 1933 SA- und NSDAP-, 1935 SS-Eintritt; von Sept. 1933 an bis Juli 1941 bei der Gestapo Düsseldorf (Außendienststelle Duisburg) tätig, danach vermutlich bis Kriegsende bei der Gestapo in Frankfurt a. M., dort 1941/42 Leiter der Unterabt. II B (Kirchen und Juden); arbeitete nach Kriegsende unter falschem Namen in der Landwirtschaft, 1956 Verhaftung, zu vier Jahren Haft verurteilt; nach Entlassung bei einem Hersteller für Küchengeräte in Süddeutschland tätig.

19 Siehe Dok. 61 von 1941, Anm. 4.

Das J auf meiner Kennkarte gab den Freibrief, ihren ganzen Hohn, ihre ganze Macht an mir auszulassen. Religion? – Evangelisch. – Sie werden wegen falscher Angaben bestraft! – Sie haben doch nach Religion gefragt, u. nicht Rasse. Sie haben ja meine Kennkarte in der Hand. – Maul halten, Jud ist Jud. – Unglücklicherweise hatte Amelies meine Bibel eingepackt. Die Wärterin – ein Engel unter Teufeln – zählte meine Sachen auf. Obwohl du ja weißt, daß ich weder Puder noch sonst derartiges brauche, beugten sich alle 4 über meine Handtasche: Wieviel Puderdosen, wieviel Spiegel habe se denn? Als die Wärterin dann sagte: eine Bibel – da tobte die Hölle über mich hinweg! Bibel-Talmud meine se! An mich: Das ist doch der Talmud? Als ich schwieg: ach so, sie versteht nur hebräisch. – Hildegart – das kann man nicht schildern. – das Opfer solcher Untermenschen zu sein. – Die Frau, die mich durchsuchen sollte, fragte nur still, was ich gemacht habe. Daraufhin durchsuchte sie mich nicht. Tasche u. Köfferchen u. Uhr hatte ich abgenommen bekommen. Nun ging's in Zelle iii. Wenn nur der unbeschreibliche Gestank nicht gewesen wäre! Die gute Frau hat mir das Licht die ganze Nacht brennen lassen. Warm war es auch, ich hatte ja meinen Pelzmantel an. Adalbert wußte gleich: Wenn die Zelle stinkt, ist sie warm, wenn sie nicht stinkt, ist sie kalt. Kein Auge zugetan – aber auch der arme Vater nicht. Aber ich bin mir in der Nacht klargeworden, daß meine Situation nicht zu retten ist. Als „Jüdin" nicht nur Freiwild – ein Schaden der Sache, der Familie. Frl. v. Oettingen war ganz anders gestellt. – ½ 6 wecken, Zelle machen, Kübel ausgießen. Auf „Frühstück" habe ich verzichtet. Dann kam ich, um auf den Transport zu warten, in eine Zelle mit 10 Frauen. Das war nun schon eine Gemeinschaft. Über 1 Monat warteten bereits 6 auf den Abtransport ins K.Z. An m. Tisch saßen eine Frau, weiße Haut, abgemagert wie ein Skelett – sie hatte in 3 Zuchthausjahren 52 ℔[20] abgenommen. Und erzählte in einem fort. So daß einem kleinen Belgiermädchen die Tränen nur so strömten. Es war aus der Stelle fortgelaufen. Ach, sagte eine hübsche Blondine, nicht schlimm: 3 Wochen. Nun kam die Nachricht, daß 3 mit dem nächsten Transport ins Lager kommen. Ein junges Mädel wurde schneeweiß, die anderen regten sich auf über die Trennung, dann erörterten sie die Vorteile des Lagers vor dem Polizeigefängnis. Ein bißchen kam ich mir wie bei Irren vor. Zu denen – u. nicht ins Lager entschieden „die Baronin" gehörte. Die hat den hemmungslosen Monarchistentick – wie eine übertrieben dargestellte Gestalt auf der Bühne. – Nun, mein Fall wurde als hoffnungslos betrachtet. Was die wissen wollen, bekommen sie raus. Aber ich war mir dessen auch bewußt und wollte nur fort, nur heim! – Erst kam der Transport. Wie heißen Sie? Frau v. M. – Lassen Sie das „von" weg, das interessiert uns nicht! – Da war das Brüllen wieder. – Dunkel, eiskalt (-20°) in den grünen Wagen 11 Männer, 6 Frauen. Sie wurden in die Käfige einfach aufeinandergepreßt. Auf Anregung des menschlichen Fahrers: Tu die Großmutter allein – kam ich in einen Einzelkäfig – aber rühren konnte ich mich nicht. Dunkel. Kalt. Bei der Staatspolizei wieder warten. Ich ließ meinem Peiniger sagen, ich wolle ihm die Aussage machen, ich könne mich aber nicht mehr aufrecht halten. Was nicht übertrieben war: nach den Erlebnissen u. unfähig einen Bissen zu schlucken. Wohl hatte ich Hunger, aber der Bissen quoll mir buchstäblich im Munde.

– Warten, Uhr hatte ich nicht, die war mit meinen Sachen im Gefängnis. Nach 1 Stunde etwa neues Verhör u. dann nach 12 meinerseits Zusammenbruch. Vater u. Amelies holten mich

20 Maßeinheit Pfund.

ab. Nachdem ich unterschrieben hatte, daß ich beim nächsten Mal *sofort* in ein Konzentrationslager komme u. mit den schärfsten Mitteln der Staatspolizei bestraft würde.
Was hatte ich eigentlich getan? Ich hatte nichtverbotene Briefe weitergegeben – Galen u. Wurm sind frei – u. wollte meine Bekannte nicht verraten. Dafür wurde ich in schmählichster Weise beschimpft, meine Freunde, deren Briefe beschlagnahmt wurden, verhöhnt u. meine Söhne, die ihr Leben im Krieg eingesetzt hatten, minderer Motive verdächtigt. Das war ja interessant, wie diese allmächtige u. eigenste Behörde – gegen die Wehrmacht eingestellt ist. Vor allem war in einem Brief von Adalbert Brauchitsch[21] erwähnt – da wollten sie zu gern eine Beziehung herausbekommen. Wenn sie meinen Brief an B. in die Hände bekommen hätten, wäre ich lebend nicht mehr ihren Klauen entkommen. So ist Hans Heinz inzwischen zum O.K.W. u. hat dafür gesorgt, daß dieser Brief nicht eingesehen wird.
Verdienst der Söhne im Felde: Wer hat schon nicht das E. K. in Frankreich bekommen? sagt der Oberschnösel darauf. Die Wiedereinberufung Dieters mit Genehmigung des Führers – ist durch meine Beziehungen „geschoben" (wenn die ahnten wie unglücklich ich über diese „Auszeichnung" war!) u. die wollen nur Soldat werden, um Vorteile zu haben! In dem Stil ging das Verhör. – Briefe von Clemen, Dodo Seeckt, Maas,[22] Annemarie u. Schumacher waren durchgelesen u. beanstandet. Clemen hatte so ungefähr geschrieben: Es währt nicht alles ewig – was genügte, ihn als Nichtnationalsozialisten zu verdächtigen. Tante Dodo schrieb von drakonischen Maßnahmen – meinte aber China damit. Religiöse Auslassungen veranlaßten sie einfach brüllend vor Lachen mit der flachen Hand auf den Tisch zu hauen. – Man kann sich kein Bild davon machen. Und ich gebe jedem Juden recht, der sich das Leben nimmt, ehe er in diese Hände kommt.
– Zu Hause – konnte ich noch immer nicht essen, nicht schlafen. U. dann wurde eine Blutung stärker und stärker, die Nerven gaben nach. Ich ging Freitag um 6 zu Eckelt ins Diakonissenhaus u. war um 7 schon operiert. Am Sonntag sagte er mir, er habe es für Ca[23] gehalten und schon für Montag die große Operation angesetzt. Nun sei Bescheid gekommen, es sei gutartig. Ich selbst war ahnungslos und hatte mit keinem Gedanken an Krebs gedacht. Ein Polyp sah Ca-verdächtig aus. Nun liege ich noch, ein anderes Milieu als das Gefängnis – aber doch ein bißchen etwas davon. Um ½ 6 Uhr fängt der Tag an, im alten Stil die Sauberkeit – 4 Schwestern und 1 Mädchen arbeiteten fieberhaft, ein blinkend sauberes Zimmer zu reinigen u. [zu] ordnen. Tags liegen andere Deckchen auf als nachts, es wird auf der ganzen Abt. zur selben Stunde alles gemacht „getopft", „gepulst", „gelüftet" etc. – Dabei liegt sehr hoher Schnee u. schwere Kälte, über 20° herrscht. Amelis fährt tapfer den Wagen mit Schneeketten, nachts steht er nicht mehr bei uns, in einer geheizten Garage. Denn nicht nur, daß ich operiert werden mußte, also zu Hause ausfiel: Der Wagen war eingefroren, die Hauptwasserltg. geplatzt. Armer Vater, zuviel Aufregung. – Theater u. Konzerte fallen aus, kriegswichtige Werke schließen, die Eisenbahnen haben bis 24. st. Verspätung – alles ist in Unordnung durch Schnee u. Kälte

21 Walther von Brauchitsch war im Dez. 1941 als Oberbefehlshaber des Heeres entlassen worden.

22 Dr. Hermann Maas (1877–1970), Theologe; 1915–1943 evang. Pfarrer in Heidelberg; 1933–1945 erhielt er mehrfach Rede-, Schreib- und Berufsverbote, 1943 zwangsweise in den Ruhestand versetzt; 1945 Prälat der Evangelischen Landeskirche in Baden; 1966 von der Gedenkstätte Yad Vashem als Gerechter unter den Völkern geehrt. Cläre von Mettenheim war seit 1924 mit ihm befreundet.

23 Carcinoma, ein Karzinom (Krebs).

u. Kohlenmangel. Die Läden sind Montag u. Dienstag geschlossen. Manche an den anderen Tagen nur stundenweise offen, teils weil sie keine Kohlen haben (aus Warenmangel dürfen sie nicht schließen) teils mit anderen Ausreden – denn es ist alles leer. Aus. Seit 2 Monaten kein Ei, ½ l Magermilch für 2 x 5 Personen (Samstag, Sonntag), Fett war im Januar überhaupt nicht da. Vater wiegt 66 kg – sieht aber so arm u. mager aus. Natürlich: Wenn wenig da ist, ißt er gar nichts, um uns nicht zu schädigen. Schwer.

DOK. 69
Himmler kündigt am 26. Januar 1942 die Deportation von 150 000 Juden aus dem Deutschen Reich in Konzentrationslager an[1]

Fernschreiben (befördert am 26.1.1942, 12:02), gez. Himmler, an SS-Brigadeführer Richard Glücks[2] vom 26.1.1942[3]

Nachdem russische Kriegsgefangene in der nächsten Zeit nicht zu erwarten sind, werde ich von den Juden und Jüdinnen, die aus Deutschland ausgewandert werden, eine große Anzahl in die Lager schicken. Richten Sie sich darauf ein, in den nächsten 4 Wochen 100 000 männliche Juden und bis zu 50 000 Jüdinnen in die KL. aufzunehmen. Große wirtschaftliche Aufgaben und Aufträge werden in den nächsten Wochen an die Konzentrationslager herantreten.[4] SS-Gruppenführer Pohl[5] wird Sie im einzelnen unterrichten.[6]

1 BArch, NS 19/1920, Bl. 1. Abdruck in: Faschismus – Getto – Massenmord. Dokumentation über Ausrottung und Widerstand der Juden in Polen während des 2. Weltkrieges, hrsg. vom Jüdischen Historischen Institut in Warschau, Berlin 1961, S. 268.

2 Richard Glücks (1889–1945), Kaufmann; Offizier im Ersten Weltkrieg; 1930 NSDAP-, 1932 SS-Eintritt; 1936 stellv. Inspekteur, von 1939 an Inspekteur der Konzentrationslager, seit März 1942 Leiter der Amtsgruppe D des WVHA; Nov. 1943 Generalleutnant der Waffen-SS; im April 1945 Flucht mit Höß und Himmler nach Flensburg, nahm sich das Leben.

3 Im Original handschriftl. Bearbeitungsvermerke und Stempel.

4 Die beabsichtigten Deportationen standen im Zusammenhang mit den Siedlungs- und Bauplänen der SS in der Sowjetunion, dem KZ Majdanek sowie der Errichtung des SS-und Polizeistützpunkts Lublin.

5 Oswald Pohl (1892–1951), Schiffsoffizier; 1926 NSDAP- und SA-, 1934 SS-Eintritt; Verwaltungschef des SS-Hauptamts, von 1938 an Leiter der SS-Betriebe und Vorsitzender des Verwaltungsrats des DRK, von 1942 an als Leiter des WVHA der SS zuständig für Zwangsarbeit in den KZs; im Nürnberger Nachfolgeprozess gegen das WVHA zum Tode verurteilt, 1951 hingerichtet.

6 Die hier von Himmler angekündigten Deportationen wurden nur in geringem Umfang durchgeführt; bis Juli 1942 herrschte eine Transportsperre.

DOK. 70

Die Bremische Evangelische Kirche erklärt sich am 27. Januar 1942 zur antijüdischen Deutschen Volkskirche[1]

Anlage zum Schreiben der Kirchenregierung der Bremischen Evangelischen Kirche an das Reichskirchenministerium vom 30.1.1942[2]

Beschluß der Kirchenregierung der Bremischen Evangelischen Kirche vom 27.1.1942
1.) Die Bremische Evangelische Kirche fügt ihren Bekenntnisgrundlagen den Satz hinzu: *„Sie ist antijüdisch."*
2.) Da die Bremische Evangelische Kirche mit diesem Bekenntnis aus dem kirchlichen Protestantismus herauswächst (vergleiche Adolf Hitler, Mein Kampf I. Band 3. Kapitel), führt sie hinfort die Bezeichnung *„Deutsche Volkskirche" Land Bremen.*[3]

DOK. 71

Der Wiener Dirigent Josef Krips bittet am 27. Januar 1942 Reichsstatthalter Baldur von Schirach darum, ihm die Ausreise zu ermöglichen[1]

Schreiben von Josef Krips,[2] Wien, XIX, Saarplatz 5, an den Reichsleiter und Reichsstatthalter in Wien, Baldur v. Schirach, vom 27.1.1942

Sehr verehrter Herr Reichsleiter!
Auf Grund beigeschlossenen Lebenslaufes[3] richte ich die Bitte an Sie, nach Prüfung meiner Angaben, mir Ihre Hilfe angedeihen zu lassen und mir die Möglichkeit zu geben, wenigstens im Ausland als deutscher Dirigent tätig sein zu können.
Nach siebzehnjähriger Tätigkeit – nur in ersten Positionen – an deutschen Bühnen und in deutschen Konzertsälen war es mir meiner Einstellung nach unmöglich, nach Amerika zu gehen, weil ich Künstler und nicht Geschäftsmann bin. Alle diesbezüglichen

1 BArch, R 5101/23799.
2 Im Anschreiben teilte Landesbischof Heinrich Weidemann im Namen der Kirchenregierung deren hier dokumentierten Beschluss mit und fragte an, ob gegen dieses Bekenntnis staatlicherseits Bedenken erhoben würden. Ferner schrieb er, dass er Hitler zu prüfen gebeten habe, ob der Deutschen Volkskirche Parochialrecht verliehen werden könne, d. h. die Anerkennung als eigenständige Körperschaft öffentlichen Rechts.
3 Das Reichskirchenministerium akzeptierte den Beschluss nicht mit Verweis darauf, dass Weidemann zu diesem Zeitpunkt bereits vom Amt suspendiert war und die Kirchenregierung daher nicht mehr handlungsfähig sei; Leiter der Finanzabt. bei der Bremischen Evangelischen Kirche an die Gemeindeführer, stellv. Gemeindeführer und Finanzbevollmächtigten der Bremischen Evangelischen Kirche, 4.2.1942, wie Anm. 1.

1 Historisches Archiv der Wiener Philharmoniker, PA Wilhelm Jerger.
2 Josef Krips (1902–1974), Dirigent; 1926 Hofkapellmeister in Karlsruhe, 1933 Rückkehr nach Österreich, 1939 Berufsverbot in Wien, 1943 Arbeit in einer Lebensmittelfirma; leitete nach 1945 die Wiener Philharmoniker, dann Dirigent u. a. in London, San Francisco und Berlin sowie 1970–1973 der Wiener Philharmoniker.
3 Liegt in der Akte.

zahlreichen Anträge – seit 1930, als mich unter anderem Herr Bodansky an die Metropolitan-Opera engagieren wollte – habe ich abgelehnt.
Ich bin zwar Mischling ersten Grades, habe mich aber immer als deutscher Dirigent gefühlt und bin auch nach dem Umbruch und nach dem Verluste aller Arbeitsmöglichkeiten in meiner Heimat geblieben. Ich habe ohne Entgelt von früh bis abends mit Künstlern gearbeitet in der Hoffnung, eines Tages doch die Hilfe und das Verstehen der maßgebenden Persönlichkeiten zu finden, die für die deutsche Kunst soviel tun und dieselbe auf großzügigste Art betreuen.
Über meine bisherige Arbeit führe ich als Referenzen an: Prof. Wilhelm Jerger, Prof. Franz Schütz, Prof. Clemens Kraus.
Politisch war ich nie tätig. Mein Bruder, der eine Stellung in Manchester innehatte, wurde im Mai 1940 als Deutscher interniert und lebt heute in einem Interniertenlager in Australien.[4] Ich lebe bei meiner Mutter, die Arierin ist und ihre bescheidene Pension mit mir teilt. Seit 1. Januar 1939 bin ich Mitglied der DAF.
Hochverehrter Herr Reichsleiter, ich hätte diese Bitte und diesen Schritt an Sie nicht gewagt, wenn ich mir nicht bewußt wäre, bis zum heutigen Tag sowohl als Künstler wie als Mensch einen Weg gegangen zu sein, der in jeder Hinsicht – mit Ausnahme meiner rassischen Belastung – einwandfrei ist. Meine ganze Hoffnung geht dahin, daß Sie, sehr verehrter Herr Reichsleiter, der Sie für die Wiener Kunst und für so viele Wiener unendlich viel getan haben und tun, auch mich aus dieser maßlos bedrückenden Lage befreien.
Mit deutschem Gruß![5]

DOK. 72
Eichmann erteilt der Gestapo am 31. Januar 1942 Richtlinien zur Deportation der Juden[1]

Schnellbrief (geheim) des RSHA – IV B4–2093/42g (391) –, i. A. gez. Eichmann, an alle Staatspolizei(leit)stellen im Altreich (einschl. Sudetengau), die Staatspolizeileitstelle Wien, die Zentralstelle für jüdische Auswanderung Wien, nachrichtlich an die Inspekteure der Sicherheitspolizei und des SD im Altreich, den Inspekteur der Sicherheitspolizei und des SD Wien vom 31.1.1942[2]

Betrifft: Evakuierung von Juden.
Bezug: Ohne.
Die in der letzten Zeit in einzelnen Gebieten durchgeführte Evakuierung von Juden nach dem Osten stellt den Beginn der Endlösung der Judenfrage im Altreich, [in] der Ostmark und im Protektorat Böhmen und Mähren dar.

4 Heinrich Josef „Henry" Krips (1912–1987) dirigierte 23 Jahre das South Australian Symphony Orchestra.

5 Schirach lehnte es ab, sich für Krips einzusetzen, und verwies ihn an die Reichskulturkammer; Aktenvermerk des Chefs des Zentralbüros des Reichsleiters, gez. H. Müller, für Herrn [Walter] Thomas, 5.2.1942, wie Anm. 1. Letztlich blieben alle Bemühungen Krips um eine Auftrittsgenehmigung erfolglos.

1 ITS Archive, Arolsen Archives, 1.2.3.0/0004/0007. Teilweise abgedruckt in: H. G. Adler, Die verheimlichte Wahrheit. Theresienstädter Dokumente, Tübingen 1958, S. 13 f.

2 Im Original Stempel und handschriftl. Anmerkungen.

Diese Evakuierungsmaßnahmen erstreckten sich zunächst auf besonders vordringliche Vorhaben, so daß nur ein Teil der Staatspolizei(leit)stellen bei den abgewickelten Teilaktionen angesichts der beschränkten Aufnahmemöglichkeiten im Osten und der Transportschwierigkeiten berücksichtigt werden konnte.
Zur Zeit werden neue Aufnahmemöglichkeiten bearbeitet mit dem Ziel, weitere Kontingente von Juden aus dem Altreich, der Ostmark und dem Protektorat Böhmen und Mähren abzuschieben. Die genaue Planung und Vorbereitung dieser weiteren Evakuierungsaktion macht zunächst eine gewissenhafte Feststellung der noch im Reichsgebiet ansässigen Juden nach folgenden, den Richtlinien für die Evakuierung entsprechenden Gesichtspunkten erforderlich:
Erfaßt werden können im Zuge dieser Evakuierungsaktion alle Juden (§ 5 der 1. Verordnung zum Reichsbürgergesetz vom 14.11.1935, RGBl. I, S. 1333),[3] abgesehen von folgenden Ausnahmen:
1./ In deutsch-jüdischen Mischehen lebende Juden.
2./ Juden ausländischer Staatsangehörigkeit (ausgenommen staatenlose Juden sowie Juden mit ehemals polnischer und luxemburgischer Staatsangehörigkeit).
3./ Im geschlossenen kriegswichtigen Arbeitseinsatz befindliche Juden, für die eine Zustimmung zur Evakuierung seitens der zuständigen Rüstungskommandos (Rüstungsinspektionen) sowie der Landeswirtschaftsämter und Arbeitsämter aus wehrwirtschaftlichen Gründen z. Zt. nicht gegeben werden kann. (Die sich daraus ergebenden vorläufigen Zurückstellungen sind jedoch im Einvernehmen mit diesen Stellen auf ein tragbares Mindestmaß zu beschränken.)
4./ Juden
   a) im Alter von über 65 Jahren,
   b) sowie Juden im Alter von 55–65 Jahren, die *besonders* gebrechlich und daher transportunfähig sind.
Bei jüdischen Ehen, in denen ein Eheteil unter 65 Jahre und der andere über 65 Jahre alt ist, können beide Teile dann evakuiert werden, wenn der in Frage kommende Eheteil nicht älter als 67 Jahre ist und ein amtsärztliches Zeugnis für die *Arbeitsfähigkeit* dieses Eheteils erbracht werden kann. Weitere Ausnahmen sind auf keinen Fall zulässig. (Für die auf Grund des Alters nicht zu evakuierenden Juden ist später gesonderte Regelung vorgesehen).[4]
5./ Jüdische Rechtskonsulenten sind in einem entsprechenden Verhältnis zur Zahl der zunächst verbleibenden Juden zu erfassen.
6./ Ehetrennung sowie Trennung von Kindern bis zu 14 Jahren von den Eltern ist zu vermeiden.
Ich bitte, unverzüglich die erforderlichen Feststellungen innerhalb des dortigen Dienstbereiches zu treffen und bis spätestens *9.2.1942* (Anträge auf Terminverlängerung können nicht berücksichtigt werden) unter Beantwortung nachstehender Fragen zu berichten:

3 In diesem Paragraph war festgelegt, wer als Jude zu gelten hatte; siehe auch VEJ 1/210.

4 Nach Riga und Minsk waren zuvor auch Juden deportiert worden, die älter als 65 Jahre waren, darunter auch Ordensträger. Dies hatte zu Protesten der Besatzungsbehörden an den Zielorten der Deportation geführt; um derartige Kritik zu vermeiden, wurden Juden über 65 künftig nach Theresienstadt deportiert; siehe Einleitung, S. 44.

1./ Zahl der Juden deutscher Staatsangehörigkeit (einschließlich der Staatenlosen sowie Juden ehemals polnischer und luxemburgischer Staatsangehörigkeit) im Sinne der gesetzlichen Bestimmungen im dortigen Bezirk. (Gesamtzahl und Verteilung auf die einzelnen Orte.)
2./ Zahl der in deutsch-jüdischen Mischehen lebenden Juden.
3./ Zahl der Juden mit ausländischer Staatsangehörigkeit. (Ausgenommen staatenlose Juden sowie Juden mit ehemals polnischer und luxemburgischer Staatsangehörigkeit.)
4./ Zahl der Juden mit slowakischer, kroatischer und rumänischer Staatsangehörigkeit.
5./ Zahl der im geschlossenen Arbeitseinsatz stehenden Juden, die mit Rücksicht auf wehrwirtschaftliche Belange z. Zt. zur Evakuierung nicht freigegeben werden können.
6./ Zahl der Juden über 65 Jahre.
7./ Zahl der über 55 Jahre alten, *besonders* gebrechlichen und transportunfähigen Juden.
8./ Gesamtzahl der für eine Evakuierung in Betracht kommenden Juden nach Beachtung obenstehender Ausnahmen. (Verteilung auf die einzelnen Orte.)
Diese Gesamtzahl nach dem *neuesten Stand* ist maßgebend für die spätere Zuteilung von Transportzügen bzw. für die Zusammenstellung von Evakuierungstransporten. *Fehlanzeige ist erforderlich.*
Auf eine genaue und gewissenhafte Feststellung ist besonderer Wert zu legen, damit von vornherein Verschiebungen oder Änderungen im Transportprogramm vermieden werden.
Von weiteren, über diese Feststellungen hinausgehenden Maßnahmen ist bis zum Eingang weiterer Weisung abzusehen.
Zusatz für die Staatspolizeistelle Frankfurt/Oder: Die dortigen Schreiben II B 4–2394/41 vom 15.1.1942 und II B 4–2434/41 vom 20.1.1942 haben sich damit erledigt.[5]

DOK. 73

Rudolph Herrschel setzt sich am 5. Februar 1942 beim Chef der Reichskanzlei dafür ein, dass Harriet Freifrau von Campe nicht als Jüdin gilt[1]

Schreiben von Rudolph A. Herrschel,[2] Berlin-Lichterfelde, Bahnhofstraße 34, an den Reichsminister Dr. Lammers, Reichskanzlei, vom 5.2.1942[3]

Hochverehrter Herr Minister!
Hierdurch erlaube ich mir höflichst, auf Ihr gütiges Schreiben vom 12.12.1940 zurückzukommen, welches ich zur Legitimation beilege.[4]

5 Nicht ermittelt.

1 BArch, R 43/4112, Bl. 85–87.
2 Rudolph A. Herrschel (*1890), Kaufmann; verwaltete Harriet Freifrau von Campes Vermögen und war Eigentümer des Hauses am Kurfürstendamm 75 in Berlin, in dem sie wohnte; Herrschel war der geschiedene Ehemann von Harriet von Campes Schwester Ellie von Bleichröder (1894–1989), die 1942–1945 im Getto Theresienstadt inhaftiert war und mit der er einen Sohn, geb. 1924 in Berlin, hatte.
3 Im Original handschriftl. Bearbeitungsvermerke.
4 In dem Schreiben hatte der persönliche Referent von Lammers, Willy Meerwald, Herrschel aufgefordert, seine Anfrage schriftlich einzureichen; wie Anm. 1, Bl. 83.

Ich habe es damals für richtiger gehalten, den Herrn Minister nicht weiter mit dieser Angelegenheit zu belästigen.
Nun hat mich aber Generalkonsul *Gaffney*,[5] dessen Gattin[6] die beste Freundin von der im beiliegenden Schreiben erwähnten Freifrau v. *Campe*[7] ist, immer wieder gebeten, ihn über den Stand der Angelegenheit von der Freifrau Harriet v. Campe zu orientieren. Da mir die *außerordentlich gefährliche Lage* der Baronin nicht unbekannt ist, will ich mich beeilen, Gaffney's Wunsch nachzukommen.[8]
Bisher hat das Ministerium des Innern die Behörden angewiesen gehabt, die Freifrau v. Campe nicht als Jüdin zu betrachten. Durch ein erbbiologisches Gutachten ist *trotz entgegenstehender notarieller eidesstattlicher Versicherungen* aber jetzt vom Reichssippenamt entschieden worden, daß die Freifrau v. Campe als Jüdin gelten soll.
Frau v. Campe wollte sich nun erlauben, an den Führer und Reichskanzler als letzte Chance ein Gnadengesuch einzureichen mit der höfl. Bitte, sie als Halbarierin wenigstens erklären zu lassen. Sie ist für diesen Fall gern bereit, ihr ganzes Vermögen, welches noch M: 60 000.–[9] beträgt, für von Ihnen zu bestimmende gute Zwecke sofort zur Verfügung zu stellen. Frau v. Campe hat im vorigen Kriege freiwillig vier Jahre lang Tag und Nacht als Rote Kreuzschwester gearbeitet, wofür sie vom König von Sachsen den Verdienstorden erhielt. Damit hat sie ihre große Vaterlandsliebe schon bewiesen. Die Baronin war 13 Jahre lang mit dem arischen Freiherrn v. Campe,[10] der Offizier in der alten Armee war, verheiratet. Sie ist 50 Jahre alt. Die Bittstellerin ist als Kind getauft, später konfirmiert und protestantisch erzogen worden. Nach den beiliegenden notariellen eidesstattlichen Erklärungen ist der Erzeuger der Baronin Herr Architekt Walter *Ende*, der Vollarier war.[11]
Es ist dem Herrn Minister wohl noch in Erinnerung, daß Generalkonsul Gaffney (aus Irland stammend) immer auf's äußerste bemüht gewesen ist, mit großer Liebe für Deutschland einzutreten. Nicht nur während des Weltkrieges bekannte er sich als großer Deutschenfreund, was ihn seine Stellung als Generalkonsul kostete, sondern auch nach dem Weltkriege schrieb er zugunsten Deutschlands das große Buch „Breaking the silence",[12] in dem er die Schuldlüge des Weltkrieges widerlegte. Er schreibt mir auch in

5 Thomas St. John Gaffney (1864–1945); US-amerikan. Diplomat; 1905–1912 Generalkonsul in Dresden, von 1914 an in München, wurde 1915 wegen seiner offen deutschfreundlichen Haltung des Amtes enthoben, danach bis zu seinem Tod als freischaffender Autor tätig.

6 Fannie Humphreys Gaffney, geb. Smith (*1886), Journalistin.

7 Harriet Freifrau von Campe, geb. von Bleichröder (1892–1942); Tochter des Bankiers James von Bleichröder (1859–1937) und seiner Frau Harriet, geb. Alexander (1869–1946); wurde am 15.8.1942 ins Getto Riga deportiert und kurz nach der Ankunft erschossen.

8 Gaffney hatte sich bereits im Sept. 1936 bei Lammers für Harriet von Campe eingesetzt; Schreiben vom 22.9.1936, wie Anm. 1, Bl. 69. Ihr Antrag auf rechtliche Gleichstellung wurde im Juni 1937 abgelehnt; ebd., Bl. 81.

9 Handschriftl. hinzugefügt.

10 Jordan von Campe.

11 In der Akte befindet sich eine auf den 3.3.1942 datierte eidesstattliche Erklärung des Kaufmanns Hermann Ende, wonach sein Bruder, der Architekt Walter Ende, eine mehrjährige Liebesbeziehung mit Harriet von Bleichröder unterhalten habe und der eigentliche Vater ihrer Töchter Harriet von Campe und Ellie von Bleichröder sei; wie Anm. 1, Bl. 100.

12 Thomas St. John Gaffney, Breaking the silence. England, Ireland, Wilson and the War, New York 1930.

seinem letzten Brief vom 17.11.41, den ich vor einigen Tagen erhielt, daß er mit seinem ganzen Herzen alles versucht, durch Zeitungsartikel und auf andere Weise Deutschlands Interessen wahrzunehmen, und hofft in diesem Brief noch, daß der Krieg mit Deutschland vermieden werden wird.
Inzwischen hat der Krieg begonnen.[13] Vielleicht kann sich aber Herr Gaffney später wieder mit seinem ganzen Herzen für Deutschlands Interessen einsetzen und unserem Vaterland sehr nützlich sein.
Ich appelliere höflichst an die große Güte des Herrn Ministers und erlaube mir die höfliche Anfrage, ob die Baronin v. Campe als letzte Rettung ein Gesuch an den Führer und Reichskanzler *Ihnen zusenden* darf. Es würde für die beste Freundin von Frau Gaffney zweifellos den Tod bedeuten, wenn sie auch in ein Ghetto gebracht werden sollte.
Es ist mir persönlich seit 25 Jahren bekannt, daß die Baronin v. Campe in Wirklichkeit 75 % arisch ist. Ich bemerke, daß ich Vollarier bin, mich aber besonders in dieser Angelegenheit nicht nur für Herrn Gaffney bemühe, sondern infolge verwandtschaftlicher Beziehungen die guten Charaktereigenschaften und Vaterlandsliebe der Frau v. Campe sehr wohl kenne. Die Entscheidung des Reichssippenamts liegt bereits (nach erhaltener Information des Ministeriums des Innern) bei dem Reichssicherheitshauptamt z.Hd. des *Herrn SS-Obersturmführers Eichmann,*[14] *Kurfürstenstraße 116 in Berlin.*
Ich bitte höflichst, diesen gütigst zu veranlassen, keine Maßnahmen gegen Frau v. Campe zu treffen, bevor über das Gnadengesuch entschieden ist. Die angebotene Spende ihres gesamten Vermögens könnte sofort erfolgen.
Um ihre gütige Rückäußerung bittend
verbleibe ich
sehr ergebenst mit
Heil Hitler![15]

13 Am 11.12.1941 hatte Deutschland den USA den Krieg erklärt.

14 Richtig: Obersturmbannführer.

15 Min.Rat Dr. Laue von der Reichskanzlei teilte Rudolph Herrschel in seinem Antwortschreiben am 13.4.1942 mit, dass der RMdI das Gnadengesuch endgültig abgelehnt habe.

DOK. 74
Die Gestapo fordert die Berliner Großbetriebe am 9. Februar 1942 auf, Zwangsarbeitslager für Juden einzurichten und plant, deren Angehörige zu deportieren[1]

Aktennotiz (vertraulich) der I.G. Berlin-Lichtenberg, Aceta,[2] gez. Huber,[3] über eine Besprechung bei der Geheimen Staatspolizei Berlin IV B[4] vom 9.2.1942 (Durchschlag)[5]

Herr Regierungsrat Dr. *Kunz*[6] als Beauftragter der Gestapo für die Lösung der Judenfrage hat die Betriebsführer aller Groß-Berliner Werke, die mehr als 100 Juden beschäftigen, zu sich gebeten. Herr Dr. Kunz teilt mit, daß zwar die in den Betrieben eingesetzten Juden gemäß Verfügung des Wirtschaftsministers[7] bis auf weiteres an ihren Arbeitsstellen bleiben, daß aber sobald als möglich Vorkehrungen getroffen werden müssen, um die Juden möglichst aus dem Stadtbild auszuschalten. Deshalb ist beabsichtigt, sämtliche Wohnungen, in welchen sich noch Juden befinden, zu räumen, nicht arbeitseinsatzfähige Juden, wie Kinder, Greise und Gebrechliche, zu evakuieren, während die im Arbeitsprozeß befindlichen Familienangehörigen in geschlossenen Lagern untergebracht werden sollen. Der Gestapo wäre es am liebsten, wenn die Unterbringung der Juden auf dem Werksgelände oder wenigstens in unmittelbarer Nähe stattfinden könnte, damit die Juden in den Straßen überhaupt nicht mehr in Erscheinung treten können. Die zu erstellenden Baracken sind mit Stacheldraht zu umgeben, die Insassen sind wie Kriegsgefangene zu behandeln und dürfen das Lager lediglich zur Arbeitsleistung verlassen. Die Betriebsführung habe für die Verpflegung und die Bewachung durch Werkschutzbeamte Sorge zu tragen.

Nur zwei der bei der Besprechung anwesenden Betriebsführer, die ihr Werk außerhalb Berlins haben, sahen eine Möglichkeit, ihre jüdischen Arbeiter in der oben geschilderten Weise unterzubringen. Es wurde auch bezweifelt, ob es überhaupt möglich sei, Baracken in der benötigten Menge zu beschaffen, nachdem in Groß-Berlin sich noch etwa 16 000 erwerbstätige Juden befinden, die von ihren Firmen für keinen Fall ohne Ersatz freigegeben werden können. Es wurde vorgeschlagen, in der Nähe von Werken, die in größerem Ausmaß Juden beschäftigen, durch die DAF Unterbringungsmöglichkeiten für Juden zu schaffen. Kosten würden unter den beteiligten Firmen je nach Kopfzahl der Lagerinsassen umgelegt.

Nachdem Herr Dr. Kunz sich davon überzeugen mußte, daß praktisch keine Firma es für möglich hielt, in der geforderten Art und Weise dem Wunsche der Gestapo zu

1 Industrie- und Filmmuseum Wolfen, Archiv, Sekretariat Dr. Gajewski, A 5660, Bl. 55, Kopie: BArch, Dok/K 568/1.
2 Kürzel für die I.G. Farbenindustrie Aceta, vormals Aceta GmbH Kunstseidenproduktion, einem 1925 gegründeten Teil der I.G. Farben mit Sitz in Berlin-Lichtenberg.
3 Dr. Dr. Josef Huber (*1889); von 1922 an bei der Agfa Filmfabrik, Abt. Kunstseide, in Wolfen, 1926–1945 Betriebsleiter des Aceta-Werks der I.G. Farben.
4 Vermutlich ist die Abt. IV D der Stapoleitstelle Berlin gemeint, der das Judenreferat unterstand.
5 Im Original Eingangsstempel des Sekretariats Dr. Gajewski vom 10.2.1942; Dr. Friedrich Gajewski (1885–1965) war Leiter der Sparte III (Fotografika, Kunstseide, Zellstoffprodukte) der I.G. Farben.
6 Dr. Edwin Kunz (1901–1945?), Polizist und Jurist; von 1926 an Polizist in Wien; 1933 NSDAP-, 1938 SS-Eintritt; 1938–1940 Mitarbeiter Stapoleitstelle Wien, von Juli 1940 an Leiter der Abt. IV D der Stapoleitstelle Berlin, 1942 zuerst bei der Stapoleitstelle in Prag und dann als Leiter der Abt. V (Kripo) beim KdS Minsk; 1952 vom Landesgericht Wien für 1945 verstorben erklärt.
7 Nicht ermittelt.

entsprechen, versprach er, nochmals mit den in Frage kommenden Stellen Rücksprache zu halten, um vielleicht zu erreichen, daß die arbeitende jüdische Bevölkerung in Ghettos zusammengefaßt würde. Die anwesenden Betriebsführer waren sich darüber einig, daß diese Lösung von Leitern der Industrie für vorteilhaft gehalten werden würde. Nebenbei bemerkte Dr. Kunz, daß den jüdischen Arbeitern zwar der Lohn wie bisher zustehen würde, daß aber Restbeträge nach Abzug von Verpflegung und Unterkunft dem Konto der Geheimen Staatspolizei überwiesen werden müssen, so daß also die Juden ihre Arbeitskraft lediglich gegen freie Unterkunft und Verpflegung hergeben müssen. Den Einwurf einiger Betriebsführer, daß dann wohl die Arbeitsleistung einiger Juden wesentlich zurückgehen würde, entkräftigte Herr Dr. Kunz dadurch, daß ganz scharfe Strafbestimmungen dies sicherlich wieder ausgleichen werden. Mit der Evakuierung der Familienangehörigen der werktätigen Juden wird im April–Mai begonnen.[8]
Herr Dr. Kunz bat, die den Betriebsführern gemachten Mitteilungen vorerst vertraulich zu behandeln.
Abschließend bemerkte Herr Dr. Kunz, daß das Judenproblem nicht nur in Großdeutschland, sondern für ganz Europa, soweit die Interessen der Achsenmächte reichen, in der oben geschilderten Weise geregelt werde.

DOK. 75
Legationsrat Rademacher vom Auswärtigen Amt teilt am 10. Februar 1942 die Entscheidung Hitlers mit, die Juden nicht nach Madagaskar, sondern in den Osten zu deportieren[1]

Schreiben von Legationsrat Rademacher,[2] Auswärtiges Amt (D III 145), an Gesandten Bielfeld,[3] Pol X und VLR von Schmieden,[4] Abt. Pol., Berlin, vom 10.2.1942 (Durchschrift)[5]

Sehr geehrter Herr Geheimrat!
Im August 1940 übergab ich Ihnen für Ihre Akten den von meinem Referat entworfenen Plan zur Endlösung der Judenfrage,[6] wozu die Insel Madagaskar von Frankreich im

8 Nach einer mehrwöchigen Unterbrechung wurden die Transporte aus Berlin am 28.3.1942 fortgesetzt und die Juden an verschiedene Orte im Generalgouvernement deportiert.

1 PAAA, R 100 867, Bl. 182. Abdruck in: ADAP, Serie E, Bd. 1 (wie Dok. 67 vom 22.1.1942, Anm. 7), Dok. 227, S. 403.
2 Franz Rademacher (1906–1973), Jurist; 1932–1934 SA-Mitglied, 1933 NSDAP-Eintritt; von 1937 an im diplomatischen Dienst, 1938–1940 Leg.Rat, in Uruguay leitete 1940–1943 das Judenreferat (D III) im AA; im April 1943 als Offizier zur Kriegsmarine; im März 1953 vom Landgericht Nürnberg zu dreieinhalb Jahren Haft verurteilt, im Juli vorläufig entlassen und nach Syrien geflüchtet, kehrte 1966 zurück.
3 Harald Bielfeld (1895–1980), Jurist; von 1920 an im auswärtigen Dienst, 1934 in London; 1936 NSDAP-Eintritt; 1938 Leiter des Ref. X/Afrika der Politischen Abt., 1944 Generalkonsul in Bern; 1945 Internierung in der Schweiz, 1950 Geschäftsträger der Bundesrepublik Deutschland in Südafrika.
4 Dr. Werner von Schmieden (1892–1979), Jurist; von 1920 an im auswärtigen Dienst, zunächst in der Nachrichtenabt., 1936–1945 in der außenpolitischen Abt., 1937 zum Vortragenden Legationsrat ernannt, 1942 stellv. Beauftragter für Propaganda im Persönlichen Stab Ribbentrops; nach 1950 Direktor der Forschungs- und Planungsabt. des Europarats; Leiter des Ref. XII/Friedensfragen, Statistik, Grenzziehungsfragen in der Politischen Abt. des AA.
5 Im Original Stempel der Abt. D III des AA vom 12.2.1942 sowie Bearbeitungsvermerke.
6 Siehe VEJ 3/92 und 98.

Friedensvertrag gefordert, die praktische Durchführung der Aufgabe aber dem Reichssicherheitshauptamt übertragen werden sollte. Gemäß diesem Plan ist Gruppenführer *Heydrich* vom Führer beauftragt worden, die Lösung der Judenfrage in Europa durchzuführen.[7]
Der Krieg gegen die Sowjetunion hat inzwischen die Möglichkeit gegeben, andere Territorien für die Endlösung zur Verfügung zu stellen. Demgemäß hat der Führer entschieden, daß die Juden nicht nach Madagaskar, sondern nach dem Osten abgeschoben werden sollen. Madagaskar braucht mithin nicht mehr für die Endlösung vorgesehen zu werden.[8]
Heil Hitler!

DOK. 76

Ostfriesische Tageszeitung: Artikel vom 11. Februar 1942 über den Einfluss der Juden auf die Wirtschaft mit der Ankündigung, dass sie nicht nach Deutschland zurückkehren werden[1]

Niemals kehren die Juden zurück! Der Manchester Guardian enthüllt das Kriegsziel, die Wirtschaft von Barmat, Kutisker und Sklarek[2] *in Europa wieder aufzurichten.*
Wie in Berlin ... so hatten auch in der Heimat die Hebräer entscheidenden Einfluß im Wirtschaftsleben

[Unter den Fotos von vier Männern:] *Eine kleine Auslese aus dem jüdischen Schiebertum der Weimar-Republik*, dessen Hauptaufgabe es war, das deutsche Volk mit betrügerischen Machenschaften bis aufs Blut auszusaugen. Oben von links: *Willy und Leo Sklarek.* Bei dem Konkurs ihrer Berliner Kleidergesellschaft gingen allein 32 Millionen Reichsmark verloren. Unten links: *Heinrich Sklarz*,[3] der durch Verschleuderung von Heeresgut den Staat um viele Millionen betrog. Rechts: *Kutisker*, für den das deutsche Volk nur an Prozeßkosten nicht weniger als 67 270 RM. aufbringen mußte. Er betrog die Staatsbank um 14,3 Millionen.

7 Siehe Dok. 65 vom 20.1.1942 und Einleitung, S. 41.
8 Die Arbeit am sog. Madagaskar-Plan war wegen der andauernden brit. Seehoheit schon Ende 1940 eingestellt worden.

1 Ostfriesische Tageszeitung, Ausg. Leer, Folge 35/36 vom 11./12.2.1942. Die Zeitung, Amtsblatt aller Behörden Ostfrieslands und Verkündungsblatt der NSDAP, erschien 1932–1945 in einer Auflage von 11 400 Exemplaren. Chefredakteur war von 1938 an Johann Menso Folkerts.
2 Julius Barmat (1887–1938) und Iwan Baruch Kutisker (1873–1927) wurden, nachdem ihre Unternehmen im Jahr 1924 Konkurs angemeldet hatten, wegen Bestechung verurteilt, von der u. a. führende Sozialdemokraten profitiert haben sollen: Barmat zu elf Monaten, Kutisker, dem auch Betrug vorgeworfen wurde, zu fünf Jahren Haft. Gegen Ende der 1920er-Jahre schlachtete die NSDAP beide Skandale im Zusammenhang mit dem Korruptionsprozess gegen die Brüder Max (1894–1944), Leo (1884–1942) und Willi Sklarek (1885–1938) propagandistisch aus als Beispiele für die unlauteren Geschäftspraktiken von Juden.
3 Heinrich Sklarz (*1881), Kaufmann; Inhaber eines Warenversandhauses; am 1. Mai 1926 wegen Veruntreuung von Beiträgen der Preuß. Staatsbank und Erpressung von Abgeordneten zu einem Jahr und sechs Monaten Haft, einer Geldstrafe von 50 000 RM sowie drei Jahren Ehrverlust verurteilt.

Der Schleier gelüftet
Am Ausgang des Winters 1928 oder 1929 erzählte man sich verzückten Auges in den Nacht-Bars am Kurfürstendamm, daß ein Bankier Schlesinger in seiner Villa im Grunewald ein Badefest veranstaltete. Etliche Räume waren in Bassins verwandelt, angefüllt mit parfümiertem, wohltemperiertem Wasser, das Diner wurde auf schwimmenden Tischen gereicht. *Neue Kultur aus jüdischem Reichtum!* Der Schlesinger war aber nur ein armer Knopf gegen den Juden Goldschmidt[4] aus der Danatbank,[5] der mit der ganzen deutschen Wirtschaft, soweit er ihrer habhaft wurde, seinen Karneval trieb, bis der Aschermittwoch von 1931 und 1932 mit sieben Millionen Arbeitslosen kam.
Im Juli 1931 wurde die Danatbank zahlungsunfähig. Um größeren Skandal zu verhindern, wurde sie von der Dresdner Bank übernommen, die entsprechend gründlich sanieren mußte. Das neue Aktienkapital der Dresdner Bank wurde vom Reich gegeben. Ob es im Orkan, der über Deutschlands Wirtschaft hinwegbrauste, erhalten werden könnte, schien zweifelhaft. Aber die Reichsstützung war die letzte Wahl, um schlimmen Zusammenbruch zu verhindern; denn die Banken waren damals noch mit ihren Krediten und Kreditbedingungen Mittelpunkt der Wirtschaft. Richtiger wäre es gewesen, die Danatbank auffliegen zu lassen und den ganzen faulen Zauber aufzudecken. Der Jude Goldschmidt, der dann außer Landes flüchtete, dünkte sich als ein großer Regierender. Tatsächlich hat er auch viele Konzerne mit in den Strudel gezogen. Er war einer von den Oberschiebern. Hinter ihm folgte der Rattenschwanz der kleineren Spekulanten, die durch Sperrminderheiten in den Hauptversammlungen der Aktiengesellschaften auftraten, um die Aufsicht über wichtigste deutsche Industrieunternehmen an sich zu reißen, wie etwa Herr Katzenellenbogen,[6] der sich hinter dem Ostwerke-Konzern[7] verbarg, oder der Siegmund Bosel,[8] der die österreichische Boden-Credit-Anstalt zu Fall brachte.[9] Eine besondere Gattung waren *die plumpen Gauner vom Schlage der Sklareks*

4 Jakob Goldschmidt (1882–1955), Bankier; Mitbegründer der Privatbank Schwarz, Goldschmidt & Co., alleinhaftender Gesellschafter der Darmstädter und Nationalbank; lebte von 1933 an überwiegend in den USA; 1941 wurde er ausgebürgert und sein in Deutschland verbliebenes Vermögen vom Reich beschlagnahmt.

5 Danatbank: Darmstädter und Nationalbank, gegründet 1922. Während der Bankenkrise im Sommer 1931 wurde die Bank zahlungsunfähig, im Sommer 1932 fusionierte sie mit der Dresdner Bank. Die Vergleichsverhandlungen mit Goldschmidt zogen sich noch über Jahre hin, wobei die Bank die Schwächung seiner Position durch die antijüdische Politik nach 1933 zu nutzen wusste; Dieter Ziegler, Die Dresdner Bank und die deutschen Juden, München 2006, S. 393–419.

6 Ludwig Katzenellenbogen (1877–1944), Brauereidirektor; Generaldirektor der Ostwerke-Schultheiß-Patzenhofer Brauerei in Berlin; emigrierte 1933 in die Schweiz, 1938 nach Jugoslawien; 1941 wurde er in Saloniki verhaftet und in das KZ Sachsenhausen überführt, starb im jüdischen Krankenhaus in Berlin.

7 Die 1921 gegründete Ostwerke AG bestand aus Sprit-, Zement-, Hefe-, Glas- und Maschinenfabriken und bildete eine Interessengemeinschaft mit der Schultheiß-Patzenhofer Brauerei AG, mit der sie 1930 fusionierte. Die Ostwerke kontrollierten die Anteile Katzenellenbogens in der schles. Brau-, Mühlen- und Zementindustrie, im Maschinenbau und in der Glas- und Flaschenherstellung.

8 Siegmund Bosel (1895–1942), österreich. Unternehmer und Bankier; von 1923 an Präsident der Wiener Union-Bank; 1925 machte er durch Finanzspekulation starke Verluste; wurde am 6.2.1942 von Wien nach Riga deportiert und starb noch während des Transports.

9 Die Allgemeine Bodencreditanstalt war eine 1863 in Wien gegründete Bank, die 1929 durch eine Zwangsfusion mit der Creditanstalt-Bankverein unter Leitung von Louis Nathaniel von Rothschild vor der Insolvenz gerettet wurde.

und Barmats, die sich durch ihre Bestechungen hervortaten. Gesinnungsschwache Stadtväter zählten zu ihren bevorzugten Werkzeugen. Im Schutze einer gekauften Obrigkeit verschleuderten sie Besitztümer der Gemeinden, um sich auf bequeme Art zu bereichern. Das damalige Wirtschaftsrecht besaß so weite Maschen, daß die großen wie die kleinen Gauner jahrelang frei herumlaufen konnten.

Schlimmer als die geldlichen Verluste war das Aufkommen einer lumpigen Wirtschaftsgesinnung, in der als erfolgreich galt, wer auf dem Umweg über Aktienpakete in fremde Unternehmen eindrang und sie zu seinem Zwecke ausbeutete. In der Wirtschaftspolitik fand diese Gesinnung auch ihren Eingang. Hier äußerte sie sich als Gleichgültigkeit gegen Wirtschaftsgefahren, sobald eine Abwehr drohender Krisen nur durch Beschränkung der individuellen Rechte möglich war. Es gab einen sogenannten Vorläufigen Wirtschaftsrat,[10] dessen Aufgabe es war, als beratende Einrichtung aufzutreten, und der sich durch parlamentarisch aufgezogene Untersuchungsausschüsse breit machte. Schon 1926 tauchte *die Gefahr einer nicht mehr zu dämmenden Dollar-Verschuldung* auf. Einige wenige Leute versuchten gegen den Strom zu schwimmen und rieten ab, weitere Anleihen aus den Vereinigten Staaten aufzunehmen. Die Sache kam vor den Untersuchungsausschuß über die deutsche Kapitalpolitik und Reichsbank. Der Pressejude Bernhard,[11] der nebenbei an der Berliner Handelshochschule eine Professur über Geld und Finanzen innehatte, saß als „Berater" neben dem Bankjuden Dernburg.[12] Beide führten das große Wort, kaum daß sich einmal ein kleiner Parlamentarier meldete. Aber keiner teilte die Sorge, in welche Abhängigkeit von der Wallstreet die sich aufblähende deutsche Auslandsverschuldung führen würde. Je zahlreicher die internationalen Geldgeschäfte, desto willkommener waren sie den Juden, deren Glaubensgenossen hüben und drüben die fetten Anleihevergütungen einsteckten. Die wirtschaftliche Unabhängigkeit eines Staates war ihnen ein lächerlicher Begriff. Brav plapperte der größte Teil der deutschen Öffentlichkeit die Dummredereien des Vorläufigen Reichswirtschaftsrates nach, der hilflos der ernstesten Aufgabe der Zeit, der Arbeitslosigkeit, gegenüberstand.

Verheerender als die Kutisker, Castiglioni[13] und Jakob Michael,[14] nachteiliger als der Machtmißbrauch durch die Bankjuden wirkte sich für die deutsche Wirtschaft jene zersetzende Wirtschaftsauffassung aus, die sich bei solchen Gelegenheiten wie dem Untersuchungsausschuß des „Reichswirtschaftsrates" kundtat. *Die Juden am Steuer der deutschen Wirtschaft* – das bedeutete nicht nur Ausplünderung der Gutgläubigen von innen her, sondern auch Untergrabung der Wirtschaftsmoral.

10 Der Vorläufige (Reichs-)Wirtschaftsrat existierte 1920–1934 und hatte die Aufgabe, Gesetzentwürfe im Bereich der Sozial- und Wirtschaftspolitik zu begutachten.

11 Georg Bernhard (1875–1944), Journalist; 1920–1930 Chefredakteur der Vossischen Zeitung, 1928–1933 Professor für Bankwesen an der Berliner Handelshochschule; 1933 emigrierte er nach Paris und gründete das Pariser Tagblatt, arbeitete für den Jüdischen Weltkongress und nach seiner Flucht nach New York 1941 am Institute of Jewish Affairs.

12 Bernhard Dernburg (1865–1937), Bankier und Politiker; 1889–1906 leitende Positionen in deutschen Banken, u. a. 1901 Direktor der Bank für Handel und Industrie in Berlin; 1907–1910 StS des Reichskolonialamts; 1920–1930 MdR für die DDP.

13 Camillo Castiglioni (1879–1957), italien.-österreich. Industrieller; Präsident der Allgemeinen Depositenbank, Besitzer von fünf Wiener Zeitungen und des Theaters in der Josefstadt; 1924 verlor er beim Konkurs der Depositenbank einen Großteil seines Vermögens und emigrierte in die USA; nach Kriegsende in Mailand ansässig.

14 Jakob Michael (1894–1979), Unternehmer; Gründer der Holding J. Michael AG für chemische und metallische Industrie; emigrierte 1931 in die USA.

Das Spiel war den Juden zwei Jahrzehnte lang restlos geglückt; ihr geheimes Ziel in dem jetzigen Kriege gegen Deutschland ist es, nach Europa zurückzukehren und die Ausbeutung erneut zu beginnen. Der „Manchester Guardian" hat sich dieser Tage zum Sprecher dieser jüdischen Wünsche gemacht. Das englische Blatt lüftete den Schleier, hinter dem sich sonst die jüdische Agitation vorsichtig verbirgt und kündigt an, daß nach einem für England siegreichen Kriege die Juden in ihre alten beherrschenden Wirtschaftsstellungen in Europa wieder einrücken müßten.[15] Wir können dem „Manchester Guardian" nur dankbar sein, daß er einmal so deutlich meldet, was auf zionistischen Versammlungen in Gegenwart britischer Kabinettsmitglieder gefordert wird. Wir haben das Wirken der Juden in Deutschland noch lebendig in Erinnerung und wissen die Wünsche Israels abzuschätzen, zumal es gar nicht mehr um die aus Deutschland geflüchteten oder die hier ausgeschalteten Juden allein geht. Die Rassegenossen in Nordamerika haben sich dahintergestellt und *lauern auf das „Geschäft des Jahrhunderts" in Mitteleuropa.* Pläne liegen dazu schon vor. In dem 1941 in den Vereinigten Staaten erschienenen Buch „Two Way Passage"[16] wird von dem Verfasser Louis Adamic empfohlen, nach einem Siege über die Nazis das deutsche Wirtschaftsgebiet erst einmal durch aus Deutschland stammende (lies: USA-Juden) zu überholen, das heißt, ein demokratisches Wirtschaftssystem aufzurichten. Generalgouverneur müßte Wendell Willkie werden, der Steigbügelhalter Roosevelts.[17]

Der Zionismus steht hinter diesen Plänen, wie der Hinweis des „Manchester Guardian" verdeutlicht, damit sind auch Churchill und Roosevelt für das Vorhaben verpflichtet. Glücklicherweise muß Deutschland gefragt werden, das diesen Krieg kämpft, gerade um die Rückkehr der Juden nach Europa zu verhindern. Die jüdische Presse in London und in Neuyork versuchte zwar, die Absichten ihrer Glaubensgenossen zu tarnen, die Juden wären froh, aus Deutschland heraus zu sein, hieß es. Aber der „Manchester Guardian" läßt uns einen Blick in die Sudelküche tun. *Wir sind gewarnt*, uns genügt die Erinnerung an die von den Juden verschuldete wirtschaftliche Ohnmacht Deutschlands zwischen 1919 und 1933.

[Unter zwei Fotos von älteren Menschen mit Koffern und sog. Judenstern:] Die nationalsozialistische Bewegung erkannte von Anfang an die Gefahr der rassischen Vergiftung, die noch größer als die der wirtschaftlichen Ausbeutung war. Mit der Machtübernahme Adolf Hitlers zerbrach die jüdische Herrschaft in Deutschland, und so mußte auch der Tag der Abreise der Hebräer kommen, von der es keine Heimkehr gibt. Nach dem Siege des Reiches in diesem Kriege, den auch Alljuda heraufbeschworen hat, wird der Erdteil Europa endgültig von einer Plage befreit sein.

15 The Manchester Guardian vom 26.1.1942, S. 2: „Jewish Soldiers as Native Levies". Es handelt sich um einen Kurzbericht zur jährlichen Versammlung der Zionist Federation of Great Britain. Der Vorsitzende des politischen Komitees, Paul Goodman, vertrat dort die Ansicht, dass der „Wiederaufbau der jüdischen Wirtschaft in Europa" ein Kriegsziel der Alliierten sein sollte.

16 Grundlage des Buchs von Louis Adamic sind Interviews mit europäischen Einwanderern in den USA und deren Nachkommen. Eine Passage spielt in einer fiktiven Zukunft, in der der Zweite Weltkrieg durch eine von den USA gesteuerte „europäische Revolution" beendet und ein gesamteuropäischer Staat nach US-Vorbild errichtet wurde. Von einer Umgestaltung des deutschen Wirtschaftssystems durch amerikan. Juden ist nicht die Rede.

17 Wendell Willkie (1892–1944), US-amerikan. Politiker und Anwalt; bei den Präsidentschaftswahlen von 1940 republikanischer Gegenkandidat zu Präsident Franklin D. Roosevelt.

DOK. 77

Ulrich von Hassell erhält am 14. Februar 1942 Besuch von einem Freund, der ihm von Massenmorden an Juden in der besetzten Sowjetunion erzählt[1]

Tagebuch von Ulrich von Hassell, Eintrag vom 15.2.1942

Militärische Lage in Rußland, scheint es, etwas mehr stabilisiert, aber immer noch sehr großer Kräfteverschleiß. Von Dieter[2] Nachricht aus Brest-Litowsk, für die letzten 150 km brauchte er 30 Stunden. 50 Prozent der deutschen Lokomotiven im Dienst der Ostfront! Carl Otto Hassell am 6. 12., Lorenz Jürg am 16. 1. gefallen.[3] Unendliche Opfer für die Zerstörung der Werte Europas. Im fernen Osten weitere große japanische Erfolge, angelsächsisches Versagen. Durchbruch von „Gneisenau", „Scharnhorst" und „Prinz Eugen"[4] von Brest nach einem deutschen Hafen gleichfalls ein Beweis für die geringe britische Kriegseffektivität, zugleich eine gewisse Verschiebung der seestrategischen Lage. Glänzende Leistungen im Zeichen einer verbrecherischen Politik.

Gestern besuchte mich mein junger Freund B[erthold][5] aus München, einer von denen, die aus ehrlichem Idealismus zur Partei gekommen sind. Er macht nach den Erfahrungen seines östlichen Dienstbereichs den Eindruck eines innerlich erschütterten Mannes. Was er aus Rußland berichtet, nicht nur über die Massenmorde an Juden, die zugleich die Ausführenden und Zuschauer demoralisieren und unsern historischen Ehrenschild unerhört besudeln, sondern auch über die brutale Vergewaltigung der Russen, und zwar interessanterweise jetzt auch der Ukrainer, übersteigt noch das bisher Bekannte. Auch der angeblich noch halbwegs verständige Koch[6] beteiligt sich in vollem Maße. Er will Südrußland zu einem deutsch besiedelten „Gotenland" machen;[7] nördlich davon spricht man von „Vandalenland"; man ist versucht, das für faule Witze zu halten. Frank,[8] der auf einigen Gebieten, zum Beispiel dem kirchlichen, noch Maß hält,

1 Das Original befindet sich in Privatbesitz und konnte nicht eingesehen werden. Abdruck in: von Hassell, Die Hassell-Tagebücher (wie Dok. 29 vom 1.11.1941, Anm. 1), S. 254 f. Auslassungen wie in der Edition.

2 Johann Dietrich von Hassell (1916–2005), Offizier; Sohn von Ulrich von Hassell und seiner Frau Ilse, geb. von Tirpitz; Offizier im Kavallerieregiment 18, als Major im Generalstab, im Okt. 1944 in Sippenhaft genommen; von 1951 an bei Siemens tätig, später dort Direktor.

3 Carl Otto von Hassell (1912–1941) und Lorenz-Jürg von Hassell (1911–1942), Neffen Ulrich von Hassells, studierte Juristen; Carl Otto von Hassell war Hauptmann der Reserve; sein Bruder war wegen seiner politischen Haltung aus dem juristischen Vorbereitungsdienst ausgeschlossen worden.

4 Drei Schlachtschiffe der deutschen Kriegsmarine.

5 Dr. Friedrich (Fritz) Joseph Berthold (1909–1981), Jurist; im Volksbund für das Deutschtum im Ausland Referent für Südtirol, 1939 in der Verwaltung des Generalgouvernements, meldete sich 1943 freiwillig zur Wehrmacht; nach 1945 als Rechtsanwalt in München tätig.

6 Erich Koch (1896–1986), Kaufmann; 1922 NSDAP-Eintritt; 1928–1945 Gauleiter von Ostpreußen; 1930–1945 MdR; von 1941 an Chef der Zivilverwaltung des Bezirks Bialystok und Reichskommissar der Ukraine; 1945–1949 in Schleswig-Holstein untergetaucht, 1950 an Polen ausgeliefert, 1959 Todesurteil, das in lebenslange Haft umgewandelt wurde.

7 Der Reichsgau Gotenland sollte aus der Halbinsel Krim und deren Hinterland („Generalkommissariat Taurien") bestehen und mit Südtirolern besiedelt werden.

8 Hans Frank (1900–1946), Jurist; 1919 im Freikorps Epp, 1923 Teilnehmer am Hitler-Putsch; 1923 SA- und NSDAP-Eintritt; 1926 Rechtsbeistand Hitlers; 1933–1942 Leiter des Rechtsamts der NSDAP, 1933/34 bayer. Justizminister, 1934–1945 Reichsminister ohne Geschäftsbereich, im Sept. 1939 zugleich CdZ für das gesamte besetzte polnische Gebiet, dann Generalgouverneur im besetzten Polen; 1946 im Nürnberger Hauptkriegsverbrecherprozess verurteilt und hingerichtet.

ist innerlich ein unsicherer schwacher Mann, schwer beschossen von der SS. Einen seiner engsten Mitarbeiter, Lasch,[9] zuerst Gouverneur von Radom, dann von Lemberg, hat man bei gigantischen Diebstählen von Juwelen, Kunstgegenständen usw. geklappt.[10] B[erthold] war auch in Südtirol und schildert die dortigen heillos verfahrenen Zustände. Wegen angeblicher skeptischer Äußerungen hat die deutsche Gestapo ihn bei den Italienern denunziert, so daß er ausgewiesen wurde.
Die ohne Verfahren erfolgte „Degradation" Hoepners[11] wegen eines nach gewissenhafter Lageprüfung gegebenen Rückzugbefehls bestätigt sich. Einzelheiten noch nicht klar. General Graf Sponeck[12] vom Kriegsgericht unter Vorsitz Görings zum Tode verurteilt, aus ähnlichem Grunde. Er hat in seiner Verteidigung gesagt, er würde in gleicher Lage wieder ebenso handeln, ein soldatisches Wort, das aber bei der Geistesart Hitlers, der das Kriegsgericht wutschäumend verlangt hat, seine Begnadigung erschwert.
An der Front im Osten höchst sonderbare Lagen, weil russische Luftlandetruppen, durchgebrochene Kavallerie und Skitruppen mit den Partisanen hinter der deutschen Front zusammenarbeiten; in einem Falle hat man festgestellt, daß Schießübungen auf einem Übungsplatz abgehalten worden sind.
Hase[13] und Freda[14] besuchten mich, etwas dekonzertiert durch Nachrichten über scharfe Überwachung durch den SD, die sich auch für Geißler,[15] Hausmann[16] usw. interessiert. Alles ist etwas verschüchtert. Noch unangenehmer ist, daß Scherz nicht nur krank ist, sondern an seine Leute sehr negative Orders gegeben hat, wie es scheint, weil Nordmann[17] seinem Benjamin überflüssige Mitteilungen über (ganz unfertige) Maßnahmen gemacht hat, die Scherz für dilettantisch erklärt hat.

9 Dr. Karl Lasch (1904–1942), Volkswirt; 1931 NSDAP-Eintritt; von 1930 an im NS-Rechtswahrerbund; 1933 Mitbegründer und von 1934 an Direktor der Akademie für Deutsches Recht, gab sich als Jurist aus; 1939–1941 Chef des Distrikts Radom, von 1941 an Gouverneur von Galizien; im Mai 1942 wegen Korruption verhaftet, in Untersuchungshaft auf Befehl Himmlers ohne Urteil erschossen oder zum Suizid gezwungen.

10 Gemeint ist vermutlich „geschnappt".

11 Erich Hoepner (1886–1944), Berufsoffizier; von 1933 an Chef des Generalstabs des Wehrkreiskommandos I in Königsberg, ab 1935 im Generalstab des Heeres in Berlin; im Jan. 1942 aus der Wehrmacht entlassen, nachdem er als Oberbefehlshaber der 4. Panzerarmee seine vor Moskau stationierten Einheiten ohne Genehmigung zurückgezogen hatte; als Mitverschwörer des Attentats vom 20. Juli 1944 in Berlin-Plötzensee hingerichtet.

12 Graf Hans von Sponeck (1888–1944), Berufsoffizier; befahl am 29.12.1941 ohne Hitlers Genehmigung den Rückzug seiner Truppen von der Ostfront; das Todesurteil wurde durch eine Intervention von Generaloberst Curt Haase in sechs Jahre Festungshaft umgewandelt; nach dem gescheiterten Attentat vom 20. Juli 1944 wurde Sponeck in der Haft hingerichtet.

13 Deckname von Hans Oster (1887–1945), Berufssoldat; von 1941 an Stabschef des Amts Ausland/Abwehr im OKW, im Zuge der Verhaftung Hans v. Dohnányis entlassen; nach dem gescheiterten Attentat vom 20. Juli 1944 verhaftet und am 9.4.1945 im KZ Flossenbürg ermordet.

14 Deckname von Hans von Dohnányi (1902–1945), Jurist; von 1933 an im RJM tätig, von 1939 an im Amt Ausland/Abwehr im OKW unter Hans Oster tätig; am 5.4.1943 wegen angeblicher Devisenvergehen verhaftet; am 9.4.1945 in der Haft wegen Beteiligung am Attentat vom 20. Juli 1944 hingerichtet.

15 Deckname von Johannes Popitz.

16 Deckname von Ulrich von Hassell.

17 Deckname von Dr. Jens Jessen (1895–1944), Wirtschaftswissenschaftler; Professor für Staatswissenschaft in Göttingen, Kiel und Marburg, von 1935 an in Berlin; im Zusammenhang mit dem Attentat vom 20. Juli im Nov. 1944 zum Tode verurteilt und in Berlin-Plötzensee hingerichtet.

DOK. 78

Ruth Hadassah Herz beschreibt ihrem Onkel Theodor Goldreich am 22. Februar 1942 ihre Unterkunft im Sammellager Kloster Endenich und die Zwangsarbeit in einer Fabrik[1]

Handschriftl. Brief von Ruth Hadassah Herz[2] an Theodor Goldreich,[3] Bonn, vom 22.2.1942[4]

Mein lieber Onkel Theo!
Wie sehr wir uns jedes Mal über Deine Post freuen, kannst Du Dir ja denken. Diese Woche bekamen wir 2 Karten und einen Brief. Heute ist Sonntag und will ich mich beeilen, Dir zu antworten.[5] Vor 8 Monaten, im August 1940,[6] kamen wir hierhin und haben wir ein kleines Zimmer, in dem wir drei alleine wohnen. Wir haben es uns so gemütlich gemacht, wie es eben ging. Das Zimmer ist 4 m im Durchmesser, es stehen 2 Betten, eine Couch, ein Schrank, ein Tisch, 2 Stühle und ein Herd darin. Es ist wirklich ganz gemütlich. Bevor wir einzogen, haben wir auch tapezieren lassen. Du kannst Dir doch sicher eine Nonnenzelle vorstellen, in dem Stil sind alle Zimmer.[7] Die meisten Familien haben solch ein Zimmer, meistens jedoch sind sie kleiner. Einzelpersonen leben in Gemeinschaftssälen zu 10–20 Personen. Mittags essen wir an der Gemeinschaftstafel im Speisesaal. Für die Arbeiter wird abends serviert. Die übrigen Mahlzeiten müssen wir uns selber zubereiten, die Zutaten dazu kaufen wir in der Kantine. Wir sind hier zu 400 Personen. Alle alten Leute über 70 sind in die Altersheime nach Köln gekommen. Oma Herz[8] ist im orthodoxen Heim untergebracht. Zuerst dachten wir, auch hier fortzumüssen, jedoch hat es sich anders entschieden. R.A. Mayer II[9] ist unser Leiter, ein

1 YVA, O.75/8. Abdruck in: Ruth Schlette, „Ich hoffe trotzdem bald in Palästina ein neues Leben anfangen zu können". Ruth Hadassah Herz aus Beuel (1925–1942) und ihre Briefe, in: Bonner Geschichtsblätter, hrsg. vom Bonner Heimat- und Geschichtsverein und dem Stadtarchiv Bonn, Bd. 51/52, Bonn 2001/02, S. 166.

2 Ruth Hadassah Herz (1925–1942), Schülerin; kam am 1.8.1941 zusammen mit ihren Eltern und der Großmutter väterlicherseits in das Bonner Lager im ehemaligen Endenicher Kloster Zur Ewigen Anbetung; sie wurde am 20.7.1942 von Köln nach Minsk deportiert, am 24.7.1942 in Malyj Trostinec ermordet oder im angrenzenden Wald Blagowschtschina erschossen.

3 Theodor Goldreich (1906–1996), Kaufmann; im Sommer 1933 floh er mit Frau und Sohn über Antwerpen nach Palästina, geriet wahrscheinlich als brit. Soldat auf Kreta in deutsche Gefangenschaft und arbeitete im Kriegsgefangenenlager Lamsdorf (Oberschlesien) als Sanitäter.

4 Im Original Eingangsstempel „Stalag VIII B, Geprüft: [unleserlich]" vom Kriegsgefangenenlager Lamsdorf. Insgesamt schickte Ruth Hadassah Herz zusammen mit ihren Eltern 17 Briefe und Postkarten an ihren Onkel ab.

5 Ruth und ihre Eltern standen mit Goldreich im wöchentlichen Briefwechsel. Familie Herz schrieb meistens sonntags einen Brief, da ihnen sonst wegen der Zwangsarbeit wenig Zeit blieb.

6 Richtig: 1941.

7 Am 30.4.1941 beschlagnahmte die Gestapo das Kloster, in dem von Juni an Juden aus Bonn, Beuel und Bad Godesberg monatelang interniert und zur Zwangsarbeit in der Region eingeteilt wurden. In dem Benediktinerinnenkloster, in dem zuvor 130 Nonnen gelebt hatten, mussten sich zeitweise über 380 Personen die Räume teilen. Ende Juli 1942 wurde das Sammellager aufgelöst.

8 Ella Herz, geb. Neumann (1867–1942); kam vom Bonner Lager am 19.1.1942 in ein jüdisches Altersheim nach Köln und im Sommer 1942 in das Lager Müngersdorf bei Köln, sie wurde am 16.6.1942 nach Theresienstadt, von dort im Sept. 1942 nach Treblinka deportiert und dort ermordet.

9 Siegmund Mayer (1884–1944?), Rechtsanwalt; im April 1941 als „Leiter der Judengemeinschaft" im Lager Endenicher Kloster von der Gestapo eingesetzt, wurde am 27.7.1942 von Köln nach Theresienstadt und von dort am 16.10.1944 nach Auschwitz deportiert; wurde für tot erklärt.

fabelhafter Organisator. Es herrscht hier eine musterhafte Ordnung und Disziplin. Die ersten 2 Monate half ich freiwillig in der Küche, aber dieses Vergnügen sollte nicht lange dauern. Ich mußte in einer Fabrik mit vielen Frauen zusammenarbeiten. Und so arbeite ich jetzt schon 6 Monate in einer Wandplattenfabrik in Witterschlick.[10] Es sind jetzt außer mir nur noch 3 Jüdinnen da, die anderen konnten die Arbeit nicht leisten. Ich bin darum als einzigste Frau und Jüdin, unter 16 Männern die einzigste Frau. Die Arbeit ist recht anstrengend für mich, da ich um ¼ nach 5 aufstehen muß und um 7 abends erst zu Hause bin. Für einen 17jährigen Menschen immerhin eine ziemliche Anstrengung. Du möchtest gerne Bilder von uns haben, da können wir Dir aber leider nur alte schikken. Sie sind schon 1–1 ½ Jahre alt, aber wir werden sehen, Dir bald ein neues zu schikken. Darfst Du uns ein Bild von Dir schicken? Ich werde Dir jetzt öfters schreiben. Für heute küßt Dich innigst Deine Nichte Ruth Hadassah.
Herzl. Grüße Dein Schwager Max[11]

Einzigster Trost. Ich bin in schwesterlicher Liebe Deine
Edith.[12]

DOK. 79
Der Jüdische Religionsverband Hamburg fordert seine Mitglieder am 25. Februar 1942 auf, den Umgang mit nichtjüdischen Ausländern zu vermeiden und ihn notfalls anzumelden[1]

Bekanntmachung Nr. 11 des Jüdischen Religionsverbands Hamburg e. V., gez. Dr. Max Plaut[2] (Dr. P/l), Hamburg, vom 25. 2. 1942 (Abschrift)

Betr. Umgang mit Ausländern.
Jeder Umgang von Juden mit nichtjüdischen Ausländern ist grundsätzlich unerwünscht und daher zur Vermeidung von Weiterungen zu unterlassen.

10 Die Fabrik wurde 1889 als Servais-Werke AG gegründet und 1940 vom Bonner Unternehmen Wessel's Wandplatten-Fabrik AG übernommen. In Witterschlick und in einem weiteren Werk in Dransdorf waren zahlreiche Zwangsarbeiterinnen beschäftigt. Die Firma produziert bis heute unter dem Namen Deutsche Steinzeug Cremer & Breuer AG Fliesen in Sinzig.

11 Max Herz (1894–1942?), Kaufmann; von 1919 an führte er mit seinem Bruder eine Metall-, Häute- und Knochenhandlung des verstorbenen Vaters weiter, 1929 Gesellschafter in der Firma des Bruders für Rohprodukte, Schrott und Eisen, 1938 Zwangsaufgabe der Geschäfte; während des Aufenthalts im Kloster Endenich Zwangsarbeit in einer Bonner Gärtnerei, wie seine Tochter Ruth wurde er nach Malyj Trostinec deportiert und vermutlich dort ermordet.

12 Edith Herz, geb. Goldreich (1903–1942); in den 1930er-Jahren scheiterte die Auswanderung von Familie Herz nach Palästina; nur der Sohn Hans Rafael Hermann Herz (1927–1996) konnte im Dez. 1935 nach Jerusalem zu den bereits zuvor ausgewanderten Eltern von Edith Herz gelangen; sie selbst wurde mit ihrem Mann und der Tochter Ruth in Malyj Trostinec ermordet.

1 Staatsarchiv Hamburg, 522–1, 992 l.

2 Dr. Max Plaut (1901–1974), Bankkaufmann, Jurist, Ökonom; 1933 Sekretär der Jüdischen Gemeinde Hamburg, 1938–1943 Vorsitzender des Jüdischen Religionsverbands Groß-Hamburg, leitete 1939 bis 1943 die nordwestdeutsche Bezirksstelle der Reichsvereinigung; mehrfach verhaftet; reiste 1944 mit einem Austauschtransport nach Palästina; 1950–1965 in Bremen, u. a. als Prokurist tätig; engagierte sich 1965–1974 in Hamburg für christlich-jüdische Verständigung.

In den Fällen, in denen aus Arbeits- oder sonstigen Gründen ein solcher Umgang erfolgen muß,[3] ist dies durch den in Betracht kommenden Juden der Reichsvereinigung der Juden in Deutschland, Berlin-Charlottenburg 2, Kantstraße 158, unter Angabe des Aktenzeichens JA anzuzeigen.
Jüdischer Religionsverband Hamburg e. V.
Zum Aushang bis zum 15.3.42.

DOK. 80
Berthold Rudner schildert Ende Februar 1942 die gemeinsame Zeit mit Martha Crohn von der Deportation aus Berlin bis zu ihrem Tod im Getto Minsk[1]

Handschriftl. Bericht von Berthold Rudner, Ende Februar 1942

II.[2]
Dem Andenken Martha Crohn's.[3]
Bericht über ihr letztes Jahresviertel; gest. 26.I.42., 18 Uhr.
Der folgende Tatsachenbericht über Leben und Sterben der verwitweten Frau Martha Crohn aus Berlin umfaßt die Zeit vom 12. November 1941 bis 26. Januar 42. Er soll vor allem später ihre beiden Kindern, Tochter und Sohn,[4] die sich in Palästina befinden, über die letzten 3 Monate ihres Lebens informieren. Die folgenden Ausführungen befleißigen sich einer lakonischen Kürze, sind chronologisch, idealisieren nichts, noch verschweigen sie etwas. Dem Schreiber dieser Zeilen, ihr Lebenskamerad während dieser kurzen Zeit in Minsk, liegt jedes Motiv fern, die Wahrheit irgendwie zu trüben, so trüb auch die einzelnen letzten Stationen im Leben dieser Frau waren.
Gleich mir mußte auch Martha Crohn ihre Berliner Zelte abbrechen und sich am 10. November in der Berliner Synagoge, Levetzowstraße, einfinden.[5] Dort wurden alle Personen und ihr Gepäck visitiert. Die Damen wurden einer peinlichen körperlichen Untersuchung unterworfen. Zwei Tage waren wir in jener Synagoge interniert, eine Zeit, die genügte, um aus einem Kulturmenschen einen Primitiven zu machen, der auf dünnen Papiermatratzen am Boden zu nächtigen hatte, sich kaum reinigen noch seine funktionellen persönlichen Bedürfnisse befriedigen konnte. Es herrschte ein richtiges Zigeunerlager; man lag kreuz und quer; Gepäckstücke dienten als Kissen und Lehnen, mit

3 Von 1939 an waren in zahlreichen Betrieben ausländische Zivil- bzw. Zwangsarbeiter neben jüdischen Arbeitern beschäftigt.

1 IfZArch, ED 424, Crohn, Martha. Teilweise abgedruckt in: Rentrop, Berthold Rudners Aufzeichnungen (wie Dok. 60 von Ende 1941, Anm. 1), S. 381–387.
2 Februar.
3 Martha Crohn, geb. Goldschmidt (1878–1942), Sekretärin; war verheiratet mit dem Kaufmann Sally Crohn (1871–1929) und lebte in Berlin; 1938 wurde sie gezwungen, Wohnung und Hausbesitz aufzugeben, am 14.11.1941 zusammen mit Rudner nach Minsk deportiert, dort umgekommen.
4 Beate (*1905) und Zwi, geb. als Horst Crohn (*1908); Horst Crohn arbeitete in Berlin als Kaufmann und emigrierte 1933 gemeinsam mit seiner Frau Edith, geb. Drucker, nach Palästina, nannte sich fortan Zwi und lebte mit seiner Familie in Tivron bei Haifa; Beate Crohn, die als Sekretärin gearbeitet hatte, folgte ihm 1937, heiratete 1945 den Arzt Dr. Bernhard Bartfeld und lebte in Jerusalem.
5 Zum Sammellager Levetzowstraße siehe Einleitung, S. 35 f.

Bekleidungsstücken und Decken hüllte man sich ein. Der Morgen sah eine übernächtigte, sehr derangierte Masse Mensch. Gegessen wurde aus Blechgefäßen, welche die Gemeinde zur Verfügung stellte. Für das Essen mußten alle Berliner Juden Lebensmittelkarten bereitstellen.

Die meisten Personen wurden von Zivilbeamten der geheimen Staatspolizei abgeholt und zum Polizeirevier gebracht. Großes Gepäck mußte in Sammelstellen geschafft werden. Es erging die Aufforderung, sich warme Kleidung, Ofen, Ofenrohre, Matratzen, Nähmaschinen etc. mitzunehmen, wichtige Gegenstände, die später hier – beschlagnahmt wurden! Hunderte Gepäckstücke gingen verloren, so auch meine ganze Wäsche und Kleider, die in 2 guten Koffern gepackt waren.

Alles Eigentum, das nicht mitgenommen werden konnte – über 50 Kgr. sollte das Privatgepäck nicht wiegen –, wurde beschlagnahmt. Wohnungen, auch möblierte Zimmer mit Eigentum der Evakuierten wurden versiegelt, um später für ein Trinkgeld versteigert zu werden. Alles sonstige Eigentum an Geld, Schmucksachen, Dokumenten, teilweise auch Lebensmittel etc. wurde bei der Untersuchung abgenommen, und zwar auf Grund eines Gesetzes, nach welchem den Evakuierten bolschewistische Gesinnung unterstellt wurde, weshalb diese Konfiskation erfolgte.[6] Auch alle restlichen Lebensmittelkarten hatte man abzuliefern.

Endlich, am 12. November 41, nachmittags, ging der Abtransport mit Polizeiwagen vor sich. Die Verladung erfolgte von einer abseits gelegenen Rampe des Bahnhofs Grunewald. Ein langer Zug mit uralten Beute-Waggons aus Frankreich, verdreckt, mit fehlenden oder schlecht schließenden Scheiben, wartete unser. Die Verladung nahm Stunden in Anspruch. Alles fror, Kinder weinten, die Großen stöhnten und krochen in sich hinein, wartend, endlich die schützenden Wagen besteigen zu dürfen. Erst gegen Abend, mit einfallender Dämmerung, setzte sich der Zug mit dieser Menschenfracht in Bewegung, um gen Osten zu stampfen. Wir erhielten nur unsere Kennkarten ausgefolgt, die den Stempelvermerk aufwiesen: „Evakuiert nach Minsk."

Als endlich der Zug bestiegen werden konnte, kam ich neben einer kleinen, älteren, aber sehr lebendigen und gefaßten, alleinstehenden Frau, Martha Crohn, zu sitzen, in der ich eine sehr vielseitig interessierte, literarisch gebildete Dame kennenlernte. Der Gesprächsfaden riß nicht ab, und bald schenkten wir uns gegenseitig Vertrauen. Die Fahrt dauerte 4 Tage. Nur einmal war der Waggon während der Nacht geheizt. Sonst fror man. Da wir genügend Decken hatten, hüllten wir uns gemeinsam ein und krochen belustigt in's „Bettchen". Die Verpflegung war schandbar. Die mitgegebenen Stullen waren bald aufgezehrt. Während der ganzen langen Zeit gab's nicht einen warmen Tropfen. Wir waren schon glücklich, irgendwo *kaltes* Trinkwasser zu erlangen. Die Waggons waren überfüllt. Auf den Gängen lagen viele Personen. Mulle[7] Crohn überließ ich den Fensterplatz. Je weiter wir gen Osten steuerten, umso kälter wurde es. Die nebenan liegende Toilette fror ein, die Jauche lief über, und wir staken teilweise mit unseren Schuhen in jener Nässe. Die Stimmung an sich war aber gehoben. Ein mitreisender Geiger gab gute Konzerte. Und wenn nachts während der Fahrt etwa die „Legende" von Wieniawski[8]

6 Siehe Dok. 25 vom 28.10.1941, Anm. 8.

7 Spitzname von Martha Crohn.

8 Der poln. Komponist Henryk Wieniawski (1835–1889) schrieb 1859 die Légende, Op. 17 für Solo-Violine und Orchesterbegleitung.

oder hebräische Lieder erklangen, die mit Inbrunst mitgesungen wurden, so ergab sich ein Art heilige Stimmung einer von Sehnsucht und nach *Erlösung dürstenden* Menge.
Endlich in Minsk, am Morgen des 4. Tages angekommen, wurden wir auswaggoniert. Es formte sich ein langer Zug einer von Koffern, Säcken etc. beladenen Schar, die von lettischen Soldaten eskortiert wurde. Mit Peitschen bewaffnet, die bald genug in Aktion traten – es gab auch freundliche Helfer unter ihnen –, mußten wir uns einige Klm. zu Fuß mit unserem Gepäck abmühen, um in's Ghetto geführt zu werden. Die Bevölkerung begaffte uns wie einen einziehenden Zirkus. Der Zug der Erniedrigten und Beleidigten kam nur langsam voran und machte einen sehr deprimierenden Eindruck.
Im Ghetto angekommen, hatten wir lange im Freien zu stehen, um endlich in's „Rote Haus", eine ehemalige Schule, gelassen zu werden. Bereits überfüllt, lagen wir eng gedrängt auf den Fluren. Von Vor- oder Fürsorge war keine Spur. Weder gab's ein warmes Getränk, noch irgendein Krümchen Essen. Dafür wurden wir angeherrscht von dem Transportleiter,[9] der schon in Berlin eingesetzt wurde. Auf Grund welcher Qualifikationen blieb unbekannt. (Jener junge Knabe entpuppte sich als Dieb und wurde vor einigen Tagen erschossen!)
Auf den Fluren blieben wir viele Tage und Nächte liegen. Da das Wasser seuchenverdächtig war, durfte es nicht ungekocht genossen werden. Die Toilettenverhältnisse waren grauenhaft. Teilweise standen offene Latrinen im Hof zur Benutzung.
Als wir nach Tagen endlich in unsere eigentlichen Quartiere gebracht werden sollten, setzte sich dieser gleiche Elendszug in Bewegung. Als großer starker Mann war ich M. C. sehr behilflich, trug die großen Gepäckstücke und nahm sie unter meine Obhut, seit wir den Zug verließen.
Die Quartiere erwiesen sich als elende Holzhäuser, geplündert und demoliert, die sich zudem in einem unbeschreiblichen Zustand befanden, den sich ein Mitteleuropäer nicht vorzustellen vermag.
Die „Wohnungen" waren leer. Da und dort befand sich ein Möbelstück, das gebraucht werden konnte. Es gab ferner weder Wasser, Licht noch Toiletten. Durch Zusammenräumen wurde der Unrat entfernt, und wir verbrachten die erste Nacht auf Stühlen in unserer neuen „Wohnung", die zwei kleine Räume aufwies und mit 18 Personen belegt wurde. Ähnlich wie die Goldsucher ihren Platz ernannten, so eroberte ich das Haus und hatte große Mühe, einen riesigen Andrang abzuwehren. Mit vieler Arbeit wurden die Räume einigermaßen hergerichtet, Betten gesucht und gefunden und so wenigstens Nachtlager errichtet. Da auf eine Person nur 1 Quadratmeter Raum kam, ergab sich die Notwendigkeit, für je 2 Personen nur ein Bett zu haben. So kam ich in allerengste Wohngemeinschaft mit M. C. Wir vertrugen uns gut, hatten den besten Platz und das beste Bett, genügend Matratzen, Decken, ja Daunendecken, Kissen, die sogar weiß bezogen wurden!
Hier nun lernte ich M. C. noch genauer kennen. Wir hielten beide auf peinlichste Sauberkeit in allen Belangen und versuchten, diesem Leben einige rosige Seiten abzugewinnen. Da wir beide nachts nicht gleich schlafen konnten, unterhielten wir uns stundenlang und schufen uns so schöne Stunden. M. C. betätigte sich in der Folge als

9 Günter Freudenthal.

Haus-Samariterin und Masseurin und pflegte Hinz und Kunz. Sie besaß schöne gepflegte weiche Hände, die den vielen Hilfsbedürftigen zugute kamen.
„Die Verpflegung" im Lager spottete jeder Beschreibung. (Bis auf den heutigen Tag.) Von ihr allein zu leben, ist unmöglich. Deshalb setzten bald viele Krankheiten ein, die wieder eine Menge Todesopfer forderten. „Tante Mulle", wie M. C. allgemein genannt wurde, war unermüdlich Tag und Nacht tätig.
Ich selbst fand bald Beschäftigung[10] und brachte genügend Lebensmittel nach Hause, so daß M. C. – für Minsker Ghetto-Verhältnisse *keine* Not litt, ja, gut lebte. Die Nächte an sich waren grauenhaft. Schlechte Luft, Gestöhne der Kranken, Kälte und Ratten machten das Schlafen zur Qual. M. C. blieb aber unangefochten und der rettende Engel in der Wohngemeinschaft von 18 Personen. Sie war körperlich und geistig sehr frisch und lebendig. Zu Sylvester 1942 verfaßte sie mit 2 anderen Damen ein sehr launiges Versspiel, das zu dritt aufgeführt [wurde] und viel Beifall fand. M. C. kostümierte sich als Mann und agierte ebenso temperamentvoll wie lieblich. Das Spiel selbst verulkte die Hausgenossen, von denen einzelne sich [als] sehr schrullenhaft etc. erwiesen. Jene Stunden waren Höhepunkte im Leben von M. C., in denen sie über sich selbst hinauswuchs.
Das neue Jahr begann mit widrigen Plackereien. Alle Pelze mußten unter anderem abgeliefert werden,[11] Drangsalierungen setzten ein, und die Mitbewohner sanken in der Not von Stufe zu Stufe. Menschliches und tierisches Ungeziefer (Ratten und Wanzen) machten zuweilen das Leben unerträglich. Badegelegenheit gab's nicht. Sich gründlich zu reinigen, war nur beschränkt möglich. Gekocht wurde auf einem offenen Herd. Alle Gefäße verrußten. Wäsche zu machen war eine große Plackerei. Es fehlten Gefäße und vor allem Seife. Ließ man ein Stück liegen, so verschwand sie im Handumdrehen. Die „Ratten" hatten sie verschlungen. Meistens waren es aber die „lieben Mitbewohner", die den Raub begingen! –
Man war also dem Schmutz verfallen. Nur mit Mühe konnte man ihn abwehren. Darunter litt M. C. ungeheuer. Die groben Arbeiten wurden ihr abgenommen, wie Wasser holen vom Brunnen, Feuer machen, Wäsche waschen etc. Dafür fütterte ich einen Stubengenossen durch, der ihr diese Hilfsdienste leistete. M. C. nannte mich deshalb ihren „Kümmerer", da ich mich auch um diese Dinge kümmerte. Und in ihrem Sylvesterspiel wurde ich folgendermaßen glossiert:

Doch wenn Rudner kommt nachhaus,
Ist's mit unserer Ruhe aus,
Denn er flucht und wettert nur:
„I hab von dem Saustall g'nua."

Doch wenn ausgebullert er,
Sorgt er für uns alle sehr,
Zank und Streit hört man dann nicht,
Er läßt leuchten uns sein Licht.

10 Berthold Rudner arbeitete zunächst in der Autoschlosserei der Sicherheitspolizei, später auch als Nachtwächter im Autolager des Gettos.
11 Siehe Dok. 64 vom 12.1.1942, Anm. 10.

Unsere Zwiegespräche in den langen Nächten, wir gingen schon um 7 Uhr abends zu Bett (des Lichtmangels und der Kälte wegen) bewegten sich auch in der Richtung, daß wir uns gegenseitig zum Vollstrecker unserer Wünsche und Habe machten, falls einer von uns vom Leben abberufen werden sollte. Wir hegten aber starke Lebenswünsche, und M. C. freute sich darüber, eines Tages wieder in Freiheit zu sein und ihre Lieben, vor allem ihre Kinder, wiederzusehen. M. C. wollte ihre diesbezüglichen Wünsche schriftlich fixieren. Dazu kam es aber nicht.
Anfang Januar ging sie eines Tages mit einer Hausgenossin spazieren. Ihr war aber plötzlich nicht ganz wohl, und so brach sie vorzeitig den Rundgang im Ghetto-Lager ab und ging zu Bett. Ich hatte damals Nachtdienst und kam erst jeden 2ten Tag auf einige Stunden heim. M. C. wurde richtig krank. Sie wurde von der stark grassierenden Lagerkrankheit befallen. Ich scherzte mit ihr und sandte ihr fast täglich kleine Mitteilungen, von denen ich eine folgen lasse, die ich später nach ihrem Tode zerknüllt fand. Eine Hausgenossin nahm sich ihrer sehr an und pflegte sie. Erneut verlangte sie von mir einen Bogen Papier, um ihre Wünsche festzulegen. Ich verulkte sie und ließ sie warten. Nach ihrem Tode fand ich den unbeschriebenen Bogen Papier, den ich ihr dann doch brachte, an. Aber ihr Zustand verschlechterte sich. Sie fiel ab und hatte keinen Appetit. Was menschenmöglich war und für sie beschafft werden konnte, geschah.
Der Lagerarzt Dr. Kreyn bemühte sich sehr um sie, bis zur letzten Minute. Fleisch wurde besorgt, um ihr kräftige Brühe zu reichen. In den ersten Tagen ihrer Krankheit war sie geistig ganz auf der Höhe und beschäftigte sich wohl sehr mit mir. Dann eines Tages ließ sie mir durch einen Arbeitskameraden folgendes Gedicht zukommen, das mich sehr überraschte. Der Antwortbrief, den ich in ihrem Bette fand, soll hier ebenfalls festgehalten werden.

Akrostichon
*B*ewunderungswürdig ist Deine Kraft,
*E*rhobenen Hauptes verließt Du die Haft
*R*egsam blieben Geist und Körper Dir,
*T*rotzig Dein Mut hinter Kerkers Tür
*H*erbes und Unrecht hast Du erfahren,
*O*ft nur mit Müh' kannst die Ruh' Du bewahren
*L*eid, Druck und Knechtschaft hast Du erlebt,
*D*u, dessen Sinn nach Höherem strebt.

*R*eckest dir Arm und dehnest die Brust
*U*nd denkst an die Zukunft voll Hoffnung und Lust.
*D*enn stärker als je kannst Du Dich beweisen.
*N*erven von Stahl, Körper wie Eisen,
*E*isern die Muskeln, Schädel wie Erz
*R*echt hart auch Dein Wille, stark ist Dein Herz.

M.Cr.
Minsk, im Januar 1942.

Liebe Frau Crohn!
Zunächst „Gott“ zum Gruß, dem sich der Wunsch anschließt, Ihr Gesundheitszustand möge sich zum Guten wenden. Dann gibt's wohl wieder Sonnenschein, Frohsinn und Lust und Zuckererbsen nicht minder. Ich hoffe dann auch, Ihre Dichtkunst regt sich wieder, um ebenso gute wie gehaltvolle Proben abzulegen! Jedenfalls, ich war sehr erstaunt über die, sicherlich gutgemeinte, Austrudelei – wie wir solche Anhimmelei nennen – und die etwas zu gut gemeint ist. Jedenfalls vielen Dank. Und um ein Zeitdokument, lyrischer Art, bin ich reicher.
Ob ich morgen komme, ist zweifelhaft. Trotz grimmiger Kälte und vieler Arbeit bei Tag und Nacht bin ich wohlauf.
Herzlichen Gruß
Ihr R.
Poem und Brief ist wohl ein Beweis der gegenseitigen Wertschätzung und inneren Verbundenheit.
Durch M. C.[s] Krankheit meiner Bleibe beraubt, schlief ich außerhalb während ihrer ganzen Krankheit. Vierzehn Tage machte ich laufend Nachtdienst. Dann nahm mich eine Familie auf, bei der ich sehr primitiv nächtigte. Da ich an Mulles Ableben nicht dachte, nahm ich ihre Krankheit nicht weiter tragisch. Dies umso weniger, als auch andere Hausgenossen sie überstanden. Was war das für eine Krankheit? Typhus – nichts anderes.
M. C. aber verfiel von Tag zu Tag. Sie atmete schwer, nahm nur Tee und etwas Brühe zu sich, wurde apathisch und redete kaum noch. Etwa 3–4 Tage vor ihrem Ableben erkannte ich das Nutzlose aller ärztlichen Kunst, die mit Spritzen versuchte, das fliehende Leben dieser Frau zu bannen. Die Nacht vom 24.–25. Januar verbrachte ich an ihrem Bett. Sie röchelte schwer die ganze Nacht. Ich hatte das Gefühl, es wird die letzte Nacht sein. Die Nacht selbst war furchtbar. Während die Hausgenossen schliefen und teilweise stark schnarchten, saß ich auf einer Kiste, fröstelte und horchte in der Finsternis auf Tante Mulles Atemzüge. Aber auch die schrecklichsten Nächte nehmen ein Ende. Am Morgen war M. C. etwas besser. Sie schlief ruhig und Arzt und Pflegerin meinten, ihr Zustand sei besser.
Es kam der 26. Januar 1942. Ich kam vom Dienst. Und während ich ein bescheidenes Mahl einnahm, entschlief um ca. 6 Uhr abends M. C.
Der herbeigerufene Arzt stellte den Tod fest. Leichenträger kamen noch abends, hüllten die Tote ein und legten sie in einen Vorraum. Am nächsten Tag wurde sie abgeholt. – Da bei der Kälte an eine Bestattung nicht zu denken war, wurde M. C. mit vielen anderen Leichen in einen Schuppen gelegt; am 8.III.42[12] wurde sie in einem Massengrab von ca. 300 beigesetzt.
Laut Lagerbestimmung verfällt alle Habe von Abgeschiedenen der Gemeinschaftsleitung. Da durch den Lagerhunger die Habe vieler Toter mißbraucht und auf Umwegen, durch Tausch, in die Magen gelangte, so bestand bei mir die Absicht, ich fühlte mich ja als moralischer und rechtlicher Erbe, nur Wertloses abzugeben, Wäsche und Kleider aufzuteilen und den Rest *unserer* eigenen Wohngemeinschaft zukommen zu lassen. Ich wähnte, M. C. war in guten Händen, zumal sie von allen engeren und weiteren Hausgenossen geliebt wurde. Darin wurde ich schmählich enttäuscht. Ein schwerer Ge-

12 So im Original. Vermutlich ist der 8. 2. 1942 gemeint, da Rudner „Ende Februar 1942“ unterzeichnet hat.

päckkoffer ward geöffnet und ganz seines Inhalts beraubt. M. C. besaß auch eine goldene Armbanduhr, die ich auch nicht wiedersah. Ferner soll sie Geld und Schmucksachen in ihren Kleidern eingenäht gehabt haben. Nichts wurde gefunden, denn die Kleider waren ja weg. Im Verdacht standen sofort bei mir gewisse Personen, denen ich aber keine vollgültigen Beweise für ihre Leichenfledderei nachweisen konnte. Hehler und Stehler plünderten, wahrscheinlich schon während M. C.s Krankheit, sie aus. Sie soll auch einer befreundeten Frau, die sie öfters besuchte, Geld gegeben haben.

In ihrem Besitz fand ich nichts von Belang. Ihre Schuhe, Wäsche etc., was noch übrigblieb, erhielt ihre Pflegerin. Ihre Brieftasche, die keinen Pfennig enthielt, [bekam] ihr Vetter, Herr Alexander. Selbst behielt ich einen Koffer, ihren Füllfederhalter und etliche Kleinigkeiten, u. a. ein Bild älteren Datums. Dem Arzt gab ich etliche Ampullen, Pillen und eine Spritze von M. C. für seine Bemühung und beglich Mk 70.– für besorgte Lebensmittel.

[Wann M. C. bestattet wurde, konnte ich nicht erinnern.][13] Der beiliegende Totenschein bezeugt nur ihr Ableben.

Am 27. Januar hielt ich eine intime Trauerfeier ab, der auch M. C.'s Vetter beiwohnte. Ein Violinsolo rahmte Beginn und Schluß der Feier ein. Ich sprach, verwies auf das Los der Evakuierten, zählte unsere Opfer (kurz vorher starb im Bett nebenan ein Mann), würdigte die Verstorbene, trug ihr Gedicht vor und schloß mit Arno Holz: „Mein Herz schlägt laut!“[14] Berthold Rudner

geb. 20.4.85 zu Wien, z. Zt. im Ghetto Minsk

Lager Berlin

Ende Februar 1942

Seit 1911 in Berlin, wo ich 20 Jahre als selbständiger Handwerksmeister im Autofach tätig war.

Allfällige Zuschriften an mich beliebe man zu adressieren:

c/o M. Ziehten,[15]

N.W. 87, Lessingstr. 50. v. II.

(P.S.) Ihr einziges Dokument, die *Kennkarte* (Judenpaß), wurde eingefordert. Aus ihm ersah ich, daß M. C. erheblich älter war, als ich annahm.

13 Im Original durchgestrichen.

14 Das Gedicht beginnt mit den Worten: „Mein Herz schlägt laut, mein Gewissen schreit. Ein blutiger Frevel ist diese Zeit!“; Arno Holz: Tagebuchblätter, Nr. 28 (Mein Herz schlägt laut), in: Buch der Zeit, 2. Aufl., Berlin 1892, S. 17 f.

15 Margarete Ziehten (1882–1944), Buchhändlerin; war Berthold Rudners nichtjüdische Lebensgefährtin; sie wurde 1938 gemeinsam mit ihm wegen Widerstandsaktivitäten verhaftet und später in das KZ Ravensbrück verschleppt, wo sie am 3.12.1944 umkam.

DOK. 81

Die Jüdische Gemeinde Berlin ruft im Frühjahr 1942 ihre Mitglieder dazu auf, Lebensmittelmarken für diejenigen zu spenden, die deportiert werden sollen[1]

Aufruf der Jüdischen Kultusvereinigung Berlin e. V., o. D., gez. Moritz Henschel,[2] Dr. Conrad Cohn,[3] von 1942 (Abschrift)[4]

Spendet Lebensmittelmarken für die Abwanderungstransporte!!!
Wir bitten alle Juden in Berlin, uns durch eine freiwillige *Lebensmittelmarkenspende* eine *zusätzliche* Versorgung unserer zur Abwanderung bestimmten Gemeindemitglieder zu ermöglichen.[5] Jeder einzelne gebe etwa
100 gr Brotmarken / 20 gr Margarinemarken
wer es erübrigen kann, außerdem
1 Fleischmarke und 1 Nährmittel- oder Teigwarenmarke
Wir bitten, die Lebensmittelmarken im verschlossenen Brief zu schicken an die
Jüdische Kultusvereinigung zu Berlin e. V.
Gemeinschaftsküchen
Berlin C 2, Rosenstraße 2/4.
Eine Aufstellung mit dem Namen des Absenders und der Art und Menge der übersandten Lebensmittelmarken bitten wir, im Brief beizufügen. An der genannten Stelle können Lebensmittelmarken während der üblichen Geschäftsstunden auch persönlich abgegeben werden. Andere Stellen sind zur Entgegennahme der Lebensmittelmarken nicht ermächtigt. – Wir bitten, diese Aufforderung von Mund zu Mund zu verbreiten!
Jüdische Kultusvereinigung zu Berlin e. V.
Der Vorstand

1 Original nicht aufgefunden, Kopie: Archiv Gedenkstätte Deutscher Widerstand.
2 Moritz Henschel (1879–1946), Jurist; 1939–1943 Vorsitzender der Jüdischen Gemeinde in Berlin, Vorstandsmitglied der Reichsvereinigung der Juden in Deutschland, 1940 Vorsitzender des Jüdischen Kulturvereins Berlin; wurde am 16.3.1943 nach Theresienstadt deportiert, dort Mitglied des Ältestenrats; starb in Tel Aviv.
3 Dr. Conrad Cohn (1901–1942), Jurist; von 1928 an Rechtsanwalt am OLG Breslau, 1933 Berufsverbot, arbeitete danach für die Synagogengemeinde Breslau, von 1937 an Dezernent der Reichsvertretung der Juden, seit 1939 Leiter der Abt. Fürsorge der Reichsvereinigung; am 12.3.1942 von der Gestapo verhaftet, am 20.6.1942 ins KZ Sachsenhausen und am 8.8.1942 von dort ins KZ Mauthausen deportiert; nahm sich wahrscheinlich das Leben.
4 Da Conrad Cohn am 12.3.1942 verhaftet wurde, muss der Aufruf aus der Zeit davor datieren.
5 Von Kriegsbeginn an wurden Lebensmittel rationiert. Am 11.3.1940 schloss das RMEuL Juden grundsätzlich von Lebensmittelsonderzuteilungen aus und ordnete die Kennzeichnung ihrer Lebensmittelkarten mit einem „J" an; Erlass zur Lebensmittelversorgung der Juden vom 11.3.1940, IfZArch, MA 1555–118, NID-14581.

DOK. 82

Alexander Graf zu Erbach-Erbach fragt am 2. März 1942 beim Judenreferat des Reichswirtschaftsministeriums an, ob er dem jüdischen Verwalter seiner Ländereien eine Abfindung zahlen müsse[1]

Schreiben von Alexander Graf zu Erbach-Erbach,[2] Rittmeister, Erbach im Odenwald, ungez., an das Reichwirtschaftsministerium, Abt. Judenreferat, vom 2.3.1942 (Abschrift zu IV B 9–107)

Betr.: Vertragserfüllung.
Herr J. Wapler vom Aufbaustab „K" Dienststelle „W"[3] gab mir den Rat, mich in folgender Angelegenheit an Sie zu wenden: Auf Veranlassung des Gauleiters Hessen-Nassau[4] bin ich gehalten, den vor 1 Jahre beim Tode meines Bruders[5] übernommenen Kammerdirektor Dr. jur. Werner Kunkel[6] in Erbach im Odenwald als ersten Beamten meiner Verwaltung zu entlassen, da er jüdischer Mischling zu 50 % ist. Dr. Kunkel, mit dessen geschäftlicher Tätigkeit ich in jeder Beziehung besonders zufrieden war und der sich um meine Verwaltung des 30 000 Morgen großen Besitzes große Verdienste erworben hat, scheidet demnächst aus meinen Diensten.
Er hat mit meinem Bruder vor einigen Jahren einen Vertrag auf mehrere Jahre abgeschlossen, dem ich beitrat. Dieser Vertrag läuft noch 6 Jahre. Dr. Kunkel will die Erfüllung des Vertrages nur in loyaler, meiner Verwaltung möglicher Weise sehen. Trotzdem möchte ich nichts zahlen, wozu ich nicht mehr verpflichtet bin.
Ich bitte daher höflich, mir mitteilen zu wollen, ob ich zu einer Erfüllung des Vertrages in diesem Fall, wo doch höhere Gewalt und Arier-Paragraph[7] vorliegen, gezwungen bin oder ob eine Verpflichtung z. T. oder ganz entfällt.

1 BArch, R 16/173, Bl. 5.
2 Alexander Graf zu Erbach-Erbach und von Wartenberg-Roth (1891–1952), Landwirt; 1917/18 MdL in Hessen; 1937 NSDAP-Eintritt.
3 Vermutlich: Aufbaustab Kaukasus, Dienststelle (Amt) Wirtschaft.
4 Jakob Sprenger (1884–1945), Postbeamter; von 1902 an Beamter der Reichspost, 1912 Oberpostinspektor Frankfurt a. M.; 1922 NSDAP-Eintritt; von 1927 an Gauleiter von Hessen-Nassau; von 1930 an MdR; am 5.5.1933 zum Reichsstatthalter von Hessen ernannt, 1944 Oberpräsident der Provinz Nassau; nahm sich im Mai 1945 auf der Flucht in Tirol das Leben.
5 Konrad Graf zu Erbach-Erbach und von Wartenberg-Roth (1881–1940), Pferdezüchter; 1902–1909 militärische Laufbahn beim Darmstädter Leibgarde-Dragoner-Regiment.
6 Dr. Werner Kunkel (1902–1960), Jurist; 1933 als Amtsgerichtsrat entlassen; zunächst als Zwangsverwalter auf dem Gut der Familie Erbach eingesetzt, später als Verwalter übernommen, von 1943 an bei der Treuhand (Datag); von 1948 an im hess. Staatsdienst als Richter, beteiligt am sog. Wollheim-Prozess, in dem die I.G. Farben zu Entschädigungszahlungen an Tausende ehemalige Zwangsarbeiter verurteilt wurde; von 1956 an im Ruhestand.
7 Gemeint ist die Verpflichtung zum Nachweis der „arischen" Abstammung entsprechend der 1. VO zum Reichsbürgergesetz vom 14.11.1935; RGBl., 1933 I, S. 1333 f., VEJ 1/210.

Ich wäre sehr verbunden, wenn Sie mir Ihre Auffassung bald so mitteilen würden, daß ich dieselbe unbeschadet dem Dr. Kunkel zeigen kann. Im Voraus danke ich Ihnen sehr für Ihre freundlichen Bemühungen und bin mit
Heil Hitler![8]

DOK. 83
Auf einer Besprechung im Reichssicherheitshauptamt kündigt Eichmann am 6. März 1942 weitere Deportationen in den Osten und nach Theresienstadt an[1]

Bericht eines Polizeiinspektors aus Düsseldorf, gez. Becker,[2] über die Besprechung, die am 6.3.1942 im Reichssicherheitshauptamt – Amt IV B 4 stattgefunden hat, vom 9.3.1942[3]

Düsseldorf, den 6. März 1942
SS-O'Stuf. Eichmann sprach zunächst einleitend über die weitere Evakuierung von 55 000 Juden aus dem Altreich sowie der Ostmark und dem Protektorat.
U. a. werden hierbei Prag mit 20 000 und Wien mit 18 000 zu evakuierenden Juden am stärksten beteiligt. Die Stärke der übrigen Transporte richtet sich anteilmäßig je nach der Höhe der in jedem Stapo(leit)stellenbezirk noch vorhandenen Juden. Düsseldorf ist hierbei wieder ein Transport von 1000 Juden zugewiesen. In diesem Zusammenhang machte SS-O'Stuf. Eichmann darauf aufmerksam, daß die gegebenen Richtlinien,[4] vor allem hinsichtlich des Alters, der Gebrechlichkeit usw. genaustens einzuhalten seien, da beim Transport nach Riga ca. 40–45 Fälle durch den Judenältesten in Riga[5] über die Gauleiter [...][6] und Mayer[7] dem SS-Obergruppenführer Heydrich als zu Unrecht evakuiert reklamiert wurden. Obgleich sich die Mehrzahl dieser Fälle bei näherer Prüfung als durchaus berechtigte Evakuierungen herausstellten, ist die Vermeidung derartiger Beschwerden unter allen Umständen anzustreben. SS-Obergruppenführer Heydrich

8 Das RWM wies am 22.4.1942 in einem Schreiben an den RMEuL darauf hin, dass jüdische „Mischlinge", die gemäß der 1. VO zum Reichsbürgergesetz vorläufige Reichsbürgerrechte besitzen würden, sich in der gewerblichen Wirtschaft grundsätzlich ungehindert betätigen dürften und den sie beschäftigenden Unternehmen keine Nachteile daraus erwachsen sollten. Hinsichtlich von Dr. Werner Kunkel müsse daher im Zweifelsfall das zuständige Gericht entscheiden, ob „dennoch ein wichtiger Grund zur sofortigen Beendigung des Dienstverhältnisses" vorliege; wie Anm. 1, Bl. 4+RS. Kunkel wurde mit einer Abfindung von 7500 RM vorzeitig aus seinem Vertrag entlassen. Nach Kriegsende bot ihm die Familie Erbach den alten Posten wieder an.

1 Wiener Library, DOC 1656/3/3/302. Abdruck in: Kennzeichen J. Bilder, Dokumente, Berichte zur Geschichte der Verbrechen des Hitlerfaschismus an den deutschen Juden 1933–1945, hrsg. von Helmut Eschwege, Berlin 1981, S. 193 f.
2 Kurt Becker (1904–1942), Verwaltungsbeamter; 1939 zur Gestapo versetzt, später vermutlich Leiter des Judenreferats der Gestapo Düsseldorf; 1942 NSDAP-Eintritt; nahm sich 1942 das Leben.
3 Im Original handschriftl. Unterstreichungen und Anmerkungen.
4 Siehe Dok. 72 vom 31.1.1942.
5 Leiter des sog. Ältestenrats der aus dem Reich deportierten Juden im Getto Riga war Max Leiser aus Köln.
6 Ein Wort unleserlich.
7 Richtig: Alfred Meyer.

macht daher für die Durchführung der Richtlinien in dieser Hinsicht die Stapoleiter persönlich verantwortlich.
Damit einzelne Stapostellen „der Versuchung, ihnen unbequeme ältere Juden mit abzuschieben, nicht weiter ausgesetzt sind", führte SS-O'Stuf. Eichmann aus, sei zur Beruhigung gesagt, daß diese im Altreich verbleibenden Juden höchstwahrscheinlich schon im Laufe dieses Sommers bezw. Herbstes nach Theresienstadt abgeschoben würden, das als „Altersghetto" vorgesehen sei. Diese Stadt würde jetzt geräumt, und es könnten vorläufig schon 15–20 000 Juden aus dem Protektorat dorthin übersiedeln. Dies geschieht, um „nach außen das Gesicht zu wahren".
Von den Evakuierungen sind die Gau- bezw. Kreisleiter zu unterrichten, da sich mehrere Gauleiter beschwert hatten, daß sie über derartige einschneidende Maßnahmen keine Kenntnis erhielten.
SS-O'Stuf. Eichmann erteilte hierauf das Wort den einzelnen Referenten; zunächst folgte ein Vortrag über die vermögensrechtliche Angelegenheit.
Die Erfassung des Vermögens hätte sich durch die 11. V.O. erheblich vereinfacht.[8] Die Vordrucke zur Vermögensanmeldung wären dementsprechend geändert worden und gehen den einzelnen Stapostellen umgehend zu. Die alten Formulare sind nicht mehr zu verwenden. Die Formulare sind genauestens auszufüllen, da die Juden doch wieder viele „Winkelzüge" versucht hätten. Die Anzahl der zu evakuierenden Juden sowie deren Wohnorte sind den Finanzämtern anzugeben.
Von den Vorbereitungen zur Evakuierung dürfen die Juden unter keinen Umständen Kenntnis erhalten, daher ist absolute Geheimhaltung erforderlich.
Das sogenannte „Sonderkonto W" steht dem Referat IV B 4 des Reichssicherheitshauptamtes zur Verfügung, da nach der 11. V.O. das RSHA an die Vermögen der Juden nicht mehr herankann. Um diesem Fonds ausreichend Gelder zur Verfügung zu stellen, wird gebeten, die Juden in nächster Zeit zu erheblichen „Spenden" für das Konto „W" anzuhalten. Bisher seien, anscheinend durch das Mißverständnis, daß den Juden der Fonds unmittelbar zugute komme, wenig Beträge eingegangen.
Der mitzunehmende Geldbetrag von 50.-\- RM pro Jude sei im Einvernehmen mit der Devisenstelle zur Mitnahme bereitzustellen. Der weitere Vortrag behandelte die technische Durchführung der Transporte. – Hier ist zunächst wichtig, daß die Transporte nicht zeitlich genau festgelegt werden können. Es stehen nur leere Russenzüge / Arbeitertransporte[9] in das Altreich zur Verfügung, die leer in das Generalgouvernement zurückrollen sollen und nun vom RSHA. im Einvernehmen mit dem OKH ausgenutzt werden.
Der Abfahrtstag wird 6 Tage vorher den Stapostellen, der schnelleren Übermittlung und Geheimhaltung wegen fernmündlich unter dem Kennwort DA bekanntgegeben. Das Gespräch ist durch Fernschreiben an das Ref. IV B 4 sofort zu bestätigen.
Die Abfahrtsstunden sind dem genau einzuhaltenden Fahrplan zu entnehmen.
Die Züge fassen nur 700 Personen, jedoch sind 1000 Juden darin unterzubringen. Es empfiehlt sich daher, rechtzeitig Güterwagen für Gepäck in ausreichender Zahl bei der Reichsbahn zu bestellen. Ebenfalls ein Personenwagen für das Begleitkdo. Im Notfall müsste dieses aber mit einem Wagen des Russenzuges vorliebnehmen.

8 11. VO zum Reichsbürgergesetz; siehe Dok. 43 vom 25.11.1941.
9 Gemeint sind die Züge, mit denen sowjet. und poln. Zwangsarbeiter ins Reich deportiert wurden.

Der Führer des Begleitkdos. ist zu instruieren, daß er dafür sorgt, daß die Gepäckwagen aus dem Altreich nach Ankunft am Bestimmungsort umgehend zurückrollen.
Es folgte ein Erfahrungsaustausch zwischen solchen Stapostellen, die bereits Evakuierungen durchführten, und anderen, die vor [...][10] für sie neuen Aufgaben stehen.
Gegen 16.30 Uhr war die Besprechung beendet.

DOK. 84
Legationsrat Rademacher berichtet über eine Besprechung im Reichssicherheitshauptamt am 6. März 1942, bei der die Gettoisierung und Sterilisation der „Mischlinge" erwogen wurde[1]

Vermerk (geheime Reichssache) von LR Rademacher, gez. Rademacher, vom 7.3.1942[2]

Aufzeichnung.
An einer Sitzung über weitere Behandlung der Judenfragen am 6.3. im Reichssicherheitshauptamt habe ich teilgenommen. In der Sitzung sollte geklärt werden, wie die in der „Staatssekretärsitzung"[3] am 20.1.42 gefaßten allgemeinen Richtlinien im einzelnen praktisch durchzuführen wären.
Besondere Schwierigkeiten werden in der Frage der Sterilisierung der rund 70 000 Mischlinge gesehen. Nach Auskunft der Reichsärzteführung würde dies 700 000 Krankenhaustage bedeuten. Bei der Inanspruchnahme der Krankenhäuser durch die Verwundeten erscheint dieser Weg während des Krieges jedenfalls nicht gangbar. Es soll also neben der zu Punkt IV/1 im Protokoll vom 20.1. ins Auge gefaßten Lösung vorgeschlagen werden, die gesamten Mischlinge ersten Grades in einer einzigen Stadt in Deutschland oder im Generalgouvernement zusammenzufassen und die Frage der Sterilisierung bis nach Kriegsende aufzuschieben.
Zu der unter IV/3 und IV/4 angeschnittenen Frage der Mischehen soll vorgeschlagen werden, die Ehen zwischen deutschblütigen und Volljuden sowie die kinderlosen Ehen zwischen Mischlingen und Deutschblütigen kraft Gesetzes zu scheiden. Gegen die Scheidung durch einfachen Gesetzesakt sprachen sich der Vertreter des Propagandaministeriums und ich aus propagandistischen, der Vertreter des Justizministeriums aus allgemein rechtlichen Gründen aus. Der endgültige Vorschlag sieht daher vor, eine vereinfachte Form der Scheidung im Wege der freien Gerichtsbarkeit auf Antrag des Deutschblütigen oder des Staatsanwaltes. Die Judeneigenschaft wird in diesem Verfahren ausschließlich von der für den Juden zuständigen höheren Staatspolizeistelle entschieden.

10 Ein Wort unleserlich.

1 PAAA, R 100 857, Bl. 161 f. Abdruck in: Döscher, Das Auswärtige Amt (wie Dok. 52 vom 8.12.1941, Anm. 1), S. 238.
2 Im Original handschriftl. Bearbeitungsvermerke und Kürzel.
3 Gemeint ist die Wannsee-Konferenz; siehe Dok. 65 vom 20.1.1942.

Hiermit über Herrn Unterstaatssekretär Luther
Herrn Unterstaatssekretär Gaus[4]
Herrn Unterstaatssekretär Woermann[5]
mit der Bitte um Kenntnisnahme vorgelegt.[6]

DOK. 85
Joseph Goebbels meint am 7. März 1942 in seinem Tagebuch, die Zeit für die „Lösung der Judenfrage" sei gekommen[1]

Tagebuch von Joseph Goebbels, Eintrag vom 7.3.1942

7. März 1942 (Samstag)
[...][2]
Über die Lage in Ostasien verbreitet sich im Feindlager steigender Pessimismus. Man gibt für Java nichts mehr. Batavia ist mittlerweile, wie Domei und nachträglich auch Reuter[3] berichtet, von den Japanern besetzt worden. Der holländische Gouverneur van Moog[4] verteidigt zwar die Bündnistreue der Engländer, aber man darf ja wohl die Frage aufwerfen, wie hoch der Scheck ist, den er dafür in Empfang genommen hat.
In England ist man außerordentlich deprimiert. Man redet von kommenden Offensiven, ist sich aber durchaus nicht im klaren darüber, wann und wo diese stattfinden sollen. Die englische Kriegführung läßt die Zügel am Boden schleifen, und man hat den festen Eindruck, daß Churchill sich etwas von Cripps[5] überspielt fühlt.
Auch die Ablehnung der Aufhebung des Verbots des „Daily Worker"[6] ist außerordentlich bezeichnend. Man sieht hier schon die konservativen Gegenkräfte mobil werden, die einer weiteren Bolschewisierung des englischen Volkes ein Paroli bieten wollen. Ob sie sich auf die Dauer durchsetzen werden, ist noch sehr die Frage.

4 Dr. Friedrich Gaus (1881–1955), Jurist; von 1907 an im AA tätig, u. a. im auswärtigen Dienst in Genua und Konstantinopel, 1923–1943 Leiter der Abt. Recht im AA.
5 Dr. Ernst Woermann (1888–1979), Jurist; von 1920 an im AA; 1937 NSDAP-, 1938 SS-Eintritt; 1938 Min.Dir. und Leiter der Politischen Abt. im AA; 1942 SS-Oberführer; 1943–1945 Botschafter in China; nach Kriegsende verhaftet, 1949 in Nürnberg zu sieben Jahren Haft verurteilt, 1950 entlassen.
6 StS von Weizsäcker im Original gestrichen.

1 Hoover Institution Archives, Joseph Goebbels Collection, folder 1–23. Abdruck in: Die Tagebücher von Joseph Goebbels, hrsg. im Auftrag des Instituts für Zeitgeschichte von Elke Fröhlich, Teil II: Diktate 1941–1945, Bd. 3: Januar–März 1942, München 1996, S. 428–433.
2 Zu Beginn schildert Goebbels die militärische Lage an der Ostfront und berichtet von Angriffen der deutschen Luftwaffe auf Moskau, Malta und Großbritannien.
3 Gemeint sind die japan. Nachrichtenagentur Dōmei Tsūshinsha und die Nachrichtenagentur Reuters mit Sitz in London.
4 Richtig: Hubertus Johannes van Mook (1894–1965), Indologe; 1941 Kolonialminister der niederländ. Exilregierung, 1942 nach japan. Eroberung Indonesiens mit der Amtsführung beauftragter Gouverneur der Kolonie; von 1951 an im Dienst der Vereinten Nationen.
5 Sir Richard Stafford Cripps (1889–1952), Jurist und Politiker der brit. Labour Party; 1932 Mitbegründer der Socialist League, 1940–1942 Botschafter in Moskau.
6 Offizielle Zeitung der brit. Kommunistischen Partei, die im Jan. 1941 wegen ihrer sowjetfreundlichen Haltung verboten wurde.

In einer AP-Meldung[7] wird unter ausführlicher Darlegung der augenblicklichen innerpolitischen Lage in England Cripps als vermutlicher Nachfolger Churchills bezeichnet. Man behauptet dort, daß eine generelle Umstellung der gesamten englischen Politik noch im Laufe der nächsten zwei Monate stattfinden werde. Cripps führt eine sehr geschickte persönliche Propaganda. Churchill wird diese nicht unbeantwortet lassen; aber im Augenblick hält er es anscheinend noch für ratsamer, zu schweigen.[8]

Die Indien-Debatte geht weiter.[9] Auch hier soll Cripps einen viel weitergehenden Standpunkt vertreten als Churchill, der sich ja kürzlich noch festgelegt hat, daß eine Veränderung des indischen Statuts während des Krieges überhaupt nicht vorgenommen werden solle. Man hatte eigentlich schon gehofft, daß Churchill am Donnerstag im Unterhaus eine Indien-Erklärung abgeben werde; aber glaubwürdige Stimmen aus London berichten, daß wegen der Kontroverse in der Auffassung über die Zukunft Indiens zwischen Churchill und Cripps eine endgültige amtliche Stellungnahme im Augenblick noch nicht möglich sei. Man sieht aus alledem, daß die Kritik in England mit unverminderter Stärke anhält, wenn sie auch im Augenblick keinen ausbruchartigen Charakter annimmt. Wir können mit dieser Entwicklung außerordentlich zufrieden sein.

Alle Auslassungen stimmen darin überein, daß sowohl in den Vereinigten Staaten als auch in England augenblicklich eine außerordentlich skeptische Stimmung herrscht. Man fühlt sich doch gedemütigt und geschlagen von den letzten Niederlagen, und die Überheblichkeit aus den vergangenen Monaten wird jetzt in keiner Weise mehr zur Schau getragen.

Die Bolschewiken erringen nach wie vor gloriose Papiersiege. Jetzt ist plötzlich Guderian[10] in Orel eingeschlossen. Wahre Tatarennachrichten[11] werden über verheerende Rückzüge der deutschen Armeen verbreitet. Die Lage selbst bietet in keiner Weise ein solches Bild. Stalin hat solche und ähnliche Siege zur Aufputschung der eigenen öffentlichen Meinung wie auch zur Hebung der Moral in den alliierten Ländern nötig.

Wir fliegen in der Nacht einen bescheidenen Angriff auf Moskau. Er wird von der Gegenseite über Gebühr aufgebauscht.

Der englische Luftangriff auf Paris[12] steht immer noch im Vordergrund der Betrachtung. Vichy will sich nach allen Regeln der Kunst zurückhalten; ich lege den größten Wert darauf, diese Sache weiterhin zu dramatisieren. Die französische Presse bringt gro-

7 AP: Associated Press.

8 Nach mehreren Niederlagen der brit. Streitkräfte forderten 1942 einige Politiker und Journalisten die Ablösung Churchills durch Cripps; nachdem sich die Kriegslage verbessert hatte, konnte Churchill sich jedoch im Amt des Premierministers halten.

9 Gemeint sind Diskussionen über eine mögliche Unabhängigkeit Indiens. Im Febr. 1942 hatte ein brit. Parlamentsausschuss unter Mitarbeit Cripps einen Plan entworfen, demzufolge den Indern nach Kriegsende die Ausarbeitung einer eigenen Verfassung und die Anerkennung der indischen Union als Dominion zugestanden werden sollte.

10 Heinz Guderian (1888–1954), Generaloberst der Wehrmacht; war zu diesem Zeitpunkt bereits aus der Wehrmacht entlassen worden, nachdem er sich im Dez. 1941 für einen partiellen Rückzug der deutschen Truppen von der Ostfront ausgesprochen hatte.

11 Nicht glaubwürdige Schreckensmeldung.

12 In der Nacht auf den 4. 3. 1942 flog die Royal Air Force einen Großangriff auf die Renault-Werke im Pariser Vorort Boulogne-Billancourt, bei dem ein Großteil der Fabrik zerstört und 373 Zivilisten in den benachbarten Arbeitersiedlungen getötet wurden.

ße dramatische Schilderungen des Bombenangriffs.[13] Die allgemeine Weltmeinung ist so gegen diese rüde und zynische Aktion, daß die Haltung in London wie in Washington demgegenüber etwas beklommen ist. Man fühlt sich nicht wohl in seiner Haut. Die neutralen Staaten sind in der Beurteilung dieses Vorgangs außerordentlich ungemütlich geworden. Vichy proklamiert zwar eine Papierempörung, aber darauf ist nicht viel zu geben. Wächter,[14] der nach Paris gefahren ist, um dort die organisatorischen Vorbereitungen für das Staatsbegräbnis[15] mit zu treffen, ist noch nicht angekommen, so daß ich nur sehr schwer authentische Nachrichten von dort bekommen kann. Der Führer ist zwar nicht dafür, daß wir einen allzu starken Druck auf die französische Regierung ausüben; aber trotzdem können wir diesen Druck unter der Hand weiter fortsetzen. Die Vichy-Franzosen sind im Augenblick nicht bereit, nachzugeben, und schließlich ist es ja keine Conditio sine qua non. Die kollaborationsfreundlichen Elemente sind im Augenblick etwas zu sehr in den Hintergrund gedrängt. De Brinon[16] möchte zwar gern, aber er kann sich auch nicht durchsetzen, weil er ja in dieser Beziehung von Vichy abhängig ist.[17]

Das Auswärtige Amt gibt mir Bericht über das augenblickliche Verhältnis zum Vichy-Frankreich. Man hatte zuerst vor Eintritt der Vereinigten Staaten in den Krieg geglaubt, daß von Vichy aus eine Brücke zum europäischen Frieden gebaut werden könnte. Diese Hoffnung ist ja nun endgültig dahin. Die Vichy-Franzosen wären unter Umständen bereit, nicht nur ihre Neutralität aufzugeben, sondern aktiv in den Krieg einzugreifen, wenn wir ihnen jetzt einen annehmbaren Frieden anböten. Das aber will der Führer nicht, und zwar mit Recht nicht, denn die Situation ist nicht so, daß wir unbedingt auf die französische Waffenhilfe, die ja immer nur beschränkten Umfangs sein würde, angewiesen sind.[18] Man soll seine Trümpfe nicht vorzeitig aus der Hand geben. Vor allem aber ist es notwendig, den Krieg gegen Frankreich auch zu einem geschichtlichen Ergebnis zu führen. Frankreich wird im Grunde genommen, wenn es nur noch einen Lebenshauch in sich verspürt, unser Gegner bleiben. Wir müssen deshalb die militärische und politische Macht Frankreichs endgültig vom zukünftigen europäischen Kräftespiel ausschalten. In dieser Beziehung gehorcht der Führer einem sehr fein reagierenden nationalpolitischen Instinkt, wenn auch weite Kreise des Auswärtigen Amts eine andere

13 Le Figaro veröffentlichte mehrere Artikel zum Bombardement, in denen über die Zahl der Toten, Verletzten und Obdachlosen berichtet und zu nationaler Trauer aufgerufen wurde; siehe z. B. Le Figaro vom 6.3.1942, S. 1: Le terrible bombardement de la banlieue parisienne par l'aviation britannique a fait plus de 500 morts et plus de 1500 blessés.

14 Werner Wächter (*1902), Kaufmann; 1922 NSDAP- und SA-Eintritt; 1932 MdR; von 1933 an Gaupropagandaleiter von Groß-Berlin, von 1940 an Leiter des Amts I im RMfVuP, von 1943 an Chef des Propagandastabs der NSDAP; nach Kriegsende vermisst, 1950 für tot erklärt.

15 Im März 1942 ließ Goebbels ein Staatsbegräbnis für die Opfer der brit. Luftangriffe auf Paris ausrichten.

16 Fernand de Brinon (1885–1947), franz. Rechtsanwalt und Journalist; Unterstützer des Vichy-Regimes, Gründer des „Komitees Deutschland – Frankreich"; 1942 zum StS ernannt; 1947 wegen Kollaboration mit Deutschland in Frankreich zum Tode verurteilt und hingerichtet.

17 Vermutlich ging es um die Zustimmung der Vichy-Regierung zu einem Staatsbegräbnis in Paris.

18 Seit dem Kriegseintritt der USA verhandelten franz. und deutsche Diplomaten über eine mögliche Allianz. Die Vichy-Regierung bekundete ihre Bereitschaft zum Abbruch der diplomatischen Beziehungen mit den USA bis hin zum Kriegseintritt auf deutscher Seite und schlug u. a. den Beitritt Frankreichs zum Dreimächtepakt vor.

Meinung vertreten. Ich lehne deshalb auch ab, meine von rein propagandistischen Gesichtspunkten diktierten Ansichten über die Ausgestaltung des Staatsbegräbnisses in Paris zu einer politischen Annäherung an Frankreich mißbrauchen zu lassen. Ich möchte nicht eine profranzösische, sondern eine antienglische Kundgebung durchführen. Ist das nach Lage der Dinge ohne profranzösischen Charakter nicht möglich, dann würde ich lieber darauf verzichten. Die Angelegenheit bleibt weiter in der Schwebe; aber ich werde mich mehr noch als bisher nach den Tendenzen richten, die der Führer in der Behandlung dieser Angelegenheit vertritt.

Die Attentäter gegen Papen[19] sind nun endgültig gefunden. Es handelt sich um serbische Kommunisten. Im Hintergrunde steht wahrscheinlich die Sowjetunion. Infolgedessen veranstalten die Türken eine Haussuchung im bolschewistischen Konsulat in Istanbul. Das zeugt von einem gewissen Mut. Die Türken lassen sich anscheinend nicht durch bolschewistische Unverschämtheiten verblüffen. Was daraus werden wird, kann man im Augenblick noch nicht sagen.[20]

Das geplante Attentat gegen Salazar[21] ist von englischer Seite vorbereitet worden. Man wollte Portugal in einen kommunistischen Strudel hineinziehen, um dann von seiten Englands aus einmarschieren zu können. Salazar hat diese Versuche rechtzeitig durchschaut und durchkreuzt. Aber immerhin ist bezeichnend, wie weit die Engländer heute gehen und was sie sich zumuten, ein Beweis dafür, daß ihre Situation auch von ihnen erkannt außerordentlich prekär ist und daß sie nun auf gut Glück arbeiten, das heißt die letzten noch in ihrer Hand befindlichen Trümpfe ausspielen.

Ich lese eine ausführliche Denkschrift des SD und der Polizei über die Endlösung der Judenfrage. Daraus ergeben sich eine Unmenge von neuen Gesichtspunkten. Die Judenfrage muß jetzt im gesamteuropäischen Rahmen gelöst werden. Es gibt in Europa noch über 11 Millionen Juden. Sie müssen später einmal zuerst im Osten konzentriert werden; eventuell kann man ihnen nach dem Kriege eine Insel, etwa Madagaskar, zuweisen. Jedenfalls wird es keine Ruhe in Europa geben, wenn nicht die Juden restlos aus dem europäischen Gebiet ausgeschaltet werden. Das ergibt eine Unmenge von außerordentlich delikaten Fragen. Was geschieht mit den Halbjuden, was geschieht mit den jüdisch Versippten, Verschwägerten, Verheirateten? Wir werden also hier noch einiges zu tun bekommen, und im Rahmen der Lösung dieses Problems werden sich gewiß auch noch eine ganze Menge von persönlichen Tragödien abspielen. Aber das ist unvermeidlich. Jetzt ist die Situation reif, die Judenfrage einer endgültigen Lösung zuzuführen. Spätere Generationen werden nicht mehr die Tatkraft und auch nicht mehr die Wachheit des Instinkts besitzen. Darum tun wir gut daran, hier radikal und konsequent vorzugehen. Was wir uns heute als Last aufbürden, wird für unsere Nachkommen ein Vorteil und ein Glück sein.[22]

19 Franz von Papen (1879–1969), Berufsoffizier, Politiker; Juni–Dez. 1932 Reichskanzler, 1939–1944 Botschafter in Ankara; 1946 im Nürnberger Prozess freigesprochen; 1947 zu acht Jahren Arbeitslager verurteilt, 1949 amnestiert. Am 24.2.1942 wurde Papen bei einem Bombenattentat in Ankara leicht verletzt.

20 Im April 1942 wurden vier Personen, darunter zwei Angehörige des sowjet. Konsulats, als angebliche Drahtzieher des Attentats angeklagt und im Juni 1942 zu hohen Zuchthausstrafen verurteilt.

21 António de Oliveira Salazar (1889–1970), Politiker; 1932–1968 Ministerpräsident von Portugal mit diktatorischen Vollmachten.

Das Justizministerium muß zu seiner Schande eingestehen, daß es keine Möglichkeit gibt, gegen die Verlesung des gefälschten Mölders-Briefes vorzugehen.[23] Unsere Gesetzgebung biete dafür keine Handhabe. Danach ist es keine Beleidigung, einem Mann, auch wenn er ein Volksheld ist, nachzusagen, daß er katholisch war und sich praktisch gegen den Staat eingestellt hat. Diese Justiz ist keinen Schuß Pulver wert. Ich lasse jetzt einige der in Frage stehenden Pfarrer, die den Mölders-Brief von der Kanzel verlesen haben und sich trotz besserer Belehrung weigern, ein Dementi zu bringen, ins KZ bringen, um dann darüber eine Verlautbarung herauszugeben.[24] Wenn ich Justizminister wäre, würde ich schon unter den vielen tausend existierenden Paragraphen einen herausfinden, der mir die Handhabe böte, gegen ein solches infames Verfahren der Kirche vorzugehen. Aber unsere Justiz wird nicht nationalsozialistisch, sondern spießbürgerlich geführt. Da kann man nichts machen.

Die bei mir einlaufende Briefübersicht ist positiv. In der Hauptsache beschäftigen sich die Briefe mit der Neuordnung des Rundfunkprogramms, die einen ungeheuren Widerhall in den breiten Volksmassen gefunden hat. Ich sehe daraus, daß ich mit meiner Reform auf dem rechten Wege bin.[25]

Nachmittags fahre ich nach Wünsdorf,[26] um dort vor der Panzerwaffe zu sprechen. Es herrscht eine grimmige Kälte, bis zu 15 Grad. Die Chausseen sind schneeverweht, so daß wir anderthalb Stunden auf einem Umweg auf dem Acker steckenbleiben. Ich komme erst gegen 7 Uhr abends in Wünsdorf an und fange dann gleich an zu reden. Ich gebe den Offizieren, die zum großen Teil aus dem Felde zurückgekehrt sind und hier eine neue waffentechnische Ausbildung erhalten, einen Gesamtüberblick über die politische, militärische und diplomatische Lage. Aus einer Rede, die eigentlich nur 1 1/2 Stunden dauern sollte, werden fast 2 1/2 Stunden. Aber ich glaube, ich mache diesen verdienten Männern von der Front die Situation so klar, daß kaum noch ein Zweifel oder eine Unklarheit übrigbleibt. Den Abend verbringe ich im Kreise der Panzeroffiziere in ihrem Kasino. Sie erzählen mir sehr viel von der Front, lehrreiche, interessante und unterhaltsame Dinge. Ich kann aus diesen Darlegungen entnehmen, daß sich die Moral der Truppe, sowohl in der Führung wie in der Gefolgschaft, immer noch auf einem außerordentlich hohen Stand befindet. In dieser Beziehung brauchen wir uns keine Sorge zu machen. Es wird in keiner Weise eine Gefahr von der Front aus entstehen. Hauptsache also ist es, daß wir die Heimat intakt halten, und daran bin ich ja ständig an der Arbeit, und darum bin ich ständig bemüht.

22 Es ist unklar, welche Denkschrift Goebbels meinte. Die hier genannten Themen wurden u. a. auf der Wannsee-Konferenz diskutiert; siehe Dok. 65 vom 20.1.1942.

23 1942 verbreitete der brit. Geheimdienst einen gefälschten Brief des tödlich verunglückten deutschen Luftwaffenoffiziers Werner Mölders, der ihn als bekennenden Katholiken und Gegner des Nationalsozialismus auswies, was Anlass zu Spekulationen gab, er sei von der deutschen Regierung beseitigt worden.

24 Siehe Dok. 99 vom 10.4.1942.

25 Als Reaktion auf die wachsende Besorgnis der deutschen Bevölkerung über den Kriegsverlauf an der Ostfront setzte Goebbels bei der Konzeption des Rundfunkprogramms von Ende 1941 an verstärkt auf Musik und Unterhaltungssendungen.

26 In Wünsdorf, etwa eine Autostunde südlich von Berlin, befand sich das Hauptquartier des OKH und des OKW.

Infolge der Schneeverwehungen fahren wir abends statt mit dem Auto mit der Eisenbahn und mit der Schnellbahn nach Berlin zurück. Es ist weit nach Mitternacht, als ich zu Hause ankomme, und auf dem Schreibtisch wartet noch eine ganze Menge von Arbeit.
Am Ende der Woche ist man jetzt immer todmüde und sehnt den Sonntag herbei, um sich wenigstens in gewissem Umfange wieder etwas regenerieren zu können. Der Krieg zehrt an uns allen. Wenn er noch lange dauert, so werden wir in großem Umfange auch unsere körperliche und seelische Substanz in Angriff nehmen müssen. Aber Hauptsache ist, daß wir ihn gewinnen. Das, was wir dabei einsetzen, läßt sich nach dem Siege mit Leichtigkeit wieder aufholen.

DOK. 86
Der Dekan der Philosophischen Fakultät der Universität Wien sorgt sich am 7. März 1942 um den Verbleib der Bibliothek des verhafteten Albanologen Norbert Jokl[1]

Schreiben von Viktor Christian[2] (Zl. 946 aus 1941/42) an den Leiter der Zentralstelle für jüdische Auswanderer,[3] SS-Hauptsturmführer Brunner, Wien, vom 7.3.1942

Wie ich erfahre, soll Dr. Norbert *Jokl*,[4] vormals tit. a.o. Professor[5] an der Philosophischen Fakultät der Universität Wien, aus Wien in seiner Eigenschaft als Jude abtransportiert werden. Angeblich sollen Bemühungen der italienischen Regierung im Gange sein, Dr. Jokl samt seiner wissenschaftlichen Bibliothek nach Albanien zu bringen.[6] So schmerzlich für die Fakultät der Verlust dieser Bibliothek wäre, deren Wert nicht so sehr ein materieller als ein wissenschaftlicher ist, so sehe ich doch keine Möglichkeit, sie hier in Wien zu halten, wenn die italienischen Bemühungen, Dr. Jokl die Ausreiseerlaubnis nach Albanien zu erwirken, von Erfolg begleitet sein sollten, denn es ist mir klar, daß bei der gegenwärtigen Sachlage es schwerfallen würde, den Standpunkt der Fakultät gegenüber italienischen Wünschen durchzusetzen. Sollte jedoch Dr. Jokl nicht die Ausreiseerlaubnis nach Albanien erhalten, sondern nach Polen abtransportiert werden, so bitte ich dringend, seine Bibliothek für die philosophische Fakultät sicherzustellen. Der Wert

1 DÖW, 6812.
2 Viktor Christian (1885–1963), Orientalist; 1938 NSDAP- und SS-Eintritt; Abteilungsleiter in der SS-Stiftung Ahnenerbe; Mitherausgeber der Zeitschrift für Rassenkunde; von 1924 an Professor in Wien, April 1939 bis April 1942 Dekan der Philosophischen Fakultät, 1943–1945 Prorektor der Universität; nach Kriegsende als „belastet" eingestuft und seines Dienstes enthoben.
3 Richtig: Zentralstelle für jüdische Auswanderung.
4 Dr. Norbert Jokl (1877–1942), Albanologe; von 1903 an Dozent und Bibliothekar an der Universität Wien, 1938 in den Zwangsruhestand versetzt; stellte auf Anraten von Viktor Christian ein Gnadengesuch, das im Okt. 1938 abgelehnt wurde; am 2.3.1942 verhaftet, am 6.5.1942 nach Minsk deportiert, starb vermutlich wenige Tage später auf dem Weg in das Lager Malyj Trostinec oder kurz nach der Ankunft; siehe auch VEJ 14/315.
5 tit. = in Österreich gebräuchliche Kennzeichnung von Berufstiteln; a. o. = außerordentlicher.
6 Auf Betreiben des italien. Albanologen Carlo Taglivini (1903–1982) war Jokl eine Ausreisemöglichkeit nach Albanien in Aussicht gestellt worden, vorausgesetzt, dass er seine Bibliothek der alban. Regierung überließe.

der Bibliothek liegt in der ziemlichen Vollständigkeit, mit der sie das Fachgebiet der albanischen Sprache umfaßt, vor allem aber in den wissenschaftlichen Aufzeichnungen, deren Verlust für das betreffende Fachgebiet überaus empfindlich wäre.[7]

Heil Hitler!

DOK. 87
Der Staatssekretär im Reichsinnenministerium Wilhelm Stuckart spricht sich am 16. März 1942 dagegen aus, „Halbjuden" mit Juden gleichzustellen, und plädiert für ihre Sterilisierung[1]

Schreiben (Geheim) des RMdI[2] (I Sta R 1401 II/42 g), i.V. gez. Dr. Stuckart, an den Leiter der Partei-Kanzlei, z. Hd. von SS-Oberführer Klopfer, den Chef der Sicherheitspolizei und des SD SS-Obergruppenführer Heydrich, den Beauftragten für den Vierjahresplan, z. Hd. von Staatssekretär Neumann, den Reichsjustizminister z. Hd. von StS Dr. Freisler, das AA, z. Hd. von UStS Luther (Eing. 21.3.1942), den RMfbO, z. Hd. von Gauleiter und StS Dr. Meyer, das RuSHA, z. Hd. von SS-Obergruppenführer Hofmann vom 16.3.1942[3]

Betrifft: Endlösung der Judenfrage.
Die in der Sitzung vom 20. Januar 1942 besprochene Frage, welche Stellung den jüdischen Mischlingen 1. Grades künftig zugewiesen werden soll,[4] gibt mir Veranlassung, die bei der Lösung dieser Frage zu erwägenden Möglichkeiten noch einmal einer Prüfung zu unterziehen, wobei, das bedarf wohl keiner besonderen Betonung, das einzige Kriterium das Interesse des deutschen Volkes sein muß.
Es besteht völlige Klarheit und Einmütigkeit darüber, daß jüdisches Blut, auch soweit dessen Träger Halbjuden sind, aus dem deutschen und darüber hinaus aus dem europäischen Blutstrom auszuscheiden, d. h. in erster Linie jede Blutmischung mit Deutschen oder Artverwandten zu verhindern [ist]. Der einfachste und scheinbar zum sichtbarsten Erfolg führende Weg würde, soweit das deutsche Volk in Frage steht, sein, die Halbjuden den Juden gleichzustellen und sie in die für Juden gegenwärtig bereits in Gang befindliche Abschiebungsaktion einzubeziehen. Das beabsichtigte Ziel, die völlige Herauslösung aus dem deutschen Volkskörper, würde dadurch in kurzer Frist erreicht sein. Abgesehen von der unten erörterten biologischen und verwaltungstechnischen Seite der Frage,

7 Jokls Bibliothek wurde am 27.4.1942 vom RSHA beschlagnahmt und am 8.7.1942 der Nationalbibliothek Wien übergeben.

1 PAAA, R 100 857, Bl. 159 f. Teilweise abgedruckt in: Kurt Pätzold/Erika Schwarz, Tagesordnung: Judenmord. Die Wannsee-Konferenz am 20. Januar 1942. Eine Dokumentation zur Organisation der „Endlösung", Berlin 1992, S. 121 f.
2 Wilhelm Frick.
3 Im Original handschriftl. Anmerkungen, Unterstreichungen und Stempel.
4 Stuckart hatte als Vertreter des RMdI an der Wannsee-Konferenz teilgenommen und dort bereits einen Vorschlag zur Zwangssterilisierung jüdischer „Mischlinge" eingebracht; siehe Dok. 65 vom 20.1.1942. Stuckarts Vorschläge waren auch Gegenstand der ersten Nachfolgebesprechung der Wannsee-Konferenz am 6.3.1942; siehe PAAA, R 100 857, Bl. 98–106 sowie Dok. 85 vom 7.3.1942 und Dok. 97 vom 5.4.1942.

zieht eine solche Maßnahme aber eine Reihe von Folgen nach sich, die nicht dem Interesse des deutschen Volkes entsprechen und deshalb bereits jetzt Gegenstand einer ernsten Überlegung sein müssen.
Ich möchte hierbei in der Hauptsache folgende Gesichtspunkte herausstellen:
1. Die blutsmäßigen Halbjuden sind durch die Fassung des Judenbegriffs in der Nürnberger Gesetzgebung bereits sortiert worden.[5] Soweit Merkmale ihre Hinneigung zum Judentum dartun, gelten sie als Volljuden. Hierdurch ist also bereits ein nicht unerheblicher Teil der Halbjuden abgestoßen worden.
2. Eine Gleichstellung der Halbjuden mit Juden wird zweifellos die Frage nach Ausnahmen aufwerfen. Jede weitere Sortierung würde aber dahin führen, daß ohne inneren, jedenfalls ohne biologischen Grund Mitglieder derselben Familie mit der gleichen Erbmasse teils deportiert, teils hierbehalten würden.
3. Nach den in diesen Jahren gesammelten Erfahrungen haben sich die Mischlinge 1. Grades zum nicht unerheblichen Teil in starkem Maße bemüht, sich für die deutschen Interessen einzusetzen. Abgesehen von ihrem Einsatz in der Kriegswirtschaft darf ich darauf hinweisen, daß der Führer außer den normalen Gnadenentscheidungen eine große Zahl von Offizieren und Offiziersehefrauen, die Mischlinge 1. Grades waren, mit deutschblütigen Personen gleichgestellt und einem großen Teil von Mischlingen 1. Grades, die in der Wehrmacht verblieben sind, diese Gleichstellung bei weiterer Bewährung nach dem Kriege in Aussicht gestellt hat.[6] Diese zahlenmäßig beschränkten Auslesevorgänge lassen erkennen, daß der Halbjude, soweit er im deutschen Reichsgebiet tätig ist, nicht notwendig und immer einen nur negativen Wert für das deutsche Volk zu haben braucht.
4. In diesem Zusammenhang ist auch die Tatsache nicht zu übersehen, daß der Führer bisher 300 Geltungsjuden mit Halbjuden gleichgestellt hat.[7] Es wäre mit der Bedeutung einer Führerentscheidung unvereinbar, wenn diese Personen nun wieder durch eine generelle Regelung zu Juden gestempelt würden. Andererseits widerspräche es den einfachsten rassepolitischen Erwägungen, wenn man diese Personen künftig von den neuen Maßnahmen ausnehmen würde, während die Halbjuden, die nie als Juden gegolten haben, also von vornherein rassisch günstiger eingeordnet waren, nunmehr dem Judentum zugeordnet würden.
5. Von nicht zu unterschätzender Bedeutung ist auch die psychologisch-politische Rückwirkung. Jeder Halbjude hat einen vollarischen Ahnenstamm mit verzweigten Verwandtschafts- und Freundschaftsverhältnissen in deutschblütigen Kreisen. Ich halte es daher wenigstens für die Dauer des Krieges auch aus psychologischen Gründen für durchaus unerwünscht, Halbjuden in dieser Form zu behandeln.

Selbst wenn man aber über die vorstehend aufgezeichneten Bedenken hinwegsehen wollte, so kann das m. E. doch nicht hinsichtlich des entscheidenden Argumentes ge-

5 In der am 14.11.1935 erlassenen 1. VO zu dem in Nürnberg verabschiedeten Reichsbürgergesetz war festgelegt, wer als Jude zu gelten habe; RGBl., 1935 I, S. 1333 f.; siehe auch VEJ 1/210.

6 Siehe BArch, RW 6/47, Erlass des OKW über die Behandlung der jüdischen Mischlinge, 8.4.1940.

7 Gemäß der 1. VO zum Reichsbürgergesetz von 1935 konnten „Geltungsjuden" beantragen, durch eine Entscheidung Hitlers zu „Mischlingen ersten Grades" ernannt zu werden. Von 1938 bis Sept. 1942 wurden 339 solcher Anträge genehmigt; John M. Steiner/Jobst Freiherr von Cornberg, Willkür in der Willkür. Befreiungen von den antisemitischen Nürnberger Gesetzen, in: VfZ 46 (1998), S. 185.

schehen, nämlich der Tatsache, daß mit der Abschiebung der Halbjuden zur Hälfte auch deutsches Blut preisgegeben wird. Ich habe es immer für biologisch außerordentlich gefährlich gehalten, deutsches Blut einer gegnerischen Seite zuzuführen. Dieses Blut ist nur dazu geeignet, auf der anderen Seite Persönlichkeiten hervorzubringen, die ihre durch das deutsche Blut ererbten wertvollen Eigenschaften der anderen Seite gegen das deutsche Blut dienstbar machen können. Die erfahrungsgemäß gute Intelligenz und Erziehung in Verbindung mit ihrer germanischen Erbmasse machen die Halbjuden außerhalb des deutschen Volkes zu geborenen Führern, damit aber auch zu gefährlichen Feinden. Dieser Gesichtspunkt erhält noch mehr Gewicht, wenn man ihn vom gesamteuropäischen Standpunkt aus betrachtet. Daß die Lösung dieser Frage in Europa nach einer im wesentlichen einheitlichen Grundlinie erfolgen muß, erscheint mir nicht zweifelhaft. Wenn es nun aber gelingt, aus den anderen Völkern die Halbjuden ebenfalls auf dem Wege der Abschiebung herauszulesen, so würde das bedeuten, daß Hunderttausende von Trägern deutscher oder artverwandter Erbmasse abgestoßen und in einen unserem Einfluß im wesentlichen entzogenen kämpferischen Gegensatz zu uns gebracht werden.

Ich habe hiergegen vom Standpunkt des deutschen Interesses aus so starke Bedenken, daß ich den Weg der Gleichstellung der Halbjuden mit Juden und demgemäß der Abschiebung für untragbar halte und deshalb das natürliche Aussterben der Halbjuden innerhalb des Reichsgebiets vorziehe. Hierzu ist zwar ein Zeitraum von drei bis vier Jahrzehnten notwendig. Ich möchte jedoch diesen Nachteil, der übrigens noch den Vorteil hat, daß wir willige Arbeitskräfte behalten, gegenüber den aus allgemein politischen Gründen sehr bedenklichen Folgen einer schlagartigen Abschiebung in Kauf nehmen.

Was die von den Halbjuden ausgehende biologische Gefahr anbetrifft, darf ich auf meinen in der Sitzung am 20. 2. 1942[8] gemachten Vorschlag der Sterilisation aller nicht schon aus anderen Gründen unfruchtbaren Mischlinge 1. Grades verweisen. Diese Sterilisation würde jeden rassenbiologisch zwingenden Grund zu einer anderen Behandlung der Mischlingsfrage überhaupt entfallen lassen.

Die Abschiebung erscheint mir auch vom verwaltungstechnischen Standpunkt aus nicht bedenkenfrei. Sie würde ein außerordentliches Maß von Verwaltungsarbeit mit sich bringen, das sich m. E. während des Krieges schon von selbst verbietet. Die Abschiebung würde nicht nur eine individuelle Prüfung aller Mischlinge notwendig machen, sondern es wird nach der negativen Entscheidung mit einer außerordentlich hohen Zahl von Befreiungsanträgen zu rechnen sein. Nicht unbeachtlich erscheinen mir auch die erheblichen Transportschwierigkeiten, die heute bereits der unzweifelhaft notwendigen Abschiebung der Juden entgegenstehen. Darüber hinaus läßt es sich aber kaum verantworten, die Arbeitskraft zahlreicher deutscher Menschen in einer Frage festzulegen, deren Lösung in einfacherer Form mit bedeutend geringerem Arbeitsaufwand und derselben Sicherstellung des Zieles erfolgen kann, ohne daß die uns belastende Herauslösung der Halbjuden aus ihren Arbeitsstellen notwendig wird. Demgegenüber würde die Sterilisation einen im wesentlichen schematischen Vorgang darstellen, von dem ein großer Teil der Mischlinge 1. Grades aus natürlichen Gründen nicht einmal erfaßt zu werden brauchte.

8 Tippfehler. Gemeint ist die Wannsee-Konferenz vom 20. 1. 1942.

Das Problem der deutsch-jüdischen Mischehen wird man, um auch hier eine Abschiebung deutschen Blutes grundsätzlich zu verhindern, zweckmäßigerweise dadurch lösen, daß man den Ehepaaren die Möglichkeit einer freiwilligen Scheidung in einem vereinfachten Verfahren gibt. Es ließe sich letzten Endes auch rechtfertigen, diese Entscheidung nicht allein der privaten Initiative zu überlassen, sondern den staatlichen Zwang einzuschalten, also die Scheidung entweder auf Antrag des Staatsanwaltes oder kraft Gesetzes auszusprechen.[9]

DOK. 88
Ein Sondergericht verurteilt Margarete Königsfeld aus Beuthen am 19. März 1942 zu einer Haftstrafe, weil sie in einem Brief den Suizid von 70 Bekannten erwähnt hat[1]

Urteil des Sondergerichts Kattowitz (Jg 12 K Ms. 23/42), gez. Dr. Witton[2] u. a.,[3] gegen Margarete Königsfeld[4] wegen staatsfeindlicher Äußerungen vom 19.3.1942 (Abschrift)[5]

Im Namen des deutschen Volkes!
In der Strafsache gegen die frühere Graphologin Margarete Sara *Koenigsfeld* aus Beuthen O/S., Ring 6, geb. am 31.VII.1878 in Kobier (Kr. Pless), ledig, Jüdin, unbestraft, wegen staatsfeindlicher Äußerungen, hat das Sondergericht in Kattowitz in der Sitzung vom 5. März 1942, an welcher teilgenommen haben: Landgerichtsdirektor Dr. *Witton* als Vorsitzer, Landgerichtsrat Dr. *Schmidt*,[6] Landgerichtsrat Baron Tiesenhausen als beisitzende Richter, Staatsanwalt *Dorn*[7] als Beamter der Staatsanwaltschaft, Justizangestellter *Anders* als Urkundsbeamter der Geschäftsstelle, für Recht erkannt:
Die Angeklagte wird wegen staatsfeindlicher Äußerungen (§ 2 Heimtückegesetz)[8] zu 7 – sieben – Monaten Gefängnis verurteilt.
Die Kosten des Verfahrens werden der Angeklagten auferlegt.

9 Ein Gesetz zur Zwangsscheidung von „Mischehen" kam nie zustande.

1 BArch, R 3001/141795. Teilweise abgedruckt in: Bernward Dörner, „Heimtücke". Das Gesetz als Waffe, Paderborn 1998, S. 234 f.

2 Dr. Leo Witton (*1884), Jurist; von 1920 an Amtsrichter in Neustadt, Oberschlesien (Prudnik), 1924–1926 Hilfsrichter am OLG Breslau, von 1926 an Amtsgerichtsrat in Breslau, von 1929 an Landgerichtsdirektor in Neisse; 1937 NSDAP-Eintritt; 1942 zum Senatspräsidenten beim OLG Kattowitz ernannt.

3 Neben Witton unterzeichneten als Beisitzer die Landgerichtsräte Dr. Schmidts und Baron Tiesenhausen sowie Justizinspektor Thometzki.

4 Margarete Königsfeld (1878–1942?), Graphologin; wohnte bis 1938 in Berlin-Wilmersdorf; sie wurde nach ihrer Haftentlassung im Okt. 1942 nach Auschwitz deportiert und dort ermordet.

5 Im Original handschriftl. Unterstreichungen, Korrekturen und Bearbeitungsvermerk; Dienststempel: Der Staatsanwalt als Leiter der Anklagebehörde beim Landgericht Kattowitz.

6 Namensabweichung im Original: im Urteilstext Schmidt, als Unterzeichner Schmidts.

7 Dr. Eduard Dorn, Staatsanwalt am Sondergericht Kattowitz.

8 Laut § 2 des Heimtückegesetzes wurden hetzerische Äußerungen, die geeignet waren, das Vertrauen des Volkes in die politische Führung zu untergraben, mit Gefängnis bestraft. Dies galt auch für nichtöffentliche böswillige Äußerungen, wenn der Täter damit rechnen musste, dass sie an die Öffentlichkeit gelangen würden; RGBl., 1934 I, S. 1269 f.

Gründe:
Die Angeklagte ist Jüdin. Sie ist am 31. Juli 1878 in Kobier Kreis Pless geboren. Sie hat viele Jahre in Berlin gewohnt und dort das Gewerbe einer Graphologin ausgeübt. In Berlin hatte sie die Musiklehrerin Sadie Walker,[9] die Amerikanerin ist und jetzt in Rothenburg (ob der Tauber) lebt, kennengelernt. Im Jahre 1938 kam die Angeklagte nach Beuthen O/S. Sie blieb mit der Sadie Walker im gelegentlichen Briefwechsel.
Am 1. Juli 1941 schrieb die Angeklagte an die Walker den [auf] Blatt 10 der Akte befindlichen Brief, auf dessen Inhalt im einzelnen Bezug genommen wird. Am Anfang des Briefes bittet sie die Walker, in ihren Briefen vorsichtiger zu sein. Sie fährt fort:
„Nicht allein, daß Wände Ohren haben, auch das Papier, alles, was da atmet und nicht atmet, hat Ohren." Die Angeklagte bedankt sich weiter in diesem Briefe für die ihr von der Walker gemachten Zuwendungen. Sich selbst bezeichnet sie dabei als „Tochter der Parias". Sie schildert dann weiter ihre bisher vergeblichen Versuche, einen Teil eines Erbanspruches ausgezahlt zu bekommen. Sie erzählt dann von ihren Verwandten und fährt fort:
„Der einzige Bruder ist in einem anderen Land, Häschen, es ist nicht jeder so tapfer wie Du, nicht jeder fügt sich so ergebungsvoll in Gottes Ratschluß wie Du, wieviele meiner Bekannten und Freunde haben in tiefstem Weh und heller Verzweiflung Selbstmord begangen. Von mir allein waren es über 70 Bekannte. Aber wozu Dir, [die] Du so empfindsam bist, all das mitteilen, um Dich zu belasten? Du bist die einzige wahre Christin, die ich kenne …"
Am Schluß des Briefes schreibt die Angeklagte:
„Vielleicht gibt es das Schicksal, daß wir uns noch einmal in Freude wiedersehen, dann fahren wir oben auf dem Autobus in den Grunewald[10] oder ich komme in dein geliebtes Rothenburg, das ich noch gar nicht kenne."
Die Empfängerin dieses Briefes, Sadie Walker, schrieb am 9. Juli 1941 an Bekannte in Amerika einen Brief, in dem zu[11] u. a. folgende Sätze befinden:
„Der Briefträger brachte mir soeben einen Brief von einer jüdischen Freundin, die so gut zu mir war, als ich das letzte Mal in Berlin war. Arme Seele! Sie erzählt mir, daß 70 ihrer Freunde und Bekannten Selbstmord begangen haben. Das Grauen muß einmal ein Ende haben."
Dieser Brief wurde von der militärischen Zensur angehalten.
Die Angeklagte gibt zu, den Brief vom 1. Juli 1941 an die Sadie Walker geschrieben zu haben. Sie habe sich nichts dabei gedacht. Insbesondere habe sie nicht angenommen, daß die Walker den Inhalt des Briefes weiter nach Amerika mitteilen werde. Es sei Tatsache, daß viele Juden aus ihrem Bekannten- und Freundeskreise Selbstmord begangen hätten.
Der Inhalt des Briefes zeugt in seiner Gesamtheit von einer gehässigen Gesinnung gegenüber dem Deutschen Reich. Durch ihre Bemerkung, daß die Empfängerin des Briefes in ihren Briefen vorsichtiger sein solle, gibt die Angeklagte ihrer Ansicht Ausdruck,

9 Sadie Walker (*1883), Musiklehrerin; geb. in Cleveland, Ohio, lebte seit 1923 in Europa, seit 1932 in Rothenburg o. d. T.; wurde am 10.2.1942 wegen Vergehen gegen das Heimtückegesetz zu sieben Monaten Gefängnis verurteilt, ihr weiteres Schicksal ist unbekannt.
10 Von Sept. 1941 an war Juden die Benutzung von öffentlichen Verkehrsmitteln nur noch in Ausnahmefällen und mit Genehmigung gestattet; siehe VEJ 3/222.
11 So im Original, gemeint ist vermutlich „sich".

daß sie als Jüdin unter besonders strenger Kontrolle stände. Durch ihre Behauptung, daß über 70 Bekannte in „tiefstem Weh und heller Verzweiflung" Selbstmord begangen hätten, kritisiert sie in gehässiger Weise die Maßnahmen des Nationalsozialismus gegenüber dem Judentum. Wenn die Angeklagte schließlich ihrer Hoffnung Ausdruck gibt, daß sie sich noch einmal mit ihrer Freundin in Freuden wiedersehen wolle und dann oben auf dem Autobus in den Grunewald fahren werde, so drückt sie damit ihre Hoffnung aus, daß der Nationalsozialismus und die von ihm in Deutschland getroffenen Maßnahmen gegen das Judentum keinen Bestand haben möchten. Der Brief ist daher als eine von gehässiger Gesinnung zeugende böswillige Äußerung über das nationalsozialistische Deutschland und die von ihm getroffenen Anordnungen und Einrichtungen anzusehen. Diese Äußerung ist geeignet, das Vertrauen des Volkes zur politischen Führung zu untergraben.
Die Angeklagte hat ihre Äußerung zwar nicht öffentlich getan, sondern in einem Briefe an die Sadie Walker niedergelegt. Sie mußte aber damit rechnen, daß ihre Äußerungen in die Öffentlichkeit dringen werden. Ihr war bekannt, daß die Sadie Walker Amerikanerin ist und mit ihren amerikanischen Bekannten im Briefwechsel steht. Tatsächlich hat auch die Empfängerin des Briefes über den angeblichen Selbstmord zahlreicher Juden in einem Briefe nach Amerika berichtet. Wenn dieser Brief nicht angehalten worden wäre, so wäre die Äußerung der Angeklagten insoweit daher in Amerika öffentlich bekanntgeworden.
Die Angeklagte ist daher des Vergehens nach § 2 des Heimtückegesetzes schuldig. Die Strafverfolgung ist durch Sondererlaß vom 28. Januar 1942[12] angeordnet worden. Die Angeklagte war daher zu bestrafen.
Bei der Strafzumessung hat das Gericht berücksichtigt, daß die Angeklagte bisher noch unbestraft ist und bereits 63 Jahre alt ist. Straf[ver]schärfend fiel aber ins Gewicht, daß die Angeklagte als sehr intelligent bezeichnet werden muß. Sie mußte sich daher besonders der Verwerflichkeit ihres Tuns bewußt sein. Wenn sie sich auch in der Abstimmungszeit für Oberschlesien verdient gehabt haben mag,[13] so daß sie den Schlesischen Adler II. Klasse verliehen erhielt, so mußte sie sich gerade auf Grund ihrer früheren Tätigkeit für das Deutschtum in Oberschlesien der besonderen Verwerflichkeit ihres Tuns bewußt sein. Unter Berücksichtigung dieser Umstände hat das Gericht eine Gefängnisstrafe von 7 Monaten als erforderlich angesehen.
Die Kostenentscheidung ergibt sich aus § 465 StPO.
Das Urteil ist rechtskräftig und vollstreckbar.

12 Nicht aufgefunden.

13 Gemeint ist: „verdient gemacht haben mag". Infolge des Versailler Vertrages kam es nach mehreren Aufständen in Oberschlesien 1921 zu einem Plebiszit über den Verbleib bei Deutschland. Knapp 60 % votierten dafür, die anderen für eine Angliederung an Polen. Das führte zu einer Teilung Oberschlesiens.

DOK. 89

Das Arbeitsamt Essen stimmt am 19. März 1942 der Deportation jüdischer Zwangsarbeiter zu und weist die Firmen an, ausländische Arbeitskräfte anzufordern[1]

Schreiben (geheim) des Arbeitsamts Essen (Geschz. IIb 2/5100 A/316/42 g.), Essen, III. Hagen 60, ungez., an die Geheime Staatspolizei, Staatspolizeileitstelle, Außendienststelle Essen, Kortumstr. 56, vom 19.3.1942 (Abschrift)[2]

Betrifft: Arbeitseinsatz der Juden.
Vorgang: Ihr Schreiben vom 18.3.42 – II B 4–527/42 g –[3]
Ihrem Vorschlage, 50 % der bei den Firmen Giessler, Kurz und Schuler u. Co.[4] beschäftigten Juden sowie die nach dem 15.12.41 bei der Firma Vita Zahnfabrik[5] eingestellten Jüdinnen sofort für eine etwaige Evakuierung freizugeben, stimme ich trotz der damit verbundenen arbeitseinsatzmäßigen Schwierigkeiten aus staatspolitischen Gesichtspunkten zu. Die Firmen sind von mir verständigt und aufgefordert worden, – soweit erforderlich – als Ersatz zivile ausländische Arbeitskräfte oder Kriegsgefangene anzufordern. Sie sind weiterhin unterrichtet worden, daß sie voraussichtlich noch im Sommer mit dem Ausscheiden der restlichen Juden rechnen müssen.[6]
In Vertretung:
gez. Unterschrift.

1 ITS Archive, Arolsen Archives, 1.2.3.0/0004/0044. Teilweise abgedruckt in: Dieter Maier, Arbeitseinsatz und Deportation. Die Mitwirkung der Arbeitsverwaltung bei der nationalsozialistischen Judenverfolgung in den Jahren 1938–1945, Berlin 1994, S. 155 f.

2 Im Original teilweise unleserlicher Bearbeitungsvermerk.

3 Am 17.3.1942 hatte die Stapoleitstelle Düsseldorf ihre Außenstellen über eine Deportation von ca. 1000 Juden (mehr als 400 davon aus Essen) informiert, die demnächst stattfinden solle. Einen Tag später empfahl die Gestapo dem Arbeitsamt Essen, Juden aus drei Essener Firmen bereitzustellen.

4 Die Baufirmen Giessler und Kurz arbeiteten für den Energieversorger RWE in Essen; über die Firma Schuler u. Co. liegen keine Informationen vor.

5 Die 1924 gegründete Firma stellte Zahnprothesen her, das Unternehmen existiert heute noch.

6 Laut einer VO des RArbM vom 27.3.1942 sollten Juden in kriegswichtigen Betrieben bis auf weiteres von der Deportation ausgenommen werden. Daraufhin forderte das Arbeitsamt Essen am 17.4.1942 bei der Gestapo die Rückstellung dieser Zwangsarbeiter von der Deportation. 50 Personen wurden von der Deportationsliste des Transports nach Izbica am 20./21.4.1942 gestrichen, aus Essen schließlich mehr als 350 deportiert.

DOK. 90

Ketty Goldschmidt bittet am 20. März 1942 Cäcilie und Ludwig Pels um die Zusendung von Lebensmitteln[1]

Handschriftl. Brief von Ketty Goldschmidt,[2] Grindelallee 178 I, Hamburg 13, an C. Pels[3] bei Margolinsky, Kopenhagen, Dyrkub 3, vom 20.3.1942

Sehr geehrte Frau u. Herr Pels.
Da ich schon häufig gehört habe, wie großartig Sie hiesige Bekannte durch Liebesgaben bedenken u. erfreuen, erlaube ich mir, Sie anzufragen, ob Sie uns zu den Feiertagen auch einmal etwas Fleischwaren senden würden. Gleichzeitig möchte ich Sie von Frau *Jenny Hesse*, die bei uns *wohnt*, grüßen. Sie wurde vorige Woche nach 7 wöchentl. Aufenthalt aus d. Krankenhaus entlassen u. ist noch sehr pflegebedürftig. Auch Herr u. *Frau Eduard Cohn, Altona, Hochstr. 50,* lassen bestens grüßen. Sie haben bis jetzt von Ihnen noch nichts erhalten u. würden sich außerordentlich freuen, wenn Sie zu den Feiertagen etwas bekommen würden.
Mein Mann David Samson hat zwar schon öfters Briefe an Sie mit unterschrieben, aber es nie über sich gebracht für sich persönlich etwas zu erbitten. So habe ich es in die Hand genommen, u. ich hoffe, Sie nehmen mir den Brief nicht übel.
Zudem ich Ihnen angenehme Feiertage wünsche, grüße ich Sie mit bestem Dank im Voraus auch von meinem l. Mann.

DOK. 91

Daniel Lotter notiert in seinem Tagebuch am 21. März 1942 Gedanken über die bevorstehende Deportation der letzten in Fürth verbliebenen Juden[1]

Handschriftl. Tagebuch von Daniel Lotter, Fürth, Eintrag vom 21.3.1942

Die lange befürchtete Herabsetzung der Brotrationen und anderer Lebensmittel ist Wahrheit geworden. Wie aus beigefügten Bekanntmachungen[2] hervorgeht, wurde die Brot-, Mehl,- Fett-, Fleisch- und Zuckermenge ganz beträchtlich herabgesetzt. Die Unruhe in der Bevölkerung ist bedrohlich angewachsen, da die bisher zugeteilte Fleisch- und Fettmenge schon sehr klein war und markenfreie Lebensmittel wie Fische, Gemüse,

1 YVA, O 27/36.
2 Ketty Goldschmidt, geb. Felsenstein (1896–1944), am 25.6.1943 gemeinsam mit ihrem Mann David (1890–1944) nach Theresienstadt, von dort aus am 4.10.1944 nach Auschwitz deportiert. Das Konsulat El Salvadors hatte ihr in der Zwischenzeit eine Bescheinigung über die salvadorian. Staatsbürgerschaft nach Theresienstadt geschickt.
3 Cäcilie Pels, geb. Cohn (1882–1965), 1940 Flucht mit ihrem Ehemann Ludwig Pels nach Dänemark, organisierte aus einem dän. Altenheim heraus die Verschickung von Lebensmittelpaketen an Juden in Deutschland und nach deren Deportation auch nach Theresienstadt und Westerbork sowie in die Gettos Warschau und Litzmannstadt; floh 1943 nach Schweden; kehrte nach Kriegsende nach Kopenhagen zurück.

1 Original in Privatbesitz, Kopie: IfZArch, F 601, abgetippte Fassung im Deutschen Tagebucharchiv Emmendingen.

Kartoffeln u. a. auch sehr knapp sind. Auch andere, wenn auch nicht lebensnotwendige, so doch wichtige Sachen sind vielfach nicht mehr aufzutreiben. Im Laden wird erzählt, daß nach Schreibpapier in fünf Läden vergeblich Ausschau gehalten wurde. Sämereien sind sehr knapp. Steckzwiebeln sind vorerst nicht aufzutreiben, ebenso Stangenbohnen und anderes. Manche Sämereien wie Zwiebelsamen sind überhaupt beschlagnahmt. Nach Tüncherkalk haben wir uns heute – bei Beginn der Tünchersaison vergeblich bemüht.[3]

Die Reisenden der Grossistenfirmen, mit denen wir in Verbindung stehen, haben fast nichts mehr anzubieten, selbst die Markenartikel nur in ungenügenden Mengen. –

Morgen früh kommt der Rest der noch in Fürth weilenden jüdischen Menschen zum Abtransport.[4] Das Schicksal, dem sie entgegensehen, ist grauenerregend. Verschiedene haben es vorgezogen, selbst den Tod zu wählen.

Bestimmt auftretende Gerüchte, an deren Wahrheit kaum mehr gezweifelt werden kann, berichten, daß Tausende von jüdischen Männern, Frauen und Kindern in Polen ermordet wurden und werden. Die Vollstrecker[in] dieser Unmenschlichkeiten soll die SS sein. Weh denen, die deutsche Soldaten zu Henkersknechten erniedrigen!

Mir blutet das Herz, wenn ich glauben soll, daß deutsche Menschen solcher Untaten fähig sind.

Über die Urteile, die von deutschen Gerichten gefällt werden, legt beigeklebte Gerichtsverhandlung[5] Zeugnis ab.

Gottfr. Keller schreibt einmal: Feige Richter müssen gehängt werden.[6] – Daß auch Milde walten kann, beweist der Fall unseres früheren Oberbürgermeisters Jakob,[7] der in Fürth viele Hunderttausende verdummt hat und dafür zum Oberbürgermeister von Thorn befördert wurde. Er hat sich in seinem neuen Aufenthaltsort mit Polinnen eingelassen und wurde deshalb vor ein Parteigericht gestellt, das ihn auf 3 Jahre aus der Partei

2 Im Tagebuch ist ein Zeitungsartikel aus dem Fränkischen Kurier vom 19.3.1942 eingeklebt, dessen Titel lautet: „Veränderungen in der Lebensmittelzufuhr. Weniger Brot, Fleisch und Fett – Erhöhung der Käseration – Sonderzuteilung von Kondensmilch."

3 Der Anstrich von Keller-, Stall- und Außenwänden sowie Gartenmauern mit weißem Kalk dient dazu, Schimmelbildung zu verhindern. Meist geschieht das Tünchen im Frühjahr oder Frühsommer.

4 Am 22.3.1942 wurden 224 Juden aus Fürth über Nürnberg nach Izbica im Generalgouvernement deportiert.

5 Der eingeklebte Artikel aus einer nicht genannten Zeitung vom 19.1.1942 mit der Titelzeile „Todesurteil für Rassenschänder" berichtet über den Prozess des Nürnberger Sondergerichts gegen Lehmann Katzenberger (1873–1942), der im Juni 1942 hingerichtet wurde. Der Fall war nach 1945 Gegenstand mehrerer Bücher und Filme.

6 In Gottfried Kellers Roman „Der grüne Heinrich" heißt es im 4. Band, 14. Kapitel: „Am wenigsten dulde feige Richter im Land, sondern stürze sie und gib sie der Verachtung preis – […] hast du aber gleichzeitig einen feigen und einen ungerechten Richter nebeneinander, so laß beiden die Köpfe abschlagen, und dann setze dem ungerechten den Kopf des feigen und dem feigen den Kopf des ungerechten auf! So sollen sie weiter richten, so gut sie können!"; Gottfried Keller, Kellers Werke in fünf Bänden, Bd. 5, Weimar 1961, S. 443.

7 Franz Jakob (1891–1965), Soldat; von 1920 an bei der Deutschen Reichsbahn; 1925 NSDAP- und SA-Eintritt; 1929 Stadtrat in Fürth, 1932 MdL Bayern, 1933 OB in Fürth, 1939–1945 in Thorn; 1945 Internierung, 1949 als Aktivist zu fünf Jahren Lagerhaft verurteilt, 1952 vom Landgericht Nürnberg-Fürth wegen Brandstiftung während der Novemberpogrome 1938 zu zwei Jahren Haft verurteilt; arbeitete später im Gasthaus seines Bruders.

ausschloß und ihn seiner Parteiämter entkleidete. Prompt kam aber die Begnadigung, die das Urteil wegen „seiner Verdienste um die Partei" aufhob.[8]
Auch sein Fürther Complice Sandreuter[9] der in Fürth unmöglich wurde, fiel die Treppe hinauf und soll jetzt an einem Ministerium in Berlin oder im Osten in gehobener Stellung beschäftigt sein. In Fürth hatte er die Geschäfte zu erledigen, die den offiziellen Parteistellen zu dreckig waren.
Wohin soll ein Staat kommen, in dem nicht mehr die Gesetze gelten, sondern die Willkür eines einzelnen?

DOK. 92
Legationsrat Rademacher vom Auswärtigen Amt beantragt am 24. März 1942 personelle Verstärkung für sein Referat, da die „Judenfrage" noch im Laufe des Krieges gelöst werden müsse[1]

Vermerk Rademachers, Referat D III, an Ministerialdirektor Schröder[2] im Auswärtigen Amt vom 24.3.1942 (Durchdruck f. d. Akten)[3]

Aufzeichnung
Legationssekretär Dr. Herbert *Müller*[4] ist zum 1.4.1942 zum Militär einberufen.
Nachdem der WHA *Trittel*[5] und dessen Nachfolger Dr. *Weege*[6] sowie der sehr tüchtige Konsulatssekretär *Friedrich*[7] vom Referat D III eingezogen worden sind, ist es mir bei fleißigster und ausdauerndster Arbeit nicht möglich, auch nur die wichtigsten Dinge des Referats laufend zu erledigen. Die Eigenart des Referats bedingt es aber, daß die Arbeiten nicht zurückgestellt werden können.
Je stärker sich der deutsche Sieg abzeichnen wird, umso größer und vordringlicher werden die Aufgaben des Referats, denn die Judenfrage muß im Laufe des Krieges gelöst

8 Das Verfahren gegen Jakob fand im Aug. 1941 vor dem Gaugericht Danzig-Westpreußen statt. Ihm wurden sexuelle Beziehungen zu zwei Frauen vorgeworfen sowie Begünstigung einer der beiden im Falle einer Räumungsklage. Jakob wurde für drei Jahre von allen Parteiämtern, aufgrund langjähriger Verdienste aber nicht aus der Partei, ausgeschlossen. Trotz des Urteils blieb er bis 1945 OB.

9 Hans Sandreuter (1892–1949), Kellner; 1918–1923 in der Fürther Stadtverwaltung; von 1924 an als Stoffhändler selbständig; 1931 NSDAP-Eintritt; 1935 Ratsherr in Fürth, 1936–1945 Beigeordneter des OB Jakob; von 1938 an Beauftragter für „Arisierungen" im Gau Franken, zwischenzeitlich beim RMfbO; 1945–1947 Internierung in Dachau, 1948 als Hauptschuldiger eingestuft und zu fünf Jahren Arbeitslager verurteilt.

1 PAAA, R 100 305.

2 Richtig: Hans Schroeder (1899–1965), Beamter; von 1925 an im auswärtigen Dienst u. a. in Budapest und Kairo; 1933 NSDAP-Eintritt, 1936 Landesgruppen- und Gauamtsleiter; 1941 Min.Dir., Leiter der Personal- und Verwaltungsabt.; nach 1945 in der Wirtschaft tätig, von 1956 an beim Bundesnachrichtendienst.

3 Im Original handschriftl. Bearbeitungsvermerke.

4 Dr. Herbert Müller, nach 1946 Müller-Roschach, (1910–1988), Jurist; 1933 NSDAP-Eintritt; 1936 Referent im RWM, 1938 Attaché im AA, von Nov. 1941 an im Ref. D III (Judenfrage, Rassenpolitik); von April 1942 an im Afrikakorps; 1943 an der Botschaft in Paris; 1945/46 in franz. Internierung, 1949 Berater in der Marshallplan-Verwaltung, 1951 Wiedereintritt in das AA, 1968 wegen seiner Tätigkeit im Ref. D III abberufen und in den Ruhestand versetzt.

werden, da sie nur so ohne allgemeines Weltgeschrei erledigt werden kann. – Nach der Erledigung der Judenfrage in Deutschland wird es notwendig werden, an die anderen europäischen Länder der Reihe nach heranzutreten, wie es jetzt schon der Slowakei und Kroatien gegenüber geschieht.[8]

Je näher der deutsche Sieg rückt, desto stärker werden sich die europäischen Länder nach der Neuordnung hin orientieren. Dadurch wird zwangsläufig das Interesse an den Erneuerungsbewegungen[9] in diesen Ländern von deutscher Seite erwachen. – Die Arbeit im Referat wird also nicht weniger, sondern mehr werden.

Unter diesen Umständen muß ich vordringlich bitten, mir sofort einen passenden Ersatz für LS[10] Dr. Müller zu stellen.

Hiermit
über Herrn Unterstaatssekretär Luther
Herrn Ministerialdirektor Schröder
mit der Bitte zugeleitet, mir einen Nachfolger für Dr. Müller zu stellen.

5 Rolf Trittel (*1914), Jurist; 1933 NSDAP- und SA-Eintritt; 1941 wissenschaftlicher Hilfsarbeiter im AA; 1941 Militärdienst; nach 1945 Jurist im niedersächs. Landesverwaltungsamt; 1957 Mitglied der FDP, 1971 der Deutschen Union.

6 Dr. Kurt Weege (1912–1993), Jurist; 1929 SA-, 1931 NSDAP-Eintritt; 1939 wissenschaftlicher Hilfsarbeiter im AA, Kulturpolitische Abt., 1941/42, Ref. D III; 1942 Militärdienst; 1969–1972 Visiting Professor for Political Science in Missouri/USA.

7 Gottfried Friedrich (1911–2005), Reichsbankinspektor; 1931 NSDAP-, 1934/35 SA-Eintritt; von Okt. 1939 an im AA in Berlin, dort als Konsulatssekretär tätig; 1942 Militärdienst, März 1945 bis Jan. 1950 in sowjet. Kriegsgefangenschaft; Aug. 1950 im AA, 1967 Oberamtsrat, 1976 Ruhestand.

8 Die slowak. Behörden hatten die Deportation der Juden des Landes, die am 26.3.1942 begann, in enger Zusammenarbeit mit dem AA und Dieter Wisliceny vorbereitet und sich bereiterklärt, für jeden deportierten Juden 500 RM an Deutschland zu zahlen. In Kroatien waren im Frühjahr 1942 die meisten der verbliebenen Juden in Lagern inhaftiert. Die Zustimmung der Regierung zu ihrer Deportation galt für das AA als reine Formsache; siehe auch VEJ 13/14.

9 Gemeint sind faschistische Bewegungen.

10 Legationssekretär.

DOK. 93
Die Reichsvereinigung der Juden bittet am 24. März 1942 darum, Albert Meyer den Austritt aus der Jüdischen Kultusvereinigung Köln bescheinigen zu dürfen, da sein Vater „Arier" war[1]

Bericht der Reichsvereinigung der Juden in Deutschland, Berlin-Charlottenburg 2, Kantstraße 158, gez. Dr. Arthur Lilienthal[2] und Paul Eppstein, an das Reichsministerium des Innern, Reichssicherheitshauptamt, Berlin W 62, Kurfürstenstraße 115/116,[3] vom 24.3.1942

Bericht.
Betrifft: Austritt Albert Israel *Meyer*, Köln, Bobstr. 2, aus der Jüdischen Kultusvereinigung Köln.
Albert Israel Meyer,[4] Köln, Bobstr. 2, ist am 15.9.1888 in Wulferdingsen bei Bad Oeynhausen als unehelicher Sohn der unverheirateten Jüdin Schönchen Meyer geboren. Der Vater von Schönchen Meyer war der in Wulferdingsen wohnhafte Menke Meyer. Albert Israel Meyer wuchs im Hause der Eltern seiner Mutter auf. Er wurde jüdisch erzogen und wußte nichts anderes, als daß der genannte Menke Meyer sein Vater sei. In diesem Glauben wurde er belassen.
Albert Israel Meyer heiratete im Oktober 1914 die Arierin Klara, geb. Diestelhorst. Kinder sind aus dieser Ehe nicht hervorgegangen. Herr Meyer war früher in Köln als selbständiger Polster[er] und Dekorateur tätig. Da er sich als Volljude ansah und auch als solcher angesehen wurde, ist er seit dem Ausscheiden der Juden aus der Wirtschaft seit Dezember 1938 lediglich als Heimarbeiter tätig.
Als Herr Meyer sich die Unterlagen für seine Kennkarte beschaffte, wurde er erstmalig darauf aufmerksam, daß er ein außereheliches Kind war. Er ging seiner Abstammung weiter nach und stellte in seinem Geburtsort Wulferdingsen Ermittlungen nach seinem natürlichen Vater an. Er wandte sich an den Gemeindevorsteher von Wulferdingsen. Das Amt des Gemeindevorstehers in Wulferdingsen liegt seit langen Jahren in den Händen der gleichen Familie. Der Vater des jetzigen Gemeindevorstehers klärte zunächst Herrn Meyer darüber auf, daß sein außerehelicher Vater nicht Jude, sondern Arier gewesen sei. Herr Meyer stellte im Ort noch weitere Erhebungen an und ermittelte, daß als sein Vater der Maler Wilhelm Veith in Wulferdingsen in Betracht komme. Veith soll, wie die Erhebungen ergeben haben, in das Schlafzimmer von Schönchen Meyer eingedrungen sein und sie gewaltsam zum außerehelichen Verkehr gezwungen haben.
Wilhelm Veith wurde am 29.1.1867 zu Volmerdingsen geboren und am 10.2.1867 in Bergkirchen evangelisch getauft. Ein Auszug aus dem Taufregister der evang.-luth. Kirchengemeinde in Bergkirchen liegt vor. Außerdem liegen eidesstattliche Versicherungen

1 BArch, R 8150/17.
2 Dr. Arthur Lilienthal (1899–1942), Jurist; bis 1933 Richter am Landgericht III Berlin; von 1933 an Generalsekretär der Reichsvertretung der deutschen Juden und von 1939 an Vorstandsmitglied der Reichsvereinigung der Juden; nach dem Novemberpogrom 1938 in Sachsenhausen inhaftiert; er wurde 1942 nach Minsk deportiert und dort ermordet.
3 Dies war die Adresse des Judenreferats des RSHA. Im Dokument hinter der Adresse maschinenschriftl. eingefügt und von Paul Eppstein unterzeichnet: „mit der Bitte um Weisung überreicht, ob in diesem Falle die Austrittserklärung entgegengenommen werden kann".
4 Albert Meyer (1888–1961), Polsterer, Dekorateur; er lebte nach dem Krieg in Köln.

mehrerer Bewohner von Bergkirchen-Volmerdingsen vor, die vor dem Notar Ernst Meyer zu Sehlhausen in Bad Oeynhausen im April 1941 abgegeben worden sind und in denen der vorerwähnte Sachverhalt bekundet wird. Albert Israel Meyer ist danach nicht Volljude, sondern rassemäßig nur Halbjude. Er hat sich an das Reichssippenamt in Berlin gewandt und dort um Feststellung seiner Eigenschaft als Mischling gebeten. Der Herr Direktor des Reichssippenamts[5] hat durch Verfügung vom 21.10.1941 aufgegeben, zwecks Erteilung des Abstammungsbescheides möglichst umgehend eine vor dem Amtsgericht abgegebene Erklärung des Austritts aus dem Judentum vorzulegen. Herr Meyer wandte sich daraufhin an das Amtsgericht Köln, das ihm den Bescheid erteilte, die Amtsgerichte seien nicht mehr befugt, Austrittserklärungen aus dem Judentum entgegenzunehmen. Daraufhin hat sich Herr Meyer an die Jüdische Kultusvereinigung in Köln gewandt und gebeten, seine Erklärung des Austritts aus der Jüdischen Kultusvereinigung dort entgegenzunehmen. Die Jüdische Kultusvereinigung Köln sieht sich durch die Weisung über die Unzulässigkeit von Austrittserklärungen an der Entgegennahme der Austrittserklärung gehindert.[6]

Der Fall wird hierdurch zur Entscheidung der Aufsichtsbehörde wegen der gegebenen Besonderheiten vorgetragen. Albert Israel Meyer hat glaubensmäßig der Jüdischen Kultusvereinigung angehört, ohne allerdings zu wissen, daß er rassemäßig nur Halbjude ist. Er ist von der Mutter und seinem Großvater mütterlicherseits in dem Glauben belassen worden, daß er Jude sei. Er wurde ohne sein Zutun als Mitglied der Jüdischen Kultusvereinigung erzogen, bis sich die Aufklärung des wirklichen Sachverhalts in neuerer Zeit ergab. Erst nach Feststellung seines Irrtums über die Abstammung aus Anlaß der Aufnahme über die Verhandlungen wegen seiner Kennkarte konnte er sich für seine religiöse Zugehörigkeit selbst entscheiden. Albert Israel Meyer lebt in Mischehe. Das Reichssippenamt hat zur Erteilung des Abstammungsbescheides eine Austrittserklärung angefordert. Es wird die Entscheidung der Aufsichtsbehörde erbeten, ob die Austrittserklärung Albert Israel Meyer angesichts der Besonderheiten dieses Falles entgegengenommen werden darf.[7]

5 Dr. Kurt Mayer.

6 Eine solche Weisung konnte nicht ermittelt werden; am 25.3.1942 legte die 3. VO zur Durchführung des Gesetzes über die Rechtsverhältnisse der jüdischen Kultusvereinigungen jedoch fest, dass über einen Austritt nur der RMdI oder die von ihm bestimmten Stellen entscheiden durften. Die VO galt rückwirkend vom 1.9.1941 an; RGBl., 1942 I, S. 161.

7 Die Entscheidung ist nicht bekannt.

DOK. 94

Das Hotel Fränkischer Hof stellt am 25. März 1942 der Gestapo in Würzburg die Nutzung seiner Räume zur Vorbereitung der Deportation in Rechnung[1]

Rechnung des Hotels Fränkischer Hof, Kitzingen, an die Geheime Staatspolizei, Staatspolizeileitstelle Nürnberg-Fürth, Außendienststelle Würzburg, vom 25.3.1942

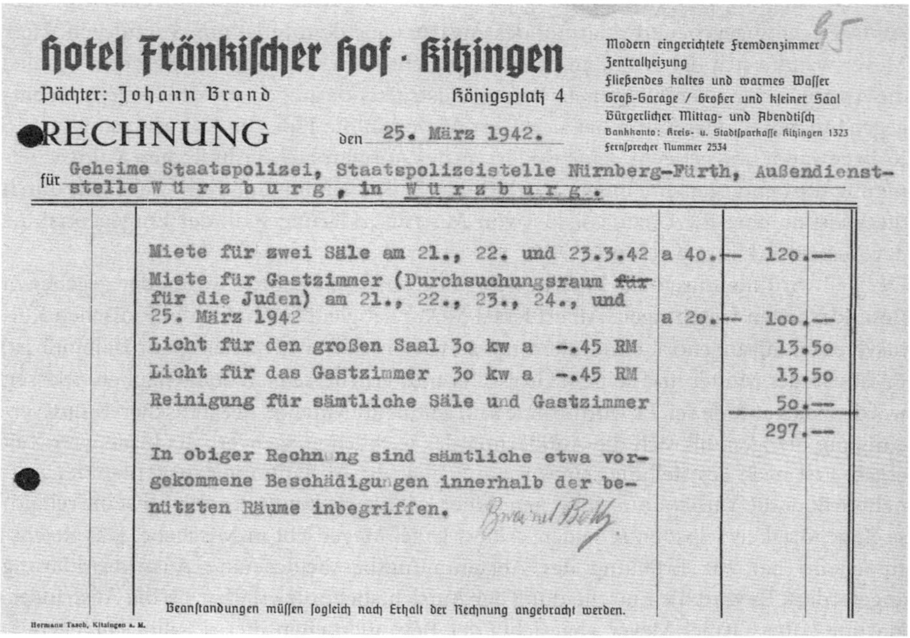

Hotel Fränkischer Hof · Kitzingen
Pächter: Johann Brand Königsplatz 4
Modern eingerichtete Fremdenzimmer
Zentralheizung
Fließendes kaltes und warmes Wasser
Groß-Garage / Großer und kleiner Saal
Bürgerlicher Mittag- und Abendtisch
Bankkonto: Kreis- u. Stadtsparkasse Kitzingen 1323
Fernsprecher Nummer 2534

RECHNUNG den 25. März 1942.

für Geheime Staatspolizei, Staatspolizeistelle Nürnberg-Fürth, Außendienststelle Würzburg, in Würzburg.

Miete für zwei Säle am 21., 22. und 23.3.42	a 40.–	120.–
Miete für Gastzimmer (Durchsuchungsraum für für die Juden) am 21., 22., 23., 24., und 25. März 1942	a 20.–	100.–
Licht für den großen Saal 30 kw a –.45 RM		13.50
Licht für das Gastzimmer 30 kw a –.45 RM		13.50
Reinigung für sämtliche Säle und Gastzimmer		50.–
		297.–

In obiger Rechnung sind sämtliche etwa vorgekommene Beschädigungen innerhalb der benützten Räume inbegriffen.

Beanstandungen müssen sofort nach Erhalt der Rechnung angebracht werden.

Hermann Tasch, Kitzingen a. M.

DOK. 95

Jüdisches Nachrichtenblatt: Die Reichsvereinigung der Juden in Deutschland gibt am 3. April 1942 bekannt, dass Juden ihre Wohnungen kennzeichnen müssen[1]

Bekanntmachung der Reichsvereinigung
Kennzeichnung der Wohnungen von Juden

In Erweiterung der Polizeiverordnung über die Kennzeichnung der Juden vom 1.9.1941 (RGBl. I, S. 547)[2] ist seitens der Aufsichtsbehörde der Reichsvereinigung der Juden in Deutschland eine Anordnung über die Kennzeichnung der Wohnungen von Juden ergangen, die den Bezirksstellen der Reichsvereinigung und den Jüdischen Kultusvereini-

1 Staatsarchiv Würzburg, Gestapo 18 875, Bl. 95, Kopie: ITS Archive, Arolsen Archives, 1.2.3.0/0007/0059. Abdruck als Faksimile in: Wege in die Vernichtung (wie Dok. 48 von Ende Nov. 1941, Anm. 1), S. 156.

1 Jüdisches Nachrichtenblatt (Berliner Ausg.), Nr. 14 vom 3.4.1942, S. 1.
2 Laut dieser VO mussten Juden, einen gelben Stern auf der Kleidung tragen; siehe VEJ 3/212.

gungen mit Rundschreiben vom 26.3.1942 übermittelt worden ist.[3] Aus dieser Anordnung wird folgendes bekanntgegeben:

Kennzeichnungspflicht für Wohnungen

1. Jüdische Wohnungsinhaber, die nach § 1 der Polizeiverordnung über die Kennzeichnung der Juden vom 1.9.1941 (RGBl. I, S. 547) zum Tragen des Kennzeichens verpflichtet sind, haben ihre Wohnungen zu kennzeichnen.

Form der Kennzeichnung

2. Die Kennzeichnung der Wohnungen ist durch einen Judenstern in schwarzem Druck auf weißem Papier in der Art und Größe des auf den Kleidungsstücken zu tragenden Kennzeichens vorzunehmen. Das Wohnungskennzeichen ist neben dem Namensschild oder in Ermangelung dessen im Türrahmen des Wohnungseingangs von außen sichtbar durch Aufkleben zu befestigen.

3. Die Wohnung ist nur mit *einem* Judenstern zu kennzeichnen, unbeschadet der Anzahl der darin wohnhaften Juden, die zum Tragen des Kennzeichens verpflichtet sind.

4. Wohnen in einer Wohnung, deren Inhaber nicht zum Tragen des Kennzeichens verpflichtet ist, Juden, die zum Tragen des Kennzeichens verpflichtet sind, so haben diese ein besonderes Namensschild am Wohnungseingang und unmittelbar daneben das Kennzeichen anzubringen.

5. Wohnen in einer Wohnung, deren Inhaber zur Kennzeichnung der Wohnung verpflichtet ist, Personen, die nicht zum Tragen des Kennzeichens verpflichtet sind, so sind diese berechtigt, am Wohnungseingang ein besonderes Namensschild ohne Kennzeichen anzubringen.

6. In den Fällen zu 4 und 5 hat die Anbringung der Namensschilder und Kennzeichen derart zu erfolgen, daß unter Ausschaltung jeden Zweifels klar ersichtlich ist, auf wen sich die Kennzeichnung der Wohnung bezieht.

Gemeinschaftswohnungen und Verwaltungsdienststellen

7. Kinder-, Alters-, Siechen- usw. -Heime sowie Verwaltungsdienststellen der Reichsvereinigung, ihrer Bezirksstellen und der Jüdischen Kultusvereinigungen sind zu kennzeichnen.

8. Gebäude sind außen nicht zu kennzeichnen, auch wenn sich in ihnen ausschließlich jüdische Einrichtungen befinden; in diesem Falle ist das Kennzeichen an der Haupteingangstür des Gebäudes für jeden Eintretenden sichtbar anzubringen.

Inkrafttreten

9. Die in dieser Anordnung verfügte Wohnungskennzeichnung tritt mit sofortiger Wirkung in Kraft und muß bis spätestens *15. April 1942* durchgeführt sein.

Strafbestimmungen

10. Zuwiderhandlungen gegen diese Regelung werden mit staatspolizeilichen Maßnahmen geahndet.

Die Wohnungskennzeichen werden durch die Zentrale der Reichsvereinigung den Bezirksstellen und den Jüdischen Kultusvereinigungen zur Verteilung an die zur Kennzeichnung ihrer Wohnungen verpflichteten Personen übermittelt.

3 Die Reichsvereinigung unterstand der Kontrolle des RSHA. Dieses hatte den Erlass IV B4b–1025/41–60 am 13.3.1942 herausgegeben.

Wer nach dieser Anordnung zur Kennzeichnung der Wohnung verpflichtet ist und am 13.4.1942 noch keine Mitteilung über die Aushändigung des Wohnungskennzeichens oder das Wohnungskennzeichen selbst noch nicht erhalten haben sollte, muß sich seinerseits wegen der Aushändigung des Wohnungskennzeichens an die für ihn örtlich zuständige Dienststelle der Reichsvereinigung (Bezirksstelle, Verwaltungsstelle, Vertrauensmann bzw. Jüdische Kultusvereinigung) wenden, da die Wohnungskennzeichnung am 15.4.1942 vollzogen sein muß.

DOK. 96
Clara Grunwald schildert einer Freundin am 3. April 1942 die Vorbereitungen auf die Deportationen im Umschulungslager Neuendorf[1]

Handschriftl. Brief von Clara Grunwald[2] an Clotilde Schenck zu Schweinsberg[3] über Margarethe Lachmund[4] vom 3.4.1942

Meine liebe Freundin,
ich muß Dir etwas sehr Trauriges mitteilen: Einige 60 Menschen, ein knappes Drittel, haben gestern fortfahren müssen und werden heute, Karfreitag, um Mitternacht nach Polen verladen.[5] Bis auf eine Frau, die sich immer nervenschwach und hysterisch gezeigt hat, waren alle so würdig und gefaßt, daß einem dabei das Herz noch schwerer wurde. Alle wurden sofort von der Arbeit befreit, damit sie ihre Sachen richten und packen konnten, die anderen traten für sie ein, damit der Betrieb nicht zum Erliegen kam, und viele, die auf Außenarbeit mußten, arbeiteten nachts im Betrieb. Da zum größten Teil die älteren Leute betroffen waren, die wir sowieso nur im Innenbetrieb verwenden können, war er vom allergrößten Teil der Arbeiter entblößt. So blieb in der Wäscherei nur eine junge Frau übrig. Es mußte aber unbedingt noch für die Fortgehenden gewaschen werden, besonders die Bettwäsche. Sieben junge Mädchen meldeten sich freiwillig. Sie

1 LBI, AR 7014 Clara Grunwald Collection. Abdruck in: Clara Grunwald, „Und doch gefällt mir das Leben“. Die Briefe der Clara Grunwald 1941–1943, hrsg. von Egon Larsen, Mannheim 1985, S. 51–54.

2 Clara Grunwald (1877–1943), Lehrerin; Initiatorin und Vorsitzende der deutschen Montessori-Gesellschaft, richtete 1924 in Berlin-Wedding ein Volkskinderhaus für Kinder aus Arbeiterfamilien ein, 1933 Entzug der Lehrerlaubnis, übersiedelte im Okt. 1942 auf das Umschulungsgut für Juden in Neuendorf, wo sie eine provisorische Schule einrichtete; am 19.4.1943 nach Auschwitz deportiert und sofort ermordet.

3 Clotilde Schenck zu Schweinsberg (1909–1980), Schriftstellerin, Künstlerin, Kinderbuchautorin; arbeitete zeitweise als Bibliothekarin; Mitglied der Quäker. Da ihre Korrespondenz kontrolliert wurde, bat sie Clara Grunwald, ihr nicht direkt zu schreiben, sondern über Margarethe Lachmund.

4 Margarethe Lachmund, geb. Grohbecker (1896–1985), Lehrerin; 1918/19–1922 Mitglied der DNVP, später der SPD; von 1921 an verheiratet mit dem Juristen Hans Lachmund; seit 1933 Mitglied der deutschen Sektion der Quäker, Beauftragte der kirchlichen Hilfsstelle für evang. Nichtarier in Pommern, von 1940 an in Greifswald; Briefpartnerin und Unterstützerin Grunwalds; von 1947 an Leiterin des Quäkerbüros in Westberlin.

5 Vermutlich wurden die Menschen aus Neuendorf mit einem Personenzug nach Berlin gebracht. Am 2.4.1942 wurden von dort aus 1025 Juden aus Berlin und dem Umland in das Warschauer Getto deportiert.

haben zwei Nächte gewaschen und sind an den beiden Tagen in ihrer Fabrik gewesen.[6] 96 Stunden haben sie durchgearbeitet, in der zweiten Nacht haben sie einige Stunden geschlafen und dann die Wäsche fertiggemacht. Was Martin und Bertel[7] in diesen Tagen und Nächten geleistet haben, läßt sich nicht beschreiben. Gestern sind sie dann als Helfer mitgefahren, und sie werden morgen, Sonnabend früh, zurückerwartet.
Zwei Paare, die sich nicht trennen wollten, von denen aber nur ein Teil betroffen war, haben noch heiraten können, so daß auch der andere Teil mitgehen konnte. Eine weißhaarige alte Dame kam an. Ihre Tochter ist bei uns, ihre beiden Söhne, die im nahen Forstlager sind, sollen ebenfalls mitgehen. Als ihr erlaubt wurde, mit ihren Kindern zu gehen, war sie sehr froh, denn nach Jahren der Trennung wird sie wieder alle bei sich haben. Sie war, glaube ich, die einzige hier, die fröhlich war, war überall, wo Hilfe gebraucht wurde, war unausgesetzt tätig und redete heiter mit allen.
Am Mittwoch kam Dein Päckchen. Ich wollte mit den Sachen zu dem jungen Mann gehen, der eingesetzt war, um die Bekleidung zu ordnen, d. h. bei ihm wurde alles abgegeben, was einer mehr besaß, als mitzunehmen erlaubt war, und bei ihm hatten sich diejenigen zu melden, die nicht so viel besaßen, wie sie nötig hatten. Unterwegs traf ich ein sehr nettes Mädchen, das ich kenne. Sie machte sehr große Augen, als ich von Arbeitshosen sprach. Ich nahm sie mit zurück, wir probierten Hose und Weste an, es saß großartig, und auch die Einlagen für die Stiefel paßten. Sie holte mir noch ein paar jüngere Leute, von denen sie wußte, daß sie zu wenig besaßen. Bei allen war die Freude groß. Sie ließen mir nachher sagen, die Hosen passen, auch die Einlagen für Schuhe seien sehr praktisch, nur wäre es praktisch, wenn sie in verschiedenen Größen angefertigt würden. Die Kappe hat Benedikta Zeller bekommen, die überhaupt keine Kopfbedeckung besitzt. Sie ist 21 Jahre alt und war betroffen, weil sie staatenlos ist. Aus dem gleichen Grunde sind auch noch einige ganz junge Mädchen und Jungen dabei. Benedikta ist schon eine wirkliche Persönlichkeit: sehr kräftig, klug, arbeitsam und immer hilfsbereit und heiter. Die jüngeren Kinder sagten, sie hätten keine Angst, weil Benedikta dabei wäre. Willst Du Annemarie meinen Brief schicken? So weiß sie Bescheid, und sie würde vielleicht auch meiner Schwägerin den Brief zeigen. Ich werde ihr auch bald schreiben, aber es ist mir so schwer, von diesen Dingen zu sprechen, daß ich es ungern mehrmals tun möchte. Du kannst Dir von der Totenstille, die heute herrscht, keine Vorstellung machen, und dabei geht niemand auf Außenarbeit, alle Menschen sind hier, aber du hörst kaum ein Wort.
Vielen Dank für die Gedichte. Sie sind alle sehr schön. Sie bedeuten mir viel, weil sie Erkenntnisse und Gefühle aussprechen, die auch mir nahe sind. Wie gut, daß jetzt auch in den Kreisen Gottgläubiger dies erwacht: Ich habe Dir keine Verheißung zu sagen.
Für mich war immer schwer zu ertragen: Gott wird es lohnen, Gott wird strafen. Zuckerbrot und Peitsche. Ich habe in meiner Klasse nie gestraft, nie „gesetzt", nie „Lobe" gegeben, nicht einmal Nummern unter die Arbeiten geschrieben, nur, damit die Kinder sich gewöhnen möchten, jede Sache um ihrer selbst willen zu tun, nicht um irgendeines Zweckes willen, der außerhalb liegt.

6 In Neuendorf im Sande bei Fürstenwalde in Brandenburg war eine Umschulungsstätte für die Vorbereitung auf die Auswanderung nach Palästina gegründet worden, von 1941 an mussten die dort lebenden Juden Zwangsarbeit in Betrieben der Umgebung leisten.
7 Bertel Gerson, Pflegetochter von Clara Grunwald, verheiratet mit Martin Gerson.

Wie wundervoll ist ein Wort wie dieses: Es sinkt die Welt in Deine Wirklichkeit. Nenne es Gott, das Gute, den Sinn, die Menschheit, was uns als Hohes vorschwebt, es ist *die* Wirklichkeit. Der letzte Vierzeiler ist beglückend. Wenn er auch fragt, *wann* die Liebe mit den Geschlagenen sein Schicksal tragen wird, so liegt doch in der Frage die Gewißheit, daß diese tiefe Liebe lebt.
Unsere Kleine[8] ist noch nicht aus dem Krankenhause entlassen. Bertel konnte sie auch in diesen aufregenden Tagen nicht sehen. Ein Anruf im Krankenhause gab befriedigende Nachricht.
Ach, Liebe, bemühe Dich doch nicht noch um Lebertran! Der Arzt hat welchen verschrieben, aber es gibt auch keinen auf Rezept.
Nach Deiner Freundin frage ich Dich nicht, so sehr ihr Schicksal mich ergreift. Martin meint immer, die Briefe, die an uns geschrieben werden, sollten vorsichtig sein, denn es wäre nicht ausgeschlossen, daß eines Tages mal die ganze ankommende Post angehalten und nachgesehen werden könnte. Dann wäre es gut, wenn die Briefe nur Familiennachrichten enthielten.
Viele liebe Grüße von Deiner C.

Oster-Sonntag.
Vielleicht ist es Dir lieber, den Brief nicht weiterzuschicken. Ich schreibe Annemarie das meinige, was ich über die [...][9] sagen kann, und meiner Schwägerin schreibe ich heute gleich. Einige Leute sind wieder zurückgeschickt worden, auch die vier jungen Kinder, leider Benedikta nicht, weil sie schon mündig ist. Alle erzählen, was Martin in diesen Tagen und Nächten in der Turnhalle geleistet habe und wie er durch seine Organisationsgabe den 400 Menschen alles erleichtert habe, sei unbeschreibbar.

DOK. 97
Der Reichsjustizminister informiert am 5. April 1942 über den Standpunkt seines Ministeriums im Umgang mit „jüdischen Mischlingen“[1]

Schreiben (geheime Reichssache) des RJM (IV b 40 g RS), gez. Dr. Schlegelberger, an den Leiter der Partei-Kanzlei, z. Hd. SS-Oberführer Klopfer, den Reichsminister des Innern, z. Hd. Staatssekretär Dr. Stuckart, den Chef der Sicherheitspolizei und des SD, SS-Obergruppenführer Heydrich, den Beauftragten für den Vierjahresplan, z. Hd. StS Neumann,[2] das Auswärtige Amt, z. Hd. Unterstaatssekretär Luther, den RMfbO, z. Hd. Gauleiter und StS Dr. Meyer,[3] das RuSHA beim Reichsführer SS, z. Hd. von SS-Gruppenführer Hofmann,[4] vom 5.4.1942[5]

Betrifft: Endlösung der Judenfrage.
1. Die Endlösung der Judenfrage setzt eine klare und für immer maßgebende Abgrenzung des Personenkreises voraus, für den die in Aussicht genommenen Maßnah-

8 Mirjam Gerson (1934–1944), jüngste Tochter von Bertel und Martin Gerson; wurde 1943 mit ihrer Schwester und den Eltern nach Theresienstadt deportiert und 1944 in Auschwitz ermordet.
9 Ein Wort unleserlich, vermutlich: „Sachen“.

1 BArch, R 3001/20052, Bl. 157 f. Abdruck in engl. Übersetzung in: NMT, Bd. III, October 1946 bis April 1949, Washington, D.C. 1951, Doc. 4055-PS, S. 647–649.

men getroffen werden sollen. Eine solche Abgrenzung ergibt sich nur, wenn von vornherein davon abgesehen wird, die jüdischen Mischlinge zweiten Grades in die Regelung einzubeziehen. Die Maßnahmen zur Endlösung der Judenfrage sollten sich daher nur auf die Volljuden und jüdischen Mischlinge ersten Grades erstrecken, gegenüber jüdischen Mischlingen zweiten Grades aber ausnahmslos außer Betracht bleiben.

2. Wegen der Behandlung der jüdischen Mischlinge ersten Grades schließe ich mich der vom Reichsminister des Innern in seinem Schreiben vom 16. Februar 1942[6] vertretenen Auffassung an, daß nämlich die Verhinderung der Fortpflanzung dieser Mischlinge ihrer Gleichbehandlung mit den Volljuden und der hiermit verbundenen Abschiebung vorzuziehen ist. Dem würde es entsprechen, daß die Abschiebung bei denjenigen Halbjuden von vornherein ausscheidet, die nicht mehr fortpflanzungsfähig sind. Ein völkisches Interesse an der Lösung der Ehe zwischen einem solchen Halbjuden und einem Deutschblütigen besteht nicht.

Den fortpflanzungsfähigen Halbjuden sollte die Wahl gelassen werden, sich der Unfruchtbarmachung zu unterziehen oder in gleicher Weise wie Juden abgeschoben zu werden. Sowohl im Falle der Unfruchtbarmachung als auch im Falle der Abschiebung der Halbjuden wird man dem deutschblütigen Ehegatten die Möglichkeit geben müssen, die Auflösung der Ehe herbeizuführen. Ich habe keine Bedenken dagegen, daß der deutschblütige Teil die Möglichkeit erhält, sich ohne die Beschränkungen des § 53 des Ehegesetzes[7] von seinem unfruchtbar gemachten oder abgeschobenen Ehegatten in einem vereinfachten Verfahren scheiden zu lassen.

3. Eine Einschränkung halte ich bei denjenigen Halbjuden für erwägenswert, bei denen Nachkommen vorhanden sind, die in das Deutschtum hineinwachsen und in ihm endgültig aufgehen sollen. Wenn diese Nachkommen als vollwertige Glieder in die deutsche Volksgemeinschaft aufgenommen werden sollen, was bei einer wirklichen Endlösung der Judenfrage das Ziel sein muß, so erscheint es geboten, [von] ihnen jede Minderbewertung und jedes Gefühl der Minderwertigkeit fernzuhalten, die sich leicht aus der Kenntnis und dem Bewußtsein davon ergeben können, daß ihre unmittelbaren Vorfahren von den geplanten Abwehrmaßnahen der Volksgemeinschaft betroffen worden sind. Aus diesem Grunde wird zu überlegen sein, ob nicht Halbjuden, deren noch lebende Nachkommen nicht auch Halbjuden sind, sowohl von der Abschiebung als auch von der Unfruchtbarmachung verschont bleiben sollten.

4. Gegen eine Scheidungserleichterung bei Ehen zwischen Deutschblütigen und Juden habe ich keine Bedenken. Diese Erleichterung hätte sich auf Ehen mit Geltungsjuden zu erstrecken. Die Scheidung wird auf Antrag des deutschblütigen Ehegatten in einem vereinfachten Verfahren auszusprechen sein. Gegen eine zwangsweise Scheidung, etwa auf Antrag des Staatsanwalts, bestehen erhebliche Bedenken. Ein solcher Zwang ist

2 Erich Neumann.

3 Dr. Alfred Meyer.

4 Otto Hofmann.

5 Im Original handschriftl. Anmerkungen und Stempel des AA vom 10.4.1942.

6 Richtig: 16. März 1942; siehe Dok. 87 vom 16.3.1942.

7 § 53 des Gesetzes zur Vereinheitlichung des Rechts der Eheschließung und der Ehescheidung im Lande Österreich und im übrigen Reichsgebiet sah vor, dass eine Scheidung aufgrund von Unfruchtbarkeit nur dann möglich war, wenn noch keine gemeinsamen „erbgesunden“ Kinder vorhanden waren; RGBl., 1938 I, S. 807–822.

unnötig, weil die Ehegatten durch die Abschiebung des jüdischen Teils ohnehin von einander getrennt werden. Eine Zwangsscheidung ist aber auch zwecklos, weil sie, wenn auch das Band der Ehe, so doch nicht die etwaige innere Verbundenheit der Ehegatten aufhebt, im übrigen aber auch den deutschblütigen Ehegatten nicht von der Mißachtung befreit, der er bei Festhalten an der Ehe ausgesetzt ist. Schließlich ist ein Festhalten des deutschblütigen Teils an der Ehe wohl nur bei älteren Ehen, die lange Jahre hindurch bestanden haben, zu erwarten. In diesen Fällen, in denen der jüdische Teil in der Regel nicht abgeschoben, sondern dem Altersghetto zugeführt werden wird, sollte es dem anderen Ehegatten, wenn er durch sein Festhalten an der Ehe seine Zugehörigkeit zum Deutschtum verleugnet, auch nicht verwehrt sein, selbst im Ghetto Aufnahme zu finden.

DOK. 98

Rita Maria Rockenbauer berichtet ihrem geschiedenen Mann am 5. und 8. April 1942 aus dem Wiener Sammellager Sperlgasse und arrangiert eine heimliche Übergabe von Briefen und Nahrungsmitteln[1]

Handschriftl. Brief von Nuna,[2] Wien, an Emil Rockenbauer[3] vom 5. und 8.4.1942[4]

Lieber Emil.
Ostersonntag – – und kaum einen Augenblick frei, um auszuatmen. Du hast ja keine Ahnung, wie man hier lebt. Ich bin in der Küche beschäftigt, aber nicht, weil ich es sonst besser habe, nur um Ablenkung zu haben, nur um zu vergessen, wie unsagbar traurig mein Leben geworden ist. Ich arbeite sehr, sehr viel. Ich bin bei der Kommissionierung vorläufig zurückgestellt worden, auch bei der zweiten.[5] Mein lieber Piu,[6] gib das Geld dem, der zu Dir kommt, ich werde es Dir auf gleichem Wege bestätigen.
Um mich sind reizende Menschen, die alle versuchen, mir das Leben zu verschönern, soweit es hier möglich ist. Wenn Du diese Zeilen am 8. April (also an meinem Geburtstage, solltest Du vielleicht dran vergessen haben) erhalten wirst, so bitte ich Dich, am

1 Original in Privatbesitz, Kopie: IfZArch, F 601. Abdruck in: Rita Maria Rockenbauer, „… zu lesen, wenn alles vorüber ist“. Briefe 1938–1942, hrsg. von Eleonore Lappin-Eppel, Katharina und Johann Soukup, Wien 2014, S. 78 f.

2 Spitzname von Rita Rockenbauer, geb. Gottesmann (1906–1942); geb. in Suceava (heute Rumänien); kam mit Mitte 20 nach Wien; 1939 vom Judentum zum Katholizismus konvertiert, nannte sich fortan Rita Maria; 1939–1941 verheiratet mit Emil Rockenbauer; sie arbeitete als Strickerin; im Febr. 1942 von Gertrude Swoboda und Leopoldine Kloiber denunziert und verhaftet, weil sie es unterlassen hatte, ihren Schmuck als „Judenvermögen“ anzumelden, im Sammellager in der Sperlgasse wegen des Vorwurfs der „Rassenschande“ interniert, arbeitete dort u. a. in der Lagerküche; am 14.9.1942 nach Malyj Trostinec deportiert und dort ermordet; Autorin von „Irgendwo mein Traum zerbricht“ (2010).

3 Emil Rockenbauer (1905–1997), Kaufmann; galt als „Mischling 1. Grades“, wurde jedoch aufgrund seiner Ehe mit Rita Maria Rockenbauer als „Volljude“ eingestuft und musste 1942–1945 bei mehreren Wiener Unternehmen Zwangsarbeit leisten; Ende Febr. 1945 tauchte er bei Znaim (Südböhmen) unter; Mai 1945 Rückkehr nach Wien, im Juni 1949 heiratete er seine zweite Frau Margaretha, geb. Kaltenbrunner (1922–2008).

4 Die Briefe konnte Rita Maria Rockenbauer aus dem Sammellager herausschmuggeln. Insgesamt schrieb sie zwischen März und Sept. 1942 mindestens zwei Notizen, fünf Postkarten und 15 Briefe an Emil Rockenbauer und auch an seine Eltern.

gleichen Tage (8. April) um 5 Uhr Nachmittag vor der Zentralstelle (Prinz Eugenstraße)[7] zu warten. Es werden um diese Zeit die Arbeiter in Arbeiterkleidung herauskommen und darunter ein großer junger Bursch, der Augengläser trägt. Du fragst nach Max Fleischer[8] bei den Arbeitern und gibst diesem Jungen einige Zeilen, nach welchen ich mich sehr sehne. Dieser junge Mann ist auch Mischling. Wenn Du etwas sonst für mich hättest, besonders Süßigkeiten (geh zu Fr. Herz, sie wird gewiß etwas für mich geben). Emil, ich habe Hunger, immer, immer Hunger bei schwerster Arbeit! Du weißt, ich habe oft entbehrt, und Du weißt, ich kann was ertragen, aber mein lieber Piu, dieser Hunger ist oft zu groß und zu kraß und tut weh – –

dies mein 8. April – –
Ich bin sehr unglücklich und sehr traurig und habe in den letzten Wochen *sehr viel* erlebt. Solltest Du bis dahin das Geld für März noch nicht jemandem anderen gegeben haben, dann bitte gib es auch diesem Jungen. Du mußt natürlich (da er ein Fremder ist) nicht wieder über mich losfahren und mich wie vor Ehrenberg schlechtmachen, denn es wirkt nicht angenehm. Wie geht es Dir, wie geht es den Eltern!![9] Schreibet mir alle und bringe es dorthin, wo ich Dir sagte, damit ich ein bißchen Freude an diesem Tage haben soll. Ich küsse Euch, Eure

5 Bei der Kommissionierung wurden Insassen des Sammellagers Anton Brunner von der Zentralstelle für jüdische Auswanderung vorgeführt, der entschied, ob sie mit dem nächsten Transport deportiert oder vorerst zurückgestellt werden sollten. Rita Maria Rockenbauer wurde mehrfach zurückgestellt und blieb daher außergewöhnlich lange in der Sperlgasse.

6 Gemeint ist Emil Rockenbauer.

7 Gemeint ist die Zentralstelle für jüdische Auswanderung, die sich zu dieser Zeit in einem Palais aus dem enteigneten Besitz des jüdischen Bankiers Louis von Rothschild in der Prinz-Eugen-Straße 20–22 befand.

8 Vermutlich: Max Fleischer (*1922); wurde am 7.1.1943 von Wien nach Theresienstadt und am 23.1.1943 weiter nach Auschwitz deportiert, dort umgekommen.

9 Gemeint sind die Eltern von Emil Rockenbauer, Dorothea Rockenbauer, geb. Hauser, gest. am 21.2.1945 bei einem Bombenangriff, und Alois Rockenbauer, zu denen Rita Maria Rockenbauer auch nach der Scheidung engen Kontakt hatte.

DOK. 99

Die Stapoleitstelle Berlin berichtet am 10. April 1942 über die Festnahme eines Pfarrers, der eine vom Judentum konvertierte Frau bei der Aufnahme in ein katholisches Krankenhaus unterstützt hat[1]

Meldung (streng vertraulich) wichtiger staatspolizeilicher Ereignisse Nr. 4, RSHA Amt IV,[2] ungez., vom 10.4.1942[3]

[...][4]

Politischer Katholizismus.

Durch die Stapoleitstelle Berlin wurde
der Jesuitenpater Kaplan Bruno *Schmidt*[5]
(geb. am 26.4.09 zu Berlin, wohnhaft daselbst)
festgenommen. Schmidt hatte als Leiter der „Religiösen Arbeitsgemeinschaft der St.-Canisius-Pfarrei" in Berlin-Charlottenburg seit dem Jahre 1939 im Pfarrsaal der St.-Canisius-Kirche wöchentlich Zusammenkünfte veranstaltet, an denen etwa 10 Jugendliche im Alter von 17–20 Jahren teilnahmen. Bei diesen Zusammenkünften hatte Schmidt auch weltliche Themen besprochen und sich hierbei wiederholt in der übelsten Weise gegen den Führer und führende Personen des Staates sowie gegen staatliche Maßnahmen ausgelassen. Die Ermittlungen in der Angelegenheit sind noch nicht abgeschlossen.

Weiter nahm die gleiche Stapoleitstelle
den Pfarrer Max *Schnura*[6]
(geb. am 17.9.82 zu Glogau, wohnhaft in Berlin)
in Haft. Schnura hatte im Herbst 1941 veranlaßt, daß die katholisch getaufte Jüdin Marianne Sara *Mallowan*[7] statt in einem jüdischen Krankenhaus im Berliner Norbert-Krankenhaus Aufnahme fand; die Krankenhausrechnung für die Jüdin ist von ihm aus der Pfarrkaritaskasse bezahlt worden. Im Jahre 1937 hatte Schnura der gleichen Jüdin gestattet, auf den Frauenabenden seiner Gemeinde gegen Entgelt Vorträge und Vorlesungen zu halten.

Außerdem wurde von der Stapoleitstelle Berlin noch
der Büroangestellte Wilhelm *Degen*
(geb. am 5.6.00 zu Spich, Krs. Sieg, wohnhaft Berlin)

1 BArch, R 58/203.
2 Das Amt IV unter der Leitung von Heinrich Müller war als Geheimes Staatspolizeiamt zuständig für Gegnerforschung und -bekämpfung.
3 Im Original Eingangsstempel der Partei-Kanzlei vom 13.4.1942 und handschriftl. Kürzel.
4 In den vorherigen Abschnitten des Berichts werden Verhaftungen und Verurteilungen von Kommunisten protokolliert.
5 Bruno Schmidt (1909–1965), Priester; 1929 Eintritt in den Jesuitenorden, 1938 Priesterweihe und Kaplanat in Berlin; 1942 Verhaftung und Untersuchungshaft, 1943 aufgrundlage des Heimtückegesetzes zu zwei Jahren und drei Monaten Haft verurteilt, 1944 der Gestapo übergeben, die ihn in das KZ Dachau überstellte; von 1948 an Seelsorger für jugendliche Strafgefangene.
6 Max Schnura (1882–1952), Pfarrer; im April 1942 mehrere Wochen in Untersuchungshaft bei der Berliner Gestapo, sollte im Mai 1942 in das Arbeitserziehungslager Wuhlheide eingewiesen werden, wurde aber aufgrund seiner angeschlagenen Gesundheit entlassen.
7 Marianne Mallowan (1871–1942), Schauspielerin; wurde 1942 dank Schnuras Hilfe wegen ihres Krebsleidens behandelt, an dem sie noch im selben Jahr verstarb.

wegen Verbreitung von staatsabträglichen Gerüchten sowie des gefälschten „Mölders-Briefes“[8] und der Hetzpredigten des Bischofs von Münster[9] festgenommen. Gegen Degen wurde Strafanzeige wegen Vergehens gegen das Heimtückegesetz erstattet.[10]

Im Städtischen Schauspielhaus in Düsseldorf war am 24. März 1942 die Aufführung des Schauspiels „Heinrich IV.“ durch Pfeifen und Johlen verschiedener jugendlicher Zuschauer gestört worden. Im Zuge der Ermittlungen wurden nunmehr von der Stapoleitstelle Düsseldorf
der Schüler (Abiturient) Werner *Schirp*
(geb. am 20.6.24 zu Düsseldorf, wohnhaft daselbst) und
der Kaplan Karl *Richter*
(geb. am 14.8.08 zu Köln-Mülheim, wohnhaft Düsseldorf)
festgenommen. Schirp hatte sich seit Wochen mit dem Gedanken getragen, die Aufführung des Schauspiels zu stören, hatte darüber auch mit dem Kaplan Richter gesprochen und ihm wiederholt eindeutig seinen Störungsplan zu erkennen gegeben. Mit dem Kaplan stand Schirp als Angehöriger der Pfarrjugendgruppe in enger Verbindung.
Kaplan Richter hatte es unterlassen, seinen Einfluß zu einer Verhinderung der Störung in dem erforderlichen Umfange geltend zu machen, trotzdem ihm bekannt war, daß Schirp mit anderen Jungen die Aufführung am 24. März stören wollte.

Von der Stapostelle Karlsbad wurden vier Geistliche und ein Laie wegen Vergehens gegen die VO über außerordentliche Rundfunkmaßnahmen[11] in Haft genommen. Gegen die Beschuldigten wird Strafanzeige erstattet.

Wegen wiederholter staatsfeindlicher Äußerungen in seinen Predigten nahm die Stapoleitstelle Prag
den Geistlichen Johann *Pour*
(geb. am 7.1.92 zu Modra-Hurak,[12] wohnhaft in Kosteletz-Frauenberg)
in Haft. Ermittlungen in der Angelegenheit schweben noch.

Von der Stapoleitstelle Münster wurde
die ehemalige Krankenschwester Maria *Lentze*[13]
(geb. am 3.4.12 zu Essen-Borbeck, wohnhaft Münster)

8 Siehe Dok. 85 vom 7.3.1942, Anm. 23.

9 Gemeint ist Clemens August Graf von Galen und seine Predigt am 3.8.1941 gegen die „Euthanasie“-Morde; siehe VEJ 3, S. 50 f.

10 Nach dem Heimtückegesetz vom 20.12.1934 konnte bestraft werden, wer unwahre oder stark verzerrte Behauptungen verbreitete, die geeignet waren, dem Ansehen der Regierung zu schaden, oder wer sich öffentlich in „hetzerischer“ Weise über hochgestellte Persönlichkeiten des Staates oder der NSDAP äußerte; RGBl., 1934 I, S. 1269 f.

11 Am 1.9.1939 in Kraft getreten, verbot diese VO das Hören nichtdeutscher Rundfunksender und die Verbreitung von Nachrichten, die dort gesendet wurden; RGBl., 1939 I, S. 1683.

12 Richtig: Modra-Hůrka, Gemeinde in Südböhmen.

13 Maria Lentze (*1912), Krankenschwester; nach ihrer Verhaftung 1942 und mehreren Wochen Untersuchungshaft in das KZ Ravensbrück überstellt; weiteres Schicksal unbekannt.

festgenommen, weil sie Abschriften der Predigt des Bischofs von Münster, in denen staatspolizeiliche Maßnahmen in abfälliger Weise kritisiert werden, verbreitet hatte.

Von der Stapostelle Schneidemühl wurde
der Pfarrer Maximilian *Witt*[14]
(geb. am 20.3.87 zu Mewe/Weichsel, wohnhaft Stegers, Krs. Schlochau)
festgenommen. Witt hatte am Heldengedenktage[15] in seiner Predigt die Heldengedenkfeiern der NSDAP herabgewürdigt, indem er u. a. sagte, daß die Kranzniederlegungen, Gesänge, Gedichte und billigen Reden, mögen sie noch so schwungvoll gehalten sein, nicht für die Gefallenen genügten, sondern nur das Gebet allein. Weiter brachte er zum Ausdruck, daß durch Rundfunk und Presse schon genug geschwindelt würde, es solle daher wenigstens der Beichtstuhl eine Oase der Wahrhaftigkeit sein. Witt hatte außerdem im Februar 1942 den gefälschten „Mölders-Brief“ verbreitet.

Gegen
den Kaplan Peter *Gauer*
(geb. am 10.6.08 zu Püttlingen/Saar, wohnhaft Hermeskeil)
wurde von der Stapostelle Trier ein Sicherungsgeld in Höhe von 200.-\- RM festgesetzt, weil er sich von der Kanzel herab im staatsabträglichen Sinne geäußert und dadurch bei den Zuhörern Beunruhigung hervorgerufen hatte.
[...][16]

14 Maximilian Witt (*1887), Pfarrer; er verbrachte nach seiner Verhaftung mehrere Monate in Untersuchungshaft; weiteres Schicksal unbekannt.

15 Ursprünglich Volkstrauertag zum Gedenken an die im Ersten Weltkrieg Gefallenen; 1934 in Heldengedenktag umbenannt, 1939 wurde das Datum auf den 16. März bzw. den Sonntag vor dem 16.3. festgesetzt.

16 Es folgen die Abschnitte Sonstige Opposition, Wirtschaftsfragen, Sonstiges, Presse und Feindpropaganda.

DOK. 100

Adolf Eichmann fordert die Gestapo-Stellen am 22. April 1942 auf, im eigenen Interesse noch nicht alle Vertreter der Reichsvereinigung der Juden zu deportieren[1]

Telegramm (geheim) des RSHA, Referat IV B 4 (2093/42 g), gez. i.A. SS-O'Stubaf Eichmann, an die Staatspolizeistelle Düsseldorf[2] (Eing. 22.4.1942), z. Hd. SS-Stubaf. ORR Dr. Albath[3] und andere Staatspolizeistellen[4] vom 22.4.1942[5]

Betr.: Evakuierung von Juden. –
Bezug: Bekannt. –
Es mehren sich die Fälle, daß einzelne Stapo(leit)stellen fast den gesamten Mitarbeiterstab der Bezirksvertretungen der Reichsvereinigung der Juden in Deutschland e. V. bezw. der Jüdischen Kultusvereinigungen zur laufenden Evakuierungsaktion erfaßen, so daß durch den Ausfall dieses Personals die reibungslose Fortführung der den jüdischen Organisationen übertragenen Aufgaben bezw. die sachgemäße Liquidierung in Frage gestellt wird. Selbstverständlich sind auch in einem entsprechenden Verhältnis zur Zahl der auf Grund der Ausnahmebestimmungen bezw. der Transportbeschränkungen zunächst zurückbleibenden Juden – jüdische Funktionäre – zu evakuieren. Es ist aber in den meisten Fällen angebracht, eine Anzahl geeigneter jüdischer Funktionäre zur Entlastung der einzelnen Stapo(leit)stellen bezw. der Sachbearbeiter bei der Erledigung der den jüdischen Organisationen übertragenen Aufträge, auf deren glatte Abwicklung Wert gelegt wird, im eigenen Interesse zunächst bis auf weiteres von der Evakuierung auszunehmen bezw. diese Funktionäre erst dem letzten Evakuierungstransport anzuschließen. In Zweifelsfällen bitte ich, eine Liste der zur Evakuierung erfaßten bezw. von der Evakuierung zurückzustellenden jüdischen Funktionäre zur Entscheidung vorzulegen.

1 ITS Archive, Arolsen Archives, 1.2.3.0/0004/0070–71. Teilweise abgedruckt in: Holger Berschel, Bürokratie und Terror. Das Judenreferat der Gestapo Düsseldorf 1935–1945, Essen 2001, S. 388.

2 Die Stapostelle Düsseldorf vermerkte am 5.5.1942 zu dem Dokument: „1.) Im Hinblick auf die bereits durchgeführte Evakuierung ist von der Weitergabe der Richtlinien an die Außendienststellen abzusehen. 2.) Krim.-O.-Ass. Pütz zur Kenntnis. 3.) Z.d.A. bei II B 4".

3 Dr. Walter Albath (1904–1990), Jurist; 1933 NSDAP- und SS-Eintritt, 1939 Führer des Einsatzkommandos 3 der Einsatzgruppe V in Polen, 1941 Leiter der Stapoleitstelle Königsberg, von Nov. 1943 an Inspekteur der Sicherheitspolizei Düsseldorf; 1948 zu 15 Jahren Haft verurteilt, 1955 entlassen.

4 Die anderen Empfänger waren die Staatspolizeileitstellen Berlin (z. Hd. SS-Stubaf. ORR. Bovensiepen), Hamburg (z. Hd. SS-O'Stubaf. ORR. Seetzen), Brünn (z. Hd. SS-O'Stubaf. RR. Nölle), Hannover (z. Hd. SS-Stubaf. ORR. Dr. Batz), Breslau (z. Hd. SS-Stubaf. ORR. Dr. Gerke) und Stuttgart (z. Hd. SS-Stubaf. R.U.KR. Mussgay) sowie die Stapo Frankfurt (z. Hd. SS-O'Stubaf. RR. Poche), Münster (z. Hd. SS-Stubaf. RR. Dr. Kreuzer), Köln (z. Hd. SS-O'Stubaf. ORR. Sprinz), Kassel (z. Hd. SS-Stubaf. R.U.KR. Dr. Lüdcke), Dortmund (z. Hd. SS-Stubaf. RR. Illmer), Osnabrück (z. Hd. SS-Stubaf. RR. Weiss-Bollandt), Nürnberg (z. Hd. SS-Gruf. Pol.Präs. Dr. Martin) und Kiel (z. Hd. SS-Stubaf. RR. Henschke).

5 Im Original handschriftl. Unterstreichungen.

DOK. 101

Sonja Barg aus dem Getto Tuchów bittet die Israelitische Kultusgemeinde Wien am 25. April 1942 um Auskunft über ihre Tochter, die sie im Jüdischen Kinderheim in Wien zurücklassen musste[1]

Handschriftl. Brief von Sonja Barg,[2] Ring Pl. 78 in Tuchów bei Tarnów[3] im Generalgouvernement, an die Jüdische Kultusgemeinde (Jugendfürsorge) Wien, z. Hd. d. Frl. Reichenfeld[4] oder Frl. Löw,[5] vom 25.4.1942

Seit mehreren Jahren befindet sich mein Töchterchen Julianne Tamara (2 Vornamen) Barg[6] in Obhut des Jüdischen Kinderheimes in der Unteren Augartenstr. 35 a.[7] Mein Kind ist am 2. Februar 1938 in Wien zur Welt gekommen, und da ich kurze Zeit nach seiner Geburt Wien verlassen mußte und es damals hieß, daß ich samt meinem Töchterchen nach Übersee werde auswandern können, verblieb dieses vorläufig in Wien. Alle Pläne sind inzwischen durch die bekannten Ereignisse zunichte geworden, und ich bin seither von meinem Kinde gänzlich getrennt. Einige Zeit hindurch erhielt ich wohl von Bekannten spärliche Nachrichten über meine Tochter, die jedoch allmählich vollkommen ausblieben.

Vor einigen Monaten wandte ich mich nun an die Leiterin des Kinderheimes, schilderte ihr die ganze Tragik meines Schicksals und bat sie, mir doch von Zeit zu Zeit [Nachricht] über das Befinden meines Kindes zu senden. Die Dame würdigte mich jedoch keiner Antwort. Ich weiß heute nicht, wo sich mein Kind befindet, ob es gesund ist, ja nicht einmal, ob es überhaupt lebt.

1 Archiv IKG Wien, Bestand Jerusalem A/W 3017.

2 Richtig: Chaje Barg (1910–1942/43); vor 1938 in Wien; wahrscheinlich poln. Staatsbürgerin, die im Zuge der Abschiebung von etwa 17 000 in Deutschland lebenden Juden mit poln. Staatsangehörigkeit nach Polen Ende Okt. 1938 (sog. Polenaktion) nach Krakau deportiert wurde; 1942 oder 1943 ermordet.

3 Die meisten Bewohner des 1942 in Tuchów eingerichteten Gettos wurden noch im Sept. desselben Jahres in das Vernichtungslager Belzec deportiert; von den 43 Juden, die als sog. Aufräumkommando zurückblieben, gelang einigen wenigen die Flucht, die übrigen wurden in das Getto in Tarnów gebracht und dort auf Befehl von Karl Oppermann von der Schutzpolizei Tarnow erschossen.

4 Lily Reichenfeld (1893–1944); Leiterin der Fürsorgeabt. der IKG Wien; wurde am 24.9.1942 von Wien nach Theresienstadt und von dort im Mai 1944 nach Auschwitz deportiert und dort ermordet.

5 Franziska Löw, später Danneberg-Löw (1916–1997); arbeitete von 1937 an als Fürsorgerin bei der IKG Wien, nach dem Anschluss Österreichs wurde sie zum Vormund für etwa 200 uneheliche und 20 geistig behinderte jüdische Pflegekinder; nach der Deportation von Lily Reichenfeld übernahm sie die Leitung der Fürsorgeabt.

6 Julianne (auch Juliana) Tamara Barg (*1938); 1938 im Kinderheim der IKG Wien untergekommen; Vater war der Nichtjude Walter Blaha, gesetzlicher Vormund war Dr. Heinrich Dessauer; sie hat überlebt und emigrierte wahrscheinlich in die USA.

7 Im Haus in der Augartenstraße hatte die IKG im März 1939 eine Notunterkunft für Säuglinge und Kleinkinder eingerichtet. Im Sept. 1942 wurde das Heim aufgelöst, nachdem bereits zahlreiche Kinder deportiert worden waren. Die verbliebenen mussten in das Jugendheim Wien 2., Mohapelgasse 3 (heute Tempelgasse 3) umziehen, das als Kinderheim des Ältestenrats der Juden in Wien bis 1945 bestehen blieb.

Kürzlich wurde ich auf Sie, meine Damen, aufmerksam gemacht, und es wurde mir versichert, daß Sie bestimmt alles tun werden, um mir Klarheit über mein Töchterchen zu verschaffen. Voller Vertrauen wende ich mich also an Sie mit der innigsten Bitte, mir Nachricht über mein Kind zukommen zu lassen und gleichzeitig eine Auskunft über das weitere Schicksal des Mädchens zu geben.[8]
Ich zeichne mit der Versicherung meiner Dankbarkeit
hochachtungsvoll!

DOK. 102
Die Gestapo Wien beschuldigt am 28. April 1942 das NSDAP-Mitglied Franz Witzany, einer jüdischen Familie gegen Übernahme ihres Besitzes zur Flucht verholfen zu haben[1]

Schreiben der Geheimen Staatspolizei, Staatspolizeileitstelle Wien (B. Nr. 2139/42 neu – II B/J), gez. i. V. Dr. Ebner,[2] an den Reichsstatthalter in Wien, Reichsleiter Baldur von Schirach, vom 28.4.1942[3]

Betrifft: Franz *Witzany*,[4] Baumeister, geb. am 18.5.1900 in Wien-Atzgersdorf, DR,[5] gottgläubig, verheiratet, in Wien I., Börseplatz 6/11 wohnhaft.
Vorgang: Dt. Schreiben v. 16.4.1942 – H/Hk.[6]
Anlagen: Ohne.
Die Zentralstelle für jüdische Auswanderung in Wien hat mir mitgeteilt, daß sie am 11. Oktober 1941 den Juden Dr. Hirsch-Bing[7] und seine Gattin Erna Sara Hirsch-Bing sowie die Tochter Edith Sara Hirsch-Bing zwecks Evakuierung nach Polen in das Sammellager in Wien II., Sperlgasse Nr. 2a, vorgeladen hat. Die Genannten sind im Lager nicht erschienen.

8 Aus dem Antwortschreiben der Abt. Jugendfürsorge vom 29.4.1942 geht hervor, dass sich Sonja Bargs Tochter zu diesem Zeitpunkt noch im Kleinkinderheim in der Augartenstraße befand. „Die Kleine ist ihrem Alter entsprechend gut entwickelt, gesund und munter. Sie ist sehr herzig und lieb und erfreut sich allgemeiner Beliebtheit"; wie Anm. 1.

1 DÖW, 19 400_127 (Kopie).
2 Dr. Karl Ebner (1901–1983), Jurist; von 1928 an im Polizeidienst; 1933 NSDAP-, 1937 SS-Eintritt; seit 1938 bei der Gestapo, 1939 Abteilungsleiter des Ref. IV B (Judenreferat) der Gestapo Wien, 1942–1944 stellv. Leiter der Gestapoleitstelle Wien, im Jan. 1945 vom SS- und Polizeigericht München u. a. wegen Häftlingsbegünstigung zum Tode verurteilt; im Dez. 1948 zu 20 Jahren Haft verurteilt, im Mai 1953 entlassen, danach als Hausverwalter in Wien tätig.
3 Im Original handschriftl. Unterstreichungen.
4 Franz Witzany (*1900), Baumeister; 1933 NSDAP- und SA-Eintritt; 1933–1938 für die in Österreich illegale NSDAP aktiv, u. a. Sprengstoffattentate 1934 und 1936, im Sept. 1942 aus der NSDAP ausgeschlossen, weiteres Schicksal unbekannt.
5 Vermutlich: (Staatsangehörigkeit) Deutsches Reich.
6 Liegt nicht in der Akte.
7 Dr. Robert Hirsch-Bing (1879–1942), Arzt; er wurde zusammen mit seiner Frau Erna Hirsch-Bing, geb. Holzer (1889–1944), und der Tochter Edith Hirsch-Bing (1922–1944) am 11.1.1942 nach Riga deportiert, wo Robert Hirsch-Bing im Dez. 1942 ums Leben kam, Erna und Edith Hirsch-Bing wurden am 1.10.1944 nach Stutthof deportiert und kamen dort um.

Im Zuge der Erhebungen nach dem derzeitigen Aufenthaltsort der Genannten wurde festgestellt, daß der Baumeister Franz *Witzany* in Wien I., Börseplatz Nr. 6, mit der Familie Hirsch-Bing ständigen Verkehr pflegt.
Franz Witzany wurde vernommen und gab an, daß er vermute, daß diese Familie nach Erhalt der Vorlagekarte der Zentralstelle Selbstmord begangen hat. Über seine Beziehungen zu der jüdischen Familie Hirsch-Bing befragt, gab er an, daß er von derselben eine Wohnungseinrichtung gekauft habe und wegen des billigen Preises dem Juden leihweise einen Teil seiner Möbel überlassen hat.
Die Zollfahndungsstelle in Wien hat gleichzeitig die Mitteilung erhalten, daß Franz Witzany RM 10 000.-- bei einem Notar hinterlegt hat, welche dafür bestimmt sind, die Ausreise der jüdischen Familie Hirsch-Bing nach Ungarn zu ermöglichen.
Die Zollfahndungsstelle hat deshalb Franz Witzany in Haft genommen. Sie hat weiters festgestellt, daß Witzany zwei Wohnhäuser, die im Eigentum des Juden stehen, vom Juden zu kaufen beabsichtigt. Als Bedingung des Verkaufes wurde vereinbart, daß Witzany bei den zuständigen Behörden erwirkt, daß die Juden nicht evakuiert werden.
Die Interventionen des Franz Witzany in dieser Richtung waren ergebnislos.
Witzany hat daher mit dem Architekten Rudolf Koschier[8] vereinbart, daß er die Juden während der Dauer der Evakuierungsaktion verborgen hält. Koschier hat die Familie Hirsch-Bing nach Klosterneuburg, Felbergraben 115, verbracht.
Hirsch-Bing und seine Angehörigen wurden festgenommen. Bei der Haussuchung wurde noch ein Testament vom 8. Oktober 1941 vorgefunden, in dem Hirsch seinen langjährigen „Freund Witzany" zum gesetzlichen Erben seiner beiden Häuser in Wien einsetzt.
Die Zollfahndungsstelle hat mir Franz Witzany und Rudolf Koschier zur weiteren Veranlassung überstellt; sie sitzen hier in Haft ein.
Beide sind geständig. Franz Witzany ist wie folgt gerichtlich vorbestraft:
LG. Wien, 24.11.1917, XIII/4210, gem. § 460 St. G. 1 Woche str. Arrest;
BG. Wien X, 1916, Zl. 2974, § 460 St. G. 48 Stunden Arrest,
LG. Wien I, 6.3.1922, Vr VI E 1206/22. § 171 St. G. 3 Monate schwerer Kerker;
LG. Wien I, 2.9.1929–4 Vr. 7180/28, §§ 171, 173, 174 I d II a und 183 St. G., 1 Jahr schwerer Kerker.[9]
Rudolf Koschier ist wie folgt vorgemerkt:
Er wurde vom
B.G. Wien I, am 3.I. 1936, 12 U 1716 gem. §§ 487 und 491 St. G. mit S 30. – ev. 3 Tagen Arrest; und
BG. Wien V, am 24.10.1936, 11 U 1479/36 gem. § 32 Waff. Pat. mit S 15. – ev. 24 St. Arrest bestraft.
Franz Witzany ist nach seinen Angaben seit 1.2.1933 Mitglied der NSDAP. Er gehörte während der Systemzeit[10] einer Terrorgruppe an und versuchte mit anderen Parteigenossen, den Rundfunksender am Bisamberg durch Sprengungen zu beschädigen. Er wurde mit 8 Jahren Kerker bestraft. Es läuft deshalb ein Antrag auf Verleihung des Blutordens.[11]

8 Rudolf Koschier (1904–1971); Architekt.
9 Die Vorstrafen bezogen sich auf Diebstahlsdelikte.
10 In der politischen Rechten übliche diffamierende Bezeichnung für die Zeit der Weimarer Republik.
11 Offiziell „Ehrenzeichen des 9. November 1923" (Tag des Hitler-Putsches), wurde an verdiente Parteimitglieder verliehen.

Das Reichssicherheitshauptamt hat am 17.1.1942 gegen *Witzany* Schutzhaft verhängt. Beim Gaugericht Wien werden unter Zahl 1082/39 PU/Km parteigerichtliche Ermittlungen geführt. Witzany wurde dem Gaugericht am 14.4.1942 zur Vernehmung vorgeführt. Die Frage der Enthaftung ist noch offen. Witzany befindet sich seit dem 18.4.1942 im Inquisitenspital des Landgerichtes Wien.

DOK. 103
Die NSDAP-Ortsgruppe im fränkischen Reichenberg bittet am 28. April 1942 darum, die letzten Juden aus der Stadt zu deportieren[1]

Schreiben der NSDAP-Gauleitung Mainfranken/Kreisleitung Würzburg, gez. Söldner,[2] Kreisstabsamtsleiter, an die Geheime Staatspolizei Würzburg (Eing. 30.4.1942), vom 28.4.1942[3]

Juden von Reichenberg
Der Ortsgruppenleiter der Ortsgruppe Reichenberg[4] gibt mir folgenden Bericht:

„Wie mir gemeldet wurde, kommen die Juden im Alter bis zu 65 Jahren aus Reichenberg fort.
Ich bitte die Möglichkeit zu erwägen, ob Reichenberg im gleichen Zuge vollständig von Juden gesäubert werden könnte. Dies wäre sehr erwünscht.
In Reichenberg sollen noch folgende Juden verbleiben:
1. Krebs Sara Sally, geb. 10.1.55.[5]
2. Krebs Sara Sophie, " 29.4.94.[6]
3. Krebs Walter Israel, " 30.9.24.
4. Krebs Sara Eva, " 19.3.68.[7]
5. Bach Sara Fanny, " 11.11.70.[8]
6. Bach Sara Marianne, " 28.8.76.

Außerdem zählt hierzu noch die Jüdin Krebs, Sara Bertha, geb. 30.3.65,[9] die z. Zt. sich im jüdischen Krankenhaus in Würzburg befindet. Ich bitte, wenn möglich, das Weitere veranlassen zu wollen."

1 ITS Archive, Arolsen Archives, 1.2.3.0/0008/0133 (Kopie).
2 August Söldner (*1894), Verwaltungsbeamter; 1933 NSDAP-Eintritt, 1937 Kreisgeschäftsführer NSDAP Würzburg; 1944 Beisitzer im Gaugericht Mainfranken.
3 Original mit Briefkopf und Stempel der Kreisleitung Würzburg.
4 Friedrich Kühner (*1896), Lehrer.
5 Sally Krebs, geb. Frank (1855–1943?); am 23.9.1942 nach Theresienstadt deportiert, wo sie vermutlich am 3.2.1943 ums Leben kam.
6 Sophie (Sofie) Krebs, geb. Gutmann (1894–1943?), Hausfrau; verheiratet mit Benno Krebs und Mutter von drei Söhnen; sie wurde zusammen mit ihren Söhnen Walter Krebs (1924–1943?), Gärtner, und Julius Krebs (1923–1943?) im Juni 1943 nach Auschwitz deportiert, niemand von ihnen überlebte.
7 Eva Krebs, geb. Grünbaum (1868–1944); wurde am 23.9.1942 nach Theresienstadt deportiert, dort umgekommen.
8 Fanny Bach (1870–1943) und Marianne Bach (1876–1942?) wurden am 23.9.1942 nach Theresienstadt deportiert, wo Marianne Bach vermutlich noch im Dez., Fanny Bach Ende März 1943 gestorben ist.
9 Bertha Krebs, geb. Rosenbaum (1865–1942), starb noch im Krankenhaus in Würzburg.

Ich gebe Ihnen Kenntnis, mit der Bitte um Äußerung, ob dem Wunsche des Ortsgruppenleiters entsprochen werden kann.[10]
Heil Hitler!

DOK. 104
Ein Mitarbeiter des Sicherheitsdienstes in Erfurt berichtet am 30. April 1942, welche Gerüchte über die Massenerschießungen von Juden im Osten kursieren[1]

Bericht des Sicherheitsdienstes RFSS, Erfurt, Beobachter 11 Steiger, Unterschrift unleserlich, an die SD-Hauptaußenstelle Erfurt vom 30.4.1942

Betr.: Bericht im „Völk. Beobachter" über Einsatz des SD im Osten
Im „Völk. Beobachter" vom 30.4.1942 wird ein ausführlicher Bericht des SS Kriegsberichters Schaal über den Einsatz des SD in einer sowjetischen Kleinstadt veröffentlicht, der in Leserkreisen besondere Beachtung gefunden hat.[2] Durch wiederholte Presseveröffentlichungen und Bilder der Wochenschau über das Tätigkeitsgebiet der deut. Sicherheitspolizei und des SD, sagt man, habe man Näheres über diese Formationen gehört. Wohl werde in der Bevölkerung von dem Einsatz der Gestapo in den besetzten Ostgebieten gesprochen, aber ein klares Bild habe man sich über das Aufgabengebiet der deut. Sicherheitspolizei nicht machen können, da die tollsten Gerüchte über sie verbreitet würden. So werde in der Bevölkerung kolportiert, daß der Sicherheitspolizei die Aufgabe gestellt sei, das Judentum in den besetzten Gebieten auszurotten. Zu Tausenden würden die Juden zusammengetrieben und erschossen, während sie erst zuvor ihre Gräber gegraben hätten. Die Erschießungen der Juden nähmen zeitweise einen Umfang an, daß selbst Angehörige der Erschießungskommandos Nervenzusammenbrüche bekämen. Diese Gerüchte hätten der Bevölkerung Anlaß gegeben, sich ein Bild von der Tätigkeit der Sicherheitspolizei zu machen, das von einem grausigen Nimbus umgeben sei. Es errege daher besonderes Interesse, wenn in Presseberichten oder in Wochenschauen auch über diese Polizeiformationen berichtet werde. Da auch sehr häufig in Wehrmachtsberichten über Kämpfe mit Partisanen berichtet werde und hervorgehoben werde, daß diese Kämpfe von der Dt.S.Polizei und SD geführt würden, man aber über die Eigenart dieser Kämpfe wenig wisse, interessiere man sich besonders für Berichte dieser Art. Auch habe man noch ein völlig unklares Bild über die Vorgänge hinter unseren Fronten in sowjetischen Gebieten. Man interessiere sich sehr für glaubhafte Berichte über das Verhalten der sowjetischen Bevölkerung in den besetzten Gebieten. Dieser

10 In einem Antwortschreiben von Anfang Mai teilte die Gestapo mit, dass die genannten Juden innerhalb der nächsten 14 Tage in ein „jüdisches Unterkunftshaus" in Würzburg gebracht würden. Am 23.9.1942 wurden 491 Juden aus dem Raum Würzburg nach Theresienstadt deportiert.

1 LATh – HStA Weimar, Sicherheitsdienst des Reichsführers SS, SD-Abschnitt Weimar, NS 29/53, Bd. 4, Bl. 81. Abdruck in: Kulka/Jäckel, NS-Stimmungsberichte (wie Dok. 5, Anm. 1), S. 491.

2 Schaal berichtete über einen Arbeitstag eines SD-Außenkommandos, das Hinweisen von Denunzianten nachging und nach Plünderern und Widerstandskämpfern fahndete; Völkischer Beobachter (Norddt. Ausg.), Nr. 120 vom 30.4.1942, S. 3: „Ein Tag beim SD-Außenkommando in einer sowjetischen Kleinstadt".

Bericht im VB sei sehr aufschlußreich gewesen und habe auch gezeigt, wie wichtig die Tätigkeit der deut. Sicherheitspolizei sei. Jetzt könne man sich auch erklären, warum so viele Polizeibeamte hinter unseren Linien gefallen seien.

DOK. 105
Aufbau: Nachruf Max Warburgs auf Julius Seligsohn vom 1. Mai 1942[1]

In Memoriam Julius Seligsohn[2]

Von Max M. Warburg[3]
Erst vor kurzem ist uns Otto Hirsch[4] entrissen worden. Jetzt ist nun auch Julius Seligsohn an der Front der Grausamkeit gestorben. Die Nachricht, die uns ohne Mitteilung von Einzelheiten seinen Tod anzeigte, beendet einen langen Zeitabschnitt der Sorge und Furcht für das Leben dieses Mannes, der in der leidensschweren Geschichte des Judentums unserer Tage als einer der Besten weiterleben wird.
Julius Seligsohn war ein tapferer, ritterlicher, weit über den Durchschnitt begabter Mann. 1890 geboren, wurde er Jurist und einer der angesehensten Anwälte für Patentrecht. Er war mit seinem Vater Arnold[5] associiert, der – erst vor drei Jahren gestorben – eine besondere Stellung in der Anwaltschaft wie in der Berliner Jüdischen Gemeinde innehatte. Aus dem ersten Weltkriege, in dem er einen Bruder verlor, kehrte er als Offizier heim, um sich neben seiner ausgedehnten Praxis der jüdischen Arbeit zu widmen. Als ein tief religiöser Mensch war er über ein Jahrzehnt lang in der liberalen Bewegung führend tätig. Aus dem Kreise der liberalen Jugendgruppe hervorgegangen, und eine Zeitlang Vorsitzender des Liberalen Vereins,[6] nahm er an der Gründung und den Arbeiten des Preußischen Landesverbandes Jüdischer Gemeinden[7] besonderen Anteil. Ans

1 Aufbau, Nr. 18 vom 1.5.1942, S. 13.
2 Julius Seligsohn (1890–1942), Jurist; von 1924 an Vorstandsmitglied der Jüdischen Gemeinde Berlin, bis 1933 Rechtsanwalt in Berlin, dann im Vorstand der Reichsvertretung, des Hilfsvereins der Juden in Deutschland und von 1939 an der Reichsvereinigung; im Nov. 1940 verhaftet, nachdem er zu einem Gedenktag für aus Baden und der Pfalz deportierte Juden aufgerufen hatte, am 18.3.1941 in das KZ Sachsenhausen deportiert, dort am 28.2.1942 gestorben.
3 Max Moritz Warburg (1867–1946), Bankier; von 1893 an Teilhaber und seit 1910 Direktor des Bankhauses M.M. Warburg & Co in Hamburg; von 1928 an Vorsitzender des Hilfsvereins der Juden in Deutschland, der von 1933 an mit Hilfe der Warburg Bank die Auswanderung deutscher Juden ermöglichte; 1938 Emigration in die USA.
4 Dr. Otto Hirsch (1885–1941), Jurist und Politiker; von 1919 an in jüdischen Organisationen aktiv; von 1920 an Min.Rat im württemberg. MdI; von 1933 an geschäftsführender Vorsitzender der Reichsvertretung der deutschen Juden; er wurde 1941 verhaftet und im KZ Mauthausen ermordet.
5 Arnold Seligsohn (1854–1939), Jurist, geb. in Posen.
6 Vermutlich gehörte Seligsohn dem Jüdisch-Liberalen Jugendverein an, bevor er den Vorsitz der 1908 gegründeten Vereinigung für das religiös-liberale Judentum übernahm; diese wurde im Nov. 1938 zwangsweise in die Reichsvertretung eingegliedert.
7 Der Preußische Landesverband Jüdischer Gemeinden (PLV) wurde 1922 gegründet, von 1935 an schlossen sich ihm auch Gemeinden außerhalb Preußens an, bei seiner Zwangsauflösung 1938 gehörten dem PLV rund 80 % der deutschen jüdischen Gemeinden an.

Herz gewachsen aber war ihm das Wirken im Vorstande der schönen Synagoge in der Fasanenstraße, von der jetzt nur die Trümmer stehen.[8]
Als im Jahre 1933 die Reichsvertretung der Deutschen Juden[9] gegründet wurde, war es selbstverständlich, daß Julius Seligsohn in das Präsidium berufen wurde. In den folgenden Jahren gab es für ihn nur noch eine Aufgabe: seinen Glaubensgenossen, die von den Nazis ausgerottet und zu Tode gepeinigt werden sollten, zu helfen; vor allem ihnen die Auswanderung zu einem neuen Aufbau ihrer zerstörten Existenzen zu ermöglichen. An der Gründung der „Allgemeinen Treuhand-Gesellschaft" als Gegenstück zur „Palästina Treuhand-Gesellschaft" (Altreu) schuf Seligsohn mit anderen gemeinsam einen Weg, der sehr vielen Auswanderern des Mittelstandes die Rettung von bescheidenen Mitteln ins Ausland durchführte, die ihnen die ersten Schritte am neuen Wohnorte erleichterten.[10]
Als der Hilfsverein von der Reichsvertretung übernommen wurde,[11] trat Seligsohn an die Spitze der Auswanderungsarbeit. Viele hat er gerettet. Er ging jedem ihm vorgelegten Falle mit größter Hingabe und äußerster Hilfsbereitschaft nach. Er war uneingeschränkt beliebt und anerkannt als gerechter Leiter, der durch seine Haltung vielen neuen Mut in ihren schweren Sorgen gab. In den Zeiten der größten Gefahr verstand er es, Gleichmut und selbst Heiterkeit zu zeigen.
Jahre des Dienstes an vorderster Front haben niemals die Standkraft seines Gewissens und seines tiefen Verantwortungsgefühls mürbe gemacht. Bei den vielen Auslandsreisen, auf die ihn Verhandlungen mit den jüdischen Hilfsorganisationen führten, hat er nie daran gedacht, sich selbst in Sicherheit zu bringen. Als ihn die Novemberpogrome in Holland überraschten, nahm er das erste Flugzeug nach Berlin, obwohl er wußte, daß Juden zu Tausenden verhaftet wurden. Wir haben ihn hier zum letzten Male 1939 gesehen, wo seine durch ihre ruhige Abgewogenheit doppelt wirksamen Schilderungen jener Schreckenstage und der sich immer steigernden Verfolgungen bei unseren amerikanischen Freunden einen tiefen Eindruck machten. Nachdem er seine Frau und seine beiden Kinder im Ausland wußte, ließ er uns keinen Zweifel darüber, daß er an die Stätte seiner Arbeit zurückzukehren gedachte, zu den Menschen, denen weiter geholfen werden mußte. Uns blieb nur übrig, seinen Entschluß zu respektieren und uns vor dem ganz unpathetischen Heldentum eines Mannes zu beugen, der die Verantwortung über alles stellte.

8 Die schon seit 1936 zwangsweise geschlossene Synagoge in der Fasanenstraße 79 in Berlin-Charlottenburg war während der Novemberpogrome 1938 in Brand gesteckt worden.

9 Die Reichsvertretung der deutschen Juden war ein Zusammenschluss jüdischer Vereine unter der Präsidentschaft von Leo Baeck, im Juli 1939 wurde sie formell in die „Reichsvereinigung der Juden in Deutschland" umgewandelt, die der direkten Kontrolle der Gestapo unterstand und im Juni 1943 ganz aufgelöst wurde.

10 Während die Palästina Treuhand-Stelle (Paltreu) den Vermögenstransfer nach Palästina organisierte, schuf die Allgemeine Treuhandstelle für die jüdische Auswanderung (Altreu) in einem ähnlichen Verfahren die Möglichkeit für Emigranten, einen Teil ihres Vermögens in andere Länder mitzunehmen. Sie zahlten dazu einen Betrag in Reichsmark auf ein Konto der Altreu ein und erhielten bei starken Kursverlusten Devisen zugeteilt. Die Reichsmarküberschüsse stellte die Altreu der Reichsvertretung zur Verfügung, die aus dem Fonds Darlehen an mittellose Juden für deren Emigration gewährte.

11 Der Hilfsverein organisierte die Auswanderung der Juden in alle Länder außer nach Palästina und wurde 1939 der Reichsvereinigung der Juden angegliedert.

Sie und ein tiefer Gerechtigkeitssinn waren die immer sich erneuernde Quelle seines Handelns. Sie veranlaßten ihn auch dazu, die jüdischen Gemeinden in Deutschland durch ein Rundschreiben der Reichsvertretung an die Rabbiner aufzufordern, gegen die Verschleppung der Juden aus Baden und aus der Pfalz im Oktober 1940 durch einen Fasttag den einzig übriggebliebenen stummen Protest zu erheben.[12] Er wußte, daß eine solche Handlung ihn persönlich gefährdete; er hielt sie für notwendig, und da gab es für ihn kein Zögern. Das Rundschreiben bot dann auch den Anlaß zu seiner Verhaftung und seiner baldigen Überführung in ein Konzentrationslager. Hätte er Bedauern über seine Handlung ausgesprochen, hätte er vielleicht seine Freiheit erwirken können. Aber die Freiheit und Reinheit des Gewissens ging ihm über die äußere Freiheit.
Otto Hirsch und Julius Seligsohn sind als Helden gestorben. Es war keine kommandierte Tapferkeit. Es war Heldenmut, wie ihn unsere Vorfahren zeigten, wenn sie für die Treue zu ihrem Glauben auf den Scheiterhaufen gingen. Die lange Märtyrerkette des Judentums ist auch in unserer Generation nicht abgerissen. Einer von ihnen war Julius Seligsohn.

DOK. 106

Das Ehepaar Kohn aus Gleiwitz bittet am 3. Mai 1942 darum, von Gratulationsbesuchen und Geschenken zu seiner Silberhochzeit abzusehen[1]

Schreiben von Dr. Ernst Kohn[2] an den Vorstand der Jüdischen Kultusvereinigung Synagogengemeinde Gleiwitz vom 3.5.1942

Die nachstehende persönliche Bitte gestatte ich mir, auch im Namen meiner Frau, in der Hoffnung zu unterbreiten, daß ihre Erfüllung keine allzugroße Schwierigkeit bereiten wird.
Von mehreren Freunden und Bekannten aus dem Kreise unserer Gemeindemitglieder habe ich erfahren, daß der eine oder andere uns aus Anlaß unserer bevorstehenden silbernen Hochzeit durch seinen Besuch zu erfreuen beabsichtigt.
Wir bitten den verehrten Gemeindevorstand, in geeigneter Form darauf hinweisen zu wollen, daß wir im Hinblick auf den Ernst der Zeit nach reiflicher Überlegung zu dem Wunsche gelangt sind, den Tag unserer silbernen Hochzeit in völliger Zurückgezogenheit zu verbringen. Die Veranstaltung einer Feier verbietet sich aus naheliegenden Gründen von selbst; wir glauben aber darüber hinaus, bei allen, die es gut mit uns meinen, Verständnis zu finden, wenn wir die Bitte aussprechen, von etwa uns freundlichst zugedachten Glückwunschbesuchen Abstand nehmen zu wollen. Ebenso bitten wir selbstverständlich darum, daß uns keinerlei Aufmerksamkeiten irgendwelcher Art, insbesondere auch

12 Am 22.10.1940 wurden ca. 6000 Juden aus Baden und der Saarpfalz in das Lager Gurs in Südfrankreich deportiert; siehe VEJ 3/111–113.

1 AŻIH, 112/15 f., Bl. 26.
2 Dr. Ernst Friedrich Kohn (1888–1943?), Jurist; Kriegsgerichtsrat im Ersten Weltkrieg; Vorstandsmitglied der Synagogengemeinde Gleiwitz; DVP-Mitglied; von 1917 an Rechtsanwalt, seit 1919 auch Notar in Gleiwitz; im Nov. 1938 Berufsverbot, von 1939 an sog. jüdischer Konsulent in Oberschlesien; wurde zusammen mit seiner Frau Berta Johanna Kohn (1893–1943?), geb. Schüller, Hausfrau, am 27.2.1943 nach Auschwitz deportiert.

nicht in Form von Blumen, zuteil werden; an diejenigen, die eine solche Aufmerksamkeit für uns in Aussicht genommen haben sollten, richten wir die herzliche und dringende Bitte, den dafür vorgesehenen Betrag der Gemeinde zugunsten der örtlichen Wohlfahrt zuzuwenden. Eine derselben Zweckbestimmung dienende Spende werden wir auch von uns aus überweisen.
Mit vorzüglichster Hochachtung

DOK. 107
Der Reichsführer SS lässt am 8. Mai 1942 das jüdische Krankenhaus in München räumen, um eine Hebammenschule des Lebensborns einzurichten[1]

Schreiben, gez. H. Himmler (Tb Nr. A.R. 654/94/42 VV.), Führer-Hauptquartier, an den Chef der Sicherheitspolizei und des SD,[2] Berlin, vom 8.5.1942[3]

In einem Münchener Judenkrankenhaus sind noch 120 kranke Juden. Dieses jüdische Krankenhaus wollen wir als Hebammen- und Schwesternschule von „Lebensborn"[4] aus einrichten.
Sorgen Sie doch bitte dafür, daß die 120 Juden schnellstens nach Theresienstadt kommen.[5]

DOK. 108
Tilly Cahn berichtet am 8. Mai 1942 in ihrem Tagebuch von Deportationen und der Situation der Frankfurter Juden[1]

Handschriftl. Tagebuch von Tilly Cahn,[2] Eintrag vom 8.5.1942

Der Transport ist weg. Noch heute nacht wurden einige aus den Betten geholt, mußten à tempo, völlig unvorbereitet, mit, z. T. als Ersatz für solche, die s. das Leben genommen haben. Es ist eine förml. Beruhigung, an die Toten zu denken. Beim Einsteigen in den Zug heute in aller Frühe soll die SS s. wieder was geleistet haben an Roheit, Mißhandlun-

1 BArch, NS 19/1773. Abdruck in: Adler: Die verheimlichte Wahrheit (wie Dok. 72 vom 31.1.1942, Anm. 1), S. 15.
2 Reinhard Heydrich.
3 Im Original handschriftl. Bearbeitungsvermerke und Stempel.
4 Ursprüngliches Ziel des 1935 von Himmler gegründeten Vereins Lebensborn war es, den Kinderreichtum von SS-Leuten zu fördern und ledige Mütter zu unterstützen, wenn deren Kinder als rassisch wertvoll erachtet wurden. Später organisierte der Lebensborn auch die Zwangseindeutschung von Kindern in den besetzten Gebieten.
5 Es handelte sich um das 1910 gegründete Krankenhaus der Jüdischen Gemeinde München in der Hermann-Schmidt-Straße 5–7. Die Sicherheitspolizei deportierte die verbleibenden Patienten, Ärzte und Schwestern am 4.6.1942 nach Theresienstadt.

1 Original in Privatbesitz. Teilweise abgedruckt in: Peter Cahn, Tagebuchaufzeichnungen und Briefe von Max L. Cahn und Tilly Cahn aus den Jahren 1933–1943, in: Archiv für Frankfurts Geschichte und Kunst (wie Dok. 32 vom 5.11.1941, Anm. 1), S. 215.
2 Tilly Cahn, geb. Schulze (1892–1980); studierte Deutsch und Geschichte, 1917 Hochzeit mit Max L. Cahn, gemeinsam hatten sie sechs Kinder. Für sie sammelte Tilly Cahn Zeugnisse und schrieb Tagebuch, um ihre Erfahrungen während der NS-Zeit zu dokumentieren.

gen. Die armen Menschen wurden am Tag vorher in d. Großmarkthalle gesammelt.[3] Zug geht vom Ostbahnhof. Ich war mehrfach bei einer lb. 64 ½ jähr. Frau in d. Nachbarschaft, die auch mitmußte – wie sie ihre Sachen packte u. immer wieder umpackte, wie erstarrt, wie in Trance, dazwischen immer wieder das Bild ihrer einzig. Tochter in Amerika ansehend, Gott um Hilfe anflehend – „ich weiß, daß ich in furchtbares Verderben hineingehe.“ Wann ist das Maß voll? Frau Beran u. ihre Mutter sind glücklich tot.[4]

Am 4. Mai hatten wir alle 5[5] noch mal ein seltenes Kunsterlebnis: Kammermusik, Trio Edwin Fischer, Kulenkampf,[6] Enrico Mainardi.[7] 1 Brahms-Trio, Beethov. Geistertrio u. vor allen Schubert b Dur Trio – beim langsamen Satz liefen mir die hellen Tränen. Pater[8] saß in d. 2. Reihe Balkon, mit uns, unter der Orgel d. h. sehr versteckt! Er hat es wohl ganz bes. genossen. Schließl. ist man gerade im Schmerz auch sehr empfänglich. Ich las gestern früh, in Frau Berans Todesstunde, die Stelle aus Effi Briest, ihr müßt sie lesen, Kinder, ganz zum Schluß vor ihrem Tod.[9] Da löste sich auch bei mir die Starre der letzten Tage, ich empfand wohltuend, weinen zu können – mir kam gerade Melchior in diesem Erschütterungsmoment. Es schadete aber schließlich nicht. Er ist jetzt schon in Wien, mit s. Schwester. Ich lese Thornton Wilder, the bridge of San Louis Rey.[10]
Von dem Grauen dieser Tage ist noch zu berichten: aus dem jüd. Krankenhaus haben sie 21 Schwestern geholt – nicht auszudenken, wie der ohnehin entsetzl. erschwerte Betrieb weitergehen soll. Ebenso systematisch aus Pensionen, Altersheimen die jugendl. Hilfskräfte. Noch gestern nacht um 11 Uhr völlig unvorbereitet einige Menschen aus den Betten – weil irgendwie die Zahl 1100 noch nicht voll war. Da die Leute nicht Trambahn fahren dürfen, mußten sie mit ihrem Gepäck zu Fuß an die Großmarkthalle. Spießrutenlaufen dazu! Und draußen blüht der Mai: Kastanien, Flieder, Glyzinien, Apfelbäume – es tut einem nur weh, diese Schönheit.
Bei Neu-Guinea ist eine Seeschlacht im Gang, zw. Japanern – Engld. u. Amerikanern. Von ihrem Ausgang wird viel abhängen für d. Schicksal Australiens.[11] Ruth,[12] mein liebes Mädel, wie wirst du nur mit allem fertig – ohne je mit dem Papi die Lage besprechen

3 Am 8.5.1942 wurden 938 Menschen von Frankfurt a. M. nach Izbica im Distrikt Lublin deportiert.
4 Lilli Beran, geb. Marx (1877–1942), Kunsthandwerkerin, und ihre Mutter Clothilde Marx, geb. Lichtenstein (1856–1942), hatten sich am Vortag ihrer Deportation das Leben genommen.
5 Tilly und Max Cahn sowie ihre drei jüngeren Kinder Hans (*1923), Ernst (*1926) und Peter (*1927).
6 Richtig: Kulenkampff.
7 Als bekanntes Trio traten Edwin Fischer (1886–1960) am Klavier, Georg Kulenkampff (1898–1948), Violine, und Enrico Mainardi (1897–1976), Cello, u. a. bei den Salzburger Festspielen auf.
8 Spitzname für Max Ludwig Cahn (1889–1967), Rechtsanwalt, Notar; 1918 Mitgründer der DDP (später Staatspartei) in Frankfurt a. M.; 1928–1933 Vorstandsmitglied des Frankfurter Anwaltsvereins; 1938 kurzzeitige Haft in Buchenwald; 1938–1945 als jüdischer Konsulent tätig; im Sommer 1945 Vorstandsmitglied der Rechtsanwaltskammer; von 1948 an Vorstandsmitglied der Jüdischen Gemeinde Frankfurt a. M.
9 Theodor Fontane, Effi Briest (1894/95). Kurz bevor sie stirbt, reflektiert die todkranke Effi Briest im Gespräch mit ihrer Mutter ihr Leben und akzeptiert ihr Schicksal.
10 Thornton Wilders Roman „The Bridge of San Luis Rey“ erschien 1927 in den USA und wurde 1928 mit dem Pulitzer-Preis ausgezeichnet.
11 Vom 4. bis 8.5.1942 kämpften Japan und die Alliierten USA und Australien in der sog. Schlacht im Korallenmeer u. a. um die Kontrolle über Port Moresby auf Neuguinea. Port Moresby unterstand austral. Kolonialverwaltung. Die Schlacht endete jedoch ohne Sieger.
12 Ruth (*1918) war die älteste Tochter der Cahns. Sie und ihre Brüder Walter (*1919) und Otto (*1921) konnten 1939 nach Australien bzw. Großbritannien auswandern.

zu können. Ich habe gest. ab[en]d (als die 3 Lieben im Freit[ags] Konzert waren) zu Pater gesagt: Wenn wir zwei und unsere 6 Kinder gesund u. lebend diese grauenvollen Zeiten überstehen – es wäre wie ein Wunder. Übr. sind in den letzten Nächten öfter Alarme gewesen, u. vor 3 Tagen wurde in der Oberräder Gegend ein Flieger brennend abgeschossen.

DOK. 109
Frieda Stiefel schildert im Frühjahr 1942 der Familie ihrer nach Jerusalem ausgewanderten Tochter, wie beunruhigt sie über die Deportationen ist[1]

Handschriftl. Brief von Frieda Stiefel,[2] Hildburghausen, an Robert,[3] Lieselotte[4] und Esti Bach,[5] Jerusalem, vom 24.3.1942 bis 8.5.1942

Meine geliebten Kinder!
Es ist früh 6 Uhr, und ich will Euch ein p. Gedanken niederlegen. Vielleicht ist es der letzte Brief, den ich an Euch schreibe. Ich weiß es nicht. Gott mag es wissen.
Ihr werdet wohl über die Ereignisse hier, durch Zeitungen, Radio u.s.w. im Bilde sein und wissen, daß viele Juden schon von hier nach Polen abtransportiert wurden.
Onkel Max und Frau[6] mußten schon im November von Köln aus mit einem Transport nach Lotz,[7] bis z. 18. Dez. bekamen wir verschiedene Karten, seitdem nichts mehr.
Diese Woche bekamen wir Quittungen über Geld, was wir ihm sandten, mit seiner eigenhändigen Unterschrift. Wenigstens ein Lebenszeichen. Gestern wurde Nürnb. frei gemacht.[8] Nur Leute über 65 Jahre durften bleiben. Aber was aus ihnen wird, ist auch die Frage. Am Mittwoch, also morgen, den 25.3. kommt Eisenach daran. Da ist es wohl natürlich, daß auch wir daran denken, da man nun nicht weiß, was alles noch kommen kann, so werde ich Frau Gerau[9] diesen Brief geben, den sie Euch nach Beendigung des

1 YVA, O.75/1768.
2 Frieda Stiefel, geb. Kahn (1883–1942?), Händlerin; 1909 Heirat mit Karl Stiefel (1882–1915) in Simmershausen; im Mai 1942 in das Getto Bełżyce im Distrikt Lublin deportiert, weiteres Schicksal unbekannt.
3 Robert Bach (1902–1981), Pferdehändler; vom 10. bis 28.11.1938 im KZ Buchenwald inhaftiert, floh nach seiner Entlassung zu einer Schwägerin in die Schweiz; 1939 wanderte er mit Ehefrau und Tochter über Triest nach Palästina aus und war dort als Landwirt tätig.
4 Lieselotte Bach, geb. Stiefel (1910–2008), Tochter von Frieda und Karl Stiefel; heiratete 1934 Robert Bach und emigrierte mit ihm nach Palästina.
5 Richtig: Ester Bach, später Termshatni (*1938), Sekretärin; Tochter von Robert und Lieselotte Bach; 1939 mit den Eltern nach Palästina ausgewandert; war nach dem Abitur Soldatin im Kibbuz En Gev, lebt in Ramat Gan und arbeitete dort als Sekretärin in einem Krankenhaus.
6 Max Kahn (1882–1942), Kaufmann; Bruder von Frieda Stiefel; er wurde im Nov. 1938 kurzzeitig in Dachau inhaftiert und am 30.10.1941 zusammen mit seiner Ehefrau Antoinette Kahn, geb. Moses (*1889), Hausfrau, ins Getto Litzmannstadt deportiert, wo er im Juni 1942 starb. Das Schicksal seiner Ehefrau ist unbekannt.
7 Richtig: Łódź, das 1940 in Litzmannstadt umbenannt worden war.
8 Gemeint ist die Deportation von Nürnberger Juden am 23.3.1942 nach Lublin.
9 Marta Gerau, geb. Stern (1879–1943); Mutter von Lieselotte Bachs Freundin Anneliese; lebte von ihrem nichtjüdischen Ehemann, dem Schuster August Gerau, getrennt; von Ende Jan. 1943 an im Gerichtsgefängnis Suhl in sog. Schutzhaft, Ende März in das Gefängnis Breitenau verlegt und am 19.4.1943 nach Auschwitz deportiert und dort ermordet. August Gerau kam 1943 ebenfalls in „Schutzhaft" und ins Arbeitslager, überlebte den Krieg und schickte diesen Brief 1946 an die Familie Bach nach Palästina.

Krieges senden soll. Ihr müßt euch nicht aufregen, wenn es anders kommt, als wir es uns gewünscht haben. Gegen [das] Schicksal kann man nicht an. Ich habe immer Mut, was auch kommen mag. Auch den Stern habe ich mit der nötigen Würde und Mut getragen.[10]
Das schwerste Problem ist für uns Tante Emmi,[11] die leider sehr hilflos ist und die man nicht allein zurücklassen kann und [die] noch unmöglicher mit kann. Wenn es so weit kommen sollte, werden wir versuchen, daß Erna bei ihr hierbleiben darf. Ob es gelingt, weiß ich nicht. Seit einigen Wochen gehe [ich] mit Bella Blumenkron[12] und Anneliese[13] nach Veilsdorf arbeiten.[14] Wir haben uns gut eingefügt, und die Arbeit ist leicht.
Auch das Essen ist gut. Vielleicht schützt uns auch die Arbeit vor Polen. Die Vorgesetzten sind nett zu uns, und wir haben keine Klage. Herr Mendel hat sich gleich nach dir, l. Liesel, erkundigt. So, nun für heute Schluß, ich muß zur Bahn 7 [...][15] geht mein Zug.

Heute, Mittwoch d. 25. März, schreibe ich weiter. Eisenach wurde heute evakuiert. In Veilsdorf wird man uns reklamieren und alles tun, um uns zu helfen, wenn es dazu kommen sollte. Wir kommen natürlich nicht zur Ruhe, dafür ist gesorgt. Ich bin so froh, daß ihr in Sicherheit seid und ich diese Sorgen nicht habe. Denn wenn ich denke, daß Rehbocks mit dem kleinen Peter[16] fortmußten, [...][17] mich das Grauen. Noch sind auch Tante Flora und Onkel Adolf in Köln.[18] Hoffentlich noch länger.
Wertheims[19] aus Düren sind mit vielen anderen für Polen aufgefordert. Wir haben schon vor einem halben Jahr die Vorbereitungen dazu getroffen. Man weiß ja am Abend nicht, was der nächste Tag bringt, und ob man diese Zeit überleben wird. In Veilsdorf ist auch Heinz, Frau Julius Mühlfelder[20] und Else Mühlfelder, von Sali M.

10 Von Mitte Sept. 1941 an mussten alle Juden ab dem sechsten Lebensjahr einen gelben Stern sichtbar an ihrer Kleidung tragen; VEJ 3/212.

11 Emma Rosenthal, geb. Kahn (1878–1943), Schwester von Frieda Stiefel; 1904 Heirat mit Hermann Rosenthal; mit ihrer Tochter Erna (1905–1943) die letzten jüdischen Einwohner in Hildburghausen; beide nahmen sich vor der Deportation das Leben.

12 Bella Blumenkron, geb. Simon (*1898); sie wurde gemeinsam mit Frieda Stiefel nach Bełżyce deportiert und hat nicht überlebt.

13 Anneliese Rehbock, geb. Gerau (1911–1944?); Freundin von Frieda Stiefel; heiratete 1937 den Kaufmann Adolf Rehbock (1886–1944); beide wurden im Sept. 1942 nach Theresienstadt deportiert, wo Adolf Rehbock im März 1944 starb, seine Ehefrau wurde im Okt. 1944 von Theresienstadt nach Auschwitz deportiert und dort ermordet.

14 Nach Kriegsbeginn stellte die Porzellanfabrik Kloster Veilsdorf ihre Produktion von Zierporzellan auf Porzellanstifte für Entfernungsmesser an Geschützen, Richtgeräten und Isolatoren um. Bis zur Einrichtung eines Barackenlagers waren ausländische Zwangsarbeiter in Fabrikräumen untergebracht. Welche Arbeit Frieda Stiefel verrichten musste, ist unbekannt.

15 Unleserliche Stellen sind hier und im Folgenden mit Auslassungszeichen in eckigen Klammern gekennzeichnet.

16 Machol Peter Rehbock (1938–1944); Sohn von Anneliese und Adolf Rehbock; er wurde mit ihnen zusammen im Sept. 1942 nach Theresienstadt, im Okt. 1944 weiter nach Auschwitz deportiert und dort ermordet.

17 Wort teilweise unleserlich, evtl. packt.

18 Flora Mayer, geb. Kahn (1886–1942); Schwester von Frieda Stiefel; von 1910 an mit Adolf Mayer verheiratet, mit dem sie am 18.9.1942 nach Theresienstadt deportiert wurde; dort starb sie wenige Tage später, ihr Ehemann wurde am 14.5.1944 nach Auschwitz deportiert und ermordet.

19 Ernestine Wertheim, geb. Mayer, war die Tochter von Flora und Adolf Mayer, verheiratet mit Ernst Wertheim.

20 Die Ehefrau von Julius Mühlfelder (*1881) hieß Rosa Mühlfelder, geb. Friedmann (*1892); ihre drei Kinder konnten nach Palästina auswandern, die Eltern wurden ins Getto Bełżyce deportiert; ihr weiteres Schicksal ist unbekannt.

die Frau,[21] Frau Moosbacher,[22] Lotte Walter,[23] Rut Stein[24] u. noch viele andere. Aus Wien 20 Frauen. Wir wünschen uns, bis Ende des Krieges bleiben zu können.

D. 29. März, Fortsetzung. Eben jetzt wurden unsere Kennkarten abgeholt. Was weiter wird, muß man sehen. Schreiben wollte ich euch noch, daß unsere Koffer und 1 Kiste in Basel bei Sped. Danzas liegt. Jenny Bloch[25] hat das Lagergeld ausgelegt. Es ist leider nicht getrennt gepackt. Die Kölner und [...].[26]
Es ist ein rotes Kleid für dich, l. Liesel. Eines f. Esti und zwei geblümte, 1 für Esti und 1 für Dani. Eine graue Hose, lb. Robert, und 1 blauer Filzhut und Panamahut f. dich, lieber Robert. Ein Florentiner ungarniert für dich, meine gel. Liesel. Für Esti ist noch eine Puppe dabei. Das schwarze Kleid mit den Seideneckchen [?] ist mein und eines mit weißen [?] Rüschchen und sonst noch vieles. An sich sind dies ja keine Wichtigkeiten. Die Hauptsache ist, daß alles gesund bleibt und wir uns vielleicht doch nochmal sehen. Morgen, d. 30.3., fahren wieder früh nach Veilsdorf.

So, meine geliebten Kinder, nun sind wieder einige Tage vergangen, heute ist der 5. April. Die Pessachtage[27] können wir in keiner Weise halten. Mazze[28] gibt es gar keine. Doch auch das wird vorübergehen. Ich will euch noch mitteilen, daß Onkel Emil, Fanny und Ruth schon im Nov. nach Polen mußten. Nachricht habe ich bis heute keine erhalten, überhaupt hat keiner, der bei diesem Transport Angehörige hat, eine Zeile erhalten. Ich bedauere es sehr. Ich schrieb euch nichts [davon], da Tante Fanny mich extra bat, daß Lilli[29] es nicht erfährt. Heute ist der 1. Osterfeiertag. Wir haben von Sonnabend bis Dienstag frei. So ist es hier still. Ich will noch bemerken, daß in der Kiste ein schwarzer Kleiderkoffer, nicht so groß, ist, der hat eine Tasche in dem ein Hermelinpelzchen für dich, l. Liesel, ist. Einige Umschlagtücher und Kopfkissen für Esti. Ich ließ auch die Puppenwiege mitgehen für Esti.

Heute ist der 18. April. Inzwischen sind wieder Tage dahingegangen, und es hat sich nichts Wesentliches ereignet. Gestern bekam ich Euren Brief v. 1./3., natürlich hatte ich eine große Freude. Man hat ja nur einen Wunsch, der Krieg möge zu Ende sein.

21 Else Mühlfelder, geb. Mayer (*1898); heiratete 1920 Sally Mühlfelder (*1884), Kaufmann; das Paar wurde am 10.5.1942 in das Getto Bełżyce deportiert; weiteres Schicksal unbekannt.

22 Richtig: Hedwig Mosbacher, geb. Heinemann (*1902); heiratete 1923 Otto Mosbacher (*1894), mit dem sie am 10.5.1942 auch in das Getto Bełżyce deportiert wurde; beide wurden später für tot erklärt.

23 Vermutlich: Charlotte Walther, gesch. Radilewsky (1902–1942?), Erzieherin; geb. in Meiningen, bis 1936 verheiratet mit dem Kaufmann Luis Radilewsky (1883–1943), wohnte 1934–1936 in Berlin, später vermutlich wieder in Meiningen; sie wurde im Mai 1942 ins Getto Bełżyce deportiert; weiteres Schicksal unbekannt.

24 Richtig: Ruth Stein (*1920); wurde ebenfalls am 10.5.1942 in das Getto Bełżyce bei Lublin deportiert; weiteres Schicksal unbekannt.

25 Vermutlich: Jenny Bloch, geb. Guggenheim (*1882); geb. in Basel, wohnte später in Frankfurt a. M. und emigrierte über Großbritannien in die USA.

26 Ein bis zwei Wörter am Seitenende unleserlich, möglicherweise fehlt eine Seite.

27 Das Pessach-Fest, eines der wichtigsten Feste im Judentum, erinnert an den Auszug aus Ägypten, also die Befreiung der Juden aus der Sklaverei.

28 Der Verzehr von ungesäuertem Brot gehört zum Ritus des Pessach-Festes.

29 Lilli war eine Cousine von Lieselotte Stiefel, die nach dem Krieg in Israel lebte.

Blatt II d. 8. Mai 1942 So nun sind wir soweit, mit nach Polen zu müssen. Erna ist reklamiert, bei Tante Emmi zu bleiben, da sie nicht allein sein kann. Es ist eine Beruhigung für mich. Rehbocks sind auch verschont, da Rehbock das Verwundeten-Abz. aus dem Weltkrieg hat. Bella, Inge Blumenkron,[30] die Themarerer, Anna und Max Friedmann[31] aus Römhild, Meiningen und Eisenach, wir gehen zusammen.[32] Unser ganzes Arbeitskollegium Veilsdorf. Es ist gut, daß Rehbocks nicht mit brauchen, schon des Kindes wegen. Wenn ich schreiben kann von dort, tue ich es. Lebt wohl, meine geliebten Kinder, und seid viel tausend Mal geküsst. Eure Mutter

Ich mache mir es nicht so schwer. Sorgt Euch nicht und macht Euch keine Gedanken. Wie es das Schicksal will. Vielleicht kommen [wir] schon bald wieder.

DOK. 110

Robert Ley spricht am 10. Mai 1942 auf einer Kundgebung in Amsterdam öffentlich von der Notwendigkeit der Vernichtung der Juden[1]

Ansprache von Robert Ley[2] auf der Ersten Gemeinschaftskundgebung der Deutschen und Niederländischen Arbeitsfront in Amsterdam vom 10.5.1942[3]

„[...][4]

Dieser Krieg ist kein Krieg zwischen Deutschland und Holland und Belgien und Frankreich und Norwegen und Polen und dem Balkan, sondern dies ist ein Krieg der nationalbewußten, rassisch gebundenen Völker und Menschen gegenüber jenem Parasitentum,

30 Inge Blumenkron (1929–1942?) wurde am 10.5.1942 nach Bełżyce deportiert, weiteres Schicksal unbekannt.

31 Max Friedmann (1887–1942?), Kaufmann; wurde nach dem Novemberpogrom 1938 im KZ Buchenwald inhaftiert und am 10.5.1942 mit seiner Ehefrau Anna, geb. Kahn (1892–1942?), in das Getto Bełżyce deportiert, beide überlebten nicht.

32 Am 10. Mai 1942 wurden ca. 1000 Juden aus Thüringen und Sachsen in das Getto Bełżyce deportiert. Viele der über 500 Deportierten aus Thüringen waren bereits einen Tag zuvor nach Weimar gebracht worden, wo eine Viehauktionshalle in der Nähe des Güterbahnhofs als Sammellager diente. Der Transport fuhr am nächsten Morgen ab und weitere Juden mussten in Leipzig und Chemnitz zusteigen. Die Deportierten kamen am 12.5.1942 in Lublin an, wo sie einen ca. 20 km langen Fußmarsch in das Getto Bełżyce zurücklegen mussten. Aus Thüringen überlebte von diesem Transport nur Hannelore Wolff (später Laura Hillman) (*1923).

1 DRA, 52 8747. Abdruck in: Judenverfolgung und jüdisches Leben unter den Bedingungen der nationalsozialistischen Gewaltherrschaft, Bd. 1: Tondokumente und Rundfunksendungen 1930–1946, Potsdam 1996, S. 209–211.

2 Dr. Robert Ley (1890–1945), Chemiker; 1921–1927 in der Fa. Bayer bzw. I.G. Farben AG tätig; 1925 NSDAP- und SA-Eintritt, 1925–1931 NSDAP-Gauleiter Rheinland-Süd; mehrere Freiheits- und Geldstrafen wegen antisemitischer Hetze; von 1933 an Reichsleiter der DAF; 1945 angeklagt im Nürnberger Prozess, nahm sich das Leben.

3 Der Text folgt der Tonaufnahme der Rede; Ausschnitte: 2'50–5'30, 11'35–18'20 und 53'30–53'55; Gesamtdauer der Ansprache: 62 Minuten 35 Sekunden.

4 Im ersten Teil der Rede blickt Ley auf die Besetzung der Niederlande durch deutsche Truppen am 10.5.1940 zurück und betont, dass die europäischen Länder unter einem „gemeinsamen Feind" gelitten hätten.

jenem Schmarotzertum, jenem Bazillus, der die Völker befallen hat, Juda, [Beifall,] der gemeinsame Feind ist Juda. [Beifall.]
So sehe ich denn auch den Tag vor zwei Jahren, wo unsere Soldaten hier einmarschierten, wie eine Operation an, die ein kluger und verantwortungsbewußter Arzt vornehmen mußte. Die Kämpfe in Deutschland, die wir jahrzehntelang geführt haben, die der Führer seit dem Jahre 1919 führte, waren ja auch für das deutsche Volk sehr schmerzhaft. Es gab da viele Tote in diesem Kampf – und Verwundete – auf beiden Seiten. Das deutsche Volk hat insgesamt in diesem Kampf viele Tausende von Toten und Verwundeten gelassen. In dem Kampf um die deutsche Seele, in dem Kampf, diesen Schmarotzer Juda zu beseitigen, das war auch eine schmerzhafte Operation. Und so ist auch dieser Krieg kein Krieg der Völker untereinander, sondern eine Beseitigung der Ursachen aller Kriege. Juda muß fallen und wird fallen. [Beifall.]
[...][5]
Und hier war nun ein Drahtzieher, das war nicht etwa von ungefähr alles und zufällig, sondern hinter den Kulissen, da saß ein krummnasiger, plattfüßiger Jude, der das alles verursacht hat, der hier der Drahtzieher war. [Beifall.] Er flüsterte das den Menschen ein, er gab das als Wissenschaft aus, als Ideale, er kaufte sie mit seinem Geld. Wenn er nicht Dumme genug fand, dann fragte er: ‚Was kostet es, ich bezahle es.' Er kaufte sich Parteien, Fürsten, Könige und Kaiser kaufte er sich. Er kaufte sich Armeen. Waffenfabriken vor allem kaufte er sich. Er kaufte sich Menschen, Demonstrationen, er machte Versammlungen. Er kaufte sich alles, er kaufte sich sogar ein heiliges Priestergewand, auch das kaufte sich der Jude. Er kaufte sich alles, nur allein um das Wort zu bewahrheiten: Teile und herrsche. Teile und herrsche. Teile die Völker, teile die Erdteile, teile die Menschen, teile die Wirtschaft, teile die Nationen, dann wirst Du, Jude, herrschen. Das war seine Parole, die verfolgte er mit einer teuflischen Konsequenz. Er war der Zwerg, Mime und Alberich, der im Hintergrund natürlich immer da war, er hatte seine Tarnkappe.[6]
Der Jude ist an sich dumm, meine Kameraden, und gar nicht gefährlich, sobald man ihn sieht und kennt. Wenn sie den Juden hochheben, in die Luft lüpfen, und dann zappelt er wie ein Zwerg, [Gelächter] glauben Sie mir, da ist gar keine Gefahr da, er ist nur gefährlich im Hintergrund, wenn er sich tarnen kann, dann ist er gefährlich. [Beifall.] Für uns ist der Jude nicht mehr gefährlich, wir lachen beinah. [Beifall.]
Gehen Sie durch Berlin heute durch, ich habe hier heute in Den Haag und Amsterdam [Gelächter] einige protzige Juden gesehen, die mit ihrem gelben Stern demonstrativ daherkamen.[7] Ich habe gesagt, in einem Jahr ist das vorbei, dann sind sie so klein, ganz klein, [Beifall.] ganz klein. [Langer Beifall.] Jetzt, wo Ihr sie kenntlich gemacht habt,

5 Anschließend spricht Ley über die Zerrissenheit der Nationen vor dem Krieg. Zwischen den Völkern sei eine „europäische Gemeinschaft" undenkbar gewesen, während die Länder im Inneren durch Konflikte zwischen Parteien, Konfessionen und anderen Gruppierungen gespalten gewesen seien.

6 Anspielung auf Richard Wagners Opernzyklus „Der Ring des Nibelungen", in dem der Zwergenkönig Alberich seinen Bruder Mime dazu zwingt, ihm aus dem Rheingold einen Tarnhelm zu schmieden, durch den er die Gestalt wechseln und unsichtbar werden kann. Beide Brüder versuchen, durch listiges Verhalten in den Besitz des magischen Rings der Nibelungen zu gelangen, um sich die Welt zu unterwerfen.

7 Vom 3.5.1942 an mussten niederländ. Juden in der Öffentlichkeit den sog. Judenstern sichtbar auf der Kleidung tragen; siehe VEJ 5/130.

sind sie für Euch keine Gefahr mehr, da zerbrechen sie an ihrer Minderwertigkeit, da zerbrechen sie dran. [Beifall.]
So ist es bei uns, sie sind bei uns nur noch Wracks, wir haben die Judenfrage praktisch gelöst, ohne Geschrei und ohne was zu tun, nur mit dem Stern, da löst man sie, sie gehen dann ein wie die Schmarotzer. [Gelächter.] Sie gehen ein, sie haben keine Luft mehr, keine Welt mehr, sie haben die Welt der Tarnung nicht mehr und der Lüge nicht mehr. Meine Kameraden, glauben Sie mir, ich male Ihnen das nicht zu schwarz, und es ist mir auch bitter, bitter ernst. Der Jude ist die große Gefahr der Menschheit. Und wenn es uns nicht gelingt, ihn auszurotten, dann haben wir den Krieg verloren. Es genügt nicht, ihn irgendwohin zu bringen, es ist genauso, als wenn man die Läuse irgendwo in einen Käfig hineinsperren wollte. [Gelächter.] Sie finden auch einen Ausweg und kommen wieder unten hervor, auf einmal da jucken sie einen wieder [Gelächter] und sind wieder da. Man muß sie vernichten, man muß sie ausrotten, sie haben die Menschheit [...][8]
[Langanhaltender Beifall.]
Und meine Kameraden, wenn man vorher vielleicht noch von Mitleid gepackt war, und es gibt tatsächlich auch noch viele Menschen heute noch, die sagen: ‚Ach Gott, die armen Juden', so kann ich bloß immer an eines erinnern und frage Euch alle selber: Was haben sie Euch getan? Was haben sie dem schaffenden Menschen getan, den Völkern der Erde getan? Alle Kriege stammen von Juda, alle Rebellionen, Revolutionen stammen von ihm, alle Unordnung stammt von ihm, alle Ausbeuterei stammt von ihm, der Kapitalismus ist seine Erfindung, Juda, der Bolschewismus ist ein Erzeugnis Judas, alles Schlechte und Gemeine stammt von diesen plattfüßigen Juden, von dem stammt es. [Beifall.]
[...][9]
Der Kapitalismus, er muß brechen, und er ist gebrochen, die Macht des Goldes, sie ist vorbei, Juda. Sie werden zusammengetrieben, und sie werden eines Tages nicht mehr sein, sie werden vernichtet werden, wie man Ungeziefer vernichtet. Und die Menschheit wird dann frei werden, frei sein.
[...][10]“

8 Ein Wort unverständlich.

9 Im Folgenden führt Ley seine Behauptungen über den jüdischen Einfluss in Europa weiter aus, spricht von der Unzivilisiertheit der Sowjetunion und berichtet davon, wie er nach dem Ersten Weltkrieg durch Adolf Hitler einen neuen Gottglauben gefunden habe. Des Weiteren geht er auf das positive Verhältnis zwischen den Niederlanden und Deutschland ein, fordert den Zusammenschluss Europas gegen die Macht der „kulturlosen“ USA und prophezeit, dass durch die Eroberung der Sowjetunion eine neue Zeit anbrechen werde.

10 Am Ende der Rede geht Ley auf Großbritannien ein, das die „alte Welt“ repräsentiere, und sagt dessen Ablösung durch das „junge Europa“ voraus. Dafür müsse man die Macht des Zinses brechen und sich auf Arbeit und Leistung besinnen. Abschließend prophezeit er den Sieg Deutschlands und die endgültige Vernichtung des Kapitalismus und des Judentums.

DOK. 111
Hermann Samter schildert am 11. Mai 1942 die Gerüchte über das Schicksal der Deportierten und die Folgen des Verbots, öffentliche Verkehrsmittel zu benutzen[1]

Handschriftl. Brief von Hermann Samter,[2] Berlin, an Karolina Stadermann[3] und Lisa Godehardt,[4] Breitenholz, vom 11.5.1942

Liebe Frau Stadermann, liebe Lisa,
vielen Dank für die schönen Sachen, die mich ganz besonders erfreuten, erstens weil es ganz unerwartet kam und zweitens weil man nach 2 ½ Jahren Krieg schon wirklich ganz schön ausgehungert ist. Na, und das Obst! Das war was für mein Gemüt, ich meine meinen Magen! Recht herzlichen Dank!
Also wie Sie sehen, sind wir noch hier, trotz Lisas dunklen Ahnungen, wie lange noch, ist natürlich eine andere Frage. Seit Ende Januar sind von Berlin 2 Transporte abgegangen, einer Ende März, der andere am Karfreitag.[5] Damit sind aus Berlin 12 000 Leute fortgekommen. Es sind noch übrig: 43 000 Leute mit Stern, 13 000 ohne Stern, im Altreich außerhalb Berlins wohnen etwa noch die gleiche Anzahl. Das Schicksal der einzelnen ist offenbar ganz verschieden: Von Minsk, Kowno, Riga hört man nichts, allgemein wird geglaubt, daß die Behandlung in Riga anständig sein soll.[6] Aus Litzmannstadt kommen nur gedruckte Karten, worin Geldsendung[en] mit eigenhändiger Unterschrift bestätigt werden. Neulich erfuhr eine Frau hier den Tod ihres Vaters nur dadurch, daß die Mutter in Litzmannstadt auf die Quittung vor den Namen ein „Wwe"[7] gesetzt hatte. Sonstige Post kommt von dort gar nicht mehr. Warschau: Die Leute sind in der ehem. Bibliothek außerhalb des Ghettos untergebracht.[8] Es scheint dort sauber u. geordnet zuzugehen. Weit über 1000 Leute wohnen in einem Gebäude, je 2 liegen auf einer Holzpritsche. Die Trauringe wurden abgenommen. Die meisten haben ihr Gepäck mitbekommen. Seife u. Seifenpulver fehlte überall. Verpflegung: 125 gr. Brot pro Tag, Kaffee, Gemüsesuppe, kein Fett, kein Fleisch, wer zur Arbeit vermittelt wird, bekommt etwas mehr. Ein Teil der Männer ist in Arbeitslager gekommen, von wo aus er an seine

1 Holocaust Memorial Center Farmington Hills, AR 086, Accn 0158, Kopie: YVA, 02/30, Bl. 17 f. Abdruck in: Hermann Samter, „Worte können das ja kaum verständlich machen". Briefe 1939–1943, hrsg. von Daniel Fraenkel, Göttingen 2009, S. 84–87.

2 Dr. Hermann Samter (1909–1943), Journalist, Volkswirt; 1939–1942 für die Zeitung Jüdisches Nachrichtenblatt, dann bei der Reichsvereinigung tätig; am 12.3.1943 zusammen mit seiner Frau Lili Samter, geb. Landsberger (1919–1943), nach Auschwitz deportiert und ermordet.

3 Karolina Stadermann, geb. Heimann (*1865), war die ehemalige Haushälterin von Hermann Samters Eltern.

4 Lisa Godehardt, geb. Stadermann (1902–1980), Tochter von Karolina Stadermann. Die beiden Frauen wohnten während des Kriegs im thüring. Dorf Breitenholz und unterstützten Hermann Samter mit Lebensmittelpaketen.

5 985 Menschen wurden am 28.3.1942 mit dem 11. Osttransport ins Getto Piaski deportiert. Die Osttransporte 12 und 13 verließen Berlin am Gründonnerstag, den 2.4.1942. Mit ihnen wurden 1025 bzw. 984 Juden, darunter rund 650 Berliner, ins Warschauer Getto deportiert.

6 Zu den Deportationen aus Berlin nach Riga siehe Einleitung, S. 38–40.

7 Witwe.

8 Das Gebäude der Judaistischen Bibliothek in der Tłomackie-Straße beherbergte während des Kriegs u. a. die Warschauer Zweigstelle der Jüdischen Sozialen Selbsthilfe. Von März 1942 an lag es außerhalb der Gettogrenzen.

Angehörigen in Warschau nicht mehr schreiben kann.[9] Geld- u. Päckchensendungen sind möglich – man darf sich nur nicht dabei erwischen lassen, da Geschenke an Leute, die die Grenze überschritten u. infolgedessen ausgebürgert sind, bei Strafe von bis zu 2 Jahren Gefängnis verboten sind.[10] Piaski bei Lublin: Hier lebten seit 2 Jahren Stettiner, die zum größten Teil vor Ankunft des letzten Berliner Transports nach Osten – unbekannt wohin – fortgekommen sind.[11] Hier herrscht der größte Schmutz u. fürchterliche Not. Die Leute schrieben noch nach Wochen, daß sie noch nicht aus den Kleidern gekommen wären. Tagesration: 50 gr Brot, ½ Liter Kaffee, ¾ Liter Suppe (ohne Fett). Wer hier also nicht in Arbeit kommt u. dadurch mehr erhält, ist verloren. Kranke u. alte Leute sind dem Hungertod preisgegeben. Auf das Gepäck (außer Rucksack) wurde noch nach vielen Wochen gewartet. Mit dem Hinschicken von Päckchen + Geld ist es ebenso wie nach Warschau. –

Berlin: Seit dem 1. Mai besteht ein Verbot für die Benutzung öffentlicher Verkehrsmittel. Erlaubnis haben nur: 1) Leute, die in Arbeit stehen u. einen Weg von mehr als 7 km haben oder krank sind, 2) Schulkinder, die einen Weg von 5 km haben oder krank sind, 3) Ärzte, Krankenschwestern, Konsulenten. Diese Leute dürfen aber nun nicht etwa private Besuche per Bahn machen.[12] Tante Nellys[13] Weg ist erfreulicherweise über 7 km, und ich habe ganz großes Glück: Ich bekam einen Dienstausweis für sämtliche Verkehrsmittel, da ich oft in die Druckerei muß. Natürlich muß ich bei Kontrollen jederzeit nachweisen können, daß es sich um eine dienstliche Fahrt handelt. Also spätabends, Sonnabendnachmittag oder Sonntag ist da nichts zu machen. – Die Folgen sind schlimm: Abgesehen davon, daß nun viele einen Weg von über 1 Stunde von u. zur Arbeit zu gehen haben, hört doch auch der private Verkehr weitgehend auf. Eltern können ihre Kinder oft nicht mehr besuchen, Ausflüge kommen schon gar nicht mehr in Frage, Krankenhausbesuche sind auch für die meisten nicht mehr möglich (bezügl. des Krankenhauses hofft man allerdings, daß die nächsten Angehörigen eines Kranken in absehbarer Zeit eine Fahrgenehmigung erhalten), und wer soll noch zum Friedhof nach Weißensee laufen? Das Betreten des Tiergartens u. sämtl. Parkanlagen wurde verboten, ferner darf man an folgenden Straßen nicht mehr entlanggehen (kreuzen darf man sie): Tauentzien- u. Hardenbergstr. von Zoo – Wittenbergpl., Linden vom Brandenburger Tor bis Kaiser-Wilhelm-Str., Kurfürstendamm u. Budapester Str. von Bleibtreu- bis Kurfürstenstr.[14] Besonders das Verbot des Tiergartens verlängert die Wege oft ganz enorm.

9 Vermutlich wurden alle unter 50 Jahre alten Männer des Transports, die die SS als arbeitsfähig einstufte, in das Arbeitslager Treblinka I gebracht.

10 Vgl. § 4, Absatz 2 der 11. VO zum Reichsbürgergesetz; Dok. 43 vom 25.11.1941.

11 Am 13.2.1940 wurde ein Großteil der jüdischen Bevölkerung Stettins, etwa 1200 Menschen, nach Piaski und in weitere Orte im Bezirk Lublin deportiert. In ihren Wohnungen wurden deutschsprachige Umsiedler aus dem Baltikum untergebracht. Infolge schlechter Lebensbedingungen starb ein Drittel der Stettiner Juden bereits in den ersten sechs Monaten nach der Deportation. Die übrigen wurden von März 1942 an zusammen mit den poln. Juden in die Vernichtungslager deportiert und ermordet; VEJ 3, S. 38 f., VEJ 3/52 und 53; siehe auch Dok. 121 vom 5.6.1942.

12 Das Verbot wurde im Jüdischen Nachrichtenblatt Nr. 17 vom 17.4.1942 veröffentlicht und trat zum 1.5.1942 in Kraft. Die Nutzung der öffentlichen Verkehrsmittel war bereits im Sept. 1941 eingeschränkt worden; VEJ 3/222.

13 Nelly Neisser, geb. Hamburger (1887–1943), Lehrerin; von Febr. 1942 an Zwangsarbeit für die Fa. Osram in der Seestraße in Berlin-Wedding; am 12.3.1943 mit Hermann Samter und seiner Frau nach Auschwitz deportiert und dort ermordet.

14 Die Sperrung der Gebiete wurde am 9.5.1942 bekannt gegeben.

Natürlich führt das nur dazu, daß Leute ohne Stern herumlaufen, was zur Folge hat, daß sie mit dem nächsten Transport fortmüssen, wenn sie geschnappt werden. Andere wieder versuchen, doch noch über die Grenze zu kommen: So kenne ich ein Mädel, die immer sehr vorsichtig war, im Winter nie nach 8 nach Haus kam, nie den Stern verdeckte, der ist es nun auch zuviel geworden, sie schloß sich einer Gruppe von Leuten an, die nach Belgien wollten. Die Sache kam raus: Vor einigen Wochen hat man am Potsdamer Platz die Leute verhaftet, nun heißt es wohl KZ oder Abtransport. – Allgemein wurde auch ein Ausgehverbot für Sonntage erwartet, bisher ist es aber noch nicht ausgesprochen worden. – Körperbehinderte, auch Schwerkriegsbeschädigte, müssen jetzt ihre Selbstfahrer[15] abgeben, auch wenn sie sich nicht allein fortbewegen können. Sie werden dafür ins Hospital aufgenommen, wo sie aber – wegen des Fahrverbots – nur von wenigen besucht werden können. – So, das genügt wohl für heute, und Sie werden begreifen, daß man eiserne Nerven haben muß, um das alles heil zu überstehen. –
Neulich bekam ich von Onkel Paul einen Gruß über die Schweiz. Dort scheint noch alles einigermaßen in Ordnung zu sein. Tante Nelly gefällt die Arbeit weiter sehr gut. Übrigens hat man ihr, wie allen anderen städtischen Pensionären, die Pension gestrichen.[16] Mit ihrem glücklichen Temperament freute sie sich darüber, weil dadurch die Aussichten einer Evakuierung geringer geworden sind. Da sie einschl. meiner 6 Untermieter[17] hat, kann sie ja mit Hilfe ihres Wochenlohns u. der Miete auskommen.
Wollten Sie nicht im Frühling nach Berlin kommen, Lisa? Wie ist es denn damit? Vielleicht kann Roswitha schon mitreisen? Schreiben Sie doch mal wieder einen ausführlichen Brief!
Herzliche Grüße
u. nochmals vielen Dank!

DOK. 112

Der Leiter der Synagogengemeinde Hannover erhält am 14. Mai 1942 vom Stadtinspektor Anweisungen zur Räumung mehrerer „Judenhäuser"[1]

Aktennotiz (3/D2) der Reichsvereinigung der Juden, ungez., über die Rücksprache im Neuen Rathaus betr. Grundstück Ohestraße 8 und 9, Hannover, vom 14.5.1942

Der Leiter der Synagogen-Gemeinde Hannover, Max Israel Schleisner,[2] begab sich auf telefonische Verabredung vom 13. ds. Mts. in das Büro des Herrn Stadtkämmerers Weber. Dort wurde ihm erklärt, der Herr Stadtkämmerer sei dienstlich verhindert; die

15 Dreirädriger Rollstuhl.
16 Im Jan. 1942 verfügte der kommissar. OB Ludwig Steeg die Streichung der Versorgungsbezüge für Juden in Berlin; BArch, R 1501/5519, Bl. 497 f.
17 Während des Kriegs nahm Nelly Neisser in ihrer Wohnung in der Schillstraße 18 in Berlin-Tiergarten jüdische Untermieter auf, darunter Hermann Samter, Elise Türk (1897–1942?), Willi Pless (1899–1945), Chefredakteur und Herausgeber des Jüdischen Nachrichtenblatts, und seine nichtjüdische Frau Margarete Pless, geb. Heilers (*1914).

1 BArch, R 8150/113, Bl. 130 f.
2 Dr. Max Schleisner (1885–1943), Jurist; von 1913 an als Rechtsanwalt am Landgericht und Amtsgericht Hannover tätig; ab 1923 im Vorstand der Synagogengemeinde, als deren Rechtsberater er fungierte; im März 1943 mit Ehefrau und Tochter nach Theresienstadt deportiert, wo er am 18.7.1943 verstarb.

Angelegenheit sei aber mit Herrn Stadtinspektor Queisser[3] besprochen, an den der Leiter der Synagogen-Gemeinde sich wenden solle.
Es fand darauf eine Besprechung mit Herrn Stadtinspektor Queisser von der Mob-Abteilung statt.[4] Der Leiter der Synagogen-Gemeinde legte dar, daß ihn Herr Stadtoberinspektor Liebeknecht von der Grundstücksabteilung an Herrn Stadtkämmerer Weber als den zuständigen Dezernenten für die Weiterbelassung der Grundstücke Ohestraße 8 und 9 verwiesen habe.[5] Durch das Büro des Herrn Stadtkämmerer Weber sei er zu Herrn Stadtinspektor Queisser geschickt.
Es wurde darauf hingewiesen, daß auf Grund des Rundschreibens vom 27.1.1942, 42/18/28,[6] wir Räumungsverlangen erst nachkommen könnten, wenn über die Kosten der Räumung zuvor eine Entscheidung der Reichsvereinigung der Juden in Deutschland, Berlin, bezw. deren Aufsichtsbehörde[7] herbeigeführt sei. Aus diesem Grunde habe auch die Synagogen-Gemeinde Hannover das dem Leiter der Abt. Fürsorge, Joachim Israel Schendel,[8] am Freitag, dem 1. Mai ds. J. mündlich mitgeteilte Räumungsverlangen nach Berlin weiterberichten müssen.
Es wurden die Wohn- und Verpflegungsverhältnisse der Juden in Hannover durchgesprochen, wobei Herr Stadtinspektor Queisser sich auf den Standpunkt stellte, daß evtl. die Küche des Altersheims und Krankenhauses Ellernstraße 16 die Verpflegung der Ohestr. 8 und der sonst an der Küche aus anderen Häusern beteiligten Personen mitübernehmen müsse. Von der Synagogen-Gemeinde wurde auf die bestehenden Schwierigkeiten, wie Belastung der Küche des Krankenhauses, weite Entfernung von den übrigen Judenhäusern und der nicht zu lösenden Schwierigkeit des Transportes von der Ellernstraße zu den anderen Judenhäusern hingewiesen. Herr Stadtinspektor Queisser erklärte sodann, daß dann eine Küche im Keller des Hauses Ohestraße 8 eingerichtet werden könnte. Auf die Schwierigkeiten wegen Beschaffung eines Herdes, der Beschaffung der notwendigen Materialien und der Bereitstellung von Handwerkern sowie auf die Verlegung der Kleiderkammer von der Ohestraße 9 nach der Bergstraße 8,[9] was alles eine längere Zeit erfordere, wurde hingewiesen. Herr Stadtinspektor Queisser erklärt, wir hätten von der Inanspruchnahme des Grundstücks Ohestr. 9 bereits nach der Rück-

3 Gustav Queisser (1903–1944), Beamter; von 1938 an Stadtinspektor und in dieser Funktion für die Beschlagnahmung der Wohnungen von Juden und die Übersiedlung der Bewohner in „Judenhäuser" Mitte 1941 zuständig; 1942 zum Stadtoberinspektor ernannt, 1944 zur Wehrmacht eingezogen und gefallen.
4 Die Mobilmachungsabt. der Stadtverwaltung Hannover bestand von Sept. 1938 an und war seit Mitte 1940 zuständig für die Verteilung von Wohnungen jüdischer Mieter und die Verwertung jüdischen Besitzes für die städtische Kriegswirtschaft. Ihr Leiter war Stadtrat Wilhelm Bakemeier.
5 In der Ohestraße existierten seit 1887 verschiedene Einrichtungen der Synagogengemeinde Hannover: Schulen, eine Lehrerausbildungsstätte, ein Kindergarten, eine öffentliche Küche und die Zentralstelle für Wohlfahrtspflege. Von Sept. 1941 bis Juni 1942 zählte der Gebäudekomplex 8 und 9 zu den insgesamt 15 „Judenhäusern" in Hannover, in denen Juden auf engstem Raum zusammenleben mussten. Die Gebäude wurde zum 30.6.1942 geräumt und an die Stadt übergeben. Bei einem Großteil der Einwohner handelte es sich um alte Leute.
6 Nicht ermittelt.
7 Aufsichtsbehörde war das RSHA.
8 Dr. Joachim Schendel (1902–1944), Jurist; war von Juli 1943 an in Theresienstadt inhaftiert, von dort am 19.10.1944 nach Auschwitz deportiert, wo er ermordet wurde.
9 Die Alte Synagoge in der Bergstr. 8 sowie das Wohnhaus Wunstorfer Str. 16a dienten ebenfalls als „Judenhäuser".

sprache mit Joachim Israel Schendel Nachricht erhalten. Das Grundstück Ohestr. 9 werde benötigt und müsse geräumt werden. Der letzte Termin dazu sei der 20. ds. Mts., eine Verlängerung darüber hinaus käme nicht in Frage. Es wurde nochmals auf die Schwierigkeit, die Räumung innerhalb einer solchen Frist durchzuführen, hingewiesen und weiter darauf, daß vorher eine Genehmigung der Reichsvereinigung der Juden in Deutschland, Berlin, bezw. deren Aufsichtsbehörde für die entstehenden Kosten vorliegen müsse. Herr Queisser erklärte, daß Haus Ohestraße 9 sei beschlagnahmt (was bereits am Freitag, dem 1. Mai, unserer Abt. Fürsorge mitgeteilt worden ist). Es wurde auch von seiten der Synagogen-Gemeinde darauf hingewiesen, daß bislang Verfügungen nur mündlich von seiten der Mob-Abteilung gegeben seien und wir eine schriftliche Verfügung noch nicht erhalten hätten.

Seitens der Synagogen-Gemeinde wurde im Laufe des Gesprächs darauf aufmerksam gemacht, daß die Synagogen-Gemeinde den Auflagen zur Räumung von Grundstücken bislang pünktlich innerhalb der festgesetzten Frist nachgekommen sei und daß die Synagogen-Gemeinde selbstverständlich bestrebt sei, den Auflagen der Mob-Abteilung auch bezüglich des Hauses Ohestraße 9 nachzukommen, soweit es die Anordnungen der ihr vorgesetzten Stelle, der Reichsvereinigung der Juden in Deutschland, Berlin, und der dieser vorgesetzten Aufsichtsbehörde zuließen.

Herr Queisser verlangte, daß ihm Vorschläge bezüglich der Räumung des Hauses Ohestraße 9 umgehend gemacht würden. Es wurde ihm erklärt, daß die Gemeinde diese Vorschläge bereits vorbereitet habe. Die Kleiderkammer müsse notfalls aus dem Hause Ohestraße 9 nach der Bergstraße 8 verlegt werden, die Wohnungen Schendel, Abrahamson und Schleisner aus dem Hause Ohestraße 9 in den 1. Stock des Hauses Ohestraße 8, ebenso das Büro der Abt. Fürsorge von der Ohestraße 8 in die Bergstraße 8 in das Erdgeschoß, eine Anzahl von Leuten aus der Bergstr. 8 müßten in die Wunstorfer Str. 16 a verlegt werden, auch aus dem Hause Bergstr. 8 eine Anzahl von Leuten in die Wunstorfer Str. 16 a bezw. in das Altersheim Ellernstraße 16.[10] Eine Küche für etwa 35 Leute ließe sich in der Wunstorfer Straße 16a schaffen. Herr Queisser erwiderte, daß er solche Vorschläge von uns nach Möglichkeit berücksichtigen werde, da es ihm einerlei sein könne, wie wir die Umlegung infolge Räumung des Hauses Ohestr. 9 durchführen wollten.

Herr Queisser erklärte im Laufe der Besprechung, daß das Grundstück Ohestraße 8 voraussichtlich über den 1. Juli ds.J. hinaus uns belassen werden könne, auf wie lange Zeit ließe sich von vornherein aber nicht sagen. Am Ende der Besprechung fragte der Leiter der Synagogen-Gemeinde, ob er vorstehende Mitteilung an die Reichsvereinigung der Juden in Deutschland, Berlin, weitergeben könne, was Herr Queisser bestätigte.

10 In dem Haus Ellernstr. 16 befand sich neben dem Altersheim auch ein Krankenhaus; wie Anm. 1, Bl. 151.

DOK. 113
Maria Bock verpflichtet sich am 15. Mai 1942, darauf zu achten, dass ihre minderjährige Tochter sich an die antijüdischen Bestimmungen hält[1]

Aktennotiz der Israelitischen Kultusgemeinde Wien, gez. Maria Bock, vom 15.5.1942

Als Vormund und Mutter der minderjährigen Sylvia Sara *Bock* nehme ich zur Kenntnis, daß dieselbe auf ihrem obersten Kleidungsstück das Judenkennzeichen fest aufgenäht auf der linken Brustseite zu tragen hat, ferner daß ich verpflichtet bin, bis zur Entscheidung des laufenden Gesuches um Anerkennung als Mischling, den Papierstern fest an der Wohnungstür zu befestigen,[2] und verantwortlich bin, daß die Ausgehzeit für Juden von meiner Tochter eingehalten wird, sie keine Lokale besucht und sich an sämtliche für Juden geltenden Bestimmungen zu halten hat.

DOK. 114
Die 89-jährige Hermine Lesser aus Berlin schreibt am 18. Mai 1942 ihrer Enkelin in Holland, wie sehr die antijüdischen Gesetze ihr das Leben erschweren[1]

Handschriftl. Brief von Hermine Lesser,[2] Berlin W 50, Marburger Str. 5, an ihre Enkelin Annelies Levin[3] vom 18.5.1942

Meine liebe Annelies,
Deinen Brief habe ich erhalten, aber ohne das Bildchen von Jan Joost, auf welches ich mich so sehr gefreut hatte. Den Teil für die Eltern sendete ich gleich ab. Versuche die Aufnahmen des Kindes unaufgezogen zu senden, sie lassen sie dann leichter bei der Zensur durch. Für die Eltern erreichst Du es wohl über Schweden. D. Stern tragen wir bereits seit acht Monaten: An Deiner Brust das gelbe Feld, Zeig es bewußt der ganzen Welt, Zeig stolz und frei, was Dich nur ehrt, Ein Jude ist des Sternes wert! – Nicht tragen darfst Du das Ordensband, erworben im Kampf für's Vaterland, Doch bestehen bleibt für alle Zeit, 12 Tausend waren zu sterben bereit.[4] – Sehr unangenehm für uns ist der erlaubte Einkauf in allen Geschäften nur von 4–5 Uhr, meist ist in den Läden für Lebensmittel nichts mehr vorhanden, da aber die anderen auch zu dieser Stunde kommen und zuerst bedient werden, kommt meine Hilfe oft erfolglos nach Hause. Von allen guten Sachen sind wir ausgeschlossen, wie die besseren Gemüse, Obst, Fisch, weißes Brot,

1 Archiv der IKG Wien, A/VIE/IKG/II/AUS/7/2.
2 Zur Kennzeichnung der Wohnungen von Juden siehe Dok. 95 vom 3.4.1942.

1 LBI, ME 722-MM 48, Briefe Hermine Lesser, in: Memoiren Dora Levin, Es war einmal, Kopie: IfZArch, ZS 2399, Bl. 8 f.
2 Hermine Lesser, geb. Philipp (1853–1943); heiratete 1880 den Textilfabrikanten Paul Lesser (*1846) und hatte mit ihm zwei Töchter; engagierte sich in der jüdischen Frauenbewegung und Sozialhilfe, Leiterin der Berliner Rechtsschutzstelle für Frauen, Vorsitzende des Vereins Israelitisches Heimathaus und Volksküche e. V.; am 15.9.1942 nach Theresienstadt deportiert und dort gestorben.
3 Annelies Levin, später de Vries-Levin (*1919); Tochter von Ernst Gustav und Dorothea (Dora) Levin, geb. Lesser; lebte mit ihrem Mann und dem Sohn Jan Joost in den Niederlanden.
4 Chiffre für gefallene Juden im Ersten Weltkrieg.

Konserven u.s.w. Das Wirtschaften ist bei uns eine schwierige Sache. Dazu kommen immer neue Bestimmungen wie die völlige Verkehrssperre, weder Stadt- noch Untergrundbahn, noch Elektrische ist erlaubt, dazu die Sperre für viele Straßen, der Tiergarten, noch Bellevue, jeder grüne Platz, keine Bank, kein Stuhl ist für uns gestattet, so daß der Sommer auch wenig Reiz für mich hat, da man nicht ins Freie darf und auch jedes Ausruhen unmöglich ist. Es ist hier nicht mehr schön, dazu kommen die vielen Transporte und von draußen die Rufe und die Bitten, helft uns, wir hungern und wir frieren. Und man muß helfen, so schwer es auch ist. Nein, da habt Ihr es doch viel besser, und das Leben auf dem Lande und mit dem Lande ist für Euch und für Jan Joost stärkend und gesund. Es ist mir ein Trost, daß Ihr in Putten lebt und Anban in seiner Geschicklichkeit für sich und die Seinen mit Dir seinen Unterhalt verdienen wird. Nach dem langen Winter fehlt auch hier, wo die Sonne wärmt, der Regen, wir haben heute einen schönen Frühlingstag, auf meinem Balkon wächst die Fetthenne, die keiner Pflege bedarf, aber ich kaufe noch einige Pflanzen, damit er freundlich und einladend aussieht. Bleibt mir gesund und behaltet Mut und Kraft.
Eure Großmutter

DOK. 115
Die Gestapo Düsseldorf fordert am 18. Mai 1942, Hausmeister Roth aus beschlagnahmten Kleiderbeständen den Anzug zu ersetzen, der bei der Deportation der Juden beschädigt worden sei[1]

Schreiben der Staatspolizeileitstelle Düsseldorf, II B 4/Allgem.,[2] i. V. Unterschrift unleserlich, vom Mai 1942 (Entwurf)[3]

1.) *Vorgang*: Anläßlich der am 22.4.1942 durchgeführten Evakuierung von Juden nach Izbica[4] war Hausmeister *Roth*[5] mit dem Auf- und Abbau der Durchsuchungsabteilungen und dem Abtransport der beschlagnahmten Gegenstände beschäftigt. Bei dieser Gelegenheit wurde ihm seine Bekleidung z. T. erheblich verunreinigt und stark beschädigt. Da R. nicht zugemutet werden kann, für diesen Schaden persönlich aufzukommen, und er außerdem nicht im Besitz der entsprechenden Kleiderpunkte ist, dürfte ihm von den beschlagnahmten und bereits an die N.S.-Volkswohlfahrt in Düsseldorf abgegebenen rund 150 Anzügen einer zur Verfügung zu stellen sein. Mit dem Leiter der NSV Zeughaus Düsseldorf, Pg. *Ambeck*, wurde bei der Übergabe der beschlagnahmten Gegenstände dieserhalb Rücksprache genommen, und er sagte zu, daß Roth nach der Aussortierung der Kleidungsstücke einen Anzug empfangen kann.

1 ITS Archive, Arolsen Archives, 1.2.3.0/0004/0095 (Kopie).
2 Bezeichnet das Judenreferat der Gestapo Düsseldorf.
3 Im Original handschriftl. Kürzel und Stempel.
4 Eines von mehreren Transitgettos in der Nähe von Lublin, zwischen 1941 und Nov. 1942 diente es als Getto für die ca. 2000 einheimischen Juden, zwischen März und Mai 1942 dann als Durchgangslager, in das 15 000 Juden deportiert wurden, die meisten von ihnen wurden in den Vernichtungslagern Belzec und Sobibor ermordet.
5 Karl Roth, Tischler.

2.) An das Kreisamt der N.S.-Volkswohlfahrt – Zeughaus – *in Düsseldorf*, Oberbilker-Allee 244.
Betrifft: Beschlagnahmte jüdische Bekleidungsstücke.
Vorgang: Bekannt.
Unter Bezugnahme auf die mit Pg. *Ambeck* am 27.4.1942 geführte Unterredung [...][6] ich, dem Überbringer dieses Schreibens, Hausmeister *Roth*, einen Straßenanzug als Ersatz für dessen bei den Evakuierungsmaßnahmen entstandenen Kleiderschäden aus den von hier empfangenen Beständen auszuhändigen.

3.) Z.d.A. bei II B 4.

DOK. 116

Hedwig Bielschowsky blickt am 26. Mai 1942 in einem Brief an ihre Söhne auf die Schikanen der letzten fünf Jahre zurück, die sie und ihr Mann erlebt haben[1]

Handschriftl. Brief von Hedwig Bielschowsky,[2] Wiesbaden, an Ludwig[3] und Wilhelm Bielschowsky[4] vom 26.5.1942

Mein lieber Ludwig, lieber Wilhelm!
Ich befürchte sehr, wir werden uns nicht wiedersehen, so sollt Ihr doch hierdurch erfahren, wie es uns hier in den letzten Jahren ergangen ist. Es geht uns beiden gesundheitlich nicht gut, namentlich Vater[5] ist schwer krank, doch davon später.
Wie wir nach hier kamen, ging es uns ganz gut, man konnte zufrieden sein. Wir hatten eine schöne Wohnung, konnten überall hingehen, wir waren gut zu Fuß und haben schöne Touren gemacht. Vater hatte hier ein Haus gekauft, es wohnten 8 Familien darin, wir hatten von demselben einen Überschuß von monatlich 180 M. Dann kam der 9. Novbr. 1937,[6] und es wurde alles anders. Angeblich hatte ein polnischer Judenjunge von 16 Jahren in Paris einen deutschen Angestellten der Gesandtschaft erschossen, und dieses mußten die Juden und Nichtarier hier büßen. Schon vorher mußten wir angeben,

6 Im Original „bitte“ durchgestrichen und handschriftl. unleserlich korrigiert.

1 Stadtarchiv Wiesbaden, NL 158/1.
2 Hedwig Bielschowsky, geb. Munter (1873–1942); kaufmännische Ausbildung; arbeitete im elterlichen Metall-, Porzellan-, Baumaterialien- und Kolonialwarenhandel nebst Gasthof in Schönlanke, Kreis Schneidemühl, dann Hausfrau; nahm sich nach dem Tod ihres Mannes und kurz vor ihrer Deportation nach Theresienstadt Ende Aug. 1942 das Leben.
3 Dr. Ludwig Bielschowsky (1905–1993), Jurist, Bibliothekar; Richter in Bochum; emigrierte 1934 nach Frankreich, 1936 nach Südafrika; Leiter eines Landmaschinen- und Gemischtwarenhandels in Nordtransvaal; nach 1948 an der Staatsbibliothek Kapstadt tätig; 1953 Rückkehr nach Deutschland, bis zur Pensionierung 1961 Richter am Landgericht Essen.
4 Wilhelm Bielschowsky, später William Blake (1907–1983), Jurist; emigrierte 1934 nach Großbritannien; 1945 als brit. Soldat zurück in Wiesbaden; 1948–1973 kaufmännischer Angestellter bei einer Exportfirma in London.
5 Adolf Bielschowsky (1874–1942), Ingenieur; von 1898 an bei der Fa. Arthur Koppel AG (später Orenstein & Koppel), zunächst in Berlin, von 1906 an Leiter des Werks in Bochum; 1937 im Zuge der „Arisierung“ des Unternehmens, das in Maschinenbau & Bahnbedarf AG umbenannt wurde, entlassen; Umzug nach Wiesbaden; er starb an den Folgen der Polizeihaft.
6 Richtig: 1938. Zum Novemberpogrom siehe VEJ 2, S. 51–58.

was wir an Vermögen, Silber, Schmuck, Gemälden und sonstigen Kunstgegenständen besitzen.[7] Wir mußten 12 000 M Judenabgabe bezahlen, Silber und Schmuck abgeben, wofür uns so viel wie nichts vergütet wurde. Die J. mußten, ganz gleich, welches Einkommen sie hatten, die höchsten Steuern und dann noch extra 15 % bezahlen.[8] An dem 9. Novbr. kamen alle Männer, von 18 Jahren an, ins Konzentrationslager.[9] Es war ein Glück, daß wir so außerhalb der Stadt wohnten und man uns so wenig kannte, dadurch wurde der Vater davon verschont.

Von dieser Zeit an wurde es immer schlimmer, es gab fast kein Geschäft, kein Lokal mehr, an dem nicht stand für Juden verboten, weil wir aber so wenig bekannt waren, gingen wir doch überall hin. Das Haus mußten wir verkaufen, es wurden uns alle Steuererleichterungen, die die Arier hatten, genommen, es mußte ein arischer Verwalter gestellt werden,[10] so daß wir gar keinen Überschuß, sondern noch Verlust hatten. Trotzdem Vater es zu demselben Preise, wie es gekauft war, verkauft hatte, wurde dieses nicht genehmigt; wir mußten noch 10 Tausend Mark herauszahlen. Der Vertrag mit der Firma wegen der Pension lautete auf vorläufig 3 Jahre, als Vater dieses seinerzeit beanstandet hatte, wurde ihm gesagt, daß sie mit allen Herren immer nur auf 3 Jahre und dann weiter Vertrag machen. Einige Monate bevor der Vertrag abgelaufen war, schrieb Vater an den Vorstand und bat um einen neuen Vertrag, da wurde ihm mitgeteilt, daß man uns nur noch ein Jahr monatlich 300 M zahlen würde und dann überhaupt nichts mehr. Vater ging hier zum Anwalt mit allen Unterlagen, und dieser riet sehr zu einer Klage beim Arbeitsgericht, die Kosten wären nicht sehr hoch, so daß auch ich sehr dazu geraten habe. Der Prozeß lief sehr lange, wurde immer wieder vertagt, alle Zeugen, die Vater gestellt hat, haben zu seinen Gunsten ausgesagt. Jetzt ist das Urteil gefällt worden, wir haben den Prozeß verloren, Juden haben keinen Anspruch an Pensionen. Vor einiger Zeit stand eine Notiz in der Zeitung, bevor ein Richter ein Urteil fällt, muß er sich immer selbst fragen, „wie würde in diesem Falle der Führer urteilen", dieses ist bezeichnend, und so sind heute die Richter eingestellt.[11] Nun haben wir schon seit 2 Jahren keine Pension, und die Prozeßkosten sind beinah noch 1000 M.

Ich weiß nicht, ob Ihr von den Evakuierungen schon etwas gehört habt. In vielen Städten bekommen die Juden Bescheid, daß sie sich in 2 Stunden an einer bestimmten Sammelstelle einzufinden haben, nur mit Handgepäck. All ihre Sachen, ihre Möbel u.s.w.

7 Die VO vom 26.4.1938 verpflichtete Juden, Vermögen über 5000 RM anzumelden; siehe VEJ 2/29.

8 Laut DVO vom 21.11.1938, RGBl., 1938 I, S. 1638–1640, mussten die deutschen Juden eine Abgabe in Höhe von 20 % ihres Vermögens bezahlen, um die beim Novemberpogrom entstandenen Schäden zu beseitigen. Nach Kriegsbeginn wurde die Abgabe auf 25 % erhöht; siehe VEJ 2, S. 58 f. Bereits im Frühjahr 1938 waren ihnen u. a. die steuerlichen Ermäßigungen für Familien mit Kindern gestrichen worden; Gesetz zur Änderung des Einkommenssteuergesetzes vom 1.2.1938, RGBl., 1938 I, S. 99–102; siehe auch VEJ 2/24.

9 Dies betraf ca. 25 000 bis 30 000 jüdische Männer.

10 Zwangsverwalter hatten maßgeblichen Einfluss auf die Konditionen, zu denen Immobilien jüdischer Eigentümer verkauft wurden, auf die Auswahl der Käufer ebenso wie auf die Festlegung der Kaufsumme, die zum großen Teil vom deutschen Fiskus vereinnahmt wurde.

11 Das Arbeitsgericht Berlin, vor dem der Prozess geführt wurde, begründete seine Entscheidung u. a. damit, dass das deutsche Volk sich im Krieg gegen Feinde befinde, „zu denen in erster Linie das internationale Judentum zählt", und daher kein Verständnis für die von Bielschowsky geltend gemachten Ansprüche aufbringen könne; Urteil des Arbeitsgerichts Berlin, verkündet am 28.4.1942, Geschäftsnummer 12 Ca. 31/41, wie Anm. 1.

wurden dann versteigert, und der Erlös fiel dem Reich zu. So wurde es in ganz Baden und noch vielen anderen Städten gemacht. Wir haben nun, um nicht alles zu verlieren, schon vor 2 Jahren, als es noch erlaubt war, unsere ganzen Sachen Lotte geschenkt.[12] Die Schenkung haben wir durch einen Notar gemacht, die Kosten waren ziemlich hoch, mit Steuern an 1200 M, denn das Finanzamt hat die Sachen vom vereidigten Taxator noch prüfen lassen. Hoffentlich hat die Sache auch ihren Zweck und die hohen Ausgaben sind nicht umsonst gewesen. Wir sitzen wie auf einem Pulverfaß, wissen nicht, was morgen geschieht, immer wieder hört man, dort und dort sind wieder welche fortgekommen. Meine Schwestern, Eure Tanten in Berlin, hatten auch schon ihren Bescheid bekommen, sich für einen bestimmten Tag bereitzuhalten. Tante Minna, die 2 Monate vorher operiert worden war, war nicht transportfähig, so wurde es noch verschoben.[13] Zwei Cousinen in Berlin, die schon über 70 Jahre alt sind, sind auch noch fortgekommen. Keiner weiß, wohin der Transport geht, aber größtenteils geht es nach Polen. Viele nehmen sich vorher das Leben, so Arthur Segall mit seiner Frau, die Du, lieber Wilhelm, noch kennst, die Tochter ist in London. Auch die Frau von Georg Segall hat sich vergiftet, der Mann starb vor 2 Jahren. Meine [...][14] war, auf keinen Fall eine evt. Evakuierung mitzumachen, denn das Leben im Getto soll einfach scheußlich sein, aber Vater will durchaus durchhalten, solange es irgend geht, und so elend, wie er jetzt ist, möchte ich ihn nicht allein lassen.

Die Gestapo, geheime Staats-Polizei, kann machen, was sie will, alle Augenblicke kommen neue Verordnungen heraus, sie schreiben der jüdischen Gemeinde, das und das wird angeordnet, und die Gemeinde muß es dann den Juden, zu denen wir ja nun auch gerechnet werden, mitteilen. Die Öffentlichkeit erfährt nichts davon, die Arier haben keine Ahnung, was wir zu erdulden haben. Längst hätten wir uns auch eine billigere Wohnung genommen, aber der Umzug ist sehr teuer, es nimmt uns keiner auf. Unser Wirt und auch unsere Mitbewohner sind riesig anständig und nett zu uns, denn wenn heute nur ein Mitbewohner nicht mit J. zusammen wohnen will, muß man morgen aus der Wohnung heraus. Vergangenen Winter hat hier in Wiesb. eine Bombe mehrere Häuser zerstört, da mußten viele Juden denen, die davon betroffen wurden, ihre Wohnungen mit allen Sachen überlassen und sehen, wo sie unterkommen. Man glaubte, im Kriege hätten sie was anderes zu tun, als Juden zu verschicken, aber es ist noch viel schlimmer geworden. Jetzt im Krieg sind wir mit allem ganz schlecht dran. Wir bekommen natürlich keine Kleiderkarte, können absolut nichts kaufen, nicht einmal ein wenig Stopf- oder Nähgarn. Zum Glück hatten wir schon für die Auswanderung vorgesorgt und sind daher mit Kleidern, Schuhen und Strümpfen versorgt gewesen, wenn man uns die Sachen nicht noch nimmt. Was bei den Ariern freiwillige Abgabe ist, ist bei den Juden Pflicht und wird streng bestraft, wenn man es nicht tut. So war doch im vergangenen Winter die Sammlung von Wollsachen u. Pelzen, da mußten die Juden alle Pelze, die sie besitzen, abgeben und durften an Wollsachen nur das allernotwendigste behalten.

12 Charlotte Munter (1905–1956), Krankenschwester; Nichte von Hedwig Bielschowsky; wurde zusammen mit ihrer Schwester Rosemarie von Mitarbeitern des Roten Kreuzes in Marburg versteckt.

13 Die Schwestern Minna (1869–1942) und Margarete Munter (1876–1943) wurden am 11.9.1942 nach Theresienstadt deportiert und starben dort.

14 Ein Wort unleserlich.

Zufällig war an dem Tage gerade Althf.[15] bei uns, und da habe ich ihm die Pelzsachen, die einigen Wert hatten, mitgegeben.

Doch nun will ich Euch schreiben, wieso es Vater so sehr schlecht geht. Im vergangenen Jahre kam, wie Ihr wohl auch erfahren habt, die Verordnung, daß man einen gelben Judenstern tragen mußte.[16] Ihr könnt Euch wohl denken, daß wir da große Hemmungen hatten. Wir trugen ihn immer verdeckt, nur wenn ich beim Metzger war, wir hatten unsere besonders gezeichneten Lebensmittelkarten u. durften nur beim bestimmten Metzger u. zu einer bestimmten Zeit kaufen,[17] zeigte ich den Stern, Vater machte es ebenso. Am 28. Novbr. ging Vater in die Stadt, um für mich Besorgungen zu machen, er war immer pünktlich zu Hause, da wir schon um 12 Uhr zu Mittag aßen, diesen Morgen sagte er mir, es könnte etwas später werden, da er viel zu erledigen hätte. Es wurde 1 Uhr, 2 Uhr, 3 Uhr, ich war in schrecklicher Sorge, glaubte, es wäre dem Vater etwas passiert, da seine Augen, wohl auch eine Folge der schlechten Ernährung, sehr schlecht geworden waren. Um 3 Uhr hielt ich es dann nicht mehr zu Hause aus, ich ging zu unserem Anwalt, um mir Rat zu holen. Der Anwalt rief dann alle Krankenhäuser und Unfallstationen an, aber es war keine Einlieferung erfolgt. Der Anwalt glaubte nun, Vater hätte sich das Leben genommen, aber ich sagte gleich, das ist ausgeschlossen, Vater läßt mich in diesen schweren Zeiten nicht allein. Als ich nach Hause kam, war es 5 Uhr und von Vater noch immer keine Spur. Ich ging nun zu unseren Mitbewohnern, Dr. Voglers, der Herr ist beamteter Arzt, Oberarzt bei den Landesversicherungen, und sagte, mein Mann ist verschwunden. An der Straßenecke ist eine Telefonzelle, Fr. Vogler hat noch einmal alle Krankenhäuser angerufen, aber ohne Erfolg. Ich schilderte ihr nun unsere Lage u. sagte Fr. Vogler, ich glaube nun bestimmt, mein Mann ist verhaftet worden, weil er den Stern nicht getragen hat. Als Dr. Vogler vom Dienst kam, kam er sofort zu mir herauf, um mir mit Rat und Tat beizustehen. Dr. Vogler fuhr dann noch spät zum Polizeipräsidium und dort erfuhr er, daß Vater von der Gestapo verhaftet sei. Ich war natürlich sehr aufgeregt, ich wußte auch nicht warum, ich glaubte auch, er wäre beobachtet worden, wie er die beiden Schreibmaschinen zur Post getragen hat. Es kam nämlich einige Tage vorher die Verordnung heraus, daß J. ihre Schreibmaschinen und Ferngläser abgeben müssen,[18] um nicht das Geld zu verlieren, die Maschinen waren wie neu, hat Vater dieselben einem Bekannten zum Verkauf geschickt. Ich habe dann noch in der Nacht die Correspondence wegen der Maschinen vernichtet, weil ich annahm, man würde eine Haussuchung halten.
Am nächsten Tage ging ich zum Anwalt, ich sagte ihm, Vater wäre verhaftet, ich glaubte, er würde ihn besuchen können, aber dieses ist nicht gestattet. Hierauf ging ich zum Polizeipräsidium, diese gaben mir fast zuvorkommend Auskunft, sagten, sie hätten mit der Sache nichts zu tun, ich müßte zur Gestapo gehen, u. sagten mir auch, wo diese ihre Büroräume haben. Ich nun dorthin, da wird man sehr schnöde behandelt, ich sagte, ich wollte gern wissen, weshalb mein Mann verhaftet ist, man sagte mir, der betreffende

15 Walter Althoff, Inhaber der Harzer Achsenwerke in Bornum am Harz und ein Freund von Adolf und Hedwig Bielschowsky.

16 Polizeiverordnung vom 1.9.1941; siehe VEJ 3/212.

17 Einkaufsbeschränkungen für Juden wurden je nach Ort zu unterschiedlichen Zeiten verfügt, im Allgemeinen jedoch in den ersten Wochen nach Kriegsbeginn.

18 Siehe Dok. 49 vom 1.12.1941, Anm. 7.

Beamte, der den Fall behandelt, wäre jetzt nicht dort, ich müßte in einer Stunde wiederkommen. Vorher sah er noch im Buch nach und sagte, Vater hätte 10 Tage Haft, weil er den Stern nicht getragen hat. Ich war nun schon froh, daß es des Sterns wegen und nur 10 Tage waren. Als ich wieder hinkam, war der andere Beamte dort u. sagte, Vater hätte 3 Wochen Haft. Ich erlaubte mir zu sagen, der andere Beamte hätte doch nur von 10 Tagen gesprochen, die es bisher auch immer nur für derartige Vergehen gegeben hätte, da wurde ich natürlich sehr angeblasen, es wäre ihre Sache, wie lange sie Vater in Haft behalten können. Auf meine Bitte, ob ich Vater nicht sprechen könnte, da Monatsanfang ist, es wären viele Sachen zu erledigen, ich wüßte nicht Bescheid, sagte er mir, ich sollte schreiben, aber nur geschäftlich, ihm den Brief bringen, er würde ihn dann weiterleiten. Ich wollte auch gern wissen, ob ich Vater nichts zu essen bringen könnte, ich wurde kurz abgewiesen, das machte das jüd. Hilfskomitee. Ich sollte ihm nur Samstag Wäsche, Rasierzeug, Handtuch u. Seife bringen und jeden Montag die getragene Wäsche abholen. Den nächsten Nachmittag brachte ich gleich den Brief zur Gestapo, die Antwort, wurde mir gesagt, bekäme ich durch die Post, diese Antwort habe ich dann erst nach 10 Tagen bekommen. Mit dem Hülfsverein habe ich mich in Verbindung gesetzt, sie sagten, sie dürften den Gefangenen nur Essen schicken, sagten auch, ich sollte mich nicht so sehr sorgen, sie hatten schon viele gesprochen, die in Haft waren, u. es wäre nicht so sehr schlecht, auch Heizung wäre in den Zellen, Vater hätte auch sicher etwas Unterhaltung, denn ein Dr. Katzenstein wäre auch schon längere Zeit in Haft. Mir wurde auch vom Anwalt gesagt, ich sollte froh sein, daß Vater im Polizeipräsidium ist, im Hause der Gestapo wären auch einige Zellen, und die Gefangenen, die dort untergebracht sind, hätten nichts zu lachen. Es waren nun schreckliche 3 Wochen für mich, Voglers, die ja Bescheid wußten, waren furchtbar nett. Fr. Vogler war jeden Abend bei mir oben und leistete mir Gesellschaft, ich habe ihr nun erzählt, was wir schon alles durchgemacht haben, sie hatten natürlich keine Ahnung davon. Meiner Putzfrau erzählte ich, Vater wäre in Berlin, er hätte Verschiedenes für meine Schwestern zu erledigen.

Am 18. Dezbr. kam Vater wieder, seelisch und körperlich vollständig erledigt, hätte ich ihn auf der Straße getroffen, ich hätte ihn nicht erkannt, so verändert sah er aus. Nun erzählte er mir, wie die Verhaftung vor sich gegangen war. Vater fand am 27. Novbr. im Briefkasten eine Mitteilung, er sollte am nächsten Vormittag, als Zeuge, zur Gestapo kommen, um mich nicht zu beunruhigen, hat er mir nichts davon gesagt. Da er als Zeuge geladen war, war er selbst auch nicht in Sorge. Bei der Gestapo wurde ihm gesagt, er wäre denunziert worden, er hätte den Stern nicht getragen, Vater sagte, er hätte den Stern immer getragen, es könnte höchstens sein, daß er im Hausmantel bis zum Briefkasten ohne Stern gegangen ist. Es war nun ein sehr langes Verhör, der Beamte sagte, ich sperre Sie für mehrere Monate ein und nehme sie gleich mit. Vaters vieles Bitten, ihm wenigstens zu gestatten, seiner Frau Nachricht zu geben, wurde nicht erlaubt. Vater hatte nun furchtbare 3 Wochen in der Haft verbracht, eine ganz kleine Zelle, keine 2 Schritt lang, ein hartes Bett, Stuhl, Tisch, das war alles. In den ersten 5 Tagen kam er nicht an die Luft, dann jeden Tag ½ Stunde immer um den Hof herum, das Essen war nicht zu genießen, so daß er fast nichts in der Zeit gegessen hat. Die Heizung war kaum an, so daß der Vater auch noch furchtbar gefroren hat, zum Glück hatte ich ihm mit der Wäsche seine warme Wollweste und seine Hausschuhe hingebracht. Vater wußte auch nicht, wie lange er dort bleiben mußte, durfte nichts lesen, früh um 6 Uhr aufstehen, den

ganzen Tag nur denken, um 8 Uhr wieder zu Bett gehen, er sagt, es war zum Verzweifeln, und er weiß heute noch nicht, wie er das überstanden hat. Zwei Tage bevor die 3 Wochen um waren, sagte der Wärter heimlich zum Vater, er hätte gehört, daß er am 18. Dezbr. freikommt. Der Gestapo-Beamte holte ihn dann ab, nahm ihn mit auf sein Büro und erklärte ihm, wenn noch einmal etwas vorkommt, käme Vater ins Konzentrationslager, außerdem müßte Vater von jetzt an einen Tag in der Woche arbeiten. Die Gestapo haust in einer großen Villa, dort arbeiten viele Juden, und nun mußte Vater jede Woche einen Tag schwer arbeiten, Holz hauen, Koks schleppen und mehrere so schwere Arbeiten. Dann kam der viele Schnee, und Vater bekam die Aufforderung, sich zum Schneeschippen bei der Stadt einzustellen. Nun mußte Vater jeden Tag, auch sonntags, arbeiten, er ging früh um ½ 7 Uhr von zu Hause fort, da es sehr weit bis zur Arbeitsstätte war, und kam des Abends um 7 Uhr wieder nach Hause, dann bekam ich seine Kleider und Wäsche nicht herunter, so durchnäßt war alles. Dieses alles hätte der gesündeste Mensch nicht ausgehalten, oft war das Wetter so schlecht, daß man keinen Hund herausgelassen hätte. Eine Stunde war Mittagspause, aber da es für Vater zu weit war, konnte er nicht nach Hause kommen, er aß dann sein mitgenommenes Butterbrot, das immer ganz hart gefroren war. Mit Vater arbeiteten viele Juden in seinem Alter, fast alles Akademiker, diese wurden immer in den Hauptstraßen eingesetzt.
3 Wochen lang hat der Vater das ausgehalten, dann ging es nicht mehr, er mußte sich in ärztliche Behandlung geben. Der Arzt, den wir hier, schon so lange wir hier sind, haben, der auch nicht weiß, daß wir Nichtarier sind, denn sonst dürfte er uns nicht behandeln, bekam einen Schreck wie [er] den Vater sah. Vater lag dann 4 Wochen an den Bronchien mit hohem Fieber, oft war er so schwach, daß ich glaubte, es ginge zu Ende mit ihm, ich hatte große Sorgen. Als das Fieber nachgelassen hat, wurde Vater geröntgt und das Blut untersucht, der Arzt stellte dann eine perniziöse Anämie, bösartige Blutkrankheit fest, wie mir der Arzt und auch Dr. Vogler hier im Hause sagte, eine sehr ernste Sache, die eine Folge der Unterernährung ist. Vater bekommt nun jede Woche zwei Spritzen, Leber[...],[19] und 3 Mal die Woche wird er bestrahlt. Hätten wir besser zu essen, würde sich Vater wohl erholen, er wiegt 96 Pfd. und besteht nur aus Haut und Knochen. Mir geht es nicht viel besser, ich bin sehr elend, wiege mit Kleidern 101 Pfd. und bin ganz mager geworden. Es steht hier mit der Ernährung sehr schlecht, und noch einen Winter werden wir es kaum aushalten. Letzten Herbst, als Kartoffeln noch frei zu kaufen waren, hat mir Vater einen kleinen Vorrat herbeigeholt, damit bin ich ganz sparsam umgegangen, denn sonst hätten wir den ganzen Winter nicht eine Kartoffel bekommen. Die Juden dürfen Gemüse und Kart. nur nach 12 Uhr auf dem Markt kaufen, der Markt ist ¾ Stunden von unserer Wohnung entfernt, also hin und zurück 1 ½ Stunden, Autobus dürfen wir nicht benutzen, wenn man dann nach dem Markt kommt, ist nichts mehr da. Aber selbst wenn Kartf. auf dem Markt sind, heißt es, an Juden dürfen wir keine verkaufen. Die Arier haben auch nicht mehr Fett, Fleisch, Brot als wir, aber etwas besser sind sie doch versorgt. Die J. bekommen keine Milch, kein Obst, keine Konserven, keinen Fisch, keine Räucherwaren und noch vieles andere nicht. Wir sind oft sehr hungrig, unsere Hauptnahrung ist Brot, Salat, und des Abends gibt es oft nur Rettich. Es ist hart für mich, wenn ich dem Vater so nichts zur Stärkung geben kann. Der Arzt meint, wenn

19 Rest des Wortes unleserlich.

Vaters Kur beendet ist, müßte er wohin, wo es noch gute Verpflegung gibt, aber das ist ganz ausgeschlossen, wir J. dürfen nicht aus unserem Wohnort fort, müssen im Winter um 8 Uhr und im Sommer um 9 Uhr im Hause sein. Bis jetzt konnte ich hier draußen in den Gärten noch Gemüse kaufen, aber das ist jetzt auch verboten, die müssen jetzt alles abliefern und dürfen nicht an Private verkaufen.
Vor einigen Wochen bekamen wir durch die Gemeinde die Verordnung der Gestapo, daß die J. nichts von ihren Sachen verkaufen dürfen, weder Möbel, Kleider, Wäsche, Porzellan oder sonst etwas.[20] Wir tun es nun trotzdem, denn wir müssen doch Geld zum Leben haben, haben schon Teppiche, Gemälde, Gläser und viele Sachen verkauft, und Vater denkt, daß wir 1–2 Jahre noch hinkommen werden, wer weiß, wo wir dann schon sind. Vor einiger Zeit mußten wir auch der Gestapo angeben, wie groß unsere Wohnung ist und wie viele Personen darin hausen, also wird man uns wohl nicht mehr lange in der Wohnung lassen. Wir bekommen dann 1 Zimmer zugewiesen, wie sie es schon viel gemacht haben. In der Krankheit besuchte den Vater ein Arbeitskamerad, der auch jetzt öfter kommt, und von dem erfahren wir dann so allerlei. Dieser Herr hatte in Mannheim eine große Cigarrenfabrik und bewohnte eine schöne Villa, an dem 9. Novbr. mußte er mit seiner Frau flüchten und alles im Stich lassen. Hier in Wiesb. bekam er von einem Verwandten, der gerade ins Ausland ging, eine vollständig eingerichtete Wohnung. Diese Wohnung mußte er bald einem Arier überlassen, der durch eine Bombe obdachlos geworden war, dann hauste er mit Schwager und Schwägerin in 2 kleinen Zimmern, und jetzt endlich hat er seine Möbel freibekommen und erhält 1 Zimmer für sich, ohne Küche, ohne alles, und er ist doch noch froh darüber. In den letzten Wochen sind wieder viele Juden fortgekommen, kurz vor Pfingsten, 28 Familien, diese wohnten in Häusern, die Juden gehörten.[21] Die Gestapo brauchte die Häuser für sich, so mußten die J. binnen 2 Tagen räumen, kamen dann nach Frankfurt und von hier wahrscheinlich nach Polen. In dieser Woche sind wieder 350 Personen fortgekommen, es soll ein Jammer gewesen sein, viele haben sich vergiftet, Proviant müssen sie sich für mehrere Tage mitnehmen. Der Herr, der öfter zu uns kommt, erzählte, es kämen nur Männer und Frauen unter 65 Jahren fort, ich glaube es aber nicht, denn ich weiß, daß in Berlin viele fortgekommen sind, die weit über 70 Jahre waren.

Vor 14 Tagen kam auch die Verordnung, daß man an der Wohnungstür den Stern anmachen muß.[22] Die ganze Sache hat sich hier furchtbar zugespitzt, so daß meine Putzfrau, die schon 4 ½ Jahre bei uns ist, nicht mehr wagt, zu uns zu kommen. Die Frau ist Mitte fünfzig, also nach den Nürnberger Gesetzen statthaft, bei J. zu arbeiten,[23] aber die allmächtige Gestapo erlaubt es nicht. Ich muß mir nun alles allein machen, einholen, putzen, kehren, ja selbst waschen und bügeln, bei meinem Alter und bei dieser Ernährung

20 Siehe Dok. 49 vom 1.12.1941.

21 Am 24.5.1942, Pfingstsonntag, verließ ein Zug mit 930 Juden Frankfurt a. M., darunter 27 kurz zuvor aus Wiesbaden eingetroffene Personen. In Lublin wurde eine größere Gruppe arbeitsfähiger Männer für das KZ Lublin-Majdanek selektiert. Die übrigen etwa 835 Personen mussten die Fahrt nach Izbica im Distrikt Lublin fortsetzen. Niemand von ihnen überlebte.

22 Siehe Dok. 95 vom 3.4.1942.

23 Nach dem Nürnberger „Blutschutzgesetz" vom 15.9.1935 durften Juden Frauen „deutschen oder artverwandten Blutes", die jünger als 45 Jahre waren, nicht als Hausangestellte beschäftigen; RGBl., 1935 I, S. 1146 f.; siehe auch VEJ 1/199.

keine Kleinigkeit. Wenn der Vater sich etwas wohl findet, hilft er, so viel er kann, aber es ist ein Jammer, wie der Mann aussieht, trotzdem hofft er sehr, daß der Krieg in diesem Jahr zu Ende geht und wir dann zu Ludwig können. Die letzte Verordnung, und die mich mit am schwersten trifft, ist, daß J. ihre Haustiere, Hunde, Katzen und Vögel abgeben müssen. Man hat wohl vergessen, uns hiervon Mitteilung zu machen, die jüd. Ztg. halten wir nicht, aber es wurde uns von dem betreffenden Herrn, der zu uns kommt, erzählt. Ich hänge sehr an Bello, er ist meine einzige Freude, bevor ich ihn abgebe, würde ich ihn lieber vergiften. Alth. kommt ab und zu, wenn er in der Gegend zu tun hat, er bringt auch schon mal eine Kleinigkeit mit, viel hat er auch nicht übrig, denn er muß für seine Tochter und seinen Sohn sorgen. Im ersten Kriegsjahr schickte uns ein früheres Mädchen, Anne, noch einige Lebensmittel, aber jetzt wagt es niemand, es wird zu streng bestraft. Lotte tut auch, was sie kann. Ich bin recht froh, daß Ihr, liebe Jungen, nicht hier seid, Ihr würdet längst in Polen sein und wer weiß, ob überhaupt noch am Leben. Ich will nun meine Niederschrift an Lotte schicken, damit sie aus dem Hause ist, man weiß nicht, was noch alles vor sich geht. Hoffentlich halten wir durch, so daß wir Euch alles selbst erzählen können.
Herzlichste Grüße von Vater und
Eurer Mutter

DOK. 117
Jüdische Repräsentanten aus Berlin, Prag und Wien verpflichten sich am 29. Mai 1942, die Erschießung von 250 Juden nach dem Anschlag auf eine Ausstellung bekannt zu machen[1]

Schreiben der Reichsvereinigung der Juden in Deutschland, der Jüdischen Kultusgemeinde Prag und der Israelitischen Kultusgemeinde Wien, ungez., an das Reichssicherheitshauptamt vom 29.5.1942 (Durchschrift)

Betrifft: Vorladung der Reichsvereinigung der Juden in Deutschland, Jüdischen Kultusgemeinde Prag, Israelitischen Kultusgemeinde Wien am 29. Mai 1942
I. Am 29.5.1942 ist der Reichsvereinigung der Juden in Deutschland (Leo Israel *Baeck*,[2] Paul Israel *Eppstein*, Moritz Israel *Henschel*, Philipp Israel *Kozower*, Leo Israel *Kreindler*, Arthur Israel *Lilienthal*), der Jüdischen Kultusgemeinde Prag (Franz *Weidmann*,[3] Franz *Friedmann*)[4] und der Israelitischen Kultusgemeinde Wien (Josef Israel *Löwenherz*, Ben-

1 BArch, R 8150/8, Bl. 109.
2 Dr. Leo Baeck (1873–1956), Rabbiner; 1897–1912 Reformrabbiner in Oppeln und Düsseldorf, 1912–1943 in Berlin; 1913–1942 Dozent an der Lehranstalt für die Wissenschaft des Judentums, von 1922 an Vorsitzender des deutschen Rabbinerverbands; Großpräsident des deutschen Distrikts der B'nai-B'rith-Loge; 1933–1943 Präsident der Reichsvertretung der deutschen Juden und der späteren Reichsvereinigung; 1943 nach Theresienstadt deportiert; 1945 Emigration nach London.
3 Franz, auch František Weidmann (1910–1944); Jurist; 1930/31 Leiter der zionistischen tschech.-jüdischen Studentenorganisation Kapper, von 1935 an Direktor des Instituts der Jüdischen Sozialhilfe, seit 1937 Vorsitzender der JKG Prag, 1939–1943 deren Geschäftsführer; im Jan. 1943 nach Theresienstadt deportiert, dort Mitglied des Ältestenrats, am 28.10.1944 mit dem letzten Zug nach Auschwitz deportiert, dort ermordet.
4 Dr. Franz, auch František Friedmann (1897–1945), Soziologe und Journalist; Zionist; stellv. Vorsitzender der Jüdischen Gemeinde in Prag, von 1943 an Judenältester in Prag.

jamin Israel *Murmelstein*) eröffnet worden, daß im Zusammenhang mit einem Anschlag auf die Ausstellung „Das Sowjet-Paradies",[5] an dem fünf Juden aktiv beteiligt waren, 500 Juden in Berlin festgenommen, davon 250 erschossen und 250 in ein Lager überführt worden sind.[6] Es ist außerdem eröffnet worden, daß weitere Maßnahmen dieser Art ergriffen werden, falls noch einmal ein Sabotageakt vorkommen sollte, an dem Juden beteiligt sind.[7]
Es ist der Auftrag erteilt worden, diesen Sachverhalt in geeigneter Weise unter den Juden bekanntzugeben, um ihnen die Folgen derartiger Handlungen klarzumachen, ferner Vorschläge zu unterbreiten, wie die jüdischen Organisationen von ihren Mitgliedern bekannt gewordenen Umständen, die auf die Vorbereitung eines Sabotageaktes schließen lassen, ihrerseits Kenntnis erhalten, damit hierüber sofort dem Reichssicherheitshauptamt berichtet werden kann.

II. In Durchführung dieses Auftrags wird folgendes vorgeschlagen:
1. Die von dem Reichsführer SS angeordneten Maßnahmen werden weisungsgemäß den Mitarbeitern der jüdischen Organisationen, den Juden im Arbeitseinsatz, in den jüdischen Heimen, Fürsorgeeinrichtungen und Speisungen mit der Aufforderung zur Weitergabe bekanntgegeben werden.
2. Durch eine Veröffentlichung in den nächsten Ausgaben des „Jüdischen Nachrichtenblatts" für Berlin, Wien und Prag soll die Verantwortlichkeit jedes einzelnen Juden besonders hervorgehoben werden.[8]
3. Die Mitglieder der jüdischen Organisationen werden durch Rundschreiben oder in sonst geeigneter Weise auf die unbedingte Verpflichtung hingewiesen werden, ihnen etwa zur Kenntnis gelangende Umstände, die auf die Vorbereitung eines Sabotageaktes schließen lassen, unverzüglich den jüdischen Organisationen bekanntzugeben.
4. Die jüdischen Organisationen werden über alle derartigen Mitteilungen unverzüglich dem Reichssicherheitshauptamt berichten.

5 Eine von Goebbels nach den ersten Rückschlägen an der Ostfront in Auftrag gegebene Propagandaausstellung, die am 8.5.1942 im Berliner Lustgarten eröffnet wurde. Sie sollte die Lebensbedingungen in der Sowjetunion als unerträglich darstellen und das Bild des „jüdisch-bolschewistischen Weltfeinds" heraufbeschwören. Am 18.5.1942 hatten Mitglieder der kommunistischen Widerstandsgruppe um Herbert Baum einen Anschlag auf die Ausstellung verübt; siehe Dok. 157 vom 27.8.1942.

6 Am 28./29.5.1942 erschoss die SS im KZ Sachsenhausen 154 in Berlin verhaftete sowie 96 bereits in Sachsenhausen inhaftierte Juden. Weitere 250 Berliner Juden wurden in diesen Tagen nach Sachsenhausen gebracht, entweder dort ermordet oder im Herbst 1942 nach Auschwitz deportiert. Auch Familienmitglieder der erschossenen Juden wurden in den kommenden Tagen verhaftet; so wurden 98 Angehörige der 154 Erschossenen am 5.6.1942 nach Theresienstadt deportiert.

7 Gestapo-Chef Heinrich Müller setzte die Repräsentanten der jüdischen Organisationen über die Repressionsmaßnahmen in Kenntnis.

8 Presse und Rundfunk hatten über den Anschlag nicht berichtet. Eichmann lehnte es auch ab, die Informationen durch das Jüdische Nachrichtenblatt und einen Rundbrief an alle Gemeinden und Bezirksstellen der Reichsvereinigung zu veröffentlichen.

DOK. 118

Joseph Goebbels spricht am 30. Mai 1942 mit Hitler über die Deportation der Juden aus Berlin und aus ganz Westeuropa[1]

Tagebuch von Joseph Goebbels, Eintrag vom 30.5.1942

[...][2]

Ich trage dem Führer noch einmal meinen Plan vor, die Juden restlos aus Berlin zu evakuieren. Er ist ganz meiner Meinung und gibt Speer[3] den Auftrag, so schnell wie möglich dafür zu sorgen, daß die in der deutschen Rüstungswirtschaft beschäftigten Juden durch ausländische Arbeiter ersetzt werden. Ich sehe eine sehr große Gefahr darin, daß sich in der Hauptstadt des Reiches 40 000 Juden, die nichts mehr zu verlieren haben, auf freiem Fuß befinden. Das ist ja geradezu eine Herausforderung und eine Aufforderung zu Attentaten. Bricht das einmal los, dann ist man seines Lebens nicht mehr sicher. Die Tatsache, daß bei den jüngsten Brandbombenattentaten sogar zweiundzwanzigjährige Ostjuden beteiligt waren, spricht Bände.[4] Ich plädiere also noch einmal für eine radikalere Judenpolitik, womit ich beim Führer nur offene Türen einrenne. Der Führer ist der Meinung, daß die Gefahr für uns persönlich bei kritischer werdender Kriegslage umso größer werden wird. Wir befinden uns in einer ähnlichen Situation wie in der zweiten Hälfte des Jahres 1932, wo es auch auf Hauen und Stechen ging und man alle Vorsichtsmaßnahmen treffen mußte, um heil aus einer solchen Entwicklung herauszukommen.[5]

Auch die Ausmerzung der Verbrecher ist eine staatspolitische Notwendigkeit. Sollten wir während des Kriegsverlaufes einmal zu einer sehr gefährlichen Entwicklung kommen, so müssen sowieso die Gefängnisse durch Liquidationen geleert werden, damit nicht die Gefahr besteht, daß sich eines Tages ihre Tore öffnen, um den revoltierenden Pöbel auf das Volk loszulassen. Der Führer erklärt noch einmal seine Forderung der Schaffung eines Gleichgewichts zwischen dem Verlust von Idealisten und dem Verlust von Negativisten. Seine Beweisführung ist absolut überzeugend. Wir haben in diesem Kriege so viele Idealisten verloren, daß dagegen auf der negativen, kriminellen Seite ein Gegengewicht geschaffen werden muß. Der Führer knüpft dabei an den Heldentod

1 RGVA, Nachlass Goebbels, Tagebucheintrag vom 30. Mai 1942, Fol. 1–64. Abdruck in: Die Tagebücher von Joseph Goebbels, hrsg. im Auftrag des Instituts für Zeitgeschichte von Elke Fröhlich, Teil II: Diktate 1941–1945, Bd. 4: April–Juni 1942, München 1996, S. 405 f.

2 Anfangs berichtet Goebbels u. a. über die militärische Lage an der Ostfront und in Nordafrika sowie über die Folgen des Attentats auf Heydrich.

3 Albert Speer (1905–1981) war von 1942 bis 1945 Reichsminister für Bewaffnung und Munition sowie Leiter der Organisation Todt.

4 Gemeint ist der Anschlag auf die Propagandaausstellung „Das Sowjetparadies"; siehe Dok. 117 29.5.1942, Anm. 5 sowie Dok. 157 vom 27.8.1942.

5 Nachdem im Sommer 1932 eine Ernennung Hitlers zum Reichskanzler gescheitert war und die NSDAP bei den Reichstagswahlen im Nov. viele Stimmen verloren hatte, schwelte in der Partei im Dez. ein Streit um ihre Positionierung zur Regierung Kurt von Schleichers. Goebbels beschuldigte Gregor Strasser, den er schon lange als innerparteilichen Gegner und möglichen Konkurrenten Hitlers bekämpfte, des Verrats. Strassers Annäherung an Schleicher mit der Aussicht auf eine Vizekanzlerschaft deutete Goebbels im Nachhinein als einen Versuch zur Spaltung der NSDAP; Peter Longerich, Goebbels. Biographie, München 2012, S. 193–207.

meines früheren Fahrers Thonak[6] an, der nur einer unter den vielen tausenden Nationalsozialisten ist, die ihr Leben für den Freiheitskampf des deutschen Volkes gelassen haben. Auch hier erklärt der Führer, daß wir im Kriege eine härtere Justiz durchführen müssen als im Frieden. Was im Frieden vielleicht ein harmloses Vergehen ist, das kann im Kriege ein Staatsverbrechen sein. Die Zuchthäuser haben im Kriege nicht die Aufgabe, das Verbrechertum für eventuelle Fälle einer Revolte zu konservieren. Was heißt es im übrigen, gegen die Verbrecher rigoroser und brutaler vorgehen, wenn man sich vorstellt, daß die Verbrecher es im vergangenen Winter viel besser gehabt haben als die drei Millionen Soldaten, die im Osten standen! Wir brauchen also hier keine falsche Humanität obwalten zu lassen, sondern tun gut daran, den Dingen nüchtern ins Auge zu schauen und uns von keinerlei Sentimentalität beeinflussen zu lassen. Auch im November 1918 wäre noch einiges zu machen gewesen, wenn ein energischer Mann brutale Machtmittel angewandt hätte. Daß das nicht geschah, ist für das deutsche Volk ein nationales Unglück erster Klasse gewesen.

Ich lege dem Führer dar, wieviel günstiger die Situation heute ist als etwa 1917. Damals fingen schon die Revolteversuche an; im Reichstag wurde eine Friedenserklärung[7] abgegeben; die ersten Munitionsarbeiterstreiks[8] flammten auf. Von einer ähnlichen Situation kann heute ja überhaupt keine Rede sein. Der Führer antwortet darauf, daß die deutschen Arbeiter nicht daran denken, ihm in den Rücken zu fallen. Jeder deutsche Arbeiter wünscht heute den Sieg. Würden wir einmal in Gefahr stehen, den Krieg zu verlieren, so würde gerade der deutsche Arbeiter darunter am schwersten zu leiden haben, und er würde gewiß von einer tiefen Traurigkeit erfüllt werden. Die Deutschen beteiligen sich an subversiven Bewegungen immer nur, wenn die Juden sie dazu verführen. Deshalb muß man die jüdische Gefahr liquidieren, koste es, was es wolle. Wie wenig die Juden sich dem westeuropäischen Leben in Wirklichkeit angleichen können, sieht man daran, daß, wo sie ins Ghetto zurückgeführt werden, sie auch sehr schnell wieder ghettoisiert werden. Westeuropäische Zivilisation stellt bei ihnen nur einen äußeren Farbanstrich dar. Es gibt allerdings auch unter den Juden Elemente, die mit einer gefährlichen Brutalität und Rachsucht zu Werke gehen. Deshalb wünscht der Führer auch gar nicht, daß die Juden nach Sibirien evakuiert werden. Dort unter härtesten Lebensbedingungen würden sie zweifellos wieder ein lebenskräftiges Element darstellen. Er möchte sie am liebsten nach Zentralafrika aussiedeln.[9] Dort leben sie in einem Klima,

6 Richtig: Albert Tonak (1906–1942); 1925–1927 SA-Mitglied; 1926 NSDAP-Eintritt; von 1929 an Chauffeur und Leibwächter von Joseph Goebbels; 1934 an der Niederschlagung des „Röhm-Putsches" beteiligt und daraufhin zum SS-Hauptsturmführer ernannt; Ende der 1930er-Jahre als Betriebsverwalter in Breslau tätig; von 1940 an bei der Waffen-SS; Ende April 1942 gefallen.

7 Goebbels bezieht sich hier auf die Friedensresolution, die am 19.7.1917 im Deutschen Reichstag von einer Koalition bestehend aus Sozialdemokraten, Linksliberalen und Teilen des Zentrums vorgelegt wurde. Die Resolution hatte keine Auswirkungen auf den Verlauf des Krieges, galt aber als erste interfraktionelle Friedensbekundung auf deutscher Seite.

8 Gegen Ende des Ersten Weltkriegs gab es im Deutschen Reich zahlreiche Arbeitsniederlegungen, im Januar und April auch mehrtätige Streiks in den Munitionsfabriken. Am 15.4.1917 streikten 300 000 Arbeiter.

9 Die Errichtung eines zusammenhängenden Kolonialreichs in Zentralafrika beflügelte seit dem Ende des Ersten Weltkriegs die Phantasien einiger deutscher Kolonialpolitiker. Nachdem die brit. Marine Anfang 1942 in Madagaskar gelandet war und der Seeweg nach Afrika umkämpft war, kam eine Deportation der europäischen Juden dorthin zu diesem Zeitpunkt nicht in Frage. Möglicherweise war die Formulierung „Aussiedlung nach Zentralafrika" nur eine Chiffre, weil Hitler sich in der Frage, was mit den westeuropäischen Juden geschehen sollte, nicht genau festlegen wollte.

das sie gewiß nicht stark und widerstandsfähig macht. Jedenfalls ist es das Ziel des Führers, Westeuropa gänzlich judenfrei zu machen. Hier dürfen sie keine Heimstätte mehr haben. [...][10]

DOK. 119
Philipp Kozower protokolliert die Anweisungen der Gestapo vom 31. Mai 1942 für die ersten Deportationen aus Berlin nach Theresienstadt[1]

Aktennotiz (Ko/Ro.) über Rücksprache mit Herrn Prüfer[2] am 31.5.1942 bei der Geheimen Staatspolizei, Staatspolizeileitstelle Berlin, betr. XIV. Abwanderungstransport, gez. Philipp Kozower, vom 31.5.1942[3]

1. Pendelverkehr von Ärzten bei den Alterstransporten[4] ist nicht erforderlich; es soll nur bei dem 1. Alterstransport ein Arzt mitgehen, der am Bestimmungsort bleibt, außerdem bei dem 1. Alterstransport 4 Schwestern oder Pfleger.
Bei den nächsten Alterstransporten soll stets eine Pflegeperson mitgehen, etwa bei dem 5. oder 6. Alterstransport dann wieder ein Arzt, der ebenfalls ständig am Bestimmungsort bleibt.[5]
Pflegepersonal soll nicht gekündigt werden.
Mit einem der nächsten Transporte soll eventuell auch eine Köchin mitgeschickt werden; Herr Prüfer nannte in diesem Zusammenhang eine im Kinderheim *Auerbach*[6] seinerzeit bei der Besichtigung beschäftigt gewesene Köchin.
Von dem für den Abbau vorgesehenen Personal sollen 15 Angestellte als ständige Gruppe für die Altersheimtransporte, weitere 10 als Möbelträger hierbehalten werden.

10 Im Weiteren schreibt Goebbels über die deutsche Kulturpolitik und über Hitlers Pläne zur Ausweitung des deutschen Herrschaftsgebiets.

1 BArch, R 8150/23, Bl. 130–132. Teilweise abgedruckt in: Akim Jah, Vom Altenheim zum Sammellager. Die Große Hamburger Straße 26. Die Deportation der Berliner Juden und das Personal der Stapoleitstelle Berlin, in: TSD, 14 (2007), S. 183.

2 Franz Prüfer (1893–1944), Polizist; von 1919 an bei der Polizei tätig und von 1935 an bei der Gestapo, spätestens 1937 bis Okt. 1942 stellv. Leiter des Judenreferats der Stapoleitstelle Berlin, 1942 Kriminalobersekretär; im Zusammenhang mit der Korruptionsaffäre um das Judenreferat verhaftet; nahm sich in der Haft wahrscheinlich das Leben.

3 Je einen Durchschlag erhielten – persönlich, vertraulich – Henschel, Dr. Eppstein, Dr. Lilienthal, Kreindler, Dr. Mendelsohn, Dr. Fuchs und Dr. Martha Mosse. Bruno Mendelsohn (1888–1942) war u. a. Leiter der Zentralverwaltung, der Jurist Franz Eugen Fuchs (1899–1942) war von 1939 bis zu seiner Deportation Ende Juni 1942 bei der Reichsvereinigung tätig; Martha Mosse (1884–1977) war dort Leiterin der Wohnungsberatungsstelle.

4 Von Juni 1942 an wurden Juden älter als 65 Jahre, Gebrechliche sowie Kranke über 55 Jahre und Kriegsveteranen mit hohen Auszeichnungen in das sog. Getto Theresienstadt gebracht. Dies betraf ca. 15 000 Personen aus Berlin, die zuvor von einer Deportation ausgenommen worden waren, sowie Kinder unter 14 Jahren und die Ehefrauen von Kriegsveteranen; siehe Einleitung, S. 56.

5 Die erste Deportation von 50 älteren Juden aus Berlin nach Theresienstadt fand am 2.6.1942 statt. Es folgten noch im Juni 1942 elf weitere solche Transporte.

6 Gemeint ist das im Jahr 1832 als Baruch-Auerbach'sches Waisenhaus gegründete Kinder- und Jugendheim in der Schönhauser Allee 162 in Berlin.

Der Luftschutzwart *Loszyaski*, wegen dessen das 16. Polizeirevier bei der Personalverwaltung der JKV. angerufen hatte, wird wegen seiner Stellung als Luftschutzwart nicht zurückgestellt, Herr Prüfer wollte sich deswegen mit dem Polizeirevier in Verbindung setzen.
Es sollen am 1.6.1942 200 leere Formulare für Vermögenserklärungen von uns mitgebracht werden.
Mit dem XIV. Transport wandern aus dem Dauerheim und einzelnen Pflegestellen 61 Personen ab. Die Transportteilnehmer aus Privat-Pflegestellen läßt Herr Dr. *Lustig*[7] ins Dauerheim bringen, von dort kommen sie direkt zur Bahn.
Ferner kommen 36 Personen aus Beelitz[8] mit. Während die Beelitzer direkt von der Staatspolizei Potsdam zur Bahn gebracht werden, kommen die übrigen Transportteilnehmer mit den abholenden Beamten zur Synagoge, Herr *Stark*[9] rechnet mit etwa 900 Transportteilnehmern.
Die Einschleusung für den 1. Alterstransport findet in der Großen Hamburger Straße am 1.6.1942–14 Uhr statt.[10]
Die Revision soll möglichst auf den Zimmern vorgenommen werden. Bei der Verlegung der Altersheiminsassen in die für die Transporte bestimmten Zimmer soll möglichst die Transportnummernfolge eingehalten werden.
Der Arzt und das Pflegepersonal wird die Nummern zwischen 0-160 und 0-180 bekommen.
Am Dienstag, dem 2.6.1942 früh müssen die Transportteilnehmer von den Helfern der JKV. Berlin zur Haltestelle Monbijouplatz gebracht werden, und zwar so, daß sie pünktlich um 5 Uhr dort sind. Um diese Zeit kommt der Straßenbahnwagen an; er soll möglichst schnell weiterfahren, damit er gegen 5.15 Uhr in der Schöneberger Straße beim Anhalter Bahnhof eintrifft. Das Gepäck muß bereits vorher verladen sein. Von der Schöneberger Sraße werden die Transportteilnehmer durch den Seiteneingang auf den Anhalter Bahnhof geführt. An diesem Seiteneingang sollen auch die Lastwagen halten.
Einige Ordner müssen mit den Transportteilnehmern in der Straßenbahn mitfahren.
Das Gepäck soll möglichst zeitig auf dem Bahnhof verladen werden. Voraussichtlich steht ein Personenwagen mit 50 Plätzen zur Verfügung.
Der Wagen mit den Transportteilnehmern bleibt in Dresden stehen, dort ist von etwa 10 Uhr bis 13 Uhr Aufenthalt.
Auf dem Anhalter Bahnhof steht der Zug etwa um 5.15 Uhr.
Das Bahnhofspersonal ist informiert.

7 Dr. Dr. Walter Lustig (1891–1945), Arzt; besaß eine Praxis in Breslau, von 1927 an in Berlin, leitete das Medizinalref. des Polizeipräsidiums; wurde im Okt. 1933 entlassen, von Juli 1939 an für die Reichsvereinigung tätig, leitete von Dez. 1941 an die Untersuchungsabt. für Rückstellungsgesuche von den Deportationen, von Juni 1943 an die „Rest-Reichsvereinigung"; von der sowjet. Besatzungsmacht wegen angeblicher Kollaboration verhaftet, in Berlin-Rummelsburg getötet.

8 Vermutlich sind Patienten des Sanatoriums Beelitz-Heilstätten gemeint.

9 Max Stark (1900–1955), Polizist; zunächst bei der Schutzpolizei, 1934 an bei der Berliner Kripo, 1935 auch bei der Stapo Berlin, spätestens von Jan. 1937 an im Judenreferat der Stapoleitstelle Berlin tätig; 1937 NSDAP-Eintritt; 1939 Kriminaloberassistent, von Nov. 1942 an bis 1945 stellv. Leiter des Judenreferats; im Mai 1945 verhaftet und 1950 zu 25 Jahren Haft verurteilt, 1955 Begnadigung und Entlassung; nahm sich kurze Zeit später das Leben.

10 Das Altersheim in der Großen Hamburger Straße sollte künftig als Sammelstelle für weitere „Alterstransporte" nach Theresienstadt genutzt werden. Deshalb wurden die Heimbewohner als Erste deportiert, etwa 50 verblieben noch bis Dez. 1942 dort; siehe Einleitung, S. 68 f..

Von hier aus sind für die Reise Stullen mitzugeben, sonst keine Verpflegung; Geld dürfen die Transportteilnehmer selbst nicht mitnehmen.
Herr Prüfer ersuchte darum, ihn am 1.6.1942 zu erinnern, daß er bei Herrn Obersturmführer *Nowak* wegen des mitzunehmenden Geldes anrufen wollte, voraussichtlich werden Reichsbankschecks mitgegeben. Die Gelder der Transportteilnehmer will Herr Prüfer möglichst auf das Sonderkonto „W" nehmen. Die Alterstransporte in dieser Woche gehen wie folgt:
Am Dienstag, dem 2.6.1942–50 Personen,
Donnerstag, dem 4.6.1942–100 Personen.
Die Einschleusung findet immer nachmittags gegen 12 1/2 Uhr bis etwa 17 Uhr statt.
Für die ersten 3 Alterstransporte sollen alle 150 Transportteilnehmer aus dem Altersheim Große Hamburger Straße genommen werden.
Der Sondertransport der 98 soll am Donnerstag, dem 4.6.1942 eingeschleust werden und geht am 5.6.1942 ebenfalls ins Protektorat ab.[11]
Wegen der Rücksprache über die Verpflegung soll Herr Prüfer am 1.6.1942 erinnert werden.
In der folgenden Woche sollen dann die Transporte ebenfalls am Dienstag, Donnerstag und Freitag abgehen.
Am Freitag dieser Woche sollen die für die Alterstransporte Bestimmten aus der Stadt ins Heim geholt werden.
In erster Linie sollen die Wohnungen freigemacht werden, während die Insassen der Heime als Reserve für die Transporte dienen. Die im Heim übriggebliebenen Sachen sollen in den Keller kommen.

2. Die Sachen aus der Wohnung *Kochmann*[12] können nach Mitteilung an Herrn *Hansen* herausgenommen und von der JKV. Berlin in Verwahrung genommen werden.

3. Die Kontingentsbewilligung für die nicht mit dem XIV. Transport abgewanderten Angestellten wird erfolgen, Herr Prüfer wird sich deswegen mit dem Reichssicherheitshauptamt in Verbindung setzen.

4. Auf Ersuchen wurde über die Eröffnung vom 29.5.1942 berichtet.[13] Herr Prüfer erklärte, die Eröffnung sei durch Herrn SS-Gruppenführer *Müller* erfolgt. Durch den Anschlag wurden 14 Personen verletzt.

11 Mit diesem Transport wurden 98 Angehörige der 154 Juden, die nach dem Anschlag auf die Propagandaausstellung „Das Sowjetparadies" im Berliner Lustgarten erschossen worden waren, nach Theresienstadt deportiert. Zum Anschlag siehe Dok. 117 vom 29.5.1942 und Dok. 157 vom 27.8.1942.

12 Sala Kochmann, geb. Rosenbaum (1912–1942), Kindergärtnerin; arbeitete in einem Kindertagesheim der JKV in Berlin; sie wurde aufgrund der Beteiligung am Anschlag auf die Ausstellung „Das Sowjetparadies" verhaftet, am 23.5.1942 im Frauengefängnis Barnimstraße inhaftiert und am 18.8.1942 im Gefängnis Berlin-Plötzensee hingerichtet.

13 Zu den Anweisungen des RSHA und zur Bekanntgabe der Geiselerschießungen siehe Dok. 117 vom 29.5.1942.

Die bei der Sonderaktion aus der Levetzowstraße[14] Entlassenen bekommen am Mittwoch, dem 3.6.1942 ihre Sachen bei Herrn Polizeirat *Prokop*[15] zurück.
Die von der Sonder-Aktion für die Alterstransporte Bestimmten müssen sich melden.
Von den am Mittwoch, dem 27.5.1942 Festgenommenen sind 154 erschossen worden, weitere 96 Personen, die bereits im KZ. Sachsenhausen interniert waren, wurden außer diesen 154 Personen erschossen.
Herr Dr. Conrad Israel *Cohn* ist im KZ Sachsenhausen.
Wenn in der uns übergebenen Liste sich Unstimmigkeiten herausstellen, kann das Kataster[16] bei Herrn Prüfer anfragen, der ebenfalls eine Liste erhalten hat.[17]

DOK. 120
Nationalsozialistischer Gaudienst Mecklenburg: Bericht vom 4. Juni 1942 über die Entscheidung des Volksgerichtshofs, dass Juden keine bürgerlichen Ehrenrechte besitzen[1]

Ein Blick genügt – der Gaudienst bringt:
1. Wochenspruch der NSDAP
2. Das geht die Altwarenhändler an!
Die Gebrauchswarenverordnung regelt auch hier die Preise
3. Juden haben keine bürgerlichen Ehrenrechte
Zu einer Entscheidung des Volksgerichtshofes
4. „Gut gekaut ist halb verdaut "
Vollkornbrot sättigt und ist bekömmlich
5. „Nebenprodukte" helfen Leben retten

Am Sonntag wieder Haussammlung
des Kriegshilfswerkes für das Deutsche Rote Kreuz! Jeder Beitrag hilft mit, unseren Verwundeten schnelle und gute Heilung zu sichern. Dein Beitrag ist ein Dank an die Verwundeten – und danach richte Deine Spende für die Sammlung am kommenden Sonntag ein!
Sonderdienst: „Die innere Front"
Nationalsozialistischer Gaudienst. Gau Mecklenburg

14 Als Vergeltungsaktion für den Anschlag nahm die Gestapo am 27.5.1942 eine unbekannte Anzahl von Berliner Juden als Geiseln fest und brachte sie in die Levetzowstraße. Einige von ihnen wurden wieder freigelassen, die anderen erschossen; siehe Dok. 117 vom 29.5.1942, Anm. 6.

15 Friedrich Prokop war Leiter des Ref. IV C 3 der Stapoleitstelle Berlin, das u. a. für die Beschlagnahme des Vermögens der Jüdischen Gemeinde Berlin zuständig war.

16 Abt. der Jüdischen Gemeinde Berlin, in der die Mitgliederlisten geführt wurden.

17 Von den Altersheimbewohnern aus der Großen Hamburger Straße überlebte nur Rosalie Stein, geb. Cohn (1871–1951), Kauffrau, den Krieg; sie kehrte im Aug. 1945 nach Berlin zurück und wanderte 1947 nach Ecuador aus.

1 Nationalsozialistischer Gaudienst (NSG), Gau Mecklenburg, Folge 127, 4.6.1942, S. 4. Der NSG war eine von der NSDAP gesteuerte Nachrichtenagentur. Der NSG Mecklenburg erschien vom 1.8.1939 bis zum 16.4.1945, Herausgeber war Georg von Schilling, Schriftleiter Karl F. Vonsien.

Wochenspruch der NSDAP[2]
Möge die Deutsche Nation nie vergessen, daß die Härte eines Volkes nicht dann erprobt wird, wenn die Führung sichtbare Erfolge aufzuweisen hat, sondern in Stunden scheinbarer Mißerfolge.
Adolf Hitler

Dieses Führerwort ist eine rechte Warnung, die wir, wenn wir ehrlich sind, durchaus verdienten. Als zu Beginn dieses Krieges im „Feldzug der achtzehn Tage" Polen, der erste und ärgste Kläffer aus der Meute der uns bedrängenden Feinde, vernichtet war, als dann in weiteren „Blitzkriegen" Belgien, Holland und Frankreich besiegt wurden, da war ein großer Teil des deutschen Volkes doch schon so eingestellt, daß ihm etwas fehlte, wenn ihm nicht zum Frühstück, zum Mittag und zum Abendbrot eine Sondermeldung aus dem Führerhauptquartier serviert wurde.
Das änderte sich, als beim Feldzug im Osten der naturgegebene Zustand des russischen Winters ein Wörtchen mitzureden hatte. Die deutsche Wehrmacht hat diese Kraftprobe glänzend bestanden.[3] Trotz der höchst ungewohnten Witterungsumstände, trotz der für deutsche Verhältnisse, die sich auf Sauberkeit und Ordnung gründen, unmöglichen Lebensumstände im Sowjetland hat der deutsche Soldat die Front im Osten gehalten, und jetzt bei Charkow haben nicht nur Timoschenko,[4] sondern auch seine wackeren Mitstreiter, die Generäle Winter und Zeit, endgültig verspielt. Die Vernichtung der Sowjets hat begonnen! Denn daß der Schlag von Charkow nicht der letzte sein wird, dafür bürgen uns die bisherigen Waffenerfolge der deutschen Wehrmacht.
Für die Heimat war dieser Winter in erzieherischer Hinsicht außerordentlich heilsam. Die Herren Biertisch-Strategen mußten sich daran gewöhnen, nun nicht mehr in verblüffend kurzfristigen Abständen neuen Stoff für ihre Privatschlachten zu erhalten. Vielmehr rief der Befehl des Führers zwischen Weihnachten und Neujahr das ganze deutsche Volk sozusagen unmittelbar an die Seite der Front, als er der Heimat den Auftrag gab, Wintersachen für die Front herzustellen.[5] Dank der großzügigen Unterstützung der Partei hat das deutsche Volk den Auftrag erfüllt und damit gezeigt, daß es seiner Soldaten würdig ist.
Man glaube ja nicht, es sei eine leere Redensart, davon zu sprechen, der Helden da draußen würdig zu sein. Es strömt eine stille, unwägbare, aber doch spürbare Kraft aus

2 Die Wochensprüche der NSDAP erschienen zwischen 1937 und 1944. Es handelte sich um Zitate und Aussprüche, die die nationalsozialistische Weltanschauung transportierten und die in Plakatform öffentlich ausgehängt wurden.

3 Ihr Vorstoß auf Moskau kam mit Einbruch des Winters zum Erliegen. Am 5.12.1941 startete eine sowjet. Gegenoffensive, in deren Verlauf die Wehrmacht zurückgedrängt wurde.

4 Semjon Konstantinovič Timošenko (1895–1970), Berufssoldat, Politiker; 1919 KPdSU-Eintritt; 1939 Befehlshaber der Ukrain. Front bei der Besetzung Ostpolens, 1940 Marschall der Sowjetunion, 1941–1945 Stellv. Stalins in seiner Funktion als Verteidigungsminister, von Sept. 1941 an Kommandeur der Südwestfront, dann weiterer Fronten; 1939–1952 Mitglied des ZK der KPdSU, 1945–1960 Kommandeur des weißruss. Militärbezirks. Die zweite Schlacht bei Charkow endete am 28.5.1942 mit dem Sieg deutscher und rumän. Truppen.

5 In der Erwartung, „daß alle Männer und Frauen der Bewegung sich unter Verzicht auf Ruhe und Erholung, die der Soldat auch nicht hat, für den Erfolg der Aktion einsetzen", wurden zwischen dem 27.12.1941 und dem 4.1.1942 Woll- und Wintersachen für die deutschen Truppen gesammelt; Rundschreiben Nr. 158/41 des Leiters der Partei-Kanzlei an die Reichsleiter, Gauleiter und Verbändeführer vom 20.12.1941, BArch, NS 6/335, Bl. 170.

diesem Zustand des Würdigseins in der Heimat auf die Front über. Eigentlich ist es die natürlichste Sache von der Welt. Denn nur ein Volk, das heroisch empfindet, kann solche Helden zu seinen Besten zählen, wie sie in so großer Zahl in allen drei Teilen der deutschen Wehrmacht[6] vereint sind. Es ist also nichts Besonderes, wenn die Heimat sich der Front würdig erwiesen hat. Aber es ist gut, daß sie würdig war und sich nicht zu schämen braucht. Denn es nagt, wenn die Heimat die Kraft dieses Würdigseins nicht mehr besitzt, wie ein schleichendes Gift an dem Körper der Front. Und was daraus entstehen kann, lehrte uns das Beispiel von 1918.[7]
Dies: der Front würdig zu sein, gewinnt man nicht aus einer gewissen leichtfertig-bravourösen Haltung heraus, nicht aus einem krampfhaft suggerierten Du-mußt, sondern aus dem sehr ernsten freien Willen und einer tiefen sittlichen Verpflichtung, die allein bestimmend ist für die Haltung eines Volkes, das von soldatischem Geist erfüllt ist – in der Heimat genauso wie an der Front. Der soldatische Geist hat sich in diesem Winter bei Front und Heimat in schönster Weise bewährt. Auch ohne sichtbar große Schlachten-Erfolge der Führung im Winter haben beide Teile ernst und gewissenhaft ihre Pflicht erfüllt. Aus den verflossenen Monaten aber nehmen wir die Mahnung des Führers mit hinüber in die kommenden Monate der harten Arbeit – und weiterer Entbehrungen, wenn sie sein müssen –, nehmen sie hinüber aber auch in die nach jeder Probe, die das deutsche Volk in seiner Gesamtheit besteht, näherrückende Stunde des Sieges – die Mahnung: „Möge die deutsche Nation nie vergessen, daß die Härte eines Volkes nicht dann erprobt wird, wenn die Führung sichtbare Erfolge aufzuweisen hat, sondern in Stunden scheinbarer Mißerfolge."

Das geht die Altwarenhändler an!
Die Gebrauchswarenverordnung regelt auch hier die Preise
NSG.-Schwerin, 4. Juni 1942
Eine Reihe von Gebrauchsgegenständen und Bedarfsartikeln wird heute bewirtschaftet. Sie sind also nicht mehr in dem Maße wie früher zu haben. Was liegt da näher, als daß der Käufer auf Altwaren zurückgreift! Gerade jetzt im Kriege hat der Altwarenhandel wieder eine gewisse Bedeutung gewonnen. Sachen, die man früher ganz gewiß nicht für alt gekauft hätte, werden heute gerne gekauft, wenn sie nur noch einigermaßen brauchbar sind.
Der Altwarenhandel führte früher ein ziemlich unkontrolliertes Dasein. Aber wegen der Bedeutung, die er heute hat, gelten auch für ihn jetzt Preisregelungsvorschriften, die in der Gebrauchswarenverordnung vom 21. Januar 1942[8] festgelegt sind.
Der Altwarenhändler kauft meistens auf Versteigerungen ein. Da muß er jetzt besonders vorsichtig sein und darf nicht die höchstzulässigen Preise bieten, um danach noch wieder seinen eigenen Verdienst aufzuschlagen; denn dann würde die Ware zu teuer

6 Heer, Kriegsmarine und Luftwaffe.
7 Nach Ende des Ersten Weltkriegs verbreitete die ehemalige Oberste Heeresleitung die sog. Dolchstoßlegende, wonach vermeintliche Feinde im Innern Deutschlands die deutsche Niederlage verschuldet hätten. Das Heer sei „im Felde unbesiegt" und nur durch einen „Dolchstoß" in den Rücken zu Fall gebracht worden. Völkische Kreise und rechte Organisationen nutzten die Legende zur Propaganda u. a. gegen die regierende SPD sowie die linke Opposition und das „internationale Judentum".
8 VO über Höchstpreise für gebrauchte Waren vom 21.1.1942, RGBl., 1942 I, S. 43.

werden. Bei der Preisgestaltung der Ware geht man von ihrem Neuwert aus. Der Preis einer gebrauchten Ware darf, wenn sie im besten Zustand, wenn sie also, wie man so sagt, „wie neu“ ist, höchstens 75 v. H. des Neuwertes betragen. In der Regel liegt der Preis für gebrauchte Waren unter 75 v. H. des Neuwertes, da sie, wenn sie noch „wie neu“ wären, kaum abgegeben würden.
Viel zu wenig bekannt ist auch, daß, wenn jemand gebrauchte Sachen verkaufen will und deshalb eine Anzeige in der Zeitung aufgibt, [er] hierbei unbedingt den Preis mit anzugeben hat. Damit ist von vornherein ein unlauteres Handeln und „Pfuschern“ ausgeschlossen.

Juden haben keine bürgerlichen Ehrenrechte
Zu einer Entscheidung des Volksgerichtshofes
NSG.-Schwerin, 4. Juni 1942
Der Volksgerichtshof hat sich kürzlich mit der Frage befassen müssen, ob einem Juden auch die bürgerlichen Ehrenrechte aberkannt werden können.[9] Das hat der Volksgerichtshof verneint mit der Begründung, daß niemandem etwas aberkannt werden kann, was er auch bisher schon nicht besessen hat. Der Volksgerichtshof weist darauf hin, daß die gerichtliche Aberkennung der bürgerlichen Ehrenrechte auf eine bestimmte Zeit die Folge hat, daß der Verurteilte nach Ablauf dieser Zeit wieder in den Genuß der bürgerlichen Ehrenrechte kommt.[10] Ein solcher Entscheid gegen einen straffällig gewordenen Juden würde unverständlich sein und dem gesunden Volksempfinden widersprechen, da er die in den einschlägigen Bestimmungen des Strafgesetzbuches aufgezählten äußeren Merkmale von bürgerlichen Ehrenrechten[11] auch vorher nicht besessen hat.
Weiter führt der Volksgerichtshof aus: Abgesehen davon aber, daß ein Jude die erwähnten äußeren Merkmale von bürgerlichen Ehrenrechten nicht besitzt, besitzt er nach der Überzeugung des ganzen deutschen Volkes überhaupt keine Ehre, insbesondere nicht die Ehre eines Bürgers des nationalsozialistischen Deutschen Reiches; denn diese setzt das Gefühl einer tiefen inneren Verbundenheit mit dem deutschen Volk und das Bewußtsein höchster Verpflichtung gegenüber der Volksgemeinschaft voraus. Ja, sie entsteht überhaupt erst aus dieser Einsatzbereitschaft für Führer und Volk. Ein Jude aber hat – wie die Vergangenheit gelehrt hat – kein anderes Interesse, als es nach Möglichkeit auszubeuten oder ihm im Rahmen seiner Kräfte Schaden zuzufügen. Diese Erkenntnis ist heute geistiges Allgemeingut, nicht nur des deutschen Menschen, sondern findet eine immer mehr wachsende Anhängerschaft auch bei der Bevölkerung vieler anderer Völker für ihre Staaten. Unter diesen Umständen müssen die Gerichtsurteile, die einem Juden die bürgerlichen Ehrenrechte absprechen und damit solche bei ihm voraussetzen, dem

9 Am 18.3.1942 fällte der Volksgerichtshof das hier referierte Urteil gegen einen jüdischen Einwohner des Protektorats; abgedruckt in: Deutsches Recht. Zentralorgan des NS-Rechtswahrerbundes 1942, Nr. 19/20, S. 721.

10 § 32 des RStGB erlaubte die Aberkennung der bürgerlichen Ehrenrechte für die Dauer von höchstens zehn Jahren.

11 Nach §§ 33 und 34 RStGB führte die Aberkennung der bürgerlichen Ehrenrechte zum Verlust des Wahlrechts, der Wehrwürdigkeit, der Berechtigung zu Zeugen- und Vormundschaft sowie der Fähigkeit, öffentliche Ämter zu bekleiden und Titel, Orden und Ehrenzeichen zu tragen. Politische Rechte wie das Wahlrecht waren Juden bereits mit dem Reichsbürgergesetz vom 15.9.1935 entzogen worden; siehe VEJ 1/198. Das Verbot, Orden und Abzeichen zu tragen, erging mit der Polizeiverordnung zur Kennzeichnungspflicht von Juden vom 1.9.1941; siehe VEJ 3/212.

deutschen Volk unverständlich bleiben, weil niemandem etwas genommen werden kann, was er nicht hat.[12]
[...][13]

DOK. 121
Der Reichsinnenminister erklärt am 5. Juni 1942 deportierte Juden aus Stettin posthum zu Staatsfeinden, um ihr Vermögen einziehen zu können[1]

Schreiben des Reichs- und Preußischen Ministers des Innern (Pol. S II A 5 Nr. 456/42-212-), gez. i. A. Dr. Bilfinger,[2] Berlin, an die Geheime Staatspolizei, Staatspolizeileitstelle Stettin, vom 5.6.1942 (Abschrift)

Betrifft: Vermögen der am 12.2.1940 aus Stettin abgeschobenen Juden, die vor dem Inkrafttreten der elften Verordnung zum Reichsbürgergesetz vom 25.11.41[3] verstorben sind.
Anlagen: 2 Feststellungs- und Einziehungsverfügungen.[4]
Ich übersende zwei beglaubigte Abschriften meiner rückwirkend vom 5.2.1940 getroffenen Feststellung der Volks- und Staatsfeindlichkeit und gleichzeitig verfügten Vermögenseinziehung. Eine Abschrift ist für den dortigen Vorgang bestimmt.
Zur Vermeidung erbrechtlicher Ansprüche habe ich die Einziehung rückwirkend mit dem 5.2.1940, also zu einem Zeitpunkt verfügt, als die Betreffenden noch lebten. Damit die Einziehung wirksam wird, ist die zweite beglaubigte Abschrift einem noch zu bestellenden gemeinsamen Abwesenheitspfleger gegen Empfangsbescheinigung auszuhändigen.
Erbrechtlichen Ansprüchen, besonders wenn sie von Ausländern geltend gemacht werden sollten, kann nur dadurch wirksam begegnet werden, daß die Einziehung nicht nur

12 Auf die Forderung des RMfVuP nach einer generellen Regelung erklärte das RJM am 18.7.1942, dass Juden nicht über bürgerliche Ehrenrechte verfügten und daher gerichtlich nicht auf „Ehrverlust" erkannt werden könne. Da sie aber noch als Zeugen sowie Vormund u. Ä. gegenüber Juden auftreten konnten, sollten ihnen diese „in §§ 33, 34 RStGB bezeichneten Fähigkeiten" nach wie vor aberkannt werden können, ohne dass von „Ehrenrechten" die Rede sein sollte; BArch, R 3001/ 20931, Bl. 137 f.

13 Die folgenden Meldungen erklären die gesundheitlichen Vorteile von Vollkornbrot gegenüber Weizenbrot und berichten über Verwertungsmöglichkeiten von Schlachtabfällen und deren Bedeutung im Krieg.

1 Nürnberger Dokument NG-5556. Teilweise abgedruckt in: Adler, Der verwaltete Mensch (wie Dok. 2 vom 4.10.1941, Anm. 1), S. 147.

2 Dr. Rudolf Bilfinger (1903–1998), Jurist; 1923 NSDAP-, 1933 SA- und 1939 SS-Eintritt; 1934–1937 bei der Gestapo Stuttgart, von 1937 an im HA Sicherheitspolizei, 1939 RSHA, 1940 Verwaltungsleiter beim BdS Krakau, 1941–1943 im RSHA Leitung der Gruppe II A (Organisation und Recht), 1943 KdS in Toulouse, 1944 in Krakau; 1945 in Frankreich interniert und 1953 zu acht Jahren Zuchthaus verurteilt (durch Internierung verbüßt), später Oberverwaltungsgerichtsrat in Mannheim.

3 Siehe Dok. 43 vom 25.11.1941. Im Febr. 1940 waren mehr als 1000 Stettiner Juden deportiert worden. Etwa ein Viertel von ihnen war bereits gestorben, als am 25.11.1941 die 11. VO zum Reichsbürgergesetz erlassen wurde, mit der Juden, die ihren „gewöhnlichen Aufenthalt" im Ausland hatten, ausgebürgert wurden und ihr Vermögen dem Reich „verfiel". Da die VO nicht auf die vor dem 25.11.1941 Verstorbenen angewandt werden konnte, erklärte das RSHA die Verstorbenen mit diesem Schreiben unter dem Briefkopf des RMdI rückwirkend zu Staatsfeinden. Analog wurde auch mit dem Vermögen der im Okt. 1940 aus der Saarpfalz nach Frankreich deportierten Juden verfahren; wie Anm. 1, S. 165–167. Zur Deportation der Juden aus Stettin im Febr. 1940 siehe VEJ 3, S. 38, sowie VEJ 3/52.

4 Liegen in der Akte.

bei Lebzeiten der Eigentümer erfolgte, sondern auch wirksam geworden ist. Da weder eine Zustellung an die Betroffenen noch eine öffentliche Bekanntmachung möglich ist, muß versucht werden, einen Abwesenheitspfleger bestellen zu lassen, dem die Einziehungsverfügung rückwirkend am 5.2.1940 auszuhändigen sein würde. Ich ersuche, diese Frage mit dem zuständigen Gericht, gegebenenfalls dem Oberlandesgerichtspräsidenten mündlich zu erörtern. Die Bestellung eines Abwesenheitspflegers am oder vor dem 5.2.1940 hat nur rein formale Bedeutung und soll lediglich den Nachweis ermöglichen, daß die Einziehung noch bei Lebzeiten der Betreffenden Wirksamkeit erlangt hat.
Falls ein Abwesenheitspfleger nicht bestellt werden kann, müßte versucht werden, einen für alle Betroffenen gemeinsamen Nachlaßpfleger bestellen zu lassen, dem dann die Einziehungsverfügung zuzustellen sein würde. Auch die Tätigkeit eines Nachlaßpflegers soll sich lediglich auf die Entgegennahme der Einziehungsverfügung beschränken, weil ja das Vermögen der Betroffenen bereits vom Oberfinanzpräsidenten Pommern in Stettin verwaltet wird.
Dem Oberfinanzpräsidenten[5] habe ich eine beglaubigte Abschrift der Einziehungsverfügung übersandt. Dem zu bestellenden Abwesenheits- bezw. Nachlaßpfleger ist die Einziehungsverfügung auszuhändigen und der Nachweis hierfür dem Oberfinanzpräsidenten Pommern in Stettin zu übergeben.
Einem Bericht über das Veranlaßte sehe ich entgegen.

DOK. 122

Der Oberfinanzpräsident Köln schlägt am 9. Juni 1942 vor, die Opfer von Bombenangriffen mit dem Umzugsgut jüdischer Auswanderer zu versorgen[1]

Schreiben (vertraulich) des Oberfinanzpräsidenten Köln (O 5210-261–82), gez. Kühne,[2] Köln, Wörthstr. 1, an Herrn Ministerialrat Dr. Gündel,[3] Berlin W 8, vom 9.6.1942[4]

Betrifft: Jüdisches Umzugsgut in Antwerpen
Vorgang: Erlaß vom 4. Juni 1942 0 5210–1925 VI II. Ang.[5]
Berichterstatter: Regierungsrat Dr. *Hertel*[6]

5 Dr. Ernst Mann.

1 BArch, R 2/31098, Bl. 43 f.
2 Dr. Walter Kühne (1892–1968), Jurist; 1933 NSDAP-Eintritt; 1923–1938 Referent für Steuern und Vermögen im RFM; 1938/39–1945 Oberfinanzpräsident in Köln; 1949–1952 Bundesfinanzministerium, Sondergruppe Lastenausgleich, zuletzt als Min.Dir., 1952–1957 Präsident des Bundesausgleichsamts.
3 Dr. Herbert Gündel (*1904), Jurist; von 1932 an in der Reichsfinanzverwaltung; 1935 Reg.Rat; 1937 NSDAP- und SS-Eintritt; 1937–1944 persönlicher Referent von StS Fritz Reinhardt im RFM, 1939 ORR, 1942 parallel Oberbereichsleiter in der Partei-Kanzlei, 1942 Min.Rat und SS-Obersturmbannführer, 1944 Einberufung zur Wehrmacht; weiteres Schicksal unbekannt.
4 Eine Abschrift zur Kenntnis ging an den Reichsfinanzminister. Im Original unleserlicher handschriftl. Vermerk.
5 Nicht ermittelt.
6 Dr. Guido Hertel (1903–1963), Jurist; von 1929 an beim Landesfinanzamt, zuerst Düsseldorf, später Unterweser tätig, 1935–1937 Vorsteher des Hauptzollamts Beuthen, anschließend bei der Oberfinanzdirektion in Berlin und von 1941 an in Köln; von 1951 an im Bundesfinanzministerium, 1955 dort Min.Dir. und Chef der Zentralabt., 1957 Präsident des Bundesrechnungshofs.

1. In meinem Bericht vom 5. Juni 1942 Z 2056-198-82[7] habe ich über den Umfang der Fliegerschäden in Köln[8] und die Notwendigkeit der Versorgung der Fliegergeschädigten kurz berichtet. Inzwischen habe ich für die *Unterbringung der Lifts*[9] Vorsorge getroffen. Hallen, die soviel Lifts fassen, sind hier in den Rheinhäfen nicht vorhanden. Die Lifts haben teilweise den Umfang eines kleineren oder größeren Möbelwagens ohne Räder. Es ist deshalb auch zweifelhaft, ob es gelingt, wenigstens einige dieser Lifts in der von mir in Aussicht genommenen Zollniederlage in Koblenz und in den Zollhallen 1 und 2 beim Zollamt Moselwerft in Koblenz unterzubringen.
Nach langem Suchen und Verhandlungen habe ich dann in den Rheinorten Andernach, Neuwied und Bendorf feste Lagerplätze, unmittelbar am Rhein, ausfindig gemacht, auf denen die Lifts im Freien untergebracht werden. In Bendorf ist auch eine Halle, in der wahrscheinlich 10 bis 20 Lifts untergestellt werden können. Kräne mit der nötigen Tragfähigkeit sind an diesen Orten vorhanden. Ich werde das Befrachtungs- und Speditionskontor Heinrich Aviszius K.G. in Neuwied am Rhein beauftragen, für die Entladung und Unterbringung der Lifts Sorge zu tragen.
Der Militärbefehlshaber in Brüssel[10] hat mir mit Fernschreiben vom 6. Juni 1942 mitgeteilt, daß die angekündigten Liftvantransporte teils auf dem Schienenweg und teils auf dem Wasserweg in der jetzt laufenden Woche unter tunlichster Beschleunigung in Marsch gesetzt würden. Die Liftvans enthielten außer Mobiliar und Kleidungsstücken teilweise auch Kunstgegenstände und andere zur Ausgabe nicht geeignete Objekte. Mit der Feldkommandantur in Antwerpen habe ich vereinbart, daß möglichst alle Liftvans auf dem Wasserwege nach Andernach, Neuwied und Bendorf befördert werden. Eine Anzahl dieser Lifts ist jedoch nach Mitteilung der Feldkommandantur durch Bombenangriffe und ähnliche Einflüsse mehr oder weniger stark beschädigt. Ich habe gebeten, diese schätzungsweise 25 bis 30 beschädigten Lifts mit der Eisenbahn zum Bahnhof Gereon in Köln zu schaffen. Da für die Sicherheit der beschädigten Lifts keine geeignete Vorsorge getroffen werden kann, halte ich es für notwendig, diese Gegenstände sofort zu sichten und zu verwerten.

2. Die Sichtung der 1000 Lifts kann nicht vorweggenommen werden. Ich habe dieserhalb die Feldkommandantur gebeten, dafür zu sorgen, daß die Frachtpapiere, die wahrscheinlich auch für die Zollbehandlung bei dem beabsichtigten Einfuhrlande ein Inhaltsverzeichnis enthalten, mir zugeleitet werden. Außerdem befinden sich in der Regel bei den Dienststellen der Zollverwaltung, die die Abfertigung der Lifts zur Ausfuhr vorgenommen haben, noch die Inhaltsverzeichnisse seit 1935. Schließlich haben die Devisenstellen auch sämtliche Inhaltsverzeichnisse des aus ihrem Bezirk ausgeführten Judenvermögens in ihren Akten. Wenn die Herkunft der Lifts festgestellt worden ist, werde ich diese Inhaltsverzeichnisse, soweit sie nicht bei den Frachtpapieren vorhanden sein sollten, von den Zollstellen oder Devisenstellen heranzuholen versuchen. Auf Grund dieser Papiere kann jedenfalls schon eine Vorsichtung vorgenommen werden. Dagegen ist es unmöglich, die Lifts an der Lagerungsstelle auszupacken, ihren Inhalt zu sichten und dann wieder

7 Liegt nicht in der Akte.
8 Zu den Luftangriffen auf Köln Ende Mai 1942 siehe Dok. 123 vom 10.6.1942.
9 Nach den Luftangriffen wurden 1000 Lifts (auch Liftvans; hölzerne Container) mit Umzugsgut emigrierter niederländ. Juden von Antwerpen nach Köln gebracht.
10 Alexander von Falkenhausen.

einzupacken. Die Aussonderung der hier nicht zu verwertenden Gegenstände könnte daher nur nach Ankunft der einzelnen Lifts in Köln vorgenommen werden.
Weisungsgemäß unterbleibt zunächst eine *Verwertung* der Lifts, die ohne Gefahr des Diebstahls oder der Beschädigung durch Witterungseinflüsse usw. verwahrt werden können.
Soweit es sich um Kunstgegenstände handelt, werde ich bei Beginn der Verwertung diese dem Museumsdirektor Vosse[11] von der Dresdener Galerie zunächst anbieten.
Da es sich voraussichtlich um Einrichtungsgegenstände von vermögenden Juden handeln wird, die in der Lage waren, den teuren Versand übersee durchzuführen, werden die Lifts unter den Einrichtungsgegenständen auch echte Teppiche enthalten. Soweit Fliegergeschädigte ihre Teppiche verloren haben, werden diese auch zweckmäßigerweise an solche Fliegergeschädigten veräußert.
Sobald die Weisung zur Verwertung ergangen ist, werde ich mit der Stadt Köln, ggf. mit der NSV, in Verbindung treten, ob sie bereit sind, die veräußerlichten Einrichtungegegenstände in Bausch und Bogen zu übernehmen und von sich aus die Verteilung an die Fliegergeschädigten durchzuführen.[12] Soweit das nicht möglich sein sollte, lasse ich die Einrichtungsgegenstände durch mein Liegenschaftssachgebiet in der gleichen Weise an Fliegergeschädigte versteigern, wie auch bisher das hier noch angetroffene Judengut versteigert worden ist.
Bei Übernahme dieser Gegenstände durch die Stadt Köln bezw. durch die NSV wird eine Anrechnung des Wertes auf die Zahlung der Kriegsschädenmittel, die vom Reich zugewiesen werden, in Erwägung gezogen werden müssen.
Wie aus dem Schlußabsatz der Ziffer II meines Berichts vom 5. Juni 1942 Z 2056-198–82 zu entnehmen ist, rechnet die Stadt Köln damit, daß ihr diese Wohnungseinrichtungen der Juden, die zunächst für den Osten bestimmt waren,[13] zur Verfügung gestellt werden. Ich nehme auch an, daß die Stadt Köln durch den Militärbefehlshaber in Brüssel davon Nachricht erhält, daß 1000 dieser Lifts an mich zum Versand gebracht worden sind. Sofern die Stadt Köln dieserhalb an mich herantreten sollte, werde ich sofort berichten.

3. Diese Wohnungseinrichtungen sind durch den Versand ins Ausland Auslandsware geworden und bei ihrer Wiedereinfuhr als *Zollgut* zu betrachten. Ich bitte wegen der Regelung der Abgabenerhebung um Weisung. Die Einzeltarifierung würde auf unüberwindliche Schwierigkeiten stoßen. Ich schlage vor, einen bestimmten Prozentsatz des Erlöses als Eingangsabgabe zu vereinnahmen und im übrigen die Abgaben aus Billigkeitsgründen zu erlassen.
Ich bitte,
1. sich mit der Unterbringung der Lifts in der vorgeschlagenen Art und Weise einverstanden zu erklären,

11 Handschriftl. Anmerkung: „Posse (Linz!)“. Gemeint ist Dr. Hans Posse, der Direktor der Staatlichen Gemäldegalerie Dresden und Sonderbeauftragter Hitlers für den Aufbau des „Führermuseums“ in Linz.

12 Die NSV hatte die Übernahme und den Verkauf der Möbel an Bombengeschädigte am 5.6.1942 abgelehnt, da sie keine entsprechende Infrastruktur habe und keine Probleme mit den Gewerbetreibenden wolle; ungez. Vermerk für Parteigenossen Friedrich vom 5.6.1942, wie Anm. 1, Bl. 41 f.

13 Auf Anordnung Hitlers vom 31.12.1941 sollte der beschlagnahmte Besitz von Juden aus den Niederlanden, Belgien, Luxemburg und Frankreich im Rahmen der „M-Aktion“ den deutschen Behörden in den besetzten Ostgebieten zur Verfügung gestellt werden. Nach den schweren Luftangriffen in Köln wurde jedoch ein Teil des Besitzes zur Ausstattung von Bombengeschädigten genutzt.

2. die sofortige Verwertung der beschädigten Lifts zu genehmigen,
3. über die Zollbehandlung der Lifts eine Zollentscheidung herbeizuführen,
4. mir für die weitere Verwertung der Lifts Anweisung zu erteilen.

DOK. 123
Hans Feldheim berichtet seiner Tochter Helga am 10. Juni 1942 von einem schweren Bombenangriff auf Köln und der bevorstehenden Deportation jüdischer Bekannter[1]

Brief von Hans Feldheim[2] an seine Tochter Helga[3] vom 10.6.1942[4]

Liebste Helga.
Wir sind beigearbeitet[5] und ich benutze die erste Gelegenheit, um Dir zu schreiben. Die letzte Geldüberweisung wirst du wohl erhalten haben. Sie sollte Dir, von der kleinen Annehmlichkeit abgesehen, ein Zeichen unseres Wohlbefindens sein. Wir nahmen an, daß die Zeitung Dir Kunde von dem großen Fliegerangriff auf Köln[6] gegeben haben und Dich um uns besorgt gemacht haben würde. Deshalb die erste kurze Benachrichtigung, die ich gleichzeitig auch an Tante Joha richtete, mit der Bitte, sie auch an Dich durchzugeben.
Heute, wo 10 Tage seit der schreckensvollen Nacht vergangen sind, wo das Leben allmählich wieder in normale Bahnen geleitet worden ist, möchtest Du ohne Zweifel gern einen ausführlichen Bericht über alles haben. Leider kann ich Dir den nicht geben, denn dieser Brief geht immerhin ins Ausland und deshalb halte ich es nicht für angebracht, über interne Dinge zu sprechen. So viel dürfte aber wohl erlaubt sein, Dir mitzuteilen, daß wir schwer um die Erhaltung unseres Hauses haben kämpfen müssen. Du kennst noch den engen Hof, auf dem das Elektrogeschäft unter einem Schuppen seine leeren Kisten und Verpackungsmaterial gelagert hatte. Dieser Schuppen geriet durch eine Brandbombe in Brand. Als wir aus dem Keller herausgerufen wurden – ganz zu Beginn des Angriffes –, war an ein Löschen ohne Mitwirkung der Feuerwehr nicht mehr zu denken. Der Brand griff dann auf die Parterreräume des Hinterhauses des Nachbarn über, und bald stand alles hoch in Flammen. Unsere Aufgabe bestand darin, unser Haus vor dem Funkenflug zu schützen. Unsere Fensterscheiben waren teils durch die Hitze, teils durch Sprengbomben in der Umgebung entzwei, und nun regnete es Glut in die Zimmer hinein. Die Fensterdekorationen mußten abmontiert werden, alle Zimmer bedurften dauernder Beobachtung, ob nicht irgendwo ein Brandherd entstand, der sofort im Keim erstickt werden mußte. Die Hauptaufgabe lag in dieser Beziehung natürlich

1 Original in Familienbesitz, Kopie: NS-Dokumentationszentrum Köln, Bestand Feldheim.
2 Dr. Hans Salomon Feldheim (1886–1944), Arzt; verheiratet mit Anna Feldheim, geb. Mensinger (gest. 1930); lebte seit 1936 mit seinen Töchtern Anneliese (1916–1944) und Helga (*1920) in Köln; Hans und Anneliese Feldheim tauchten Ende Aug. 1944 bei Bekannten unter; nahmen sich das Leben.
3 Helga Samson-Feldheim (1920–2005) emigrierte 1939 in die Niederlande zu Verwandten, nach dem Einmarsch der Wehrmacht tauchte sie unter; lebte nach dem Krieg in den Niederlanden.
4 Maschinenschrift mit handschriftl. Korrekturen und Ergänzungen.
5 So im Original.
6 Unter dem Decknamen „Operation Millennium“ flog die brit. Luftwaffe in der Nacht vom 30. auf den 31. Mai 1942 einen Großangriff auf Köln, bei dem über 1000 Bomber eingesetzt wurden.

auf dem Dach, denn vom Winde verweht versammelte sich alles, was nur an glühenden Holzteilen fliegen konnte, auf dem Speicher. Der Brand griff auch auf das riesige Vorderhaus über und zerstörte auch dieses ganz. Daß wir unbeschädigt blieben, ist nicht bloß unserem Fleiß zu verdanken, sondern noch viel mehr einem unverschämten Dusel. Unsere Tätigkeit war nicht ungefährlich, weil fortwährend Sprengbomben fielen, die, wenn sich eine zu uns ganz nahe heran verirrt hätte, die üblichen Körperbeschädigungen hervorgerufen hätte. Die Tätigkeit war aber auch anstrengend, weil es anhaltend treppauf und treppab ging, wobei Wasserschleppen die Hauptaufgabe war. Es war kein Druck mehr auf der Leitung; so mußte es von unten nach oben geschleppt werden. Es ist nun alles glücklich abgelaufen, und das freut Dich nicht weniger als uns selbst. Mein Bericht ist zugleich Antwort auf die Stelle Deines letzten Briefes, wo Du der Hoffnung Ausdruck gibst, daß wir alle Ereignisse so gut bestehen mögen wie die erste Brandbombe bei einem früheren Angriff, von deren Besuch auf unserer Mansarde ich Dir damals berichtete.

Jetzt kann ich Deinen Brief vom 24. Mai weiter beantworten, Dir gleichzeitig für Deinen ausführlichen Bericht dankend. In gesundheitlicher Hinsicht hoffe ich Euch beide wieder ganz in Ordnung. Was Du von den Schwierigkeiten in der Beschaffung einiger Lebensmittel schreibst, so ist das hier nicht so schlimm, wie Du es schilderst. Allerdings wird sich das inzwischen wohl auch bei Euch entsprechend der weiter vorgeschrittenen Jahreszeit gebessert haben, denn man sollte doch sagen, daß das Angebot an Gemüse bei Euch jetzt beliebig groß sein müßte. Oder essen wir Euch alles weg, indem Ihr nach Deutschland liefern müßt? Das täte mir außerordentlich leid, obwohl ich trotzdem sagen muß, daß mir der Blumenkohl heute mittag ausnehmend gut geschmeckt hat.

Zu Deiner vollendeten Mundbehandlung gratuliere ich herzlich. Auf das in Aussicht gestellte Bild bin ich gespannt. Dein Geschäftsbericht war interessant, bezüglich der mangelnden Stärke etwas beängstigend, aber nicht zu sehr, denn vielleicht haben wir Frieden, bis du deinen letzten Vorrat aufgebraucht hast. Es geht Dir so, wie es seit Jahrhunderten immer war: Wenn das Material knapp ist, fragen die Menschen wie toll danach und machen Bestellungen bis dort hinaus. Sobald diese Knappheit wieder aufhört, verschwinden auch die Bestellungen. Dann ärgert sich der Mensch, denn jetzt könnte er so gut alles liefern, was man von ihm verlangt und was er vorher nicht konnte, und jetzt will keiner mehr etwas von ihm wissen.

In Müngersdorf[7] sind wieder einige Veränderungen vorgenommen worden. Die Schwiegermutter von Onkel Alex, die Frau Laura[8] sowie die Schwester, Frau Münchhausen,[9] müssen morgen weg, was Du bitte auch Tante Joha und Onkel Albert mitteilen willst. Des letzteren Bruder besuchte ich verschiedentlich. Er siedelte mit dem gesamten Asyl nach Müngersdorf über. Das Krankenhaus wird jetzt in dem Fort neu eingerichtet.[10] Die Insassen des Forts kommen in die Baracken, darunter auch Familie Leipziger.[11] Allerdings wird diese Umgruppierung successive vor sich gehen, so daß heute noch nichts

7 Im ehemaligen preuß. Militärgefängnis „Fort V" in Köln-Müngersdorf befand sich ein Sammellager, in dem die Kölner Juden vor der Deportation festgehalten wurden.

8 Laura Mayer, geb. Weinholt (1866–1943); vom Sammellager Köln-Müngersdorf am 15.6.1942 nach Theresienstadt deportiert und dort umgekommen.

9 Vermutlich: Bertha Münchhausen, geb. Weinholt (1870–1943); verheiratet mit Sigismund Münchhausen; am 15.6.1942 nach Theresienstadt deportiert und dort ums Leben gekommen.

10 Nach dem Bombenangriff wurden alle Patienten des jüdischen Krankenhauses nach Müngersdorf evakuiert und später von dort aus deportiert.

darüber gesagt werden kann, wann Familie L. an die Reihe kommt. Der Lage ihres Zimmers nach besteht die Aussicht, daß sie zu den letzten der von der Umsiedlung Betroffenen gehören werden. Bitte berichte das alles Tante Joha, der ich in den nächsten Tagen wohl kaum schreiben werde. Ich verlasse mich darauf, daß Du es nicht vergißt.
Von meinem Beruf sei nur ganz kurz berichtet. Die täglich erfolgenden Umlagerungen lassen den Begriff einer eigentlichen Praxis nicht zu. Was zu tun ist, befriedigt einen jungen Gelehrten in keiner Weise. Wo aber heutzutage fast alle klagen, will ich es nicht tun, sondern in alter Frische zufrieden sein. Siehst Du jetzt ein, wie richtig es war, was ich Euch [in] erzieherischer Weise immer sagte: Es geht nirgends doller zu als auf dieser Welt?! Ich hoffe nur, Dich bald einmal wiederzusehen, denn wenn es noch lange dauert, werde ich vielleicht Sie zu Dir sagen müssen, so fremd bist Du mir dann geworden. Heute aber ist es noch nicht soweit, und deshalb drücke ich Dich jetzt an mein Herz und gebe Dir einen lieben Kuß als Dein treuer Vati.
Liebes Engelchen. Da Vati Dir schon so schön ausführlich geschrieben hat, fasse ich mich kurz. Ich bin sehr abgespannt und überarbeitet, was sich aber hoffentlich wieder gibt. In den ersten Tagen nach dem Angriff war ich zu nichts fähig, und nun muß alles nachgeholt werden. Ich danke Dir vielmals für das Rezept, das gelegentlich bestimmt ausprobiert wird. Die Zutaten haben wir noch dazu. Weiter gibt es von mir nichts zu berichten. Darum schließe ich jetzt mit vielen herzlichen Grüßen und Küssen, Deine Anne.[12]

DOK. 124

Walter Lustig von der Reichsvereinigung der Juden fordert am 10. Juni 1942, dass Mediziner darüber mitentscheiden, welche Patienten der Pflegeanstalt Bendorf-Sayn deportiert werden[1]

Schreiben der Reichsvereinigung der Juden in Deutschland, Abt. Fürsorge, Gesundheitswesen, gez. Dr. Dr. Walter Israel Lustig; (Dr. Lu/J.) an das RMdI, RSHA, Berlin W 62, Kurfürstenstraße 115/116,[2] unter Bezugnahme auf den Vortrag am 8. ds. Mts. (F 80 Ziffer 3d)[3] mit der Bitte um Entscheidung überreicht, vom 10.6.1942

Betr. Abwanderung von Geisteskranken aus der Heil- und Pflegeanstalt Sayn.[4]
Die Heil- und Pflegeanstalt Sayn teilt mit Schreiben vom 8.6.42 mit, „daß das Büro der Anstalt mit der Anfertigung von Listen für die Geheime Staatspolizei beschäftigt ist, was auf einen Abtransport schließen läßt."

11 Vermutlich: Margot Leipziger, geb. Feldheim (1880–1944), und ihr Mann Moritz Leipziger (1869–1942), Kaufmann; beide wurden im Juni 1942 nach Theresienstadt deportiert, wo Moritz Leipziger ums Leben kam, seine Frau wurde in Auschwitz ermordet.
12 Anneliese Feldheim.

1 BArch, R 8150/114, Bl. 242+RS.
2 Adresse des Judenreferats des RSHA.
3 Das Schreiben liegt nicht in der Akte.
4 Die 1869 gegründete Heil- und Pflegeanstalt für jüdische Nerven- und Gemütskranke Bendorf-Sayn unterstand der Leitung der Reichsvereinigung der Juden. Zwischen März und Nov. 1942 wurden die Patienten der Anstalt gemeinsam mit anderen Juden aus der Region in die Vernichtungslager deportiert.

Hierzu wird folgendes vorgetragen:
In der Anstalt Sayn befinden sich zur Zeit 294 Geisteskranke. Von diesen sind nach Mitteilung des derzeitigen Leiters der Anstalt[5]

118 Patienten gemeingefährlich bezw. gewalttätig.

50 " sind schwer gehbehindert, z. T. bettlägerig, so daß sie nur auf einer Bahre transportiert werden können.

71 " befinden sich auf der geschlossenen Abteilung, sind aber z. Zt. verhältnismäßig ruhig, so daß sie bei genügender Aufsicht als bedingt transportfähig zu erachten sind.

65 " sind ruhig und als transportfähig bei genügender Aufsicht zu erachten, wenn auch bei diesen und auch bei vorgenannten 71 Kranken stets die Gefahr von Erregungszuständen gegeben ist.

Bei den erstgenannten 118 Patienten handelt es sich hauptsächlich um schwere psychische Erkrankungen, die auf progressive Paralyse, Schizophrenie, Psychosen und andere geistige Erkrankungen zurückzuführen sind.
Es dürfte daher nicht nur vom medizinischen, sondern auch vom allgemeinen Gesichtspunkt aus angezeigt sein, wenn die Auswahl der zur Abwanderung zu bringenden Patienten unter Mitwirkung der ärztlichen Leitung der Anstalt erfolgt.
Für die unter Anlegung eines strengen ärztlichen Maßstabes als nicht für abwanderungsfähig erachteten Patienten, für die die Unterbringung in einer geschlossenen Anstalt unbedingt erforderlich erscheint, würde zu prüfen sein, ob eine Zusammenlegung in einem der Häuser der Anstalt Sayn ermöglicht werden kann. Dies würde dem Erfordernis der Anstaltsunterbringung dieser Fälle entsprechen und gleichzeitig zu einer teilweisen Freistellung von Heimraum führen können.
In dem Runderlaß des R.M.d.I. vom 12.12.40 IV g 7123/40–5106 (Reichsministerialbl.i.V. 1940 S. 2261) ist angeordnet, daß geisteskranke Juden künftig nur noch in der Heil- und Pflegeanstalt Bendorf-Sayn, Kr. Koblenz, aufgenommen werden dürfen, wobei erforderlichenfalls die Genehmigung zur Errichtung weiterer derartiger Anstalten vorbehalten bleibt.[6]
Da sich das Dauerheim für Schwachsinnige Berlin-Weißensee, Wörthstraße 20,[7] zur Zeit bereits in Räumung befindet, steht für die Unterbringung von schwer geisteskranken Juden nur die Anstalt in Sayn zur Verfügung, deren Erhaltung für diesen Zweck, falls eine anderweitige entsprechende Unterbringung nicht in Betracht kommt, dringend geboten erscheint.

5 Dr. Wilhelm Rosenau (1898–1968), Arzt; 1933 aus dem Staatsdienst entlassen, danach Niederlassung als Landarzt in der Nähe von Koblenz, 1938 Verbot der Behandlung nichtjüdischer Patienten, von da an Leiter und oberster sog. Krankenbehandler in Bendorf-Sayn, er verblieb nach den Deportationen als Hilfsarbeiter in der Anstalt; nach 1945 Medizinaldezernent im Regierungsbezirk Montabaur.

6 Siehe VEJ 3/127.

7 Das sog. Dauerheim für jüdische Schwachsinnige in Berlin-Weißensee war 1923 vom deutsch-israelitischen Gemeindebund gegründet worden und beherbergte Erwachsene, die aus der „Israelitischen Erziehungsanstalt für geistig zurückgebliebene Kinder" in Beelitz entlassen wurden. Die Bewohner des Heims wurden zwischen April und Okt. 1942 in die Region Lublin deportiert.

DOK. 125
Louis und Berta Mamlock verabschieden sich am 12. Juni 1942 vor ihrer Deportation von ihren drei Töchtern[1]

Handschriftl. Brief von Louis[2] und Berta Mamlock[3] an Ruth,[4] Lilly[5] und Eva Mamlock,[6] Bonn-Endenich, vom 12.6.1942

Meine innigstgeliebten Kinder.
Wir stehen vor der Abreise ins Ungewisse, und da wir nicht wissen, wie es uns auf diesem ungewissen Wege ergehen mag, wollen wir uns noch mit ein paar Zeilen an Euch wenden.
Wir verdanken Frl. Hella Bente,[7] Bonn, Koblenzstr. 45, unendlich viel, so daß Ihr alle es kaum gutmachen könnt, sofern Ihr uns nicht wiedersehen solltet, auch Familie Ürdingen eben[falls] dort wohnend, welche ja Eva gut kannte. Ich kann mich nicht konzentrieren, daher die Kürze.
Ihr alle seid herzinnigstlich gegrüßt und geküßt.
von Eurem Euch so innigstlich liebhabenden
Vati
Geliebte, teure Kinder!
Ihr steht so lebhaft vor mir - - Gehofft haben wir, daß der Krieg bald beendet wäre, dann wären wir zu Euch geeilt, der Gedanke war so herrlich, er hielt mich aufrecht, aber leider

1 Original in Privatbesitz von Dr. Susan Heuman, Kopie: Archiv der Gedenkstätte Bonn, VADS-PB 8. Teilweise abgedruckt in: Dies sind meine letzten Worte … Briefe aus der Shoah, hrsg. von Walter Zwi Bacharach, Göttingen 2006, S. 231–233.

2 Louis Mamlock (1878–1942), Antiquitätenhändler; er wurde in Pudewitz (Provinz Posen) geboren; lebte von 1933 an in Bonn; nach Zwangseinweisung in das Sammellager Kloster Endenich wurde er am 20.7.1942 von Köln nach Minsk deportiert, von dort kam er vermutlich nach Malyj Trostinec und wurde dort ermordet.

3 Berta Mamlock, geb. Samuel (1883–1942), Violinistin; sie wurde in Bonn geboren, heiratete 1905 Louis Mamlock und zog mit ihm nach Breslau, von dort kamen beide 1933 wieder nach Bonn, wo das Ehepaar einen Antiquitätenhandel betrieb; gemeinsam wurden sie im Juli 1941 im Sammellager Kloster Endenich interniert, wo Berta Mamlock in der Nähstube aushalf und Kinder unterrichtete, am 20.7.1942 von Köln nach Minsk deportiert, von dort vier Tage später auf der Fahrt nach Malyj Trostinec ermordet oder im umliegenden Wald Blagowtschina erschossen.

4 Ruth Haas, geb. Mamlock (1906–1994), Schauspielerin; 1940 emigrierte sie zusammen mit ihrem Ehemann Dr. Marczel Haas (1900–1979), Arzt, in die USA.

5 Richtig: Lily Heuman (Heumann), geb. Mamlock (1908–2005), Violinistin; gab als Solistin zahlreiche Konzerte, u. a. in Breslau, nach Berufsverbot spielte sie im Orchester des Jüdischen Kulturbunds; heiratete 1936 Joseph Heuman (Josef Heumann) (1901–1992), mit dem sie 1940 über Belgien und London in die USA emigrierte, dort gab sie Solokonzerte; Joseph Heuman betrieb zuerst eine Geflügelfarm, später ein Bekleidungsgeschäft.

6 Eva Mamlock, später Anschel (1918–1994), Bibliothekarin; 1939 ging sie als Dienstmädchen nach Großbritannien und noch im selben Jahr in die USA, 1944 heiratete sie den Juristen Eugene Anschel (1907–1990), mit dem sie eine Tochter hatte: Barbara Kaltenbach, geb. Anschel (*1946), Lehrerin; Eva Anschel arbeitete als Bibliothekarin an der Columbia University, später in der New York Public Library.

7 Hella Marie Bente (1893–1966); arbeitete als Sekretärin für die Pianistin Elly Ney (1882–1968), eine Studienkollegin von Berta Mamlock. Hella Bente besuchte Berta und Louis Mamlock regelmäßig im Kloster und brachte ihnen Lebensmittel. Sie bewahrte den hier abgedruckten Abschiedsbrief auf und übergab ihn nach dem Krieg den Töchtern.

kann man seinem Schicksal nicht entgehen. Hier in der ewigen Anbetung[8] Kloster fühlten wir uns trotz furchtbarem Essen ganz wohl. Leider durften wir in letzter Zeit nicht ausgehen, aber ein kleiner Garten, abgezäunt von einem großen Park, gab uns Erholung. Vater ist ja im Augenblick noch im Arbeitseinsatz,[9] und so hofften wir, nicht fortzukommen, bis zum Kriegsende hier bleiben zu können, um dann zu Euch zu eilen, aber das Schicksal will es nicht.

Fräulein Hella (Mariechen) Bente (Sek. von E.N.[10]) war rührend zu uns. Alle andern haben uns verlassen, aber sie mit ihrem Mut und ihrer Selbstverleugnung war uns Trost und Hilfe. Sie war es, die uns immer wieder geholfen hat, mit einem Edelmut, den ich nicht beschreiben kann. Wöchentlich kam zu Sonntag ein Paket, oder sie besuchte uns mit einer Familie Ürdingen (Patienten vom lieben Artur[11]), Mariechens Freundin und Betreuerin, die ebenso aufopfernd zu uns waren. Welcher Mut gehörte dazu, mit uns noch in Verbindung zu stehen! Gott segne sie für ihre große Tat, Liebe und Güte. Und Ihr, geliebte Kinder, könnt ihnen nicht genug danken. Dies ist meine innigste Bitte, denn mit Worten kann man all dies nicht beschreiben. Geschwister können nicht so handeln, so was von Güte und Edelmut; Himmela (so nannten wir die Gütige), die alles wagte trotz großer Gefahr, auch Familie Ürdingen und ihr liebes Töchterchen.[12] Mein Herz ist so voller Dankbarkeit. Meine Geliebten, sie wird Euch alles von uns schicken. Ja, geträumt habe ich, Euch alles selbst geben zu können - - Seid tapfer, geliebte Kinder. Gott segne Euch, meine letzten Worte werden es sein!

Geliebtes Ruthchen, Du bist meine Älteste, Du hast so manches mit uns im Elternhaus erlebt – hast so ein gutes, warmes Herz. Meine schöne, liebe Ruth, von Dir ging immer so was Starkes aus, dann sagte ich mir immer, ich werde Ruthchen fragen. Für sie brauchte ich mich nicht zu sorgen, denn sie dachte und sorgte für alle mit. Utychen,[13] hast in Amerika viel mitgemacht, hast viel arbeiten müssen, mein armes Utychen, mein Herz ist so voll weh, wenn ich an Euch alle denke; aber nun, wo Marczi[14] bald wieder arbeiten kann, da bangt mir nicht für Eure Zukunft. Geliebter Marxi, Deine geliebte Mama u. Günter[15] schrieben mir oft besorgt und liebevoll. Zuletzt schickten sie sogar durch einen Herrn, der nach Deutschland fuhr, eine Wurst, die köstlich schmeckte, u. zwei Stückchen Seife. Gott, wie freuten wir uns. Geliebter Marczi, Utychen, sorgt für unser Everle![16]

Geliebtes Lillychen, mein Lillychen, ich sehe Dich auf dem Podium stehen, wie stolz war ich immer auf mein Lillychen. Ich kann im Augenblick nicht schreiben, denn soeben bekommen wir Nachricht, daß wir mit dem ersten Transport fortmüssen, ich bin ja

8 Gemeint ist das 1941 zum Sammellager umfunktionierte Kloster Endenich, das zuvor „Zur Ewigen Anbetung" hieß; siehe Dok. 78 vom 22.2.1942, Anm. 7.

9 Louis Mamlock musste Zwangsarbeit als Straßenkehrer verrichten.

10 Elly Ney.

11 Dr. Artur Samuel (1885–1974); Arzt in Bonn; emigrierte 1939 in die USA.

12 Christa Ürdingen, später Hawel (*1926); Verlagsbuchhändlerin; lebt in Bonn.

13 Spitzname von Ruth Mamlock.

14 Marczel Haas. Berta Mamlock gibt ihm in diesem Brief die Kosenamen Marczi, Marcziku, Marxi und Marczika.

15 Vermutlich der erste Ehemann von Edith Samuel, einer Nichte von Berta Mamlock. Er starb kurze Zeit nach seiner Emigration in die USA.

16 Eva Mamlock.

kopflos. Siegmund Meyer[17] hätte uns ruhig noch drei Monate hierlassen können. Sannchen, Oskar, Ada, Willy haben mehr Glück, sie können noch bleiben. Klärchen in Köln kann auch noch bleiben, aber die hat ja beim letzten Fliegeralarm soviel mitgemacht. Ich kann im Augenblick kaum denken.

Lillychen, Juppchen,[18] Bobbychen![19] Gott, das süße Kind, wie gern hätte ich Dich umarmt und geküßt. Das Herz blutet mir.

Mein Everle, mein[e] Jüngst[e]! Was soll ich Dir schreiben? Mein Liebling, sei tapfer. Lebe Dein Leben in Gesundheit u. Freuden. Wir haben ja unser Leben gelebt, betrauert uns nicht. Denkt immer daran, wie glücklich ich wäre, Euch glücklich zu wissen. Einen letzten Wunsch habe ich, geliebte Kinder, haltet fest zusammen, was auch kommen mag. Liebt Euch innig, dann lebt ihr in meinem Sinne. Das Everle gab mir immer seinen letzten Pf. Wie schön war es doch in der Hohenzollernstr.! Wenn wir Uty – Marczi im Sommer erwarteten. Wenn Lillyka, Juppchen uns überraschten. Juppchen war immer so gut, er half nicht mit Worten, sondern mit Taten. Und all die Opfer die Ihr brachtet mit dem Kubavisum etc.[20] Ruthchen, Lillychen, Everle, Marcziku, Juppchen, 1000 Dank. Lillychen, die eine Geige ist sehr schön, ich schenke sie meinem Bobbychen, es ist eine ital. Geige.

Geliebtes Everle, hoffentlich findest Du bald einen lieben Menschen, den Du liebhast. Mäderle, dann hast Du Dein eigenes Heim, Deine Kinderchen, und dann bist Du glücklich. Sei nicht so wählerisch, nur liebhaben mußt Du ihn. Gott, könnt ich ihn mir nur ansehn, in die Augen schauen und ihm leise zuflüstern, mach mein Everle glücklich!! Nun wollen wir alle tapfer sein. Geliebte Kinder, für all Eure Liebe innigen Dank. Jeder einzelne hat mich doch so mit seiner Liebe beglückt, ich war ja so reich u. so stolz auf meine blonden schönen Kinder. So nehme ich Abschied von Euch. Unter Tränen küsse und umarme [ich] Euch. Allgütiger Gott, beschütze sie alle und mache sie glücklich. Nun weint nicht um unser Judenschicksal. Es ist kein Schicksal, es ist rohe Gewalt. Und mit welcher Größe wird es getragen! Soeben kommen die [...].[21] Von hier oben sind die Transporte die in [...][22] gehen.

Urtchen, Hildchen, geliebter Gert,[23] Evchen, ich wollte Euch noch viel schreiben, aber ich kann nicht mehr. Sieg. Meyer konnte uns doch nicht hier halten, so wie er mir eben

17 Richtig: Siegmund Mayer; er wurde als Leiter des Sammellagers von der Gestapo eingesetzt; siehe Dok. 78 vom 22.2.1942, Anm. 9.

18 Joseph Heuman, der Ehemann von Lily Heuman und Schwiegersohn von Berta Mamlock.

19 Ihr Sohn Robert Heuman (*1940) wohnt mit seiner Frau in Ohio. Seine Schwester Dr. Susan Eva Heuman (*1943), Historikerin, lebt mit ihrem Ehemann Michael Trencher und den Kindern Ilan (*1995) und Julia (*1995) in New York.

20 Berta und Louis Mamlock bemühten sich vergeblich um ein Visum, vermutlich war neben dem Emigrationsziel Amerika auch Kuba in Betracht gekommen.

21 Ein Wort unleserlich, möglicherweise „Kölner".

22 Zwei Worte unleserlich, möglicherweise „den Tod".

23 Gerhard Samuel (1924–2008), Komponist; Geigenschüler zunächst von Berta, später von Lily Mamlock; emigrierte 1939 mit seinen Eltern in die USA, Geiger im Minneapolis Symphony Orchestra, 1959–1971 musikalischer Direktor des Oakland Symphony Orchestra und 1961–1971 des San Francisco Ballets, von 1971 an beim Los Angeles Philharmonic Orchestra als Gastdirigent, unterrichtete von 1976 an am Konservatorium der University of Cincinnati, 1982–1996 musikalischer Direktor des Pacific Northwest Ballet.

versicherte. Die armen Menschen – nein, es ist nicht zu beschreiben – Ihr Lieben, Dank, 1000 Dank für all Eure große Liebe. Gertchen, werde ein großer Mann. Evchen, könnte ich Dich doch jetzt anschauen. Gott segne Euch alle. Auch Ilschen,[24] Edithchen,[25] innige Küsse.
Ruth, Lilly, Evy, Marczika, Juppchen, Bobbychen –
Urtchen, in 3 Monat[en] darf kein Jude mehr in Deutschland sein.

DOK. 126
Der 17-jährige Hans-Klaus Schunka-Horn tritt am 12. Juni 1942 zum Judentum über, um seine Mutter bei der Deportation in den Osten begleiten zu dürfen[1]

Protokoll der Stapoleitstelle Düsseldorf, Unterschriften unleserlich, zum Gesuch von Helene und Hans-Klaus Schunka-Horn[2] vom 12.6.1942

Es erscheint die Jüdin Helene Sara *Horn*, geb. am 14.12.1892 in Köln, wohnhaft Düsseldorf, Beethovenstr 8, und erklärt folgendes:
Mir wurde eröffnet, daß ich für den am 15.6.42 von Düsseldorf abgehenden Judentransport[3] nach dem Osten vorgesehen und bestimmt bin. Hierzu möchte ich folgende Erklärung abgeben: Ich habe einen Sohn, Hans-Klaus Schunka-Horn, geb. am 13.1.1925 in Düsseldorf, der als Mischling 1. Grades nicht dem Judentum zugerechnet wird, weil er nie der jüdischen Religionsgemeinschaft angehört hat. Trotzdem stellte ich den Antrag, daß mein Junge auch mit dem Transport nach dem Osten mitgehen kann. Ich bin darauf hingewiesen worden, daß es zu diesem Zweck erforderlich ist, daß mein Sohn sich vorher noch zum Judentum bekennt und aus der evangelischen Kirche austritt. Mit dieser Auflage erkläre ich mich freiwillig und ohne jeden Zwang einverstanden. Auch mein Sohn Hans-Klaus, mit dem ich hierüber schon gesprochen habe, ist hiermit einverstanden. Wir wollen, solange es eben geht, zusammenbleiben, aus diesem Grunde nehmen wir gemeinsam an dem Judentransport teil.
v.g.u. Helene Sara Horn

Ich, Hans-Klaus Schunka-Horn, geb. 13.1.1925 in Düsseldorf, stelle hiermit die Bitte, mit meiner Mutter, Frl. Helene Sara Horn, an dem am 15.6.42 von Düsseldorf abgehenden Judentransport teilnehmen zu dürfen. Auch mir wurde eröffnet, daß das nur möglich ist, wenn ich einerseits aus der evangelischen Kirche austrete und andererseits mich zum

24 Gemeint ist Ilse Samuel, Violinistin, die Schwester von Edith Samuel.
25 Edith Samuel.

1 LAV NRW R, D.435/96 – RW 58/43226. Abdruck in: Herbert Schmidt, Der Elendsweg der Düsseldorfer Juden. Chronologie des Schreckens 1933–1945, Düsseldorf 2005, S. 129.
2 Helene Horn (1892–1942), Stenotypistin, und ihr Sohn Hans-Klaus Schunka-Horn (1925–1942) wurden am 15.6.1942 über Izbica nach Sobibor deportiert und dort ermordet.
3 Am 15.6.1942 wurden 1003 Juden aus dem Raum Koblenz, Aachen, Köln und Düsseldorf nach Izbica deportiert. Einige wenige Männer wurden dort zur Zwangsarbeit ausgewählt, die übrigen Männer und Frauen ins Vernichtungslager Sobibor gebracht und ermordet.

Judentum bekenne. Im Einvernehmen mit meiner Mutter, mit der ich über die ganze Sache eingehend gesprochen habe, erkläre ich mich hiermit freiwillig einverstanden.
v.g.u.
Als Mutter

DOK. 127
Der Bürgermeister von Bedburdyck bestätigt der Gestapo Düsseldorf am 14. Juni 1942, dass die todkranke Alma Oberländer nicht deportiert werden könne[1]

Schreiben des Bürgermeisters von Bedburdyck,[2] i.A. gez., Unterschrift unleserlich, in seiner Funktion als Leiter der Ortspolizei an die Geheime Staatspolizei Düsseldorf vom 14.6.1942[3]

Ich bestätige die heute von der dortigen Stelle telefonisch getroffene Entscheidung, nach der die Jüdin Alma Sara Oberländer[4] aus Gierath heute nicht evakuiert wird, da sie nicht gehfähig ist. Nach dem beigefügten amtsärztlichen Schreiben[5] ist die Oberländer zum Treppensteigen und zum Zurücklegen auch nur kürzerer Wege nicht in der Lage und müßte zu dem Sammeltransport getragen werden. Nach ihrem gesundheitlichen Zustand ist nicht damit zu rechnen, daß sie noch lange leben wird.

DOK. 128
Das italienische Generalkonsulat berichtet am 15. Juni 1942 über Deportationen aus Frankfurt und die Ankündigung des Gauleiters, dass alle Juden bis Jahresende deportiert sein werden[1]

Schreiben (streng vertraulich – S.E. 27-869-5) des italien. Außenministeriums, gez. d'Ajeta,[2] an das italien. Innenministerium (Eing. 28.7.1942), Generaldirektion für Demographie und Rasse,[3] vom 25.7.1942

Maßnahmen gegen Juden in Deutschland
Wiedergabe eines Telegramms des italienischen Generalkonsulats Frankfurt a. M. vom 15.6.1942:

1 ITS Archive, Arolsen Archives, 1.2.3.0/0004/0220.
2 Philipp Pfeiffer (1905–1981), Beamter; 1928 NSDAP-Eintritt; 1933–1945 Bürgermeister von Bedburdyck, das heute zur nordrhein-westfäl. Gemeinde Jüchen gehört.
3 Im Original handschriftl. Bearbeitungsvermerke und Stempel.
4 Alma Oberländer (1907–1944); im Juni 1943 von Düsseldorf nach Theresienstadt und von dort im Okt. 1944 nach Auschwitz deportiert, wo sie ermordet wurde.
5 Liegt nicht in der Akte.

1 ACS, MI, DGPS, AGR, cat. A16, busta 5, fascicolo 11 (Germania). Das Dokument wurde aus dem Italienischen übersetzt.
2 Blasco Lanza d'Ajeta (1907–1969), Diplomat; von 1932 an im auswärtigen Dienst; von 1936 an im Kabinett des Außenministers, 1941–1943 als Kabinettschef, 1943 Botschaftsrat beim Heiligen Stuhl, 1944 Gesandter in Lissabon unter der alliierten-freundlichen Badoglio-Regierung; 1945–1949 Gesandtschaftssekretär in London, 1952–1955 Botschafter in Tokio.
3 Die 1938 zur Vorbereitung der italien. Rassegesetze gegründete Abt. des italien. Außenministeriums unterstand dem Präfekten Antonio Le Pera.

„Von den 7000 Juden, die zu Beginn des Frühjahrs noch in Frankfurt lebten, wurden Anfang Mai 1500 auf Befehl der Gestapo nach Polen verbracht. Dazu hat die Polizei, wie schon in vorangegangenen Fällen, die Betroffenen schriftlich angewiesen, dass sie binnen weniger Stunden ihre Wohnungen zu verlassen hätten. Sie wurden zusammengefasst und in Sammellagern (‚an speziellen Orten in der Stadt') eingesperrt und nach und nach zum Bahnhof gebracht. Es heißt, dass sich 130 Personen in den Stunden vor der Abreise das Leben genommen haben, einige noch zu Hause, unmittelbar nach Erhalt des Befehls, andere in den Sammelstellen. Ich konnte persönlich den Fall zweier älterer, gesetzter Damen überprüfen, die seit vielen Jahren im Haus eines italienischen Hausbesitzers wohnen, die Mutter über 70, die Tochter etwa 50 Jahre alt. Bei Erhalt der Anordnung der Gestapo haben sie sich ihre schönsten Kleider angezogen, Gift genommen und in ihren Betten auf den Tod gewartet. Die Polizei hat sie sterbend gefunden; ins Krankenhaus gebracht, dort blieben sie ohne medizinische Versorgung und sind langsam gestorben.
Eine neue (Deportations-)Anordnung ist Anfang Juni erlassen worden. Ca. 1000 Juden wurden verschickt. Dabei wurden wieder viele Selbstmorde registriert. Unter den [von der Anordnung] Betroffenen befand sich auch der Träger des Großkreuzes der Krone von Italien, Dr. Arthur von Weinberg.[4] Dieser wohnte jedoch in München (Bayern), wo er sich in einem Pflegeheim erholte. Die Polizei von Frankfurt hat derjenigen von München mitgeteilt, sie habe die Verhaftung von Weinberg angeordnet, der über 80 Jahre alt ist und früher zu den größten Mäzenen und Wohltätern der Stadt gehörte. Alle Versuche, ihn zu retten, sind gescheitert. Der Zug ist nach Theresienstadt abgegangen.
Wenn die Ankündigung, die der Gauleiter Sprenger mir gegenüber vor einigen Wochen gemacht hat, genau ausgeführt wird – wie ich annehme –, werden noch vor Jahresende alle Davidssterne aus der Stadt verschwunden sein."

DOK. 129
Ein Schutzpolizist aus Wien beklagt am 20. Juni 1942 die schlechte Verpflegung des Begleitkommandos im Deportationszug in das Vernichtungslager Sobibor[1]

Bericht der Schutzpolizei Wien, 152. Polizeirevier (27/II), Reichsbrückenstr. 46, gez. Fischmann,[2] Revier Lt. der Schutzpolizei, vom 20.6.1942[3]

Erfahrungsbericht
Betr.: Transportkommando für den Judentransport
Wien-Aspangbahnhof nach Sobibor am 14.6.1942.

4 Arthur von Weinberg (1860–1943), Chemiker und Industrieller; Verwaltungsratsmitglied der I.G. Farben, Mäzen und Stifter wissenschaftlicher und kultureller Einrichtungen; wurde am 4.6.1942 von München aus nach Theresienstadt deportiert und starb dort.

1 YVA, O.51/88. Abdruck in: Jules Schelvis, Vernichtungslager Sobibór, Berlin 1998, S. 70 f.
2 Josef Fischmann (1887–1962), Polizist; 1940 Antrag auf NSDAP-Eintritt, der jedoch abgelehnt wurde, weil Fischmann nicht schon vor 1938 in der in Österreich verbotenen NSDAP aktiv war.
3 Im Original Eingangsstempel des Polizeipräsidenten Wien, Abt. I, vom 23.6.1942.

Bezug: Kdo.d.Sch.-le- 6260/42 v. 20.3.1942.
Das Transportkommando bestehend aus Rev.Lt.d.Sch.[4] Fischmann als Führer, 2 Hauptw.d.Sch.[5] und 13 Wachtm. d.Sch.d.Res.[6] (SB) der 1. Polizei-Reservekompanie Ost. Der Dienst des Transportkommandos wurde am 14.6.1942 um 11.00 Uhr nach vorheriger fernmündlicher Anfrage bei SS-Hauptsturmführer Brunner[7] am Aspangbahnhof angetreten.

1. *Einwaggonierung der Juden*:
Die Einwaggonierung der Juden in den bereitgestellten Sonderzug auf dem Aspangbahnhof begann um 12.00 Uhr unter Leitung und Aufsicht des SS-Hauptsturmführers Brunner und des SS-Hauptscharführers Girzik[8] der Zentralstelle für jüdische Auswanderung und wickelte sich glatt ab. Damit setzte zugleich der Bewachungsdienst des Transportkommandos ein. Insgesamt wurden 1000 Juden abtransportiert. Die listenmäßige Übernahme der Juden erfolgte um 16.00 Uhr. Das Transportkommando mußte sich infolge Waggonmangels an Stelle eines Wagens zweiter Klasse mit einem solchen dritter Klasse begnügen.

2. *Fahrt von Wien nach Sobibor*:
Der Zug Da 38 wurde am 14.6.1942 um 19.08 Uhr von Wien abgefertigt und fuhr über Lundenburg, Brünn, Neiße, Oppeln, Tschenstochau, Kielce, Radom, Deblin, Lublin, Chelm nach Sobibor, nicht wie vorgesehen nach Izbica. Ankunft in Sobibor am 17.6.42 um 08.15 Uhr. In Lublin, Ankunft am 16.6. um 21.00 Uhr, erwartete der SS-Obersturmführer Pohl[9] den Zug am Bahnhof und ließ 51 arbeitsfähige Juden im Alter von 15 bis 50 Jahren auswaggonieren und in ein Arbeitslager bringen.[10] Zugleich gab er den Auftrag, die übrigen 949 Juden in das Arbeitslager nach Sobibor zu bringen. Die beiden Namensverzeichnisse, drei Gepäckwagen (mit Lebensmitteln) sowie 100 000.– Zloty wurden dem SS-Obersturmführer Pohl in Lublin übergeben. Um 23.00 Uhr erfolgte die Abfahrt von Lublin nach Sobibor. In dem Judenlager Trawniki, ca. 30 km nach Lublin, wurden die drei Waggons mit Gepäck und Lebensmitteln dem SS-Scharführer Mayerhofer[11] übergeben.

4 Revierleutnant der Schutzpolizei.
5 Hauptwachtmeister der Schutzpolizei.
6 Wachtmeister der Schutzpolizei der Reserve.
7 Alois Brunner.
8 Richtig: Ernst Girzick (1911–1977), Elektrotechniker; 1931 NSDAP-Eintritt; 1934 Haft in Österreich aufgrund nationalsozialistischer Betätigung; 1938 erst bei der Vermögensverkehrsstelle in Wien, dann bei der Zentralstelle für jüdische Auswanderung, 1943 beim Zentralamt für die Regelung der Judenfrage in Prag, 1944 beim Sonderkommando Budapest; 1946 Internierung, 1948 vom österreich. Volksgericht zu 15 Jahren Kerkerhaft verurteilt, 1953 begnadigt.
9 Helmut Ortwin Pohl (1901–1997), Buchhalter; 1930 NSDAP- und SS-Eintritt; 1939/40 bei der Waffen-SS, von 1940 an Beauftragter für die Errichtung der SS- und Polizeistützpunkte beim SSPF im Distrikt Lublin und ab 1942 dort im Ref. Judenumsiedlung; von 1945 an Buchhalter bei einer Baustofffirma in Klagenfurt.
10 Zur Selektion arbeitsfähiger Juden aus den Deportationstransporten siehe Dok. 116 vom 26.5.1942, Anm. 21.
11 Richtig: Max Meierhofer (1909–1964), Chef der KfZ-Staffel im Lager Trawniki.

3. Übergabe der Juden in Sobibor:
Der Zug fuhr am 17.6. um 08.15 Uhr in das neben dem Bahnhof Sobibor gelegene Arbeitslager, wo vom Lagerkommandanten Oberlt. d. Sch.[12] Stangl[13] die 949 Juden übernommen und sogleich mit der Auswaggonierung begonnen wurde, welche um 09.15 [Uhr] beendet war.
4. Fahrt von Sobibor nach Wien:
Die Abfahrt von Sobibor erfolgte sogleich nach der Beendigung der Ausladung der Juden mit dem Sonderzug um 10.00 Uhr nach Lublin, wo die Ankunft am 18.6. um [02.30] Uhr erfolgte. Für diesen Zug wurden keine Fahrtspesen bezahlt. Von Lublin aus erfolgte am 18.6. um 8.13 Uhr mit dem fahrplanmäßigen Eilzug die Fahrt nach Krakau, wo um 17.30 Uhr des gleichen Tages die Ankunft erfolgte. In Krakau wurde beim Reserve-Polizei-Batl. 74/3. Komp. genächtigt. Am 19.6. wurden von der genannten Kompanie für 16 Mann je eine Tagesverpflegung an die Männer ausgehändigt. Von Krakau wurde die Weiterreise am 19.6. um 20.08 Uhr ebenfalls mit einem fahrplanmäßigen Eilzug angetreten. Ankunft in Wien Ostbahnhof am 20.6.42 um 6.30 Uhr.
5. Aufenthalt des Transportkommandos in Krakau:
Der Aufenthalt des Transportkommandos in Krakau dauerte 26 1/2 Stunden.
6. Grenzüberschreitung:
Die Grenze Reich – Generalgouvernement passierte der Sonderzug auf der Hinfahrt am 15.6.42 um 13.45 Uhr, auf der Rückfahrt der fahrplanmäßige Eilzug am 20.6.42 um 00.15 Uhr.
7. Verpflegung:
Die Männer des Transportkommandos wurden diesmal für 4 Tage mit der Kaltverpflegung beteilt. Diese bestand aus Wurst, Brot, Marmelade und Butter, war jedoch nicht genügend. In Krakau war die Tagesverpflegung bei der 3. Komp. des Res. Batl. 74 gut und ausreichend.
8. Vorschläge:
In Zukunft wäre die Beteilung der Männer des Transportkommandos mit der Marschverpflegung notwendig, weil die Kaltverpflegung in den Sommermonaten nicht genügend haltbar ist. Die Wurst – es war eine Weichwurst – war schon bei der Ausgabe am 15.6. angelaufen und schlitzig[14] und mußte spätestens am dritten Tage aufgebraucht werden, weil die Gefahr des Verderbens bestand. Für den vierten Tag mußten sich die Männer mit Marmelade begnügen, da auch schon die Butter infolge der großen Hitze in dem Waggon ranzig war. Die Dotierung der Ration ist ebenfalls etwas knapp.
9. Vorkommnisse:
Weder bei der Hinfahrt, [den] Aufenthalten in den Bahnhöfen noch bei der Rückfahrt ergab sich ein Zwischenfall.

12 Oberleutnant der Schutzpolizei.

13 Franz Stangl (1908–1971), Weber; seit 1931 bei der österreich. Polizei; 1938 NSDAP-Eintritt; von März 1938 an im Judenreferat der Gestapo Linz; 1940 an den „Euthanasie"-Morden in den Anstalten Hartheim und Bernburg beteiligt, 1942 Kommandant des Vernichtungslagers Sobibor und von Sept. an von Treblinka, von Aug. 1943 an in Triest zur sog. Partisanenbekämpfung; 1948 Flucht nach Syrien, 1951 von dort nach Brasilien, 1967 nach Deutschland ausgeliefert und 1970 in Düsseldorf zu lebenslanger Haft verurteilt.

14 Österreich. für schlotzig, schleimig.

DOK. 130

Viktor Brack schlägt Himmler am 23. Juni 1942 vor, Millionen arbeitsfähiger Juden von der Vernichtung auszunehmen und sie zu sterilisieren[1]

Schreiben (geheime Reichssache) von Viktor Brack,[2] SS-Oberführer, an den Reichsführer SS und Chef der Deutschen Polizei Heinrich Himmler, Berlin, vom 23.6.1942

Sehr geehrter Reichsführer!

Ich habe dem Brigadeführer *Globocnik*[3] auf Anweisung von Reichsleiter Bouhler[4] für die Durchführung seiner Sonderaufgabe schon vor längerer Zeit einen Teil meiner Männer zur Verfügung gestellt. Auf Grund einer erneuten Bitte von ihm habe ich nunmehr weiteres Personal abgestellt.[5] Bei dieser Gelegenheit vertrat Brigadeführer Globocnik die Auffassung, die ganze Judenaktion so schnell wie nur irgend möglich durchzuführen, damit man nicht eines Tages mittendrin steckenbliebe, wenn irgendwelche Schwierigkeiten ein Abstoppen der Aktion notwendig machen. Sie selbst, Reichsführer, haben mir gegenüber seinerzeit schon die Meinung geäußert, daß man schon aus Gründen der Tarnung so schnell wie möglich arbeiten müsse. Beide Auffassungen, die ja im Prinzip das gleiche Ergebnis zeitigen, sind nach meinen eigenen Erfahrungen mehr als berechtigt; trotzdem möchte ich Sie bitten, in diesem Zusammenhang folgende Überlegung von mir vortragen zu dürfen.

Bei ca. 10 Millionen europäischen Juden sind nach meinem Gefühl mindestens 2–3 Millionen sehr gut arbeitsfähiger Männer und Frauen enthalten. Ich stehe in Anbetracht der außerordentlichen Schwierigkeiten, die uns die Arbeiterfrage bereitet, auf dem Standpunkt, diese 2–3 Millionen auf jeden Fall herauszuziehen und zu erhalten. Allerdings geht das nur, wenn man sie gleichzeitig fortpflanzungsunfähig macht. Ich habe Ihnen vor ca. 1 Jahr bereits berichtet, daß Beauftragte von mir die notwendigen Versuche für diesen Zweck abschließend bearbeitet haben.[6] Ich möchte diese Tatsache nochmals

1 BArch, NS 19/1583, Bl. 34. Abdruck in: Faschismus – Getto – Massenmord (wie Dok. 69, Anm. 1), S. 295 f.

2 Viktor Brack (1904–1948), Wirtschaftsingenieur; 1923 SA-, 1929 NSDAP- und SS-Eintritt; 1934 Stabsleiter und von 1936 an stellv. Leiter der Kanzlei des Führers, 1939–1941 maßgeblich beteiligt an der Organisation von „Euthanasie"-Morden, von Anfang bis Aug. 1942 Mitorganisator des Judenmords in Belzec, Sobibor und Treblinka im Rahmen der „Aktion Reinhardt", 1942–1944 Offizier in der Waffen-SS; 1947 im Nürnberger Ärzteprozess zum Tode verurteilt, hingerichtet.

3 Odilo Globocnik (1904–1945), Bautechniker; 1922 NSDAP-Eintritt in Österreich, 1931 in Deutschland; 1933 stellv. Gauleiter in Kärnten, 1938 Gauleiter von Wien, ab Nov. 1939 SSPF in Lublin, Mai 1942 bis Aug. 1943 zuständig für die Vernichtungslager Belzec, Sobibor und Treblinka, 1943–1945 HSSPF Adriatisches Küstenland in Norditalien; nahm sich nach seiner Verhaftung das Leben.

4 Philipp Bouhler (1899–1945), Germanist; 1921 Chefredakteur des Völkischen Beobachters, 1922 NSDAP-Eintritt; 1934 Leiter der Kanzlei des Führers, vom 1.9.1939 an gemeinsam mit Karl Brandt Hauptverantwortlicher für die „Euthanasie"-Morde; 1945 Verhaftung durch US-Soldaten, nahm sich in der Gefangenschaft das Leben.

5 Mit dem Beginn der Deportationen im Juni/Juli 1942 wurde das Personal in Belzec aufgestockt. Am 2.6.1942 traf ein Wachkommando aus Trawniki ein, im Sept. 1942 erreichten weitere ehemalige Mitarbeiter der „Euthansasie"-Aktion „T4" das Lager.

6 Schreiben Bracks an Himmler vom 28.3.1941, in dem er vorschlägt, Massensterilisationen durchzuführen; dazu sollten Röntgengeräte als Schalter getarnt werden, an denen die Opfer Formulare ausfüllen müssen; Abdruck in: Léon Poliakov/Joseph Wulf, Das Dritte Reich und die Juden, Berlin 1955, S. 392 f. Der Vorschlag wurde nicht in breitem Maße umgesetzt.

in Erinnerung bringen. Eine Sterilisation, wie sie normalerweise bei Erbkranken durchgeführt wird,[7] kommt in diesem Fall nicht in Frage, da sie zu zeitraubend und kostspielig ist. Eine Röntgenkastration jedoch ist nicht nur relativ billig, sondern läßt sich bei vielen Tausenden in kürzester Zeit durchführen. Ich glaube, daß es auch im Augenblick schon unerheblich geworden ist, ob die Betroffenen dann nach einigen Wochen bzw. Monaten an den Auswirkungen merken, daß sie kastriert sind.
Sollten Sie, Reichsführer, sich im Interesse der Erhaltung von Arbeitermaterial dazu entschließen, diesen Weg zu wählen, so ist Reichsleiter Bouhler bereit, die für die Durchführung dieser Arbeit notwendigen Ärzte und sonstiges Personal Ihnen zur Verfügung zu stellen. Ebenso hat er mich beauftragt, Ihnen zu sagen, daß ich dann auf schnellstem Wege diese so notwendigen Apparaturen in Auftrag geben soll.
Heil Hitler![8]

DOK. 131

Der Schweizer Konsul Franz-Rudolf von Weiss berichtet am 24. Juni 1942 über Gerüchte, dass die aus Köln deportierten Juden durch Giftgas ermordet worden seien[1]

Bericht des Schweizer Konsuls in Köln (Ha 1, vW/de), gez. von Weiss, an die Schweizerische Gesandtschaft Berlin vom 24.6.1942 (Durchschlag)[2]

Herr Minister.
Nach meiner Rückkehr nach Köln konnte ich feststellen, dass die Stimmung der hiesigen Bevölkerung immer trostloser wird. Die Stadt bietet einen noch traurigeren Anblick, da man inzwischen begonnen hat, alle Fassaden der abgebrannten Häuser, die baufällig sind, abzureissen und zu sprengen. Wenn einmal alle diese Häuser abgerissen sein werden, wird man ganze Strassenzüge ohne ein einziges Haus sehen können.
Ich hatte vorgestern Gelegenheit, mit zwei Herren zu sprechen, die sehr gute Beziehungen zu Berlin haben und mir erzählten, dass jetzt unter allen Umständen versucht werden soll, den Kaukasus zu erobern, um den Japanern die Hand reichen zu können.[3] Diese beide Herren, die, wie gesagt, über die allgemeine Lage ausserordentlich gut orientiert sind, betrachten den Zukunftsstand ausserordentlich pessimistisch und sind der

7 Durchtrennen der Samenleiter bei Männern, Entfernung der Eileiter bei Frauen.
8 In seinem Antwortschreiben vom 11.8.1942 bekundete Himmler sein „absolutes Interesse", dass die Röntgensterilisation mindestens in einem Lager in einer Versuchsreihe erprobt werde und Bouhler dafür die „sachverständigen Ärzte" zur Verfügung stelle; wie Anm. 1, Bl. 35.

1 BAR, E2300#1000-716#380#2#61. Teilweise abgedruckt in: Schmitz/Haunfelder, Humanität und Diplomatie (wie Dok. 25 vom 28.10.1941, Anm. 1), S. 179.
2 Den Durchschlag schickte von Weiss mit Anschreiben vom 25.6.1942 und handschriftl. Notiz „An die Abteilung für Auswärtiges, zur gef. Kenntnisnahme" nach Bern.
3 Anfang 1942 hatte es in der deutschen und der japan. militärischen Führung Überlegungen zu einem koordinierten Vorgehen gegen die Alliierten unter Ausnutzung der antibrit. Unabhängigkeitsbewegungen in Vorderasien und Indien gegeben: Deutsche Truppen sollten über den Kaukasus in den Nahen Osten und weiter Richtung Irak und Iran vorstoßen, während die japan. Streitkräfte ihnen von Südostasien über Indien entgegenkämen. Doch als der deutsche Feldzug zur Eroberung der kaukas. Ölfelder am 28.6.1942 schließlich begann, hatten die japan. Militärs ihren Vorstoß in den Indischen Ozean bereits wieder aufgegeben und sich zur Offensive gegen die US-Stützpunkte im Pazifik und Richtung Australien entschieden.

festen, auch in Berliner Kreisen vertretenen Meinung, dass, wenn es noch mehr hart auf hart gehen werde, die Regierung mit der vollständigen Preisgabe des Rheinlandes und des Ruhrgebietes einverstanden sein wird. Noch gewaltigere Luftangriffe werden von der Bevölkerung erwartet, und jeder, der die Stadt Köln verlassen kann, reist ab.
Die am vergangenen Sonntag stattgefundene Inthronisierung des neuen Erzbischofs von Köln, Dr. Frings,[4] wird totgeschwiegen. Die hiesige Bevölkerung ist empört, hat doch keine einzige Zeitung auch nur ein Wort über diese für deutsche Katholiken hochwichtige Feier gebracht.
Am Montag, dem 15. ds. Mts., verliess, wie ich bereits berichtete, ein weiterer Transport von Juden die Stadt Köln, um nach dem Osten verbracht zu werden.[5] Es handelte sich diesmal ausschliesslich um Greise und Greisinnen bis zu 90 Jahren, die am Tage vorher in einem der übriggebliebenen Räume des hiesigen Messegebäudes gesammelt worden waren.[6] Wie mir von einem Augenzeugen berichtet worden war, sind die 40 für diesen Transport bestimmten Juden in einem Güterwagen, ohne Sitzgelegenheit, worin sich nur 3 Eimer befanden, eingeschlossen worden, und der Wagen rollte um 21.15 Uhr ab, nachdem er plombiert worden war. Der Bestimmungsort wurde geheimgehalten. Von meinem Gewährsmann, der die deutsche Stelle in dieser Judenfrage vertritt, wird angenommen, dass dieser Transport inzwischen vergast worden ist, da seitdem keine Nachrichten in Köln über dessen Verbleib eingetroffen sind. Hier muss ich diesen kurzen Bericht unterbrechen, da im Augenblick beim Diktieren dieser Zeilen, um 12.55 Uhr die Sirenen tönen, ein Zeichen des Alarms. – Nach 10 Minuten Dauer wurde das Ende des Alarms bekanntgegeben, so dass es sich höchstwahrscheinlich um einen fremden Aufklärungsflieger handeln dürfte, der die Stadtgebiete nicht überflogen hat.
In diesem Zusammenhang darf ich darauf hinweisen, dass man hier allgemein annimmt, dass, wo wir Vollmond haben werden, ein neuer Angriff stattfinden wird.
Heute morgen erhielt ich Besuch von einer massgebenden Kölner Persönlichkeit, die mir mitteilte, dass die offizielle Zahl der Todesopfer, die infolge des grossen Luftangriffes vom 30./31. Mai zu beklagen sind, inzwischen auf 499 gestiegen ist (die letzte amtliche Zahl, die von der Städtischen Verwaltung bekanntgegeben wurde, ist 309).[7] Zu dieser Zahl kommen noch die Angehörigen der Wehrmacht, der Hilfsorganisationen und Kriegsgefangenen, so dass die von mir bereits in meinem ersten genannten Bericht angedeutete Zahl der Opfer dieses Angriffs von ca. 1000 richtig sein dürfte.
Genehmigen Sie, Herr Minister, die Versicherung meiner ausgezeichneten Hochachtung.

4 Dr. Josef Kardinal Frings (1887–1978), Theologe; 1910 Priesterweihe in Köln, 1915–1922 Pfarrer der kath. Pfarrgemeinde St. Marien in Köln-Fühlingen, 1942–1969 Erzbischof von Köln.

5 Am 15.6.1942 fuhr ein Zug mit mehr als 1000 Juden aus dem Raum Koblenz, aus Aachen, Düsseldorf, Essen und Duisburg, darunter auch 318 Juden aus Köln, nach Izbica im Generalgouvernement; die arbeitsfähigen Männer wurden in das dortige Getto eingewiesen, alle anderen Juden weiter in das Vernichtungslager Sobibor deportiert und dort ermordet; siehe Dok. 126 vom 12.6.1942, Anm. 3 Konsul von Weiss hatte noch am Abfahrtstag der Schweizer Gesandtschaft in Berlin über die Deportation berichtet, deren Zweck es sei, Wohnungen frei zu machen; siehe Schmitz/Haunfelder, Humanität und Diplomatie (wie Anm. 1), S. 178 f.

6 Als Sammelstelle für die Kölner Juden war das Messegelände vorgesehen. Von dort aus wurden sie zum Bahnhof Köln-Deutz gebracht.

7 Siehe Dok. 123 vom 10.6.1942.

DOK. 132

Die Gesundheitsverwaltung in Wien beansprucht am 24. Juni 1942, nach der Deportation jüdischer Patienten ein Krankenhaus in Besitz zu nehmen, das die SS für sich nutzen will[1]

Schreiben der Gemeindeverwaltung des Reichsgaues Wien, Der Beigeordnete für Gesundheitswesen und Volkspflege (Zl.: E – 546/42), gez. Stadtrat Prof. Dr. Gundel,[2] Leiter der Hauptabteilung E (Gesundheitswesen und Volkspflege), an den Bürgermeister,[3] vorher zur Einsicht Herrn Stadtkämmerer,[4] vom 24.6.1942[5]

Betreff: Jüdisches Krankenhaus in Wien XVIII., Währingergürtel, Übernahme in die Gemeindeverwaltung.

In Wien XVIII., Währingergürtel 95–97 befindet sich das allgemeine jüdische Krankenhaus (ehemalige Rothschildspital), das der Versorgung chirurgischer, interner und infektionserkrankter Fälle dient. Der Normalbelag beträgt circa 250 Betten, der augenblicklich allerdings durch die besonderen Verhältnisse wesentlich überhöht ist.[6]

Nach der Ankündigung des Reichsleiters ist zu gewärtigen, daß in allernächster Zeit sämtliche Juden aus dem Gaugebiet entfernt sein werden.[7] Damit wird auch dieses Krankenhaus von seinen bisherigen Insassen entleert sein.

Mit Rücksicht auf die Ihnen bekannte und von mir bereits wiederholt berichtete Spitalsbettennot habe ich schon vor langem den Plan gefaßt, im Falle der Änderung der Zweckbestimmung dieses Hauses als jüdisches Krankenhaus, dieses für die Versorgung der Zivilbevölkerung in Anspruch zu nehmen. Infolge seiner zentralen Lage und seiner Einrichtung als vornehmlich chirurgisches Spital eignet es sich im besonderen Maße für die Wiener Zivilbevölkerung, die heute nur mehr unter rigoroser ärztlicher Indikation Spitalsaufnahme finden kann. Ich habe mich deshalb auch an Herrn Stadtrat Laube[8] in

1 DÖW, Zl. 2901_1942.

2 Dr. Max Gundel (1901–1949), Hygieniker; 1933 NSDAP-Eintritt; 1933 Leiter des Untersuchungsamts am Robert-Koch-Institut, 1934 Professor in Berlin, 1937 Direktor des Hygiene-Instituts des Ruhrgebiets in Gelsenkirchen, 1940 Gesundheitsführer im Reichsgau Wien und Stadtrat für Gesundheitswesen in Wien.

3 Philipp Wilhelm Jung (1884–1965), Jurist; 1912 Rechtsanwalt; 1927 SA- und 1930 NSDAP-Eintritt; 1930 Kreisleiter von Worms; 1931 MdL in Hessen; 1935 Regierungspräsident der Saarpfalz, 1940–1943 Bürgermeister von Wien; 1945 verhaftet und 1948 entlassen; von 1951 an wieder als Rechtsanwalt tätig.

4 Dr. Kurt Hanke (1897–1949), Jurist; von 1919 an bei den Österreich. Bundesbahnen; 1927 NSDAP-Eintritt; seit 1930 Gauamtsleiter von Wien, 1941 Stadtkämmerer der Gemeinde Wien, von 1943 an Leiter der Kommunalpolitik.

5 Im Original Stempel und handschriftl. Bearbeitungsvermerke. Teilweise unleserlicher Vermerk: „Eilt! Dr. P[...] mit der Bitte um sofortige Klarstellung, welchem Zweck [...]"

6 Krankenhauspatienten waren vorläufig von der Deportation ausgenommen, weswegen sich vor allem gebrechliche Juden bemühten, von einem Arzt in eine Klinik eingewiesen zu werden.

7 Baldur von Schirach, in seiner Funktion als Reichsjugendführer einer der 18 Reichsleiter der NSDAP, hatte am 5.6.1942 in einer Rede vor der Wiener DAF angekündigt: „Noch im Herbst dieses Jahres 1942 werden wir das Fest eines judenreinen Wiens erleben."; BArch, NS 19/1969, Bl. 2.

8 Heinrich Laube (1894–1982), Kartograph; 1931 NSDAP-Eintritt; 1934–1938 Mitglied der Vaterländischen Front, von 1938 an Gaugeschäftsführer der NSDAP in Wien, 1940 Stadtrat, 1942 Leiter der HA Wohn- und Siedlungswesen und Gauamtsleiter, nach 1942 im Parteiauftrag in Prag und im Generalgouvernement; von 1945 an unbekannter Aufenthalt.

seiner Eigenschaft als Gaugeschäftsführer gewendet und ihn gebeten, vom Standpunkt der Gauleitung hierzu Stellung zu nehmen. Pg. Laube hat mir nun zu meinem größten Bedauern mitgeteilt, daß der Reichsführer SS dieses Objekt bereits für Zwecke der SS-Angehörigen angekauft hat.[9] Wenn ich nun auch durchaus das Interesse der SS, im Gaugebiet Wien ein eigenes Krankenhaus zu unterhalten, anerkenne, so glaube ich doch, daß es im gegenwärtigen Zeitpunkt wesentlich wichtiger ist, dieses Krankenhaus der Zivilbevölkerung zu erhalten, die, wie ich schon betonte, krankenhausmäßig nicht mehr entsprechend versorgt werden kann.
Ich bitte Sie daher dringendst, Herr Bürgermeister, Ihrerseits alles zu veranlassen, damit dieses Spital der Gemeindeverwaltung für die Versorgung der Zivilbevölkerung erhalten bleibt, und bemerke hierzu noch, daß der Gau Wien im Vergleich zu den übrigen Großstädten des Reiches die schlechteste Verhältnisziffer des Spitalsraumes zur Bevölkerungsziffer aufweist.[10]

9 Die Waffen-SS hatte das Gebäude erworben, um es als Lazarett zu nutzen; wie Anm. 1.
10 Im Sommer 1943 übernahm die SS das Krankenhaus und nutzte es als Lazarett.

DOK. 133

Nassauer Volksblatt: Ein Auktionator aus Wiesbaden annonciert am 28. Juni 1942 die Versteigerung von Hausrat deportierter Juden[1]

Faksimile[2]

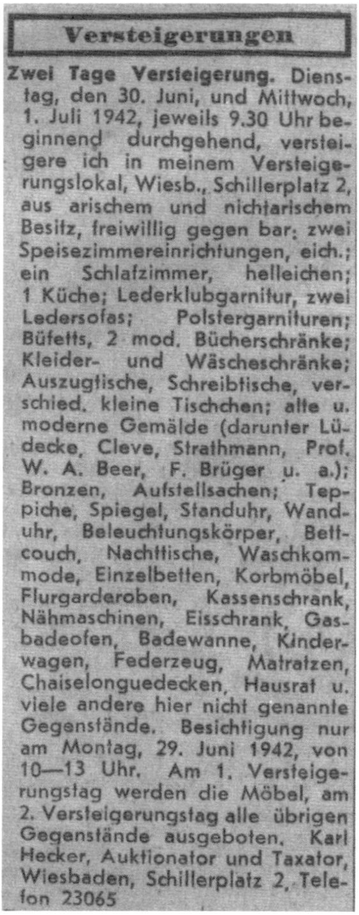

Versteigerungen

Zwei Tage Versteigerung. Dienstag, den 30. Juni, und Mittwoch, 1. Juli 1942, jeweils 9.30 Uhr beginnend durchgehend, versteigere ich in meinem Versteigerungslokal, Wiesb., Schillerplatz 2, aus arischem und nichtarischem Besitz, freiwillig gegen bar: zwei Speisezimmereinrichtungen, eich.; ein Schlafzimmer, helleichen; 1 Küche; Lederklubgarnitur, zwei Ledersofas; Polstergarnituren; Büfetts, 2 mod. Bücherschränke; Kleider- und Wäscheschränke; Auszugtische, Schreibtische, verschied. kleine Tischchen; alte u. moderne Gemälde (darunter Lüdecke, Cleve, Strathmann, Prof. W. A. Beer, F. Brüger u. a.); Bronzen, Aufstellsachen; Teppiche, Spiegel, Standuhr, Wanduhr, Beleuchtungskörper, Bettcouch, Nachttische, Waschkommode, Einzelbetten, Korbmöbel, Flurgarderoben, Kassenschrank, Nähmaschinen, Eisschrank, Gasbadeofen, Badewanne, Kinderwagen, Federzeug, Matratzen, Chaiselonguedecken, Hausrat u. viele andere hier nicht genannte Gegenstände. Besichtigung nur am Montag, 29. Juni 1942, von 10—13 Uhr. Am 1. Versteigerungstag werden die Möbel, am 2. Versteigerungstag alle übrigen Gegenstände ausgeboten. Karl Hecker, Auktionator und Taxator, Wiesbaden, Schillerplatz 2, Telefon 23065

1 Nassauer Volksblatt, Nr. 175 vom 28. 6. 1942, S. 7. Abdruck als Faksimile in: Willy Rink, Das Judenhaus. Erinnerungen an Juden und Nichtjuden unter einem Dach 1933–1945, hrsg. vom Aktiven Museum Spiegelgasse für Deutsch-Jüdische Geschichte in Wiesbaden, Wiesbaden 2008, S. 113. Das Nassauer Volksblatt war eine Tageszeitung der NSDAP des Gaues Hessen-Nassau und erschien 1931–1943 in Wiesbaden.

2 Karl Hecker (1889–1980) betrieb 1925–1934 eine Kunsthandlung in Wiesbaden und war dort von 1932 bis zu seiner Pensionierung als Auktionator und Taxator tätig. Zwei Wochen vor Erscheinen der Annonce waren 371 Wiesbadener Juden nach Majdanek und Sobibor deportiert worden.

DOK. 134
Das Reichsernährungsministerium beschließt am 29. Juni 1942, die Lebensmittelrationen für jüdische Kinder zu kürzen[1]

Vermerk (Abschrift zu II B I – 2955), ungez., über die Besprechung am 29.6.1942 betr. Lebensmittelversorgung der Juden,[2] vom 1.7.1942[3]

Nach eingehender Erörterung des derzeitigen Standes der Lebensmittelversorgung der Juden und der Möglichkeiten etwaiger weiterer Kürzungen wurde folgendes vorgetragen und beschlossen:

1) Nach der Reichsregelung ist die Abgabe von Kuchen an Juden untersagt. Manche Ernährungsämter haben darüber hinaus die Abgabe von Weizengebäck jeglicher Art an die Juden untersagt. Es wurde für zweckmäßig gehalten, nunmehr von Reichs wegen zu bestimmen, daß Weizengebäck überhaupt nicht mehr an Juden abgegeben werden darf.[4]

2) Mit Wirkung vom 27. Juli 1942 erhalten, wie bereits durch Erlaß verfügt worden ist, die Juden die Reichseierkarte nicht mehr.[5] Darüber hinaus ist man der Auffassung, daß es vertretbar ist, die Juden auch vom Fleischbezug auszuschließen, ihnen in Zukunft also auch keine Fleischkarten mehr auszuhändigen. (Vgl. Vorbehalt unter 7).

3) Es wurde weiterhin Einverständnis darüber erzielt, daß es richtig ist, die Gleichstellung der jüdischen Kinder und Jugendlichen mit den deutschstämmigen Kindern und Jugendlichen aufzuheben. Z. Zt. erhalten je Zuteilungsperiode die 10- bis 20-Jährigen 2400 g Brot, die 6- bis 18-Jährigen 200 g Fleisch und rd. 250 g Fett mehr als die Normalverbraucher. Es wurde daher beschlossen, den jüdischen Kindern und Jugendlichen diese Mehrmengen beim Brot, Fleisch und Fett zu streichen und sie ebenso wie die jüdischen Normalverbraucher zu behandeln. Falls bei diesen also die Fleischration ganz wegfällt, würde das auch bei den Kindern und Jugendlichen der Fall sein. (Vgl. Vorbehalt unter 7).

1 BArch, R 43 II/ 614.

2 Laut Schreiben vom 26.6.1942 waren zu dieser Besprechung eingeladen: Min.Dir. Gerhard Klopfer, NSDAP-Partei-Kanzlei; Reichskabinettsrat Franz Willuhn, Reichskanzlei; Min.Dir. Friedrich Gramsch, Beauftragter des Vierjahresplans; Min.Dir. Alfred-Ingmar Berndt, RMfVuP; wie Anm. 1. Eingeladen hatte das RMEuL durch Dr. Alfons Moritz (*1887) Jurist; von 1916 an im damaligen Kriegsernährungsamt tätig, 1932 Min.Dir.; 1934 SS-Eintritt; 1935 Leiter der Abt. II (Erzeugungs- und Ernährungspolitik) im RMEuL, von 1937 an auch Mitglied in mehreren Aufsichtsräten z. B. der Bayerischen Kraftwerke AG; 1938 NSDAP-Eintritt; 1942 Präsidium der Südosteuropa Gesellschaft; weiteres Schicksal unbekannt.

3 Im Original handschriftl. Unterstreichungen. Der Vermerk wurde mit jeweils gesonderten Anschreiben des RMEuL, gez. Moritz, an die NSDAP-Partei-Kanzlei in München, z. Hd. ORR Kok, mit der Bitte um Kenntnisnahme geschickt sowie am 4.7.1942 an die Reichsgesundheitsführung, z. Hd. Prof. Wirz, mit dem Vermerk, dass die Beschlüsse vorbehaltlich seiner Zustimmung gefasst worden seien.

4 Vom 19.10.1942 an erhielten Juden keinen Fisch und keine Fleischwaren mehr, keine Weizenerzeugnisse (Kuchen, Weißbrot etc.) und weder Voll- noch entrahmte Frischmilch; Erlass des RMEuL an die Landesernährungsämter vom 18.9.1942, BArch, R 3601/3424.

5 Erlaß über die Durchführung des Kartensystems für Lebensmittel für die 39. Zuteilungsperiode vom 27.7. bis 23.8.1942, gez. Backe, im Deutschen Reichsanzeiger und Preuß. Staatsanzeiger Nr. 143, 1942; abgedruckt in: Joseph Wulf, Léon Poliakov. Das Dritte Reich und seine Diener, Frankfurt a. M. 1983, S. 222.

4) Jüdische Kinder sollen in Zukunft keine Vollmilch mehr erhalten. Statt dessen soll ihnen Magermilch gegeben werden. Arische Kinder erhalten bis zum 3. Lebensjahr ¾ Liter, bis zum 6. ½ Liter und vom 6. bis zum 14. Lebensjahr ¼ Liter Vollmilch. Die jüdischen Kinder sollen in Zukunft nur bis zum 6. Lebensjahr Magermilch erhalten, und zwar täglich ½ Liter. (Vgl. Vorbehalt unter 7). In Berlin wird diese Regelung bereits vom 29. Juni 1942 ab durchgeführt.[6]

5) Es wurde festgestellt, daß auf Grund eines Erlasses des REM werdende Mütter, Wöchnerinnen und stillende Mütter jüdische[7] ab 6. April 1942 keine Zulagen mehr erhalten und daß die R[eichs]gesundheitsführung die Ärzte angewiesen hat, jüdischen Kranken und gebrechlichen Personen keinerlei Zulagen mehr zu gewähren.[8] Diese Anweisung der Reichsgesundheitsführung soll nunmehr auch in dem Erlaß des REM den Ernährungsämtern gegenüber ausgesprochen werden.

6) Es wurde für richtig gehalten, die Zulagen für jüdische Lang-, Nacht-, Schwer- und Schwerstarbeiter zu streichen. Diese Zulagen wurden bisher unter dem Gesichtspunkt des Arbeitseinsatzes gewährt. Die Erfahrung, daß die von den Juden geleistete Arbeit in keiner Weise der von deutschstämmigen Arbeitern geleisteten gleichwertig ist, ist jedoch von neuem bestätigt worden. Die Gewährung der Zulagen hat daher bei den deutschen Arbeitern weitgehendst Mißstimmung hervorgerufen. Notwendig dürfte es jedoch sein, giftgefährdeten Arbeitern jüdischer Rasse täglich ½ Liter Magermilch zu geben. Hiervon werden insbesondere die jüdischen Arbeiter, die in den Akkumulatorenwerken usw. arbeiten (in Berlin etwa 6000), betroffen. Zu dieser Frage wurde darauf hingewiesen, daß Berlin bereits seit längerer Zeit die Zulagen für die jüdischen Arbeiter gestrichen hat.[9] (Vgl. Vorbehalt unter 7).

7) Da die Reichsgesundheitsführung in der Sitzung nicht vertreten war und infolgedessen nicht sachverständig beurteilt werden konnte, ob die in Aussicht genommenen Kürzungen nicht zu weit gehen und durch eine zu starke Unterernährung der Juden die arische Bevölkerung wegen der Ansteckungsgefahr bei Epidemien und Seuchen gefährdet werde, wurde beschlossen, die Stellungnahme der Reichsgesundheitsführung einzuholen. Desgleichen soll dem Generalbevollmächtigten für den Arbeitseinsatz,[10] der in der Sitzung ebenfalls nicht vertreten war, Gelegenheit gegeben werden, sich zu der beabsichtigten Streichung der Arbeiterzulagen vom Standpunkte des Arbeitseinsatzes aus zu äußern.[11]

6 Die Regelung für Berlin konnte nicht ermittelt werden, auf Reichsebene galt jedoch vom 19.10.1942 an, dass nur jüdische Kinder bis zu sechs Jahren täglich einen halben Liter entrahmte Frischmilch erhielten, während alle anderen Juden vom Bezug von Milch ausgeschlossen waren; wie Anm. 5.

7 So im Original.

8 Bericht über Maßnahmen der Reichsgesundheitsführung für REM, gez. Moritz, vom 20.6.1941; wie Anm. 1.

9 Im April 1942 waren die Lebensmittelrationen deutlich herabgesetzt worden, was zu starker Unruhe in der Bevölkerung geführt hatte. Zur Vermeidung weiterer Kürzungen wurde beschlossen, die Ernährung der Deutschen sicherzustellen, auf Kosten der Bevölkerung in den besetzten Gebieten, aber auch der ohnehin stark unterernährten massenhaft ins Reich verbrachten Zwangsarbeiter und sowjet. Kriegsgefangenen sowie der deutschen Juden.

10 Fritz Sauckel (1894–1946).

11 Die Antworten der Reichsgesundheitsführung bzw. des Generalbevollmächtigten für den Arbeitseinsatz sind nicht erhalten. Allerdings setzte das RMEuL zumindest die geplanten Rationskürzungen für jüdische Zwangsarbeiter nicht um. Aus einem Erlass des RMEuL vom 1.12.1941 geht hervor, dass Juden, die zum Arbeitseinsatz in Lagern untergebracht waren, u. a. eine Fleischration erhielten; Schnellbrief des RMEuL vom 1.12.1941, wie Anm. 1.

DOK. 135

Die Reichsvereinigung der Juden bemüht sich am 29. Juni 1942, die Kosten für die Aufnahme des schwerkranken Jungen Leo Miodowski aus Danzig in einem Siechenheim erstattet zu bekommen[1]

Schreiben der Abt. Fürsorge der Reichsvereinigung der Juden in Deutschland (V Karm./Her.), gez. Johanna Karminski,[2] an Philipp Kozower, Jüdische Kultusvereinigung zu Berlin e.V., Berlin N. 4, Oranienburger Str. 29 (Eing. 30.6.1942), vom 29.6.1942[3]

Betr.: Kind Leo Israel *Miodowski,*[4] Danzig, Sandgrube 13, geb. 3.1.30.
Der Herr Oberbürgermeister der Hansestadt *Danzig*[5] hat uns ersucht, das obengenannte Kind, das an einer totalen Wirbelsäulenverkrümmung nach Tuberkulose mit Lähmung beider Beine und weitgehendem zurückbleibenden Wachstum leidet, in einem jüdischen Krankenhaus aufzunehmen. Das Kind befindet sich zur Zeit in der Arbeitsstation des Arbeitshauses in Danzig und kann dort nicht verbleiben.
Herr Dr. *Lustig* hat nach Prüfung des Attestes festgestellt, daß eine Krankenhausaufnahme nicht in Frage kommt, sondern daß es sich um einen Siechenhausfall handelt.
Herr Dr. *Eppstein* hat am 29.4.42 der Aufsichtsbehörde[6] die Angelegenheit vorgetragen, weil zunächst an eine Unterbringung des Kindes in Radinkendorf gemeinsam mit den Kindern aus Beelitz[7] gedacht war. Da von diesem Projekt inzwischen Abstand genommen werden mußte, ist der Fall erneut vorgetragen worden. Die Aufsichtsbehörde hat entschieden, daß eine Übernahme des Kindes in einem Siechenheim im Altreich dann stattfinden kann, wenn der von uns genannte Selbstkostensatz von RM. 55.- gezahlt wird. Dieser Betrag wurde von dem Herrn Reichsstatthalter im Reichsgebiet Danzig-Westpreußen[8] als zu hoch empfunden. Wir werden unsererseits dem Herrn Reichsstatthalter mitteilen, daß die Aufsichtsbehörde diesen Pflegesatz für angemessen hält.
Herr Dr. Lustig ist mit der Aufnahme des Kindes in einem Hospital der JKV Berlin einverstanden.
Wir bitten Sie um Vortrag der Angelegenheit bei der Geheimen Staatspolizei, Staatspolizeileitstelle Berlin.

1 BArch, R 8150/759, Bl. 52.
2 Hannah (Johanna Minna) Karminski (1897–1943), Sozialpädagogin; Geschäftsführerin des Jüdischen Frauenbunds, 1938–1942 Angestellte der Reichsvereinigung der Juden in Deutschland; im Nov. 1942 verhaftet und im Dez. 1942 nach Auschwitz deportiert, dort im Juni 1943 ermordet.
3 Das Dokument wurde mit der Bitte um Kenntnisnahme an Dr. Eppstein und Dr. Lustig geschickt und ist mit Datum vom 30.6.1942 als „Erledigt" abgestempelt; im Original handschriftl. Vermerke.
4 Leo Miodowski (1930–1943); im Nov. 1942 nach Auschwitz deportiert, dort ermordet. Seine Mutter, Channa (auch Chana) Miodowski, geb. Monk, und sein Bruder, Uri-Max, versuchten wahrscheinlich 1940 von Bratislava mit dem Schiff „Atlantic" nach Haifa zu fliehen, wurden nach Mauritius deportiert und dort interniert; wahrscheinlich 1945 nach Haifa ausgewandert.
5 Georg Lippke (1906–1999), Jurist; 1931 NSDAP-Eintritt; 1939–1945 Oberbürgermeister der Stadt Danzig; nach Kriegsende als Rechtsanwalt für Spielbanken tätig.
6 Aufsichtsbehörde der Reichsvereinigung war das Reichssicherheitshauptamt.
7 Auf dem Gut Radinkendorf in Brandenburg befand sich ein Umschulungslager für junge Juden. Die Beelitzer Heilstätten nahe Berlin waren besonders auf die Heilung von Tuberkulosekranken ausgerichtet.
8 Albert Forster (1902–1952), Bankkaufmann; 1923 NSDAP- und SA-Eintritt, 1925 NSDAP-Ortsgruppenleiter in Fürth, 1926 SS-Eintritt; von 1930 an MdR; 1930–1939 Gauleiter in der Freien Stadt Danzig, von 1939 an Gauleiter und Reichsstatthalter von Danzig-Westpreußen, von 1943 an SS-Obergruppenführer; 1948 in Danzig zum Tode verurteilt, 1952 in Warschau hingerichtet.

DOK. 136

The Manchester Guardian: Artikel vom 30. Juni 1942 über die Zahl der ermordeten Juden[1]

Jüdische Kriegsopfer. Über 1 Million Tote

Die Zahl jüdischer Opfer in den vom Feind besetzten Ländern übersteigt bei weitem die Zahl der Opfer jeder anderen Rasse in irgendeinem anderen Krieg, erklärte der Parlamentsabgeordnete S. S. Silverman[2] gestern bei einem Treffen des Jüdischen Weltkongresses in London.

Schätzungen zufolge sind seit Kriegsbeginn mehr als eine Million Juden getötet worden oder infolge von Misshandlungen in Deutschland sowie in den deutsch besetzten Ländern gestorben. Davon starben etwa 700 000 in Polen und Litauen, weitere 125 000 in Rumänien.[3]

In einer vom Jüdischen Weltkongress herausgegebenen Erklärung heißt es:

Sieben Millionen Menschen, fast die Hälfte des gesamten jüdischen Volkes, werden ihrer bürgerlichen und politischen Rechte und all ihrer Besitztümer beraubt und in Sklavenarbeitskomplexe, Konzentrationslager und Gettos gepfercht. Berichte über Massaker sind mittlerweile hinreichend belegt, um deutlich zu machen, dass insbesondere Osteuropa in ein riesiges Schlachthaus für Juden verwandelt worden ist.

Ein Bericht aus Zentralpolen besagt, dass dort „täglich 1000" Juden erschossen werden. Die jüngste Massenhinrichtung von 60 000 jüdischen Männern, Frauen und Kindern in Vilnius ist ebenfalls bestätigt worden.[4]

In Polen sind mindestens anderthalb Millionen Juden hinter acht Fuß hohen Mauern, die mit Glasscherben und mit unter Strom gesetztem Stacheldraht versehen sind, eingekerkert worden, wo sie nun „unter den fürchterlichsten Bedingungen von Armut, Krankheit und Hunger" leben. Im Warschauer Getto hat sich die Zahl der Gestorbenen zwischen April und Juni 1941 auf 10 232 Personen belaufen. Viertausend Kinder im Alter zwischen zwölf und 15 Jahren sind kürzlich aus dem Getto geholt worden, um auf Bauernhöfen Zwangsarbeit zu leisten.[5]

In Rumänien sind Schätzungen zufolge 125 000 Juden ermordet worden.[6] Alle männlichen Juden sind zur Sklavenarbeit gezwungen worden.

1 The Manchester Guardian vom 30.6.1942, S. 2: „Jewish war victims. More than a million dead". Der Artikel wurde aus dem Englischen übersetzt. The Manchester Guardian (seit 1959: The Guardian) erscheint seit 1821 und zählte Ende der 1930er-Jahre zu den angesehensten auflagenstarken Tageszeitungen in Großbritannien.

2 Samuel Sydney Silverman (1895–1968), Jurist, Politiker; Anfang der 1920er-Jahre Englischlehrer in Helsinki; von 1925 an Anwalt in Großbritannien; 1935–1968 für die Labour-Partei im Unterhaus; Präsident der brit. Sektion des Jüdischen Weltkongresses.

3 Die Informationen des Manchester Guardian beruhen auf einem Bericht vom 11.5.1942 aus Warschau, in dem die jüdische Organisation Bund über die planmäßigen Massenmorde an den Juden informierte. Der Bericht kam am 31.5.1942 über Stockholm nach London; siehe VEJ 9/74.

4 In der Nähe des Dorfes Ponary bei Wilna befand sich in einem Wald eine zentrale Exekutionsstätte, wo insgesamt etwa 70 000 Menschen erschossen wurden. Bis Ende 1941 waren hier ungefähr 56 500 Juden ermordet worden.

5 Kinder wurden u. a. auf dem Gut Jagielnica im Kreis Czortkow in Galizien zur Zwangsarbeit im Kautschukpflanzenanbau eingesetzt.

6 Bis Anfang 1942 waren bereits etwa 200 000 Juden ermordet worden, zu den größten Massakern zählt die Ermordung von mehr als 14 000 Juden in Jassy Ende Juni 1941; siehe VEJ 13, S. 56–58. Insgesamt fielen zwischen 280 000 und 380 000 Juden, die in den besetzten, unter rumän. Verwaltung stehenden Gebieten lebten, der rumän. Armee zum Opfer.

DOK. 137

Die Reichsvereinigung erhält die Anweisung, bis zum 30. Juni 1942 alle jüdischen Schulen zu schließen und Schüler ab 14 Jahren zur Zwangsarbeit zu melden[1]

Schreiben der Reichsvereinigung der Juden in Deutschland, gez. Dr. Paul Eppstein, an die Jüdischen Kultusvereinigungen, Bezirksstellen der Reichsvereinigung der Juden in Deutschland, auch zur Weitergabe an die Leiter der jüdischen Schulen, vom 20.6.1942

Betrifft: Auflösung des jüdischen Schulwesens
VI Dr. E./My 42/184/316
Die Aufsichtsbehörde der Reichsvereinigung hat im Einvernehmen mit dem Herrn Reichsminister für Wissenschaft, Erziehung und Volksbildung die Auflösung des jüdischen Schulwesens angeordnet.[2]
Im Vollzug dieser Anordnung ergehen folgende Durchführungsanweisungen:
I. *Schließung der Schulen*
1. a) Sämtliche jüdischen Schulen sind bis 30.6.1942 zu schließen.
b) Schriftliche Vollzugsmeldung über die Schließung muß bis 1.7.1942 bei der Zentrale der Reichsvereinigung eingegangen sein.
2. Durch die Anordnung über die Schließung der jüdischen Schulen treten alle bisher im Anschluß an Artikel II der Zehnten Verordnung zum Reichsbürgergesetz vom 4.7.1939 (RGBl. I., S. 1097) erlassenen Anweisungen und Verfügungen der Schulaufsichtsbehörden, insbesondere auch die Ausführungsanweisung des Herrn Reichsministers für Wissenschaft, Erziehung und Volksbildung – E 1b 462 (b) – vom 14.8.1939 außer Kraft.[3]
3. Die Beschulung jüdischer Kinder durch besoldete oder unbesoldete Lehrer ist nach Schließung der jüdischen Schulen unzulässig. Dies gilt auch für den Unterricht in privaten Schulzirkeln. Eine Unterweisung der Kinder durch Familienangehörige bleibt hiervon unberührt.
II. *Lehrer*
4. Die an jüdischen Schulen angestellten besoldeten Lehrer sind durch die Bezirksstellen der Reichsvereinigung bezw. durch die Jüdischen Kultusvereinigungen zum 30.6.1942 zu kündigen und zu entlassen.
5. Den besoldet und bisher unbesoldet beschäftigten Lehrern ist durch die Bezirksstellen der Reichsvereinigung bezw. durch die Jüdischen Kultusvereinigungen mitzuteilen, daß sie mit Wirkung vom 1.7.1942 an jede Lehrtätigkeit zu unterlassen haben.

1 BArch, R 8150/7, Bl. 139–140+RS.
2 Aufsichtsbehörde der Reichsvereinigung war das RSHA, Reichserziehungsminister war Bernhard Rust.
3 Die 10. VO zum Reichsbürgergesetz vom 4.7.1939 verfügte den Zusammenschluss der Juden in der Reichsvereinigung. Art. II definierte den Aufgabenbereich der Reichsvereinigung als Trägerin des jüdischen Schulwesens. Die Ausführungsanweisung vom 14.8.1939 enthielt Durchführungsbestimmungen zur Einrichtung jüdischer Schulen, zu ihrem Rechtsstatus und zur Lehrerausbildung, zur Schließung bestehender jüdischer Schulen sowie zur Versetzung und Entlassung jüdischer Lehrer; Deutsche Wissenschaft, Erziehung und Volksbildung. Amtsblatt des Reichsministeriums für Wissenschaft, Erziehung und Volksbildung und der Unterrichtsverwaltungen der Länder, Heft 17 vom 5.9.1939, S. 454 f.

6. Eine unbesoldete Weiterbeschäftigung der Lehrer in anderen Abteilungen der Bezirksstellen der Reichsvereinigung bezw. Jüdischen Kultusvereinigungen ist, soweit erforderlich, einstweilen zulässig. Die Möglichkeit einer jederzeitigen Abberufung bleibt vorbehalten.
7. Soweit Bedürftigkeit vorliegt, kann auf Antrag der Bezirksstellen der Reichsvereinigung bezw. der Jüdischen Kultusvereinigungen durch die Zentrale der Reichsvereinigung eine Unterstützung für den notwendigen Lebensunterhalt bewilligt werden.
III. *Schulkinder*
8. Die Schulkinder sind mit einem Abgangszeugnis zu entlassen.
9. Soweit Schulkinder bisher zum Zweck des Schulbesuchs außerhalb des Wohnorts ihrer Eltern oder Angehörigen untergebracht waren, ist seitens der Bezirksstellen der Reichsvereinigung bezw. der Jüdischen Kultusvereinigungen eine sofortige Rückkehr der Kinder zu den Eltern oder Angehörigen zu veranlassen.
10. Schüler über 14 Jahre sollen dem zuständigen Arbeitsamt zur Vermittlung in den Arbeitseinsatz gemeldet werden.
11. Schulkinder unter 14 Jahren sind zu Hilfsarbeiten in jüdischen Einrichtungen (Botengängen, Einsatz zur Beseitigung der Verunkrautung von Friedhöfen, zu gärtnerischen oder sonstigen Arbeiten) heranzuziehen. Das gleiche gilt für Schüler über 14 Jahre, bei denen eine Vermittlung in den Arbeitseinsatz nicht möglich ist.
12. Im übrigen obliegt den Bezirksstellen der Reichsvereinigung bezw. den Jüdischen Kultusvereinigungen die Pflicht, die Eltern, sonstigen Angehörigen oder Erziehungsberechtigten auf die Notwendigkeit einer ordnungsmäßigen erzieherischen Betreuung hinzuweisen sowie ihrerseits die erforderlichen Vorkehrungen dafür zu treffen, daß die Kinder in Heimen, Horten oder in sonstigen Einrichtungen im Rahmen der gegebenen Möglichkeiten beschäftigt und betreut werden.
IV. *Erlaubnisscheine zur Benutzung öffentlicher Verkehrsmittel*
13. Soweit Lehrer und Schulkinder, gemäß der Anordnung über die Benutzung öffentlicher Verkehrsmittel, veröffentlicht im „Jüdischen Nachrichtenblatt" Nr. 17 vom 24.4.1942, Erlaubnisscheine zur Benutzung öffentlicher Verkehrsmittel erhalten haben, sind die Schulleiter bezw. Jüdischen Kultusvereinigungen und Bezirksstellen der Reichsvereinigung für deren sofortige Rückgabe an die ausstellende Behörde gemäß Ziffer 6c der Anordnung über die Benutzung öffentlicher Verkehrsmittel verantwortlich.[4]
V. *Schulgebäude und Schulinventar*
14. Die Bezirksstellen der Reichsvereinigung und Jüdischen Kultusvereinigungen haben die Freimachung von Schulgrundstücken und eine Verwertung des Schulinventars nach Schließung der Schulen sofort zu veranlassen.
15. Soweit eine örtliche Verwertung des Schulinventars durch Veräußerung an andere Einrichtungen (z. B. an die zuständige Stadtverwaltung) nicht möglich ist, ist hierüber der Zentrale der Reichsvereinigung anhand des Schulinventar-Verzeichnisses zu

4 Laut Erlass des RFSS vom 1.5.1942 war Juden die Benutzung öffentlicher Verkehrsmittel verboten. Ausgenommen waren Kinder, die mehr als fünf km zur Schule, und Erwachsene, die mehr als sieben km zur Arbeit zurückzulegen hatten, sowie Ärzte, Krankenschwestern und jüdische Rechtsanwälte (sog. Konsulenten). Ausnahmegenehmigungen mussten nach Ablauf der Gültigkeit, bei Wohnungswechsel oder aber dann zurückgegeben werden, wenn die Voraussetzungen für deren Erteilung sich anderweitig änderten oder entfielen.

berichten. Bezüglich der alsdann für die Verwertung zu treffenden Maßnahmen sind Weisungen der Zentrale der Reichsvereinigung einzuholen.
16. Über die Schulinventar-Erlöse haben die Bezirksstellen der Reichsvereinigung bezw. die Jüdischen Kultusvereinigungen der Zentrale der Reichsvereinigung jeweils gesondert zu berichten.
VI. *Schulausgaben*
17. Mit Wirkung vom 1.7.1942 an dürfen Mittel für Schulzwecke nicht mehr verausgabt werden.
18. Miet-Restforderungen für Schulräume sind sofort unter „Sonderausgaben" bei der Zentrale der Reichsvereinigung zwecks Bewilligung anzumelden.
19. Die Einziehung von Schulgeld für die Zukunft und die Sammlung von Schulpatenschaften ist mit Wirkung vom 1.7.1942 an einzustellen; Rückzahlungen sind nicht zulässig.
VII. *Bekanntgabe*
20. Die Bekanntgabe der Anordnung über die Auflösung des jüdischen Schulwesens an die Schulaufsichtsbehörden erfolgt unmittelbar durch den Herrn Reichsminister für Wissenschaft, Erziehung und Volksbildung.
21. Die Eltern, Angehörigen oder sonstigen Erziehungsberechtigten sind durch die Bezirksstellen der Reichsvereinigung bezw. Jüdischen Kultusvereinigungen mit Rundschreiben über die Ziffern 1, 3, 9, 10, 11, 12, 13 und 19 dieser Durchführungsanweisungen zu unterrichten.

DOK. 138

Die Widerstandsgruppe Weiße Rose fragt in ihrem Flugblatt vom Juni 1942, warum sich die nichtjüdischen Deutschen angesichts der Verbrechen gegen die Juden so apathisch verhalten[1]

Flugblatt der Weißen Rose,[2] München, Juni 1942

Flugblätter der Weißen Rose II
Man kann sich mit dem Nationalsozialismus geistig nicht auseinandersetzen, weil er ungeistig ist. Es ist falsch, wenn man von einer nationalsozialistischen Weltanschauung spricht, denn, wenn es diese gäbe, müßte man versuchen, sie mit geistigen Mitteln zu beweisen oder zu bekämpfen – die Wirklichkeit aber bietet uns ein völlig anderes Bild: Schon in ihrem ersten Keim war diese Bewegung auf den Betrug des Mitmenschen angewiesen, schon damals war sie im Innersten verfault und konnte sich nur durch die stete

1 USHMM, RG-23.002 (White Rose). Abdruck in: Inge Scholl, Die weiße Rose, Frankfurt a. M. 1953, S. 88–92.
2 Widerstandsgruppe, der die Studenten Hans (1918–1943) und Sophie Scholl (1921–1943), Christoph Probst (1919–1943), Willi Graf (1918–1943) und Alexander Schmorell (1917–1943) sowie der Universitätsprofessor Kurt Huber (1893–1943) angehörten. Die Gruppe verbreitete zwischen Juni 1942 und Febr. 1943 sechs Flugblätter, die mit Hilfe von Unterstützern in Süddeutschland und Österreich verteilt wurden. Beim Verteilen des letzten Flugblatts wurden Hans und Sophie Scholl am 18.2.1943 in München verhaftet, zum Tode verurteilt und gemeinsam mit Christoph Probst hingerichtet. Huber, Graf und Schmorell wurden in einem zweiten Prozess ebenfalls zum Tode verurteilt.

Lüge retten. Schreibt doch Hitler selbst in einer frühen Auflage „seines" Buches (ein Buch, das in dem übelsten Deutsch geschrieben worden ist, das ich je gelesen habe; dennoch ist es von dem Volke der Dichter und Denker zur Bibel erhoben worden): „Man glaubt nicht, wie man ein Volk betrügen muß, um es zu regieren."[3] Wenn sich nun am Anfang dieses Krebsgeschwür des Deutschen Volkes noch nicht allzusehr bemerkbar gemacht hatte, so nur deshalb, weil noch gute Kräfte genug am Werk waren, es zurückzuhalten. Wie es aber größer und größer wurde und schließlich mittels einer letzten gemeinen Korruption zur Macht kam, das Geschwür gleichsam aufbrach und den ganzen Körper besudelte, versteckte sich die Mehrzahl der früheren Gegner, flüchtete die deutsche Intelligenz in ein Kellerloch, um dort als Nachtschattengewächs, dem Licht und der Sonne verborgen, allmählich zu ersticken. Jetzt stehen wir vor dem Ende. Jetzt kommt es darauf an, sich gegenseitig wiederzufinden, aufzuklären von Mensch zu Mensch, immer daran zu denken und sich keine Ruhe zu geben, bis auch der letzte von der äußersten Notwendigkeit seines Kämpfens wider dieses System überzeugt ist. Wenn so eine Welle des Aufruhrs durch das Land geht, wenn „es in der Luft liegt", wenn viele mitmachen, dann kann in einer letzten, gewaltigen Anstrengung dieses System abgeschüttelt werden. Ein Ende mit Schrecken ist immer noch besser als ein Schrecken ohne Ende.

Es ist uns nicht gegeben, ein endgültiges Urteil über den Sinn unserer Geschichte zu fällen. Aber wenn diese Katastrophe uns zum Heile dienen soll, so doch nur dadurch: Durch das Leid gereinigt zu werden, aus der tiefsten Nacht heraus das Licht zu ersehnen, sich aufzuraffen und endlich mitzuhelfen, das Joch abzuschütteln, das die Welt bedrückt. Nicht über die Judenfrage wollen wir in diesem Blatte schreiben, keine Verteidigungsrede verfassen – nein, nur als Beispiel wollen wir die Tatsache kurz anführen, die Tatsache, daß seit der Eroberung Polens *dreihunderttausend* Juden in diesem Land auf bestialischste Art ermordet worden sind.[4] Hier sehen wir das fürchterlichste Verbrechen an der Würde des Menschen, ein Verbrechen, dem sich kein ähnliches in der ganzen Menschengeschichte an die Seite stellen kann. Auch die Juden sind doch Menschen – man mag sich zur Judenfrage stellen, wie man will – und an Menschen wurde solches verübt. Vielleicht sagt jemand, die Juden hätten ein solches Schicksal verdient, diese Behauptung wäre eine ungeheure Anmaßung; aber angenommen, es sagte jemand dies, wie stellt er sich dann zu der Tatsache, daß die gesamte polnische adelige Jugend vernichtet worden ist (Gebe Gott, daß sie es noch nicht ist!)? Auf welche Art, fragen Sie, ist solches geschehen? Alle männlichen Sprößlinge aus adeligen Geschlechtern zwischen 15 und 20 Jahren wurden in Konzentrationslager nach Deutschland zu Zwangsarbeit, alle Mädchen gleichen Alters nach Norwegen in die Bordelle der SS verschleppt![5] Wozu wir dies Ihnen alles erzählen, da Sie es schon selber wissen, wenn nicht diese, so andere

3 Kein wörtliches Zitat. Möglicherweise ist folgende Passage aus „Mein Kampf" gemeint, in der Hitler die Möglichkeiten erörtert, Menschen einen fremden Willen aufzuzwingen. Einer „beherrschenden Apostelnatur" gelinge es leichter, „Menschen dem neuen Wollen zu gewinnen, die selbst bereits eine Schwächung ihrer Widerstandskraft in natürlichster Weise erfahren haben, als solche, die noch im Vollbesitz ihrer geistigen und willensmäßigen Spannkraft sind"; zit. nach: Hitler, Mein Kampf (wie Dok. 21 vom 25.10.1941, Anm. 5), S. 1203.

4 Die tatsächliche Opferzahl war zu diesem Zeitpunkt bereits weit höher.

5 Dies lässt sich nicht verifizieren.

gleich schwere Verbrechen des fürchterlichen Untermenschentums? Weil hier eine Frage berührt wird, die uns alle zutiefst angeht und allen zu denken geben *muß*: Warum verhält sich das deutsche Volk angesichts all dieser scheußlichsten menschenunwürdigsten Verbrechen so apathisch? Kaum irgend jemand macht sich Gedanken darüber. Die Tatsache wird als solche hingenommen und ad acta gelegt. Und wieder schläft das deutsche Volk in seinem stumpfen, blöden Schlaf weiter und gibt diesen faschistischen Verbrechern Mut und Gelegenheit weiterzuwüten – und diese tun es. Sollte dies ein Zeichen dafür sein, daß die Deutschen in ihren primitivsten menschlichen Gefühlen verroht sind, daß keine Saite in ihnen schrill aufschreit im Angesicht solcher Taten, daß sie in einem tödlichen Schlaf versunken sind, aus dem es kein Erwachen mehr gibt, nie, niemals? Es scheint so und ist es bestimmt, wenn der Deutsche nicht endlich aus dieser Dumpfheit auffährt, wenn er nicht protestiert, wo immer er nur kann gegen diese Verbrecherklique, wenn er mit diesen Hunderttausenden von Opfern nicht mitleidet. Und nicht nur Mitleid muß er empfinden, nein, noch viel mehr: *Mitschuld*. Denn er gibt durch sein apathisches Verhalten diesen dunklen Menschen erst die Möglichkeit, so zu handeln, er leidet diese „Regierung", die eine so unendliche Schuld auf sich geladen hat, ja er ist doch selbst schuld daran, daß sie überhaupt entstehen konnte! Ein jeder will sich von einer solchen Mitschuld freisprechen, ein jeder tut es und schläft dann wieder mit ruhigstem, bestem Gewissen. Aber er kann sich nicht freisprechen, ein jeder ist *schuldig, schuldig, schuldig*! Doch ist es noch nicht zu spät, diese abscheulichste aller Mißgeburten von Regierungen aus der Welt zu schaffen, um nicht noch mehr Schuld auf sich zu laden. Jetzt, da uns in den letzten Jahren die Augen vollkommen geöffnet worden sind, da wir wissen, mit wem wir es zu tun haben, jetzt ist es allerhöchste Zeit, diese braune Horde auszurotten. Bis zum Ausbruch des Krieges war der größte Teil des deutschen Volkes geblendet, die Nationalsozialisten zeigten sich nicht in ihrer wahren Gestalt, doch jetzt, da man sie erkannt hat, muß es die einzige und höchste Pflicht, ja heiligste Pflicht eines jeden Deutschen sein, diese Bestien zu vertilgen!

„Der, des Verwaltung unauffällig ist, des Volk ist froh. Der, des Verwaltung aufdringlich ist, des Volk ist gebrochen.

Elend, ach, ist es, worauf Glück sich aufbaut. Glück, ach, verschleiert nur Elend. Wo soll das hinaus? Das Ende ist nicht abzusehen. Das Geordnete verkehrt sich in Unordnung, das Gute verkehrt sich in Schlechtes. Das Volk gerät in Verwirrung. Ist es nicht so täglich seit langem?"

„Daher ist der Hohe Mensch rechteckig, aber er stößt nicht an, er ist kantig, aber verletzt nicht, er ist aufrecht, aber nicht schroff. Er ist klar, aber will nicht glänzen."

Lao-tse.

„Wer unternimmt, das Reich zu beherrschen und es nach seiner Willkür zu gestalten, ich sehe ihn sein Ziel nicht erreichen; das ist alles."

„Das Reich ist ein lebendiger Organismus; es kann nicht gemacht werden, wahrlich! Wer daran machen will, verdirbt es, wer sich seiner bemächtigen will, verliert es."

Daher: „Von den Wesen gehen manche vorauf, andere folgen ihnen, manche atmen warm, manche kalt, manche sind stark, manche schwach, manche erlangen Fülle, andere unterliegen."

„Der Hohe Mensch daher läßt ab von Übertriebenheit, läßt ab von Überhebung, läßt ab von Übergriffen." Lao-tse.[6]
Wir bitten, diese Schrift mit möglichst vielen Durchschlägen abzuschreiben und weiterzuverteilen.

DOK. 139
„Hilf mit!": Antisemitischer Aufruf zu einem Schülerwettbewerb im Sommer 1942[1]

„Hilf mit!"-Wettbewerb der deutschen Jugend 1942 – „Der Kampf im Osten", im Rahmen der „Hilf mit!"-Aktion „Für Deutschlands Freiheit"

Deutsche Jungen und Mädel!
Die Zeit, in der ihr aufwachst, ist eine Zeit des Kampfes. Euer Volk kämpft für seine Freiheit, kämpft gegen die finsteren Mächte der Zerstörung und Zersetzung, gegen Bolschewismus und internationales Judentum.
Eure Väter kämpfen für euch und für eure Zukunft. Schwer ist der Kampf. Jeder einzelne muß Entbehrungen auf sich nehmen und Opfer bringen. Ihr selbst könnt noch nicht als Soldaten in diesem Freiheitskampf unseres Volkes mitkämpfen. Aber eines könnt und müßt ihr alle:
mit heißem Herzen und offenen Augen die Taten eurer Väter und Brüder miterleben, den Sinn und die Bedeutung all dieser Leistungen und Opfer zu verstehen versuchen. Wenn ihr diesen Sinn in seiner ganzen Größe erfaßt habt, so werdet ihr und werden alle in der Heimat jedes Opfer mit dem Bewußtsein auf sich nehmen: Der Kampf im Osten ist der Kampf des Guten gegen das Böse, des Rechtes gegen das Unrecht, den unsere Generation unter der Führung Adolf Hitlers für künftige Zeiten auszutragen berufen ist.

Ich rufe euch, Jungen und Mädel, im Verein mit den Oberkommandos der drei Wehrmachtteile nunmehr auf, im Rahmen der großen „Hilf mit!"-Aktion „Für Deutschlands Freiheit" am Schülerwettbewerb *„Der Kampf im Osten"* teilzunehmen.
Eure Aufgabe ist es, Sinn und Art des Kampfes, den Anteil der Wehrmacht- und Truppenteile, das Zusammenwirken von Infanterie und Pionieren, Artillerie, Panzern und Sturmgeschützen, von Fliegern und Flaksoldaten, der Waffen-SS und unserer Kriegsmarine in euren Arbeiten zu gestalten.
Die Größe dieser Front im Osten, die Härte der Kämpfe gegen das Untermenschentum, gegen die Unbilden von Landschaft und Klima im höchsten Norden, am Eismeer, in der weiten Mitte der Front bis hin zum Schwarzen Meer sollt ihr erkennen.
Was ihr durch die Berichte des Oberkommandos der Wehrmacht, durch Rundfunk und Presse, durch Feldpostbriefe und Erzählungen von Fronturlaubern über die Kämpfe im

6 Die Zitate stammen aus Lao Tse: „Tao te king: das Buch vom Sinn und Leben", übersetzt und hrsg. von Richard Wilhelm, Leipzig 1910.

1 „Hilf mit!", Heft 8/9, Mai/Juni 1942, S. 202. Die illustrierte Zeitschrift für Schüler erschien 1933–1944 in einer Auflage von über fünf Millionen Exemplaren und wurde vom Nationalsozialistischen Lehrerbund (NSLB) herausgegeben.

Osten erfahrt, sollt ihr mit Kameraden und euren Lehrern nacherleben und zu bildhafter Schau formen.
Was wißt ihr vom Bolschewismus, vom Judentum in der Sowjetunion und in der Welt?
Was wißt ihr vom unermeßlichen Leid der Volksdeutschen in Sowjet-Rußland?
Verfolgt die ältere und jüngste Geschichte des Ostens in seiner Beziehung zu Deutschland!
Je mehr ihr euch in alle Zusammenhänge vertieft, um so klarer werden euch der Sinn und die Größe des Schicksalskampfes im Osten.
Aus der Arbeit jedes Jungen und Mädels soll die Erkenntnis von Wesen und Bedeutung des Kampfes im Osten für den einzelnen, für Deutschland, für Europa und die ganze Welt sprechen.
Eine große Aufgabe ist euch gestellt!
Jungen und Mädel, ans Werk!
Heil Hitler!
Fritz Wächtler[2]
Gauleiter
Reichswalter des NS.-Lehrerbundes.

Der „Hilf mit!"-Wettbewerb „Der Kampf im Osten", der jetzt unter Förderung des Reichsministeriums für Wissenschaft, Erziehung und Unterricht[3] startet, ist ein Teilstück der „Hilf mit!"-Aktion „Für Deutschlands Freiheit". Er stellt die Aufgabe für das Jahr 1942 dar. Die für die Aktion „Für Deutschlands Freiheit" geschaffenen Schülerarbeiten sind geschlossen mit den Arbeiten für den „Hilf mit!"-Wettbewerb „Der Kampf im Osten" am 31. Oktober 1942 beim Schulvertrauensmann abzuliefern. (Der vorher genannte Termin vom 30. Juni 1942 ist damit aufgehoben.)
Für die Arbeiten zum Wettbewerb „Der Kampf im Osten" gelten folgende allgemeine Richtlinien:
An dem Wettbewerb kann sich jeder Junge und jedes Mädel deutschen Blutes beteiligen. Es können Einzelarbeiten und Gemeinschaftsarbeiten (von Schülergruppen, Klassen- oder Schulgemeinschaften) eingereicht werden. Sämtliche Wettbewerbsarbeiten müssen bis zum 31. Oktober 1942 fertiggestellt werden und beim Schulvertrauensmann für „Hilf mit!" abgeliefert sein.[4]
Jede Art der Darstellung kann angewendet werden, also Aufsätze, Erzählungen, Zeichnungen, graphische Darstellungen, plastische Arbeiten, Modelle usw. Saubere Ausführung der Arbeit ist eine wichtige Voraussetzung für die Bewertung.
Aufsätze, Erzählungen und Zeichnungen sollen nicht zu umfangreiche Formate haben.
Auf der Rückseite jeder Arbeit ist ein Zettel mit folgenden Angaben aufzukleben:

2 Fritz Wächtler (1871–1945), Volksschullehrer; 1926 NSDAP- und SA-Eintritt, 1934 SS-Eintritt; 1932–1935 stellv. Gauleiter von Thüringen, 1933–1936 MdL und stellv. Ministerpräsident; seit 1933 MdR; von 1935 an Gauleiter des Gaus Bayerische Ostmark (seit 1942: Gau Bayreuth); 1944 SS-Obergruppenführer; vor Kriegsende wegen Verlassens seines Amts von einem SS-Kommando auf Befehl Martin Bormanns erschossen.
3 Richtig: Reichsministerium für Wissenschaft, Erziehung und Volksbildung.
4 Die Abgabefrist wurde schließlich auf den 31.3.1943 verschoben.

Name des Schülers:
geboren am:
Klasse:
Anschrift (Wohnort):
Straße:
Nr.:
Schule:
in:
Gau der NSDAP.:
Mitglied von HJ., JV.,[5] BDM.:
Benutzte fremde Hilfe:
Der Zettel soll das Format Din A 6 (148 x 105 mm) haben. Bei Handfertigkeitsarbeiten wird der Zettel auf ein Stück Karton geklebt und seitlich links mit einem Loch versehen und mit Hilfe einer Schnur fest an der Arbeit befestigt. Die Angaben müssen gewissenhaft ausgefüllt sein, und die Zettel sind vor der Anbringung vom Schulvertrauensmann für „Hilf mit!" abzuzeichnen. Die Angabe des Geburtsdatums ist besonders wichtig, da bei der Bewertung der Arbeiten das Alter berücksichtigt wird. Bedingung ist, daß alle Arbeiten selbständig von dem Schüler oder der Schülerin oder den an Gemeinschaftsarbeiten beteiligten Schülern oder Schülerinnen hergestellt sind.
Wertvolle Preise sind für die besten Arbeiten ausgesetzt (Reisen, Besichtigungen, Werkzeugkästen und Bastelmaterial, Bücher, Bilder mit Widmungen usw.).[6]

DOK. 140
Camilla Hirsch aus Wien schildert ihre Verhaftung am 10. Juli 1942, die Zustände im Sammellager Malzgasse und ihre Deportation nach Theresienstadt[1]

Handschriftl. Tagebuch von Camilla Hirsch,[2] Wien, undatierter Eintrag über die Tage nach dem 10.7.1942[3]

Am 10. Juli 1942, 1/2 5 Uhr morgens heftiges Läuten, dann ohrenbetäubendes Klopfen an der Wohnungstüre. Ich fahre aus dem Schlaf auf, öffne. Zwei Ordner stehen draußen, sie sind geharnischt, unfreundlich eingestellt. „Von der Kultusgemeinde", sagen sie, – „Kommen Sie uns auszuheben, dann sagen Sie es gleich." „Jawohl! Rasch einpacken, der Wagen wird gleich da sein."

5 Jungvolk: Organisation der Hitler-Jugend für 10- bis 14-jährige Jungen.
6 Einige eingesandte Arbeiten wurden in den nachfolgenden Heften vorgestellt, die endgültige Bekanntgabe eines Gewinners oder einer Gewinnerin blieb jedoch aus.

1 Archiv Beit Theresienstadt, 160,675/59/4053 (154,014). Abdruck in: Beit Theresienstadt (Hrsg.), Theresienstadt. Erlebt von Camilla Hirsch, o. O. 2015.
2 Camilla Hirsch, geb. Wolf (1869–1948), Schriftstellerin, Verfasserin von Kurzgeschichten für Kinder und Erwachsene; in erster Ehe mit Heinrich Frank verheiratet, aus der ihr Sohn Robert hervorging, später mit Anton Hirsch verheiratet.
3 Camilla Hirsch hat ihre Aufzeichnungen nicht nach dem Tag der Niederschrift datiert, sondern ihre Erlebnisse in größeren Abständen rückblickend geschildert.

Wir beginnen zu packen. Von 17 an der Zahl müssen 9 das Haus verlassen, darunter zwei 86jährige Frauen und Herr Dürrheim,[4] ein schwerkranker Mann, der seit mehr als 2 Jahren das Bett hüten muß. Ein dritter Ordner erscheint, will die Wohnungstür verrammeln, was ihm aber nicht gelingt. Wir sind gefangen, dürfen weder mit jemand sprechen noch schreiben. Meine Schwester Anny[5] kommt wie alle Tage um 8 Uhr zu mir, sie darf nicht mehr herein, durch das Guckloch sage ich ihr Lebewohl, darf ihr nicht einmal das Brot geben, das ihr gehört. Ein Koffer und ein Schlafsack, das ist alles was wir mitnehmen dürfen, und dann noch etwas Handgepäck. Am schwersten trenne ich mich von den Bildern meiner Lieben, kann nur die wenigsten mitnehmen. Trotz allen Drängens wird es 1/4 3 Uhr Nachmittag. Frau Dürrheim, das ist die Gattin des Kranken, hat sich inzwischen aus schwerer Ohnmacht erholt. Die Ordner sind etwas freundlicher geworden, da sie sehen, daß sie Fluchtgefahr nicht zu fürchten brauchen. Sie schlagen uns vor, einen Wagen zu mieten und das Gepäck darauf zu verladen. Wir tun es und machen uns auf den Weg. Die 2 Frauen von 86 und Herr Dürrheim werden auf den Wagen gehoben, den ein Schimmel zieht. Unser Gepäck wird verstaut, dann gehen wir zu zweit in einem Zug, eskortiert von den 3 Ordnern.

Es geht in die Malzgasse 16, dem früheren Altersheim.[6] Nach den Aufnahmeformalitäten, wobei ein jeder eine Transportnummer angehängt bekommt und Geld abliefern muß, gelangen wir in einen großen Saal. Hier sitzen bereits einige 30 Personen auf Matratzen rings an den Wänden. Meine Freundin Mila,[7] die bereits Erfahrung aus der Castellezschule hat,[8] sucht uns einen halbwegs erträglichen Platz aus. Wir lassen uns nieder, betrachten unsere Leidensgefährten. Fast sämtliche gehören der besseren Klasse an. Diese Nacht war die schrecklichste meines Lebens. Wir liegen angekleidet auf einer Matratze zu zweit dicht nebeneinander. Zwischen den Matratzen ist kaum Platz für eine Stecknadel. Neben mir habe ich die Freundin, die ich nicht stören will, auf der anderen Seite ringe ich mit den genagelten Stiefeln meines Nachbarn, der sich mir durchaus auf die Stirn setzen will, mit dem Knie stoße ich einen anderen Stiefel weg, der einem Dritten gehört. Ausstrecken ist unmöglich, da zu meinen Füßen sich Köpfe von Schlafenden befinden. Das Zimmer ist erleuchtet, und ich sehe die ganze Nacht die Leute, die den Saal verlassen wollen, über die Köpfe der Schlafenden hinwegturnen. Auch ich habe dies einmal nötig. Es gelingt, indem ich von einer Insel zur anderen hüpfe und glücklicherweise niemandem die Kehle dabei zertrete.

Entsetzlicher Lärm vom Hof aus, ein Lastauto nach dem andern rast heran. Menschen und Gepäck werden ausgeladen, die Koffer türmen sich. Mit schriller Stimme, ohne Rücksicht auf Schlafende, werden Befehle erteilt.

4 Maximilian Dürrheim (1867–1942) wurde am 14.7.1942 nach Theresienstadt deportiert und dort ermordet.

5 Anne Banhegi, geb. Wolf (1881–1942), wurde am 17.8.1942 nach Malyj Trostinec deportiert und dort ermordet.

6 In der Malzgasse 16 befand sich eine vom Talmud-Tora-Verein 1814 gegründete Schule für orthodoxe Juden sowie das Jüdische Museum; von 1939 bis 1942 wurde das Gebäude als Altersheim genutzt und von Nov. 1942 an als jüdisches Spital.

7 Adele Emilie Kulka, geb. Fränkl (*1868).

8 Gemeint ist das Sammellager für Juden, das in der jüdischen Schule in der Castellezgasse 35 im 2. Wiener Gemeindebezirk eingerichtet wurde.

Ich finde viel Bekannte, auch Cornelie Frank[9] ist darunter. Die Kost ist ausreichend.
Am folgenden Tag werden wir kommissioniert.[10] Wir stehen Schlange. Man nimmt uns den Heimatschein ab, schleudert ihn auf den Fußboden, dann das restliche Geld. Ich lege es auf den Tisch; man verlangt auch die kleinen Münzen; ich streue sie hin. Wir sind keine Reichsangehörigen mehr. Auf der Kennkarte erhalten wir den Vermerk „evakuiert“.
Am nächsten Tag geht es zur „Entlausung“. Wir werden untersucht. Alle, bei denen sich Verdächtiges zeigt, werden kahlgeschoren. Dann müssen wir ins Bad. Im Lastauto werden wir hintransportiert, genau beim Einsteigen abgezählt und beim Aussteigen wieder. Jetzt erst weiß man, was für kostbares Gut ein Jude ist.
Das Bad ist nicht unangenehm, eine heiße Douche, sogenanntes Tröpferlbad. Dagegen ist es empörend, daß die Frauen splitternackt vom 1. Stock ins Bad, das sich im Erdgeschoß befindet, steigen müssen, ohne das Geringste zu ihrer Bedeckung, trotzdem Männer gleichzeitig die Stiege hinaufgehen. Nach dem Bad stehen wir gedrängt am Korridor bei versperrter Tür, und erst wenn ein Lastauto erscheint, dürfen wir es, abgezählt, besteigen. Wir stehen in Reihen zu viert, eine knapp hinter der andern, halten uns an den Händen und beugen uns bei jeder Biegung vor. Es ist dies eine Vorsichtsmaßregel, damit keiner aus dem Wagen stürzt, wie dies bereits vorgekommen ist.
Wir können nicht mehr in die frühere Ubikation[11] zurück, sondern ins Krügerheim.[12] Hier bleiben wir 2 Tage,[13] geben unser Gepäck ab, da niemand etwas in der Hand haben darf, wenn er im Lastauto weggeschleppt wird. Wie ich das Zimmer verlasse, kommt mir ein Ordner entgegen. Ich erkenne meinen Vetter Dr. Hermann Ungar.[14] Er ist erschüttert über mein Schicksal. Ich trage ihm noch Grüße für seine Familie und meine Schwester auf, dann steige ich ins Lastauto, das mich zur Bahn führt.
Ich fahre ein letztes Mal durch die mir wohlbekannten Straßen, auch an meiner alten Heimat vorbei, wo ich noch als Kind gespielt; am Hause, das ich als Braut verließ und in dem meine gute Mutter starb.
Aber es gibt keine Reminiszenzen, man beißt die Zähne zusammen und hält sich am Nachbarn fest, um nicht zu stürzen.
Endlich langen wir am Aspangbahnhof an.[15] Ein Zug steht bereit für 1000 Personen. Wir werden aus den Autos ausgeladen und an dem Scharführer vorbeigeführt, der uns mustert. Ich habe keinen Blick für ihn. Dann werden wir einwaggoniert. In guten Waggons 3. Klasse mit genügendem Platz fürs Handgepäck. In jedem Koupé 10 Personen; glücklicherweise bei uns nur acht. Es ist 3 Uhr, niemand weiß, wann der Zug abgehen wird. Ein schwüler Tag! Für die Waggonleiter ist die Parole ausgegeben: Fenster sind nur während der Fahrt offen zu halten. Die Hitze ist unerträglich, da erscheint ein

9 Cornelie Frank (1867–1942), Schwägerin von Camilla Hirsch; am 14.7.1942 von Wien nach Theresienstadt deportiert, wo sie kurz nach ihrer Ankunft starb.
10 Siehe Dok. 98 vom 8.4.1942, Anm. 5.
11 Veraltete österreich. Bezeichnung für Unterkunft.
12 Das Dr.-Krüger-Heim in der Malzgasse 7 war bis März 1938 ein Heim für Lehrmädchen und jugendliche Arbeiterinnen und wurde von 1942 an als Sammellager für die Deportationen genutzt.
13 Camilla Hirsch wurde am 14.7.1942 nach Theresienstadt deportiert und kam dort am 15.7.1942 an.
14 Dr. Hermann Ungar (1895–1944) wurde am 10.10.1942 aus Wien nach Theresienstadt und von dort aus am 19.9.1944 nach Auschwitz deportiert und dort ermordet.
15 Vom Aspangbahnhof im 3. Wiener Gemeindebezirk wurden die Wiener Juden deportiert.

diensthabender Schaffner, der die Fenster öffnet. Die Luft tut wohl. Unser überängstlicher Waggonkommandant will sofort wieder die Fenster schließen, wir wehren uns dagegen und behalten endlich recht. Wasser wird gereicht, dann wird solches in den Waggons verteilt. In unseren Wagen kommen zwei Eimer.
Um 1/2 8 setzt sich der Zug in Bewegung. Zuvor erhielten wir von der Kultusgemeinde ein Säckchen, enthaltend 10 DK Wurst,[16] ein Dreieck Käse, etwas Brot, Zucker und Salz, auch ein Stückchen Seife und eine Schachtel Zünder. Man sagt uns, daß wir damit bis zum nächsten Tag 5 Uhr auskommen müssen. Nun werden die Fenster endgültig geschlossen und dürfen erst wieder geöffnet werden, wenn wir die große Donau passiert haben. Über die Verbindungsbahn geht es zum Nordbahnhof, dann weiter. Ich blicke zum Fenster hinaus und erfreue mich am Grün der Wiesen. Ein lange entbehrter Genuß. Die Fahrt ist gut und es ist auch möglich, in der Nacht etwas zu schlafen. Wenn der Morgen graut, sind wir bereits im Protektorat und kommen nach Prag. Meine Geburtsstadt, die ich nur als kleines Kind gekannt habe. Wir fahren um die Stadt herum, den Zentralbahnhof vermeiden wir. So kommen wir nur durch die Vororte; von der inneren Stadt und dem Hradschin sehe ich nichts. Das tut mir leid.
[...][17]

DOK. 141

Der italienische Generalkonsul in Dresden informiert am 13. Juli 1942 das italienische Außenministerium über die Deportation von Juden nach Polen und Theresienstadt[1]

Telegramm Nr. 4464 des italienischen Generalkonsuls in Dresden[2] vom 13.7.1942 (Abschrift)[3]

Ich habe die Ehre zu bestätigen, dass die Judendeportationen wieder begonnen haben. Heute am späten Abend fährt wieder ein Transport mit 250 Juden aus Leipzig durch Dresden. Da im letzten Moment noch 16 Plätze frei geblieben sind, wurden die Dresdener Juden ebenfalls aufgefordert, sich heute Abend zur Abfahrt bereitzuhalten. Der Transport geht nach Polen.[4] Morgen, am 14., werden 50 Dresdener Juden in Lastwagen nach Theresienstadt im Sudetenland gebracht, wo bekanntlich ein großes Konzentrationslager existiert.[5] Bei diesen neuen Deportationen werden im Unterschied zu früher keine Ausnahmen aufgrund von Alter oder Krankheit gemacht; sie umfassen auch sehr alte Leute, und ich bin auf den Fall einer Frau hingewiesen worden, die deportiert wurde, obwohl sie an

16 Dekagramm, 1 DK = zehn Gramm.
17 Im Folgenden schildert Camilla Hirsch die Ankunft, die Zuweisung der Unterkunft für sie und ihre Schwägerin Cornelie Frank sowie den Alltag in Theresienstadt.

1 ACS, MI, DGPS, AGR, cat. A16, busta 5, fascicolo 11 (Germania). Das Dokument wurde aus dem Italienischen übersetzt.
2 Marchese Agostino Ferrante di Ruffano (1885–1974).
3 Im Original zahlreiche Stempel und Bearbeitungsvermerke. Das Dokument ist überliefert im Telegramm Nr. 34.R/7359 des italien. Außenministeriums an das Innenministerium, Generaldirektion für Rasse und Demographie, vom 25.7.1942, wie Anm. 1.
4 Am 13.7.1942 wurden Juden aus Chemnitz, Dresden und Leipzig nach Auschwitz deportiert. Laut Plan sollte der Zug um 24 Uhr aus Chemnitz mit mehr als 300 Personen abfahren.
5 Theresienstadt befand sich im Protektorat Böhmen und Mähren.

Magenkrebs erkrankt ist. Die Maßnahmen haben überall einen sehr erbärmlichen Eindruck gemacht und werden außer von einer kleinen Gruppe von Funktionären allgemein verurteilt. Und man hat den Eindruck, dass im Unterschied zu anderen Orten die zuständigen Behörden eine gewisse Milde walten lassen, in dem Sinne, dass in wenigen Fällen die Deportierten einige Tage im Voraus über ihren Abtransport informiert werden.

DOK. 142
Trude und Julius Lorsch aus Berlin überbringen am 14. Juli 1942 ihrer in Schweden lebenden Tochter die Nachricht von der Deportation ihrer Verwandten[1]

Handschriftl. Brief von Trude und Julius Lorsch,[2] Droysenstr. 18, Berlin-Charlottenburg, an Tessie Lorsch[3] vom 14.7.1942 und an Daisy Elsner,[4] Victoriagatan 34, Göteborg, Schweden, vom 17.7.1942

Mein geliebtes, gutes Kind,
Du darfst über diesen Brief nicht traurig sein, aber leider muß ich Dir mitteilen, daß Tante Glaydies & der Onkel verreisen müssen. Es ist noch nicht soweit, aber die nächste Zeit bringt es & möchten sie noch ganz rasch von Dir eine Antwort haben; also d. h. sofort nach Empfang dieses Briefes. Ich weiß, wie Du an Tante Glaydies & an dem Onkel hängst & wie dieselben Dich über alles lieben & deshalb ertragen sie alles, was ihnen auferlegt ist, mit großer Ruhe und Würde, nur darum, daß sie Dich wiedersehen wollen. Und deshalb haben sie uns gebeten, es Dir mitzuteilen & Dich herzlichst zu bitten, Dich nicht zu grämen, denn sie gehen mit einem ganz starken Gottvertrauen fort & leben in der Hoffnung, Dich wiederzusehen. Sie werden alles aufbieten, um sich gesund zu erhalten, aber nur Deinetwegen. Aber Du sollst & mußt ihnen versprechen, daß Du Dich auch gesund erhältst & ruhig Deinen Einladungen nachgehst & Du weiter fleißig in Deinem Beruf bist & so viel als möglich Tennis spielst. Denke nur nicht, daß Tante & Onkel traurig sind. Dieselben sagen, da wohnt auch der liebe Gott, und er wird sie bestimmt zu ihrem Kinde führen; nach der Beendigung des Krieges. Über was sie furchtbar traurig sind, kann ich Dir sagen, daß sie von Dir keine Nachricht bekommen werden, obwohl sie alles aufbieten, um Dir Nachricht zukommen zu lassen. Deine Post ist nun einmal ihre größte Freude. Sobald es erlaubt ist, werden sie Dir schreiben, aber wie gesagt, es ist noch nicht soweit, aber es kann bald sein, & deshalb möchten sie gerade auf diesen Brief von Dir schnellstens Nachricht haben. Zuerst bitten sie uns, Dir mitzuteilen, daß Du ja nicht darüber traurig bist & Du Dein jetziges Leben ohne Einschrän-

1 YVA, O.75/941.

2 Gertrud Lorsch, geb. Schwerin (1884–1944?), Hausfrau, und Julius Lorsch (1876–1944?), Börsenmakler und Buchhalter; wurden beide am 6.8.1942 von Berlin nach Theresienstadt und am 16.5.1944 nach Auschwitz deportiert und vermutlich direkt nach der Ankunft ermordet.

3 Tessie Lorsch, gesch. Larsson und gesch. Oldenburg, später Almqvist (*1923); nach Göteborg emigriert, verzog später nach Stockholm und arbeitete als Kontoristin; in den 1950er-Jahren mit dem Künstler Acke Oldenburg (1923–2005) verheiratet.

4 Daisy Elsner, geb. als Evelyn Elsner, später Koeb (1927–2019); im April 1939 mit einem Kindertransport von Wien nach Schweden emigriert, dort im selben Kinderheim wie Tessie Lorsch; Mai 1946 Emigration nach Palästina, wo sie ihre Mutter traf; 30 Jahre Tätigkeit als Englischlehrerin; Autorin von „Liebste Mama. Die Geschichte einer Familie“ (2007).

kung weiter führen sollst. Und ihr größter Wunsch ist der, daß Du Dich glücklich verheiratest, möglichst an einen Schweden, so wäre es für Dich, Tante Glaydies & Onkel leichter. Frl. W. kann jetzt, glaube ich, auch für ihre Mutter etwas tun. Jedenfalls soll Dich ein Mann so glücklich machen, wie Du es verdienst, das ist ihr größter Wunsch. Nun kommt etwas, was ich Dir schreiben soll, natürlich fällt mir das schwer, aber ich muß es Dir ausrichten, weil Tante Glaydies & der Onkel mich gebeten haben. Sollten die beiden, Gott behüte, Dich nicht wiedersehen, so sind sie für Dich niemals gestorben, sondern nur ihr Körper ist nicht mehr da, aber ihr Geist weilt Tag und Nacht bei Dir, & sie beten für Dich, daß Du niemals in Gefahr kommst, was & wo es auch sei. Ihre große Beruhigung ist, daß Du so gut bei Tante M.[5] aufgehoben bist, daß Du so gute Freunde gefunden hast, & sie bitten dieselben, Dir weiter beizustehen, dann noch mehr als je; und bis vielleicht doch der Tag kommen wird, daß sie Dich noch einmal in ihre Arme schließen können, das möge der liebe Gott geben. Schreibe natürlich jetzt ruhig wie sonst an Tante Glaydies & an den Onkel. Ich gebe Dir natürlich schon zur Zeit Bescheid. Vergiß nicht, wenn Tante Glaydies & der Onkel weg sind, dann oft an Tante Lilli zu schreiben, vielleicht könnten sie nach hier schreiben, so daß Tante Lilli Dir Nachricht geben kann. Vergiß auch nicht den Vorder;[6] ebenso an Onkel Georg öfter zu schreiben. Sei weiter so fleißig & brav & sei in herzlicher Liebe geküßt und innigst umarmt von Tante Glaydies & dem Onkel, & sei von uns in innigster Liebe umarmt & geküßt von Deiner Dich herzlich liebenden Muzi
Diesen Brief habe ich bei Tante Hede geschrieben.

Meine liebe Tessie! Dem Brief der l. Mutti kann ich kaum etwas zufügen. Ich bitte Dich, den Brief zu beherzigen und nicht traurig zu sein; es kommt alles so, wie Gott es bestimmt, und wir haben die Hoffnung, Dich wiederzusehen. Bleib im Briefwechsel mit Onkel Georg und Lilli und Vorder. In herzlicher Liebe küßt Dich dein Papi.

17.7.1942. Für Daisy Elsner im Brief an Tessy Lorsch
Mein liebes, kleines Daisylein,
na, was hast zu dem Brief gesagt, den ich leider der Tessie schreiben mußte? Was glaubst Du, wieviel Monate schon vergangen sind, & wieviel schlaflose Nächte, daß ich mich gequält habe, diesen Brief fertigzubekommen. Aber jetzt, wo es womöglich doch dazu kommen kann, war ich gezwungen, den Brief an Tessie zu schreiben. Ich hoffe ja immer noch, daß es sich noch recht lange hinzieht, so daß wir uns gegenseitig noch viel schreiben können. Wir haben so ein starkes Gottvertrauen & denken wir & leben nur in dem einen Gedanken an unser geliebtes Kind & wollen uns ganz gesund erhalten, so daß wir uns mit Gottes Hilfe nach Beendigung des Krieges gesund & in Freuden wiedersehen. Sei nur Tessie eine Stütze & muntere sie auf, wenn ihr einmal ein trüber Gedanke kommt, der gar nicht kommen muß, da die Eltern es gar nicht schwernehmen, weil sie ja doch nur für ihr Kind leben, ganz gleich, wo sie sind. Und überall wohnt der liebe Gott. Bist Du auch meiner Ansicht? So, mein liebes Daisylein, sei innigst geküßt von Tante Trude & Onkel Julius.

5 Dr. Marianne Hönig (gest. 1942) aus Wien; sie war die Leiterin des Flüchtlingskinderheims in Schweden.
6 So im Original.

DOK. 143

Der Stadtkämmerer von Riesa, Botho Furch, macht am 14. Juli 1942 Vorschläge zur Deportation der letzten Juden aus Leipzig und zur Nutzung der dann frei werdenden Gebäude[1]

Brief von Botho Furch,[2] Riesa, an den Oberbürgermeister der Stadt Leipzig[3] (Eing. 15.7.1942) vom 14.7.1942

Herrn Oberbürgermeister!
In die Vorbereitungsarbeiten zum Abtransport von Juden habe ich mich anläßlich meines Leipziger Aufenthaltes eingeschaltet und erreicht, daß gegen 170 Juden am Montag, dem 13. Juli 1942, forttransportiert wurden.[4]
In Leipzig gibt es jetzt also noch knapp 900 Juden. Viele davon sind über 65 Jahre alt, oder es bestanden andere Hinderungsgründe, sie abzutransportieren, z. B. Besitz von Orden, Krankheit, Siechtum usw.
Ich habe vertraulich erfahren, daß Theresienstadt, an der oberen Elbe gelegen, dazu ausersehen ist, diese übriggebliebenen Juden aus ganz Deutschland aufzunehmen. Der Ort, der wohl 30 000 Einwohner faßte, soll bereits vollkommen leergestellt sein.[5] Dorthin sollen etwa 200 000 restliche Juden umgesiedelt werden, und zwar schnellstens. Dresden hat angeblich schon den Anfang gemacht und sendet pro Woche 50 Juden dorthin.[6] Der Ort wird in Zukunft dann „Judenstadt" heißen.
Ich habe mit der Geheimen Staatspolizei Leipzig sofort Verbindung aufgenommen, um zu erreichen, daß wir auch bald drankommen. Leipzig ist vorgesehen für etwa August – Anfang September. Die Geheime Staatspolizei Leipzig möchte diesen Transport im großen durchführen und nicht wie Dresden verfahren. Die Reichsbahn stellt aber keinen Sonderzug zur Verfügung. Deshalb besteht bei der Geheimen Staatspolizei Leipzig der Wunsch, den Transport mit großen Omnibussen, Lastkraftwagen, Polizeiautos usw. durchzuführen. Dazu ist aber notwendig die Zur-Verfügungstellung dieser Autos und Betriebsstoff. An- und Rückweg machen etwa 400 km aus. Ob das von der Geheimen Staatspolizei Leipzig gewünschte Verfahren zweckentsprechend ist, muß noch überprüft

1 Stadtarchiv Leipzig, Kap. 1, Nr. 122, Bl. 285. Abdruck in: Manfred Unger/Hubert Lang (Hrsg.): Juden in Leipzig. Eine Dokumentation zur Ausstellung anläßlich des 50. Jahrestages der faschistischen Pogromnacht, Leipzig 1989, S. 198.

2 Botho Furch (*1905), Jurist; 1932 NSDAP-Eintritt, 1934 NSDAP-Ortsgruppenleiter in Leipzig; Stadtrechtsrat, zuständig für die „Arisierung" jüdischen Wohnraums, 1941 Stadtdirektor, wechselte im Juni 1942 als Stadtkämmerer nach Riesa; Jan. 1943 zur Wehrmacht eingezogen, geriet in brit. Kriegsgefangenschaft; bei der Entnazifizierung als Mitläufer eingestuft.

3 Dr. Alfred Freyberg (1892–1945), Jurist; 1923–1926 Beamter in der Reichsfinanzverwaltung; 1925 NSDAP-Eintritt; 1926–1929 Rechtsanwalt in Quedlinburg, 1929–1932 Stadtverordneter und Notar am dortigen OLG; 1932 Ministerpräsident und von 1933 an Staatsminister in Anhalt; 1933 SS-Eintritt; 1936–1945 MdR; 1939–1945 OB von Leipzig; 1942 SS-Gruppenführer; nahm sich das Leben.

4 Am 13.7.1942 wurden 180 Juden aus Leipzig und Chemnitz nach Auschwitz deportiert.

5 Am 27.6.1942 wurde die von den bisherigen Einwohnern gänzlich geräumte Stadt der Gettoverwaltung übergeben.

6 Am 1.7.1942 wurden 50 Juden aus Dresden in Lastwagen der Schutzpolizei nach Theresienstadt deportiert. Der nächste Transport erfolgte am 14.7.1942, ebenfalls mit 50 Personen.

werden; denn es handelt sich ja fast ausschließlich um sehr alte Menschen, die transportiert werden sollen.

Dann werden aber mit einem Schlage eine ganze Anzahl Gebäude leer, die sich zur Vermietung nicht eignen, sondern an deren Übernahme die Stadt ein besonderes Interesse haben dürfte, z. B. das Ariowitsch Heim, Auenstraße 14,[7] die bisherige Judenschule, Gustav Adolf-Straße 7,[8] die jüdischen Altersheime, Färberstraße 11[9] und Humboldtstraße 13. Ich weiß, daß wegen der Schule die Finanzverwaltung gewisse Absichten hat, die dort eine Außenstelle des Finanzamts einrichten will. Die Finanzverwaltung sitzt am etwas längeren Arm, weil in ihren Händen die Verwaltung des unbeweglichen Vermögens der Juden liegt. Hier möchte also aufgepaßt werden, damit die Stadt nicht zu spät kommt.

Ich halte mich für verpflichtet, Sie, Herr Oberbürgermeister, auf diese Dinge aufmerksam zu machen. Ich schlage vor, die Sache zur weiteren Bearbeitung zu geben an Herrn Stadtamtmann Voigt.[10]

DOK. 144

Die Textilwerke Röhrich aus Magdeburg bitten den Oberfinanzpräsidenten am 18. Juli 1942 um Nähmaschinen aus dem enteigneten Besitz von Juden, um sie im Warschauer Getto einzusetzen[1]

Schreiben von der Curt Röhrich Kommandit-Gesellschaft Magdeburg, Textil-Werke (Textil Gr/Kch.), Unterschrift unleserlich, Magdeburg-Neustadt, Hennigestraße 13–17, an den Oberfinanzpräsidenten Hamburg[2] (Eing. 20.7.1942) vom 18.7.1942[3]

Wir haben auf Veranlassung der Bezirksausgleichsstelle, Magdeburg, und des Wehrmacht-Beschaffungsamtes, Berlin, innerhalb des Ghettos in Warschau einen Fabrikaktionsbetrieb eingerichtet. Wir stellen dort vorwiegend Segeltuchwaren für Wehrmachts-

7 Das Ariowitsch-Heim war ein Altenheim für orthodoxe Jüdinnen und Juden. Die Bewohner wurden am 19.9.1942 nach Theresienstadt deportiert, am 1.10.1942 übernahm die Gestapo Leipzig das Gebäude als Dienststelle.

8 In der Gustav-Adolf-Straße 7 befand sich seit 1913 die Höhere Israelitische Schule, die 1940 in ein sog. Judenhaus umfunktioniert wurde.

9 Das Gebäude diente bis zum Pogrom im Nov. 1938 als Synagoge.

10 Curt Voigt (*1892), Versicherungskaufmann; von 1913 an Beamter in der Leipziger Stadtverwaltung; 1933 NSDAP-Eintritt, 1934 NS-Kulturwart und Ortsgruppenleiter, Kreisschulungsleiter; Verwaltungsvorstand im Amt zur Förderung des Wohnungsbaus, von Sommer 1942 an dort Leiter der sog. Judenstelle; 1948 vom Landgericht Leipzig als „Hauptverbrecher“ zu zehn Jahren Haft verurteilt.

1 Staatsarchiv Hamburg, 314–15, 23.

2 Georg Rauschning (1876–1956), Jurist; 1901 Regierungsassessor, 1908–1919 u. a. als Landrat in Czarnikau und als kommissar. Leiter des Polizeipräsidiums Königsberg tätig, 1919–1922 Landesfinanzamt Königsberg, 1920 ORR, 1923 Abt.-Präs. beim Landesfinanzamt Unterelbe in Hamburg, Aug. 1925 Präsident des Landesfinanzamts und später Oberfinanzpräsident Hamburg; 1937 NSDAP-Eintritt; vom 1.4.1943 an im Ruhestand, kriegsbedingt Leiter des Finanzamts Hamburg-Altona.

3 Im Original Stempel „Eilt!“, handschriftl. Bearbeitungsvermerke und Unterstreichungen.

Aufträge her und unterhalten außerdem eine Reparaturanstalt für Uniformstücke u.s.w.[4] Die in unserem Besitz befindlichen Maschinen reichen bei weitem nicht aus, um die dort vorliegenden Aufgaben zu erledigen. Wir sind deshalb angewiesen worden, Maschinen aus ehemals jüdischem Besitz ausfindig zu machen und diese an das Ministerium nach Berlin zu melden, damit sie für uns zur Verwendung für den Warschauer Betrieb freigegeben werden. Wir brauchen in der Hauptsache Nähmaschinen für Fußbetrieb, leichte und schwere Qualitäten, Spezialmaschinen wie Riegelmaschinen, Knopflochmaschinen, Zweinadelmaschinen sowie auch eine Anzahl Schreib- und Rechenmaschinen. Maschinen mit elektrischem Antrieb würden wir bevorzugen. Die Motorenstärke ist ohne Einfluß, diese könnten wir in Warschau durch das Rüstungskommando austauschen.
Wir fragen bei Ihnen an, welche Mengen Sie von diesen Maschinen in Verwahrung haben. Nach Erhalt Ihrer Angaben werden wir uns mit dem Reichsfinanzministerium in Verbindung setzen, damit uns die Maschinen verkauft werden.
Wir fügen einen Freiumschlag bei und bitten um schnellste Erledigung.
Heil Hitler!

DOK. 145

Jewish Telegraphic Agency: Artikel vom 22. Juli 1942 über eine Protestkundgebung in New York gegen den Massenmord an Hunderttausenden Juden in Europa[1]

Roosevelt verspricht, dass das amerikanische Volk die Nazis für die an den Juden begangenen Gräueltaten zur Rechenschaft ziehen wird

New York, 21. Juli (JTA) -\- Das amerikanische Volk werde die Nazi-Führer, die versucht haben, die Juden Europas zu vernichten, „unerbittlich zur Rechenschaft ziehen“. Dies erklärte Präsident Roosevelt in einer Botschaft, die am Abend vor Tausenden von Menschen im Madison Square Garden verlesen wurde.[2] Sie hatten sich dort versammelt, um an einer Massenkundgebung gegen die Gräueltaten Hitlers teilzunehmen, zu der der American Jewish Congress, B'nai B'rith[3] und das Jewish Labor Committee aufgerufen hatten.

4 Im Warschauer Getto produzierten mehrere deutsche Firmen mit jüdischen Arbeitskräften vor allem für die Wehrmacht. Neben der Curt Röhrich KG gab es z. B. die beiden Danziger Firmen Bernhard Hallmann & Co. (Tischlerei) und Fritz Emil Schultz (Leder-, Filz- und Pelzwaren). Walter Caspar Többens aus Bremen (Kleiderfabrikation) war der größte Arbeitgeber mit ca. 20 000 Beschäftigten im Getto.

1 JTA, Daily News Bulletin, Bd. IX, Nr. 167 vom 22.7.1942: „Roosevelt pledges American people will hold Nazis responsible for atrocities against Jews“. Der Artikel wurde aus dem Englischen übersetzt. Die jüdische Presseagentur JTA wurde 1917 von Jacob Landau (1892–1952) als Jewish Correspondence Bureau gegründet und führt seit 1919 den Namen Jewish Telegraphic Agency. Sie unterhielt in den 1930er-Jahren Büros u. a. in Berlin, Warschau, Jerusalem und New York.
2 An der Kundgebung nahmen etwa 20 000 Menschen teil. Roosevelt war nicht anwesend.
3 B'ne Brith, Bne-Briss oder auch B'nai B'rith (Söhne des Bundes). Der Independent Order of B'nai B'rith wurde 1843 zuerst in New York von deutschen Juden zum Zwecke des „Wohltuns, der Menschenliebe und Freundschaft“ gegründet. Der Orden ist die älteste jüdische Organisation in den USA, in Deutschland entstand 1882 eine B'nai-B'rith-Loge. 1913 gründete B'nai B'rith die Anti-Defamation League.

In der Botschaft des Präsidenten, die an Dr. Stephen S. Wise,[4] den Präsidenten des [Jüdischen Welt-]Kongresses gerichtet war, hieß es:
Alle Amerikaner, die die Gerechtigkeit lieben und die Unterdrückung hassen, werden die feierliche Veranstaltung im Madison Square Garden als Ausdruck der Entschlossenheit des jüdischen Volkes begrüßen, jedes Opfer zu bringen, um den Sieg über die Achsenmächte zu erringen. Alle Bürger teilen ungeachtet ihrer Religionszugehörigkeit die Sorge ihrer jüdischen Mitbürger angesichts der rohen Gewalt der Nazis gegenüber ihren hilflosen Opfern. Die Nazis werden es weder schaffen, ihre Opfer zu vernichten, noch die Menschheit zu versklaven. Das amerikanische Volk empfindet nicht nur Mitgefühl mit allen Opfern der Naziverbrechen, sondern es wird auch alle für diese Verbrechen verantwortlichen Täter am Tag der Abrechnung, der sicher kommen wird, unerbittlich zur Rechenschaft ziehen.
Ich möchte meiner Hoffnung und Zuversicht Ausdruck verleihen, dass die Atlantik-Charta[5] und die gerechte Weltordnung, die aus dem Triumph der Vereinten Nationen resultieren wird, den Juden und den Unterdrückten aller Länder die vier Freiheiten[6] bringen wird, die von der christlichen und jüdischen Lehre maßgeblich inspiriert sind.

Jüdische und christliche Persönlichkeiten sprechen auf der Versammlung
Nachdem herausragende jüdische und christliche Persönlichkeiten gesprochen hatten, nahm die Versammlung eine Proklamation an, in der festgestellt wird, dass von allen verfolgten Bevölkerungsgruppen die Juden die Hauptlast des Nazi-Terrors zu ertragen hatten. Darüber hinaus wurden die führenden Repräsentanten der Vereinten Nationen aufgefordert, den Nazi-Führern unverzüglich klarzumachen, dass die Verfolgung der unschuldigen Zivilbevölkerung in den besetzten Ländern Vergeltungsmaßnahmen zur Folge haben werde.
Mit der feierlichen Erklärung, dass das jüdische Volk seiner Vernichtung niemals tatenlos zusehen werde, hält die Proklamation fest: „Wir wenden uns an die demokratische zivilisierte Welt und fragen: Seht ihr nicht, was einem großen, historischen Volk angetan wird? Lasst eure Stimme des Zorns und der Verdammung ertönen, damit die Versklavten und Gefolterten wissen, dass ihr in dieser Stunde einer gigantischen Tragödie an ihrer Seite steht. Wir appellieren feierlich an die Führung der Vereinten Nationen, die jüdische Tragödie in Europa öffentlich zur Kenntnis zu nehmen und ihrer Entschlossenheit Ausdruck zu verleihen, dass am Tag der Vergeltung die Nazis für ihre Taten, zu denen Folter, Plünderung, Brandschatzung und Mord gehören, zur Rechenschaft gezogen werden."

4 Dr. Stephen S. Wise (1874–1949), Rabbiner; 1907 gründete er die Free Synagoge in New York und war dort Reformrabbiner, 1917 Mitarbeit an der Konzeption der Balfour-Deklaration; 1918–1920 Vizepräsident der Zionist Organization of America, 1936–1938 deren Präsident; 1936–1949 Präsident des Jüdischen Weltkongresses.

5 In der Atlantik-Charta, die Roosevelt und Churchill bei einem Treffen am 14.8.1941 unterzeichneten, formulierten sie in acht Punkten Ansprüche an die künftige internationale Politik, darunter den Verzicht auf territoriale Expansion. Zudem unterstrichen sie das gemeinsame Ziel, der NS-Herrschaft ein Ende zu setzen.

6 In seiner als „Four Freedoms Speech" bekannt gewordenen Rede hat Roosevelt am 6.1.1941 die Redefreiheit, die Freiheit der Religion und Weltanschauung, die Freiheit von Furcht sowie die Freiheit von Not und Mangel als die vier Grundfreiheiten bezeichnet, die allen Menschen zuständen.

Die Proklamation würdigt den Widerstand gegen die Nazis, der in ganz Europa zunimmt, und „die heilige Flamme der Hoffnung, die in den Gettos lodert". Sie unterstreicht ferner, dass „wir als Repräsentanten der organisierten Mitglieder der jüdischen Gemeinde in Amerika feierlich geloben, jedes erdenkliche Opfer zu erbringen, um die Vereinten Nationen in ihrem Kampf für Freiheit und menschlichen Anstand gegen den Totalitarismus und die Kräfte der Finsternis zu unterstützen."
In der Proklamation werden die großen Gefahren benannt, die Palästina bedrohen, und schließlich der Hoffnung Ausdruck verliehen, dass die Vereinten Nationen „der jüdischen Gemeinde von Palästina ermöglichen werden, sich zu verteidigen, damit die Juden Palästinas nicht das gleiche Schicksal zu erleiden haben wie Millionen ihrer Brüder in Europa."

Das American Jewish Committee schließt sich dem Protest an
Der Versammlung wurde auch eine Botschaft des Präsidenten des American Jewish Committee, Maurice Wertheim,[7] übermittelt. Darin drückte er die Entschlossenheit des Komitees aus, dass „wir es der Welt nicht gestatten werden, diese Verbrechen zu vergessen, und die Täter für ihre Taten zur Verantwortung ziehen werden". In der Botschaft heißt es:
„Das American Jewish Committee schließt sich den jüdischen Organisationen an, die heute Abend zu einer feierlichen Kundgebung zusammengekommen sind, um den barbarischen Massenmord der Nazis an der Zivilbevölkerung zu verurteilen. Hunderttausende schutzloser Juden – Männer, Frauen und Kinder – wurden und werden weiterhin ermordet, in Verletzung aller Gesetze des modernen Krieges durch die Nazis, die so ihre Absicht, die Juden in ganz Europa zu vernichten, offen bekundet haben. Wir trauern mit den Versammelten um die unschuldigen und hilflosen Opfer des Nazi-Terrors, zugleich geben wir unserer festen Entschlossenheit Ausdruck, dass wir es der Welt nicht gestatten werden, diese Verbrechen zu vergessen, so dass die Täter sich vor der gesamten zivilisierten Welt für ihre Taten zu verantworten haben werden.
Die Juden Amerikas haben sich, Schulter an Schulter mit ihren amerikanischen Mitbürgern, der gemeinsamen Aufgabe verpflichtet, der Herrschaft der Tyrannei ein Ende zu setzen, auf dass die Würde des Menschen wiederhergestellt werde und die vier Freiheiten, die unser Präsident in der Atlantik-Charta so beredt zur Geltung gebracht hat, sich für alle Völker erfüllen mögen.
Seiner Tradition folgend wird das American Jewish Committee weiterhin mit anderen jüdischen Organisationen zusammenarbeiten und alle ihm zur Verfügung stehenden Mittel einsetzen, um die bürgerlichen und religiösen Rechte der Juden gegen Unterdrückung und Tyrannei zu verteidigen."
Zu den Rednern der Versammlung zählten: der Gouverneur von New York, Herbert H. Lehman; der Bürgermeister von New York, Fiorello H. LaGuardia; der Bischof von New York, Francis J. McConnell; William Green, Präsident der American Federation of Labor; John Green, Internationaler Präsident der Industriegewerkschaft der Marine- und

7 Maurice Wertheim (1886–1950), Bankier; von 1910 an in der Zigarrenmanufaktur des Vaters, seit 1919 in einer Investmentbank in New York tätig, 1927 gründete er seine eigene Investmentbank Wertheim & Co., 1935–1937 Verleger der Zeitschrift The Nation; 1941/42 Präsident des American Jewish Committee.

Werftarbeiter Amerikas, C.I.O.; Senator Henry Cabot Lodge aus Massachusetts; Dr. Stephen S. Wise, Präsident des American Jewish Congress, der die Versammlung leitete; Adolf Held, Präsident des Jewish Labor Committee; Frank Goldman aus Lowell, Massachusetts, Vizepräsident von B'nai B'rith; Dr. Samuel Margoshes, Chefredakteur der Zeitschrift „The Day"; Joseph Weinberg, Präsident des Workmen's Circle; und Louis Segal, Sekretär der Jewish National Workers' Alliance.

Folgende Personen schickten darüber hinaus Botschaften, die den Massenmord an den Juden Europas verurteilten: Hon. Leighton McCarthy, Botschafter Kanadas in den Vereinigten Staaten; George Theunis, Sonderbotschafter Belgiens; W. Munthe von (af) Morgenstierne, Botschafter Norwegens; Adrien Tixier, Repräsentant des Freien Frankreich in den Vereinigten Staaten; Graf Sforza, ehemaliger Außenminister Italiens; Raymond Gram Swing; Dr. A. Loudon, niederländischer Botschafter; Vladimir S. Hurban, tschechoslowakischer Gesandter; Constantin Foftitch, jugoslawischer Gesandter; Jan Ciechanowski, polnischer Botschafter; F. X. Switlik, Präsident des Polish American Council und andere Diplomaten.

(Weitere Details des Treffens werden in der morgigen Ausgabe des JTA Bulletins erscheinen.)[8]

DOK. 146

Das Auswärtige Amt bittet Eichmann am 29. Juli 1942, zuerst staatenlose Juden aus dem besetzten Frankreich, den Niederlanden und Belgien nach Auschwitz zu deportieren[1]

Schnellbrief des Auswärtigen Amts (Konzept, zu D III 558g), Ref.: LR Klingenfuß[2]), gez. i. A. Luther,[3] an das RSHA z. Hd. von SS-Obersturmbannführer Eichmann, Ref. IV B 4, Berlin, vom 29.7.1942 (Entwurf)[4]

Gegen die geplante Verschickung der angegebenen Anzahl von Juden aus dem besetzten französischen Gebiet, aus den Niederlanden und aus Belgien[5] zum Arbeitseinsatz in das Lager Auschwitz bestehen grundsätzlich keine Bedenken des Auswärtigen Amtes. Im

8 In dem Artikel vom Folgetag berichtete die JTA detaillierter über die Reden von Herbert H. Lehman, Stephen S. Wise, Henry Cabot Lodge und Frank Goldman sowie über eine Botschaft Winston S. Churchills. Alle sprachen die systematische Ermordung der jüdischen Bevölkerung an und forderten ein gemeinsames Vorgehen der Armeen und der Vereinten Nationen gegen die Verbrechen. Churchill sprach sich für eine Strafverfolgung von Kriegsverbrechen aus; JTA, Daily News Bulletin vom 23.7.1942: „Churchill, Lehman, Wise score Nazi annihilation of Jews in Europe".

1 PAAA, R 100 869, Bl. 128. Abdruck in: ADAP, Serie E: 1941–1945, Bd. 3: 16. Juni bis 30. September 1942, Göttingen 1974, Dok. 141, S. 240 f.

2 Dr. Karl Otto Klingenfuß (1901–1990), Diplomat; 1929–1937 Deutsches Auslands-Institut; 1933 NSDAP-Eintritt; von 1937 im AA tätig, von Juni 1942 bis Jahresende in der Abt. D III (Judenfrage, Rassenpolitik), danach in Bern und Paris; 1945 interniert, 1949 Flucht nach Argentinien, 1951–1967 Geschäftsführer der Deutsch-Argentinischen Handelskammer.

3 Martin Luther.

4 Im Original handschriftl. Bearbeitungsvermerke. Das Dokument ist als Antwort auf den Schnellbrief „vom 22 v. M. – IV B 4 a–3233/41g. (1085)" formuliert. Dieser ist abgedruckt als VEJ 5/145.

5 Aus Frankreich und den Niederlanden sollten je 40 000 Personen und aus Belgien 10 000 deportiert werden; siehe ebd.

Hinblick auf die psychologischen Rückwirkungen darf ich aber bitten, zunächst die staatenlosen Juden zu verschicken, um dadurch schon in weitgehendem Maße das Kontingent der in die Westgebiete zugewanderten fremdländischen Juden zu erfassen, das in den Niederlanden allein gegen 25 000 Juden beträgt. Aus dem gleichen Grunde will, soweit hier bekannt, die Militärverwaltung in Brüssel zunächst nur polnische, tschechische, russische und sonstige Juden auswählen.[6]
Juden ungarischer und rumänischer Staatsangehörigkeit können in die Verschickung miteinbezogen werden;[7] es wird jedoch gebeten, in jedem Falle für eine gesonderte Sicherstellung der Vermögenswerte Sorge zu tragen.[8]

DOK. 147
Ida Weissberger aus Waidhofen verabschiedet sich im Juli 1942 von ihren Freunden und schildert ihnen, wie erleichtert sie über die Möglichkeit ist, sich das Leben zu nehmen[1]

Handschriftl. Brief von Ida Weissberger,[2] Waidhofen/Ybbs, an das Ehepaar Waldinger[3] vom Juli 1942

Meine lieben Freunde,
der letzte Brief, den ich von Euch erhielt, war vom Oktober 1941 mit Albertis[4] Bildchen. Ich bekam ihn am 24. Nov. 1941, meine Antwort wurde mir einige Wochen später von der Post retourniert. Diesen meinen heutigen Brief werdet Ihr erst erhalten, wenn der Krieg vorüber ist und ich nicht mehr lebe. Trude[5] wird ihn dann absenden. Ich schicke Euch zum Andenken das gewünschte kleine Kochbuch meines Mütterchens und die letzte Photographie von mir, sie war zwar schon vier Jahre alt, als ich Euch kennenlernte, aber damals war ich wohl noch nicht sehr verändert.

6 Hier per Hand von Weizsäcker gestrichen: „während sie Bedenken trägt, die Verschickung auf belgische Juden auszudehnen; das Auswärtige Amt teilt diese Bedenken nicht“.
7 Die rumän. Regierung hatte im Nov. 1941 erstmals ihr Einverständnis zur Deportation ihrer in Deutschland lebenden jüdischen Staatsbürger gegeben und bekräftigte dies in Bezug auf die in Frankreich lebenden rumän. Juden im Sept. 1942; siehe VEJ 13/172. Knapp einen Monat später schrieb Luther, dass man an die ungar. Regierung wegen der sog. Judenaussiedlung noch nicht herangetreten sei, da der Stand der Judengesetzgebung dort noch unzureichend sei; siehe Dok. 153 vom 21.8.1942.
8 Nachdem die slowak. Regierung Anspruch auf das Vermögen der deportierten Juden angemeldet hatte, bat das AA bereits in einem Schreiben vom 10.1.1942 an das RSHA darum, das Vermögen der rumän., kroat. und slowak. Juden sicherzustellen; siehe ADAP, Serie E, Bd. 1 (wie Dok. 67 vom 22.1.1942, Anm. 7), Dok. 108, S. 198 f.

1 BLHG, Catalog Nr. 1760. Abdruck in: Israel-Nachrichten, Nr. 876 vom 9.11.1976, S. 3.
2 Ida Weissberger (1870–1942), Büroangestellte; als Sekretärin in der Verwaltung eines Stahlwerks tätig; nahm sich am 6.9.1942 das Leben, nachdem sie den Deportationsbefehl erhalten hatte.
3 Dr. Rosa Waldinger, geb. Seidmann (gest. 1970), Kinderärztin, und ihr Ehemann Alfred Waldinger (1905–1991) betrieben bis zum Anschluss Österreichs ein Kinderheim in Gstadt bei Waidhofen an der Ybbs; im Aug. 1938 emigrierten sie in die USA.
4 Albert Waldinger, Sohn von Alfred und Rosa Waldinger.
5 Trude war die Tochter der Hauswirte von Ida Weissberger.

Daß es Euch und Herzkas in der neuen Heimat gutgeht, war mir ein großer Trost. Wie es den hier Zurückgebliebenen ergangen ist, werdet Ihr gewiß erfahren haben, wenn auch nur in großen Umrissen. Diese Jahre waren ein ununterbrochener nightmare. Ich bin glimpflich hinweggekommen, weil ich hier in meiner Wohnung bleiben konnte (die einzige in der Stadt) und an der Hölle in Wien nur mit dem gelben Fleck und dem Schmerz um alle Freunde in Wien teilhatte. Ich war von vorneherein entschlossen, keine Deportation in ein sogenanntes Ghetto mitzumachen und habe mit mir sonst unbekannter Hartnäckigkeit und Rücksichtslosigkeit den aussichtslos scheinenden Versuch verfolgt, mir ein genügendes Quantum Veronal zu beschaffen. Viele Monate lang habe ich vergeblich gekämpft. Als ich alle Hoffnung aufgegeben hatte und mich mit dem Gedanken vertraut machte, den Tod auf andere Weise zu finden, wenn die Zeit kommt, wo auch ich wandern soll, da erhielt ich das Gewünschte. Seither bin ich geradezu glücklich. Seit meiner Mutter Tod habe ich mich nicht so geborgen gefühlt wie jetzt. Alle Angst vor dem Kommenden, alle Misere der Gegenwart sind von mir abgefallen. Ich habe nichts mehr zu fürchten, keine Verschleppung ins Ghetto mit abschließendem Pogrom, kein hilfloses Alter mit Blindheit oder Lähmung, wenn das erstere ausbliebe (der Zustand meiner Augen und Beine hätte mir wahrscheinlich dieses Los beschieden).

Seitdem ich nun das Erlösungsmittel in Händen habe, lebe ich mein Restchen Leben so intensiv wie noch nie. Ich bin glücklich. Seit vielen Jahren habe ich Wärme, Sonne, Blütenduft und Vogelsang, Sterne und Mondschein, Gewitter und Wolken, alles, alles nicht mehr so tiefst innerlich empfunden und genossen wie jetzt. Alles Denken und herzbrechendes Mitfühlen mit dem unsagbaren Elend auf der ganzen Erde, das mich bisher mehr verstört hat als die eigenen Ängste, weise ich von mir: Ich kann nichts daran ändern, kann nicht einmal jemand einzelnem helfen, und schließlich wird man auch stumpf den sich immer mehr steigernden Greueln gegenüber.

Nun, meine lieben Freunde, lebet wohl, bleibet gesund und glücklich mit Eurem schönen lieben Kinde.

Eure gegenwärtig sehr glückliche Freundin

DOK. 148

Gerhart Riegner vom Jüdischen Weltkongress alarmiert am 8. August 1942 seine Kollegen in den USA und Großbritannien, dass die deutsche Führung die Vernichtung aller Juden mit Blausäure plane[1]

Telegramm von Gerard Riegner,[2] Jüdischer Weltkongress, Genf, an Dr. Stephen Wise, Präsident des American Jewish Congress, 330 West 42nd Street, Room 809, New York, vom 8.8.1942[3]

Alarmierenden Bericht erhalten, der angibt, dass im Führerhauptquartier Plan diskutiert und erwogen wird, nach dem alle Juden in den von Deutschland besetzten Ländern, insgesamt dreieinhalb bis vier Millionen, nach Deportation und Konzentration im Osten auf einen Schlag vernichtet werden sollen, um Judenfrage in Europa ein für alle Mal zu lösen. Stop. Aktion dem Bericht zufolge für Herbst geplant. Mittel der Durchführung werden noch diskutiert. Stop. Erwähnt wurde Blausäure. Stop. Übermitteln Information unter dem gebotenen Vorbehalt, da Richtigkeit von uns nicht überprüft werden kann. Bitten darum anzugeben, dass Informant[4] enge Beziehungen zu höchsten deutschen Autoritäten haben soll und seine Berichte in der Regel zuverlässig sein sollen.

1 NARA, RG 84, Entry 3208, Box 7, 840.1 Jews – Ransomming Procedures. Abdruck in: Arthur D. Morse, While Six Million Died. A Chronicle of American Apathy, New York 1967, S. 8. Das Dokument wurde aus dem Englischen übersetzt.

2 Richtig: Gerhart M. Riegner (1911–2001), Jurist; 1933 als Referendar am Amtsgericht Wedding suspendiert, 1934–1936 Fortsetzung des Studiums in Paris, Den Haag und Genf, seit 1936 erst Sekretär, dann 1939–1948 Leiter der Genfer Geschäftsstelle des Jüdischen Weltkongresses, 1948–1965 Mitglied des Exekutivausschusses des Jüdischen Weltkongresses und 1965–1983 dessen Generalsekretär.

3 Die Datierung des Dokuments ergibt sich aus einem Aktenvermerk des US-Vizekonsuls in Genf, Howard Elting, vom selben Tag sowie aus einem Schreiben der US-Botschaft in Bern vom 21.8.1942; wie Anm. 1. Riegner verschickte das Telegramm über das brit. und das US-Konsulat in Genf an Wise sowie an den Vorsitzenden der brit. Sektion des Jüdischen Weltkongresses, Samuel Sydney Silverman, in London. Das US-Außenministerium leitete es nicht an Wise weiter, da es den Wahrheitsgehalt bezweifelte. Das Telegramm erreichte Wise erst am 28.8.1942 über Silverman. Riegners Telegramm wurde durch einen Bericht des US-Konsuls in Genf, Paul C. Squire, ergänzt; siehe Dok. 174 vom 28.9.1942.

4 Eduard Schulte (1891–1966), Jurist; 1913 bei der Berliner Handels-Gesellschaft, 1916 im Beschaffungsamt des Kriegsministeriums, 1921 Geschäftsführer der Sunlicht-Seifenfabrik AG, 1925 Generaldirektor der Bergwerksgesellschaft Georg von Giesches Erben; 1945 als Berater für die US-Militärregierung tätig. Schulte hatte durch seinen Stellvertreter als Bergwerksdirektor, Otto Fitzner, von den Vernichtungsplänen erfahren, dieser wiederum hatte die Informationen vom schles. Gauleiter Karl Hanke.

DOK. 149

Hans Hirschel hat um den 10. August 1942 herum Angst, seine Lebensgefährtin Maria Gräfin von Maltzan zu gefährden, wenn er mit ihrer Hilfe untertaucht[1]

Gedicht von Hans Hirschel,[2] aus dem unveröffentlichten Manuskript „Eines Juden deutsche Gesänge“, um den 10.8.1942 (Abschrift)

Du[3] tratst vor mich hin gabst mir zu verstehn

du ließest mich nicht nach Polen gehn
und ließe ich dich zurück allein
dann wolltest auch du nicht mehr leben und sein
Und als ich da stand in stummer Qual
– ja da geschah es das einzige Mal –
sah über dich weg ich ins Leere hinaus
und brach dabei leise in Tränen aus
Du redetest glücklich Ich ehr deinen Schmerz
du denkst an die Mutter[4] Ich kenne dein Herz
Da sagt ich und schaute dir ernst ins Gesicht
Du mißverstehst mich Das ist es nicht
Der Zwang mich von Mutter zu trennen ist klar
Doch Liebstes ich bringe ja dich in Gefahr
Du sprachst – deine Augen leuchteten sehr –
Um diese Tränen lieb ich dich noch mehr

1 Original in Privatbesitz von Madeleine Bernstorff, Kopie: IfZArch, F 601.

2 Hans Hirschel (1900–1975), Kaufmann und Journalist; 1925 Mitherausgeber der Zeitschrift Das Dreieck und Angestellter im Erzgeschäft Rawack & Grünfeld, 1939–1940 Metallanalytiker; lebte von Aug. 1942 an bei seiner damals schwangeren Freundin Maria Gräfin von Maltzan im Versteck; nach dem Krieg als Laienrichter beim Entschädigungsamt Berlin tätig.

3 Dr. Maria Gräfin von Maltzan (1909–1997), Tierärztin; von 1932 an in verschiedenen Widerstandsgruppen gegen den Nationalsozialismus aktiv, versteckte Untergetauchte und verhalf Verfolgten zur Flucht über die schwed. und schweizer. Grenze; 1947–1949 und 1972–1975 verheiratet mit Hans Hirschel; von 1975 an führte sie eine Tierarztpraxis in Berlin; 1987 zur Gerechten unter den Völkern ernannt, erhielt 1989 den Verdienstorden des Landes Berlin; Autorin von „Schlage die Trommel und fürchte dich nicht“ (1986).

4 Lucie Hirschel, geb. Grünfeld (1872–1942); verheiratet mit dem Landgerichtsrat Dr. Max Hirschel (gest. 1904); am 10.8.1942 von Berlin nach Theresienstadt, sechs Wochen später nach Treblinka deportiert und dort ermordet.

DOK. 150

Tilly Cahn schreibt am 13. August 1942 über die Ungewissheit, was die Deportierten in Theresienstadt erwartet, und fürchtet neue Maßnahmen gegen „Mischlinge"[1]

Handschriftl. Tagebuch von Tilly Cahn, Eintrag vom 13.8.1942

Nochmals Alarm, abermals Mainz, das bös zerstört ist, schreckl. Brände, über 10 000 Obdachlose überhaupt ein rechter Dreizehnter![2] Alle Juden aus d. Altersheimen kommen nach Theresienstadt, auch sonst die Alten. Oma![3] Cahen Brachs,[4] Herxheimers, Frau Kohlmann.[5] Es wird jetzt tabula rasa gemacht. Bei einem weiteren 2. u. 3. Transport wird dann wohl noch der Rest erfaßt werden. Und dann wird das Rad auch uns irgendwie hinabreißen. Das gesamte Vermögen verfällt der sogenannten „Reichsvereinigung" der Juden! – hinter ihr aber steht die Gestapo u. ist eifrig bemüht, den Raub dem Staat, den Finanzämtern, die bisher erbten, zu entreißen.[6] Natürl. wird gesagt, dies Geld solle zum Unterhalt in Theresienstadt (Festung bei Prag) verwandt werden. Aber wie lange? Es wird ja täglich knapper? Erschütternd, wie gefaßt u. optimistisch manche der Betroffenen sind. Der 81jähr. Prof. Herxheimer[7] sagte: Es wird Zeit, daß wir hier wegkommen – offenbar hielt er Th[eresienstadt] für eine Verbesserung gegenüber unserem bombengefährdeten Gebiet. Mit Oma ist es eine Tragödie für sich, sie tut einem so leid, aber man kann ihr ebensowenig helfen wie allen anderen. Hoffentl. ist die gr[oße] Gemeinschaft ein Trost – viell[eicht] trifft sie dort auch Tante Mörchen, Frau van Oss.[8] Das Schlimme ist eben, daß von dort keinerlei Nachricht durchkommt. D[as] i[st] sicher kein gutes Zeichen. Und wenn kein Futter mehr da ist – sie haben ja genug Routine mit Vergasen (bei den Geisteskranken) oder sonstigen Methoden – es ist ja niemand da, der im Namen des Rechts, der Sittlichkeit die Stimme zu erheben wagt. Und ein gr[oßer] Teil des Volkes hat keine Ahnung. Es liegt ja wohl überhaupt in d. menschl. Natur, auf dem Pulverfaß zu liegen. Scharen strömten gestern ins Schumanntheater in „Der Vetter aus

1 Original in Privatbesitz. Abdruck in: Cahn, Tagebuchaufzeichnungen (wie Dok. 108 vom 8.5.1942, Anm. 1), S. 217 f.

2 In den Nächten vom 11./12. und 12./13. Aug. 1942 wurde Mainz von der Royal Air Force bombardiert. Teile der Innenstadt brannten ab, rund 1150 Wohnhäuser und 100 öffentliche Gebäude wurden zerstört oder schwer beschädigt. Infolge des Bombardements wurden etwa 28 000 Menschen obdachlos.

3 Margarete Cahn, geb. Mayer (1865–1942), lebte bis April 1942 bei ihrem Sohn Max L. Cahn und zog dann in das Altersheim Feuerbachstraße; sie wurde am 18.8.1942 nach Theresienstadt deportiert und kam dort um.

4 Alice Susanna Cahen-Brach, geb. Bing (1874–1942), und ihr Mann Dr. Eugen Cahen-Brach (1863–1942), Kinderarzt und Sanitätsrat; am 18.8.1942 nach Theresienstadt deportiert und dort umgekommen.

5 Vermutlich: Emma Kohlmann, geb. Kaufmann (1856–1943); sie wurde am 1.9.1942 von Frankfurt a. M. nach Theresienstadt deportiert, wo sie umkam.

6 Siehe Einleitung, S. 34.

7 Dr. Karl Herxheimer (1861–1942), Dermatologe; 1894–1930 Direktor der Städtischen bzw. Universitätsklinik für Haut- und Geschlechtskrankheiten, 1914 Ernennung zum Preuß. Geheimen Medizinalrat und Mitbegründer der Universität Frankfurt, wo er bis 1930 ein Ordinariat innehatte; am 1.9.1942 nach Theresienstadt deportiert, wo er umkam.

8 Vermutlich: Else van Oss, geb. Baer (1869–1943); wurde am 20.7.1941 von Berlin nach Theresienstadt deportiert, wo sie starb.

Dingsda".[9] – Bald also können sie die Judenschilder abmachen, an den Postämtern (J[uden] werden nur von 8–9 [Uhr] bedient), den Friseuren und Cafés (an J[uden] und Polen weder Verkauf noch Bedienung). Oder wird ein neuer Kreuzzug gegen Mischehen, Mischlinge in Angriff genommen?

DOK. 151
Sofie Fellheimer verabschiedet sich am 16. August 1942 von einem Freund, da sie kurze Zeit später nach Theresienstadt deportiert werden soll[1]

Handschriftl. Brief von Sofie Fellheimer[2] an Louis,[3] Hechingen, vom 16.8.1942[4]

Sonntag
Lieber Louis! Teile Dir in Eile mit, daß wir am Mittwoch hier[5] weg müssen & zwar zuerst auf den Killesberg b. Stuttgart[6] u. Sonntag Transport [...] nach Theresienstadt. Du kannst Dir denken, in welcher Aufregung alles ist. Ich bin musterhaft, [...][7] Henle[8] wollte uns jemand zum Packen schicken. Ich habe jedoch gestern mein Köfferlein gepackt, alles ganz allein; der kommt morgen fort & meine Matratze. Am Mittwoch soll meine Daunendecke selbst vorn am [...] aufschnallen & auch 2 Kopfkissen. Das ist mir zu schwer, will sehen was man tun kann. Heute mittag war Weygold[9] da & sagte uns, meine Schwägerin Fanny[10] mit J.J. muß nun auch mit. Sie will heute nacht so viele Mittel nehmen, daß sie nicht mehr aufwacht. Weyg. meinte, ich würde m. Kinder dort sehen. Ich glaube es ja nicht, außer sie würden von Riga weg sein. Ich habe furchtbare

9 Die Operette von Eduard Künneke (1885–1953) war 1921 in Berlin uraufgeführt worden.

1 YVA, O.75/671. Abdruck in: Dies sind meine letzten Worte ... (wie Dok. 125, Anm. 1), S. 171 f.
2 Sofie Fellheimer, geb. Frank (1862–1942); heiratete 1882 den Kaufmann Julius Fellheimer (1858–1929); am 22.8.1942 nach Theresienstadt deportiert.
3 Louis Einstein (1865–1944); geboren in Hechingen, wohnte später in Berlin.
4 Die Handschrift ist teilweise unleserlich.
5 Sofie Fellheimer wurde vor ihrer Deportation nach Theresienstadt in das Jüdische Altersheim im Schloss Dellmensingen überführt, das zwischen 1942 und 1945 für verschiedene Zwecke der NS-Rassenpolitik genutzt wurde. Von März bis Aug. 1942 diente es als Sammellager für ältere jüdische Bürger vor der Deportation in diverse KZs und in das Getto in Theresienstadt.
6 Es handelt sich hierbei um ein Sammellager am Stuttgarter Nordbahnhof, das zwischen 1941 und 1945 für die Deportation württemberg. Juden nach Riga, Izbica, Auschwitz, Buchenwald und Theresienstadt genutzt wurde. Die Juden mussten in der sog. Ehrenhalle des Reichsnährstandes auf ihre Deportation warten.
7 Ein Wort unleserlich.
8 Max Henle (1874–1942), Kaufmann; 1902 Teilhaber der väterlichen Lederwarenhandlung; heiratete 1906 Mathilde Henle, geb. Bickart (1878–1942); 1932 ging die Firma in Konkurs; die Söhne Hans (*1907) und Werner (*1918) emigrierten, Max Henle starb am 22.8.1942, dem Tag seiner Deportation nach Theresienstadt, seine Frau in Theresienstadt.
9 Richtig: Eugen Weigold, verheiratet mit Sidonie (Sonja) Weigold, geb. Löwenthal, der Tochter von Fanny Löwenthal; Sonja Weigold war durch „Mischehe" geschützt und überlebte versteckt bei einem Bauern in Tigerfeld (Schwäbische Alb).
10 Fanny Löwenthal, geb. Fellheimer (1855–1942); verheiratet mit dem Kaufmann Louis Löwenthal (gest. 1891), der in der Optikerwerkstatt seines Schwiegervaters arbeitete und mit dem sie sechs Kinder hatte; sie starb am Tag ihrer Deportation nach Theresienstadt im Aug. 1942 in Stuttgart an einem Herzschlag.

Magenkrämpfe. Dr. St.[11] [...][12] gefragt, meint, es sei die Aufregung. Ich soll heute nacht einen Umschlag feucht mir durch die Schwester machen lassen. Du machst Dir keinen Begriff [da]von, [wie] es bei uns zugeht & überall aussieht, alles ist verzweifelt. Ja, so kann es einem gehen, wer hätte das gedacht? Vielleicht geschieht doch bald ein Wunder Gottes! Ich bin immer optimistisch. Sonst gibt's nichts zu berichten, ich habe natürlich heute auch & morgen viel zu tun & muß so viel hierlassen. –
Also für Dich & Emmi innigen Kuß
Deine sehr betrübte

DOK. 152
Johanna und Albert Kleinstrass schreiben ihrem Sohn Paul in Schweden am 16. und 17. August 1942, dass sie bald deportiert werden[1]

Brief von Johanna und Albert Kleinstrass,[2] und Emilie Baum,[3] Wiesbaden, Weißenburgstr. 6, an Paul Kleinstrass,[4] c/o. Müller-Winter, Hornsgatan 75, Stockholm, Schweden, vom 16./17.8.1942[5]

Sonntag früh zwischen 9–10 Uhr, 16.8.1942
Mein lieber Paul!
Es ist Sonntag früh, und ich hoffe, Du bist irgend an einem schönen Plätzchen und freust Dich des schönen Sommers, der nun endlich zu kommen scheint. Ich habe heute mal Frühdienst[6] – wer weiß wie lange noch hier, und noch ist es so still und ruhig, daß ich mich freue, Dir schon heute früh schreiben zu können. – Unsere verschiedenen Karten der letzten Woche hast Du sicher inzwischen erhalten. Gestern bekamen [wir] eine Karte von Herrn Siegel vom 28.7., so lange war dieselbe unterwegs.[7] Er schrieb furchtbar nett und auch dies von Dir - Du hättest von ihm und seiner Frau eine „Dauer-Einla-

11 Dr. Viktor Steiner (1876–1944), Arzt; Truppenarzt im Ersten Weltkrieg, E.K. I und II; 1942 vom Killesberg nach Theresienstadt deportiert, 1944 nach Auschwitz und dort ermordet.
12 Zwei Wörter unleserlich.

1 Original in Privatbesitz, Kopie: Aktives Museum Spiegelgasse, Wiesbaden. Teilweise als Faksimile abgedruckt in: Lothar Bembenek/Horst Dickel, „Ich bin kein deutscher Patriot mehr, jetzt bin ich Jude". Die Vertreibung jüdischer Bürger aus Wiesbaden (1933–1947), Wiesbaden 1991, S. 124.
2 Johanna Kleinstrass (auch Kleinstraß), geb. Baum (1897–1943), Buchhalterin im Familiengeschäft ihrer Eltern; seit 1922 verheiratet mit Albert Kleinstrass (1883–1943), Schaufensterdekorateur; beide wurden am 1.9.1942 von Frankfurt a. M. nach Theresienstadt deportiert, von dort am 23.1.1943 nach Auschwitz und dort ermordet.
3 Emilie Baum, geb. Baer (1876–1944); die Familie Baum besaß in Wiesbaden das Modegeschäft Gebrüder Baum, in dem sie als Verkäuferin arbeitete, das jedoch infolge des Novemberpogroms aufgegeben werden musste; zusammen mit ihrer Tochter und ihrem Schwiegersohn nach Theresienstadt deportiert, wo sie am 12.5.1944, einen Tag vor der geplanten Deportation nach Auschwitz, starb.
4 Paul Ludwig Kleinstrass, später Kester (*1925), Wirtschaftsprüfer; im Jan. 1939 gelangte er mit einem Kindertransport nach Schweden, wo er in einem deutsch-jüdischen Internat für Flüchtlingskinder in Västraby lebte, zog im Juli 1942 nach Stockholm und arbeitete nach seinem Schulabschluss u. a. für die Jüdische Gemeinde; er emigrierte im Nov./Dez. 1948 in die USA und lebt zusammen mit seiner Ehefrau Susanne Kester, geb. Luft, in Los Angeles.
5 Sprachliche Eigenheiten wurden beibehalten, die Zeichensetzung behutsam korrigiert.
6 Johanna Kleinstrass arbeitete aushilfsweise für die Jüdische Gemeinde.
7 Das Ehepaar Siegel stammte aus Wiesbaden und emigrierte nach Stockholm.

dung" und haben sie Dich schon richtig liebgewonnen. Ich denke das mir auch für Dich sehr schön, mal wieder in einer „Familie" zu sein nach so langem Heimleben – denn ein bißchen „Bourg[e]ois" – Du verstehst doch diesen Ausdruck – steckt doch noch in Dir drin, wenn Du auch sehr jung von [zu] Hause fort bist, und Du brauchst es aber keineswegs zu bedauern, das frühe Fortkommen.

Nun stehen wir alle auch davor, es können 8, 10, 14, 20 Tage drüber hingehen, den genauen Termin wissen [wir] nicht, aber beinahe könnte man sich wünschen je eher um so lieber. Aber jeder Tag, der so noch gut rumgeht, ist uns auch recht. Wir halten unseren Haushalt bis zur letzten Minute in gewohnter Weise aufrecht, und bin ich glücklich mit *Oma* zusammenbleiben zu können und nicht der eine dahin und der andere da, und man hört ewig nichts voneinander. Wir haben lange gute Tage gehabt und alle Bequemlichkeiten (wenn ich nur an unsere schöne warme Dusche denke!); es wird auch mal anders gehen, Hauptsache wir alle bleiben gesund. Tante Mathilde[8] ist auch sehr ruhig und tapfer, wie eigentlich die meisten. Unsere Nachbarschaft ist auch betroffen, ihnen fällt es schwer, sich von ihren Brocken zu trennen. Es tut mir nur leid, daß ich Euch früher immer schimpfte, wenn ihr die Füße auf die guten Stühle gestellt habt – es war alles für die Katz – na, aber auch recht. An all dem Kram hänge ich nicht mehr – nur mein gutes Bett – aber Du schliefst ja mal im Zelt im strömenden Regen brillant, so werden wir es anderswo auch tun. Man wird ja heutzutage ohnehin schon mal des Nachts aus dem Schlaf geweckt. –

Solange es geht, werden wir Dich mit Post versorgen und sofort wieder versuchen, ob wir mit Dir in Verbindung bleiben können.[9] Wir halten uns tapfer, sind ja noch nicht alt und G.s.D. vollkommen gesund, auch Oma ist in einer sehr guten Verfassung, viel besser wie früher, sie kann jetzt alles essen – Hauptsache wenn sie nur hat!! Und z. Zt. gibt es ja reichlich Gemüse und Kartoffel[n]. Obst ist sehr rar, aber auch da haben [wir] uns dran gewöhnt, aber es hat uns noch nichts gefehlt. Salate essen wir sehr viel und sehr gerne. Vielleicht kommt Onkel Hugo[10] nochmals nach hier, wir schrieben ihm bereits, daß uns auch diese Änderung bevorsteht, nur wissen wir nicht, ob er jetzt abkommen kann. – *Rechtskonsulent Guthmann, Bahnhofstr. 25* bleibt zur endgültigen Abwicklung noch hier, und ob Onkel Arthur und Tante Anna, ist noch unentschieden, ersterer ist noch im Krankenhaus, aber schon fast wieder ganz in Ordnung. Tante Anna hat wahnsinnig viel Arbeit und spreche ich sie privat nie, dienstlich ja sehr viel. Die Berliner schrieben uns auch zu meinem Geburtstag und sandten mir ein ganz famoses Päckchen – die schweben auch in der Luft, werden aber wohl noch bleiben bis so ziemlich zum Schluß. Wahrscheinlich werden wir ihre Eltern treffen, wenn das möglich ist. Und sonst hoffen [wir] das Beste, bleibe Du uns nur gesund, sei weiter fleißig, denn wir werden Dich sehr brauchen in absehbarer Zeit.[11] Siehe zu, daß Du evtl. mit uns in Fühlung

8 Mathilde Neu, geb. Baum (1874–1944), war die Schwester von Siegfried Baum (1869–1935), Juwelier, dem Mann von Emilie Baum; sie wurde am 1.9.1942 von Frankfurt a. M. nach Theresienstadt und von dort im Mai 1944 nach Auschwitz deportiert und ermordet.

9 Paul Kleinstrass konnte mit seinen Eltern und seiner Großmutter in Theresienstadt Briefkontakt halten. Sein letzter Brief vom Frühjahr 1943 nach Theresienstadt kam mit dem Vermerk zurück, dass seine Eltern „abgereist" seien.

10 Hugo Kleinstrass (*1887), Viehhändler; war ein Bruder von Albert Kleinstrass; er wurde Anfang 1945 nach Theresienstadt deportiert und überlebte.

11 Paul Kleinstrass schickte monatlich ein Päckchen aus Schweden nach Theresienstadt.

bleiben kannst. Doch ich weiß ja, daß Du tust, was Du kannst und gut Ding will Weile haben. Du wirst ja Deine Schwester[12] verständigen, sie soll Edmund sagen, wir wären mit Emmy und Otto aus Schierstein zusammen. Nun mal erst Schluß, jetzt muß ich noch etwas tun – viel ist es ja nicht mehr, und zu Hause haben [wir] unsere Vorbereitungen schnell getroffen, denn viel mitzunehmen haben wir nicht und ist schnell gepackt. Aber für den Winter sind mal noch alle gut versorgt, und das ist die Hauptsache. Ich hoffe nur, daß Du Dir einen guten Wintermantel kaufen kannst, nimm möglichst Stoff so von Hildes Qualität, Du erinnerst Dich noch ihres guten Mantels. –
Nun einen guten Beginn Deiner weiteren Arbeit, und ich hoffe, man ist auch dort bei Deiner jetzigen Tätigkeit zufrieden. Grüße die „Tante“[13] – hoffentlich kann sie Dich ebensogut leiden wie Du sie –, dann wirst Du es nicht schlecht bei ihr haben. Auch an alle Deine Freunde viele Grüße, Dir einen Kuß Deiner Mutti[14]

17/8 Lieber Paul! Bis Du diesen Brief erhältst, sind wir vielleicht schon nicht mehr in unserer Wohnung, aber ein genaues Datum wissen wir nicht. Solange es nur eben möglich ist, schreiben wir Dir noch. Gestern haben wir mal an Onkel Josef & auch an Hermanns ein Telegr. mit bezahlter Rückantwort gesandt, aber anscheinend ohne Erfolg, da [wir] bis jetzt keine Antwort bekommen haben. Wir bedauern [...][15] unser Fortkommen nicht [...][16]. Heute ist mal wieder herrliches Wetter, & du wirst die Gelegenheit haben, in dem See oder sogar in der Ostsee zu schwimmen, oder ist das im allgemeinen zu weit? Mutti hat dir ja schon allerhand geschrieben, daher für heute nur herzl. Gruß & Kuß Papa

L. P.! Recht herzl. [...][17] Grüße.
Wir sind alle zusammen und können von Dir & Lena sprechen, und der Gedanke, Euch mal wieder in die Arme schließen zu können, gibt mir die Kraft, das Bevorstehende zu ertragen. Übrigens war das Klassenbildchen allerliebst. Und welch schöne Mädchen waren die Kinder aus Deiner Klasse! Alles Gute u. weiter viel Schönes für Dich, mein Lieber Grüße auch Herrn u. Frau Siegel, bei denen Du doch sicher ein Stück Heimat empfindest. Daß die Langg.[18] abgereist ist, ist sehr gut. Ich umarme Dich in Liebe, Deine Oma Tante schreibt eine Karte extra. O.

12 Helen Kleinstrass, später Henlein (1923–1999), genannt Lena, konnte bereits im Juni 1938 in die USA ausreisen; 1945 heiratete sie Max Henlein und wohnte dann in Los Angeles.
13 Gemeint ist Hedi Wolf, Lehrerin; sie war eine entfernte Verwandte der Familie Baum; mit ihrer Hilfe konnte Paul Kleinstrass auf das jüdische Internat gehen, an dem sie unterrichtete.
14 Der Brief wurde mit der Maschine geschrieben, „Mutti“ handschriftl. hinzugefügt. Die folgenden Ergänzungen des Vaters und der Großmutter sind handschriftl. verfasst.
15 Ein Wort wurde geschwärzt.
16 Mehr als eine Zeile wurde geschwärzt.
17 Fast zwei Zeilen wurden geschwärzt.
18 Langgasse, eine Straße in Wiesbaden.

DOK. 153

Unterstaatssekretär Luther skizziert am 21. August 1942 die Haltung des Auswärtigen Amts zur Deportation der Juden aus verschiedenen Staaten und die Reaktionen der Regierungen[1]

Aufzeichnung (citissime) des AA (auf Nr. 954 v. 19.8.),[2] gez. Luther, vom 21.8.1942[3]

1.) Der Grundsatz der deutschen Judenpolitik nach der Machtübernahme bestand darin, die jüdische Auswanderung mit allen Mitteln zu fördern. Zu diesem Zweck wurde im Jahre 1939 durch Generalfeldmarschall Göring in seiner Eigenschaft als Beauftragter für den Vierjahresplan eine Reichszentrale für die jüdische Auswanderung geschaffen und die Leitung Gruppenführer Heydrich als Chef der Sicherheitspolizei übertragen.[4] Das Auswärtige Amt ist im Ausschuß der Reichszentrale vertreten; der entsprechende Entwurf eines Schreibens an den Chef der Sicherheitspolizei ist durch den Herrn RAM[5] zu 83/24 B im Februar 1939 genehmigt.[6]

2.) Der jetzige Krieg gibt Deutschland die Möglichkeit und auch die Pflicht, die Judenfrage in Europa zu lösen. Mit Rücksicht auf den günstigen Kriegsverlauf gegen Frankreich schlug D III[7] im Juli 1940 als Lösung vor: alle Juden aus Europa zu entfernen und als Gebiet für die Aufnahme der Juden von Frankreich die Insel Madagaskar zu fordern. Der Herr RAM hat grundsätzlich der Aufnahme der Vorarbeiten zur Abschiebung der Juden aus Europa zugestimmt. Es sollte im engen Einvernehmen mit den Dienststellen des Reichsführers-SS vorgegangen werden (vgl. D III 200/40).[8]
Der Madagaskar-Plan wurde vom Reichssicherheitshauptamt begeistert aufgenommen, das nach Ansicht des Auswärtigen Amtes die Dienststelle ist, die erfahrungsmäßig und technisch allein in der Lage ist, eine Judenevakuierung im Großen durchzuführen und die Überwachung der Evakuierten zu gewährleisten. Die zuständige Dienststelle des Reichssicherheitshauptamtes arbeitete darauf einen bis ins einzelne gehenden Plan für die Evakuierung der Juden nach Madagaskar und ihrer Ansiedlung dort aus, der vom Reichsführer-SS gebilligt wurde. Gruppenführer Heydrich hat diesen Plan unmittelbar

1 PAAA, R 100 857, Bl. 110–128. Abdruck in engl. Übersetzung in: NMT, Bd. XIII (wie Dok. 50 vom 4.12.1941, Anm. 1), Doc. NG-2586-J, S. 243–249.
2 Im Schreiben des Gesandten Rintelen an das AA vom 19.8.1942 (Bericht über die Evakuierung der rumän. Juden) heißt es, dass die Deportationen angelaufen und die rumän. Juden zum Arbeitseinsatz bzw. zur sog. Sonderbehandlung im Distrikt Lublin vorgesehen seien; ADAP, Serie E, Bd. 3 (wie Dok. 146 vom 29.7.1942, Anm. 1), Dok. 203, S. 342 f.; siehe VEJ 13/187.
3 Im Original handschriftl. Unterstreichungen.
4 Schreiben Heydrichs an Ribbentrop vom 30.1.1939, PAAA, R 1 512 372, Bl. 112–114; Auftrag Görings zur Gründung der Reichszentrale vom 24.1.1939; VEJ 2/243.
5 Reichsaußenminister war Joachim von Ribbentrop.
6 Aufzeichnungen Ribbentrops vom 7.2.1939, PAAA, R 1 512 372, Bl. 129–133.
7 Ref. Judenfrage und Rassenpolitik der Abt. Deutschland des AA unter Leitung von Franz Rademacher.
8 Aufzeichnung Rademachers vom 3.7.1940 über die „Judenfrage“ im Friedensvertrag mit Frankreich. Rademacher erläuterte darin, was aus seiner Sicht für die Durchführung des Madagaskar-Plans notwendig sei, etwa ein deutsches Mandat über die Insel Madagaskar; siehe VEJ 3/92.

dem Herrn RAM im August 1940 zugeleitet (vgl. D III 2171).[9] Der Madagaskar-Plan selbst ist durch die politische Entwicklung überholt.[10]
Daß der Führer beabsichtige, sämtliche Juden aus Europa zu evakuieren, teilte mir bereits im August 1940 Botschafter Abetz[11] nach einem Vortrag beim Führer mit. (Vgl. D III 2298).[12]
Es bleibt mithin für D III die grundsätzliche Weisung des Herrn RAM bestehen, die Evakuierung der Juden im engsten Einvernehmen mit den Dienststellen des Reichsführers-SS zu betreiben.

3.) Die Verwaltung der besetzten Gebiete brachte das Problem der Behandlung der in diesen Gebieten lebenden Juden mit sich. Der Militärbefehlshaber in Frankreich sah sich als erster genötigt, am 27.9.1940 eine Verordnung über die Behandlung der Juden im besetzten Frankreich zu erlassen. Die Verordnung ist im Benehmen mit der Deutschen Botschaft Paris ergangen.[13] Die entsprechende Weisung hat der Herr RAM Botschafter Abetz auf mündlichen Vortrag unmittelbar erteilt.
Nach dem Muster der Pariser Verordnung sind gleiche Verordnungen in den Niederlanden und in Belgien erlassen worden.[14] Da diese Verordnungen ebenso wie die deutschen Judengesetze formell alle Juden unabhängig von ihrer Staatsangehörigkeit erfassen, kam es zu Einsprüchen ausländischer Mächte, u. a. zu Protestnoten der Botschaft der USA,[15] obwohl der Militärbefehlshaber in Frankreich durch interne Anweisung befohlen hatte, die Judenmaßnahmen nicht auf die Staatsangehörigen der neutralen Länder anzuwenden.[16]
Der Herr Reichsaußenminister hat auf Grund der amerikanischen Proteste entschieden, er halte es nicht für richtig, daß militärische Anweisung ergangen sei, amerikanische Juden auszunehmen. Es sei ein Fehler, Einsprüche befreundeter Staaten (Spanien, Ungarn) abzulehnen, dagegen den Amerikanern gegenüber Schwäche zu zeigen. Der Herr RAM halte es für notwendig, diese Anweisungen an die Feldkommandanturen rückgängig zu machen (vgl. D III 5449).[17]
Entsprechend dieser Weisung sind die Judenmaßnahmen allgemein angewendet worden.

4.) Durch Brief vom 24.6.1940 – Pol XII 136[18] – teilte Gruppenführer Heydrich dem Herrn RAM mit, das Gesamtproblem der rund 3 1/4 Millionen Juden in den unter deut-

9 VEJ 3/99.
10 Sowohl die brit. Seeblockade als auch Vichy-Frankreichs Weigerung, die Kolonie abzutreten, vereitelten die Umsetzung des Madagaskar-Plans; siehe auch Dok. 75 vom 10.2.1942.
11 Otto Abetz (1903–1958), Kunsterzieher; 1934 Frankreichreferent der Reichsjugendführung, 1935 gleiche Funktion in der Dienststelle Ribbentrop; 1935 SS- und 1937 NSDAP-Eintritt; 1940 Bevollmächtigter des AA beim Militärbefehlshaber Frankreich, von Aug. an deutscher Botschafter in Paris; 1949 von einem franz. Militärtribunal zu 20 Jahren Zwangsarbeit verurteilt, 1954 begnadigt.
12 VEJ 3/98.
13 VEJ 5/238. Zu den Vorschlägen der Botschaft siehe VEJ 5/232, 233 und 236.
14 Für die Niederlande siehe VEJ 5/54; für Belgien siehe VEJ 5/158.
15 Note des Außenministers Cordell Hull vom 8.9.1940; Foreign Relations of the United States Diplomatic Papers, 1940 General and Europe, Bd. II, Washington 1957, S. 568 f.
16 Nicht ermittelt.
17 Nicht ermittelt.
18 VEJ 3/89.

scher Hoheitsgewalt stehenden Gebieten könne nicht mehr durch Auswanderung gelöst werden; eine territoriale Endlösung wäre nötig.
Aus dieser Erkenntnis heraus beauftragte Reichsmarschall Göring am 31.7.1941 Gruppenführer Heydrich, unter Beteiligung der in Frage kommenden deutschen Zentralinstanzen, alle erforderlichen Vorbereitungen für eine Gesamtlösung der Judenfrage im deutschen Einflußgebiet in Europa zu treffen. (Vgl. D III 709 g).[19] Auf Grund dieser Weisung beraumte Gruppenführer Heydrich am 20.1.1942 eine Sitzung aller beteiligten deutschen Dienststellen an, zu der von den übrigen Ministerien die Staatssekretäre und vom Auswärtigen Amt ich selbst erschienen waren.[20] In der Sitzung erklärte Gruppenführer Heydrich, daß der Auftrag Reichsmarschalls Göring an ihn auf Weisung des Führers erfolgt sei und daß der Führer anstelle der Auswanderung nunmehr die Evakuierung der Juden nach dem Osten als Lösung genehmigt habe (vgl. Seite 5 der Anlage zu D III 29/42 g).[21] Über die Sitzung ist Staatssekretär von Weizsäcker unterrichtet worden; eine Unterrichtung des Herrn RAM ist zunächst unterblieben, weil Gruppenführer Heydrich in Kürze eine neue Sitzung zusagte, in der genauere Einzelheiten der Gesamtlösung besprochen werden sollten. Zu dieser Sitzung ist es infolge der Beauftragung des Gruppenführers Heydrich mit den Geschäften des Reichsprotektors in Böhmen und Mähren und infolge seines Todes nicht mehr gekommen.[22]
In der Sitzung am 20.1.1942 habe ich gefordert, daß alle das Ausland betreffenden Fragen vorher mit dem Auswärtigen Amt abgestimmt werden müßten, was Gruppenführer Heydrich zusagte und auch loyal gehalten hat, wie überhaupt die für Judensachen zuständige Dienststelle des Reichssicherheitshauptamtes[23] von Anfang an alle Maßnahmen in reibungsloser Zusammenarbeit mit dem Auswärtigen Amt durchgeführt hat. Das Reichssicherheitshauptamt ist auf diesem Sektor in nahezu übervorsichtiger Form vorgegangen.

5.) Auf Grund der zu 4.) erwähnten Führerweisung wurde mit der Evakuierung der Juden aus Deutschland begonnen. Es lag nahe, gleich die jüdischen Staatsangehörigen der Länder mitzuerfassen, die ebenfalls Judenmaßnahmen ergriffen hatten. Das Reichssicherheitshauptamt richtete eine entsprechende Anfrage an das Auswärtige Amt. Aus Gründen der Courtoisie wurde über die Deutschen Gesandtschaften in Preßburg, Agram und Bukarest bei den dortigen Regierungen angefragt, ob sie ihre Juden in angemessener Frist aus Deutschland abberufen oder ihrer Abschiebung in die Ghettos im Osten zustimmen wollten. Dem Erlaß dieser Weisung haben vor Abgang zugestimmt: St.S., U.St.S. Pol, Dir. Ha Pol, Dir. Recht (vgl. D III 536 g).[24]

19 VEJ 3/196.
20 Gemeint ist die Wannsee-Konferenz; siehe Dok. 65 vom 20.1.1942.
21 Ebd.
22 Zum Attentat auf Heydrich siehe Einleitung, S. 60–62 und Dok. 287 vom Frühsommer 1942.
23 Das Referat IV B4 des RSHA (Judenreferat).
24 StS: von Weizsäcker, UStS Politische Abteilung: Dr. Ernst Woermann, Direktor Handelspolitik: Emil Wiehl, Direktor Recht: Friedrich Gaus. Am 10.1.1942 teilte Luther Adolf Eichmann mit, dass die Regierungen Rumäniens, der Slowakei und Kroatiens sich mit der Deportation ihrer jüdischen Staatsangehörigen aus Deutschland einverstanden erklärt hätten; ADAP, Serie E, Bd. 1 (wie Dok. 67 vom 22.1.1942, Anm. 7), Dok. 108, S. 198 f.

Die Deutsche Gesandtschaft Bukarest berichtet zu D III 602 g,[25] die Rumänische Regierung überlasse es der Reichsregierung, ihre Juden gemeinsam mit den deutschen in die Ghettos nach dem Osten abzuschieben. Sie habe kein Interesse daran, daß rumänische Juden nach Rumänien zurückkehrten.
Die Gesandtschaft Agram teilte mit, die Kroatische Regierung danke für die Geste der Deutschen Regierung; sie wäre aber für Abschiebung der Juden nach dem Osten dankbar (vgl. D III 642 g).[26]
Die Gesandtschaft Preßburg berichtete zu D III 661 g,[27] die Slowakische Regierung sei mit der Abschiebung in die östlichen Ghettos grundsätzlich einverstanden. Die slowakischen berechtigten Ansprüche auf das Vermögen dieser Juden sollten aber nicht gefährdet werden.
Die Drahtberichte sind auch dem Büro RAM wie üblich zugegangen.
Auf Grund der Berichte der Gesandten habe ich dem Reichssicherheitshauptamt zu D III 661 g[28] mitgeteilt, die Juden rumänischer, kroatischer und slowakischer Staatsangehörigkeit könnten mit abgeschoben werden; ihr Vermögen sei sicherzustellen. Dir. Pol., Pol. IV., R. IX., Ha. Pol. IV[29] haben das Schreiben mitgezeichnet. Entsprechend wurden die Abschiebungen der Juden aus den besetzten Gebieten gehandhabt.

6.) Die Zahl der auf diese Weise nach dem Osten abgeschobenen Juden reichte nicht aus, den Bedarf an Arbeitskräften dort zu decken.[30] Das Reichssicherheitshauptamt trat daher auf Weisung des Reichsführers-SS an das Auswärtige Amt heran, die slowakische Regierung zu bitten, 20 000 junge, kräftige slowakische Juden aus der Slowakei zur Abschiebung nach dem Osten zur Verfügung zu stellen. Die Deutsche Gesandtschaft Preßburg wurde zu D III 874[31] mit entsprechender Weisung versehen. Die Weisung haben abgezeichnet: der Herr Staatssekretär, U.St.S.Pol. und Pol. IV.
Die Gesandtschaft Preßburg berichtete zu D III 1002,[32] die Slowakische Regierung habe den Vorschlag mit Eifer aufgegriffen; die Vorarbeiten könnten eingeleitet werden. Auf diese freudige Zustimmung der Slowakischen Regierung hin schlug der Reichsführer-SS vor, auch den Rest der slowakischen Juden nach dem Osten abzuschieben und die Slowakei so judenfrei zu machen. Die Gesandtschaft wurde zu D III 1559 Ang. II[33] mit entsprechender Weisung versehen, den Entwurf der Weisung hat der Herr Staatssekretär abgezeichnet, nach Abgang wurde er dem Büro RAM und U.St.S. Pol zur Kenntnis gebracht.

25 Telegramm des Gesandten Manfred Freiherr von Killinger vom 13.11.1941, PAAA, R 703 261, Bl. 453; siehe auch VEJ 13/172.

26 Telegramm des Gesandten Siegfried Kasche vom 20.11.1941, PAAA, R 703 261, Bl. 447.

27 Telegramm des Gesandten Hanns Elard Ludin vom 4.12.1941; siehe VEJ 13/45.

28 Wie Anm. 24.

29 Direktor Politik, Politische Abt. IV (Nachrichtenabt.), Rechtsabt. IX, Handelspolitische Abt. IV.

30 Im diplomatischen Umgang mit der Slowakei sprachen deutsche Dienststellen immer davon, dass die slowak. Juden im Osten als Arbeitskräfte eingesetzt werden würden, um der Regierung die Zustimmung zur Deportation zu erleichtern. Die slowak. Juden wurden indes ins Generalgouvernement und später nach Auschwitz deportiert, wo die meisten von ihnen ermordet wurden; siehe auch VEJ 13/80 und VEJ 13, S. 32.

31 Nicht ermittelt.

32 Nicht ermittelt.

33 Nicht ermittelt.

Da das slowakische Episkopat inzwischen gegen den Abtransport der Juden bei der Slowakischen Regierung vorstellig geworden war, ist in der Weisung ausdrücklich darauf aufmerksam gemacht worden, daß es wegen der Evakuierung der Juden in der Slowakei auf keinen Fall zu innerpolitischen Schwierigkeiten kommen dürfte. Durch Drahtbericht zu D III 2006[34] berichtete die Gesandtschaft, die Slowakische Regierung habe sich mit dem Abtransport aller Juden ohne jeden deutschen Druck einverstanden erklärt und der Staatspräsident[35] persönlich habe dem Abtransport zugestimmt. Der Drahtbericht hat dem Büro RAM vorgelegen. Die Slowakische Regierung hat außerdem zugestimmt, daß sie für jeden evakuierten Juden als Unkostenbeitrag RM 500.-\- zuzahlt. Inzwischen sind 52 000 Juden aus der Slowakei fortgeschafft. Bedingt durch kirchliche Einflüsse und Korruptionen einzelner Beamte haben 35 000 Juden Sonderlegitimation erhalten. Ministerpräsident Tuka[36] wünscht jedoch, die Judenaussiedlung fortzusetzen, und hat deshalb um Unterstützung durch diplomatischen Druck des Reichs gebeten (vgl. D III 3865).[37] Der Gesandte ist ermächtigt, diese diplomatische Hilfe in der Weise zu geben, daß er Staatspräsident Dr. Tiso gegenüber zum Ausdruck bringen darf, die Ausschließung der 35 000 Juden würde in Deutschland überraschen, umsomehr, als die bisherige Mitwirkung der Slowakei in der Judenfrage hier sehr gewürdigt worden sei. Diese Weisung ist von U.St.S. Pol. und Staatssekretär[38] mitgezeichnet.

7.) Die Kroatische Regierung ist ebenfalls mit der Aussiedlung der Juden aus Kroatien grundsätzlich einverstanden. Im Besonderen hält sie den Abtransport der 4–5000 Juden aus der von den Italienern besetzten Zweiten Zone (Zentren Dubrovnik und Mostar) für wichtig, die eine politische Belastung darstellen und deren Beseitigung zur allgemeinen Beruhigung dienen würde. Die Aussiedlung kann allerdings nur mit deutscher Hilfe erfolgen, da von italienischer Seite Schwierigkeiten zu erwarten sind.[39] Praktische Beispiele von Widerstand italienischer Behörden gegen kroatische Maßnahmen im Interesse vermögender Juden liegen vor. Im übrigen erklärte der italienische Stabschef in Mostar,[40] der Umsiedlung nicht zustimmen zu können, da allen Einwohnern Mostars gleiche Behandlung zugesichert sei.

Nachdem inzwischen laut telefonischer Mitteilung aus Agram die Kroatische Regierung ihre schriftliche Zustimmung zu der vorgeschlagenen Aktion gegeben hat,[41] hält es

34 VEJ 13/56.

35 Jozef Tiso (1887–1947), Staatspräsident der Slowakei.

36 Vojtech Tuka (1880–1946), Jurist; 1921 Eintritt in die Slowak. Volkspartei; 1923 Beteiligung am versuchten Putsch Hitlers in München; von 1925 an Abgeordneter im tschechoslowak. Parlament; von 1939 an slowak. Ministerpräsident, von 1940 an Außenminister; 1946 vom Volksgerichtshof Bratislava zum Tode verurteilt und hingerichtet.

37 Telegramm des Gesandten Ludin vom 26.6.1942 betr. Tukas Bitte um diplomatischen Druck auf die kath. Kirche wegen der Deportation von Juden aus der Slowakei; ADAP, Serie E, Bd. 3 (wie Dok. 146 vom 29.7.1942, Anm. 1), Dok. 38, S. 65 f.

38 Ernst Freiherr von Weizsäcker.

39 Die italien. Behörden widersetzten sich der antijüdischen Vernichtungspolitik der Deutschen und der Ustascha, teils aus humanitären Gründen, teils weil sie darin einen Eingriff in die italien. Hoheitssphäre sahen; siehe VEJ 14, S. 15.

40 Mario Roatta (1887–1968), Generalstabschef der 2. italien. Armee auf dem Balkan.

41 Die schriftliche Zustimmung konnte nicht ermittelt werden; Luther geht auf diese Angelegenheit in einer Vortragsnotiz vom 24.7.1942 näher ein; siehe VEJ 14/154.

Gesandter Kasche[42] für richtig, mit der Aussiedlung zu beginnen, und zwar grundsätzlich für das gesamte Staatsgebiet. Man könne es darauf ankommen lassen, ob sich im Zuge der Aktion Schwierigkeiten ergeben, soweit es sich um die von Italienern besetzte Zone handelt.
Eine entsprechende Vorlage (D III 582 g)[43] an den Herrn RAM ist vom Herrn St.S. von Weizsäcker angehalten worden, da er zunächst eine Rückfrage bei der Botschaft in Rom für notwendig hielt. Die Antwort steht noch aus.
Die Frage der italienischen Juden taucht in gleicher Weise bei der Evakuierung der Juden in Frankreich auf.
Botschafter Abetz weist im Hinblick auf den in Vorbereitung befindlichen Abtransport aus dem besetzten französischen Gebiet darauf hin, daß ein dringendes politisches Interesse bestünde, durch die Evakuierungsmaßnahmen zunächst die fremdländischen Juden zu erfassen. Nachdem diese als Fremdkörper empfundenen Juden an sich schon besonders verhaßt seien, würde ihre Übergehung und damit quasi Privilegierung Mißstimmung erzeugen, umsomehr, als unter ihnen verantwortliche Urheber von jüdischen Terror- und Sabotageakten zu suchen waren. Es sei bedauerlich, daß gerade die Achse in diesem Punkt keine einheitliche Politik zu verfolgen scheine.
Falls die Evakuierung der fremdländischen Juden nicht sofort möglich sei, sollte zunächst die italienische Regierung veranlaßt werden, ihre Juden aus Frankreich zurückzuziehen.
Von italienischer Seite scheinen wirtschaftliche Interessen eine maßgebende Rolle zu spielen, deren Sicherung aber ist durchaus möglich, so daß an diesem Punkte kein Hindernis für die angestrebte Lösung zu liegen braucht.
Über diese Frage der italienischen Juden in Frankreich liegt eine Vortragsnotiz vom 24.7. zu D III 562 g[44] beim Herrn RAM vor.

8.) Gelegentlich eines Empfanges durch den Herrn RAM am 26.11.1941 hat der Bulgarische Außenminister Popoff[45] die Frage der Gleichbehandlung der Juden europäischer Staatsangehörigkeit angeschnitten und auf die Schwierigkeiten hingewiesen, die Bulgarien bei der Anwendung seiner Judengesetze auf Juden fremder Staatsangehörigkeit habe.[46]
Der Herr RAM erwiderte, er finde diese von Herrn Popoff angeschnittene Frage nicht uninteressant. Schon jetzt könne er ihm das eine sagen, daß am Ende dieses Krieges sämtliche Juden Europa würden verlassen müssen. Dies sei ein unabänderlicher Entschluß des Führers und auch der einzige Weg, dieser Frage Herr zu werden, da sie nur global einer umfassenden Lösung zugeführt werden könne und Einzelmaßnahmen

42 Siegfried Kasche (1903–1947), Berufssoldat; 1925 SA- und 1926 NSDAP-Eintritt; von 1928 an stellv. Gauleiter der Ostmark, 1941–1945 Gesandter im Unabhängigen Staat Kroatien; vom Obersten Gerichtshof der Volksrepublik Kroatien zum Tode verurteilt und hingerichtet.

43 Nicht ermittelt.

44 In der unter dieser Laufnummer geführten Vortragsnotiz Luthers vom 24.7.1942 geht es nicht um die italien. Juden in Frankreich, sondern um die Deportation von Juden aus der italien. besetzten Zone in Kroatien; ADAP, Serie E, Bd. 3 (wie Dok. 146 vom 29.7.1942, Anm. 1), Dok. 131, S. 224 f.

45 Richtig: Ivan Vladimirov Popov.

46 Aufzeichnungen Rintelens über den Empfang Popovs beim RAM, 27.11.1941. Popov beklagte, dass Länder wie Ungarn, Rumänien und Spanien darauf bestünden, dass ihre jüdischen Staatsangehörigen in Bulgarien so behandelt würden wie nichtjüdische Staatsangehörige; ADAP, Serie D, Bd. 13,2 (wie Dok. 46 vom 28.11.1941, Anm. 1), Dok. 504, S. 686–689.

wenig helfen. Im übrigen solle man auf die Proteste wegen der Juden fremder Staatsangehörigkeit nicht allzuviel Wert legen. Wir ließen uns jedenfalls auf derartige Proteste von amerikanischer Seite nicht mehr ein. Er – der RAM – werde das von Herrn Popoff angeschnittene Problem im Auswärtigen Amt einmal durchprüfen lassen.
Der Herr RAM beauftragte mich, die zugesagte Prüfung vorzunehmen. (Vgl. D III 660 g.)[47]
Auf meine grundsätzliche Vortragsnotiz vom 4.12.1941 zu D III 660 g,[48] die ich mit den entsprechenden Akten gleichzeitig absende, bitte ich, verweisen zu dürfen. Diese Vortragsnotiz hat der Herr St.S. angehalten, weil er vorher noch eine Prüfung durch die Rechtsabteilung für notwendig hielt. Nach deren Ansicht stand der deutsch-bulgarische Handels- und Schiffahrtsvertrag den von mir vorgeschlagenen deutsch-bulgarischen Vereinbarungen entgegen. Ich habe daher die Deutsche Gesandtschaft Sofia zu D III 497 g[49] unter dem 19.6. angewiesen, unter Bezugnahme auf die Anregung des bulgarischen Außenministers Popoff bei seinem Empfang mit der Bulgarischen Regierung Fühlung zu nehmen und festzustellen, ob sie bereit sei, eine Absprache in der Judenfrage dahin zu treffen, keine Rechte aus dem Handels- und Schiffahrtsvertrag zugunsten von Juden bei Zusicherung der Gegenseitigkeit geltend zu machen.
Wenn von bulgarischer Seite die Frage gestellt werde, ob Deutschland bereit sei, Juden aus Bulgarien nach dem Osten abzuschieben, solle die Frage bejaht, hinsichtlich des Zeitpunktes der Abnahme jedoch ausweichend geantwortet werden. Dieser Erlaß ist vom Herrn St.S., U.St.S., Dir. Pol., Dir. Ha. Pol., Pol. IV., Ha. Pol. IV sowie R. mitgezeichnet. Die Gesandtschaft hat entsprechende Noten mit der Bulgarischen Regierung gewechselt und berichtet, daß die Bulgarische Regierung in der Frage der Evakuierung grundsätzlich bereit ist, eine Absprache mit uns zu treffen. Damit ist die Grundlage gegeben, die bulgarischen Juden mit in die Judenmaßnahmen einzubeziehen. (D III 559 g[50] und 560 g).[51]

9.) An die Ungarische Regierung ist wegen Judenaussiedlung noch nicht herangetreten worden, weil der Stand der ungarischen Judengesetzgebung bisher einen ausreichenden Erfolg nicht verspricht.[52]

47 Memorandum RAM an Luther zur Prüfung von Popovs Vorschlag einer Gleichbehandlung aller Juden mit Staatsangehörigkeit eines europäischen Landes vom 1.12.1941, PAAA, R 5549.E 387, Bl. 834 f.

48 Siehe Dok. 50 vom 4.12.1941.

49 Telegramm Luthers an die Gesandtschaft in Sofia vom 19.6.1942, ADAP, Serie E, Bd. 3 (wie Dok. 146 vom 29.7.1942, Anm. 1), Dok. 16, S. 24–26.

50 PAAA, RZ 214–100863, Bl. 50 f.; siehe auch VEJ 13/297. Nachdem die bulgar. Regierung ihr Einverständnis erklärt hatte, wurden allein aus Frankreich mindestens 140 bulgar. Juden nach Auschwitz deportiert und dort ermordet; siehe VEJ 13, S. 82.

51 PAAA, RZ 214–100863, Bl. 63; in dem Schreiben vom 9.7.1942 berichtete der deutsche Gesandte in Sofia, Adolf-Heinz Beckerle, u. a., dass das bulgar. Außenministerium sich erkundigt habe, ob ähnliche Vereinbarungen zwischen dem Deutschen Reich und anderen Staaten bestünden. Bulgarien beabsichtige, derartige Vereinbarungen vor allem mit Ungarn und Rumänien zu treffen.

52 Die 1941 eingeführte gesetzliche Definition, wer in Ungarn als Jude gelte, ging weiter als ähnliche Gesetze in anderen mit Deutschland verbündeten Staaten, z. B. was die Einbeziehung von Christen mit jüdischen Vorfahren anging. Gleichzeitig war die Enteignung der jüdischen Bevölkerung nicht weit fortgeschritten und 1942 zeigte sich der Premierminister Miklós Kállay den deutschen Wünschen gegenüber unwillig.

10.) Gemäß der zu. 8.) erwähnten Zustimmung der Rumänischen Regierung wurde mit der Evakuierung der rumänischen Juden aus Deutschland und den besetzten Gebieten begonnen, worauf verschiedene rumänische Konsulate und der Rumänische Gesandte in Berlin, die ohne Weisung ihrer Regierung geblieben waren, intervenierten. Gesandter von Killinger[53] wurde daher um Klarstellung gebeten. Die Gesandtschaft scheint sich hierzu des ihr zugeteilten Judenberaters Richter[54] bedient zu haben, dem die Rumänische Regierung ihre frühere Zustimmung zur Einbeziehung der rumänischen Juden in die deutschen Maßnahmen bestätigte und dem der stv. Ministerpräsident Mihai Antonescu[55] den Wunsch des Marschalls mitteilte,[56] die deutschen Dienststellen möchten auch die Aussiedlung aus Rumänien selbst durchführen und sofort mit dem Abtransport der Juden aus den Bezirken Arad, Timisoara und Turda beginnen.
Wegen der Einzelheiten darf ich auf meine Vortragsnotiz vom 17.8. zu DIII 649[57] verweisen.

11.) Auf Wunsch der betreffenden Regierungen sind den Gesandtschaften Preßburg, Agram und Bukarest Judenberater zugeteilt worden.[58] Sie sind auf Anfordern des Auswärtigen Amtes vom Reichssicherheitshauptamt zur Verfügung gestellt. Ihr Auftrag ist ein zeitlich begrenzter. Er endet, sobald die Judenfrage in dem betreffenden Lande als im deutschen Sinne gelöst anzusehen ist. Zunächst wurde davon ausgegangen, daß dies der Fall sei, sobald das betreffende Land den deutschen gleichwertige Judengesetze erlassen hat.
Daher wurde Richter bereits im vorigen Jahre durch das Reichssicherheitshauptamt aus Rumänien zurückberufen.
Auf dringende Anforderung der Gesandtschaft Bukarest wurde Richter trotz Sträubens des Reichssicherheitshauptamtes erneut der Gesandtschaft mit der ausdrücklichen Ab-

53 Manfred Freiherr von Killinger (1886–1944), Marineoffizier; 1920–1932 aktiv in der Organisation Consul, 1923–1928 Führer des Wiking-Bundes; 1928 SA- und NSDAP-Eintritt; von 1933 an Reichskommissar in Sachsen, ab 1937 Konsul in San Francisco, 1940/41 Gesandter in der Slowakei, von 1941 an Gesandter in Rumänien und als solcher zuständig für Judenangelegenheiten; nahm sich das Leben.

54 Gustav Richter (1912–1997), Kaufmann; 1933 NSDAP- und SS-Eintritt; von März 1934 an beim SD, seit Aug. 1939 beim SD in Dijon, März bis Mai 1941, erneut von Okt. 1941 an Berater für Judenfragen an der deutschen Gesandtschaft Bukarest, Jan. bis Aug. 1944 Polizeiattaché; Sept. 1944 bis 1955 in sowjet. Kriegsgefangenschaft; 1982 in Deutschland wegen seiner Beteiligung an der Deportation der rumän. Juden zu vier Jahren Gefängnis verurteilt.

55 Mihai Antonescu (1904–1946), Jurist; arbeitete bis 1940 als Anwalt in Bukarest; 1940 Justizminister in der Regierung Ion Antonescu, 1941 stellv. Ministerpräsident und Minister für Äußeres und Propaganda; 1944 nach Sturz der Regierung Antonescu verhaftet und an die Sowjetunion ausgeliefert, 1946 nach Rumänien rücküberstellt, zum Tode verurteilt und hingerichtet.

56 Gemeint ist der rumän. Ministerpräsident Marschall Ion Antonescu.

57 Luther notierte in dieser Vortragsnotiz, dass der rumän. Außenminister zugesagt habe, sich der deutschen Judenpolitik zu unterwerfen; ADAP, Serie E, Bd. 3 (wie Dok. 146 vom 29.7.1942, Anm. 1), Dok. 199, S. 337 f.

58 Dieter Wisliceny (1911–1948), Mitarbeiter im RSHA Ref. IV B 4 und Beauftragter für jüdische Angelegenheiten für die Slowakei, Ungarn und Griechenland; Franz Abromeit (1907–1964), Leiter des SD-Sonderref. für die Evakuierung von Polen und Juden und von 1942 an Judenbeauftragter für Kroatien des RSHA Ref. IV B 4; Gustav Richter.

sicht zugeteilt, ihn bis zur praktischen Endlösung in Rumänien zu belassen (D II 1703 g und 1893 g).[59]
Da alle Verhandlungen mit der Rumänischen Regierung über das Auswärtige Amt gelaufen sind, ist der vom Reichsführer-SS vorgelegte Bericht des Obersturmführers Richter nur als interner Arbeitsbericht an das Reichssicherheitshauptamt zu bewerten. Die ungewöhnliche Form, sich eine abschließende Besprechung durch Handschreiben des stv. Ministerpräsidenten bestätigen zu lassen, ist sofort nach Eingang des Berichts durch Erlaß vom 17. d. Mts. in scharfer Form beanstandet worden;[60] die offizielle Behandlung der Angelegenheit soll unverzüglich nachgeholt werden. Vorgänge sind mit D III 659 g[61] bereits dorthin vorgelegt worden.
Die vorgesehenen Abschiebungen stellen einen weiteren Schritt vorwärts auf dem Wege der Gesamtlösung dar und sind im Hinblick auf andere Staaten (Ungarn) sehr wichtig. Der Abtransport nach dem Generalgouvernement ist eine vorläufige Maßnahme. Die Juden werden nach den besetzten Ostgebieten weiterbefördert, sobald die technischen Voraussetzungen dazu gegeben sind.
Ich bitte daher, die Weiterführung der begonnenen Verhandlungen und Maßnahmen unter diesen Voraussetzungen in der vorgesehenen Form zu genehmigen.[62]

59 Zum umfangreichen Briefwechsel Richters siehe PAAA, RZ 214-100881-044/046.

60 Richter hatte aus eigener Initiative im Juli 1942 mit Mihai Antonescu und Ion Antonescu die Deportation der etwa 200 000 rumän. Juden in das Vernichtungslager Belzec vereinbart und sich dieses Abkommen von Ion Antonescu handschriftl. bestätigen lassen; Telegramm des Gesandten Killinger vom 11.8.1842, ADAP, Serie E, Bd. 3 (wie Dok. 146 vom 29.7.1942, Anm. 1), Dok. 199, S. 337. Zu der vereinbarten Massendeportation kam es nicht mehr. Der Erlass vom 17.8.1942, in dem das AA gegen dieses Vorgehen protestierte, konnte nicht ermittelt werden.

61 Telegramm des Gesandten Killinger vom 28.8.1942, in dem er, trotz gegenteilig lautender Verbalnote an die rumän. Regierung, festhielt, dass die Verhandlungen mit Rumänien bezügl. der Deportationen abgeschlossen seien; VEJ 13/188.

62 Obwohl nicht auf dem Dokument vermerkt, richtete sich dieses Schreiben wohl an Luthers Vorgesetzte StS von Weizsäcker und RAM Ribbentrop. Am 28.8.1942 antwortete Rintelen im Auftrag Ribbentrops, dass bezüglich Rumäniens und Bulgariens so verfahren werden solle, wie von Luther hier vorgeschlagen, die kroat. Regierung die Verantwortung für die Deportation der Juden in den von Italien besetzten Gebieten zu tragen habe und in Bezug auf Ungarn von jeglicher Initiative abzusehen sei; ADAP, Serie E, Bd. 3 (wie Dok. 146 vom 29.7.1942, Anm. 1), Dok. 232, S. 398 f.

DOK. 154

Heinrich Heinen sagt am 21. August 1942 vor der Gestapo Bregenz aus, dass er seine Verlobte Edith Meyer aus dem Getto Riga befreit hat und mit ihr in die Schweiz flüchten wollte[1]

Protokoll der Vernehmung von Heinrich Nikolaus Heinen[2] (selbst gelesen und unterschrieben) durch die Geheime Staatspolizei, Grenzpolizeikommissariat Bregenz, Tgb. Nr. II B, 1184/42, Feldkirch, aufgenommen von apl. Krim.Ass.,[3] gez. Kaufmann, vom 21.8.1942[4]

Vernehmungsniederschrift.
Vorgeführt erscheint in der Haftanstalt Feldkirch der deutsche Staatsangehörige Heinrich Nikolaus *Heinen*,
Personalien bekannt, und gibt, zur Wahrheit ermahnt und mit dem Gegenstand der Vernehmung bekannt gemacht, folgendes an:
„Es war Ende April 1942, als ich meine Braut[5] aus dem Ghetto in Riga holte. Wir fuhren von Riga bis Königsberg mit [einem] LKW. der O.T.[6] Von hier aus benutzten wir den Zug bis nach Berlin. Noch am selben Tage fuhren wir weiter nach Ohligs-Solingen. Wir besuchten hier eine Familie *Berntgen*,[7] die unsere Verhältnisse kannten. Sie wußten von meinem Vorhaben, daß ich die Meyer aus dem Ghetto holen wollte, und versprachen, mir jegliche Hilfe zu leisten. Als wir nun nach Ohligs kamen, waren sie sehr enttäuscht, denn sie hatten nie geglaubt, daß mir mein Vorhaben gelingen würde.[8] Sie sagten nun, daß wir sehen sollten, daß wir bald in die Schweiz kämen. Sie sind noch im Besitze von Wäsche und Porzellan meiner Braut, die uns nicht ausgehändigt wurden. Wir verließen dann Berntgen und begaben uns zur Familie *Krebs*.[9] Sie waren sehr erstaunt, daß ich meine Braut aus dem Ghetto geholt hatte. Weil wir nun nicht wußten, was wir machen sollten, baten wir die Familie Krebs, uns Unterkunft zu gewähren. Unsere Bitte wurde

1 LAV NRW R, RW 58/52490. Abdruck in: Alfons Dür, Unerhörter Mut. Eine Liebe in der Zeit des Rassenwahns, Innsbruck u. a. 2012, S. 62–64.
2 Heinrich Nikolaus Heinen (1920–1942), kaufmännischer Angestellter aus Köln-Lindenthal.
3 Außerplanmäßiger Kriminalassistent.
4 Im Original kleinere, z. T. unleserliche handschriftl. Korrekturen.
5 Edith Meyer (*1920), Hausgehilfin, arbeitete als Schneiderin in Köln; 1938 lernte sie Heinen kennen; wurde am 11.12.1941 von Düsseldorf in das Getto Riga deportiert, aus dem sie im April 1942 mit seiner Hilfe entkam, im Juni 1942 scheiterte die Flucht in die Schweiz; im Polizeigefängnis Innsbruck inhaftiert und am 9.10.1942 nach Auschwitz deportiert; ihr weiteres Schicksal ist unbekannt.
6 Die Organisation Todt wurde 1938 als eine militärische Bauorganisation unter Leitung von Fritz Todt (1891–1942) gegründet und war vor allem für Baumaßnahmen in den deutsch besetzten Gebieten zuständig.
7 Wilhelm Berntgen (1895–1956), Kraftfahrer; verheiratet mit Paula Berntgen, geb. Hüschelrath (1897–1981), Hausfrau; sie denunzierte Edith Meyer, Heinrich Heinen und die Familie Krebs bei der Kriminalpolizei; ein 1948 gegen das Ehepaar eingeleitetes Ermittlungsverfahren wurde eingestellt.
8 Derartige Befreiungsversuche hatten i. d. R. äußerst geringe Erfolgschancen. Aus Riga ist kein weiteres Beispiel einer gelungenen Befreiung bekannt.
9 Paul Ludwig Krebs (1896–1955), Drehermeister; wegen Fluchthilfe zu drei Monaten verurteilt; verheiratet mit Helene Krebs, geb. Berg (1906–1943), Schneiderin; sie wurde am 7.12.1942 aufgrund der Fluchthilfe und ihrer jüdischen Herkunft nach Auschwitz deportiert und kam dort vier Wochen später um.

uns anstandslos gewährt. Ich wohnte zirka 3 Tage und meine Braut Edith Sara Meyer 8 Tage bei der Familie Krebs. Angemeldet sind wir nicht worden. Wir waren nicht im Besitze von Lebensmittelmarken. Wir hatten sie auf der Reise alle verbraucht. Das Essen haben wir während unseres Aufenthaltes von der Familie Krebs erhalten. Ich fuhr dann am 4. Tage nach Köln zu meinen Eltern. Von hier fuhr ich wieder nach Ohligs und anschließend weiter nach Berlin, wo ich eine Wohnung suchte. Als [ich] eine Wohnung gefunden hatte, teilte ich es meiner Braut mit, die dann sofort nach Berlin kam. Wir fuhren nur nach Ohligs, weil wir dachten, daß wir bei der Familie Berntgen Unterkunft erhalten würden, da sie uns, wie schon erwähnt, jegliche Hilfe leisten wollten. In Berlin wohnten wir nicht ganz 8 Tage. Hier wohnten wir in Untermiete, bei Philipp, Berlin-Schönefeld, Kürassierstr. 20, wo ich auch polizeilich gemeldet war. Meine Braut dagegen war nicht polizeilich gemeldet. Nach 8 Tagen verließen wir dann Berlin und begaben uns nach Königswinter/Rhein. Hier haben wir in der Pension Stockum gewohnt. Wir wohnten hier zirka 4 Tage und fuhren dann mit der Bahn nach Bludenz/Vorarlberg, um von hier aus nach der Schweiz zu gehen.
Ich habe die volle Wahrheit gesagt und habe bei meinen Angaben nichts verschwiegen noch hinzuzusetzen."[10]

DOK. 155
Die Gestapo Düsseldorf bittet am 24. August 1942 die NSDAP-Gauleitung, die Uhren und Füllfederhalter deportierter Juden an Frontsoldaten weiterzuleiten[1]

Schreiben der Stapoleitstelle Düsseldorf[2] (II B 4 / Tgb. Nr. 513/42), an die Gauleitung der NSDAP Düsseldorf vom 24.8.1942[3]

1.) *Vermerk*: Aus den letzten Aktionen gegen Juden – Evakuierungen – lagern hier noch 11 Drehbleistifte, 23 Füllhalter, 6 Armbanduhren, 37 Uhrketten, 87 Taschenuhren und 7 Taschenuhrbehälter. Es wurde mit der Uhrmacherinnung – Meister Wöbers in Düsseldorf-Benrath – Fühlung aufgenommen, die vor einigen Wochen innerhalb der Innung gesammelte Uhren an die Wehrmacht abgegeben hatte. Die Uhrmacherinnung hat jedoch die gesammelten Uhren an die Gauleitung der NSDAP in Düsseldorf zur Weiterleitung an die Frontsoldaten abgegeben. – Die Gauleitung bittet, dem Gauleiter Mitteilung zukommen zu lassen, der dann die Übernahme und Weiterleitung an die Wehrmacht veranlassen würde.[4]

10 Heinen wurde am 27.8.1942 wegen „Rassenschande", Wehrdienstentziehung und Passvergehens zu fünf Jahren Haft verurteilt. Als beschränkt Einsatzfähiger hätte er jederzeit zum Wehrdienst eingezogen werden können. Da er sich dem aber durch seine Flucht entzogen hatte, wurde er auch deswegen angeklagt. Drei Tage nach seiner Verurteilung konnte er aus dem Gefängnis fliehen, wurde jedoch kurz darauf in Hohenems von der Polizei gestellt und erschossen.

1 ITS Archive, Arolsen Archives, 1.2.3.0/0004/0256. Abdruck als Faksimile in: Archives of the Holocaust. An International Collection of Selected Documents, hrsg. von Henry Friedlander und Sybil Milton, Bd. 22, New York u. a. 1993, Dok. 18, S. 35.
2 Die Stapoleitstelle Düsseldorf stand zu diesem Zeitpunkt unter der Leitung von ORR Dr. Walter Albath.
3 Im Original Datumsstempel und handschriftl. Kürzel.
4 Hier handschriftl. eingefügt: „+Gauleiter Florian".

2.) An Gauleiter Florian,[5] Gauleitung der NSDAP *in Düsseldorf*
Betrifft: Abgabe von Taschenuhren usw. an die Wehrmacht.
Vorgang: Ohne.
Auf der hiesigen Dienststelle lagern 87 Taschenuhren, 6 Armbanduhren, 23 Füllhalter, 11 Drehbleistifte, 37 Uhrketten und 7 Taschenuhrbehälter, die bei verschiedenen Aktionen gegen Juden beschlagnahmt wurden. Ich beabsichtige, diese Gegenstände der Wehrmacht für Frontsoldaten zur Verfügung zu stellen. Wie mir von dem Innungsmeister der Uhrmacherinnung bekannt wurde, wurden vor einigen Wochen innerhalb der Uhrmacherinnung gesammelte Taschenuhren usw. zur Weiterleitung an die Wehrmacht [...][6] abgegeben.
Ich bitte, die hier lagernden Uhren, Füllhalter usw. zur Weiterleitung an die Frontsoldaten entschädigungslos gegen Quittung übernehmen zu lassen. Heil Hitler

3.) Wvorl. sofort bei II B 4.[7]

DOK. 156
Lotte Kamenetzki schildert im Verhör am 26. August 1942, wie sie sich, um der Deportation zu entgehen, falsche Papiere besorgt und vom Handel mit Schmuck gelebt hat[1]

Protokoll der Vernehmung von Lotte Kamenetzki[2] beim Zollamt Wien, gez. Altenburg,[3] Verhandlungsleiter ZS. (F), gez. Berger, Schriftführerin, vom 26.8.1942

An Amtsstelle vorgeführt erscheint Frau *Lotte Sara Kamenetzki*, die mit dem Gegenstand der Verhandlung vertraut gemacht, auf Vorhalt und Befragen das folgende erklärt:
1. Zur Person: Siehe besonderen Personalbogen.[4]
2. Zur Sache: Ich bin als Tochter eines Hoteldirektors Moritz Witkowski (Jude) geboren und lebte von meinem zweiten Lebensjahr bis zum Jahre 1926 in Hindenburg (Oberschlesien), wo mein Vater ein Hotel gepachtet hatte. Im Jahre 1926 bin ich mit meiner Mutter[5] nach dem Tode meines Vaters nach Berlin gezogen und habe mich dort im Jahre 1930 mit dem Juden Kamenetzki verheiratet. Im Jahre 1934 wurde meine Ehe schuldlos

5 Friedrich Karl Florian (1894–1975); 1925 NSDAP- und SA-Eintritt, 1927 NSDAP-Kreisleiter Emscher-Lippe, 1929 Gauleiter von Düsseldorf; 1930 MdR, 1933 Preuß. Staatsrat, Vorsitzender des Rheinischen Gemeindetags, 1939 Reichsverteidigungskommissar; 1951 aus der US-Internierung entlassen, Industrievertreter in Düsseldorf.
6 Zwei Worte unleserlich.
7 In einem Schreiben vom 3.9.1942 gab die Gauleitung Düsseldorf der Bitte der Gestapo statt und übergab die Uhren und Füllfederhalter – ohne Quittierung – an Frontsoldaten.

1 LAB, A Rep. 358-02, 98 077, Bl. 83–87.
2 Lotte Kamenetzki, geb. Witkowski (1907–1943); verheiratet mit Bernhard Kamenetzki, Vertreter; sie wurde am 28.9.1943 nach Auschwitz deportiert und kam dort um.
3 Emil Altenburg, Zollsekretär in der Abt. F. (Bußgelder und Strafsachen) des Zollamts bzw. der Zollfahndung Wien.
4 Liegt in der Akte; wie Anm. 1.
5 Dorothea Witkowski, geb. Kohn (auch Cohn oder Kohl) (1882–1943), im Sept. 1943 nach Auschwitz deportiert und dort ermordet.

geschieden. Durch meine Heirat mit Kamenetzki wurde ich staatenlos.[6] Nach meiner Scheidung habe ich nun versucht, die deutsche Staatsangehörigkeit zu erwerben. Ich lebte mit meiner Mutter vom Erlös einer Gewinnbeteiligung an einer Apotheke in Beuthen-Oberschlesien. Wir erhielten etwa monatlich 250,– RM. Im Jahre 1940 habe ich in Berlin den Juden Fritz Liebenthal[7] kennengelernt und bald danach mich mit ihm verlobt.
Frage: Auf welche Weise kamen Sie zu dem Postausweis mit Lichtbild, der auf den Namen Lotte Kurnik, wohnhaft Berlin, ausgestellt worden ist und den Sie zu polizeilichen Anmeldungen außerhalb Berlins verwendeten?
Antwort: Liebenthal und ich kennen in Berlin einen Zahnarzt Dr. Hans Kurnik,[8] bei dem ich auch in zahnärztlicher Behandlung bin. Dr. Hans Kurnik ist Mischling. Er hat einen Bruder mit Namen Otto Kurnik – ebenfalls Mischling –, der sich entweder in einem Gefängnis oder in irgendeinem Sammellager befinden soll. Dr. Hans Kurnik bat meinen Verlobten, für seinen Bruder etwas zu tun. Darunter war zu verstehen, daß er seine Freilassung erwirken sollte. Zu diesem Zweck ließ sich Liebenthal von Dr. Hans Kurnik, Berlin, die Personaldokumente geben, die beim Sippenamt und anderen Behörden gebraucht wurden.
Ich berichtige mich: Liebenthal hat die Personaldokumente von Dr. Kurnik nicht verlangt, sondern dieser hat sie ihm aus freien Stücken ausgehändigt. Es stand nämlich die Frage offen, ob der Bruder des Dr. Kurnik Mischling ist oder nicht. Die Frage sollte hauptsächlich durch das Sippenamt geklärt werden. Liebenthal hat dann die Personaldokumente des Dr. Hans Kurnik einem Postamt Berlin-Charlottenburg vorgelegt und dort erklärt, daß es seine Dokumente seien. Auf Grund dieser Personaldokumente hat das Postamt dem Liebenthal einen Postausweis mit Lichtbild auf den Namen Dr. Hans Kurnik ausgestellt. Ich persönlich war bei diesem Postamt schon bekannt. Ich besaß einen Postausweis auf den Namen Lotte Kamenetzki, den ich in Gegenwart des Liebenthal vorlegte. Der Postbeamte wollte mir zunächst einen Ausweis auf den Namen Kurnik nicht ausstellen und verlangte dazu die notwendigen Papiere. Liebenthal und ich erklärten dem Beamten, daß wir geheiratet hätten und daß ich nicht mehr Lotte Kamenetzki, sondern die Frau des Dr. Hans Kurnik sei. Daraufhin stellte der Postbeamte den Postausweis auf den Namen Lotte Kurnik aus.
Ich war mir darüber klar, daß ich mich durch falsche Angaben bei der Behörde strafbar machte und eine Urkunde wissentlich fälschte. Ich tat dies, um eine zu erwartende Evakuierung zu verhindern.
Frage: Auf welche Weise kam Ihre Mutter, Frau Witkowski, in den Besitz des Postausweises auf den Namen Anna Heintze?
Antwort: Anna Heintze ist die Mutter des Zahnarztes Dr. Hans Kurnik aus Berlin. Wir haben gleichzeitig auch diese Personaldokumente von Dr. Kurnik übernommen. Die Dokumente der Anna Heintze hat Liebenthal bei demselben Postamt in Berlin-Charlottenburg vorgelegt und daraufhin einen Postausweis für meine Mutter auf den Namen

6 Durch Heirat mit einem staatenlosen Mann wurde auch die Ehefrau staatenlos.
7 Vermutlich: Fritz Liebenthal (*1896); er wurde am 28.9.1943 nach Auschwitz deportiert und kam dort um.
8 Dr. Hans Kurnik (*1897), Zahnarzt; 1923 in Würzburg promoviert; er hat das Kriegsende erlebt, sein weiteres Schicksal ist unbekannt.

Anna Heintze ausgestellt bekommen. Meine Mutter war auf dem Postamt unbekannt, und deshalb war es möglich, den Postausweis unter falschem Namen zu bekommen. Wenn ich mich recht erinnere, war meine Mutter auf Anweisung des Liebenthal allein beim Postamt und hat sich dort im Beisein des Liebenthal den Postausweis ausstellen lassen.

Frage: Wo haben Sie sich unter falschem Namen polizeilich angemeldet?

Antwort: Liebenthal, meine Mutter und ich wohnten seit November 1941 – in diesem Monat wurden die Postausweise ausgestellt – vorübergehend in Berlin, in Zobot,[9] in Karlsbad, in Wien, in Baden bei Wien und in München. Wir haben uns überall unter falschem Namen polizeilich angemeldet und überall als Arier gewohnt und gelebt.

Frage: Aus welchem Grunde führten Sie Ihre Reisen durch?

Antwort: Wir wollten dadurch eine Evakuierung verhindern.

Frage: Wovon haben Sie gelebt?

Antwort: Anfang des Jahres 1941 erhielt meine Mutter von meiner Tante, Frau Gunda Ehrenfried, wohnhaft Berlin, Duisburger Str. 8, 10 000,– RM, ich ebenfalls 10 000,– RM und mein Verlobter weitere 15 000,– RM geschenkt. Von diesem Geld haben wir gelebt und Reisen gemacht. Einen großen Teil haben wir für unsere Auswanderung ausgegeben. Die Auswanderung scheiterte aber an meiner Staatenlosigkeit.

Frage: Welche Personen haben Sie auf Ihren Reisen kennengelernt?

Antwort: Das ist schwer zu sagen, ich habe eine Menge Personen kennengelernt.

Frage: Besitzen Sie oder Ihre Mutter oder Liebenthal ein beschränkt verfügbares Sicherungskonto?[10]

Antwort: Liebenthal und ich besitzen kein B.V.S.-Konto. Meine Mutter hat ein solches Konto bei der Deutschen Bank in Berlin.

Frage: Warum wurde das Geld, das Sie von Frau Ehrenfried geschenkt bekamen, nicht auf das B.V.S.-Konto eingelegt?

Antwort: Das weiß ich nicht. Das Geld wurde bei dem Rechtsanwalt Schlesinger in Berlin, Mommsenstraße, Nummer ist mir unbekannt, hinterlegt. Von dort habe ich mir das Geld fallweise abgeholt. Auch Liebenthal und meine Mutter holten sich das Geld von dem Rechtsanwalt ab.

Frage: Ist Ihnen bekannt, daß Liebenthal Goldgeschäfte und auch Geschäfte mit anderen Waren größeren Umfanges durchgeführt hat?

Antwort: Ja. Etwa zu Beginn des Jahres 1942 wohnten mein Verlobter, meine Mutter und ich im Hotel „Grüner Baum" in Baden bei Wien. Wir hielten uns auch im Spielkasino auf, und dort wurden meinem Verlobten Goldwaren und Brillanten zum Kauf angeboten. Zu dieser Zeit besuchte uns auch ein gewisser *Freisehner*[11] aus München im Hotel „Grüner Baum" und bot meinem Verlobten einen Brillantring zum Kauf an. Ich habe gesehen, daß mein Verlobter den Brillantring für 17 500,– RM von Freisehner gekauft hat. Mein Verlobter übergab mir den Brillantring zur Aufbewahrung. Einige Monate später habe ich diesen Brillantring zusammen mit meinem Verlobten anläßlich

9 Richtig: Zoppot, heute: Sopot.

10 Siehe Dok. 38 von Mitte Nov. 1941, Anm. 3.

11 Vermutlich: Karl Freisehner (1903–1967), Metzger, Kaufmann; geb. in Österreich; in den 1950er-Jahren in die Spielbankenaffäre in Bayern verwickelt, bei der es um die Vergabe von Kasinolizenzen an Privatpersonen ging; wegen Meineids zu 22 Monaten Haft verurteilt.

eines vorübergehenden Aufenthaltes in Karlsbad dem dort wohnenden Juwelier Thoma zum Verkauf übergeben. Wir verlangten für den Ring 19 000,– RM. Thoma übernahm den Ring und hat ihn später auch verkauft. Einige Tage später habe ich von Thoma 5000,– RM übernommen und den Betrag auf Anweisung meines Verlobten an ihn nach München geschickt. Die Überweisung erfolgte telegrafisch durch die Dresdner Bank Karlsbad an die Dresdner Bank München, Bayerstraße. Der Restbetrag in Höhe von 14 000,– RM sollte am 15. August 1942 ausbezahlt werden. Inzwischen wurde ich gemeinsam mit meiner Mutter von Liebenthal aus Wien von Karlsbad abberufen. Wir fuhren von Karlsbad nach Berlin, und ich erfuhr dort, daß mein Verlobter in Wien durch die Polizei einen Anstand gehabt hatte.[12]
Frage: Sind Ihnen die Geschäfte bekannt, die Ihr Verlobter mit einem gewissen Franke durchgeführt hat?
Antwort: Ja. Ich weiß, daß mein Verlobter Liebenthal von einem gewissen Arno *Franke*, der in Brüssel tätig ist, laufend Goldbänder und Brillanten übernommen und innerhalb des deutschen Reichsgebietes verkauft hat. Mein Verlobter hat mir in Karlsbad im Juli d. J. ein schweres goldenes Armband, das aus einer Sendung des Franke stammte, übergeben für den Fall, daß ich einmal in Not geraten sollte. Ich habe das Armband getragen. Es ist etwa 125 Gramm schwer. Dieses Goldarmband wurde bei meiner Festnahme vorgefunden und beschlagnahmt. Ich habe außerdem noch von Liebenthal einen Brillantring im Werte von rund 8000,– RM Ende Juli d. J. in Berlin übernommen. Liebenthal brachte diesen Ring von seiner Reise aus Wien mit und übergab mir den Ring in Berlin mit dem Bemerken, daß ich ihn später verkaufen könne, falls ich in Not gerate. Diesen Ring habe ich bei der Festnahme in meinen Schlüpfer gesteckt und habe ihn dann vor der körperlichen Durchsuchung dem Polizeibeamten freiwillig übergeben.
Es war mir bekannt, daß die Geschäfte, die mein Verlobter als Jude machte, verboten sind. Ich war mir auch darüber klar, daß ich mich in dieser Sache der Beihilfe schuldig machte. Wir machten diese Geschäfte zum Teil gemeinsam, um unsere Lebenshaltungskosten zu bestreiten.
Auf die Frage, ob mir weitere Geschäfte mit Freisehner aus München bekannt sind, erkläre ich: ja. Ich erkläre, daß Freisehner mehrmals von meinem Verlobten Goldwaren und Brillanten gekauft hat. Freisehner hat auch einmal einen größeren Betrag durch eine Bank von München nach Berlin überwiesen, und zwar auf meinen Namen. Ich habe diesen Betrag in Berlin von der Bank abgeholt.
V.g.u.[13]
g.w.o.[14]

12 Gemeint ist: Er hat Ärger mit der Polizei bekommen.
13 Es folgt die Unterschrift „Lotte Sara Kamenetzki, geb. Witkowski".
14 Geschehen wie oben. Darunter die Unterschriften von Altenburg und Berger.

DOK. 157
Die Gestapo bilanziert am 27. August 1942 ihre Ermittlungen gegen die Widerstandsgruppe um Herbert Baum und den Anschlag auf die Ausstellung „Das Sowjetparadies“[1]

Abschlussbericht der Stapo IV A 1–860/42 g, Unterschrift unleserlich, Berlin, vom 27.8.1942

Schlußbericht
In der Ausstellung „Das Sowjetparadies“[2] wurden am 18. Mai 1942 von unbekannten Tätern je ein Spreng- und Brandkörper zum Zwecke der Inbrandsetzung niedergelegt. Es konnten alsbald als Täter Angehörige von zwei kommunistischen Gruppen, deren eine von dem Labor-Ingenieur Joachim *Franke*[3] geleitet wurde, während die andere unter Führung eines Juden Herbert Israel *Baum*[4] stand, ermittelt und festgenommen werden. Letztgenannte Gruppe setzte sich in der Hauptsache aus verhältnismäßig jüngeren Juden zusammen. Die an dem Anschlag gegen die Ausstellung beteiligten Mitglieder beider Gruppen wurden bereits in der Hauptverhandlung des Sondergerichts Berlin – 1 P.K. Ls. 25/42 g. Rs. 116/42 – am 16.7.1942 als Gewaltverbrecher zum Tode verurteilt; die Urteile wurden am 18.8.1942 vollstreckt.[5]
Auf Grund der Ermittlungen konnten die nachstehend aufgeführten Mitglieder der kommunistischen Gruppe *Baum* festgenommen werden.
1) *Baum*, Herbert Israel, 10.2.1912 in Moschin geboren, Elektromaschinenbauer, deutscher Staatsangehöriger, Jude, verheiratet, Berlin, C 2, Stralauer Straße 3/6 wohnhaft, festgenommen am 22.5.1942.
2) *Baum*, geb. Cohn, Marianne Sara,[6] 9.2.1912 in Saarburg geboren, Wicklerin, deutsche Staatsangehörige, Jüdin, verheiratet, Berlin C 2, Stralauer Straße 3/6 wohnhaft, festgenommen am 22.5.1942.

1 BArch, R 3018/1642, Bl. 100–110.
2 Siehe Dok. 117 vom 29.5.1942 , Anm. 5.
3 Joachim Franke (1905–1942) bildete mit Werner Steinbrink eine Widerstandsgruppe, die mit der Baum-Gruppe zusammenarbeitete; gemeinsam mit Herbert Baum führte er am 18.5.1942 den Anschlag auf die Ausstellung „Das Sowjetparadies“ aus, wurde vom Volksgerichtshof zum Tode verurteilt und hingerichtet.
4 Herbert Baum (1912–1942), Elektriker; 1931 Eintritt in den KJVD, 1932 Leiter des Rings – Bund Deutsch-Jüdischer Jugend (ab 1936 Ring – Bund Jüdischer Jugend), nach 1933 illegal für die KPD aktiv, von 1936 an leitete er mit seiner Ehefrau Marianne eine jüdisch-kommunistische Widerstandsgruppe; arbeitete 1941 in der „Judenabt.“ der Berliner Elmo-Werke; wenige Tage nach dem Anschlag zusammen mit seiner Ehefrau verhaftet; nahm sich vermutlich am 11.6.1942 das Leben.
5 Alle unmittelbar an dem Anschlag beteiligten Mitglieder der Gruppe Baum – Herbert und Marianne Baum, Heinz Joachim, Irene Walther, Gerhard Meyer, Sala Kochmann und Suzanne Wesse – wurden zwischen dem 18. und 27.5.1942 verhaftet. Die gegen sie gefällten Todesurteile wurden am 18.8.1942 vollstreckt. Darüber hinaus gab es umfangreiche weitere Verhaftungen im Umfeld der Gruppe sowie insgesamt drei Prozesse, die in den meisten Fällen mit der Hinrichtung der Angeklagten endeten. Der zweite Prozess fand am 10.12.1942 statt, die dabei verhängten Todesurteile wurden am 4.3.1943 in Berlin-Plötzensee vollstreckt. Die im dritten Prozess am 29.6.1943 zum Tode Verurteilten wurden am 7.9.1943 hingerichtet.
6 Marianne Baum, geb. Cohn (1912–1942); von 1930 an Mitglied im KJVD, nach 1933 im kommunistischen Widerstand aktiv.

3) *Joachim*, Heinz Israel,[7] 13.12.1919 in Berlin, geboren, Transportarbeiter, deutscher Staatsangehöriger, Jude, verheiratet, Berlin NO 55, Belforter Straße 12 wohnhaft, festgenommen am 9.6.1942.
4) *Walther*, Irene,[8] 23.1.1919 in Berlin, Neukölln geboren, Stenotypistin, Reichsdeutsche, glaubenslos fr[üher] evangelisch, ledig, Berlin-Charlottenburg, Waitzstraße 12 wohnhaft, festgenommen am 23.5.1942.
5) *Wesse*, geb. Vasseur, Susanne, 16.1.1914 in Calais geboren, Übersetzerin, Reichsdeutsche, früher französische Staatsangehörige, katholisch, verheiratet, Berlin-Charlottenburg, Leibnizstraße 72 wohnhaft, festgenommen am 23.5.1942.
6) *Kochmann*, geb. Rosenbaum, Sara,[9] 7.6.1912 in Rzeszow / Polen geboren, Kinderhortnerin, deutsche Staatsangehörige, früher Polin, Jüdin, verheiratet, Berlin N 54, Gipsstraße 3 wohnhaft, festgenommen am 23.5.1942.
7) *Meyer*, Gerhard Israel,[10] 12.1.1919 in Berlin geboren, Werkzeugmacher, deutscher Staatsangehöriger, Jude, verheiratet, Berlin C 2, Georgenkirchstr. 31 wohnhaft, festgenommen am 22.5.1942.
8) *Rothholz*, Heinz Israel,[11] 28.5.1921 in Berlin geboren, Hilfsmechaniker, deutscher Staatsangehöriger, Jude, ledig, Berlin-Charlottenburg, Droysenstr. 12 wohnhaft, festgenommen am 22.5.1942.
9) *Birnbaum*, Heinz Israel, 22.9.1920 in Berlin geboren, Dreher, staatenlos, Jude, ledig, Berlin-Charlottenburg, Wilmersdorfer Straße 60/61 wohnhaft, festgenommen am 1.6.1942.
10) *Hirsch*, Helena Hella Sara, 6.3.1921 in Posen geboren, Arbeiterin, deutsche Staatsangehörige, Jüdin, ledig, Berlin N 54, Linienstraße 220 wohnhaft, festgenommen am 8.7.1942.
11) *Hirsch*, Alice Sara, 28.4.1923 in Berlin geboren, Arbeiterin, deutsche Staatsangehörige, Jüdin, ledig, Berlin N 54, Linienstraße 220 wohnhaft, festgenommen am 8.7.1942.
12) *Fraenkel*, Edith Sara,[12] 8.2.1922 in Berlin geboren, Arbeiterin, deutsche Staatsangehörige, Jüdin evangelischer Religion, ledig, Berlin W 50, Pfalzburger Straße 86 wohnhaft, festgenommen am 8.7.1942.

7 Heinz Joachim (1919–1942), Musikstudent; Transportarbeiter in den Elmo-Werken; von 1941 an verheiratet mit der Kinderkrankenschwester Marianne Joachim, geb. Prager (1921–1943).

8 Irene Walther (1919–1942), Sekretärin; verließ 1936 den BDM und schloss sich der illegalen KPD an.

9 Richtig: Sala Kochmann, geb. Rosenbaum; 1938 heiratete sie Martin Kochmann; versuchte sich in der Untersuchungshaft das Leben zu nehmen.

10 Gerhard Meyer (1919–1942); seit 1942 verheiratet mit Hanni Meyer, geb. Lindenberger (1921–1943), Krankenschwester, die Mitglied im Ring – Bund Deutsch-Jüdischer Jugend und in der Baum-Gruppe war.

11 Heinz Rothholz (1921–1943) wurde zusammen mit Heinz Birnbaum, Lothar Salinger (1919–1943), Helmut Neumann (1921–1943), Hildegard Loewy, Siegbert Rotholz im zweiten Prozess gegen Mitglieder der Baum-Gruppe zum Tode verurteilt und hingerichtet. Hella Hirsch, verheiratete Heymann (1921–1943), und Alice Hirsch wurden am 8.7.1942 von der Gestapo verhaftet und am 10.12.1942 vom Volksgerichtshof verurteilt; das Todesurteil gegen Hella Hirsch wurde am 4.3.1943 vollstreckt; Alice Hirsch wurde zu drei Jahren Zuchthaus verurteilt und im Okt. 1943 nach Auschwitz deportiert und dort ermordet.

12 Edith Fraenkel (*1922) wurde zunächst zu fünf Jahren Zuchthaus verurteilt, das Urteil wurde später widerrufen und sie am 14.10.1943 nach Auschwitz deportiert und dort ermordet.

13) *Meyer*, geb. Lindenberger, Hanni Sara, 14.2.1921 in Berlin geboren, Arbeiterin, deutsche Staatsangehörige, Jüdin, verheiratet, Berlin C 2, Georgenkirchstraße 31 wohnhaft, festgenommen am 3.6.1942.
14) *Joachim*, geb. Prager, Marianne Sara, 5.11.1921 in Berlin geboren, Kinderpflegerin, deutsche Staatsangehörige, Jüdin, verheiratet, Berlin NO 55, Belforter Str. 12 wohnhaft, festgenommen am 9.6.1942.
15) *Salinger*, Lothar Israel, 8.5.1919 in Berlin geboren, Arbeiter, deutscher Staatsangehöriger, Jude, ledig, Berlin C 2, Rosenthaler Straße 40/41 wohnhaft, festgenommen am 15.7.1942.
16) *Neumann*, Helmut Israel, 29.7.1921 in Berlin geboren, Transportarbeiter, deutscher Staatsangehöriger, Jude, ledig, Berlin N 58, Senefelder Straße 27 wohnhaft, festgenommen am 15.7.1942.
17) *Loewy*, Hildegard Sara,[13] 4.8.1922 in Berlin geboren, Büroangestellte, deutsche Staatsangehörige, Jüdin, ledig, Berlin W 30, Luitpoldstraße 40 wohnhaft, festgenommen am 15.7.1942.
18) *Rotholz*, Siegbert Israel,[14] 14.9.1919 in Berlin geboren, Kohlenarbeiter, deutscher Staatsangehöriger, Jude, verheiratet, Berlin SW 68, Lindenstraße 48/50 wohnhaft, festgenommen am 15.7.1942.
19) *Rotholz*, geb. Jastrow, Lotte Sara,[15] 25.9.1923 in Bentheim geboren, Arbeiterin, deutsche Staatsangehörige, Jüdin, verheiratet, Berlin SW 68, Lindenstraße 48/50 wohnhaft, festgenommen am 10.8.1942.
20) *Berger*, Jakob Israel,[16] 26.3.1914 in Berlin geboren, Schlosser, deutscher Staatsangehöriger, Jude, verheiratet, Berlin N 54, Gipsstraße 3 wohnhaft, festgenommen am 3.6.1942.
21) *Paech*, Gustav,[17] 11.10.1905 in Berlin geboren, Techniker, Reichsdeutscher, evangelisch, geschieden, Berlin N 20, Zechliner Straße 6 wohnhaft, festgenommen am 31.7.1942.

Der zu 1) genannte Herbert Israel *Baum* hat am 11.6.1942 im Polizeigefängnis Berlin Selbstmord durch Erhängen verübt. Die von 2) bis 7) aufgeführten Beschuldigten wurden wegen der Brandlegung in der Ausstellung „Das Sowjetparadies" bereits abgeurteilt und hingerichtet.

Darüber hinaus gehörten zur KPD-Gruppe *Baum* die flüchtigen Juden:

13 Hildegard Loewy (1922–1943); Mitglied in der zionistischen Jugendgruppe Hashomer Hatzair, ihre Auswanderung nach Palästina kam nicht zustande, da sie als körperlich nicht geeignet galt; 1940 Abitur am letzten bestehenden jüdischen Gymnasium in Berlin.

14 Siegbert Rotholz (1919–1943), Hilfsarbeiter; gehörte dem zionistischen Jugendbund Habinom an.

15 Lotte Rotholz, geb. Jastrow (*1923), Wäscherin; Mitglied im Ring – Bund Deutsch-Jüdischer Jugend; heiratete im Dez. 1941 Siegbert Rotholz; am 10.12.1942 zu acht Jahren Gefängnis verurteilt, wurde zur Strafverbüßung zunächst in das Zuchthaus Cottbus gebracht, am 12.10.1943 in das Sammellager Große Hamburger Straße in Berlin und zwei Tage später zusammen mit Alice Hirsch und Edith Fraenkel nach Auschwitz deportiert, wo sie umkam.

16 Richtig: Jacob Berger, wurde vermutlich in Berlin erschossen. Auf Beschluss des RJM hin wurden jüdische Strafgefangene vom 9.10.1942 an direkt an die SS überstellt.

17 Gustav Paech (1905–1945) wurde nach seiner Verhaftung zu zwei Jahren Gefängnis verurteilt und im KZ Sachsenhausen inhaftiert, er starb wenige Wochen nach der Befreiung.

a) *Holzer*, Richard,[18] 30.3.1911 in Berlin geboren, Arbeiter, ungarischer Staatsangehöriger, Jude, ledig, Berlin C 27, Blankenfeldestraße 11 wohnhaft,
b) *Paech* , geb. Abraham, Charlotte Sara,[19] 7.12.1909 in Berlin geboren, Arbeiterin, deutsche Staatsangehörige, Jüdin, geschieden, Berlin N 20, Zechliner Straße 6 wohnhaft,
c) *Kochmann*, Martin Israel,[20] 30.10.1912 in Bongowitz geboren, Arbeiter, deutscher Staatsangehöriger, Jude, verheiratet, Berlin N 54, Gipsstraße 3 wohnhaft,
d) *Heymann*, Felix Israel, 23.11.1917 in Berlin geboren, Arbeiter, deutscher Staatsangehöriger, Jude, ledig, Berlin SW, Urbanstraße 115 wohnhaft,
e) *Ehrlich*, Ursel Sara,[21] 7.7.1920 in Berlin geboren, Arbeiterin, deutsche Staatsangehörige, Jüdin, ledig, Berlin SW 61, Monumentenstraße 23, wohnhaft,
f) *Wittenberg*, Lothar Israel,[22] 7.4.1925 in Berlin geboren, ohne Beruf, deutscher Staatsangehöriger, Jude, ledig, Berlin NO, Langbahnstraße 37 wohnhaft,
g) *Budzislawski*, Herbert Israel, 30.12.1920 in Berlin geboren, Arbeiter, deutscher Staatsangehöriger, Jude, ledig, Berlin N 24, Gr. Hamburger Straße 15/16 wohnhaft,
ihre Ausschreibung im Deutschen Fahndungsbuch zur Festnahme wurde veranlaßt.
Fast sämtliche Beschuldigte waren früher in jüdischen Jugendverbänden organisiert. Nach Auflösung dieser kamen sie zunächst weiter in sogenannten Zirkeln zusammen und unternahmen zum Teil gemeinsame Wanderungen. Zunächst befaßten sich die einzelnen Angehörigen der Zirkel insofern mit staatsfeindlichen Gedanken, als sie die vom Staat gegen die Juden getroffenen Maßnahmen als ungerecht empfanden und den Staat deshalb bekämpfen wollten. Aus diesem Grunde wollten sie Bestrebungen unterstützen, die zum Ziele hatten, eine Änderung der Verfassung des Deutschen Reiches herbeizuführen, und den Juden wieder als gleichberechtigten Staatsbürger anzuerkennen. Das konnte nach ihrer Auffassung nur bei einer kommunistischen evtl. auch reaktionären Regierung der Fall sein. Im Bolschewismus sahen sie den größten Machtfaktor gegen den nationalsozialistischen Staat, und ein Sieg Sowjetrußlands konnte eine Lösung des Judenproblems in ihrem Sinne bringen. Aus dieser Erkenntnis wollten sie sich mit dem kommunistischen Gedankengut so vertraut machen, daß sie zunächst durch Propagandatätigkeit (Flugblatt- und Schmieraktionen) die Bevölkerung aufhetzen und später bei einer bolschewistischen Revolution tatkräftig mitwirken konnten. So kam es zur Bildung regelrechter kommunistischer Gruppen, in denen auch Beiträge erhoben wurden. Bei den planmäßig bis in die letzte Zeit durchgeführten Schulungsabenden wurden die

18 Richard Holzer (1911–1975); KPD-Mitglied; einer von vier Überlebenden der Baum-Gruppe; floh im Herbst 1942 nach Ungarn, wo er in eine Zwangsarbeiterkompanie eingewiesen und an die Ostfront abkommandiert wurde; er lief zur Roten Armee über; kehrte mit dem Nationalkomitee Freies Deutschland nach Deutschland zurück; Heirat mit Charlotte Paech, mit der er in der DDR lebte.

19 Charlotte Paech, geb. Abraham (1909–1980), Krankenschwester; 1931 KPD-Eintritt, 29.5.1942 vom Volksgerichtshof zum Tode verurteilt; nach einem Bombenangriff konnte sie aus der Haft fliehen und untertauchen; nach dem Krieg als Schwangerschafts- und Mütterberaterin tätig.

20 Martin Kochmann (1912–1943); enger Freund Herbert Baums, wurde wie Herbert Budzislawski (1920–1943) und Felix Heymann (1917–1943) noch festgenommen und am 29.6.1943 im dritten Prozess gegen die Gruppe Baum zum Tode verurteilt und hingerichtet.

21 Ursel Ehrlich, später Salinger (1902–2002), Kinderkrankenschwester; Zwangsarbeit bei Siemens; seit 1940 mit ihrem Verlobten Lothar Salinger im Widerstand, im Juli 1942 in Berlin untergetaucht; Emigration in die USA, heiratete Lothars Bruder Gerhard.

22 Lothar Wittenberg (1925–1942) wurde im Okt. 1942 nach Riga deportiert und dort ermordet.

einzelnen Mitglieder anhand marxistischer Schriften für die revolutionäre Arbeit geschult und zu Aktivisten erzogen.
Die Führung der hier erfaßten kommunistischen Gruppen lag in den Händen des Juden Herbert Israel *Baum*. Er leitete selbst eine derartige Gruppe und gab außerdem den Führern der ihm unterstellten weiteren Gruppen Richtlinien für die Durchführung der illegalen Arbeit. *Baum* hat Verbindungen zu der eingangs erwähnten kommunistischen Gruppe *Franke* unterhalten, und es war geplant, die Judengruppen der Gruppe Franke anzuschließen.
Etwa um die Jahreswende 1941/42 erhielt *Birnbaum* von dem Juden Leo Israel *Hopp*,[23] der sich in einem hier schwebenden Ermittlungsvorgang seit 4.2.1942 in Schutzhaft befindet, eine 18-seitige Hetzschrift „Organisiert den revolutionären Massenkampf gegen Faschismus und imperialistischen Krieg". (Fotokopie befindet sich im Beweismittelband Blatt 1 bis 19). Nachdem *Baum* seine Mitglieder mit dem Inhalt dieser Hetzschrift auf Schulungsabenden vertraut gemacht hatte, leitete er sie an die Gruppe *Franke* weiter und erhielt dafür von dieser je ein Exemplar der von *Franke* herausgegebenen Hetzschriften: „Der Ausweg". Antifaschistische Kampfschrift, Frontausgabe vom November 1941, „Der Weg zum Sieg". Informationsdienst der KPD, Ausgabe November 1941, „Der Ausweg", Ausgabe Dezember 1941. (Die drei Hetzschriften sind im Beweismittelband Blatt 20 bis 44 enthalten).
Auch diese Hetzschriften wurden durch *Baum* den Mitgliedern seiner Gruppe bei Schulungsabenden vorgelesen. Später bekam *Baum* noch eine von der Gruppe *Franke* herausgegebene Hetzschrift „An die deutsche Ärzteschaft" (Beweismittelband Blatt 45), die er ebenfalls seinen Mitgliedern bekanntgab.
Die Gruppe *Baum* hat sich auch bereits mit der Herstellung eigenen Hetzmaterials befaßt. Zu diesem Zwecke hatte *Joachim* einen Abziehapparat für 100.– RM gekauft. Einige Mitglieder der Gruppe verfaßten einen Hetzartikel über die Ernährungslage und benutzten als Grundlage hierzu einen Aufsatz von Reichsminister Dr. Goebbels, der in der Wochenzeitschrift „Das Reich" erschienen war. Die Wachsmatrizen wurden durch die *Walther* auf deren Schreibmaschine hergestellt. Außerdem haben die *Walther* und die *Wesse* vorhandenes kommunistisches Hetzmaterial mit einer Anzahl Durchschläge auf ihren Schreibmaschinen abgeschrieben, und *Baum* hat dieses Material weiterverbreitet.
Baum hat auch mit *Steinbrinck*,[24] dem Verbindungsmann zur Gruppe *Franke*, zusammen einen sogenannten „Offenen Brief an die Zentrale" entworfen, der dem *Franke* zur Korrektur übergeben wurde. Er sollte ein Aufruf an Säumige und der illegalen KPD noch Fernstehende sein. (Fotokopie befindet sich im Beweismittelband Blatt 46 bis 61).
In Verfolg der bisherigen illegalen Arbeit wurde etwa 14 Tage vor Eröffnung der Ausstellung „Das Sowjetparadies" innerhalb der Gruppe *Baum* in Erwägung gezogen, eine Terroraktion gegen diese Ausstellung durchzuführen und anschließend durch eine entsprechende Flugblattaktion weiteren Kreisen der Bevölkerung zur Kenntnis zu bringen, daß der Anschlag eine Aktion der illegalen KPD war. *Baum* unterbreitete diesen Plan über *Steinbrinck* dem *Franke*, der zusammen mit *Steinbrinck* den technischen Teil zur Ver-

23 Leo Hopp, Verbindungsmann zwischen der Widerstandsgruppe Baum und der exilierten KPD; im Rahmen der sog. Aufrollung der kommunistischen Organisationen, die nach dem Verbot der KPD entstanden waren, wurde er von der Gestapo verhaftet.
24 Richtig: Steinbrink; siehe Anm. 3.

wirklichung übernahm. Der Anschlag sollte am Sonntag, dem 17.5.1942, nachmittags durch Inbrandsetzung der Ausstellung ausgeführt werden, und es waren zur Teilnahme die zuverlässigsten Mitglieder aus beiden Gruppen ausersehen. So wurde auch der Jude Heinz Israel *Rothholz* für den angegebenen Sonntag zusammen mit weiteren Mitgliedern der Gruppe *Baum* in die Wohnung der Sara *Kochmann* bestellt. Nachdem *Baum* den hier Erschienenen nochmals klargemacht hatte, daß sie die Ausstellung „Das Sowjetparadies" nun besuchen würden, um die Ausstellung in Brand zu setzen, wurden gegen die Teilnahme des *Rothholz* wegen seines allzu jüdischen Aussehens Bedenken geltend gemacht. Er hatte jedoch nicht die Absicht, zurückzutreten, sondern begab sich mit den übrigen Personen zum 52 t Panzer[25] im Lustgarten, wo sich auch die Beteiligten aus der Gruppe *Franke* eingefunden hatten. Von der Durchführung der Aktion wurde aber an diesem Tage Abstand genommen, weil die Ausstellung übermäßig stark besucht war und dadurch eine Entdeckung der Täter befürchtet werden mußte. Es wurde beschlossen, die Aktion am 18.5.1942 in den Abendstunden auszuführen. *Rothholz* wurde zur Teilnahme an diesem Tage mit Rücksicht auf die gegen seine Person geltend gemachten Bedenken nicht mehr aufgefordert, was er sehr bedauert hat. Die in diesem Zusammenhang von *Rothholz* in seinen Vernehmungen gemachten nachstehenden Aussagen sind bezeichnend für den revolutionären Geist, der innerhalb der Gruppe *Baum* bereits vorhanden war. Er erklärte u. a.: „... Ich habe mich bedingungslos zur politischen Arbeit des *Baum* bekannt ..." „... war davon unterrichtet, daß die Ausstellung in Brand gesteckt werden sollte ..." „... wurde zu der Aktion am Montag wegen meines allzu jüdischen Aussehens nicht mehr hinzugezogen ..." „... habe dies nur bedauert, da die geplante und später durchgeführte Aktion auch durchaus im Sinne meiner kommunistischen Bestrebungen lag ..."

Eine Verurteilung des *Rothholz* in dem Verfahren vor dem Sondergericht konnte nicht erfolgen, weil er an der Ausführung der eigentlichen Tat am 18.5.1942 nicht teilgenommen hatte, und daher [ist] gegen ihn in diesem Zusammenhang Anklage nicht erhoben worden.

Baum beschäftigte sich auch mit der Beschaffung von Ausweispapieren französischer Zivilarbeiter, die er fälschte und an seine Mitglieder weiterverkaufte, damit diese Ausweise in Händen hatten, mit denen sie sich zunächst im Reichsgebiet ohne Judenstern bewegen konnten und die es ihnen ermöglichten, im Falle einer drohenden Evakuierung längere Zeit illegal in Deutschland weiterzuleben und schließlich eines Tages ins Ausland zu entkommen. Verschiedene Angehörige der Gruppe *Baum* waren bereits mit derartigen gefälschten Ausweisen ausgerüstet und hatten sich mit deren Hilfe bereits in der Umgebung Berlins illegale Quartiere als „Sommerwohnungen" gemietet.

In der Wohnung des *Baum* lernte *Birnbaum* den *Steinbrinck*, der wegen des Anschlages auf die Ausstellung ebenfalls zum Tode verurteilt und bereits hingerichtet ist, kennen. Alle drei sprachen über die Beschaffung von Geldmitteln zum Erwerb der französischen Ausweise und faßten den Entschluß, als falsche Beamte der Geheimen Staatspolizei in Judenwohnungen einzudringen, diese zu durchsuchen und gefundene Wertgegenstände zu „beschlagnahmen". In diesem Zusammenhang wurde von *Baum* die Lietzenburger Straße genannt. *Baum* und *Birnbaum* verabredeten später den 7.5.1942 als Tag zur Ausführung der Tat, und *Baum* bestellte *Steinbrinck* zu diesem Termin in seine

25 Ein ausgestellter Beutepanzer.

Wohnung. Sie fuhren zu dritt in den Morgenstunden nach der Lietzenburger Straße. *Birnbaum* hatte einen Aktendeckel mit einer Siegelmarke des Finanzamtes in einer Aktentasche mitgenommen, um in der Judenwohnung einen amtlichen Eindruck zu erwekken. Verabredungsgemäß begaben sich *Birnbaum* und *Steinbrinck* in die Wohnung des Juden Felix Israel *Freundlich*, Berlin-Wilmersdorf, Lietzenburger Straße 43, während *Baum* zunächst auf der Straße blieb, um Schmiere zu stehen. Nachdem die Wohnung auf Klingeln geöffnet wurde, erklärte *Birnbaum*, daß sie von der Gestapo kämen. *Birnbaum* ließ sich dann nach Eintritt in die Wohnung zunächst die anwesenden Personen nennen und ihre Kennkarten vorlegen, die er flüchtig betrachtete. Dann schritt er zur „Durchsuchung" und *Steinbrinck* notierte die „beschlagnahmten" Wertgegenstände (echte Brücken, 1 Reiseschreibmaschine, 2 Fotoapparate, 2 Operngläser, 1 Herrenarmbanduhr, 1 Kamelhaardecke, 1 Ölgemälde) im Gesamtwert von etwa 20 000.– RM. Dieses wurde dann zusammengepackt und von dem hinzugerufenen *Baum* und *Steinbrinck* in die Wohnung des *Baum* geschafft. *Birnbaum* suchte dann zusammen mit der Tochter Margarete Sara *Freundlich* eine weitere Judenwohnung in der Kaiserallee auf, um dort wertvolle Bilder auf die gleiche Art zu entwenden. Die Bilder waren aber nicht dort, und *Birnbaum* erteilte die Auflage, die Bilder bis zum nächsten Morgen nach der Lietzenburger Straße zu schaffen, damit sie dort abgeholt werden konnten. Durch die erfolgte Presseveröffentlichung „Banditenstreich falscher Kriminalbeamter" ist es zur Veräußerung des Diebesgutes nicht gekommen. Ein Teil der Beute konnte in der illegalen Wohnung des *Baum* in Berlin-Schulzendorf ermittelt und sichergestellt werden. Diese Gegenstände wurden durch die Geheime Staatspolizei eingezogen. (Der zum hiesigen Vorgang genommene diesbezügliche Ermittlungsvorgang der Kriminalpolizeileitstelle Berlin – Frd. 04 070 K 2.42 – befindet sich im Beweismittelband Blatt 62 bis 76).

Nach den Ermittlungen gehörten zu den Mitgliedern der von *Baum* geleiteten Gruppe die an der Sabotageaktion in der Ausstellung Beteiligten Marianne Sara *Baum*, Heinz Israel *Joachim*, Suzanne *Wesse*, Irene *Walther*, Sara *Kochmann* und Gerhard Israel *Meyer*. Weitere Mitglieder dieser Gruppe waren Heinz Israel *Rothholz*, Heinz Israel *Birnbaum*, Helena Hella Sara *Hirsch*, Alice Sara *Hirsch*, Edith Sara *Fraenkel*, Felix Israel *Heymann*, Martin Israel *Kochmann*, Richard *Holzer*, Charlotte Sara *Paech* und Hanni Sara *Meyer*.

Außerdem bestand eine weitere kommunistische Gruppe, die etwa bis Februar d. Js. von dem Juden Heinz Israel *Joachim* geleitet wurde. Zu dieser Gruppe gehörten die Juden Marianne Sara *Joachim*, Lothar Israel *Salinger*, Helmut Israel *Neumann*, Ursel Sara *Ehrlich*, Hildegard Sara *Loewy*, Siegbert Israel *Rotholz*, Lotte Sara *Rotholz*, Lothar Israel *Wittenberg* und Herbert Israel *Budzislawski*. Bei den in dieser Gruppe abgehaltenen Schulungsabenden wurde u. a. aus Büchern von Marx und Engels vorgelesen und über den Inhalt diskutiert. Die Mitglieder dieser Gruppe wurden darauf hingewiesen, daß die Schulungen zum Zwecke eines politischen Einsatzes erfolgten und daß später kommunistische Propagandaaktionen durchgeführt werden müßten.

Auf Veranlassung von *Baum* wurde die von *Joachim* geleitete Gruppe geteilt. *Baum* setzte die Sara *Kochmann* als Gruppenleiterin ein und teilte ihr als Mitglieder die *Loewy*, die Eheleute *Rotholz*, *Wittenberg* und *Budzislawski* zu, während *Joachim* die übrigen Mitglieder in seiner Gruppe behielt. Diese wandten sich schließlich an *Baum*, um die Absetzung des *Joachim* als Gruppenleiter zu erwirken, weil sie mit seiner Arbeit nicht zufrieden waren. *Baum* besuchte schließlich einen Schulungsabend der Gruppe *Joachim*, und es kam zu heftigen Auseinandersetzungen zwischen *Joachim* und *Baum*, weil *Baum* festgestellt hatte, daß die Mitglieder noch nicht genügend geschult und gefestigt waren, um im Falle eines Einsatzes für die revolutionäre kommunistische Idee einstehen zu können. Infolge der Differenzen setzte *Baum* Anfang Mai dieses Js. *Joachim* als Gruppenleiter ab und übertrug die Leitung der Gruppe dem Felix Israel *Heymann*.

Bei den Zusammenkünften der Mitglieder der Gruppe der Sara *Kochmann* wurden die politischen Tagesereignisse eingehend besprochen. Die einzelnen Mitglieder mußten politische Wochenberichte fertigen und mit eigenen Kommentaren versehen, um zu beweisen, wie weit sie bereits geschult waren und daß sie sich auch tatsächlich mit der Materie befaßten.

Felix Israel *Heymann* kam mit seinen Mitgliedern noch etwa drei- bis viermal zusammen. Diese Zusammenkünfte dienten weiterhin der kommunistischen Schulung der einzelnen Mitglieder.

Der gleichfalls zur Sache festgenommene[26] Jude Jakob Israel *Berger* hat im Auftrage des flüchtigen Martin Israel *Kochmann* nach dessen Flucht eine von *Kochmann* auf dem Boden versteckte Holzkiste mit marxistischen Schriften an sich genommen und verbrannt.

Gustav *Paech* hat Verbindung zu seiner geschiedenen Frau – einer Volljüdin – und deren Freund, dem ungarischen Juden *Holzer*, die beide flüchtig sind, unterhalten. Ihm war bekannt, daß *Holzer* mit den an dem Anschlag gegen die Ausstellung „Das Sowjetparadies“ beteiligten Personen Verbindungen hatte und daß er in diesem Zusammenhang ebenfalls mit seiner Festnahme rechnen mußte.

Es folgt nun eine Übersicht über die von den noch nicht abgeurteilten Beschuldigten begangenen strafbaren Handlungen. Diese Beschuldigten werden hiermit dem Herrn Vernehmungsrichter zwecks Erlasses von Haftbefehlen vorgeführt.

1) *Heinz Israel Rothholz* war Mitglied der Gruppe *Baum* und zahlte wöchentlich 0.50 RM Beitrag. Er hat regelmäßig an den kommunistischen Schulungsabenden teilgenommen und auch selbst einige Vorträge gehalten. R. war auch von dem Anschlag gegen die Ausstellung „Das Sowjetparadies“ unterrichtet und von *Baum* zur Teilnahme ausersehen. Infolge seines jüdischen Aussehens wurde er aber von der Mitwirkung ausgeschlossen, was er sehr bedauerte. *Rothholz* wollte die am 18.5.1942 in der Ausstellung ausgeführte Tat als seine eigene, weil sie durchaus im Sinne seiner kommunistischen Bestrebungen lag.

2) *Heinz Israel Birnbaum* gehörte ebenfalls der Gruppe *Baum* als Mitglied an und hat um die Jahreswende 1941/42 die Hetzschrift „Organisiert den revolutionären Massenkampf gegen Faschismus und imperialistischen Krieg“ beschafft, die durch *Baum* den übrigen Angehörigen seiner Gruppe bekanntgegeben und dann an die Gruppe *Franke* weitergeleitet wurde, wo sie nach Vervielfältigung weiterverbreitet worden ist. Zusammen mit anderen Gruppenmitgliedern hat *Birnbaum* etwa im April ds. J. eine Hetzschrift über die Ernährungslage unter Verwendung eines Aufsatzes von Reichsminister Dr. Goebbels, der im „Reich“ erschienen war, verfaßt. Den Text hat die *Walther* unter seiner Anweisung auf Wachsmatrizen niedergeschrieben. Die fragliche Hetzschrift wurde hier bisher nicht erfaßt.

Birnbaum hat am 7.5.1942 zusammen mit *Baum* und *Steinbrinck* in der Judenwohnung *Freundlich* in Berlin-Wilmersdorf Wertgegenstände für etwa 20 000.– RM entwendet.

26 So im Original.

Er hat sich dabei als „Beamter der Geheimen Staatspolizei" ausgegeben und entsprechende „Amtshandlungen" vorgenommen. Der Erlös aus dem Diebesgut sollte zur Beschaffung von Ausweispapieren und zu deren Fälschung Verwendung finden. Zwischen *Baum* und *Steinbrinck* war außerdem verabredet, daß ein Teil des Erlöses der Gruppe *Franke* für illegale Zwecke zur Verfügung gestellt werden sollte.
Nach den erfolgten Festnahmen der an dem Anschlag gegen die Ausstellung „Das Sowjetparadies" direkt beteiligten Personen blieb *Birnbaum* mit *Kochmann*, *Heymann* und *Holzer* zunächst weiter in Verbindung. Ihnen war bekannt, daß *Baum* in einem zweiten Keller seines Wohnhauses außer einem Abziehapparat noch einen Teil der Beute aus der Lietzenburger Straße aufbewahrte, und sie faßten den Entschluß, diese Gegenstände zu beseitigen, damit sie nicht mehr als Beweisstücke herangezogen werden konnten. Während *Kochmann* und *Heymann* die Gegenstände im Keller zusammenpackten, stand *Birnbaum* auf der Straße Schmiere. Er beteiligte sich dann an der Fortschaffung der Gegenstände, die in der Nähe der Jannowitzbrücke in die Spree geworfen wurden. Bei einer mit der Wasserschutzpolizei vorgenommenen Absuchung der Spree konnte noch der Abziehapparat geborgen werden.
3) *Helena Hella Sara Hirsch* ist die Braut des flüchtigen Funktionärs *Heymann* und gehörte zur Gruppe *Baum*. Sie nahm an den kommunistischen Schulungsabenden teil und hatte von *Baum* einen gefälschten Lichtbildausweis einer französischen Zivilarbeiterin für 150.– RM gekauft. In Fredersdorf[27] mietete sie mit Hilfe dieses Ausweises eine illegale Wohnung und verbrachte dort zusammen mit *Heymann* ihre Freizeit zum Wochenende und im Mai 1942 auch ihren Urlaub. Als die Vermieterin auf polizeiliche Anmeldung drängte, gab sie diese Wohnung schließlich auf. Sie hielt sich dann mit *Heymann* in der illegalen Wohnung ihrer Schwester in Glienicke[28] auf.
4) *Alice Sara Hirsch* wurde durch ihre Schwester in die Gruppe *Baum* eingeführt und hat dort ebenfalls an Schulungsabenden teilgenommen. Auch sie hat von *Baum* einen gefälschten Ausweis einer französischen Zivilarbeiterin für 150.– RM erworben und sich mit dessen Hilfe in Glienicke eine illegale Wohnung gemietet, die sie später ihrer Schwester und dem flüchtigen *Heymann* zur Verfügung stellte.
5) Edith Sara *Fraenkel* hat von 1940 bis Anfang 1942 an kommunistischen Schulungsabenden bei *Baum* teilgenommen. Sie wußte, daß eine derartige kommunistische Betätigung verboten war, hat aber trotzdem die Zusammenkünfte weiter besucht, weil sie sich politisch schulen wollte.
6) *Hanni Sara Meyer*, geborene Lindenberger, wurde durch ihren Ehemann in die Gruppe *Baum* eingeführt und hat des öfteren an den kommunistischen Schulungsabenden teilgenommen. Der Strafbarkeit dieser Zusammenkünfte ist sie sich bewußt gewesen, denn sie hat nach ihren eigenen Angaben versucht, ihren Mann zu veranlassen, die Besuche bei *Baum* einzuschränken. *Meyer* und seine Ehefrau haben von *Baum* je einen gefälschten Ausweis französischer Zivilarbeiter für je 150.– RM gekauft. Mit Hilfe dieser Ausweise haben sie sich in Petershagen[29] eine illegale „Sommerwohnung" gemietet. Da die Ausweise auf verschiedene Namen lauteten, gaben sie sich der Vermieterin gegenüber als befreundete Personen aus. Nach der Festnahme ihres Ehemannes hat die *Meyer*

27 Landgemeinde in Brandenburg, östlich der heutigen Stadtgrenze von Berlin.
28 Es gibt in der Umgebung Berlins mehrere Orte dieses Namens.
29 Gemeinde in Brandenburg, östlich von Berlin.

die illegale Wohnung dem zu der Zeit noch auf freiem Fuß befindlichen *Joachim* und dessen Ehefrau zur Verfügung gestellt. Bei der Vermieterin hat sie erklärt, daß sie vorläufig nicht mehr herauskommen könnte, da ihr „Freund" krank sei. *Joachim* stellte sich der Vermieterin als Freund bezw. Kollege vor.

7) *Marianne Sara Joachim, geb. Prager* gehörte der von ihrem Mann geleiteten kommunistischen Gruppe als Mitglied an und zahlte einen wöchentlichen Beitrag von etwa 2.– RM. Sie hat ihre Wohnung für Schulungsabende zur Verfügung gestellt und selbst daran teilgenommen. Später kam sie zur Gruppe *Heymann*. Die *Joachim* und ihr Ehemann hatten je einen gefälschten Ausweis französischer Zivilarbeiter für je 150.– RM von *Baum* gekauft. Auf Grund dieser Ausweise übernahmen sie die illegale Wohnung der Eheleute *Meyer* in Petershagen. Die J. hat angegeben, daß sie sich vollkommen bewußt war, daß die Bestrebungen ihrer Gruppe staatsfeindlich waren und eine Bestrafung wegen Vorbereitung zum Hochverrat nach sich ziehen würden. Trotzdem ist sie und auch die übrigen Mitglieder der Gruppe nicht zurückgeschreckt, da sie als Juden ihre Rettung darin erblickten, daß Deutschland mal eine andere Staatsverfassung erhalten würde.

8) *Lothar Israel Salinger* war Mitglied der Gruppe *Joachim* und gehörte zuletzt der Gruppe *Heymann* an. Er hat an den kommunistischen Schulungen teilgenommen und Beiträge bezahlt. Über den Zweck der Schulungen hat er angegeben, daß die Mitglieder mit dem bolschewistischen Gedankengut vertraut gemacht werden sollten, damit sie zu aktiven politischen Arbeiten herangezogen werden konnten und bei der bolschewistischen Revolution genügend gefestigt waren.

9) *Helmut Israel Neumann* war ebenfalls Mitglied der Gruppe *Joachim* und übte dort die Funktion eines Kassierers aus. Er nahm an den kommunistischen Schulungsabenden teil und gehörte zuletzt der Gruppe *Heymann* an. Um sich einer bevorstehenden Evakuierung entziehen zu können, ließ er sich von *Joachim* einen gefälschten Ausweis eines französischen Zivilarbeiters für 150.– RM beschaffen. Er hat zunächst versucht, jede illegale Betätigung in Abrede zu stellen, und fand sich erst nach mehreren Gegenüberstellungen zur Ablegung eines Geständnisses bereit. Als Grund für sein Verhalten gab er an, daß *Joachim* innerhalb der Gruppe besonders darauf hingewiesen hatte, daß die staatsfeindlichen Zusammenkünfte strafbar sind und daß die Beteiligten bei Bekanntwerden hohe Zuchthausstrafen zu erwarten hätten, da es sich um eine Organisation größeren Ausmaßes handelte.

10) *Hildegard Sara Loewy* hat zunächst der Gruppe *Joachim* und nach der Teilung dieser der Gruppe Sara *Kochmann* als Mitglied angehört und an den Zusammenkünften dieser Gruppe, die der kommunistischen Schulung dienten, teilgenommen. Über Sinn und Zweck der Schulung erklärte die *Loewy*, daß diese der Erziehung zur revolutionären Arbeit dienten und daß später durch Schmier- und Flugblattaktionen der revolutionäre Geist der Bevölkerung geweckt werden sollte.

11) *Siegbert Israel Rotholz* gehörte zur Gruppe *Joachim* und war zuletzt Mitglied der Gruppe Sara *Kochmann*. Er hat sich an den kommunistischen Schulungsabenden beteiligt und Spenden für die illegale Organisation gezahlt. Seine Wohnung stellte er für die illegalen Zusammenkünfte zur Verfügung. *Rotholz* hat angegeben, daß sich die Mitglieder ihrer Gruppe der Strafbarkeit der Handlungsweise voll bewußt waren, da sie sowohl von *Joachim* als auch von der *Kochmann* wiederholt darauf hingewiesen worden sind. Ihnen wurde immer wieder gesagt, daß sie im Falle einer Festnahme keinesfalls Aussagen über illegale Betätigung machen sollten.

12) *Lotte Sara Rotholz*, geborene Jastrow, war ebenfalls Mitglied der Gruppe *Joachim* und gehörte zuletzt der Gruppe Sara *Kochmann* an. Auch sie hat an den kommunistischen Schulungen dieser Gruppe teilgenommen.
13) *Jakob Israel Berger* hat mit *Kochmann* zusammen im Hause Gipsstraße 3, wo ein jüdisches Kinderheim untergebracht war, gewohnt. Von einer illegalen Tätigkeit des *Kochmann* und der bei *Kochmann* verkehrenden Personen will er nichts gewußt haben. Ihm war bekannt, daß die *Kochmann* wöchentlich mit mehreren Juden (Angehörige der illegalen Gruppen) in der Turnhalle des jüdischen Kinderheimes zusammengekommen ist. Nach der Festnahme der Sara *Kochmann* begab sich *Berger* zur Leiterin des jüdischen Kinderheimes und gab ihr von der Festnahme Kenntnis. Die Leiterin rief fernmündlich den Ehemann der Sara *Kochmann*, den flüchtigen Martin Israel *Kochmann*, herbei und machte ihm Mitteilung von der Festnahme seiner Frau. *Kochmann* verließ nun zusammen mit *Berger* das Haus und erklärte dem *Berger*, daß er nicht mehr nach Hause gehen würde. Er ersuchte dann *Berger*, eine von ihm auf dem Boden versteckte Kiste mit Büchern zu verbrennen, da es für das Haus (Jüdisches Kinderheim) das Beste wäre, wenn diese verschwinden würde. *Berger* war sich darüber klar, daß *Kochmann* nicht mehr in seine Wohnung gehen wollte, weil er ebenfalls seine Festnahme befürchtete. Er hat die fragliche Kiste mit dem Material vom Boden geholt und in der Heizung des Hauses verbrannt, wobei er festgestellt haben will, daß sich u. a. ein Buch von Lenin in der Kiste befunden hat. Mit der Vernichtung wollte *Berger* der Behörde Beweismaterial gegen seine Glaubensgenossen entziehen.
14) *Gustav Paech* war mit der flüchtigen Volljüdin Charlotte Sara *Paech*, geborene Abraham, verheiratet. Die Ehe wurde im Jahre 1938 geschieden. *Paech* hat seine geschiedene Frau wiederholt in ihrer Wohnung besucht und ist dort auch mit dem flüchtigen *Holzer* zusammengekommen. Etwa Mitte Juni d. Js. hat *Paech* von *Holzer* erfahren, daß ein Teil seiner Bekannten vor einiger Zeit festgenommen wurde, weil sie an einem Sprengstoffanschlag auf die Ausstellung „Das Sowjetparadies" beteiligt waren. *Holzer* erzählte ihm, daß er in diesem Zusammenhang ebenfalls seine Festnahme befürchten müsse und sich entschlossen habe, Deutschland zu verlassen und nach Ungarn zu gehen. Erst durch diese Bemerkungen des *Holzer* will *Paech* angenommen haben, daß sich der Kreis, in dem seine geschiedene Frau verkehrte, aktiv im staatsfeindlichen Sinne betätigte. Trotzdem hat er es unterlassen, Anzeige gegen *Holzer* bezw. seine geschiedene Frau zu erstatten. Später erfuhr er dann von seiner geschiedenen Frau, daß diese sich mit Bekannten in Neukölln fernmündlich in Verbindung setzen wollte, um etwas Näheres über den Aufenthalt des *Holzer* festzustellen.
Die *Paech* mußte am 27.7.1942 im Gefängnis Barnimstraße eine Gefängnisstrafe wegen Beihilfe zur Abtreibung antreten. Sie hat sich in diesem Zusammenhang verschiedentlich mit ihrem geschiedenen Mann darüber unterhalten, daß sie sich durch Emigration dem Strafvollzug entziehen wollte, weil sie befürchtete, nach Strafverbüßung evakuiert zu werden. *Paech* war sich mit seiner geschiedenen Frau darüber einig geworden, daß er nach ihrer Emigration ihre Wohnung übernehmen wollte. Obwohl ihm bekannt war, daß sich die *Paech* nicht zum Strafantritt im Gefängnis Barnimstraße gemeldet hatte, führte er am 27.7.1942 ihre polizeiliche Abmeldung nach der Barnimstraße durch. Er will dieses getan haben, weil er angeblich geglaubt hat, daß er bei einer Abmeldung nach unbekannt auf dem Polizeirevier Schwierigkeiten haben könnte.
Da *Paech* nach seinen eigenen Angaben in den letzten Jahren vor der Machtübernahme mit der KPD sympathisierte und bereits im Jahre 1934 wegen Beihilfe zur Vorbereitung

zum Hochverrat bestraft worden ist, muß angenommen werden, daß er über die illegale Arbeit innerhalb der Gruppe *Baum* durch *Holzer* und seine geschiedene Frau unterrichtet war. Da *Holzer* und die *Paech* flüchtig sind, konnte eine Überführung des *Paech* in dieser Hinsicht nicht erfolgen.

Gegen die Mitglieder der KPD-Gruppe *Franke* läuft hier ein besonderes Ermittlungsverfahren. Nach Abschluß der Ermittlungen werden die Beschuldigten aus der Gruppe *Franke* gleichfalls dem Herrn Vernehmungsrichter vorgeführt.[30]

DOK. 158
Ernst Reichmann notiert am 28. August 1942 Bemerkungen zum Alltag im Krieg und zur Deportation der letzten Juden aus Freiburg[1]

Handschriftl. Tagebuch von Ernst Reichmann,[2] Freiburg, Eintrag vom 28.8.1942

Seit einigen Tagen so heiß wie noch nie. – Böker schreibt aus Kiel, dort meist Regen. Am Montag gehe ich wieder in den Dienst. Bin ganz zufrieden damit, zu Hause denkt man zuviel. Gerd Krems auf Urlaub da. Panzermann. Sein Vater gestorben, Wohnung von 8 Zimmern in Mannheim. Was soll er machen? Keine Mutter mehr, keine Angehörigen. In Mnh,[3] beim Anmelden der 6-jährigen zur Volksschule, waren 3/4 der Mütter in schwarz. Unsere Verluste furchtbar, meint Gerd. Wie das noch werden solle? Weiß es auch nicht! Bei Stalingrad grausige Kämpfe. Russe viel, viel stärker, als wir geahnt.[4]

Polli + Sonja widerwärtig von Schenks erzählt. Wollten mir in Emmendingen noch die 3 Pfund Honig von der Rosi wegschnappen. Auf einer Postkarte bettelt jetzt Sonja nochmals um einen Anteil – übel. Nur noch die Sorge um den Bauch. Paul jr., der Mann mit dem „Propfenherz“,[5] hat ja nette Auffassung über Pflichten … und das alles erzählt Polli ohne Scham oder Hemmung.

Las aus der städt. Bücherei: „Arzt und Soldat“ von Obergeneralarzt Steuber. Erzählt vom Kriegsende 1918 und der Stimmung im Sommer vorher.[6] Erschütternd, furchtbar! Weit

30 Im Zuge der Vergeltungsaktionen nach dem Anschlag auf die Ausstellung „Das Sowjetparadies“ wurden 500 Berliner Juden verhaftet und anschließend erschossen oder nach Auschwitz deportiert; siehe Dok. 117 vom 29.5.1942 und Dok. 119 vom 31.5.1942.

1 Stadtarchiv Breisach, Nachlass Ernst Reichmann, abgetippte Fassung im Deutschen Tagebucharchiv Emmendingen, Tagebuch Reichmann/6391.

2 Ernst Reichmann (1890–1981), Postbeamter; 1907–1955 Tätigkeit in verschiedenen Postämtern in Freiburg i. Br. und Umgebung; 1937 NSDAP-Eintritt; 1938 Oberpostinspektor; 1941 Vorträge vor der HJ, 1942 Kriegsverdienstkreuz.

3 Vermutlich: Mannheim.

4 Im Rahmen der Sommeroffensive erreichten deutsche Truppen Ende Aug. 1942 Stalingrad.

5 Möglicherweise: Tropfenherz. In der Radiologie wird so ein Herz bezeichnet, das vertikal ausgerichtet in der Mitte des Brustkorbs liegt.

6 In seinem Buch „Arzt und Soldat in drei Erdteilen“ (1940) schildert Werner Steuber (1862–1944) seine Zeit als Militärarzt u. a. während des Ersten Weltkriegs. Infolge der zurückweichenden Westfront, der verlustreichen Kämpfe sowie der Überbeanspruchung in der Versorgung von Verwundeten hätten sich im Sommer 1918 Demoralisierung und Kriegsmüdigkeit in der deutschen Bevölkerung und Armee ausgebreitet. Der entscheidende Kampf habe daher im Zurückdrängen dieser Stimmung bestanden.

davon entfernt sind wir aber auch jetzt wieder nicht. Wenn es doch nur mehr zu essen gäbe und die Menschen nicht so nervenaufreibend nach Obst, Gemüse, Honig und anderem jagen müßten. Und dann die Unmöglichkeit, den Krieg zu gewinnen. Verdrossen und lustlos leben alle dahin, keine Hoffnungen, nur die Gewißheit, daß es noch lange geht und unsagbar viel Blut kosten wird. Und keine beispielgebenden Führer! „Diplomatenverpflegung" sagte Polli![7] –
Habe großen Lederkoffer mit besten Kleidern nach Emmendingen versandt. Zi + Gu bekommen noch ihren Teil. In Emmendingen Grabstein für Vater bestellt und Raum bei Schrift für *drei* Personen angeordnet. Mutter war tief gerührt. Eine so prächtige Frau!
14 [Uhr]: Nach dem neuesten Wehrmachtbericht: 101 russ. Flieger abgeschossen, wir nur 1 Verlust. Kassel schwer angegriffen, 35 Flieger abgeschossen.
Wir legen letzte Hand an unseren Luftschutzkeller, er muß wohnlicher werden. Wasser muß in der Badewanne bereitgehalten werden – wir tun, was wir können! Viel ist es nicht!!
Mit Frau Geisinger zusammen heute vormittag prima Zwetschgenkuchen gebacken! Sepp hatte mir nochmals 22 Pfund gebracht. Gleich nach Zimmern Körbchen an Josefine, Marie dankte für ihre Sendung herzlichst. Wenn ich nicht die „Höri", Firma Gaß, den Sepp und die Bhf-Verkaufsstelle hätte, gings mir auch lausig. Müller in der Milchstraße hat nichts.[8]
Die letzten Juden sind aus Freiburg „weggebracht" worden.[9] Kreutz hat dadurch eine Wohnung bekommen. Mit Sehrt und Gugel [am] Abend zusammen. Sehrt erzählte von Warschau! – Allgemeine Wehrpflicht im Elsaß eingeführt.[10] Mit diesen Soldaten werden wir kaum „Staat" machen können! Kennen wir aus Galizien![11]

7 In der deutschen Bevölkerung waren Gerüchte im Umlauf, dass hohe Parteifunktionäre ein Vielfaches der üblichen Verpflegungssätze erhielten, sog. Diplomatenrationen.

8 Auf der Halbinsel Höri im Bodensee bei Radolfzell hatte Ernst Reichmann 1940 Urlaub gemacht. Die Firma Adolf Gaß und Sohn war ein Lebensmittel-Großhandel in der Gartenstraße 11 in Freiburg, Karl Müller handelte mit sog. Kolonialwaren.

9 1933 lebten in Freiburg 1138 Juden. Einige von ihnen waren Ende Okt. 1938 nach Polen abgeschoben, weitere 375 Freiburger Juden im Okt. 1940 in das südfranz. Lager Gurs und von dort aus nach Auschwitz deportiert worden. Die 31 Juden, die am 23.8.1942 Freiburg Richtung Theresienstadt verlassen mussten, waren nicht die letzten; weitere Deportationen folgten. Bei Kriegsende lebten noch zehn Juden in der Stadt.

10 Viele deutschsprachige Elsässer hatten sich nach dem Ersten Weltkrieg für die franz. Staatsangehörigkeit entschieden. Nachdem die Wehrmacht das Elsass 1940 besetzt hatte, wurde die dortige Bevölkerung per VO vom 23.8.1942 zu deutschen Staatsangehörigen erklärt; RGBl., 1942 I, S. 533 f. Zwei Tage später führte der Chef der Zivilverwaltung Robert Wagner die Wehrpflicht für sie ein; VO über die Wehrpflicht im Elsaß vom 25.8.1942, Verordnungsblatt des Chefs der Zivilverwaltung im Elsaß 1942, S. 252.

11 Kurz vor Beginn des Ersten Weltkriegs wurde in Galizien in der Armee der k.u.k. Monarchie eine poln. Legion aufgestellt, deren Mitglieder jedoch zumeist polnisch-national eingestellt waren und 1917 überwiegend den Treueeid verweigerten.

DOK. 159
Clara Grunwald dankt ihrer Freundin am 28. August 1942 für Kleiderspenden und erzählt, was sie über Auschwitz und Theresienstadt gehört hat[1]

Brief von Clara Grunwald, Neuendorf,[2] an Clotilde Schenck zu Schweinsberg über Margarethe Lachmund, Greifswald, vom 28.8.1942

Meine liebe Freundin,
vielen herzlichen Dank für Deinen Brief vom 25. und den, der bei den Sachen war. Die Mutter ist eine ganz stille Frau, die äußerst wenig spricht. Wenn Du aber ihre Augen gesehen hättest! Wir werden dafür sorgen, daß nach Gebrauch alles wieder in Deine Hände kommt. Die Höschen haben eine äußerst praktische Form. Vielleicht gelingt es mir, ein paar Stückchen Stoff aufzutreiben und solche Höschen, etwas größer und weiter, noch gemacht zu bekommen; diese passen ihm gerade noch, aber bei dem schnellen Wachstum des Kindes werden bald größere nötig sein. Die Schuhchen werden passen, wenn wir dicke, wollene Strümpfe bekommen können; jetzt ist es so warm, daß er mit seinen Häkelschuhen laufen kann. Heute hat er die ersten Schritte gemacht, ohne daß ich ihn anfaßte. Er richtete sich selbst auf und lief vielleicht vier Schritte zu mir hin. Darüber war er selbst so voller Freude, daß er laut und jubelnd lachte. Auch das schöne rote Kleid hat eine gute Verwendung gefunden. –
Wird es sich um den 7. oder 8. handeln oder um die Woche darauf? Ich habe es vergessen, und ich habe doch die Gewohnheit, alle Briefe, sowie sie beantwortet sind, fortzutun, weil der Raum so beschränkt ist. Meine Kinder möchten aber so gern wissen, wann es sein wird. Martin hat den Einschreibebrief leider erst bei seiner Rückkehr bekommen. Er war sehr betrübt darüber. Ich denke, er schreibt Dir noch selbst.
Das Menschsein ist oft schwer, aber es gibt ein schönes Wort, mit dem das 19. Kapitel des 3. Buches Mose beginnt: „Heilig sollt ihr werden, denn heilig bin ich, euer Gott." Vollkommen gut und gütig zu werden, das ist ein Ziel, dem wir zustreben, wenn wir auch wissen, daß wir es nicht erreichen werden. Wer das Ziel will, muß auch den Weg wollen, und auch dann, wenn er sehr dornig ist. Auf einem Wege zu sein, das ist ein Grund, ruhig zu sein; und ich wünschte so sehr, daß Du nicht schwerer leidest, als es eben unbedingt Deiner Natur nach sein muß. Ich zwinge mich, weniger unter dem, was andere (oder mich) trifft, zu leiden, damit mir alle seelische Kraft für das Handeln erhalten bleibt. Du würdest Dich vielleicht wundern, wenn Du sehen würdest, wie ich oft mit den Kindern und den jungen Leuten scherze und wirklich fröhlich mit ihnen lache. Das Buch von Bergengruen kenn ich nicht. Ist es neu?
Die Leute sind nach Auschwitz bei Krakau gegangen, das ist ein Übergangslager.[3] Ach nein, Du meinst die Hetta Meyer? Sie kam nach Theresienstadt. Du kannst ihren Angehörigen mit bestem Gewissen sagen, daß das nicht schlimm für sie ist. Die Alten und Kranken werden dort einigermaßen gut untergebracht und verpflegt.

1 LBI, AR 7014 Clara Grunwald Collection. Abdruck in: Grunwald, „Und doch gefällt mir das Leben" (wie Dok. 96 vom 3.4.1942, Anm. 1), S. 69 f.
2 Zum Umschulungslager Neuendorf im Sande in Brandenburg sowie zur Adressierung des Briefs siehe Dok. 96 vom 3.4.1942.
3 Auschwitz war ein Konzentrations- und Vernichtungslager.

Es macht mir Freude, Dir zu schreiben, manchmal bin ich abends sehr müde und habe auch noch mit dem einen oder dem anderen zu sprechen; unsere jungen Leute und jetzt auch die Schulkinder wenden sich manchmal an mich. So komme ich oft nicht zum Schreiben. Heute ging es aber gut. Viele liebe Grüße an Dich, und grüße bitte auch andere liebe Freunde, die an mich denken.
Herzlichst Deine

DOK. 160
Richard Lichtheim leitet am 30. August 1942 einen Bericht über den Massenmord und die Enttäuschung polnischer Juden über das Ausbleiben von Racheaktionen weiter[1]

Schreiben von Richard Lichtheim,[2] Zionistische Organisation/Jewish Agency for Palestine, Genf (RL/LU/A2-3-40-4d), an Dr. Lauterbach,[3] Linton, Lourie, Montor[4] vom 30.8.1942

Betr.: Situation in Polen:
Ich lege einen vertraulichen Bericht (auf Deutsch verfasst) bei; dieser basiert auf einem Bericht, den wir über gewisse Verbindungen von einem aus Polen hier eingetroffenen Mann (Nichtjude) erhalten haben, der als zuverlässig angesehen wird. Der Bericht ist so furchtbar, dass ich Zweifel hatte, ob ich ihn an Sie weiterleiten sollte. Aber bestimmte Tatsachen, die darin erwähnt werden, sind auch von anderen Quellen bestätigt worden, zum Beispiel die Tatsache, dass in den letzten Wochen viele Juden aus dem Warschauer Getto an andere Orte geschickt wurden und dass ständig Juden aus Theresienstadt sowie aus den besetzten Ländern an unbekannte Orte im Osten verschoben werden. Es ist auch Tatsache, dass die Juden, die kürzlich aus Deutschland, Österreich etc. nach Polen oder Theresienstadt geschickt wurden, keine Briefe schreiben und ihre Adresse nicht mitteilen dürfen. Warum? All dies verleiht den anderen Informationen, die in diesem Bericht enthalten sind, eine äußerst unheimliche Bedeutung – auch wenn diese Lesern in England oder Amerika unglaublich erscheinen mag. In der Tat glaube ich, dass der Bericht stimmt und ziemlich genau der Ankündigung Hitlers entspricht, dass es am Ende dieses Kriegs keine Juden in Kontinentaleuropa mehr geben wird. Die Vorschläge,

1 CZA, L223-354, The Zionist Organisation/The Jewish Agency for Palestine Geneva Office. Das Anschreiben Lichtheims wurde aus dem Englischen übersetzt.
2 Richard Lichtheim (1885–1963), Ökonom, Journalist, Politiker; 1911–1913 Chefredakteur des zionistischen Zentralorgans Die Welt, 1913–1916 Vertreter der Zionistischen Weltorganisation (WZO) in Konstantinopel, 1917–1920 Präsident der Zionistischen Vereinigung für Deutschland; 1934 emigrierte er nach Palästina; 1938–1946 Leiter des Büros der WZO in Genf; lebte später in Israel; Autor von „Die Geschichte des deutschen Zionismus" (1954).
3 Dr. Leo, auch Aryeh, Lauterbach (1886–1968), Jurist und zionistischer Funktionär; Jurastudium in Wien und Lemberg; von 1919 an in der WZO aktiv, von 1921 an Leiter der Organisationsabt., seit 1935 als Geschäftsführender Sekretär; emigrierte 1936 nach Palästina.
4 Joseph Linton (1900–1982), geboren in Russland, lebte von 1919 an in Großbritannien, wo er im Büro der Jewish Agency for Palestine arbeitete; Arthur Lourie (1903–1978), politischer Sekretär und Direktor des New Yorker Büros der Jewish Agency. Linton und Lourie waren später israel. Diplomaten; Henry Montor (1905–1982), Journalist; 1926–1930 stellv. Herausgeber der Zeitung New Palestine, 1939–1950 Vizepräsident und Fundraiser des United Jewish Appeal.

die unter a./b./c./ am Ende des Berichts gemacht werden, sollten von den jüdischen Organisationen insbesondere in den USA in Erwägung gezogen werden.
Mit freundlichen Grüßen
R. Lichtheim

Genfer Büro
15.8.1942
Vor kurzer Zeit kam ein Herr direkt aus Polen und berichtete über Pogrome in Lemberg und über die Verhetzung der polnischen Bevölkerung bezw. über deren unfreundliches Benehmen gegenüber der dort ansässigen Judenheit. Gestern Freitag, den 14.8.1942, kam wieder eine Person direkt aus Polen (Arier), eine sehr vertrauenswürdige und bekannte Persönlichkeit, und berichtete folgendes: Das Warschauer Ghetto ist in Liquidation begriffen. Es werden Juden ohne Unterschied von Alter und Geschlecht aus dem Ghetto gruppenweise weggenommen, erschossen und *deren Leichen zur Fettherstellung bezw. deren Knochen als Düngemittel verwendet.*[5] Es sollen zu diesem Zweck auch Leichen wieder ausgegraben werden.[6] Die Massenhinrichtungen finden natürlich nicht in Warschau selbst statt, sondern in besonders hierfür hergerichteten Lagern. Ein solches Lager soll sich in Belzek[7] befinden. In Lemberg selbst soll man in den letzten vier Wochen rund 50 000 Juden an Ort und Stelle hingeschlachtet haben, in Warschau nach einem anderen Bericht 100 000.[8] Im ganzen östlich von Polen gelegenen Gebiet inkl. des besetzten Rußlands, soll sich bereits kein einziger Jude mehr befinden. Bei dieser Gelegenheit wurde noch berichtet, daß beispielsweise die ganze nichtjüdische Bevölkerung von Sewastopol hingemordet wurde.[9] Die Hinschlachtung der jüdischen Bevölkerung in Polen soll nicht auf einmal vorgenommen werden, um im Ausland kein Aufsehen zu erregen. Während deportierte arische Holländer und Franzosen wirklich zu Arbeitsleistungen im Osten herangezogen werden, sollen die jüdischen Deportierten aus Deutschland, Belgien, Holland, Frankreich und der Slowakei zur Hinschlachtung bereitgestellt werden. Da im Westen diese Hinschlachtungen größeres Aufsehen erregen würden, muß vorerst die Deportation vorgenommen werden und zwar nach dem Osten, wo das Ausland geringere Möglichkeiten hat, es zu erfahren. Ein Großteil der jüdischen

5 Für dieses weitverbreitete Gerücht gibt es keine Belege; siehe auch Dok. 174 vom 28.9.1942 und Dok. 192 vom 20.11.1942.

6 Im Sommer 1942 begann SS-Standartenführer Paul Blobel (1894–1951) im Vernichtungslager Kulmhof mit ersten Experimenten zur Exhumierung und Verbrennung von Leichen. Das von Blobel geleitete sog. Sonderkommando 1005, bestehend aus SD-Angehörigen, Ordnungspolizisten und jüdischen Häftlingen, öffnete von 1943 an zahlreiche Massengräber überwiegend im besetzten Polen und der Ukraine und verbrannte die Leichen. Auf diese Weise sollten die Spuren des Massenmords beseitigt werden.

7 Gemeint ist das Vernichtungslager Belzec im Generalgouvernement.

8 Am 22.7.1942 hatten die Massendeportationen aus dem Warschauer Getto in das Vernichtungslager Treblinka begonnen. Täglich verließen 7000 bis 10 000 Juden in Zügen das Getto. In Lemberg führten SS, Gestapo und ukrain. Hilfstruppen vom 5.8.1942 an die später so bezeichnete „große Aktion" durch, eine Razzia, in deren Verlauf Zehntausende Juden nach Belzec gebracht und dort ermordet wurden.

9 1941/42 wurde Sewastopol 250 Tage lang von der Wehrmacht belagert und im Juni 1942 weitgehend zerstört. Von den Überlebenden blieben noch etwa 10 000 in den Ruinen der Stadt und den Vororten zurück.

Bevölkerung, die nach Litauen und Lublin deportiert wurden, ist in den letzten Wochen bereits hingerichtet worden. Daher mag auch die Tatsache rühren, daß den Deportierten das Korrespondieren verboten ist. Ein Großteil von deutschen Deportierten soll sich in Theresienstadt befinden. Dieses Lager ist jedoch nur eine Zwischenstation, und die Insassen dieses Lagers haben das gleiche Schicksal zu gegenwärtigen. Immer wenn durch solche Hinrichtungen wieder neuer Platz geschaffen ist, werden weitere Deportationen vorgenommen. Man trifft häufig ganze Züge solcher Deportierter, die in Viehwagen verschickt werden. In jedem Viehwagen werden ca. 40 Personen placiert. Besonders interessant ist die Tatsache, daß zur Abholung solcher Todeskandidaten aus dem Ghetto in Warschau litauische Nichtjuden berufen werden.[10]

Tragisch ist die Tatsache, daß die polnische Bevölkerung von den Deutschen gegen die Juden sehr verhetzt wird und das Verhältnis zwischen der polnischen Bevölkerung und den Juden sich sehr zugespitzt hat. Dies trifft besonders in Lemberg zu. Auf die Frage, welches Verhältnis in Warschau unter der Bevölkerung herrsche, war die Antwort, daß es dort gar kein Verhältnis geben kann, denn in Warschau bekommt kein Pole einen Juden zu sehen. Die jüdische Bevölkerung, besonders die in Lemberg und im Ghetto von Warschau, lebt in der einzigen Hoffnung, daß entweder eine zweite Front entsteht, oder aber, daß der Krieg wie durch ein Wunder noch vor diesem Winter zu Ende geht. Die Juden in Polen stellen folgende Frage: Über 4 Millionen Deutsche leben in Amerika, davon bekennen sich 2 Millionen zum Nationalsozialismus. Warum ergreift Amerika keine Repressalien? Deswegen ist die jüdische Bevölkerung Polens über Amerika sehr enttäuscht und erbittert. Man versteht, daß England aus Angst um seine Kriegsgefangenen nichts unternimmt. Amerika aber hätte doch nichts zu befürchten. Die jüdische Bevölkerung in Polen ist jetzt so weit, daß sie weiß, sie hat nichts mehr zu verlieren.

Endlich wurde noch darauf hingewiesen, daß das unbesetzte Frankreich versprochen hätte, noch 10 000 Juden an Deutschland auszuliefern. Wüßte man, selbst in den antijüdisch eingestellten Regierungskreisen Frankreichs, welches Schicksal diesen zur Deportation Bestimmten beschieden ist, so könnte man doch eventuell diesem Vorhaben Einhalt gebieten. Es hätten wirklich die oben besprochenen Repressalien Amerikas allein einen einschneidenden Wert. Soweit der Bericht dieses „Informators".

Jetzt wäre zu überlegen: a./ Wie könnte man das den französischen Regierungskreisen plausibel machen, um wenigstens die Juden Frankreichs vor der Auslieferung zu retten? b./ Auf welchem Wege könnte man der amerikanischen Judenheit – aber ohne Quellenangabe – diesen Bericht zur Kenntnis bringen? Wohl sind diesbezügliche Telegramme chiffriert nach London abgegangen, doch gelangen solche Berichte erst nach einer gewissen Zeit zur Publikation, sowohl durch Radioübertragung als durch Veröffentlichung von Schwarzbüchern. So lange kann man aber doch nicht die Juden Amerikas in Unkenntnis über den wahren Sachverhalt lassen. c./ Nachdem einige Male mit Sicherheit festgestellt wurde, daß die nichtjüdische Bevölkerung Polens die Radioübertragungen aus London in polnischer Sprache abhört, wäre dringendstes Gebot, bei der polnischen [Exil-]Regierung in London dahin vorstellig zu werden, daß in solchen Radioanspra-

10 An der Deportation der Warschauer Juden waren sog. Trawniki-Männer als Hilfstruppen der SS beteiligt. In der Regel waren dies kriegsgefangene Rotarmisten, die im Lager Trawniki für diesen Einsatz ausgebildet wurden.

chen die polnische Bevölkerung davon abgebracht wird, bei dieser grauenerregenden Aktion mitzuwirken.
Als Letztes sei noch gesagt: Aus einer Äußerung des Sekretärs der hiesigen Nuntiatur, Magr. Martillotti, geht hervor, daß soeben Bericht vom Vatikan eingetroffen sei, im Zusammenhang mit der erfolgten Intervention zugunsten der slowakischen Juden. Der Vatikan hat den von der slowakischen Regierung dort akkreditierten Vertreter nach der Slowakei geschickt, um der Regierung im Namen des Vatikans das Mißfallen über die Deportation slowakischer Juden zum Ausdruck zu bringen. Die slowakische Regierung antwortete, daß sie selbst keine Deportationen vornehmen wolle, der deutsche Druck aber in dieser Richtung unbeschreiblich sei.[11]

DOK. 161
Die Gesundheitsverwaltung der Jüdischen Gemeinde Berlin gibt am 2. September 1942 ihre Richtlinien für die Aufnahme von Juden ins Krankenhaus bekannt[1]

Richtlinien der Gesundheitsverwaltung der Jüdischen Kultusvereinigung zu Berlin e. V., Iranische Str. 4, gez. Dr. Dr. Walter Lustig (Dr. Lu./Kn.), vom 2.9.1942

Betr.: Krankenhaus-Aufnahmen
Folgende Richtlinien gelten hinsichtlich der Krankenhaus-Aufnahmen:
1. Grundsätzlich dürfen nur solche Patienten ins Krankenhaus aufgenommen werden, bei denen eine *stationäre* Behandlung erforderlich ist, die nicht durch eine häusliche Behandlung ersetzt werden kann.
2. Jeder zur Aufnahme kommende Patient muß Auskunft darüber geben, ob ihm eine Wohnungskündigung zugestellt oder bereits eine Transport-Nummer erteilt ist.
Die entsprechende Versicherung hat er gemäß beigefügtem Formular abzugeben.
3. Hat ein Patient eine Wohnungskündigung oder eine Transport-Nummer, so darf er nur dann aufgenommen werden, wenn dies nach strenger ärztlicher Indikationsstellung notwendig ist, insbesondere bei lebensbedrohenden Zuständen.
Es genügt hierbei im allgemeinen nicht allein die medizinische Indikation.
Um Beispiele anzuführen:
a) Bei einem Patienten, der an einer chronischen Blinddarmentzündung leidet, kann eine medizinische Indikation zur Entfernung des Blinddarms vorliegen; hat ein derartiger Patient eine Wohnungskündigung oder bereits eine Transport-Nummer, so wird *die Operationsgenehmigung abgelehnt*, da die Operation aufschiebbar ist.
b) Ein Patient, der seit vielen Monaten an einem reifenden grauen Star leidet und sich erst zur Operation entschließt, wenn er die Wohnungskündigung oder die Transport-Nummer erhalten hat, *wird nicht aufgenommen*.

11 Der Vatikan hatte am 14.3.1942 gegenüber der slowak. Regierung Bedenken gegen die Deportation der slowak. Juden formuliert; Actes et Documents du Saint Siège relatifs à la Seconde Guerre mondiale, hrsg. von Pierre Blet u. a., Bd. 8: Le Saint Siège et les Victimes de la Guerre. Janvier 1941–Décembre 1942, Città del Vaticano 1974, Dok. 305, S. 459 f. Siehe auch VEJ 13/50.

1 BArch, R 8150/759, Bl. 111+RS.

Anders wird ein akuter Anfall bei einem grünen Star beurteilt, wenn die sofortige Operation zur Verhinderung der Erblindung notwendig ist.
c) Ein Patient, der seit vielen Jahren an einem Leistenbruch leidet, der durch ein Bruchband zurückgehalten wird, *wird nicht aufgenommen*, wenn er sich zur Operation erst nach Erhalt der Wohnungskündigung bzw. der Transport-Nummer entschließt.
d) Dagegen wird einem Patienten, bei dem es sich um einen nachgewiesenen Krebs handelt, z. B. um einen Brustkrebs, *die Genehmigung zur Operation erteilt*, da hierbei ein Aufschub medizinisch nicht vertretbar ist; dazu kommt, daß in solchen Fällen die Abwanderung nur um 4–6 Wochen hinausgeschoben wird.
e) Eine Patientin, die an einem Myom leidet (einer gutartigen Geschwulst der Gebärmutter) wird im allgemeinen *nicht aufgenommen*. Die Aufnahme erfolgt nur dann, wenn die operative Entfernung des Myoms zur Beseitigung bestehender lebensbedrohender Blutungen erforderlich ist.
f) Ebenso wird ein Magengeschwür beurteilt. *Eine Aufnahme erfolgt in diesem Falle nur dann*, wenn das Magengeschwür zu einer lebensbedrohenden Blutung oder zu einem Durchbruch in die Bauchhöhle geführt hat.
4. Die Voraussetzungen, unter denen eine Aufnahme genehmigt oder abgelehnt wird, ist in wiederholten Besprechungen und anhand von praktischen Beispielen mit den in Frage kommenden Behandlern[2] erörtert worden.
Um eine Gewähr zu haben, daß möglichst nach einheitlichen Gesichtspunkten verfahren wird, sind nur drei Behandler, die sich wochenweise abwechseln, für den Aufnahmedienst bestimmt. Jeder Behandler trägt für die Aufnahme die persönliche Verantwortung und ist angewiesen, in Zweifelsfragen die Entscheidung des Unterzeichneten einzuholen.
5. Für die Aufnahmen in jüdische Privatkliniken ist eine ähnliche Regelung getroffen. Patienten, die im Besitz einer Wohnungskündigung oder einer Transport-Nummer sind, können nur mit Genehmigung der Gesundheitsverwaltung aufgenommen werden oder in dringenden Fällen mit Genehmigung des im Jüdischen Krankenhaus den Aufnahmedienst versehenden Behandlers.[3]

2 Jüdischen Ärzten war zum 30.9.1938 die Approbation entzogen worden. Eine begrenzte Anzahl von ihnen wurde in der Folge als „Krankenbehandler" zur Versorgung ausschließlich jüdischer Patienten zugelassen; 4. VO zum Reichsbürgergesetz vom 25.7.1938, RGBl., 1938 I, S. 969.

3 Walter Lustig sandte die Richtlinien an Dr. Paul Eppstein, den Sozialreferenten der Reichsvereinigung der Juden und deren Verbindungsmann zur Gestapo. Im Begleitschreiben erläuterte Lustig, dass die Richtlinien seit Beginn der Deportationen angewendet würden und dass einzig ihre strenge Einhaltung es ermöglicht habe, das Jüdische Krankenhaus in Berlin aufnahmefähig zu erhalten. Er bat darum, über Beanstandungen informiert zu werden, um möglichen Verstößen gegen die Richtlinien nachgehen zu können; wie Anm. 1, Bl. 110.

DOK. 162

Hubert Krickel beschreibt im Gestapo-Verhör am 7. und 8. September 1942 eine Organisation zur Fluchthilfe für Juden über die Grenze nach Belgien[1]

Vernehmung von Hubert Krickel[2] durch die Geheime Staatspolizei, Staatspolizeistelle Köln, Grenzpolizei-Kommissariat Eupen (Tgb. Br. Nr. 1890/42), gez. Kriminalsekretär Bardenheuer,[3] vom 7./8.9.1942

[...][4]

II. Zur Sache:

Ich sehe ein, daß mein bisheriges Leugnen und Bestreiten zwecklos ist, und ich will daher die Wahrheit sagen.

Im Jahre 1937 lernte ich in Brüssel eine gewisse Hella *Thirhardt*[5] kennen. Es war nur eine vorübergehende Bekanntschaft. Im August 1939 suchte mich die *Thirhardt* in meiner Wohnung in Raeren auf. Sie wollte mich dazu veranlassen, sie über die damalige belg. Grenze nach Deutschland zu bringen. Dieses Ansinnen lehnte ich jedoch ab, und ich habe die Thirhardt dann mehrere Jahre nicht mehr gesehen. Es kann im Februar dieses Jahres gewesen sein, als sie mich erneut in Raeren aufsuchte und mir den Vorschlag machte, mit ihr geschäftliche Verbindungen aufzunehmen. Als ich sie fragte, welcher Art diese Geschäfte seien, erklärte sie mir, die Verbringung von deutschen Juden aus Deutschland nach Belgien, und stellte mir dabei hohe Verdienstmöglichkeiten in Aussicht. Sie sicherte mir für jeden über die Grenze geführten Juden einen Betrag von 1750 RM zu. Durch diese hohe Verdienstmöglichkeit ließ ich mich dazu verlocken, einzuwilligen, und ich erwartete daher nähere Nachricht von der *Thirhardt*, die zwischenzeitlich in Berlin, Nähe Schlesischer Bahnhof, Kleine-Andreasstr. 16, Wohnung genommen hatte. Nach einiger Zeit erhielt ich schriftlich Nachricht von ihr, sie in Berlin aufzusuchen. Ich fuhr dorthin, und wir kamen überein, daß sie in der nächsten Zeit mit verschiedenen Judentransporten von Berlin nach Aachen kommen sollte.[6] Bis zum Eintreffen der *Thirhardt* mit dem ersten Judentransport sicherte ich mir in Aachen eine Anlaufstelle, u.zw. wandte ich mich an einen alten Bekannten von mir, den Felix *Neubert*,[7] Aachen, Adalbertsberg 25. Ich legte ihm die Sache auseinander und mietete mir zu

1 LAV NRW R, Gerichte Rep. 89/204.

2 Hubert Krickel (1881–1965), Kaufmann; er wurde im Prozess gegen die Fluchthelfer zu drei Jahren Haft und einer Geldstrafe verurteilt.

3 Heinrich Bardenheuer (1904–1957), Zahntechniker, Kriminalbeamter; 1929 NSDAP-, 1931 SS-Eintritt; von 1934 an bei der Stapo Aachen tätig, 1936 SS-Untersturmführer, er war u. a. Beisitzer am NSDAP-Kriegsgericht in Aachen und Mitglied des Lebensborn e. V., von 1937 an beim SD tätig.

4 Das Protokoll beginnt mit einem Formular, in das die Personalien von Hubert Krickel eingetragen wurden.

5 Hella Thirhardt vermittelte von Berlin aus den Kontakt zwischen Juden und den Fluchthelfern in der Nähe der belg. Grenze; die Umstände ihrer Festnahme und ihr weiteres Schicksal sind unbekannt.

6 Thirhardt reiste jeweils mit einer kleinen Gruppe von Juden in getrennten Zugabteilen von Berlin nach Aachen, dort übernahm Krickel die Weiterleitung der Gruppe an die Grenze.

7 Richtig: Felix Neuberth (1874–1953), Anstreichermeister; wurde zu einem Jahr und neun Monaten Haft sowie zu einer Geldstrafe verurteilt; seine Frau Maria Neuberth, geb. Vilvoye (1877–1958), Hausfrau, wurde freigesprochen.

diesem Zwecke der Form halber zwei Zimmer bei ihm. Ich teilte daraufhin der *Thirhardt* schriftlich mit, daß, wenn sie mit Judentransporten nach Aachen komme, sie zuerst bei *Neubert* anlaufen solle. Außerdem solle sie das Eintreffen der Juden durch ein Telegramm an *Neubert* ankündigen. Der Text sollte getarnt sein und etwa folgenden Wortlaut haben: „Es kommen … Muster an, Hella.“ Die *Thirhardt* hat auch danach verfahren. *Neubert* wurde von mir angewiesen, mich bei Eingang von Telegrammen sofort fernmündlich in Kenntnis zu setzen, damit ich rechtzeitig bei ihm zur Stelle war und die *Thirhardt* mit den Juden in Empfang nehmen konnte. Da ich nicht die Absicht hatte, die Juden selbst über die Grenze zu bringen, nahm ich mit einem gewissen Jean[8] aus Welkenraedt, seinen Familiennamen kenne ich nicht, und einem Landwirt namens Hubert *Schyns*,[9] wohnhaft Welkenraedt, auf der Straße zwischen Herbesthal und Weißes Haus, Verbindung auf. Die Angelegenheit entwickelte sich so, wie ich sie vorbereitet hatte, und dieser Jean, der zunächst nur alleine die Juden über die Grenze brachte,[10] verhalf etwa 12–15 aus Deutschland geflüchteten Juden zur Flucht nach Belgien. Er erhielt von mir für jeden Juden 1250 RM. Durch diesen Jean lernte ich dann später den bereits schon erwähnten Hubert *Schyns* kennen, der mir das Angebot machte, die Juden für 650 RM über die Grenze zu bringen. Dadurch war für mich eine größere Verdienstmöglichkeit gegeben, und ich ließ daher Jean fallen. Er hat für mich, genau kann ich das heute nicht mehr sagen, auch etwa 10–15 Juden illegal über die Grenze nach Belgien gebracht. Wie mir *Schyns* mitteilte, ist dieser Jean seit einigen Monaten flüchtig und soll sich in das unbesetzte franz. Gebiet begeben haben, weil er in eine große politische Sache, die vor einigen Monaten in Welkenraedt aufgedeckt wurde, verwickelt gewesen sein soll.[11] Durch *Neubert* erfuhr ich, daß die Hella *Thirhardt* festgenommen worden sei. Wenige Zeit später rief *Neubert* mich an und bat mich, zu ihm zu kommen. Dort lernte ich durch ihn eine Hedwig *Ritter*[12] und deren angebl. Sohn mit Vornamen Heinrich[13] kennen. Die Hedwig befaßte sich, genau wie die *Thirhardt*, mit Judenschmuggel nach Belgien und fragte mich, ob ich für sie tätig sein wolle. Ich willigte ein, und sie sicherte mir den Betrag von 1500 RM pro Kopf zu. Als Anlaufstelle blieb nach wie vor *Neubert* und auch die Avisierung der Juden erfolgte durch getarnte Telegramme. *Neubert* rief mich dann jedesmal an, wenn Hedwig *Ritter* ihr Kommen ankündigte, und so ging die

8 Jean Didden holte die flüchtenden Juden vom Bahnhof des Grenzorts Heinrichskapelle ab und begleitete sie zur Grenze; er floh vermutlich im Mai 1942 Richtung Frankreich.

9 Hubert Schyns (1917–1944), Landwirt; arbeitete auf dem elterlichen Hof; er war von seinem Freund Didden für die Fluchthilfeorganisation angeworben worden und hatte die Aufgabe, die Flüchtlinge auf dem Kleinstadtbahnhof unauffällig anzusprechen, sie zu Didden und mit diesem gemeinsam zur Grenze zu geleiten, sein Bruder Henri (1918–1970) half ihm mehrmals dabei; Hubert Schyns wurde zu 13 Monaten Haft sowie einer Geldstrafe verurteilt und verstarb im KZ Natzweiler-Struthof.

10 Emil Daniel, Albert Josef Mossoux (*1915) oder Herman Broekmans (*1911) übernahmen die Flüchtlingsgruppe an der Grenze von Didden und Schyns und geleiteten sie ins Landesinnere Belgiens.

11 Nicht ermittelt.

12 Hedwig Ritter, geb. Heiland (*1896), übernahm nach deren Festnahme die Rolle von Hella Thirhardt in Berlin; sie wurde selbst am 7.9.1942 festgenommen, zu zwei Jahren und drei Monaten Haft sowie zu einer Geldstrafe verurteilt.

13 Heinrich (auch Heinz) Ritter (*1921), Reichsbahnangestellter; er wurde zu fünf Monaten Haft verurteilt; da die Untersuchungshaft angerechnet wurde, kam er nach dem Prozess frei.

ganze Sache weiter, bis am vergangenen Freitag. An diesem Tage übernahm ich wieder von der Hedwig *Ritter* und ihrem Sohn zwei Juden,[14] mit denen ich mit der Straßenbahn nach Eupen fuhr. Die Juden hatte ich angewiesen, im Café *Heuschen* am Rathaus in Eupen zu warten. Dort holte ich sie später ab, und ich begab mich mit ihnen in die Wohnung meines Schwagers, dessen Wohnung z. Zt. unbenutzt war. Dort sollten die Juden übernachten, und ich wollte noch überlegen, wie sie über die Grenze kommen könnten. *Schyns* hatte mir nämlich einige Tage vorher mitgeteilt, daß man bei ihm eine Durchsuchung vorgenommen hätte und die Sache z. Zt. sehr gefährlich sei. Aus diesem Grunde wußte ich noch nicht so recht, was ich machen sollte. In der Wohnung meines Schwagers wurde ich dann von einem Polizeibeamten gestellt und mit den beiden Juden festgenommen. Als ich bei Neubert von der *Ritter* die beiden Juden übernahm, sagte sie mir, daß noch eine weitere Jüdin,[15] die bereits schon bei ihr war, am nächstfolgenden Tage über die Grenze gebracht werden müßte. Dazu ist es jedoch durch meine Festnahme nicht mehr gekommen.

Frage: Es steht fest, daß die Hedwig *Ritter* an diesem Freitag eine jüdische Familie, Mann, Frau und Kind, gleichfalls von Berlin mitgebracht und bei *Neubert* abgesetzt hatte. Von dort aus hat sie sich mit dieser jüdischen Familie wegbegeben. Wo ist die Ritter mit den Juden hingegangen?

Antw.: Nach meiner Ansicht kann sie nur bei Hubert *Schyns* angelaufen sein, denn ich hatte ihr vor längerer Zeit einmal dessen Adresse mitgeteilt.

Frage: Ist Ihnen die Hedwig *Ritter* von früheren Judentransporten her Geldbeträge schuldig geblieben?

Antw.: Nein. Die *Ritter* hat immer bezahlt, bevor der Transport von *Neubert* abging. Lediglich am vergangenen Freitag bezahlte sie nicht, da ich nur die beiden Juden übernehmen wollte, weil mir der Transport der anderen vier Juden, der jüdischen Familie und der Einzeljüdin, zu gefährlich war.

Frage: Nun hatte die Hedwig *Ritter* aber für Sie bei *Neubert* den Betrag von 8000 RM hinterlassen. Woraus setzt sich diese Summe zusammen?

Antw.: Ich sollte, wie ich schon gesagt habe, für jeden Juden 1500 RM bekommen. Judenkinder mußte ich umsonst mitnehmen. Wenn die *Ritter* nun für mich 8000 RM zurückließ, so sollten wahrscheinlich 500 RM als Kontozahlung für weitere Transporte, die noch erfolgen sollten, bestimmt sein. Dazu kann ich aber nichts sagen, da ich da nicht mehr mit ihr gesprochen habe.

14 Jacques Ber, später Ber-Lehmsdorf (*1886), Kaufmann; 1925–1938 im Vorstand der Metall-Montan Gesellschaft; von Aug. 1941 an Zwangsarbeit beim Rüstungsbetrieb Fa. Weber & Co., Blechstanzwerk in Berlin-Treptow; als er den Deportationsbefehl bekam, entschloss er sich zur Flucht und nahm gemeinsam mit dem Arzt Dr. Emil Hirsch (1875–1943) Kontakt zu Hedwig Ritter auf, die 3500 RM pro Person für die Fluchthilfe verlangte; Ber wurde wegen „versuchter unbefugter Grenzüberschreitung" zu einem Jahr und neun Monaten, Hirsch zu zwei Jahren Haft verurteilt; Hirsch verstarb während der Haft; Ber konnte auf dem Weg vom Gestapo-Gefängnis nach Auschwitz fliehen und lebte bis April 1945 untergetaucht in Berlin; er war nach dem Krieg als Bezirksrat und Konsul tätig.

15 Gemeint ist Rywa Löwinsohn, geb. Pasmantier (*1886), Arbeiterin aus Warschau; sie war seit Ende 1941 Zwangsarbeiterin in einem Rüstungsbetrieb in Berlin; wurde zu einem Jahr und sechs Monaten Haft verurteilt.

Geheime Staatspolizei
Staatspolizeistelle *Köln*
Grenzpolizei-Kommissariat
Eupen
Eupen, den 8. Sept. 1942

Weiter vernommen, erklärt der Hubert *Krickel*, nähere Personalien bekannt, auf Befragen folgendes:

Frage: Wie hoch ist der Geldbetrag, den Sie für Ihre Weiterleitung der Juden von Ihren Auftraggebern erhalten haben?

Antw.: Eine genaue Endsumme vermag ich nicht anzugeben. Ich habe etwa 4000 RM dazu verwendet, alte Schulden zu tilgen und Reparaturen an meinem Hause vornehmen zu lassen. Ich kaufte eine Waschmaschine zum Betrage von 750 RM. Von einem Juden, den ich an Jean *Didden* weiterleitete,[16] kaufte ich die Ideen zur Herstellung eines neuen Konservierungspatentes zum Preise von 4000 RM. Diese Ideen ließ ich auf meinen Namen beim Patentamt in Berlin als meine Erfindung patentieren. Der Jude hieß *Katzenstein* und stammte aus Berlin. Wo ich die einzelnen Beträge gelassen habe, weiß ich heute nicht mehr, ich habe sehr viel Geld ausgegeben.

Frage: Sie sind doch Reichsdeutscher und wissen demzufolge ganz genau, daß jeder unnötige Umgang mit Juden in Deutschland nicht gestattet und darüber hinaus es streng verboten ist und schwer bestraft wird, wenn ein Deutscher sich dazu herabläßt, Juden auf verbotenem Wege ins Ausland zu bringen oder bringen zu lassen. Ihre Handlungsweise ist um so verwerflicher, weil Sie sich dadurch einen regelrechten Erwerb verschafften. Was sagen Sie dazu?

Antw.: Ich habe mich dazu verleiten lassen, um meine Schulden zu tilgen.

Frage: Diese Auslassung ist sehr fadenscheinig und entbehrt jeder Grundlage. Als Sie von dem Juden Katzenstein die Ideen der Konservierungsflasche kauften, hatte dieser Kauf denn auch etwas mit Ihren Schulden zu tun. Darüber hinaus haben Sie erhebliche Summen für Neuanschaffungen verwendet, die Sie gleichfalls nicht als Schuldentilgung bezeichnen können. Nach Ihrem Gesamtverhalten steht fest, daß Ihnen der Umgang mit Juden recht genehm war, wenn Sie dadurch zu einem Vermögen gelangen konnten. Es ist eine Charakterlosigkeit sondergleichen, wenn ein Deutscher sich dazu herabläßt, Handlanger von Juden zu sein. Geben Sie auf diesen Vorhalt eine klare und präzise Antwort!

Antw.: Auf diese Vorhaltung muß ich zugeben, daß mein Handeln als Deutscher höchst verwerflich war. Ich habe nur die große Verdienstmöglichkeit gesehen und alles andere außer acht gelassen.

16 Warum sich Krickel hier an den Nachnamen Jean Diddens erinnern konnte, was er am Vortag bestritten hatte, ist unklar.

DOK. 163

Hermine Lesser aus Berlin teilt am 9. September 1942 ihrer in den Niederlanden lebenden Enkelin mit, dass sie bald nach Theresienstadt gebracht werde[1]

Handschriftl. Brief von Hermine Lesser, Berlin W 50, Marburger Str. 5, an ihre Enkelin Annelies Levin und deren Familie, vom 9.9.1942

Meine lieben Enkelkinder, wie hat sich seit gestern mein Leben geändert, am 7.9. abends kamen die Papiere, am 8.9. wurde gepackt und morgen früh werden wir nach der Hamburger Str.[2] gebracht, um am 10.9. die Reise nach Theresienstadt in der Tschechoslowakei zu machen. Die Alten sind jetzt an der Reihe. Meine Transport-Nr. ist 09 823. Als Sendungsstelle hat sich Frau Margarethe Frohmann[3] zu Werder bei Potsdam, Potsdamer Str. 97, gemeldet. Sie vermittelt die ankommende Post vom Adressaten an mich. Sie ist wohl etwas sicherer als Frau Lehr, die oft in Sorge wegen ihrer Mischehe ist. Von all diesen Schwierigkeiten werde ich in Th. nichts merken, aber schön ist es in Berlin auf keinen Fall, da alle Hemmnisse auf uns gelegt und schwer von uns empfunden werden. Ich gehe nach Th., weil man an Tatsachen nichts ändern kann, mache mir auch von dem dortigen Leben keine Illusionen, so daß mich Enttäuschungen nicht niederdrücken können, halte den Kopf ob[en], denn wir haben uns nichts vorzuwerfen, will gerne durchhalten, da ich den Wandel der Zeiten zu unsern Gunsten gerne miterleben möchte. Aber solche Auflösung einer Wirtschaft macht viel Arbeit, auch wenn ich heute nicht mehr an den Sachen hänge und meinen Kindern nur wenig helfen kann. Teile bitte Frau Nau meinen Ortswechsel mit, zum Schreiben fehlt mir die Zeit, es ist bereits der sechste Brief und etliche Karten, die ich heute abend geschrieben habe. Schreibe so oft es geht über die Sendungsstelle, Frau Frohmann, ich werde nur selten antworten können, da ein Schreibverbot besteht und ich, wenn es mal gehen sollte, an Dörte[4] und Ada[5] denken muß. Aus B[uenos] A[ires] kam kein weiterer Brief als der vom 18.5. geschriebene, und auch aus B. warte ich lange auf Nachricht. Dies wird bei meinem Ortswechsel noch viel schlimmer sein, denn die Post war meine größte Freude.
Herzlichste Grüße an Euch und unsern Jan Joost von Eurer Großmutter

1 LBI, ME 722-MM 48, Briefe Hermine Lesser, in: Memoiren Dora Levin, Es war einmal, Kopie: IfZArch, ZS 2399, Bl. 13.
2 Zum Sammellager in der Großen Hamburger Straße siehe Einleitung, S. 68–70.
3 Margarethe Frohmann (1880–1945), Pianistin; verheiratet mit dem jüdischen Zahnarzt Dittmar Frohmann (gest. 1946).
4 Dorothea (Dora) Levin, geb. Lesser (1882–1958); Tochter von Hermine und Paul Lesser, verheiratet mit dem Arzt Ernst Gustav Levin (1866–1943); beide emigrierten im Mai 1939 nach Argentinien.
5 Adele (Ada) Fuerst, geb. Lesser (*1886); Tochter von Hermine und Paul Lesser; verheiratet mit dem Zahnarzt Willy Fuerst (1877–1943); emigrierten zusammen im Aug. 1939 in die Niederlande; beide wurden in Auschwitz ermordet.

DOK. 164

Hans Klee bittet Abraham Silberschein in Genf am 10. September 1942, die Spenden deutscher Juden in Argentinien vorrangig an deren nach Polen deportierte Landsleute zu senden[1]

Schreiben von Dr. Hans Klee[2] aus Genf, 129 rue de Lausanne, an Dr. A. Silberschein[3] in Genf (Eing. 14.9.1942) vom 10.9.1942

Sehr geehrter Herr Dr. Silberschein,
bezugnehmend auf unsere mündliche Rücksprache, teile ich Ihnen mit, dass ich von den mir aus Argentinien zugegangenen Hilfsgeldern für Polenhilfe Ihnen gestern einen Betrag von sfr.[4] 1 800.– als Gegenwert für Esc.[5] 10 000.– auf Ihr Konto bei der Union de Banques Suisses eingezahlt habe.
Wie Sie mir sagten, verfügen Sie über eine mit Hilfe des Roten Kreuzes beschaffte portugiesische Exporterlaubnis für 1500 kg Tee und 2000 kg Kaffee, die Sie bisher nur in Höhe von je 750 kg ausgenutzt haben, so dass die weiteren Mittel es Ihnen ermöglichen, wiederum einen Teil [der] Exporterlaubnis auszunützen.[6]
Ich wäre Ihnen sehr dankbar, wenn Sie mir, gleichzeitig zur Weitergabe an die Herren in Buenos Aires, noch detaillierter mitteilen würden, welches Ihre Einkaufspreise sind, wieviel Tee und Kaffee Sie demnach für 10 000.– Esc. beordern konnten, wie der Versand vor sich geht etc.
Ich erlaube mir auch zu wiederholen, was wir gleichfalls mündlich besprachen, dass Sie mit dem Versand nach Krakau und in andere Städte den Wunsch der Spender weitergeben, in erster Linie aus Deutschland nach Polen deportierte Juden zu bedenken und ihnen sagen zu lassen, dass ausgewanderte deutsche Juden in Argentinien die Mittel aufgebracht haben. Lassen Sie auch bitte meine eigenen Grüsse und herzlichen Wünsche hinzufügen, denn ich bin überzeugt, dass viele der Bedachten den Namen meines Vaters gut kennen[7] und so einem durch jahrzehntelange jüdische Arbeit wohlvertrauten Namen wiederbegegnen. Natürlich bitte ich Sie auch, mich freundlichst zu benachrichtigen, sobald Sie über den Abgang der Sendung von Portugal und über den Eingang am Bestimmungsort Informationen erhalten.

1 YVA, M. 20/224.

2 Dr. Hans Klee (1906–1959), Jurist; vor 1934 Mitglied des Zentralausschusses der Zionistischen Vereinigung für Deutschland, Redakteur der Zeitschrift Der jüdische Wille und Mitglied der Jüdischen Volkspartei; 1934 Emigration in die Schweiz, dort war er in der Flüchtlingshilfe tätig; 1945–1950 Vorsitz der Flüchtlingsvertretung und von 1947 an Präsident des Verbands der allgemeinen Zionisten.

3 Dr. Abraham (auch Adolf Henryk) Silberschein (1882–1951), Jurist; in den 1920er-Jahren führender Politiker der Partei Poale Zion-Hitachduth in Ostgalizien, 1922–1927 Sejm-Abgeordneter, später Mitbegründer des Jüdischen Weltkongresses, 1939 in Genf Gründer und Leiter der Hilfsorganisation RELICO, die u. a. Lebensmittel- und Medikamentenpakete in die Gettos im besetzten Polen schickte; stellte 1944/45 die mehrbändige Dokumentation „Die Judenausrottung in Polen" zusammen.

4 Schweizer Franken.

5 Escudo, argentin. Währung.

6 Da die Alliierten Lebensmittellieferungen nach Deutschland oder in deutsch besetzte Gebiete nicht erlaubten, schickte Silberschein seine Hilfssendungen aus dem neutralen Ausland, i. d. R. über Portugal.

Mit bestem Dank für alle Ihre Bemühungen und freundlichen Grüssen
bin ich Ihr sehr ergebener
Klee

P.S. Wir sprachen im gleichen Zusammenhang über die Möglichkeit, ein so wichtiges Nährmittel wie kondensierte Milch gleichfalls nach Polen zu schicken, und Sie sagten mir, dass Kistchen à 24 Büchsen (die Büchse zu 400g) 120 Esc. kosten. Sie wollten mich informieren, sobald der Versand von kondensierter Milch, der gerade in grösserem Umfang erfolgt ist, wieder zweckmässig erscheint. Handelt es sich um gezuckerte oder ungezuckerte Kondensmilch?

DOK. 165
Daniel Lotter schreibt am 15. September 1942 in seinem Tagebuch von der schlechten Versorgungslage, britischen Luftangriffen und der Deportation der letzten Nürnberger Juden[1]

Handschriftl. Tagebuch von Daniel Lotter, Fürth, Eintrag vom 15.9.1942

Heute kam die erfreuliche Nachricht in den Zeitungen, daß von der nächsten Versorgungsperiode ab die Zuteilungen von Brot und Fleisch wieder auf den früheren Stand erhöht werden sollen. Es war dies dringend notwendig, denn die Unterernährung, die Magenleiden und ihre Folgeerscheinungen nehmen beängstigenden Umfang an. Leute, die man länger nicht gesehen hat, sind zum Erschrecken abgemagert.
Heini ist wieder für die Schule beurlaubt. Er ist körperlich sehr heruntergekommen und erkrankte an Verdauungsstörungen, so daß er erst mit einigen Tagen Verspätung seinen Dienst antreten konnte.
Lydia mußte sich einer schweren Operation unterziehen, die sie gut überstand. Sie ist Gottlob auf dem Weg der Besserung, wird aber an den Folgen noch länger zu tragen haben. Hoffentlich bleibt kein dauernder Schaden.
Über Schwester Marie[2] ist neues Unheil gekommen. Ein Wolkenbruch, der in der Nacht vom 12. auf [den] 13. über Nürnberg niederging, überschwemmte ihre notdürftig instand gesetzte Wohnung. Die halbe Nacht mußte sie mit Valerie, die zum Glück in Urlaub da war, arbeiten, um das eindringende Wasser zu entfernen.
Die Stuckdecke droht herabzustürzen. Trotzdem erklärte einige Tage darauf ein Parteifunktionär die Zimmer für bewohnbar. Wenn die Möbel entfernt würden, müßte die Wohnung beschlagnahmt werden.

7 Dr. Alfred Klee (1875–1943) trat als Rechtsanwalt vor Gericht gegen Antisemiten auf und war Funktionär der Jüdischen Volkspartei sowie mehrerer zionistischer Organisationen in Deutschland; 1938 wanderte er in die Niederlande aus, wurde nach dem deutschen Einmarsch verhaftet und in Westerbork ermordet.

1 Original in Privatbesitz, Kopie: IfZArch, F 601, abgetippte Fassung im Deutschen Tagebucharchiv Emmendingen.
2 Pauline Maria Seitz, geb. Lotter (1875–1962), Schwester von Daniel Lotter, verheiratet mit dem Ingenieur Hans Seitz (1868–1942).

Wie Marie geht es wahrscheinlich 100 andern Familien. Die in Nürnberg angerichteten Schäden sind *sehr* groß, und die Angst vor der Wiederkehr englischer Flieger wächst.[3] Die Propaganda arbeitet mit Höchstdruck, um die Stimmung im Volke zu erhalten, was angesichts der schwierigen Kämpfe im Osten, wo die Russen mit verbissener Energie Stand halten und ihrerseits mit starken Kräften und frischen Truppen angreifen, sehr notwendig ist.

Am 10. September mußte der Rest von Juden und Jüdinnen, meist alte, zum Teil gebrechliche Menschen, die Stadt verlassen mit Zurücklassung ihre ganzen Habe.[4] Was sich die N.S. gegenüber diesen Unglücklichen an Ungerechtigkeit und Sadismus geleistet haben, wird für alle Zeiten als Schandfleck am deutschen Volk haftenbleiben.
Angeblich kommen die armen Menschen nach Theresienstadt in Böhmen, einer früheren Festung, die anscheinend Raum für die notdürftige Unterbringung bietet.
Ein mir dem Namen nach unbekannter alter Jude nahm auf der Straße bewegten Abschied von mir und wünschte mir Glück für die Zukunft. Er begrüßte den Tag der Abreise und erhoffte von dem Aufenthalt in Theresienstadt eine Besserung gegenüber dem bisherigen Leben, das nicht mehr zu ertragen sei. Daß nicht alle seine Glaubensgenossen diese Meinung teilen, beweist der Freitod von 2 Frauen aus früher angesehenen Familien.

DOK. 166
Friedrich Kellner empört sich in seinem Tagebuch am 16. September 1942 über die Deportation jüdischer Nachbarn[1]

Handschriftl. Tagebuch von Friedrich Kellner, Laubach, Eintrag vom 16.9.1942

16. Sept. 1942.
In den letzten Tagen sind die Juden unseres Bezirkes abtransportiert worden. Von hier waren es die Familien Strauß[2] u. Heinemann.[3] Von gut unterrichteter Seite hörte ich, daß sämtliche Juden nach Polen gebracht u. dort von SS-Formationen ermordet würden. Diese Grausamkeit ist furchtbar. Solche Schandtaten werden nie aus dem Buche der Menschheit getilgt werden können. Unsere Mörderregierung hat den Namen „Deutschland“ für alle Zeiten besudelt. Für einen anständigen Deutschen ist es unfaßbar, daß niemand dem Treiben der Hitler-Banditen Einhalt gebietet.

3 Der Abschrift des Tagebuchs ist ein Zeitungsartikel mit dem Titel „Terrorangriff auf Nürnberg vom 28. auf 29. August“ beigefügt, der von schweren Bombardements Nürnbergs durch brit. Flugzeuge berichtet und die Angriffe als einzig gegen die Zivilbevölkerung gerichtet bezeichnet.

4 Am 10.9.1942 fand die letzte große Deportation von Juden aus Nürnberg statt. Im Juni 1943 wurden nochmals zwei kleinere Gruppen von Juden aus Nürnberg bzw. Würzburg deportiert. Die letzte Deportation nach Theresienstadt erfolgte am 17.1.1944.

1 Original in Privatbesitz, Kopie: Archiv der Arbeitsstelle Holocaustliteratur an der Universität Gießen. Abdruck in: Kellner, „Vernebelt, verdunkelt sind alle Hirne“ (wie Dok. 23 vom 28.10.1941, Anm. 1), Bd. 1, S. 311.

2 Joseph Strauss, auch Josef Strauß (1884–1942) und seine Frau Helene, geb. Katz (1886–1942), wurden am 30.9.1942 von Darmstadt nach Treblinka deportiert und ermordet.

3 Richtig: Salli Heynemann (1879–1942) und seine Frau Hulda Hortense, geb. Haas (1879–1942); wurden mit demselben Transport wie Familie Strauss nach Treblinka deportiert und ermordet.

DOK. 167
Die Jüdische Kultusvereinigung Berlin bittet am 18. September 1942 um die Erlaubnis, Hedwig Bäcker nach ihrer Enteignung die Aufnahmegebühr für das Siechenheim zu erlassen[1]

Schreiben der Jüdischen Kultusvereinigung zu Berlin e. V., Gesundheitsverwaltung, Dezernat Gesundheitswesen, Berlin N 65, Iranische Straße 4, gez. Dr. Dr. Walter Lustig (Dr. Lu/Kn.), an die Reichsvereinigung der Juden in Deutschland, z. Hd. v. Herrn Dr. Paul Eppstein, Berlin-Charlottenburg 2, vom 18.9.1942[2]

Betr.: Hedwig Sara Bäcker,[3] *z. Zt. Siechenheim Iranische Str. 2*
Die Obengenannte befand sich seit dem 23. Dez. 1941 wegen eines Schlaganfalls im Krankenhaus der Jüdischen Kultusvereinigung zu Berlin. Sie wohnte früher in Berlin W. 15, Ludwigkirchstr. 14 bei Herrn Georg Israel Altmann,[4] der uns unterm 21.8.42 folgendes schrieb:
„Solange das Ehepaar Baecker zusammen bei mir lebte, haben diese von dem Juden-Kommissar in Danzig,[5] der das gesamte Vermögen des Ehepaars Baecker beschlagnahmt hat, eine monatliche Zuwendung von RM 250.– erhalten."
Frau B. wurde wegen eines Schlaganfalls, wie erwähnt, in das Krankenhaus der Jüdischen Kultusvereinigung zu Berlin eingeliefert, später auch ihr Ehemann, der im Krankenhaus verstorben ist. Für beide hat der Herr Beauftragte in Danzig die Kosten – zuletzt für die 3. Verpflegungsklasse – bezahlt.
Der Krankheitszustand der Frau B. war nach dem mehrmonatlichen Krankenhausaufenthalt ein solcher, daß von der Gesundheitsverwaltung unter dem 6. Aug. 1942 der beantragten Unterbringung in einem Siechenheim zugestimmt wurde.
Eine Entlassung in häusliche Pflege kam nicht in Frage, da Frau B. weitgehendst in ihrer Bewegungsfähigkeit behindert und bei ihren täglichen Verrichtungen auf fremde Hilfe angewiesen ist. Die Aufnahme in ein Siechenheim erfolgte am 11. Aug. 1942.
Wir haben uns wegen Erfüllung der Siechenheim-Aufnahmebedingungen mit dem Herrn Reichsstatthalter in Danzig in Verbindung gesetzt, der uns unterm 15. Sept. 1942 u. a. wie folgt antwortet:

1 BArch, R 8150/759.
2 Im Dokument hinter der Adresse maschinenschriftl. eingefügt und von Paul Eppstein unterzeichnet: „Dem Reichsministerium des Innern, Reichssicherheitshauptamt, Berlin W 62, Kurfürstenstraße 115/116 mit der Bitte um Weisung, ob in diesem Falle auf das Eintrittsgeld von RM 2000,– verzichtet und welcher Verpflegungssatz zwischen dem bei Siechenheiminsassen üblichen von RM 180,– und den Selbstkosten von RM 50,– gegenüber dem Beauftragten des Herrn Reichsstatthalters in Danzig angefordert werden soll."
3 Hedwig Bäcker, geb. Badt (1870–1942); starb am 31.12.1942.
4 Georg Altmann (1877–1944); er war vermutlich der Schwager von Hedwig Bäcker; wurde am 17.3.1943 von Berlin nach Theresienstadt und am 28.10.1944 nach Auschwitz deportiert und direkt nach seiner Ankunft ermordet.
5 Walter Hildebrandt (1892–1966), Jurist; 1933 NSDAP-Eintritt; von Frühjahr 1939 an zuständig für die Judenauswanderung beim Senat in Danzig, von Sept. 1939 an in verschiedenen Leitungsfunktionen in der Wirtschaftsverwaltung Danzigs tätig, u. a. als Leiter der Treuhandstelle Danzig-Westpreußen, 20.12.1942 Ernennung zum leitenden Regierungsdirektor; 1951–1963 MdL Niedersachsen und Vorsitzender vom Gesamtdeutschen Block/Bund der Heimatvertriebenen und Entrechteten; erhielt im Nov. 1960 das Große Bundesverdienstkreuz.

„Das gesamte Vermögen der Eheleute Bäcker ist von mir durch Haftungsbescheid für die Zwecke des jüdischen Haftungsverbandes eingezogen, so daß ein Guthaben aus Sperrkonto oder dergl. hier nicht mehr zur Verfügung steht. Ich kann infolgedessen für Frau Bäcker nur die üblichen Unterstützungssätze zur Anwendung bringen. Die Zahlung eines Eintrittsgeldes von RM 2000.– kommt nicht in Frage, ebensowenig die Entrichtung eines monatlichen Pflegesatzes von RM 180.–, da dieser Satz viel zu hoch ist und für derartige Unterstützungszwecke niemals von mir bewilligt wird.
Falls es möglich ist, Frau B. für einen billigeren Satz unterzubringen, stelle ich anheim, an mich direkt weitere Anträge zu stellen, und zwar unter Darlegung des Sachverhaltes und Angabe der Höhe des beanspruchten Betrages. Da ich unterstützungspflichtig bin, wäre ich bereit, in dieser Hinsicht alsdann zu helfen."
Wir bitten um Entscheidung, ob von dem Eintrittsgeld Abstand genommen und ferner, ob und in welcher Höhe das Pflegegeld ermäßigt werden kann.
Wir werden dann entsprechend der behördlichen Entscheidung uns mit dem Herrn Reichsstatthalter in Verbindung setzen.[6]

DOK. 168
Das Reichsministerium für Ernährung und Landwirtschaft entzieht Juden am 18. September 1942 die Fleisch-, Milch-, Raucher- und Weißbrotkarten[1]

Erlass des RMEuL (II B 1–3530), gez. i. V. des StS: Riecke,[2] an die Landesregierungen (Landesernährungsämter), die Preußischen Oberpräsidenten (Provinzialernährungsämter) ohne die nicht nach Oberschlesien eingegliederten Ostgebiete,[3] nachrichtlich an die Regierungspräsidenten und entsprechenden Behörden vom 18.9.1942[4]

Betrifft: Lebensmittelversorgung der Juden.
Es hat sich als notwendig herausgestellt, die Lebensmittelversorgung der Juden neu zu regeln. Unter Aufhebung aller bisherigen einschlägigen Bestimmungen wird folgendes angeordnet:
1. *Judenbegriff*
Für die Zwecke der ernährungspolitischen Verbrauchsregelung gilt der § 5 der Ersten Verordnung zum Reichsbürgergesetz vom 14.11.1935 (RGBl. I, S. 1333)[5] mit folgender Maßgabe:

6 Eine Antwort ist nicht bekannt.

1 BArch, R 3601/3424.
2 Hans Joachim Riecke (1899–1984), Diplomlandwirt; 1918–1920 im Freikorps Hülsen, 1925 NSDAP- und SA-Eintritt; 1936 Min.Dir. im RMEuL; 1939 Wehrmacht; von Juni 1941 an im Wirtschaftsstab Ost, Juni 1942 de facto, 1943 offiziell StS im RMEuL; 1944 SS-Eintritt; 1945 StS in der Dönitz-Regierung; 1945–1948 US-Internierungshaft und Aussage im Nürnberger Prozess, nach 1948 Arbeit bei einem Hamburger Handelshaus.
3 Danzig-Westpreußen, Warthegau, Zichenau.
4 Im Original Stempel „Über die Gauleitung an Krsltg. Berchtesgaden, der M–Beauftragte, gez. Sturm" vom 30.9.1942.
5 Dieser Paragraph definierte, wer als Jude galt; siehe VEJ 1/210.

Die nachbenannten Personen, die in sogenannten privilegierten Mischehen leben, werden von der Sonderregelung ausgenommen:
a) Der in einer Mischehe lebende *jüdische Ehegatte*, sofern Abkömmlinge aus der Ehe vorhanden sind und diese nicht als Juden gelten (§ 5 Abs. 2 der Ersten Verordnung zum Reichsbürgergesetz vom 14.11.1935 – RGBl. I, S. 1333 –). Dies gilt auch für den Fall, daß die Ehe nicht mehr besteht. In diesem Falle oder bei Getrenntleben der Eheleute gilt die Ausnahmeregelung zugunsten des jüdischen Teils aber nur so lange, wie die nicht als Juden geltenden Abkömmlinge zu *seinem* Haushalt gehören oder die Kosten ihres Lebensunterhalts ganz oder überwiegend von ihm bestritten werden. Die Ausnahmeregelung gilt jedoch immer zugunsten des jüdischen Elternteils, wenn der Nachweis geführt wird, daß ein Abkömmling trotz seiner Mischlingseigenschaft deutscher Wehrmachtsangehöriger ist. Sind die Abkömmlinge verstorben, so ist die Ehe als kinderlos zu betrachten; der in einer Mischehe lebende jüdische Ehegatte bleibt jedoch von den Sondermaßnahmen ausgenommen, wenn der einzige Sohn, der nicht als Jude galt, als deutscher Wehrmachtsangehöriger im Kriege gefallen ist;
b) bei kinderloser Ehe die *jüdische Ehefrau*, sofern der Ehemann deutschblütig oder Mischling zweiten Grades ist, d. h. von nicht mehr als einem jüdischen Großelternteil abstammt. Nach dem Tode des Ehemannes, nach der Auflösung der Ehe und bei Getrenntleben fällt die Frau wieder unter die Sondervorschriften für Juden.
Die Bestimmungen dieses Erlasses finden auf alle Juden ohne Unterschied der Staatsangehörigkeit Anwendung. Als Juden gelten auch Personen, die, ohne der Rasse nach Juden zu sein, der jüdischen Religionsgemeinschaft angehören.

2. *Rationssätze*

Juden erhalten von der 42. Zuteilungsperiode (19. Oktober 1942) ab folgende Lebensmittel nicht mehr: Fleisch, Fleischwaren, Eier, Weizenerzeugnisse (Kuchen, Weißbrot, Weizenkleingebäck, Weizenmehl usw.), Vollmilch, entrahmte Frischmilch, desgleichen solche Lebensmittel, die nicht auf reichseinheitlich eingeführte Lebensmittelkarten, sondern auf örtliche Bezugsausweise oder durch Sonderaufrufe der Ernährungsämter auf freie Abschnitte der Lebensmittelkarten abgegeben werden. Jüdische Kinder und Jugendliche über 10 Jahre erhalten die Brotration der Normalverbraucher. Jüdische Kinder und Jugendliche über 6 Jahre bekommen die Fettration der Normalverbraucher, keinen Kunsthonig, kein Kakaopulver und ebenfalls nicht die den Altersstufen von 6–14 Jahren zustehende Zulage an Marmelade. Jüdische Kinder bis zu 6 Jahren erhalten täglich ½ Liter entrahmte Frischmilch.
Dementsprechend sind an Juden keine Fleisch-, Eier- und Milchkarten sowie keine örtlichen Bezugsausweise auszugeben. Die jüdischen Kinder und Jugendlichen über 10 Jahre erhalten die Brotkarten und die über 6 Jahre die Fettkarten der Normalverbraucher. Die an Juden ausgegebenen Brotkarten berechtigen nur zum Bezug von Roggenmehlerzeugnissen. An jüdische Kinder bis zu 6 Jahren ist der Bezugsausweis für entrahmte Frischmilch auszugeben. Dieser ist mit dem Vermerk „Gültig für täglich ½ Liter“ zu versehen. Juden können keine Selbstversorger im Sinne meiner Erlasse sein.[6]

6 Als Selbstversorger galten Personen, denen Lebensmittel aus eigener Produktion zur Verfügung standen, wie z. B. Landwirte. Diese mussten monatlich einen Teil ihrer Erzeugnisse an das RMEuL abliefern. Für die Erlasse siehe u. a. BArch, R 3601/3157 und R 3601/3159, Bd. 1–3.

3. *Regelung für Kranke usw.*
Die Bestimmungen für Kranke, gebrechliche Personen, werdende und stillende Mütter und Wöchnerinnen gelten nicht für Juden.
Die Regelungen dieses Erlasses gelten auch für jüdische Insassen von Krankenanstalten.
4. *Regelung für besondere Arbeitergruppen*
Juden, die als Lang-, Nacht-, Schwer- und Schwerstarbeiter anerkannt sind, erhalten die Zulagearten für Lang- und Nachtarbeiter. Jüdischen Arbeitern, die in besonderem Maß der Einwirkung von Giften ausgesetzt sind (vgl. Erlaß vom 27. September 1939 – II/1–4616 –),[7] haben die Ernährungsämter im Rahmen der durch den vorbezeichneten Erlaß festgelegten Richtlinien täglich ½ Liter entrahmte Frischmilch zuzuteilen.
5. *Sonderzuteilungen*
Juden sind von Lebensmittelsonderzuteilungen ausgeschlossen.
6. *Umtausch von Lebensmittelkarten in Reise- und Gaststättenmarken*
Der Umtausch der Lebensmittelkarten in Reise- und Gaststättenmarken darf bei Juden nur in besonders gelagerten dringenden Ausnahmefällen erfolgen.
7. *Kartenfreie Lebensmittel*
Bei dem Bezug von Lebensmitteln, die nicht auf Lebensmittelkarten abgegeben werden, unterliegen die Juden so lange grundsätzlich keinen Beschränkungen, wie diese Erzeugnisse der arischen Bevölkerung ausreichend zur Verfügung stehen. Kartenfreie Lebensmittel, die nur zeitweise und in beschränktem Umfange verteilt werden, wie z. B. Gemüse- und Heringssalat, Fischpasten usw. dürfen an Juden nicht abgegeben werden. Die Ernährungsämter werden ermächtigt, die Juden zum Bezuge von Kohlrüben, einfachen Kohlarten usw. zuzulassen.
8. *Kennzeichnung der Lebensmittelkarten*
Die an Juden auszugebenden Lebensmittelkarten sind in schräger Anordnung durchgehend (also auch über sämtliche Einzelabschnitte) mit dem sich ständig wiederholenden Überdruck „Jude" zu versehen. Hierfür ist eine Druckfarbe zu wählen, die sich deutlich von der Untergrundfarbe der Karten abhebt. Die mit dem Aufdruck „Jude" versehenen Karten und Kartenabschnitte berechtigen nicht zum Bezuge etwaiger Sonderzuteilungen. Eine Entwertung dieser Abschnitte vor der Kartenausgabe ist deshalb nicht erforderlich.
9. *Besondere Einkaufszeiten für Juden*
Zur Vermeidung von Unzuträglichkeiten bei der Versorgung der arischen Bevölkerung wird den Ernährungsämtern empfohlen, für die jüdische Bevölkerung besondere Einkaufszeiten zu bestimmen.[8]
10. *Lebensmittelgeschenksendungen für Juden*
Die Ernährungsämter haben Lebensmittelgeschenksendungen aus dem Ausland, die für Juden bestimmt sind, voll auf die Rationen des Empfängers anzurechnen. Wenn es sich um Erzeugnisse handelt, die zwar bezugsbeschränkt sind, aber nicht regelmäßig zugeteilt werden (z. B. Bohnenkaffee, Kakao, Tee usw.), ist über die ganze Sendung oder bei verspäteter Meldung des Posteingangs über den noch nicht verbrauchten Teil zugunsten von Großverbrauchern, wie z. B. Lazaretten, unter Anrechnung auf die diesen zustehenden Bezüge zu verfügen.

7 Nicht ermittelt.
8 Siehe Dok. 116 vom 26.5.1942, Anm. 17.

Der Herr Reichsminister der Finanzen[9] hat durch den abschriftlich beigefügten Erlaß vom 29. April 1941[10] die Zollstellen angewiesen, ohne Rücksicht auf die Menge der eingehenden Waren den zuständigen Ernährungsämtern wöchentlich die Geschenksendungen zu melden, bei denen bekannt ist oder die Vermutung besteht, daß der Empfänger Jude ist. Die Anrechnung kann auch dann noch erfolgen, wenn die Meldung der Zollstelle so spät bei den Ernährungsämtern eingeht, daß die in der Geschenksendung enthaltenen Lebensmittel bereits verzehrt worden sind.
Soweit die Staatspolizeileitstellen Kenntnis von Lebensmittelsendungen an Juden aus dem Auslande erhalten, werden sie die Pakete sicherstellen und dem Ernährungsamt zur Verfügung stellen.

11. *Ausnahmen*

Juden, die nachweislich am Weltkriege oder an innerdeutschen Kämpfen als Zeitfreiwillige usw. teilgenommen und hierbei eine Verwundung erlitten haben, können auf Antrag die Lebensmittelversorgung wie die deutschstämmige Bevölkerung erhalten. Voraussetzung hierfür ist das Einverständnis der zuständigen Dienststelle der Geheimen Staatspolizei, damit die Sonderstellung nicht in solchen Fällen zugebilligt wird, in denen sie, etwa wegen staatsfeindlicher Betätigung usw., dem gesunden Volksempfinden widersprechen würde. Andere Kriegsbeschädigungen als Verwundungen bleiben unberücksichtigt. Für den Fall der Bewilligung gilt diese nur für den verwundeten jüdischen Kriegsteilnehmer selbst, nicht für seine Angehörigen, auch nicht für Witwen gefallener oder an den Folgen einer Verwundung verstorbener Weltkriegsteilnehmer.
Die von den Sonderregelungen für Juden ausgenommenen Personen sind bei der Lebensmittelversorgung der deutschstämmigen Bevölkerung gleichzustellen; sie erhalten also nicht gekennzeichnete Lebensmittelkarten und die etwaigen örtlichen Bezugsausweise.

12. *Schlußbestimmungen*

Dieser Erlaß tritt mit Wirkung vom 19. Oktober 1942 (Beginn der 42. Zuteilungsperiode) in Kraft. Zugleich treten außer Kraft meine Erlasse vom 11. März 1940 – II C 1–940 –, vom 24. Oktober 1940 – II C 1–4795 –, vom 6. Dezember 1940 – II C 1–5600 (Dritter Abschnitt), vom 26. Mai 1941 – II C 1–2200 (Dritter Abschnitt), vom 30. Mai 1940 – II D 4–710 –, vom 7. August 1941 – II C 1–3225 – und vom 18. Juni 1942 – II D 4–1260 (Teil II).[11]
Die Ernährungsämter sind durch Übersendung eines Abdruckes dieses Erlasses zu unterrichten.
Abdrucke sind beigefügt.

9 Ludwig Graf Schwerin von Krosigk.
10 Liegt nicht in der Akte.
11 Diese Erlasse betreffen die diversen Einschränkungen gegen Juden bei der Lebensmittelversorgung; wie Anm. 6.

DOK. 169
Der Reichsjustizminister notiert einen Beschluss vom 18. September 1942, dass straffällige Juden, Polen, „Zigeuner", Russen und Ukrainer von der SS ermordet werden sollen[1]

Vermerk von Reichsjustizminister Thierack,[2] ungez., über eine Besprechung mit Reichsführer SS Himmler in seinem Feldquartier[3] in Gegenwart von StS. Dr. Rothenberger,[4] SS-Gruppenführer Streckenbach[5] und SS-Obersturmbannführer Bender[6] vom 18.9.1942

1. Korrektur bei nicht genügenden Justizurteilen durch polizeiliche Sonderbehandlung. Es wurde auf Vorschlag des Reichsleiters Bormann zwischen Reichsführer SS und mir folgende Vereinbarung getroffen:

a.) Grundsätzlich wird des Führers Zeit mit diesen Dingen überhaupt nicht mehr beschwert.

b.) Über die Frage, ob polizeiliche Sonderbehandlung eintreten soll oder nicht, entscheidet der Reichsjustizminister.

c.) Der Reichsführer SS sendet seine Berichte, die er bisher dem Reichsleiter Bormann zusandte, an den Reichsjustizminister.

d.) Stimmen die Ansichten des Reichsführers und des Reichsjustizministers überein, so wird die Angelegenheit zwischen ihnen erledigt.

e.) Stimmen beider Ansichten nicht überein, so wird die Meinung des Reichsleiters Bormann, der evtl. den Führer unterrichten wird, herbeigezogen.

f.) Soweit auf anderem Wege (etwa durch ein Schreiben eines Gauleiters) die Entscheidung des Führers über ein mildes Urteil angestrebt wird, wird Reichsleiter Bormann den Bericht an den Reichsjustizminister weiterleiten. Die Angelegenheit wird sodann zwischen dem Reichsführer SS und dem Reichsminister der Justiz in vorbezeichneter Form erledigt werden.

2. Auslieferung asozialer Elemente aus dem Strafvollzug an den Reichsführer SS zur Vernichtung durch Arbeit.

1 BArch, R 3001/24062, Bl. 35a–37. Abdruck in: IMT, Bd. XXVI: 14 November 1945 – 1 October 1946, Nuremberg 1947, Doc. 654-PS, S. 201–203.

2 Dr. Otto Thierack (1889–1946), Jurist; von 1921 an Staatsanwalt am Landgericht Leipzig; 1932 NSDAP-, 1934 SA-Eintritt; 1933 sächs. Justizminister, 1936 Präsident des Volksgerichtshofs; 1939/40 Soldat; von 1942 an RJM; 1945 Internierung durch die brit. Besatzungsmacht, nahm sich das Leben.

3 Hegewaldheim, nahe Žitomir in der heutigen Ukraine.

4 Curt Ferdinand Rothenberger (1896–1959), Jurist; 1922 Richter am Landgericht Hamburg, 1931 Landesgerichtsdirektor; 1933 NSDAP-Eintritt, der aber auf 1931 rückdatiert wurde, da er seit diesem Jahr der Partei zuarbeitete; 1935 Präsident OLG Hamburg, 1942–1944 StS im RJM; 1947 in Nürnberg zu sieben Jahren Haft verurteilt, 1950 entlassen; nahm sich das Leben.

5 Bruno Streckenbach (1902–1977), Polizist; 1919 Freikorpskämpfer, 1925 Gaugeschäftsführer des ADAC Hamburg; 1930 NSDAP-, SA- und SS-Eintritt; 1933 Gestapo-Chef in Hamburg, 1939 Chef der Einsatzgruppe I in Polen und bis Jan. 1941 BdS in Krakau, Juni 1940 bis Jan. 1943 Chef des Personalamts im RSHA, dann bei der Waffen-SS; 1945 in sowjet. Gefangenschaft, 1955 entlassen, lebte in Hamburg.

6 Horst Bender (1905–1987), Jurist; 1932 NSDAP-, 1933 SS-Eintritt; 1938 im Stab des Inspekteurs der SS-Verfügungstruppe, 1939 beim SS-Hauptamt Gericht, 1941 Leiter der Abt. III (Gerichtswesen) im Kommandostab RFSS und Oberster SS- und Polizeirichter im Persönlichen Stab des RFSS; 1945 in US-Internierungshaft, von 1948 an als Rechtsanwalt tätig.

Es werden restlos ausgeliefert die Sicherungsverwahrten, Juden, Zigeuner, Russen und Ukrainer, Polen über 3 Jahre Strafe, Tschechen oder Deutsche über 8 Jahre Strafe nach Entscheidung des Reichsjustizministers. Zunächst sollen die übelsten asozialen Elemente unter letzteren ausgeliefert werden.[7] Hierzu werde ich den Führer durch Reichsleiter Bormann unterrichten.

3. Rechtsprechung durch das Volk.

Diese ist Schritt für Schritt zunächst in den Dörfern und den kleinen Städten bis etwa 20 000 Einwohner möglichst bald durchzuführen. In Großstädten ist die Durchführung schwierig. Hierzu werde ich durch einen Artikel im Hoheitsträger besonders die Partei zur Mitwirkung anregen.[8] Es besteht Klarheit darüber, daß die Gerichtsbarkeit nicht in den Händen der Partei liegen darf.

4. Verordnungen, die die Polizei und Justiz betreffen, sollen in Zukunft abgestimmt herausgegeben werden, z. B. Nichtverfolgung unehelicher Mütter bei dem Versuch der Abtreibung.

5. Reichsführer SS ist einverstanden, daß die Straftilgung auch für Polizeiangehörige nach § 8 des Straftilgungsgesetzes beim Reichsjustizmin. verbleibt.[9]

6. Der von mir geplanten Regelung der vom Führer angeordneten Prügelstrafe stimmt Reichsführer SS in vollem Umfang zu.[10]

7. Ich nehme auf das Gemeinschaftsfremdengesetz[11] Bezug und melde Ansprüche der Justiz an, z. B. bei Feststellung Jugendlicher als asoziale Elemente und ihre Einweisung. Auch scheinen mir die Tatumstände, die zur Abstempelung eines Menschen als asozial dienen, nicht klar genug im Gesetz dargelegt. Reichsführer SS wartet unsere Stellungnahme ab und wird bis dahin die Vorlage des Gesetzes nicht betreiben.

8. Reichsführer SS ist mit einer Bestimmung, wonach die Strafmündigkeit auf 12 Jahre herabgesetzt und die verminderte Strafmündigkeit über 18 Jahre erweitert werden kann, für das Jugendstrafgerichtsgesetz einverstanden.

9. SS-Obersturmbannführer Bender im Stabe des Reichsführers SS wird vom Reichsführer SS als Verbindungsmann in Sachen, die eine unmittelbare Verbindung zum Reichsführer SS notwendig erscheinen lassen, bestimmt. Er ist jederzeit durch Fernschreiben im Feldquartier des Reichsführer SS zu erreichen, kommt auch monatlich

7 Die Entscheidung, wer der SS ausgeliefert wurde, und die Überstellung in die KZ oblagen der kurz nach diesem Treffen gegründeten Sonderabt. XV des RJM unter Leitung von Karl Engert (1877–1951), Vizepräsident des Volksgerichtshofs. Bis 1944 überstellte das RJM ca. 2500 Justizgefangene an die Polizei.

8 Ein von Thierack verfasster Artikel in der vom Reichsorganisationsleiter der NSDAP herausgegebenen Zeitschrift Der Hoheitsträger zu diesem Thema konnte nicht ermittelt werden.

9 § 8 des Gesetzes über beschränkte Auskunft aus dem Strafregister und die Tilgung von Strafvermerken vom 9.4.1920 legte fest, dass der Landes- bzw. Reichsjustizminister die Tilgung von Einträgen aus Strafregistern anordnen kann; RGBl. 1920, Nr. 74, S. 97.

10 Nach Berichten über oppositionelle Jugendcliquen hatte Hitler Anfang Sept. 1942 die Einführung der Prügelstrafe für „verwahrloste" Jugendliche angeordnet. Thierack hatte vorgeschlagen, die Prügelstrafe nur bei „gefängniswürdigen" Taten zu verhängen. Letztendlich gab es aber keine Einigung mit Bormann, der gefordert hatte, die Bestrafung gerade in solchen Fällen anzuwenden, in denen keine Freiheitsstrafe vorgesehen war.

11 Das Gesetz über die Behandlung Gemeinschaftsfremder wurde von 1935 an diskutiert, aber nie verabschiedet. Der Entwurf sah drakonische Strafen für Menschen vor, die nach den Maßstäben der Volksgemeinschaftsideologie als asozial, Versager oder Neigungsverbrecher galten.

einmal nach Berlin und wird sich hier bei mir melden. Für die anderen Sachen ist zum Verbindungsmann Hauptsturmführer Wanninger[12] ernannt, der sich im Sicherheitshauptamt befindet.

10. Reichsführer SS weist darauf hin, daß im Strafvollzug viel mehr Spezialanstalten einzurichten sind nach dem Grundsatz, daß Nichtbesserungsfähige für sich zusammen und Besserungsfähige nach ihren Spezialverbrechen (z. B. Betrüger, Diebe, gewaltmäßig Handelnde) geschlossen unterzubringen sind. Das wird als richtig anerkannt.

11. Reichsführer SS verlangt die Führung des Strafregisters bei der Polizei. Es ist zu untersuchen, was dagegen spricht (Tilgung, Erschwerung und Heranziehung des Strafregisterauszugs?). Die Angelegenheit soll mit Gruppenführer Streckenbach noch durchverhandelt werden.

12. Reichsführer SS weist auf den im Felde als Major befindlichen Reichsgerichtsrat *Altstötter*[13] und auf den Landgerichtspräsidenten *Stepp*[14] positiv und auf den GenStAnw. *Jung*[15] in Dresden negativ hin.

13. Schließlich schneidet Reichsführer SS die Frage der Staatsanwaltschaft und ihren Übergang an die Polizei an.[16] Ich lehnte das rundweg ab. Weiter wurde dieses Thema nicht behandelt.

14. Es besteht Übereinstimmung darüber, daß in Rücksicht auf die von der Staatsführung für die Bereinigung der Ostfragen beabsichtigten Ziele in Zukunft Juden, Polen, Zigeuner, Russen und Ukrainer nicht mehr von den ordentlichen Gerichten, soweit es sich um Strafsachen handelt, abgeurteilt werden sollen, sondern durch den Reichsführer SS erledigt werden. Das gilt nicht für bürgerlichen Rechtsstreit und auch nicht für Polen, die in die deutschen Volkslisten[17] angemeldet oder eingetragen sind.

12 Heinz Wanninger (1913–1997), Leiter des Ref. II A1 (Organisation des SD) des RSHA, 1943 SS-Stubaf.

13 Josef Altstötter (1892–1972), Jurist; von 1927 an im RJM, 1932 am Reichsgericht Leipzig; 1937 NSDAP- und SS-Eintritt; 1939–1943 Militärdienst; seit 1943 Min.Dir. im RJM; 1947 im Nürnberger Juristenprozess zu fünf Jahren Haft verurteilt, 1950 entlassen und als Rechtsanwalt in Nürnberg tätig.

14 Walther Stepp (1898–1972), Jurist; 1924–1935 an verschiedenen Gerichten tätig; 1931 NSDAP-, 1933 SS-Eintritt; 1935–1937 stellv. Leiter der Bayer. Polizei, 1936 Leiter Stapoleitstelle München, von 1937 an Landgerichtspräsident in Kaiserslautern; 1939–1942 Militärdienst; 1942–1945 Präsident des OLG München; bis Mai 1948 in alliierter Internierungshaft, im Aug. 1948 im Entnazifizierungsverfahren als Hauptbeschuldigter, 1950 nur noch als Belasteter eingestuft.

15 Friedrich Jung (1890–1978), Jurist; 1931 NSDAP-Eintritt; von 1933 an Generalstaatsanwalt beim Kammergericht Berlin, 1943 Präsident des OLG Breslau; bis 1955 in sowjet. Kriegsgefangenschaft, danach im Ruhestand.

16 Die Polizei hatte während des Nationalsozialismus ihre Kompetenzen gegenüber der Staatsanwaltschaft sukzessive ausgebaut. Himmlers Vorschlag, die Staatsanwaltschaft durch eine Angliederung an die Polizei endgültig zu entmachten, wurde jedoch nicht umgesetzt.

17 In den sog. eingegliederten Ostgebieten bestimmten Mitarbeiter des Reichskommissars für die Festigung deutschen Volkstums, wer als „deutsch“ oder „eindeutschungsfähig“ anzusehen sei, und ordneten diese Personen in vier verschiedene Gruppen der Deutschen Volksliste ein. In Abhängigkeit von der Kategorisierung wurden ihnen unterschiedliche bürgerliche und soziale Rechte zuerkannt sowie die deutsche Staatsangehörigkeit, unter Umständen auf Widerruf.

DOK. 170
Martin Vogel berichtet, wie die Mitglieder zionistischer Jugendgruppen in Wien sich am 19. und 20. September 1942 ein letztes Mal heimlich treffen, bevor sie deportiert werden[1]

Bericht über die Tagung am 19. und 20.9.1942 anlässlich der bevorstehenden Liquidierung der Jugendalija, Histadruth noar,[2] gez. Martin Vogel,[3] Wien, vom 28.11.1942[4]

Mit dem Bericht über den Beschluß der Moezah[5] wäre die Tätigkeit der zionistischen Jugendbewegung Wiens als beendet anzusehen. Wir wollen jedoch darüber hinaus allen Chawerim einen kurzen Einblick in unsere letzten Tage und Stunden gewähren und schalten darum einen kurzen Bericht vom Eintreffen Arons[6] aus dem Arbeitslager Doppl[7] bis zu seiner Evakuierung ein.
Am Montag, den 14. September 1942, kam Aron Menczer nach 17monatlicher Abwesenheit von Wien aus dem Arbeitslager Doppl zurück. Seine Ankunft war bereits für [den] vorherigen Tag angekündigt gewesen und löste unter den bis zu diesem Zeitpunkt noch nicht evakuierten Chawerim freudigste Erwartung aus. Durch Zufall kamen zwei Chawerim in sein Wiener Quartier und hatten dabei Gelegenheit, ihm die ersten Informationen über die Lage der wien. Juden und speziell über die Bewegung zu übermitteln, da sich trotz reger Korrespondenz mit Doppl ein absolut klares Bild noch nicht vermitteln ließ. Arons nachfolgende Besuche und Aussprachen in der Kultusgemeinde vervollständigten das gewonnene Bild und gaben ihm und seinen engsten Mitarbeitern die Gewißheit, daß die Arbeit in der gegenwärtigen Situation als beendet anzusehen sei, deren Abschluß in einer würdigen Form stattfinden muß. Es hatte sich die Ankunft des Vertreters der wien. zionistischen Jugendbewegung überraschend schnell herumgesprochen, demzufolge er bereits am gleichen Nachmittag Gelegenheit hatte, zum Teil mit den noch in Wien befindlichen Chawerim zu sprechen. Auf Wunsch Arons verständigten wir noch für denselben Abend die für uns wertvollen Chawerim und hatten anschließend

1 YVA, O.30/62.
2 Abkürzung für Histadruth haNo`ar haOwed we-ha-Lomed (hebr.): Die Förderation der arbeitenden und studierenden Jugend; 1924 gegründeter sozialistisch geprägter Jugendverband, mit der jüdisch-zionistischen Gewerkschaft Histadrut verbunden.
3 Dr. Martin Vogel (1922–2016), Jurist; Mitglied in der zionistischen Jugendgruppe Haschomer Hazair, enger Mitarbeiter des Leiters der Jugendalija Aron Menczer; entging als sog. Geltungsjude den Deportationen der Wiener Juden; studierte nach Kriegsende Jura und wurde Verwaltungsjurist bei der Stadt Wien.
4 Im Original Stempel und handschriftl. Vermerke.
5 Hebr.: Tagung.
6 Aron (Adolf) Menczer (1917–1943), Erzieher; Leiter der zionistischen Jugendorganisation Gordonia sowie von 1939 an der Jugendalija und der jüdischen Schule in der Marc-Aurel-Straße 5 in Wien, die später vom Palästina-Amt genutzt wurde, organisierte die Ausreise zahlreicher Kinder nach Palästina; am 24.9.1942 nach Theresienstadt deportiert; 1943 begleitete er eine Gruppe von Waisenkindern aus Bialystok nach Auschwitz, wo sie am 7.10.1943 ermordet wurden.
7 Das Landgut Doppl wurde Mitte 1939 von der Wiener Zentralstelle für jüdische Auswanderung erworben und als Zwangsarbeitslager für österreich. und poln. Juden genutzt. Lagerleiter in Doppl war Alfred Slawik, ein Mitarbeiter der Zentralstelle. Die SS verkaufte das Lagergelände Doppl im Dez. 1941 an die Kakao- und Schokoladenfabrik Josef Manner & Comp. AG.

daran seit der behördlichen Auflösung der Ju-Al[8] die erste gemeinsame Sichah.[9] Diese Zusammenkunft war deshalb besonders erfreulich, weil es gelang, Chawerim zu einem Tisch zu bringen, ohne daß deren verschieden geartete bündische Einstellung einen Mißton in diese Sichah bringen konnte. Dieses Treffen wurde noch ergänzt durch Chawerim, die einige Stunden später aus dem Arbeitslager Doppl nach Wien kamen. Trotz der kurzen Zeit, die zur Verständigung zur Verfügung stand, fand sich eine Gruppe von über 30 Jugendlichen ein. In dieser Stunde wurde der Beschluß gefaßt, eine Moezah abzuhalten, in der der Abschluß der Arbeit der zionistischen Jugendbewegung in Wien verkündet werden sollte. Als Zeitpunkt der Tagung wurde Donnerstag, 18.9.1942, bestimmt. Nach längerer Debatte über den Rahmen einigten wir uns auf eine Privatwohnung, da uns diese vor jeder unerwarteten Entdeckung am sichersten schien. Wir trafen eine genaue Einteilung, welche Chawerim und in welcher Reihenfolge dieselben dort zu erscheinen hatten, um keinerlei Aufsehen zu erregen. Dennoch ist es bis jetzt noch nicht geklärt, auf welche Umstände es zurückzuführen war, daß die Moezah wegen plötzlich aufgetretener Gefahr einer behördlichen Entdeckung an diesem Abend unterbleiben mußte, obgleich alle Eingeladenen bereits an Ort und Stelle waren. Aron fand es daher zweckmäßig, die anwesenden Jugendlichen sofort nach Hause zu schicken, da er es nicht verantworten konnte, 40 Leute vor einem bereits bestimmten Termin der Evakuierung auszuliefern. An diesem Abend fand nur eine Besprechung im Kreise der engsten Mitarbeiter statt, wobei die Neueinteilung vorgenommen wurde. Die Doppler Chawerim machten den Vorschlag, als Rahmen des Treffens einen leeren Raum in einer der Institutionen der K.G.[10] heranzuziehen. Es ist bezeichnend, daß trotz der großen Schwierigkeiten der Raumfrage keiner der Chawerim aus Wien diesen Vorschlag aufgriff, da die unfreundliche Stellung einiger Herren in der Gemeinde gegenüber der zionistischen Jugendbewegung bei oftmaliger Gelegenheit zum Ausdruck kam. Es gelang, Kron und die Doppler Chawerim von der Stichhaltigkeit dieses Argumentes zu überzeugen und diesen Ausweg abzulehnen. Wohl oder übel mußten wir uns entschließen, die Moezah in zwei Teilen abzuhalten, wobei zum ersten Teil die älteren und zum zweiten Teil die jüngeren Chawerim eingeladen waren. Leider war auch hier keine glatte Abwicklung möglich, widrige Umstände verzögerten den zweiten Teil um einen Tag.
Am Samstag, den 19.9.1942, fand um 16 Uhr nachm. das erste Treffen statt. Durch eine Blitzverständigung am gleichen Tag gelang es uns, die aufgetauchten Schwierigkeiten zu überwinden, die Chawerim des zweiten Teils für Sonntag zu bestellen und auch ihnen das so sehnlichst erwünschte Treffen vor der Fahrt ins Ungewisse zu sichern.[11]

8 Jugendalija.
9 Hebr.: Gespräch, inoffizielles Treffen.
10 Gemeint ist die Israelitische Kultusgemeinde Wiens (IKG).
11 Es folgen weitere Berichte, in denen Martin Vogel ein Treffen, das erwähnte Gespräch der im Lager anwesenden Betreuer (Madrichim), dokumentiert, sowie eine Niederschrift einer Laudatio zu Ehren der Arbeit von Aron Menczer und ein Bericht der genannten Tagung. Das Dokument endet mit dem Text einer Rede Menczers.

DOK. 171

Reichsaußenminister Ribbentrop gibt am 24. September 1942 Anweisungen, die Deportation der Juden aus verschiedenen europäischen Ländern zu beschleunigen[1]

Notiz (geheim) von Unterstaatssekretär Luther (U.St.S. D.-Nr- 6862) an Staatssekretär Weizsäcker zur Kenntnisnahme und Genehmigung, Berlin, vom 24.9.1942[2]

Der Herr RAM hat mir heute telefonisch die Weisung erteilt, die Evakuierung der Juden aus den verschiedensten Ländern Europas möglichst zu beschleunigen, da feststeht, daß die Juden überall gegen uns hetzen und für Sabotageakte und Attentate verantwortlich gemacht werden müssen. Nach einem kurzen Vortrag über die im Gange befindliche Judenevakuierung aus der Slowakei, Kroatien, Rumänien und den besetzten Gebieten hat der Herr RAM angeordnet, daß wir nunmehr an die bulgarische, die ungarische und die dänische Regierung mit dem Ziel, die Judenevakuierung aus diesen Ländern in Gang zu setzen, herantreten sollen.

Bezüglich der Regelung der Judenfrage in Italien hat sich der Herr RAM das Weitere selbst vorbehalten.[3] Diese Frage soll entweder in einem Gespräch zwischen dem Führer und dem Duce[4] oder zwischen dem Herrn RAM und dem Grafen Ciano[5] persönlich besprochen werden.[6]

Hiermit *Herrn Staatssekretär v. Weizsäcker* mit der Bitte um Kenntnisnahme vorgelegt. Die von uns zu unternehmenden Schritte werden jeweils Ihnen vorher zur Genehmigung vorgelegt werden.

1 PAAA, R 100 890. Abdruck in engl. Übersetzung in: NMT, Bd. XIII (wie Dok. 50 vom 4.12.1941, Anm. 1), Doc. NG-1517, S. 255 f.

2 Im Original handschriftl. Anmerkungen und Stempel. Durchdrucke gingen an: UStS. Politische Abt., UStS. Rechtsabt., Direktor Handelspolitik, Abt. D II und D III.

3 Die italien. Regierung sperrte sich zu diesem Zeitpunkt gegen Versuche der Deutschen, Juden italien. Staatsangehörigkeit zu deportieren. Gleichzeitig blockierten italien. Behörden Deportationen aus den von ihnen kontrollierten Gebieten wie z. B. aus dem Süden des kroat. NDH-Staates.

4 Benito Mussolini (1883–1945), italien. Ministerpräsident.

5 Gian Galeazzo Ciano (1903–1944), italien. Außenminister.

6 Ein Treffen zwischen Mussolini und Hitler zu dieser Frage kam nicht zustande. Am 11.10.1942 versuchte Himmler und am 25.2.1943 Ribbentrop, Mussolini von der Notwendigkeit des Vorgehens gegen Juden zu überzeugen; ADAP, Serie E: 1941–1945, Bd. 4: 1. Oktober bis 31. Dezember 1942, Göttingen 1975, Dok. 91, S. 148–151; ADAP, Serie E: 1941–1945, Bd. 5: 1. Januar bis 30. April 1943, Göttingen 1978, Dok. 158, S. 286–303.

DOK. 172
In seinem Tagebuch beschreibt Adolf Guttentag am 22. und 27. September 1942 die Vorbereitungen auf die Deportation nach Theresienstadt[1]

Handschriftl. Tagebuch von Adolf Guttentag,[2] Berlin, Einträge vom 22. und 27.9.1942[3]

22.9.42.
Gestern war Maria W.[4] den ganzen Tag beinahe bei uns, um Mutti zu helfen. Sie ist die einzige gewesen, die Mutti bei allen unsern Umzügen: 1) von Stettin nach Hirschberg; 2) H. Umzug von No. 70 nach 32; 3) von H. nach Berlin-Kurfürstendamm; 4) von dort hierher[5] und 5) jetzt zur Evacuierung als einzige hilfreich zur Seite gestanden hat: ein Charakter!! Andre Freundinnen oder Verwandte hatten versagt. Wunderlich ist ihre Überzeugung, aber man muß sie respectieren. Einzelheiten ihrer religiösen Auffassung vielleicht später einmal. Mir unbegreiflich: Wenn sie sich auch mit dem christlichen Dogma nicht einverstanden erklären kann, braucht sie trotzdem gewisse Vorschriften der jüdischen Religion, wie das absolut strenge Fasten von 24 Std. an ihrem höchsten Feiertag, dem Versöhnungstag, nicht einzuhalten. – Sie war also dazu gekommen, mit Mutti die verschiedenen Vorschläge, wie man die bescheidenen Befugnisse beim Abtransport zweckmäßig verpacken könnte, durchzusprechen. Wir dürfen nur 50 kg im ganzen pro Person mitnehmen, also einen Coupé-Koffer und einen sogenannten Brotbeutel, keinen Rucksack. Verboten sind u. A.: Uhr. jegliches Glas oder Porzellan (also nur ein Blechteller, ein Blechgefäß); verboten: Füllfederhalter, Messer jeder Art! Wir nehmen also Kleidung und Bettwäsche, Waschzeug, eine dicke Decke und ein Kissen und Mundvorrat mit. Bücher sind gestattet; Geld in Höhe von 50 Mark für die Reise ist notwendig. Das übrige Geld verfällt dem Staat und in bestimmter Höhe der jüdischen Kultusgemeinde, damit sie in der Lage sei, die mittellosen Juden, soweit sie noch in Deutschland sind, zu erhalten. Das beträgt 25 % meines Vermögens, den Rest behält das Deutsche Reich.[6] Wenn man das niedergeschrieben hat, wird jeder vernünftige Mensch fragen, lohnt es sich denn noch leben zu bleiben, wenn man ein schmerzloses Schlafmittel zum Einschlafen besitzt? Es ist immer wieder die Frage: Wird der Spuk nicht bald ein Ende nehmen, und kann man dann auf bessere Tage hoffen? Das ist ganz nach der Stimmung der einzelnen Menschen. Ein alter Herr von 87 Jahren, absolut rüstig und gesund, unverheiratet, schied freiwillig aus dem Leben. Er wohnte Wand an Wand in unserer Pension. Er ging täglich stundenlang spazieren, besuchte Theater und Konzerte heimlich (was ihm natürlich verboten war, weil er dann keinen Davidstern trug). Als er

1 USHMM, RG 10 216, Acc. 2001.42 Guttentag diary, S. 77–95.

2 Dr. Adolf Jonas Guttentag (1868–1942), Arzt; geboren in Breslau, nahm sich am 16.10.1942 gemeinsam mit seiner Ehefrau Helene (1873–1942) das Leben.

3 Das Tagebuch hatte Guttentag im Aug. 1942 begonnen, als eine Deportation immer wahrscheinlicher wurde. Es war an seinen seit 1933 in San Francisco lebenden Sohn Prof. Dr. Otto Guttentag (1900–1992), Arzt, gerichtet.

4 Maria Wundsch, geb. Pauly, Cousine 2. Grades von Helene Guttentag.

5 Das Ehepaar Guttentag hatte nach dem Wegzug aus Hirschberg in einer Pension am Kurfürstendamm gewohnt, musste diese jedoch „auf höhere Anordnung“ zum 1.10.1941 verlassen und mietete daraufhin ein Zimmer mit Vollpension in einer anderen Straße Berlins.

6 Siehe Einleitung, S. 34, und Dok. 43 vom 25.11.1941.

vor kurzem evacuiert werden sollte, sagte er, er habe vom Leben nichts mehr zu erwarten, zumal er lange Jahre Schönes (Reisen, Musik) genossen habe. So nahm er Veronal und war nach 1 1/2 Tg. tot. – Ein anderes Ehepaar, das ich oben (S. 59) erwähnt habe: Er mit beiden gelähmten u. versteiften Beinen u. Prostatabeschwerden, sie trägt Pessar,[7] das alle 4 Wochen gewechselt werden muß, hat Obstipation,[8] die nur bei ganz bestimmten, kaum erhältlichen Medikamenten beseitigt werden kann, hat ein schwaches Herz, das ohne Coffein nicht kräftig genug ist – sie beide wollen durchhalten, obwohl sie wissen, daß sie von ihren beiden Söhnen nichts zu erwarten haben. So ringt sich jeder zu seinem Entschlusse durch. Die (arische) Gattin unseres im Hause befreundeten Collegen sagt, sie würde nicht mitmachen und ein Ende machen. Maria W. sagt: Auf alle Fälle aushalten: Es kommt anders! Nun nehmen noch andre den dritten Standpunkt ein: Sie verschwinden irgendwie, sei es hier, sei es woanders und halten sich verborgen. Dazu braucht man größere verheimlichte Mittel (die wir nicht besitzen) und man muß jünger sein, um sich von Ort zu Ort wandernd ein geeignetes Quartier auszusuchen. Die verschiedenen Bestimmungen, die Ihr wohl nicht genau kennen könnt, wie Lebensmittelmarken (auf jede Kleinigkeit vorgesehen; bewundernswert, wie in Deutschland alles organisiert ist), polizeiliche Anmeldung m. Kontrolle usw. wären für uns kaum erfüllbar, wenn wir es auch von andern erlebt haben.
In der Med. Welt '42 N. 18[9] hat Mark bei vielen Leuten nach einfacher Angina Wasser-Concentrationsversuch nach Volhard untersucht und häufige patholog. Verhältnisse gefunden! Daher sei nach Angina Bettruhe und bei geringem Nierensymptome Hunger- u. Durstkur für 3–6 Tage nötig.
Ther.d.Gegenw. 42 Nr. 9.[10]

Sonntag, 27. Septemb. 1942
Unsre Sorgen steigern sich. Ununterbrochen gehen die Transporte, die die älteren Leute nach Theresienstadt, jüngere arbeitskräftige aber nach Polen befördern. Dort sollen die Lebensbedingungen viel unerfreulicher sein. Gleichwohl schwanke ich hin und her, ob ich mich doch entschließen sollte, mit nach Th. zu gehen. Schon der Abtransport in die hiesige Sammelstelle, wo man einige Tage festgehalten und controlliert wird, ist unangenehm. Mit seinem Handgepäck wird man in einem Möbelwagen dorthin gefahren. Dort wird man beköstigt, und dort wird unser Gepäck geprüft. Es sind ganz bestimmte Lebensbedürfnisse gestattet mitzunehmen. Eben merke ich, daß ich S. 80/81 darüber schon geschrieben habe. Die Erwägungen, alles möglichst geschickt zu packen, sind natürlich groß. Das Handgepäck nehmen wir in die Hand, der andre Koffer, der z. B. die nötige Bettwäsche u. Anzüge enthält, geht mit der Bahn. Schlüssel müssen wir daran lassen, so daß sie controllieren können, was wir mitnehmen. Ob dann auch alles wieder da ist, wenn wir ankommen, ist eine Frage!! Allmählich überlege ich mir, wie man sich eine solche Lebensführung in Theresienstadt vorstellen soll. Wir bringen mit nur Essen und

7 Eine bei einer krankhaften Gebärmutterverlagerung in die Vagina oder Gebärmutter eingesetzte Stütze.
8 Verstopfung.
9 Der Artikel „Zur Prophylaxe und Therapie der akuten diffusen Glomerulonephritis" von Dr. Robert E. Mark erschien am 2.5.1942 in Heft 16 der 1927 gegründeten Zeitschrift Die medizinische Welt.
10 Therapie der Gegenwart, Monatszeitschrift für praktische Medizin, die mit Unterbrechungen von 1895 an bis 1995 erschien.

die notwendigste Kleidung und Bettwäsche. Eine Lagerstatt wird vermutlich bereitgestellt. Wir sind doch aber noch an verschiedene Kulturbedürfnisse gewöhnt, die wir kaum entbehren können, ich denke an Bereinigung der Wohnung u. der Wäsche. Soll man weiter unter dem Zwang beschränkter Freiheit leben? – Man hat oft über das Gespräch nachgedacht, wieso solche grausame Bestimmung über uns hereingebrochen sei. Ich persönlich finde, daß bei meinen bescheidenen Geschichtskenntnissen doch oft festgestellt werden kann, daß einmal eine Bevölkerung ausgebürgert worden ist. Man hat nur in den langen Friedensjahren, so lange wie wir sie gerade erleben konnten, das nicht erlebt. Man hielt das 19. Jahrhundert für humanitär! Man glaubte nur an russische Zustände! Im Altertum war das selbstverständlich. Augustus hat 20 000 Legionären in Italien Land zugewiesen; natürlich hat er andern das Land weggenommen. Volksstämme, die besiegt waren, verkaufte man in die Sklaverei, vgl. Carthago, das dem Erdboden gleichgemacht ward. Wie oft flüchteten Landstriche in voller Zahl, wenn der Feind kam, man denke an „Hermann und Dorothea".[11] Um ihres Glaubens willen gingen die Salzburger fort. Daß aber jetzt die Juden Deutschlands nahezu mittellos vertrieben und in andere Tätigkeit gesteckt werden, ist ein Novum.

DOK. 173
Thomas Mann verfasst am 27. September 1942 eine Ansprache, in der er die deutsche Bevölkerung aufruft, die Verbrechen an den Juden Europas nicht weiter zu dulden[1]

Handschriftl. Redemanuskript von Thomas Mann, Los Angeles, vom 27.9.1942[2]

Deutsche Hörer, man wüßte gern, wie ihr im Stillen von der Aufführung derer denkt, die in der Welt für euch handeln; die Juden-Greuel in Europa zum Beispiel – wie euch dabei als Menschen zumute ist, das möchte man euch wohl fragen. Ihr steht immer weiter zu Hitlers Krieg und ertragt das Äußerste aus Furcht vor dem, was die Niederlage bringen würde: vor der Rache der mißhandelten Nationen Europas an allem, was deutsch ist. Aber gerade von den Juden ist solche Rache ja nicht zu erwarten. Sie sind das wehrloseste, der Gewalt und der Bluttat abgeneigteste aller eurer Opfer. Selbst heute noch nicht sind sie eure Feinde; ihr seid nur ihre. Ihr bringt es nicht fertig, den Haß wechselseitig zu machen. Juden sind fast immer deutschfreundlich, und wenn es mit

11 Epos in neun Gesängen von Johann Wolfgang von Goethe, erstmals 1797 erschienen. In dem Stück verliebt sich der Sohn wohlhabender Eltern in eine junge Frau, die in einem Flüchtlingstreck vorbeizieht.

1 ETH Bibliothek, Thomas-Mann-Archiv, A-II-Msv 9. Mit freundlicher Genehmigung der S. Fischer Verlag GmbH, Frankfurt a. M. Abdruck in: Thomas Mann, Deutsche Hörer!, in: ders., Gesammelte Werke in dreizehn Bänden, Bd. 11: Reden und Aufsätze 3, Frankfurt a. M. 1960/1974, S. 1050–1053; Erstabdruck: Deutsche Hörer! 55 Radiosendungen nach Deutschland von Thomas Mann, 2., erw. Auflage, Stockholm 1945, S. 71–73.

2 Thomas Mann richtete zwischen Okt. 1940 und Mai 1945 in regelmäßigen Abständen in der Radiosendung „Deutsche Hörer!" fünf- bis achtminütige Ansprachen an das deutsche Volk. Die BBC sendete diese – von Mann persönlich gesprochene Texte – über Langwelle, so dass sie in Europa empfangen werden konnten. Die hier abgedruckte Sendung entstand am 26./27.9.1942, wurde am 29.9. bei der NBC von Thomas Mann aufgenommen und vermutlich am 4.10.1942 gesendet.

euch zum Ärgsten kommt, wie es wahrscheinlich ist, – sie gerade, unemotional und altersweise, wie sie sind, werden davon abraten, euch Gleiches mit Gleichem zu vergelten –, sie werden vielleicht in der Welt eure einzigen Freunde und Fürsprecher sein. Sie sind entmachtet, entrechtet, enteignet, in den Staub gedemütigt worden – war das nicht genug? Was sind das für Menschen, für Ungeheuer, die des Schändens nie satt werden, denen jedes Elend, das sie den Juden zufügten, nur immer ein Anreiz war, sie in noch tieferes, noch erbarmungsloseres Elend zu stoßen? Anfangs gab es in der Behandlung dieses Restes der Antike, der aber überall mit modernem National-Leben eng verwachsen war, ja noch einen Schein von Maß und Vernunft. Die Juden, hieß es, sollten gesondert von ihren Wirtsvölkern, ausgeschlossen von Ämtern und Einfluß, als geduldete Gäste leben, aber ungestört ihrem eigenen Kultus, ihrer eigenen Kultur sich widmen können. Das ist längst vorbei. Auf keiner Stufe machte die Quälsucht halt. Jetzt ist man bei der Vernichtung, dem maniakalischen[3] Entschluß zur völligen Austilgung der europäischen Judenschaft angelangt. „Es ist unser Ziel", hat Goebbels in einer Radio-Rede gesagt, „die Juden auszurotten. Ob wir siegen oder geschlagen werden, wir müssen und werden dieses Ziel erreichen. Sollten die deutschen Heere zum Rückzug gezwungen werden, so werden sie auf ihrem Wege den letzten Juden von der Erde vertilgen."

Kein vernunftbegabtes Wesen kann sich in den Gedankengang dieser verjauchten Gehirne versetzen. Wozu? fragt man sich. Warum? Wem ist damit gedient? Wird irgendjemand es besser haben, wenn die Juden vernichtet sind? Hat der unselige Lügenbold sich am Ende selber eingeredet, der Krieg sei vom „Welt-Judentum" angezettelt worden, es sei ein Judenkrieg und werde für und gegen die Juden geführt? Glaubt er, das „Weltjudentum" werde vor Schrecken den Krieg gegen die Nazis untersagen, wenn es erfährt, daß deren Untergang den Untergang des letzten Juden in Europa bedeuten wird? Die Niederlage hält Gundolfs mißratener Schüler[4] nachgerade für möglich. Aber nicht allein werden die Nazis zur Hölle fahren, sie werden die Juden mitnehmen. Sie können nicht ohne Juden sein. Es ist tief empfundene Schicksalsgemeinschaft. Ich glaube ja freilich, daß die zurückflutenden deutschen Heere an anderes zu denken haben werden, als an Pogrome. Aber bis sie geschlagen sind, ist es irrsinniger Ernst mit der Ausrottung der Juden. Das Ghetto von Warschau, wo 500 000 Juden aus Polen, Österreich, Tschechoslowakien und Deutschland in zwei Dutzend elende Straßen zusammengepfercht worden sind,[5] ist nichts als eine Hunger-, Pest- und Todesgrube, aus der Leichengeruch steigt. 65 000 Menschen sind dort in *einem* Jahr, dem vorigen, gestorben.[6] Nach den Informationen der polnischen Exil-Regierung[7] sind alles in allem bereits 700 000 Juden von der Gestapo gemordet oder zu Tode gequält worden, wovon 70 000 allein auf die Region von Minsk

3 Ein veraltetes Wort für manisch, hier zu deuten als „rasend", „besessen" oder „krankhaft übersteigert".

4 Dr. Friedrich Gundolf (1880–1931) gehörte 1899–1923 dem George-Kreis an und zählte zu den bekanntesten Literaturwissenschaftlern der Weimarer Zeit. Von 1920 an war er Germanistikprofessor in Heidelberg, wo Goebbels seine Vorlesungen hörte und eine Promotion bei ihm anstrebte, die jedoch nicht zustande kam. Goebbels wurde dann bei Max von Waldberg promoviert.

5 Das Getto Warschau hatte im März 1941 mit ca. 460 000 Menschen die Höchstzahl an Bewohnern erreicht. Am 22.7.1942 begannen die Massendeportationen der Juden nach Treblinka. Dorthin wurden bis zum 21.9.1942 ca. 280 000 Juden deportiert, über 10 000 noch im Getto erschossen und mehr als 11 000 in KZs transportiert.

6 1941 starben mehr als 43 000 Menschen im Warschauer Getto.

7 Von 1940 an befand sich die poln. Exilregierung unter der Leitung von Władysław Sikorski (1881–1943) in London.

in Polen entfallen.[8] Wißt ihr Deutsche das? Und wie findet ihr es? Im unbesetzten Frankreich wurden kürzlich 3600 Juden den unterschiedlichen Konzentrationslagern entnommen und nach dem Osten verfrachtet. Bevor sich der Todeszug in Bewegung setzte, begingen dreihundert Menschen Selbstmord. Nur Kinder von fünf Jahren und aufwärts durften bei ihren Eltern bleiben; die kleineren überließ man ihrem Schicksal. Im französischen Volk hat das viel böses Blut gemacht. Und wie steht es, Deutsche, mit eurem Blut? In Paris wurden binnen weniger Tage 16 000 Juden zusammengetrieben, in Viehwagen verladen und abtransportiert.[9] Wohin? Das weiß der deutsche Lokomotiv-Führer, von dem man sich in der Schweiz erzählt. Er ist dorthin entflohen, weil er mehrmals Züge voller Juden zu fahren hatte, die auf offener Strecke hielten, hermetisch verschlossen und dann durchgast wurden. Der Mann hatte es nicht mehr ausgestanden.[10] Aber seine Erfahrungen sind keineswegs außerordentlich. Ein genauer und authentischer Bericht liegt vor über die Tötung von nicht weniger als 11 000 polnischen Juden mit Giftgas. Sie wurden auf ein besonderes Exekutionsfeld bei Konin, im Distrikt Warschau gebracht, in luftdicht verschlossene Wagen gesteckt und binnen einer Viertelstunde in Leichen verwandelt.[11] Man hat die eingehende Beschreibung des ganzen Vorganges, der Schreie und Gebete der Opfer und des gutmütigen Gelächters der SS-Hottentotten, die den Spaß zur Ausführung brachten. – Und da wundert ihr Deutschen euch, entrüstet euch sogar darüber, daß die zivilisierte Welt beratschlagt, mit welchen Erziehungsmethoden aus den deutschen Generationen, deren Gehirne vom National-Sozialismus geformt sind, aus moralisch völlig begrifflosen und mißgebildeten Killern also, Menschen zu machen sind?

DOK. 174
Der US-Konsul in Genf, Paul C. Squire, skizziert am 28. September 1942, was er über die Ermordung der europäischen Juden und die Verwendung ihrer Leichen erfahren hat[1]

Schreiben (streng geheim) des US-amerikanischen Konsuls Paul C. Squire,[2] Genf, an den US-Außenminister,[3] Washington D.C., Kopie an US-Botschaft in Bern (Eing. 2.10.1942), vom 28.9.1942 (Durchschlag)[4]

Verfolgung der Juden

1/2/ Ich habe die Ehre, Ihnen hiermit zwei Memoranden über die Verfolgung der Juden zu übermitteln, die auf Informationen basieren, die Herr Gerhart M. *Riegner*,

8 Thomas Mann bezieht sich auf den am 2.7.1942 veröffentlichten Artikel „Allies Are Urged to Execute Nazis“ in der New York Times; siehe VEJ 9/89. Der Artikel basiert auf einem Bericht der jüdischen Organisation Bund aus Warschau vom 11.5.1942 über die systematischen Massenmorde an den Juden; siehe VEJ 9/74. In Minsk in Weißrussland bestand von Juli 1941 bis Okt. 1943 ein Getto, in dem insgesamt ca. 100 000 Juden ermordet wurden.

9 Zwischen dem 2. und dem 25.9.1942 wurden mehr als 10 000 Juden von Drancy bei Paris nach Auschwitz deportiert.

10 Nicht ermittelt.

11 Vermutlich ist die Ermordung von Juden im Vernichtungslager Kulmhof im Warthegau gemeint, wo von Dez. 1941 bis Juli 1944 mehr als 150 000 Menschen in Gaswagen ermordet wurden. Die Leichen wurden in einem angrenzenden Wald in Massengräbern verscharrt.

1 NARA, RG 84, Entry 3208, Box 7, 840.1 Jews. Das Dokument wurde aus dem Englischen übersetzt.

Sekretär der Genfer Geschäftsstelle des Jüdischen Weltkongresses, zur Verfügung gestellt hat.
3. Das erste Memorandum befasst sich mit der Verwertung von Leichen nach ihrer Ankunft in Deutschland, und das zweite beinhaltet Auszüge aus in Warschau abgeschickten Briefen, die verdeckte Informationen über die Vernichtung der dort in Gettos eingesperrten Juden enthalten. Das letztgenannte Memorandum stützt sich auch auf Fotokopien zweier Briefe vom 4. und 12. September 1942. Es ist unbedingt darauf zu achten, dass die Identitäten des Absenders in Warschau und des Empfängers in der Schweiz streng vertraulich behandelt werden, ebenso wie die Daten der beiden Briefe und ihre Registrierungsnummern. Die Unterstreichungen in den Fotokopien stammen vom Empfänger.
Informationen, die ich von einer als zuverlässig geltenden deutschen Quelle erhalten habe und auf die ich mich in meinen politischen Notizen gewöhnlich als „Frank“ beziehe, scheinen erneut zu bestätigen, dass das Vernichtungsprogramm nicht nur auf die Juden, sondern auch auf das polnische Volk abzielt. Ich zitiere im Folgenden „Frank“:
„Es gibt nicht den geringsten Zweifel mehr an der Absicht der Nazi-Führer, das polnische Volk auszurotten. Hohe Parteifunktionäre, die mit Generalgouverneur Frank zu tun haben, bestätigen dieses Vorhaben.“
4. Sollten keine Einwände bestehen, wird darum gebeten, den beiliegenden Brief mit seinen Anlagen nach einer sorgfältigen Prüfung an Dr. Stephen S. *Wise*, Präsident des American Jewish Congress und des Jüdischen Weltkongresses, 330 West 42nd Street, New York City, weiterzuleiten.
Hochachtungsvoll,
Paul C. Squire
Amerikanischer Konsul
Anhang:
1. und 2. Memoranden.
3. Fotokopien von Briefen, wie angemerkt.
4. Brief vom 24. September 1942, adressiert an Dr. Stephen S. Wise vom Genfer Büro des Jüdischen Weltkongresses.
In sechsfacher Ausfertigung an das Ministerium
Kopie an die Gesandtschaft in Bern
PCS/lc
Anlage Nr. 1 zur Sendung Nr. 44 (Memorandum), Datum: 28. September 1942, von Paul C. Squire, Amerikanischer Konsul in Genf, Schweiz, zum Thema Judenverfolgung.

Memorandum
Die folgenden Informationen stammen von Herrn Gerhart M. *Riegner*, Sekretär der Geschäftsstelle des Jüdischen Weltkongresses in Genf, der erklärte, er habe diese von einem

2 Paul C. Squire (1890–1966), Diplomat; von 1919 an im auswärtigen Dienst der USA, 1936–1945 US-Konsul in Genf; ermöglichte Riegner 1942 die Benutzung der Kabelverbindung des Konsulats, um Nachrichten über die Ermordung der Juden in die USA zu senden.
3 Cordell Hull (1871–1955), Jurist und Politiker; 1907–1931 Abgeordneter im US-Repräsentantenhaus, 1931–1933 US-Senator, 1933–1944 Außenminister; 1945 Friedensnobelpreis.
4 Im Original handschriftl. Bearbeitungsvermerke, Unterstreichungen und Stempel sowie ein nur teilweise lesbarer Kommentar: „Dies ist eine exakte Wiederholung [...] des [Ersten] Weltkriegs [...].“

Mittelsmann, einem Schweizer Universitätsprofessor,[5] erhalten. Ursprünglich stammen sie von einem deutschen Offizier, der Zugang zum OKW (Oberkommando der Wehrmacht) hat und einer Gruppe angehört, die dem Nazi-Regime feindlich gesinnt ist.[6] Der deutsche Informant wird als „zuverlässig" beschrieben, „mit engen Kontakten zu militärischen und industriellen Zirkeln in Deutschland."

Deportationszüge kommen jetzt nur noch mit Leichen an

In den vergangenen Monaten erreichten Deutschland zahlreiche Züge aus Belgien, Holland und Frankreich. Die Züge waren mit zur Deportation vorgesehenen Juden gefüllt. Anfang August belud man die Waggons zu einer Hälfte mit Toten, zur anderen mit noch lebenden Menschen. Berichten zufolge befinden sich in den Zügen, die seit Anfang August die deutsche Grenze erreichen, nur noch Leichen.[7]

Verwendung der Leichen

Die Leichen werden in spezielle, inzwischen überlastete Fabriken gebracht. Der Informant weiß persönlich von zwei derartigen Fabriken, in denen die Leichen zur Herstellung von Seife sowie Kleb- und Schmierstoffen benutzt werden.[8]

Tötung durch Injektion von Luft in die Venen

Hinsichtlich der Tötungsart erklärte der Informant, dass die Nazis ein neues Verfahren anwenden. Das Töten in speziellen Gaskammern ist von einer anderen Methode abgelöst worden, bei der Ärzte Luft in die Venen der Menschen spritzen.[9] Dieses Verfahren ist wesentlich kostengünstiger als die vorhergehende Methode. Die Injektion von Luft führt zu einer allgemeinen Vergiftung des Körpers, und nach ein paar Stunden verliert das Opfer das Bewusstsein. Das Verfahren wird noch vor dem Erreichen der deutschen Grenze angewandt, so dass in Deutschland mittlerweile nur noch Leichen ankommen. Es heißt, dass ein Arzt im Laufe einer Stunde einhundert solcher Injektionen vornehmen kann.

Forschung der Nazis zur Verwertung von Leichen

Es liegen darüber hinaus Berichte vor, wonach die Nazis bereits Ende 1932 ihre Mediziner damit beauftragt haben, wissenschaftliche Methoden zur Massenvernichtung und zur Verwertung von Leichen zu entwickeln. Zu diesem Zeitpunkt gingen die Mediziner noch davon aus, dass die Verfahren nur bei behinderten und erbkranken Menschen zum

5 Vermutlich: Carl Jacob Burckhardt, Professor am Institut Universitaire de Hautes Études Internationales in Genf, der als Mitglied des IKRK derartige Informationen erhalten hatte; siehe Dok. 188 vom 7.11.1942.

6 Dr. Artur Sommer (1889–1965), Volkswirt; 1932 SA-Eintritt; 1933 fünf Monate im KZ Osthofen inhaftiert; von 1938 an im Wehrwirtschaftsamt des OKW, dann im Verbindungsstab zur Abwehr tätig; nach 1945 Professor in Heidelberg. Von 1940 an gab Sommer Informationen an seinen Doktorvater Edgar Salin weiter, darunter 1941 Nachrichten an den päpstlichen Nuntius in Bern über Gräueltaten an sowjet. Kriegsgefangenen und im Juli 1942 über die Errichtung von Lagern zur Vernichtung von Juden und sowjet. Kriegsgefangenen; an Rettung von Juden im Reich beteiligt.

7 Dabei handelt es sich um unzutreffende Gerüchte, die auf die hohe Zahl der in den Deportationszügen verstorbenen Juden zurückgehen.

8 Dieses Gerücht lässt sich nicht belegen; siehe Joachim Neander, The Danzig Soap Case: Facts and Legends around „Professor Spanner" and the Danzig anatomic Institute 1944–45, in: German Studies Review 29 (2006), H. 1, S. 63–86.

9 Bekannt sind Phenolinjektionen in Auschwitz.

Einsatz kommen sollten.[10] Es heißt zudem, dass infolge der wissenschaftlichen Studien der Nutzwert einer Leiche auf 50 Reichsmark geschätzt wird.[11]

Anlage Nr. 2 zur Sendung Nr. 44, Datum: 28. September 1942, von Paul C. Squire, Amerikanischer Konsul in Genf, Schweiz, zum Thema Judenverfolgung.
Memorandum
Die Fotokopie eines Briefes vom 4. September 1942,[12] der den Angaben zufolge von einem sich in Warschau, Polen, aufhaltenden Schweizer Juden[13] an einen E. S.[14] in St. Gallen in der Schweiz adressiert worden ist, wurde zur Prüfung eingereicht. Der Umschlag wurde mit der Nr. 203 in Warschau am 4. September 1942 registriert und trug den Poststempel von St. Gallen vom 8. September. Die relevanten Teile, die bestimmte Codewörter enthalten, werden im Folgenden wiedergegeben.[15]
„Ich habe Herrn Jäger gesprochen. Er sagte mir, dass er alle Angehörigen der Familie Achenu, mit Ausnahme von Fräulein Eisenzweig, von Warschau zu seinem Wohnsitz Kewer auf dem Land einladen wird. Ich bin alleine hier, ich fühle mich einsam [...] Was die Zitrusfrüchte betrifft, hoffe ich, sie noch rechtzeitig zu erhalten, aber ich weiß nicht, ob ich dann noch irgendeinen meiner Bekannten antreffen werde. Ich fühle mich sehr schwach. Vor einer Woche sprach ich noch mit Herrn Orlean. Frau Gefen ruft sehr häufig an [...] Onkel Gerusch arbeitet auch in Warschau, er ist ein sehr tüchtiger Arbeiter. Sein Freund Miso arbeitet mit ihm zusammen. Bitte betet für mich!“
Codewörter
Herr Jäger – Deutsche.
Die Familie Achenu (unsere Brüder) – die Juden.
Fräulein Eisenzweig – wahrscheinlich diejenigen, die in der Eisen- und Stahlindustrie arbeiten.[16]
Kewer – Gruft; Grab.

10 Die Ermordung behinderter und psychisch kranker Anstaltspatienten begann im Herbst, die Kinder-„Euthanasie“ bereits im Sommer 1939. Davor sind keine Forschungen zur Massenvernichtung und Leichenverwertung bekannt. Die bei der „Euthanasie“ eingesetzten Tötungsmethoden wurden später auch bei der Ermordung der Juden angewandt.

11 Nicht ermittelt.

12 Der Brief trägt keine Unterschrift und ist codiert. Die im Folgenden von Squire aufgeführte Liste der Codewörter ist umstritten; eine andere Lesart bzw. Entschlüsselung der Namenskürzel und Codewörter bietet Monty Noam Penkower in einem Leserbrief, in: Commentary 77 (1984), H. 1, S. 4–6.

13 Gemeint ist ein Mann namens J. Domb, der sich in Warschau aufhielt und dank eines Schweizer Passes das Getto betreten und wieder verlassen konnte. Er nutzte seinen Zugang zum Postamt in Warschau, um Briefe mit Informationen über die Lage im Getto in die Schweiz zu schicken. Er wurde im Lager Vittel interniert, sein weiteres Schicksal ist unbekannt.

14 Eli Sternbuch (1903–1997); in diversen jüdischen Hilfsorganisationen aktiv, darunter dem Hilfsverein für Jüdische Flüchtlinge in Shanghai und dem Bikur Cholim.

15 Der folgende Briefauszug ist in dem ansonsten englischsprachigen Originaldokument auf Deutsch wiedergegeben; desgleichen der weiter unten zitierte Brief desselben Verfassers.

16 Nach Penkower (wie Anm. 12): Gutta Eisenzweig (1917–2012), die damalige Verlobte und spätere Ehefrau von Eli Sternbuch, die bis 1944 in Vittel interniert war.

Zitrusfrüchte – eine Frucht, die beim jüdischen Laubhüttenfest (gegen September) Verwendung findet.[17]
Herr Orlean – vermutlich Nicht-Juden (nicht ganz klar).[18]
Frau Gefen – Weinrebe.[19]
Gerusch – Deportation.
Miso – Tod.
Interpretation des Briefes
Aus dem oben zitierten Brief geht hervor, dass in großem Umfang Vernichtungsmaßnahmen durchgeführt werden und 600 000 in Warschau lebende Juden davon betroffen sind. Aus dem Bericht geht zudem eindeutig hervor, dass die Deutschen sie aus Warschau treiben, um sie außerhalb der Stadt auf dem Land zu vernichten. Nur die in der Schwerindustrie Beschäftigten scheinen davon ausgenommen zu sein. Der Autor befürchtet, dass Ende September kaum mehr Juden in Warschau sein werden. Der Sinn des Satzes mit Herrn Orlean und Frau Gefen ist nicht ganz klar, vielleicht soll er bedeuten, dass gegen Ende August Pogrome stattfanden, die in der Regel von Trunkenbolden angeführt werden.
Im letzten Satz findet sich noch einmal die Information über groß angelegte Deportationen und die Vernichtung der Deportierten.

Ein zweiter Brief, datiert auf den 12. September 1942 in Warschau (auch hiervon liegt eine Fotokopie vor) und von derselben Person an dieselbe Adresse gerichtet, enthält den folgenden Abschnitt:
„Auch ich war in Trauer, denn ich bin nun so allein. Onkel Achenu ist gestorben. Verzeihen Sie meine Ausdrucksweise. Ich nehme an, dass ich die angekündigten Zitrusfrüchte in den kommenden Tagen erhalten werde. Da der Onkel nun tot ist, weiß ich nun nicht, wem ich sie geben soll. Ich bedauere sehr, dass ich keine Verwendung für sie habe und sie kläglich vertrocknen werden. Diese edlen Früchte [...] Grüßen Sie Herrn Tschlenoff[20] von mir und richten Sie ihm aus, dass seine ganze Arbeit und seine Mühen nun vollkommen umsonst sind. Ich werde dazu noch etwas in meinem nächsten Brief schreiben."
Zusätzliche Codewörter
Herr Tschlenoff – Vertreter der jüdischen Organisation „OSE",[21] spezialisiert auf die medizinische Unterstützung in den polnischen Gettos.

17 Laut Penkower (wie Anm. 12) sind mit Zitrusfrüchten die paraguay. Pässe gemeint, die Eli, sein Bruder Isaak und dessen Frau Recha Sternbuch dem paraguay. Konsul Rudolf Hügli abgekauft und in die Niederlande, nach Polen und Belgien geschickt hatten.

18 Vermutlich: Yehuda Leib Orlean (1900–1943), Rabbiner; von 1930 an Leiter des Beth-Jacob-Seminars in Krakau; in Bergen-Belsen erschossen.

19 Vermutlich: Sarah Eisenzweig, geb. Gefen; Mutter von Gutta Eisenzweig, die sich im Warschauer Getto um Waisenkinder kümmerte.

20 Boris Tschlenoff (1864–1952), Arzt; 1924 Mitglied des Exekutivkomitees der Gesellschaft für den Schutz der Gesundheit der Juden; beteiligt am Versand von Medikamenten, Lebensmitteln und Verbandsmaterialien in Gettos und KZs in Polen und im besetzten Baltikum.

21 Oeuvre de Secours aux Enfants (OSE). Das 1912 in St. Petersburg von jüdischen Ärzten gegründete Kinderhilfswerk verlegte nach dem Ersten Weltkrieg seinen Sitz vorübergehend nach Berlin, 1923 nach Paris. Der franz. Zweig unterhielt von 1938 an mehrere Heime für jüdische Flüchtlingskinder und war später maßgeblich an der Rettung jüdischer Kinder beteiligt.

Interpretation
Unsere Brüder, die Juden (Achenu), sind gestorben und der Satz „der Onkel ist nun tot“ verweisen auf die umfassende Vernichtung.
Eine weitere Bestätigung findet sich in der Äußerung, dass die ganze Arbeit und die Mühen des jüdischen Repräsentanten Tschlenoff, der medizinische Hilfe organisierte, völlig umsonst seien.
Anhang:
Fotokopien der beiden Briefe (nur mit dem Original des Memorandums).

DOK. 175
Das Reichssicherheitshauptamt gibt am 2. Oktober 1942 Himmlers Befehl weiter, alle Jüdinnen aus dem Konzentrationslager Ravensbrück nach Auschwitz zu überstellen[1]

Fernschreiben des RSHA, IV C2,[2] allg. Nr. 42 415, (befördert am 3.10.1942, NÜ-Nr. 179 762), i. A. gez. Dr. Berndorff,[3] SS-O'Stubaf., an alle Stapo(leit)stellen, Kommandeure, Befehlshaber und Beauftragten des Chefs der SichPoludSD.[4] vom 2.10.1942 (Abschrift)

Betrifft: Einweisung von weiblichen jüdischen Häftlingen in das KL Ravensbrück.
Der RFuChdDtPol.[5] hat am 29.9.42 befohlen, daß die im Frauenkonzentrationslager Ravensbrück einsitzenden jüdischen Häftlinge in das Konzentrationslager Auschwitz, Frauenabteilung, zu überführen sind, damit das FKL Ravensbrück judenfrei wird.[6] Der Inspekteur der KL[7] hat die Überführung der jüdischen Häftlinge aus dem FKL Ravensbrück in das KL Auschwitz bereits angeordnet.
Einweisungen von jüdischen weiblichen Häftlingen in das FKL Ravensbrück kommen daher ab sofort nicht mehr in Frage. Sofern im Einzelfall von hier dem entgegenstehende Anordnungen getroffen sind, ersuche ich, von dort aus die weiblichen jüdischen Häftlinge selbständig dem KL Auschwitz, Frauenabteilung, zuzuführen.

1 BArch, R 58/276, Bl. 347.
2 Ref. für Schutzhaftangelegenheiten.
3 Dr. Emil Berndorff (1892–1977), Jurist; 1920 Kriminalbeamter in Berlin, von 1933 an bei der Gestapo stellv. Leiter der Abt. II 1 C 1 (Reaktion), von März 1934 an Leiter des Referats IV C 2 (Schutzhaft); 1937 NSDAP- und SS-Eintritt; 1947 von einem brit. Gericht zu fünf Jahren Haft verurteilt, 1950 entlassen.
4 Sicherheitspolizei und des Sicherheitsdienstes.
5 Reichsführer SS und Chef der Deutschen Polizei, Heinrich Himmler.
6 Himmler hatte gegenüber Glücks angeordnet, dass alle Konzentrationslager im Reich „judenfrei“ zu machen seien und „daß sämtliche Juden in das KL Auschwitz und in das Kriegsgefangenenlager Lublin zu überstellen sind“. Die Anweisung wurde in dieser Form nicht durchgeführt; siehe auch Dok. 187 vom 5.11.1942 sowie Der Dienstkalender Heinrich Himmlers 1941–42, bearb., kommentiert und eingeleitet von Peter Witte u. a., Hamburg 1999, S. 573.
7 Richard Glücks.

DOK. 176
Die Partei-Kanzlei erteilt am 9. Oktober 1942 vertrauliche Anweisungen, wie den Gerüchten über die Judenverfolgung in den Ostgebieten zu begegnen sei[1]

Vertrauliche Informationen der Partei-Kanzlei, Abt. II B 4, Beitrag 881, verfasst von der Abt. III A,[2] vom 9.10.1942

Vorbereitende Maßnahmen zur Endlösung der europäischen Judenfrage.
Gerüchte über die Lage der Juden im Osten.
nur frei f. G. u. K.[3]
Im Zuge der Arbeiten an der Endlösung der Judenfrage werden neuerdings innerhalb der Bevölkerung in verschiedenen Teilen des Reichsgebiets Erörterungen über „sehr scharfe Maßnahmen" gegen die Juden besonders in den Ostgebieten angestellt. Die Feststellungen ergaben, daß solche Ausführungen – meist in entstellter und übertriebener Form – von Urlaubern der verschiedenen im Osten eingesetzten Verbände weitergegeben werden, die selbst Gelegenheit hatten, solche Maßnahmen zu beobachten.
Es ist denkbar, daß nicht alle Volksgenossen für die Notwendigkeit solcher Maßnahmen das genügende Verständnis aufzubringen vermögen, besonders nicht die Teile der Bevölkerung, die keine Gelegenheit haben, sich aus eigener Anschauung ein Bild von dem bolschewistischen Greuel zu machen.
Um jeder Gerüchtebildung in diesem Zusammenhang, die oftmals bewußt tendenziösen Charakter trägt, entgegentreten zu können, werden die nachstehenden Ausführungen zur Unterrichtung über den derzeitigen Sachstand wiedergegeben:
Seit rund 2000 Jahren wurde ein bisher vergeblicher Kampf gegen das Judentum geführt. Erst seit 1933 sind wir darangegangen, nunmehr Mittel und Wege zu suchen, die eine völlige Trennung des Judentums vom deutschen Volkskörper ermöglichen. Die bisher durchgeführten Lösungsarbeiten lassen sich im wesentlichen wie folgt unterteilen:
1. *Zurückdrängung der Juden aus den einzelnen Lebensgebieten des deutschen Volkes.*
Hier sollen die durch den Gesetzgeber erlassenen Gesetze das Fundament bilden, das die Gewähr dafür bietet, auch die künftigen Generationen vor einem etwaigen neuerlichen Überfluten durch den Gegner zu schützen.
2. *Das Bestreben, den Gegner aus dem Reichsgebiet völlig hinauszudrängen.*
In Anbetracht des dem Deutschen Volk zur Verfügung stehenden nur eng begrenzten Lebensraumes hoffte man, dieses Problem im wesentlichen durch Beschleunigung der Auswanderung der Juden zu lösen.
Seit Beginn des Krieges 1939 wurden diese Auswanderungsmöglichkeiten in zunehmendem Maße geringer, zum anderen wuchs neben dem Lebensraum des Deutschen Volkes sein Wirtschaftsraum stetig an, so daß heute in Anbetracht der großen Zahl der in die-

1 Vertrauliche Informationen der Partei-Kanzlei, Folge 66, Beitrag 881. Die Vertraulichen Informationen wurden 1940–1945 von der Partei-Kanzlei herausgegeben und enthielten Richtlinien zur Tätigkeit aller Parteistellen.
2 Abt. II B 4 war die Abt. für Berichts- und Informationswesen, Veranstaltungen und Vorträge der Dienststelle, III A war die Abt. für innere Verwaltung und Volkstum.
3 Handschriftl. Notiz: „Nur zur persönl. Information für Gauleiter, Stellv. Gauleiter, Gauamtsleiter u. Kreisleiter."

sen Gebieten ansässigen Juden eine restlose Zurückdrängung durch Auswanderung nicht mehr möglich ist. Da schon unsere nächste Generation diese Frage nicht mehr so lebensnah und auf Grund der ergangenen Erfahrungen nicht mehr klar genug sehen wird und die nun einmal ins Rollen gekommene Angelegenheit nach Bereinigung drängt, muß das Gesamtproblem noch von der heutigen Generation gelöst werden.
Es ist daher die völlige Verdrängung bzw. Ausscheidung der im europäischen Wirtschaftsraum ansässigen Millionen von Juden ein zwingendes Gebot im Kampf um die Existenzsicherung des deutschen Volkes.
Beginnend mit dem Reichsgebiet und überleitend auf die übrigen in die Endlösung einbezogenen europäischen Länder werden die Juden laufend nach dem Osten in große, zum Teil vorhandene, zum Teil noch zu errichtende Lager transportiert, von wo aus sie entweder zur Arbeit eingesetzt oder noch weiter nach dem Osten verbracht werden. Die alten Juden sowie Juden mit hohen Kriegsauszeichnungen (E.K. I, Goldene Tapferkeitsmedaille usw.) werden laufend nach der im Protektorat Böhmen und Mähren gelegenen Stadt Theresienstadt umgesiedelt.
Es liegt in der Natur der Sache, daß diese teilweise sehr schwierigen Probleme im Interesse der endgültigen Sicherung unseres Volkes nur mit rücksichtsloser Härte gelöst werden können.

DOK. 177

SS-Hauptsturmführer Alois Brunner empört sich am 17. Oktober 1942 darüber, dass sich Fanny Dux und ihre Ziehtochter gegen antijüdische Maßnahmen wehren[1]

Schreiben des Inspekteurs der Sicherheitspolizei und des SD in Wien, Abwicklungsstelle der Zentralstelle für jüdische Auswanderung (Durchschrift), i. A. gez. SS-Hauptsturmführer Brunner, Wien II., Castellezgasse 35, an das Zentralbüro des Reichsstatthalters, Reichsleiter Baldur von Schirach, z. Hd. Obergebietsführer Müller,[2] Wien, vom 17.10.1942[3]

Betrifft: Jüdin Fanny Sara *Dux*,[4] geb. am 10.1.1878, wohnhaft Wien I., Schubertring 9.
Bezug: Dort. Schreiben vom 31.8.1942, Zeichen Mü/E und fernmündliche Rücksprache mit Generalreferent Pg. *Thomas* am 7.10.1942.
Im Zuge einer Überprüfung der evakuierungsfähigen Juden wurde auch obige Jüdin in die Zentralstelle vorgeladen. Der Vorladung hat sie jedoch nicht Folge geleistet und mußte durch einen Kriminalbeamten vorgeführt werden. Bei ihrer Vorführung ist auch

1 WStLA, Rassenpolitisches Amt, A3–2. 241/300.
2 Herbert Müller (1910–1945); 1931 NSDAP-Eintritt; von 1934 an Chef der Kanzlei des Reichsjugendführers Baldur von Schirach, später Chef des Zentralamts der Reichsjugendführung, von 1940 an Obergebietsführer der HJ Wien, kam bei einem Luftangriff ums Leben.
3 Durchschriftlich an das Rassenpolitische Amt, z. Hd. SS-Sturmbannführer Dr. Vellguth, Wien I., Gauhaus (Eing. 21.10.1942).
4 Fanny Dux (1878–1943), Lehrerin; am 25.2.1943 von Wien nach Theresienstadt deportiert und dort umgekommen.

ihre Ziehtochter, die Burgschauspielerin Margarethe *Dux*, verehelichte *Bernhuber*,[5] erschienen und machte hier Mitteilung, daß ihre Stiefmutter nicht Jüdin sei, sondern jeden Tag ihre Entscheidung als Mischling falle, weil sie Russin ist.
Ich habe Frau *Bernhuber* kurz die Einstellung des Deutschen Volkes zum Judentum erklärt und sie gebeten, obwohl es für sie hart sein wird, sich von der jüdischen Stiefmutter loszusagen. Frau *Bernhuber* zeigte jedoch dafür kein Verständnis und bin ich überzeugt, daß sie unter allen ihr zu Gebote stehenden Mitteln versuchen wird, die Volljüdin zum Mischling erklärt zu erhalten.
Die Jüdin *Dux* hat bis heute den für Juden vorgeschriebenen Judenstern nicht getragen und ebenso auch ihre Wohnungstür mit dem Judenstern nicht gekennzeichnet.[6] Des weiteren war sie auch zu bequem, sich im 2. Bezirk die jüdischen Lebensmittelkarten zu besorgen und die Lebensmittel in jüdischen Geschäften einzukaufen.[7] Anstatt dies zu tun, hat sie monatelang von den Lebensmittelmengen der Frau *Bernhuber*, welche zwei Kleinkinder hat, mitgelebt. Die Jüdin gibt hier selbst frech an, daß kleine Kinder ja nicht so viel essen und für sie daher selbstverständlich genügend da war. Bei der heutigen Lebensmittelversorgung ist es ausgeschlossen, daß bei 3 Personen eine 4. Person mitessen kann und somit könnte unter Umständen die Jüdin auch Frau *Bernhuber* zum Erwerb von Lebensmitteln im Schleichhandel Anlaß geben. Außerdem gefährdete die Jüdin die Gesundheit der beiden Kinder, da sie doch von ihren Lebensmittelmengen zum Teil auch lebte.
Dies alles beweist schon, daß es sich im Falle der Jüdin *Dux* um keine Russin handelt, weil eine Russin in solchen Angelegenheiten familiärer denkt und gerne den Weg in den 2. Bezirk angetreten hätte, damit ja von den Lebensmittelmengen der Kinder für sie nichts gebraucht wird. Aber die Jüdin *Dux* hat den 2. Bezirk nur gemieden, um nicht als Jüdin, weil sie ja ohne Stern in keine Judengeschäfte gehen kann, durch die Polizei aufgegriffen zu werden.
Eine Überprüfung ihrer Abstammung ergab, daß sie 100 %ig Volljüdin ist, und zwar ist ein Name *Grossmann* in Rußland ein nur bei Juden vorkommender Name und der Name *Lebell* ein französisierter Judenname von *Löbl* oder *Löw*.[8]
Ich habe die Jüdin angewiesen, ab sofort den Judenstern zu tragen und sich die jüdischen Lebensmittelkarten zu beschaffen und in Hinkunft in den für Juden vorgeschriebenen Geschäften sich die Lebensmittel zu kaufen. Frau *Bernhuber* habe ich auch fernmündlich von dem Sachverhalt unterrichtet, jedoch gespürt, daß sie sich unter keinen Umständen im geringsten von der Jüdin lossagen will.
Die Jüdin *Dux* hätte auf Grund der Evakuierungsbestimmungen in das Ghetto Theresienstadt zur Wohnsitzverlegung veranlaßt werden können und [so] bitte ich um Bescheid, ob sie in Wien verbleiben soll oder zu einer Wohnsitzverlegung veranlaßt werden darf.

5 Margarethe Dux (1914–2006), Schauspielerin; 1937–1974 spielte sie als festes Ensemblemitglied des Burgtheaters Wien in zahlreichen Nebenrollen; vermutlich 1940 heiratete sie den Kaufmann Eduard Bernhuber; nach 1945 trat sie auch gemeinsam mit ihren beiden Kindern sowie in Nebenrollen in Spielfilmen auf.

6 Siehe Dok. 95 vom 3.4.1942; siehe auch VEJ 3/212.

7 Siehe Dok. 134 vom 29.6.1942.

8 Vermutlich trugen Angehörige von Fanny Dux diese Nachnamen.

Da im Haus der Schauspielerin *Bernhuber* wahrscheinlich verschiedene in Partei und Staat tätige Personen verkehren, sowie ihr Mann[9] selbst Parteigenosse ist, wäre eine Herausnahme der Jüdin aus der Familie, wenn es auch für Frau *Bernhuber* im Anfange schwer ist, meines Erachtens das Richtige.

DOK. 178
Frieda und Max Reinach aus Berlin schreiben ihren Kindern am 20. Oktober 1942, dass sie zu den Mitarbeitern der Jüdischen Gemeinde gehören, die deportiert werden sollen[1]

Handschriftl. Tagebuch von Frieda und Max Reinach,[2] Eintrag vom 20.10.1942

¼ Jahr lang haben wir geschwiegen, aber viel an Euch gedacht. Von Euch, Trude & Walter[3] kamen die Rote K. Briefe,[4] die G. s. D. von Euch u. auch von Lilli u. Günter[5] Gutes gemeldet haben. Direkt kam nichts mehr von Euch, Ligü.[6] Ihr seid gesund u. arbeitet alle, u. so werdet Ihr auch keine Sorgen haben. Wir umso mehr. Bertha aus Frft. kam am 15.9. weg, man denke sich dieser arme, arme Mensch. Auch Therys Mutter, Tante Therese aus Mainz kamen im Sept. 42 weg.
Von der Familie sind noch hier Thery u. Irene – alle aus beiden Familien weg, und von niemand kommt Nachricht. Nur seit heute wissen wir, daß auch Eure Eltern in den nächsten Tagen hier wegmüssen. Wir fallen als Opfer unsrer Arbeit für die Gemeinde, wir mußten h[eu]te (alle Angestellte d. Gemeinde) um 7 nach d. Oranienburger Str. u. von 1500 Leuten fielen 500 der Auszählung z. Opfer.[7] Es waren aufregende Stunden, bis

9 Eduard Bernhuber (*1897); 1933 NSDAP-Eintritt; von Juli 1934 an für das Forschungsamt des Reichsluftfahrtministeriums als Spion in Paris tätig, wo er 1935 festgenommen und zu fünf Jahren Haft in Poissy verurteilt wurde.

1 USHMM, RG-10.249.
2 Frieda Reinach, geb. Schwarzschild (1887–1942), im Juli 1942 in einer Küche der Jüdischen Gemeinde Berlin in der Moselstr. tätig, und ihr Ehemann Max Reinach (1878–1942), Zigarrenhändler, 1942 Mitarbeiter der Jüdischen Gemeinde in der Pestalozzistraße; das Ehepaar wurde am 26.10.1942 von Berlin nach Riga deportiert und dort drei Tage später ermordet. Frieda und Max Reinach führten vom 1.9.1939 bis zu ihrer Deportation in unregelmäßigen Abständen ein Tagebuch als Mitteilung an ihre Kinder. Den hier abgedruckten Eintrag hat Frieda Reinach geschrieben.
3 Gertrud Koschland (Koshland), geb. Reinach (1911–1996), Tochter von Frieda und Max Reinach; lebte mit ihrem Ehemann Walter Koschland (Koshland) (1911–2002) und ihrer Tochter Ilana in Palästina; von dort emigrierten sie 1947 in die USA.
4 Mit Hilfe von Formbriefen des IKRK, die jedoch nicht mehr als 25 Wörter umfassen durften, konnten Deutsche mit ihren im sog. feindlichen Ausland lebenden Freunden und Verwandten Kontakt halten.
5 Lilli Blau, geb. Reinach (1915–1983), Tochter von Frieda und Max Reinach; im Nov. 1938 mit ihrem Ehemann Günter Blau (1908–2007), Schneider, in die USA emigriert; dort betrieb das Ehepaar später eine Buchhandlung.
6 Gemeint sind Lilli und Günter.
7 Nachdem bereits im Frühjahr 1942 Arbeitskräfte der Jüdischen Gemeinde Berlin deportiert worden waren, entschied das RSHA, im Okt. 1942 weitere „entbehrliche“ Mitarbeiter zu deportieren. Im Rahmen der sog. Gemeindeaktion am 20.10.1942 wurden etwa 500 Personen sowie deren Angehörige teilweise willkürlich selektiert und in der Folge nach Theresienstadt bzw. Riga deportiert.

wir um 3h dann wieder zu Hause waren. Es werden nur noch wenige Tage sein, die wir in unserem geliebten Heim sein werden, u. dann erwartet uns das Nichts. Wir werden versuchen durchzuhalten, obgleich dies bei dem nahen Winter ohne richtige Unterkunft u. bei Hunger sehr schwer werden wird. Vater ist ein Held u. meine einzige Hilfe. Wir sind ein Opfer unseres Judenschicksals u. verlieren durch die hiesigen Zustände Heimat, Besitz – alles. Rose Friede[8] kommt gleichfalls mit u. noch ein paar Bekannte von uns. Kein Trost. Wir schrieben Euch h[eu]te ein paar Zeilen durchs R. Kreuz, ein paar Abschiedsworte. Eigentlich sollten es Wünsche sein für Dich, lieber Walter, z. Geburtstg. So wünschen wir Euch allen, Ihr geliebten Kinder, eine gute Zukunft. Bleibt gesunde, aufrechte Menschen, wie wir Euch erzogen haben, mögt Ihr Schutz u. Schirm finden bei Euren guten Männern, wie ich es stets fand bei Eurem Vater, dem edelsten Manne, dem besten u. liebevollsten Gatten u. Vater. Daß Ihr uns nie vergeßt, weiß ich, aber laßt Euch Euren Weg nicht beschatten durch unser Schicksal, Ihr seid noch so jung, u. Ihr sollt nicht trauern. Ich sehe Euch alle so deutlich vor mir in diesem Moment: Meine Trude, die mir in vielem so ähnlich ist. Meine Lilli, mit dem guten Herzen, Günter, den ich soo ins Herz geschlossen habe, Walter, dessen Bilder u. Briefe uns seine persönliche Bekanntschaft ersetzen mußten u. der uns als Mann unserer Trude so lieb wurde u. unser einziges süßes Enkelchen Ila,[9] das wir aus den vielen Bildern kennen u. lieben. Möge sich Euer Liebling zu Eurer Freude entwickeln u. gesund bleiben. Vielleicht habt Ihr nach diesem grausamen Krieg das Glück, Euch wiederzusehen. Dann werden auch wir nicht vergessen sein. An ein Wiedersehen mit Euch kann ich nicht mehr glauben, Ihr werdet nie wissen, wo Eure Eltern begraben sind, wie ich nichts von m. 5 Geschwistern weiß.[10] Vielleicht kommt ihr einst in den Besitz dieses kl. Tagebuches u. auch andrer Dinge von uns, wer weiß es?
Die beiden Blau Tanten[11] haben sich durch Gas vergiftet, da sie nicht weg wollten – wir werden unser Schicksal auf uns nehmen in Gedanken an Euch, geliebte Kinder
Geschrieben, Dienstg. Nachts zwischen 12 und 1 Uhr.

8 Rose Friede (1886–1942); sie wurde wie Frieda und Max Reinach am 26.10.1942 nach Riga deportiert und dort ermordet.

9 Ilana Koschland (Koshland), später Schwartz (*1938), die Tochter von Gertrud und Walter Koschland, übergab das Tagebuch 1999 dem USHMM.

10 In einem Eintrag von Max Reinach wurden die Geschwister – teilweise mit Ehepartnern – genannt: Max und Jule, Moritz und Marta, Liane, Adele und Bernhard, die alle deportiert wurden, sowie Bertha und Beni. Im Eintrag vom 10.5.1942 notierte Frieda Reinach, dass Max und Jule im Getto Litzmannstadt seien, den Verbleib der anderen kannte sie nicht. Bertha, die nach einer Polio-Infektion querschnittsgelähmt war, überlebte als einzige der Geschwister; USHMM, 1999.A.0215.

11 Vermutlich: Angehörige von Günter Blau.

DOK. 179

Vetreter jüdischer Organisationen in Genf drängen am 22. Oktober 1942 die Alliierten, die Ermordung weiterer Juden zu verhindern und den Tätern Vergeltung anzudrohen[1]

Memorandum der Jewish Agency, gez. Richard Lichtheim, und des Jüdischen Weltkongresses, gez. Gerhart Riegner, Genf, an Leland Harrison,[2] US-Botschafter in Bern, vom 22.10.1942[3]

Aide-Mémoire
Die Verfolgung der Juden in Europa betreffend.
1. Die gegenwärtige Lage der Juden in Deutschland, Polen und anderen von den Deutschen besetzten Ländern sowie in den Vasallenstaaten Slowakei und Kroatien kann folgendermaßen zusammengefasst werden:
Vier Millionen Juden stehen kurz vor der vollständigen Auslöschung durch eine gezielte Politik des Aushungerns, der Sklavenarbeit als Teil des Gettosystems, der Deportationen unter unmenschlichsten Bedingungen und des organisierten Massenmords unter Anwendung von Erschießungen, Vergasungen und anderen Methoden. Diese Politik der totalen Vernichtung ist von Hitler wiederholt proklamiert worden und wird nun umgesetzt.
2. Alle bisherigen vor allem vonseiten des Vatikans initiierten diplomatischen Demarchen sind erfolglos geblieben.[4] Dennoch sollten alle Aktivitäten in Betracht gezogen werden, die die aktuell äußerst verzweifelte Lage – und sei es auch nur minimal – verbessern können, damit zumindest ein Teil der Juden gerettet wird.
In dieser Hinsicht ist es entscheidend, dass über den Rundfunk die für diese Verbrechen Schuldigen öffentlich denunziert und diejenigen, die von der Enteignung jüdischen Besitzes profitieren, öffentlich davor gewarnt werden, dass man auch sie für diese gegen die Juden gerichteten Rechtsverstöße zur Verantwortung ziehen wird.
3. Alle Informationen hinsichtlich der Verfolgung der Juden sollten festgehalten und alle verfügbaren Beweise sollten gesammelt werden. Das so zusammengetragene Material sollte entsprechend den Erklärungen der Regierungen der Alliierten zur Bestrafung derjenigen herangezogen werden, die für die beschriebenen Gräueltaten verantwortlich sind oder daran beteiligt waren. In dieser Hinsicht möchten wir vorschlagen, dass die Juden wie andere verfolgte Nationen (wie die polnische, die tschechische, die norwegische, die

1 NARA, RG 84, Entry 3208, Box 7, 840.1, Jews in Europe. Das Dokument wurde aus dem Englischen übersetzt.
2 Leland B. Harrison (1883–1951), Jurist, Diplomat; im diplomatischen Dienst der USA in Japan, Peking, London, Bogotá und Paris; 1918 diplomatischer Sekretär in der US-Delegation bei den Friedensverhandlungen, 1921 Tätigkeit für die Marine-Abrüstungskonferenz in Washington, D. C., 1922–1924 stellv. Außenminister, 1927–1929 Botschafter in Schweden, 1929/30 in Uruguay, 1935–1937 in Rumänien, 1937–1947 in der Schweiz.
3 Im Original handschriftl. Bearbeitungsvermerke.
4 Der Vatikan hatte gegenüber der slowak. Regierung am 12.11.1941 seine Besorgnis geäußert, dass ein kath. Staat antijüdische Gesetze auf Grundlage des Rassenprinzips einführe. Im Febr./März 1942 protestierte der Vatikan mehrfach bei der slowak. Regierung gegen die beginnenden Deportationen, erhielt jedoch nur beschwichtigende Antworten, wonach es sich lediglich um Arbeitseinsätze und Umsiedlungen handle; siehe Dok. 160 vom 30.8.1942, Anm. 11, sowie VEJ 13, S. 37–40 und VEJ 13/42. Nach Beginn der Deportationen in Frankreich im Juli 1942 bat der Vertreter des Vatikans bei der Vichy-Regierung um eine Milderung der Maßnahmen.

belgische etc.) behandelt werden und dass in enger Kooperation mit jüdischen Organisationen ein spezieller Mechanismus geschaffen wird, mit dem die Sachverhalte geprüft werden können.

4. Wir benötigen dringend Sofortmaßnahmen, um das Leben der 1,3 Millionen in den halb unabhängigen Staaten wie Ungarn, Italien, Rumänien, Bulgarien und Vichy-Frankreich noch verbliebenen Juden zu retten.

Wir schlagen diesbezüglich vor, dass wir geeignete diplomatische Kanäle, insbesondere den Vatikan, nutzen, um gegenüber der italienischen und ungarischen Regierung, die bislang eine gewisse Zurückhaltung bei der Umsetzung von antijüdischen Maßnahmen gezeigt haben, unsere Hoffnung zum Ausdruck zu bringen, sie mögen nicht dem deutschen Beispiel der skrupellosen Vernichtung der Juden folgen.

Im Fall von Rumänien, wo inzwischen mehr als die Hälfte aller Juden ausgelöscht oder deportiert worden sind, vor allem in Teilen der Ukraine, die heute als „Transnistrien" bezeichnet werden, sollte eine entschiedene Warnung an die Regierung von General Antonescu ergehen. Noch sind in Rumänien 270 000 Juden am Leben, die gerettet werden könnten. Man hat jedoch gerade unlängst neue antijüdische Verordnungen erlassen, und die Deportationen von Rumänien aus nach Transnistrien gehen unvermindert weiter.[5]

Im Fall des französischen Vichy-Regimes raten wir, dass die Regierung der USA den größtmöglichen Druck aufbaut, um die brutalen Deportationen zu stoppen. Bislang waren alle Interventionen vergeblich. Herr Laval[6] hat in der Öffentlichkeit mehrfach völlig falsche Angaben gemacht. Er hat behauptet, nur ausländische Juden (Presseberichte sprechen sogar von „staatenlosen" Juden), die nach 1936 nach Frankreich eingereist sind, seien betroffen, während aus den erlassenen Anordnungen eindeutig hervorgeht, dass Juden verschiedener Nationalitäten, die sich in Frankreich seit 1936 niedergelassen haben, und die Mehrheit der ausländischen Juden, die seit 1933 nach Frankreich kamen – einschließlich derer, die für Frankreich im Krieg gekämpft haben, – für die Deportation vorgesehen sind (vgl. den angefügten Text der Verordnungen).[7] Darüber hinaus tut Herr Laval so, als wisse er nicht, was mit den Deportierten passiert, obwohl bereits die unmenschliche Art, wie die Deportationen durchgeführt werden, kaum einen Zweifel daran lässt, was den deportierten Männern, Frauen und Kindern bevorsteht.

Man muss ein sofortiges und bedingungsloses Ende dieser Deportationen fordern, da nur so eine Chance besteht, Zehntausende Juden in Vichy-Frankreich vor Folter und Tod zu bewahren.

Es gibt außerdem deutliche Hinweise, dass es nicht mehr lange dauern wird, bis man die französischen Juden genauso behandeln wird wie die ausländischen Juden.

Hinsichtlich Rumänien und Vichy-Frankreich müssen alle denkbaren Maßnahmen mit der größtmöglichen Eile erfolgen, weil die Verhaftungen und Deportationen dort bereits begonnen haben beziehungsweise anhalten.

5 Zur Verfolgung der Juden in Transnistrien siehe VEJ 7, S. 65–69, und VEJ 13, S. 60–64.

6 Pierre Laval (1883–1945), Jurist; von 1925 an verschiedene Ministerposten; 1927–1940 Senator, 1931/32 und 1935/36 Ministerpräsident; 23.6. bis 13.12.1940 stellv. Ministerpräsident bzw. Ministerpräsident, April 1942 bis Aug. 1944 Regierungschef; am 9.10.1945 vom Obersten Gerichtshof wegen Hochverrats zum Tode verurteilt, hingerichtet.

7 Hier nicht abgedruckt.

Dokumente
Übermittelt an Seine Exzellenz Herrn Leland *Harrison*, Botschafter der Vereinigten Staaten von Amerika in Bern.
Aide-Mémoire die Verfolgung der Juden in Europa betreffend.
Anhänge:[8]
- Anmerkung zur gezielten Strategie der Deutschen, das europäische Judentum auszulöschen,
- (statistische Angaben) Anmerkung zu Hitlers Anweisung, die Juden in Europa zu vernichten,
- Anweisungen des französischen Innenministeriums die Deportation der Juden betreffend,
- zwei Anmerkungen, die Auszüge aus Briefen aus Warschau enthalten, mit angefügten Fotokopien,
- Bericht eines jüdischen Flüchtlings, der aus Belgien deportiert wurde und dem die Flucht aus Russland gelungen ist,
- Bericht zur Lage der Juden in Lettland,
- Anmerkung zu Hitlers Anweisung, die Juden in Europa zu vernichten.

Genf, 22. Oktober 1942

1. In den ersten Augusttagen des Jahres 1942 erhielt das Genfer Büro des Jüdischen Weltkongresses von einer verlässlichen deutschen Quelle eine Information, wonach im Führerhauptquartier ein Plan erörtert wird, alle in Deutschland und in den von den Deutschen besetzten und kontrollierten Ländern lebenden Juden, deren Zahl auf 3,5 bis 4 Millionen geschätzt wird, auf einen Streich auszurotten – nachdem man sie in bestimmte Regionen von Osteuropa deportiert und dort konzentriert hat –, um ein für alle Mal die jüdische Frage in Europa zu lösen. Es wird berichtet, dass diese Aktion für den Herbst 1942 geplant ist. Die Mittel und Wege, wie dieser Plan umgesetzt werden soll, stehen noch nicht fest.

2. Am 8. August übermittelte das Genfer Büro des Jüdischen Weltkongresses die oben genannte Information an den amerikanischen Konsul in Genf[9] und bat ihn:
   a) die Regierung der USA unverzüglich darüber in Kenntnis zu setzen;
   b) die zuständigen Dienste der US-amerikanischen Regierung anzuweisen, herauszufinden, inwieweit diese Information glaubwürdig ist;
   c) den Vorsitzenden des American Jewish Congress, Dr. Stephen S. *Wise* in New York, ebenfalls über die Lage zu informieren.

3. Am 24. August informierte der amerikanische Konsul in Genf das Genfer Büro des Jüdischen Weltkongresses, dass die amerikanische Gesandtschaft den wesentlichen Inhalt der Botschaft an das Außenministerium übermittelt hat, wobei man es in dessen Ermessen gestellt habe, sie an Dr. Stephen S. Wise weiterzuleiten. Daraufhin hat das Außenministerium zu verstehen gegeben, dass es angesichts der offensichtlich wenig

8 Mit Ausnahme der Anm. zu Hitlers Anweisung werden die mitgesandten Dokumente hier nicht abgedruckt.
9 Siehe Dok. 148 vom 8.8.1942.

fundierten Grundlage der Nachricht wenig geneigt sei, diese an Dr. Stephen S. Wise zu übermitteln.[10]
Zugleich bat der amerikanische Konsul in Genf das Genfer Büro des Jüdischen Weltkongresses, ihn zu unterrichten, sollten bestätigende Hinweise eingehen.

4. Inzwischen wurde die oben genannte Information im Kern durch den Umstand erhärtet, dass in fast allen europäischen Ländern umfassende Deportationen stattfinden, sowie durch eine Reihe von Berichten über Massenhinrichtungen von Juden. Eine weitere Bestätigung kam von Hitler selbst in seiner letzten Ansprache, die er am 30. September im Sportpalast von Berlin gehalten hat.[11]

5. Das Genfer Büro des Jüdischen Weltkongresses ist nun in der Lage, seine bisherigen Informationen durch folgende Angaben zu präzisieren:
Zusätzlich zu seinem ersten Bericht hat die oben erwähnte deutsche Quelle nun angegeben, dass der Plan zur Ermordung der europäischen Juden, der in der zweiten Julihälfte im Führerhauptquartier noch zur Diskussion stand, in der Zwischenzeit Realität geworden ist durch einen Befehl des Führers. Die Vorlage hierfür wurde Hitler von Hermann *Backe* unterbreitet, Staatssekretär im Wirtschaftsministerium.[12] Angeblich hat Backe das Vorhaben ökonomisch begründet: Durch die Vernichtung von etwa vier Millionen Menschen, die dann nicht länger versorgt werden müssten, ließe sich die schwierige Ernährungslage verbessern.
Obwohl die antijüdische Politik schon immer ein zentrales Element des Programms der Nationalsozialisten war, lehnte ein wichtiger Teil der Partei den Plan von Herrn Backe aus verschiedenen Gründen ab. In erster Linie war es Dr. Frank, Generalgouverneur der besetzten polnischen Gebiete, der etwa zur selben Zeit von seinem Posten als Reichsminister zurückgetreten war, der sich aus verschiedenen wirtschaftlichen Gründen gegen das Vorhaben aussprach. Er verwies auf den Mangel an Arbeitskräften im Generalgouvernement und ganz allgemein in Osteuropa; er erklärte, dass eine große Zahl von Juden Handwerker oder Industriefacharbeiter seien, für die es in Polen eine besonders große Nachfrage gebe.
Trotz dieser Einsprüche stieß der von Herrn Backe vorgelegte Plan bei Hitler auf Zustimmung, und Ende Juli unterzeichnete der Führer einen Befehl, wonach alle Juden, derer die Deutschen habhaft werden können, nach Osteuropa deportiert und dort ausgerottet werden sollen.
Unser deutscher Informant[13] sagte uns, dass er den Befehl im Hauptquartier des Führers mit eigenen Augen gesehen habe.

10 Das Telegramm erreichte Wise erst am 28.8.1942 über Sidney Samuel Silverman, den Vorsitzenden der brit. Sektion des Jüdischen Weltkongresses. Riegners Telegramm wurde durch einen Bericht des US-Konsuls in Genf, Paul C. Squire, ergänzt; siehe Dok. 174 vom 28.9.1942.

11 In der Rede vom 30.9.1942 behauptete Hitler, er hätte mit seiner Ankündigung vom 30.1.1939, dass ein weiterer Weltkrieg die Vernichtung der Juden bedeuten würde, recht behalten.

12 Richtig: Herbert Backe (1896–1947), Landwirt; 1922 SA-, 1925 NSDAP-Eintritt; von 1927 an Gutsverwalter, von 1933 an StS im RMEuL, 1936 Leiter der Geschäftsgruppe Ernährung beim Vierjahresplan; 1937 Senator, 1941 Erster Vizepräsident der Kaiser-Wilhelm-Gesellschaft; verantwortlich für die Ernährungs- bzw. Hungerpolitik im Zweiten Weltkrieg; Nov. 1942 SS-Obergruppenführer; 1945 verhaftet, nahm sich im Gefängnis in Nürnberg das Leben. Der hier erwähnte Plan Backes ist nicht nachgewiesen.

13 Eduard Schulte.

Dieser Informant ist einer Reihe von Personen in der Schweiz schon länger bekannt und steht im engen Kontakt mit uns. Wir halten ihn für einen Mann höchster Ansprüche und absoluter Zuverlässigkeit. Er ist ein bekannter deutscher Industrieller und gehört zum engsten Beraterkreis der deutschen Regierung in Fragen der Kriegsökonomie. Er hat Zugang zum Führerhauptquartier. Wir wissen, dass er ein Gegner des Nazi-Regimes ist, und als er uns Anfang August zum ersten Mal Informationen überbrachte, erklärte er, er habe Deutschland extra verlassen, um die Außenwelt aufzuklären und damit mögliche Gegenmaßnahmen zu unterstützen. Während seines Besuchs im August, daran sei erinnert, berichtete er zudem über die Ablösung von Generalfeldmarschall von Bock,[14] die zwei Wochen vor seiner Ankunft hier stattgefunden hatte. Die Information erwies sich später als richtig.
Andere Informationen aus dieser Quelle sind ebenfalls nachträglich durch entsprechende Ereignisse bestätigt worden.

DOK. 180
Die Gestapo Düsseldorf verweigert Anne Baum am 23. Oktober 1942 Auskünfte über ihre deportierte Tochter und widerspricht Gerüchten über den Judenmord im Osten[1]

Protokoll der Vernehmung von Anne Baum,[2] Wuppertal, durch die Staatspolizeileitstelle Düsseldorf, v.g.u. gez. Anne Baum, geschlossen: gez. Polizei-Assistent Waldbillig,[3] vom 23.10.1942

Vorgeladen erscheint die deutschblütige Anne *Baum*, wohnhaft in Wuppertal-Elberfeld, Roonstraße 18:
Frau Baum wurde beschieden, daß über den derzeitigen Aufenthalt der Tochter Irmgard Sara *Baum*[4] von hier keine Mitteilung gegeben werden kann. Ferner wurde sie unterrichtet, daß weitere Eingaben an Behörden und Parteidienststellen zwecklos sind, da an eine Rückführung der Irmgard Baum nicht zu denken ist und nicht in Frage kommt. Sie wurde darauf aufmerksam gemacht, daß weitere Eingaben nicht beantwortet werden.

14 Fedor von Bock (1880–1945); wurde im Juli 1942 nach Kritik an Hitlers Kriegsstrategie gegen die Sowjetunion als Generalfeldmarschall entlassen.

1 LAV NRW R, RW 58/26403, Bl. 14.

2 Anne (Anna, auch Aenne) Baum, geb. Schasberger (1891–1971), war seit Juli 1917 mit dem jüdischen Fabrikanten Maximilian Baum (1877–1940) in „Mischehe" verheiratet, der bis 1938 Miteigentümer der Lebensmittelgroßhandlung Vieten & Baum war und mit seinem Bruder eine Margarine-Fabrik führte; der Sohn Günter Emanuel Baum, später Denis Robert Cunynghame (1921–2012), gelangte im Febr. 1939 mit einem Kindertransport nach Großbritannien; Anne Baum lebte nach dem Krieg wieder in Wuppertal-Elberfeld.

3 Hermann Waldbillig (1910–1973), Kaufmann; 1934–1939 bei der Reichsbahn; 1937 NSDAP-Eintritt; 1939–1945 Gestapo Düsseldorf, von Herbst 1940 an im Judenreferat, Juli 1942 Polizeisekretär, 1943–1945 in der Nachrichtenabt.; von April 1945 an mehrfach inhaftiert, 1949/50 in zwei Verfahren zu insgesamt drei Jahren und einem Monat Haft verurteilt, freigelassen.

4 Irmgard Baum (*1919), Kontoristin; arbeitete bis 1938 in der Firma ihres Vaters; nach NS-Kriterien war sie „Geltungsjüdin" und sollte bereits 1941 deportiert werden, sie wurde zunächst zurückgestellt und schließlich am 21.4.1942 aus Düsseldorf in das Getto von Izbica deportiert, sie hat nicht überlebt.

Frau Baum erklärt zu ihrer Angabe in der Eingabe vom 9.10.1942 an das Reichssicherheitshauptamt,[5] daß die tollsten Gerüchte über die Evakuierung verbreitet würden, folgendes:

„Als ich beim Einkauf auf der Straße der SA in Elberfeld aus der Bäckerei Ehrmann herauskam, unterhielten sich eine evangelische Krankenschwester und eine Zivilistin darüber, daß die Juden im Osten ihr Grab hätten schaufeln müssen, sie seien dann mittels Genickschuß getötet worden, daß sie vornüber in das selbst geschaufelte Grab gefallen sind. Später habe man die Juden in Kraftwagen geladen, die dann unter Gas gesetzt wurden, daß die Juden dadurch getötet wurden. Den Namen dieser beiden Frauen kenne ich nicht und habe ihn auch nicht feststellen können. Ich habe versucht, die evangelische Schwester nochmals zu treffen, was mir aber bis heute nicht gelungen ist. Ich werde bei Feststellen der Namen der Vorgenannten sofort Meldung machen, da ich davon überzeugt bin, daß das Gerücht nicht den Tatsachen entspricht. Ich wurde darauf aufmerksam gemacht, daß das Gerücht eine böswillige Verleumdung ist und gegen die Verbreiter dieses Gerüchtes mit den schärfsten staatspolizeilichen Maßnahmen vorgegangen wird."

DOK. 181

Der Oberlandesgerichtspräsident Wien erklärt am 23. Oktober 1942, dass nichtjüdische Rechtsanwälte Juden nur vertreten dürfen, wenn dies im Interesse des deutschen Volkes liege[1]

Schreiben des Oberlandesgerichtspräsidenten[2] Wien (381–17.110), gez. Dr. Lux,[3] an den Reichsminister der Justiz[4] vom 23.10.1942 (auszugsweise Abschrift)[5]

Betrifft: Abstammungsklagen.
Bezug: VI b 1 709.[6]
Die Anordnung des Stellvertreters des Führers vom 19.12.1938 Nr. 204[7] bestimmt, daß die Vertretung und Beratung von Juden in Rechtsangelegenheiten Parteigenossen und Angehörigen der Gliederungen und angeschlossenen Verbände grundsätzlich untersagt

5 Anne Baum erkundigte sich beim RSHA nach dem Aufenthaltsort ihrer Tochter, von der sie seit Mai 1942 keine Nachricht hatte. In dem Schreiben erwähnte sie zutiefst beunruhigende Gerüchte, die „die Sorge um mein Kind zur Unerträglichkeit gestalten"; wie Anm. 1, Bl. 13.

1 ÖStA, AdR, RStH Wien, Z-R 12/1943 (in RStH Wien, Karton 220).

2 Dr. Friedrich Schober (1880–1945), Jurist; während des Ersten Weltkriegs im Justizministerium, danach auch am Landgericht Linz tätig; von 1938 an Präsident des OLG Wien; 1942 NSDAP-Eintritt.

3 Dr. Paul Lux (1892–1951?), Jurist; 1934 Eintritt in die in Österreich illegale NSDAP; 1935 Flucht nach München; 1938 Vizepräsident des OLG Wien; 1945 aus dem Justizdienst entlassen.

4 Otto Thierack.

5 Im Original handschriftl. Bearbeitungsvermerke und Eingangsstempel der Reichsstatthalterei Wien. Die Abschrift wurde im Auftrag von Dr. Bernhard Lösener vom RMdI angefertigt (I e 149 III/42 5018 e) und am 27.12.1942 an den Reichsstatthalter in Wien gesandt.

6 Nicht ermittelt.

7 Abgedruckt in: Mitteilungen der Reichs-Rechtsanwaltskammer. Verkündungsblatt der Reichs-Rechtsanwaltskammer und der Rechtsanwaltskammern. Register für den Jahrgang 1939, Leipzig 1939, S. 2.

ist und daß Ausnahmen nur im Einzelfall und nur mit besonderer Genehmigung des zuständigen Hoheitsträgers dann erlaubt werden, wenn ein überwiegendes Interesse des Deutschen Volkes es erfordert. Nach den hiezu vom Reichsrechtsamt im Einvernehmen mit dem Obersten Parteigericht erlassenen Richtlinien muß diese Ausnahmegenehmigung des Hoheitsträgers in jedem Fall vor Übernahme der Vertretung und Beratung von Juden vorliegen. Als sachbearbeitende Dienststellen für die Erteilung der Ausnahmebewilligung werden in den Richtlinien die Gaurechtsämter für die Vertretung vor den Land- oder Oberlandesgerichten und die Kreisrechtsämter für die Vertretung vor den Amtsgerichten bestimmt.

In einem Vortrag vor den Mitgliedern der Fachgruppe „Rechtsanwälte" im NSRB. am 26. April 1939 hat der Vertreter des Gaurechtsamtes folgendes ausgeführt: „Dem deutschen Rechtswahrer ist die Beratung und Vertretung von Juden in Rechtsangelegenheiten grundsätzlich verboten. Dieses Verbot ist jedoch nicht nur auf Rechtswahrer abgestellt, die Mitglieder der NSDAP. und der Partei angeschlossenen Verbände und Gliederungen sind, sondern auch auf alle anderen arischen und nach den Nürnberger Gesetzen als Mischlinge geltenden Rechtswahrer, da die obersten Standesvertretungen der in Betracht kommenden Rechtswahrer (Rechtsanwälte, Notare, Parteianwälte, Wirtschaftsprüfer und Steuerberater) den für alle Mitglieder der Standesvertretungen und auch für Mischlinge bindenden Beschluß gefaßt haben, daß die durch die Anordnung des Stellvertreters des Führers vom 19.12.1938 erlassenen Bestimmungen über die Beratung und Vertretung von Juden für alle Mitglieder der betreffenden Standesorganisationen zu gelten haben. Eine Übertretung hat für parteigenössische Rechtswahrer die Einleitung des parteigerichtlichen Verfahrens, für Mitglieder des NSRB. die Einleitung des ehrengerichtlichen Verfahrens zur Folge. Deutsche Rechtswahrer, die weder der Partei noch einem angeschlosssenen Verbande oder einer Parteigliederung angehören, werden im Übertretungsfalle im Disziplinarweg von ihrer Standesbehörde zur Verantwortung gezogen."

Hinsichtlich der Vertretung von Mischlingen hat das Reichsrechtsamt, Amt für Rechtsverwaltung, mit Erl. vom 29. Mai 1942, V-XX,[8] empfohlen, nach folgenden Gesichtspunkten zu verfahren:

„Bei Prüfung der Frage, ob ein deutscher Rechtswahrer einen jüdischen Mischling vertreten kann, ist vor allem maßgebend, ob der betreffende Rechtswahrer Parteigenosse ist oder nicht.

I.: Für einen Parteigenossen ist der Begriff des jüdischen Mischlings möglichst weit auszudehnen; die Vertretung eines Mischlings erscheint für einen PG. ebenso unmöglich wie die Vertretung eines arischen Mandanten, der jüdisch versippt, vor allem mit einer Jüdin verheiratet ist. Eine Vertretung dürfte in diesen Fällen nur nach Erteilung einer Ausnahmegenehmigung durch das zuständige Gaurechtsamt übernommen werden, wenn diese Vertretung im überwiegenden Interesse des Deutschen Volkes gelegen ist.

II.: Rechtswahrer, die nicht PG. sind, aber einer Gliederung oder einem angeschlossenen Verband der NSDAP. angehören, sollen sich grundsätzlich der Vertretung eines Mischlings I. Grades enthalten. Es kann ihnen aber eine Ausnahmegenehmigung erteilt werden, wenn die Vertretung im überwiegenden Interesse des Deutschen Volkes gelegen

8 Nicht ermittelt.

ist. Diese Richtlinien gelten nicht für Rechtswahrer, die weder PG. sind, noch einer Gliederung oder einem angeschlossenen Verband angehören."

Dieser Erlaß wurde den Mitgliedern der Rechtsanwaltskammer in Wien durch deren Präsidenten am 21. Juli 1942 zur Kenntnis gebracht. Das Gaurechtsamt Wien hat in Abstammungsprozessen die erbetene Ausnahmegenehmigung fast ausnahmslos erteilt, nur in einzelnen Fällen, in denen der betreffende Rechtsanwalt bereits auffallend viele Vertretungen in Abstammungsprozessen übernommen hatte, wurde die Genehmigung verweigert bezw. der Rechtsanwalt zur Kündigung der Vollmachten veranlaßt.[9]

Um die Frage der Vertretungsbefugnis von Juden und jüdischen Mischlingen zu klären, fand am 7. Oktober 1942 in der Gauleitung der NSDAP. unter dem Vorsitz des Stellvertretenden Gauleiters PG. Scharitzer[10] eine Besprechung statt, an der die mit den Abstammungsprozessen befaßten Richter des LG. Wien, nämlich die LGDir. Dr. Wintersperger[11] und Dr. Hiltscher,[12] der Präsident der Rechtsanwaltskammer in Wien Dr. Richter,[13] der Gaurechtsberater Min.Rat Sauer[14] mit LGDir. Dr. Reindl,[15] ferner Vertreter der Dienststelle des SD., der Zentralstelle für jüdische Auswanderung, des Gaugerichtes, des Gaupersonalamtes und des Rassenpolitischen Amtes teilnahmen.

Das Ergebnis der Sitzung wurde wie folgt zusammengefaßt:

I. Zunächst wird festgestellt:

1.) Rechtswahrer, die PG. sind oder die einer Gliederung oder einem angeschlossenen Verband der NSDAP. angehören, bedürfen zur Beratung und Vertretung von Juden einer Ausnahmegenehmigung der Gauleitung;

2.) Rechtswahrer, die nicht PG. sind oder die nicht einer Gliederung oder einem angeschlossenen Verband der NSDAP. angehören, und Rechtswahrer, die Mischling 1. oder 2. Grades sind, bedürfen zur Beratung und Vertretung von *Juden* einer Ausnahmegenehmigung des Präsidenten der Rechtsanwaltskammer.

3.) Rechtswahrer, die PG. sind, bedürfen zur Beratung und Vertretung von *Mischlingen I.* und *II. Grades* sowie von arischen Mandanten, die jüdisch versippt, vor allem mit einer Jüdin verheiratet sind, einer Ausnahmegenehmigung der Gauleitung.

4.) Rechtswahrer, die nicht PG. sind, aber einer Gliederung oder einem angeschlossenen Verband der NSDAP. angehören, bedürfen zur Beratung und Vertretung eines *Mischlings I. Grades* einer Ausnahmegenehmigung der Gauleitung; zur Beratung und Vertretung von *Mischlingen II. Grades* ist für sie eine Ausnahmegenehmigung nicht erforderlich.

5.) Rechtswahrer, die nicht PG. sind und die nicht einer Gliederung oder einem angeschl. Verbande der NSDAP. angehören, und Rechtswahrer, die Mischlinge I. oder II. Grades sind, bedürfen zur Vertretung von *Mischlingen I. und II. Grades* keiner Ausnahmegenehmigung.

II. In Übereinstimmung mit den bisher von der Parteikanzlei und dem ehemaligen Reichsrechtsamt sowie vom Präs. der Reichs-Rechtsanwaltskammer erlassenen grund-

9 Siehe Dok. 35 vom 11.11.1941.
10 Karl Scharitzer, stellv. Gauleiter von Wien.
11 Dr. Anton Wintersperger, Präsident des Wiener Landesgerichts.
12 Dr. Hermann Hiltscher, Ermittlungsrichter am Volksgerichtshof.
13 Dr. Arthur Richter.
14 Wahrscheinlich: Dr. Franz Sauer, Ministerialrat im RJM.
15 Dr. Viktor Reindl, Vorsitzender des Standgerichts am Wiener Landesgericht.

sätzlichen Weisungen besteht die einvernehmliche Meinung, daß die unter I. Punkt 1–4.) vorgesehenen Ausnahmegenehmigungen zur Vertretung von Juden und von Mischlingen I. und II. Grades dann zu erteilen sind, wenn diese Vertretung im überwiegenden Interesse des Deutschen Volkes gelegen ist und wenn die Person des Rechtswahrers die Gewähr dafür bietet, daß die Vertretung in einer Weise erfolgt, daß hierdurch öffentliche Interessen nicht nachteilig beeinflußt werden.

III. Es besteht Übereinstimmung darüber, daß die Vertretung von Juden und Mischlingen in gerichtlichen Abstammungsprozessen durch deutsche Rechtswahrer im öffentlichen Interesse gelegen ist.

IV. Die für die Gauleitung zur Erteilung vorbehaltenen Ausnahmegenehmigungen werden in Hinkunft im Einvernehmen zwischen dem Gaurechtsberater und dem Gaupersonalamtsleiter *widerruflich* erteilt; hiebei wird die Person des Rechtswahrers einer Prüfung in politischer und charakterlicher Beziehung unterzogen.

V. Der Gaurechtsberater wird im Einvernehmen mit den Landgerichtsdirektoren Dr. Wintersperger und Dr. Hiltscher eine Liste derjenigen Rechtswahrer aufstellen, die bisher begründeten Anlaß zu Beanstandungen bei der Vertretung in Abstammungsprozessen gegeben haben. Diesen Rechtswahrern soll in Hinkunft grundsätzlich die Erteilung der Ausnahmegenehmigung zur Vertretung von Juden und Mischlingen versagt werden.

VI. Die mit der Führung von Abstammungsprozessen befaßten Richter werden, falls sich im Zuge der Prozeßführung Bedenken gegen die Vertretungstätigkeit des mit der Ausnahmegenehmigung ausgestatteten Rechtswahrers ergeben, den Gaurechtsberater hievon in Kenntnis setzen, der erforderlichenfalls die Zurücknahme der Ausnahmegenehmigung veranlassen und hievon das Gericht verständigt wird.

VII. Die unter Punkt IV, V und VI aufgestellten Grundsätze werden analog auch vom Präsidenten der RAKammer[16] eingehalten, soweit er zur Erteilung der Ausnahmegenehmigung zuständig ist.

VIII. Zur Auswahl der von den Gerichten zu bestellenden *Kuratoren* für die Verteidigung der blutmäßigen Abstammung wird vom Gaurechtsberater im Einvernehmen mit dem Präs. der RAKammer eine Liste fachlich befähigter, politisch und charakterlich einwandfreier deutscher Rechtswahrer aufgestellt.

Das Rassenpolitische Amt wird eine besondere Schulung dieser Rechtswahrer für ihr Amt als Kuratoren vornehmen.

16 Rechtsanwaltskammer.

DOK. 182

Auf einer Besprechung im Reichssicherheitshauptamt zur „Endlösung der Judenfrage" wird am 27. Oktober 1942 über Maßnahmen gegen „Mischlinge" diskutiert[1]

Protokoll (geheime Reichssache! 1. Ausfertigung, zu IV B 4 – B.Nr.1456/41 gRs. 1344) der im RSHA, Ref. IV B 4, stattgefundenen Besprechung vom 27.10.1942[2]

Besprechungsniederschrift.

An der am 27.10.1942 im Reichssicherheitshauptamt, Referat IV B 4, stattgefundenen Besprechung über die Endlösung der Judenfrage haben teilgenommen:

Oberregierungsrat Dr. Boley,[3] Reichskanzlei,
SS-H'Stuf. Preusch,[4] Rasse- und Siedlungshauptamt-SS,
SS-O'Stuf. Harders,[5] " " " ",
Referent Dr. Schmid-Burgh,[6] Reichsministerium für Volksaufklärung und Propaganda,
Oberlandesgerichtsrat Maßfelder,[7] Reichsjustizministerium,
Reichsamtsleiter Kap,[8] Parteikanzlei,
Regierungsrat Raudies,[9] " ",
Bereichsleiter Leuschner,[10] Rassenpol. Amt der NSDAP.,
Oberreg. Rat Dr. Wetzel,[11] Reichsministerium für die besetzten Ostgebiete,

1 PAAA, R 100 857, Bl. 80–82 RS. Abdruck in engl. Übersetzung in: NMT, Bd. XIII (wie Dok. 50 vom 4.12.1941, Anm. 1), Doc. NG-2586, S. 222–225.

2 Im Original handschriftl. Bearbeitungsvermerke und Unterstreichungen.

3 Dr. Gottfried Boley (1903–1980); von 1941 an Min.Rat in der Reichskanzlei und Finanzexperte; nach 1945 Geschäftsführer der hess. Treuhandverwaltung, Wiesbaden, zuständig für Rückerstattung und Wiedergutmachung.

4 Hermann Preusch (*1902), Kaufmann; 1931 NSDAP-, 1932 SS-Eintritt; von 1937 an im RuSHA zunächst Referent für „Judenmischlinge", Juli 1943 bis Mai 1944 Abteilungsleiter des Heiratsamts; danach bei der Waffen-SS in Prag.

5 Georg Harders (1912–2001), Lehrer; 1935 SS-, 1937 NSDAP-Eintritt; von 1939 an hauptamtl. beim RuSHA, dort u. a. als Eignungsprüfer tätig und von Mai 1941 an Referent im Rassenamt, 1942 Leiter der Abt. Wiedereindeutschung; im Okt 1944 zur Waffen-SS.

6 Richtig: Dr. Edgar Schmid-Burgk (*1902), Ingenieur, Architekt; 1933 NSDAP- und SS-Eintritt; von 1935 an Leiter des Auslandspropagandaamts im RMfVuP, von 1940 an Kultur- und Volkstumsreferent in den besetzten Niederlanden.

7 Richtig: Franz Massfeller (1902–1966), Jurist; 1928–1934 im preuß. Justizdienst, danach im RJM tätig; dort Oberlandesgerichtsrat für Familienrecht, Mitverfasser des Kommentars zum sog. Blutschutz- und Ehegesundheitsgesetz 1936; von 1943 an Kriegsteilnahme; 1950–1964 im Bundesjustizministerium, 1951 Min.Rat.

8 Dr. Horst Kap (1910–1971), Jurist; 1930 SA-, 1930/33 NSDAP-, 1940 SS-Eintritt; ORR und Reichsamtsleiter der Partei-Kanzlei sowie im Stab des SS-Hauptamts tätig; Nov. 1943 SS-Hauptsturmführer; lebte nach 1945 in Köln.

9 Herbert Raudies (*1907); 1931 NSDAP-Eintritt; lebte nach 1945 in Bad Segeberg.

10 Vermutlich: Egon Leuschner (*1901), Lehrer; 1932 (?) NSDAP-Eintritt; 1933–1935 Gauamtsleiter für Bevölkerungs- und Rassenpolitik im Gau Schlesien, danach Reichsschulungsbeauftragter im Rassenpolitischen Amt der NSDAP; im Jan. 1945 zur Wehrmacht eingezogen; lebte 1946–1949 unter falschem Namen als Buchhalter in Celle; Autor von „Nationalsozialistische Fremdvolkpolitik" (1942).

11 Dr. Erhard Wetzel (1903–1975); Jurist; 1933 NSDAP-Eintritt; 1939/40 Beauftragter für Rassenfragen im Warthegau, von Okt. 1941 an Sonderdezernent für Rassenpolitik im RMfbO; im Febr. 1950 vom Landgericht Chemnitz zu 25 Jahren Haft verurteilt, 1955 entlassen, 1956–1958 im niedersächs. Innenministerium.

Gesandtschaftsrat Dr. Klingenfuß, Auswärtiges Amt,
Amtsgerichtsrat Liegener,[12] Beauftragter für den Vierjahrespl[an]
Reg. Rat Dr. Feldscher,[13] Abt. I d. Reichsministeriums des Innern,
Landesoberverwaltungsrat Weirauch,[14] Regierung des Generalgouvernements
SS-Sturmbannf. Dr. Stier,[15] Reichskommissar für die Festigung deutschen Volkstums,
SS-O'Stufbaf. ORR. Dr. Bilfinger, Reichssicherheitshauptamt II A,
SS-Stubaf. Reg. Rat Neifeind,[16] " " " II A 2,
SS-Stubaf. Dr. Rodenberg,[17] " " " III A,
SS-O'Stubaf. Eichmann, " " " IV B 4,
SS-Stubaf. Günther,[18] " " " IV B 4,
SS-Stubaf. Reg.Rat Suhr,[19] " " " IV B 4,
Reg. Rat Hunsche,[20] " " " IV B 4.
Die Besprechung zeitigte nachstehendes Ergebnis:

12 Eberhard Liegener (*1905), Jurist; von 1936 an beim Beauftragten für den Vierjahresplan tätig; 1937 NSDAP-Eintritt; 1953 Amtsgerichtsdirektor in Frankfurt a. M.

13 Dr. Werner Feldscher (1908–1979), Jurist; 1931 NSDAP-Eintritt, 1935 Wiedereintritt; von 1940 an im RMdI im Referat für Judenfragen tätig, seit 1943 Leiter der Abt. Osteinsatz im RMfbO; nach 1945 zunächst beim Evang. Hilfswerk Westfalen, von Ende 1950 an bei der Westfälischen Ferngas-AG; Autor von „Rassen- und Erbpflege im deutschen Recht" (1943).

14 Lothar Weirauch (1908–1983), Jurist; 1930 SA-, 1932 NSDAP-Eintritt, von Sept. 1940 an stellv. Leiter, von Mai 1941 an Leiter der Abt. Bevölkerungswesen und Fürsorge im Generalgouvernement; nach 1945 FDP-Politiker, Min.Dir. in verschiedenen Bundesministerien, zugleich Zuträger östlicher Geheimdienste.

15 Dr. Günther Stier (*1906), Jurist, Kaufmann; 1933–1938 SA-Mitglied, 1932 NSDAP-, 1938 SS-Eintritt; 1939 bei der Volksdeutschen Mittelstelle, später Chef der Abt. I (Umsiedlung und Volkstum) des Reichskommissars für die Festigung deutschen Volkstums, 1944 SS-Obersturmbannführer; im Jan. 1948 nach Polen ausgeliefert, am 9.5.1952 vom Wojewodschaftsgericht Lublin zu zehn Jahren Haft verurteilt.

16 Kurt Neifeind (1908–1944), Jurist; 1933 NSDAP-, 1936 SS-Eintritt, 1935/36 SA-Mitglied; Nov. 1936 beim SD; von 1941 an Leiter des Ref. II A 2 (Gesetzgebung) im RSHA, Jan. 1943 ORR; gefallen.

17 Dr. Carl-Heinz Rodenberg (1904–1995), Arzt; 1932–1940 SA-Mitglied, 1932 NSDAP-, 1940 SS-Eintritt; von 1933 an im Rassenpolitischen Amt der NSDAP, 1939–1942 im Reichsgesundheitsamt, Abt. Erb- und Rassenpflege, Febr. bis Okt. 1940 „Euthanasie"-Gutachter, seit 1942 Mitarbeiter Ref. III B 3 (Rasse- und Volksgesundheit) im RSHA; 1943 wissenschaftlicher Leiter der Reichszentrale zur Bekämpfung der Homosexualität und Abtreibung.

18 Rolf Günther (1913–1945), Polizist; 1929 SA- und NSDAP-Eintritt; 1937 Mitarbeiter der Gestapo Erfurt, wechselte von der SA zur SS, 1938 Zentralstelle für jüdische Auswanderung in Wien, 1941 Stellv. Eichmanns im RSHA, 1943/44 beim Zentralamt zur Regelung der Judenfrage in Prag, 1944 beim Inspekteur der Sicherheitspolizei Prag; nahm sich das Leben.

19 Friedrich Suhr (1907–1946), Jurist; 1933 NSDAP- und SS-Eintritt; von 1940 an Leiter des Ref. II A 3 (Justizangelegenheiten) im RSHA, 1941/42 im Ref. IV B 4 (Judenreferat), 1942–1943 Führer der Sonderkommandos 4b (Einsatzgruppe C) und 6, von 1943 an Befehlshaber der Sipo und des SD in Toulouse; 1944 ORR; nahm sich in alliierter Haft das Leben.

20 Dr. Otto Hunsche (1911–1994), Jurist; 1933 SA-, 1937 NSDAP-Eintritt; von Nov. 1941 an in der Abt. IV B 4b (Rechtsabt. des Judenreferats) im RSHA, 1943–1944 Berater Eichmanns in Prag und Budapest; 1945–1947 interniert, danach zweieinhalb Jahre Gefängnis; 1952 als Rechtsanwalt tätig; 1969 wegen Massendeportationen ungar. Juden zu zwölf Jahren Gefängnis verurteilt.

I. Mischlinge.

a) *Mischlinge ersten Grades:*

Eingangs der Besprechung wurde mitgeteilt, daß neue Erkenntnisse und Erfahrungen auf dem Gebiete der Unfruchtbarmachung es wahrscheinlich ermöglichen werden, die Sterilisation in vereinfachter Form und in einem verkürzten Verfahren schon während des Krieges durchzuführen.[21] Mit Rücksicht hierauf wurde dem Vorschlag, *sämtliche* fortpflanzungsfähigen Mischlinge ersten Grades unfruchtbar zu machen, zugestimmt. Die Sterilisierung soll freiwillig erfolgen. Sie ist aber Voraussetzung des Verbleibens im Reichsgebiet und stellt sich somit als eine freiwillige Gegenleistung des Mischlings ersten Grades für seine gnadenweise Belassung im Reichsgebiet dar. Dementsprechend soll der Mischling ersten Grades vor die Wahl gestellt werden, sich für eine Abschiebung, worunter gegebenenfalls auch eine Verbringung in eine „Mischlingssiedlung" im Sinne des Besprechungsergebnisses vom 6.3.1942 verstanden werden kann,[22] oder für eine Unfruchtbarmachung zu entscheiden. Bei dieser Wahl wird zweckmäßigerweise die Abschiebung als die schärfere Maßnahme gegenüber der Unfruchtbarmachung an die Spitze gestellt. Dadurch soll erreicht werden, daß in den wenigen Fällen, in denen eine an und für sich nicht vorgesehene Ausnahme unbedingt gemacht werden muß, dann immer noch die Möglichkeit der zwangsweisen Sterilisierung gegeben ist. Aus diesem Grunde ist die Unfruchtbarmachung als eine gnadenweise Vergünstigung zu bewerten, die auch als solche empfunden und sich dahingehend auswirken wird, daß die Zahl der Gesuche um Befreiung von den vorgesehenen Maßnahmen nicht allzu groß werden dürfte. Da sich nahezu sämtliche Mischlinge ersten Grades für das kleinere Übel der Sterilisierung entscheiden werden, steht damit bei dieser Wahl die angestrebte Unfruchtbarmachung eindeutig im Vordergrund. Würde umgekehrt die Sterilisation bei der Wahl an die Spitze gestellt, so würde der Mischling ersten Grades, bei dem entgegen den Richtlinien dennoch eine Ausnahme zugestanden werden muß, keinen weiteren Beschränkungen als den bisher schon bestehenden unterworfen sein, was auf keinen Fall zugelassen werden kann, weil dadurch die beabsichtigte Sterilisation unmöglich gemacht würde. Die Möglichkeit der Wahl nimmt weiterhin den vorgesehenen Maßnahmen bis zu einem gewissen Grade den Anschein des Zwanges und bietet darüber hinaus noch den Vorteil, daß unter Umständen auf die Schaffung einer gesetzlichen Grundlage zur Durchführung der Sterilisation verzichtet werden kann, da der Mischling ersten Grades sich freiwillig bereit findet, sich unfruchtbar machen zu lassen. Um schlechten psychologischen Rückwirkungen vorzubeugen, sollen die Sterilisationsmaßnahmen möglichst ohne viel Aufhebens und unter Verwendung einer Tarnungsbezeichnung in einem vereinfachten Verfahren durchgeführt werden. Die Mischlinge ersten Grades

21 Gemeint sind die – letztlich erfolglosen – Experimente zur Massensterilisation, die der Arzt Dr. Horst Schumann und der Gynäkologie-Professor Carl Clauberg durchführten. Schumann versuchte, Männer mit Hilfe von Röntgenstrahlen zu kastrieren, während Clauberg weiblichen Versuchspersonen formalinhaltige Substanzen injizierte, um die Eileiter zu verkleben. Beide Ärzte führten von Ende 1942 an ihre Experimente an Häftlingen in Auschwitz durch, von denen viele an den Folgen der schmerzhaften Versuche starben; siehe VEJ 16, S. 34 f.

22 Die sog. Mischlingssiedlung sollte einen ähnlichen Zweck erfüllen wie das Getto Theresienstadt und, da es Einwände gegen die Deportation von teils „deutschblütigen" Personen über die deutsche Grenze gab, in der unmittelbaren Einflusssphäre des Deutschen Reichs liegen; siehe Konferenz zur Endlösung der Judenfrage im RSHA am 6.3.1942, abgedruckt in: NMT, Bd. XIII (wie Dok. 50 vom 4.12.1941, Anm. 1), Doc. NG-2586 H, S. 219–222, und Dok. 84 vom 6.3.1942.

bleiben, wie bereits früher festgelegt worden ist, mit wenigen Erleichterungen den bisherigen einschränkenden Maßnahmen im Reichsgebiet unterworfen.[23]
Sollten sich die Mischlinge ersten Grades vereinzelt für die Abschiebung entscheiden, so ist dafür Sorge zu tragen, daß ihnen durch eine Trennung vom anderen Geschlecht jedwede Möglichkeit der Fortpflanzung genommen wird.

b) *Mischlinge zweiten Grades:*
Da die Mischlinge zweiten Grades den Deutschblütigen *ausnahmslos* zugeschlagen werden sollen, sind gegen sie keine besonderen Maßnahmen zu ergreifen. Ihre mit gewissen Einschränkungen verbundene Rechtsstellung bleibt allerdings weiterhin aufrechterhalten.[24]

II. Mischehen.
Bei Ehen zwischen Mischlingen ersten Grades und Mischlingen ersten Grades oder Juden werden außer den bisher schon bestehenden keine weiteren Scheidungsmöglichkeiten geschaffen, da hieran kein Interesse besteht.

1. *Zwangsscheidung:*
a) Bei Mischehen zwischen Deutschblütigen und Volljuden ist, wie bereits früher festgelegt, eine zwangsweise Scheidung der Ehe für den Fall vorzusehen, daß der deutschblütige Eheteil sich innerhalb einer bestimmten Frist nicht entschließt, selbst die Scheidung zu beantragen. Die Zwangsscheidung erscheint deswegen angebracht, weil mit Rücksicht auf die Abschiebung des Juden klare Rechtsverhältnisse auf diesem Gebiet geschaffen werden müssen. Ausnahmen sind, entgegen der bisher vorgesehenen Regelung, auch nicht bei *Geltungs*juden zuzulassen, die nur zwei rassenmäßig volljüdische Großelternteile oder weniger besitzen, da die Überprüfung dieser Fälle auf allzu große Schwierigkeiten stößt und somit kein Anlaß vorliegt, von der rechtlichen Einordnung als Volljude nach den §§ 2 und 5 der Ersten Verordnung zum Reichsbürgergesetz vom 14.11.1935 (RGBl. I, S. 1333) abzuweichen.[25] Solange keine anderweitige Entscheidung im Sinne des § 7 a.a.O. vorliegt,[26] können ebenso keine Volljuden, bei deren ehelichen Kindern eine Gleichstellung mit Deutschblütigen entweder bereits ausgesprochen ist oder aber wegen Zugehörigkeit zur Wehrmacht als Soldat zu erwarten steht, von dieser Regelung ausgenommen werden.

b) Gleichfalls muß die Möglichkeit der Zwangsscheidung in dem angegebenen Sinne bei Ehen zwischen Mischlingen zweiten Grades und Juden gegeben sein.

23 Die sog. Mischlinge 1. Grades waren laut der 1. VO zum Reichsbürgergesetz vom 14.11.1935 (RGBl., 1935 I, S. 1146) Personen, die zwei jüdische Großeltern hatten und vom 15.9.1935 an weder der jüdischen Religionsgemeinschaft angehörten, noch mit einem jüdischen Partner verheiratet waren; siehe auch VEJ 1/210. Sie waren einer Vielzahl diskriminierender Maßnahmen unterworfen, u. a. Heiratseinschränkungen, Berufsverboten, Verdrängung von den Universitäten, der Gesetzgebung zur „Rassenschande" und dem Ausschluss vom Unterricht an höheren Schulen; siehe auch Einleitung, S. 43 f.

24 Die sog. Mischlinge 2. Grades, auch „Vierteljuden" genannt, waren nach den Nürnberger Gesetzen Personen mit einem jüdischen Großelternteil.

25 Nach diesen Paragraphen war ein sog. Volljude, wer entweder der jüdischen Religionsgemeinschaft angehörte oder mindestens drei der jüdischen Religionsgemeinschaft angehörende Großeltern hatte.

26 Dieser Paragraph legte fest, dass Hitler in seiner Funktion als Führer und Reichskanzler über individuelle Ausnahmen der VO entscheiden konnte.

2. *Vereinfachte Scheidung auf Antrag:*
Bei Ehen zwischen Mischlingen ersten Grades und Deutschblütigen oder Mischlingen zweiten Grades ist für den Fall, daß sich der Mischling ersten Grades für die Unfruchtbarmachung entscheidet, keine Zwangsscheidung, sondern lediglich auf Antrag des Deutschblütigen oder Mischlings zweiten Grades eine vereinfachte Scheidung ohne die Einschränkungen des § 53 des Ehegesetzes[27] durchzuführen. Von einer Zwangsscheidung wird Abstand genommen, da einmal der Mischling ersten Grades im Reichsgebiet verbleibt und zum andern die erzwungene Aufhebung der Ehe zu einer erheblichen Beunruhigung des deutschen Teiles der Verwandtschaft beitragen würde, was in diesen Fällen vermieden werden kann und muß.
Sollte der fortpflanzungsfähige Mischling ersten Grades jedoch ausnahmsweise die Abschiebung einer Sterilisation vorziehen, so kann dieser Tatbestand nicht anders als der einer deutsch-jüdischen Mischehe beurteilt werden, so daß in diesen Fällen und im Rahmen des bereits festgelegten Verfahrens die zwangsweise Scheidung zugelassen werden muß.

Das vorstehende Besprechungsergebnis soll vereinbarungsgemäß den beteiligten Dienststellen zur beschleunigten abschließenden Stellungnahme innerhalb von *längstens* 4 Wochen zugeleitet werden.[28]

DOK. 183

Die Ortskrankenkasse der Mechaniker und Optiker teilt dem Versicherungsamt Berlin am 2. November 1942 mit, dass für die Übernahme der Krankenhauskosten von Juden besondere Maßstäbe gelten[1]

Schreiben der Ortskrankenkasse der Mechaniker, Optiker u. verw. Gewerbe, ungez., Berlin C.2, Kurstr. 30, (Vers. 18, 13.10.42, IV, K. 2399/42, Tgb.-Nr. 100/42), an das Versicherungsamt der Reichshauptstadt Berlin, Berlin N. 4, Oranienburger Str. 54/56a, vom 2.11.1942 (Abschrift)

Mitglied Inge Sara Sperling,[2] geb. 23.7.26
Die Kasse lehnt nach wie vor eine Kostenübernahme für die Zeit vom 15.7. bis 27.7.42 ab. Die Versicherte hat grundsätzlich in keinem Fall einen Rechtsanspruch, auf Kosten der Kasse in einem Krankenhaus verpflegt zu werden. Die ärztliche Behandlung ist durch Aushändigung eines Krankenscheines auf Grund der mit den Ärzten geschlossenen Verträge sichergestellt. (Kommentar Kühne, Anmerkung zu § 184 RVO.[3] Ziffer 3a).

27 Nach § 53 war eine Scheidung von Ehegatten, die sog. erbgesunden Nachwuchs hatten, ausgeschlossen. Ebenso vorgesehen war, dass eine unfruchtbare Person kein Recht auf Scheidung hatte; siehe RGBl., 1938 I, S. 813.
28 Die hier besprochenen Maßnahmen der Zwangsscheidung bzw. -sterilisation wurden nicht umgesetzt. Ausschlaggebend hierfür dürften u. a. Probleme beim Verfahren für die Zwangssterilisation, der administrative Aufwand, den ein Zwangsscheidungsverfahren bedeutet hätte, und das Ausbleiben einer Handlungsanweisung von Hitler gewesen sein.

1 BArch, R 8150/759, Bl. 133.
2 Inge Sperling (*1926) wurde am 12.3.1943 nach Auschwitz deportiert und dort ermordet.
3 Reichsversicherungsordnung.

Im übrigen ist festzustellen, daß die Juden der ganzen Welt gegen das Deutsche Reich im Krieg stehen und die hier in Deutschland lebenden zwangsläufig der Arbeit zugeführt wurden. Es ist somit ein anderer Maßstab an die Beurteilung der mit den Juden zusammenhängenden Fragen anzulegen als bei deutschen Volksgenossen, schon weil der prozentuale Anteil der Juden an Kranken besonders hoch ist.

DOK. 184

Das Oberkommando der Wehrmacht erfährt am 2. November 1942, dass Hitler Ehen zwischen Wehrmachtsangehörigen und Frauen, die mit einem Juden verheiratet waren, verboten hat[1]

Schreiben der Adjutantur der Wehrmacht beim Führer, Führerhauptquartier, i. A. gez. Major Engel,[2] an das Oberkommando der Wehrmacht, Abt. Inland, z.Hd. Herrn Fregattenkapitän Frey,[3] Berlin W 35, vom 2.11.1942 (Abschrift)[4]

Betrifft:Heiratsanträge von Wehrmachtsangehörigen mit Frauen, die in gewesener Ehe mit Juden verheiratet waren.
In Ergänzung der seinerzeit vom Führer getroffenen Entscheidung[5] wird mitgeteilt:
Der Führer hat in der Frage der Heiraten von Wehrmachtsangehörigen mit Frauen, die früher mit einem Juden verheiratet waren, entschieden, daß derartigen Heiratsanträgen ohne jede Ausnahme nicht stattzugeben ist.
Die Tatsache, daß eine deutsche Frau, ganz gleich unter welchen Umständen, gewillt gewesen ist, in ehelicher Gemeinschaft mit einem Juden zu leben, ist ein Zeichen von Charakterschwäche, die nicht unbeachtet bleiben darf.
Diese Entscheidung des Führers gilt ganz gleich, ob die Ehe mit dem Juden kinderlos geblieben ist oder Kinder, d. h. Mischlinge, vorhanden sind.[6]

1 BArch, R 43 II/1308 b, Bl. 58. Abdruck als Faksimile in: Akten der Partei-Kanzlei der NSDAP, Rekonstruktion eines verlorengegangenen Bestandes, hrsg. vom Institut für Zeitgeschichte, bearb. von Helmut Heiber u. a., Bd. 1, Mikrofiche, 1983, S. 755.

2 Gerhard Engel (1906–1976), Offizier; 1938–1943 Adjutant beim Oberbefehlshaber des Heeres (Hitler), Febr. 1944 bis Kriegsende Kommandeur im Fronteinsatz, am 1.4.1945 zum Generalleutnant befördert; 1945–1947 in US-Kriegsgefangenschaft, danach Geschäftsführer verschiedener Fabriken; Autor von „Heeresadjutant bei Hitler 1938–1943“ (1982).

3 Richard Frey (1892–1979); 1939 Leiter des Ref. I1c (Arierfragen) beim OKW, dann der Gruppe „Rasse- und Volkstumsfragen“, von Jan. 1940 bis März 1943 Gruppenleiter in der Abt. Inland; seit 1.4.1942 Fregattenkapitän, April 1943 bis Mai 1945 als Schiffskommandeur u. a. in der Marine-Lehr-Abt.

4 Das Dokument ist überliefert als Anlage zum Schreiben des Leiters der Partei-Kanzlei, Martin Bormann, an den Chef der Reichskanzlei, Hans Heinrich Lammers, vom 2.11.1942; Lammers übermittelte es am 9.11.1942 an den RMdI; wie Anm. 1.

5 Am 24.9.1942 gab das OKW Hitlers Entscheidung bekannt, wonach Soldaten die Heiratserlaubnis mit Frauen, die zuvor mit einem Juden verheiratet waren, zu verweigern sei; Das Sonderrecht für Juden im NS-Staat. Eine Sammlung der gesetzlichen Maßnahmen und Richtlinien – Inhalt und Bedeutung, hrsg. von Josef Walk, Heidelberg/Karlsruhe 1981, S. 388.

6 Über die hier abgehandelte Frage hatte es bereits seit dem Erlass der Nürnberger Gesetze im Sept. 1935 kontroverse Diskussionen innerhalb der NSDAP gegeben, lange Zeit jedoch keine Entscheidung Hitlers.

DOK. 185

Die Jüdische Gemeinde Berlin sucht am 2. November 1942 nach ihren Mitarbeitern, die sich der Deportation entzogen haben[1]

Bericht des Vorstands der Jüdischen Kultusvereinigung zu Berlin e. V. (Dr. Bl./Br.), gez. Moritz Henschel, Berlin N 4, Oranienburger Straße 29, an die Reichsvereinigung der Juden in Deutschland, Berlin-Charlottenburg 2, Kantstraße 158, vom 2.11.1942

Betrifft: Zusammensetzung der am 20. Oktober 1942 abgebauten Mitarbeiter der Jüdischen Kultusvereinigung Berlin[2] – Liste VIII:
Nach angestellten Ermittlungen nicht auffindbar.
Die Ermittlungen sind fortgesetzt worden. Hierbei hat sich noch folgendes ergeben:
1.) Mendelsohn, Georg Israel.[3] (Ziffer 12 der Liste).
M. war Vormund des Malergehilfen Manfred Israel Amsterdamer,[4] geboren 29.8.22 Berlin, wohnhaft Charlottenburg, Mommsenstraße 22 bei Seefeld.
Amsterdamer nimmt an, daß M. bei arischen Bekannten untergeschlüpft ist, und erklärt, Weiteres nicht angeben zu können. Es besteht der Verdacht, daß Amsterdamer Näheres über den Verbleib des M. weiß, aber keine Angaben machen will.
2.) Salinger, Ella Sara.[5] (Ziffer 16 der Liste).
Die S. wohnte früher Victoria-Luise-Platz 12a, Erdgeschoß bei Jüdel. Sie war aus dieser Zeit mit einer Frau Malachowska, die im III. Stock des gleichen Hauses im Vorderhaus wohnt, bekannt. Frau Malachowska ist deutschblütig und katholischer Religion.
Der Hauswart des Hauses Victoria-Luise-Platz 12a hat auf Befragen noch angegeben, daß die S. Beziehungen zu einem nichtjüdischen ungarischen Staatsangehörigen hatte. Außerdem wohnt eine Schwester der S. in der Schweiz. Es besteht die Möglichkeit, daß die S. den Versuch macht, in die Schweiz zu ihrer Schwester zu kommen oder mit dem ungarischen Staatsangehörigen nach Ungarn zu fliehen.
3.) Steinberg, Channa Sara geb. Fensterheim.[6] (Ziffer 20 der Liste).
Die Steinberg hat sich hier gemeldet und ist auf Anordnung der Geheimen Staatspolizei, Staatspolizeileitstelle Berlin, in der Sammelunterkunft Große Hamburger Str. 26[7] untergebracht worden. Sie hat angegeben, sie sei am Sonnabend, den 24. Oktober, zur Zeit der

1 BArch, R 8150/50, Bl. 150+RS.

2 Bei der sog. Gemeindeaktion waren am 20.10.1942 insgesamt 533 Mitarbeiter der Jüdischen Gemeinde Berlin angewiesen worden, sich zwei Tage später mit ihren Angehörigen im Sammellager Große Hamburger Straße zur Deportation einzufinden. Anstelle aller, die sich nicht meldeten, hatte die Gestapo die Erschießung von Geiseln angedroht, weswegen die Gemeinde nach den Verschwundenen forschte. Insgesamt 861 Personen wurden im Rahmen dieser „Aktion" entweder mit dem 22. Osttransport nach Riga oder nach Theresienstadt deportiert. Für die nicht Aufgefundenen wurden sieben oder acht Geiseln erschossen; siehe Einleitung, S. 71 f. und Dok. 178 vom 20.10.1942.

3 Vermutlich: Georg (auch George) Mendelsohn (1887–1942); am 14.12.1942 nach Auschwitz deportiert, dort vermutlich ermordet.

4 Manfred Amsterdamer (1922–1944) wurde am 16.6.1943 nach Theresienstadt deportiert und kam dort um.

5 Ella Salinger (1896–1943), geb. in Lyck (Ostpreußen); im Mai 1943 von Berlin nach Auschwitz deportiert, wo sie ermordet wurde.

6 Richtig: Chana (Chane) Helene Steinberg, geb. Fensterheim (1892–1942?), Hausfrau; geb. in Żołynia (Polen), lebte zusammen mit ihrem Ehemann Isak Steinberg (*1888) und ihren Kindern in Berlin; am 29.11.1942 nach Auschwitz deportiert und vermutlich dort ermordet.

Abholung der Abwanderer mit ihrem gelähmten Kind Gerda Sara Steinberg[8] unterwegs gewesen, um das Kind bei Bekannten unterzubringen; sie sei der Meinung gewesen, daß das Kind infolge seines Krankheitszustandes nicht abwandern könne. Als sie kurz vor 20 Uhr nach Hause gekommen sei, habe sie erfahren, daß die Beamten, die sie abholen wollten, inzwischen in ihrer Wohnung gewesen seien und gegen 21 Uhr wiederkommen und die Wohnung versiegeln wollten. Die Beamten seien aber dann nicht wiedergekommen.

DOK. 186
Völkischer Beobachter: Artikel vom 3. November 1942 über den angeblichen Reichtum emigrierter Juden[1]

Mit Brillanten und Juwelen nach USA.
Was die „armen" Juden mitnahmen.
In 7 Jahren Werte von 5,25 Mrd. Dollar nach USA. geschleppt

Vigo,[2] 2. November
Die Emigranten aus Europa haben während der letzten sieben Jahre für 5 231 000 000 Dollar Wertgegenstände nach den Vereinigten Staaten gebracht, stellt der Finanzmann Porter in einem Artikel für die USA.-Zeitschrift „American Magazine"[3] fest.
Die Öffentlichkeit nehme im allgemeinen an, heißt es dann in der Zeitschrift, daß die nach den USA. gekommenen Flüchtlinge – durchweg jüdischer Rasse – größtenteils bettelarm und bemitleidenswert wären. Dies sei durchaus irrig. Tausende und aber Tausende besäßen große Vermögen, Schmuck und andere Wertgegenstände. Manche hätten in Nordamerika riesige Fabriken aufgezogen, Häuser gebaut und Millionenvermögen nutzbringend angelegt. So habe ein tschechischer Emigrant allein Industriewerke von zehn Millionen Dollar errichtet. Andere bewahrten die wunderbarsten Juwelen in ihren Kassenschränken auf. So habe z. B. Eduard Rothschild aus Paris u. a. einen Ring mitgebracht mit Perlen, Saphiren und Brillanten im Wert von über eine Million Dollar. Alphons Rothschild sei mit einem Handkoffer voll unschätzbaren Schmucks angekommen.[4] Von Januar 1936 bis zum September 1941 seien geschliffene Diamanten im Werte von 132 Millionen Dollar von Emigranten nach den USA. eingeführt worden.

7 Zum Sammellager Große Hamburger Straße siehe Einleitung, S. 70–72.
8 Gerda Steinberg (1927–1942), Schülerin; sie wurde zusammen mit ihrer Mutter 1942 nach Auschwitz deportiert und dort ermordet.

1 VB (Norddeutsche Ausg.), Nr. 307 vom 3.11.1942, S. 2.
2 Stadt in der span. Provinz Galicien.
3 Artikel nicht ermittelt.
4 Baron Edouard Alphonse James de Rothschild (1868–1949) gehörte zum franz. Flügel der Familie Rothschild und lebte als Bankier in Paris, bis er nach dem deutschen Einmarsch zusammen mit seiner Frau und seiner Tochter über Lissabon in die USA floh. Dr. Alfons Maier (auch Alphonse Mayer von) Rothschild (1878–1942), Jurist, Kunstsammler, war mit der Britin Clarice Sebag-Montefiore verheiratet; nach dem Anschluss Österreichs kehrte er von einem London-Aufenthalt nicht nach Wien zurück, sondern emigrierte in die USA. Große Teile des in Paris bzw. Wien zurückgelassenen Vermögens beider Männer wurden vom deutschen Fiskus konfisziert.

Ihrem Vermögen entsprechend *verschwendeten* die Emigranten auch *Riesensummen*. Sie seien Gäste der teuersten Hotels und Nachtklubs, wo Bankette mit Champagner und Kaviar an der Tagesordnung sind. Die Luxusorte, wie Palm Beach, Lake Placid und Reno, seien von jüdischen Emigranten überschwemmt. Deren Reichtum und sinnlose Vergeudung gehe Hand in Hand mit ihrem aufdringlichen, unverschämten Benehmen. Daher seien sie bei den Einheimischen äußerst unbeliebt. Besonders würden sie von der arbeitenden Bevölkerung keineswegs geachtet.
So schildert eine USA.-Zeitschrift die Leute, die Roosevelt zu ihren Repräsentanten gemacht habe.[5] Es sind dieselben, deren Haß gegen die Länder, die sich nicht mehr ausbeuten und ausplündern lassen wollen, zu den Wahnsinnsausgeburten in dem Buch des Juden Kaufmann[6] und zu der kürzlichen Forderung, die deutschen Kinder ihren Müttern zu entreißen, geführt hat. Staatssekretär Hull aber, der Mann einer Jüdin, verkündete erst kürzlich als Kriegsziel der Roosevelt-Regierung: „Wir brauchen eine Welt, in der die Juden wie jede andere Rasse das Recht haben, in Frieden und Ehre zu leben."

DOK. 187

Das Reichssicherheitshauptamt verfügt am 5. November 1942, dass alle Juden und „Mischlinge 1. Grades" aus den Konzentrationslagern nach Auschwitz und Lublin zu deportieren seien[1]

Fernschreiben des Reichssicherheitshauptamts (C 2 Allg. Nr. 42 415), gez. i. V. Müller, SS-Gruf. u. Generalltn. der Pol.,[2] Berlin (befördert am 6.11.42, NÜ-Nr. 201 849), an a) alle Staatspolizei(leit)stellen, b) alle Kommandeure der SichPoludSD,[3] c) alle Befehlshaber, d) alle Beauftragten des Chefs der SichPoludSD vom 5.11.1942 (Abschrift)[4]

Betrifft: Einweisung von jüdischen Häftlingen in die KL.
Der RFSSuChefdDtPol.[5] hat befohlen, daß sämtliche im Reich gelegenen Konzentrationslager judenfrei zu machen und daß sämtliche Juden in das KL Auschwitz und in das Kriegsgefangenenarbeitslager Lublin zu überstellen sind.[6] Der Inspekteur der KL[7] hat die entsprechenden Verlegungsanordnungen bereits erteilt. Über erfolgte Verlegungen von derartigen Häftlingen geben die jeweiligen KL Kenntnis.

5 So im Original.
6 Siehe Dok. 37 vom 16.11.1941, Anm. 4.

1 BArch, R 58/278, Bl. 348. Abdruck in: Die jüdische Emigration (wie Dok. 20 vom 24.10.1941, Anm. 1), S. 306.
2 Heinrich Müller.
3 Sicherheitspolizei und des SD.
4 Im Original handschriftl. Bearbeitungsvermerke.
5 Reichsführer SS und Chef der Deutschen Polizei Heinrich Himmler.
6 Siehe Dok. 175 vom 2.10.1942, Anm. 6. Um Konflikte mit der Zivilverwaltung des Generalgouvernements und dem OKW zu vermeiden, wurde das KZ Lublin-Majdanek seitens der SS offiziell als „Kriegsgefangenenlager der Waffen-SS" bezeichnet und erst im Febr. 1943 formal in „Konzentrationslager Lublin" umbenannt.
7 Richard Glücks.

Einweisungen von jüdischen Häftlingen in KL – außer KL Auschwitz und Kriegsgefangenenarbeitslager Lublin[8] – kommen daher ab sofort nicht mehr in Frage. Sofern im Einzelfall noch eine diesem entgegenstehende Anordnung getroffen ist, ersuche ich, dem Befehl des RFSSuChefdDtPol. entsprechend zu verfahren.
Zu den jüdischen Häftlingen sind auch die Mischlinge I. Grades zu rechnen.[9]

DOK. 188
Der US-Konsul in Genf notiert, was ihm Carl Burckhardt vom Internationalen Roten Kreuz am 7. November 1942 über Hitlers Befehl zur Vernichtung der Juden erzählt hat[1]

Memorandum (PCS/dh) von Paul C. Squire, US-Konsul in Genf, über sein Gespräch mit Dr. Carl J. Burckhardt[2] vom Internationalen Roten Kreuz am 7.11.1942 um 11.30 Uhr, vom 9.11.1942

Betr.: Verfolgung der Juden
Nachdem ich durch mehrere Berichte davon erfahren hatte, dass Hitler einen schriftlichen Befehl zur Vernichtung der Juden erteilt haben soll, wandte ich mich auf Empfehlung des ehrenwerten Leland Harrison an Dr. Carl Burckhardt, ein ranghohes Mitglied des Internationalen Komitees vom Roten Kreuz. Als ich ihn fragte, ob er die Existenz einer solchen Anweisung bestätigen könne, antwortete er, er habe den Befehl zwar nicht mit eigenen Augen gesehen, könne mir aber *vertraulich und nicht zur Veröffentlichung bestimmt* Folgendes mitteilen: Hitler habe zu Beginn des Jahres 1941 einen Befehl unterzeichnet, wonach Deutschland zum Ende des Jahres 1942 *judenfrei sein soll.*[3] Er betonte, er habe diese Information von „zwei sehr gut unterrichteten Deutschen" erhalten, wobei er durchblicken ließ, dass er diesen unbegrenzt vertraue. (Anmerkung: Es gibt Anzeichen dafür, dass es sich bei den beiden Quellen um 1.) einen Beamten im deutschen Außenministerium und 2.) einen Beamten im Kriegsministerium in Berlin handelt.) Anschließend fragte ich ihn, ob das Wort *Vernichtung* verwendet worden sei, woraufhin er entgegnete, die benutzte Formulierung laute: *soll Juden-frei*[4] *sein* (frei von allen Juden). Er erläuterte, es sei eindeutig, worauf dies am Ende hinauslaufe, denn es existiere

8 Die Transporte gingen nicht nach Lublin, sondern ausschließlich nach Auschwitz. Bereits am 2.10.1942 hatte Himmler angeordnet, die Häftlinge des Frauenkonzentrationslagers Ravensbrück nach Auschwitz zu überstellen; siehe Dok. 175 vom 2.10.1942.
9 Bis zu diesem Zeitpunkt waren die sog. Mischlinge von den Deportationen ausgenommen gewesen.

1 NARA, RG 84, Entry 3208, Box 7, 840.1 Jews. Abdruck in deutscher Übersetzung in: Jean-Claude Favez, Das Internationale Rote Kreuz und das Dritte Reich. War der Holocaust aufzuhalten?, München 1989, S. 137 f. Das Dokument wurde für die Edition neu aus dem Englischen übersetzt.
2 Dr. Carl Jacob Burckhardt (1891–1974), Historiker, Jurist, Diplomat; 1918–1922 Gesandtschaftsattaché in Wien; von 1929 an Professor in Zürich, 1932–1937 und 1939–1945 außerdem in Genf; von 1933 an Mitglied beim IKRK, besuchte in dieser Funktion 1935 deutsche KZs, März 1937 bis Sept. 1939 Hoher Kommissar des Völkerbunds für die Freie Stadt Danzig, danach hauptamtl. Tätigkeiten für das IKRK, 1944/45–1948 Präsident des IKRK, 1945–1949 Gesandter der Schweiz in Paris.
3 Ein solcher Befehl ist nicht nachgewiesen.
4 Im Original deutsch.

gar kein Ort, an den diese Juden gebracht werden könnten, wenn das gesamte [deutsche] Hoheitsgebiet von dieser Rasse gesäubert werden solle.
Dr. Burckhardt hat sich bemüht, vom Vertreter des Deutschen Roten Kreuzes,[5] der vor etwa drei Wochen zu Besuch in Genf war, Informationen zu erhalten, indem er diesen „mündlich, aber auch förmlich" um Neuigkeiten zur Lage der Juden bat. Er habe daraufhin die Antwort erhalten, dass niemand in Deutschland die genaue Lage kenne, diese jedoch in jedem Fall stark übertrieben dargestellt werde. Dr. Burckhardts Kommentar hierzu war, dies sei die einzige Äußerung gewesen, zu der sich der Rotkreuz-Vertreter habe hinreißen lassen.
Dr. Burckhardt, der im Internationalen Komitee des Roten Kreuzes für auswärtige Angelegenheiten zuständig ist, informierte mich, dass er beabsichtigt hatte, einen weltweiten öffentlichen Aufruf zur Lage der Juden und der Geiseln zu lancieren und die Angelegenheit auf einer Vollversammlung (in Anwesenheit von etwa 24 Mitgliedern) des Internationalen Komitees am 14. Oktober 1942 zu besprechen. Dort wurde allerdings beschlossen, dass ein solcher Aufruf 1. keine praktischen Folgen haben würde und die Situation [der Juden] nur noch erschwere und dass er 2. die laufende Arbeit zur Unterstützung von Kriegsgefangenen und zivilen Internierten – die eigentliche Aufgabe des Roten Kreuzes – gefährden könnte.[6]
Ich habe mich daraufhin erkundigt, ob sich das Rote Kreuz zu anderen Interventionen entschlossen habe, woraufhin Dr. Burckhardt Bezug nahm auf eine Erklärung des Komitees vom 22. September 1942, in der es heißt (übersetzt aus dem Französischen), „dass wir keine Intervention in den verschiedenen mit Deutschland im Krieg befindlichen Ländern ins Auge fassen können, wenn wir nicht in der Lage sind, in genau der gleichen Weise in Deutschland und den von ihm kontrollierten Gebieten zugunsten der *politischen* Gefangenen oder Evakuierten zu agieren".[7]
Dr. Burckhardt fügte noch hinzu, dass das Rote Kreuz am 30. Oktober 1942 folgendermaßen interveniert habe (Übersetzung aus dem Französischen): „Als das Deutsche Rote Kreuz, das OKW (Oberkommando der Wehrmacht) und das deutsche Auswärtige Amt vom Internationalen Roten Kreuz verlangten, die deutschen Internierten in den Ländern Südamerikas aufzusuchen, die dort nicht als *Zivilinternierte*, sondern als *politische Gefangene* festgehalten würden, lautete die Antwort des Komitees: Ja, [...] aber nur unter der Bedingung, dass es sich auch um die *aus politischen Gründen* Inhaftierten und De-

5 Vermutlich: Walther Georg Hartmann (1892–1970); von Juli 1922 an Schriftleiter beim DRK, von Mitte 1938 an Leiter des Amts VII (Auslandsamt) im DRK, er reiste zwischen 1939 und 1945 im Auftrag des DRK 18 Mal nach Genf und übermittelte dem IKRK bei diesen Gelegenheiten auch Informationen über die Vorgänge in Deutschland.

6 Auf der Versammlung im Hôtel Métropole in Genf – dem Hauptsitz des IKRK – stimmten alle Mitglieder gegen einen öffentlichen Aufruf, jedoch dafür, die kriegsführenden Parteien einzeln zu kontaktieren. Schließlich schickte das IKRK diesen am 23.7.1943 ein Telegramm mit der Aufforderung, den Anspruch der Menschen „auf Recht und auf Schutz der Person vor Willkür [...] zu gewährleisten, der nutzlosen Zerstörung Grenzen zu setzen und vor allem auf eine Anwendung äußerster vom Völkerrecht verurteilter Kriegsmittel zu verzichten"; siehe Favez, Das Internationale Rote Kreuz (wie Anm. 1), S. 230.

7 Nicht ermittelt.

portierten in Deutschland und in den besetzten Gebieten kümmern dürfe."[8] Die Bezeichnung „aus politischen Gründen Inhaftierte und Deportierte" schließt selbstverständlich die Juden mit ein.

DOK. 189
Die Gestapo Wien listet Juden auf, die zwischen dem 6. und dem 9. November 1942 festgenommen wurden, weil sie zu fliehen versuchten oder Fluchthilfe leisteten[1]

Tagesbericht Nr. 3 (geheim) von der Geheimen Staatspolizei, Staatspolizeileitstelle Wien, ungez., vom 6. bis 9.11.1942

[...][2]
zu 7): *Juden*:
Am 3.11.1942 wurde der Jude
Bruno Israel *Buchner*,[3] Kaufmann, 26.10.1895 Berlin geb., DRA., kfl., gesch.,[4] Wien, I., Walfischg. 6/50 wh.,
festgenommen. Buchner hat sich mit der Verbringung von Juden nach Italien befaßt und zu diesem Zwecke diesen Lichtbildausweise, ausgestellt vom Generalbevollmächtigten für die Wirtschaft in Serbien, beschafft. Als Entlohnung verlangte er 5000.– RM. Bei der Festnahme des Buchner wurde in der Wohnung die Jüdin
Grete Sara *Fischer*, geb. Belgrader,[5] ehem. Schauspielerin, 31.3.1898 Wien geb., rumänische Staatsangeh., kfl., verh.,
angetroffen, die sich dort unangemeldet aufhielt, um dadurch der Evakuierung zu entgehen. Die deutschblütige Wohnungsgeberin
Anna *Stein*, geb. Kagerer,[6] 3.7.1894 Lind a/Donau geb., DRA., rk., verw., Wien, I., Walfischg. 6/50 wh.,
hat beim Einschreiten die Anwesenheit des Buchner abgeleugnet und versucht, diesen zu verständigen, damit er mit der Jüdin Fischer durch das Badezimmer die Flucht ergreifen konnte. Die Jüdin Fischer und die deutschblütige Anna Stein wurden gleichfalls festgenommen.

8 Im Jan. 1942 erfuhr das IKRK, dass u. a. in Brasilien Deutsche als politische Gefangene inhaftiert waren. Die deutsche Regierung bat das IKRK zu intervenieren. Nachdem die brasilian. Regierung dem Roten Kreuz den Besuch der deutschen Inhaftierten genehmigt hatte, forderte das IKRK, dass die deutsche Regierung im Gegenzug nun auch Hilfe für politische Häftlinge in Deutschland und in den besetzten Gebieten zulassen müsse. Das sog. Gegenseitigkeitsprinzip konnte – trotz eines Besuchs des IKRK im Herbst 1942 in Brasilien – nicht durchgesetzt werden.

1 ÖStA, AdR, RStH Wien, Staatspolizeileitstelle Wien, Tagesbericht Nr. 3 vom 6. bis 9.11.1942 (in RStH Wien, Karton 386), Kopie: DÖW, 5733 f.
2 In den vorherigen Abschnitten werden Verhaftungen und Verurteilungen von Kommunisten und Kirchenvertretern protokolliert.
3 Bruno Buchners Schicksal nach seiner Verhaftung ist unbekannt.
4 Deutscher Reichs-Angehöriger, konfessionslos, geschieden.
5 Nach ihrer Verhaftung wurde Grete Fischer am 5.1.1943 nach Theresienstadt und noch im selben Monat nach Auschwitz deportiert und dort ermordet.
6 Nach ihrer Verhaftung im Febr. 1943 wurde Anna Stein nach Ravensbrück deportiert, wo sie 1945 befreit wurde; ihr weiteres Schicksal ist unbekannt.

Im Zuge der Ermittlungen wurde der Jude
Emil Israel *Rosenthal-Bonin*,[7] Dr. phil. ehem. Ethnologe, 21.4.1868 Breslau geb., staatenlos, rk., verh.,
ohne Unterstand
und
Gustav Israel *Mandl*,[8] Ingenieur, 13.1.1877 Zwettl geb., DRA., mos.,[9] verw., ohne Unterstand,
festgenommen. Die beiden Juden haben sich in Wien unterstandslos herumgetrieben, um sich der Evakuierung zu entziehen. Rosenthal-Bonin hat dem Buchner die auswanderungslustigen Juden zugeführt und die Verbindung mit den italienischen Staatsbürgern
Franz *Wedam*, Schuhmachergeh., 2.12.1905 Malburgeth/Italien geb., Uggowitz/Italien wh., und
Franz *Janka*, Bauer, 28.3.1912 Malburgeth geb., gleichfalls Uggowitz wh.,
aufgenommen, die die Juden gegen eine Zahlung von 15 000.– RM pro Person illegal über die Grenze nach Italien verbringen sollten.
Wedam und Janka wurden am 2.11.1942 am Bahnhof in Villach, wo sie einen Juden übernehmen sollten, festgenommen und der Stapostelle Klagenfurt überstellt.[10]
Der Jude Mandl hat über Ersuchen des Buchner gleichfalls zum Zwecke der illegalen Ausreise für Juden Ausweise beschafft, die von der NSV-Reichsleitung ausgestellt wurden und in denen bescheinigt ist, daß der Inhaber Funktionär der NSV ist. Außerdem besorgte er für die Juden arische Tauf- und Geburtsscheine und Trauscheine.
Die Ermittlungen nach den weiteren Verbindungsmännern sind noch nicht abgeschlossen.
Am 9.10.1942 wurde der Jude
Felix Israel *Richter*,[11] ehem. Polizeirat, 14.7.1884 Saaz geb., DRA., kath., led., Wien, II., Ferdinandstr. 31 wh.,
festgenommen. Er hat die für Juden bestehenden Vorschriften nicht befolgt und Wien ohne behördl. Genehmigung verlassen. R. wurde dem Sammellager zwecks Evakuierung überstellt.
Am 5.11.1942 wurde die in Mischehe lebende Jüdin
Hermine Sara *Krasa*, geb. Weledniker,[12] 9.9.1878 Zadmeszkowa/Ukraine geb., DRA., kath., verh., Wien, I., Kravoglg. 70 wh. und deren Schwester
Cäcilie Sara *Ramhapp*, geb. Weledniker,[13] 15.4.1887 Podwoloczyska/Polen geb., DRA., kath., verw., Wien, XXI., Carrog. 13 wh.,
für die Dauer von 21 Tagen festgenommen, da sie nach Abschluß des Abstammungsverfahrens, in dem sie als Jüdinnen erklärt wurden, erst nach 2 Tagen den zusätzlichen Vornamen „Sara" angenommen haben. Von einem Antrag auf Inschutzhaftnahme wurde mit Rücksicht darauf, daß Kinder aus den Mischehen vorhanden sind, Abstand genommen.

7 Emil Rosenthal-Bonin war 1939 der Urkundenfälschung beschuldigt worden und ins Visier der Gestapo geraten; er wurde am 5.3.1943 nach Auschwitz deportiert und dort ermordet.
8 Gustav Mandl wurde nach seiner Verhaftung am 16.2.1943 nach Auschwitz deportiert und dort ermordet.
9 Mosaisch.
10 Das weitere Schicksal von Wedam und Janka ist unbekannt.
11 Nach seiner Verhaftung wurde Felix Richter am 5.1.1943 nach Theresienstadt und von dort im Mai nach Auschwitz deportiert und dort ermordet.
12 Hermine Krasa überlebte den Krieg und verstarb 1960 in Wien.

Am 4.11.1942 wurde der Jude
Arthur Israel *Ranzenhofer*,[14] Hilfsarbeiter, 10.4.1899 Aspersdorf geb., DRA., kfl., ledig, Wien, II., Obere-Augartenstr. 2/17 wh.,
festgenommen. Der Jude wurde im Frühjahr d. J. wegen versuchten illegalen Grenzübertrittes und Bestechung eines Schutzpolizeibeamten dem Sammellager zwecks Evakuierung nach dem Osten überstellt und von der Zentralstelle für jüdische Auswanderung irrtümlich entlassen. Er hat sich seither in Wien ohne jüdische Kennkarte aufgehalten. Gegen R. wird Schutzhaft beantragt.
Am 4.11.1942 wurde der ungarische Staatsangehörige
Goza *Miklosi*, ehem. Gastwirt, 14.5.1910 Budapest geb., ungarischer Staatsangeh., kath., verh., Wien, I., Freyung 1 wh.,
festgenommen. Er hat drei ungarischen Jüdinnen, die von Berlin nach Wien gekommen waren, unter der Vorspiegelung, sie illegal über die Grenze nach Ungarn zu bringen, 2100.– RM und 3 USA-Dollar herausgelockt. Gegen M. wird beim Pol.Präs. Antrag auf Reichsverweisung im Stande der Haft beantragt.

DOK. 190

Philipp Kozower gibt am 14. November 1942 die Anweisungen der Gestapo weiter, das Sammellager im ehemaligen Altersheim Große Hamburger Straße zu einem Massenlager umzugestalten[1]

Vermerk (Ko/Jo), gez. Philipp Kozower, für Henschel, Herrn Dr. Eppstein, Herrn Kreindler, Herrn Kleemann[2] vom 14.11.1942

Aktennotiz

Am 14. d. Mts., um 13.35 Uhr wurde im Altersheim Große Hamburger Straße[3] von dem Unterzeichneten dem Inspektor Abrahamson[4] folgendes eröffnet:

1. Binnen einer halben Stunde ist die Liste sämtlicher im Altersheim Befindlichen, enthaltend Vorname, Zuname, Geburtsdatum, in 2facher Ausfertigung fertigzustellen.

13 Cäcilie Ramhapp war verheiratet mit Leopold Ramhapp (1893–1941), der als politisch Verfolgter in Ravensbrück ermordet worden war; ihr weiteres Schicksal ist unbekannt.

14 Arthur Ranzenhofer wurde am 31.3.1943 nach Auschwitz deportiert und dort ermordet.

1 BArch, R 8150, Film 52 407 (Sign. 23, Bl. 71).

2 Siegbert Kleemann (*1900), Börsenmakler; in den 1930er-Jahren in der Jüdischen Gemeinde Berlin tätig, dort im Sept. 1941 als Leiter der Jüdischen Winterhilfe; durch seine Ehe mit einer Nichtjüdin geschützt, überlebte er in Berlin; nach 1945 Amtsrat im Gesundheitsamt.

3 Vom Sommer 1942 an wurde das jüdische Altersheim in der Großen Hamburger Straße als Sammellager genutzt, in dem die Transporte nach Theresienstadt zusammengestellt wurden. Zu diesem Zweck waren zunächst die meisten, aber nicht alle Altersheimbewohner deportiert worden. Etwa 50 alte Leute lebten noch bis zum Dez. 1942 in dem Gebäude. Die von Kozower weitergegebenen Anweisungen dienten dazu, das Gebäude zum Massenlager mit Gefängnischarakter umzugestalten, von dem aus die Deportationen nach Auschwitz abgingen; siehe Einleitung, S. 69.

4 Julius Abrahamson (*1887) leitete gemeinsam mit seiner Ehefrau Gertrud, geb. Heymann (*1895), das Altersheim in der Großen Hamburger Straße und nach dessen Auflösung die Zentralküche der Jüdischen Gemeinde in der Gormannstraße in Berlin; am 18.5.1943 wurde das Ehepaar nach Theresienstadt deportiert, später nach Auschwitz und ist dort vermutlich umgekommen.

2. Sämtliche Möbel sind aus Zimmern und sonstigen Räumen zu entfernen, so daß eine Belegungsfähigkeit mit 1200–1500 Personen bei Verwendung von Strohsäcken oder Matratzen entsteht; auch die Küche ist zu Unterbringungszwecken zu benutzen. Beköstigung erfolgt durch die Gemeinschaftsküche Gormannstraße.
3. Es ist sämtlichen Insassen des Hauses zu eröffnen, daß sie beim Eintreten Deutschblütiger aufzustehen und sich von ihm in mindestens 2 Schritt Entfernung zu halten haben.
4. Den beiden Wächtern Stern und Ehrenreich wurde eingeschärft, daß sie ohne Ausweis niemand ins Haus zu lassen haben.
5. Später wurde telephonisch um 14 Uhr dem Inspektor Abrahamson noch eröffnet, daß [die] Insassen das Heim nicht verlassen dürfen.

DOK. 191

Ein Häftling des Arbeitshauses in Suben bittet am 15. November 1942 Frau Löw, nach seinen Schwestern zu suchen[1]

Handschriftl. Brief (Nr. 520) von Bernhard Hirsch,[2] Arbeitshaus Suben,[3] Suben am Inn, an Frau Löw, Wien, vom 15.11.1942

Sehr geehrte Frau Löw!
Vor allem danke ich Ihnen sehr, für die mir jeweils zugesendeten RM 10,–, deren Empfang ich auch bestätige. Ich kann mir damit doch ziemliche Erleichterungen verschaffen, so bekommen wir des öfteren Obst zu kaufen und verschiedenes anderes, was zur leichteren Tragbarkeit meiner unangenehmen Lage beiträgt, und letzten Endes wird ja auch das ein Ende nehmen. Nun zur eigentlichen Ursache meines Schreibens. Ich habe in Wien zwei Schwestern gehabt, von denen ich seit Jahren keine Nachricht habe. Ich bin ja seit dem Umbruch ständig in Haft und konnte mich nicht persönlich nach ihrem Schicksal erkundigen. Deshalb habe ich schon des öfteren an Herrn Schneid geschrieben unter Beifügung der genauen Daten meiner Schwestern und ihn gebeten, durch die Kultusgemeinde über deren Verbleib recherchieren zu lassen. Jedoch habe ich vergebens jedesmal auf Antwort gewartet.
Ich würde Sie, geehrte Frau Löw, nun bitten, über den Verbleib meiner Schwestern, deren Daten und letzten mir bekannten Adressen ich unten beifüge, durch die zuständige Stelle der Kultusgemeinde nachforschen zu lassen. Es muß doch bei der Kultusgemeinde eine Stelle geben, die alle ausgewanderten oder meinetwegen [auch] verstorbenen Juden

1 Archiv der IKG Wien, Bestand Jerusalem, A/W 2101.
2 Vermutlich: Bernhard Hirsch (1903–1943); 1943 von Wien nach Auschwitz deportiert, wo er ermordet wurde.
3 Die seit 1855 bestehende Strafvollzugsanstalt in der oberösterreich. Gemeinde Suben war 1932 zu einem Arbeitshaus für sog. Rückfallverbrecher erklärt worden. Von 1938 an nutzten die Justizbehörden die Gebäude auch zur Inhaftierung von Sicherungsverwahrten, also präventiv inhaftierten Straftätern, die wegen ihrer vermeintlichen Gefährlichkeit für die Volksgemeinschaft unbefristet inhaftiert wurden.

in Evidenz hat, denn daß meine Schwestern in ein Konzentrationslager gegangen sind, kann ich nicht annehmen, da beide vollkommen harmlose, politisch uninteressierte Mädchen waren. Wenn Sie *persönlich* bei der betreffenden Stelle Nachfrage halten wollten und mir auch dazu Nachricht geben wollten, wäre ich Ihnen wahrlich sehr dankbar. Denn wenn Sie meinen Brief weitergeben, bleibt er wieder irgendwo liegen, und ich warte wieder vergebens auf Antwort. Deshalb, wie immer auch das Resultat Ihrer Nachforschung sei, geben Sie mir dasselbe bekannt. Die Ungewißheit ist schlimmer wie der wirkliche Sachverhalt, der vielleicht bei weitem nicht so schlimm ist.
Umseitig teile ich Ihnen die mir bekannten Daten mit, danke Ihnen im voraus für alle ihre Bemühungen und Ihre Fürsorge für mich, ergebenst
Die Daten meiner Schwestern sowie die letzte mir bekannte Adresse lauten
Emma Hirsch, 16.11.1906 Wien geb. und zul.[4] 2. Erlafgasse 2 wohnhaft,
Stefanie Hirsch, April 1910 Wien geb. und zul. wohnhaft ebendort.
Es ist möglich, daß beide zu unserer dritten Schwester Margarethe Pollaceck wohnhaft, England, London NW5, Highgate Road, ausgewandert sind.
Um gütige Erledigung seiner Anfrage bittet,

DOK. 192

Als Reaktion auf ein Memorandum des Jüdischen Weltkongresses weist Himmler am 20. November 1942 Gestapo-Chef Müller an, die Leichen ermordeter Juden zu verbrennen[1]

Schreiben des Reichsführers-SS, gez. Himmler, Feld-Kommandostelle (Tgb. Nr. RF/V), an den SS-Gruppenführer Müller, Berlin, vom 20.11.1942 (Entwurf)[2]

In der Anlage übersende ich Ihnen eine sehr interessante Meldung über eine Denkschrift des Dr. Wise[3] vom September 1942.[4]
1. Daß derartige Gerüchte in der Welt einmal in Umlauf kommen, wundert mich bei der großen Auswanderungsbewegung der Juden nicht.[5] Wir wissen beide, daß bei den Juden, die zur Arbeit eingesetzt werden, eine erhöhte Sterblichkeit vorhanden ist.

4 zuletzt.

1 BArch, NS 19/1686. Abdruck in: Reichsführer! ... Briefe an und von Himmler, hrsg. von Helmut Heiber, Stuttgart 1968, S. 169.
2 Im Original handschriftl. Kürzel, Unterstreichungen und Stempel.
3 Stephen S. Wise.
4 Liegt nicht in der Akte.
5 Zu dieser Zeit kam das Gerücht auf, dass Deutsche aus den Leichen von Juden Seife, Fette und Schmierstoffe herstellen würden. Der poln. Untergrund übermittelte im Sept. 1942 dieses Gerücht an die USA und nach London, woraufhin Rabbiner Wise auf einer Pressekonferenz am 24.11.1942 sagte, dass Deutsche Leichen exhumieren würden, um diese weiter zu verarbeiten; The New York Times, Nr. 30 986 vom 25.11.42, S. 10, und Nr. 30 987 vom 26.11.1942, S. 16; siehe auch Dok. 174 vom 28.9.1942.

2. Sie haben mir dafür zu garantieren, daß an jeder Stelle die Leichname dieser verstorbenen Juden entweder verbrannt oder vergraben werden und daß an keiner Stelle mit den Leichnamen irgend etwas anderes geschehen kann.[6]
3. Lassen Sie sofort überall nachforschen, ob irgendwo ein solcher Mißbrauch, wie der in dem Punkt 1) wohl als Lüge in die Welt hinausgestreute, stattgefunden hat. Jeder derartige Mißbrauch ist mir auf SS-Eid zu melden.

DOK. 193
Der Diplomat Curt Max Prüfer hält am 22. November 1942 in seinem Tagebuch eine Nachricht über die Ermordung von Juden fest[1]

Handschriftl. Tagebuch von Curt Max Prüfer,[2] Eintrag vom 22.11.1942

Man hat mir heute Morgen abscheuliche Geschichten über die Behandlung von Persern[3] erzählt. Sie wurden hingemordet, Männer, Frauen und Kinder, in großer Zahl durch Giftgas oder Maschinengewehre. Der Hass, der zwangsläufig daraus entstehen muss, wird niemals erlöschen.[4] Dies weiß heute jedes Kind in allen Details. Den Abend mit Nanny und Bärbel bei ihrer Mutter verbracht.

DOK. 194
Hermann Samter berichtet Karolina Stadermann und ihrer Tochter Lisa am 22. November 1942 über die Zusammenstellung der Deportationslisten und die Geiselnahme von Berliner Juden[1]

Handschriftl. Brief von Hermann Samter an Karolina Stadermann und Lisa Godehardt vom 22.11.1942

Liebe Frau Stadermann, liebe Lisa,
vielen Dank für Schinken und Brot: So etwas Gutes habe ich schon lange nicht gegessen! Auch das Brot war sehr willkommen, brauchte ich doch nun damit nicht zu sparen,

6 Siehe auch Dok. 160 vom 30.8.1942, Anm. 6.

1 Hoover Institution Archives, Curt Max Prüfer papers, Collection Number 87 035. Abdruck in: Donald M. McKale, Rewriting History. The Original and Revised World War II Diaries of Curt Prüfer, Nazi Diplomat, Kent 1988, S. 11. Das Dokument wurde größtenteils aus dem Französischen übersetzt.
2 Dr. Curt Max Prüfer (1881–1959), Arabist; von 1907 an im auswärtigen Dienst, 1936 Min.Dir. im AA; 1937 NSDAP-Eintritt; von 1939 an Botschafter in Brasilien, Sept. 1942 Rückkehr nach Deutschland, seit 1943 beurlaubt; Aufenthalt in der Schweiz, von 1944 an im einstweiligen Ruhestand; 1948–1951 Professor für Internationale Studien in Delhi; lebte von 1951 an in Baden-Baden, Berater des AA in Nahostfragen.
3 Anmerkung im Original: „Kurfürstendammausdruck für Juden". „Juden" hier auf Arabisch.
4 Bis hier im Original in französischer Sprache.

1 Holocaust Memorial Center Farmington Hills, AR 086, Accnn 0158, Kopie: YVA, 02/30, Bl. 20–22. Abdruck in: Samter, „Worte" (wie Dok. 111 vom 11.5.1942, Anm. 1), S. 98–105.

sondern konnte davon essen, solange ich Hunger hatte. Auf Ihre Karte hin habe ich die Sachen mir von Weißensee abgeholt.[2]
Neulich rief Ihre Verwandte aus Rudow an: Sie wäre vergeblich bei uns gewesen. Dies ist nicht weiter verwunderlich, da auch unser letzter Untermieter jetzt fort ist.[3] Treffen wollte sie sich nicht mit mir, weil es doch dann schon dunkel wäre. Schließlich habe ich ihr gesagt, sie könnte es bei irgend jemand in unserem Hause abgeben, man würde es mir schon aushändigen. Das wollte sie denn auch tun; ich hab' aber nichts mehr gehört. –
Ich sitze jetzt im warmen Zimmer, denn wir haben eine Kohlenkarte bekommen. Das war wirklich eine gute Überraschung – aber auch die einzige in den letzten Monaten! Als die Fleischration kürzlich um 50 gr erhöht wurde, zerbrachen wir uns den Kopf, ob wir wohl auch die 50 gr. bekommen würden. Dann tauchte plötzlich ein Gerücht auf, wir würden überhaupt keine Fleischkarte mehr bekommen. Ich hab's nicht geglaubt, und dann war es doch so![4] Damals waren wir entsetzt. Vor einigen Tagen sprach ich mit meinen Kollegen darüber. Jetzt waren wir uns einig, daß die Entziehung der Fleischkarte noch nicht das Schlimmste war. Inzwischen haben wir allerdings allerlei erlebt. Vor einigen Wochen erschien die Gestapo in der Gemeinde und verlangte von den überraschten Abteilungsleitern, sie sollten jeder die Leute benennen, die zu entlassen wären und mit dem nächsten Transport fortzukommen hätten.[5] Wenn es nicht schnell genug ging, wurden sie angeschnauzt; es fielen dabei nicht gerade sehr feine Worte. Zum Schluß suchten sich die Gestapo-Leute noch einige dazu aus, etwa so: „Wer ist die Blonde da?" – „Der Blondkopf muss verschwinden!" – und schon war ein Schicksal entschieden. Oder der Direktor des Krankenhauses meldet, daß 90 Leute (für die Abschiebung) zusammen wären. „Und Nr. 91 Schönfeld",[6] war die Antwort. Das war der Direktor selbst. (Er hat sich dann mit seiner Frau vergiftet.) Insgesamt kamen so 576 Leute zusammen. Schließlich wurde noch eine Ansprache gehalten: „Wer flieht, wird, wenn er gefaßt wird, erschossen. Wird er nicht gefaßt, wird dafür für jeden ein Häftling im KZ erschossen. Außerdem halten wir uns dann an die Eltern und Verwandten. Schließlich werden wir für jeden Flüchtling einen Funktionär der Gemeinde haftbar machen. Wir haben keine Lust, hinter jedem einzelnen herzulatschen. Sie brauchen nicht solche Angst zu haben. Es ist alles nur Angabe. Wenn ich Jude wäre, würde ich mich noch morgen freiwillig melden!" (Daß dies keine leeren Drohungen bleiben würden, war nicht zu bezweifeln. Denn schließlich sind im Mai in Berlin 250 Juden erschossen worden, weil Juden auf der Ausstellung „Das Sowjetparadies" Sabotage-Akte verübt haben sollen. Ein großer

2 Karolina Stadermanns Nichte Grete Uhlig, die in der Wilhelmstraße in Berlin-Weißensee lebte, half bei der Übergabe von Lebensmitteln an Hermann Samter.
3 Bei Hermann Samters Tante Nelly Neisser lebten während des Kriegs außer Samter selbst mehrere jüdische Untermieter; siehe Dok. 111 vom 11.5.1942, Anm. 17.
4 Zum 19.10.1942 strich das RMEuL die Zuteilung von Fleisch, Eiern, Weizenerzeugnissen, Milch und anderen Lebensmitteln für Juden; Erlass des RMEuL zur Lebensmittelversorgung der Juden vom 18.9.1942, BArch, R 3601; siehe Dok. 168 vom 18.9.1942.
5 Zur sog. Gemeindeaktion siehe Einleitung, S. 71 f. und Dok. 178 vom 20.10.1942.
6 Julius (Julek) Schönfeld (1894–1942), Jurist; bis zum Berufsverbot 1933 als Rechtsanwalt und Notar tätig, dann Mitarbeiter und zeitweilig Leiter des Palästina-Amts der Jüdischen Gemeinde Berlin, später Verwaltungsdirektor des Jüdischen Krankenhauses in Berlin; nahm sich am 23.10.1942 gemeinsam mit seiner Frau Käte Schönfeld, geb. Salomon (1897–1942), das Leben.

Teil der übrigen 250, die damals ins KZ kamen, lebt auch nicht mehr.)[7] Bisher war es üblich, daß der eine Ehegatte den andern mitschützte, also der Mann wird von seiner Fabrik mit Erfolg reklamiert, die Frau kann dann auch hierbleiben. Dieses Mal hieß es dagegen, daß es einen solchen Schutz nicht gäbe, der andere Ehegatte nur dann mitdürfe, wenn seine Firma ihn freigäbe. Dies war für viele Fabriken sehr schwierig: Wenn sie eben erst erklärt hatten, daß sie jeden einzelnen brauchten, konnten sie jetzt nicht darauf verzichten.

Ergebnis: Viele Ehen wurden getrennt, der eine blieb hier, der andere kam fort. Trotz der Drohung sind 18 Leute geflohen. Die Zahl der Selbstmorde war wieder sehr groß. (Im September nahmen sich in Berlin 250 Juden das Leben.)[8] Eine Woche später ereigneten sich merkwürdige Dinge: Es verschwanden einige wichtige Leute bei der Gestapo. Der eine sollte sich erschossen haben, andere sollten eingesperrt sein, da sie zu viel gestohlen oder sonstige Schiebungen vorgenommen hätten.[9] Was nun wirklich an den Gerüchten daran war, weiß ich nicht. Tatsache ist jedenfalls, daß eben etliche wichtige Beamte nicht mehr im Dienst sind. Die Gerüchte verstärkten sich, als bekanntwurde, daß die jüd. Stenotypistinnen, die bei der Gestapo arbeiten, nicht mehr nach Hause durften. Am Tage mußten sie arbeiten, abends wurden sie nach der Gr. Hamburger Str. geführt und über Nacht eingesperrt. Offensichtlich geschah das, damit sie nichts erzählten. 2 Leute kamen direkt nach Theresienstadt, ohne daß sie selbst ihre Koffer packen konnten. Die übrigen kamen nach 14 Tagen wieder frei, natürlich dürfen sie über die Gründe ihrer Haft nichts erzählen. – Während man überall über diese Dinge sprach, wurden plötzlich über 20 wichtige Leute bei der Gemeinde verhaftet. Zunächst nahm man an als Geiseln für die Flüchtlinge und erwartete, daß sie erschossen würden. Die Kriegsbeschädigten und Männer aus Mischehen wurden wieder entlassen. Einer berichtete, daß man ihnen gesagt hätte, sie wären wegen „Sabotage und Gerüchtemacherei“ verhaftet worden. Das würde bedeuten wegen der Gerüchte über die Gestapo. Vorläufig sind sie alle im Gefängnis, und man kann nur hoffen, daß sie nach dem Osten und nicht ins KZ kommen. Unter den Verhafteten ist übrigens auch Frau Henschke,[10] die Witwe des Arztes aus der Weißenburger Str.

Vor einer Woche verlangte die Gestapo plötzlich die Adressen der Eltern und Geschwister sämtl. Angestellten (soweit noch in Deutschland), Begründung wurde nicht gegeben. Anscheinend wollen sie Geiseln für uns haben. – Mittwoch früh wurden 50 Angestellte für 3 Uhr Nachmittag in ein bestimmtes Zimmer bestellt. Keiner wußte, um was es sich handelt. Ergebnis: Sie kommen mit dem nächsten Transport mit, durften aber

7 Zum Anschlag auf die Propagandaausstellung „Das Sowjetparadies“ siehe Einleitung, S. 70 f., Dok. 117 vom 29.5.1942 und Dok. 157 vom 27.8.1942.

8 Im Jahr 1942 nahmen sich in Berlin mindestens 823 jüdische Menschen das Leben; Anna Fischer (Hrsg.), Erzwungener Freitod. Spuren und Zeugnisse in den Freitod getriebener Juden der Jahre 1938–1945 in Berlin, Berlin 2007, S. 15.

9 Ende Okt. 1942 wurden mehrere Mitarbeiter der Stapostelle Berlin, insbesondere des Judenreferats, verhaftet, nachdem der Reichsrechnungshof Unregelmäßigkeiten bei der Abwicklung des Vermögens der deportierten Juden festgestellt hatte; siehe Einleitung, S. 72.

10 Marta (Martha) Ida Henschke, geb. Meyer (1879–1943), Nationalökonomin, Politikerin; während des Ersten Weltkriegs als Lehrerin an einem Berliner Gymnasium tätig, 1920–1933 politisch aktiv für die DDP in Berlin; 1929–1933 Oberin im Krankenhaus, dort 1933 entlassen, danach Leiterin der Zentralstelle aller 14 jüdischen Altersheime; wurde am 9.12.1942 von Berlin nach Auschwitz deportiert und starb dort.

nicht mehr nach Hause. Am Donnerstagvormittag wurden alle Leute aus dem jüd. Wohlfahrtsamt, Auguststr., auch die zufällig Anwesenden, mitgenommen. Am Donnerstagnachmittag und Freitagvormittag wiederholte sich das gleiche wie am Mittwoch. Als ein Gestapo-Mann bei dieser Gelegenheit eine Frage an meinen Chef[11] stellte, bekam dieser einen Herzschlag und war sofort tot. (57 Jahre alt). Als seine einzige Schwester,[12] mit der er zusammenwohnte, dies erfuhr, schnitt sie sich die Pulsadern auf und verblutete. Freitagabend: Sämtliche Kinder aus dem (einzigen noch bestehenden) Waisenhaus in der Schönhauser Allee wurden abgeholt.[13] Am Sonnabendvormittag erschienen Gestapo-Leute in 2 Gottesdiensten und nahmen sämtliche Anwesende einschl. Rabbiner mit. Am Nachmittag erhielten eine Anzahl Ärzte die Nachricht, daß sie plötzlich fortmüßten. Ob heute auch schon wieder etwas geschehen ist, weiß ich nicht. Aber das, was ich hier berichtet habe, genügt mir auch schon.
Am Mittwoch war eine frühere Kollegin bei uns, die mit 45 Jahren im Januar das erste Kind erwartet. Ich sagte in gutem Glauben zu ihr, daß man wohl damit rechnen könnte, daß das Kind noch hier geboren würde. Am nächsten Tag gehörte sie zu denen, die von der Arbeit weggeholt wurden. Gewiß, hier in der Gr. Hamburger Str. wird sie bevorzugt behandelt, d. h., sie hat ein Bett. Aber was soll draußen aus Mutter + Kind werden? – Wenn man sich heute von einem Bekannten verabschiedet, wenn man morgens von zu Hause fortgeht – man weiß nie, ob es ein Abschied fürs Leben ist. Es kann natürlich noch lange dauern (wer hätte es vor einem Jahr gedacht, daß wir im November 1942 noch hier wären?), es hängt alles von Zufällen ab, gegen die man wehrlos ist – aber zu ertragen ist es kaum noch, nur die Hoffnung, nach einigen schlimmen Jahren im Osten in ein anderes Deutschland zurückzukommen, läßt einen den Mut nicht verlieren. –
Nun habe ich wieder mal ein bißchen sehr ausführlich von unseren Sorgen erzählt, aber ich glaube, es können gar nicht genug Leute erfahren, was in Deutschland heute möglich ist.
Nochmals recht vielen Dank und herzliche Grüße!
Hermann
22.XI.42 Neue Bestimmung: Juden dürfen keine Bücher in arischen Buchhandlungen kaufen.[14] Auf der Straßenbahn u. U-Bahn gibt es für Juden keine Teilstrecken-Fahrscheine mehr: (Dabei dürfen doch überhaupt nur Leute fahren, die eine Genehmigung dazu haben!)[15]

11 Leonhard (Leo) Kreindler; siehe Dok. 18 vom 24.10.1941.

12 Klara Chaja Kreindler (1893–1942), Opernsängerin; nahm sich am 20.11.1942 das Leben.

13 Mitte Nov. 1942 lebten im Baruch-Auerbach'schen Waisenhaus in der Schönhauser Allee 162 noch 176 Menschen. Auf Anordnung Alois Brunners wurden am 20.11.1942 alle Kinder, ausgenommen diejenigen, die einer „Mischehe" entstammten, in das Sammellager in der Großen Hamburger Straße gebracht. 71 von ihnen wurden am 29.11.1942 mit dem 23. Osttransport nach Auschwitz deportiert, zwei verbliebene folgten am 9.12.1942 mit dem 24. Osttransport.

14 Vom 9.10.1942 an durften Juden Bücher nicht mehr in Buchhandlungen, sondern ausschließlich bei der Abt. Buchvertrieb der Reichsvereinigung kaufen; Jüdisches Nachrichtenblatt Nr. 11 vom 9.10.1942, S. 1. Eigenständige jüdische Verlage und Buchhandlungen existierten bereits seit dem 31.12.1938 nicht mehr.

15 Siehe Dok. 137 vom 30.6.1942, Anm. 4.

DOK. 195

Himmler erklärt am 23. November 1942 SS-Männern in Bad Tölz, dass die Juden- und die Klassenfrage der Vergangenheit angehören, und warnt vor den Folgen einer Rassenmischung[1]

Rede von Heinrich Himmler in der SS-Junkerschule Bad Tölz vom 23.11.1942

Meine lieben Junker!
Vor 8 Jahren wurde hier in Tölz diese Junkerschule eröffnet, nicht hier in diesen schönen Gebäuden und Kasernen, sondern in einem zwar auch schönen, jedoch kleinen Gebäude drüben im anderen Stadtteil. Es war in der Frühzeit der Machtergreifung. Gerade ein Jahr war vergangen, daß der Führer am 30. Januar 1933 zur Führung des deutschen Volkes berufen wurde, und wir waren damals im Begriff, mit Vorstellungen und Anschauungen der Vergangenheit fertigzuwerden, die Ihr als Angehörige eines deutschen oder germanischen Stammes zum größten Teil gar nicht mehr kennt.
[...][2]
All diese Probleme sind heute mehr oder weniger in den Hintergrund getreten. Heute belasten uns die Fragen der Konfessionen, der Kirche und des Christentums. Über die Judenfrage wird heute nicht mehr diskutiert. Und doch fragte man sich früher: Kann man einen Juden, der ein Christ geworden ist, so schlecht behandeln? Aus dieser religiösen Befangenheit heraus glaubte man lange Zeit, die Verschiedenartigkeit der Rassen nicht vertreten zu dürfen. All das ist für Euch heute vorbei, glaubt aber darum nicht, daß Ihr darum weniger wichtige Aufgaben habt. Der Boden ist bereinigt, der Gedanke des germanischen Reiches mit seinem deutschen Herzen ist klar, weil das deutsche Volk das größte der germanischen Völker ist. Gelöst ist auch das Problem der Klassen und Stände. Nicht Stand und Abstammung sind entscheidend, sondern der Wert und die Leistung! Jede Arbeit, die der Allgemeinheit, der Nation dient, ist ehrenhaft. Früher konnte ein Offizier niemals die Tochter eines Maurers heiraten; heute jedoch sind das alles überlebte Dinge, besonders in den Reihen der Partei und der SS. Maßstab sind persönlicher Wert und Leistung, alles andere ist gleichgültig.
Völlig gewandelt hat sich auch die Judenfrage in Europa. Der Führer sagte einmal in einer Reichstagsrede: Wenn das Judentum einen internationalen Krieg etwa zur Ausrottung der arischen Völker anzetteln sollte, so werden nicht die arischen Völker ausgerottet, sondern das Judentum.[3] Der Jude ist aus Deutschland ausgesiedelt, er lebt heute im Osten und arbeitet an unseren Straßen, Bahnen usw. Dieser Prozeß ist konsequent, aber ohne Grausamkeit durchgeführt worden. Wir quälen niemanden, aber wir wissen, daß wir um unsere Existenz und die Erhaltung unseres nordischen Blutes kämpfen. Die Erde wäre nicht das, was sie ist, ohne das nordische Blut, ohne die nordische Kultur und den

1 BArch, NS 19/4009, Bl. 180–199. Teilweise abgedruckt in: Josef Ackermann, Heinrich Himmler als Ideologe. Nach Tagebüchern, stenographischen Notizen, Briefen und Reden, Göttingen u. a. 1970, S. 83.
2 Im Folgenden spricht Himmler über die Reichseinigung durch Bismarck 1871 und die „Jahre grauenvollen Elends" während der Weimarer Republik. Nach der „Machtergreifung" 1933, der Aufhebung der Eigenständigkeit der Länder 1934 und dem Anschluss Österreichs 1938 sei nun „Großdeutschland" maßgeblich durch die Nationalsozialisten entstanden.
3 Gemeint ist die Rede Hitlers im Reichstag am 30.1.1939; siehe VEJ 2/248.

nordischen Geist. Wenn wir aber unsere nordische Art erhalten wollen, dann müssen eben die anderen ausgemerzt werden. Von uns wurde dieser Ausscheidungsprozeß eingeleitet, und das Schicksal selbst wird ihn vollenden. Ihr jedoch als die späteren Führer habt die Verantwortung für dieses Geschehen mitzutragen, Ihr habt den seelischen und geistigen Grund in Eure Männer zu legen, damit sie niemals wieder weich werden und den Juden oder eine ähnliche Unterrasse in unser Reich aufnehmen.

Ihr kommt in Gebiete, wo es viel fremdes Blut gibt, denn das Reich wird sich weit nach dem Osten ausdehnen. Viele Völker verschiedenster Art leben in diesem Raum. Seid darum für Euch und Eure Männer Hüter und Wächter des Erbgutes und lehnt fremdes Blut ab. Habt soviel Selbstzucht, daß Ihr Euch nicht mit fremdem Blut mischt.

Kolonien kann man schon nehmen, denn man braucht sie für manche Produkte. Die Hauptkolonie unseres Reiches ist aber der Osten: Heute Kolonie, morgen Siedlungsgebiet, übermorgen Reich! Zu Hause sind wir nur in unserem Reich und niemals in einer afrikanischen Kolonie; das würde unsere Art verderben und 200 Jahre später würde aus dem germanischen Herrn ein Afrikaner werden. Sehen wir uns doch einmal die Völker Südamerikas an, die einstmals Spanier waren. Wer waren die Spanier? Die Namen der Provinzen sagen es uns: Katalonien heißt Gotalonien, Andalusien heißt Vandalusien. Sie waren also Goten und Vandalen, letzten Endes unsere Vorfahren. 700 Jahre Leben in einem zermürbenden Klima, unter einer heißen Sonne und in fremdartiger Umgebung, fremdrassigen Einflüssen ausgesetzt, haben das germanische Blutserbe verloren gehen lassen. Jede Generation ist dafür verantwortlich, daß das nie mehr geschieht. In der heutigen Zeit kann man Fehler vermeiden und die Zügel straff in die Hand nehmen. In dem Augenblick aber, in dem unsere Generation ins Grab sinkt, da liegt es an Euch, meine Junker, daß dann das Gesetz heiliggehalten wird, nach dem der Orden der SS und alle germanischen Völker angetreten sind und bei deren Einhaltung wir groß und stark bleiben werden.

[...][4]

Aus dem ganzen Verlauf der Geschichte können wir erkennen, daß uns nicht die fremden Rassen an sich gefährlich sind; gefährlich ist für uns der Gegner unseres eigenen Blutes, auch wenn er uns als einzelner gegenübersteht und mit der unserer Rasse eigenen Befähigung fremde, chaotische Völkermassen gegen uns organisiert. Wir müssen darum dafür Sorge tragen, daß kein Blut verloren geht, daß alles, was an germanischem Blut im Umkreis vorhanden ist, für uns gewonnen wird. Denn sonst wiederholt sich das Trauerspiel, daß Germanen gegen Germanen kämpfen oder daß ein Germane im Dienste einer fremden Macht zum Vernichter des eigenen Blutes wird. Es ist nicht gleichgültig, wenn irgendeiner irgendwo im fernen Rußland mit einem asiatischen Weib eine Nacht verbringt und ein Kind zeugt. Denn diese Erbsünde steht wieder auf, und – ausgestattet mit dem Organisationstalent des Germanen und der Brutalität des Asiaten – kann ein Nachkomme dann später einmal gegen Europa zu Felde ziehen. Unsere spätesten Enkel müssen dann mit ihrem Blut sühnen, was einer von uns einmal aus Leichtfertigkeit begangen hat.

4 Himmler spricht im Folgenden von der „Ausdehnung des damaligen Germanentums" Richtung Osten, beginnend mit der Völkerwanderung, über die Bedrohung Europas durch den „asiatische[n] Raum mit seinen unerschöpflichen Menschenmassen" und die kriegerischen Auseinandersetzungen zwischen europäischen und asiatischen Truppen, an denen die Germanen auf beiden Seiten beteiligt gewesen seien.

Nun wieder zurück zur Geschichte. Wir sehen also, wie Welle auf Welle gegen Europa anrennt: Hunnen, Türken und Tataren. In mehreren Jahrhunderten kam der Ansturm Asiens je einmal bis vor Wien.[5] Nun hat es das Schicksal so gefügt, daß ein Mann namens Stalin vor etwa 60 Jahren geboren wurde. Wir haben das Glück, daß dieser Stalin in Rußland und nicht in Innerasien geboren wurde, denn sonst würden heute statt der 200 Millionen 400 Millionen im Kampfe gegen Europa stehen. Gegen diese Welle Asiens kämpfen wir nun heute, ohne Adolf Hitler wären wir nicht mit ihr fertig geworden. Auf der einen Seite stehen 200 Millionen und auf der anderen Seite stehen 85 Millionen und ihre Verbündeten. Von den 30 Millionen der germanischen Stämme nehmen heute erst etwa 15–20 000 Mann an diesem Schicksalskampf teil.[6] Ihnen gebührt Anerkennung und Ruhm, denn sie sind die ersten, die zu uns gekommen sind, meist gegen den Willen ihrer Familie und Sippe und gegen den Willen ihres Volkes. Aber ihr Glaube war entscheidend und bestimmte ihren Weg. Wir kämpfen keinen leichten Kampf, Stalin bedient sich der modernsten Waffen der heutigen Zeit. Menschenleben spielen keine Rolle. Mit brutaler Gewalt werden die Menschen zu den notwendigen Arbeiten zusammengetrieben, auf die Fürsorge für sie wird kaum geachtet. Es ist nicht von Belang, ob Hunderte und Tausende verhungern, denn wo hundert sterben, erstehen zweihundert neu. Die Geburtenfreudigkeit bewirkt auch bei stärksten Verschleiß an Menschenleben immer noch einen Überschuß. Heute haben wir es noch mit 200 Millionen zu tun, im Jahre 1960 werden es vielleicht 250 Millionen sein. Nun haben wir aber das einmalige Glück seit Jahrtausenden, daß das Schicksal uns den Führer gesandt hat. Nicht in jeder Generation ist das Schicksal so verschwenderisch, nicht einmal in jedem Jahrhundert schenkt es uns einen Führer, ein Genie wie Adolf Hitler. Wenn wir daher im nächsten oder übernächsten Jahr Rußland in einem zähen Kampf vielleicht niedergerungen haben, dann steht uns noch immer eine große Aufgabe bevor.

Nach dem Sieg der germanischen Völker müssen wir den Siedlungsraum des Ostens noch kultivieren und besiedeln und für die europäische Kultur erschließen. Innerhalb der nächsten zwanzig Jahre – von der Beendigung des Krieges an gerechnet – habe ich mir die Aufgabe gestellt und hoffe, daß ich diese mit Euch lösen kann, die germanische Grenze um rund 500 km weiter nach Osten zu schieben. Das bedeutet, daß wir Bauernfamilien ansiedeln müssen, eine Völkerwanderung besten germanischen Blutes wird einsetzen und die Einordnung des russischen Millionenvolkes für unsere Aufgaben. Das heißt, daß – nachdem die Friedensglocken den größten Sieg verkündet haben – die arbeitsreichste Zeit unseres Lebens beginnen wird. Zwanzig Jahre Kampf um die Gewinnung des Friedens liegen dann vor uns. So, wie ich heute von Euch verlange, daß Ihr unbeugsam in Eurem Glauben und tapfer im Kampf seid, so werde ich dann von Euch verlangen, daß Ihr als treue Diener von Wehr und Blut wehrhafte Bauern und treueste Gefolgsmänner unseres Reiches seid. Das bedeutet ein Leben voll unerhörter Schönheit für Euch, aber auch unermeßliche Arbeit und steten Kampf. Dieses Ziel müssen wir in zwanzig Jahren erreichen. Dann wird dieser Osten frei von fremden Blut sein und unsere Familien werden dort als Herrenbauern siedeln. Ich möchte aber betonen, daß Herrentum nicht Nichtstun bedeutet. Wer Herr sein will, zeichnet sich dadurch aus, daß er am

5 Die Osmanen belagerten Wien 1529 und 1683.

6 Gemeint ist hier die SS-Panzer-Division Wiking, die u. a. aus Flamen, Niederländern, Schweden, Norwegern und Finnen bestand.

meisten leistet. Darum dürft Ihr niemals den Standpunkt vertreten, daß eine Arbeit für Euch als Führer zu gering wäre. Wenn ich Euch dort einmal ansiedle – und ich setze natürlich nur Männer dorthin, die von der Bauernarbeit etwas verstehen – dann müßt Ihr Vorbild sein und helfen, ja, selbst einmal die Harke in die Hand nehmen. Und wenn einer seinen Acker nicht richtig pflügen kann, dann nehmen wir ihm den Pflug aus der Hand und zeigen es ihm. Denkt immer daran, daß wir es für unser Blut und für unser Deutschland tun. Denn voran steht immer das große Ziel: Das, was wir im Osten erwerben, bringt uns die Nahrungsfreiheit für das ganze germanische Volk. Diese Erde, die wir dort in Besitz nehmen und die wir in zwanzig Jahren besiedeln, wird dann auch der Pflanz- und Zuchtgarten des germanischen Blutes sein. Dort müssen dann Familien leben, für die die Kinderfrage kein Problem mehr ist. Ich möchte hier nur an Johann Sebastian Bach erinnern; er war das 13. Kind! Wenn nun Mutter Bach auch nach dem 5. oder 6. oder auch erst nach dem 12. Kind gesagt hätte: „Nun ist es genug", und sie hatte wirklich Grund dazu, dann wären uns die Werke Bachs nie geschaffen worden. Ähnlich liegt der Fall bei Richard Wagner, er war das 8. Kind. Ich sage Euch, unsere Kultur wäre um unendlich viele Schöpfungen ärmer, wenn man früher die Geburten im allgemeinen auf 4–5 Kinder beschränkt hätte. Es ist widernatürlich, die Zahl der Geburten um eines persönlichen Vorteiles willen zu beschränken. Solange die Natur uns einen Kindersegen schenkt, solange sollen auch Kinder geboren werden. Der Führer selbst sagte einmal, jeder deutsche Mann müsse mindestens vier Söhne haben. Es ist so, daß wir erst dann Verluste, wie sie ein Krieg wie der heutige mit sich bringt, ertragen können, auch wenn zwei oder drei Söhne in einer Familie fallen sollten.

Wenn es uns in den zwanzig Jahren nach dem Krieg gelingt, aus den germanischen Völkern ein großes germanisches Reich zu schaffen, wobei wir aber nie verlangen werden, daß der einzelne seine Heimat vergißt, dann wird sich die Sendung unserer Zeit erfüllen. Obenan hat immer der Gedanke zu stehen, daß wir eines Blutes, daß wir Germanen sind und daß nur eines heilig ist: das Reich! Dann wird der Gedanke des Reiches, der jetzt Wurzeln faßt, Gestalt annehmen und muß von den Stärksten getragen werden. Überall im germanischen Reich werden die Eigenarten der einzelnen Stämme erhalten bleiben. Hier aber, im neuen Siedlungsraum, werden wir am Ende nicht mehr Dänen, Holländer, Schweden und Deutsche haben, sondern hier wird etwas entstehen, das man „germanisches Volk" nennen kann. Die Menschen im Osten werden auch immer wissen, wenn das Reich stark und mächtig ist, dann wird das fremde Blut aus dem Osten nie mehr über unsere Grenzen hereinbrechen.

Und nun zu einer anderen Frage: Ebenso, wie ich den Pfaffen als größten Heuchler aller Zeiten, als größten Mißachter menschlicher Gefühle, als unwürdigsten Ausbeuter einer im kleinen Menschen wohnenden Angst – nämlich davor, was nach dem Tode kommt – verachte, ebenso erwarte ich, daß jeder SS-Mann daran glaubt, daß etwas – mächtiger als alles – über uns ist. Wir wollen nicht streiten, wie wir es nennen, ob Schicksal, Gott, Natur und Vorsehung, ob das Göttliche, das alles ist wesenlos. Der Name ist hier nicht entscheidend, wesentlich ist nur der Glaube und die Überzeugung, daß über uns ein Gott ist, der diese Riesenwelt im Gesetz der Auslese und des Kampfes geschaffen hat und der mit diesem Gesetz der Selbsterhaltung die ganze Natur in Bewegung setzt und hält. Wir müssen uns noch mehr als bisher um unsere Männer kümmern und ihnen einmal die notwendige Freiheit des einzelnen Mannes geben, und andererseits in ihnen ihre Gottgläubigkeit verankern. Es muß ihnen ein vermehrtes Verständnis für

Makro- und Mikrokosmos beigebracht werden. Ein Mensch, der einmal in einer Sternwarte den Gang der Gestirne im All beobachtet hat oder durch ein Mikroskop den wunderbaren Aufbau der Zellen bewundern konnte, wird den Organismus der Natur und die Zweckmäßigkeit der ganzen Schöpfung erkennen und stets den richtigen Maßstab haben. Er wird erkennen, daß wir nur ein unendlich kleiner Teil des Göttlichen sind, er wird sich nicht mehr zu wichtig nehmen und Sprüche von der Beherrschung der Natur daherleiern. Andererseits wird er aber auch wissen, daß es trotzdem auf jeden von uns ankommt, daß wir umsonst gelebt haben, wenn wir unser Erbgut nicht bewahren und weitergeben.

In diesen zwanzig Jahren muß der Gedanke der Ahnenverehrung bei uns heimisch werden, damit wir von hier aus die Gesetze unseres Lebens gestalten können. Unsere ganze Arbeit wäre umsonst, wenn unserem Sieg nicht genügend Kinder guten Blutes folgen würden. Wenn wir hier versagen, dann wissen wir, daß unser ganzer heldenhafter Kampf vergeblich war, wenn in einigen Jahrhunderten ein neuer Wellenschlag gegen unser Reich brandet, und wir haben keinen Adolf Hitler. Der Pflanzgarten ist da, wir müssen 400 bis 500 Millionen Germanen werden, wenn wir das Reich gegen die Asiaten erhalten wollen. Wir müssen erreichen, daß der Gedanke an viele Kinder im Sinne der Verehrung unserer Ahnen eine Selbstverständlichkeit wird; denn wer die Ahnen verehrt, hat auch Enkel. Enkel heißt ja nur junger Ahn.

Wir sehen, wie tapfer ein Volk sein kann, das nur an seine Ahnen glaubt: Japan! Ein solches Volk ist schwer zu besiegen. Diese Gedanken und diese Kraft wollen wir in den Jahrzehnten, die noch vor uns liegen, unserem Volk einflößen. Darum muß dieser Gedanke Lebenselement der SS werden.

Meine Junker! Ihr habt hier viel gelernt, seid soldatisch und militärisch als Zugführer ausgebildet worden. Viele Dinge wurden Euch beigebracht, und nun geht es wieder hinaus. Nicht mehr als deutsche, flämische oder niederländische Offiziere, sondern als germanische SS-Führer. Es können Zeiten kommen, wo Krisen da sind, wo diese oder jene Rückschläge auf dem Kriegsschauplatz eintreten werden. Ich erwarte von Euch, daß Ihr niemals einen Schritt von der Linie Eures Lebens abweicht, sondern daß Ihr Euren Männern immer Vorbild seid. Der Offizier hat nicht mehr Rechte als der Mann, sondern im Gegenteil nur mehr Pflichten.

Ich erwarte von Euch, daß Ihr weiter so tapfer kämpft, wie die Waffen-SS bisher gekämpft hat. Wir haben in diesen drei Kriegsjahren viel Ruhm an unsere Fahnen geheftet. Von Euch erwarte ich, daß Ihr weiterhin so unentwegt zum Sturme antreten werdet. Die Meldung, daß ein Zug wegen Verlusten, Schwäche oder Hunger nicht mehr antreten kann, gibt es bei der SS nicht. Es wird angetreten und wenn einer allein zum Sturme geht.

Ich will Euch das Beispiel der Totenkopf-Division erzählen. Sie war noch etwas über 300 Mann stark und sollte zum Angriff angesetzt werden. Ich habe damals selbst das OKH angerufen, weil ich mich um diesen Fall kümmern wollte, wie ich mich um alle Divisionen kümmere. Ich gab dann dem Obergruppenführer Eicke[7] durch, er müsse nochmal antreten. Und der alte Eicke hat dann ein Bataillon daraus gemacht, hat selbst

7 Theodor Eicke (1892–1943), Polizist; von 1925 an im Werkschutz der I. G. Farben; 1928 NSDAP- und SA-, 1930 SS-Eintritt; von Juni 1933 an Kommandant des KZ Dachau, 1934 Inspekteur der Konzentrationslager und der SS-Totenkopfverbände, 1939 Kommandeur der SS-Totenkopfdivision; kam bei einem Flugzeugabsturz um.

die Führung übernommen. Mit Schneid und Erfolg hat die Truppe ihren Auftrag erfüllt und kam mit etwa 250 Mann wieder heraus. Eine Truppe mit solchen Leistungen ist unsterblich. Überall, wo heldenhaft gefochten wird, wo man das erfüllt, was man verspricht, wo man nicht angibt, sondern stirbt, wird eine Truppe der Jugend immer Ansporn und Vorbild sein. Es spricht sowohl für die deutsche Jugend als auch für die Waffen-SS, daß sich von jedem Jahrgang 25 % freiwillig zu uns melden, obwohl wir nicht alle nehmen können, da sie unseren Ansprüchen nicht genügen. Solange Ehre und Ruhm, Treue und Gehorsam unbefleckt sind, solange sie lebendig gehalten werden von Lebendigen und Toten, so lange ist jede Truppe ein Vorbild. Seid daher immer die Unentwegten! Rein soldatisch, militärisch und wirtschaftlich gesehen kann der Krieg niemals von uns verloren werden. Unsere Verluste sind verhältnismäßig gering, zu essen haben wir in jedem Jahr ausreichend, an Material fehlt es uns ebenfalls nicht und nicht an Arbeitskräften. Sentimentalitäten im Bandenkrieg und in der Sabotage kennen wir nicht. Die Hoffnung, daß im Innern Deutschlands gewühlt werden könne, kann auch begraben werden. Wir haben heute kein Volk von 1914/18 mehr, sondern ein Volk, daß den Krieg als Ganzes kennt. Vor allem aber haben wir einen Adolf Hitler.
Der Rücken ist in diesem entscheidenden Kampf frei. Der Burghof der Festung Europa ist sauber, dafür sorgt der SD. Sollte der Krieg noch monate- oder jahrelang dauern, am Ende steht der deutsche Sieg! Ihr, meine künftigen Führer, wo Ihr auch hingestellt seid, seid in erster Linie SS-Männer und Nationalsozialisten, seid Männer und Ritter des germanischen Reiches.
Unverbrüchliche Treue aber dem einmaligen großen germanischen Führer Adolf Hitler!

DOK. 196

Jüdisches Nachrichtenblatt: Die Reichsvereinigung organisiert auf Anordnung der Gestapo am 27. November 1942 die statistische Erfassung der Berliner Juden[1]

Bekanntmachung der Reichsvereinigung der Juden in Deutschland
Statistische Erfassung aller Juden in Berlin[2]

Die Reichsvereinigung der Juden in Deutschland gibt mit dem Ersuchen um Weitergabe auch an diejenigen Juden in Berlin, die das „Jüdische Nachrichtenblatt" nicht beziehen, folgende Anordnungen der Aufsichtsbehörde bekannt:

1. Sämtliche Juden (§ 5 der Ersten Verordnung zum Reichsbürgergesetz),[3] also auch Geltungsjuden in *Berlin*, sind verpflichtet, der Statistischen Abteilung der Reichsvereinigung folgende Angaben über ihre Person zu machen:

1 Jüdisches Nachrichtenblatt (Berliner Ausg.), Nr. 48 vom 27.11.1942, S. 1.
2 Aus einem Bericht der Reichsvereinigung der Juden in Deutschland vom 12.10.1942 geht hervor, dass deren Mitgliederkartei aktualisiert werden müsse. Zudem hatte die Gestapo die Reichsvereinigung aufgefordert, alle nicht arbeitenden Juden im Hinblick auf ihre Deportation zu melden. Daraufhin wurde die hier erläuterte statistische Neuerfassung aller Berliner Juden durchgeführt.
3 In § 5 der 1. VO war festgelegt, wer als Jude im Sinne des Reichsbürgergesetzes zu gelten habe; RGBl., 1935 I, S. 1333 f., siehe auch VEJ 1/210.

Namen, Vornamen, bei Ehefrauen Geburtsnamen, Geburtsdatum und -ort, Anschrift, Staatsangehörigkeit, Familienstand, bei Verheirateten Namen, Geburtsdatum und -ort und Angabe, bei wem der Ehegatte in Arbeit steht, sowie Anschrift des Ehegatten, Angabe, ob Rasse- bzw. Geltungsjude, ob in privilegierter oder nicht privilegierter Mischehe, Zahl der in der gleichen Wohnung befindlichen Kinder unter 14 Jahren (Namen) und über 14 Jahren, erlernter Beruf, jetzige Tätigkeit, bei wem in Arbeit, Datum und Unterschrift mit Kennkartenangaben.

2. Diese Angaben sind für jede Person besonders auf einem Zettel aus festem weißen Papier in Postkartengröße oder auf Postkarten im Querformat unter genauester Einhaltung von Anordnung und Reihenfolge in dem unten abgedruckten Beispiel in deutlichster Schrift (Blockschrift) aufzuschreiben.[4]

3. Zettel bzw. Postkarten für Kinder unter 14 Jahren können durch die Eltern oder sonstigen Erziehungsverpflichteten ausgeschrieben werden.

4. Für jede Person ist der Zettel bzw. die Postkarte *vierfach* auszuschreiben.

5. Die Zettel mit diesen Angaben müssen bis 1.12.1942 bei der Statistischen Abteilung der Reichsvereinigung, Charlottenburg 2, Kantstraße 158, eingegangen sein. Der Haushaltungsvorstand ist verpflichtet, die Zettel für die in der gleichen Wohnung wohnhaften Juden zu sammeln und sie in einem geschlossenen Briefumschlag durch die Post einzusenden oder spätestens am 30.11.1942 bei einer Dienststelle der Jüdischen Kultusvereinigung zu Berlin abzugeben.

6. Für Heim- und Anstaltsinsassen wird die Ausschreibung unmittelbar durch die Heimleitung veranlaßt.

7. Jeder Haushaltungsvorstand ist dafür verantwortlich, daß sämtliche jüdischen Mitglieder seiner Wohngemeinschaft nach Maßgabe dieser Anordnung den Zettel vollständig ausfüllen und rechtzeitig abgeben.

8. Jeder Jude in Berlin ist mit Wirkung vom 1.12.1942 an verpflichtet, jede Änderung in den von ihm gemeldeten Personalangaben unverzüglich der Jüdischen Kultusvereinigung zu Berlin, Berlin N 4, Oranienburger Straße 29, Katasterverwaltung, mittels Postkarte anzuzeigen.[5]

9. Wer zur Ausfüllung und Abgabe des Zettels sowie zur Anzeige einer Veränderung verpflichtet ist und dies unterläßt, hat staatspolizeiliche Maßnahmen zu gewärtigen.[6]

4 Das Blankoformular war unter dem Artikel abgedruckt. Darin wurde u. a. auch gefragt, ob man Sternträger sei und welcher Religion man angehöre.

5 Am 11.12.1942 gab das Jüdische Nachrichtenblatt eine Warnung an die Berliner Juden heraus, da noch nicht alle Meldezettel eingereicht worden waren. Zugleich wurde die Abgabefrist auf den 14.12.1942 festgesetzt.

6 Durch die Befragung wurden 24 873 Berliner Juden erfasst, während Schätzungen davon ausgingen, dass am 1.12.1942 noch 35 246 Juden in Berlin lebten; Bericht von Dr. Ernst Rosenthal, in: Jutta Wietog, Volkszählung unter dem Nationalsozialismus. Eine Dokumentation zur Bevölkerungsstatistik im Dritten Reich, Berlin 2001, S. 249. Bis April 1943 verringerte sich die Anzahl bereits auf 17 810 aufgrund der Massendeportationen, der „Fabrik-Aktion“ im Febr. 1943 sowie der Deportation des Vorstands der Jüdischen Kultusvereinigung nach Theresienstadt. Mit der Auflösung der Reichsvereinigung hörte auch die Gemeinde auf zu existieren.

DOK. 197
Jüdische Wochenschau (Buenos Aires): Artikel vom 2. Dezember 1942 über die Ermordung der Juden und Protestaktionen in verschiedenen Ländern[1]

Himmler befiehlt die Ermordung der Hälfte aller polnischen Juden bis zum Jahresende

Die polnische Regierung hat – wie die JTA aus London meldet[2] – einen Bericht veröffentlicht, in dem erklärt wird, daß wenigstens eine Million Juden in Polen bisher ermordet wurden.
Himmler hat verordnet, daß die Hälfte der jüdischen Bevölkerung in Polen bis zum Ende dieses Jahres ermordet werden muß, heißt es weiter in diesem Bericht.[3]
Die Zahl der jüdischen Bevölkerung im Ghetto von Warschau, so wird an anderer Stelle des Berichtes erklärt, betrug anfangs 500 000 Seelen und heute nur noch 40 000. 250 000 Juden wurden seit Anfang des Monats Juli deportiert, ungeachtet der bisher Deportierten. Nur 4000 von ihnen wurden zur Zwangsarbeit an die Front geschickt. Auf einem Feld bei der Stadt Terblimke[4] haben die Deutschen Maschinen benutzt, um die Massengräber auszuheben, die für die Ermordeten bestimmt sind.[5]
Zahlreiche Ghetto-Städte werden genannt, die ganz liquidiert sind, in anderen sind nur noch sehr wenige Juden geblieben.

Flammende Proteste der Juden in aller Welt – Repressalien werden gefordert – Amerikas Juden vereinen sich mit den palästinensischen Juden zu einer machtvollen Kundgebung
Von einer amerikanischen Nachrichtenagentur werden weitere Einzelheiten über diesen Massenmord wiedergegeben. In dem Bericht heißt es, daß die Deutschen die unvorstellbarsten und grausamsten Methoden für die planmäßige Ausrottung der polnischen Juden anwenden. So seien besondere Bataillone bestimmt, ganze Straßenzüge in den Ghetti abzuriegeln und alle Juden, die sich gerade in dieser Straße befinden, wegzuschleppen. Die unglücklichen Opfer werden auf einen Platz getrieben, sodann werden die arbeitstauglichen jungen Juden herausgegriffen, die anderen werden auf einem Friedhof mit Maschinengewehren erschossen.
Von den Vertreibungen wird berichtet, daß die Deutschen Viehwagen mit Karbol[6] und Kalk bestreichen und in diese Wagen die vertriebenen *Juden* schaffen. Diese Wagen, die so überfüllt sind, daß die unglücklichen Juden nur gedrängt stehen können, werden auf eine Nebenlinie transportiert, und versiegelt stehen sie dann dort mehrere Tage – ohne Essen, ohne

1 Jüdische Wochenschau, Buenos Aires, 3. Jg., Nr. 137, Dez. 1942. Die Jüdische Wochenschau wurde 1940 von Hardi Swarsensky in Buenos Aires gegründet und existierte bis zum Tode Swarsenskys 1968.
2 Meldung der Jewish Telegraphic Agency vom 25.11.1942 „Unprecedented Mass-extermination of Polish Jews; Only 40 000 Left in Warsaw Ghetto".
3 Himmler erteilte am 19.7.1942 dem HSSPF Friedrich-Wilhelm Krüger schriftlich den Befehl, dass die „Umsiedlung" der gesamten jüdischen Bevölkerung bis zum Jahresende beendet sein solle. Allenfalls in einigen wenigen Sammellagern dürften sich nach diesem Zeitpunkt noch Juden aufhalten; Witte/Wildt (Hrsg.), Dienstkalender (wie Dok. 175 vom 2.10.1942, Anm. 6).
4 Richtig: Treblinka.
5 Am 25.11.1942 meldete die JTA: „Many Jews Electrocuted; Excavating Machine Digs Mass-graves".
6 Desinfektionsmittel, auch als Phenol bekannt.

Wasser, ohne frische Luft. Dann erst erfolgt der Abtransport, und die Wagen enthalten, wenn sie an ihrem Bestimmungsort ankommen, meistens mehr Tote als Lebende.
Die neuen Meldungen von den unvorstellbaren Greueln, die die Deutschen in den von ihnen besetzten Ländern verübt haben, lösten in Palästina eine Reihe spontaner Volkskundgebungen aus.
In Tel Aviv bildeten sich, ohne daß dazu aufgerufen worden war, mächtige Demonstrationszüge, die *große* schwarze Fahnen mit sich trugen. Während sie die Straßen von Tel Aviv durchzogen, riefen die Demonstranten in Sprechchören: „Rettet unsere Brüder!", „Unsere Brüder werden ermordet!" und „Tod den Deutschen!".
Die Demonstranten zogen dann auf den Platz vor der großen Synagoge und rissen in einer ergreifenden Geste in ihre Kleider die „Keriah", den von der Tradition bei dem Verlust eines nahen Angehörigen vorgeschriebenen Trauerriß.
Auf den Kundgebungen im ganzen Lande wurde immer erneut die Forderung laut, es sollten sofort jüdische Fliegerabteilungen gebildet werden, die als Repressalie die Aufgabe haben, Deutschland zu bombardieren. Außerdem wurde die Bildung von jüdischen Spezialtruppen gefordert, die bei der Invasion Europas ihren Einsatz finden sollen.
In Tel Aviv schlossen sich dem Demonstrationszug 10 000 jüdische Kinder und viele Hunderte alliierte Soldaten an. Als der Zug am Rathaus der Stadt Tel Aviv angekommen war, hielt der Bürgermeister[7] eine Ansprache, in der er die Bildung jüdischer Formationen forderte, die das vergossene jüdische Blut rächen sollen.[8]
Die Kundgebungen in ganz Palästina halten noch an.
Der Waad Leumi, der jüdische National-Rat, hat unmittelbar nach dem Eintreffen der Hiobs-Post eine Sondersitzung einberufen, auf der die folgenden Beschlüsse gefasst wurden:
1. Der Jischuw[9] im ganzen Lande wird zu Protestkundgebungen aufgefordert, und eine Proklamation an alle Länder der Erde wird erlassen.
2. In den Synagogen und an der Klagemauer werden besondere Gebete gesprochen werden.
3. Eine Delegation wird von den Beschlüssen dem Hohen Kommissar[10] und dem päpstlichen Nuntius Kenntnis geben.[11]
Die größten jüdischen Organisationen Nordamerikas, unter ihnen das American Jewish Committee und der American Jewish Congress, die Bne-Brith, der Rabbinerverband und andere haben gemeinsam einen Aufruf erlassen,[12] in dem Mittwoch, der 2. Dezember, zum Trauertag in ganz Amerika und Kanada ausgerufen wird.
Gleichzeitig wurden alle jüdischen Gemeinden in Lateinamerika ersucht, sich diesem Trauer- und Fasttag anzuschließen.

7 Israel Rockach (1886–1959); 1936–1953 Bürgermeister von Tel Aviv.
8 Bereits im August 1942 wurde im Mandatsgebiet das Palästinensische Regiment aufgestellt, das, bestehend aus Arabern und Juden, in der Schlacht von El-Alamein zum Einsatz kam. Im Juli 1944 wurde die Aufstellung der Jüdischen Brigade der brit. 8. Armee bekanntgegeben, zu der sich über 5000 jüdische Freiwillige aus Palästina meldeten.
9 Hebr. Bezeichnung für die jüdische Verwaltung und Gemeinde im Mandatsgebiet Palästina.
10 Gemeint ist der brit. Hohe Kommissar von Palästina, Harold McMichael (1882–1969).
11 Bereits am 26.9.1942 hatte Myron C. Taylor, Roosevelts persönlicher Vertreter beim Vatikan, den Nuntius Luigi Maglione über den Mord an den poln. Juden unterrichtet.
12 Am 8.12.1942 übergab eine Delegation der genannten Organisationen Präsident Roosevelt ein entsprechendes Memorandum.

Das jüdische Arbeiter-Comité[13] hat für den gleichen Tag einen Proteststreik in allen Fabriken und Betrieben proklamiert, die nicht für die Kriegsindustrie arbeiten. Der Streik wird 15 *Minuten* dauern.
Der polnische Nationalrat trat nach dem Eintreffen der Meldungen zu einer Sondersitzung zusammen, auf der eine Protesterklärung gegen die Ausrottung der polnischen Juden durch die Deutschen angenommen wurde.[14] Auf der Sitzung hob ein Minister der Regierung hervor, daß alle polnischen Parteien, auch die antisemitische, sich einig seien in der Verurteilung der judenfeindlichen Politik Hitlers und in dem Wunsch, den Juden zu helfen.
Aus Palästina werden die Vorbereitungen gemeldet, die für den Trauertag am Mittwoch vorgesehen sind: Alle Fabriken und Betriebe – mit Ausnahme der für die Kriegsindustrie arbeitenden –, alle Theater, Kinos und Cafés werden geschlossen sein. Die Verkehrsmittel werden nicht verkehren bis zu den großen *Protest*kundgebungen, die überall durchgeführt werden.
In Jerusalem wird am Montag auf dem Har Hazofim, dem Berg, auf dem die Hebräische Universität liegt, eine große Protestkundgebung durchgeführt werden. Von diesem Berg aus kann man die Heilige Stadt überblicken. Auf diesem Berg wird auch am Montag eine Beratung durchgeführt werden, wie die Länder der Erde ihrer Solidarität mit den Juden Ausdruck geben können und wie die Juden die Selbsthilfe, u. a. durch die Rekrutierung in der Armee, bis zum *äußersten* steigern können.[15]

DOK. 198
Ein Kriminalpolizist aus Leipzig stellt fest, dass Susanna Grünfeld sich am 8. Dezember 1942 aus Angst vor der Deportation aus dem Fenster gestürzt hat[1]

Protokoll der staatlichen Kriminalpolizei, Kriminalpolizeistelle Leipzig, 1. Kommissariat,[2] gez. Kriminalsekretär Riemer,[3] vom 8.12.1942

Betrifft: Selbstmord einer Jüdin (Herabstürzen aus dem III. Stock)
Am 8.12.1942, 12.45 Uhr, erhielt ich von Herrn Krim.-Kom. *Conrady*[4] den Auftrag, mich nach dem Grundstück Haydnstraße 10 zu begeben, da sich dort nach fernmündlicher

13 1934 gründeten jiddisch sprechende Gewerkschafter als Reaktion auf den Aufstieg des Nationalsozialismus das Jewish Labour Committee. Es unterstützte Widerstandsgruppen und jüdische Arbeiterorganisationen in Europa und kämpfte gegen Antisemitismus und faschistische Strömungen in den USA.
14 Am 10.12.1942 legte der Außenminister der poln. Exilregierung, Edward Graf Raczyński, den Alliierten ein entsprechendes Memorandum vor, woraufhin am 17.12.1942 der brit. Außenminister Anthony Eden im Unterhaus eine Erklärung im Namen der Alliierten abgab, in der der Mord an den europäischen Juden verurteilt wurde; siehe Dok. 202 vom 17.12.1942.
15 Unter dem Artikel sind Fotos von Göring, Streicher, Himmler und Goebbels abgedruckt, darüber steht in Großbuchstaben „Die Schuldigen“.

1 Sächsisches Staatsarchiv Leipzig, 20 031 Polizeipräsidium Leipzig, PP-S Nr. 637.
2 Auf dem unteren Rand handschriftl. vermerkt: „1. K. Tgb. Nr. 19 751/42“.
3 Rudolf Riemer (1905–1995), Zahntechniker; 1933 NSDAP-Eintritt; von Juni 1938 an Kriminaloberassistent und später Krim.Sekr. bei der Kriminalpolizeistelle Leipzig.
4 Vermutlich: Albert Conrady (*1894/95); Kriminalkommissar; 1937 NSDAP-Eintritt.

Mitteilung des 14. Polizeireviers eine Jüdin in selbstmörderischer Absicht aus dem Fenster gestürzt habe.
Bei meinem Eintreffen lag die Tote, die Heimarbeiterin *Grünfeld,* Sara *Susanna* Charlotte Adelheid Paula,
geb. am 14.9.1895 in Charlottenburg,
in Leipzig C 1, Haydnstraße 10/III bei Ollendorf wohnhaft gewesen,
im Hof des angeführten Grundstücks in einer großen Blutlache auf der Bauchseite. Ihr Kopf war vollständig zertrümmert. Die Schulter- und Armgelenke waren gebrochen. Annehmbar ist der Tod im Augenblick des Aufschlags des Körpers auf dem gepflasterten Hof eingetreten. Beim Leichnam befand sich Wchtm. d. Res. *Wünsch*[5] vom 14. Polizeirevier. Er konnte mir Sachdienliches nicht angeben.
Nach der Besichtigung des Leichnams habe ich mit der Wohnungsgeberin der Grünfeld, der Witwe
Eva *Ollendorf* geb. Schmidt,
geb. am 31.8.1881 in Leipzig,[6]
Rücksprache genommen, die zu dem Vorfall angab, daß die Verstorbene Volljüdin und eine Nichte ihres verstorbenen Ehemannes gewesen sei. Sie sei Waise gewesen und habe seit 17 Jahren infolge der verwandtschaftlichen Bindungen in ihrem Hause gewohnt. Die Grünfeld sei christlich getauft gewesen und habe nie nach jüdischen Riten gelebt. Aus diesem Grunde sei es ihr schwergefallen, sich an die neuen Vorschriften zu gewöhnen, insbesondere habe sie seit Einführung des Judensternes noch nicht wieder die Wohnung verlassen.[7] Stets habe sie in der Angst gelebt, daß sie wie andere Juden evakuiert werde. Es habe sich bei ihr zu einer Art Depression ausgewirkt. Bedeutend verschlimmert habe sich ihr Zustand, als sie etwa am 3.12.1942 eine Postkarte des Polizeipräsidenten zu Leipzig mit der Aufforderung erhalten habe, sich bis zum 9.12.42 unter Vorlegung ihrer Kennkarte zu melden.[8] Dieser Aufforderung sei sie bis heute noch nicht nachgekommen. Immer habe sie geglaubt, sie müsse fort von Leipzig und könne das auf diese Art hinausschieben.
Heute, 8.12.42, sei sie, die Ollendorf, in der Zeit von 10.30 Uhr – 11.30 Uhr zu Besorgungen außerhalb des Hauses gewesen. Zurückgeblieben sei außer der Grünfeld noch ihre Hausangestellte
Elsa *Heide,*
geb. am 10.12.1900 in Neiden b. Torgau,
die ihr bei ihrer Rückkehr gesagt habe, es sei ein Beamter des städtischen Ermittlungsdienstes dagewesen und habe die Grünfeld sprechen wollen. Daraufhin sei sie, die Heide, die Grünfeld suchen gegangen. Das sei jedoch erfolglos gewesen und habe sie angenommen, daß sich die Grünfeld versteckt habe. Der Beamte habe nicht warten wollen und gesagt, er werde mit mir fernmündlich Rücksprache nehmen.

5 Vermutlich: Willy Wünsch (1882–1963), Kriminalbezirkssekretär; 1937 NSDAP-Eintritt.

6 Eva Ollendorf, geb. Schmidt (1881–1967), war mit dem Kaufmann Paul Max Ollendorf (1868–1931) verheiratet.

7 Der gelbe Stern zur Kennzeichnung der Juden war am 1.9.1941 eingeführt worden; RGBl., 1941 I, S. 547; siehe VEJ 3/212.

8 Vom 1.10.1938 an mussten Juden sich jederzeit mit einer Kennkarte ausweisen können; RGBl., 1935 I, S. 922; siehe auch VEJ 2/72.

Nun sei sie gemeinsam mit der Heide die Wohnräume durchgegangen und habe in ihrem Schlafzimmer die Balkontüre offen stehen sehen. Als sie vom Balkon aus nach dem Hofe gesehen habe, habe sie die Grünfeld liegen sehen. Als erstes habe sie die Heide nach unten geschickt und dann den ihr befreundeten Prof. Dr. med. *Rosenthal*,[9] Leipzig C 1, Thomasiusstraße 28 wohnhaft, fernmündlich herbeigerufen, der auch gegen 12 Uhr gekommen sei. Dieser habe die Grünfeld untersucht und den durch komplizierten Schädelbruch eingetretenen Tod festgestellt. Hierüber habe er das beifolgende Attest ausgestellt.

Die Ollendorf betonte, daß sie an dem Selbstmord der Grünfeld keinen Zweifel habe.

Im Anschluß daran habe ich die schon genannte *Heide* zur Sache gehört und machte sie gleichlautende Angaben, so daß auf die Aufführung von Einzelheiten verzichtet werden konnte.

Von der Wohnung der Ollendorf aus wurde die Geheime Staatspolizei, Staatspolizeistelle Leipzig, Krim.-Ober-Ass. *Zenner*, fernmündlich unterrichtet.

Auf gleiche Art erhielt die israelitische Religionsgemeinde – Dr. Grunsfeld[10] – Kenntnis, die zur Abholung der Leiche die *Fa. M. Ritter*, Leipzig C 1, Matthäikirchhof verständigte.

Dr. Grunsfeld entschied sich für *Einäscherung*, da es nach Rücksprache mit der Ollendorf der Wunsch der Verstorbenen war, eingeäschert zu werden. Der Leichnam wurde daher nach der Leichenhalle des Südfriedhofes überführt.

Dr. Grunsfeld erhielt davon Kenntnis, daß über den Leichnam erst nach Freigabe von seiten der Staatsanwaltschaft Leipzig verfügt werden darf.

Zu einer außergerichtlichen Sektion verweigerte er die Zustimmung.

Wegen der Nachlaßregelung setzt sich Dr. Grunsfeld mit der Staatspolizeistelle Leipzig in Verbindung.

Zur Regelung verwaltungsrechtlicher Formalitäten wird er einen Beauftragten am 9.12.42 nach der Abt. V des Polizeipräsidiums entsenden.

Die Bestattungsabteilung des Südfriedhofes und die Fa. M. Ritter erhielten von der vorl. Beschlagnahme Kenntnis.

Nach den von hier aus getroffenen Feststellungen liegt im vorliegenden Falle ein einwandfreier Selbstmord vor, bei dem fremdes Verschulden ausscheidet.

Grund zur Tat war Angst vor Evakuierung bezw. davor, in Zukunft als Jüdin leben zu müssen. Obwohl von der Verstorbenen etwas Schriftliches nicht hinterlassen wurde, ging das aber aus den einwandfreien Bekundungen der Ollendorf und der Heide hervor.

Leichensache!

9 Dr. Dr. Wolfgang Rosenthal (1882–1971), Arzt; 1918–1937 Privatdozent, später Professor in Leipzig und Hamburg; 1933–1937 NSDAP-Mitglied, 1935 NS-Ärztebund; von 1937 an Lehrverbot wegen vermeintlich jüdischer Abstammung, 1943 wurde dies revidiert, das Lehrverbot blieb aber bestehen, er arbeitete als selbständiger Arzt weiter; 1945–1957 Professor in Leipzig und Berlin; 1945/46 in der SPD, 1946 SED-Eintritt.

10 Dr. Fritz Grunsfeld (1908–1991), Jurist; 1939–1943 Verwaltungsdirektor der Israelitischen Religionsgemeinde in Leipzig, gleichzeitig Leiter der Bezirksstelle Mitteldeutschland der Reichsvereinigung der Juden; am 18.6.1943 nach Theresienstadt deportiert; nach dem Krieg erneut in der Israelitischen Religionsgemeinde Leipzig; floh 1953 nach Düsseldorf und arbeitete dort am OLG.

DOK. 199
Eichmann teilt dem Auswärtigen Amt am 11. Dezember 1942 mit, dass gegen Zahlung hoher Devisenbeträge Ausnahmen vom Auswanderungsverbot für Juden möglich seien[1]

Schnellbrief (geheim) des Chefs der Sicherheitspolizei und des SD, IV B 4[2] (1597/42 g), gez. i. A. Eichmann, an das Auswärtige Amt (Eing. D III 1129g, 13.12.1942), z. Hd. Gesandtschaftsrat Dr. Klingenfuß, vom 11.12.1942[3]

Betrifft: Auswanderung des Juden E. M. Meyers[4] nebst Ehefrau und Tochter nach der Schweiz.
Bezug: Dort. Schnellbrief vom 2.12.1942 – Nr. D III 1059 g.[5] und hies. Schreiben vom 1.12.1942 – IV B 4 a – 1597/42 g[6]
Wie dort bekannt ist, hat der Reichsführer-SS und Chef der Deutschen Polizei im Oktober 1941 die Auswanderung von Juden aus dem Reich und den besetzten Gebieten untersagt.[7] Lediglich in ganz besonders gelagerten Einzelfällen, z. B. bei Vorliegen eines positiven Reichsinteresses, ist von hier nach Prüfung vorgesehen, der Auswanderung einzelner Juden stattzugeben.
Im Laufe der nachfolgenden Zeit sind nun Anträge von Juden bei verschiedenen Dienststellen, u. a. besonders beim Reichswirtschaftsministerium und der Reichsbank sowie bei Rechtsanwälten, insbesondere Schweizer Rechtsanwälten, eingegangen, in denen unter Anbietung hoher Devisenbeträge um Genehmigung der Auswanderung gebeten wird. Trotz schwerster politischer Bedenken, die laufend von hier aus geäußert wurden und werden, und des ausdrücklichen Hinweises auf die gefährlichen Auswirkungen solcher Genehmigungen im Ausland wurde von seiten des Reichswirtschaftsministeriums und der Reichsbank mit Rücksicht auf die angespannte Devisenlage des Reiches größter Wert darauf gelegt, von Fall zu Fall Auswanderungsanträgen dann stattzugeben, wenn hohe Devisenbeträge anfallen.
Unter einstweiliger Zurückstellung der politischen Bedenken, die heute bei der Auswanderung von Juden an sich in allen Fällen bestehen, wurde in Anbetracht der vorgebrachten zwingenden wirtschaftlichen Gründe vereinbart, ausnahmsweise eine Auswanderungsgenehmigung dann zu erteilen, wenn bestimmte Voraussetzungen erfüllt werden. Diesen Anträgen wird nur näher getreten, wenn der jüdische Antragsteller und seine Angehörigen im fortgeschrittenen Lebensalter stehen, keine besonderen sicherheitspoli-

1 PAAA, R 100 853, Bl. 620+RS. Abdruck in: ADAP, Serie E, Bd. 4 (wie Dok. 171 vom 24.9.1942, Anm. 6), Dok. 278, S. 491 f.
2 Ref. IV B 4 des RSHA (Judenreferat).
3 Im Original handschriftl. Bearbeitungsvermerke und Eingangsstempel des AA.
4 Wahrscheinlich: Eduard Maurits Meijer (1880–1954), Jurist; von 1910 an Professor in Leiden (Niederlande), 1934 Vorträge an der Académie de droit international, Den Haag; 1940 aufgrund seiner jüdischen Herkunft des Amtes enthoben, 1942 verhaftet und zunächst ins Lager Westerbork deportiert, 1944 nach Theresienstadt; 1945 wieder an der Universität Leiden, 1947 verantwortlich für den Entwurf zum Bürgerlichen Gesetzbuch der Niederlande.
5 Klingenfuß an RSHA IV B 4 bzgl. der Auswanderung von E. M. Meyer, vom 2.12.1942, wie Anm. 1.
6 Nicht ermittelt.
7 Siehe Dok. 64, Anm. 17.

zeilichen Gründe der Auswanderung entgegenstehen und ein Devisenbetrag von mindestens 100 000 sfrs.[8] je Person unter Verzicht auf den Gegenwert zur Verfügung gestellt werden.
Die Auswanderung des jüdischen Intellektuellen Meyers (früher Professor in Den Haag), für den die schwedische Gesandtschaft die Zahlung von 150 000 sfrs. bei Genehmigung der Auswanderung in Aussicht stellt, wurde, wie bereits in meinem Schreiben vom 1.12.1942 – IV B 4 a – 1597/42 g. – mitgeteilt, ohne Rücksicht auf den angebotenen Devisenbetrag im Hinblick auf seine berufliche Stellung abgelehnt.

DOK. 200

Referent Maedel aus dem Reichsfinanzministerium fasst am 14. Dezember 1942 zusammen, wie die „Endlösung" durch die Enteignung der Juden finanziert wird[1]

Aktenvermerk des Referat Maedel[2] (05205 05 210 495/42 Vlg) betreffend die Finanzierung der Maßnahmen zur Lösung der Judenfrage, Berlin, vom 14.12.1942[3]

1. Vermerk
A. Tatbestand
Der Reichsmarschall[4] hat den Reichsführer-SS und Chef der Deutschen Polizei[5] vor längerer Zeit beauftragt, die Maßnahmen vorzubereiten, die der Endlösung der europäischen Judenfrage dienen.[6] Der Reichsführer-SS hat mit der Durchführung der Aufgaben den Chef der Sicherheitspolizei und des SD[7] betraut. Dieser hat zunächst durch besondere Maßnahmen die legale Auswanderung der Juden nach Übersee gefördert. Als bei Ausbruch des Krieges die Auswanderung nach Übersee nicht mehr möglich war, hat er die allmähliche Freimachung des Reichsgebietes von Juden durch deren Abschiebung nach dem Osten in die Wege geleitet. In der letzten Zeit sind außerdem innerhalb des Reichsgebietes Altersheime (Altersghettos) zur Aufnahme der Juden z. B. in Theresienstadt errichtet worden. Wegen der Einzelheiten Hinweis auf den Vermerk vom 21. August 1942.[8] Die Errichtung weiterer Altersheime in den Ostgebieten steht bevor.[9] Der Chef der Sicherheitspolizei und des SD bedient sich zur Durchführung seiner

8 Schweizer Franken.

1 BArch, R 2/12222, Bl. 226–229.
2 Dr. Walter Maedel (*1891), Jurist; vor 1933 im Ministerbüro des RFM tätig, von 1933 an Reg.Rat im Vermögenssteuerreferat; 1937 NSDAP-Eintritt; 1940 ORR und Leiter des Ref. 13 (Verwaltung des Reichsvermögens ohne Wertpapiere) im RFM, von 1941 an Leiter Ref. 19 (Verwaltung Feindvermögen), das sich mit Verwaltung und Verwertung des Vermögens von Deportierten befasste.
3 Im Original z. T. unleserliche Bearbeitungsvermerke.
4 Hermann Göring.
5 Heinrich Himmler.
6 Gemeint ist Görings Auftrag vom 31.7.1941 an den damaligen Chef der Sicherheitspolizei und des SD, Reinhard Heydrich; siehe VEJ 3/96.
7 Gemeint ist Heydrich; zum Zeitpunkt des Schreibens war wegen Heydrichs Tod am 4.6.1942 jedoch Heinrich Himmler kommissar. Chef der Sipo und des SD.
8 Nicht ermittelt.
9 Theresienstadt blieb das einzige sog. Altersgetto.

Maßnahmen im wesentlichen der „Reichsvereinigung der Juden in Deutschland", die durch die Zehnte Verordnung zum Reichsbürgergesetz vom 4. Juli 1939 (RGBl. I, S. 1097) geschaffen worden ist. Die Reichsvereinigung untersteht gemäß § 4 dieser Verordnung der Aufsicht des Reichsministers des Innern. Praktisch wird jedoch die Aufsicht ausschließlich durch den Chef der Sicherheitspolizei und des SD ausgeübt.
Die Finanzierung der zum Teil außerordentlich kostspieligen Maßnahmen ist bisher ohne Inanspruchnahme von Haushaltsmitteln durchgeführt worden. Die Mittel sind auf verschiedene Weise beschafft worden.

a.) Altreich

Die Reichsvereinigung hat durch Rundschreiben vom 3. Dezember 1941 ihre für die Abschiebung nach dem Osten vorgesehenen Mitglieder aufgefordert, mindestens 25 v. H. ihrer flüssigen Mittel vor der Abschiebung als Spende an die Reichsvereinigung abzutreten.[10] Die Spenden sind nach Ziffer 2 des Rundschreibens für die Ausrüstung der Transporte mit Lebensmitteln und Geräten bestimmt. Das Verfügungsrecht über die Spendenmittel steht den Bezirksstellen der Reichsvereinigung der Juden zu, die der Reichsvereinigung in Berlin Rechnung legen. Es ist nicht zu bezweifeln, daß auch die Kosten der Transporte und die mit der Abschiebung im Zusammenhang stehenden sonstigen Aufwendungen aus diesen Spendenmitteln bestritten werden. Die Staatspolizeistellen sind zwar nicht berechtigt, über die Spendenmittel zu verfügen. Aus gelegentlichen Unterhaltungen mit Vertretern des Reichssicherheitshauptamts ist jedoch zu entnehmen, daß die Staatspolizeistellen tatsächlich auf die Verwendung der Mittel weitgehend Einfluß nehmen (Bezahlung der Transportkosten usw.). Ein Nachweis dafür läßt sich jedoch nicht erbringen. Die gesamte finanzielle Gebarung der Reichsvereinigung unterliegt ausschließlich der Aufsicht des Chefs der Sicherheitspolizei und des SD.
Die auf diese Weise aufgekommenen Mittel reichen offenbar in den letzten Monaten angesichts der wachsenden Zahl der abzuschiebenden Juden nicht mehr aus. Der Aufbau des Altersghettos Theresienstadt erforderte außerdem hohe Aufwendungen. Theresienstadt ist von der tschechischen Bevölkerung völlig geräumt und zur Aufnahme von etwa 80 000 Juden hergerichtet worden. Für den Lebensunterhalt der Juden im Altersghetto sind erhebliche Mittel erforderlich, um so mehr, als auch Juden aufgenommen werden, die völlig mittellos sind. Die Reichsvereinigung hat deshalb auf Weisung des Chefs der Sicherheitspolizei und des SD neue Wege der Finanzierung beschritten. Es wird das folgende Verfahren angewendet:
Der für die Umsiedlung nach Theresienstadt bestimmte Jude schließt mit der Reichsvereinigung der Juden einen Vertrag über seine Aufnahme in das Altersghetto Theresienstadt (Heimeinkaufsvertrag). Abschrift eines solchen Heimeinkaufsvertrags ist beigefügt.[11] Durch diesen Vertrag verpflichtet sich die Reichsvereinigung, den Juden bis an sein Lebensende in Theresienstadt zu unterhalten. Der Jude überweist als Gegenleistung der Reichsvereinigung sein aus Bargeld, Bankguthaben, Wertpapieren und Forderungen bestehendes Vermögen. Die der Reichsvereinigung auf diese Weise zufließenden Mittel werden an den Judenältesten in Theresienstadt überwiesen. Die in Theresienstadt lebenden Juden sind berechtigt, in bestimmtem Rahmen über ihr Guthaben zu verfügen.[12]

10 Abdruck in: Dokumente über die Verfolgung jüdischer Bürger in Baden-Württemberg durch das nationalsozialistische Regime 1933–1945, Stuttgart 1966, S. 306 f.

11 Hier nicht abgedruckt; wie Anm. 1.

Wegen der Einzelheiten Hinweis auf den beiliegenden Vermerk einer Besprechung mit SS-Sturmbannführer Suhr am 30. September 1942.[13]

b.) Alpen- und Donaureichsgaue

Zur Förderung der jüdischen Auswanderung in den Alpen- und Donaureichsgauen besteht die Zentralstelle für jüdische Auswanderung in Wien. Die Zentralstelle für jüdische Auswanderung bedient sich zur Durchführung der finanziellen Maßnahmen des „Auswanderungsfonds Wien", der eigene Rechtspersönlichkeit besitzt. Die Zentralstelle für jüdische Auswanderung erhält ihre Weisungen vom Chef der Sicherheitspolizei und des SD. Juden, denen die Abwanderung gestattet war oder die nach Kriegsausbruch für die Abschiebung in den Osten vorgesehen waren, haben in zahlreichen Fällen der Zentralstelle eine sogenannte „Sondervollmacht" erteilt, durch die der Zentralstelle die Verfügungsberechtigung über ihr gesamtes Vermögen übertragen wurde. Der Auswanderungsfonds Wien hat die ihm auf diese Weise zugefallenen Vermögenswerte nach seinem Ermessen verwertet. Die Erlöse sind zur Finanzierung der eingangs dargestellten Maßnahmen verwendet worden.

c.) Protektorat Böhmen und Mähren

Im Protektorat Böhmen und Mähren ist auf Grund einer Verordnung des Reichsprotektors vom 5. März 1940 (Verordnungsblatt Nr. 11) die „Zentralstelle für jüdische Auswanderung in Prag" geschaffen worden.[14] Vermögensträger der Zentralstelle ist nach § 5 der Verordnung „Der Auswanderungsfonds für Böhmen und Mähren". Die Zentralstelle kann nach einer Verordnung des Reichsprotektors vom 12. Oktober 1941 (Verordnungsblatt Nr. 51) die Abwicklung des Vermögens auswandernder Juden übernehmen, „wenn das bei ihr vom Verfügungsberechtigten in einer Niederschrift beantragt wird". Die Zentralstelle Prag übernimmt auf diesem Weg auch die Verwaltung und Verwertung des Vermögens abgeschobener Juden. Die auf diese Weise anfallenden Mittel werden auf Weisung des Chefs der Sicherheitspolizei und des SD zur Finanzierung der von ihm getroffenen Maßnahmen verwendet.

B. Stellungnahme

Bei der Beurteilung der Frage, inwieweit die Belange des Reichs durch die Maßnahmen des Chefs der Sicherheitspolizei und des SD berührt werden, ist zwischen den zwei verschiedenen Wegen der Finanzierung zu unterscheiden:

1. In der einen Gruppe von Fällen werden Vermögenswerte nicht eingezogen, sondern den Juden belassen. Die den Juden belassenen Vermögenswerte werden nicht Reichsvermögen. Der Reichsminister der Finanzen hat keinen Einfluß darauf, ob Vermögenswerte zugunsten des Reichs eingezogen werden oder nicht. Die Verantwortung für die Verwendung der im Eigentum der Juden verbleibenden Mittel trifft demgemäß

12 In Wirklichkeit flossen die Erträge aus den sog. Heimkaufverträgen auf das Sonderkonto „H" des Auswanderungsfonds unter Kontrolle des RSHA. Das RSHA nutzte diese Mittel, um seine eigenen Tätigkeiten und die der Gestapo zu finanzieren, ohne das Geld an den regulären Haushalt des Reichs abzuführen und ohne dass die Betroffenen in Theresienstadt darüber verfügen konnten.

13 Der Vermerk liegt nicht in der Akte. Friedrich Suhr (1907–1946) war Mitarbeiter im Ref. IV B 4 des RSHA unter Adolf Eichmann, der u. a. die Aufgabe hatte, die rechtlichen Fragen im Zusammenhang mit dem Raub jüdischen Eigentums zu klären.

14 Die Zentralstelle für jüdische Auswanderung in Böhmen und Mähren war bereits im Juli 1939 auf Anordnung des Reichsprotektors Konstantin von Neurath geschaffen worden und war zuerst nur für Prag zuständig, von Febr. 1940 an für das gesamte Protektorat; siehe VEJ 3/252.

ausschließlich den Chef der Sicherheitspolizei und des SD. Von Bedeutung kann die Verwendung dieser Mittel nur dann werden, wenn die unbeweglichen Vermögenswerte des Juden, die zugunsten des Reichs eingezogen werden, überschuldet sind. In diesem Fall würde eine Schädigung der arischen Gläubiger eintreten können, weil die in die Verfügungsgewalt des Reichs gelangten Vermögenswerte zur Befriedigung der Gläubiger nicht ausreichen. Denkbar ist, daß in solchen Fällen durch Vereinbarung mit dem Chef der Sicherheitspolizei und des SD sichergestellt wird, daß die Schulden anteilig auf das nicht eingezogene und das eingezogene Vermögen verteilt werden.

2. In der zweiten Gruppe von Fällen verfügen die Juden auf Veranlassung der Reichsvereinigung vor der Einziehung ihres Vermögens über gewisse Vermögenswerte. Die von der Reichsvereinigung im Auftrag des Chefs der Sicherheitspolizei und des SD angeordneten Maßnahmen beruhen auf der Erwägung, daß der Jude mit Genehmigung der Devisenstelle über sein Vermögen verfügen kann, solange es nicht zugunsten des Reichs eingezogen oder verfallen ist. Die erforderlichen Genehmigungen werden auf Antrag der Reichsvereinigung von den Devisenstellen erteilt. In rechtlicher Hinsicht ist deshalb gegen dieses Verfahren nichts einzuwenden. Vermögenswerte, über die der Jude kurz vor seiner Abschiebung verfügt, werden aber auf diese Weise dem Zugriff des Reichs entzogen. Es ist nicht möglich, auch nur annähernd den Umfang der Werte zu schätzen, die auf diese Weise der Einziehung oder dem Verfall zugunsten des Reichs entgehen. Es kann aber nicht zweifelhaft sein, daß es sich um beträchtliche Werte handelt.

Der Reichsführer-SS und Chef der Deutschen Polizei ist offenbar der Auffassung, daß die von ihm eingeschlagenen Wege der Finanzierung durch den besonderen Auftrag des Reichsmarschalls gedeckt sind. Er hat in einem von dem verstorbenen SS-Obergruppenführer Heydrich unterzeichneten Schreiben vom 2. April 1942, gerichtet an die Staatspolizeileitstellen, ausgeführt, daß „Vermögen der Reichsvereinigung nunmehr vor allen Dingen der Endlösung der europäischen Judenfrage diene, weswegen darauf Bedacht genommen werden müßte, daß genügend Vermögenswerte für diesen Zweck zur Verfügung stehen, damit Reichsmittel hierfür nicht in Anspruch genommen zu werden brauchen. Aus diesem Grunde ist es nicht mehr schlechthin als jüdisches, sondern letzthin als ein bereits für Zwecke des Deutschen Reichs gebundenes Vermögen zu betrachten … Es würde dementsprechend einen Eingriff in die mir als vom Reichsmarschall bestellten Beauftragten für die Endlösung der europäischen Judenfrage zustehenden Befugnisse darstellen, wenn andere Behörden und Dienststellen durch Beschlagnahme usw. die hiesigen Planungen auf diesem Gebiet für die Endlösung der europäischen Judenfrage durchkreuzen würden“.[15]

Der Reichsführer-SS vertritt demgemäß einerseits die Auffassung, daß das gesamte jüdische Vermögen dem Reich zufallen müsse. Er hat andererseits das Bestreben, über die von ihm aus diesem Vermögen abgezweigten Mittel ohne haushaltsmäßige Bindungen frei zu verfügen. Es zeigt sich auch hier wiederum die Tendenz, Finanzierungen nach Möglichkeit außerhalb der ordentlichen Mittelbewilligung durch den Haushalt durchzuführen und nur mit Nettospitzen im Haushaltsplan zu erscheinen.

Eine fernmündliche Besprechung zwischen Regierungsrat Dr. Schwarzat und Amtsrat von Hofe (Rechnungshof des Deutschen Reichs) hat ergeben, daß der Rechnungshof

15 Runderlass des RSHA an alle Stapo(leit)stellen vom 2.4.1942; Wiener Library, DOC 605/10.

nach Überwindung gewisser Widerstände die Prüfung des Auswanderungsfonds in Prag durchgeführt hat. Der Prüfungsbericht liegt jetzt vor. Die Prüfung hat besondere Anstände nicht ergeben. Eine Prüfung der Finanzgebarung der Reichsvereinigung durch den Rechnungshof wird jedoch nicht in Betracht kommen.
Es muß darüber entschieden werden, ob das vom Reichsführer-SS eingeschlagene Verfahren der Selbstfinanzierung stillschweigend zu billigen ist oder ob versucht werden soll, die *gesamten* in Betracht kommenden Werte der Reichskasse zuzuführen, dafür aber die Aufwendungen im ordentlichen Haushalt auszubringen. Die Frage ist gelegentlich schon mit den Vertretern des Reichssicherheitshauptamts berührt worden. Es besteht offenbar keinerlei Neigung, von dem bisher geübten Verfahren abzuweichen. Der Weg der Mittelbewilligung über den Haushalt wird als zu umständlich angesehen. Man wendet ein, daß die Lösung der gestellten Aufgaben beeinträchtigt werden könne, wenn die zur Zeit außerordentlich bewegliche und den Erfordernissen angepaßte Finanzierungsmethode aufgegeben würde.
Das Reichsvermögen wird unmittelbar nur insoweit berührt, als der Chef der Sicherheitspolizei und des SD jetzt Freigabe von Werten verlangt, die bereits zugunsten des Reichs eingezogen worden sind. Die Einziehung ist vorgenommen worden, weil das neue Verfahren des Chefs der Sicherheitspolizei und des SD noch nicht eingespielt war. Es handelt sich tatsächlich um Werte, die in Zukunft von der Einziehung ausgenommen werden und die durch Verfügung des Juden selbst der Reichsvereinigung zufließen werden. Wenn es bei dem vom Chef der Sicherheitspolizei und des SD bisher geübten Verfahren verbleiben soll, wird es zweckmäßig sein, auch diese Werte freizugeben.[16]

DOK. 201

Ein anonymer Verfasser beschuldigt am 16. Dezember 1942 Finanzbeamte in Potsdam, sich vor der Versteigerung jüdischen Eigentums das Beste für den Eigenbedarf zu sichern[1]

Schreiben aus Babelsberg, ungez., vermutlich an den Oberfinanzpräsidenten Berlin-Brandenburg,[2] vom 16.12.1942[3]

Sehr geehrter Herr Vorsteher!
Vor einiger Zeit fanden hier seitens des Finanzamtes Potsdam Versteigerungen jüdischen Besitzes statt. Hierbei konnte jedesmal bemerkt werden, daß am Versteigerungstage nur noch ein paar schäbige Reste der Sachen vorhanden waren oder die guten als

16 Das hier von Maedel beschriebene Verfahren wurde von Juni 1943 an auch in dieser Form durchgeführt. Das Vermögen der Reichsvereinigung wurde vom RFM verwaltet, das aber die geforderten Mittel weiterhin an das RSHA abgab.

1 LAB, A Rep. 092/411. Teilweise abgedruckt in: Martin Friedenberger/Klaus-Dieter Gössel/Eberhard Schönknecht (Hrsg.), Die Reichsfinanzverwaltung im Nationalsozialismus. Darstellung und Dokumente, Bremen 2002, S. 84.

2 Ein Adressat ist auf dem Schreiben nicht angegeben. Es trägt den größtenteils unleserlichen Eingangsstempel einer Behörde vom 18.12.1942.

3 Rechtschreibung wie im Original, Zeichensetzung behutsam korrigiert. Im Original handschriftl. Bearbeitungsvermerke, u. a. von der Abt. P II des Oberfinanzpräsidenten Berlin-Brandenburg.

nicht zum Verkauf kommend beiseite gestellt waren. Die besseren Sachen waren schon vorher oder wurden nachher durch Angehörige des Finanzamtes per Wagen, in Koffern und Paketen „billig" abgeholt oder auch an Dritte gegen Provision verschoben. Einige Beamte haben ganze Aussteuern für ihre Kinder zusammen gekauft für ein Butterbrot. Hier im Ort wird überall darüber gesprochen. Ein Beamter des Finanzamtes sagte mir, daß auch dort alle entrüstet sind. Aber keiner traut sich, was zu sagen, weil alles durch falsche Nameneintragung und Daten verschleiert ist und deshalb nur Unannehmlichkeiten haben könnten. Auch würde der Leiter doch nichts gegen diese bevorzugten Personen etwas unternehmen. Ich habe die Namen derjenigen Käufer erfahren können, es sind Wagener,[4] Hörtzke, Wolfframm,[5] Nichelmann[6] und noch zwei andere, deren Namen ich vergessen habe.
Es wird sich lohnen, da einmal nach dem Rechten zu sehen.
Einer für Viele[7]

DOK. 202
Die Regierungen der Alliierten erklären am 17. Dezember 1942, die Verantwortlichen für die Vernichtung der Juden unter deutscher Herrschaft zur Rechenschaft ziehen zu wollen[1]

Interalliierte Erklärung über die deutsche Politik der Vernichtung der Juden vom 17.12.1942

Die Regierungen Belgiens, der Tschechoslowakei, Griechenlands, Luxemburgs, der Niederlande, Norwegens, Polens, der Vereinigten Staaten von Amerika, des Vereinigten Königreichs Großbritannien und Nordirland, der Union der Sozialistischen Sowjetrepubliken und Jugoslawiens sowie das Französische Nationalkomitee sind auf zahlreiche Berichte aus Europa hingewiesen geworden, wonach sich die deutschen Behörden nicht mehr damit zufriedengeben, Menschen jüdischer Abstammung in all den Gebieten, auf die sich ihr Einfluss inzwischen erstreckt, die grundlegendsten Menschenrechte vorzuenthalten. Das barbarische Regime ist inzwischen dabei, Hitlers mehrfach artikuliertes Vorhaben, das gesamte jüdische Volk in Europa auszurotten, in die Tat umzusetzen.

4 Richtig: Wagner, Obersteuersekretär; Wagner schätzte zusammen mit Wolfram und Nickelmann die Preise der Gegenstände ein.
5 Richtig: Wolfram, Steuerinspektor; Wolfram genehmigte nach Absprache mit der Vermögensverwertungsstelle den Kauf der Gegenstände durch Mitarbeiter des Finanzamts Potsdam.
6 Richtig: Nickelmann, Steuersekretär.
7 Auf das Schreiben folgten am 26. und 29.1.1943 Ermittlungen beim Finanzamt Potsdam. Aus dem Ermittlungsbericht von ORR Dr. Erik Jahn und Steuerinspektor Kühn vom 19.2.1943 ging hervor, dass die Vermögensverwertungsstelle „die Erlaubnis zum Verkauf an Beamte auch außerhalb der Versteigerung nach Schätzpreisen" erteilte. Auch Verwandte der Beamten kauften Gegenstände, weshalb es zur vermeintlichen „falschen Namenseintragung" kam. Alle befragten Beamten bestritten den Vorwurf, sie hätten an dritte Personen gegen eine Provision Gegenstände verkauft. Abschließend wurde festgelegt, dass der Kauf von Gegenständen durch Beamte des Finanzamts nur noch in Ausnahmefällen stattfinden sollte; wie Anm. 1.

1 The Department of State Bulletin, Bd. VII, Nr. 182, S. 1009 vom 19.12.1942: „German Policy of Extermination of the Jewish Race". Das Dokument wurde aus dem Englischen übersetzt.

Die Juden werden unter fürchterlichen Bedingungen und auf brutalste Weise aus allen besetzten Ländern nach Osteuropa deportiert. In Polen, das die Nazis zu ihrem zentralen Schlachthof auserkoren haben, werden alle Juden systematisch aus den von den deutschen Invasoren errichteten Gettos geholt, mit Ausnahme einiger weniger Facharbeiter, die für die Kriegsindustrie unentbehrlich sind. Von den Deportierten hat man nie wieder etwas gehört. Die körperlich Leistungsfähigen werden in Arbeitslagern langsam zu Tode geschunden. Die Gebrechlichen lässt man an Erschöpfung oder Hunger zugrunde gehen oder sie werden Opfer gezielter Massenhinrichtungen. Die Zahl der Opfer dieser blutrünstigen Grausamkeiten beläuft sich vermutlich auf mehrere Hunderttausend völlig unschuldiger Männer, Frauen und Kinder.
Die oben genannten Regierungen und das Französische Nationalkomitee verurteilen auf das Schärfste diese bestialische Politik der kaltblütigen Vernichtung. Sie erklären, dass die Entschlossenheit der freiheitsliebenden Völker, die unmenschliche Tyrannei von Hitler zu beenden, durch diese Ereignisse nur noch bestärkt wird. Sie erneuern ihren Schwur, dafür zu sorgen, dass sich diejenigen, die für diese Verbrechen verantwortlich sind, nicht der Vergeltung werden entziehen können, und dass die zu diesem Zweck benötigten Maßnahmen vorangetrieben werden.[2]

DOK. 203

Neue Zürcher Zeitung: Artikel vom 18. Dezember 1942 über die Erklärung, in der die Alliierten die Bestrafung der Verbrechen an den Juden ankündigen[1]

Die Erklärung der Alliierten zur Judenfrage

London, 18. Dez. *(Tel. unseres Korrespondenten)*
Die neue Erklärung der Alliierten zur Judenfrage[2] geht im Grunde kaum über das hinaus, was schon bei früheren Anlässen erfolgt war, insbesondere in der Resolution der letzten *Interalliierten Konferenz,*[3] soweit sie die Judenfrage betraf. Auch der dem damaligen Text angefügte Satz über die Vorkehrungen zur *Bestrafung* der für die Ausschreitungen gegen die Juden *Schuldigen* bestätigt nur die Erklärungen, die darüber bereits von

2 Die Erklärung wurde am 17.12.1942 vom brit. Außenminister Anthony Eden im Unterhaus des brit. Parlaments und am selben Tag im Oberhaus von Lordkanzler John Simon (1873–1954) verlesen. Zu den Reaktionen der brit. Parlamentarier siehe Dok. 203 vom 18.12.1942. Die New York Times veröffentlichte die Erklärung einen Tag später unter dem Titel „Allies condemn Nazi war on Jews". Die Reaktion der deutschen Regierung auf die Erklärung veröffentlichte der Corriere della Sera am 20.12.1942; siehe VEJ 9/207, Anm. 5.

1 Neue Zürcher Zeitung, Abendausg., Nr. 2079 vom 18.12.1942, S. 2. Die Tageszeitung wurde 1780 unter dem Namen Zürcher Zeitung gegründet, 1821 in Neue Zürcher Zeitung umbenannt und erscheint bis heute.
2 Siehe Dok. 202 vom 17.12.1942.
3 Am 13.1.1942 hatten Vertreter der (Exil-)Regierungen Belgiens, Frankreichs, Griechenlands, der Niederlande, Luxemburgs, Polens, Jugoslawiens und der Tschechoslowakei im Londoner St.-James-Palast die dritte Interalliierte Konferenz abgehalten, auf der sie die deutschen Gewalttaten in den besetzten Gebieten verurteilten und die Bestrafung der Hauptverantwortlichen forderten.

der britischen und der amerikanischen Regierung abgegeben worden waren.[4] Neu ist nur, dass sich jetzt alle *Alliierten* in dieser Hinsicht formell *solidarisch* erklären.

London, 18. Dez. (Exchange) Die britische Presse unterstreicht die *Einmütigkeit* des *Parlaments* bei der Erörterung der interalliierten Erklärung gegen die Behandlung der Juden in den von den Deutschen besetzten Ländern Europas.

„Daily Telegraph" unterstützt die Forderung des Bischofs von London,[5] der im *Oberhaus,* wo die gleiche Erklärung verlesen wurde, verlangte, dass „alle Verbündeten den Juden, die dem Terror entfliehen konnten, Zuflucht gewähren und den neutralen Ländern helfen sollen, die Flüchtlinge zu erhalten, die deren Gebiet erreichen". Sowohl „Daily Telegraph" und „Daily Herald" als andere Blätter weisen darauf hin, dass noch niemals das Unterhaus eine derartige Szene wie am Donnerstag erlebte, nachdem Eden[6] die Erklärung verlesen hatte. Der liberale jüdische Abgeordnete James Rothschild[7] brach mit voller Billigung der Abgeordneten und des Regierungsvertreters die Regeln der Geschäftsordnung, indem er zu einer Zeit, wo diese nur die Stellung von Fragen erlaubt, eine eindrucksvolle Rede hielt.

Der zweite Bruch der Regeln ereignete sich, als der Labourabgeordnete Cluse[8] den Sprecher fragte, ob es statthaft sei, dass das *Unterhaus* sich zum Zeichen der Trauer und des Protests von den Plätzen erhebe. Der Sprecher antwortete, es müsse dies ein spontaner Akt sein. Darauf erhob sich Sir Waldron Smithers[9] aus der Reihe der Konservativen und forderte durch Gesten die Abgeordneten auf, sich zu *erheben,* wobei auch die Zuschauer auf den Galerien aufstanden.

London, 18. Dez. ag (Reuter) Die Jewish Agency für Palästina veröffentlicht folgende Erklärung: Wir appellieren an die britische Regierung als Mandatsmacht in Palästina, damit sie die 300 000 *Juden Palästinas* in die Lage versetze, ihre Pflicht und ihre Mission dadurch zu erfüllen, dass sie ihre jüdischen Brüder und Schwestern auf dem einzigen Gebiet aufnehmen, wo die jüdischen Flüchtlinge nicht mehr Ausländer sind.

4 Churchill hatte nach dem deutschen Angriff auf die Sowjetunion im Sommer 1941 und erneut im Sept. 1942, nachdem die Times über die Deportation jüdischer Kinder aus Frankreich berichtet hatte, die deutschen Verbrechen an den Juden öffentlich verurteilt. Von Sept./Okt. 1942 an bereiteten brit. und US-Diplomaten die Gründung einer Kommission der Vereinten Nationen zur Verfolgung der deutschen und japan. Kriegsverbrechen und Gräueltaten gegen die Zivilbevölkerung vor.

5 Geoffrey Fisher (1887–1972), Priester; 1913 Ordinierung zum Priester, 1914 Direktor der Repton School, 1930 Bischof von Chester, 1939 Bischof von London, 1945 Erzbischof von Canterbury und Primas der Church of England; 1961 Ruhestand.

6 Anthony Eden (1897–1977), Orientalist, Politiker; 1923 Abgeordneter der Konservativen im brit. Unterhaus, 1931 StS im Außenministerium, 1935–1938 Außenminister, 1939 Kriegsminister unter Churchill, 1940–1945 Außenminister; 1955–1957 Premierminister.

7 James Rothschild (1878–1957), Bankier; von 1905 an bei der Rothschild-Bank in Paris; Teilnahme am Ersten Weltkrieg in der jüdischen Legion in Palästina; Unterstützer der zionistischen Bewegung; 1929–1945 Abgeordneter der Liberal Democrats im brit. Unterhaus; 1945 parlamentar. StS beim Ministry of Supply, das für die Ausrüstung der brit. Streitkräfte zuständig war.

8 William Sampson Cluse (1875–1955), Drucker; 1900 Beitritt zur Social Democratic Federation; 1923 als Labour-Abgeordneter ins Unterhaus gewählt und mit Unterbrechungen bis 1950 Abgeordneter.

9 Sir Waldron Smithers (1880–1954), Börsenmakler; von 1922 an Abgeordneter der Konservativen im brit. Unterhaus, 1934 zum Ritter geschlagen.

DOK. 204
Der britische Botschafter im Vatikan, Francis Osborne, kritisiert am 18. und 19. Dezember 1942 in seinem Tagebuch die Haltung des Papstes zur Judenverfolgung[1]

Tagebuch von Francis Osborne,[2] Vatikanstadt, Einträge vom 18. und 19.12.1942[3]

18. Dezember

[...][4]

Die Erklärung der Vereinten Nationen und die Anstrengungen des britischen Unterhauses zugunsten des jüdischen Volkes hatten große Auswirkungen in Großbritannien und in den USA.[5]

Einer dieser dunklen und regnerischen Tage. Nach einem recht geschäftigen Morgen unternahm ich vor dem Mittagessen einen kurzen Spaziergang. Ich ließ mir die Haare schneiden. Ich war sehr traurig über die Nachricht, dass Hélène Niewuwenhuys[6] in der Nacht zuvor gestorben war, obwohl diese nicht überraschend kam. Es ist überaus bedauerlich, dass gerade sie, die leidenschaftliche Patriotin, den Tag des Sieges nicht mehr erleben wird und feiern kann. Am Nachmittag erledigte ich einige weitere, diesmal gnädigerweise kurze Telegramme. Danach genoss ich die Unterhaltung mit Colm Kiernan,[7] der mich zum Tee aufgesucht hatte. Ich erzählte ihm von Pan[8] und er sprach von seinen Briefmarken- und Münzsammlungen. Es würde mir großes Vergnügen bereiten, seinen wunderschön geformten Kopf zu modellieren. Um 5.20 Uhr, als es bereits stockdunkel war, erschreckte er mich mit der Ankündigung, er müsse nun besser los, weil der Wagen nicht käme und er mit der Straßenbahn nach Hause fahren werde. Ich veranlasste, dass Livio ihn bis zur Straßenbahnhaltestelle an der Piazza S. Pietro begleitete. Um 6.30 Uhr traf ich Herrn Tardini.[9] Ich teilte ihm alle meine Informationen über Hitlers Vernichtungspolitik in Bezug auf die Juden mit und fragte ihn, ob der Papst sich nicht dazu äußern wolle. Aber er sagte, der Papst dürfe keinerlei Partei ergreifen! Das ist äußerst

1 British Library, Egerton MS 3853, Bl. 193–195. Das Dokument wurde aus dem Englischen übersetzt.
2 Francis Osborne Duke of Leeds (1884–1964), Diplomat; von 1909 an im diplomatischen Dienst in Rom, Lissabon und Den Haag, 1931 Botschafter in Washington, 1936–1947 Botschafter im Vatikan; unterstützte von 1943 an das Hilfswerk des Priesters Hugh O'Flaherty, das über 6500 alliierte Soldaten und Juden versteckte.
3 Im Original handschriftl. Bearbeitungsvermerke.
4 Im ersten Teil des Eintrags berichtet Osborne von dem Luftkrieg zwischen Großbritannien und Deutschland, der Situation in der Sowjetunion sowie den Erfolgen der Alliierten in Nordafrika und Neuguinea. Außerdem geht er auf Gerüchte über vermeintliche Pläne der Alliierten zur Okkupation Spaniens ein und erwähnt die Evakuierungen von Neapel, Turin und Genua.
5 Siehe Dok. 202 vom 17.12.1942 und Dok. 203 vom 18.12.1942.
6 Vermutlich die Ehefrau des belg. Botschafters beim Vatikan, Adrien Niewuwenhuys.
7 Colm Padraic Kiernan (1931–2010), Sohn des irischen Botschafters beim Vatikan, Thomas Joseph Kiernan; später Historiker und Schriftsteller.
8 Vermutlich ist die Kunst- und Literaturzeitschrift Pan gemeint, die von 1895 bis 1900 und von 1910 bis 1915 erschien.
9 Domenico Tardini (1888–1961), kath. Theologe; 1912 zum Priester geweiht, anschließend in der Priesterausbildung tätig, von 1921 an in der Abt. für äußere Angelegenheiten des vatikan. Staatssekretariats, dort 1929 Untersekretär, 1937 Sekretär, 1952 Pro-Staatssekretär, 1958 Ernennung zum Kardinalstaatssekretär und Bischof.

tragisch. Ich denke, es geht darum, dass S.H.[10] unter allen Umständen, selbst angesichts dieser ungeheuerlichsten gegen Gott und die Menschen gerichteten Schandtaten, an einer Haltung festhalten will, die er als neutral begreift. Er hofft, dadurch bei der Wiederherstellung des Friedens eine Rolle spielen zu können. Er sieht nicht, dass sein Schweigen für den Heiligen Stuhl außerordentlich schädlich ist und alle Aussichten zunichtemacht, dass man später auf ihn hören wird.

Am späten Abend Diskussionen mit Gayda[11] über die britisch-amerikanischen Bombardierungspläne für Italien, wobei er von anstehenden Schlägen sprach, über die man zum gegenwärtigen Zeitpunkt noch nicht offen reden könne, die aber bald für alle sichtbar werden würden. Ich frage mich, was er wohl damit gemeint hat.

[...][12]

19. Dezember

[...][13]

Laval hat im Rundfunk über die geplanten antijüdischen Maßnahmen in Frankreich gesprochen.[14] Vermutlich werden alle ausländischen Juden interniert werden, und wahrscheinlich wird all denjenigen, die ab 1925 die französische Staatsbürgerschaft angenommen haben, diese wieder aberkannt.[15] Scheidungen von Juden und Nichtjuden sollen erleichtert werden. Für die jüdische Bevölkerung sollen spezielle Schulen und sogar Gettos errichtet werden.[16] All dies ist im Vergleich zu Hitlers Methoden noch eher harmlos.

Marcel Déat[17] hat verlautbaren lassen, es gebe nur die Option, die neue Ordnung zu akzeptieren, die einzige Alternative dazu wäre ein „Todesurteil für ganz Frankreich".

10 Seine Heiligkeit.

11 Virginio Gayda (1885–1944), Ökonom; 1908 Korrespondent von La Stampa, von 1919 an bei Il Messaggero tätig, 1921–1926 Chefredakteur; 1925 Eintritt in den Partito Nazionale Fascista; 1926–1943 Chefredakteur von Il Giornale d'Italia; Autor zahlreicher Bücher, u. a. zur Außenpolitik.

12 Am Ende des Eintrags geht Osborne erneut auf das Kriegsgeschehen in Nordafrika, der Sowjetunion und Frankreich ein. Außerdem erwähnt er, dass der poln. General Władysław Sikorski in New York von der Vernichtung der Juden berichtet habe.

13 Zu Beginn des Eintrags berichtet Osborne von Gefechten in der Sowjetunion, der Situation in Libyen, dem brit. Vormarsch in Indien und Erfolgen der US-Marine gegen Japan.

14 Eine solche Äußerung des Ministerpräsidenten der Vichy-Regierung Pierre Laval lässt sich nicht nachweisen. Am 7.12.1942 hatte der Generalkommissar für Judenfragen der Vichy-Regierung, Louis Darquier de Pellepoix (1897–1980), im Radio verschiedene antijüdische Dekrete angekündigt.

15 Der Süden Frankreichs war am 11.11.1942 von deutschen und italien. Truppen besetzt worden; bereits seit Aug. 1942 wurden dort lebende staatenlose Juden an die Deutschen ausgeliefert. Das Generalkommissariat für Judenfragen bereitete im Dez. 1942 ein Gesetz vor, demzufolge auch in Vichy-Frankreich allen Juden, die nach 1927 die franz. Staatsbürgerschaft erhalten hatten, diese aberkannt werden sollte. Auf dieser Grundlage planten die Deutschen im Juni 1943 Massenverhaftungen, Laval und der Staatschef Philippe Pétain (1856–1951) lehnten daraufhin die Veröffentlichung der Ausbürgerungsbestimmungen ebenso ab wie die Beteiligung franz. Polizeikräfte an den Razzien; siehe VEJ 12, S. 74 f.

16 Diese Vorhaben lassen sich nicht nachweisen.

17 Marcel Déat (1894–1955), Lehrer; 1926–1928 und 1932–1936 sozialistischer Abgeordneter, 1936 franz. Luftfahrtminister; 1941–1944 Mitbegründer der Kollaborationspartei Rassemblement national populaire (RNP); im Juni 1945 in Abwesenheit zum Tode verurteilt, lebte von 1945 an unter falschem Namen in Norditalien.

Fast die ganze Nacht bis in den Morgen hinein regnete es in Strömen, aber um die Mittagszeit herum klarte es mehr oder weniger wieder auf. Ich suchte den Kardinal auf und hatte ein freundliches Gespräch mit ihm. Ich hatte mir vorgenommen, nicht wieder schlecht über die Politik des Vatikans gegenüber den Juden etc. zu reden. Nur einmal erwähnte ich die an den Juden begangenen Gräueltaten, was ihn tief zu bewegen schien. Post sowohl aus London als auch aus Lissabon. Beide, Bridget und Gladys Robertson, sagen, meine Briefe an sie seien nach der Bearbeitung durch die Zensurbehörde nur noch Fetzen und Streifen gewesen. Für mich ist es äußerst verstörend, dass meine privaten Briefe durch die Zensur gehen, aber ich schätze, ich kann nichts dagegen unternehmen. Hugh und ich schrieben drei nicht besonders interessante Telegramme. Der Nachmittag voller Termine. Um 5 Uhr kam Herr Heard zum Tee. Als er mich um 6 Uhr verließ, erschien Herr Riberi.[18] Er war so gütig, eine umfangreiche Sammlung von Briefmarken aus dem Vatikan mitzubringen: 600 Exemplare, die unter den britischen Kriegsgefangenen verteilt werden sollen, dazu großartig konzipierte und gestaltete Weihnachtskalender für jeden Gefangenen mit den Noten und Texten der beliebtesten Weihnachtslieder, unten auf den Seiten Auszüge aus den Reden des Papstes, mit einer Faksimile-Einführung von S.H. sowie monatlichen Kalenderblättern mit Platz für Vermerke auf der Rückseite. Es ist wirklich ein hübscher Kalender. Sie verteilen auch viele Ziehharmonikas. Man muss dem Vatikan diese Großzügigkeit hoch anrechnen, aber nicht nur seine Großzügigkeit, sondern auch sein gutes Gespür und den guten Geschmack, mit dem er die Geschenke für die Gefangenen ausgewählt hat. Ich bin mir sicher, man wird sie mit größter Dankbarkeit annehmen. Herr Riberi sprach dann lange über die Bombardierung von Italien und über die drohende Bombardierung von Rom. In Anbetracht des oben beschriebenen Belegs der Wohltätigkeit des Vatikans war dies kein einfaches Thema, aber ich war sehr klar, was unsere Unfähigkeit anbelangt, zwischen der italienischen Regierung, Presse und Rundfunk und den italienischen Menschen zu unterscheiden.[19] Er blieb bis 7.20 Uhr. Dann verließ ich das Haus für einen kurzen Spaziergang, und danach war ich um 8.00 Uhr bei den Broniwskis[20] zum gemeinsamen Cocktail, obwohl ich bereits für 6.30 Uhr mit ihnen verabredet gewesen war! Moskau kündigte heute, also an dem Tag, an dem sich Hitlers Übernahme des Oberkommandos der Wehrmacht jährt, eine neue Militäroffensive am oberen Don zwischen Woronesch und Stalingrad an. [...][21]

18 Antonio Riberi (1897–1967), kath. Theologe; 1922 zum Priester geweiht, von 1925 an im diplomatischen Dienst des Vatikans in Bolivien, Irland und Mombasa, 1939–1946 Koordinator der Seelsorge für gefangene und verwundete Soldaten; anschließend Nuntius in verschiedenen Ländern.

19 Papst Pius XII. war seit längerem besorgt wegen einer möglichen Bombardierung Roms und des Vatikans. Vermutlich hatte Riberi versucht, Osborne davon zu überzeugen, dass die brit. Bomber die Heilige Stadt verschonen sollten.

20 Richtig: Witold Bronowski (1899–1974); 1937–1944 bei der poln. Botschaft im Vatikan, von 1942 an im Rang eines II. Botschaftssekretärs.

21 Abschließend berichtet Osborne vom Vormarsch der Roten Armee vor Stalingrad, der Situation in Nordafrika und Luftangriffen auf Großbritannien. Außerdem erwähnt er, dass Moskau die Vernichtung der Juden angeprangert habe, und zitiert aus einem italien. Artikel über die angebliche Überlegenheit Japans, den er für unglaubwürdig hält.

DOK. 205

Die SD-Außenstelle Schwabach berichtet am 23. Dezember 1942, dass in der ländlichen Bevölkerung die Angst vor Racheaktionen der Juden umgehe[1]

Bericht (geheim) der SD-Außenstelle Schwabach (BB.Nr. 80/42 g.), gez. Dornberger, kommissar. Leiter, an den Landrat von Hilpoltstein, Dr. Gustav Hilger,[2] vom 23.12.1942

Betr.: SD-Lagebericht.
Nachstehend erhalten Sie zur Kenntnisnahme einen Auszug aus dem hier im Laufe des Monats Dezember angefallenen Lagebericht zur dortigen Kenntnisnahme:
Allgemeine Stimmungslage
Am Anfang des Monats Dezember herrschte im hiesigen Bereich allgemein eine gedrückte Stimmung unter der Bevölkerung, die vor allem durch Erzählungen von Frontsoldaten hervorgerufen wurde. Innerhalb der *Landbevölkerung* wurde die Offensive der Sowjets als sich für uns ungünstig besprochen.[3] Es wurden Äußerungen von Rückzügen laut, die noch einen schlimmen Verlauf nehmen würden.
Gegen Ende des Monats ergaben einzelne Feststellungen, daß z. B. in Kreisen von „Schwarzsehern" und „Meckerern", die nicht einem stärkeren konfessionellen Einfluß unterliegen, die Lage auf den einzelnen Kriegsschauplätzen etwas besser beurteilt wird als zu Anfang des Monats. Dagegen ist die Stimmung in den, den konfessionellen Einflüssen besonders stark zugänglichen Gegenden, besonders bei der Landbevölkerung unter katholischem Einfluß, nach wie vor sehr schlecht. In diesen Gegenden wird offen zum Ausdruck gebracht, daß wir den Krieg nicht gewinnen. Hierzu wird berichtet: „Den meisten Urlaubern fällt es auf, daß sehr viele Volksgenossen in der Heimat nicht mehr an den deutschen Sieg glauben wollen und diese ihre dummen Ansichten offen gegenüber Fronturlaubern aussprechen. Ein Unteroffizier sagte mir, er könne jedem ins Gesicht schlagen, der ihm solches Geschwätz vorbringt, da dies Mißtrauen dem deutschen Soldaten gegenüber bedeutet."
Ein anderer Fall hebt ebenfalls besonders die Stimmung der Landbevölkerung hervor: „Der Bauer Michael *Körner* von Meckenhausen[4] schrieb in einem Brief an seinen Sohn Michael, der an der Ostfront stand, „daß in Deutschland bald alles drunter und drüber gehe usw." Diesen Brief legte K. einem Paket an seinen Sohn bei. Unterdessen ist nun der Sohn verwundet worden, das Paket wurde deshalb an der Front unter den Kameraden des K. junior verteilt, die den Brief lasen und an ihren Kompanieführer abgaben. Dieser gab nun den Brief weiter an die Partei mit einem Hinweis, daß solche Briefe geeignet sind, den Geist der Truppe an der Front zu verderben."
In Hilpoltstein wird davon gesprochen, daß die z. Zt. an der Front eintreffenden jungen Burschen weinen und wieder nach Hause wollen; teilweise würden viele dieser jungen Menschen zu den Bolschewisten überlaufen.

1 Staatsarchiv Nürnberg, LRA Hilpoltstein Abg. 1971, Nr. 1792. Teilweise abgedruckt in: Kulka/Jäckel, NS-Stimmungsberichte (wie Dok. 5 vom 7.10.1941, Anm. 1), S. 510.
2 Dr. Gustav Hilger (1904–1991), Volkswirt; von 1923 an bis zu dessen Verbot Mitglied im Bund Oberland; 1933 NSV-, 1935 NSDAP-Eintritt; 1940–1945 Landrat von Hilpoltstein, 1949–1970 CSU-Landrat des Altlandkreises Schongau.
3 So im Original.
4 Vermutlich: Michael Körner (*1885), Landwirt; 1933–1937 NSDAP-Mitglied.

Eine der stärksten Beunruhigungen in den kirchlich gebundenen Kreisen und in der Landbevölkerung bilden z. Zt. Nachrichten aus Rußland, in denen von Erschießung und Ausrottung der Juden die Rede ist. Diese Mitteilung hinterläßt in den genannten Bevölkerungskreisen vielfach große Angst, Kummer und Sorgen. Nach Ansicht weiter Kreise der Landbevölkerung steht es heute noch nicht fest, daß wir den Krieg gewinnen und daß dann einmal, wenn die Juden wieder nach Deutschland kommen, [sie] fürchterliche Rache an uns nehmen.

Im Gegensatz zu dieser Stimmungsbeeinflussung der ländlichen Bevölkerung steht die allgemeine Stimmung der städtischen Bevölkerung, in der die kirchliche Beeinflussung nicht so stark hervortritt wie auf dem Lande. Jedoch gibt es auch hier verschiedene Momente, die eine schlechte Stimmung hervorrufen. Einer der wichtigsten Punkte für die Stimmungsbeeinflussung besonders der Arbeiterbevölkerung bildet immer wieder die Behandlung und Betreuung von Kriegsgefangenen und Zivilarbeitern. So wird z. B. derzeit viel geschimpft, daß den im Lager an der Bahnhofstraße in Schwabach untergebrachten polnischen Kriegsgefangenen dauernd amerikanische Liebesgabenpakete durch das Rote Kreuz übergeben werden, die beste Lebensmittel, Wurst, Schokolade usw. enthalten. Erst vor einigen Tagen sei wieder eine solche Sendung mit über 600 kg eingetroffen. In den Schwabacher Betrieben spricht die Arbeiterschaft, daß es den Kriegsgefangenen bessergehe als ihnen und daß diese mehr Lebensmittel erhalten als der deutsche Arbeiter. Ein weiterer Beunruhigungspunkt unter der Arbeiterschaft bildet der Verkehr der ausländischen Zivilarbeiter auf der Reichsbahn. Es ist nicht angängig, daß polnische, sowjetrussische oder andere ausländische Zivilarbeiter in den gleichen Wagen fahren wie der deutsche Arbeiter und daß dann noch dazu die Ausländer Sitzplätze haben und der deutsche Arbeiter stehen muß. [...][5]

Wie aus verschiedenen Meldungen hervorgeht, kann in letzter Zeit vielfach beobachtet werden, daß die Kleiderkarten, die an polnische Zivilarbeiter ausgegeben wurden, nicht immer richtig angewandt werden. So kaufen die Polen vielfach nicht die etwa notwendige Arbeitskleidung, sondern fertige Sonntagsanzüge oder Stoffe zur Anfertigung solcher Anzüge und Kleider. Die Arbeitskleidung lassen sie sich dann von ihren Arbeitgebern geben. Weiter besteht auch der dringende Verdacht, daß die Polen einen schwunghaften Handel mit ihren Kleiderkarten betreiben. So konnte z. B. in Thalmässing in einem Falle bereits ein Pole festgestellt werden, der mit Kleiderkarten anderer Polen Einkäufe für sich machte. Der Pole wurde zur Anzeige gebracht. Viel Schuld an diesen Umständen hat auch das Verhalten der deutschen Geschäftsleute, die ihre Waren auch an Polen verkaufen, obwohl sie Anweisung haben, was sie an Polen abgeben dürfen.

Aus Greding wird berichtet: „In der Gastwirtschaft Kraus in Mettendorf geben sich meist sonntags vormittags französische Kriegsgefangene ein Stelldichein und hören ausländische Sender ab. Wenn es sich auch vorwiegend um französische Sender handeln dürfte, so kann ein solches Treiben doch nicht weiter geduldet werden. Der Sonntagvormittag eignet sich dort für die Franzosen besonders gut, da die Einwohnerschaft von Mettendorf fast vollständig in der Kirche ist und deshalb die Gefangenen, zu denen sich auch solche aus anderen Orten gesellen, ungestört sind. Verantwortlich für das Abhören der

5 Im Folgenden wird berichtet, dass Lebensmittel knapp seien und es Klagen über eine ungerechte Verteilung gebe. Des Weiteren ist von Gerüchten über eine bevorstehende Inflation die Rede und von Klagen des Finanzamts über die mangelhafte Steuermoral. In Greding heißt es, dass der neue kath. Kaplan beliebt sei und mit einer Feier zu Ehren der Gefallenen starke Wirkung erzielt habe.

ausländischen Sender durch die Franzosen ist zweifellos die Wirtin Walburga Kraus, die den Franzosen ohne weiteres gestattet, das Rundfunkgerät selbst zu bedienen."
Die katholische Schuljugend in Greding bekommt schon seit längerer Zeit außer dem Unterricht, der im Schulsaal stattfindet, *weiteren Religionsunterricht* im sogenannten Schutzengelhaus. Der Grund soll der sein, daß die Unterrichtsstunden, die in der Schule stattfinden, als zu wenig angesehen werden. Besonders aktiv in dieser Beziehung ist ein Kurator, der noch gar nicht so lange in Greding ist und von dem gesprochen wird, daß er Jesuit wäre. Es wird erzählt, daß im Unterricht im Schutzengelhaus die Kinder bei geringen Vergehen sich auf ein Holzscheit knien müssen und daß viele mit dem Stock geschlagen werden.
Es ist sehr schade, daß in solchen Gegenden die HJ so wenig in Erscheinung tritt. Aber am schlimmsten wirkt sich das beim Jungvolk und den Jungmädeln aus. Der Bann Schwabach sollte sich bestimmt mehr um die Landeinheiten kümmern und nicht so viel vom grünen Tisch aus arbeiten.
Wie aus dem Landkreis Hilpoltstein berichtet wird, wurden dort in den letzten Tagen die Kirchensteuerzettel des ev. luth. Kirchensteueramtes Nürnberg an die Kirchensteuerpflichtigen zugestellt. Allgemein aufgefallen sind in diesem Bevölkerungskreis, der nicht gerade klein ist, die hohen Beträge der Kirchensteuer. Wenn sich auch bis jetzt nur wenige Volksgenossen über die Höhe der Kirchensteuer ausgelassen haben, so hört man doch bereits da und dort Andeutungen über die geringe Tätigkeit der Pfarrer, die doch eigentlich nicht mit den hohen Steuern vereinbar ist. Die meisten Volksgenossen halten mit ihren Äußerungen nur deswegen zurück, weil geschäftliche Bindungen im Zusammenhang stehen, jedoch ist eine „innere Gärung" sehr deutlich wahrnehmbar und verschiedentlich konnten schon leise Andeutungen über einen evtl. Austritt aus der Kirche gehört werden.

DOK. 206
Der Sicherheitsdienst empört sich über die Weihnachtsansprache von Papst Pius XII. vom 24. Dezember 1942[1]

Bericht des SD, ungez., an das Auswärtige Amt, Berlin, o. D.[2]

Die diesjährige Weihnachtsansprache des Papstes[3] wurde durch die Veröffentlichung einer ganzen Reihe von päpstlichen Dokumenten vorbereitet. Seit dem Sommer 1942 gibt das Kardinal-Staatssekretariat der Kirche eine Reihe von alten päpstlichen Doku-

1 PAAA, R 98 833. Teilweise abgedruckt in: Kulka/Jäckel, NS-Stimmungsberichte (wie Dok. 5 vom 7.10.1941, Anm. 1), S. 511 f.

2 Der Bericht ist möglicherweise Teil eines größeren Berichts, das Begleitschreiben des Chefs der Sicherheitspolizei und des SD, i. A. gez. SS-Obersturmbannführer Mylius, ist auf den 15.1.1943 datiert. Der Wortlaut der päpstlichen Weihnachtsbotschaft in amtlicher vatikanischer Übersetzung liegt dem Bericht bei. Abdruck der Rede vom 24.12.1942 im italien. Original in: Actes et Documents du Saint Siège relatifs à la Seconde Guerre mondiale, hrsg. von Pierre Blet u. a., Bd. 7: Novembre 1942–Décembre 1943, Città del Vaticano 1973, Dok. 71, S. 161–167.

3 Papst Pius XII., geb. als Eugenio Pacelli (1876–1958), Theologe und Jurist; 1909–1914 Professor an der Diplomatenakademie des Vatikans; 1917 Titularbischof und päpstlicher Nuntius in München, 1920–1929 Nuntius für das Deutsche Reich, 1929 Kardinal, 1930 Kardinalstaatssekretär, im März 1939 zum Papst gewählt.

menten amtlich bekannt, die zum Teil schon in den Jahren 1929/30 von Pius XI.[4] verfaßt wurden. In all diesen Dokumenten werden die Prinzipien der Katholischen Aktion[5] lehrhaft dargelegt; alle diese Dokumente beweisen, auf welchen Grundlagen der Papst die Neuordnung der Welt nach dem jetzigen Kriege durchgeführt wissen will.

In einer Weise wie noch nie zuvor lehnt der Papst eine Neuordnung auf nationalsozialistischer Grundlage ab. Die Rundfunkrede des Papstes ist ein Meisterstück kirchlicher Verfälschung und Unterhöhlung des Gedankengutes der nationalsozialistischen Weltanschauung. Zwar wird mit keinem Wort der Nationalsozialismus oder die nationalsozialistische Weltanschauung erwähnt, und doch ist die ganze Rede eine geistige Auseinandersetzung und Abrechnung mit den Höchstwerten der nationalsozialistischen Weltanschauung. Alles, was dem Nationalsozialismus heilig ist, wird als Unwert und Verirrung bloßgestellt.

Doch wir dürfen dem Papst dankbar sein für seine offene Sprache. Sie zeigt, daß ein Verstehen und ein versöhnliches Nebeneinanderleben zwischen dem Christentum und dem Nationalsozialismus niemals möglich ist. Sie offenbart zudem aber auch klar die ganze innere Schwäche des kirchlichen Lehrgebäudes, das heute noch auf längst überlebten Ideologien begründet ist. Noch heute sind die Ideologien von 1789[6] und der liberalen Demokratien Ausdrucksformen kirchlicher Lehrmeinungen.

Der Papst setzt sich mit allen Lebensbereichen der Menschheit auseinander: Ausgehend von der nationalen Volksgemeinschaft über die Bildung und Pflege der Einzelpersönlichkeit zur Wirtschaft und zum Rechtsleben eines Volkes stellt der Papst die kirchliche Staatsauffassung in scharfen Gegensatz zur Staatsauffassung des Nationalsozialismus und aller autoritären Staaten.

Die Weihnachtsbotschaft des Papstes ist ein Beweis für die Notwendigkeit, daß die ideellen Höchstwerte und geistigen Güter der nationalsozialistischen Weltanschauung einmal eine feste konkrete Formulierung finden müssen, damit einer willkürlichen Verfälschung und Verzerrung durch kirchliche Gegner Einhalt geboten werden kann.

Während der Papst in seiner vorjährigen Weihnachtsansprache die Grundsätze der internationalen Völkerordnung behandelte, sucht er in seiner letztjährigen Botschaft die Grundsätze für die innere Gestaltung des nationalen Lebens der Völker darzulegen. Ausgangspunkt und Zielpunkt der päpstlichen Belehrungen ist dabei ausschließlich die Lehre des Thomas von Aquien über den Frieden und die Ordnung.[7] Feierlich erklärt der Papst vor aller Welt seine völlige Gleichgültigkeit allen Staatsformen gegenüber. Er billige jede Staatsform, sofern sie mit dem Gottesgesetz in Einklang steht. In dieser Herausstellung darf man eine Handreichung gegenüber dem Bolschewismus erblicken. Je mehr jedoch eine Staatsform entscheidend wird für den endgültigen Bestand der kommenden Neuordnung,

4 Papst Pius XI., geb. als Achille Ambrogio Damiano Ratti (1857–1939), Jurist, Theologe und Philosoph; 1882–1887 Professor in Mailand, von 1888 an Bibliothekar der Biblioteca Ambrosiana in Mailand, von 1911 an Vizepräfekt, von 1914 an Präfekt der Vatikanischen Bibliothek, 1919 Nuntius in Warschau, 1921 Erzbischof von Mailand, 1922 zum Papst gewählt.

5 Antimodern eingestellte Laienbewegung, die maßgeblich von Pius XI. in den 1920er-Jahren gefördert wurde.

6 Gemeint sind die Ideale der Französischen Revolution: Freiheit, Gleichheit, Brüderlichkeit. Am 26.8.1789 verkündete die franz. Nationalversammlung die Erklärung der Menschen- und Bürgerrechte.

7 Gemeint ist Thomas von Aquins „Summa theologica“, entstanden ca. 1260–1264.

um so mehr hält der Papst sich verpflichtet, als Mahner vor die Welt zu treten und zu warnen vor den „Verdunkelungen, Verdrehungen, Abschwächungen, Mißdeutungen und Abirrungen der unerschütterlichen Grundnormen der natürlichen und übernatürlichen Ordnung". Damit bekundet der Papst sein[en] grundsätzlichen Gegensatz und seine Gegnerschaft zum Nationalsozialismus. Auch wenn er seinen Namen nicht nennt.

Die nationalsozialistischen Prinzipien der Neuordnung der Volksgemeinschaft werden als soziale Irrlehren und Irrtümer, als selbst geschaffenes Chaos, als falsche gottvergessene oder gottfeindliche Ideen, als Finsternis und Unsegen bezeichnet. Nicht blutverbundene Volksgemeinschaft, sondern Gemeinschaft auf der Grundlage einer inneren geistigen Einheit unter Wahrung jeder wahrhaft begründeten, durch Schöpferwillen oder übernatürliche Normen verbürgte Verschiedenheit: der Papst redet also dem Rassenchaos das Wort gegen die rassen-biologisch fundierte Volksgemeinschaft. Nicht aus der Besinnung auf Blut und Boden kommt die wahre Erneuerung, sondern aus der Rückkehr zu jener übernatürlichen verankerten sozialen Ordnung, die es in der Vergangenheit nicht vermocht hat, die Menschheit vor der furchtbarsten Versklavung an den Kapitalismus und Bolschewismus zu bewahren.

Nicht das Reich und nicht die Volksgemeinschaft ist Ursache und Grundlage des Einzellebens und des Gemeinschaftslebens. Die Verankerung der Neuordnung der menschlichen Gesellschaft auf natürlichen Fundamenten ist Häresie. Nur in Gott und der in Gott begründeten, ewig geltenden Ordnung des Naturrechtes ist eine Neugründung der Menschheit möglich. Die Entfaltung der menschlichen Persönlichkeit trägt nach der päpstlichen Unterweisung rein individualistisch-liberalistischen Charakter. Eine Bildung der Persönlichkeit von der Volksgemeinschaft her und zur Volksgemeinschaft hin wird als Verirrung und „Zweckphrase" abgelehnt. Der Papst drückt seine Genugtuung darüber aus, daß diese Haltung in „immer wachsenden Kreisen auf entschiedene und offene Ablehnung stößt". Und sofort betont er wieder, daß die wahre „innere Einheit" eine Verschiedenheit nicht ausschließt, die von Natur und Wirklichkeit gefördert wird. In Gott findet die Gleichheit wie die Verschiedenheit der Menschen ihren gebührenden Platz in der unbedingt gültigen Ordnung des Seins und der Werte. Man fühlt an dieser Stelle förmlich das Bestreben des Papstes, jedem einen Platz an der Sonne im kommenden neuen Europa zu sichern. Hat der Papst im vorigen Jahre die „Fraternité",[8] die internationale Weltverbrüderung als Ideal der Völkergemeinschaft betont, so betont er in diesem Jahr die „Egalité".[9] Und in jener wie in dieser spricht deutlich seine Sorge für die armen verfolgten Juden.

Auch in der kommenden Wirtschaftsordnung wird jede weltanschaulich-politische Fundierung als „neuer Irrgang und Irrlehre von noch nicht übersehbaren Folgen für das menschliche Gemeinschaftsleben" abgelehnt. Hier zeigt sich klar der Gegensatz zwischen der christlichen Staatsauffassung und Staatslehre zu der nationalsozialistischen. Wenn Wirtschaft und Arbeit nicht von übernatürlich-religiösen Prinzipien geleitet werden, werden Arbeit und Arbeiter entadelt. Damit wird von der höchsten kirchlichen Autorität ein gerade von dieser Seite unverständlicher Gegensatz zur nationalsozialistischen Bewertung der Arbeit aufgestellt, denn gerade in der religiös übernatürlichen Begründung der Arbeit ist dogmatisch die Arbeit als Fluch gestempelt.

8 Franz.: Brüderlichkeit.
9 Franz.: Gleichheit.

Auf dem Gebiet der Rechtsordnung ist nicht die blut- und bodengebundene Volksgemeinschaft Ausgangs- und Zielpunkt, sondern das unveränderlich, ewig bestehende, in Gott begründete Naturrecht. Soll eine Rechtsordnung den Prinzipien der Kirche entsprechen, dann darf sie nicht auf natürlichen Grundwerten wie Volk, Blut und Boden, Rasse und Gemeinschaft beruhen, sie muß jedem menschlichen Zugriff enthoben sein. Die Rechtsordnung der menschlichen Gesellschaft bedingt in kirchlicher Schau eine „unveränderliche heilige Verbindlichkeit und Pflicht zur Verwirklichung unabänderlicher Menschheitsziele". Und auch hier wird die übernatürliche, in Gott begründete Rechtsordnung zum Schluß wieder eine Schutzstruktur für das persönliche Menschenrecht des jüdischen Volkes.
Die Christenheit wird aufgerufen, mit Kreuzfahrergesinnung die Fluten der Tages- und Zeitirrtümer zu überwinden. Hier fällt die Maske. Hier zeigt sich, welche Sinndeutung der Papst dem jetzigen Kriege gibt: ein „Kreuzzug der edelsten Glieder der Christenheit unter dem Ruf ‚Gott will es' zur Überwindung der Zeitirrtümer". Die Weihnachtsbotschaft des Papstes ist also in Wahrheit eine Kreuzzugspredigt zum Kampfe gegen die „modernen Zeitirrtümer". Ziel dieses Kreuzzuges ist, „daß der Stern der jüdischen Stadt Bethlehem als Sinnbild einer besseren Zukunft über die gesamte Menschheit aufgehe".
In fünf Grundforderungen zur Ordnung und Befriedung des Gemeinschaftslebens faßt der Papst dann zum Schluß konkret noch einmal alles zusammen, was er vorher ausführlich dargelegt hatte.
Hinter manchem anzuerkennenden Gedanken verbirgt sich dabei die ganze grundsätzliche Ablehnung der nationalsozialistischen Anschauung in den gleichen Fragen. Ganz besonders klar hebt er auch an dieser Stelle die Unvereinbarkeit des christlichen Staatsgedankens mit dem des Nationalsozialismus hervor.
In seinen Erwägungen zum Weltkrieg gibt der Papst ein völlig abwegiges Bild, wenn er glaubt, darauf hinweisen zu müssen, daß die in den letzten Jahrzehnten groß gewordenen staatlichen Gemeinschaftsformen ihre Unfähigkeit zur Schaffung des Volkswohls erschütternd unter Beweis gestellt haben. Nicht die jungen autoritären Staaten haben ihr Versagen bewiesen, weil sie in einen Krieg hineingezwungen wurden, sondern gerade die Kirche hat restlos versagt, da sie es nicht vermochte, jene Nationen, die ihr besonders ergeben waren, von ihren Kriegstreibereien abzuhalten und das Ausbrechen des Krieges zu vermeiden. Es ist eine Verhöhnung aller Blutopfer dieses Krieges, wenn der Papst zum Schluß die „Hochherzigen und Gutgesinnten" aufruft, sich zusammenzuschließen „im Gelöbnis, das Gemeinschaftsleben zu dem unverrückbaren Mittelpunkt seines Kreislaufes, zum göttlichen Gesetz zurückzuführen" und „die bereit sind, der Persönlichkeit und der in Gott geadelten Gemeinschaft zu dienen". Daß dieses Gelöbnis ausschließlich gegen die Neuordnung des kommenden Europas auf nationalsozialistischer Grundlage gemeint ist, beweist die Erwähnung, daß die Menschheit dieses Gelöbnis allen denen schuldet, „die durch den Krieg ihren Heimatboden verloren haben und die, persönlich schuldlos, bisweilen nur um ihrer Nationalität oder Abstammung willen dem Tod oder einer fortschreitenden Verelendung preisgegeben sind."[10] Damit wird praktisch dem deutschen Volk ein Unrecht an den Polen und Juden vorgeworfen, und der Papst macht sich zum Fürsprecher und Vorkämpfer für diese wahrsten Kriegsverbrecher.

10 Im italien. Original der Rede lautet der vollständige Satz: „Questo voto l'umanità lo deve alle centinaia di migliaia di persone, le quali, senza ver una colpa propria, talora solo per ragione di nazionalità o di stirpe, sono destinate alla morte o ad un progressivo deperimento"; wie Anm. 2, S. 166.

DOK. 207
Mina Rosenthal verfasst Ende 1942 einen Bericht über die Verfolgung der Juden in Berlin[1]

Zeugenbericht von Mina Rosenthal[2] (Protokoll Nr. 125), aufgenommen durch David Flinker[3] im Auftrag der polnischen Exilregierung,[4] ohne Ort,[5] o. D.[6]

Ich bin polnische Staatsbürgerin und habe bei meinen Eltern in der Sierakowska-Straße 6 in Warschau gewohnt. Einige Wochen vor Kriegsausbruch kam nach Warschau mein Bekannter Menachem Rosenthal[7] aus Ramat Gan, der palästinensischer Staatsbürger war. Mitte August 1939 heirateten wir in Warschau. Meinem Mann gelang es allerdings nicht, alle nötigen Formalitäten zu erledigen, um mich als seine Ehefrau registrieren zu lassen. Daher war meine Situation bei Kriegsausbruch sehr kompliziert. Meinetwegen blieb mein Mann in Warschau und erlebte die schweren Tage der Belagerung und Bombardierung der Stadt. In letzter Sekunde gelang es ihm jedoch, mich aus der leidgeprüften belagerten Stadt herauszuholen. Am 20. September 1939 erhielt mein Mann plötzlich eine dringende Nachricht vom englischen Konsulat in Warschau, in der es hieß, dass die Evakuierung der letzten dort verbliebenen Ausländer zusammen mit dem Diplomatischen Korps, das die stark zerstörte Stadt endgültig verließ, gestattet sei. Aber als es meinem Mann gerade gelungen war, mich auf Grundlage unserer Heiratsurkunde in die Gruppe der zu Evakuierenden aufzunehmen, brachte uns eine Wagenkolonne an die Frontlinie, die sich unmittelbar hinter Warschau in der Nähe des Vororts Wolja[8] befand. Abgesehen von den Diplomaten, fast alles Angehörige neutraler Staaten, befanden sich auch über zwanzig jüdische Frauen unter uns, die eigentlich in Eretz Israel ansässig waren, sowie vier Männer – palästinensische Staatsbürger, die sich in Polen als Touristen aufgehalten hatten. Damit wir die Frontlinie passieren konnten, wurde ein kurzer, speziell zu diesem Zweck vereinbarter Waffenstillstand ausgerufen. Die polnischen Offiziere begleiteten uns bis an die deutschen Linien, wo wir von deutschen Offizieren empfangen wurden. Uns gegenüber verhielten diese sich zunächst durchaus kor-

1 YVA, O.12/50. Das Dokument wurde aus dem Jiddischen übersetzt.

2 Mina Rosenthal (auch: Mindla Rozenthal), geb. Rubinstein (1919–2003); heiratete 1939 Menachem Rosenthal, im selben Jahr Internierung in Berlin, konnte im Okt. 1942 im Zuge eines Austauschs brit. Bürger gegen Deutsche nach Palästina auswandern; lebte später in Israel.

3 David Flinker (1900–1978), Journalist; 1928–1939 Redakteur der Zeitung Dos Idishe Togblat in Warschau; 1941 Flucht nach Wilna und von dort weiter nach Palästina; dort u. a. für die Zeitungen Haboker und Der morgen-zhurnal sowie für die Jewish Agency tätig.

4 Die poln. Exilregierung in London startete 1939 gemeinsam mit der Jewish Agency eine Initiative, jüdische Flüchtlinge aus Polen im brit. Mandatsgebiet in Palästina zu interviewen, um Material über das Leben unter deutscher Okkupation zu sammeln. Insgesamt zeichneten Journalisten 237 Interviews auf, die sich heute in den Kiddush Hashem Archives bzw. dem Archiv von Yad Vashem befinden.

5 Das Protokoll wurde im Mandatsgebiet in Palästina aufgenommen.

6 Wahrscheinlich Ende 1942.

7 Menachem Rosenthal (1905–1989); emigrierte 1924 in das brit. Mandatsgebiet Palästina und nahm die dortige Staatsbürgerschaft an; im Sept. 1939 während eines Besuchs in Warschau vom Ausbruch des Kriegs überrascht, im Okt. 1942 gegen deutsche Staatsbürger ausgetauscht; lebte nach 1945 in Israel.

8 Richtig: Wola.

rekt. Es interessierte sie auch nicht, wer von uns Jude war. Wir wurden in deutschen Militärfahrzeugen nach Königsberg gebracht. Die gesamte Strecke entlang konnte man die jüngsten Zerstörungen des Krieges sehen: niedergebrannte Städte und Dörfer, zerstörte Bahnlinien, unzählige Tote – Soldaten und Zivilisten –, die noch nicht hatten bestattet werden können. Während der Fahrt fiel uns auf, dass die Deutschen sich bemühten, gegenüber der Zivilbevölkerung ihre freundlichste Seite herauszukehren. In den Dörfern reichten sie polnischen Kindern Brot, um ihr Mitgefühl zu demonstrieren …

In Königsberg wurden wir von den Diplomaten getrennt und eine Gruppe von knapp 30 Männern und Frauen aus Palästina wurde vorübergehend in die für Tschechen vorgesehenen Arbeitslager gebracht.[9] Dort wurden wir mehrere Tage festgehalten, bis man uns schließlich nach Berlin überstellte, wo wir, Staatsangehörige der Gegenseite, sofort als „feindliche Ausländer" unter die Aufsicht der Gestapo gestellt wurden. In Berlin trennte man uns von unseren Ehemännern, meinen Mann schickte man zusammen mit anderen in ein Lager für britische Zivilinternierte in Bayern.[10] Die übrig gebliebenen Frauen wurden in mehreren kleinen Räumen im Gebäude des Polizeipräsidiums in Charlottenburg interniert. Ich teilte mir mit zwanzig Frauen einen Raum, und die Kontrollen der Gestapo waren sehr streng. Man erinnerte uns regelmäßig daran, dass wir keine Arier, sondern Juden seien. Inzwischen hatte jedoch die amerikanische Botschaft in Berlin, unter deren Schutz wir eigentlich standen, energisch interveniert.

Am Ende führten diese Bemühungen zum Erfolg, nach einem Jahr wurden wir aus der Haft entlassen, standen jedoch weiterhin unter polizeilicher Aufsicht. Händeringend versuchten wir, private Zimmer bei jüdischen Familien in Berlin zu finden, und kamen auf diese Weise in engen Kontakt mit der jüdischen Bevölkerung. Vom ersten Moment nach unserer Verhaftung an kümmerte sich, wie es sich gehörte, die Jüdische Gemeinde Berlins um unsere Belange. In jener Zeit war das Palästina-Amt in der Meinekestraße 10 noch tätig. Dessen Leiter, Dr. Pick, und Rechtsanwalt Jacoby[11] hatten Zugang zu uns. In der Zeit unseres Arrests im Polizeipräsidium erhielten wir oft Päckchen mit Lebensmitteln, die uns die Jüdische Gemeinde zukommen ließ.

Zunächst wohnte ich bei Frau Sarah Davidsohn[12] in der Bleibtreustraße 52. Es handelte sich um eine alte Frau, Witwe eines im Ersten Weltkrieg gefallenen Soldaten. Nach einigen Monaten wurde ihr jedoch mitgeteilt, dass sie „nach Osten ausgesiedelt" würde. Das war in der Zeit, als die Massentransporte der Berliner Juden nach Polen einsetzten.[13] Bis dahin hatte man bei den Aktionen gegen Juden in Bezug auf Frauen und Familien von Kriegsgefallenen noch eine Ausnahme gemacht, nun half das nichts mehr. Es war schrecklich, dabei zusehen zu müssen, wie die alte Frau mit lediglich einem Rucksack auf den Schultern ihr

9 Hier könnte das 1939 gegründete Lager Hohenbruch der Königsberger Gestapo gemeint sein, in dem überwiegend während der sog. Intelligenz-Aktion verhaftete Polen, aber auch Häftlinge anderer Nationalitäten interniert waren. Allerdings gab es noch mehrere andere Zwangsarbeiterlager in Königsberg und Umgebung.

10 Sog. Internierungslager, kurz Ilag, für „feindliche Ausländer" existierten in Bayern u. a. in Laufen, Tittmoning, Dachau und Weißenburg.

11 Dr. Rudolf Pick und Dr. Ludwig Jacoby.

12 Richtig: Sabine Davidsohn, geb. Ettinger (1884–1942); sie wurde Anfang Nov. 1941 in das Getto Litzmannstadt und von dort am 9.5.1942 nach Kulmhof deportiert und ermordet.

13 Die Deportationen aus Berlin begannen im Okt. 1941 mit vier Transporten ins Getto Litzmannstadt.

Zimmer verließ, mehr gestattete man ihr nicht mitzunehmen. Der Raub an den vertriebenen Juden wurde mit größter Dreistigkeit durchgeführt. Meist lief das folgendermaßen ab: Privilegierte Deutsche – Reichsbeamte, Parteileute oder Offiziersfrauen– liefen durch die komfortablen jüdischen Wohnungen. Sie schauten sich um und notierten vor Ort die ihnen passend erscheinenden gut möblierten jüdischen Wohnungen. Dieser Art von „Visite" folgte stets ein Befehl der Polizei, dass die betreffende jüdische Familie binnen weniger Tage aus Berlin ausgewiesen werden würde. Jeder, der eine solche Aufforderung erhielt, musste beim Verlassen der Wohnung eine entsprechende Erklärung ausfüllen, in der das bewegliche und unbewegliche Vermögen genau aufzuführen und zu bewerten war. Darüber hinaus musste er sich zum Schluss damit einverstanden erklären, dass sein Hab und Gut in den Besitz der deutschen Regierung überging.[14] Vor Verlassen der Wohnung hatte der Beraubte noch alles sauber zu machen, erst dann durfte er der deutschen Polizei den Schlüssel aushändigen. Diese wiederum übergab die verlassenen jüdischen Wohnungen samt dem beschlagnahmten Vermögen so schnell wie möglich an hochrangige deutsche Persönlichkeiten – entsprechend deren Bestellungen!

Es versteht sich von selbst, dass ich zusammen mit Frau Davidsohn aus der Wohnung geworfen wurde. Frau Davidsohn verbrachte einige Tage in der Synagoge in der Levetzowstraße, die in ein Sammellager umfunktioniert worden war, bis die Juden in geschlossenen Gruppen zu den Sonderzügen gebracht wurden. Frau Davidsohn wurde mit einer großen Gruppe von Juden nach Lodz („Litzmannstadt") deportiert. Bald darauf bekam ich von ihr einen kurzen Brief, in dem sie darum bat, sie zu retten. Leider konnte ich ihr wenig helfen, denn ich musste alles Mögliche und sogar Unmögliche tun, um meine Eltern im Warschauer Getto zu unterstützen. Im März 1942 erreichte eine Bekannte von Frau Davidsohn die Nachricht, sie sei im Getto Lodz an Hunger gestorben. Später wohnte ich bei Familie Lewkowitsch[15] in der Uhlandstraße, doch bald war auch diese Familie von der Evakuierung betroffen. Das war bereits im Frühling, als die Säuberungsaktionen in Berlin mit aller Gewalt durchgeführt wurden. Jede Woche wurden Transporte mit Tausenden von Juden oder mehr zusammengestellt, und bald gab es in Berlin kaum noch Juden. Bei Kriegsbeginn wurde ihre Anzahl in der Stadt noch auf 100 Tausend[16] geschätzt. Als ich Berlin am 26. Oktober 1942 verließ, befanden sich höchstens noch 10 Tausend Juden in der Stadt. Bei einer gewissen Anzahl von Transporten wurde das Ziel bekanntgegeben. Es gab also Nachrichten von den Deportationen nach Lublin, Warschau, Lodz, Riga sowie einigen Städtchen im Bezirk Lublin wie Izbica und Piaski. Das Schicksal der hiesigen Juden, die in diesen Gettos landeten und zu einem langsamen Hungertod verurteilt waren, war besiegelt. Viel schlimmer jedoch erwies sich die Lage jener Juden, die mit dem größten Teil der Transporte weggebracht worden waren und von denen die Jüdische Gemeinde nicht in Erfahrung bringen konnte, wo sie sich aufhielten. Von ihnen fehlte praktisch jede Spur. Angesichts dieser Situation kann man sich vorstellen, in welchem seelischen Aufruhr sich die Berliner Juden befanden, wenn sie die Mitteilung über ihre *„Evakuierung"* erhielten. Am Vorabend jedes

14 Zur Enteignung der Deportierten siehe Einleitung, S. 34 f.

15 Gemeint sind vermutlich Gitel Lewkowitz (1870–1942) und ihr Sohn Jakob (1900–1945); Gitel Lewkowitz wurde am 17.8.1942 nach Theresienstadt, von dort nach Treblinka deportiert, ihr Sohn wurde am 27.3.1945 nach Theresienstadt deportiert, wo er Ende Mai 1945 starb.

16 So im Original.

Transports wurden Dutzende, vielleicht sogar Hunderte Fälle von Selbstmord verzeichnet. Das einzige jüdische Krankenhaus in Berlin in der Iranischen Straße war mit unglücklichen Menschen überfüllt, deren Tat nicht geglückt war. Die letzten jüdischen Ärzte erfüllten ihre Pflicht und retteten den gescheiterten Selbstmördern das Leben. Nicht selten begingen diese Ärzte bald darauf selbst Suizid. Unter den Verzweifelten war es verbreitet, sich das Schlafmittel „Veramal“[17] verschreiben zu lassen und es in großer Dosis zu schlucken. Alles in allem war das ein sehr leichter Tod.

Selbst für die Juden, die in ihren Wohnungen bleiben durften und in deutschen Fabriken arbeiteten, wurde das Leben immer unerträglicher. Täglich hagelte es neue Anordnungen. Die Leiter der Gestapo waren in ihrem Sadismus außerordentlich erfinderisch, und jedes Mal entwickelten sie neue Maßnahmen, um Juden zu schikanieren und zu peinigen. In der zweiten Jahreshälfte 1942 ergingen folgende Anordnungen: Juden wurde untersagt, Friseursalons zu besuchen,[18] einen Stock zu benutzen[19] oder die Schuhe zur Reparatur zu bringen.[20] Für die mehrere Tausend Berliner Juden blieben nur zwei kleine Schusterwerkstätten am Stadtrand, und da ihnen die Nutzung von Verkehrsmitteln untersagt worden war,[21] liefen sie mit zerrissenen Schuhen herum. In der ersten Zeit herrschte in den Synagogen sogar ein strenges Betverbot, das auch für private Betstuben galt.[22] Wenn ein frommer Jude während der Trauerwoche einen Minjan[23] zusammenstellen wollte, war hierfür eine Sondergenehmigung der Gestapo erforderlich.

Im Juli 1942 kam es in Berlin zu einem großen Massaker an Juden, dem 800 Menschen zum Opfer fielen. Es handelte sich um eine Strafsanktion der Gestapo, nachdem ein Unbekannter eine Bombe in dem Gebäude der antibolschewistischen Ausstellung gelegt hatte, die im Zentrum der Stadt, Unter den Linden, gezeigt wurde. Durch die Explosion wurde ein Teil der Ausstellung zerstört. Als Vergeltungsmaßnahme nahm die „Gestapo“[24] 500 Juden fest, die wegen verschiedener administrativer Vergehen fast alle polizeilich erfasst waren. 250 Juden wurden auf dem Alexanderplatz öffentlich erschossen, und darüber bekam die Jüdische Gemeinde eine offizielle Mitteilung. Die übrigen 250 Juden wurden in das schrecklichste Konzentrationslager, nach Dachau verschleppt, wo keiner von ihnen überlebte.[25]

17 Richtig: Veronal.

18 Erlass des Ref. IV B 4 des RSHA vom 12.5.1942, mit dem nichtjüdischen Friseuren das Bedienen von Juden verboten wurde; Abdruck in: Judentum und Recht. Beilage zu: Mitteilungen zur Judenfrage, Nr. 222, 29.5.1942.

19 Nicht ermittelt.

20 Laut Erlass des Leiters der Partei-Kanzlei vom 13.11.1940 durften jüdische Schuhmacher ausschließlich für die jüdische Bevölkerung arbeiten. Schuhmacher, die Mitglieder der NSDAP oder einer ihrer Unterorganisationen waren, durften nicht für Juden arbeiten und nichtjüdische Schuhmacher, die keine NSDAP-Mitglieder waren, konnten selbst entscheiden; Abdruck in: Verfügungen und Anordnungen der Partei-Kanzlei, Bd. II, München 1943, S. 714. Ein reichsweites Verbot für Juden, ihre Schuhe reparieren zu lassen, konnte nicht ermittelt werden.

21 Siehe Dok. 137 vom 30.6.1942, Anm. 4.

22 Ein solcher Erlass konnte nicht ermittelt werden. Für Berlin finden sich im Jüdischen Nachrichtenblatt noch bis zum 13.11.1942 Ankündigungen von Gottesdiensten.

23 Mindestzahl von zehn erwachsenen Juden, die nötig sind, um einen Gottesdienst abzuhalten.

24 Anführungszeichen im Original.

25 Zum Anschlag auf die Ausstellung „Das Sowjetparadies“ siehe Dok. 157 vom 27.8.1942, zu den darauf folgenden Verhaftungen und Erschießungen siehe Dok. 117 vom 29.5.1942, Dok. 119 vom 31.5.1942 und Einleitung, S. 70 f. Die Geiseln wurden nicht auf dem Alexanderplatz, sondern im KZ Sachsenhausen erschossen, die übrigen 250 Juden dort und nicht in Dachau inhaftiert.

Auf den Straßen von Berlin begegnete ich mehrmals Gruppen von polnischen Zwangsarbeitern, die alle ein Kennzeichen auf der Kleidung tragen mussten.[26] Die Polen wurden zu Schwerstarbeiten herangezogen – zum Kohlentransport und Ähnlichem, und ich war Augenzeugin der schrecklichen und brutalen Behandlung der polnischen Arbeiter durch die deutschen Aufseher.
Mit der deutschen Bevölkerung kam ich wenig in Berührung, abgesehen von der ersten Zeit, als es Juden noch erlaubt war, sich zusammen mit Ariern in den Luftschutzbunkern aufzuhalten. Wie sehr doch die deutschen Frauen über die dreisten Bombardierungen der Engländer geflucht hatten. In der letzten Zeit durften sich Juden nur noch in eigens ausgewiesenen Luftschutzkellern aufhalten. Ich weiß jedoch von vielen Fällen, in denen sich jüdische Familien auf keinen Fall in die Luftschutzkeller begeben wollten, weil sie beteten, dass eine Bombe sie treffen möge und alles ein Ende nehmen würde!
In Zusammenhang mit der Hilfe, um die ich regelmäßig bitten musste, und den Dingen, die ich meinen Eltern ins Warschauer Getto schicken wollte, kam ich öfters mit christlichen Frauen in Kontakt. Ich selbst überstand die erste Zeit mit der Unterstützung, die uns die amerikanische Botschaft zukommen ließ. Später, als die Amerikaner in den Krieg eintraten, verschlechterte sich meine Lage. Daher suchte ich mir Arbeit, die körperlich aber äußerst schwer war. Ich ging in private jüdische Häuser, wusch und reinigte Böden – alles, um ein paar Mark zu sparen und meinen Eltern zu helfen. Als Gegenleistung für diese Hausarbeiten bat ich meist um alte, abgenutzte Kleider und Schuhe, die ich mit der Post nach Warschau schickte. Auf diese Weise organisierte ich jede Woche ein Päckchen, und meine Eltern schrieben mir regelmäßig, dass sie von diesen alten Sachen lebten, die sie zu hohen Preisen verkauften. Als es im Warschauer Getto dann zu der schrecklichen Tragödie kam und die Bewohner deportiert wurden, verlor ich jeglichen Kontakt zu meinen Eltern. Die Sierakowska-Straße, wo wir früher gewohnt hatten, befand sich außerhalb der Gettogrenzen. Daher waren meine Eltern gezwungen worden, zu einem Bekannten in der Muranowska-Straße zu ziehen. In der Regel hatte ich jede Woche einen ausführlichen Brief von ihnen erhalten, wobei klar war, dass Briefe, die aus den besetzten Ländern nach Deutschland verschickt wurden, nicht sehr streng zensiert wurden. Im August 1942 brach der Briefkontakt mit Warschau ab, und ich stellte mir gleich das Allerschlimmste vor. Zu meinem Leidwesen bestätigten sich meine traurigen Vorahnungen ziemlich schnell.[27]
Eine Woche bevor ich Berlin im Rahmen eines Austausches zwischen internierten englischen und deutschen Staatsbürgern verließ,[28] erreichte mich noch ein letzter kurzer

26 Laut der am 8.3.1940 erlassenen Polizeiverordnung über die Kenntlichmachung im Reich eingesetzter Zivilarbeiter und -arbeiterinnen mussten poln. Zwangsarbeiter ein violettes P in einem auf der Spitze stehenden gelben, fünf mal fünf cm großen Quadrat gut sichtbar auf ihrer Kleidung tragen; RGBl., 1940 I, S. 555.

27 Im Juli 1942 hatte die Deportation großer Teile der Bevölkerung des Warschauer Gettos in das Vernichtungslager Treblinka begonnen.

28 Nachdem die brit. Regierung 1941 mehr als 660 internierte deutsche Staatsbürger nach Australien geschickt hatte, stimmte die deutsche Regierung einem Austausch von Staatsbürgern zu. Zwischen Dez. 1941 und Febr. 1943 kam es zu drei solchen Aktionen. Anfang Nov. 1942 wurden 137 brit. Bürger gegen 305 Deutsche ausgetauscht. Die brit. Regierung beschränkte diese Aktionen auf Personen, die einen brit. Pass besaßen, sowie auf ihre Ehepartner, sofern sie vor Beginn des Krieges geheiratet hatten, und ihre Kinder.

Brief von meinem jüngeren Bruder[29] mit einer schrecklichen, finsteren Botschaft. Sie war sehr knapp: „Ich komme jetzt von der Arbeit bei der ‚Placówka' (das heißt: deutscher Arbeitsplatz) zurück.[30] Ich schreibe dir nicht mit der Feder, sondern mit meinem Herzblut. Auch Ruzke[31] (meine ältere Schwester) und ihr Mann arbeiten, aber unsere Eltern sind fort. Wir sind alleine zurückgeblieben." Die Bedeutung dieses kurzen Briefs, der am 10. Oktober 1942 aus dem Warschauer Getto verschickt worden war, hätte nicht klarer sein können. Im September gelang es mir, mit Hilfe einer mir bekannten älteren Deutschen den Kontakt zu einem deutschen Soldaten zu knüpfen, ein politisch links orientierter Mann, der in dieser Zeit nach Warschau fahren sollte. Durch die Vermittlung der Frau gab ich ihm ein Lebensmittelpäckchen mit und bat ihn, dieses in das Getto zu bringen. Der Soldat berichtete mir, dass sich im Getto schreckliche Dinge ereigneten und es ihm nicht gelungen sei, hineinzugelangen.

DOK. 208

Anneliese Jonas äußert Ende 1942 ihrem Cousin Herbert gegenüber ihre Sorge um ihre deportierten Angehörigen[1]

Brief von Anneliese Jonas,[2] Bielefeld, an Herbert Jonas[3] in den besetzten Niederlanden, o. D.

Mein lieber Herbert!
Du wirst sicherlich erstaunt sein, nach so langer Zeit mal wieder von mir zu hören. Mein Vorhaben war es schon lange, Dir einmal wieder zu schreiben, aber dann vermißte ich Deine Adresse und schließlich geriet ich in einen Schlur, aus dem ich nun endlich mal herauskommen möchte, nachdem ich von Alfred[4] Deine Adresse bekommen habe. Du

29 Bernard (auch Beniek) Rubinstein (1925–1942/43), Gymnasiast; von 1939 an im Warschauer Getto und 1942 oder 1943 ermordet.

30 Poln.: Außenposten; gemeint ist ein Arbeitsplatz außerhalb des Gettos, z. B. bei der Reichsbahn, einer deutschen Firma oder bei der Wehrmacht.

31 Rachel Róża Rubinstein (1918–1942/43), Arbeiterin; lebte im Warschauer Getto und wurde 1942 oder 1943 ermordet.

1 Original in Privatbesitz. Teilweise abgedruckt in: Bernhard Gelderblom, Die Juden von Hameln von ihren Anfängen im 13. Jahrhundert bis zu ihrer Vernichtung durch das NS-Regime, Holzminden 2011, S. 159, 161.

2 Anneliese Jonas (1908–1943?), Stenotypistin; Chefsekretärin in einer Hamelner Teppichfabrik, von Mai 1939 an im Altersheim in Hannover-Kirchrode tätig, ab Jan. 1940 Sekretärin der Jüdischen Gemeinde in Bielefeld; lebte vom 31.8.1940 an im sog. Judenhaus Koblenzer Str. 4; am 28.6.1943 nach Theresienstadt deportiert, wo sie jüdische Waisenkinder aus Bialystok und dem Protektorat betreute, die sie am 5.10.1943 auf einem Transport nach Auschwitz begleitete, dort vermutlich sofort nach der Ankunft ermordet.

3 Herbert Jonas (1917–1984); am 10.11.1938 im KZ Buchenwald inhaftiert; emigrierte im Sept. 1939 in die Niederlande, arbeitete dort in der Landwirtschaft; lebte von Nov. 1942 bis Sept. 1944 im Versteck; im Widerstand aktiv; nach Mai 1946 Manager für Philipps; nahm sich das Leben.

4 Alfred Jonas (1900–1978), Textilhändler; der ältere Bruder von Herbert Jonas, wohnte in Hameln und Hannover und war zunächst vor einer Deportation aufgrund seiner Ehe mit seiner nichtjüdischen Ehefrau Grete Jonas, geb. Fenske (1903–1944), geschützt; er kam im Febr. 1945 nach Theresienstadt; emigrierte im Juni 1952 nach New York, im Aug. 1976 Rückkehr nach Bonn.

darfst aber versichert sein, daß ich trotzdem viel an Dich gedacht habe und glücklich bin, daß Du wenigstens noch dort bist.
Ja, l[ieber] Herbert, was hat sich inzwischen alles für uns ereignet, was wir für schier unmöglich hielten und leider doch so bittere Wahrheit ist. Alfred und ich sind nun bis jetzt als einzige von der großen Verwandtschaft zurückgeblieben. Du kannst Dir gar nicht vorstellen, was ich für Monate hinter mir habe und wie sehr ich heute noch darunter leide, von all meinen Lieben getrennt zu sein und noch nicht einmal ein Lebenszeichen zu erhalten. Aber was hilft alles Klagen, man muß eben Mut behalten und die Hoffnung auf ein Wiedersehen nicht aufgeben.
Der l. Alfred wird Dich wahrscheinlich über alles unterrichtet haben, aber dennoch will ich Dir mal ausführlich schildern, was sich alles in dem letzten halben Jahr ereignet hat. Die l. Else[5] kam am 31. März mit einem Transport nach Warschau. Nach zweimonatigem Dortsein[6] bekam sie schließlich Arbeit und schien ganz zufrieden. Am 15. Juli heiratete sie Max Birnbaum[7] (früher Hameln). Am 12. August kam sie plötzlich von W. fort, und als Max abends von der Arbeit kam, war sie nicht mehr da. Noch ein paar Wochen später schrieben mir Bekannte, daß auch Max fortgekommen wäre, und bis heute habe ich immer noch kein Lebenszeichen von beiden. Ich darf gar nicht an zu denken fangen.[8] Das Gleiche ist mit den l. Eltern.[9] Ich warte täglich auf Post aus Th.[eresienstadt] und immer vergebens. Du gabst vor kurzem mal eine Prager Adresse an Alfred auf. Das hatte ich schon vor 2 Monaten versucht, bekam aber von dort Nachricht, daß keine Postverbindung mit Theresienstadt bestünde. Es sind zwar bis jetzt 3 Nachrichten in unserem Bezirk eingegangen, die sogar ganz zufriedenstellend lauteten. Also hoffen wir weiter.
Von meinem Privatleben ist nicht sehr viel zu berichten. Ich wohne seit 2 Monaten im Hause des Büros,[10] und zwar mit Erna Magnus[11] zusammen, die Du ja auch noch kennen wirst und die Dich übrigens recht herzlich grüßen läßt. Ich habe noch meine alte Beschäftigung, und wenn die Sorgen um all unsere Lieben nicht wären, könnte ich zufrieden sein.

5 Else Birnbaum, geb. Jonas (1900–1942), kaufmännische Ausbildung, Hausfrau; arbeitete in Schuhgeschäften u. a. in Bielefeld und Lübeck und von Mai 1939 an wie ihre Schwester Anneliese im Altersheim in Hannover-Kirchrode, später pflegte sie ihre alten Eltern in Hameln; sie wurde am 31.3.1942 ins Getto Warschau deportiert, von dort wahrscheinlich am 12.8.1942 nach Treblinka und ermordet.
6 Original schlecht lesbar, eventuell „Fortsein“.
7 Max Birnbaum (1893–1942?), Schlosser und Kaufmann; 1938 im KZ Buchenwald inhaftiert, 1939 im Gerichtsgefängnis Hameln mit seiner ersten Ehefrau Margarete Birnbaum, geb. Goldstein (1895–1939), inhaftiert, sie nahm sich während der Haft das Leben; er wurde am 31.3.1942 in das Warschauer Getto deportiert; weiteres Schicksal unbekannt.
8 So im Original.
9 Albert Jonas (1871–1942), Viehhändler; 1936/37 Vorsteher der Synagogengemeinde in Hameln; am 9.11.1938 im KZ Buchenwald inhaftiert, 1939/40 Umzug in ein sog. Judenhaus in der Neuen Marktstr. 13, am 23.7.1942 mit seiner Ehefrau Bertha Jonas, geb. Rothenberg (1873–1944), Hausfrau, nach Theresienstadt deportiert, wo beide umkamen.
10 Büro der Reichsvereinigung der Juden in Deutschland in Bielefeld.
11 Erna Magnus, geb. Hertz (1902–1943); am 2.3.1943 von Paderborn nach Auschwitz deportiert und dort ermordet.

Auch Tante Berta aus Höxter, die von hier aus mit fortgekommen ist, habe ich bis zum Schluß betreut, und habe ich das Abschiednehmen wirklich zur Genüge durchgekostet. Auch die [...][12] sind mit nach Th. gekommen und hoffe ich nur, daß die vielen Verwandten wenigstens mal zusammenkommen können.
Nun, l. Herbert, habe ich Dir aber genug berichtet von allen [...][13] und möchte ich mich vor allen Dingen mal nach Dir und Deinem Befinden erkundigen. Was hast Du für eine Beschäftigung, und wie gefällt es Dir dort? Ich hoffe, recht bald einen ausführlichen Brief von Dir zu erhalten. Wir wollen wenigstens mit den wenigen Verwandten, mit denen man noch die Möglichkeit hat zu korrespondieren, die Korrespondenz aufrechterhalten.
In den nächsten Tagen werde ich ein kleines Päckchen an Dich abschicken und hoffe, daß Dir dieses Freude machen wird. Dieses erhältst Du in Anbetracht des bevorstehenden Chanukka.[14]
Indem ich hoffe, recht bald von Dir ausführlich zu hören, grüßt und küßt Dich recht herzlich

DOK. 209
Howard K. Smith schildert in seinem Buch 1942 Hausdurchsuchungen, Deportationen und die Versteigerung des Eigentums der Berliner Juden[1]

Ausschnitt aus dem Kapitel „Der ewige Jude" aus dem Buch „Feind schreibt mit", verfasst von Howard K. Smith[2]

In einer Oktobernacht waren plötzlich die ersten Schauer des herannahenden Gewitters da. Um zwei Uhr morgens – ich war gerade von einer Sendung zurück – suchte mich Fritz Heppler, ein jüdischer Freund, in meiner Wohnung auf und berichtete, daß die Gestapo in der ganzen Stadt jüdische Haushalte durchsuchte. Als Begründung gab sie an, die Juden hätten Lebensmittel gehortet und damit die Knappheit, vor allem bei Gemüse, verschärft. Auch in seinem Zimmer waren sie gerade gewesen. Sie hatten aber nichts gefunden und ihn nicht weiter belästigt.
Fritz (in Wirklichkeit heißt er anders) war ein großer, sehniger, kräftiger junger Mann, einer der wenigen jungen Juden, die weder geflohen noch im Gefängnis gelandet waren, obwohl er zweimal verhaftet gewesen war. Ich hatte ihn ein Jahr zuvor kennengelernt, als wir zusammen in einem U-Bahnzug unter dem Potsdamer Platz einen Luftangriff

12 Ein Wort unleserlich.
13 Ein Wort unleserlich.
14 1942 wurde das jüdische Lichterfest vom 3. bis 11. Dez. gefeiert.

1 Howard K. Smith, Last train from Berlin, New York 1942, S. 184–191; Deutsche Ausgabe: Feind schreibt mit. Ein amerikanischer Korrespondent erlebt Nazi-Deutschland, Berlin 1982, S. 161–166. Die vorliegende Übersetzung ist der deutschen Ausgabe entnommen.
2 Howard K. Smith (1914–2002), Journalist; 1936 Reporter in New Orleans, 1937–1939 Studium in Oxford, von 1940 an Korrespondent des Rundfunksenders CBS in Berlin, im Dez. 1941 verließ er Berlin als einer der letzten US-amerikan. Journalisten, 1941–1944 Korrespondent in Bern; 1946–1962 Europa-Korrespondent des CBS, von 1962 an Reporter bei American Broadcasting Company, 1974 Ruhestand.

abwarteten. Fritz hatte erraten, daß ich Amerikaner war, und mir seinen Ausweis gezeigt, in dem er als staatenlos mit dem Namen „Friedrich Israel Heppler" eingetragen war (das Israel war der von den Nazis verordnete Zusatz für seinen Namen, für jüdische Frauen lautete er Sara) und der auf jeder Seite ein großes blaues „J" für Jude eingestempelt hatte. Ich mochte ihn, denn er war ungefähr in meinem Alter und hatte sich einen außergewöhnlichen Widerstandsgeist erhalten, der seine ganze Kraft aus einem wahrhaft beeindruckenden Haß zog. Aus purem Übermut verstieß er gegen jedes Judengesetz, das in Hitlers dicken Gesetzbüchern zu finden war. Den Judenstern trug er nie, und etwa einmal pro Monat prügelte er sich mit Nazis. Bei unserer ersten Begegnung hatte er im Gesicht lauter blaue Flecke, die von einer Kneipenschlägerei stammten. Dabei hatte er den Vertreter der höherwertigen Rasse niedergeschlagen und sich im Schutze der Verdunkelung davongemacht. Seitdem kam er mindestens einmal pro Woche zu Besuch und war für mich eine unschätzbare Nachrichtenquelle über die Situation der Berliner Juden.

Fritz war ein Draufgänger und manchmal übertrieb er es auch. Aber in dieser Nacht starrte mir aus jeder Linie seines dunklen, sehr jüdischen Gesichts die Angst entgegen. Sein Bericht über den Gestapo-Überfall endete mit den Worten „Es ist soweit. Ich wußte, daß es so weit kommen würde, sobald sie zu verlieren anfangen." Er meinte damit den Abtransport ins besetzte Rußland, der nichts anderes bedeutete als die Verurteilung zu reinster mittelalterlicher Sklavenarbeit und zum sicheren Tod. Als der Rußlandfeldzug sich immer weiter hinzog, hatte er mit mir immer öfter darüber gesprochen.

Es war zwei Uhr morgens; ich war nach einer langen erfolglosen Auseinandersetzung mit drei zunehmend sturen Rundfunkzensoren noch völlig fertig und für keine dramatische Diskussion mehr zu haben. Und Mitleid konnte ich nur noch für mich selbst aufbringen. Ich gab Fritz eine Zigarette, goß ihm einen doppelten Korn ein und eröffnete ihm in aller Form folgendes: a) die Deutschen würden nicht verlieren (Fritz war Kommunist und vom ersten Tag des Rußlandfeldzuges an überzeugt, die Russen würden die Deutschen letzten Endes vernichtend schlagen); b) er solle nach Hause gehen, eine Nacht darüber schlafen und mich am nächsten Tag noch einmal besuchen kommen. Er ging, aber erst nachdem ich versprochen hatte, am nächsten Morgen sofort zur amerikanischen Botschaft zu gehen und mich zu erkundigen, ob er ein Visum für die USA erhalten könne. Er sagte noch, er schäme sich, es zuzugeben, aber ihm würde jetzt immer rascher der Mut schwinden, er wolle einfach nicht mehr darauf warten, „die Revolution zu erleben". Er hatte einfach Angst; er wolle so schnell wie möglich raus aus Deutschland. Ich versprach ihm, schon nicht mehr ganz bei der Sache, seine Bitte zu erfüllen, und schob ihn zur Tür raus.

Menschen, die nicht in Deutschland leben oder Deutschland noch nicht einmal auf einer kurzen Reise kennengelernt haben, können kaum in vollem Umfang erfassen, geschweige denn nachempfinden, mit welcher Angst diese völlig hilflosen Juden auf jedes kleine Anzeichen starrten, das auf Ereignisse schließen ließ, die sich auf ihr Schicksal auswirken konnten – waren sie doch auf Gnade und Barmherzigkeit einer Bande seelenloser Untermenschen ausgeliefert, in deren Augen sie weniger zählten als ein streunender Köter. Niemand kann die lähmende Furcht wirklich nachempfinden, von der sie bei den harmlosesten Begebenheiten gepackt wurden, etwa wenn sie auf der Straße einem uniformierten Nazi begegneten, der sie vielleicht nur geistesabwesend anstarrte. Sie lebten ständig unter dem Terror der Erwartung, und der ist meist schrecklicher als die Verfolgung selbst. Ich habe den größeren Teil der letzten fünf Jahre in Deutschland verlebt, und so läßt sich meine Gleichgültigkeit in dieser Nacht schwerlich rechtfertigen. Ich ging am nächsten Morgen auch nicht zur amerikanischen Botschaft, um Fritz zu helfen. Mein Versprechen hatte ich schlicht vergessen. Nicht daß es geholfen hätte. Aber es hätte mir geholfen, mein eigenes schlechtes Gewissen zu beruhigen, daß ich mich von Fritz, der so lange ausgehalten und so hart gekämpft hatte, auf diese Weise verabschiedet habe. Denn nach dieser Nacht habe ich ihn nie wieder gesehen.

Er tauchte weder am nächsten noch am übernächsten Tag wieder auf. Zu seiner Wohnung konnte ich nicht gehen, denn ich wußte nicht, wo sie war. Er hatte es mir nie erzählt; es wäre gefährlich für ihn gewesen, wenn seine Wirtin einen Nichtjuden in seinem Zimmer bemerkt hätte. Nach zwei Tagen – ich kam wieder einmal spät abends von einer Sendung zurück – entdeckte ich, warum Fritz nicht mehr gekommen war. Über der Tür und dem Türpfosten der Bernsteinschen Wohnung[3] klebten sechs kleine weiße Dienstsiegel und ein weiteres verklebte das Schlüsselloch. Auf jedem dieser Siegel war ein Adler abgebildet, die Flügel gespreizt, die Klauen in ein Hakenkreuz geschlagen. Um dieses Wappen lief ein kreisförmiger Schriftzug: „Verschlossen durch die Geheime Staatspolizei". Fritz und die Bernsteins und Tausende von Juden hatten sich aufgemacht, den Osten zu kolonisieren.

Das war der Auftakt zu einem der gemeinsten Unterkapitel, das dieses Nazi-Jahrzehnt in seiner Bilanz nackter Gemeinheiten zu verzeichnen hat. Die Sache war so durchsichtig und offensichtlich, daß der Gestank selbst der eigenen Bevölkerung in die verstopften Nasen stieg. Um die Welle der Unzufriedenheit von sich selbst und den Verhältnissen abzulenken, die sie eigenhändig und systematischer als irgendeine herrschende Clique vor ihnen geschaffen hatten, stürzten sich die Nazis jetzt auf ein paar entkräftete, hilflose menschliche Wesen und schickten sie in den Sklaventod – und ihre Presse zeterte auch noch, diese hilflosen Wracks seien in eine Verschwörung verwickelt, die Deutschland, die mächtigste Militärmacht der Geschichte, vernichten sollte. Dies waren keine Geisteskranken, wie die Nazis sie in einer Neuauflage atavistischer Massenmorde abgeschlachtet hatten,[4] dies waren alte Leute, die nach allem, was sie erlitten hatten, bereits so wundgeschunden waren, daß sie jeden einzelnen Schlag doppelt empfindlich spüren mußten. Dies war keine entschlossene Opposition; alle Hoffnungen dieser Menschen waren nur noch darauf gerichtet, eines ruhigen und natürlichen Todes zu sterben, ohne vorher noch gefoltert zu werden. Sie hinzurichten, wäre fast schon ein humanitärer Akt gewesen, zu humanitär jedenfalls für den Geschmack der Nazis.

In tiefster Nacht, als die alten Menschen schon im Bett lagen oder sich gerade schlafenlegten, fiel die Gestapo über sie her, in den meisten Fällen ohne Vorwarnung, nur durch ein plötzliches Hämmern an der Tür angekündigt. Man ließ ihnen eine Viertelstunde bis eine Stunde Zeit zu packen; Zeit, um die Angelegenheiten eines ganzen Menschenlebens zu regeln und Wohnungen zu verlassen, in denen sie seit ihrer Kindheit gelebt hatten. Aber diese Zeit reichte aus, denn sie durften nur mitnehmen, was sie tragen konnten: eine Tasche abgetragener Kleider. Was sie nicht in den eigenen Händen oder

3 Familie Bernstein waren jüdische Nachbarn von Howard Smith.

4 Zwischen Jan. 1940 und Aug. 1941 wurden etwa 70 000 Patienten aus Heil- und Pflegeanstalten in sechs zentralen Tötungseinrichtungen ermordet. Später wurde diese „Euthanasie"-Aktion dezentral, d. h. direkt in den Kliniken und Pflegeeinrichtungen fortgesetzt.

auf dem Rücken tragen konnten, fiel automatisch an den deutschen Staat: ihre Möbel, ihre Bettwäsche, ein paar alte Erbstücke; insgesamt eine bescheidene Habe – aber alles, was sie noch in der Welt besaßen. Die Beute war nicht besonders; bei weitem nicht so fett wie 1938, denn Göring hatte ihnen damals nur wenige wirklich wertvolle Dinge gelassen.[5]

Dann wurden sie zu den Gestapo-Sammelstellen geführt, wo sie sortiert wurden und Schilder angeheftet bekamen, an denen jeder zum ersten Mal sein individuelles Schicksal ablesen konnte – die Namen von Städten in Polen und Rußland, in die sie abtransportiert wurden. Eine dieser „Sammelstellen" soll die große zerstörte Synagoge in der Fasanenstraße gewesen sein,[6] die nur einen Steinwurf von Ribbentrops Auslandspresse-Club und genauso weit vom Kurfürstendamm entfernt liegt. Sie war ausgebrannt, ihre Fenster waren zerbrochen, die leeren Höhlen noch rußgeschwärzt. Die Nazis hatten sie im Pogrom von 1938 niedergebrannt. Und während damals die Flammen aus den drei großen Kuppeln und den Fenstern schlugen, hatten Leute von der Partei im Wiener Grinzing Café nebenan die Musikkapelle angewiesen, lauter zu spielen, damit die Leute, die die brennende Synagoge von der Straße aus beobachteten, die Musik hören konnten – eine fast schon orgiastische Inszenierung. So liebten sie es: wenn schon – denn schon. Und die Devise brachte sie zweifellos auch auf den Gedanken, die alten Leute an ihrem letzten Morgen in Deutschland auf den Trümmern ihrer alten Synagoge antreten und Schildchen mit den Namen ihrer neuen „Heimat" entgegennehmen zu lassen.

Dann wurden sie in der Dunkelheit zu den Vorstadtbahnhöfen abgeführt, zu ihrem Exodus. Morgen für Morgen warteten auf sie in einem halben Dutzend Bahnhöfen lange Züge mit verwahrlosten, ungeheizten Waggons. In diese Waggons wurden die Juden hineingepfercht, mehr als doppelt so viele, wie der normalen Kapazität entsprach. Die meisten mußten, ohne Schlaf und ohne Essen, in überfüllten Gängen stehen; und das während der ganzen Dauer dieses Exodus in Richtung Osten, der auf einer ständig durch Militärtransporte blockierten Strecke 48 bis 72 Stunden dauerte. Die Toiletten in den verdreckten, überalterten Waggons waren verstopft, und die meisten mußten ihre Notdurft zum Fenster hinaus verrichten, denn auf den Toiletten stank es zum Ersticken und durch vollgepackte Korridore gab es kein Durchkommen.[7]

Einige hatten Glück und wurden nach zwei Tagen in einem der seuchengeplagten ostpolnischen Ghettos abgeliefert. Auf die schwächsten von ihnen wartete dort der sichere Hungertod, aber sie konnten wenigstens um ihr Überleben kämpfen. Die anderen wurden nach Rußland verfrachtet, wo sie sich rascher und unter großen Schmerzen zu Tode schufteten. Sie wurden in kriegszerstörten Städten angesiedelt, wo es keine Wasserleitungen und keine Heizungen gab und die Häuser nur noch wackelige Holzskelette waren, die der Blitzkrieg übriggelassen hatte. Zusammen mit der sowjetischen Zivilbevöl-

5 Auf Grundlage der VO über die Anmeldung des Vermögens von Juden vom 26.4.1938 wurden Juden gezwungen, ihr Vermögen über 5000 RM anzumelden, um den staatlichen Zugriff darauf zu sichern, d. h. die Juden de facto zu enteignen; RGBl., 1938 I, S. 414; siehe VEJ 2/29 und S. 19 f. Nach dem Novemberpogrom von 1938 mussten die deutschen Juden zudem eine sog. Sühnezahlung in Höhe von einer Milliarde RM an den Staat zahlen; RGBl., 1938 I, S. 1579; siehe VEJ 2/149 und S. 58 f.

6 Die Synagoge in der Fasanenstraße wurde nicht als Sammellager für die Deportationen benutzt, sondern von Okt. 1941 an die Synagoge in der Levetzowstraße 7/8 in Berlin-Moabit.

7 Zu den Bedingungen in den Deportationszügen siehe Dok. 60 vom 8.12.1941.

kerung mußten sie 12, 14, 15 Stunden täglich im Straßenbau arbeiten. Ihre schwachen, rasch abmagernden Körper bekamen dreimal pro Tag einen wässrigen Haferschleim. Brot oder andere feste Nahrung gab es nicht. Viele starben sehr schnell. Noch viel mehr müssen im darauffolgenden, bitterkalten osteuropäischen Winter umgekommen sein, gegen den sie völlig unzureichend geschützt waren, denn ihre verschlissene Kleidung war auf die Wohnverhältnisse in Städten des Westens zugeschnitten, in denen sie ihr ganzes Leben verbracht hatten. Sollte ein närrischer Alter wirklich einmal an Flucht denken, trug er auf seinem Herzen immer noch den gelben Stern, auf den ein Schütze zielen konnte. Aber zu fliehen war ohnehin sinnlos, denn das Land war bar jeglicher Nahrungsmittel. Nur in den Straßenbaulagern der Nazis gab es überhaupt etwas zu essen. Viele versuchten dennoch zu fliehen, nur um eine gnädige Kugel auf sich zu ziehen. Andere brachten sich schon auf dem Transport um. Die meisten Selbstmorde aber trugen sich noch in Berlin unter Juden zu, die auf ihren Abtransport warteten. Das klägliche Jüdische Wochenblatt, das die Juden in Deutschland mit Erlaubnis der Nazis noch herausgeben durften, war seit Beginn der Razzien jede Woche mit Todesanzeigen überfüllt. Dem Tod gingen sie so oder so entgegen, und die Einsichtigen zogen den schnelleren und leichteren Weg dem langsameren und schwereren vor.

Zu Hause, in Deutschland, wurde ihre jämmerliche Habe öffentlich versteigert. Wie Schakale um einen Kadaver kämpften da gestandene Arier um ein paar mickrige Dinge, die der russische Krieg rar gemacht hatte. Die Regierung erzielte für das alte Zeug noch gute Preise, denn die Auktionäre mußten mit Geheimpolizisten zusammenarbeiten, die bei der Versteigerung in den hinteren Reihen saßen und die Preise in die Höhe trieben. Diese Auktionen fanden jeweils in den verlassenen Wohnungen statt. Zu diesem Anlaß wurde zum ersten Mal wieder die Tür entsiegelt, und der Auktionator drängte sich unter Polizeibegleitung durch eine kleine Menschenansammlung, die sich, durch Zeitungsanzeigen angelockt, vor der ehemaligen jüdischen Wohnung eingefunden hatte. Als der Auktionator neben meiner Tür die alte Bernsteinsche Wohnung öffnete, konnte man auf dem Tisch in der Wohnung noch zwei Teetassen stehen sehen, die halb mit bräunlichem Wasser gefüllt waren. Die Gestapo hatte die beiden alten Frauen bei ihrem Schlaftrunk angetroffen, und man hatte ihnen nicht einmal Zeit gelassen, ihren Ersatz-Tee auszutrinken.

Diese Auktionen waren üble Spektakel, bei denen gereizte Bürger sich gegenseitig und alle gemeinsam den Auktionator beschimpften. Einmal wurde sogar eine Frau festgenommen, weil sie einen amtlichen Preistreiber als „verfluchten weißen Juden“[8] beschimpft hatte. Ein anderes Mal schleppte man eine Frau zum Polizeirevier, weil sie nach einer Auktion beim Weggehen gesagt hatte: „Gott sei Dank ist das jetzt auch vorbei. Jetzt haben sie den letzten mickrigen Pfennig aus den Juden rausgesaugt, jetzt gibt es nichts mehr zu holen.“ Damit drückte sie eine Meinung aus, die durchaus weit verbreitet war.

8 „Weißer Jude“ wurde als Schimpfwort für nichtjüdische Personen benutzt, die sich vermeintlich „jüdisch“ verhielten. Beispielsweise bezeichnete die SS-Propagandazeitung Das Schwarze Korps den Physiker Heisenberg als „weißen Juden“, da er sich positiv auf die Physik Einsteins bezog.

DOK. 210
Im Vorwort zu seiner Sammlung antisemitischer Sprichwörter rühmt sich Ernst Hiemer 1942, die Erkenntnisse der Völker über die Böswilligkeit der Juden zu überliefern[1]

Vorwort zum Buch „Der Jude im Sprichwort der Völker" von Ernst Hiemer[2]

Sich mit den Juden näher zu beschäftigen und vor allem das verbrecherische Tun und Treiben der jüdischen Rasse der Mitwelt kundzutun, galt in den vergangenen Jahrhunderten als „unfein" und „kulturlos". Jeder, der es wagte, die Maske der Juden zu lüften und die Wahrheit zu sagen, wurde für „dumm", für „fanatisiert", ja sogar für „irrsinnig" erklärt. Kennzeichnend ist es, daß sich gerade gewisse Kreise der „Intelligenz" der nichtjüdischen Völker am lautesten zum Fürsprecher Alljudas machten, wenn es galt, jene zum Schweigen zu bringen, die durch die Verbreitung ihres Wissens die Machtstellung des Juden in Gefahr brachten. Die damaligen Vertreter der „Intelligenz" waren durch ihre Erziehung, durch ihr Studium und durch ihre „Bildung" so *ver*bildet, daß sie den Blick für unbestreitbare Tatsachen völlig verloren hatten. Nicht zuletzt taten auch die vom Judentum aufgebrachten Gelder zur Pflege einer „objektiven" Wissenschaft das ihre, um jenen Judengenossen die Arbeit nicht nur interessant, sondern auch einträglich zu gestalten.
Im Gegensatz zu jenen „höheren" Schichten hat das *Volk* schon seit langer, langer Zeit der jüdischen Gefahr seine besondere Aufmerksamkeit gewidmet. Das einfache Volk mit seinem klaren Blick, mit seinem unverbildeten Denken, mit seinem feinen Gefühl und vor allem mit seinem untrüglichen Instinkt, hatte sofort erkannt, daß die Judenfrage von ungeheurer Bedeutung ist. Im Zusammenleben mit den Juden lernten dann die Völker die Niedertracht des jüdischen Rassengemisches am eigenen Leibe kennen. Ihr Wissen vom Juden fand schließlich seinen Ausdruck in vielen Hunderten von Sprichwörtern und Redensarten, Sinnsprüchen und Reimen. Hier legten die Völker in der Sprache des Volkes ihre Erkenntnisse nieder. Hier sprachen sie in ihrer Art ihr Urteil über die Juden.
Es gibt heute kaum ein Volk auf der Erde, das sich nicht in seinen Sprichwörtern mit den Juden auseinandergesetzt hätte. Trotzdem sind in den Bibliotheken selten Bücher zu finden, die in überzeugender Art antijüdische Volksworte für die Nachwelt gesammelt und erhalten haben. Auch hier hatte der Jude dafür gesorgt, daß das Wissen des Volkes der Vergessenheit anheimfiel. Der Verfasser dieses Buches hatte es daher nicht leicht. Er mußte sich an Hunderte von Mitarbeitern in allen Ländern, vor allem an Schulräte, Lehrer und Erzieher, an Heimatforscher, Bürgermeister, Bauernführer und so weiter wenden, um in den Besitz des vorliegenden Materials zu kommen. Von besonderer Bedeutung ist die Mitarbeit des NSLB. (Nationalsozialistischer Deutscher Lehrer-

1 Ernst Hiemer: Der Jude im Sprichwort der Völker, Nürnberg 1942, S. 7 f.
2 Ernst Hiemer (1900–1974), Schriftsteller und Lektor; 1933 NSDAP-Eintritt; Geschäftsführer der National-Verlags-GmbH in Augsburg, für die Fränkische Tageszeitung tätig, von 1935 an Mitarbeiter und 1938–1941 Hauptschriftleiter der NS-Zeitung Der Stürmer; 1945–1948 in US-Internierung, Berufsverbot als Lehrer; lebte später in Nürnberg; Autor u. a. von „Der Giftpilz" (1938); siehe VEJ 2/228.

bund) und des Forschers *Eugen Erwin Brandt*[3] *in Kopenhagen,* der zusammen mit seinen Gesinnungsfreunden an dem Erfolg der Arbeit einen großen Anteil hat.
Der Verfasser hat die gewaltige Zahl von antijüdischen Sprichwörtern und Redensarten nicht wahllos aneinandergereiht, sondern nach besonderen Gesichtspunkten geordnet. Um das Verständnis zu erleichtern, gehen jedem Abschnitt Erläuterungen voraus. In zahlreichen Fällen sind auch die einzelnen Sprichwörter und Redensarten sinngemäß gedeutet und erklärt.
„Volkes Stimme ist Gottes Stimme." Seit die Welt besteht, hat die gesunde Meinung gesunder Völker immer das Richtige getroffen und mit prophetischer Sicherheit die Wahrheit gefunden. *Dem Kampfe um die Wahrheit soll auch dieses Buch dienen.*
Der Verfasser

DOK. 211

Der Pressedezernent beim Landgericht Feldkirch berichtet am 9. Januar 1943 über einen Fluchtversuch von 16 slowakischen Juden[1]

Bericht (Pr II 8/43, Pr II 1/43) des Pressedezernenten beim Landgericht Feldkirch, gez. Dr. Böhm,[2] an die Justizpressestelle beim Oberlandesgericht in Innsbruck vom 9.1.1943 (Abschrift)

Dieser Tage kamen zwei Waggons mit Holzkohlen aus der Slowakei hier an, die in die Schweiz weiterrollen sollten. Bei der Kontrolle derselben in Feldkirch wurden in den Waggons zwischen den Kohlenhaufen versteckt 16 Juden entdeckt, darunter auch eine Frauensperson. Diese Juden waren mit erstklassigen Eßwaren für längere Zeit versorgt und trugen auch große Geldbeträge bei sich. Schon vor einiger Zeit war ein solcher „Waggoninhalt" hier ausgeräumt worden. Einer der Waggons war auch vorschriftsmäßig plombiert, so daß anzunehmen ist, daß diese „Herrschaften" Mithelfer hatten. Die Untersuchung wird vielleicht in dieser Richtung Klarheit schaffen.[3]

3 Eugen Erwin Brandt (1899–1961), deutsch-russ. Schriftsteller; Offizier der russ. Armee im Ersten Weltkrieg, schloss sich 1918 antibolschewistischen Streitkräften in Südrussland an, ließ sich 1921 in Kopenhagen nieder, wo er als Versicherungsagent tätig war und antisemitische Schriften verfasste.

1 JMP, DP 61c.
2 Dr. Otto Böhm (1886–1949), Jurist; Oberlandesgerichtsrat und Pressedezernent des LG Feldkirch; 1940 NSDAP-Eintritt; nach 1945 Entlassung aus dem Dienst.
3 Zumindest 31 Juden aus der Slowakei gelang es, in die Schweiz zu flüchten. Die in diesem Fall verhaftete Gruppe bestand zum Teil aus poln. Juden, die sich bei Medzilaborce versteckt hatten. Über Helfer ist nichts bekannt. Die betroffenen Personen waren nach der Plombierung durch Fenster und die Luftklappe in die Waggons gestiegen. Laut Aussage der einzigen Überlebenden, Chana Geffner, geb. Willner, wurden die aufgegriffenen Juden zuerst in Feldkirch und Innsbruck inhaftiert und Anfang April nach Auschwitz deportiert; siehe YVA, 03/3616.

DOK. 212

Legationsrat Rademacher vom Auswärtigen Amt empfiehlt am 14. Januar 1943, dem Internationalen Roten Kreuz Informationen über das Schicksal der Deportierten vorzuenthalten[1]

Aufzeichnung, e.o.[2] D. III[3] (41. g.), gez. Rademacher, StS Luther mit Bitte um Weisung vorgelegt, vom 14.1.1943[4]

Der Delegierte des Internationalen Komitees vom Roten Kreuz, Dr. *Junod*,[5] brachte gelegentlich der Erörterung verschiedener Rotkreuz-Angelegenheiten in der Rechtsabteilung des Auswärtigen Amtes auch das Folgende zur Sprache:
Das Internationale Komitee vom Roten Kreuz erhalte von verschiedenen Seiten zahlreiche Bitten um Vermittlung von Familiennachrichten zwischen den aus den besetzten Gebieten deportierten Juden und ihren zurückgebliebenen Angehörigen. Hierbei werde an die Nachrichtenvermittlung auf den von den beiden kriegsführenden Seiten genehmigten Formularen des Roten Kreuzes gedacht, wie sie auch im Verkehr zwischen in Feindländern wohnenden Angehörigen üblich sind.[6]
Bevor das Komitee sich schlüssig werde, ob es sich in dieser Angelegenheit an die Deutsche Regierung wenden solle, lege es Wert darauf zu erfahren, wie eine solche Anfrage von der Deutschen Regierung aufgenommen werden würde. Das Internationale Komitee werde einerseits von den verschiedensten Seiten stark zu einem Schritt gedrängt. Es wolle jedoch unter allen Umständen vermeiden, seine Beziehungen zur Deutschen Regierung dadurch möglicherweise zu belasten. Herr Junod sei daher beauftragt, vorher in unverbindlicher Form in Berlin zu sondieren.
Herrn Junod wurde in der Rechtsabteilung des Auswärtigen Amtes mitgeteilt, daß die Angelegenheit der zuständigen Stelle im Auswärtigen Amt zugeleitet werde.
Dem vorgetragenen Ansinnen kann selbstverständlich keinesfalls entsprochen werden. Würde das Internationale Komitee vom Roten Kreuz mit der Nachrichtenvermittlung auf dem vorgeschlagenen Wege befaßt werden, so würden die in Genf tätigen Mitarbeiter des Komitees jederzeit die Möglichkeit besitzen, sich sowohl über die Anzahl der verschickten Juden als auch über deren Schicksal am Verschickungsort bzw. auf dem Wege dorthin ein ungefähres Bild zu machen. Dieses Material würde alsdann durch die Vertrauensleute der Feindmächte im Internationalen Komitee des Roten Kreuzes den Gegnern zugeleitet werden.

1 PAAA, R 100 848. Abdruck in: ADAP, Serie E, Bd. 5 (wie Dok. 171 vom 24.9.1942, Anm. 6), Dok. 42, S. 82 f.
2 Ex officio: von Amts wegen.
3 Ref. D III (Judenreferat) der Abt. Deutschland des AA.
4 Im Original handschriftl. Vermerke.
5 Dr. Marcel Junod (1904–1961), Arzt; von 1935 an bei der IKRK-Mission in Äthiopien, 1936–1939 IKRK-Mission in Spanien während des Bürgerkriegs, von Sept. 1939 an IKRK-Delegierter in Berlin, wo er sich vor allem mit Fragen im Zusammenhang mit Kriegsgefangenen beschäftigte; seit Aug. 1945 bei der IKRK-Mission in Japan, später auch für UNICEF, das Kinderhilfswerk der Vereinten Nationen, tätig.
6 Auf solchen Formularen konnten Bürger trotz Postsperre ihren Angehörigen im verfeindeten Ausland Nachrichten von maximal 25 Wörtern übermitteln; siehe Dok. 235 vom 13.3.1943.

Auch kann es dem Internationalen Komitee vom Roten Kreuz nicht zugebilligt werden, sich auf Grund seiner Vermittlungstätigkeit einen Einblick in einwandfrei reichsdeutsche innere Verwaltungsangelegenheiten zu verschaffen.
Die Aufgabe vom Internationalen Komitee des Roten Kreuzes erschöpft sich vielmehr [in] der Vermittlung von Familiennachrichten zwischen den von den gegnerischen Mächten besetzten Gebieten. Im vorliegenden Falle handelt es sich jedoch um die Vermittlung von Nachrichten, deren Beteiligte sich sämtlich im deutschen Hoheitsgebiet oder von deutschen Truppen besetzten Gebieten befinden. Es ist in diesem Falle daher überhaupt keine Notwendigkeit vorhanden, die Vermittlungstätigkeit des Internationalen Komitees des Roten Kreuzes in Anspruch zu nehmen.
Ich beabsichtige daher, das Deutsche Konsulat in Genf zu beauftragen, Herrn Dr. Junod in unverbindlicher Form darauf aufmerksam zu machen, daß das vorgetragene Ansinnen unseres Erachtens die Kompetenzen des Internationalen Komitees vom Roten Kreuz überschreite und daher erwartet werde, daß die Angelegenheit hiermit ihre Erledigung gefunden habe.
Die Rechtsabteilung des Auswärtigen Amtes ist hiervon fernmündlich in Kenntnis gesetzt worden u. (VLR Dr. Roediger)[7] hat sich damit einverstanden erklärt.[8]

DOK. 213

Mina Wellisch fragt am 15. Januar 1943 beim Kinderheim der Israelitischen Kultusgemeinde Wien nach einem Mädchen, dessen Eltern in Palästina ohne Nachricht geblieben sind[1]

Handschriftl. Brief von Mina Wellisch,[2] Rákospalota (Budapest), an die Leiterin des Kinderheims[3] der Israelitischen Kultusgemeinde Wien, Mohapelgasse 3, Wien I., vom 15.1.1943[4]

Sehr geehrte Frau Direktor!
Eine kleine Verwandte von mir war im Kinderheim[5] bei Ihnen, das Kind heißt Elisabeth Schönberger[6] und soll angeblich am 24. Sept. 1942 mit einem Waisenkindertransport weggeschickt worden sein.

7 Dr. Conrad Roediger (1887–1973), Diplomat; führender Mitarbeiter der Rechtsabt. des AA und späteres Mitglied des Senats des Bundesverfassungsgerichtshofs.
8 Handschriftl. Vermerk auf dem Dokument: „H. Luther ist einverstanden. Lu, 19.1."

1 Archiv der IKG Wien, A/W 1922,2, MF 890.
2 Vermutlich: Mina Wellisch (*1895); lebte in Wien und Budapest; wahrscheinlich im besetzten Polen ermordet.
3 Gisela Kornfeld (1872–1968); Leiterin des Kinderheims der Israelitischen Kultusgemeinde Wien in der Mohapelgasse 3 (heute Tempelgasse), zuvor führte sie das Kleinkinderheim in der Unteren Augartenstraße 35.
4 Rechtschreibung behutsam korrigiert.
5 Die Einrichtung in der Mohapelgasse 3, im Aug. 1942 gegründet, war das einzige Heim der Israelitischen Kultusgemeinde, das bis zum Kriegsende bestand. Dort lebten vor allem Kinder mit einem nichtjüdischen Elternteil, die zunächst von den Deportationen ausgenommen waren.
6 Elisabeth (auch Alice) Schönberger (1936–1944); lebte nach der Emigration ihrer Eltern bei ihrer Großmutter Helene Schönberger und nach deren Deportation im Juni 1942 im jüdischen Kinderheim; wurde am 25.9.1942 nach Theresienstadt und am 23.10.1944 nach Auschwitz deportiert und dort ermordet.

Sie würden mich zu großem Dank verpflichten, wenn Sie mir die derzeitige Adr. mitteilen möchten. Vielleicht könnte ich über die Nationalbank für die kleine Lieserl etwas tun, habe bereits einmal an d. Isrl. Kultusgemeinde geschrieben, aber leider keine Antwort erhalten. Die Kleine ist das einzige Kind ihrer in Palästina lebenden Eltern,[7] die verzweifelt sind, da sie schon viele Monate ohne Nachricht sind über das Kind – und ich könnte über das Rote Kreuz berichten – nochmals im vorhinein vielen Dank für die Bemühung der l. Gott wird es Ihnen vergelten
mit vorzüglicher Hochachtung

DOK. 214
Daniel Lotter erwähnt am 20. Januar 1943 in seinem Tagebuch Gerüchte, dass deportierte Juden durch Giftgas ermordet würden[1]

Handschriftl. Tagebuch von Daniel Lotter, Fürth, Eintrag vom 20.1.1943

Roosevelt hielt eine Rundfunkansprache, deren Inhalt dem deutschen Volke wie üblich vorenthalten wurde. Einige positive Angaben brachte die „Frankfurter".[2] Nach ihnen wurden im abgelaufenen Jahr 56 000 Panzer- und Sturmgeschütze, 670 000 Maschinengewehre und 21 000 Panzerabwehrgeschütze in den U.S.A. hergestellt. Für das Jahr 1943 ist die Fabrikation von 48 000 Flugzeugen geplant.
Der Gesamtbestand des amerikan. Heeres belaufe sich auf 7 Millionen, wovon 1 1/2 Millionen im Ausland eingesetzt seien.
Das sind Zahlen, bei denen man ein leichtes Gruseln bekommen kann, und es ist begreiflich, daß sie in der breiten Öffentlichkeit nicht breitgetreten werden.
Die Heranschaffung dieses märchenhaften Kriegsmaterials auf die Kriegsschauplätze wird allerdings große Schwierigkeiten machen. Ist doch erst in den letzten Tagen wieder eine ganze Tankerflotte mit 15 oder 16 Schiffen im Atlantik versenkt worden.[3]
Den bis jetzt ziemlich ruhigen Kampfverlauf in Nordafrika schreibt man diesem großen Erfolg unserer U-Boote zu.[4] Dagegen sind die ununterbrochenen wütenden Angriffe der Russen fast an der ganzen Front geradezu beängstigend, zumal sie bereits ziemlich beträchtliche Erfolge errungen haben, die z. T. bekanntgegeben, zum Teil aber auch verschwiegen werden und nur aus Berichten von Urlaubern zu entnehmen sind.[5]

7 Paul Schönberger (1896–1966), Kaufmann; 1938 Enteignung seiner Liegenschaften in Neudörfl, Umzug nach Mürzzuschlag, nach den Novemberpogromen ins KZ Dachau deportiert; emigrierte nach der Freilassung zusammen mit seiner Ehefrau Emma Schönberger, geb. Haas (*1907), nach Palästina; warum ihre Tochter Elisabeth in Österreich zurückbleiben musste, ist nicht bekannt; das Ehepaar kehrte 1948 nach Österreich zurück.

1 Original in Privatbesitz, Kopie: IfZArch, F 601, abgetippte Fassung im Deutschen Tagebucharchiv Emmendingen.
2 Artikel der Frankfurter Zeitung nicht ermittelt.
3 Anfang Jan. 1943 versenkten deutsche U-Boote südlich der Azoren einen alliierten Tankerleitzug und im Nord- und Südatlantik Transportschiffe. Laut deutschen Meldungen wurden dabei 16 Schiffe mit insgesamt 89 000 Bruttoregistertonnen versenkt.
4 Es handelt sich hier um eine Fehleinschätzung Lotters; tatsächlich befand sich die Wehrmacht seit Nov. 1942 in Nordafrika im Rückzug.

Die Zustände im Lande verschlimmern sich mehr und mehr. Goebbels bemüht sich im Schweiße seines Angesichts, die Stimmung zu halten, aber die immer stärker und drastischer werdende Redeweise beweist, daß er seiner Sache nicht mehr ganz sicher ist. Auch die immer schärfer werdenden Gerichtsurteile deuten auf eine kritisch werdende Lage hin.[6]
Ein Pfarrer, der seinem Zweifel an der Gewißheit unseres Endsieges Worte verlieh, erhielt 9 Monate Gefängnis. Geradezu empörend ist es, daß ein Mann, der gegenüber russischen Gefangenen eine freundliche Gesinnung hegte, vor das berüchtigte Sondergericht gestellt wurde.
Für einen Akt der Menschlichkeit erhielt er lt. eingeklebtem Ausschnitt 1 Jahr und 4 Monate Zuchthaus und die Zeitungen werden gezwungen, solche Justizverbrechen unter der Überschrift „Gerechte Urteile" abzudrucken.[7]
Auch der Kampf gegen die Kirche geht, wenn auch einigermaßen getarnt, weiter. Während die zahlreichen Kinos und Theater genügend Kohlen bekommen, besteht für die Kirchen ein Heizverbot. Gesangbücher und Bibeln dürfen wegen Papiermangel nicht mehr gedruckt werden.
Im Radio sagte neulich ein Sprecher unverhohlen, daß von Juden geschriebene Bücher über jüdische „Heldentaten" keine geeignete Lektüre für deutsche Menschen seien. Was kann er anderes damit gemeint haben als die Bibel. Daß wir ohne Christentum wieder in die fürchterlichste Barbarei versinken werden und zum guten Teil schon drinstecken, scheint diesen Leuten nicht klar zu sein.
Ein neulich im Urlaub hier weilender Pfarrer fragte mich, ob ich auch schon davon gehört hätte, daß man ganze Eisenbahnzüge mit armen zusammengepferchten Juden einfach vergast hätte. Ich mußte zur Antwort geben, daß ich von solchen und anderen entsetzlichen Mordtaten an diesen armen Menschen schon wiederholt von glaubwürdiger Seite gehört hätte, daß ich mich aber sträube, diese Greuelnachrichten zu glauben. Gestern erzählte mir nun ein Jurist, daß in einem plombierten Eisenbahnwagen beförderte Juden flehentlich, aber erfolglos um Wasser gebeten hätten. Beim Öffnen des Wagens fielen dem Zugpersonal die Leichen der gemarterten und erstickten Juden entgegen. Solche Nachrichten werden von Mund zu Mund weiter verbreitet – und geglaubt.

5 Anfang 1943 hatte die Rote Armee die Wehrmacht in Stalingrad geschlagen.
6 Die Zahl der Todesurteile, die der Volksgerichtshof verhängte, stieg ab 1942 mit der Ernennung Roland Freislers zum Präsidenten drastisch an. Von der Einsetzung des Gerichts 1934 bis zum Jahr 1936 ergingen insgesamt elf Todesurteile, 1936–1943 waren es 1162 und danach bis Kriegsende rund 5200.
7 Dem Eintrag liegt ein Zeitungsartikel mit der Überschrift „Gerechte Urteile des Sondergerichts" bei. Darin heißt es, dass das Sondergericht Nürnberg einen Arbeiter wegen Kontakten zu sowjet. Kriegsgefangenen zu einem Jahr und vier Monaten Gefängnis und zwei Jahren Verlust der bürgerlichen Ehrenrechte sowie zwei junge Polen wegen Gewalttätigkeit gegenüber Deutschen zum Tode verurteilt habe. Im Schlussabsatz wird die Richtigkeit der Urteile betont und der Leser ermahnt, sich von den von „tierischen Instinkten" und „abgrundtiefem Haß gegen alles Deutsche" getriebenen poln. Zwangsarbeitern und sowjet. Kriegsgefangenen fernzuhalten.

DOK. 215

Luise Solmitz erfährt am 26. Januar 1943, dass ihre Tochter als „Mischling" ihren belgischen Verlobten nicht heiraten darf[1]

Handschriftl. Tagebuch von Luise Solmitz,[2] Eintrag vom 26.1.1943

Dienstag, 26.1.43
Urmutters 99. Geburtstag. Ach, Urmutter, wenn Du wüßtest, was man deinem Frühlingskind, deiner von allen geliebten Urenkelin antut. Wie hast du das Kleinkind umsorgt, wie fröhlich zogt ihr miteinander in den Ratzeburger Wald, wie freundlich lag schließlich doch die Zukunft vor unserer Gisela.[3] Der zerschmetternde Schlag ist gefallen. Morgens leichter Schneefall, durch die weißen Straßen ging ich mit Fredy[4] zur Klopstockstr. 17, er wartete – er durfte das Gebäude nicht betreten. Aufsicht für die Standesämter, ein großes, stilles Haus. In einem großen, stillen Zimmer saß ich einem Inspektor gegenüber, der Gisela das Urteil sprach. Ich berichtete kurz, gab ihm den ablehnenden Bescheid des Reichsjustizministers. Fragte, welches der Grund sein möchte u. welchen Weg ich etwa beschreiten könnte? „Gar keinen. Der Bescheid ist unwiderruflich." – „Mein Gott", sagte ich. Und nach einer Pause „Das darf ich doch meiner Tochter gar nicht sagen!" – „Warum nicht?" – „Weil sie den jungen Mann liebt. – Weil sie verzweifelt. Es sind schließlich Menschen, die man kennt, u. keine Tiere." – Ja, ja, gab er zu, es werde manchen Menschen jetzt großes Leid gebracht. Er war auch der erste, der die Frage tat, die mir viel zu schaffen gemacht hatte „Wissen die Eltern des jungen Mannes, daß ihre Tochter Mischling 1. Grades ist? Gewiß, sie haben ihre Einwilligung gegeben, aber wissen sie das?" – „Belgien kennt solche Gesetze u. Anschauungen nicht. "– „Was heißt heute Belgien? Wir sprechen nicht einmal [von] Dtl. Wir denken Europa. Kein Jude soll in Europa bleiben. Meine persönliche Meinung, offiziell ist sie nicht, aber ich merke es aus Anzeichen, daß man gegen die Juden noch schärfer vorgehen wird." – Zweimal sagte er mir das. Und da saß ich, ein wehrloser, ein geschlagener, zu Tode betrübter Mensch. – Gisela, dachte ich, Gisela, Fredy. – „Sehen Sie", schulmeisterte er weiter, „was der Jude in Rußland, in Amerika anrichtet. Jetzt merken wir es erst. Darunter müssen die Unschuldigen leiden." – Ich hatte ihm von Fredys militär. Laufbahn, vom Verlust des linken Auges erzählt. Ja, darum ginge es nicht, es ginge um die Rasse. Seine Frage war gewesen: „Sie waren mit einem Juden verheiratet?" – So wie Haase[5] fragte:

1 Staatsarchiv Hamburg, 622-1/140, Familie Solmitz, 1, Bd. 32.
2 Luise Solmitz, geb. Stephan (1889–1974), Lehrerin; 1925 Heirat mit Friedrich Wilhelm Solmitz; die Diskriminierung, die sie durch die Ehe mit einem Juden erlebte, machte ihre anfängliche Hitler-Begeisterung zunichte; nach Kriegsende arbeitete sie wieder als Lehrerin in Hamburg.
3 Gisela Solmitz, später verheiratete Vitoux (*1920), kaufmännische Angestellte; Tochter von Luise und Friedrich Solmitz, als sog. Mischling 1. Grades konnte sie nicht Mitglied einer der nationalsozialistischen Organisationen werden und de facto keinen Nichtjuden heiraten; 1943 zog sie mit ihrem Verlobten Lucien nach Belgien, wo sie als „Arierin" lebte, 1944 kam Sohn Richard zur Welt.
4 Friedrich Wilhelm Solmitz (1877–1961), Maschinenbauingenieur, Offizier; stammte aus einem jüdischen Elternhaus, hielt dies aber zunächst geheim und konvertierte zum Christentum; im Ersten Weltkrieg schwer verwundet, danach bis 1920 im Nachrichtenwesen der Armee tätig, anschließend Oberingenieur in einer Automobilfabrik in Berlin, dann bei der Deutschen Luftreederei, von 1924 an leitete er verschiedene Metallbetriebe in Berlin und Breslau.
5 Standesbeamter.

„Ihr Mann ist noch hier?!" Das erträgt man. Das erträgt man schon 10 Jahre lang. Mich streifte Nietzsches Wort: Was dich nicht zerbricht, das macht dich stärker.[6] – Gis. wird zerbrochen, seelisch oder sittlich. Und ich muß das erleben u. kann nicht helfen, ich, die Mutter. Ob denn nicht ein Großelternteil sich als arisch erweisen lasse? Dann würde man viell. ein Auge zudrücken, Gis. als Mischling 2. Grades ansehen. Er sagte das so dringlich, daß man versucht war zu fragen: Wie soll man das machen? – Das sind alles gutgemeinte, aber unmögliche Erwägungen. – Ich verließ das strenge stille Haus – verzweifelt.

Fredy erwartete mich. Wir wollten Herrn Schmidt alles berichten, er ist zum Osteinsatz (Ostpreußen, Verwaltung) angefordert. Er ist uns ein treuer, sachlicher Berater gewesen. – Da kam Herr Voges. Der Optimist umgaukelte uns mit Besuch in Brüssel, dort heiraten, es klang schön u. tröstlich, u. ich wußte doch, daß Gis. nicht rauskommt. Er ging zu einem Maßgeblichen – kein Mischling kommt ins Ausland. Er schüttelte den Kopf: „Nun hat sie einen Ausländer gefunden, u. nun darf sie ihn nicht heiraten! Unverständlich. Aber: Auf Regen folgt Sonnenschein! Glauben Sie das." – Gewiß, nur für uns nicht mehr.

Als ich dann die neuen Kleiderkarten holte, Lateindruck diesmal, stand in dem Gedränge eine Frau mit hoffnungslos zerfressenem Gesicht, geheimer Schrecken u. Anstoß für uns alle. Und ich dachte, ob das Leid dieser Dulderin nicht größer sei als unser? Und wo findet wiederum sie jemanden, neben dem sie sich als die ein klein wenig Glücklichere vorkommt?

Wie grauenhaft müßte dann erst der geschlagen sein? Wir schreien zu Gott – er schweigt. Wir suchen Trost, daß denen, die Gott lieben, alle Dinge zum besten dienen. Warum? Weil wir die innere Einstellung zu unserem Leid zu finden suchen, weil die Abwehrkräfte unserer Seele uns helfen oder doch es sollten. Und haben wir uns durchgerungen, dann danken wir Gott für seine Hilfe! Er hat uns nicht geholfen. Wir rechtfertigen ihn! Aus unserer eigenen Kraft. Gis. hatte schwere Kopfschmerzen, Lu[7] war mißgestimmt u. müde. Er legte seinen hübschen Knabenkopf auf Gis's Schulter, u. sie, abgespannt wie sie war, hielt ganz still, wie ein kleines Mütterchen, ein rührendes Bild. Ich wollte, der Reichsjustizminister hätte das gesehen. Die beiden gingen schon um 20 Uhr zu Bett, ich war froh, den Tränen endlich, endlich freien Lauf lassen zu können, sie strömten mir übers Gesicht, keine Tränen der Auflehnung mehr, warme, müde Tränen der Hoffnungslosigkeit sind es gewesen. – Des tiefen Kummers um den Schmerz, der Gisela treffen wird, unausweichlich.

Ein einziger Gedanke hat etwas Beruhigendes: Haases Versäumnis ist nicht schuld gewesen, Gis's Gesuch ist nicht in eine neue, strenge Verordnung hineingeraten, jedes derartige Gesuch ist so entschieden worden. Warum wird es dann erst entgegengenommen u. weitergeleitet, warum fragte Herr Haase, der es doch wissen müßte: „Und wann soll geheiratet werden? So bald wie möglich, natürlich?!" Ein Wort, wie Hochzeitsglocken selbst. Warum? – Weil die Ehe heute noch gesetzlich erlaubt ist u. darum nur vom Justizminister abgelehnt werden kann u. grundsätzlich von ihm abgelehnt wird. Es liegt dieselbe Hinterhältigkeit darin, wie in der nicht verbotenen Ehe des Mischlings 1. Gr. mit

6 Richtig: „Was mich nicht umbringt, macht mich stärker"; Friedrich Nietzsche, Götzen-Dämmerung (1889), Kap.: Sprüche und Pfeile, Nr. 8.

7 Lucien Vitoux.

einem Arier; sie unterliegt jedoch der Entscheidung des Ministers, der sie aber nie, niemals in bejahendem Sinn fällt. Ein Gesuch wie Gis.'s wurde früher vom Hans. O.L. Gericht[8] u., wie Haase sagte, sehr großzügig, d.h. bejahend, entschieden. Zum Unglück geboren. Arme Gisela. Das begann, als Fredys erster Gruß an sie war: „Ich bedauere, daß das Kind geboren wurde." Das war sein Glückwunsch für mich.[9] – Ja, wenn Gisela mich liebte, mir zuliebe ein wenig Lebensbejahung u. Selbstzucht übte. Was für ein Glück wäre das für mich, u. könnte nicht vielleicht darin ein Keim von Glück u. Trost [für] sie selbst liegen? Gewiß, ein bitterer Ersatz, die Mutter statt des geliebten Menschen, die Vergangenheit statt der Gegenwart u. Zukunft, aber immerhin doch ein Menschenherz, das für sie schlägt.

Anruf von Frau Da[...],[10] Herr Steinbrück wird viell. Anf. Febr. kommen. Ich tue so, als sei er noch eine Hoffnung, er ist aber nur der Vorwand, unser Schweigen zu rechtfertigen, Zeit zu gewinnen, aufschieben zu dürfen. Tun kann er gar nichts, weder für die verlorene Ehemöglichkeit noch für die Fabrik. – Auch ein etwaiges Schreiben von mir an den Justizminister ist nur Aufschub, denn es wird nichts dadurch erreicht als ein paar Backpfeifen. Frau D[...] hat die bolsch[ewistische] Zeit in Riga miterlebt. Frau v. Romm[...][11] hat sie nicht gekannt.

Gis. quälende Kopfschmerzen, Lu müde. – Gis. empört über sein „In Brüssel gäbe es Hasenbraten und jeden Tag Fleisch u.s.w." – Sie, die für ihn alles herbeischleppt, sich selbst kaum noch etwas gönnt, von unserem bißchen Kartenkram lebt er mit, wir teilen mit ihm. Was hätten wir essen können, wenn er nicht versorgt werden müßte! Heimlich gebe ich ihm, unverantwortlicherweise, von meiner Grütze, um 5 macht ihm Gis. das Frühstück, sucht, womit sie ihn überraschen u. erfreuen kann in der Liebe u. der Not ihres Herzens. Kommt er aus der Fabrik, setzt er sich zu uns an den gedeckten Tisch. Und ist in voller Verpflegung in der Fabrik. Bekommt 270 RM im Monat, Verpflegung u. Wohnung bei Frau Oldenburg wird abgezogen, noch nie hat er uns einen Pfennig angeboten für alles, was er hier hat, u. wir sind, weiß Gott, nicht wohlhabend mehr. Gis., als Kind des Hauses, gibt doch auch Geld ab. – So jung er ist, soviel Einsicht u. soviel Takt müßte er haben. Er dürfte nicht alles als selbstverständlich hinnehmen. Und nun gar noch maulen, in Brüssel gäbe es so gutes Essen. Das ist doch ein Vergleich mit dem, was wir ihm bieten, Tag aus, Tag ein, u. sonntags sorgt Gis., daß er Fleisch hat, jeden Sonntag tut sie das.

Anruf v. Oma B[...],[12] Anruf v. Mama, Brief v. Grete Ludwing, gestern auch Luftschutzkeller in Luises Kohlenkeller von heute auf morgen [befohlen]![13] In Breslau.

Stalingrad, der Widerstand der 6., von den Russen eingeschlossenen Armee beherrscht alles. Verkrallt in den Trümmern, General u. Grenadier verteidigen sich mit der blanken Waffe. Ein paar Rumänen sind dabei, ein paar Kroaten. Man spricht von 75 000 Eingeschlossenen, die bis zum letzten Widerstand leisten.

8 Hanseatisches Oberlandesgericht.

9 Friedrich Solmitz, der seine jüdische Herkunft auch vor seiner Lebensgefährtin verheimlicht hatte, lehnte eine Eheschließung auch nach der Geburt der gemeinsamen Tochter zunächst mit der Begründung ab, dass er das Kind durch seine „Rassenzugehörigkeit" belaste.

10 Unleserlich.

11 Unleserlich.

12 Unleserlich.

13 Im Typoskript ergänzt.

DOK. 216

Die Ärztin Justina Bischofswerder aus Berlin antwortet am 28. Januar 1943 Pastor Paul Gerhard Braune, der ihr die Nachricht vom Tode ihres Sohns übermittelt hat[1]

Brief von Justina Bischofswerder,[2] Berlin W 50, Passauer Str. 2, an Paul Gerhard Braune,[3] vom 28.1.1943

Sehr geehrter Herr Pastor!
Für Ihren Brief meinen herzlichsten Dank! Was Ihre Nachricht über meinen Sohn[4] für mich bedeutet, brauche ich Ihnen nicht zu sagen, wenn ich auch seit vielen Monaten mit allergrößter Wahrscheinlichkeit mit diesem seinem Schicksal gerechnet habe. Er war das einzige, was mich wirklich noch mit dieser Welt verbunden hat. Noch häufiger als vordem denke ich jetzt an meine Wege nach Lobetal und wie er mir an schönen Sommersonntagen auf halbem Wege nach Bernau freudestrahlend und winkend entgegenkam. Ich habe das einzige getan, das ich für ihn tun konnte: Bei ihm und für ihn ausgeharrt; und das werde ich nie bereuen, auch wenn es meinen eigenen Untergang bedeutet. Jetzt aber habe ich vor dem, was mir bevorsteht, viel weniger Furcht als vorher. Dankbar wäre ich Ihnen, wenn Sie mir mitteilen könnten, etwa von welchem Zeitpunkt und aus welcher Quelle die Nachricht über ihn stammt. Sie fragen nach den für meinen Sohn zur Verfügung gestellten Mitteln. Ich bitte Sie, sie nach Ihrem Ermessen für Ihr Liebeswerk zu verwenden. Mir fehlt es zur Zeit nicht an dem materiell Nötigen; und darüber hinaus brauche ich nicht zu denken und will es auch nicht. Andererseits weiß ich, daß die Mittel in Ihren Händen sicher für einen auch mir gut erscheinenden Zweck und in der besten Weise verwendet werden. Leider trifft Ihre Annahme, daß die Arbeit jetzt etwas Ausgleich und Trost bietet, nicht zu. Man begegnet dauernd bei anderen der Gefahr, der man selbst ausgesetzt ist, und kann deshalb nicht helfen und trösten. Und wenn man einen ärztlichen Erfolg hat, so empfindet man keine Freude; denn man fragt sich: Cui bono?[5] Dennoch muß man versuchen auszuhalten!
Mit nochmaligem herzlichen Dank für alles und vielen Grüßen
Ihre

1 AHSL, AbP-Bischofswerder, Nr. 421.

2 Dr. Justina Bischofswerder, geb. Horowitz (1888–1943), Ärztin; heiratete 1914 den Rechtsanwalt Franz Bischofswerder; lehnte es in den 1930er-Jahren ab, ihrem Mann in die Emigration zu folgen, um in der Nähe des gemeinsamen Sohns Ernst zu bleiben; arbeitete von 1940 an als sog. Krankenbehandlerin in ihrer Wohnung im „Judenhaus" Passauer Straße in Berlin; am 27.2.1943 im Rahmen der sog. Fabrik-Aktion verhaftet, im März 1943 nach Auschwitz deportiert und dort ermordet.

3 Paul Gerhard Braune (1887–1954), Pastor; 1914 Pfarrer in Hohenkränig bei Schwedt, von 1922 an in Lobetal, dort Leiter der Bodelschwinghschen Anstalt, 1932 Vizepräsident, 1945 Präsident des Zentralausschusses für die Innere Mission der evang. Kirche, der die Fürsorgearbeit koordinierte; Anhänger der Bekennenden Kirche, widersetzte sich der „Euthanasie", im Aug. 1940 für drei Monate inhaftiert.

4 Ernst Bischofswerder (1918–1942); nach teils schweren Kinderkrankheiten Sprach- und Verhaltensstörungen, von 1936 an Volontär in der Gärtnerei des Jüdischen Friedhofs Weißensee; 1937 wegen Beschädigung eines HJ-Autos in die psychiatrische Anstalt Herzberge zwangseingewiesen, von Aug. 1937 an in der Anstalt Lobetal, am 2.4.1942 ins Warschauer Getto deportiert und wenig später ermordet.

5 Lat.: Wem zum Vorteil?

DOK. 217

Eichmann verständigt sich im Januar 1943 mit dem Auswärtigen Amt darüber, Juden aus neutralen, verbündeten und besetzten Staaten zu deportieren[1]

Schreiben des Chefs der Sicherheitspolizei und des SD (IV B 4 b 2686/42), Obersturmbannführer Eichmann, Regierungsrat Hunsche, vom Jan. 1943 (Entwurf, Abschrift)[2]

Betrifft: Behandlung von Juden ausländischer Staatsangehörigkeit. (Allgemein)
I. Vermerk
Die Frage der Behandlung von Juden ausländischer Staatsangehörigkeit im Reichsgebiet einschließlich Protektorat, im Generalgouvernement, in den besetzten Ost- und Westgebieten, die dringend einer umfassenden Regelung bedarf, war in der letzten Zeit Gegenstand laufender schriftlicher Erörterungen und persönlicher Besprechungen mit dem Auswärtigen Amt. Es konnte das in den nachstehenden Erlassen zum Ausdruck kommende Ergebnis erzielt werden.
Wegen der außenpolitischen Bedeutung und der möglichen politischen Auswirkungen ist der Vorgang dem Auswärtigen Amt zur Mitzeichnung zuzuleiten.[3]

II. Schreiben:[4]
Betrifft: Behandlung von Juden ausländischer Staatsangehörigkeit im Reichsgebiet.
Bezug: Runderlaß vom 16.2.42 – Pol. IV B 4 b 940/41–6.[5]
In Ergänzung des obenbezeichneten Erlasses gebe ich zur Behebung aufgetretener Zweifelsfragen zusammenfassend folgendes bekannt:
Juden mit der Staatsangehörigkeit der nachstehend aufgeführten Länder:
1. ehemals Polen,
2. ehemals Luxemburg,
3. Slowakei,
4. Kroatien,
5. Serbien,

1 PAAA, R 100 857, Bl. 61–73.
2 Im Original handschriftl. Anmerkungen und Eingangsstempel des AA, Ref. D III (Eing. 3.2.1943).
3 Das AA stimmte den folgenden Erlassen mit kleinen Änderungen zu, sandte aber am 2.3.1943 einen weiteren Vorschlag, 30 000 Juden diverser Staatsangehörigkeiten von den geplanten Maßnahmen auszunehmen, weil sie für einen Austausch gegen Kriegsgefangene der Alliierten in Frage kämen; siehe Dok. 228 vom 2.3.1943.
4 Das Schreiben sollte unter Briefkopf des Reichsministers des Innern an alle Staatspolizei(leit)stellen, die Abwicklungsstelle der Zentralstelle für jüdische Auswanderung Wien, das Zentralamt für die Regelung der Judenfrage in Böhmen und Mähren, die BdS in Prag, Metz und Straßburg, die KdS Kärnten und Krain in Veldes sowie Untersteiermark in Marburg und das Einsatzkommando in Luxemburg geschickt werden, außerdem nachrichtlich an die HSSPF im Reich und in Böhmen und Mähren sowie die Inspekteure der Sicherheitspolizei und des SD. Die Adressen dieser Institutionen sind im Dokument angegeben, hier aber nicht abgedruckt. Die endgültige Version dieses Erlasses gab Kaltenbrunner am 5.3.1943 mit kleineren Änderungen heraus; siehe YVA, Mg/330, Bl. 21 f.
5 In diesem Erlass dehnte das RSHA die antijüdischen Gesetze auf die jüdischen Staatsangehörigen nicht nur besetzter und kontrollierter Länder, sondern auch auf die einiger verbündeter Staaten, z. B. Rumänien, aus. Der Runderlass selbst ist nicht erhalten, sein Inhalt geht allerdings aus der endgültigen Form dieses Erlasses vom 5.3.1943 hervor; wie Anm. 4.

6. Rumänien,
7. Bulgarien,
8. Griechenland,
9. Niederlande,
10. Belgien,
11. Frankreich,
12. ehemals Estland,
13. ehemals Lettland,
14. ehemals Litauen,
15. Norwegen

und staatenlose Juden unterliegen der Polizeiverordnung über die Kennzeichnung der Juden vom 1.9.1941 (RGBl. I, S. 547) und sind sämtlichen damit in Zusammenhang stehenden Maßnahmen, wie z. B. Verkehrs- und Verfügungsbeschränkungen, zu unterwerfen. Desgleichen sind die vorbezeichneten ausländischen Juden nunmehr in die Abschiebungsmaßnahmen einzubeziehen.

Da über die Behandlung des Vermögens von Juden mit fremder Staatsangehörigkeit mit den jeweiligen ausländischen Regierungen noch keine abschließenden Vereinbarungen getroffen werden konnten, sind[6] bei jeder Abschiebung eines ausländischen Juden die erforderlichen Vorkehrungen für die vorläufige Sicherstellung der Vermögenswerte zu treffen. Zur Entlastung der eigenen Dienststellen sind für die Verwaltung dieser Werte geeignete Treuhänder zu bestellen. Soweit Juden, deren Vermögen der Verwaltung des Reichskommissars für die Behandlung feindlichen Vermögens unterliegt, abgeschoben werden, ist die Dienststelle des Reichskommissars für die Behandlung feindlichen Vermögens von der erfolgten Maßnahme zu unterrichten.

Juden anderer Länder, sowohl von Feindstaaten, neutralen und auch befreundeten, kriegführenden oder nichtkriegführenden Ländern, dürfen in die Judenmaßnahmen nicht einbezogen werden.[7]

Ich ersuche, das hiernach Erforderliche zu veranlassen und um genaue Beachtung vorstehender Anordnung, damit Vorstellungen ausländischer Regierungen von vorneherein vermieden werden.

Die den mit der Abbeförderung von Juden nach dem Osten bezw. nach Theresienstadt beauftragten Evakuierungsdienststellen übersandten Richtlinien zur technischen Durchführung der Evakuierung nach dem Osten (IV B 4 a 2093/42g 391)[8] bezw. zur

6 Im endgültigen Erlass ist hier eingefügt: „soweit dies noch nicht seitens der ausländischen Missionen oder Konsulate geschieht"; wie Anm. 4.

7 In der endgültigen Version des Erlasses ist hier die folgende Passage eingefügt: „Alle Juden, die neben einer anderen Staatsangehörigkeit auch auf englische oder amerikanische Staatsangehörigkeit – sei es auch nur wegen ihrer Geburt in diesen Ländern – Anspruch erheben können, sind von den allgemeinen Judenmaßnahmen auszuschließen und zu internieren. Ferner sind Juden, die von einer Schutzmacht als Vertreterin der Interessen eines Feindstaates für den Austausch gegen im feindlichen Ausland befindliche Reichsangehörige benannt worden sind, ohne Rücksicht auf ihre Staatsangehörigkeit (auch Staatenlose) von der Abschiebung auszuschließen, sofort in polizeilichen Gewahrsam zu nehmen und wegen der Frage ihrer Internierung unter Angabe der genauen Personalien an das Reichssicherheitshauptamt – Referat II B4 – zu berichten"; wie Anm. 4.

8 Siehe Dok. 72 vom 31.1.1942.

Durchführung der Wohnsitzverlegung nach Theresienstadt (IV B 4 a 2537/42)[9] sind hinsichtlich der Bestimmung des zu evakuierenden Personenkreises sinngemäß zu ergänzen.
Weitere Weisungen zu gegebener Zeit behalte ich mir vor.

III. Schreiben[10]
Betrifft: Behandlung von Juden ausländischer Staatsangehörigkeit im Generalgouvernement und in den besetzten Ostgebieten.
Bezug: ohne.
Zur Behebung aufgetretener Zweifelsfragen gebe ich bekannt, daß Juden, die die Staatsangehörigkeit nachstehender Länder
1. ehemals Polen,
2. ehemals Luxemburg,
3. Slowakei,
4. Kroatien,
5. Serbien,
6. Rumänien,
7. Bulgarien,
8. Griechenland,
9. Niederlande,
10. Belgien,
11. Frankreich,
12. ehemals Estland,
13. ehemals Lettland,
14 ehemals Litauen,
15. Sowjetrußland
16. Norwegen

besitzen, und staatenlose Juden in die im dortigen Bereich gegen Juden allgemein getroffenen oder noch zu treffenden Maßnahmen einzubeziehen sind.
Auf Juden anderer Länder, sowohl von Feindstaaten, neutralen oder auch befreundeten, kriegführenden oder nichtkriegführenden Ländern, dürfen die Maßnahmen zunächst noch nicht ausgedehnt werden.[11]

9 Diese Richtlinien sind nur in überarbeiteter Form vom 20.2.1943 erhalten und regeln u. a. Ausnahmen von der Deportation nach Theresienstadt und die zulässige Gepäckmitnahme; YVA, TR.3 – Eichmann Trial/1282.

10 Verteiler: BdS im Generalgouvernement Dr. Schöngarth, Krakau; BdS Ostland Dr. Achamer-Pifrader, Riga; BdS Ukraine Dr. Thomas, Kiew; den Chef der Einsatzgruppe B, Naumann, Smolensk; den Chef der Einsatzgruppe D, Bierkamp, Woroschilowsk; nachrichtlich an die HSSPF Krakau, Nord, Mitte, Süd und Kaukasien sowie an das Kommando des Beauftragten des Chefs der Sicherheitspolizei und des SD beim kommandierenden General der Sicherungstruppen und an den Befehlshaber des Heeresgebietes B in Charkow. Auch diesen Erlass gab Kaltenbrunner am 5.3.1943 heraus; siehe Einsatz im „Reichskommissariat Ostland". Dokumente zum Völkermord im Baltikum und in Weißrußland 1941–1944, hrsg. von Wolfgang Benz, Konrad Kwiet und Jürgen Matthäus, Berlin 1998, S. 63 f.

11 In der endgültigen Version ist an dieser Stelle der gleiche Passus über Juden mit US-amerikan. oder brit. Staatsangehörigkeit und über Juden, die für einen Gefangenenaustausch in Frage kommen, eingefügt wie in dem ersten Schreiben; siehe Anm. 4.

Ich ersuche um genaue Beachtung vorstehender Anordnung, damit Vorstellungen ausländischer Regierungen von vorneherein vermieden werden.
Weitere Weisungen zu gegebener Zeit behalte ich mir vor.
Zusatz für den Höheren SS- und Polizeiführer, Staatssekretär für das Sicherheitswesen, SS-Obergruppenführer und General der Polizei Krüger, und den Befehlshaber der Sicherheitspolizei und des SD im Generalgouvernement, SS-Oberführer, Oberst der Polizei Dr. Schöngarth:
Auf den Erlaß vom 30.9.1942 – IV B 4 a 3346/42 g (1424).[12]

IV. Schreiben[13]
Betrifft: Behandlung von Juden ausländischer Staatsangehörigkeit in den besetzten Westgebieten.
Bezug: Bekannt.
Zur Behebung aufgetretener Zweifelsfragen gebe ich bekannt, daß Juden der nachstehend aufgeführten Länder

1. ehemals Polen,
2. ehemals Luxemburg,
3. Slowakei,
4. Kroatien,
5. Serbien,
6. Rumänien,
7. Bulgarien,
8. Griechenland,
9. Niederlande,
10. Belgien,
11. Frankreich,
12. ehemals Estland,
13. ehemals Lettland,
14. ehemals Litauen,
15. Norwegen

und staatenlose Juden in sämtliche im dortigen Bereich gegen Juden im allgemeinen getroffenen oder noch zu treffenden Maßnahmen einzubeziehen sind.
Nachdem der ungarischen und der türkischen Regierung von der Reichsregierung die Möglichkeit gegeben worden ist, ihre staatsangehörigen Juden aus den besetzten Westgebieten in die sogenannten „Heimatländer" zurückzunehmen, sind die Juden ungarischer und türkischer Staatsangehörigkeit nun ebenfalls in die Judenmaßnahmen einzubeziehen.[14] Von der Abschiebung sind jedoch die Juden ungarischer Staatsangehörigkeit

12 Nicht ermittelt.

13 Verteiler: BdS Niederlande, Dr. Harster; BdS Frankreich, Dr. Knochen; Beauftragter des Chefs der Sicherheitspolizei und des SD für den Bereich des Militärbefehlshabers in Belgien und Nordfrankreich, Ehlers; Adressen hier nicht abgedruckt. Auch diesen Erlass gab Kaltenbrunner in abgeänderter Form am 5.3.1943 heraus. Er wurde außerdem nachrichtlich an den HSSPF Holland Rauter und den HSSPF Paris Oberg versandt; siehe BArch, R70/Niederlande 75.

14 Die türk. Regierung hatte sich bereits im Okt. 1942 bereit erklärt, bis zum 31.12.1942 die Rückführung türk. Juden einzuleiten, allerdings nur jener, die nicht länger als fünf Jahre im Ausland gelebt hatten. Etwa 2000 türk. Juden kamen in den Vernichtungslagern, 300–400 in den KZs ums Leben.

vorerst noch auszunehmen.[15] Soweit diese bereits festgenommen und in Lagern zusammengefaßt sind, hat es hierbei sein Bewenden. Entlassungen aus den Lagern sind ohne meine Genehmigung nicht durchzuführen.[16]
Soweit die Zusammenziehung der Juden mit ungarischer Staatsangehörigkeit noch nicht erfolgt ist, hat diese sofort zu geschehen. Vorerst nicht durchzuführen ist lediglich der Abtransport dieser Juden.[17]
Juden schweizerischer, spanischer, portugiesischer, dänischer und schwedischer Staatsangehörigkeit[18] ist bis zum 31.3.1943 Gelegenheit zu geben, in ihre sogenannten „Heimatländer“ zurückzukehren, soweit nicht besondere sicherheitspolizeiliche Belange dagegen sprechen.[19] Nach Ablauf dieser Frist sind die im dortigen Bereich verbliebenen Juden mit der vorbezeichneten Staatsangehörigkeit den allgemeinen Judenmaßnahmen – mit Ausnahme der Abschiebung, über die noch besondere Weisung ergeht – zu unterwerfen.[20]
Juden anderer Länder, sowohl von Feindstaaten, Neutralen oder Verbündeten dürfen in die Judenmaßnahmen nicht einbezogen werden.[21]
Da über die endgültige Verwendung des jüdischen Vermögens noch nicht entschieden ist, ferner noch keine Bestimmung darüber getroffen worden ist, wem es letztlich zufallen soll und hierüber insbesondere noch mit den betroffenen Ländern Verhandlungen im Gange sind, sind bei jeder Abschiebung von Juden ausländischer Staatsangehörigkeit die erforderlichen Vorkehrungen für die vorläufige Sicherstellung der Vermögenswerte zu treffen. Zwecks Entlastung der eigenen Dienststellen sind[22] für die Verwaltung der sichergestellten Werte Treuhänder zu bestellen.

15 Auch die ungar. Regierung hatte sich bereit erklärt, ihre jüdischen Staatsbürger bis zum 31.12.1942 zumindest teilweise zurückzuholen. Die verbliebenen ungar. Juden wurden aus Westeuropa erst nach der deutschen Okkupation Ungarns im März 1944 deportiert.

16 Das AA strich diesen Absatz. In der endgültigen Form des Erlasses lautet diese Passage folgendermaßen: „Juden ungarischer und türkischer Staatsangehörigkeit sind, obwohl die der türkischen und ungarischen Regierung gesetzte Frist zur Zurückziehung dieser Juden aus den besetzten Westgebieten abgelaufen ist, bis zum Erlass weiterer Weisungen vorerst von sämtlichen Maßnahmen auszunehmen“; wie Anm. 4.

17 Auch dieser Absatz wurde vom AA gestrichen und fehlt im endgültigen Erlass; wie Anm. 4.

18 Im endgültigen Erlass enthält diese Aufzählung auch noch die italien. und finn. Juden; wie Anm. 4.

19 Die Schweiz, Spanien, Dänemark und Schweden sowie Finnland erklärten sich zur Rücknahme ihrer jüdischen Staatsbürger bereit. Portugal gab keine Erklärung ab, leitete aber auch die Rückführung der Juden mit portugies. Staatsangehörigkeit ein.

20 Im endgültigen Erlass lautet dieser Satz: „Nach Ablauf dieser Frist ergeht bezüglich der im dortigen Bereich verbliebenen Juden mit der vorbezeichneten Staatsangehörigkeit besondere Weisung“; wie Anm. 4. Diese Weisung erging in Form eines Schnellbriefes des RSHA am 23.9.1943, in dem es hieß, dass die verbliebenen Juden mit der Staatsbürgerschaft neutraler oder verbündeter Staaten deportiert werden können; PAAA, R 100 857.

21 In der endgültigen Version des Erlasses ist an dieser Stelle der gleiche Passus über Juden mit US-amerikan. oder brit. Staatsangehörigkeit und über Juden, die für einen Gefangenenaustausch in Frage kommen, eingefügt wie in dem ersten Schreiben; siehe Anm. 4; zur Position des AA bezüglich eines Austauschs ausländischer Juden gegen Reichsbürger im Ausland siehe Dok. 228 vom 2.3.1943.

22 Im endgültigen Erlass ist Folgendes hier eingefügt: „soweit dies noch nicht seitens der ausländischen Missionen oder Konsulate geschieht“; wie Anm. 4.

Die Frage der Behandlung des Vermögens der im dortigen Bereich einheimischen Juden ist in dem besetzten Teil Frankreichs und in Belgien mit dem Militärbefehlshaber und in den Niederlanden mit dem Chef der Zivilverwaltung zu regeln.
Ich ersuche um genaue Beachtung vorstehender Anordnung, damit Vorstellungen ausländischer Regierungen vermieden werden.
Die Richtlinien zur technischen Durchführung der Evakuierung vom 9.7.1942 – IV B 4 a 3233/41 g (1085)[23] sind hinsichtlich der Bestimmungen des zu evakuierenden Personenkreises sinngemäß zu ergänzen.
Weitere Weisungen zu gegebener Zeit behalte ich mir vor.
V. Wv bei IV B 4 b.

DOK. 218
Hermann Samter berichtet am 7. Februar 1943 einer Bekannten, dass er zusammen mit der Gestapo Juden zur Deportation abholen muss[1]

Brief von Hermann Samter an eine Bekannte vom 7.2.1943 (Abschrift)

Liebe Frau Bath!
Sie werden sich über mein ungezogenes Benehmen sicher sehr gewundert haben. Aber vielleicht bin ich doch bei Ihnen entschuldigt, wenn Sie diesen Brief gelesen haben. – Zunächst einmal recht herzlichen Dank für das Paket mit den vielen schönen Sachen. Ich habe mich sehr darüber gefreut und lasse mir die Sachen gut schmecken. Als ich neulich nach 1/2 5 Uhr früh nach Hause kam, fand ich Ihren Brief vor. Aber ich will der Reihe nach erzählen. Wie ich Ihnen schon am Telefon erzählt habe, bin ich nicht mehr bei der Zeitung.[2] Mitte Dezember wurden die Anzeigen in unserem Blatt verboten und gleichzeitig durch die „Gestapo" meine „Freistellung" (d. h. Abschiebung nach dem Osten) bestimmt. Schließlich wurde doch ein Antrag bei der Behörde gestellt, daß ich bei der Reichsvereinigung der Juden übernommen werden könnte. Merkwürdigerweise hatte der Antrag zwei Tage vor Neujahr Erfolg. So war ich die eine Sorge im Augenblick los. Seit dem 10. Dezember gab es aber eine neue „Tätigkeit" neben der üblichen Arbeit für die jüd. Organisationsangestellten, die das Schlimmste darstellt, was man sich vorstellen kann. Wir müssen – teils mit, teils ohne Gestapo-Beamte – Juden zur Evakuierung abholen. Es ist furchtbar, selbst wenn man sich sagt, daß man den Leuten noch etwas nützen kann, sobald der Beamte fort ist. Ich kann Ihnen nicht alle meine Erlebnisse schildern. Zu viel Schlimmes habe ich erlebt, da ich doch fast jeden 2. Tag abholen

23 Das Dokument selbst ist nicht erhalten, allerdings geht sein Inhalt aus einem Schreiben Danneckers an den Beauftragten des Chefs der Sicherheitspolizei und des SD beim Militärbefehlshaber Belgien vom 9.7.1942 hervor. Das genannte Dokument spezifizierte Eichmanns Richtlinien vom 31.1.1942 (siehe Dok. 72 vom 31.1.1942) dahingehend, dass vorerst nur staatenlose – also aus Polen, der Sowjetunion und der Tschechischen Republik stammende – Juden aus Frankreich und Belgien deportiert werden sollten; siehe CDJC, XXVb-36.

1 Original verschollen, Kopie: YVA, O.2/30, Bl. 23–25. Abdruck in: Samter, „Worte" (wie Dok. 111 vom 11.5.42, Anm. 1), S. 108–111.

2 Hermann Samter hatte seit 1939 beim Jüdischen Nachrichtenblatt gearbeitet.

muß (oft auch sonntags). Ein Beispiel: Ich bin in einer Wohnung. Plötzlich klopft der Oberscharführer der S.S. Er zeigt auf den Fahrstuhl, wo ein Mann regungslos liegt. „Da kommt noch einer, ein Toter, ziehen Sie ihn mal rein." Ich zögerte: „Na los, der spürt nichts mehr." So mußte ich dann mit einem Kollegen einen Toten in eine fremde Wohnung hereinschleifen. Die Frau kam hinzu und bat, ihren Mann doch in ihre Wohnung zu bringen. Es wurde abgelehnt. Begreiflicherweise war dem Wohnungsinhaber sehr unheimlich, eine Leiche in ihrem Korridor liegen zu haben,[3] auch wenn ich den Toten zugedeckt hatte. Dazu kam das Jammern der Witwe. Erst als die Kriminalpolizei erschien, konnten wir den Toten in seine Wohnung tragen. Was war geschehen? In der Wohnung waren die Personalien des Juden aufgenommen worden. Der Wohnungsinhaber, ein 72jähriger Mann, war in einem Hinterzimmer, ohne zu wissen, was vorne vorgeht. „Sie haben sich versteckt. Kommen Sie sofort mit." – „Ich muß mich doch erst fertigmachen." – „Ich werde Ihnen Beine machen." – „Sie wissen wohl nicht, wer ich bin" (der Mann war der Erbauer der Zugspitzbahn).[4] „Ich werde Ihnen zeigen, wer Sie sind" und schlägt ihm ins Gesicht. (Der Jude, übrigens mit einer Arierin verheiratet, 72 Jahre alt, der Oberscharführer 20!) Der alte Mann läuft zur Tür hinaus, der Gestapo-Mann ihm nach – der springt zum 4. Stock hinaus auf die Straße.
Zum Beginn dieser ganzen Aktion wurde uns gesagt, daß Selbstmord unwichtig wäre, nur dürfte niemand fliehen. Für jede Flucht sollten wir mit unserem Kopf haften. Diese Drohung war durchaus ernst zu nehmen. Am 9.11. waren 20 Gemeinde- und Reichsvereinigungsangestellte verhaftet worden als Geiseln für andere, die sich der Evakuierung durch die Flucht entzogen hatten. Wochen danach erfuhr man, daß 8 davon erschossen worden wären, die Angehörigen kamen mit dem Transport fort in der Meinung, ihre Ehemänner usw. dort vorzufinden.[5] Erst 14 Tage nach ihrer Abreise wurde die Wahrheit zur Abschreckung bekanntgegeben (zur gleichen Zeit kamen übrigens eine sehr große Anzahl Todesnachrichten aus dem KZ). Um uns noch mehr einzuschüchtern, ließ uns Herr Hauptsturmführer Brunner[6] noch folgendes verkünden: „Es sei verboten, Nachrichten über die Sammellager zu verbreiten, ferner die Firmen der Abgeholten zu benachrichtigen. Die Chefs hätten sich persönlich an ihn gewandt, er wollte sich das nicht länger gefallen lassen; wenn das nicht aufhört, würde er vor einer neuen Mai-Aktion nicht zurückschrecken" (Erschießung von 250 Juden).[7] – Am 13.12 wurde u. a. das Haus Pestalozzistr. 15 abgeholt, ich mußte dorthin mitgehen. Als ich dies erfuhr, bekam ich einen Todesschreck. Denn in diesem Haus wohnte meine Verlobte.[8] Ich kam abends um ½ 11 dorthin, da es sich um sehr viele Menschen handelte, dauerte es bis 8 Uhr früh (ich war seit dem vorhergehenden Tage um ½ 8 Uhr früh unterwegs). Ich werde diese Nacht nie vergessen. Meine Verlobte hatte insofern Glück, als sie nicht gleich abtransportiert

3 So im Original.
4 Ernst-Friedrich Baschwitz (1869–1943), Ingenieur, Regierungsbaumeister; bis zu seiner Pensionierung 1932 Leiter der Bahnbetriebsabt. der AEG; nahm sich am 18.1.1943 das Leben.
5 Zur sog. Gemeindeaktion siehe Einleitung, S. 71 f., sowie Dok. 241 vom März 1943, Anm. 31–36.
6 Alois Brunner.
7 Gemeint ist die Erschießung von 250 Juden nach dem Brandanschlag der Widerstandsgruppe um Herbert Baum auf die Propagandaausstellung „Das Sowjetparadies"; siehe Dok. 157 vom 27.8.1942, Dok. 194 vom 22.11.1942 und Einleitung, S. 71.
8 Lili Samter, geb. Landsberger.

wurde, sondern in das Lager in der Auguststraße kam.[9] Von dort geht man zur Arbeit, muß aber pünktlich zurück sein (die Entfernung zur Arbeitsstätte wird genau notiert). Sonstige Verbindung mit der Außenwelt ist verboten. Man hält sich natürlich nicht daran, darf sich aber nicht erwischen lassen. Man schläft auf Matratzen. Mein Chef[10] erklärte, daß nichts zu machen sei, ich könnte mich freiwillig für den Abtransport melden, eine Sicherheit, daß wir mit dem gleichen Transport fortkämen, gäbe es allerdings nicht. Sicherheitshalber ließen wir uns heimlich auf dem Standesamt aufbieten, für den Fall, daß doch ein Wunder geschähe. Im Januar fragte ich den Oberscharführer, von dem ich Ihnen vorhin erzählt habe, ob ich meine Verlobte nicht durch Heirat freibekommen könnte. „Nein, dazu braucht ihre Braut eine Heiratsgenehmigung, und die gibt es nicht." Schließlich sagte er aber doch, ich solle ihm die Namen aufschreiben. Nach einer Woche erinnerte ich ihn daran, worauf er mich an einen Scharführer im Lager Gr. Hamburger Str.[11] verwies, mit dem er schon gesprochen habe. Als ich am nächsten Morgen dorthin kam (ich hatte beim Abholen in einer fremden Wohnung übernachten müssen) wurde mir gesagt, daß meine Verlobte mit 130 anderen in der Nacht aus der Auguststraße zur Gr. Hamburger Str. zum sofortigen Abtransport hergekommen sei. Ich ging sofort zu dem Gestapomann, und nun geschah das große Wunder. In wenigen Minuten war meine Braut frei. Es war kaum zu fassen. Wenn der Mann schlechte Laune gehabt hätte, hätte er mich auch gleich dabehalten können. Es war der 26. Januar. Für den 28. waren wir aufgeboten, so daß wir 2 Tage später völlig unvorbereitet zum Standesamt gehen konnten, nun bin ich also verheiratet. Neulich, als ich um ½ 5 Uhr früh nach Hause kam, ging meine Frau gerade fort zur Arbeit. So schlimm ist es ja nicht jeden Tag, aber immerhin, viel freie Zeit haben wir nicht. Selbst heute am Sonntag bin ich nicht zu Hause. Ich warte jetzt in einer fremden Wohnung, wo wieder ein Mann abgeholt wird, der 4 Brüder im vorigen Krieg verloren hat. Die Leute, die ich abholen soll, sind nämlich noch nicht da. Es ist 7 Uhr abends, wir warten schon seit 12. Über die Erlebnisse der letzten Wochen könnte ich ein Buch schreiben – leider habe ich nicht die Zeit dazu. Aber es wäre notwendig, einmal schriftlich festzulegen, was im Jahre 1943 in Deutschland alles geschehen konnte. Die Strafe wird zwar kommen, für uns ist es dann allerdings zu spät. Das einzig Erfreuliche, was man bei dieser Sache erlebt, ist die Haltung der meisten Arier, die mit ihrer Empörung nicht zurückhalten. Wenn sie sahen, wie die Wiener Gestapo-Beamten, die inzwischen abgereist sind,[12] die Wohnung, in denen keiner zu Hause war, mit dem Dietrich öffneten, waren sie stets entsetzt. Aber genug davon. Der Brief reicht ja nicht annähernd aus, um das alles zu schildern. Einen Tag holt man ab, den anderen arbeitet man im Büro und kämpft gegen Müdigkeit. Hoffentlich verzeihen Sie mir jetzt, daß ich nicht vorher geschrieben habe. Aber mit einem kurzen Telefongespräch

9 Im Sammellager in der Auguststraße 17 waren etwa 265 jüdische Zwangsarbeiter inhaftiert, deren Deportation zeitweilig ausgesetzt worden war. Das Lager bestand seit dem 15.12.1942 und wurde erst nach der sog. Fabrik-Aktion aufgelöst. Die Deportation der Häftlinge begann jedoch bereits im Jan. 1943.

10 Nicht ermittelt.

11 Zum Sammellager im ehemaligen jüdischen Altersheim in der Großen Hamburger Straße siehe Einleitung, S. 68 f.

12 Von Ende Nov. 1942 bis Ende Jan. 1943 übernahmen Wiener Gestapo-Beamte um Alois Brunner die Organisation der Judendeportationen aus Berlin; siehe Einleitung, S. 72–75.

konnte ich das auch nicht abtun. Jedenfalls war ich ganz gerührt über das reichhaltige Paket und danke Ihnen noch recht herzlich dafür.
Mit vielen Grüßen

DOK. 219
Das Reichspropagandaministerium regt gegenüber der Partei-Kanzlei am 10. Februar 1943 an, die aus der Wehrmacht entlassenen „Mischlinge" wieder einzuziehen[1]

Schreiben des Reichspropagandaministeriums (Pro VS 2426A/25.11.42/262–81,1), gez. RR Dr. Gussmann,[2] an das Hauptverbindungsamt,[3] z. Hd. Pg. Spangenberg,[4] im Hause, über Herrn Leiter Pro.,[5] vom 10.2.1943

Betr.: Heranziehung der jüdischen Mischlinge und jüdisch Versippten zur Dienstleistung im Kriege[6]
In der am Montag, dem 28. September 1942, stattgefundenen Besprechung wurde neben der Heranziehung der Wehrunwürdigen zur Dienstleistung im Kriege auch das oben angegebene Thema erörtert. Hierbei wies der Vertreter der Partei-Kanzlei darauf hin, daß einem Einsatz der jüdischen Mischlinge und jüdisch Versippten in Form von Arbeitsbataillonen folgende propagandistische und politische Bedenken entgegenstehen:
a) Auslösung einer erheblichen Unruhe bei dem arischen Anhang, um so mehr, da die Betreffenden zum Teil noch hohe Stellungen bekleiden,
b) sofort einsetzende unerwünschte Diskussion, ob die Mischlinge in Zukunft auch den Weg der Volljuden gehen müssen.
Bei dieser Sachlage wurde vereinbart:
1.) Das OKW. [be]schafft zusammen mit den Arbeitseinsatzstellen bei den bevorstehenden Nachmusterungen die listenmäßigen Unterlagen über den bisherigen Arbeitseinsatz dieser Gruppe,
2.) die Partei-Kanzlei wird die Frage der weiteren Behandlung dieses Personenkreises an Reichsleiter Bormann zur Entscheidung herantragen.
Da die Frage 1) in der Zwischenzeit insoweit geklärt ist, als der Generalbevollmächtigte für den Arbeitseinsatz[7] zur Zeit die inzwischen beschafften Unterlagen nur noch zusammenzustellen braucht, bitte ich um Mitteilung, wie derzeit die Auffassung der Partei-Kanzlei über den weiteren Verlauf der Angelegenheit ist.

1 BArch, NS 18/482.
2 Dr. Hans Gussmann (*1902); Physiker; 1931 NSDAP-Eintritt; Leiter des Kreispresseamtes Hannover-Stadt, von 1934 an Referent des RMfVuP in der Landesstelle Südhannover-Braunschweig, von Okt. 1941 an als Referent im RMfVuP.
3 Gemeint ist die Verbindungsstelle der Partei-Kanzlei zum Propagandaministerium unter Leitung von Walter Tießler (1903–1984).
4 Spangenberg war ein Mitarbeiter Walter Tießlers.
5 Vermutlich: Leiter des Propagandaamts der NSDAP.
6 Bereits seit der Wannsee-Konferenz im Jan. 1942 war darüber diskutiert worden, ob „Mischlinge" in die Wehrmacht eingezogen werden sollten; siehe hierzu z. B. das Schreiben des RSHA vom 14.8.1942 (BArch, R 58/276) an die Dienststellen der Sipo, aus dem hervorgeht, dass bei „Mischlingen" schärfste Maßstäbe angelegt bzw. „Mischlinge" nur in seltenen Ausnahmefällen eingezogen werden sollten.
7 Fritz Sauckel.

In diesem Zusammenhang möchte ich ergänzend darauf aufmerksam machen, daß in Anbetracht der Kriegsverhärtung schon gelegentlich in inoffiziellen Besprechungen der Gedanke aufgetaucht ist, die bisher zur Entlassung gekommenen wehrpflichtigen Mischlinge – es sind insgesamt 8330 – wieder zur Wehrmacht einzuberufen, da es sich nach den beim OKW. vorliegenden Erfahrungen durchweg um gute Soldaten handelt. Es könnte dabei so argumentiert werden, daß ihnen auf diese Weise die Möglichkeit gegeben sei, unter Beweis zu stellen, inwieweit die kämpferische nordische Komponente in ihrer Blutmischung überwiegt. Da eine offizielle Behandlung dieser Seite der Angelegenheit aber nur möglich ist, nachdem die Partei-Kanzlei die Entscheidung herbeigeführt hat, wo der Trennungsstrich zwischen Arier und Jude im Grenzgebiet zu liegen habe, bitte ich Sie, die Ausführungen dieses letzten Absatzes nur als persönliche Orientierung zu betrachten.[8]

DOK. 220
Der Anwalt Josef Berg informiert den Ältestenrat der Juden in Wien am 14. Februar 1943 über das Gerichtsurteil gegen Otto Preisz, der sich einen gefälschten Ausweis ausstellen ließ[1]

Schreiben von Dr. Josef Berg,[2] Wien, an den Ältestenrat in Wien vom 14.2.1943

Preisz Strafsache.
Den Otto Israel Preisz,[3] Jude, staatenlos, mit Fremdenpaß No. II/861/41 habe ich über Ihren Auftrag zur Armenvertretung übernommen. Die Hauptverhandlung fand am 4.2.1943 statt. Mandant wurde verurteilt, weil er im Herbst 1942 ein DAF-Mitgliedsbuch fälschlich mit dem Namen Franz Wolfbeisser ausfüllte und sein Lichtbild hineinklebte, weil er dieses Mitgliedsbuch mit Stampiglie[4] der DAF versehen ließ und zur Erschleichung von Vorteilen (Benützung einer Leihbibliothek) verwendete, schließlich weil er es unterließ, seit 1.1.39 den Zusatznamen Israel zu führen.[5]
Der Minderjährige hat die Strafe angenommen. Im Namen seines Vaters[6] habe ich wohl nicht gegen das Strafmaß, aber pto[7] Schuld die Berufung ergriffen, da der Minderjährige auf allen Dokumenten den Zusatznamen Israel angenommen hat.
Nach Verbüßung seiner Strafe wird Otto Israel Preisz der Gestapo rücküberstellt.

8 Während Juden mit einem jüdischen Großelternteil sowie mit Jüdinnen verheiratete Männer für die Dauer des Krieges in der Wehrmacht verbleiben durften, war der Umgang mit sog. Halbjuden nicht eindeutig geregelt. Zunächst sollten diese in die Ersatzreserve versetzt, aber nicht verwendet werden (siehe VEJ 3/66); von 1941 an hieß es, sie seien zu beurlauben. 1943 schlug SD-Chef Kaltenbrunner vor, sie in Sonderformationen der Organisation Todt einzusetzen, was vom Frühjahr 1944 an auch geschah.

1 Archiv der IKG Wien, A/W 1922,2, MF 890.
2 Vermutlich: Dr. Josef Berg (*1895), Anwalt.
3 Otto Preisz (1925–1943); besuchte die Hauptschule in der Sechskrügelgasse, als Hilfsarbeiter tätig; wurde am 7.4.1943 festgenommen und zu drei Monaten Gefängnis verurteilt; anschließend nach Auschwitz deportiert, wo er umkam.
4 Stempel.
5 Laut VO vom 24.1.1939 waren Juden in Österreich und den sudetendeutschen Gebieten vom 1.4.1939 an verpflichtet, die Zwangsvornamen Israel bzw. Sara zu führen, es sei denn, sie hatten einen anderen vom RMdI als jüdisch klassifizierten Vornamen; RGBl., 1939 I, S. 81 f.
6 Richard Preisz (*1900), Schlossergehilfe; überlebte in der Emigration; sein weiteres Schicksal ist unbekannt.
7 In puncto.

DOK. 221
Das Sondergericht Nürnberg verurteilt Fritz Schöffer am 16. Februar 1943 zu drei Jahren Gefängnis, weil er über die Fleischrationen für Soldaten gespottet haben soll[1]

Urteil des Sondergerichts für den Bezirk des Oberlandesgerichts Nürnberg beim Landgericht Nürnberg-Fürth (Reg. f. H.V. Sg.[2] Nr. 78/1943, zur RJMV.: IVg 11 1354/43 vom 16.1.43) gegen Fritz Schöffer, gez. Oeschey,[3] Dr. Gros,[4] Dr. Hoffmann,[5] vom 16.2.1943[6]

Im Namen des Deutschen Volkes!
Das Sondergericht für den Bezirk des Oberlandesgerichts Nürnberg bei dem Landesgerichte Nürnberg-Fürth erkennt in der Strafsache gegen *Schöffer* Fritz Israel, Kaufmann in Nürnberg, wegen Vergehens gegen das Heimtückegesetz in öffentlicher Sitzung vom 16. Februar 1943,
wobei zugegen waren: der Vorsitzende: Landesgerichtsdirektor Oeschey, die Beisitzer: Landgerichtsräte Dr. Gros und Dr. Hoffmann, der Staatsanwalt für das Sondergericht: Staatsanwalt Dr. Dorfmüller und als Urkundenbeamter der Geschäftsstelle: Justizobersekretär Kastner
zu Recht wie folgt:
Schöffer, Fritz Israel, geb. 13.11.1887 in Wien,
verheirateter Kaufmann in Nürnberg, zur Zeit in Untersuchungshaft, wird wegen eines Vergehens nach § 2 Abs. II Heimtückegesetz[7] *kostenfällig zu drei Jahren Gefängnis* verurteilt.
Gründe:
Der Angeklagte ist jüdischer Abstammung. Sein Vater wurde am 14.10.1842 als ehelicher Sohn des Juden Salomon Schöffer in Jankowac in Ungarn[8] geboren. Die Mutter des Angeklagten wurde am 5.5.1853 als Tochter der jüdischen Eheleute Wilhelm und Emilie (Mini) geborene Berger in Budapest geboren. Seine Eltern heirateten am 16.3.1851[9] in Budapest. Sie siedelten nach Wien über, wo der Angeklagte geboren wurde. Er besuchte in Wien die Volksschule und in Graz das Gymnasium. Nach Beendigung der Schule

1 BArch, R 3001/148259.
2 Registriernummer für Hauptverteiler Strafgericht.
3 Dr. Rudolf Oeschey (1903–1980), Jurist; 1931 NSDAP-Eintritt; von 1939 an Landgerichtsrat am Landgericht Nürnberg-Fürth; 1940 Führer des NSRB Franken; von 1941 an Landesgerichtsdirektor und Richter am Landgericht Nürnberg, seit 1943 Vorsitzender des Sondergerichts Nürnberg; 1947 im Nürnberger Juristenprozess zu lebenslanger Haft verurteilt, 1955 entlassen.
4 Dr. Franz Gros (1908–1983); Jurist; 1934 Hilfsrichter am Landgericht Mainz und am Amtsgericht Bensheim, 1935 bei der Hessischen Landesbank, 1935–1937 Hilfsrichter am Landgericht Darmstadt; 1937 NSDAP-Eintritt; von 1937 an Landgerichtsrat in Amberg; seit 1949 als Rechtsanwalt in Darmstadt tätig.
5 Dr. Heinz Hugo Hoffmann (*1906), Jurist; von 1934 an Staatsanwalt in Offenbach; 1937 NSDAP-Eintritt; 1938 Landgerichtsrat in Nürnberg, 1942 am „Rassenschande-Urteil" gegen Leo Katzenberger beteiligt (siehe Dok. 91 vom 21.3.1942, Anm. 5); seit 1950 als Rechtsanwalt in Darmstadt tätig.
6 Im Original handschriftl. Bearbeitungsvermerke, Eingangsstempel des RJM vom 13.3.1943.
7 Dieser Paragraph des 1934 erlassenen Heimtückegesetzes sah vor, dass jeder, der eine Tat beging, die geeignet war, „einen Aufruhr oder in der Bevölkerung Angst oder Schrecken zu erregen oder dem Deutschen Reich außenpolitische Schwierigkeiten zu bereiten", mit bis zu drei Jahren Zuchthaus oder dem Tod bestraft werden konnte; RGBl., 1934 I, S. 1269 f.
8 Heute Jankovac in Kroatien.
9 So im Original. Vermutlich: 1881.

besuchte er in München einen Kurs in einer Photoschule und arbeitete später auf dem Gebiete des Photohandwerks. 1910 kam er nach Nürnberg und eröffnete dort 1912 ein eigenes Photogeschäft.

1914 rückte er beim österreichischen Heer ein. Er verbrachte den Krieg als nicht felddiensttauglich beim Verpflegungsmagazin in Wien. Nach dem Weltkrieg kehrte er nach Nürnberg zurück und führte sein Geschäft weiter. Er heiratete damals seine jetzige Ehefrau, die deutschblütige Wilhelmine Albrecht. Aus der Ehe ist ein Sohn hervorgegangen.

Der Angeklagte verstand es von jeher, seine jüdische Abstammung äußerst geschickt zu verbergen. Noch in den Jahren vor der Machtergreifung warb er für sein Geschäft durch Einrücken von Anzeigen in dem „Verzeichnis der deutschen Geschäfte", aus dessen Einkünften die NSDAP. unterstützt wurde. Im Jahre 1932 war er überschuldet. Das Geschäft wurde auf seine Ehefrau übertragen und von ihm seitdem auf deren Namen weitergeführt. Auch nach 1933 behielt der Angeklagte seine bisherige Haltung folgerichtig bei. Er hielt sich den „Stürmer" und wurde förderndes Mitglied der SS. Sein Sohn gehörte der HJ. an. Noch im Februar 1941 gab er im Hinblick auf eine beabsichtigte Beförderung seines bei der Wehrmacht stehenden Neffen eine notarielle Erklärung ab des Inhalts, daß er sich nicht bewußt sei, daß er von jüdischen Eltern abstamme. Erst dann stellte sich heraus, daß er Jude war. Es wurden polizeiliche Ermittlungen darüber gepflogen und seine Abstammung durch Einholung der entsprechenden Urkunden eindeutig belegt. Dem Angeklagten wurde nunmehr im Frühjahr 1942 jede Tätigkeit im Geschäft seiner Ehefrau, insbesondere das Bedienen von Kundschaft von der Polizei untersagt.

Am 16. oder 17. Juni 1942 betrat der bei dem Kraftwagenbetriebswerk in Kiew als Mechaniker beschäftigte Wilhelm Piper das Schöffer'sche Geschäft mit seiner Ehefrau, um einen Film zum Entwickeln zu geben. Die Eheleute Piper hatten um diese Zeit zum ersten Mal davon gehört, daß der Angeklagte Jude sei und deshalb das Geschäft nicht mehr betreten dürfe. Sie wollten prüfen, ob das richtig sei. Als sie in den Laden kamen, trat der Angeklagte sofort herein, bediente sie und zog sie in ein Gespräch. Dabei sagte er in spöttischer Weise zu dem Ehemann Piper, ob er sich seine Lebensmittelmarken schon geholt habe und fuhr weiter: „Sie werden überrascht sein über die großen Portionen, vor allem die Fleischportionen. Von diesen Portionen können sie sich nicht erholen." Abschwächend fügte er dann noch hinzu: „Sie bekommen aber als Soldat mehr zugewiesen."

Der Angeklagte bestreitet nicht, daß er jüdischer Abstammung ist, behauptet aber, das erst jetzt erfahren zu haben. Aus dem in der Hauptverhandlung verlesenen amtlichen Abstammungsbescheid des Direktors des Reichssippenamtes vom 3. September 1942 ergibt sich, daß drei jüdische Großelternteile des Angeklagten festgestellt sind. Es ist völlig ausgeschlossen, daß der Angeklagte seine Abstammung nicht gekannt hätte. Seine wirkliche Meinung erhellt am deutlichsten aus seiner bezeichnenden Ausrede, er hätte nie etwas anderes gewußt, als daß seine Mutter katholisch gewesen sei. Daß der Sohn des Salomon Schöffer aus Jankowac und der Rebeka geborene Kisch aus Budapest, der auch äußerlich genügend Merkmale seiner Rasse an sich trägt, über sein Judentum jemals auch nur den geringsten Zweifel gehabt haben konnte, ist völlig ausgeschlossen. Alles das, was der Angeklagte in seinem bisherigen Leben tat, um sich als Judenfeind zu kennzeichnen, war nichts weiter als eine freche Tarnung.

Die Äußerung gegenüber Piper bestreitet der Angeklagte nicht. Er will sie aber als nüchterne Feststellung in harmlosem Sinne gebraucht haben. Sowohl aus der Äußerung

selbst wie aus der Bekundung der Zeugin Piper ergibt sich aber, daß die Worte des Angeklagten weder harmlos gemeint waren noch harmlos verstanden werden konnten. Wenn er zu einem vom Kriegseinsatz Beurlaubten in der Heimat von großen Portionen, insbesondere großen Fleischportionen, sprach, so konnte das, zumal im Juni 1942, zur Zeit der stärksten Lebensmittelverknappung nur eine zynische Bemerkung sein.
Den entscheidenden Gehalt empfingen die Worte des Angeklagten aber aus der Tatsache, daß er Jude ist. Es brach an dieser Stelle seine sonst immer geschickt versteckte Feindschaft gegenüber dem deutschen Volk unverkennbar durch. Er wollte damit dem Piper zeigen, wie schlecht es um die Heimat bestellt sei, und damit die Erinnerung an das Jahr 1918 heraufbeschwören, wo durch die mangelnde Widerstandskraft im Innern alle Leistungen der Front zunichte gemacht worden waren.
Der Angeklagte griff damit die Regelung der Lebensmittelversorgung als eine Maßnahme der Reichsregierung an und versuchte sie in seiner gehässigen Einstellung gegen den Nationalsozialismus als ein Zeichen für die Aussichtslosigkeit der deutschen Sache zu deuten. Der Angeklagte wollte damit das Vertrauen seiner Zuhörer in die politische Führung erschüttern. Seine Äußerung war dazu auch geeignet, denn gerade ein aus besetztem Feindgebiet in die Heimat Zurückkehrender wird besonders empfindlich auf derartige falsche Nachrichten über Not in der Heimat reagieren. Der Angeklagte verfolgte bewußt diesen Zweck und handelte daher böswillig. Er konnte mangels jedes besonderen Vertrauensverhältnisses mit den Eheleuten Piper nicht damit rechnen, daß diese das Gehörte für sich behalten konnten.
Der Angeklagte machte sich damit eines Vergehens nach § 2 Abs. II des Heimtückegesetzes schuldig. Die Strafverfolgung ist angeordnet. Bei der Bemessung der Strafe ist grundsätzlich davon auszugehen, daß gegen einen Juden, der sich heute in staatsabträglicher Weise zu äußern wagt, die gesetzliche Höchststrafe von 5 Jahren auszusprechen ist. Nur deshalb, weil die Äußerung selbst nicht schwerwiegend ist und in ihrer Formulierung nicht geeignet war, großen Schaden anzurichten, kann in diesem Falle eine geringere Strafe ausgesprochen werden. Die Tat des Angeklagten kann als ein erster vorsichtiger Versuch des Juden, der sich bis dahin schon um seiner Tarnung willen immer vorsichtig zurückgehalten hatte, zur Aushöhlung der Widerstandskraft des deutschen Volkes angesehen werden.
Aus diesem Grunde ist eine Gefängnisstrafe von 3 Jahren als Sühne angemessen und ausreichend.
Zur Anrechnung von Untersuchungshaft besteht kein Anlaß, weil der Angeklagte seine Kenntnis seiner jüdischen Abstammung noch jetzt leugnet und auch den Unrechtsgehalt seiner Äußerung nicht wahrhaben will.
Die Kostenentscheidung beruht auf § 465 StPO.[10]

10 Diese Bestimmung sah vor, dass ein Angeklagter die Kosten seines Verfahrens insoweit zu tragen hat, wie sie durch seine Tat entstanden sind. Fritz Schöffers weiteres Schicksal ist unbekannt. Von Nov. 1942 an wurden alle jüdischen Strafgefangenen zur Vernichtung durch Arbeit an die Polizei überstellt.

DOK. 222

Der Stürmer: Die Redaktion begründet am 18. Februar 1943 in einem Leitartikel, warum sie die Juden nach wie vor als das Unglück der Deutschen ansieht[1]

Die Juden sind unser Unglück![2] *Eine Antwort des Stürmers*

Durch seinen kompromißlosen Aufklärungskampf hat sich der Stürmer in allen Gauen des Reiches und weit darüber hinaus viele Freunde erworben. Die Freundschaft seiner Leser äußert sich in zahlreichen Zuschriften, die dem Stürmer aus allen Schichten der Bevölkerung zugehen. Unsere Leser wissen, was der Stürmer will, und stimmen unserem Kampfe oft mit begeisterten Worten zu. Manchmal allerdings üben sie auch Kritik, eine Kritik, die gut gemeint ist und daher von uns auch beachtet wird. So schrieb uns kürzlich ein Volksgenosse aus Norddeutschland, der dem Stürmer seit über einem Jahrzehnt die Treue gehalten hat, folgenden Brief:
„Lieber Stürmer!
Ich lese Dich seit über zwölf Jahren. Seit dieser Zeit bringst Du auf der Titelseite in Blockschrift die Leiste: ‚Die Juden sind unser Unglück!' Daß dieser Spruch früher seine Gültigkeit hatte, weiß ich selbst nur zu gut, aus eigenem Erleben … Heute aber, wo die Macht der Juden in Deutschland gebrochen ist, ist diese Leiste gegenstandlos geworden. Sie müßte wegfallen oder geändert werden in: ‚Die Juden *waren* unser Unglück!'"
Die Schriftleitung des Stürmers hat diesem Einsender brieflich geantwortet. Nun traf es sich aber, daß um die gleiche Zeit eine Anzahl ähnlicher Zuschriften bei uns einging. Nachdem der Spruch „Die Juden sind unser Unglück" gerade heute von grundsätzlicher Bedeutung ist, wollen wir uns mit ihm im Leitartikel des Stürmers selbst beschäftigen.
Gewiß, es ist richtig, daß der Spruch „Die Juden sind unser Unglück" noch vor über zehn Jahren einen anderen Klang hatte als heute. Damals waren die Juden in Deutschland noch an der Macht. Damals logen, schoben, betrogen sie noch nach Herzenslust, damals konnten sie noch hetzen, schänden und morden, so wie es ihnen ihr Teufelsgesetzbuch Talmud gebietet. Mit Schauern erinnern wir uns noch zurück an die Machenschaften der *Viehjuden*, die Tausende von deutschen Bauern um Haus und Hof brachten, an das Geschäftsgebaren der *Warenhausjuden*, die den deutschen Kaufmannsstand ruinierten, an die jüdischen *Richter* und *Rechtsanwälte*, die die Justiz knebelten und das Recht in Unrecht umfälschten, an die *Judenärzte*, die viele Tausende deutscher Frauen und Mädchen verdarben und dem Siechtum preisgaben, an jüdische *Politiker*, die das deutsche Volk an den Abgrund führten usw. usw. Ja, damals konnte man es gar nicht laut genug in die Welt hinausschreien, daß die Juden unser Unglück und unser Verderben sind.
Und wie ist das nun heute? Heute ist die Macht der Juden in Deutschland gebrochen. Der Nationalsozialismus hat dem Treiben des jüdischen Weltfeindes im Reiche ein Ende gesetzt. Was ist nun richtig: *Sind* die Juden unser Unglück oder *waren* sie unser Unglück? Die Antwort auf diese Frage gibt uns heute die Zeit, in der wir leben, der *Krieg*.

1 Der Stürmer, Nr. 8 vom 18.2.1943, S. 1 f. Die antisemitische Wochenzeitung, hrsg. von Julius Streicher, erschien 1923–1945 in Nürnberg. 1933 betrug die Auflage mehr als 20 000, 1938 dann 500 000 Exemplare.
2 Der Satz stammt ursprünglich aus dem Aufsatz von Heinrich von Treitschke „Unsere Aussichten" (in: Preußische Jahrbücher, Bd. 44, 1879, S. 559–576), der den Antisemitismusstreit auslöste.

Das deutsche Volk muß sich heute zahlreiche Einschränkungen auferlegen. Millionen deutscher Männer und Frauen schaffen unter Verzicht auf viele Annehmlichkeiten des Lebens Tag und Nacht, um der Front all das zur Verfügung stellen zu können, was sie braucht, um den Krieg zu gewinnen.
Wer aber ist schuld an diesem Kriege? Wer hat diesen Krieg vorbereitet und ausgelöst? *Die Juden sind es!* Das weiß heute jedes Kind! Wenn aber die Juden die Verantwortlichen sind für den Krieg, in dem wir leben, dann waren sie nicht nur unser Unglück, dann *sind* sie es heute erst recht.
Millionen von Frauen und Mädchen, von Müttern und Kindern müssen heute auf die Anwesenheit ihrer Männer und Brüder, Söhne und Väter verzichten. Sie müssen allein sein, weil der von den Juden entfachte Krieg Deutschland zwang, seine Wehrmacht aufzurufen. Deshalb befinden sich Millionen von Männern und Brüdern, Söhnen und Vätern heute an der Front. Und deshalb müssen ihre Familien heute allein zu Hause sein. Die Schuld daran aber tragen die Juden, die diesen Krieg entfesselt haben. Die Juden waren also nicht nur früher unser Unglück, sondern sie sind es heute genau so wie ehedem.
Immer wieder fliegen feindliche Flugzeuge in friedliches, deutsches Land ein und werfen ihre Bomben auf die Zivilbevölkerung, auf Krankenhäuser und Kirchen, auf Schulen und unersetzliche Kunstdenkmäler. Wer aber hetzt diese Luftpiraten auf uns? Wer fordert sie auf, auch an Frauen, Kindern und Greisen Mord über Mord zu begehen? *Der Jude ist es!* Alle Einwohner der luftgefährdeten Gebiete wissen das. Sie haben es erkannt, daß der Jude nicht nur unser Unglück war, sondern heute erst recht unser Unglück *ist*.
An der Ostfront trutzen heute die Millionen unserer Wehrmacht grimmiger Kälte und dem Ansturm der Sowjets. Andere kämpfen in der Wüste gegen unsere Feinde. Im Westen halten deutsche Batterien, deutsche Flieger und nicht zuletzt die deutschen U-Boote Wacht. Unsere Soldaten nehmen den an Entsagung und Opfern so reichen Frontdienst auf sich in dem Bewußtsein, daß sie damit dem ganzen Volke nützen. Sie wissen es, daß hinter all unseren Gegnern als Hauptschuldiger am Kriege der Jude steht. Unsere Soldaten wissen es aus eigener Erfahrung, daß die Juden nicht nur früher unser Unglück waren, sondern unser Unglück gerade heute sind.
So manche deutsche Familie wurde durch den Heldentod ihrer Väter und Söhne schwer getroffen. So manche trauernde Frau und so manches vaterlos gewordene Kind haben sich wohl in ihrem Schmerze gefragt: „Mußte das sein?" – Ja, es mußte sein! Es mußte sein, damit Deutschland lebt und die Heimat verschont bleibt von der Wut jüdischer Untermenschen. Es gibt wohl niemanden, der es in so furchtbarer Weise am eigenen Leibe erfahren hat, wie jene Trauernden, daß der Jude nicht nur unser Unglück war, sondern noch mehr als früher unser Unglück *ist*.
Der Krieg also gibt uns die Antwort auf die Frage, ob die Juden unser Unglück waren oder heute noch sind. Die gleiche Antwort aber gibt uns ein zweiter Zeuge, der wie kein anderer dazu berufen ist, unsere Mahnung zu bestätigen. Es ist – *der Jude selbst!* Gewiß, die Macht des Judentums in Deutschland ist gebrochen. Aber damit ist die jüdische Gefahr noch lange nicht beseitigt. Noch immer wohnen viele Tausende von Juden unter uns! Noch immer versuchen sie, in der Maske des „Harmlosen und Bedauernswerten" ihr Gift in das deutsche Volk zu verspritzen. Noch immer versucht[3] der jüdische Bazillus

3 So im Original. Gemeint ist: sucht.

der Zersetzung nach neuen Opfern. Und im benachbarten feindlichen Ausland steht der Jude sprungbereit, um bei der nächsten sich bietenden Gelegenheit wieder in Deutschland einzufallen.

Ja, die Juden sind noch da. Sie waren nicht nur unser Unglück, sie *sind* unser Unglück und werden unser Unglück bleiben, solange es Juden gibt.

Der Stürmer weiß also ganz genau, warum er auch heute seine Mahnung bringt: „Die Juden sind unser Unglück!" Als der Nationalsozialismus vor über zwanzig Jahren den Kampf um die deutsche Seele aufnahm, erscholl überall der Ruf „Deutschland erwache!" Und „Deutschland erwache!" steht auch heute noch mit großen Lettern in den Standarten der SA. und SS. Und „Deutschland erwache!" wird in den Fahnen der Bewegung stehen, auch wenn Deutschland längst ganz erwacht ist und spätere Generationen alles für so selbstverständlich halten, daß sie gar nicht mehr begreifen können, daß es überhaupt notwendig war, Deutschland zu erwecken. Genauso wie jene heiligen Zeichen aus der Zeit des Kampfes wird auch der Stürmer immer *seine* ewige Mahnung auf der ersten Stürmer-Seite bringen. Und die Mahnung des Stürmers lautet: *„Die Juden sind unser Unglück!"*

H.[4]

DOK. 223

Goebbels spricht im Berliner Sportpalast am 18. Februar 1943 vor 15 000 Zuhörern von der drohenden Weltherrschaft der Juden[1]

Rede von Joseph Goebbels vor 15 000 Besuchern im Berliner Sportpalast vom 18.2.1943 (Auszug)[2]

[...][3]

Ich wende mich in meinen Ausführungen zuerst an die Weltöffentlichkeit und proklamiere ihr gegenüber drei Thesen unseres Kampfes gegen die bolschewistische Gefahr im Osten. Die erste dieser drei Thesen lautet: Wäre die deutsche Wehrmacht nicht in der Lage, die Gefahr aus dem Osten zu brechen, so wäre damit das Reich und in kurzer Folge ganz Europa dem Bolschewismus verfallen.

Die zweite dieser drei Thesen lautet: Die deutsche Wehrmacht und das deutsche Volk allein besitzen mit ihren Verbündeten die Kraft, eine grundlegende Rettung Europas aus dieser Bedrohung durchzuführen.

Die dritte dieser drei Thesen lautet: Gefahr ist im Verzuge. Es muß schnell und gründlich gehandelt werden, sonst ist es zu spät.

4 Ernst Hiemer.

1 DRA, K16–090. Abdruck in: VB (Berliner Ausg.), Nr. 50 vom 19.2.1943, S. 3: Reichsminister Dr. Goebbels an die deutsche Nation: Nun, Volk, steh auf, und Sturm brich los!

2 Der Text folgt der Tonaufnahme der Rede; Gesamtdauer der Rede: 120 Minuten, 1 Sekunde. Goebbels hielt die Rede anlässlich des sich für Deutschland verschlechternden Kriegsverlaufs an der Ostfront vor ausgesuchten Parteifunktionären, verletzten Soldaten, Künstlern und Fabrikarbeiterinnen und -arbeitern.

3 Goebbels geht einleitend auf die Niederlage der Wehrmacht bei Stalingrad ein, die er als „Alarmruf des Schicksals an die deutsche Nation" versteht, denn das Schicksal Deutschlands sei der Kampf gegen den Bolschewismus.

Zur ersten These habe ich im einzelnen zu bemerken: Der Bolschewismus hat seit jeher ganz offen das Ziel proklamiert, nicht nur Europa, sondern die ganze Welt zu revolutionieren und sie in ein bolschewistisches Chaos zu stürzen. Dieses Ziel ist seit Beginn der bolschewistischen Sowjetunion seitens des Kreml ideologisch vertreten und praktisch verfochten worden. Es ist klar, daß Stalin und die anderen Sowjetgrößen, je mehr sie glauben, sich der Verwirklichung ihrer weltzerstörerischen Absichten zu nähern, um so mehr auch bestrebt sind, diese zu tarnen und zu verschleiern. Das kann uns Nationalsozialisten nicht beirren. Wir gehören nicht zu jenen furchtsamen Gemütern, die wie das hypnotisierte Kaninchen auf die Schlange schauen, bis sie es verschlingt. Wir wollen die Gefahr rechtzeitig erkennen und ihr auch rechtzeitig mit wirksamen Mitteln entgegentreten. Wir durchschauen nicht nur die Ideologie, sondern auch die Praktiken des Bolschewismus, denn wir haben uns schon einmal mit ihnen, und zwar mit denkbar größtem Erfolg, auf innerpolitischem Felde auseinandergesetzt. Uns kann der Kreml nichts vormachen. Wir haben in einem vierzehnjährigen Kampf vor der Machtübernahme und in einem zehnjährigen Kampf nach der Machtübernahme seine Absichten und infamen Weltbetrugsmanöver demaskiert.

Das Ziel des Bolschewismus ist die Weltrevolution der Juden. Sie wollen das Chaos über das Reich und über Europa hereinführen, um in der daraus entstehenden Hoffnungslosigkeit und Verzweiflung der Völker ihre internationale, bolschewistisch verschleierte kapitalistische Tyrannei aufzurichten.

Was das für das deutsche Volk bedeuten würde, braucht hier nicht näher erläutert zu werden. Es würde mit der Bolschewisierung des Reiches eine Liquidierung unserer gesamten Intelligenz- und Führungsschicht und als Folge davon die Überführung der arbeitenden Massen in die bolschewistisch-jüdische Sklaverei nach sich ziehen. Das ist das Ziel. Man sucht in Moskau Zwangsarbeitsbataillone, wie der Führer in seiner Proklamation zum 30. Januar[4] schon sagte, für die sibirischen Tundren. Der Aufstand der Steppe macht sich vor unseren Fronten bereit, und der Ansturm des Ostens, der in täglich sich steigernder Stärke gegen unsere Frontlinien anbrandet, ist nichts anderes als die versuchte Wiederholung der geschichtlichen Verheerungen, die früher schon so oft in unserer Geschichte unseren Erdteil gefährdet haben.

Damit aber ist auch eine unmittelbare akute Lebensbedrohung nicht nur für uns, sondern für alle europäischen Mächte gegeben. Man soll nicht glauben, daß der Bolschewismus, hätte er die Gelegenheit, seinen Siegeszug über das Reich anzutreten, irgendwo an unseren Grenzen aufgrund irgendeiner papierenen Abmachung haltmachen würde. Er treibt eine Aggressionspolitik und Aggressionskriegführung, die ausgesprochen auf die Bolschewisierung aller Länder und Völker ausgeht. Papierene Erklärungen, die von seiten des Kreml oder als Garantieverpflichtungen von seiten Londons oder Washingtons gegen diese nicht zu bestreitenden Absichten abgegeben werden, imponieren uns nicht.

4 Üblicherweise hielt Hitler am 30. Januar, dem Jahrestag der nationalsozialistischen Machtübernahme, eine öffentliche Rede. Am 30.1.1943 trug stattdessen Goebbels im Berliner Sportpalast die „Proklamationen" Hitlers vor. Darin hieß es, dass aus der deutschen Nation „der Schrei nach totalster Kriegsanstrengung" an die Führung dringe, und weiter, dass der Zweck der sowjet. Kriegsführung die Unterwerfung der europäischen Völker sei, um sie als Arbeitssklaven nach Sibirien zu bringen; Monatshefte des Deutschen Instituts für Außenpolitische Forschung, Heft 4, 1943, S. 271–275.

Wir wissen, daß wir es im Osten mit einer infernalischen, politischen Teufelei zu tun haben, die die sonst unter Menschen und Staaten üblichen Beziehungen nicht anerkennt. Wenn beispielsweise der englische Lord Beaverbrook[5] erklärt, daß Europa dem Bolschewismus zur Führung überantwortet werden müsse, wenn ein maßgeblicher amerikanisch-jüdischer Journalist Brown diese These durch die zynische Verlautbarung ergänzt, daß eine Bolschewisierung Europas vielleicht überhaupt die Lösung unseres kontinentalen Problems darstellte, so wissen wir genau, was die Juden damit gemeint haben. Die europäischen Mächte stehen hier vor ihrer entscheidenden Lebensfrage. Das Abendland ist in Gefahr. Ob ihre Regierungen und ihre Intelligenzschichten das einsehen wollen oder nicht, ist dabei gänzlich unerheblich.
Das deutsche Volk jedenfalls und seine Führung sind nicht gewillt, sich dieser Gefahr auch nur versuchsweise preiszugeben. Hinter den vorstürmenden Sowjetdivisionen sehen wir schon die jüdischen Liquidationskommandos, hinter diesen aber erhebt sich der Terror, das Gespenst des Millionenhungers und einer vollkommenen europäischen Anarchie. Hier erweist sich wiederum das internationale Judentum als das teuflische Ferment der Dekomposition, das eine geradezu zynische Genugtuung dabei empfindet, die Welt in ihre tiefste Unordnung zu stürzen und damit den Untergang jahrtausendealter Kulturen, an denen es niemals einen inneren Anteil hatte, herbeizuführen.
Wir wissen damit also, vor welcher geschichtlichen Aufgabe wir stehen. Eine zweitausendjährige Aufbauarbeit der abendländischen Menschheit ist in Gefahr. Man kann diese Gefahr gar nicht ernst genug schildern, aber es ist auch bezeichnend, daß, wenn man sie nur beim Namen nennt, das internationale Judentum in allen Ländern dagegen mit lärmenden Ausführungen Protest einlegt. So weit also ist es in Europa schon gekommen, daß man eine Gefahr nicht mehr eine Gefahr nennen darf, wenn sie vom Judentume ausgeht.
Das aber hindert uns Nationalsozialisten nicht daran, die dazu notwendigen Feststellungen zu treffen. Wir haben niemals Angst vor den Juden gehabt und haben sie heute weniger denn je. Wir haben das auch früher in unserem innenpolitischen Kampf getan, als das kommunistische Judentum sich des demokratischen Judentums im „Berliner Tageblatt“ und der „Vossischen Zeitung“ bediente, um eine Gefahr, die von Tag zu Tag drohender wurde, zu verniedlichen und zu bagatellisieren, um damit die von ihr bedrohten Teile unseres Volkes in Sicherheit einzuwiegen und ihre Abwehrkräfte einzuschläfern. Wir sähen, wenn wir dieser Gefahr nicht Herr würden, im Geiste schon das Gespenst des Hungers, des Elends und einer Millionenzwangsarbeit für das deutsche Volk heraufziehen, sähen den ehrwürdigsten Erdteil in seinen Grundfesten wanken und unter seinen Trümmern das geschichtliche Erbe der abendländischen Menschheit begraben. Das ist das Problem, vor dem wir stehen.

Meine zweite These lautet: Allein das Deutsche Reich mit seinen Verbündeten ist in der Lage, die eben geschilderte Gefahr zu bannen. Die europäischen Staaten einschließlich Englands behaupten, stark genug zu sein, einer Bolschewisierung des europäischen Kontinents, sollte sie einmal praktisch gegeben sein, rechtzeitig und wirksam entgegenzutreten.

5 Max Aitken, Lord Beaverbrook (1879–1964), kanad. Geschäftsmann, Politiker und Zeitungsbesitzer; 1940/41 Minister für Luftfahrtproduktion, später Lordsiegelbewahrer; leitete im Ersten Weltkrieg als Minister für Information die Propaganda gegen Deutschland.

Diese Erklärung ist kindisch und verdient überhaupt keine Widerlegung. Sollte nämlich die stärkste Militärmacht der Welt, das Deutsche Reich, nicht in der Lage sein, die Drohung des Bolschewismus zu brechen, wer sollte dann dazu die Kraft aufbringen? Etwa die neutralen europäischen Staaten? Sie besitzen weder das Potential noch die militärischen Machtmittel noch überhaupt die geistigen Voraussetzungen bei ihren Völkern, um dem Bolschewismus auch nur den geringsten Widerstand entgegenzustellen. Sie würden im Bedarfsfall von seinen motorisierten Roboterdivisionen in wenigen Tagen glatt überfahren werden. In den Hauptstädten der mittleren und kleinen europäischen Staaten tröstet man sich mit der Absicht, man müsse sich gegen die bolschewistische Gefahr geistig zur Wehr setzen. Das erinnert verzweifelt an die Erklärungen der bürgerlichen Mittelparteien aus dem Jahre 1932, daß der Kampf gegen den Kommunismus nur mit geistigen Waffen ausgefochten werden könne. Diese Behauptung war uns auch damals zu albern, als daß wir uns damit auseinandergesetzt hätten.

Der östliche Bolschewismus ist nicht nur eine terroristische Lehre, sondern auch eine terroristische Praxis. Er verfolgt seine Ziele und Zwecke mit einer infernalischen Gründlichkeit, unter restloser Ausschöpfung seines inneren Potentials und ohne jede Rücksichtnahme auf Glück, Wohlstand und Frieden der von ihm unterjochten Völkerschaften. Was wollten England und Amerika tun, wenn der europäische Kontinent im gröbsten Unglücksfall dem Bolschewismus in die Arme fiele? Will man Europa von London aus vielleicht einreden, daß eine solche Entwicklung absprachegemäß an der Kanalgrenze haltmachen würde? Ich habe schon einmal darauf hingewiesen, daß der Bolschewismus seine Fremdenlegionen auf dem Boden aller demokratischen Staaten bereits in den kommunistischen Parteien stehen hat. Keiner dieser Staaten kann von sich behaupten, gegen eine innere Bolschewisierung immun zu sein. Eine jüngst vorgenommene Nachwahl zum englischen Unterhaus ergab, daß der unabhängige, d. h. kommunistische Kandidat in einem Wahlkreis, der bisher unumschränkte Domäne der Konservativen war, von insgesamt 22 000 Stimmen 10 000 erhielt, das heißt, daß die Rechtsparteien allein in diesem einen Kreise im Verlaufe von nur kurzer Zeit die Hälfte aller Wahlstimmen an die Kommunisten verloren, ein Beweis mehr dafür, daß die bolschewistische Gefahr auch in England gegeben ist und daß sie nicht dadurch gebannt wird, daß man sie nicht sehen will. Alle territorialen Verpflichtungen, die die Sowjetunion auf sich nimmt, besitzen in unseren Augen keinen effektiven Wert. Der Bolschewismus pflegt seine Grenzen auch ideologisch, nicht nur militärisch zu ziehen, und darin ist eben seine über die Grenzen der Völker hinwegspringende Gefahr gegeben. Die Welt hat also nicht die Wahl zwischen einem in seine alte Zersplitterung zurückfallenden und einem unter der Achsenführung sich neu ordnenden Europa, sie hat nur die Wahl zwischen einem unter dem militärischen Schutz der Achse stehenden und einem bolschewistischen Europa.

Darüber hinaus bin ich der festen Überzeugung, daß die lamentierenden Lords und Erzbischöfe in London überhaupt nicht einmal die Absicht haben, der bolschewistischen Gefahr, die bei einem weiteren Vordringen der Sowjetarmeen für die europäischen Staaten gegeben wäre, praktisch entgegenzutreten. Das Judentum hat die angelsächsischen Staaten geistig und politisch schon so infiziert, daß sie diese Gefahr überhaupt nicht mehr sehen und nicht mehr wahr haben wollen. Wie das Judentum sich in der Sowjetunion bolschewistisch tarnt, so tarnt es sich in den angelsächsischen Staaten plutokratisch-kapitalistisch. Die Methoden der Mimikry, das heißt der systematischen Angleichung an die Umgebung, sind ja bei der jüdischen Rasse bekannt. Wir kennen sie ja noch aus unserer eigenen Vergangenheit. Diese Mimikry geht seit jeher darauf aus, ihre Gastvölker einzuschläfern und damit ihre Abwehrkräfte gegen von ihr stammende akute und lebensgefährdende Bedrohungen zu lähmen. Unsere Einsicht in diese Problematik hat uns schon früh die Erkenntnis vermittelt, daß das Zusammengehen zwischen internationaler Plutokratie und internationalem Bolschewismus durchaus nicht, wie es zuerst scheinen möchte, keinen Widersinn, sondern einen tiefen Sinn darstellt.[6] Über unser Land hinweg reicht sich bereits das westeuropäische scheinzivilisierte Judentum und das Judentum des östlichen Ghettos die Hände. Damit ist Europa in Todesgefahr, auch wenn die Engländer das nicht wahrhaben wollen.

Ich schmeichle mir nicht, mit diesen Ausführungen die öffentliche Meinung in den neutralen oder gar in den feindlichen Staaten alarmieren zu können. Das ist auch nicht ihr Zweck. Ich habe gar nicht die Absicht dazu. Ich spreche nicht zur Welt, ich spreche zum deutschen Volke. Ich weiß, daß die englische Presse morgen mit einem wütenden Gekläff über mich herfallen wird, ich hätte angesichts unserer Belastung an der Ostfront die ersten Friedensfühler ausgestreckt. Davon kann selbstverständlich überhaupt keine Rede sein. In Deutschland denkt heute kein Mensch an einen faulen Kompromiß, das ganze Volk denkt nur an einen harten Krieg. Ich beanspruche aber als verantwortlicher Sprecher des führenden Landes dieses Kontinents für mich das souveräne Recht, eine Gefahr eine Gefahr zu nennen, wenn sie nicht nur unser eigenes Land, sondern unseren Erdteil bedroht. Als Nationalsozialisten haben wir es jeher als Pflicht empfunden, Alarm zu schlagen gegen die versuchte Chaotisierung des europäischen Kontinents durch das internationale Judentum, das sich im Bolschewismus eine terroristische Militärmacht aufgebaut hat, deren Bedrohlichkeit überhaupt nicht überschätzt werden kann.

Die dritte These, die ich hier näher erläutern will, ist die, daß Gefahr unmittelbar im Verzuge ist. Die geistigen Lähmungserscheinungen der westeuropäischen Demokratien gegen ihre tödlichste Bedrohung sind herzbeklemmend. Das internationale Judentum fördert sie mit allen Kräften. Genau so, wie der Widerstand gegen den Kommunismus in unserem Kampf um die Macht in unserem eigenen Lande von den jüdischen Zeitungen künstlich eingeschläfert und nur durch die nationalsozialistische Bewegung wieder erweckt wurde, genau so ist das heute bei den anderen Völkern der Fall. Das Judentum erweist sich hier wieder einmal als die Inkarnation des Bösen, als plastischer Dämon des Verfalls und als Träger eines internationalen kulturzerstörerischen Chaos. Man wird, um das hier nur nebenbei zu erwähnen, in diesem Zusammenhang auch unsere konsequente Judenpolitik verstehen können, auch wenn die Juden heute in Berlin ihre alte Mitleidsgarde vorschicken. Wir sehen im Judentum für jedes Land eine unmittelbare Gefahr gegeben. Wie andere Völker sich gegen diese Gefahr zur Wehr setzen, das ist uns gleichgültig. Wie wir uns aber dagegen zur Wehr setzen, das ist unsere Sache, in die wir keinerlei Einsprüche dulden. Das Judentum stellt eine infektiöse Erscheinung dar, die ansteckend wirkt. Wenn das feindliche Ausland gegen unsere antijüdische Politik scheinheilig Protest erhebt und über unsere Maßnahmen gegen das Judentum heuchlerische Krokodilstränen vergießt, so kann uns das nicht daran hindern, das Notwendige

6 Doppelte Verneinung in der mündlichen Fassung der Rede, in der Druckfassung korrigiert.

zu tun. Deutschland jedenfalls hat nicht die Absicht, sich dieser jüdischen Bedrohung zu beugen, sondern vielmehr die, ihr rechtzeitig, wenn nötig und auch vollkommen und radikal zur Ausschaltung des Judentums entgegenzutreten.
[...][7]

DOK. 224
Der Oberfinanzpräsident Berlin-Brandenburg erläutert am 23. Februar 1943, warum verschiedene Grundstücke aus dem eingezogenen Besitz von Juden nicht der SS übereignet werden können[1]

Bericht des Oberfinanzpräsidenten Berlin-Brandenburg,[2] Vermögensverwertungsstelle, O 5210-Grundstückskartei (SS),[3] Berlin NW 40, Alt-Moabit 143, gez. i.V. Unterschrift unleserlich, an den Reichsminister der Finanzen[4] (Abt. VI)[5] in Berlin (Eing. 26.2.1943) vom 23.2.1943[6]

Betrifft: Grundbesitz aus eingezogenem oder verfallenem Vermögen zum Verkauf an Dienststellen der SS.[7]
Vorgang: Fernmündliche Anforderung durch Regierungsrat Keller vom 5. Februar 1943.[8]
Berichterstatter: Regierungsrat Dr. Kretschmer[9]
-\-\-

7 Im Folgenden geht Goebbels darauf ein, dass sich das deutsche Volk angesichts der schweren Kämpfe auf einen Krieg einstellen müsse, der noch radikaler geführt werden müsse, da die deutsche Kultur in Gefahr sei, vernichtet zu werden. Das übrige Europa solle, wenn es schon nicht gegen die Sowjetunion kämpfe, zumindest seine Arbeitskraft dem Reich zur Verfügung stellen. Goebbels schwört sein Publikum darauf ein, empfindliche Einschnitte im Alltag hinzunehmen, und stellt die Frage „Wollt ihr den totalen Krieg?“, die jubelnd bejaht wird.

1 BArch, R 2/31098, Bl. 30+RS.
2 Karl Kuhn (1876–1944), Jurist; 1900 Regierungsassessor, 1907 Finanzamtmann, 1913 Finanzrat, Dez. 1917 Oberfinanzrat, von Juli 1924 an Präsident des Landesfinanzamts Brandenburg, 1936–1943 Präsident des Landesfinanzamts Berlin, von Febr. 1942 an Oberfinanzpräsident Berlin-Brandenburg, vom 1.4.1943 an im Ruhestand.
3 Die von Jan. 1942 an eingegliederte Vermögensverwertungsstelle beim Oberfinanzpräsident Berlin-Brandenburg bestand aus den zwei Hauptabt. O 5210 und O 5205. Erstere verwaltete das für verfallen erklärte Vermögen von Emigranten, O 5205 das eingezogene Vermögen Deportierter.
4 Ludwig Graf Schwerin von Krosigk.
5 Die 1938 geschaffene Abt. VI zog in Absprache mit dem RSHA und der Gestapo das Vermögen von Juden ein. Ihre Unterabt. O befasste sich u. a. mit der Einziehung des Vermögens von Reichsfeinden sowie mit dem Grundbesitz aus verfallenem Vermögen, wobei das Ref. 19 unter Min.Rat Dr. Walter Maedel für die Verwaltung und Verwertung dieses Vermögens (ohne Wertpapiere) zuständig war und das eigentliche Judenreferat des RFM bildete.
6 Im Original handschriftl. Vermerke.
7 Am 25.1.1943 bat Heinrich Heckenstaller vom Persönlichen Stab des RFSS in einem Schreiben Min.Rat Dr. Herbert Gündel darum, die Eigentums- und Veräußerungsverhältnisse von elf Grundstücken zu überprüfen. Die Anfrage leitete Gündel an das Referat Maedel zur Bearbeitung weiter. Der hier abgedruckte Bericht war die Antwort auf die Anfrage Heckenstallers. Am 6.4.1943 gab Maedel Gündel in einem Schreiben außerdem Informationen über Eigentümer und Mieter dieser elf Grundstücke, Verkaufssperren sowie -werte bekannt.
8 Nicht ermittelt.
9 Vermutlich: Dr. Alfons Kretschmer (*1906), Jurist; 1933 SA- und NSDAP-Eintritt; 1936 Assessor, später Reg.Rat in der Vermögensverwertungsstelle.

Zu der fernmündlichen Anfrage des Regierungsrats Keller vom 5. Februar 1943, ob die nachstehend aufgeführten Grundstücke zum Verkauf an Dienststellen der SS zur Verfügung stehen, äußere ich mich an Hand meiner Grundstücksakten wie folgt:

1.) *Einfamilienhaus Berlin-Wilmersdorf, Tribergstr. 2,* (Vermögenseinziehung Alfred Israel Unger):

Das Grundstück ist von mir bereits am 27. August 1942 verkauft worden.[10]

2.) *Villengrundstück Berlin-Dahlem, Podbielskiallee 54,* (Ausbürgerung Regina Sara Budwig):

Das Grundstück wird demnächst an einen Bewerber[11] veräußert werden, der sich schon seit langem um das Grundstück bemüht und sich auf eine persönliche Besprechung mit dem Herrn Reichsminister der Finanzen Graf Schwerin von Krosigk berufen hat.

3.) *Villengrundstück Berlin-Grunewald, Königsallee 28,* (Ausbürgerung Erich Israel Kaufmann):

Dem Reich ist nur die Beteiligung am Nachlaß angefallen. Über den Nachlaß ist der Erbschaftskaufvertrag vom 31. Oktober 1941 abgeschlossen worden, der mir zur Genehmigung vorliegt. Das Grundstück scheidet deshalb für einen anderweitigen Verkauf aus.[12]

4.) *Mietwohngrundstück Berlin-Grunewald, Königsallee 52, Hagenstr. 1,* (Ausbürgerung Emma Sara Hausdorff):

Das Grundstück befindet sich seit Juni 1942 in der Zwangsversteigerung.[13]

5.) *Wohnhausgrundstück Berlin-Grunewald, Königsallee 74–76,* (Ausbürgerung Elise Sara Benas):

Die seit langem anhängigen Verkaufsverhandlungen stehen vor dem Abschluß.[14]

6.) *Mietwohngrundstück Berlin-Grunewald, Hubertusbader Str. 12,* (Ausbürgerung Julius Uri Zellermeyer):

Das Grundstück ist im Jahre 1942 für Zwecke der Beamten-Wohnungsfürsorge in die Verwaltung des Finanzamts für Liegenschaften überführt worden.

7.) *Wohngrundstück Berlin-Grunewald, Hubertusbader Str. 16,* (Ausbürgerung Kurt Israel Jachmann):

Das Grundstück ist nicht dem Reich angefallen, sondern untersteht als feindliches Vermögen dem Herrn Reichskommissar für die Behandlung feindlichen Vermögens.[15]

8.) *Grundstück Berlin-Grunewald, Hubertusbader Str. 30,* (Eigentümer Nestor Israel Rosenthaler):

Vorgänge über das Grundstück sind hier nicht vorhanden.[16]

10 Der Käufer war Major Dehrmann.

11 Gemeint ist Min.Rat a. D. von Hoffmann. An ihn wurde das Grundstück nicht veräußert, da eine Verkaufssperre verhängt wurde. Der Verkaufswert lag bei ca. 130 000 RM.

12 Zu diesem Zeitpunkt gehörte das Grundstück bereits dem Kaufmann Kurt Zimmermann.

13 Das Grundstück gehörte zur Hälfte dem 1933 nach Spanien emigrierten Kurt Hausdorff, Sohn von Emma Hausdorff. Der Einheitswert des Grundstücks wurde mit 68 500 RM angegeben.

14 Nachdem festgestellt wurde, dass das Grundstück an das Reich gefallen war, erhielt der Bankdirektor Dr. Hugo Zinßer den Zuschlag. Zinßer (1900–1955) war u. a. Vorstandsmitglied der Dresdner Bank und hatte von März 1937 an das Grundstück gepachtet.

15 Dr. Johannes Krohn (1884–1974) bekleidete 1941–1945 dieses Amt.

16 Hierbei handelte es sich um ein Mehrfamilienhaus mit fünf Wohnungen, der Verkaufswert lag bei mehr als 58 000 RM.

9.) *Wohnhausgrundstück Berlin-Dahlem, Helfferichstr. 68,* (Ausbürgerung Rosa Sara Conitzer):
Die Verkaufsverhandlungen mit der Reichsjugendführung als Mieterin stehen kurz vor dem Abschluß.[17]
10.) *Grundstück Berlin-Nikolassee, Dreilindenstr. 64,*
Das Grundstück ist nicht dem Reich verfallen, sondern untersteht als feindliches Vermögen dem Herrn Reichskommissar für die Behandlung feindlichen Vermögens.
11.) *Einfamilienhausgrundstück Berlin-Wannsee, Am großen Wannsee 60,* (Ausbürgerung Gerhard Israel Harwig):
Das Grundstück ist zum Verkauf an den Chef der Sicherheitspolizei vorgesehen, an den es seit langer Zeit vermietet ist.[18]

DOK. 225

Das Ernährungs- und Wirtschaftsamt unterscheidet am 24. Februar 1943 die Lebensmittelrationen der Kinder des Ehepaars Herold nach der Religionszugehörigkeit[1]

Schreiben des Ernährungs- und Wirtschaftsamts an das Finanz- und Wirtschaftsministerium, Landesernährungsamt Baden, Abt. B, Karlsruhe, Schloßplatz 3, Unterschrift unleserlich, vom 24.2.1943 (Abschrift)[2]

Die Ehe des Peter Herold[3] (Arier) mit der Jüdin Helene Sara[4] wurde lt. Heiratsurkunde am 30.10.28 geschlossen. Aus ihr sind die nachstehend genannten Kinder hervorgegangen:
1.) Herold, Kurt Israel[5] geb. am 6.8.1924
2.) Herold, Ilse Sara[6] geb. am 22.9.1929
3.) " Helga Sara[7] geb. am 23.10.1930
4.) " Lore Sara geb. am 15.11.1931
5.) " Ruth Sara[8] geb. am 1.1.1933
6.) Herold, Erich Israel[9] geb. am 1.1.1933
7.) " Johanna Sara geb. am 25.7.1934

17 Das Grundstück war zuvor bereits an die Reichsjugendführung verpachtet worden. Da eine Verkaufssperre verhängt wurde, beantragte die Reichsjugendführung letztlich eine Verlängerung des Pachtvertrags bis 1950.
18 Das Grundstück war seit März 1941 an das RSHA verpachtet, der Verkaufswert lag bei 130 000 RM.

1 MARCHIVUM, D1 Jüdische Geschichte, Zug. 16/1967, Nr. 181, Bl. 46 f.
2 Das Schreiben enthält in Abschrift den hier abgedruckten Brief von Helene Herold, Mannheim, Alphornstr. 45, vom 4.2.1943. Im Original handschriftl. Bearbeitungsvermerke und Kürzel.
3 Peter Herold (1888–1959), Zimmermann, Kaufmann; er war in zweiter Ehe mit Helene Löb verheiratet, sie ließen sich 1948 scheiden.
4 Helene Herold, geb. Löb (1899–1968); wohnte nach ihrer Heirat seit 1929 in Ladenburg, zog Ende der 1930er-Jahre nach Mannheim, wo sie später mit ihren Kindern mit Hilfe des Stadtpfarrers und Kaplans versteckt überlebte; 1950 nach Haifa emigriert, kehrte später nach Mannheim zurück.
5 Kurt Herold (*1924), Gärtner; lebte zeitweise im jüdischen Kindererholungsheim in Bad Dürrheim; im Febr. 1945 von Mannheim nach Theresienstadt deportiert und dort befreit; emigrierte im Okt. 1947 nach Palästina und von dort weiter in die USA.
6 Ilse Rosa Spielmann, geb. Herold (1929–2000); emigrierte 1949 nach Israel, kehrte später mit ihrem Mann und den Kindern nach Mannheim zurück und verstarb dort.
7 Helga Holz, geb. Herold (*1930); ging nach dem Krieg vermutlich in die USA.

8.) " Herbert Israel geb. am 21.2.1938
9.) " Anna[10] geb. am 6.12.1940
Hiernach gelten die unter Ordnungsziffer 1–8 aufgeführten Kinder als Juden, weil sie bei Erlaß des Reichsbürgergesetzes vom 15.9.1935 (Reichsgesetzbl. I S. 1146) der jüdischen Religionsgemeinschaft angehört haben. Sie erhalten daher nach dem Erlaß vom 18.9.42 II B 1–3530 die gekürzten Rationssätze.[11] Das am 6.12.40 geborene Kind Anna gehört seit Geburt der christlichen Religionsgemeinschaft an und gilt als Mischling I. Grades. Es erhält daher die volle Zuteilung wie die deutschstämmige Bevölkerung.
2.) Z.d.A. II/36
E.u.W.A.[12]

DOK. 226

Die Gestapo Frankfurt (Oder) teilt am 24. Februar 1943 mit, dass die in „Mischehe" lebenden jüdischen Arbeiter entlassen und erfasst, aber vorerst nicht deportiert werden sollen[1]

Schreiben (Geheim! Dringend! Sofort vorlegen!) der Geheimen Staatspolizei, Staatspolizeistelle Frankfurt/Oder (B.Nr. II B 4–1958/42), gez. Wolff,[2] vom 24.2.1943 (Abschrift)[3]

Betr.: Evakuierung bezw. Entfernung von Juden aus Betrieben.
Vorgang: Ohne.
Nachdem die im hiesigen Dienstbereich wohnhaft gewesenen Juden mit Ausnahme der in deutsch-jüdischer Mischehe lebenden Juden fast restlos umgesiedelt worden sind, hat das Reichssicherheitshauptamt in Berlin angeordnet, daß sämtliche noch in Betrieben

8 Lore Chuvat, geb. Herold (*1931), und Ruth Herold (1933–2008) waren beide als Schneiderinnen tätig, emigrierten nach Kriegsende nach Israel und lebten in einem Kibbuz; Ruth Herold ging später nach Deutschland zurück und starb in Hanau.
9 Erich Zwi Herold (*1933); Zwillingsbruder von Ruth; während der Zeit des Versteckens als Aushilfe bei einem Tischler sowie bei einem Gemüse- und Kleinviehhändler tätig; 1946–1948 Schulbesuch in Mannheim, emigrierte nach Israel, lebte dort bis 1951 in einem Kibbuz, ging später nach Mannheim zurück und heiratete dort 1963.
10 Johanna Jolande Herold (*1934); emigrierte am 24.6.1949 nach Israel, ebenso Herbert Herold (*1938) und seine Schwester Anna Herold (*1940) 1949 bzw. 1950.
11 Laut VO vom 18.9.1942 des RMEuL wurden Lebensmittelrationen für jüdische Kinder gekürzt. Außerdem durften Juden u. a. kein Fleisch, keine Eier und keine Milch mehr kaufen; siehe auch Dok. 168 vom 18.9.1942. In einem Brief vom 4.2.1943 an das Innenministerium in Karlsruhe hatte Helene Herold unter Verweis auf die „arische" Abstammung ihres Ehemanns darum gebeten, allen ihren Kindern volle Lebensmittelrationen zu gewähren; wie Anm. 1.
12 Ernährungs- und Wirtschaftsamt.

1 BLHA, Rep. 41 Amtsbezirk Großräschen, Nr. 272, Bl. 84 f. Abdruck in: Wolf Gruner, Widerstand in der Rosenstraße. Die Fabrik-Aktion und die Verfolgung der „Mischehen" 1943, Frankfurt a. M. 2005, S. 53 f.
2 Reinhard Wolff (*1909), Jurist; 1930 NSDAP- und SS-Eintritt; von 1934 an Tätigkeit für die Gestapo München als Werkstudent, 1935–1938 Mitarbeiter des Landesamts Stade, seit 1939 Mitarbeiter der Gestapo in Köln, von 1941 an Chef der Gestapo Frankfurt (Oder), im März 1943 Wechsel zur Gestapo Weimar; 1945 von US-Truppen verhaftet und in Oberursel inhaftiert, sein weiteres Schicksal ist unbekannt.
3 Das Dokument ist überliefert als weitergeleitetes Schreiben des Landrats von Calau (Aktz I 5/15 g) an die Polizeiverwaltung in Vetschau vom 25.2.1943. Im Original Eingangsstempel vom Amtsvorsteher als Ortspolizeibehörde Großräschen N.L. vom 27.2.1943.

beschäftigten Juden zum Zwecke der Erfassung aus den Betrieben zu entfernen sind. In Frage kommen für diese Aktion vor allem die in Mischehe lebenden Juden.[4] Irgendwelche Einsprüche des Betriebsführers sind in entsprechender höflicher Form zurückzuweisen mit dem Bemerken, daß die Maßnahme im Einverständnis mit dem Rüstungskommando und den für den Arbeitseinsatz und für die Produktion verantwortlichen Stellen getroffen ist.

Die Unterrichtung des Betriebsführers erfolgt durch das zuständige Arbeitsamt. Desgleichen wird von diesem die Frage der Ersatzgestellung von Arbeitskräften geregelt. Die Zusammenfassung der Juden in den Betrieben hat unauffällig, evtl. unter Einschaltung des Abwehrbeauftragten und des Werkschutzes zu erfolgen. Jedoch ist darauf zu achten, daß hierbei Ausschreitungen und Fluchtversuche seitens der Juden vermieden werden. Es dürfen aber auf keinen Fall Übergriffe seitens der Beamten oder der mit der Bewachung beauftragten Männer erfolgen, insbesondere nicht in der Öffentlichkeit oder im Betrieb selbst. Freches Benehmen von Juden, die in noch bestehender Mischehe leben, ist dadurch zu ahnden, daß diese in Schutzhaft genommen und Anträge auf Unterbringung in einem Konzentrationslager gestellt werden. Es kann hierbei sehr großzügig verfahren werden, jedoch muß der Eindruck vermieden werden, daß bei dieser Aktion das Mischeheproblem gleichzeitig grundlegend bereinigt werden soll. Soweit keine Gründe vorhanden sind, die eine Inhaftierung des in Mischehe lebenden jüdischen Eheteiles rechtfertigen, sind diese in ihre Wohnung zu entlassen. Sie dürfen auf keinen Fall wieder in diesem oder einem anderen Betrieb beschäftigt werden. Über ihre weitere Verwendung ergeht noch Anweisung.

Die in Betrieben beschäftigten Juden, soweit sie in geschlossenen Lagern, wie Neuendorf i.S.,[5] Forsteinsatzlagern usw. untergebracht sind, sind bei dieser Aktion nicht zu erfassen. Auch die in verschiedenen Betrieben des Regierungsbezirks Frankfurt/Oder geschlossen eingesetzten polnischen Juden, die jeweils in geschlossenen Lagern untergebracht sind, dürfen hierbei nicht erfaßt werden.[6] Soweit Juden, die in Mischehe leben, nach ihrer Entfernung aus den Betrieben entlassen werden, dürfen sie nicht wieder in Arbeit vermittelt werden. Die Aktion ist auf Anordnung des Reichssicherheitshauptamtes schlagartig am *27.2.1943* bei Beginn der Arbeitszeit durchzuführen. Zweckmäßigerweise ist den beauftragten Beamten ein dem Betriebsführer vorzulegendes Schreiben mitzugeben, etwa des Inhalts, daß der beauftragte Beamte berechtigt ist, sämtliche im Betriebe beschäftigten Juden zum Zwecke der Erfassung aus dem Betriebe zu entfernen. Die Zahl der aus den Betrieben entfernten Juden und die Zahl der festgenommenen Juden sind unter Angabe der Personalien am 27.2.1943, bis 16 Uhr, der Geheimen Staatspolizei Frankfurt/Oder, Telefon 2870/71 fernmündlich zu melden. Die angegebene Frist ist in jedem Falle einzuhalten.

Fehlanzeige ist erforderlich.

4 Der Befehl des RSHA ist nicht erhalten. Zu dieser Verhaftungsaktion, später „Fabrik-Aktion“ genannt, siehe Einleitung, S. 75–77.

5 In Neuendorf im Sande bei Fürstenwalde befand sich ein Umschulungslager für jüdische Jugendliche; siehe Dok. 96 vom 3.4.1942.

6 Seit 1940 beschäftigte die Reichsautobahnbaubehörde Tausende poln. Juden als Zwangsarbeiter, u.a. beim Bau der Strecke Frankfurt (Oder)–Posen. Zu ihrer Unterbringung richtete die Bauleitung der Autobahnbaubehörde auch mehrere Dutzend geschlossene Lager ein. Insgesamt waren über 7000 jüdische Zwangsarbeiter beim Bau der Autobahnen im Reich eingesetzt.

Für die festgenommenen Juden, die in Mischehe leben und evtl. in einem Konzentrationslager untergebracht werden sollen, sind verantwortliche Vernehmungen der Genannten umgehend der hiesigen Dienststelle zu übersenden, damit das Weitere von hier veranlaßt werden kann.[7]

DOK. 227
Justina Bischofswerder verfasst am 27. Februar 1943 vor ihrer Deportation eine Abschiedspostkarte[1]

Postkarte von Justina Bischofswerder an Anna Martin,[2] Berlin W., Münchener Str. 16, vom 27.2.1943

Ich konnte nicht mehr zurückkommen. Bitte alle Adressen benachrichtigen!
Dank
Juscha.

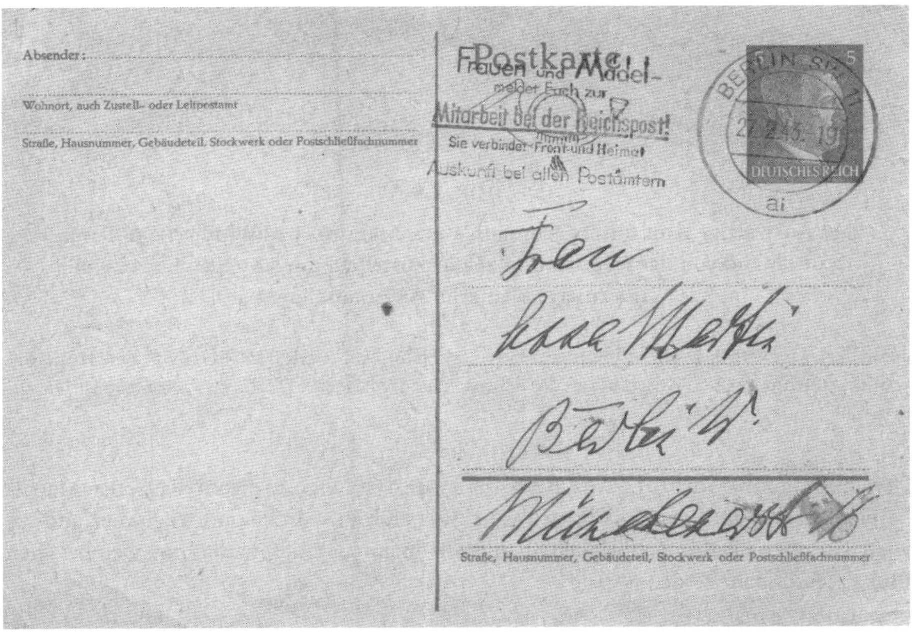

7 In einem Zusatz zur Abschrift hatte der Landrat, gez. Richter, die Aufforderung zur „schlagartigen" Festnahme der Juden und zur Ahndung von „frechem Benehmen" mit KZ-Haft bekräftigt.

1 Original in Privatbesitz von Eva und Michael Werner, Kopie: IfZArch, F 601.

2 Anna Martin war möglicherweise die Botin, die die Briefe von Justina Bischofswerder nach Lobetal brachte, wo ihr Sohn Ernst bis zu seiner Deportation in der Bodelschwinghschen Anstalt lebte; siehe Dok. 216 vom 28.1.1943. Die bleistiftgeschriebenen Zusätze „(Bitte alle Adressen benachrichtigen)" und „27.II.43." hat Justina Bischofswerders Bruder Simon Horowitz (1884–1951) nachträglich hinzugefügt. Seine Ehefrau Maximiliane Horowitz, geb. Harden, vermerkte für die Angehörigen „Letzte Nachricht von Papas Schwester".

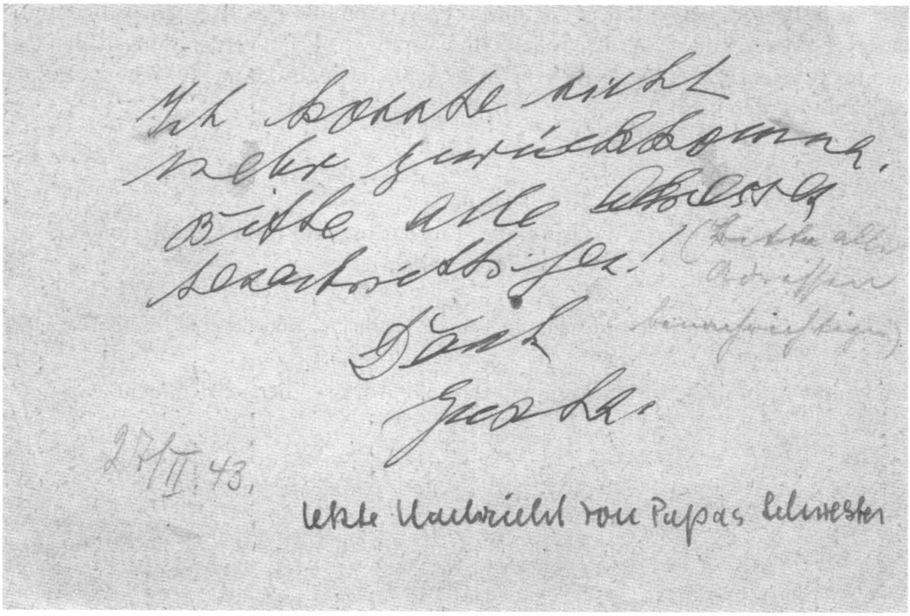

DOK. 228

Das Auswärtige Amt bittet Eichmann am 2. März 1943, ausländische Juden in Deutschland von der Deportation zurückzustellen, um sie gegen im Ausland internierte Deutsche auszutauschen[1]

Schnellbrief (geheim), D III[2] (216g.), gez. i. A. von Hahn,[3] an das RSHA, Ref. IV B 4, z. Hd. v. SS-O'Stubaf. Eichmann,[4] im Anschluss an das Schreiben vom 8.2.1943 – D III 136,[5] vom 2.3.1943 (Durchdruck)[6]

Gemäß Ihrem Entwurf zur Nr. IV B 4 b – 2686/42 –[7] sollen u. a. die im deutschen Machtbereich ansässigen Juden holländischer, belgischer, französischer, norwegischer und sowjetrussischer Staatsangehörigkeit in die allgemeinen Judenmaßnahmen einbezogen und abgeschoben werden.

1 PAAA, R 100 857, Bl. 43 f. Abdruck in: ADAP, Serie E, Bd. 5 (wie Dok. 171 vom 24.9.1942, Anm. 6), Dok. 167, S. 326 f.
2 Das Judenreferat der Abt. Deutschland des AA.
3 Fritz Gebhard von Hahn (1911–2003), Diplomat; 1933 NSDAP- und Marine-SA-Mitglied; von 1937 an im AA tätig, seit 1940 Stellv. Rademachers im Ref. D III, von 1943 an Chef des Ref. D III; nach 1945 zuerst Tätigkeit in der Privatwirtschaft und von 1957 an im Bundeswirtschaftsministerium, 1968 wegen der Beteiligung an der Deportation von Juden aus Bulgarien zu acht Jahren Haft verurteilt.
4 Adolf Eichmann.
5 Schreiben Hahns an den Chef der Sicherheitspolizei und des SD betr. Vorgang vom Jan. 1943 über die Behandlung von Juden ausländischer Staatsangehörigkeit vom 8.2.1943, in dem er auf die Möglichkeit hinwies, Juden gegen Deutsche auszutauschen, die sich im brit. Einflussbereich befanden; wie Anm. 1.

Gemäß einer Weisung des Herrn RAM[8] sollen sämtliche Maßnahmen eingeleitet werden, die geeignet sind, im Austausch gegen uns zur Verfügung stehende Staatsangehörige der Feindstaaten, deutschen internierten Reichsbürgern die Rückkehr in die Heimat zu ermöglichen. Hierzu stehen uns außer Engländern, USA-Amerikanern usw. auch holländische, belgische, französische, norwegische und sowjetrussische Staatsangehörige jüdischer Rasse zur Verfügung. Allerdings kommen diese Personen hierfür nur solange in Betracht, als sie nicht nach dem Osten abgeschoben worden sind.
Das Auswärtige Amt bittet daher, etwa 30 000 für einen eventuellen Austausch geeignet erscheinende Juden der oben bezeichneten Staatsangehörigkeiten für diesen Zweck zur Verfügung zu halten.
Es bittet, dafür Sorge zu tragen, daß diese Anzahl Personen zunächst nicht abgeschoben wird. Sollten die erwähnten Austauschverhandlungen zu keinem Ergebnis führen, so kann die Abschiebung dieser Juden immer noch erfolgen.
In Anbetracht der Beziehungen der Feindmächte untereinander, empfiehlt es sich, das Hauptkontingent der zunächst zurückzuhaltenden Juden aus holländischen, belgischen und norwegischen Staatsangehörigen jüdischer Rasse zu stellen. Bei der Prüfung der Frage, welche Personen für eine vorläufige Zurückbehaltung in Frage kommen, dürften die verwandtschaftlichen, freundschaftlichen, politischen, und kaufmännischen Beziehungen zu Angehörigen der Feindstaaten oder zu in den Feindstaaten befindlichen einflußreichen Personen holländischer, belgischer usw. Staatsangehörigkeit maßgeblich sein.
Das Auswärtige Amt wäre dankbar, wenn es über die von Ihnen hierzu veranlaßten Maßnahmen unterrichtet würde.[9]

6 Im Original handschriftl. Vermerk: „Wurde wegen der *großen* Eilbedürftigkeit von mir unterschrieben. H[ahn], 2.3."

7 Abschrift des Entwurfs des Chefs der Sicherheitspolizei und des SD, gez. Eichmann, betrifft Behandlung von Juden ausländischer Staatsangehörigkeit; siehe Dok. 217 vom Januar 1943.

8 Aufzeichnung des Legationsrats Albrecht von Lohmann vom 13.2.1942, der zufolge Ribbentrop sein Einverständnis zum Austausch Deutscher gegen Juden erklärt hat; wie Anm. 1, Bl. 38.

9 Die für einen Austausch vorgesehenen Personen wurden von April 1943 an in einem speziellen Teil des KZ Bergen-Belsen, dem sog. Austauschlager, gefangen gehalten. Dieses war entsprechend den verschiedenen Austauschaktionen in mehrere Sektionen unterteilt.

DOK. 229

Der Apostolische Nuntius in Berlin informiert Kardinal Maglione am 3. März 1943 darüber, dass sich die Situation der Juden nach einer Proklamation Hitlers weiter zuspitzt[1]

Schreiben des Apostolischen Nuntius Cesare Orsenigo,[2] Berlin, an Kardinal Luigi Maglione,[3] Vatikanstadt, vom 3.3.1943

Ich habe die Pflicht, Eurer verehrtesten Eminenz die Kopie einer Proklamation des Führers zuzuschicken, die er vergangenen Monat am 24. Februar in München während einer Versammlung der NSDAP aus Anlass des 23. Gründungsjahres der Partei verlesen ließ.[4] Die Proklamation, in der er sich außerordentlich scharf gegen das Judentum der ganzen Welt äußerte, rief alle europäischen Nationen dazu auf, sich Deutschland bei der Verfolgung der Juden anzuschließen.

Tatsächlich waren der 28. Februar und der 1. März zwei besonders grausame Tage wegen der Deportation der Berliner Juden mit unbekanntem Ziel. Sie schlossen auch die getauften und mit Ariern verheirateten Juden mit ein und rissen so die Familien auseinander. Es ist der Vollzug der Gesetze, auf die hinzuweisen ich bereits mit meinem Bericht Nr. 2247 vom 7. November letzten Jahres mir erlaubt habe.[5]

Ich habe die Gelegenheit genutzt, dem Außenminister gegenüber noch einmal den ungünstigen Eindruck zum Ausdruck zu bringen, der bei allen Katholiken entsteht; ich wurde angehört, aber ich weiß, dass sich hier niemand gegen die entfesselte Macht der sogenannten „Gestapo" stellen kann, die jetzt, nach der Ermordung Reinhard Heydrichs, von einem grausamen Wiener[6] geleitet wird.

1 ASV, A.E.S., 1547/43, Rap. Nr. 2413/51398, Das Original konnte nicht eingesehen werden. Abdruck in: Actes et Documents du Saint Siège relatifs à la Seconde Guerre mondiale, hrsg. von Pierre Blet u. a., Bd. 9: Le Saint Siège et les Victimes de la Guerre. Janvier–Décembre 1943, Città del Vaticano 1975, Dok. 74, S. 165. Das Dokument wurde aus dem Italienischen übersetzt.

2 Cesare Orsenigo (1873–1946), Priester; 1897 Kaplan, später Pfarrer in Mailand, 1922 zum Titularbischof ernannt, 1922–1925 Apostolischer Internuntius in Den Haag, dann in Ungarn, 1930–1945 Apostolischer Nuntius in Berlin.

3 Dr. Luigi Maglione (1877–1944), Theologe; 1918 vorläufiger Päpstlicher Repräsentant beim Völkerbund und Gesandter in der Schweiz, seit 1920 Nuntius, 1926–1935 Nuntius in Frankreich, 1935 Kardinal, 1938 Präfekt der Konzilskongregation, 1939–1944 Kardinalstaatssekretär.

4 Die Proklamation Hitlers wurde von StS Hermann Esser im Festsaal des Münchner Hofbräuhauses verlesen. Hitler äußerte darin seine Überzeugung, dass sich die „Erkenntnis von dem fluchbeladenen verbrecherischen Wirken des Judentums" durch den Krieg auch unter den Feinden Deutschlands verbreiten würde, zit. nach: Domarus, Hitler. Reden und Proklamationen (wie Dok. 4 vom 7.10.1941, Anm. 10), S. 1990–1993.

5 Actes et Documents, Bd. 8 (wie Dok. 160 vom 30.8.1942, Anm. 11), Dok. 536, S. 708.

6 Dr. Ernst Kaltenbrunner (1903–1946), Jurist; 1930 NSDAP-, 1931 SS-Eintritt; 1934/35 in Österreich in Haft; von 1936 an Leiter der SS in Österreich, seit 1938 HSSPF Donau in Wien, 1940/41 dort zugleich Polizeipräsident; von Jan. 1943 an Leiter des RSHA und Chef der Sipo; 1946 nach Urteil im Nürnberger Hauptkriegsverbrecherprozess hingerichtet.

DOK. 230
Ein Redakteur der SS-Zeitung Das Schwarze Korps empört sich am 4. März 1943 darüber, dass Juden bei der Deportation geschlagen werden[1]

Schreiben Das Schwarze Korps, Zweigniederlassung Berlin, SW 68, Zimmerstraße 88, gez. SS-Hauptsturmführer Rudolf aus den Ruthen[2] (Ru/J.), an den SS-Obersturmbannführer Dr. Brandt,[3] Pers. Stab RFSS, Berlin, vom 4.3.1943[4]

Lieber Kamerad Dr. Brandt!
Ich möchte Ihnen heute einen Vorfall schildern, dem m.E. grundsätzliche Bedeutung zukommt.
Seit einigen Tagen sitzen hier bei uns in der Zimmerstraße im „Clou" – ehemals eine bürgerliche Unterhaltungsstätte[5] – scharenweise die Juden, die auf ihren Weitertransport warten. Der „Clou" hat nun einen Notausgang, der zwischen den Gebäuden des Eher-Verlages[6] mündet, und zwar auf einen Hof hinaus. Dieser Ausgang wurde für An- und Abtransport benutzt. Während die Heranbringung durch Lastwagen ordnungsgemäß vor sich ging, wurde ich am gestrigen Mittwoch von meinen schreckensbleichen Sekretärinnen gebeten, doch einmal schnell ins Zimmer unseres Registrators zu kommen (von wo aus man den Abtransport genau beobachten kann). Die Juden würden ohne ersichtlichen Grund sinnlos von einem Mann mit Hundepeitsche verprügelt.
Ich stellte durch Augenschein folgendes fest: Ein Lastwagen war gerade heraus. Es kam ein neuer. Die augenscheinlich abgezählten Juden stürmten beim Ankommen des Wagens im Eilschritt aus dem „Clou" und versuchten, so schnell wie möglich über besondere Hocker, die jüdische Ordner aufgestellt hatten, auf den Wagen zu kommen. Als ungefähr die Hälfte der Juden auf dem Wagen war (schneller ging es wirklich nicht), kam ein Zivilist, mit der Zigarette im Mund, eine große Hundepeitsche schwingend, ebenfalls aus dem „Clou" gelaufen und schlug wie ein Wildgewordener auf die zum Einsteigen drängenden Juden ein. Ich muß bemerken, daß sich unter diesen Jüdinnen mit kleinen Kindern auf dem Arm befanden. – Der Anblick war entwürdigend und beschämend zugleich.
Ich darf dazu bemerken, daß währenddessen an allen Fenstern und Türen der hohen umliegenden Gebäude des Eher-Verlages Arbeiter und Angestellte standen, die diese

1 BArch, NS 19/3492. Abdruck in: Adler, Der verwaltete Mensch (wie Dok. 2, Anm. 1), S. 227 f.
2 Rudolf aus den Ruthen (1913–1990), Kaufmann, Journalist; 1931 NSDAP-, 1934 SS-Eintritt, 1935 Hauptschriftleiter beim Schwarzen Korps und Stellv. des Gründers Gunter d'Alquen; 1959 Mitglied der Bremer Bürgerschaft für die Deutsche Partei.
3 Dr. Rudolf Brandt (1909–1948), Jurist; 1932 NSDAP-, 1933 SS-Eintritt; 1933 im Persönlichen Stab RFSS; 1936–1945 persönlicher Referent Himmlers, 1938 Min.Rat und Verbindungsoffizier Himmlers im RMdI; 1942 SS-Obersturmbannführer; 1947 Todesurteil in Nürnberg wegen seiner Beteiligung an der Ermordung von mindestens 86 Juden, an denen zunächst Menschenversuche durchgeführt wurden und deren Skelette der SS-Anatom August Hirt zu Forschungszwecken in seine Sammlung aufnahm; hingerichtet.
4 Im Original handschriftl. Zusatz: „Persönlich gegen Quittung!" sowie eine unleserliche Randbemerkung.
5 Gemeint ist das Tanzhaus Clou in der Mauerstraße 82 in Berlin-Mitte, das 1943 als Sammellager während der sog. Fabrik-Aktion diente.
6 Das Schwarze Korps erschien im Eher-Verlag.

Vorgänge beobachteten. Direkt am Rand des Hofes ist die Druckerei des Eher-Verlages und überhaupt der technische Betrieb, in dem zahllose Ausländer aller Schattierungen und vor allem auch Frauen beschäftigt werden.
Als die Aufladung unter den eben geschilderten Formen erledigt war, spielte sich zum zweiten Mal genau der gleiche Vorgang ab. – Es kann also keine Rede davon sein, daß es sich vielleicht um einen Wutanfall aus besonderem Anlaß gehandelt haben könnte. Der Mann mit der Hundepeitsche war offensichtlich der Leiter des gesamten Unternehmens „Clou“, augenscheinlich ein Assessor der Geheimen Staatspolizei. – Als ich aus dem Zimmer ging, um wegen dieser unmöglichen und politisch geradezu irrsinnigen Handlungsweise mit Sturmbannführer Dr. Fitzner[7] zu sprechen, berichteten mir meine Sekretärinnen, daß der Mann beim nächsten Transport wiederum und vor allem auf Frauen eingeschlagen hätte, und zwar so, daß es ein großes Geschrei gab, worauf der Mann zu den umliegenden Häusern heraufbrüllte, die Fenster seien zu schließen.
Sturmbannführer Dr. Fitzner verwies mich gleich an den Hauptsturmführer Fälschlein (?),[8] mit dem ich gesprochen habe, der sofort die Unmöglichkeit dieses Vorgangs einsah und auch umgehend für Abhilfe sorgte. Zwischendurch konnte ich dann allerdings feststellen, daß diese Methode um sich gegriffen hatte: Ein Mann der Waffen-SS hatte anscheinend einem Juden einen dicken Spazierstock weggenommen und schlug nun seinerseits genauso blödsinnig auf Juden ein, die sogar an der Wagenseite standen, also überhaupt nicht aufsteigen konnten. Das Gleiche tat ein Polizeibeamter mit einem kleineren Stock.
Sturmbannführer Dr. Fitzner kam nachher noch zu mir rüber, um sich die Sache anzusehen. Da ging jedoch bereits alles vorschriftsmäßig und ruhig vonstatten. – Nachher erhielt ich noch einen Anruf von der Stapo, in dem man mir mitteilte, es sei auch von dort direkt jemand dagewesen, um die Angelegenheit zu kontrollieren, man habe jedoch nichts gesehen, sondern nur festgestellt, daß auf einem Tisch eine Hundepeitsche lag. Nach der Herkunft befragt, habe man erklärt, die sei nur dahingelegt worden, um den Juden Angst zu machen! Die jüdischen Ordner selbst befragt, ob alles ruhig vonstatten ginge, hätten das bejaht. – Man sagte mir jedoch zu, daß der Fall noch eingehend untersucht und der Verantwortliche zur Rechenschaft gezogen werden sollte.
Wenn ich Ihnen diesen Vorgang trotzdem so ausführlich schildere, lieber Kamerad Dr. Brandt, so deshalb, weil ich glaube, daß es vielleicht einmal gut wäre, intern alle zuständigen Stellen darauf aufmerksam zu machen, daß das mit Humanität und Gefühlsduselei aber auch nicht das Geringste zu tun hat, wenn verlangt wird, daß jede Amtshandlung, ganz gleich, was geschieht, unter strengster Wahrung der Form zu geschehen hat, gerade in solchen Fällen. Denn ich glaube, auch Sie sind der Auffassung, lieber Kamerad Dr. Brandt, daß etwas anderes sich mit germanischer Haltung nicht vereinbaren läßt. Schließlich wollen wir ja nicht den Anschein blindwütiger Sadisten erwecken, die vielleicht noch persönliche Befriedigung bei solchen Szenen empfinden,

7 Dr. Helmut Fitzner (*1900), Jurist; 1933 NSDAP- und SS-Eintritt, 1942 SS-Sturmbannführer, im Persönlichen Stab des RFSS und im Vorstand der Stiftung der SS-zugehörigen Forschungs- und Lehrgemeinschaft Das Ahnenerbe.

8 Martin Fälschlein (1914–1980), SS-Führer; 1933 SS-Eintritt, 1934 beim SD Süd, von April 1936 an im SD-Hauptamt tätig, seit Okt. 1940 Vertreter des Polizeiadjutanten im Persönlichen Stab des RFSS; nach 1945 Geschäftsführer beim Münchner Kaufhaus Beck.

und die beste Verhütung derartiger Auswüchse ist m.E. neben einer entsprechenden charakterlichen Auslese die unbedingte Wahrung der Form, was selbstverständlich nicht ausschließt, daß man, wenn es am Platz ist, bei aller Form auch mal einen Juden in den Hintern treten kann, aber selbst dazu gehört m.E. Anstand. – Auf die politische Seite – nämlich Nahrungsquelle für übelste Greuelberichte – brauche ich wohl nicht einzugehen. Mit herzlichem Gruß, Heil Hitler![9]

DOK. 231

Irma Salomon schildert Eva Noack-Mosse Anfang März 1943, wie sie bei ihrer Festnahme während der „Fabrik-Aktion" in Berlin verletzt wurde, und macht sich Sorgen um ihren Mann[1]

Handschriftl. Briefe von Irma Salomon,[2] Berlin, an Eva Noack-Mosse[3] vom 1. und 6.3.1943 (Abschrift)[4]

d. 1.3.43.
Liebes Evchen! Nun hat man mich auch. Bin Sonnabend mit sämtlichen Arbeitenden abgeholt worden aus der Fabrik.[5] Stürzte aber u. brach das Bein, weswegen ich nicht in der Sammelstelle blieb, sondern hier ins jüd. Krankenhaus, Iranischestr.[6] kam. Weiß heut noch nicht, was mit meinem Mann u. den Kindern geschehen ist. Meine Schwiegertochter traf ich im Clou (Sammelstelle).[7] Alles weinend, nur mit dem, was auf dem Leib.

9 Handschriftl. neben der Unterschrift: „Durchschlag Panzerschrank!"

1 YVA, O.75/102.
2 Irma Salomon, geb. Pinkus (1898–1943); die geplante Emigration scheiterte, da ihrem Ehemann Arthur Salomon (1887–1943), Kaufmann, aufgrund eines Herzleidens kein Visum bewilligt und mit ihm die ganze Familie zurückgestellt wurde; sie stand bis zum 31.4.1943 im regelmäßigen Briefkontakt mit Eva Noack; am 17.5.1943 aus dem Jüdischen Krankenhaus nach Auschwitz deportiert und dort ermordet.
3 Vermutlich: Eva Noack-Mosse, geb. Mosse (1902–1990), Journalistin; entstammte der deutsch-jüdischen Verlegerfamilie Mosse, durch ihren nichtjüdischen Mann zunächst von der Deportation ausgenommen, zog 1941 von Berlin nach Oberstdorf, in der Hoffnung, auf dem Land vor Verfolgung besser geschützt zu sein; am 22.2.1945 nach Theresienstadt deportiert; kehrte nach Deutschland zurück und war wieder als Journalistin und Autorin tätig.
4 Die Briefe Irma Salomons an Eva Noack-Mosse sind per Hand kopiert und nach 1945 der Schwester Irma Salomons übergeben worden. Im Begleittext wird als Verfasserin „Irma Sohn" genannt, allerdings ist es eindeutig, dass damit Irma Salomon gemeint ist. Ob es sich um einen Übertragungsfehler handelt oder Irma Salomon ihren Namen geändert hat, konnte nicht festgestellt werden.
5 Zur sog. Fabrik-Aktion siehe Einleitung, S. 75–77.
6 Juden, die einen Deportationsbefehl erhalten hatten, wurden ausschließlich dann im Krankenhaus in der Iranischen Straße stationär aufgenommen, wenn ihr Zustand lebensbedrohlich war und die Behandlung als unaufschiebbar galt; siehe Dok. 161 vom 2.9.1942.
7 Irma Salomons Ehemann, ihr Sohn Gert Salomon (1921–1943), Angestellter, sowie dessen Ehefrau Edith Salomon, geb. Kastelan (1920–1943), wurden ebenfalls während der „Fabrik-Aktion" verhaftet und in den ersten Märztagen in getrennten Transporten nach Auschwitz deportiert und dort ermordet. Der zweite Sohn, der Angestellte Heinz Salomon (1925–1943), wurde am 19.4.1943 nach Auschwitz deportiert und dort ermordet. Zum Clou siehe Dok. 230 vom 4.3.1943.

Nur ich habe noch einen Versuch gemacht. Bitte denken Sie an meinen Mann, der zu Haus liegt, wenn er nicht abgeholt wurde. Wie lange ich noch hier sein werde, ist fraglich. Hoffentlich ist bei Ihnen alles in Ordnung. Bitte unterrichten Sie Bärbelchen. Ich darf Post u. Besuch unkontrolliert empfangen. Gruß für Sie u. die Ihren
Ihre I. Sohn

d. 6.3.43 Sonnabend
Liebes Evchen! Eben kommt Ihr Brief. Herzlichsten Dank – ich brauche wirklich alles, da ich ja beinahe nackt u. bloß hier eingeliefert wurde. Aber das ist ja so unwichtig! Ich bin halb verrückt vor Sorge um meinen Mann, den man am Sonntag ¼ 12 h aus der Wohnung geholt hat, der nicht weiß, wo ich bin, u. dessen Aufenthalt ich, trotz aller Bemühungen, noch nicht herausbekommen konnte. Vielleicht hat man den armen kranken Mann schon abtransportiert. Sie arbeiten hier mit einem unvorstellbaren Tempo! Jetzt hat man noch die Häuser nachgekämmt. Mit Stern darf man sich nicht auf der Straße sehen lassen. Wir sind hier hinter verschlossenen Türen, aber sonst erträglich. Nahrung natürlich sehr knapp, u. man hat trotz Kummer u. Sorgen immer Hunger. Tante Z.[8] hat mir schon nach Kräften geholfen. Heut war rührenderweise unser Freund Friedel bei mir. So hilfreich u. lieb, wie Sie sich kaum denken können. Heut war auch Heinerle bei mir, der G.s.D. hier ist. Wenn Sie mal für ihn ein paar Marken übrig hätten, wäre ich Ihnen so dankbar. Das Tragische ist, daß mein Mann sicherlich nicht aufgestanden wäre u. mitgegangen, wenn er gewußt hätte, daß ich hier bin, so glaubte er, zu mir zu kommen ins Lager u. hat auch alle meine Sachen mitgenommen. Man darf nicht nachdenken. Wir wurden früh ¼ 8 h vom Werk abgeholt mit SS u. Gestapo. Ich hielt mich 1 ½ Stunde versteckt. Dann fand man mich. Dabei passierte das Malheur mit dem Bein. Es ist kein Bruch, sondern eine schwere Verstauchung mit Sehnen- u. Bänderzerreißungen, schmerzhaft, ganz dick geschwollen. Der Leukoplastverband mußte wieder abgenommen werden, da große Entzündung auftrat. Ich bekomme dauernd schmerzstillende Mittel u. Spritzen. Aber gern möchte ich noch alles Monate ertragen, wenn ich erst wüßte, wo mein Mann ist u. wie es ihm geht. *Mein Großer ist auch schon fort* – getrennt von seiner Frau. Es ist ein Jammer ohne Ende! Evchen, seien Sie nicht böse, daß ich all meinen Kummer schreibe, *aber ich habe doch niemand mehr.*
Ihre

8 Else Zabel, geb. Gerson (*1886); durch ihren nichtjüdischen Ehemann vor der Deportation geschützt, unterstützte auch Irma Salomons Mutter Johanna Pinkus (1872–1942), die nach Theresienstadt deportiert wurde, mit Paketen.

DOK. 232
Eva Sieburg berichtet am 7. März 1943 nichtjüdischen Verwandten in Herne über die Verhaftung ihrer jüdischen Mutter im Rahmen der „Fabrik-Aktion"[1]

Brief von Eva Sieburg,[2] Berlin, an Erich und Ida Sieburg[3] in Herne vom 7.3.1943 (Typoskript)

Meine Lieben!
Für Eure wohltuende Anfrage nach unserem Befinden danke ich Euch herzlichst. Mit diesem Brief sollt Ihr neben der Erklärung für unser längeres Schweigen gleichzeitig einen Tatsachenbericht erhalten, der Euch ein wenig über das unterrichten soll, was uns in den letzten Jahren besonders stark bewegt. Ich will versuchen, in meiner Schilderung so objektiv wie nur möglich zu sein, wenn ich mich hier auch nur mit der Auswirkung, nicht aber mit der Ursache beschäftigen kann.
Seit ca. 2 Jahren hängt über jedem Menschen, der zufällig als Jude geboren wurde, das Damoklesschwert der Evakuierung ins unbekannte Ziel. Wenn diese Menschen in den ersten Monaten von dieser Maßnahme auch noch 2–3 Tage vor ihrer Abreise durch einen Zettel benachrichtigt wurden, so hat sich dies seit langem grundlegend geändert. Zuerst wurde ihnen gestattet, soviel an Kleidung mitzunehmen, was sie selbst imstande sind zu tragen. Inzwischen ist man mit dieser Erlaubnis allerdings bis auf eine Plaidrolle zurückgegangen, während der übrige Besitz restlos dem Staat zufällt.[4] Hatte einer dieser Leute das Pech, da ohnehin gekennzeichnet,[5] auf der Straße angehalten zu werden, so wurde er, wie er gerade ging und stand, in die Verbannung geschickt, ohne vorher die Möglichkeit zu haben, seine Angehörigen zu benachrichtigen oder sich die notwendigste Kleidung oder Nahrung zu holen. Auch darf er weder einen Pfennig Geld noch irgendwelche Papiere behalten. Man darf wohl mit Recht annehmen, daß die meisten der in den letzten Jahren noch hier verbliebenen klein und bescheiden lebten und sich gänzlich von der Außenwelt abschlossen, also außer der Tatsache ihres Daseins kaum jemanden gestört haben konnten. Alles ihnen aufgebürdete Leid trugen sie still und ergaben sich in ihr Schicksal. Sie konnten ihm nicht entgehen, weil sie keine andere Heimat als Deutschland hatten. Oft fehlte es ihnen auch an Geld oder Beziehungen, was beides

1 JMB, 2014/112/23, Schenkung von Eva Maria Sieburg.
2 Eva Sieburg, später verh. Ronsfeld-Sieburg (1911–1994); 1933 Ausschluss vom Studium und Berufsverbot, 1935–1938 als Werbeassistentin in zwei jüdischen Firmen tätig, 1939–1944 in einer Apotheke beschäftigt; leistete Fluchthilfe für Juden und teilte im Berliner Sammellager Große Hamburger Straße Essen aus; heiratete nach dem Krieg und lebte in Berlin. Ihre jüdische Mutter Elly und ihr nichtjüdischer Vater Ernst hatten sich bald nach Eva Sieburgs Geburt getrennt, der Kontakt zur Familie des Vaters war daraufhin sporadisch, vor dem Hintergrund der zunehmenden Verfolgung intensivierten Elly und Eva Sieburg ihn wieder.
3 Dr. Erich Sieburg (1878–1947), Schriftsteller und Lehrer; Onkel väterlicherseits von Eva Sieburg; 1903 Promotion; heiratete 1908 Maria Luise Ida Sieburg (1888–1963); 1908–1942 Studienrat am städtischen Gymnasium in Herne; Autor von „Wege mit Dir" (1958).
4 § 3 der 11. VO zum Reichsbürgergesetz regelte die Beschlagnahme des Vermögens deportierter Juden; siehe Dok. 43 vom 25.11.1941.
5 Infolge der Polizei-VO über die Kennzeichnungspflicht für Juden mussten Juden seit dem 1.9.1941 einen gelben Stern tragen, um jederzeit erkennbar zu sein; siehe VEJ 3/212.

Grundbedingungen für eine Auswanderung waren.[6] Viele lebten schon seit Jahrhunderten in Deutschland und haben ihr Leben lang genau wie jeder andere zufällig als Arier Geborene ihre Pflichten erfüllt. Sie haben gearbeitet wie jeder andere, gekämpft wie jeder andere und ihr Leben mit allen menschlichen Schwächen und Stärken gelebt, je nach dem Format ihrer Persönlichkeit. Genau wie jeder andere Mensch. Viele wurden erst bei der Kennzeichnung als Andersartige erkannt, da sie sich auch äußerlich nicht immer unterscheiden ließen. Plötzlich waren sie an allem schuld. Man stempelte sie zum Sündenbock und bespie sie mit einem Haß, der jeder Berechtigung entbehrte, dafür aber umso wilder und grenzenlos in seiner Brutalität war. Geschah in der Welt irgendwo ein Unrecht, so ließ man dafür hier die armen gequälten Menschen im wahrsten Sinne des Wortes bluten. Zu Hunderten wurden sie in die K.Z.-Läger geschleppt oder gleich als Geiseln erschossen. Man steckte sie zu Tausenden in den Arbeitseinsatz, wobei es nicht selten geschah, irgendeinen Akademiker als Straßenkehrer zu sehen. Man erniedrigte sie in jeder Beziehung. Für einen Hungerlohn mußten sie an ihnen völlig ungewohnten Maschinen Präzisionsarbeiten leisten und wurden bestraft, sobald es den Aufsichtspersonen beliebte. Ein Verkehrsmittel stand ihnen nur zu, wenn der Weg von ihrer Wohnung bis zur Arbeitsstätte mehr als 7 km betrug. Dies wurde genau auf einem Ausweis vermerkt. Jede andere Fahrt war ihnen verboten. Damit wurden auch die Zusammenkünfte mit ihren nächsten Angehörigen unterbunden, was meist auch zeitlich fortfiel, da ihnen auch das Betreten der Straße nach 8 Uhr verboten war.[7] Was ihnen noch alles unter Androhung schwerster Strafen verboten war, will ich hier nicht weiter nennen. Es war jedenfalls ein grausiges Leben, was jeder einzelne führte und ebenso für jeden, der dieses Elend kannte, mit ansah und doch nur zu einem ganz geringen Teil lindern konnte. Auch was ihnen alles an Lebensmitteln entzogen wurde, ist nicht wiederzugeben. Fleisch, Eier, Obst, Gemüse, Fisch, nichts durften sie haben.[8]

Und dann kam die große Rede von Dr. Goebbels, und mit ihr begann am 27. Februar die Großaktion, die das Ende der restlichen noch hier vegetierenden Menschen bedeutete.[9] In Berlin waren es noch ca. 15 000 und etwa 5000 in privilegierter Mischehe lebende Menschen, die davon betroffen wurden. Der Verlauf der Aktion war folgendermaßen:

Am 27.2.43 um ¾ 7 Uhr morgens erschien Gestapo und bewaffnete SS in den einzelnen Betrieben, in denen diese Menschen arbeiteten, und verluden alle so, wie sie gerade an ihrem Arbeitsplatz waren, in große Wagen und brachten sie in irgendein dafür bereitgehaltenes Lager, von wo aus sie dann abtransportiert wurden. Sie hatten also weder Kleidung noch Nahrung bei sich. Ihre Familie[nmitglieder], die in anderen Betrieben arbeiteten, sahen sie natürlich nie wieder, da die wieder in andere Läger gebracht wurden. Auch die kleinen Kinder, die allein in der Wohnung verblieben waren, nicht. Diese Aktion dauerte genau 8 Tage, da sie auch diejenigen alle holten, die sie nicht in den Betrieben fanden, da sie vielleicht gerade Nachtschicht hatten oder aber krank zu Bett lagen. Sie

6 Viele Zielländer knüpften die Einwanderung an den Nachweis hoher Devisenbeträge oder Bürgschaften, um zu verhindern, dass die Immigranten auf die öffentliche Fürsorge angewiesen waren.

7 Siehe Dok. 137 vom 30.6.1942, Anm. 4. Eine nächtliche Ausgangssperre für Juden war bei Kriegsbeginn in Kraft getreten.

8 Zu den Lebensmittelkürzungen für Juden siehe Dok. 134 vom 29.6.1942.

9 Goebbels hielt am 18.2.1943 eine Rede im Berliner Sportpalast, in der er zum „totalen Krieg" aufrief; siehe Dok. 223 vom 18.2.1943.

fuhren mit großen Militärwagen vor die Wohnhäuser und holten dort alles, was mit dieser Rasse irgend etwas zu tun hatte. Viele warteten direkt schon auf ihre Abholung, weil sie hofften, vielleicht durch Zufall in irgendeinem Lager ihre Angehörigen wiederzufinden. Meist waren die aber längst abtransportiert – und niemand weiß, wohin. Auch aus den Mischehen haben sie den jüdischen Teil geholt und in größeren Mengen bereits evakuiert, wenn es auch in einzelnen Fällen geglückt ist, diese wieder zu retten. Am Montag, den 1. Febr.[10] um ½ 7 Uhr abends holten sie mir auch Mutti[11] fort, und zwar kamen hierzu 2 bewaffnete SS-Männer und ein Gestapo-Beamter. Ich habe furchtbare 48 Stunden durchlebt und nichts unversucht gelassen, sie zu befreien, was mir denn auch am Mittwochabend gelungen ist. In welcher Verfassung ich Mutti wiedersah, könnt Ihr Euch ja vorstellen, das Leid ist einfach nicht zu beschreiben. Sie war völlig zusammengebrochen an dem, was sie dort erlebt hat. Trotzdem sie nun einen Entlassungsschein hatte, wurde sie am Freitag um 3 Uhr mittags das zweite Mal geholt, mit dem Bemerken, der Schein sei inzwischen hinfällig geworden. Wieder ging sie nur mit einer Decke ausgerüstet ins Ungewisse und die Aufregung begann von neuem. Ich mußte immer damit rechnen, sie nie wieder zu sehen. Irgendwelche Gesetze oder Richtlinien gab es bei dieser Aktion nicht. Ich hatte nur das Glück, bei meinen Bitten um Freilassung auf „Menschen" zu stoßen, während viele andere sich einen Sport daraus machten, die abgeholten Menschen besonders zu quälen. Am Freitag war sie gottlob nur 3 Stunden von mir fort. Ich habe furchtbar um sie gelitten, denn ich habe ja außer ihr nichts mehr auf der Welt und hätte das Alleinsein bestimmt nicht ausgehalten. Obwohl die Aktion seit Sonntag, dem 7.2.[12] beendigt ist, zittere ich natürlich jede Minute, was nun noch kommen kann. Man spricht von neuen Gesetzen in dieser Richtung, die jetzt kommen sollen und eine endgültige Regelung bringen sollen. Wird es ein neues Todesurteil sein? Die arischen Frauen und Männer sowie die Mischlingskinder aus Mischehen standen weinend vor den einzelnen streng bewachten Lägern und bangten um das Schicksal ihrer Angehörigen. Es sind wohl nur wenige wieder aus dem Haus der Tränen herausgekommen. Die Selbstmorde und seelischen und körperlichen Zusammenbrüche, die in der letzten Woche zu verzeichnen sind, sind gewiß nicht zu zählen. Als die Aktion begann, habe ich mir sofort Urlaub genommen und gehe morgen nach 10 Tagen das erste Mal wieder ins Geschäft. Mein Chef[13] ist sehr mitempfindend gewesen, genau wie wohl die Mehrzahl der Bevölkerung, die nach ihren Bemerkungen und Verhalten gemessen kaum mit dieser Maßnahme einverstanden scheint. Und dennoch geht das Leben immer weiter! Vor jedem neuen Tag bangt man sich, was er wohl wieder für neues Leid bringen mag. Und mit all diesem Kummer ist man so gräßlich allein und hat nirgends ein Plätzchen, wo man sich mal ausruhen kann.

10 So im Original. Vermutlich ist der 1. März gemeint.

11 Elly Sieburg, geb. Cerf (1887–1946), Kauffrau; 1911 Heirat mit Ernst Sieburg in London, Geburt der Tochter Eva in Hannover, 1914 Scheidung von Ernst Sieburg und Umzug nach Berlin; 1921–1938 Inhaberin eines Wäsche- und Handarbeitsgeschäfts in Berlin-Treptow; während des Kriegs Zwangsarbeit als Näherin in einer Textilfabrik; im Jan. 1944 Deportation nach Theresienstadt; in Berlin an den Folgen der Haft verstorben.

12 So im Original. Vermutlich ist der 7. März gemeint.

13 Kurt Mrosowski, Apotheker in der Einhorn-Apotheke in der Kurstr. 34 in Berlin-Mitte; betrieb 1945–1950 einen Handel für Arznei- und Apothekerwaren in Berlin.

Nun habt Ihr ein ganz kleines Stimmungsbild, wie es augenblicklich in uns ausschaut. Und dazu immer noch das bange Denken um die vielen, vielen anderen Menschen, denen das Schicksal ein noch grausigeres Los beschieden hat und denen man so gar nicht helfen kann. Solange wir es irgend konnten, haben wir nichts versäumt, es zu tun, und wir sagen uns jetzt so manchmal, daß Muttis Befreiung dafür die Belohnung war. Hoffentlich übersteht sie diese grauenvolle Zeit und die seelischen Wunden heilen wieder zu. Doch wird dies nicht eher sein, als auch draußen wieder Ruhe ist und eine endgültige Klärung über unser Schicksal geschaffen wird. Man kann nur hoffen, daß es so oder so zu einer baldigen Entscheidung kommt und wir Kraft genug behalten, sie zu ertragen.
Es war jedenfalls rührend wie immer von Euch, daß Ihr Euch nach uns erkundigt habt. Jedes bißchen Liebe von außen tut jetzt doppelt wohl.

8.3.43
Ich konnte gestern leider den Brief an Euch nicht mehr fertigstellen, da ich zu kaputt war. Darum heute noch ein paar Zeilen dazu. Wir haben uns beide sehr über Eure Besorgnis gefreut, wenn wir auch leider nichts Beruhigendes darauf mitteilen können. Aber Ihr werdet gewiß Verständnis für unsere Lage haben. Es soll dieser ausführlichen Schilderung auch keine weitere folgen. Nur Bescheid wissen solltet Ihr einmal, denn die meisten Menschen haben wohl davon überhaupt keine Ahnung gehabt.
Daß auch Ihr mit Eurer Gesundheit so viel Sorgen habt, ist ja sehr unerfreulich. Kann denn Tante Ida oder auch Du nicht mal verschickt werden? Zu Haus habt Ihr doch beide nicht die richtige Pflege.
Sofern ich mich überhaupt noch auf etwas freuen kann, so auf ein Exemplar Deiner niedergeschriebenen Lebenserinnerungen, die mich außerordentlich interessieren!
Was ist denn mit Heinzotto?[14] Wieso erwartet Ihr eine Änderung in seiner Lage? Ich war sehr traurig, daß er unsere Korrespondenz plötzlich vor Weihnachten abgebrochen hat, wenn ich auch selbst nicht besonders viel in dieser Zeit an interessantem Stoff liefern konnte, so war dieser Zustand doch gewiß nur als Übergang zu betrachten. Jedenfalls würde mich auch hier interessieren, wie es ihm ergeht. Ebenso von Lulu. Ihr müßt sehr viel Verständnis und Geduld aufbringen mit uns, es fehlt uns wirklich nur an Kraft und Zeit zum Schreiben, nicht aber an gutem Willen oder gar Gedanken. Ich hoffe ja immer noch, daß wir uns in einer ruhigeren Zeit noch etwas besser kennenlernen können und uns auch damit mehr geben können. Ich weiß, daß bisher nur Ihr Gelegenheit hattet, Eure Güte zu beweisen und daß dies bei mir noch offensteht. Ich habe nicht vergessen, wie ich Euch zu danken habe, selbst wenn dafür der Zeitpunkt noch nicht gekommen ist.
In diesem Sinne bitte ich Euch, uns weiter die Treue zu bewahren und uns nicht ganz zu vergessen.
In Gedanken bin ich sehr oft bei Euch und wünsche Euch alles Liebe und Gute.
Recht herzliche Grüße auch von Mutti an Euch alle
Eure

14 Dr. Heinz-Otto Sieburg (1917–2003), Historiker; Soldat bei der Marine; 1958 Professor in Saarbrücken; Autor von „Deutschland und Frankreich in der Geschichtsschreibung des 19. Jahrhunderts" (1953).

DOK. 233
Landesbischof Theophil Wurm protestiert am 12. März 1943 gegen die Deportation der Juden, die in „Mischehe" leben, und bittet um eine gemäßigte Haltung gegenüber deren Kindern[1]

Schreiben des Landesbischofs der Württemberg. Evang. Landeskirche, gez. D. Wurm,[2] an den Minister für die kirchlichen Angelegenheiten vom 12.3.1943 (Abschrift)

Die gegen die Juden in Deutschland ergriffenen Maßnahmen, besonders soweit sie außerhalb der geltenden Gesetze vor sich gehen, bedrücken schon längst viele Kreise in unserem Volk, besonders die christlichen. Bei dem gegenwärtigen schweren Erleben erhebt sich unwillkürlich in vielen Gemütern die Frage, ob unser Volk nicht eine Schuld auf sich geladen hat dadurch, daß Menschen ohne den Spruch eines zivilen oder militärischen Gerichts ihrer Heimat, ihres Berufs, ihres Lebens beraubt worden sind.

Die christlichen Kirchen haben sich im Blick auf die Möglichkeit einer politischen Ausnützung eines öffentlichen Protestes durch das feindliche Ausland in dieser Hinsicht große Zurückhaltung auferlegt. Sie können aber unmöglich dazu schweigen, daß neuerdings auch die in Mischehen mit christlichen Deutschen lebenden, teilweise selbst einer christlichen Kirche angehörenden Juden aus Haus und Beruf herausgerissen und in den Osten abtransportiert werden. Damit werden Ehen, die durch kirchliche Trauung geschlossen sind, getrennt und die Kinder aus diesen Ehen schwer geschädigt.

Nun höre ich zu meiner großen Freude, daß die in Mischehen lebenden Juden und die aus diesen Ehen hervorgegangenen Kinder neuerdings in Berlin eine freundlichere Behandlung erfahren. Es ist ihnen am 6. März durch einen Beamten der Gestapo eröffnet worden, daß sie in die Volksgemeinschaft eingegliedert werden sollen und daß den Mischlingskindern die Möglichkeit der Ehe mit Ariern gegeben werden solle. Es sind Entlassungen von den in Mischehe lebenden Juden vollzogen worden,[3] und es sind auch in bezug auf ihre Lebensmittelversorgung Anordnungen ergangen. Meine Bitte geht nun in erster Linie dahin, daß diese Erleichterungen, die in Berlin gewährt wurden, im ganzen Reich durchgeführt werden und eine gesetzliche Grundlage erhalten, so daß eine willkürliche und ungleiche Behandlung künftig ausgeschlossen ist.

In zweiter Linie möchte ich befürworten, daß aus dieser grundsätzlichen Änderung in der Bewertung der Mischlinge Folgerungen auch in bezug auf die Taufe von Angehörigen dieser Kategorien gezogen werden, so daß einem Geistlichen, der nach gewissenhafter

1 LKA Stuttgart, D1 (Nachlass Wurm), Bd. 108. Abdruck in: Kirchliches Jahrbuch für die Evangelische Kirche in Deutschland 1933–1944, hrsg. von Joachim Beckmann, Gütersloh 1948, S. 432 f.

2 Dr. Theophil Wurm (1868–1953), evang. Theologe; von 1899 an Pfarrer der Inneren Mission Stuttgart und Ravensburg, 1920 Dekan in Reutlingen, 1927 Prälat in Heilbronn, 1929 Ehrendoktor der Theologie (abgekürzt: „D."), 1929 württemberg. Kirchenpräsident, 1933–1948 Landesbischof in Württemberg; 1944 Rede- und Schreibverbot; 1945–1948 Ratsvorsitzender der EKD, Mitverfasser des Stuttgarter Schuldbekenntnisses.

3 Die im Rahmen der „Fabrik-Aktion" verhafteten Juden, die in sog. Mischehe lebten, durften auch nach ihrer Freilassung nicht an ihre alten Arbeitsplätze zurückkehren.

Erwägung und Vorbereitung die Aufnahme eines Juden oder jüdischen Mischlings in die christliche Kirche für seine Pflicht hält, keinerlei Nachteile erwachsen.[4]
Endlich wäre es eine Erleichterung für den Dienst der Kirche an den Mischlingen, wenn alle Mischlinge vom Tragen des Sterns befreit würden, so daß ihre Beteiligung an der kirchlichen Unterweisung und der Konfirmation auf keine Schwierigkeiten mehr stoßen würde.
Ich habe im Jahr 1938 aus Anlaß eines mit dem Synagogenbrand zusammenhängenden Falles verschiedene staatliche Stellen auf die verhängnisvolle außenpolitische Auswirkung aller der Menschlichkeit und Gerechtigkeit widersprechenden Maßnahmen aufmerksam gemacht.[5] Der außerordentlich starke Anteil, den das Judentum im Ausland an der Kriegsausweitung und Kriegsführung der Feindmächte hat, bestätigt diese Warnungen vollauf. Im Hinblick auf die durch die Katastrophe in Stalingrad eingetretene Vertrauenskrise[6] habe ich, wie aus beiliegenden Schreiben hervorgeht, den württ. Herrn Reichsstatthalter gebeten, für eine Änderung des kulturpolitischen Kurses auch in der Behandlung der Juden sich einzusetzen.[7] Eine Antwort oder Empfangsbescheinigung ist mir nicht zugegangen. Umso mehr hoffe ich, daß der Herr Minister für die kirchlichen Angelegenheiten sich meinen Anliegen, die keineswegs nur kirchliche Bedürfnisse, sondern das Volksganze im Auge haben, nicht verschließen und bei den zuständigen Stellen für ihre Berücksichtigung eintreten wird.[8]

4 Pfarrer, die Juden in ihre Gemeinden aufnahmen oder unterstützten, wurden von der nationalsozialistischen Propaganda diffamiert und besonders nach Beginn der Deportationen von der Gestapo bedroht; siehe Dok. 33 vom 7.11.1941 und Dok. 99 vom 10.4.1942.

5 Wurm protestierte am 3.12.1938 in einem Brief an den württemberg. Reichsstatthalter Wilhelm Murr gegen Angriffe auf Pfarrer und kirchliche Einrichtungen im Zusammenhang mit den Novemberpogromen; LKA Stuttgart, A 227, Personalakten Julius v. Jan. Am 6.12.1938 schrieb Wurm an den Reichsjustizminister Franz Gürtner, kritisierte die während der Pogrome begangenen Rechtsverstöße und wies auf die schädigende Wirkung für die deutsche Exportwirtschaft hin. Gleichzeitig bejahte er das prinzipielle Recht des Staates, das Judentum zu bekämpfen.

6 Nachdem die 6. Armee Anfang 1943 bei Stalingrad vernichtend geschlagen worden war, breiteten sich die Zweifel am deutschen „Endsieg“ in der Bevölkerung stark aus.

7 Wurm wandte sich am 8.2.1943 erneut an Murr und forderte, die Repressionen gegen die Kirche sowie Maßnahmen gegen Nichtarier einzustellen; siehe Kirche im Kampf. Dokumente des Widerstands und des Aufbaus in der evangelischen Kirche Deutschlands von 1933 bis 1945, hrsg. von Heinrich Hermelink, Tübingen 1950, S. 626 f.

8 Eine Antwort auf dieses Schreiben konnte nicht ermittelt werden.

DOK. 234

Legationsrat Rademacher weist am 12. März 1943 die Gesandtschaft in Bukarest an, keine Kindertransporte nach Palästina mehr durchreisen zu lassen[1]

Telegramm, IZ (geh. Ch.V.), von der Abt. D/III im Auswärtigen Amt (Akt.Z. DIII 3268I), Rademacher und Konsul Pausch,[2] gez. Rademacher, an die deutsche Gesandtschaft in Bukarest auf Telegramm Nr. 1283 v. 10.3.,[3] vom 12.3.1943 (Entwurf)[4]

Unter Bezugnahme auf Drahterlaß vom März 1943 Nr. 717[5] wird gebeten, Transport von jüdischen Kindern nach Palästina zu verhindern zu suchen.[6]
Pressemeldung aus Antyka[7] zufolge seien im Lager von Athlit[8] in Palästina wieder 72 jüdische Kinder aus Ungarn angekommen, die durch Rumänien, Bulgarien und die Türkei von den Engländern dorthin befördert worden seien. Dies sei ein Teil der im Englischen Unterhaus angekündigten Transporte von 270 jüdischen Kindern aus Ungarn und Rumänien. Nach Meldung palästinischer Presse solle diese Zahl nun auf 500 erhöht werden.
Bitte, jeglicher Aus- und Durchreise von Juden nach Palästina größtmöglichen Widerstand entgegenzusetzen und über Ergebnis zu berichten.[9]

1 PAAA, R 100 878.
2 Dr. Walter Pausch (1905–2003), Jurist; 1932 NSDAP- und SS-Eintritt; Obersturmbannführer im Stab des SS-Hauptamts, 1935 Geschäftsführer der NSDAP und NSV in Freilassing, in der Leitung der AO der NSDAP, seit 1936 in Tokio, 1938/39 Generalkonsul in Kalkutta, 1940/41 Konsul in Bozen, 1941 Generalkonsul in Triest, bis Mai 1943 kommissar. Beschäftigung im AA, Abt. D III (Judenfrage, Rassenpolitik), 1944 Konsul in Triest; 1945–1948 in alliierter Internierung.
3 In dem Telegramm hatte der deutsche Gesandte in Bukarest, Manfred Freiherr von Killinger, die bevorstehende Ausreise jüdischer Kinder aus Rumänien und Transnistrien nach Palästina gemeldet; wie Anm. 1, Bl. 43 f.
4 Im Original zahlreiche handschriftl. Bearbeitungsvermerke und Stempel.
5 In dem Erlass hatte Rademacher die deutschen Auslandsvertretungen in Ungarn und Rumänien angewiesen, den jeweiligen Regierungen gegenüber deutlich zu machen, dass die deutsche Regierung eigenständige Verhandlungen ihrer Verbündeten mit anderen Ländern über die Aus- und Durchreise von Juden nicht billige; wie Anm. 1, Bl. 40 f.
6 Im März 1943 erklärte sich Großbritannien bereit, 5000 Zertifikate für die Einwanderung von Waisenkindern aus Bulgarien, Ungarn und Rumänien nach Palästina auszustellen. Die türk. Behörden genehmigten jedoch nur alle zehn Tage 75 Kindern die Durchreise. Im gesamten Jahr 1943 reisten insgesamt 1352 Juden legal durch die Türkei nach Palästina aus; siehe VEJ 13/211, 212, 219, 220 und 238.
7 Richtig: Antakya, Großstadt in der Südtürkei.
8 Auch Atlit, Kleinstadt südlich von Haifa. Im dortigen Flüchtlingslager ließ die brit. Mandatsmacht illegal eingereiste jüdische Immigranten internieren.
9 Ausfertigungen gingen an die Gesandten in Sofia, Adolf-Heinz Beckerle (1902–1976), und Bukarest, Manfred Freiherr von Killinger. Ein ähnliches Schreiben schickten Rademacher und Pausch am selben Tag an das deutsche Konsulat in Sofia. Die rumän. Regierung sagte den deutschen Gesandtschaften zu, dass sie die Kindertransporte nicht gestatten würde, da sie die männlichen Jugendlichen als kriegswichtig einschätzte; wie Anm. 1, Bl. 62. Die deutschen Gesandtschaften in Rumänien und Bulgarien versuchten bei den jeweiligen Regierungen, die Transporte zu verhindern, oder drängten, wenn dies nicht gelang, auf Durchsuchung und Verhaftung einzelner Mitglieder, wie Anm. 1, Bl. 67, 74.

DOK. 235

In einer durch das Rote Kreuz übermittelten Notiz vom 13. März 1943 informiert Fanny Kasztan ihre in den USA lebende Schwester über ihre Deportation[1]

Notiz von Fanny Kasztan[2] an ihre Schwester Thesy Lustig (Eing. am 24.3.1943) vom 13.3.1943

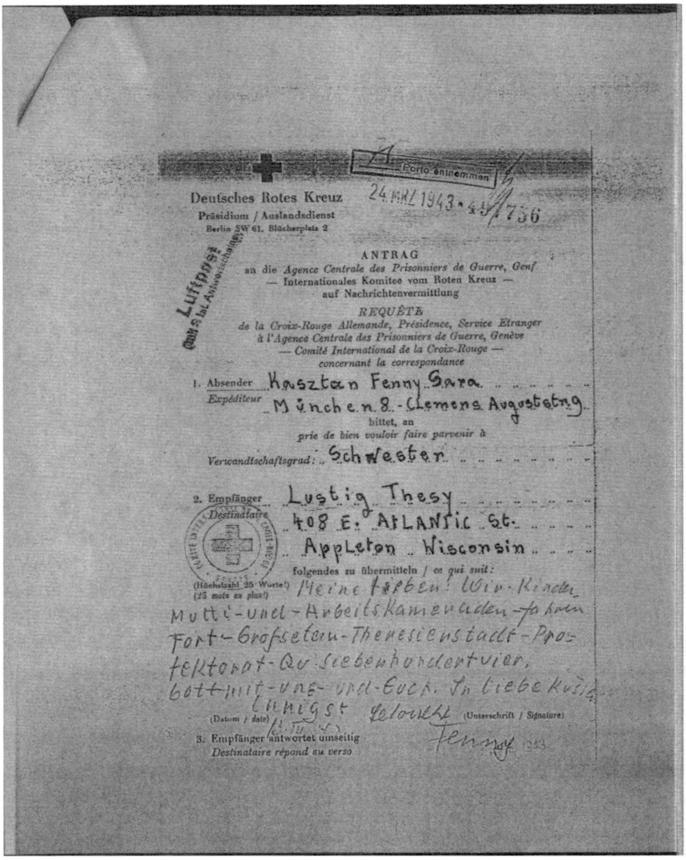

Porto entnommen

24 MRZ 1943 · 45/736

Deutsches Rotes Kreuz
Präsidium / Auslandsdienst
Berlin SW 61, Blücherplatz 2

Luftpost

ANTRAG
an die *Agence Centrale des Prisonniers de Guerre, Genf*
— Internationales Komitee vom Roten Kreuz —
auf Nachrichtenvermittlung

REQUÊTE
de la Croix-Rouge Allemande, Présidence, Service Etranger
à l'Agence Centrale des Prisonniers de Guerre, Genève
— Comité International de la Croix-Rouge —
concernant la correspondance

1. Absender / *Expéditeur* Kasztan Fenny Sara
München 8 - Clemens Auguststrg.

bittet, an
prie de bien vouloir faire parvenir à

Verwandtschaftsgrad: Schwester

2. Empfänger / *Destinataire* Lustig Thesy
408 E. Atlantic St.
Appleton Wisconsin

folgendes zu übermitteln / *ce qui suit:*
(Höchstzahl 25 Worte!) (25 mots au plus!)

Meine Lieben! Wir - Kinder - Mutti - und - Arbeitskameraden - fahren fort - Großseten - Theresienstadt - Protektorat - Qu siebenhundertvier, Gott mit uns und Euch. In Liebe küsse innigst [illegible]

(Datum / date) 13. III. 43 (Unterschrift / Signature) Fenny

3. Empfänger antwortet umseitig
Destinataire répond au verso

1 USHMM, 1996 A. 0506 (Glickman collection).

2 Fanny (Fenny) Kasztan, geb. Kahn (1910–1943?) lebte seit Febr. 1942 im Sammellager Berg am Laim in München und musste Zwangsarbeit leisten. Ihre Schwester Therese (Theresa) Lustig, geb. Kahn (1903–2003), sowie ihr Mann Hellmut Albert Kasztan (1903–1964) lebten in den USA. Sie konnte ihnen während des Kriegs nur noch über das Rote Kreuz auf speziellen Formblättern Nachrichten von maximal 25 Wörtern schicken. Die Eltern Albert Kahn (1867–1944), Kaufmann, und Charlotte (Lotte) Kahn, geb. Kahn (1880–1944), Vertreterin und Vermieterin, waren im Juli 1942 von München nach Theresienstadt deportiert worden, wo Albert Kahn starb; seine Ehefrau wurde am 18.5.1944 nach Auschwitz deportiert und dort ermordet. Fanny Kasztan wurde am 13.3.1943 zusammen mit ihrem Sohn Gad Gerson (Georg) (1938–1943?) nach Auschwitz deportiert, beide wurden dort ermordet. Das Wort hinter „Innigst" heißt „Schorschi", das war Georgs Spitzname.

DOK. 236
Gerhard Lehfeldt berichtet Mitte März 1943 über die Verhaftung von Juden und „Mischlingen" in Berlin und die Proteste dagegen[1]

Bericht von Gerhard Lehfeldt,[2] ungez., o. D. (Typoskript)[3]

Die Lage der „Mischlinge" in Deutschland Mitte März 1943
Die gefährdeten Nichtarier lassen sich in 4 Gruppen einteilen:
1. Glaubensjuden und christlich getaufte Volljuden, die auch wiederum mit Volljuden verheiratet sind. (Sternträger)
2. Christlich getaufte Volljuden, die mit einem *arischen* Ehepartner verheiratet sind und in kinderloser Mischehe leben. (Männer sind Sterntr[äger])
3. Christlich getaufte Volljuden, die mit einem *arischen* Ehepartner in einer Mischehe leben, aus der Kinder vorhanden sind. (Privilegierte Mischehen)
4. Mischlinge 1. Grades (christlich erzogene Abkömmlinge aus einer Mischehe) (jüdisch erzogene Mischlinge gelten als „Juden").
Nach den Nürnberger Gesetzen[4] fallen die Nichtarier zu 1–3 unter den Begriff „Juden", ohne Rücksicht auf ihre Religionszugehörigkeit und ohne Rücksicht darauf, ob sie mit einem Arier verheiratet sind oder nicht. Die „Mischlinge 1. Grades" besitzen ebenso wie die Arier das sogen. vorläufige Reichsbürgerrecht. Sie *sollen* gesetzmäßig nur von einigen Berufen ausgeschlossen sein und einen Arier nur mit besonderer Genehmigung heiraten dürfen. Sonst *sollen* sie wie Arier behandelt werden.[5]
Während die zu 1. genannte Gruppe von Juden schon gegen Ende 1942 deportiert war (abgesehen von ganz wenigen Ausnahmen), hatte man bezüglich der Gruppen 2 und 3 noch auf den arischen Ehegatten Rücksicht genommen. Gegen Ende des vergangenen Jahres drängten aber die Radikalen unter Führung von Dr. Goebbels auf Trennung der Mischehen und – ungeachtet eines energischen Protestes des Kardinal-Erzbischofes

1 Original nicht aufgefunden, Kopie in Privatbesitz von Nathan Stolzfus. Abdruck in: Antonia Leugers (Hrsg.), Berlin, Rosenstraße 2–4. Protest in der NS-Diktatur. Neue Forschungen zum Frauenprotest in der Rosenstraße 1943, Annweiler 2005, S. 233–238.
2 Dr. Gerhard Lehfeldt (1897–1976), Jurist; Leutnant im Ersten Weltkrieg, schwer verwundet; 1921–1926 in verschiedenen Gerichtsbezirken tätig, 1929 Entlassung aus dem Staatsdienst, in den 1930er-Jahren u. a. Versicherungsdirektor in Magdeburg; er galt nach den Rassegesetzen als „Halbjude" und lebte in sog. Mischehe; 1943 Syndicus in Berlin; nach Kriegsende Chef der Zivilverwaltung Magdeburgs.
3 Wahrscheinlich war der Bericht ohne Adressat an führende Persönlichkeiten aus Kirchenkreisen beider Konfessionen gerichtet. Das Original befindet sich vermutlich im Archiv des Vatikans. Das Schreiben wird ohne Signatur auszugsweise zitiert in Actes et Documents, Bd. 9 (wie Dok. 229 vom 3.3.1943, Anm. 1), S. 20, dort mit dem Datum vom 16.3.1943. Aus einer Notiz des Vatikanischen Staatssekretariats vom 8.4.1943, in der Lehfeldts Schreiben ausführlich wiedergegeben wird, geht hervor, dass Lehfeldt Papst Pius XII. darum bat, Mussolini zu einer Intervention zugunsten der Juden zu bewegen. Dies wurde negativ beschieden; siehe ebd., Dok. 140, S. 240–242.
4 Das in Nürnberg am 15.9.1935 verkündete Reichsbürgergesetz erklärte Juden zu Bürgern minderen Rechts; VEJ 1/198. Die 1. VO zum Reichsbürgergesetz vom 14.11.1935 definierte, wer als Jude zu gelten habe; VEJ 1/210.
5 Zur Situation der „Mischlinge" siehe Einleitung, S. 43 f.

Bertram in Breslau[6] – wurde in vielen Fällen den arischen Ehegatten ihr Ehepartner entrissen, wie ein Verbrecher durch die Stadt gefahren und zum Zwecke der Deportation in eine Synagoge eingeliefert.[7] – Zunächst kam dieses nur bei kinderlosen Mischehen vor. – Nach einer Äußerung des Min.Direktors Gritzbach[8] (Adjutant von Göring) Ende Dezember 1942 sollten zunächst nur die kinderlosen Mischehen getrennt werden, während man die privilegierten bestehenlassen wollte. – Als sich aber im Januar 1943 die militärische Lage des Reiches stark verschlechterte, drängten die Radikalen abermals auf Trennung auch der privilegierten Mischehen und Deportierung (d. h. Ermordung) des jüdischen Teils, während gleichzeitig der Plan gefaßt wurde, die „Mischlinge 1. Grades“ nach Polen abzuschieben, und zwar im Wege des Arbeitseinsatzes – zweifellos gleichfalls zum Zwecke der Vernichtung. Das betreffende Mischlingsgesetz, das schon fertiggestellt war, ist ein Entwurf des Ob.Sturmbannführers Eichmann, Leiter der Aussiedlungsabteilung des Reichssicherheits-Hauptamtes in der Kurfürstenstraße in Berlin. Eichmann ist auch Leiter der Judendeportierung. Dieses Mischlingsgesetz war damit begründet worden, man müsse den geschlechtlichen Verkehr der Mischlinge untereinander und erst recht zwischen Mischlingen mit Ariern unmöglich machen. Man wollte sogar die Ehen von *Mischlingen* mit Ariern trennen, obwohl in ihnen stets 75 % rein arisches Blut fließt und immer nur solche Kinder aus ihnen hervorgehen können, die man als 75 % Arier sowieso in die Deutsche Volksgemeinschaft aufnehmen will. Anfang Dezember 1942 äußerte Eichmann, das Mischlingsgesetz sei „auf 3 Monate zurückgestellt“.[9]

Unmittelbar im Anschluß an die aufgeregte Rede des Dr. Goebbels am 30.1.43 im Berliner Sportpalast[10] begannen dann in Berlin Massen-Judenaktionen, gelegentlich derer Tausende von Juden aus privilegierten Mischehen von ihren arischen Ehegatten weg[gerissen,] durch bewaffnete SS verhaftet und öffentlich auf Lastwagen abtransportiert wurden. Überall spielten sich herzzerreißende Scenen ab. Vielfach nahm die Bevölkerung öffentlich Partei für die Juden, während allerdings auch an anderen Stellen Beschimpfungen der Juden festzustellen waren. – Gelegentlich dieser Aktion wurden nun aber auch plötzlich Mischlinge 1. Grades mitverhaftet und wie die Schwerverbrecher mit den Juden zusammen auf Lastkraftwagen abtransportiert. Eichmann bemerkte dazu, die Mischlinge kämen nicht mit den Juden zusammen auf denselben Sammelplatz, sondern auf einen anderen in der Rosenstraße in Berlin. – Aus dieser Äußerung ergibt sich, daß es sich bei der Verhaftung der Mischlinge nicht um Übergriffe handeln kann, sondern

6 Nachdem Kardinal Adolf Bertram bereits am 11.11.1942 gegen ein bevorstehendes Gesetz zur Zwangsscheidung von sog. Mischehen protestiert hatte, legte er am 2.3.1943 bei verschiedenen staatlichen Stellen Einspruch gegen die Verhaftung in „Mischehe“ lebender Personen ein und verwies auf die Gültigkeit kirchlich geschlossener Ehen; Ludwig Volk u. a., Akten deutscher Bischöfe über die Lage der Kirche 1933–1945, Bd. 6, 1943–1945, Mainz 1985, Nr. 818.

7 Gemeint ist wahrscheinlich die entweihte Synagoge in der Levetzowstraße, die während der „Fabrik-Aktion“ wieder als Sammellager diente.

8 Lehfeldt hatte „engsten Kontakt“ zu Erich Gritzbach und erhielt über ihn wichtige Informationen aus der NSDAP-Führung, die er an leitende Funktionäre beider Kirchen weitergab.

9 Nicht ermittelt.

10 Am 30.1.1943 hatte Goebbels im Berliner Sportpalast eine Rede zum 10. Jahrestag der Machtübernahme gehalten. Darin stilisierte er den Vernichtungskrieg zum Freiheits- und Verteidigungskampf. Zum selben Anlass wurde eine längere Proklamation Hitlers verlesen; VB (Berliner Ausg.), Nr. 31 vom 31.1.1943, S. 3 f.: „Wilde Entschlossenheit erhebt unsere Herzen“.

daß es sich um eine planmäßige Aktion handelt. Man hat wohl vermutet, daß Proteste gegen diesen Terror, insbesondere aber gegen die Trennung der Ehen laut werden würden, und man hat aus diesem Grunde versucht, der Aktion folgenden Mantel umzuhängen:
Eichmann berichtet: Von der Ostfront seien eiligst 9000 Mann angefordert worden zum Bau eines Walles. Da habe er die noch vorhandenen Juden verhaften lassen, und da diese nicht ausgereicht hätten, habe er auch auf die Mischlinge 1. Grades zurückgegriffen. – Es handele sich also nicht um Deportierung, sondern um Arbeitseinsatz. –
Daß es sich hierbei um eine schlechte Ausrede handelt, geht schon daraus hervor, daß die Aktion genau dem von Eichmann im Dezember 42 entworfenen Gesetz entsprach, mit dem er die Männer unter den Mischlingen von den Frauen trennen wollte. – Im übrigen hat ja die Gestapo mit Arbeitseinsatz überhaupt nichts zu tun. Aber selbst wenn Arbeitskräfte gebraucht würden, dann hätte man ja diese mit Postkarte zum Arbeitsamt bestellen können, anstatt sie wie Schwerverbrecher auf Lastkraftwagen durch bewaffnete SS-Leute öffentlich durch die Stadt fahren zu lassen. – Es ist für die Betroffenen ein Segen Gottes, daß man jetzt diese Aktionen insceniert hat, denn hätte man die Mischlinge im Wege des normalen Arbeitseinsatzes nach Polen versetzt, dann wären sie dort ganz unauffällig vernichtet worden, und es wäre ihren Vertretern niemals gelungen, die Öffentlichkeit von dem Ernst der Situation zu überzeugen. So, wie es gekommen ist, hat ihnen das Schicksal geholfen, und es hat die Mordpläne offen vor der Welt ausgebreitet.
Am Freitag, den 5. März 43 ist es dann in der Münchener Straße in Berlin zu öffentlichen Krawallen gekommen, als man einem 70 Jahre alten Manne seine Frau aus der Wohnung geholt hat. Der 70jährige Herr schrie eine volle Stunde lang „Kulturschande! Auf jedes Haus eine Bombe, auf jedes Haus eine Bombe!" Er wurde dann verhaftet und wird heute kaum noch am Leben sein. Diese Krawalle waren Herrn Goebbels wohl doch recht unangenehm, und so ließ man denn am Sonnabend, den 6.3.43 etliche von den Verhafteten wieder frei. – Man hat, wie das nicht anders zu erwarten war, erklärt, es habe sich um Übergriffe gehandelt, aber man hat auch, wie das gleichfalls vorherzusehen war, Herrn Eichmann und seinen Vertreter im Amte belassen. Es ist zu befürchten, daß die Aktion nun in aller Stille weitergehen wird, und darin liegt für die Betroffenen eine große Gefahr.
Die Erklärung, daß es sich bei der ganzen Aktion um Übergriffe gehandelt hat, wurde auch vom Innenministerium ausgegeben, wo man behauptete, der Minister Dr. Frick habe persönlich die Beendigung der Aktion verfügt.[11] – Vor einigen Wochen habe in Berlin in den Pharus-Sälen[12] eine Versammlung der SS-Standarte Adolf Hitler stattgefunden, und dort habe man die Parole ausgegeben, man wolle die Juden totschlagen. – Die SS habe dann eigenmächtig gehandelt und die Aktion von sich aus eingeleitet. Da, wo Mischlinge festgenommen und abtransportiert worden seien, habe es sich um solche Personen gehandelt, die der SS oder der Gestapo als staatsfeindlich oder als besonders unliebsame Elemente bezeichnet worden seien. So weit die ausgegebene Erklärung!
Hier kurz die Widerlegung:
1. Wenn es sich bei der Aktion um Übergriffe gehandelt hätte, dann müßten die Übeltäter ihrer Ämter enthoben worden sein.

11 Nicht ermittelt.
12 Veranstaltungslokal in Berlin-Wedding, in der Weimarer Republik viel von der KPD genutzt.

2. Wenn die SS eigenmächtig gehandelt hätte, dann wären nicht bei den Verhaftungen in jedem Falle Gestapoleute zugegen gewesen.
3. Wenn auch die Gestapo eigenmächtig gehandelt hätte, dann hätte das der Ob.Sturmbannführer Eichmann nicht vorher angekündigt.
4. Wenn Mischlinge nicht hätten festgesetzt werden sollen, dann hätte man für deren Unterkunft nicht ein besonderes Gebäude bereitzustellen brauchen. (Rosenstraße)
5. Daß keineswegs nur Mischlinge festgenommen wurden, die man der Gestapo etwa als unliebsame Elemente bezeichnet hatte (von wem übrigens?), folgt daraus, daß man auch Mischlinge aus anderen Städten festgenommen hat, die zufällig in Berlin zu Besuch weilten.
6. Sämtliche Redakteure der Schwedischen Presse sind vor Beginn der Aktion vom Propaganda-Ministerium angerufen worden, wobei ihnen gesagt wurde: Wenn sie in Berlin in den nächsten Tagen gewisse Aktionen bemerken sollten, dann sei es ihnen untersagt, irgend etwas darüber in ihre Blätter zu bringen!![13]

DOK. 237

Berliner Rüstungsarbeiter identifizieren am 17. März 1943 ein Findelkind als Tochter ihres jüdischen Kollegen und geloben, es zu schützen[1]

Anonymer handschriftl. Brief an das Polizeipräsidium, Alexanderplatz, Kriminalabt., Zimmer 771, vom 17.3.1943[2] (Abschrift)

Der Man der Kind abgab kenne ich gut auch Kleider des Kindes kenne genau wider nach Beschreibung.[3] Man ist Jude hat bei uns gearbeitet sehr braver Kerl und ehrlich war früer großes Tier und studirter Mensch sehr volksverbunden hat uns Kameraden viel gut getan und war vil fleißiger als meisten Christen unser Abteilung und bei seine kleine Hände so geschickt, das hat der Man getan, weil wir sagten dass seine Glaubensgenossen ermordet worden sind. Da wollte der das Kind retten. Die Mutter hat Gestapo vorher abgeholt und der Vater hat mir und anderen Arbeitskameraden gesagt einen Tag bevor er bei uns aufhört hat mit Arbeit, hat so geweint, als Kind allein zuhause fand und Mutter weg. Der jüdische Herr ist nun schon 14 Tage von hier fort war aber Prachtmensch prima in Ordnung. Da doch tot, sage Seinen Namen nicht auch meinen nicht, da Rüstungsarbeiter und gute Kameraden nicht verrate. Auch mein Meister und die Einrichter – anderen Kameraden wollen das nicht H.R. …

13 Nicht ermittelt.

1 LAB, A Rep. 358-02/104887. Die Akte enthält eine Kopie des handschriftl. Briefs sowie eine maschinenschriftl. Abschrift.
2 Datum des Poststempels. Rechtschreibung und Zeichensetzung wie im Original.
3 Am 5.3.1943 hatte ein 40- bis 45-jähriger Mann ein ca. zweijähriges Mädchen im St. Josephsheim für heimatlose Kinder in der Pappelallee 61 in Berlin-Prenzlauer Berg abgegeben. In einem Polizeivermerk vom 6.3.1943 wurde vermutet, „daß sich evakuierte Juden des Kindes entledigt haben". Am 17.3. wurde das Kind zur rassebiologischen Untersuchung an das RSHA überstellt, das feststellte, die Zweijährige sei „vermutlich deutschblütig". Für eine endgültige Beurteilung sei es jedoch zu früh, weswegen die Untersuchung im schulpflichtigen Alter wiederholt werden müsse.

Sollte Kind ein Har gekrümmt werden oder ermordet oder vergiftet oder krank wir passen auf wir sind 5 Kameraden und wissen wo das Kind unter ist. -\-\-\-\-\- auch Paul und Otto.[4]

DOK. 238

Erich Alenfeld berichtet seiner Schwägerin am 21. März 1943, dass Nichtjuden die Deportation ihrer jüdischen Ehefrauen während der „Fabrik-Aktion“ verhindert haben[1]

Handschriftl. Brief von Erich Alenfeld,[2] Berlin, an seine Schwägerin Anneliese Völker,[3] Gießen, vom 21.3.1943

Liebe Anneliese!
Recht verspätet kommen meine Glückwünsche. Seit 3 Wochen stehen wir in schwerem Kampf. Adolf Hitler rottet aus. Wir wußten nicht, was uns bevorstand. Heute weiß ich, daß recht Schlimmes beabsichtigt war. Die Mischehe-Juden und selbst die Mischlinge sollten in Konzentrationslager geschickt werden, um dort auf kaltem Wege beseitigt zu werden. Das Geschrei der arischen Männer, denen man die Frauen wegnahm, hat die Gemäßigten auf den Plan gerufen. Unter dem Einfluß dieser Kreise, wozu auch das Militär, die katholische Kirche und andere Leute gehören, ist es nicht zur Ausführung dieser Pläne gekommen. Alle Mischehe-Juden – mit oder ohne Kinder – sind entlassen, ganz abgesehen von den Mischlingen, die sofort freigelassen wurden.[4] Jetzt wartet alles auf die Festsetzung des neuen (?) Kurses. Man versprach viel, ob man es halten wird? Zweierlei interessiert am meisten: Der Fortfall des Sternes für die übriggebliebenen Juden und die Regelung des Arbeitseinsatzes. Gerade an der letzten Frage bin ich interessiert, da meine Arbeit vermutlich dem Ende zugeht.[5] Es sollte für Juden die diskriminierende Arbeit als ungelernter Arbeit[er] fortfallen und die bes. Zentralstelle fortfallen. Die Tatsachen scheinen leider diese Zusage nicht glaubhaft zu machen, da man wieder 350 Juden zu Gleisarbeiten herangeholt hat. Alle Welt hofft, daß bis zum 1.4. eine Klärung erfolgt. Vermutlich wird der Preis für das Inruhelassen der Mischehen ein Nachgeben in der Arbeitsfrage sein, zumal die Gemäßigten und die Radikalen gleich stark zu sein scheinen und niemand wagt, sich in der Judenfrage zu exponieren, solange Adolf Hitler den Kampf gegen die Juden als Hauptkampfziel hinzustellen beliebt.

4 Das weitere Schicksal des Kindes ist unbekannt.

1 Original in Privatbesitz, Kopie: IfZArch, F 601. Teilweise abgedruckt in: Irène Alenfeld, Warum seid Ihr nicht ausgewandert? Überleben in Berlin 1933 bis 1945, Berlin 2012, S. 200 f.

2 Erich Carl Julius Alenfeld (1891–1977), Bankvorsteher; 1899 evang. getauft; von 1920 an Bankkaufmann in Berlin; 1927 Heirat mit der Protestantin Sabine Geppert; im Jan. 1937 Wechsel von der Commerzbank zum jüdischen Bankhaus Wassermann, dort im Okt. 1938 gekündigt; 1951–1967 CDU-Bezirksverordneter in Berlin-Zehlendorf, 1966 Bundesverdienstkreuz.

3 Anneliese Völker, geb. Geppert (1909–1990), Biologin; Schwester von Erich Alenfelds Ehefrau Sabine; verheiratet mit dem Gießener Zoologen Prof. Dr. Otto Völker (1907–1986).

4 Zu den Verhaftungen von „Mischlingen“ und in „Mischehe“ lebenden Juden siehe Einleitung, S. 44.

5 Alenfeld arbeitete nach seiner Entlassung aus der Bank als Testamentsvollstrecker. Aufgrund seiner Bekanntschaft mit Reichsarbeitsminister Seldte musste er keine Zwangsarbeit verrichten.

Die Sorge um die eigene Familie, die Kinder, die Ungewißheit, dazu geschäftliche Existenzfragen, der Schmerz um den Tod befreundeter Menschen, das Zusehen beim Leiden unschuldiger Menschen: alles das rieb die Nerven auf und ließ mich verstummen. 3 Wochen ging das in einer Tour. Es war viel, reichlich viel Kummer. Heute ist eine Pause. Ich benutze sie, um Dir verspätet zu gratulieren. Ich wünsche Dir alles Gute zum kommenden Lebensjahr, bleibe gesund, habe Freude im Kreise der Deinen, die das Schicksal wohl bewahren möge. Herzliche Grüße Dein

DOK. 239

Der Leiter der Statistischen Abteilung im SS-Hauptamt, Richard Korherr, legt am 23. März 1943 seinen Bericht über die „Endlösung der Judenfrage" vor[1]

Bericht (geheime Reichssache) des Inspekteurs für Statistik beim Reichsführer SS[2] über die Endlösung der europäischen Judenfrage vom 23.3.1943 (Abschrift)[3]

Die Endlösung der europäischen Judenfrage
Statistischer Bericht
Inhalt:
I. Vorbemerkung
II. Die Judenbilanz in Deutschland
III. Jüdische Volksschwäche
IV. Die Auswanderung der Juden aus Deutschland
V. Die Evakuierung der Juden
VI. Die Juden in den Ghettos
VII. Die Juden in den Konzentrationslagern
VIII. Juden in Justizvollzugsanstalten
IX. Der Arbeitseinsatz der Juden
X. Europäische Judenbilanz
Die Endlösung der europäischen Judenfrage
Statistischer Bericht
I. Vorbemerkung
Zur Aufstellung einer Bilanz über die Ergebnisse auf dem Wege zur Lösung der Judenfrage bedarf es der zahlenmäßigen Erfassung des Judentums und seiner Entwicklung. Die Widersprüche in den Zahlenangaben über das Judentum machen jedoch eine Vorbemerkung dahingehend nötig, daß Zahlen über das Judentum stets mit besonderem Vorbehalt aufzunehmen sind und ohne Kenntnis ihrer Quellen und Entstehung oft zu Fehlschlüssen

1 BArch, NS 19/1570, Bl. 12–28. Abdruck in: Georges Wellers, The Number of Victims and the Korherr Report, in: Serge Klarsfeld (Hrsg.), The Holocaust and the Neo-Nazi Mythomania, New York 1978, S. 165–176.
2 Dr. Richard Korherr (1903–1989), Statistiker; bis 1930 Mitarbeiter des Statistischen Reichsamts; von 1935 an Direktor des Statistischen Amts der Stadt Würzburg; 1937 NSDAP-Eintritt; 1940 von Himmler zum Leiter der Statistischen Abt. im SS-Hauptamt und Inspekteur für Statistik beim RFSS ernannt; 1945 Arrest, von 1950 an Ministerialrat im Bundesfinanzministerium.
3 Die Datierung ergibt sich aus dem Begleitschreiben Korherrs vom 23.3.1943 an SS-Obersturmbannführer Dr. Rudolf Brandt vom Persönlichen Stab des Reichsführers SS. Es existiert eine kürzere Version dieses Berichts vom 19.4.1943; wie Anm. 1, Bl. 4–10.

führen. Die Fehlerquellen liegen vor allem im Wesen des Judentums und seiner historischen Entwicklung, in seiner tausendjährigen ruhelosen Wanderschaft, den zahllosen Aufnahmen und Austritten, den Angleichungsbestrebungen, der Vermischung mit den Wirtsvölkern, in dem Bemühen des Juden, sich unbemerkt der Erfassung zu entziehen, und schließlich in falschen oder falsch ausgelegten Statistiken über das Judentum.

Darüber hinaus hat die Statistik – teils als statistischer Notbehelf, teils wegen der weitgehenden Übereinstimmung zwischen jüdischem Glauben und jüdischer Rasse, teils in Unkenntnis des Rassegedankens, teils im religiösen Denken der jeweiligen Zeit befangen – bis zuletzt die Juden fast nie nach ihrer Rasse, sondern nach ihrem religiösen Bekenntnis erfaßt. Die Erfassung der Rasse setzt eine vieljährige Schulung und auch Ahnenforschung voraus. Auch gestaltete sie sich schwierig, vor allem in südlichen und östlichen Ländern, weil trotz aller Übereinstimmung eine einheitliche jüdische Rasse sich statistisch schwer abgrenzen ließ. Das Bekenntnis zum mosaischen oder israelitischen Glauben ist wieder kein vollgültiges Beweismittel, weil es infolge der einstigen jüdischen Missionsbewegung mit ihrer Aufnahme von Massen von Heiden und Christen, auch durch die Übertritte zum Judentum in neuer Zeit durch Mischehen und „Bekehrung" nicht wenige Glaubensjuden nichtjüdischer Rasse gibt, während umgekehrt das Zwangschristentum und die im letzten Jahrhundert wieder stark angestiegene Zahl der getauften Juden und daneben der Gemeinschaftslosen mit jüdischer Rasse die Judenzahl drückten. So schätzte Leroy-Beaulieu[4] 1893 den Verlust des Judentums durch das Christentum auf das Vier- bis Zehnfache seiner heutigen Anhänger, nach Maurice Fishberg[5] und Mathias Mieses[6] ist das Dreifache der heutigen Judenzahl im arischen Europa aufgegangen. Sogar Hans Günther[7] schätzt die Zahl der Juden in Deutschland auf das Doppelte der Zahl der Juden mosaischen Glaubens, die deutsche Staatsangehörige sind. Schließlich geht der litauische Jude Brutskus[8] so weit, die Berliner Juden nach ihrer Blutzusammensetzung als reinere Europäer zu bezeichnen als die Deutschen in Berlin.

Entsprechend diesen Meinungen hat man die Anteile der Rassejuden samt Mischlingen in Europa vielfach dreimal so hoch als die der Glaubensjuden angenommen (in Osteuropa zweimal, in Mitteleuropa viermal, im übrigen Europa gar achtmal so hoch) und mit etwa 6 v. H. mehr oder weniger jüdischem Blut in der europäischen Bevölkerung gerechnet. Demgegenüber führte Burgdörfer[9] die Judenzahlen für das Deutschland von 1933

4 Anatole Leroy-Beaulieu (1842–1912), Historiker; Autor von „Israël chez les Nations" (1893).

5 Maurice Fishberg (1872–1934), Anthropologe; Autor von „Jews: A study of race and environment" (1911).

6 Richtig: Matthias Mieses (1885–1945), Philologe; forschte über Geschichte und Sprache des poln. Judentums; starb auf einem Todesmarsch; Autor von „Germanen und Juden" (1917) und „Zur Rassenfrage" (1919).

7 Dr. Hans F. K. Günther (1891–1968), Eugeniker und Rasseforscher; Hitler und Göring besuchten seine Antrittsvorlesung 1929 an der Universität Jena; 1932 NSDAP-Eintritt; von 1940 an Professor in Freiburg; nach dem Krieg für drei Jahre interniert und schließlich als Mitläufer eingestuft; Autor von „Rassekunde Europas" (1929).

8 Boris Brutskus (1874–1938), Ökonom; Redakteur der Blätter für jüdische Demographie, Statistik und Ökonomie sowie der Zeitschrift für Demographie und Statistik der Juden.

9 Dr. Friedrich Burgdörfer (1890–1967), Statistiker; 1925–1939 Abteilungsdirektor des Statistischen Reichsamts, 1939–1945 Präsident des Bayer. Statistischen Landesamts, u. a. verantwortlich für die Sondererfassung von Juden in der Volkszählung 1939 sowie für das Gutachten über die Umsiedlung der europäischen Juden nach Madagaskar 1940 (siehe VEJ 3/94); nach 1945 Professur in München; Autor von „Die Juden in Deutschland und in der Welt" (1938).

auf 850 000 Voll-, Halb- und Vierteljuden (bei 520 799 Glaubensjuden) in seinen Schätzungen zurück, für Österreich von 1934 auf 300–400 000 (bei 191 481 Glaubensjuden). Die Erhebung der Rassejuden bei der deutschen Volkszählung von 1939 hat bei 307 614 Glaubensjuden nur die etwas höhere Zahl von 330 892 Volljuden, 72 738 Halbjuden und 42 811 Vierteljuden ergeben, die vor allem bezüglich der Halb- und Vierteljuden keinesfalls als zuverlässig angesehen werden kann. Die gewonnenen Zahlen lassen sich nur als Mindestzahlen werten. Sie kamen durch die in einer „Ergänzungskarte" zur Haushaltungsliste der Volkszählung 1939 enthaltene Frage „War oder ist einer der vier Großelternteile Volljude?" zustande, die für jeden Großelternteil mit „ja" oder mit „nein" zu beantworten war. Da diese Ergänzungskarte in verschlossenem Umschlag abzugeben und darum der Kontrolle am Ort entzogen war, wurde sie schlecht ausgefüllt. Vielfach wurden statt einer Antwort nur Striche in die entsprechenden Fächer gemacht. Der erste amtliche Versuch, die Juden nach ihrer Rasse zu erfassen, wurde von den Juden sofort sabotiert. Er geschah bei der österreichischen Volkszählung vom 7. März 1923. Vizekanzler Dr. Frank[10] (Großdeutsche Volkspartei) unterzeichnete kurz vor der Zählung eine Verordnung, wonach zur Frage 7 des Zählblattes (Sprache) „auch die Volkszugehörigkeit und Rasse anzugeben" waren. Da die Zählblätter bereits gedruckt waren, wurde darauf nur in einem roten Merkzettel ohne Erläuterung, Anleitung und Musterbeispiele hingewiesen. Die österreichischen Juden sabotierten diese Frage dadurch, daß die jüdisch-marxistische Presse unmittelbar vor dem Zählungstag ihre Leser aufforderte, die Frage nach der Rasse mit *„weiß"* zu beantworten. Das Ergebnis war, daß daraufhin die „weiße Rasse in Österreich so weit verbreitet war, wie die Einflußsphäre der jüdisch-marxistischen Presse und Parteien reichte". Nur in Kärnten und im Burgenland wurde die Aufbereitung des Materials mit recht zweifelhaftem Erfolg durchgeführt, in den anderen Bundesländern und vor allem in Wien als zwecklos eingestellt.

II. Die Judenbilanz in Deutschland

Die folgenden Angaben über die Zahl und Entwicklung der Juden in Deutschland fußen auf den amtlichen Zahlen der Volkszählungen und sonstigen Erhebungen des Reiches und auf den Berechnungen und Schätzungen der Wissenschaft, sind aber in der Hauptsache von der Reichsvereinigung der Juden in Deutschland und von den Kultusgemeinden in Wien und Prag erstellt, die mit Zählungen, Zählkarten für die Bevölkerungsbewegung, Fortschreibung und daneben mit Berechnungen und Schätzungen arbeiten. Diese jüdischen Dienststellen arbeiten unter der Kontrolle des Reichssicherheitshauptamtes und für dessen Zwecke. Vom fraglichen Anfangsbestand der Juden abgesehen, scheint die Reichsvereinigung der Juden in Deutschland zuverlässig zu arbeiten. Auf Grund der an dieser Stelle gefertigten und vom Reichssicherheitshauptamt bislang überprüften Statistiken kann folgende Bilanz über die Entwicklung des Judentums in Deutschland von der Machtergreifung (30.1.1933 im Altreich, März 1938 in Österreich, März 1939 im Protektorat Böhmen-Mähren) bis zum 1.1.1943 gezogen werden:

1. *Judenbilanz des Altreichs mit Sudetengau und Danzig*

Zahl der Juden im Altreich (*ohne* Sudetengau
und Danzig) am *30.1.1933* rund 561 000

10 Dr. Felix Frank (1875–1957), Jurist; 1920–1925 Abgeordneter der Großdeutschen Volkspartei im Nationalrat, 1922–1924 Vizekanzler der Republik Österreich, 1925–1932 österreich. Gesandter in Berlin.

Abgang vom 30.1.33 bis 1.1.43 durch		
Sterbeüberschuß (im Altreich)	– 61 193	
Auswanderungsüberschuß	– 352 534	
Abwanderung (Evakuierung)	– 100 516	
		– 514 243
Zugang vom 30.1.33 bis 1.1.43 durch		
Eingliederung des Sudetenlandes	+ 2649[11]	
sonstige Veränderungen (Danzig, Zuzug, Wegzug, genehmigte Austritte, Anerkennung als Mischling I. Grades, Neuerfassung, Karteibereinigung)	+ 1921	
		+ 4570
Zahl der Juden im Altreich (*mit* Sudetengau und Danzig) am 1.1.1943		*51 327*[12]
2. *Judenbilanz der Ostmark*		
Zahl der Juden in der Ostmark am 1.3.1938		rund 220 000
Abgang vom 1.3.38 bis 1.1.43 durch		
Sterbeüberschuß	– 14 509	
Auswanderungsüberschuß	– 149 124	
Abwanderung (Evakuierung)	– 47 555	
sonst. Veränderungen	– 710	
		– 211 898
Zahl der Juden in der Ostmark am *1.1.1943*		*8102*
3. *Judenbilanz des Protektorats Böhmen-Mähren*		
Zahl der Juden im Protektorat am *15.3.1939*		118 310
Abgang vom 15.3.39 bis 1.1.43 durch		
Sterbeüberschuß	– 7074	
Auswanderungsüberschuß	– 26 009	
Abwanderung (Evakuierung)	– 69 677	
		– 102 760
Zahl der Juden im Protektorat am *1.1.1943*		*15 550*

In der Bilanz sind die neuerworbenen Ostgebiete[13] (mit Ausnahme von Danzig) nicht enthalten. Ihre Bilanz kann noch nicht erstellt werden. Doch gibt es über die Juden in

11 Anmerkung im Original: „Diese Zahl von 2649 Juden im Sudetenland wurde bei der Volkszählung 1939 festgestellt. Vor Eingliederung des Sudetenlandes ins Reich betrug die Judenzahl rund 30 000, die aber sehr rasch ohne Überschreitung einer Staatsgrenze und ohne Vermögensverluste ins Protektorat abströmten."

12 Im gekürzten Bericht vom 19.4.1943 merkte Korherr an, dass sich die Zahl der Juden vom Jahresbeginn bis zum 1.4.1943 auf 31 910 verringert habe; dies lässt vermuten, dass die Deportationen im Zuge der sog. Fabrik-Aktion miteinbezogen waren, auch wenn sich die Differenz dadurch nicht vollständig erklären lässt.

13 Gemeint sind die vom Deutschen Reich 1939 annektierten poln. Gebiete.

diesen Gebieten zur Zeit der Übernahme ins Reich verschiedene Schätzungen, die auf eine Zahl von etwa 630 000 Juden hinführen dürften. Dazu kommen etwa 160 000 Juden im Bezirk Bialystok und rund 1,3 Millionen Juden im Generalgouvernement zur Zeit seiner Errichtung. Das würde zusammen im gesamtdeutschen Raum (ohne die besetzten Ostgebiete)[14] Ende 1939 etwa eine Gesamtzahl der Juden von *2,5 Millionen*[15] ergeben, deren weitaus größter Teil auf den neuen Osten entfällt.
Am *1.1.1943* zählt das Reich ohne die neuen Ostgebiete, ohne das Altersghetto Theresienstadt und ohne den Arbeitseinsatz im Rahmen der Organisation Schmelt[16] nur mehr *74 979 Juden*, davon 51 327 im Altreich, 8 102 in der Ostmark und 15 550 im Protektorat. Im Altreich mit Sudetenland sind nur mehr 9,2 v. H. der Zahl der Juden vom Tag der Machtübernahme vorhanden. Am 30.1.1943 beträgt ihre Zahl nur mehr 48 242 oder 8,6 v. H., am 28.2.1943 gar nur mehr 44 589 oder 7,9 v. H. Berlin, wo schon 1880 ein Achtel, 1910 über ein Viertel, 1933 fast ein Drittel der Juden Deutschlands wohnten, zählt am 1.1.1943 nicht weniger als 32 999 oder 64,3 v. H. der gesamten Juden des Altreichs, am 30.1.1943 noch 30 121, am 28.2.1943 noch 27 281. In der Ostmark weist nur mehr Wien überhaupt noch Juden auf.
Von den 51 327 Juden des Altreichs sind 23 197 Männer und 28 130 Frauen. 40 351 sind Glaubensjuden, 10 976 sind Nichtglaubensjuden. 16 760 leben in Mischehe, in der Ostmark 4803 (von 8102), im Protektorat 6211 (von 15 550).
III. Jüdische Volksschwäche
Die Judenbilanz in Deutschland weist einen außerordentlichen Sterbeüberschuß auf, der nicht allein durch die sehr hohe Sterblichkeit der Juden bedingt ist, sondern mehr noch durch die ausgesprochene Geburtenarmut. So hat sich die natürliche Bevölkerungsbewegung im Altreich mit Sudetenland von 1933 bis 1942 folgendermaßen entwickelt (nach den Schätzungen und Unterlagen der Reichsvereinigung der Juden in Deutschland, da die Auszählungen nach Glaubensjuden viel komplizierter und unzuverlässiger sind):
Geburten und Sterbefälle der Juden im Altreich (bis 1939 berechnet und geschätzt)

Jahre	Geburten	Sterbefälle	Sterbeüberschuß (-)
1933	3425	8925	- 5500
1934	2300	8200	- 5900
1935	2500	8100	- 5600
1936	2300	8000	- 5700
1937	2100	8000	- 5900
1938	1000	7448	- 6448
1939	610	8136	- 7526
1940	396	6199	- 5803
1941	351	6249	- 5898
1942	239	7657	- 7418
1933–1942	*15 221*	*76 914*	*- 61 693*

14 Die besetzten Gebiete der Sowjetunion.
15 Anmerkung im Original: „Ohne Distrikt Lemberg mit rund 700 000 Juden."
16 SS-Brigadeführer Albrecht Schmelt (1899–1945) organisierte zwischen Aug. 1940 und Sommer 1943 die Zwangsarbeit von Juden vornehmlich in Oberschlesien, aber auch in Niederschlesien und dem Sudetenland. Bis zu ihrer Auflösung im Herbst 1943 verwaltete die Organisation Schmelt 177 Lager, in denen Tausende jüdischer Zwangsarbeiter untergebracht waren; siehe VEJ 4, S. 45 und VEJ 4/198.

Vom Tag der Machtergreifung (30.1.1933) bis 1.1.1943 beträgt der Sterbeüberschuß der Juden im Altreich mit Sudetenland 61 693, er stellt das Ergebnis aus 14 921 Geburten und 76 114 Sterbefällen dar.[17] Die Wanderungen einesteils, die in den ersten Jahren fehlende und seitdem mangelhafte Erfassung vor allem der Sterbefälle in den Konzentrationslagern durch die Reichsvereinigung der Juden andernteils geben hier zwar für viele Fehlerquellen Raum, doch läßt auch der ungefähre Überblick die trotz des Rückgangs der Judenzahl etwa gleichbleibende Höhe der Sterbefälle erkennen. Die jüdische Sterblichkeit würde danach 80–85 (gegen 10 bis 15 im europäischen Durchschnitt) auf 1000 betragen (im Jahre 1942).

Darüber hinaus fällt der Rückgang der Geburten auf, der dem Rückgang der Judenzahl weit vorauseilt. Die Geburtenziffer der Juden im Altreich würde danach im Jahre 1942 nur mehr rund 2 ½ auf 1 000 betragen. Ähnlich treffen in der Ostmark vom 1.3.1938 bis 1.1.1943 auf 15 188 jüdische Sterbefälle nur 679 jüdische Geburten. Im Altreich wurden schließlich im Dezember 1942 nur mehr 14, im Januar und Februar 1943 nur mehr 7 bzw. 8 jüdische Kinder geboren. Es ist dabei zu berücksichtigen, daß das Judentum schon seit Jahrzehnten in den zivilisierten abendländischen Staaten in der Kinderarmut voranging, wie sich an Hand der konfessionellen Geburtenstatistik ergab. Der Jude Felix Theilhaber[18] hat schon 1911 auf den daraus folgenden „Untergang der deutschen Juden“ hingewiesen, der nur durch den dauernden Zustrom ostjüdischen Blutes verdeckt wurde. Nur zum Teil hing diese Erscheinung mit der Überalterung des europäischen Großstadt-Judentums zusammen: In der Hauptsache handelte es sich um wirkliche Lebensschwäche.

Bei der heutigen außerordentlichen Sterblichkeit der Juden und ihrem Geburtentiefstand muß jedoch der äußerst ungünstige Altersaufbau der Juden mitberücksichtigt werden. Die Juden in Deutschland setzen sich nach der Abwanderung ihrer besten Jahrgänge größtenteils aus alten Leuten zusammen, so daß ihr Altersaufbau bei graphischer Darstellung in Gestalt der Alterspyramide nach dem Stichwort der Reichsvereinigung der Juden der Form einer „Keule“ gleicht, was objektiv zutrifft. Es mangeln die Kinder und die zeugungsfähigen Jahrgänge, während die Jahrgänge der alten Leute nicht nur verhältnismäßig zu stark sind, sondern auch rein zahlenmäßig viel stärker sind als die jüngeren Jahrgänge. Daraus entspringt auch z. T. die stark überhöhte Selbstmordziffer der Juden, da der Selbstmord überwiegend eine Todesart der alten Leute ist.

IV. Die Auswanderung der Juden aus Deutschland

Die Wanderung der Juden aus Ost- nach Mittel- und Westeuropa und aus ganz Europa nach Übersee und hier wieder in erster Linie nach den Vereinigten Staaten von Nordamerika ist eine seit Jahrzehnten allgemein beobachtete Erscheinung. Aus Deutschland wanderten vor allem von 1840–1870 sehr viele Juden aus, doch nach 1870 hörte ihre Auswanderung durch die neuen wirtschaftlichen Möglichkeiten im Reich fast völlig auf.

17 Die Differenzen zwischen den Zahlen in der Tabelle und im Text – bei den Geburten 300, bei den Sterbefällen 800 – ergeben sich vermutlich dadurch, dass sich die Zahlen im Text nicht auf das ganze Jahr 1933 beziehen, sondern nur auf die Zeit vom 30.1. bis 31.12.1933. Auffällig ist jedoch, dass in der Tabelle nur die Zahlen für das Altreich angegeben sind, im Text aber die gleichen Zahlen für Altreich und Sudetenland gelten sollen.

18 Dr. Felix Theilhaber (1884–1956), Arzt, Sexualreformer und Zionist; 1911 an der Frauenklinik in Jena tätig, anschließend bis 1913 Freiwilliger im Italien.-Türk. Krieg und in den Balkankriegen; Mai/Juni 1933 in Plötzensee inhaftiert; emigrierte 1935 nach Palästina; Verfasser der demographischen Studie „Der Untergang des Judentums“ (1911).

Dafür wanderten nun die Deutschen aus. Die jüdische Auswanderung aus Deutschland seit 1933, gewissermaßen ein Nachholen der 1870 unterbrochenen Bewegung, erregte die besondere Aufmerksamkeit der gesamten zivilisierten Welt, besonders der jüdisch regierten demokratischen Länder. Die Zahl und Struktur der Auswanderer wurde von verschiedensten Seiten und mit verschiedensten Methoden zu erfassen versucht. Doch gelangte man zu keinen einheitlichen Ergebnissen. Die Zahlen der deutschen Auswanderungsstatistik, jene der Reichsvereinigung der Juden in Deutschland und der israelitischen Kultusgemeinden in Wien und Prag, die zahlreichen ausländischen Erfassungen, Berechnungen und Schätzungen, die Statistiken des internationalen Judentums und die Zahlen wissenschaftlicher Untersuchungen weichen sehr stark voneinander ab. So rechnete Prof. Zielenziger,[19] Amsterdam, mit einer Zahl von 135 000 Auswanderern von der Machtergreifung bis Ende 1937, die Reichsvereinigung der Juden mit 203 000 Auswanderern. Seit 1938 ist die Auswanderung noch beträchtlich angestiegen, endete aber fast restlos (bis auf einige wenige Ausnahmefälle je Monat) durch das Verbot der jüdischen Auswanderung im Herbst 1941.[20] Die Reichsvereinigung der Juden und die israelitischen Kultusgemeinden in Wien und Prag kamen bis 1.1.1943 zu folgenden hohen Auswanderungszahlen (einschl. Doppelzählungen):

Auswanderer aus	*Zahl*	*Zeitraum*
Altreich mit Sudetenland	352 534	(30.1.33–1.1.43)
Ostmark	149 124	(1.3.38–1.1.43)
Protektorat	26 009	(15.2.39–1.1.43)

Die anfangs überstürzte Auswanderung machte genaue Angaben überhaupt unmöglich. Ebenso dürfte das angegebene Auswanderungs*ziel*, soweit es sich um europäische Länder handelt, vielfach nur als Zwischenstation zu betrachten sein. Von den Auswanderern aus dem Altreich gingen rund 144 000 nach anderen europäischen Ländern, rund 57 000 nach USA, 54 000 nach Südamerika, 10 000 nach Mittelamerika, 53 000 nach Palästina, 15 000 nach Afrika (vor allem Südafrika), 16 000 nach Asien (China), 4000 nach Australien. Von den 144 000 nach europäischen Ländern ausgewanderten Juden gingen allein über 32 000 nach England, 39 000 nach Polen bzw. ins Generalgouvernement, 18 000 nach Frankreich, 8000 nach Italien, 7500 nach den Niederlanden, 6000 nach Belgien. Es ist anzunehmen, daß der größte Teil dieser Auswanderer von diesen Ländern nach Übersee weiterzogen. Für die jüdischen Auswanderer aus der Ostmark wurden folgende Ziele angegeben: 65 500 nach europäischen Ländern, 50 000 nach Amerika, 20 000 nach Asien, 9000 nach Palästina, 2600 nach Afrika, 2000 nach Australien.

V. Die Evakuierung der Juden

Die Evakuierung der Juden löste, wenigstens im Reichsgebiet, die Auswanderung der Juden ab. Sie wurde seit dem Verbot der jüdischen Auswanderung im Herbst 1941 in großem Stile vorbereitet und im Jahre 1942 im gesamten Reichsgebiet weitgehend durchgeführt. In der Bilanz des Judentums erscheint sie als „Abwanderung".

Bis 1.1.1943 wanderten nach den Zusammenstellungen des Reichssicherheitshauptamtes ab

aus dem Altreich mit Sudetenland	100 516 Juden
aus der Ostmark	47 555 Juden

19 Kurt Zielenziger (1890–1944), Ökonom; Leiter des Jewish Central Information Office in Amsterdam.

20 Siehe Dok. 64, Anm. 17.

aus dem Protektorat 69 677 Juden
Zusammen 217 748 Juden
In diesen Zahlen sind auch die ins Altersghetto Theresienstadt evakuierten Juden enthalten.
Die gesamten Evakuierungen ergaben im Reichsgebiet einschl. Ostgebieten und darüber hinaus im deutschen Macht- und Einflußbereich in Europa von Oktober 1939 oder später bis zum 31.12.1942 folgende Zahlen:

1. Evakuierung von Juden aus Baden und der Pfalz nach Frankreich	6504 Juden
2. Evakuierung von Juden aus dem Reichsgebiet einschl. Protektorat und Bezirk Bialystok *nach Osten*	170 642 Juden
3. Evakuierung von Juden aus dem Reichsgebiet und dem Protektorat *nach Theresienstadt*	87 193 Juden
4. Transportierung von Juden aus den Ostprovinzen nach dem russischen Osten	1 449 692 Juden
Es wurden durchgeschleust[21] durch die Lager im Generalgouvernement	1 274 166 Juden[22]
durch die Lager im Warthegau	145 301 Juden
5. Evakuierung von Juden aus anderen Ländern, nämlich:	
Frankreich (soweit vor dem 10.11.1942 besetzt)	41 911 Juden
Niederlande	38 571 Juden
Belgien	16 886 Juden
Norwegen	532 Juden
Slowakei	56 691 Juden
Kroatien	4927 Juden
Evakuierung insgesamt (einschl. Theresienstadt und einschl. Sonderbehandlung)	1 873 549 Juden
ohne Theresienstadt	1 786 356 Juden
6. Dazu kommt noch nach den Angaben des Reichssicherheitshauptamtes die Evakuierung von	633 300 Juden[23]
in den russischen Gebieten einschl. der früheren baltischen Länder seit Beginn des Ostfeldzuges.	

In den obigen Zahlen sind nicht enthalten die Insassen der Ghettos und Konzentrationslager.

21 Ursprünglich hatte Korherr an dieser Stelle den Begriff „sonderbehandelt" als Tarnbezeichnung für die Ermordung der Juden verwendet. Am 10.4.1943 sandte Rudolf Brandt im Auftrag Himmlers den von diesem bereits abgezeichneten Bericht an Korherr zurück mit der Anweisung, statt „sonderbehandelt" die Bezeichnung „durchgeschleust" zu verwenden, die betreffende Seite des Berichts entsprechend zu korrigieren und auszutauschen und dann den Originalbericht zurückzuschicken; Brandt an Korherr, 10.4.1943, wie Anm. 1. An den Chef der Sicherheitspolizei und des SD Ernst Kaltenbrunner schrieb Himmler am 9.4.1943, er halte den Korherr-Bericht „als Material für spätere Zeiten, und zwar zu Tarnungszwecken für recht gut"; wie Anm. 1.

22 Im Telegramm an Eichmann vom 11.1.1943 nennt der Leiter des Stabs „Einsatz Reinhardt", Hermann Höfle, dieselbe Zahl als Bilanz der in den Vernichtungslagern Majdanek, Belzec, Sobibor und Treblinka ermordeten Juden; VEJ 9/204.

23 Die Zahl von 633 300 bis dahin in den besetzten sowjet. Gebieten Ermordeten ist viel zu niedrig, selbst wenn man das dem Generalgouvernement angeschlossene Ostgalizien nicht berücksichtigt.

Die Evakuierungen aus der Slowakei und aus Kroatien wurden von diesen Staaten selbst in Angriff genommen.

VI. Die Juden in den Ghettos

Es sind hier zu nennen:

1. Das Altersghetto *Theresienstadt*, dem insgesamt zugeführt wurden:

	87 193 Juden
davon aus dem Reichsgebiet	47 471 (Ostmark 14 222)
davon aus dem Protektorat	39 722.

Es zählt zu Beginn des Jahres 1943 insgesamt an jüdischen Insassen:

	49 392
davon mit	
deutsch. Staatsangehörigk.	24 313
Protektoratsangehörigkeit	25 079

Die Verminderung trat vor allem durch Sterbefälle ein. Außer Theresienstadt gibt es im Reichsgebiet eine Anzahl von jüdischen Alters- und Siechenheimen mit kleinerem Fassungsvermögen, die aber weder als Ghettos noch als Evakuierungsorte angesehen werden.

2. Das Ghetto *Litzmannstadt* zählt Anfang 1943 87 180 Juden, davon 83 133 mit ehem. polnischer Staatsangehörigkeit.

3. Die überwiegend in Rest-Ghettos untergebrachten Juden des *Generalgouvernements* werden für 31.12.1942 folgendermaßen angegeben bzw. geschätzt:

Im Distrikt	Zahl der Juden
Krakau	37 000
Radom	29 400
Lublin	20 000 (geschätzt)
Warschau	50 000
Lemberg	161 514
Generalgouv. zus.	*297 914*

VII. Die Juden in den Konzentrationslagern

In den Konzentrationslagern erfolgten von der Machtergreifung bis zum 31.12.1942

	73 417 Einlieferungen von Juden
davon wurden entlassen:	36 943
sind durch Tod abgegangen:	27 347
Restbestand vom 31.12.1942:	*9127 Juden*

Es ist hier zu beachten, daß die Zahl der Einlieferungen von Juden größer sein wird als die Zahl der in die Konzentrationslager eingelieferten Juden, da wiederholte Einlieferungen eines Juden wiederholt zählen.

Nicht enthalten sind die im Zuge der Evakuierungsaktion in den Konzentrationslagern Auschwitz und Lublin untergebrachten Juden.[24]

Nach Konzentrationslagern ergeben sich, untergeteilt nach Einlieferungen, Entlassungen, Todesfällen und dem Bestand vom 31.12.1942, folgende Zahlen:

24 Steht hier für die Deportation in ein Vernichtungslager der „Aktion Reinhardt" bzw. in die Lager Auschwitz-Birkenau und Lublin-Majdanek.

Juden in den Konzentrationslagern

Konzentrationslager	*Einlieferungen*	*Entlassungen*	*Todesfälle*	*Bestand vom 31.12.1942*
Lublin/Männer	23 409	4509	14 217	4683
Lublin/Frauen	2849	59	131	2659[25]
Auschwitz/Männer[26]	4917	1	3716	1200
Auschwitz/Frauen[27]	932	–	720	212
Buchenwald	16 827	13 805	2795	227
Mauthausen/Gusen[28]	2064	–	1985	79
Sachsenhausen	7960	6570	1344	46
Stutthof/Männer	28	–	13	15
Stutthof/Frauen[29]	3	–	–	3
Ravensbrück/Frauen	1321	531	787	3
Ravensbrück/Männer[30]	273	44	229	–
Dachau	12 026	11 140	886	–
Groß-Rosen	231	–	231	–
Lichtenburg[31]	195	195	–	–
Neuengamme	192	2	190	–
Flossenbürg	80	2	78	–
Sachsenburg[32]	52	52	–	–
Esterwegen[33]	36	33	3	–
Niederhagen[34]	12	–	12	–
Natzweiler	10	–	10	–
KL zusammen	*73 417*	*36 943*	*27 347*	*9127*[35]

25 Bezeichnet hier nur das Stammlager.

26 Bezeichnet hier nur das Stammlager.

27 Gemeint ist wahrscheinlich die von März bis Aug. 1942 bestehende Frauenabt. des Stammlagers für weibliche sowjet. Kriegsgefangene. Parallel dazu entstand in Auschwitz-Birkenau ein Frauenlager, das bis zur Befreiung 1945 existierte.

28 Gusen war das bedeutendste Außenlager des KZ Mauthausen, in dem zeitweise mehr Menschen inhaftiert waren als im Stammlager Mauthausen. In Gusen kamen die Häftlinge massenhaft durch Sklavenarbeit im Flugzeugbau und in einem Granitwerk um.

29 1942/43 befanden sich unter den mehr als 2000 Häftlingen des KZ Stutthof nur wenige Juden. Erst 1944 trafen Zehntausende jüdische Häftlinge, vor allem Frauen, aus anderen KZs dort ein; eine unbekannte Zahl von ihnen wurde in Gaskammern ermordet.

30 Im KZ Ravensbrück existierte von 1941 an ein Männerlager, in dem bis zur Befreiung etwa 20 000 Häftlinge lebten, die vornehmlich zum Ausbau des Lagergeländes eingesetzt wurden.

31 Als eines der frühen KZ fungierte das Lager Lichtenburg von seiner Gründung 1933 bis 1937 als Männerlager, in dem von 1935 an zunehmend Juden wegen sog. Rassenschande inhaftiert wurden. Von 1937 bis 1939 nutzte die Inspektion der Konzentrationslager Lichtenburg als Frauenlager.

32 Das 1933 gegründete KZ Sachsenburg war eines der frühesten KZ; es wurde zwischen Juli und Sept. 1937 aufgelöst und die Häftlinge kamen ins KZ Buchenwald oder nach Sachsenhausen.

33 Das KZ Esterwegen war zeitweise das zweitgrößte deutsche KZ nach Dachau. Es wurde 1936 aufgelöst, das Gelände aber weiter als Straflager genutzt, vor allem für im Rahmen der sog. Nacht-und-Nebel-Aktion verhaftete Widerstandskämpfer aus dem deutsch besetzten Europa.

34 Das KZ Niederhagen entstand 1941 aus einem Außenlager des KZ Sachsenhausen, das für den Ausbau der Wewelsburg gegründet worden war. 1943 wurde es der Lagerverwaltung Buchenwalds unterstellt und im April 1945 von US-Truppen befreit.

35 Wie Korherr weiter oben schreibt, sind hier die Juden, die „im Zuge der Evakuierungsaktion" in die KZ Auschwitz-Birkenau und Lublin-Majdanek deportiert wurden, nicht mitgerechnet. Das Gleiche gilt für die aus Vichy-Frankreich direkt in diese Lager deportierten Juden; siehe die Tabelle in Abschnitt V. Schließlich sind die aus den Gettos im besetzten Polen deportierten Juden nicht einbezogen. Zudem gab es allein in Auschwitz-Birkenau mehrere tausend nichtregistrierte Häftlinge.

VIII. Juden in Justizvollzugsanstalten

Zu Beginn des Jahres 1943 saßen in *Justizvollzugsanstalten* des Reichsgebietes 458 Juden ein, die sich auf Männer und Frauen und auf Arten des Strafvollzugs folgendermaßen verteilen:

	Männer	*Frauen*	*Zusammen*
Strafhaft	350	78	428
Sicherungsverwahrung	29	–	29
Arbeitshaus	–	1	1
Justizvollzugsanstalten insgesamt:	*379*	*79*	*458*

IX. Der Arbeitseinsatz der Juden

In kriegswichtigem Arbeitseinsatz waren zu Beginn des Jahres 1943 im Reichsgebiet tätig *185 776 Juden.*

Davon waren eingesetzt:

1. innerhalb der Inspekteur-Bereiche der Sicherheitspolizei und des SD (ohne Posen und ohne sowjetrussische Juden) *21 659*, davon 18 546 mit deutscher Staatsangehörigkeit, 107 mit Protektoratsangehörigkeit, 2 519 Staatenlose und 487 Ausländer. Sie verteilten sich nach Inspekteur-Bereich (ohne Posen) folgendermaßen:

Berlin	15 100	Königsberg[36]	96
Braunschweig	110	München	313
Breslau[37]	2451	Nürnberg	89
Danzig	-	Salzburg	7
Dresden	485	Stettin	18
Düsseldorf	673	Stuttgart	178
Hamburg	497	Wien	1226
Kassel	259	Wiesbaden	139

2. Im Inspekteur-Bereich *Königsberg* außerdem *18 435* ausländische, d. h. fast ausschließlich *sowjetrussische* Juden.

3. im Inspekteur-Bereich *Posen* im *Ghetto- und Lagereinsatz 95 112* hauptsächlich polnische Juden.

4. im Rahmen der *Organisation Schmelt* (Breslau) *50 570 Juden*, davon 42 382 Staatenlose und 8188 Ausländer.

X. Europäische Judenbilanz

Der Zusammenbruch des europäischen Judentums wurde schon vor Jahrzehnten durch den völkischen Verfall des europäischen Großstadt-Judentums einesteils, durch die jüdische Auswanderung andernteils eingeleitet. Der jüdische Statistiker Lestschinsky[38] hat den Rückgang des Judentums in Europa im Jahre 1927 folgendermaßen verdeutlicht: „Zu Anfang des 19. Jahrhunderts lebten in Europa 85 % und allein in Rußland, Österreich-Ungarn und Deutschland 80 % aller Juden; in Amerika gab es zu jener Zeit nur 2–3000

36 Anmerkung im Original: „Ohne sowjetrussische Juden."

37 Anmerkung im Original: „Ohne Organisation Schmelt."

38 Jakob Lestschinsky (1876–1966), Historiker; seit 1925 Leiter der Sektion Statistik des YIVO und Autor von „Di idishe vanderung far di letste 25 yor" (1927).

Juden. Im Jahre 1925 waren 63 % aller Juden in Europa ansässig, innerhalb der Grenzen Deutschlands, Österreich-Ungarns und Rußlands lebten nur noch 57 % des Gesamtjudentums, in Amerika dagegen lebten 30 %, in den übrigen Weltteilen 7 %." Nach Berechnung des Statistischen Reichsamts betrug der Judenanteil Europas im Jahre 1880 sogar 88,4 v. H., im Jahre 1937 nur mehr 60,4 v. H. 1943 dürfte der europäische Anteil noch 1/3 des Weltjudentums betragen.

Um 1930 und in den letzten Jahren betrug die Zahl der Juden in einigen wichtigeren Staaten Europas:

Staat	Volkszählungsjahr	Zahl der Juden	Neuere Zählung oder Schätzung		
			Jahr	Zahl der Juden in 1000	v. H. der Bevölkerung des Wirtsvolkes
Altreich	1933/35	502 799	1943	51	0,07
Österreich	1934	191 481	1943	8	0,1
Tschechoslow.	1930	356 830	.	.	.
- Protektorat	.	.	1943	16	0,2
Danzig	1929	10 448	.	.	.
Memelgebiet	1925	2402	1937	3	2,0
Belgien	.		1937	80	1,0
Bulgarien	1934	48 398	1937	50	0,8
Finnland	.	.	1937	2	0,04
Frankreich	.	.	1937	280	0,7
Griechenland	1928	72 791	1937	90	1,1
Großbritann.	1931/33	234 000	1937	345	0,7
Italien	1930	47 825	1937	52	0,1
Irland	.	.	1936	4	0,1
Jugoslawien	1930	68 405	1937	75	0,3
Lettland	1935	93 479	1937	96	4,9
Litauen	1923	155 125	1937	175	7,4
Niederlande	1930	111 917	1937	135	1,6
Polen	1930	3 113 933	1937	3300	9,6
Rumänien	1930	984 213	1941	302[39]	2,2
Slowakei	.	.	1940	89	3,4
Sowjetrußl.	1926	2 570 330	1939	4600[40]	2,4
Ungarn	1930	444 567	1940	750[41]	5,8

Die Gesamtzahl der *Juden* auf der Erde schätzt man um das Jahr 1937 im allgemeinen auf rund 17 Millionen, wovon über *10 Millionen auf Europa* entfallen. Sie häufen bzw. häuften sich in Europa vor allem in den von Deutschland besetzten früheren polnisch-russischen Gebieten zwischen Ostsee und Finnischem Meerbusen und dem Schwarzen

39 Anmerkung im Original: „Neuer Gebietsstand."
40 Anmerkung im Original: „Neuer Gebietsstand, mit Ostpolen; die Zahl ist geschätzt."
41 Anmerkung im Original: „Neuer Gebietsstand; die Zahl ist berechnet."

und Asowschen Meer, daneben in den Handelsmittelpunkten und im Rheingebiet Mittel- und Westeuropas und an den Küsten des Mittelmeers.
Von Anfang 1937 bis Anfang 1943 dürfte die Zahl der Juden in Europa teils durch Auswanderung, teils durch den Sterbeüberschuß der Juden in Mittel- und Westeuropa, teils durch die Evakuierungen vor allem in den völkisch stärkeren Ostgebieten, die hier als Abgang gerechnet werden, um schätzungsweise 4 Millionen zurückgegangen sein. Dabei darf nicht übersehen werden, daß von den Todesfällen der sowjetrussischen Juden in den besetzten Ostgebieten nur ein Teil erfaßt wurde, während diejenigen im übrigen europäischen Rußland und an der Front überhaupt nicht enthalten sind. Dazu kommen die uns unbekannten Wanderungsströme der Juden innerhalb Rußlands in den asiatischen Bereich hinüber. Auch der Wanderungsstrom der Juden aus den europäischen Ländern außerhalb des deutschen Einflusses ist eine weitgehend unbekannte Größe. *Insgesamt dürfte das europäische Judentum seit 1933, also im ersten Jahrzehnt der nationalsozialistischen deutschen Machtentfaltung, bald die Hälfte seines Bestandes verloren haben.*

DOK. 240

Der Leiter der Partei-Kanzlei warnt am 27. März 1943 vor Übereifer bei der Umdichtung von Operntexten mit alttestamentarischen Inhalten[1]

Rundschreiben der Partei-Kanzlei der Nationalsozialistischen Deutschen Arbeiterpartei (Nr. 51/43), gez. M. Bormann,[2] an die Reichsleiter, Gauleiter und Verbändeführer vom 27.3.1943[3]

Betrifft: Umdichtung von Oratorien- und Operntexten.
Von verschiedenen Seiten werden immer wieder Bedenken gegen die Textfassungen mancher Oratorien und Opern geltend gemacht. Eine Reihe von Opern etc. wird vielfach als überholt bezeichnet, weil die Textgestaltung alttestamentarischen und damit jüdischen Schriften entnommen ist oder in Anlehnung an sie erfolgte. Weite Kreise unseres Volkes glauben, wegen der Texte, die ihren weltanschaulichen Auffassungen widersprechen, diese Werke ablehnen zu müssen, während die musikalischen Werte nicht in Zweifel gezogen werden.
Deshalb wurden mehrfach von verschiedenen Theaterleitungen wegen weltanschaulicher Bedenken Opern mit kirchlichen Szenen und mit Arientexten christlichen Inhalts von den Spielplänen abgesetzt. Dies geschah u. a. mit Werken wie „Tiefland" „Carmen", „Tosca", „Cavalleria rusticana", „Faust", „Lohengrin" und „Tannhäuser". Der „Freischütz" wurde wegen der Rolle des Eremiten gestrichen.
In letzter Zeit haben einzelne Stellen eigenmächtig Textänderungen vorgenommen. Durch ganz willkürliche Änderungen ergaben sich Entstellungen, die eher lächerlich und schädigend als reinigend wirkten. So wurde in „Cavalleria rusticana" der von Orgelklängen begleitete Text „Aus der Kirche gehen wir" in „Nach Hause gehen wir" umge-

1 BArch, NS 22/903.
2 Martin Bormann.
3 Im Original Stempel.

wandelt. Statt des Pilgerchores in „Tannhäuser“ trat eine Bauerngruppe auf, die Elisabeth ließ man in innigem Flehen einen Baumstumpf umarmen.[4]
Derartige Umgestaltungen anerkannter Tonschöpfungen wirken grotesk! Sie entspringen einer primitiven weltanschaulichen Wachsamkeit, die nicht zu rechtfertigen ist. Wir müssen die künstlerischen Leistungen früherer Zeiten mit gebührender Achtung und mit Verständnis für ihre Zeitbedingtheit behandeln. Demgemäß hat der Reichspropagandaleiter[5] an die Leiter sämtlicher deutscher Theater ein Rundschreiben gerichtet, in welchem auf die Unzulässigkeit willkürlicher Textänderungen hingewiesen wird. Während des Krieges gibt es lebensnotwendigere Aufgaben als die Überarbeitung der Texte von Oratorien und Opern.
Nach dem Kriege wird der Führer entscheiden, inwieweit textliche Änderungen ausgearbeitet werden sollen.

DOK. 241
Eine Krankenschwester schildert die Deportation der Berliner Juden bis März 1943[1]

Bericht, ungez.,[2] über die Lage der Juden in Berlin 1940 bis 1943, o. D. [Febr. 1945] (Typoskript)[3]

Das Leben der Juden in Berlin in den Jahren 1940 bis 43.
Allgemeine Bestimmungen der Geheimen Staatspolizei, Abt. zur Lösung der Judenfrage, Berlin, Kurfürstenstraße und Burgstraße. (Leiter dieser Abteilung SS-Führer Günther[4] und Eichmann):

1939
Abgabe aller Goldwaren im jüdischen Besitz. Abholung bezw. Abgabe der Radios (Jom Kippur),[5] Telefone und Fahrräder. Beschlagnahme des jüd. Vermögens, auf Antrag bei der Devisenstelle monatliche Auszahlung eines geringen Betrages. Ausgangszeiten für Juden von 6 Uhr morgens bis 8 Uhr abends. Verbot des Besuches staatlicher deutscher Kulturstätten.
Zulegung des jüdischen Zusatznamens, für Frauen Sara, für Männer Israel. K.Z.-Strafe bei Nichtbeachtung dieser Vorschrift, z. B. bei behördlichen Schreiben oder mündlichen

4 Im Original umarmt sie ein Kreuz.
5 Joseph Goebbels.

1 CDJC, Sammlung Dr. Hans Klee, LXX-70. Teilweise abgedruckt in: Mira und Gerhard Schoenberner, Zeugen sagen aus. Berichte und Dokumente über die Judenverfolgung im Dritten Reich, Berlin 1988 (Erstausgabe unter dem Titel „Wir haben es gesehen“, Hamburg 1962), S. 323–326.
2 Autorin des Dokuments war Gerda Schild, später (verh.) Haas (*1922), Krankenschwester; 1938 war ihre Familie gezwungen, ihr Haus zu verkaufen, Umzug von Ansbach nach München; 1939 Krankenschwesterausbildung in Berlin; im März 1943 nach Theresienstadt deportiert, im Febr. 1945 kam sie im Zuge eines vom Internationalen Roten Kreuz organisierten Häftlingsaustauschs in die Schweiz, wo sie den vorliegenden Bericht verfasste; 1946 Emigration in die USA.
3 Im Original handschriftl. Bearbeitungsvermerke sowie Stempel „Dr. Hans Klee, 129 rue Lausanne, Genève“.
4 Rolf Günther.
5 Es kam häufiger vor, dass antijüdische Bestimmungen gerade an hohen jüdischen Feiertagen ausgegeben wurden oder erfüllt werden mussten. Im Jahr 1939 fiel das Versöhnungsfest, das am Jom Kippur begangen wird, auf Samstag, den 23. Sept.

amtlichen Fragen. Neugeborene durfte man nur noch mit den behördlich erlaubten Namen benennen: Z. B. konnte man seine Tochter Hindele, Sure, Egele, Bela oder Tana heißen, seinen Sohn Leib, Schmul, Kain, Uri, Dan, Denny.[6]

1940
Schulverbot für jüd. Kinder (Februar 40).[7] Schulen und gleichzeitig mehrere andere jüd. Gebäude wurden beschlagnahmt. Schwere Strafen bei Übertritt dieses Verbotes, Kontrollen in den jüd. Kindergärten und Befragen der Kinder selbst.
Zwang zur Fabrikarbeit für Juden bis zu 60 Jahren.[8] Die Juden arbeiteten in den Betrieben getrennt von der arischen Belegschaft, unter Aufsicht eines Ariers, Arbeitszeit bis zu 10 Stunden, Tempo oft bis zur Erschöpfung, Verdienst gleich Null. Häufiges Fernbleiben von der Arbeit, sei es durch Krankheit oder durch Familienumstände, entschuldigt oder unentschuldigt, führte unweigerlich zum Abtransport.[9]
Schließung sämtlicher jüd. Geschäfte.[10] Einkaufszeit für Juden in den arischen Geschäften von 4 bis 5 Uhr. Im Westen Berlins gab es Gegenden, die an jedem Geschäft das Schild „An Juden wird nichts verkauft“ hängen hatten. Die jüd. Hausfrauen dieser Gegenden mußten oft erst eine ½ Stunde fahren oder später noch länger laufen, ehe sie zu Läden kamen, die, und sei es auch nur durch die Hintertür, etwas an Juden abgaben.
Einführung der „Sprechstunden für Juden“ an allen Behörden und öffentlichen Ämtern.
Verbot der Benützung öffentlicher Luftschutzräume, Fahrstühle in behördlichen Gebäuden und Warenhäusern, z.T. auch in Privathäusern. Auf jeden Fall aber durften Juden nicht mit arischen Bewohnern eines Hauses im Luftschutzkeller sein, sondern der Hauswart hatte für Juden einen Teil des Kellers zu separieren.

1941
19. September, der Judenstern. Ein handflächengroßer hellgelbes Magen David mit der Aufschrift „Jude“ in schwarzen, der hebräischen Schrift nachgeahmten Druckbuchstaben. Zum Tragen des Sternes waren sämtliche nicht privilegierten Juden verpflichtet. Privilegiert waren Juden mit arischen Kindern. Andererseits wurden jedoch arische Kinder, die einen jüd. Elternteil hatten, nur in den seltensten Fällen als arisch anerkannt.[11]

6 Dies wurde 1938 mit der 2. VO zur Durchführung des Gesetzes über die Änderung von Familiennamen und Vornamen angeordnet; RGBl., 1938 I, S. 1044.

7 Jüdischen Schülern wurde der Besuch staatlicher Schulen bereits nach dem Novemberpogrom 1938 verboten; siehe VEJ 2/16 und 46. Im Verlauf der Jahre 1939–1942 führten lokale Behörden auch totale Schulverbote ein, wobei die letzte jüdische Schule in Berlin auf Anordnung der Reichsbehörden im Juni 1942 geschlossen wurde.

8 In Anbetracht des Arbeitskräftemangels weiteten deutsche Behörden die Zwangsarbeit für Juden 1940 massiv aus. Alle jüdischen Männer zwischen 18 und 55 und alle Frauen zwischen 18 und 50 Jahren waren unabhängig von ihrer Situation verpflichtet, sich bei den zuständigen Stellen zur Arbeitszuteilung zu melden; siehe VEJ 3, S. 41.

9 Gemeint ist der Abtransport in ein KZ, Arbeitserziehungslager o. Ä.

10 Bereits nach dem Novemberpogrom hatte Göring durch die VO zur „Ausschaltung der Juden aus dem Wirtschaftsleben“ jüdische Handwerker, Einzel- und Markthändler gezwungen, mit Wirkung vom 1.1.1939 ihre Gewerbebetriebe zu schließen; siehe VEJ 2/143.

11 Kinder aus „Mischehen“ („Mischlinge 1. Grades“) wurden wie Juden behandelt, wenn sie der jüdischen Religionsgemeinschaft angehörten. Wenn nicht, waren sie einer Vielzahl nicht abschließend

Man erhielt zunächst einen, später einen zweiten Stern für 20 Pfennige bei der J.K.G. (Jüd. Kultusgemeinde). Der Stern mußte fest und sichtbar in Brusthöhe links auf dem Oberkleid aufgenäht sein. Juden, die in arischen Betrieben arbeiteten, und wir Angestellten der J.K.G. hatten den Stern auch auf den Arbeitskleidern zu tragen. Wir Schwestern, die wir manches Mal die Schürze 2 und 3mal am Tage wechseln mußten, mußten also jedesmal den Stern abtrennen und auf die frische Schürze nähen. Wir hatten oft genug Gestapo-Kontrollen und hüteten uns wohl, Gefahr zu laufen, wegen eines schlecht oder schief angenähten Sternes auf Transport geschickt zu werden.
Der Wohnungsstern. Jeder Jude war verpflichtet, sein Namensschild mit einem weißen, etwas kleineren Stern an seiner Wohnungstür anzubringen.[12]
Jüd. Ärzte, die Erlaubnis zur Ausübung ihrer Praxis hatten, hatten sowohl an der Haus- wie auch an der Wohnungstür ein großes gelbes Schild mit blauem Stern anzubringen, auf dem stand: „Dr. .... Israel ...., jüd. Behandler, ist zur Behandlung ausschließlich von Juden zugelassen." (Der Arzt-Titel war verboten, es durfte nur heißen jüd. Behandler)
Die Lebensmittelkarten der Juden wurden mit einem großen J gezeichnet, später, als man die Erfahrung gemacht hatte, daß wir die einzelnen Marken abschnitten und arischen Bekannten mitgaben, um nicht an die unbequemen Einkaufszeiten gebunden zu sein, bekamen die jüd. Karten auf jedem einzelnen Abschnitt ein kleines J.
Außerordentliche Erschwerung der Wohnverhältnisse. Die arischen Hausbesitzer hatten das Recht, in vielen Fällen sogar die Pflicht, jüd. Parteien auszuweisen. So waren die Juden auf die wenigen, noch im jüdischen Besitz befindlichen Häuser angewiesen, die natürlich überfüllt waren.

Oktober 41, das Fahrverbot. Es war Juden bei schweren Strafen verboten, sämtliche Verkehrsmittel der B.V.G. (Berliner-Verkehrs-Gesellschaft) zu benützen.[13] Arbeitende Juden, deren Weg zum Arbeitsplatz mehr als 7 km betrug, erhielten einen gelben Fahrtausweis für diese Strecke und zurück. Einzelne Mitglieder der J.K.G. bekamen allgemeine Fahrerlaubnis für sich und eine oder mehrere Begleitpersonen.
Verbot des Bezuges von Zeitungen.
Verbot der Benützung der öffentlichen Fernsprechzellen und der Berliner Taxen. In dringenden Fällen, z. B. Krankheitsfällen, wies das zuständige Polizeirevier ein Taxi zu.
Verbot, einzelne Straßen Berlins zu beschreiten (Wilhelmstr., Kurfürstendamm, U. d. Linden, Hitlerplatz u.s.w.). Dort wohnende Juden hatten Erlaubnisscheine zu beantragen.
Abgabe der Photo- und aller sonstigen Apparate, Schreibmaschinen, Grammophone, sämtlicher elektronischen Geräte im Privatbesitz und aller Haustiere.[14]
6 Juden Berlins, und zwar die 6, die mit der Gestapo dienstlich in Berührung kamen, hatten die Erlaubnis, ihr Bügeleisen zu behalten.

definierter diskriminierender Bestimmungen unterworfen. Zu den verschiedenen Einstufungen und der damit einhergehenden Behandlung siehe das Protokoll der Wannsee-Konferenz, Dok. 65 vom 20.1.1942 sowie Einleitung, S. 43 f.

12 Diese VO wurde erst am 3.4.1942 erlassen; siehe Dok. 95 vom 3.4.1942.

13 Laut Schnellbrief des RMdI vom 15.9.1941 durften Juden öffentliche Verkehrsmittel nur mit einer besonderen Genehmigung benutzen, zu persönlichen Zwecken nur in Ausnahmefällen; VEJ 3/222. Vom 1.5.1942 an war ihnen auch für Arbeitswege von weniger als sieben km die Benutzung des öffentlichen Nahverkehrs verboten; siehe Dok. 137 vom 30.6.1942, Anm. 4.

14 Anordnung vom 15.2.1942, die im Jüdischen Nachrichtenblatt veröffentlicht wurde.

Das Krankenhaus und die zugelassenen Behandler hatten für jedes elektrische Gerät und für jeden Apparat einen Erlaubnisschein auf Widerruf.

1942
Enteignung allen jüd. Besitzes. Jeder Löffel war nun Eigentum des Staates und den Juden bis zu ihrer Abwanderung geliehen. Bei Verkauf von Möbelstücken oder bei Umzügen behördliche Genehmigung.
Abgabe sämtlicher Pelz-, Woll- und Stricksachen.[15]
Abgabe eines Teiles sämtlicher Arten von Textilien in jüd. Besitz. Das Krankenhaus hatte so viel Bett- und Leibwäsche abzugeben, daß zur Aufnahme von Kranken die Bedingung gestellt werden mußte, eigenes Bettzeug für die Dauer des Aufenthaltes mitzubringen.
Entzug der Fleischkarten, Kürzung der Butterrationen für Juden. Hier muß eingeschoben werden, daß die Juden nie Kleider-, Rauch- und Milchkarten hatten und keine Schuhreparaturscheine.
Dauernd gefürchtete Gestapokontrollen auf der Straße und in den Wohnungen, ob alle Befehle und Verbote eingehalten wurden.
Die Juden waren auf diese Art mit Erfolg völlig von der arischen Bevölkerung und untereinander isoliert. Das Leben in Berlin war eine stündliche Qual. Die Nervosität, die Angst vor der nächsten Stunde, vor dem Abtransport, vor den Bombenangriffen, ja um das Leben stieg von Tag zu Tag.
Die Bevölkerung Berlins benahm sich ziemlich feindlich, obwohl es nur einige seltene Male zu Ausschreitungen von ziviler Seite kam.[16]

1942/43 Die Transporte
Erste Transporte aus Deutschland bereits 1940 aus Baden.[17] Dr. Seligsohn[18] vom Hilfsverein, der aus diesem Anlaß einen allgemeinen Fasttag einführen wollte, kam ins K.Z., der Fasttag wurde natürlich streng untersagt. Februar 1940 Transport aus Stettin.[19]

Oktober 1941 Erster Berliner Transport.[20] In der Folge laufende Transporte in Abständen von 3 bis 6 Wochen zu je 1000 bis 1500 Mann. Sammellager Synagoge Levetzowstr., strenge Schweigepflicht des jüd. Hilfspersonals. Transporteinberufung ca. 1 Woche vor dem Stellungstermin im Lager. Abgang des Transportes nach wenigen Tagen, wenn keine Waggons zur Verfügung standen, nach Wochen.

15 Siehe Dok. 64 vom 12.1.1942, Anm. 10.

16 Hier handschriftl. Anmerkung, die ausgestrichen wurde: „Ich glaube zu der Feststellung berechtigt zu sein, daß die breite Masse Berlins keine Ahnung von dem Ausmaß der Judenverfolgung hatte."

17 Im Okt. 1940 deportierte die Gestapo etwa 6000 Menschen aus Baden und der Saarpfalz in Lager in Südfrankreich, vornehmlich nach Gurs; siehe VEJ 3/111–113. Die ersten Deportationen von Juden aus Deutschland fanden schon im Okt. 1939 statt, als Teile der jüdischen Bevölkerung von Mährisch-Ostrau, Wien und Kattowitz nach Nisko am San deportiert wurden, um in einem dort geplanten „Judenreservat" zu leben; siehe VEJ 3/19 und 27.

18 Siehe Dok. 105 vom 1.5.1942.

19 Die gesamte Stettiner Jüdische Gemeinde wurde in der Nacht vom 12. auf den 13.2.1940 nach Lublin deportiert, vermutlich im Zusammenhang mit der Ansiedlung sog. Volksdeutscher in Stettin; siehe u. a. VEJ 3/52.

20 Zum Beginn der Deportationen aus Berlin siehe Einleitung, S. 13.

50 kg Gepäck pro Mann, das je nach Laune der Gestapo mitkam oder zurückblieb. Der Abtransport erfolgte von irgendeinem kleinen Nebenbahnhof Berlins aus,[21] unter Hilfeleistung einiger Juden, unter strengster Aufsicht der Gestapo u. SS, Peitschenhiebe, Ohrfeigen, Fußtritte waren an der Tagesordnung.
Transporte in Viehwaggons,[22] versiegelt, ohne Abtrittsmöglichkeit, ohne Reiseproviant und Wasser. Ziel immer unbekannt, Nachrichten von den Transportteilnehmern kamen nie nach Berlin.
Bei Abtransport hatte man alles Schriftliche, sei es nun der Geburtsschein oder der gelbe Fahrtausweis, abzugeben.
Der Abwandernde hatte eine eidesstattliche Erklärung abzulegen, daß sein Vermögen und sein Besitz dem Staat gehöre. Bei Abwanderung wurde die Wohnung versiegelt.
Wie gesagt, erfolgte ca. 1 Woche vor dem Sammeltermin die schriftliche Einberufung. Es war ein schreckliches und erschütterndes Bild, an Sammeltagen die Juden familienweise, vom Vater bis zum Jüngsten mit Rucksäcken, Decken und Säcken beladen, zur Sammelstelle laufen oder fahren zu sehen, begleitet von den weinenden Freunden und Verwandten.
Andererseits war aber auch genügend Zeit, sobald man die Einberufung erhielt, zu türmen oder zu tauchen (d. h. illegal über eine Grenze zu gehen oder mit falschen Papieren bei Ariern außerhalb Berlins Unterkunft zu suchen, oder eben in Berlin selbst sich bei Ariern versteckt zu halten) oder Selbstmord zu begehen. Wir hatten im Krankenhaus zu Transportzeiten meist solch einen Überbelag an Selbstmördern, daß wir oft lange Bettreihen auf den Korridoren aufstellen mußten. In einer *Nacht* hatten wir bis zu 30 Einlieferungen.
Die Leute, die wir ins Leben zurückrufen konnten, hatten wir nach ihrer Genesung oder auch schon vorher direkt ins Sammellager zu überstellen.
Nach kurzer Zeit wurden die Teilnehmer 1 Tag vor dem Sammeltermin verständigt, und als auch da noch Hunderte von Personen einfach nicht erschienen, so daß man im letzten Moment einfach in die umliegenden Wohnungen ging und die fehlende Anzahl mit völlig unvorbereiteten, zufällig in der Nähe wohnenden Juden oder solchen, die man von der Straße nahm, ersetzen mußte, ging man dazu über, durch eine feststehende jüd. Ordnergruppe, durch Polizei, SS und Gestapo die Leute in den Abendstunden aus den Wohnungen holen zu lassen. Sie hatten Pack- und Vorbereitungszeit von ½ Stunde, noch immer Zeit genug, in der Toilette Blausäure zu nehmen oder sich aus dem Fenster zu stürzen. Viele Juden versuchten, ihren Begleitpersonen auf dem Weg von der Wohnung ins Lager zu entwischen, wehe aber, wenn sie gefangen wurden. Man schoß erbarmungslos auf sie während der Jagd und prügelte sie blau, wenn man sie einholte. Entwischte aber einem Ordner ein zur Abwanderung bestimmter Jude, so mußte der Ordner für diesen in den Transport eintreten.
Es wurden bald die gröbsten Familienzerreißungen vorgenommen, da manche Fabriken die jüd. Arbeiter nicht freigaben.
Oft genug erlebten wir auch, daß am Bahnhof plötzlich einem SS-Mann einfiel, ein paar der Ordner, die da in ihren Arbeitskleidern Hilfsdienst machten, so wie sie da am Zug arbeiteten, mit in ein Abteil zu stecken und mit wegzuschicken.

21 Die Berliner Juden wurden zunächst vom Bahnhof Grunewald, von 1942 an auch vom Bahnhof Putlitzbrücke deportiert.
22 In der Regel wurden Personenwaggons 3. Klasse für die Deportationen benutzt.

Oder wehe dem Ordner, der sich erwischen ließ, wenn er harmlose Abschiedsbriefchen, ein letztes Butterbrot oder ein paar warme Strümpfe in das Lager schmuggelte. Er wanderte, so wie er dastand, nach gehörigen Prügeleien in den Arrest und bei Abgang des Zuges in ein besonders verriegeltes Abteil. Nach den ersten derartigen Ereignissen hatte jeder Ordner an einer versteckten Stelle im Sammellager seinen gepackten Rucksack stehen. Die Familie zitterte, bis er wieder nach dem Dienst ungeschlagen und ohne blaue Flecke zu Hause war.

Es war bekannt, daß die Abwanderungslisten von den Leitern der J.K.G. und dem Leiter des Krankenhauses, Dr. Lustig,[23] zusammengestellt wurden.[24] Ebenso bekannt war es, daß man durch persönliche Beziehungen oder durch Bestechung verhüten konnte, in die Liste zu kommen. Man brauchte z. B. nur einem kleinen Angestellten der Personalkartei einen Geldbetrag, oder noch besser, ein gewisses Quantum an Lebensmitteln anzubieten, der Angestellte ließ die Karte seines Geldgebers verschwinden und dieser galt als bereits abgewandert. Hier muß ich einfügen, daß Lebensmittel im Schleichhandel schwindelnde Preise hatten. Offiziell waren sie für Arier schwer, für Juden überhaupt nicht zu bekommen. Punktfreie Ware[25] und Mangelware (Mangelware ist in Deutschland alles) durften an Juden nicht abgegeben werden. Allerdings blühte der Schwarzhandel gerade unter den Juden. Im Jahre 1942 bezahlte man für 2 kg Brot bis zu 20 Reichsmark und für 1 Pfund Fleisch bis zu 100.– Für eine Zigarette gab man 1.– Reichsmark und für eine Tafel Schokolade 50.–

Unser Chef, der Leiter des Krankenhauses, Dr. Lustig, ließ sich in der Aufstellung der Transportlisten seines Personals und seiner Patienten von seinen derzeitigen Freundinnen beraten. Es wanderten also nicht nur die Schwestern und Ärzte ab, die schlecht arbeiteten, sondern vor allem erst einmal die, die der Freundin nicht sympathisch waren. Hier galt es also, sich bei der derzeitigen Dame beliebt zu machen. Dr. Lustig und seine Günstlinge sind noch heute in Berlin, das Krankenhaus besteht noch, wenn auch verkleinert und zum Teil bombenbeschädigt.

Die Theresienstadt-Transporte

Ab Anfang 1942 wöchentlicher Abgang eines Transportes nach Theresienstadt zu je 100 oder 500 Mann.[26] Sammellager ehemaliges Altersheim „Große Hamburger Str." Für Theresienstadt wurden nur Leute über 65, Schwerkriegsbeschädigte und arisch Versippte eingeteilt. Ab 1943 dann auch Angestellte der J.K.G. Theresienstadt galt von Anfang an als bevorzugtes Ghetto, obwohl man sich absolut nichts unter diesem Wort vorstellen konnte. Die ersten Nachrichten von dort kamen erst Anfang 43 nach Berlin.

Später war die Große Hamburger Str. Sammellager für die Osttransporte, und für die Theresienstadt-Transporte wurde es das ehemalige Altersheim Gerlachstr.

Einzelne besonders hervorzuhebende Aktionen der Gestapo:

Zunächst einmal der Anschlag auf die Sowjetausstellung im Lustgarten Berlin, im Mai 42, der – natürlich – den Juden zur Last gelegt wurde.

23 Dr. Dr. Walter Lustig.

24 Die Gemeindeangestellten mussten aktualisierte Listen der Gemeindemitglieder vorlegen, aus denen die Gestapo dann die Juden auswählte, die zum nächsten Transport aufgerufen wurden.

25 Waren, für die man beim Einkauf weder eine Rationierungskarte (Lebensmittel) noch eine Punktkarte (Textilien) vorweisen musste.

26 Die Deportationen von Berlin nach Theresienstadt begannen im Juni 1942.

Ich fuhr damals am Spätnachmittag von der Arbeit nach Hause und sah von der Straßenbahn aus an verschiedenen Ecken und Plätzen Berlins folgendes Bild: Links ein Polizist, rechts ein Zivilist, den man unschwer als Gestapist erkannte, zwischen sich einen Juden mit dem Stern in Straßen- oder Arbeitskleidung, einige Schritte entfernt weinende jüd. Frauen mit Kindern, alte jüd. Väter und Mütter, Arier, die auf die Gruppe deuteten und Bemerkungen machten.

Wir waren bis spät abends völlig ahnungslos, was das nun wieder zu bedeuten habe, saßen in einer Ecke des Zimmers zusammen und fuhren bei jedem Klingelzeichen hoch. Endlich sickerte durch, daß man als Rache für das Attentat der Juden im Lustgarten 500 jüd. Männer, zum Teil von der Straße weg, z. T. aus den Wohnungen verhaftet hatte. Zwei Tage später teilte uns Dr. Lustig im Auftrag der Gestapo mit, daß von diesen 500 Männern 250 bereits erschossen worden seien, die anderen 250 in einem K.Z. wären, als Strafe für unser!!! Attentat auf die Sowjetausstellung.[27]

August 1942

Wir erhielten um 8 abends den Befehl, uns sofort im Gemeindegebäude Oranienburger Str. einzufinden. Dort angekommen, teilt uns die Gestapo mit, daß ein Transport von Waisenkindern gehen soll,[28] und da die erforderliche Anzahl nicht allein aus den Heimen gedeckt werden kann, haben wir jetzt sofort noch die Waisenkinder abzuholen, die sich in Privatpflege befinden, und sie im Sammellager einzuliefern. Wir! Wir jüdischen jungen Mädels sollten jüdische Kinder abholen. Ich weiß heute noch nicht, wo wir die Kraft und Energie dazu hergenommen haben. Ich war damals 20 Jahre alt. Wir bekamen also einen allgemeinen Fahrtausweis mit Begleitpersonen und eine Liste mit 4 bis 5 Adressen und die Frist, die Kinder bis zum nächsten Morgen um 4 Uhr abgeliefert zu haben.

Wir machten uns nun immer zu zweien auf diesen schweren Weg und suchten zunächst einmal im Dunkeln die Häuser ab (es war unterdessen 9 Uhr geworden). Da die Berliner Häuser um 9 Uhr geschlossen werden, mußten wir erst den Hauswirt wecken, unsere Ausweise vorzeigen und konnten dann in die jüdischen Wohnungen. Die Wohnungstüren der Juden wurden uns erst nach wiederholtem Klingeln und Klopfen geöffnet, denn es war die berüchtigte Stunde der Abholungen, wo die Familie bei jedem Klingeln blaß wird, und, während der Mann öffnet, die Frau schon die Rucksäcke hervorholt.

Wenn man uns nun mit dem Stern vor der Tür stehen sah, atmete man auf. Aber welch schreckliche Szenen erlebten wir, wenn wir den Grund unseres Kommens gesagt hatten. Ich werde nie vergessen, mit welchem unbeschreiblichen Ausdruck ein kleiner Junge fragte: „Seid Ihr denn nicht meine richtigen Eltern?" und in einem anderen Fall, wie herzzerbrechend ein altes Ehepaar weinte, als es das 16jährige Mädel hergeben sollte, das von Geburt an bei ihnen war und Glück und Freude ins Haus gebracht hatte.

Gerade bei diesem Transport hatte ich auch noch Schwesterndienst im Lager. Ich glaube, ich brauche nichts darüber [zu] schreiben, wie schrecklich es ist, wenn Juden ihren

27 Siehe Dok. 157 vom 27.8.1942.

28 Tempuswechsel hier und im Folgenden im Original. Transporte, in denen ausschließlich Waisenkinder deportiert wurden, sind nicht bekannt. Da die Berliner Gestapo in den Sommer- und Herbstmonaten die meisten jüdischen Fürsorgeeinrichtungen auflöste, befanden sich in den Deportationszügen aus Berlin in dieser Zeit besonders viele Bewohner von Alten- und Waisenheimen; siehe Einleitung, S. 68–70.

Glaubensgenossen die letzten Hilfsdienste erweisen sollen, sie an den Güterzug bringen müssen und tatenlos zusehen, wie sie vielleicht noch von der SS mißhandelt werden.

September 1942 bis Februar 43, SS-Obersturmführer Brunner aus Wien – Die drei Wiener Juden.
Das war die schrecklichste Zeit, die ich je erlebt habe. Brunner,[29] ein Wiener SS-Mann, kam mit 3 Wiener Juden der J.K.G., um, wie er sich ausdrückte, „dene Saupreißen zu zeigen, wie man dö Schweinehunde, dö Juden behandelt."
Seine Einführungstat war folgende: Er bestellte sich für einen Morgen um 6 Uhr sämtliche Angestellte der J.K.G. in den großen Sitzungssaal in die Oranienburger Str. In den Kindergärten und im Krankenhaus blieben ein paar Mann Notpersonal, alle anderen, es dürften 500 Leute gewesen sein damals, traten an. (Ich hatte Notdienst im Kindergarten und ließ mir die Vorgänge später berichten.) Brunner, Eichmann und Günther erschienen lächelnd, rauchend und lächerlich jung gegen Mittag, nachdem die Juden da 6 Stunden angstbebend, ohne abtreten zu dürfen, ohne Verbindung mit ihren Angehörigen, ohne Essen und Trinken in Reih und Glied gestanden hatten, die schlimmsten Befürchtungen hegend. Die 3 nahmen zunächst überhaupt keine Notiz von der wartenden Menge, setzten sich und unterhielten sich lachend noch eine Weile, bis die Totenstille bei den Juden durch eine in Ohnmacht fallende Frau unterbrochen wurde. Da endlich ließ sich Brunner zunächst von den Leitern der J.K.G., den Herren Hentschel, Kozower und Kraindl,[30] die Listen des in den Betrieben verbliebenen Notpersonals geben. Dann verlangte er, jeder Abteilungsleiter solle alle nur irgend entbehrlichen Personen zum Abtransport auswählen. Natürlich ging ihm das zu langsam, und er griff selbst wahllos in die Menge mit der Bemerkung, daß er „Vetternwirtschaft" nicht dulden werde. Die Ausgewählten, es waren aus den einzelnen Abteilungen 30 bis 50, hatten sich 3 Tage später im Sammellager einzufinden. Es türmten tatsächlich einige.[31] Die Folge davon war: Erneute Zusammenrufung am 27. Oktober,[32] nachmittags um 3 Uhr, von den Arbeitsplätzen weg. So, wie wir da arbeiteten, hatten wir uns um halb 4 Uhr im selben Saal einzufinden, die Betriebe waren sofort zu schließen. Wer nicht erschien, hatte mit den schlimmsten Strafen an seinen Angehörigen zu rechnen. Diesmal hatte sich Herr Brunner ein neues, grausameres System ausgedacht: Zunächst rief er den Leiter der J.K.G., Herrn Kraindl, der als Sprecher zwischen den Juden und der SS stand, auf. Herr Kraindl traf in diesem Moment ein Herzschlag, und er fiel tot vor Brunner nieder. Mit einer Handbewegung und der Bemerkung: „Schafft's den Juden da weg, damit er net so kalt liegt", überging Brunner den tragischen Zwischenfall. Dann rief er alphabetisch jeden einzelnen auf, wir traten vor, er fragte wohl auch in einigen Fällen irgend etwas und ließ uns dann entweder links oder rechts abtreten, ganz nach Laune, mit spöttischen und gemeinen Zwischenbemerkungen. Dies dauerte ca. 4 Stunden. Dann, als wir alle in die 2 Gruppen eingeteilt waren, ließ er den Leiter, Herrn Kozower, vortreten und sagte ihm Wort für Wort einer Rede an uns vor, die Herr Kozower wiederholen mußte. Der Sinn dieser Rede war folgender:

29 Alois Brunner.
30 Richtig: Moritz Henschel, Leo Kreindler.
31 Zur der hier geschilderten sog. Gemeindeaktion siehe Einleitung, S. 71 f. Brunner war zu diesem Zeitpunkt, am 20.10.1942, noch nicht in Berlin.
32 Richtig: Mitte Nov.

Die linke Gruppe hat sofort an die Arbeit zurückzugehen (es war abends 8 Uhr), die rechte Gruppe ist zum Osttransport bestimmt. Diese Leute können bis Mittwoch (es war an einem Montag) nach Hause gehen und sich vorbereiten. Für jeden, der am Mittwoch nicht im Sammellager erscheint, wird ein hoher Funktionär der Gemeinde oder Reichsvereinigung erschossen.

Bedauerlicherweise erschienen wirklich 20 Personen nicht, und Brunner machte seine fürchterliche Drohung wahr. 20 hohe Funktionäre der J.K.G. kamen noch am selben Tag in ein Konzentrationslager, einige Tage später erhielten die Angehörigen von 8 davon die Urnen. Unter den 8 Erschossenen[33] fanden sich: Dr. Lamm,[34] Dr. Blumenthal,[35] Dr. Goldstein,[36] Herr Selbiger,[37] Herr Looser.[38]

Und noch hatte Brunner nicht genug. Ende November wurden wir wieder in den Sitzungssaal gerufen, und von unserem kläglichen Rest wurden nochmal ca. 30 % ausgewählt, die diesmal nicht mehr nach Hause durften, sondern von dort aus gleich auf SS-Autos ins Sammellager gebracht wurden. Zum Glück war es uns erlaubt, ihnen noch ihr Gepäck, das ja in den meisten Fällen fertig zu Hause stand, nachzubringen, und ihre Angehörigen konnten sich zu dem Transport melden.

Ich glaube, in Berlin gab [es] zu dieser Zeit keinen Juden mehr, der nicht seinen Rucksack fertig gepackt hatte. Es fuhren in den Abendstunden SS-Autos und von der SS gemietete Möbelwagen durch die Stadt, die sowohl jeden mit Stern gehenden Juden von der Straße aufgriffen, als auch in den von Juden bewohnten Vierteln, die so sehr gefürchteten, brutalen Haussuchungen durchführten.

Sah man irgendwo die bekannten Autos stehen oder fahren, so lief man so schnell und unauffällig man nur konnte, weg, oder, wenn es dazu zu spät war, verdeckte man so gut es ging den Stern oder riß ihn ab. In dieser Zeit war es weit ungefährlicher, ohne Stern zu gehen, so streng es auch verboten war, aber die Chance, nicht aufgegriffen zu werden,[39] war geringer, wenn man schnell ohne Stern seine dringendsten Wege erledigte, als mit Stern zu gehen und der sicheren Gefahr zu laufen, ohne Gepäck und Familie,

33 Die nicht namentlich genannten Ermordeten waren Dr. Bruno Mendelsohn und zwei Mitglieder des Vorstands der Jüdischen Gemeinde Berlin namens Fritz Wolff und Alfred Joseph. Zu den anderen Verhafteten gehörten die Mitarbeiter der Jüdischen Gemeinde Berlin Bernhard Adler, Hauptrevisor, Marta Henschke, Referentin für Alters- und Sonderheime, und Bruno Mannheim, Vorsteher der Katasterverwaltung, sowie die Abteilungsleiterin Fürsorge der Reichsvereinigung Johanna Karminski und die leitenden Sachbearbeiter der Reichsvereinigung Robert Bielschowsky, Buchhaltung und Kasse, Kurt Rosenberg, Liquides Vermögen und Abrechnungen, und Walter Sprinz, Zweig- und Bezirksstellen. Sie wurden zusammen mit den Angehörigen aller Verhafteten am 9.12.1942 nach Auschwitz deportiert.

34 Dr. Fritz Lamm (1876–1942), Jurist; von 1908 an Mitarbeiter der Jüdischen Gemeinde Berlin, 1913 zuständig für die Vormundschaft jüdischer Waisen, 1924 stellv. Leiter des Wohlfahrtsamts.

35 Dr. Julius Blumenthal (1900–1942), Jurist; in den 1920er-Jahren in Berlin als Rechtsanwalt tätig; 1933 Mitarbeiter der Jüdischen Gemeinde Berlins, 1939 Chef von deren Rechtsabt.

36 Dr. Siegbert Goldstein (1903–1942), Jurist; 1933 Berufsverbot, Leiter der Schlichtungs- und Beratungsstelle der JKV.

37 Alfred Selbiger (1914–1942), Arzt; von 1933 an Leiter zionistischer Jugendgruppen in Berlin, 1941 Mitarbeiter der Abt. Finanzen und Verwaltung in der Zentrale der Reichsvereinigung der Juden.

38 Arnold Looser (1908–1942), Angestellter; Sachbearbeiter der Steuer- und Abwicklungsstelle der Jüdischen Gemeinde.

39 Gemeint ist die Gefahr, aufgegriffen zu werden.

durch den Stern verraten, aufgehalten, in das SS-Auto genommen und auf Transport geschickt zu werden.
Wir Gemeindeangestellten hatten einen weißen Ausweis mit einem Gestapostempel, den die Straßenfänger eine Zeitlang anerkannten, später nahmen sie aber gar keine Notiz mehr von den Ausweisen, die man vorzeigte, und da gingen auch wir ohne Stern, obwohl es gerade uns besonders streng verboten war. Aber der Endeffekt war ja doch der gleiche.
Viel gefürchteter noch waren die Häuserrazzien: Sobald das Auto hielt, umstellten SS-Männer den ganzen Block, so daß es unmöglich war, zu entkommen. (Während der Razzia durfte auch kein Arier in oder aus dem Hause.) Immer zwei SS-Männer in voller Ausrüstung mit den Pistolen gingen in die durch den Stern an der Tür nur zu deutlich gekennzeichneten Wohnungen und nahmen nach wüsten Durchsuchungen mit, was sie fanden, sowohl an Personen als auch an Lebensmitteln, Geld und Wertgegenständen. Was sie nicht einstecken konnten, zerstörten sie, schlugen alles kurz und klein, obwohl es doch alles deutsches Staatseigentum war! Die Wohnungen wurden dann versiegelt, Personen in das Möbelauto verladen und die Fahrt ging zum nächsten [...]block.[40] Wenn dann das Auto so voll war, daß selbst ein SS-Mann keinen Juden mehr hineinstopfen konnte, wurden die Leute im Sammellager abgeladen und die Razzia ging weiter. So fuhren an manchen Tagen bis zu 30 Wagen durch Berlin, und wir, die wir im Lager Dienst hatten, hatten einen traurigen Hochbetrieb und wußten nicht, wem von den Armen wir zuerst helfen sollten und was wir ihnen als kleinen Trost sagen sollten, wenn sie um ihre Männer und Söhne weinten, die noch in der Fabrik waren während der Razzia, und die nun zu Hause vor der verriegelten Wohnung stehen werden.
Besonders fürchteten wir Brunners Visiten in den Gemeindebetrieben. Wehe, wenn er in einem Raum eine Spur von gerauchten Zigaretten fand oder einen schlecht angenähten Stern. Oder wenn gar ein Jude nicht schnell genug von seinem Sitz in die Höhe fuhr bei seinem Eintritt, um die Habt-Acht-Stellung einzunehmen, bis er den Raum wieder verlassen hatte. Er scheute sich dann nicht, weißhaarige Männer zu ohrfeigen und Frauen auf das Gemeinste zu beschimpfen.
Brunners letzte Schreckenstat:
Brunner verließ Berlin Ende Februar 43. Die 3 Wiener Juden und die übrige Wiener Gestapo, die mit Brunner gekommen waren, hatten Berlin schon einige Wochen vorher verlassen. Die Wiener Juden hatten die Zeit über im Sammellager gewohnt und sind dort ausgezeichnet verpflegt worden und hatten offiziell die Leitung des Lagers, praktisch waren sie, soweit ich das beurteilen kann, ohne Bedeutung. Sie hießen Gerrö, Lindenbaum und Gerstmann (oder Bergmann.)

Am 27. Februar versetzte Brunner Berlin nochmal einen entsetzlichen, den entsetzlichsten Schlag.[41]
Wir saßen, es war Freitagabend, im Schwesternheim bei Tisch, als der Befehl kam, 16 Schwestern hätten sich am nächsten Morgen um 7 Uhr in Tracht im Sitzungssaal zu

40 Teile des Worts unleserlich, evtl. „Juden".

41 Der Eindruck, Brunner habe die im Folgenden beschriebene sog. Fabrik-Aktion geleitet, dürfte auf damals gängige Gerüchte zurückgehen. Brunner hielt sich seit Dez. 1942 oder Jan. 1943 nicht mehr in Berlin auf und befand sich Ende Febr. 1943 bereits in Saloniki; zur „Fabrik-Aktion" siehe Einleitung, S. 75–77.

melden. Leider wurde ich mit bestimmt. Was sollte nun wieder kommen? Wir saßen also um Punkt 7 Uhr in völliger Ungewißheit bis ca. 12 Uhr mittags. Niemand wußte etwas Bestimmtes. Endlich sickerte durch, daß die berüchtigten Autos aus allen Fabriken Berlins die dort arbeitenden Juden abholten und sie in 8 von der Gestapo in aller Schnelle leergemachte Lager (Kasernensäle, Pferdeställe, ein ehem. Kino) brachten. Gegen 2 Uhr wurden wir zu Hilfsdiensten auf die verschiedenen Lager eingeteilt. Wir bekamen unsere Fahrtausweise und rote Armbinden, die uns vor dem Aufgegriffenwerden schützen sollten, und fuhren immer zu zweien los. Klara[42] und ich waren für die Rathenower Str. (Pferdestall der Kaserne) eingeteilt. Als wir ankamen, waren vielleicht schon 800 Menschen da, völlig verstört, frierend in ihren dünnen Arbeitskitteln, hungrig von der Arbeit (sie waren ja direkt aus der Fabrik geholt worden), die schlimmsten Gerüchte schwirrten herum, und das Schrecklichste, die Mütter schrien nach ihren Kindern, die zu Hause auf sie warteten, die Männer bangten um ihre Frauen, die [in] anderen Fabriken arbeiteten, die jungen Menschen weinten und klagten um die alten Eltern, die hilfsbedürftig und ohne Hilfe zu Hause saßen. Es herrschte eine unbeschreibliche Aufregung, eine Panikstimmung, die Menschen waren vor Angst um ihre Angehörigen halb wahnsinnig, man schrie nach einem Abtritt, nach einem Schluck heißen Kaffee, nach einem bißchen Stroh, um sich hinzusetzen, denn es war ja der schmutzige, rohe, feuchte Lehmboden eines Pferdestalles unter unseren Füßen.
Mit uns zusammen waren 10 Ordner gekommen, die als erstes eine Abtrittgrube im Hof schaufelten, da die Juden ja nicht die Toiletten der Kaserne benützen durften. Dann schafften sie Stroh herbei, beruhigten die Menschen, so gut es ging, wiesen ihnen Plätze zu.
Unterdessen war es unsere und des jüd. Arztes Aufgabe, die immer neu ankommenden SS-Autos abzuladen, die angstbebenden Menschen in den Stall zu führen, während die SS mit aufgepflanzten Gewehren uns zusah und photographierte. Ohne Unterbrechung liefen die SS-Wagen mit immer neuen Leuten ein, und ich werde nie das entsetzliche Bild vergessen, das sich uns bot, als wir den Verschlag eines dieser Autos öffneten: eine ältere Frau fiel uns blutüberströmt, ohnmächtig in die Arme. Hinter ihr taumelte ein vielleicht 17jähriges Mädel vom Wagen, das Blut lief ihr über das Gesicht, daneben ein Mann, der aus einer Beinwunde blutete, seine Frau haltend, deren Kleider zerfetzt waren. Es waren Menschen, die sich „zur Wehr gesetzt hatten“, wie die SS lachend erklärte. Ein junger Bengel, kaum älter als ich, stand lachend da und photographierte.
Zunächst war es uns nicht erlaubt, diese vier Menschen ins Krankenhaus zu überstellen, wir mußten sie dort im Stall verbinden, so gut [es] eben ging. Ebenso war es bei Strafe nicht erlaubt, den Leuten Gepäck oder Briefe zu bringen. Das erste Essen, das man ihnen geben konnte, war heißer Kaffee am Montag früh, also nach 2 Tagen, da die jüd. Gemeinde ja völlig unvorbereitet war, und wo sollte man plötzlich ohne Geld und Marken im Jahre 43 in Berlin Verpflegung für Tausende von Juden herbekommen?
Klara und ich wurden nach 24stündigem Dienst abgelöst, und wir machten [uns] auf den Weg, die Wohnungen aufzusuchen, die man auf kleinen Zetteln aufgeschrieben hatte, um die Kinder in die Gemeinde zu bringen und die Alten ins Krankenhaus.
Wieder 24 Stunden später hatten wir beide wieder unseren Dienst dort anzutreten. Ich weiß nicht, wie wir es fertigbrachten, nochmal in diesen Stall zu gehen, der unterdessen

42 Wahrscheinlich: Klara Ittmann (*1890), Krankenschwester; am 10.9.1943 nach Theresienstadt deportiert; kehrte 1945 nach Berlin zurück, ihr weiteres Schicksal ist unbekannt.

mit 2000 Menschen angestopft war, genug, ca. 6 Tage später wurden aus diesen 8 Lagern alle Juden auf einem Nebenbahnhof Berlins versammelt, in die bereitstehenden Viehwaggons gebracht und so, wie sie aus der Fabrik geholt worden waren, deportiert.
Obwohl wir schon damals die schlimmsten Befürchtungen über die Osttransporte im allgemeinen und diesen Fabriktransport im besonderen hegten, haben wir erst hier in der Schweiz erfahren, daß diese Leute wirklich alle in den Tod gefahren sind.
Eine nachfolgende Zählung ergab, daß am 3. März 12 000 Juden mit diesem Fabriktransport Berlin verlassen hatten.
2 Monate später kam auch zu mir im Rahmen einer Abholung von Gemeindeangestellten ein Gestapist, er wartete genau 20 Minuten, dann hatte ich fertig zu sein und stieg in das unten wartende Auto.
Nun muß ich noch einige Einzelheiten schreiben, die mir erst während des Niederschreibens wieder eingefallen sind.
Ein beliebter Grund zur Festnahme von Juden auf der Straße war eine Zeitlang das schräge Überqueren der Fahrstraße oder das Sprechen mit Ariern auf der Straße.
Im Jahre 39 gab es in allen Parks und Grünanlagen Bänke mit der Aufschrift „Nur für Juden", während auf allen anderen stand: „Für Juden verboten". Später war den Juden das Betreten jeder grünen Anlage sowie das Verlassen des Bannkreises der Stadt Berlin verboten. Ging man z. B., durch das Fahrverbot gezwungen, von einem Bekannten zum anderen und es lag ein Park zwischen den beiden Häusern, und war er noch so groß, man mußte ihn umgehen.
An sämtlichen Kinos, Theatern, Kaffees, Wartesälen, Museen, einfach an allen, wie die Deutschen es genannt haben, deutschen Kulturstätten stand das bekannte Schild „Für Juden verboten". Manchesmal konnte man da auch lesen „Für Juden und Zigeuner ...".
Sehr viele Bestimmungen und Schikanen habe ich schon vergessen, weil sie uns bald alle so selbstverständlich wurden.
Nun möchte ich nur noch eine wichtige Einrichtung der Gestapo erwähnen, die jüd. Abholertruppe und die jüd. Spitzel. Während die ersteren in die Wohnungen verschickt wurden, um die Leute zum Sammellager zu holen und sich dabei nicht wie Glaubensgenossen, sondern eher wie Gestapoagenten benahmen, waren die letzteren eine von der Gestapo ausgesuchte und bezahlte, feststehende Gruppe, deren Aufgabe es war, die Verstecke der Juden bei den Ariern zu finden, die Juden ins Lager zu bringen und die Namen und Adressen der Arier der Gestapo zu melden. Diese Verräter leben jetzt noch in Berlin, geben sich ganz wie Gestapisten, da sie die Erlaubnis haben, ohne Stern zu gehen, und genießen alle Vorzüge der Arier. Einige Namen, Nathan, Abrahamsohn, Dr. Jakob, Stargatter, Jakobsohn.
Die Leiter der Gemeinde, die Herren Kozower und Henschel, kamen im Jahre 42 mit ihren Familien und vollständigem Gepäck als Prominente nach Theresienstadt.
Der Leiter der Reichsvereinigung, Dr. Paul Eppstein, kam im Jahre 42 ebenfalls nach Theresienstadt, als Judenältester.[43] (Die Reichsvereinigung wurde bald darauf aufgelöst.)
Er leitete das Theresienstädter Ghetto 2 Jahre lang. Leider ist er bes. von den tschechischen Juden dort sehr verkannt worden. Er ist eine hervorragende Persönlichkeit und leitete das Ghetto so lange, bis der Kommandant seine Hilfe und Mitarbeit zu den gro-

43 Sowohl Eppstein als auch Kozower und Henschel wurden erst im Jan. bzw. Juni 1943 deportiert.

ßen September- [und] Oktobertransporten verlangte. Er kam von dieser Sitzung damals nicht zurück. Später hörte man, daß er auf Grund seiner Weigerung sofort in ein K.Z. überführt wurde. Dr. Murmelstein, sein Nachfolger, zögerte nicht, seine Hand zur Vernichtung von 20 000 Juden aus Theresienstadt zu geben.

Teil 2
Protektorat Böhmen und Mähren

DOK. 242
Der Leiter der Zentralstelle für jüdische Auswanderung in Prag fasst am 2. Oktober 1941 die bisher im Protektorat umgesetzten antijüdischen Maßnahmen zusammen[1]

Vermerk des Leiters der Zentralstelle für jüdische Auswanderung in Prag[2] (I/3-3401/41), gez. SS-Hauptsturmführer Günther,[3] vom 2.10.1941[4]

Betrifft: Entwicklung und Lage der Juden im Protektorate Böhmen und Mähren vom 15.3.1939 bis 1.10.1941
Bezug: ohne.
Anlagen: 2[5]
I. Vermerk.
Seit Eingliederung des Gebietes Böhmen und Mähren in den Großdeutschen Raum vollzieht sich eine Entwicklung, die durch die völlige Ausschaltung der Juden aus dem öffentlichen, wirtschaftlichen und gesellschaftlichen Leben gekennzeichnet ist.
Im *öffentlichen* Leben war die Entfernung der Juden aus der Politik, Presse, Rundfunk, Kunst und Erziehungswesen eine natürliche Folge des 15.3.1939.[6]
In der Wirtschaft wurden zwei Wege beschritten:
1./ Die Ausschaltung der Juden aus dem Berufsleben.
Dieses Ziel wurde durch das Verbot der Berufsausübung von Rechtsanwälten, Notaren, Patentanwälten, Ziviltechnikern, Bergbauingenieuren, Ärzten, Tierärzten und Zahntechnikern, ferner durch die Entlassung jüdischer Angestellter aus öffentlichen und privaten Unternehmen und schließlich durch die etappenweise Liquidierung des gesamten Klein- und Großhandels und zahlreicher weiterer Wirtschaftszweige erreicht.[7]

1 NAP, 114-2-56/48–53, Bl. 48–51, Kopie: Wiener Library, 545, MF Doc 54 Reels 22–23. Abdruck in: Miroslav Kárný/Jaroslava Milotová/Margita Kárná (Hrsg.), Deutsche Politik im „Protektorat Böhmen und Mähren" unter Reinhard Heydrich 1941–1942. Eine Dokumentation, Berlin 1997, Dok. 23, S. 122–127.

2 Die Zentralstelle für jüdische Auswanderung in Prag, 1942 in Zentralamt für die Regelung der Judenfrage in Böhmen und Mähren umbenannt, wurde am 26.7.1939 nach dem Vorbild der Wiener Zentralstelle gegründet. Leiter war Hans Günther. Formal unterstand die Zentralstelle dem Befehlshaber der Sicherheitspolizei und des SD in Prag, praktisch lag die Verantwortung beim Leiter des Judenreferats im RSHA, Adolf Eichmann.

3 Hans Günther (1910–1945), Buchhalter; 1928–1937 SA-Mitglied, 1929 NSDAP-Eintritt; 1935–1937 Mitarbeiter der Gestapo Erfurt; 1937 SS-Eintritt; 1938/39 in der Zentralstelle für jüdische Auswanderung Wien tätig, von 1939 an Leiter der Zentralstelle für jüdische Auswanderung in Prag, gilt als Ideengeber des Propagandafilms über Theresienstadt (1944/45); wurde auf der Flucht aus Prag im Mai 1945 angeschossen und erlag seinen Verletzungen.

4 Im Original handschriftl. Bearbeitungsvermerke.

5 Hier nicht abgedruckt; siehe Kárný u. a., Deutsche Politik (wie Anm. 1), S. 125–127.

6 An diesem Tag marschierten deutsche Truppen in Prag ein, einen Tag später wurde das Protektorat Böhmen und Mähren ausgerufen.

7 Am 24.4.1940 wurde die Regierungsverordnung Nr. 136 vom 4.7.1939 über die Rechtsstellung der Juden im öffentlichen Leben auch im Protektorat erlassen, in: Sammlung der Gesetze und Verordnungen des Protektorates Böhmen und Mähren, Nr. 136 vom 24.4.1940, S. 395–403. Bereits am 17.5.1939 war jüdischen Ärzten und Anwälten die Zulassung entzogen worden, Juden durften keine leitenden Positionen in der Industrie mehr innehaben. Mit der VO vom 26.1.1940 wurde Juden untersagt, Gewerbebetriebe zu unterhalten; VBl. RProt., 1940, Nr. 7, S. 41 f.

Abgesehen von geringen Ausnahmen, die aus volkswirtschaftlichen Gründen notwendig waren, gibt es heute kein jüdisches Berufsleben mehr. Die beschäftigungs- und existenzlos gewordenen Juden werden in immer steigenderem Maße in den Arbeitseinsatz eingegliedert, besonders bei Hoch-, Tief- und Bahnbau, Regulierungsarbeiten, allen Arten von Hilfsarbeiten in Bauten und Betrieben sowie in der Land- und Forstwirtschaft. Der Arbeitseinsatz erfolgt gruppenweise. Über die Veränderung in der wirtschaftlichen Struktur der Juden und den Arbeitseinsatz gibt die angeschlossene graphische Darstellung Aufschluß.

2./ Anordnungen betreffend das jüdische Vermögen.
Den Juden wurde verboten, ohne besondere Genehmigung über ihren Liegenschafts- oder Geschäftsbesitz zu verfügen.[8]
Ihre Guthaben bei den Geldanstalten wurden gesperrt und Auszahlungen aus ihnen durften nur bis zu einem bestimmten Betrage in jedem Monat (RM 150.– je Person) vorgenommen werden.[9]
Den Juden wurde auch verboten, ihre Wohnungen zu vermieten.[10]
Der Erfassung des jüdischen Vermögens dienten die verschiedenen Vorschriften über die Anmeldepflicht.
Die Einschränkungen im *gesellschaftlichen* Leben waren vielfältig.
Am einschneidendsten wirkte die Polizeiverordnung vom 14.9.1941[11] über die Kennzeichnung der Juden. Schon vorher waren folgende Anordnungen ergangen:
1./ Verbote des Besuches von Vergnügungsstätten, Sportveranstaltungen, Parkanlagen, Badeanstalten, bestimmten Straßen und Plätzen, Theater, Kino und Büchereien;[12]
2./ Festsetzung bestimmter Zeiten für den Einkauf und den Besuch von Geldanstalten – hierher gehört auch die Ausgangssperre nach 20 Uhr;[13]

8 Die VO vom 21.6.1939 schränkte die Verfügungsgewalt von Juden über ihren Grundbesitz ein und verpflichtete sie, in ihrem Besitz befindliche Edelmetalle und Edelsteine anzumelden; VBl. RProt., 1939, Nr. 6, S. 45–49; siehe VEJ 3/247.

9 Vom 23.1.1940 an durften Juden nur noch ein sog. gebundenes Konto besitzen, auf das alle Einzahlungen einzugehen hatten. Vom 23.10.1940 an durften Familien von diesem Konto nur noch einen Höchstbetrag von 1500 K (= 150 RM) wöchentlich abheben; siehe Franz Friedmann, Rechtsstellung der Juden im Protektorat Böhmen und Mähren, Stand: 31.7.1942, in: Helena Krejčová/Jana Svobodová/Anna Hyndráková (Hrsg.), Židé v protektorátu. Hlášení Židovské náboženské obce v roce 1942. Dokumenty, Praha 1997, S. 232–263, auch die folgenden Verordnungen finden sich, wenn nicht anders angegeben, in dieser Publikation.

10 Am 7.10.1940 ordnete der Reichsprotektor an, dass vermietete Wohnungen von Juden bei einer Auflösung des Mietvertrags nur mit Zustimmung der Zentralstelle weitervermietet werden dürfen.

11 Diese VO legte fest, dass Juden ab dem sechsten Lebensjahr in der Öffentlichkeit den gelben Stern tragen mussten; VBl. RProt., 1941, Nr. 44, S. 497 f.; siehe auch VEJ 3/316, 318 und 319.

12 Juden durften von 1939 an weder Sportveranstaltungen noch städtische Badeanstalten besuchen. Laut Erlass des Innenministeriums vom 3.8.1939 mussten öffentliche Bäder einen separaten Bereich für Juden ausweisen. Am 20.2.1940 verbot die Landesbehörde in Prag den Kino- und Theaterbesuch. Vom 17.5.1940 an war Juden der Zutritt zu öffentlichen Parkanlagen und vom 6.9.1941 an auch der Besuch von Büchereien untersagt.

13 1941 durften Juden in Prag lediglich zwischen 15 und 17 Uhr einkaufen. Der Besuch von Banken und Sparkassen war meist auf den Zeitraum zwischen 8 und 9 Uhr beschränkt oder nachmittags an bestimmten Tagen zulässig. Das Ausgehverbot erließ die Gestapo im Sept. 1939.

3./ Die Anordnung, nur einen bestimmten Wagen der Straßenbahn, nur bestimmte Postämter und Krankenhausabteilungen benützen zu dürfen;[14]
4./ Verbote der Benützung von Mietautos, Schlaf- und Speisewagen, Dampfern und Rundfunkgeräten;[15]
5./ Ausschluß aus sämtlichen Vereinen;[16]
6./ Verbot des Wohnsitzwechsels;[17]

Das gesamte jüdische Leben im Protektorat ist heute in den Kultusgemeinden zentralisiert. Die rechtliche Grundlage dafür bildet die VO.RProt. vom 5.3.1940 über die Betreuung der Juden und jüdischen Organisationen, die der Jüdischen Kultusgemeinde Prag das Weisungsrecht über sämtliche Kultusgemeinden unter *Aufsicht der Zentralstelle für jüdische Auswanderung Prag* erteilt.[18]
Die Zentralstelle für jüdische Auswanderung Prag hat von den ihr auf Grund der angeführten Verordnung zustehenden Rechten vollen Gebrauch gemacht. Sie hat bereits die meisten jüdischen Organisationen aufgelöst. Die endgültige Liquidierung ist im Zuge. Sie hat auch durch ihren Vermögensträger, den Auswanderungsfonds für Böhmen und Mähren, ungefähr 1500 jüdische Liegenschaften in Prag und in der Provinz erworben. Außerdem hebt die Zentralstelle für jüdische Auswanderung Prag von jedem Juden, der auswandert, eine Auswanderungsumlage ein, die nach dem Vermögen gestaffelt ist.
Nach zweieinhalbjährigem Bestehen des Protektorates steht als Erfolg, daß die jüdische Wirtschaft fast vollständig vernichtet und das jüdische Leben in allen Beziehungen eingeschränkt ist.
Als Anlage ist eine statistische Übersicht über den zahlenmäßigen Stand sowie die Veränderungen der jüdischen Bevölkerung im Protektorat seit 15.3.1939 beigeschlossen. Daraus ist eine Verminderung der jüdischen Bevölkerungsziffer, deren Hauptanteil auf die Auswanderung zurückzuführen ist, ersichtlich.
Die Tafel zeigt auch die vollständige Liquidierung des jüdischen Vereinslebens.[19]
Eine andere Aufstellung zeigt die Entwicklung der Judenumsiedlungsaktion in Prag.[20]

14 Die Polizeidirektion Prag beschränkte am 12.9.1940 die Beförderung von Juden in Straßenbahnen auf den letzten Waggon. In anderen Städten wie in Iglau war eine entsprechende VO bereits im März 1939 in Kraft getreten. Von Sept. 1941 an durften Juden nur zu festgesetzten Zeiten bestimmte Postämter benutzen. Krankenhäuser mussten seit Aug. 1939 jüdische Patienten separat unterbringen.

15 Am 5.7.1940 untersagte die Zentralstelle für jüdische Auswanderung in Prag die Benutzung von Mietwagen, am 7.8. dann auch den Zutritt zu Schlaf- und Speisewagen. Von Juli 1940 an waren Juden von Dampferfahrten ausgeschlossen, ihre Rundfunkgeräte wurden am 23./24.9.1939 eingezogen.

16 Mit Inkrafttreten der VO Nr. 136 am 24.4.1940 waren Juden aus „arischen" Vereinen ausgeschlossen worden; siehe Anm. 7.

17 Erlassen am 1.11.1940 durch die Polizeidirektion Prag.

18 Bei der Auflösung von Kultusgemeinden, Verbänden oder auch wirtschaftlichen Betrieben von Juden war deren Vermögen in den Auswanderungsfonds für Böhmen und Mähren einzuzahlen; VBl. RProt., 1940, Nr. 11, S. 77–79. Aus diesem Fonds wurden auch die Deportationen finanziert.

19 Bis zum 1.10.1941 waren laut der genannten Übersicht 25 679 Juden aus dem Protektorat emigriert. Sämtliche 117 jüdischen Vereine in Prag und 229 in der Provinz stellten im März 1939 ihre Tätigkeit ein und wurden später aufgelöst.

20 Durch die Zwangsumsiedlung der Juden innerhalb von Prag war die pro Person zur Verfügung stehende Fläche auf 6,9 Quadratmeter reduziert worden.

Aus der 2. Tafel schließlich ist das Ergebnis der Ausschaltung der Juden aus der Wirtschaft zu ersehen.

II. *Dem Befehlshaber der Sicherheitspolizei und des SD*[21] mit der Bitte um Kenntnisnahme vorgelegt.[22]

DOK. 243
Am Mittagstisch spricht Hitler am 6. Oktober 1941 davon, alle Juden aus dem Protektorat direkt in den Osten deportieren zu lassen[1]

Bericht (Nr. 42) von Dr. Werner Koeppen,[2] Führerhauptquartier, vom 7.10.1941

1) Mittagstafel 6.10.
Gäste: Generalmajor Toussaint,[3] Militärattaché in Budapest.
General Toussaint erzählte von der guten Aufnahme, die die Ausstellung deutscher Bauwerke in Budapest gefunden habe.[4] Das Gespräch kam dann sehr bald auf die Verhältnisse in der Tschechei. Der Führer hat sich nun entschlossen, den General Elias[5] vorläufig noch nicht hinzurichten, sondern ihn als Geisel für die Ruhe im Lande zu behalten. Staatspräsident Dr. Hacha[6] war zweimal bei Heydrich, um sich zu beschweren, konnte aber gegen die Geständnisse nichts vorbringen und gab dann auch anschließend eine Proklamation heraus, nach der er auch mit der neuen Regierung auf das engste zusammenarbeiten wolle. Um die Tschechen kleinzukriegen, will der Führer folgende Mittel anwenden: 1) Das Geiselsystem. Wird bei einem Sabotageakt der Täter nicht sofort ermittelt, so werden 10 vorher bestimmte Geiseln aus der gleichen Fabrik erschossen. 2) In den Fabriken, die eine gute Arbeitsleistung erzielen, und bei denen keine Sabotageakte

21 Horst Böhme.
22 Am Ende des Dokuments ist handschriftl. hinzugefügt: „An SS-Obergruppenführer Heydrich über SS-Gruppenführer K.H. Frank m. d. B. um Kenntnisnahme vorgelegt. Böhme 2/10."

1 BArch, R 6/34a, Bl. 42 f. Abdruck in: Kárný u. a., Deutsche Politik (Dok. 242 vom 2.10.1941, Anm. 1), S. 129–131.
2 Dr. Werner Koeppen (1910–1994), Lehrer; 1931 NSDAP- und SA-Eintritt; 1935 Lehrer an der SA-Gruppenschule Thurnau, von 1937 an Adjutant von Alfred Rosenberg, 1941–1943 Verbindungsmann des RMfbO im Führerhauptquartier; lebte nach 1945 in München.
3 Rudolf Toussaint (1891–1986), Berufsoffizier; 1938 Militärattaché in Prag, 1939–1941 in Belgrad, 1941 bis Aug. 1943 und von Juli 1944 an Wehrmachtsbefehlshaber in Böhmen und Mähren; im Okt. 1948 wegen der Mitverantwortung für das Massaker von Lidice in der Tschechoslowakei zunächst zu lebenslanger Haft, später zu 25 Jahren verurteilt, 1961 in die Bundesrepublik entlassen.
4 Die von Albert Speer konzipierte Wanderausstellung „Deutsche Architektur der Gegenwart" wurde 1941 in Belgrad, Sofia, Athen, Portugal und im Frühjahr 1942 in Spanien und der Türkei gezeigt.
5 Alois Eliáš (1890–1942), Offizier und Politiker; bis 1939 General in der Armee der Tschechoslowakischen Republik; 1939–1941 Ministerpräsident des Protektorats, wurde gemeinsam mit dem Bürgermeister von Prag, Dr. Otakar Klapka (1891–1941), wegen ihrer Kontakte zur tschech. Exilregierung in London sowie der Unterstützung des tschech. Widerstands verhaftet und zum Tode verurteilt; Klapka wurde am 4.10.1941, Eliáš nach dem Tod Heydrichs am 19.6.1942 hingerichtet.
6 Dr. Emil Hácha (1878–1945), Jurist, Publizist, Übersetzer; 1938/39 Präsident der Tschechoslowakei, 1939–1945 Staatspräsident des Protektorats Böhmen und Mähren; am 13.5.1945 verhaftet, er starb wenig später in einem Gefängniskrankenhaus in Prag.

vorkommen, erhalten die Arbeiter erhöhte Lebensmittelzuweisungen. Von der Einrichtung von Werksküchen muß man in der Tschechei Abstand nehmen, da die Arbeiter zu Hause trotz der geringen Zuteilung ein besseres Essen erhalten, denn die Tschechin ist für ihre Kochkünste berühmt. Der Führer verspricht sich gerade auch von den Frauen sehr viel, wenn der eine Arbeiter eine größere Lebensmittelration erhält, so wird die Frau des anderen Arbeiters schon dafür sorgen, daß auch in dieser Fabrik zufriedenstellend gearbeitet wird. 3) Alle Juden müssen aus dem Protektorat entfernt werden, und zwar nicht erst ins Generalgouvernement, sondern gleich weiter nach Osten.[7] Es ist dies augenblicklich nur wegen des großen Bedarfs des Militärs an Transportmitteln nicht durchführbar. Mit den Protektoratsjuden sollen gleichzeitig alle Juden aus Berlin und Wien verschwinden.[8] Die Juden sind überall die Leitung, auf der alle Nachrichten des Feindes mit Windeseile in alle Verästelungen des Volkes dringen. – Sollten die Tschechen dann immer noch nicht ruhig sein, dann wird der Führer das Protektoratsstatut abändern. Mähren wird dann völlig von Böhmen getrennt werden und größere Teile an den Gau Niederdonau gegeben werden. Gauleiter Dr. Jury[9] wartet schon lange auf seine fehlende Hauptstadt Brünn. Nach diesem Kriege beabsichtigt der Führer, alle rassisch nicht wertvollen Elemente aus dem böhmischen Raum auszusiedeln und nach Osten zu verpflanzen. Der einzelne Tscheche sei fleißig, und wenn man sie verstreut in den besetzten Ostgebieten ansiedle, gäben sie vielleicht ganz gute Aufseher ab. Der Führer betonte immer wieder, daß er persönlich die Tschechen ganz genau kenne. Neurath[10] sei für sie ein freundlicher, alter Mann gewesen, dessen Gutmütigkeit und Milde sie sehr schnell mit Schwäche und Dummheit verwechselt hätten, denn der Tscheche könne so etwas einfach nicht verstehen, da er selbst ein „Radfahrer“ sei, der sich nach oben bückt, aber nach unten tritt.

7 Die Juden aus dem Protektorat wurden im Okt. und Nov. 1941 ins Getto Litzmannstadt deportiert, später dann in Theresienstadt inhaftiert und von dort von Jan. 1942 an nach Riga, in verschiedene Orte im Distrikt Lublin, nach Minsk und Baranowitschi sowie ab Mai 1942 auch in die Vernichtungslager Sobibor, Treblinka und Auschwitz deportiert.

8 Am 15.10.1941 begannen die umfassenden, systematischen Deportationen von Juden aus Deutschland, Österreich und dem Protektorat; siehe Dok. 3 vom 4.10.1941 sowie Einleitung, S. 13.

9 Dr. Hugo Jury (1887–1945), Arzt; 1931 NSDAP-Eintritt, 1936–1938 stellv. Landesleiter der illegalen NSDAP in Österreich, 1938 SS-Eintritt; am 13.3.1938 Minister für soziale Verwaltung; von 1938 an MdR; Reichsstatthalter im Gau Niederdonau, im Nov. 1942 zum Reichsverteidigungskommissar ernannt, 1943 SS-Ogruf.; nahm sich das Leben.

10 Konstantin Hermann Karl Freiherr von Neurath (1873–1956), Diplomat, Politiker; 1921–1930 Botschafter in Rom, 1930–1932 in London, 1932–1938 RAM; 1937 NSDAP- und SS-Eintritt; 1939–1943 Reichsprotektor für Böhmen und Mähren; 1946 im Nürnberger Prozess zu 15 Jahren Haft verurteilt, 1954 entlassen.

DOK. 244

Bei einer Besprechung unter Heydrichs Vorsitz wird am 10. Oktober 1941 die Gettoisierung der Juden im Protektorat geplant[1]

Protokollnotizen von einer Besprechung unter Vorsitz Reinhard Heydrichs in Prag, ungez., vom 10.10.1941

Notizen aus der Besprechung am 10.10.41 über die Lösung von Judenfragen.
An der Besprechung nahmen teil: SS-Obergruppenführer *Heydrich*, SS-Gruppenführer *Frank*,[2] SS-Obersturmbannführer *Böhme*,[3] SS-Obersturmbannführer *Maurer*,[4] SS-Obersturmbannführer *v. Gregory*,[5] SS-Sturmbannführer *Eichmann*, SS-Hauptsturmführer *Günther*,[6] SS-Hauptsturmführer *Wolfram*.[7]
Die Besprechung war angesetzt, um Maßnahmen zu erörtern, die zunächst für Lösung der Judenfragen im Protektorat und teilweise im Altreich notwendig wurden, und um die Linie festzusetzen, die der Presse des Protektorats anzugeben ist für Publikationen in den nächsten Tagen. (Für den Presse-Empfang am 10.10. soll nicht nur das Thema der Judenfrage, sondern auch das der Widerstandsbewegungen im Protektorat[8] zusammenfassend behandelt werden.[9])
Im ganzen Protektorat leben z. Zt. *etwa 88 000 Juden*, davon sind in Prag 48 000. Der Schwerpunkt liegt außerdem noch in Brünn mit 10 000 und Mährisch-Ostrau mit 10 000. Die übrigen Juden verteilen sich auf die Oberlandratsbezirke.

1 NAP, 114-2-56/77-81a, Kopie: USHMM, RG-48005M, Reel 3, Protektorat. Abdruck in: H. G. Adler, Theresienstadt 1941–1945?. Das Antlitz einer Zwangsgemeinschaft. Geschichte. Soziologie. Psychologie, Tübingen 1960, S. 720–722.
2 Karl Hermann Frank (1898–1946), Buchhändler; 1938 NSDAP- und SS-Eintritt, 1938–1945 MdR; 1938/39 stellv. Gauleiter des Sudetengaus, 1939–1943 StS beim Reichsprotektor Böhmen und Mähren; 1943 SS-Obergruppenführer, 1939–1944 HSSPF in Böhmen und Mähren; 1943–1945 Deutscher Staatsminister für Böhmen und Mähren, 1944 General der Waffen-SS; 1945 verhaftet, von einem tschechoslowak. Gericht zum Tode verurteilt und in Prag hingerichtet.
3 Horst Böhme (1906–1945?), Kaufmann; 1930 NSDAP- und SS-Eintritt; 1939–1942 Befehlshaber der Sipo und des SD Prag; regte 1942 das Massaker in Lidice an, 1942 Polizeiattaché in Bukarest, 1943 Chef der Einsatzgruppe B in Weißrussland, 1944 SS-Obergruppenführer; im April 1945 in Königsberg verschollen.
4 Vermutlich: Dr. August Maurer (*1896), Jurist; 1938 NSV-Mitglied; 1921 bei der Polizei in Wien tätig, 1935 Polizeirat, April 1938 bei der Staatspolizeileitstelle Wien, von Juni 1939 an beim Befehlshaber der Sipo beim Reichsprotektor in Prag, Stellvertreter von Horst Böhme, 1942 Min.Rat.
5 Dr. Karl Freiherr von Gregory (1899–1955), Volkswirt, Schriftleiter; 1931 NSDAP-, 1936 SS-Eintritt; 1938 an der deutschen Botschaft in Prag tätig, 1939 Pressechef des Reichsprotektors und von Aug. an Sonderbeauftragter der Reichspropagandaleitung der NSDAP, Aug. 1940 Min.Rat, von März 1942 an Leiter der Abt. Kulturpolitik im RMfVuP; in sowjet. Gefangenschaft gestorben.
6 Hans Günther.
7 Dr. Wolfgang Wolfram von Wolmar (1910–1987), Jurist; 1933 Gaustudentenführer im Sudetenland; 1937 Pressereferent im RMdI; 1937 NSDAP-, 1938 SS-Eintritt; 1939–1943 beim Reichsprotektor in Prag u. a. für die Überwachung der tschech. Presse zuständig, Dez. 1940 Reg.Rat, Ende 1943 zur Waffen-SS und im SS-Personalhauptamt; nach 1945 als Journalist tätig.
8 Zum tschech. Widerstand im Protektorat siehe Einleitung, S. 46, 50.
9 Auf der Pressekonferenz gab Heydrich an, es sei das Ziel des Reichs, „das Judentum aus dem Einfluß der Völker Europas auszuschalten" und außerhalb Europas anzusiedeln. Als Übergangslösung sollten die Juden in einer Stadt oder einem Stadtteil zusammengefasst werden. Tschechen, die mit

Wegen der Evakuierung entstanden Schwierigkeiten. Es war vorgesehen, damit am 15. Oktober etwa zu beginnen, um die Transporte nach und nach bis zum 15. November abrollen zu lassen bis zur Höhe von etwa 5000 Juden – nur aus Prag.[10]
Vorläufig muß noch viel Rücksicht auf die Litzmannstädter Behörden[11] genommen werden.
Es sollen die lästigsten Juden herausgesucht werden. Minsk und Riga sollen 50 000 bekommen.[12]
Im Altreich muß bei der Auswahl der Juden überprüft werden, ob nicht dieser oder jener Jude dabei ist, der von hohen Reichsstellen protegiert wird, um keinen zu großen Anlauf von Schreiben wegen solcher Juden zu erhalten.
Es soll *keine Rücksicht auf Juden mit Kriegsauszeichnungen* genommen werden.[13] Sofern ein Jude im Altreich eine Kriegsauszeichnung besitzt, treffen auf ihn die Einschränkungen zu, die mit dem OKW. derzeit vereinbart werden sollten.[14] Diese Juden sollen auf keinen Fall etwa alle im Reich behalten werden, sondern im Gegenteil im entsprechenden Prozentsatz mit evakuiert werden.
In den nächsten Wochen sollen die 5000 Juden aus Prag nun evakuiert werden.
SS-Brif. Nebe[15] und Rasch[16] könnten *in die Lager für kommunistische Häftlinge im Operationsgebiet* Juden mit hineinnehmen. Dies ist bereits nach Angabe von SS-Stubaf. Eichmann eingeleitet.
Über die *Möglichkeit der Ghettoisierung im Protektorat.*
In Frage kommt nur ein etwas abgelegener Vorort (nie ein Teil einer Innenstadt, das hat sich nicht bewährt) oder ein kleines Dorf oder eine kleinere Stadt mit möglichst geringer Industrie.
Die Zusammenziehung beginnt in den drei großen Städten, die verstreut auf dem Lande lebenden Juden werden zwangsweise hereingezogen.

Juden verkehrten oder ihnen ihre Sympathie bekundeten, müssten mit „Absonderung und Aussiedlung" rechnen. Er berichtete ferner über die Bildung oppositioneller Gruppen im Protektorat; NAP, ÚŘP, dodatky I, Karton 54.

10 Zwischen dem 15.10. und dem 4.11.1941 wurden fast 5000 Personen von Prag ins Getto Litzmannstadt deportiert.

11 Nach den ersten Deportationen in der zweiten Oktoberhälfte 1941 protestierten der Oberbürgermeister und der Reg.-Präs. von Litzmannstadt gegen die weitere Aufnahme von Juden. Daraufhin wurde die Zahl der zur Deportation dorthin vorgesehenen Personen von 60 000 auf etwa 25 000 verringert, darunter neben 20 000 Juden auch 5000 Sinti und Roma; siehe Einleitung, S. 23.

12 Ende 1941/Anfang 1942 wurden mehr als 65 000 deutsche, österreich. sowie tschech. Juden nach Minsk, Riga und Kaunas deportiert.

13 Juden mit Kriegsorden aus dem Ersten Weltkrieg sollten vorwiegend in das sog. Altersgetto Theresienstadt und nicht in den Osten deportiert werden. Diese Regelung, die Eichmann in den Deportationsrichtlinien vom 20.11.1941 festhielt, wurde auf der Wannsee-Konferenz vom 20.1.1942 bestätigt; siehe Dok. 65 vom 20.1.1942.

14 Nicht ermittelt.

15 Arthur Nebe (1894–1945), Kriminalpolizist; 1931 NSDAP- und SA-Eintritt; von April 1933 an Leiter der Abt. III im Gestapa, 1935 Chef des Preuß. Landeskriminalpolizeiamts, seit 1937 Reichskriminalpolizeiamt, Juni bis Nov. 1941 Chef der Einsatzgruppe B; wegen Verbindungen zu den Verschwörern des 20. Juli 1944 im März 1945 hingerichtet.

16 Dr. Emil Otto Rasch (1891–1948), Jurist und Volkswirt; 1931 NSDAP-, 1933 SS-Eintritt; Bürgermeister von Radeberg und Wittenberg; 1938 Chef der Gestapo Frankfurt a. M., von 1939 an Inspekteur der Sicherheitspolizei und des SD in Königsberg, Mai bis Okt. 1941 Chef der Einsatzgruppe C, danach als Jurist bei der Continental Oel AG in Berlin; 1945 verhaftet, er starb in der Haft.

Da es zweckmäßiger ist wegen der Überwachung und Belieferung mit Lebensmitteln usw., sollen nur zwei Ghettos eingerichtet werden: *ein Ghetto in Böhmen, eines in Mähren*, die zu unterteilen sind in ein „Arbeits-" und ein „Versorgungslager".
Die Juden können gut *mit Arbeitsmöglichkeiten versorgt* werden (im Lager durch Anfertigung von kleinen Gegenständen ohne maschinellen Aufwand, z. B. Holzschuhe, Strohgeflechte für die Wehrmachtsteile im Norden usw.). Der „Ältestenrat" hat diese Gegenstände einzusammeln und bekommt dafür das geringste Maß an Lebensmitteln mit dem errechneten Minimum an Vitaminen usw. (unter Kontrolle der Sicherheitspolizei). – Teilweise können auch kleine Kommandos außerhalb des Ghettos unter Bewachung arbeiten, dies gilt insbesondere für benötigte Spezialkräfte.
In Mähren ist eine *Ausweitung eines* bereits vorhandenen *jüdischen Dorfes zu einem Ghetto für Mähren* durchaus möglich und würde keine großen Schwierigkeiten bereiten.
In Böhmen käme in Frage: eventuell die alte Hussitenburg *Alt-Ratibor*, aber am besten wäre die *Übernahme von Theresienstadt durch die Zentralstelle* für jüdische Auswanderung.[17] Nach Evakuierung aus diesem vorübergehenden Sammellager (wobei die Juden ja schon stark dezimiert wurden) in die östlichen Gebiete könnte dann das gesamte Gelände zu einer vorbildlichen deutschen Siedlung ausgebaut werden. Die finanziellen Mittel für den Ankauf des gesamten Geländes usw. sind vorhanden und wären auch gut angelegt, da der Boden vorzüglich für den Gemüsebau geeignet ist. – Hierzu Vorschlag an Reichsführer-SS.
Bei Besprechung mit dem neuen Militärbefehlshaber im Protektorat *Toussaint* wäre zu besprechen und durchzusetzen (durch C. persönlich[18]), daß die in Theresienstadt liegenden Wehrmachtsteile (es handelt sich nur um geringere Einheiten) in andere Garnisonen abgerufen werden. Auf diese Weise wird die tschechische Bevölkerung – die sich in dieser alten Festungsstadt fast ausschließlich auf Arbeitsmöglichkeit durch die Wehrmachtsteile eingestellt hat – gezwungen, anderweit[ig] Beschäftigung zu suchen.
Es wäre zu überlegen, ob der Wegzug der tschechischen Bevölkerung aus Theresienstadt nicht durch teilweise *Übernahme der Umzugskosten* gefördert werden könnte.[19] Das Geld dafür ließe sich aus dem zu verkaufenden überflüssigen Hausrat der Juden jederzeit reichlich aufbringen.
Bei freiwilligem Umzug der tschechischen Bevölkerung aus Theresienstadt könnten – durch frei werdende Judenwohnungen – die erforderlichen neuen Wohnungen in der Größe zur Verfügung gestellt werden, die die Familie in Theresienstadt besaß. Diese Zugeständnisse müssen wegen der Mentalität der Tschechen im Protektorat gemacht werden – im Gegensatz zum Gouvernement.

17 Nach dieser Besprechung wurde beschlossen, das Getto Theresienstadt zu errichten. Das erste Aufbaukommando traf dort am 24.11.1941 ein.
18 Gemeint ist Reinhard Heydrich.
19 Die Umzüge wurden von der Aussiedlungskanzlei des Inneren mit Sitz in Theresienstadt organisiert und bezahlt und waren bis Anfang Mai 1942 abgeschlossen; die Speditionsfirma Hermann und Kirchenberger wickelte 30 bis 40 Umzüge am Tag ab. Auf einem extra dafür angelegten Konto bei der Sparkasse in Randnitz an der Elbe erhielt die umgesiedelte tschech. Bevölkerung Entschädigungszahlungen, und als Entschädigung für Immobilien wurden ihr Immobilien aus ehemals jüdischem Besitz in Prag und Brünn angeboten.

Die nicht gutwillig ausziehenden Familien könnten evtl. dort belassen werden, aber unter der Maßgabe, daß sie sich den Belangen des Ghettos zu fügen hätten.[20]

Durchführung der Ghettoisierung.
Kurz vor dem Transport wird eine Razzia auf Kleidungsstücke usw., eine regelrechte „*Spinnstoffsammlung*", durchzuführen sein, da vor allem die Prager Juden stets tadellos gekleidet waren.
Die tschechische Bevölkerung soll rechtzeitig gewarnt werden, von den Juden keinerlei Geschenke in Form von Kleidungsstücken, Geld, Grundbesitz u. a. anzunehmen oder diese Dinge käuflich zu erwerben, da nach den Bestimmungen solche Werte sofort wieder eingezogen würden.
Sofern eine Deutsche, die mit einem Juden verheiratet ist, bereit ist, sich freiwillig von ihrem Manne zu trennen, hat sie eine entsprechende Erklärung abzugeben, anderenfalls sie auch ins Ghetto gehen muß. Diese Regelung gilt aber nicht für die Tschechen.
Der Transport ins Ghetto würde keine lange Zeit in Anspruch nehmen; jeden Tag könnten 2–3 Züge nach Theresienstadt gehen mit je 1000 Personen.[21] Die Umsiedlung erfolgt nach den Grundsätzen der Evakuierungen.
Nach bewährter Methode kann der Jude bis zu 50 kg nicht sperrendes Gepäck mitnehmen und – im Interesse der Erleichterung für uns – Lebensmittel für 14 Tage bis zu 4 Wochen. In die leeren Wohnungen wird Stroh verteilt, da durch das Aufstellen von Betten zu viel Platz weggenommen wird.
Die vorhandenen größeren Wohnungen in guten Häusern stehen lediglich der „Außenstelle der Zentralstelle im Ghetto" zur Verfügung, dem Ältestenrat, dem Lebensmittelbüro und nicht zuletzt den Bewachungsmannschaften.
Die Juden haben sich Wohnungen in die Erde hinab zu schaffen.[22]
Die in Theresienstadt befindliche Mühle soll möglichst den Betrieb aufrechterhalten, da hier für die Ghettoinsassen das Mehl gemahlen werden kann und dadurch die Belieferung seitens des Protektorats aufs äußerste beschränkt wird.
Es ist Vorsorge zu treffen, daß im Ghetto entstehende Seuchen nicht den Umkreis gefährden. Besonderes Augenmerk ist auf die Kanalisation zu legen, damit nicht durch Abwässer zur Eger das Sudetenland gefährdet ist.
Die Juden dürfen auf keinen Fall beerdigt werden, sondern es ist örtlich eine Verbrennung in einem Krematorium kleinsten Stils im Ghetto vorzunehmen, das der Öffentlichkeit nicht zugänglich ist.
Die *Bewachung* könnte von der Protektoratspolizei, also Tschechen, unter sicherheitspolizeilicher Kontrolle, übernommen werden. Es würden *je Ghetto etwa 600 Mann* zur dreimaligen Ablösung benötigt.
Es müssen auch jüdische Ärzte beigegeben werden.[23]

20 Die nichtjüdische Bevölkerung wurde vollständig umgesiedelt.

21 Gewöhnlich ging an einem Tag ein Transport mit max. etwa 1000 Personen nach Theresienstadt ab.

22 Die Gettoinsassen wohnten beispielsweise in Baracken, ehemaligen Wohnhäusern oder Kasernen; dort auch auf Dachböden, in Hauseingängen oder Kellern. Es gab auch unterirdische Wehrgänge (= Kasematten), in denen Juden untergebracht wurden.

23 Tatsächlich bewachten etwa 100 tschech. Polizisten das Getto. In den Jahren 1942 und 1943 arbeiteten etwa 560 Ärzte in Theresienstadt, 1944 waren es nur noch 120.

Die zu evakuierenden *Zigeuner* könnten nach Riga zu Stahlecker gebracht werden, dessen Lager nach dem Muster von Sachsenhausen eingerichtet ist.[24]
Da der Führer wünscht, daß noch Ende d. J. möglichst die Juden aus dem deutschen Raum herausgebracht sind, müssen die schwebenden Fragen umgehend gelöst werden. Auch die Transportfrage darf dabei keine Schwierigkeit bedeuten.

DOK. 245
Ein Unbekannter berichtet am 17. Oktober 1941 dem Jüdischen Weltkongress über Verhaftungen, Zwangsarbeit und Schikanen gegen Juden im Protektorat nach Heydrichs Amtsantritt[1]

Anonymer Bericht für den Jüdischen Weltkongress vom 17.10.1941

17.10.41
Wir haben in unserem früheren Bericht von der Zurückdrängung der tschechischen Intelligenz und von der Abweisung der Ministerialdelegation durch Karl Hermann Frank Ende August berichtet und dabei erwähnt, daß dieser auf die Forderung der Zulassung der tschechischen Mittelschulen der tschechischen Delegation antwortete: „Ihr werdet bald sehen, daß auch die Volksschulen noch zu gut für Euch sind."
Im Lichte dieses Berichtes ist die Entwicklung, die in den letzten 14 Tagen stattfindet, an sich keine Überraschung. Dabei wollen wir in Erinnerung rufen, daß in demselben Bericht von der Übersiedlung von 3000 Familien aus Berlin nach Prag die Rede war. Diese letzte Tatsache hat nun ihre Bestätigung gefunden in der Verlegung eines großen Teils des deutschen Ministeriums des Äußern auf den Hradschin, die während des Monats September vor sich ging. Es versteht sich von selbst, daß durch die Verlegung lebenswichtiger Ämter auch die Überwachung und die Kontrolle eine schärfere sein mußte und man zur Beurlaubung Neuraths und seiner Ersetzung durch Heydrich, der bereits im Juni in der Zeitschrift „Böhmen und Mähren" eine schärfere Kontrolle der Tschechen und die Inkorporation des Protektorats ins Reich gefordert hatte, schritt.[2] Es ist auch klar, daß die Spannung zwischen der alten Diplomatie (Neurath) und der national-sozialistischen Diplomatie (Ribbentrop und jetziges Auswärtiges Amt) eine gewisse Rolle dabei gespielt hat. Auch die in unserem letzten Bericht angeführte Auseinandersetzung zwischen Militär, SS und SA, und der Sieg der Richtung der SS (Himmler und Heydrich), findet in den Ereignissen eine Bestätigung.
Nach außen scheinen die Parolen der Verlangsamung der Arbeit, die Sabotage-Akte usw. der Hauptgrund der vielfachen Erschießungen und Verhaftungen der letzten Wochen

24 Dr. Franz Walter Stahlecker (1900–1942), Jurist, SS-Brigadeführer und Generalmajor der Polizei, leitete das Lager Jungfernhof bei Riga. Zur Deportation der Sinti und Roma aus dem Protektorat siehe Einleitung, S. 53.

1 Original nicht aufgefunden, Kopie: USHMM, RG 68 045M, reel 4.
2 Die Zeitschrift Böhmen und Mähren – Blatt des Reichsprotektors, hrsg. von Karl Hermann Frank, erschien 1940–1945. Unter dem Titel „Der Anteil der Sicherheitspolizei und des SD an den Befriedungsmaßnahmen im mitteleuropäischen Raum" schrieb Heydrich in der Mai-Ausgabe 1941 über die Aktivitäten von Sicherheitspolizei und SD bei der Niederschlagung des tschech. Widerstands gegen die Deutschen; Böhmen und Mähren, Mai 1941, Heft Nr. 5, S. 176 f.

zu sein. Nach innen gesehen dagegen sind diese nur Symptome der starken Auseinandersetzungen zwischen Tschechen und Deutschen, die vor sich gehen, und man muß vielmehr als wahren Grund der letzten Ereignisse die folgenden Maßnahmen ansehen: Octroi der deutschen Sprache bei den tschechischen Amtsstellen; Auflösung der tschechischen Schulen in zwei Prager Bezirken und [Entlassung] der dort angestellten Lehrer; Einziehung der Radioapparate in verschiedenen Prager Bezirken; Ausmerzung der tschechischen Straßen- und Platznamen, die zur Erinnerung der historischen Persönlichkeiten benannt wurden, sowie schließlich der Versuch, selbst in kleineren tschechoslowakischen Städten Straßen nach führenden Männern des national-sozialistischen Regimes oder ihren Freunden zu benennen. Gerade die provokatorische Forderung zur Ehrung Lord Runcimans,[3] des bekannten englischen Vermittlers vor München, Straßen und Plätze in einer Reihe von kleinen Orten zu benennen, hat zu schärfster Ablehnung und großer Erregung geführt. Wir berichteten auch früher schon, daß die Versorgungslage der tschechischen Bevölkerung immer erheblich schlechter war als die der Deutschen und der Parteibuch-Besitzer. Auch dies hat natürlich die Spannung ständig verstärkt.

Die Verfolgungsaktion brach trotzdem eigentlich ohne vorherige Warnung oder Verwarnung aus, und ein akuter Anlaß war an sich nicht gegeben. Etwa 10 Tage bevor die Verfolgungen begannen, waren Himmler, Henlein (der Führer der Sudeten-Deutschen)[4] und Danneger[5] (der Judenspezialist) in Prag und hielten mit führenden Männern der Einheitspartei Besprechungen ab. Henlein selbst ist seit Wochen in Prag anwesend, ebenso sein Propagandachef, Rudolf Sandner,[6] wie auch der bekannte Dr. Sebekowski,[7] alles Männer des bekannten „Kameradschaftbundes", der vor dem Kriege enge Beziehungen zu den München-freundlichen Kreisen in England hatte.[8]

3 Walter Runciman, 1. Viscount Runciman of Doxford (1869–1949); 3.8. bis 5.9.1938 Gesandter der brit. Regierung in der Tschechoslowakei, um in der sog. Sudetenkrise zu vermitteln. Runciman wurde zum Symbol der Untergrabung der tschechoslowak. Souveränität, da er als direkter Erfüllungsgehilfe Konrad Henleins und der Sudetendeutschen Partei (SdP) angesehen wurde.

4 Konrad Henlein (1898–1945), Lehrer; 1933 Gründer der Sudetendeutschen Heimatfront; 1938 SS-Eintritt; 1938/39 Reichskommissar für die sudetendeutschen Gebiete, von 1938 an Gauleiter, seit 1939 Reichsstatthalter im Sudetenland; 1939 NSDAP-Eintritt; Chef der Zivilverwaltung in Böhmen, 1942–1945 Reichsverteidigungskommissar im Sudetenland; 1943 SS-Obergruppenführer; nahm sich in US-Internierung das Leben.

5 Richtig: Theodor Dannecker (1913–1945), Kaufmann; 1932 NSDAP- und SS-Eintritt; seit 1936 im SD tätig, von 1937 an im SD-Ref. II 112 bzw. im Ref. IV B 4 des RSHA für die „Judenfrage" zuständig; von Sept. 1940 an „Judenberater" beim BdS im besetzten Frankreich, organisierte 1942 die Deportation der franz. Juden, 1943 die Deportationen aus Bulgarien, 1944 die aus Italien und Ungarn; 1945 von US-Truppen gefangen genommen, nahm sich das Leben.

6 Rudolf Sandner (1905–1983), Journalist; 1933 Geschäftsführer der Sudetendeutschen Heimatfront, 1936 Leiter des Amts für politische Propaganda; 1938 NSDAP-Beitritt; nach 1945 im rechtsextremen sudetendeutschen Witikobund aktiv und Bundesorganisationsleiter des Bundes der Heimatvertriebenen und Entrechteten.

7 Richtig: Dr. Wilhelm Sebekovsky (1906–1981), Jurist; leitete von 1933 an das Presseamt der Sudetendeutschen Heimatfront bzw. der SdP, die er mitbegründete, von 1935 an Abgeordneter im Prager Parlament, 1938 NSDAP-Eintritt; 1938–1940 Regierungspräsident in Karlsbad, 1940 zur Wehrmacht; nach Kriegsende Rechtsanwalt in Essen, 1947 Gründungsmitglied des Witikobundes.

8 Der sudetendeutsche Kameradschaftsbund wurde 1925 als Arbeitskreis für Gesellschaftswissenschaften gegründet, 1933 in Sudetendeutsche Heimatfront umbenannt, von 1935 an als Sudetendeutsche Partei etabliert.

Die Verfolgungen begannen mit einer gleichzeitigen Massenverhaftung, die in die Tausende ging, und einer großangelegten Säuberungsaktion der tschechischen Einheitspartei, aus der alle früheren Sokoln und kultur-politisch führenden Elemente ausgeschlossen wurden. Die Verhaftungen betrafen nicht nur die führenden Mitglieder der früheren Armee und der früheren Regierung, sondern auch die leitenden Männer der verschiedenen bestehenden Regierungsstellen, gemeinnütziger Organisationen und sonstiger noch bestehender tschechischer Vereinigungen. Die Beamten und Angestellten wurden größtenteils von ihren Dienststellen weg verhaftet und soweit sie nicht den in Prag und Brünn sofort errichteten Standgerichten übergeben wurden, nicht in die bekannten Konzentrationslager in Böhmen und Mähren, sondern ins Reich verschickt. Die genaue Zahl der Verhafteten ist nicht bekannt. Bis zum 5. Oktober schätzte man sie auf mindestens 6000.[9]
Gleichzeitig begann eine ungeheure Verschärfung der militärischen und polizeilichen Kontrolle und eine unerhörte persönliche Überwachung: Eine der bekanntesten Straßen Prags, z. B. der Graben, wo sich das Deutsche Haus, das Tschechische Repräsentantenhaus sowie alle tschechischen Großbanken befinden, wurde auf beiden Gehsteigen in engen Abschnitten von etwa 20 Metern von 2 SS- Leuten überwacht und patrouilliert, die bei den Passanten dauernd die Legitimationspapiere zur Vorlegung anforderten. Diese besondere Maßnahme findet zum Teil darin ihre Erklärung, daß der Graben auf den Wenzelsplatz ausmündet, wo sich das Grab[10] des heiligen Wenzel (des Schutzpatrons von Böhmen) befindet, an welchem trotz häufiger Verwarnungen demonstrativ dauernd Blumen niedergelegt wurden. Bekanntlich ist der 28. September der Tag des heiligen Wenzels, ein großer tschechischer Feiertag, und man befürchtete, daß in dieser Gelegenheit Demonstrationen stattfinden würden.
Gleichzeitig mit der Verfolgung der Tschechen hat die Verfolgung der Juden ein unerhörtes Maß erreicht, insbesondere wurden eine Reihe besonders erniedrigender Maßnahmen getroffen. Juden dürfen nur noch zu bestimmter Zeit an den Postschaltern erscheinen; die Tabakkarte ist ihnen entzogen worden, was einem Rauchverbot gleichkommt.[11] Sie müssen, wie im gesamten Reich, das gelbe Judenabzeichen tragen, das sie in Prag sich auf dem alten jüdischen Friedhof abholen müssen. Der Magistrat, die Banken und Versicherungsgesellschaften dürfen von Juden nur noch zwischen 8–9 Uhr morgens betreten werden, und die allgemeinen Pensionsanstalten zwischen 1–2 Uhr. Der Einkauf in Geschäften ist den Juden nur zwischen 15–17 Uhr gestattet. Die für Juden zugänglichen Friseurläden dürfen nur zwischen 8–10 Uhr aufgesucht werden.[12] Konditoreien dürfen von Juden nur zwischen 15–17 Uhr betreten werden, wobei jedoch ausdrücklich verboten ist, sich hinzusetzen.[13] Buchhandlungen und Leihbiblio-

9 Nach Heydrichs Ankunft in Prag wurde im Protektorat der Ausnahmezustand verhängt; bis Ende Nov. wurden mehr als 4000 Personen verhaftet und offiziell 404 Todesurteile vollstreckt. 1299 Gefangene wurden in das KZ Mauthausen deportiert, von denen nur 52 den Krieg überlebten.
10 Richtig: eine Statue.
11 Laut Bericht der JKG wurden Juden per Erlass des Finanzministeriums vom 1.10.1941 vom Tabakwarenbezug ausgeschlossen; Friedmann, Rechtsstellung (wie Dok. 242 vom 2.10.1941, Anm. 9), S. 259.
12 Später war es den Juden ganz verboten, Friseure aufzusuchen.
13 Nicht ermittelt.

theken sind geschlossen worden.[14] Unbedingt notwendige Reisen von einem Ort zum anderen im Inland werden Juden nur in seltensten Fällen bewilligt – zu Begräbnissen erhält man z. B. keine Bewilligung –, und ein besonderes Amt für Inlandsreisen wurde gegründet, das diese Bewilligungen prüft und erteilt. Die jüdische Auswanderung wurde vom 27. September bis 13. Oktober völlig unterbrochen. Sie ist jetzt in beschränktem Maße wieder erlaubt,[15] praktisch aber nur noch nach Ländern Mittelamerikas möglich. Gleichzeitig treffen äußerst beunruhigende Nachrichten von Deportationen aus Prag ein. In der Zeit von 8.–13. Oktober sind 2000 Juden aus Prag, nachdem sie am Tage vorher eine Aufforderung bekommen hatten, Gepäck mitzunehmen, verschickt worden – wohin ist noch nicht bekannt.[16] Andere 8000 wurden zur Deportation vorgemerkt, d. h. einberufen. Es scheint, daß es sich dabei hauptsächlich um Menschen handelt, die nicht aus Prag stammen. Aber die folgende Maßnahme läßt auf den Plan einer vollständigen Deportation der Juden aus dem Protektorat schließen: In dem Zentral-Matrikel-Amt, das Anfang Oktober für ganz Böhmen in Prag errichtet wurde, bekommen die einzelnen Juden Nummern, die gleichzeitig auf dem gelben Judenstern, den sie neuerdings zu tragen verpflichtet sind, vermerkt sind. Wichtig ist dabei, daß bestimmten Altersklassen bestimmte Nummernfolgen entsprechen.[17] Daraus schließt man, daß eine vollständige Erfassung aller geplant ist und daß die Deportationen nach Jahresklassen planmäßig vor sich gehen werden. Es ist im gegenwärtigen Augenblick nicht bekannt, ob es sich um Deportationen in die Provinz oder um Verschickungen nach Deutschland oder Polen handelt.

I. *Protektorat.* –
a) Zur allgemeinen Lage.
Mit dem Eintritt Jugoslawiens in den Krieg[18] hat sich in tschechisch-nationalen Kreisen eine starke Bewegung geltend gemacht, die zu großen Ansammlungen auf den Straßen der Hauptstadt und kleinerer Provinzstädte geführt hat. Das führende Element hierbei waren die Sokoln. Bei den Zusammenrottungen kam es zu Umarmungen und freudigen Ausrufen.

Sofort begann eine scharfe Verfolgung der Sokoln; ihre Führer wurden verhaftet und ein großer Teil in mehreren Sonderzügen nach Polen deportiert. Ebenso wurde die endgültige Beschlagnahmung des Vermögens und insbesondere der Gebäude und der Turnhallen der Sokoln durch die Gestapo durchgeführt.

Noch immer werden Tausende von Arbeitern aus den tschechischen Gebieten nach Deutschland zwangsweise zur Arbeit verschickt.[19] Viele kehren nur wie zu Beginn der Besetzung in Urnen zurück. Zufolge Arbeitsverweigerung in Lager abgeschleppt, erliegen sie den bekannten Mißhandlungen.

14 Siehe Dok. 242 vom 2.10.1941, Anm. 12.
15 Ab dem 23.10.1941 war Juden die Auswanderung verboten.
16 Am 16.10.1941 wurde der erste Transport von Juden aus dem Protektorat nach Litzmannstadt geschickt. Ab Ende Nov. 1941 führten die Deportationen in das Getto Theresienstadt.
17 Nicht ermittelt.
18 Am 6.4.1941 griff die Wehrmacht Jugoslawien an, dessen Streitkräfte am 17.4.1941 kapitulierten.
19 Zwischen 1939 und Okt. 1944 wurden insgesamt 405 000 Tschechen als Fremdarbeiter ins Altreich gebracht.

Viele Tschechen, die größere Wohnungen besitzen, haben diese räumen müssen, da die Wohnungen für Deutsche, die umgesiedelt wurden, bereitgestellt werden müssen. Aber nicht nur Umsiedlungsdeutsche auch viele Tausende Kinder aus Berlin, Hamburg, den Rheinlanden und anderen Städten sind in tschechischen Gemeinden wie Podebrad und anderen Badeorten untergebracht und eingeschult worden. Die gewaltsame Germanisierung schreitet infolge des starken Zuzugs von Deutschen fort.[20] Die tschechischen Mittelschulen sind z. B. schon nahezu ausnahmslos gesperrt.[21]

Die Ernährungslage gestaltet sich immer schwieriger. Die Deutschen erhalten organisiert in ihren Klubs, Arbeitsfronten usw. außerhalb der Lebensmittelkarten zusätzliche Rationen von Kartoffeln, Fleisch und anderem. Im allgemeinen ist Gemüse und Obst unverhältnismäßig teuer, Fleisch schlechter Qualität und auch dann nur schwer erhältlich.

Die Erbitterung unter der tschechischen Bevölkerung ist ungeheuer gewachsen. Sabotage-Akte in den Fabriken häufen sich immer mehr. Man schwört bei einer Änderung des Schicksals allen Deutschen vom 3. Lebensjahre an Vergeltung. Besondere Empörung hat kürzlich ein Zwischenfall bei dem Spital der Barmherzigen Brüder in Prag hervorgerufen. Dieses Spital sollte innerhalb von 12 Stunden geräumt werden. Als der Prior sich weigerte, diese Anweisung durchzuführen, da frisch Operierte im Spital lagen, wurde das Spital zwangsweise in wenigen Stunden geräumt und in ein Lazarett verwandelt. Die Kranken wurden anderweitig untergebracht. Der Prior und 16 Ärzte (Geistliche) wurden abgeführt. Seither fehlt von ihnen jede Nachricht. – Gleichzeitig mit dieser Aktion wurde auch das jüdische Siechenhaus, in dem 100 alte kranke Juden untergebracht waren, geräumt, und ebenfalls für ein Lazarett zur Unterbringung der Verwundeten aus dem Balkanfeldzug verwendet.

Die Erbitterung richtete sich übrigens nicht nur gegen die Deutschen, sondern auch gegen ihre Werkzeuge. Die Gaida-Partei[22] ist in Mähren ebenso verhaßt wie die deutsche, und auch ihnen wird Vergeltung geschworen.

Die Korruption unter den deutschen Beamten hat ungeheure Ausmaße angenommen. Bestechungen bis in das Vorzimmer des Reichsprotektors hinauf sind an der Tagesordnung und eine völlige Demoralisierung unter den deutschen Beamten greift um sich.

* * *

b) Zur Lage der Juden.

In Prag dürfen Juden nur in den Bezirken II, V, XII und XIII, jedoch in letztgenannten nur in den Nebenstraßen wohnen. Viele Familien sind bereits in kleine Wohnungen zusammengepfercht worden.

Die Geldinstitute dürfen von Juden nur zwischen 8 und 9 Uhr morgens aufgesucht werden. Die Verkaufszeiten für Lebensmittel sind für Juden auf 1 1/2 Stunden pro Tag festgesetzt, und dies in den einzelnen Städten zu verschiedenen Zeiten.

20 Bis 1944 wurden insgesamt 6000 Volksdeutsche im Protektorat angesiedelt.

21 1941 wurden 35 Schulen, bis Ende 1942 etwa 70 % aller Mittelschulen im Protektorat geschlossen.

22 Gemeint ist die Partei Nationale Faschistische Gemeinschaft (Národní obec fašistická, NOF) unter der Führung des tschechoslowak. Soldaten Radola Gajda (1892–1948), deren Mitglieder Gajda dazu aufrief, sich Emil Hácha anzuschließen; 1943 wurde die Partei von der deutschen Regierung trotz offener Kollaboration verboten.

Das Ausgehverbot der Juden um 9 Uhr abends wird äußerst streng gehandhabt. Tschechen haben vielfach aus Demonstration plötzlich Freundschaft mit Juden geschlossen und am Abend diese aufgesucht, um ihre freundschaftliche Gesinnung zu bekunden. Dies geschieht in vielen Fällen bei völlig fremden Personen.

Es besteht ein absolutes Reiseverbot für Juden von Stadt zu Stadt. Nur für amtliche Zwecke darf eine Reisebewilligung von der Gemeinde eingeholt werden; nicht in allen Fällen wird die Genehmigung erteilt. Zu Begräbnissen dürfen Familienmitglieder nicht fahren.

Die Ausreise ist bereits sehr erschwert, nahezu unmöglich. Der größte Teil der Männer bis zum 55. Lebensjahre wird für den Arbeitsdienst verwendet. Dieser Arbeitseinsatz ist für jegliche Arbeiten wie Straßenbau, Drainage-Arbeiten, landwirtschaftliche und Industriearbeiten organisiert.

Das Palamt[23] ist noch offen, wurde aber auf 3 Beamte reduziert. Der Leiter der Jugendalijah, der ein bekannter Arzt ist, wurde zur Untersuchung beim Arbeitsdienst versetzt. Es ist zu befürchten, daß die im Arbeitsdienst Befindlichen nach Polen abgeschoben werden. Man rechnet mit 25–30.000 Männern im Alter von 16 bis 55 Jahren, die im Arbeitsdienst für Polen vorbereitet werden sollen. 2000 sind bereits nach Polen abgegangen. Die Transporte sind jedoch gleichzeitig mit den Wiener Transporten zufolge Seuchengefahr (Typhus) wieder gestoppt worden, wie verlautet, auf Einspruch der Wehrmacht.[24] Für die Zukunft werden jedoch die schlimmsten Befürchtungen geäußert.

Es ist zu berichten, daß noch immer über 15 000 Flüchtlinge aus den Sudetengebieten und anderen deutschen Gebieten vorhanden sind, die von der jüdischen Gemeinde in Prag unterstützt werden.[25]

Das Judentum im Protektorat fühlt sich sehr einsam und verlassen, da ihm von außen weder von Amerika noch von Palästina irgendeine wesentliche Hilfe geleistet worden ist. Im Gegensatz zu Deutschland und Österreich erfährt die jüdische Auswanderung weder die nötige Aufmerksamkeit noch eine angemessene Unterstützung von seiten der maßgeblichen Organisationen.

[…][26]

23 Palästina-Amt.

24 Weder die Deportationen aus Wien noch diejenigen aus Prag wurden im Okt. 1941 gestoppt.

25 Nach der Eingliederung des Sudetenlandes in das Deutsche Reich waren Juden und viele Gegner des Nationalsozialismus nach Prag geflohen, hatten dort aber oft nur provisorisch Aufnahme gefunden.

26 In der zweiten Hälfte des Berichts wird die Lage in Jugoslawien nach dem Einmarsch deutscher Truppen geschildert.

DOK. 246

Gemeinsam mit ihren Töchtern bittet Rosa Goldberg am 20. Oktober 1941 ihre Söhne in Großbritannien dringlichst um Hilfe beim Versuch, aus Prag zu entkommen[1]

Handschriftl. Brief von Rosa Goldberg[2] und ihren Töchtern,[3] Solopisky bei Prag, an ihre Söhne[4] vom 20.10.1941[5]

Meine Teuersten und sehr geehrter Herr Hostyk!
Wir haben Euch m. Liebsten Heute ein Telegram gesendet im welchen wir Euch bitten Ihr sollt uns ein Kubavisum durch die Hawanabank senden. Es ist nähmlich jetzt eine günstige Gelegenheit auszuwandern, und da es der Wunsch uns aller ist, da bitten wir Euch herzlich, uns behilflich zu sein und nötige Schritte sobald wie möglich einzuleiten. Aber bitte auch für den lieben David,[6] den[n] wir wünschen uns schon endlich das Zusammensein. Das Geld, was Ihr uns borgen möchtet, zur belegen der Garantie, versprechen wir, nicht zu rühren, den[n] wir Alle sind fest entschlossen, dass wir das Nötige zum Lebensunterhalt uns verdienen. Bitte es diesmal ganz ernst zu nehmen und sich zu beeilen. Die Adresse des l. David lautet: bei F. Hochberger, Sosnowitz, Markstrasse 6.[7] Oberschlesien.
Er wohnt schon dort 1 Jahr. Eben jetzt haben ein sehr schönes Schreiben von Euch, meine Teuersten, erhalten, wir sind glücklich, dass Ihr uns nur gesund seit's und in der neuen Wohnung wünsche Euch von innigsten Herzen viel Glück und Segen. Es küsst Euch Resi und Kinderchen.
Ihnen sehr geehrter Herr Hostyk besten Dank und herzlichste Grüsse.
Meine Allerliebsten! Für die so innige[n] Neujahreswünsche danke Euch herzlichst und erwidere sie auf's herzlichste. Diesmal möchte Euch bitten, uns allen wie es Euch nur möglich ist uns zu der Ausreise behilflich zu sein, wir möchten Euch das nie vergessen und dafür mit mehr Kraft und Lebenslust arbeiten und arbeiten. Bitte Euch, tut's doch was und denket an uns! Über uns kann Euch mitteilen, dass wir Gottlob alle gesund sind; von l. Vater haben wir öfters Post, er hat sich kaum verändert, ist weiter der mutige, geschickte Papa. Sonst wäre alles bei uns unverändert. Erwarte Eure Post mit Sehnsucht, bleibet uns gesund und stark von mir innigst umarmt, küsse Euch Lilly[8]

1 JMP, Sammlung Ostrava/Ostrau, Akte Norbert Goldberg, Dok. Nr. 179.
2 Rosa Goldberg, geb. Bronner (1887–1942); von 1919 an verheiratet mit David Chaim Goldberg (1882–1942), der in Ostrava einen Großhandel und eine Textilmanufaktur betrieb; sie floh 1939 nach Oświęcim, kehrte aber im selben Jahr nach Ostrava zurück, später nach Solopisky; am 12.9.1942 wurde sie nach Theresienstadt, von dort am 15.10.1942 nach Auschwitz deportiert und gleich nach der Ankunft ermordet.
3 Eleonora (Lily) Goldberg (1917–1942) wurde in Auschwitz ermordet, Matylda (Matusa) Goldberg (1921–1942) in Treblinka; Rachel-Tereza (Resi) Rose, geb. Goldberg (1913–1943), wurde zusammen mit ihren beiden Töchtern Matylda Rose (1936–1943) und Judith Rose (1937–1943) in Auschwitz ermordet. Die drei Söhne der Goldbergs emigrierten 1939 nach Großbritannien. Die Schwestern Eleonora und Matylda hatten brit. Visa erhalten, konnten aber nach dem Kriegsausbruch und dem Auswanderungsverbot vom 23.10.1941 nicht mehr emigrieren.
4 Norbert (Bertie) Goldberg (1919–2016); Moses (Max) Goldberg (1914–1989); Oskar Goldberg (1911–1978).
5 Rechtschreibung behutsam korrigiert.
6 David Chaim Goldberg.
7 Gemeint ist das Getto Sosnowitz in Ostoberschlesien, das im Aug. 1943 geräumt wurde.

Meine Lieben! Glaube, dass Euch die Bitten der zwei schon genügen, denn ich kenne Euch und bin überzeugt, dass Ihr Euer Möglichstes tuen werdet. Wünsche Euch viel Glück, umarme Euch Matusa.

Meine Teure[n] Herzensgeliebte Kinder! Ich danke Euch herzlich für die Wünsche; der Allmächtige soll eure und unsere Wünsche erhören. Trachtet meine Liebe[n], dass wir am schnellsten zu erledigen, den[n] wir freuen sich schon alle darauf. Wünschen euch viel Glück zu der neuen Wohnung. Ich grüße und küsse euch herzlich, verbleibt mir gesund und stark der [...][9] soll mir euch behüten Eure Rosa

DOK. 247
Der Oberlandrat von Tabor berichtet am 27. Oktober 1941, dass die Deutschen im Protektorat die Deportation der Juden und die Kennzeichnung der jüdischen Ehepartner von Nichtjuden begrüßen[1]

Schreiben (vertraulich) des Reichsprotektors von Böhmen und Mähren (I 1 a-1801),[2] Prag, i. A. Dr. Strobl,[3] an die Gruppe I 3,[4] im Hause, vom 27.10.1941[5]

Betrifft: Verwaltungsberichte der Oberlandräte für Oktober 1941
Beigefügt erhalten Sie den sich auf Ihr Arbeitsgebiet beziehenden Ausschnitt aus dem Verwaltungsbericht des Oberlandrats in Tabor[6] vom 22.10.1941 Nr. I-218 zur gefälligen Kenntnisnahme und weiteren Bearbeitung.
Im Auftrage: Dr. Strobl

Die Maßnahmen gegen die Juden, insbesondere der Beginn der Evakuierung dieser Landplage, haben bei allen Deutschen ein starkes Gefühl der Befriedigung ausgelöst. Ebenso wurde die zusätzliche Kennzeichnung der mit Ariern versippten Juden begrüßt, da man hierin eine Schwäche der gesetzlichen Regelung sah. Die zur Sicherstellung des jüdischen Vermögens ergriffenen Schritte werden mit großem Verständnis aufgenommen, so daß Einzelaktionen auf diesem Gebiet bisher völlig unterblieben sind.

8 Eleonora Goldberg.
9 Ein Wort unleserlich.

1 Original nicht aufgefunden, Kopie: USHMM, RG 48 005M, reel 4.
2 Die Gruppe I 1 bei der Behörde des Reichsprotektors war u. a. zuständig für allgemeine politische und sog. Volkstumsangelegenheiten.
3 Dr. Guido Strobl (1910–1945), Jurist; 1936 als Anwalt in Iglau tätig; 1938 SdP-, dann NSDAP-Eintritt; Nov. 1938 bis März 1939 in der Preisbildungsstelle für die sudetendeutschen Gebiete, von März 1939 an in der Behörde des Reichsprotektors tätig, 1942 Bezirkshauptmann von Budweis, leitete von Nov. 1942 an vertretungsweise die Bezirksbehörde Wittingau, 1944 in der Behörde des Staatsministers für Böhmen und Mähren; im Nov. 1944 zur Waffen-SS; gefallen.
4 Die Gruppe I 3 war u. a. zuständig für Fragen der Staatsangehörigkeit und für sog. Rasse- und Blutschutzangelegenheiten.
5 Im Original handschriftl. Bearbeitungsvermerk.
6 Dr. Gottfried Hertel (*1906), Verwaltungsbeamter; 1933 NSDAP-Eintritt; 1934–1938 Reg.Rat im Landratsamt Pirmasens; 1938 SA-Eintritt; 1938 nach Speyer abgeordnet, März/April beim Oberlandrat Brünn und April/Mai 1939 kommissar. OLR Brünn-Land, von Mai 1939 an zunächst kommissar., dann OLR von Tabor, von 1942 an Hauptabteilungsleiter in der Landesbehörde Böhmen in Prag.

DOK. 248

Der Polizeipräsident von Prag macht der Gestapo am 31. Oktober 1941 Vorschläge zur Beförderung von 2000 jüdischen Zwangsarbeitern zu ihren Einsatzorten bei verschiedenen Firmen[1]

Schreiben des Polizeipräsidenten (26.179.präs), i. V. Dr. Vysloužil v.r.,[2] an die Geheime Staatspolizei, Abt. II-B-,[3] z. Hd. H.K.S.[4] Röllich[5] in Prag, vom 31.10.1941 (Durchschlag)[6]

Ansuchen der „Jüdischen Kultusgemeinde in Prag" um ev. Benützen der Motorwagen der elektrischen Straßenbahnen[7] durch die dem jüdischen Arbeitseinsatze zugeteilten Juden-Arbeiter.

Die „Jüdische Kultusgemeinde in Prag" ersuchte die Geheime Staatspolizei, Staatspolizeileitstelle in Prag, Abt. II -B- um Genehmigung der Benützung der Motorwagen der elektrischen Straßenbahnen in Prag durch die dem jüdischen Arbeitseinsatze zugeteilten Juden-Arbeiter.

In einer hinsichtlich des Ansuchens abgehaltenen Besprechung wurde durch die die Jüdische Kultusgemeinde vertretenden Beamten Landsmann[8] und Schuster[9] die Zahl der in verschiedenen Betrieben arbeitenden Juden mit ca. 2000 angegeben. Anschließend wurde die „Jüdische Kultusgemeinde" aufgefordert, ein Verzeichnis der Firmen, die jüdische Arbeiter beschäftigen, zu verfertigen und gleichzeitig die Höhe des Arbeitseinsatzes bei einzelnen Firmen sowie auch die Schichten-Einteilung anzuführen. Die Besprechung, [bei] der von der Polizeidirektion in Prag Pol[izei-] Akt[uar] Adjunkt Drnovský anwesend war, wurde bis zur Überreichung des angeführten Verzeichnisses durch die „Jüdische Kultusgemeinde" der Geheimen Staatspolizei unterbrochen.

1 NAP, MV I – NR, Inv.Nr. 248, Sign. E 3443, Karton 12 041.

2 Dr. Josef Vysloužil (*1888), Jurist; seit 1919 Verwaltungsangestellter, 1935–1939 Leiter des Nachrichtendienstes der Polizeidirektion in Prag, von 1939 an in Abt. B (Verfolgung von Sabotage und Untergrundtätigkeit); nach dem Krieg bis 1948 in der Abt. des Innenministeriums zur Verfolgung von Kollaborateuren tätig; v.r. steht vermutlich für Verwaltungsrat.

3 Referat für Juden, Konfessionen, Freimaurer und Pazifisten.

4 Hauptkriminalsekretär.

5 Johannes Röllich (*1902); SS-Sturmscharführer; 1940–1944 Kriminalsekretär bei der Gestapo Prag in Abt. 2 B tätig.

6 Im Original handschriftl. Unterstreichungen. In der Akte befindet sich auch eine tschech. Zusammenfassung dieses Briefs der Polizeidirektion vom 5.11.1941, in der hinzugefügt wurde, dass jüdischen Ärzten das Benutzen von Straßenbahnen nachts generell verboten war.

7 Vom 12.9.1940 an durften Juden in elektrischen Straßenbahnen nur noch im letzten Wagen fahren, und auch das nur, sofern dieser zwei Plattformen hatte. Straßenbahnen mit nur einem Triebwagen ohne Beiwagen durften sie gar nicht mehr benutzen. Diese Bestimmungen wurden am 23.1.1942 noch verschärft; Friedmann, Rechtsstellung (wie Dok. 242 vom 2.10.1941, Anm. 9), S. 247.

8 Heinrich (Jindřich) Landsmann (1897–1944), Kaufmann; Direktor einer Firma zur Verzinkung von Metallen, von 1939 an im Palästina-Amt in Prag und als Sachbearbeiter der JKG im Ref. für Inlandsreisen tätig; im Juli 1943 gemeinsam mit seiner Frau Edita Landsmannová, geb. Herzigová (*1904), und dem gemeinsamen Sohn Arnošt Egon (*1930) zunächst nach Theresienstadt, im Okt. 1944 nach Auschwitz deportiert, niemand von der Familie überlebte.

9 Heinz Schuster (*1915); Versicherungsangestellter; während des Kriegs im Vorstand der JKG Prag in der Arbeitszentrale; im Juli 1943 zusammen mit seiner Frau Ruth Schusterová, geb. Kleinová (*1921), und der gemeinsamen Tochter Dina (*1942) nach Theresienstadt, im Okt. 1944 nach Auschwitz deportiert, niemand von ihnen überlebte.

Das durch die „Jüdische Kultusgemeinde“ der Geheimen Staatspolizei in Prag vorgelegte Verzeichnis der Firmen und der Höhe des jüdischen Arbeitseinsatzes enthielt 9 für die Staatsverteidigung wichtige Unternehmungen, und die Höhe des Arbeitseinsatzes der Juden-Arbeiter belief sich auf 476 Mann.
U. a. wurden die Fa. *Lanna*, Bau-A.G., Prag,[10] Rekonstruktion des Helmer-Wehrs auf der Hetzinsel in Prag II., die Fa. Pittel & Brausewetter,[11] Bau-Unternehmen in Prag, und die *Konstruktiva*-Bau-A.G.[12] in Prag, welche letzteren Firmen Bauarbeiten in den *Avia*-Werken[13] in Letnian verrichten, sowie die Fa. Ing. Karl *Skorkovsky*,[14] Bau-A.G. in Prag, und die Vereinigten Bau-Unternehmungen in Prag, welche den Tunnelbau in Prag II. durchführen, als größere, jüdische Arbeiter beschäftigende Firmen angeführt. Außer diesen Firmen kämen noch die Fa. *Baklax* A.G., Kunststoffefabrik in Prag-Wissotschan, und die Zementfabrik in Prag-Podol als Firmen in Betracht, die das Ansuchen der „Jüdischen Kultusgemeinde“ unterstützen könnten.
Angeführtes, durch die „Jüdische Kultusgemeinde“ der Geheimen Staatspolizei in Prag übergebenes Verzeichnis wurde von der Geheimen Staatspolizei an die Polizeidirektion in Prag zwecks Einleitung notwendiger Erhebungen weitergeleitet.
Eine Überprüfung des oben angeführten Ansuchens der „Jüdischen Kultusgemeinde“ mußte mit Hinsicht auf die Kundmachung der Polizeidirektion, durch welche den Juden die Benützung der Motorwagen der elektrischen Straßenbahnen Prags verboten wurde, unbedingt durchgeführt werden.
Informationen bei den Zweigstellen der in der Flugzeugfabrik *Avia* in Prag-Letnian Bauarbeiten verrichtenden Firmen Pittel & Brausewetter und *Konstruktiva* sowie bei der Bauleitung ergaben, daß die hierorts beschäftigten jüdischen Arbeiter in letzter Zeit mit Rücksicht auf die geltenden jüdischen Verordnungen nur soweit beschäftigt werden, um diesen pünktlich nachkommen zu können. Nachdem der Bauleitung über das Ansuchen der „Jüdischen Kultusgemeinde“ Bescheid gesagt wurde und diese über die sich daraus ergebenden Schwierigkeiten informiert wurde, erklärte sich der leitende Beamte bereit, den Arbeitseinsatz der Juden-Arbeiter bei den Bauarbeiten so zu regeln, daß dieselben die elektrische Straßenbahn noch in der Zeit benützen können, solange bei denen die zur *Avia* führenden Linien der Straßenbahn Schleppwagen im Betriebe sind. Es wurde gleichzeitig hies[igem] Amte durch den den Bau leitenden Beamten tel. mitgeteilt, daß gewöhnlich nur bis 21 Uhr gearbeitet wird, und nur im Ausnahmefalle, wenn Betonarbeiten vorgenommen werden, wird die Arbeitszeit verlängert.
Da die in der Mitte der Stadt bei dem Tunnelbau vor sich gehenden Arbeiten und der bei denselben beschäftigten Juden wesentlich nicht in Frage kommen, kämen lediglich nur noch die vom Stadtzentrum weit entfernten Firmen *Baklax* in Prag-Wissotschan und die Zementfabrik in Podol in Betracht.[15]

10 Die 1923 gegründete Fa. Lanna Bau Unternehmung AG Prag beschäftigte Zwangsarbeiter z. B. beim Bau des Helmowsky-Wehrs und beim Dammbau im Prager Stadtteil Troja.
11 Die Fa. Pittel und Brausewetter, ein 1870 in Bratislava gegründetes Familienunternehmen, hatte 1914 in ganz Österreich-Ungarn 21 Zweigstellen; ist heute vor allem in Österreich tätig.
12 Konstruktiva-Bau-A.G., 1930 gegründete Firma, die vor allem im Hoch-, Tief-, Eisenbahn- und Brückenbau tätig war; betrieb außerdem mehrere Basalt- und Diabassteinbrüche bei Prag.
13 Avia-Werke, 1928 gegründeter tschech. Flugzeughersteller, der bis 1992 existierte.
14 Richtig: Fa. Skorgowsky, Bauunternehmen, das Zwangsarbeiter beim Bau der Filmstadt Barrandov beschäftigte.
15 So im Original. Gemeint ist, dass die Baustellen im Stadtzentrum zu Fuß erreichbar waren.

Was die Fa. *Baklax* anbelangt, hat die Juden-Arbeiterschaft derselben die Möglichkeit, die Schleppwagen der elektrischen Straßenbahn Nr. 5 zu benützen, welche bis spät in [die] Nachtstunden in Betrieb sind. Bei der Zementfabrik in Podol wurde festgestellt, daß zur Nachtschicht in dem Unternehmen lediglich 2–3 Juden in Frage kommen und sich daher nicht die Notwendigkeit erweist, den nach 21 Uhr fahrenden Straßenbahnen Nr. 17 und 21 Schleppwagen anzuhängen.

Aus dem hies[igen] Amte von führenden Beamten der angeführten Unternehmen[16] gegebenen Informationen geht hervor, daß sich das Ansuchen der „Jüdischen Kultusgemeinde" als völlig unbegründet erweist. Mit Hinsicht auf die Schwierigkeiten, die sich bei einer event. Realisierung des Ansuchens der „Jüdischen Kultusgemeinde" der Leitung der elektrischen Straßenbahnen ergeben würden, sowie auch auf die kleine Anzahl der Juden-Arbeiter und die zugrunde liegenden Informationen der obenangeführten Firmen, erweist sich das Ansuchen der „Jüdischen Kultusgemeinde" als völlig unbegründet, und es wird ha.[17] der Antrag gestellt, dasselbe abzulehnen.

DOK. 249

Der aus Prag deportierte Wiener Schriftsteller Oskar Rosenfeld beschreibt rückblickend in seinem Tagebuch seine Deportation in das Getto Litzmannstadt am 4. November 1941[1]

Tagebuch von Oskar Rosenfeld,[2] Eintrag vom 17.2.1942

[…][3]

Am 18. September kam der Judenstern. Es war dies ein Berliner Erlaß, der sich auf Deutschland und die C.S.R. bezog.[4] Freitag, den 18. September, frühmorgens erschienen bereits alle Juden mit dem gelben Judenstern an der linken Brust auf der Straße. Der Stern zeigte als Text das Wort „Jude", und zwar in einer dem hebräischen Alphabet nachgebildeten deutschen Schrift, wodurch die Kennzeichnung noch gespenstischer, krasser, semitischer, provozierender erscheinen sollte. Die tschechische Bevölkerung allerdings reagierte nicht in dem erwarteten Sinne. Im Gegenteil. Aller Blicke wandten sich ab, und man konnte deutlich die Aversion an Mienen, Gesten und Beweisen des

16 So im Original.

17 Vermutlich: hoc anno (lat.): in diesem Jahr.

1 YVA, O.6/234/II-5, Bl. 4–16, Heft A, Privates Tagebuch. Zu Stimmungen als Erinnerung – öffentlich. Abdruck in: Oskar Rosenfeld, Wozu noch Welt. Aufzeichnungen aus dem Getto Lodz, hrsg. von Hanno Loewy, Frankfurt a. M. 1994, S. 39–46.

2 Oskar Rosenfeld (1884–1944), Journalist, Schriftsteller; 1902–1908 Studium der Kunstgeschichte und Philologie in Wien; emigrierte 1938 von Wien nach Prag; am 3.11.1941 nach Litzmannstadt deportiert, von 1942 an arbeitete er an der Getto-Chronik mit und schrieb Tagebuch, im Aug. 1944 nach Auschwitz-Birkenau deportiert und dort ermordet.

3 Rosenfeld beginnt mit einem Appell, bis zum Sieg der Gerechtigkeit durch- und auszuhalten. Außerdem berichtet er davon, dass viele Juden in Prag überraschend die Nachricht erhielten, dass sie für einen Sammeltransport mit unbekanntem Ziel vorgesehen seien. Er beschreibt, dass sich Gerüchte und Angst verbreiteten.

4 Siehe VEJ 3/212.

Wohlwollens seitens der tschechischen Bevölkerung erkennen. Mit dem Judenstern an der Brust waren die Juden außerstande, sich in der Menge zu verlieren. Da in Prag auch Tausende Juden der Provinz konzentriert waren, entstand der Eindruck, daß Prag von Juden überschwemmt und eine großangelegte „Entjudung" auch seitens der Tschechen erwünscht sei. Die Juden wandelten durch Prag wie aus dem Mittelalter übriggebliebene Reste, die ihre Existenz nur der Trägheit der einheimischen Bevölkerung zu verdanken haben, aber reif sind zum Verschwinden. Einer blickte den anderen ohne innere Teilnahme an, denn alle waren jetzt gleichgestellt, ja mehr noch: einer belastete den anderen; einer sah sich im anderen; einer machte den anderen für das Gespenst „Jude" verantwortlich. Nun war die Scheidung des Juden vom Nichtjuden auch äußerlich erkennbar. Das war die Lage, als die Einberufungen zur Sammelstelle „Messepalast" ausgegeben wurden.[5] Niemand blieb verschont. Aus den Krankenhäusern rief man die Bettlägerigen, aus den Altersheimen die Greise, Sieche, Lahme, Blinde, Sterbende fanden sich ein. Frühmorgens, ehe es Tag ward, noch in der Finsternis drängten sich Juden (Männer, Frauen, Kinder) mit ihren Koffern und Rucksäcken in die Elektrische. Die Benutzung von Autotaxis war seit langem verboten.[6] Die Wohnungen wurden, mit allem Hausrat gefüllt, verlassen. Die Betten waren noch warm, die Tische gedeckt, in den Kästen blieben Geschirr und Bücher, in den Vorzimmern und Zimmern Kleider, Decken ... Teppiche, Bilder – und schon warteten die Hyänen auf die Habe, die Fremden und die Einheimischen, denen der Abgang der Juden bekanntgegeben worden war. Vier Transporte rollten ab. Noch immer wußte man nichts Authentisches über den Aufenthalt der Evakuierten. Direkte Nachrichten waren noch immer nicht eingelaufen. Als Anfang November der fünfte, letzte Transport[7] einberufen worden war, konnte niemand mit Sicherheit das „Zielland" angeben. Diesmal begaben sich die Teilnehmer am hellichten Tag in den Messepalast. Es war nicht mehr notwendig, den Abtransport von Juden und die Methode und Technik dieses Abtransports zu verheimlichen. Prag hatte sich bereits mit dieser Maßnahme abgefunden. Es war nichts mehr Außergewöhnliches zu sehen, wie sich Juden mit Rucksäcken, Koffern, Säcken, Pinkeln,[8] Bettzeug an den Haltestellen drängten, um den letzten Wagen – der Aufenthalt in den anderen Wagen war Juden verboten – zu besteigen, und wie sie oft genug von der Plattform dieser letzten, zumeist überfüllten Wagen gedrängt werden mußten. Es gab darunter Menschen, die bereits dreimal emigriert waren – von Berlin nach Wien, von Wien nach dem Sudetengebiet, vom Sudetengebiet nach Prag –, jedesmal von neuem ein Leben begonnen hatten mit der stillen Hoffnung, endlich Ruhe zu finden und mit dem bescheidensten Winkel zufrieden.

5 Baracke auf dem Messegelände im Prager Stadtteil Holešovice, die als Sammellager für die Deportation diente. Die Einberufenen wurden drei bis vier Tage vor ihrer Deportation in ungeheizten hölzernen Ausstellungsbaracken untergebracht, den Zugang bewachten tschech. Polizisten, das Lager unterstand der Zentralstelle für jüdische Auswanderung, die Organisation (vor allem die Wegnahme sämtlicher Dokumente und Wertgegenstände) wickelte die Transportabt. der JKG ab.

6 Vermutlich ist das am 5.7.1940 von der Zentralstelle für jüdische Auswanderung in Prag erlassene Verbot der Benutzung von Mietautos gemeint.

7 Zwischen dem 19.10.1941 und dem 3.11.1941 wurden mit fünf Transporten etwa 5000 Juden von Prag nach Litzmannstadt deportiert.

8 Bündeln.

Aber dieser Winkel war ihnen nur kurze Zeit vergönnt. Pardon wird nicht gegeben. Der Krieg gegen die Juden kennt keinen Friedensschluß. Der Apparat, dem die Betreuung der Juden anvertraut war, arbeitete ohne Unterlaß, denn Pausen wären gefährlich gewesen, hätten die Überflüssigkeit dieses Apparats erwiesen. Die Juden waren aus allen Berufen gestoßen, ihre Häuser treuhänderisch verwaltet, ihr Geld auf den Banken festgebannt, der Verkehr mit den Nichtjuden hatte fast den Nullpunkt erreicht, in keinem Park oder Garten oder Theater oder Kino oder Bad oder Bahnhof, in keiner Schenke durften sie sich blicken lassen... jetzt sollten sie selbst, ihre leibliche Erscheinung, aus dem Stadtbild verschwinden. Die Protektoren hatten den Tschechen sozusagen das Versprechen gegeben, das Land „judenrein" zu machen und gingen jetzt systematisch, gründlich, umständlich, aber gesetzmäßig – man nennt das legal – ans Werk. Die Deportation begann. Familien wurden vernichtet, Ehen zerschlagen, Freunde auseinandergerissen, für ein ganzes Menschenleben fest geschlossene Bünde zerstört, Werke des Geistes in *einem* Augenblick zunichte gemacht; was Fleiß und Liebe und Hingabe im Verlauf von Jahrhunderten gesammelt und betreut hatten, mit einem Fußtritt auseinandergebröckelt. Zahllose Werte, durch Wissen und Ehrfurcht gestaltet, gingen unwiderruflich dahin. Die Verfemung geistigen Erbes in Buch und Bild seitens der Herren konnte sich restlos ausleben. Was die Obrigkeit ihren Anhängern und Sympathikern versprochen hatte – das risikolose Zerstampfen der bisher verehrten jüdischen Werte – löste sie jetzt ein. Sammlungen zerstoben, Bibliotheken krachten auseinander, wissenschaftliche Instrumente wurden zerstreut, gediegene Heime blieben zerwühlt zurück. Tränenden Auges, erschütterten Herzens nahmen die zur Deportation bestimmten Juden Abschied von dem, was sie zurücklassen mußten. Hunde, Katzen und sonstige Haustiere wurden mit zärtlichem Streicheln bedacht... oft unter dem höhnischen Blicke der Beamten, die da und dort Zeugen der Vorbereitungen zum Auszug waren. (Über diese Verwüstung kann noch gesondert berichtet werden.)

Es hieß also Abschied nehmen. Abschied für immer? Oder vielleicht nur eine kurze Trennung, der eine freudige Wiederkehr folgt? Wer kann das mit voller Verantwortung sagen! Wie immer auch die Vorbereitungen zum Aufbruch ins Unbekannte waren, trugen sie das Merkmal des Improvisierten, Provisorischen. Entgiltigen Abschied, rückhaltloses Verzichten gab es bei niemand. Im Herzen eines jeden Fahrers fand sich ein Fünkchen Hoffnung auf Wiedergutmachung, ein Körnchen Glaube an Wiederkehr. Es gab keinen einzigen Juden, der sich ein für alle Mal mit dem Verlust seines Lebens abfand. Bei guten Freunden, verläßlichen Nachbarn wurden Gegenstände (auch wertlose) untergebracht, an denen es den Besitzern gelegen war, und die vielen Dinge, die man zurückließ und verschenkte, verloren darum ihre Bedeutung nicht und man entzog ihnen auch nicht seine Sympathie... Im Nu war die Habe zerstoben und man merkte jetzt erst angesichts des Abschieds, wie leicht Güter des Alltags, in Jahren gesammelt, (ein Haushalt) sich auflösen und wie innig man an ihnen hängt. Aber die Zeit drängte und keine Träne hatte Kraft genug, Erleichterung oder gar Erlösung zu bringen. Zuviel war dahin, Hunderte hockten in ihrer Wohnung und konnten all das, wie sie es nannten, nicht fassen. Tausende stürzten in den Trubel des Packens, Zusammenräumens, des Wählens der Gegenstände, spielten mit der Stimmung der Gleichgiltigkeit, ironisierten ihren Fall, indem sie gegenüber ihrer Umgebung taten, als ob alles nach den Gesetzen der Weltordnung verliefe und daher Lamentieren oder Anklage nicht am Platz wären. Dringender und drängender waren die praktischen Fragen. Da die Parole ausgegeben war, jeder dürfe nicht mehr als 50 kg seiner Habe mitnehmen, einschließlich 5 kg Lebensmittel, standen Tausende Prager Juden vor der Aufgabe, sich mit leichtem, griffigem Gepäck auszustatten. Man sah in allen Gassen, vornehmlich der Judenviertel, Juden auf der Jagd nach Rucksäcken, Kappen, Mützen, Koffern, Geschirr und haltbaren Eßwaren. Die Stadt war in Bewegung. Man fühlte, daß etwas Niegedachtes, Tiefeingreifendes im Gange war. Eine neue Epoche in der Betreuung der Juden, der Lösung der Judenfrage hatte begonnen. Nach und nach hatten zunächst 5000 Juden das alte „goldene" Prag, ihre Heimat, wo ihre Urväter ansässig waren, auf Befehl der deutschen Behörde zu verlassen. Die Zentralstelle für jüdische Auswanderer traf die Wahl der Kandidaten, aber das Prinzip dieser Wahl war nicht zu durchschauen, es sei denn, daß alles nach der bisherigen Methode zufälligen Griffs ins Werk gesetzt worden war. Unter den Deportierten fanden sich arme, von der Judengemeinde unterstützte Juden neben „Reichen", das ist solchen, die vor der Besetzung des Landes Häuser, Bankkonti, Pensionen, Wohnungen, Sammlungen und sonstige Werte hatten, Bürger allerlei Ranges und Standes, Junge und Alte, Menschen mit ausländischen Einreisebewilligungen. Es gab auch einen Nobel-Transport, die „A"-Gruppe, Akademiker: Ärzte, Juristen, Ingenieure, Gelehrte, Lehrer, Professoren, Schriftsteller, Schauspieler und Musiker oder sonst Juden, die verdächtig waren, sich mit kulturellen Dingen zu beschäftigen. So gelang der Plan, alte Bande zu zerreißen, Familien zu atomisieren, zahllose Wohnungen und Heime für zugewanderte Familien freizumachen. Die Entjudung Prags war im Gange. Die ausgewählten Juden, viele schon fern dem Judentum, ja ihm geradezu feindlich gesinnt, hatten sich zum Sammeltransport einzufinden.

Die Behörde hatte den „Messepalast" gewählt, ein zur Zeit leerstehendes Gebäude, das einigemal im Jahr einer Warenschau diente, jetzt aber vor Eintritt des Winters für die Aufnahme der abzuwandernden Juden freigemacht worden war. Wer dieses Gebäude betreten hatte, konnte von seiner Heimat entgiltig Abschied nehmen. Hier begann das Getto. Nur wenige hatten das Glück, als untauglich wieder nach Hause geschickt zu werden, und auch diese Wenigen waren gegen eine spätere Einberufung nicht gesichert. Die Nummer jedes einzelnen wurde von jüdischen Beamten der Gemeinde abgestrichen – er war auf den Mist geworfen. Der Messepalast war ein Magazin, in dem statt Waren Menschen ausgestellt waren, in Kojen zusammengedrängt, auf Rucksäcken und Matratzen lagernd, mit Bündeln, Koffern, Paketen vollgestopfte Pritschen dienten als Schlafstätte. Drei Tage und drei Nächte lungerten hier jeweils mehr als tausend Menschen in zugigem, schmutzigem Magazin [herum], von ihren Vorräten bedächtig zehrend, da die Verpflegung seitens der Judengemeinde natürlich nicht ausreichend war. Verbindungen wurden geknüpft, Freundschaftenbegannen hier, Menschen mit einst klangvollen Namen duselten hier auf Fetzen und Mänteln, glücklich, irgendwo ihre abgemagerten Glieder recken zu können. Bisweilen hörte man Lachen und Singen, denn auch viel Jugend war einberufen, und der oberflächliche Beobachter konnte dadurch den Eindruck erhalten, daß sich die Behörde entschlossen hätte, auch die Juden mit einem „Kraft-durch-Freude"-Ausflug zu beglücken. Denn – das soll hier ein für allemal festgestellt werden – der Verlust der Existenz, der Habe, der Heimat, der Ruhe und die Sorge um das Morgen waren nicht imstande, die Seele der Juden zu brechen. Leidgewohnt und leidgestärkt waren die Juden hier unerschütterlich in ihrem Glauben an Befreiung, an Erlösung, wie sooft in den früheren Jahrhunderten. Man sah keine Träne, keinen Zusammenbruch. Und noch immer wußte man nicht, wohin es ging.

Die Funktionäre schwiegen, sie verrieten nicht einmal die Stunde des Aufbruchs. Der deutsche Leiter und Verantwortliche[9] – ein äußerlich sympathischer junger Mann – hatte das Kommando über die Juden, die Herrschaft über das Judenschicksal. Wenn er mit seinen Begleitern erschien, ging ein Rucken durch die Reihen der Einberufenen, aus den armen, schwachen, zum Teil schon hungernden Juden wurden plötzlich Rekruten, die vor dem Zugführer anzutreten haben. Einigemal gab es Inspektion. Alles mußte in Ordnung sein. Denn diesen Juden wurde das Glück zuteil, noch knapp vor ihrem Abtransport betreut zu werden und Zucht zu genießen. Auch der jüdische Handlanger der „Zentralstelle für jüdische Auswanderer" darf nicht vergessen, nicht bagatellisiert werden. Denn ihm hatten die Deportierten die Strammheit zu verdanken, mit der alle Befehle, die dem Transport dienten, ausgeführt wurden. In ein Leder[...][10] gehüllt, mit einer übergroßen Blendlaterne ausgestattet, dirigierte er schon am frühen Morgen, vor Sonnenaufgang, die jüdischen Massen, während er selbst – bis auf weiteres – kraft seines Amtes vor dem Verlassen des Protektorats behütet war, indem er das Amt des Antreibers mit großem Talent und ebensolchem Behagen ausfüllte. Derlei Figuren gab es übrigens auch in den anderen Bezirken des jüdischen Lebens, Ausführer der deutschen Behörde, Nutznießer einer für eine gewisse Zeit privilegierten Stellung.

Blinde, Lahme, Sterbende waren angetreten. Aus den Krankenhäusern hatte man die fiebernden Siechenden, aus den Versorgungshäusern die Greise geholt. Sie traten jetzt an, sie nahmen das Urteil wortlos entgegen. Gleichzeitig sorgten die Beamten dafür, daß im Messepalast alles klappte. Frau [...][11] will Selbstmord begehen, Veronal, Gestapo verlangt: „Sie bürgen dafür, daß *alle* lebend von da wegkommen ..." Beschwerden gab es nicht. Alle männlichen Teilnehmer des Transports wurden kahlgeschoren – aus Vorsorge gegen künftige Infektionen (Läuse etc.) dort in der Ferne und sahen dann wie Sträflinge aus, die verschickt werden, wobei bemerkt werden kann, daß viele Teilnehmer sehr gern die Rolle eines Sträflings auf sich genommen hätten, wenn der Richter und Vollstrecker kein Beamter der 3. Republik[12] gewesen wäre. Sibirien oder Cayenne[13] dünkte uns nicht als das ärgste aller Übel, denn das waren geographisch abgegrenzte, klimatisch bekannte Landstriche, während wir ins Unbekannte, jedenfalls Unwirtliche zu fahren hatten.

Knapp vor der Abreise hatten alle am laufenden Band der jüdischen Gemeindebeamten, die man zur Abfertigung des Transports im Messepalast bereitgestellt hatte, mit ihrem Geld, ihren Papieren, ihren Wohnungsschlüsseln anzutreten. Der vorletzte Akt des Schauspiels begann. Die Reihenfolge war: 1) (Direkt sagen: plastischer!) Abgabe des Wohnungsschlüssels. Das Heim war also den Protektoren übergeben. An keinem der Abgehenden war auch nur die Spur eines Schmerzes über den Verlust zu bemerken. Nimm's hin, du, der du uns Ehre und Habe und Existenz und Sinn des Lebens genommen hast. Die Schlüssel wurden größtenteils noch am selben Tag den deutschen „Reflektanten"[14] übergeben. Lastautos fuhren vor und wurden mit den Möbeln und kleinem Hausrat der Beraubten beladen. 2) Abgabe aller Legitimationen, Personaldokumente, Urkunden mit Photographien und sonstigen Identitätspapiere. 3) Abgabe des ganzen

9 Vermutlich: Hans Günther.
10 Ein Wort unleserlich.
11 Ein Wort unleserlich.
12 Möglicherweise ironische Bezeichnung für das „Dritte Reich".
13 Strafkolonie in Französisch-Guayana.
14 Gemeint sind Personen, die Wohnungen oder Eigentum deportierter Juden übernehmen wollten.

Geldes und Goldes ohne Bestätigung. (Abliefern, weil Raub am deutschen Volk). 4) Unterzeichnung eines Formulars, dessen Inhalt man nicht lesen durfte, d. h. ohne Kenntnis des Inhalts verblieb. Mit seiner Unterschrift gab man der Jüdischen Gemeinde Prag, d.i. der Gestapo, die Vollmacht, über das zurückgelassene Vermögen nach freiem Ermessen zu verfügen. 5) Entgegennahme einer polizeilichen Legitimation mit dem Aufdruck „Evakuiert am …" (um Parasiten von anderen zu trennen). Damit war die völlige Beraubung und Entpersönlichung vollzogen. Nichts blieb diesen „Evakuierten" als das, was sie im Rucksack und Koffer bei sich hatten. Es geschah auch noch, daß einzelne Gepäckstücke knapp vor der Abreise von den Gestapo-Beamten beiseite geschafft wurden. Bücher, Musikinstrumente, Dinge, die dem einzelnen am Herzen lagen, Stücke wohliger Erinnerung, Gegenstände aus ererbtem Besitz, Jahrhunderte in der Familie betreut, mußten zurückgelassen oder der Gestapo übergeben werden. Bettelarm, entrechtet, einem blinden Schicksal ausgeliefert, so traten 5mal je 1000 Juden im Messepalast zur Weiterbeförderung an. Es gingen keine Menschen von dannen, es wurden „Transporte" abgelassen. – Es hieß: antreten. Man marschierte, Junge, Alte, Greise, Sieche, Lahme, Blinde, Sterbende, Kinder, irgendwohin zu einem Bahnhof. Auf dem Weg dahin waren in den Fenstern der Häuser Gesichter der tschech. Bevölkerung sichtbar, hie und da tschechische Passanten, durchwegs ernste, zum Teil traurige, nachdenkliche, verstörte Gesichter. Ein Eisenbahnzug stand bereit. Man riß auf, bestieg die Waggons entsprechend der Nummer, die jeder sichtbar an sich und an seinem Gepäck zu tragen hatte. Das vollzog sich sehr rasch, die Feldgrauen[15] drängten, Bajonette blitzten, man stieß und drängte, aber es war kein Laut zu hören. […][16]

DOK. 250

Aufbau: Artikel vom 7. November 1941 über die Panik unter den Prager Juden wegen der Verhaftungen und nächtlichen Deportationen mit unbekanntem Ziel[1]

Egon Fischer von Seekamm:[2] *Prager Tragödien*

Rundfunk Prag: „Arier, die Juden helfen, werden als Saboteure behandelt". – „Hodza,[3] der Jude." – Selbstmordwelle. – Freitod des Börsen-Vize-Präsidenten Eduard Stutz.[4] – Deportationen nur bei Nacht. – Einen Tag vor Eintreffen des Kuba-Visums verschickt. – Das Judenpostamt in der Inselgasse. – Konzentrationslager für Mitgefühl.

Der Prager Sender hat am 30. Oktober folgende Warnung bekanntgegeben: „Juden, denen angeordnet wurde, das Protektoratsgebiet zu verlassen, wenden sich vielfach an Arier mit dem Ansinnen, ihren Besitz bis nach Beendigung des Krieges in Verwahrung zu

15 Gemeint sind Angehörige der Gestapo.
16 Rosenfeld schildert im Folgenden die Fahrt ins Getto Litzmannstadt und die Umstände dort.

1 Aufbau, Nr. 45 vom 7.11.1941, S. 2.
2 Egon Fischer von Seekamm (1904–1958?), Journalist; Herausgeber des Prager Montagsblatts.
3 Milan Hodža (1878–1944), Politiker und Journalist; Mitglied der Slowak. Nationalpartei; bekleidete von 1919 an verschiedene Ministerämter, 1935–1938 erster slowakisch-stämmiger Ministerpräsident der Tschechoslowakei; 1940 Emigration nach Großbritannien, 1941 in die USA.
4 Eduard Stutz (1863–1941), Bankkaufmann; Aufsichtsratsmitglied zahlreicher großer Firmen.

nehmen. Tschechen, die diesem Wunsche willfahren, werden als Feinde des Deutschen Reiches betrachtet und als Saboteure gerichtet werden; denn aus ihrer Handlungsweise geht hervor, daß sie an einem deutschen Sieg zweifeln."

So starke Töne muß *Heydrich* im Protektorat anschlagen, um das tschechische Volk vor praktischer Bekundung seiner Sympathien mit den Trägern des Davidsterns zu warnen. Welch ein Sittlichkeitszeugnis für eine Nation, die seit mehr als zwei Jahren mit antisemitischer Propaganda bearbeitet wird! *Walter Wannenmacher*[5] hat im „Neuen Tag"[6] jeweils den Ton für die kontrollierte tschechische Presse angegeben: vom zitatengeschmückten Leitartikel über die Makkabäer bis zum wüsten Gestammel: „der Jud war immer unser Feind!" Karel Werner,[7] der Redakteur der Stribrny-Blätter[8] und nazistische Rundfunk-Ansager, hat die Hetze in der seiner Mentalität entsprechenden Weise betrieben. In der Sendung vom 20. September hat er sich nicht entblödet, den früheren Ministerpräsidenten *Hodza*, bekanntlich ein slowakischer Pastorssohn, als Juden darzustellen. Denn er hatte den Auftrag, die tschechische Auslandspropaganda als „verjudet" zu beschimpfen.

Was geht im Protektorat vor, wenn nach all den antisemitischen Aufwiegelungsversuchen die Warnung vom 30. Oktober gesendet werden mußte?

Die ersten tragischen Berichte über die Deportationen fügen sich trotz ihres fragmentarischen Charakters zu einem tragischen Bild. Die Neunzigtausend (von den 200 000 bei Hitlers Einmarsch), die noch im Protektorat zurückgeblieben sind, haben alles über sich ergehen lassen müssen: Man hat ihnen Parks und Schwimmschulen verboten, man hat sie von Gemüse und Obst, ja fast von allen Lebensmittelbezügen ausgeschlossen, man hat Telephon und Straßenbahn für sie so gut wie unzugänglich gemacht, man hat ihnen die Mittel jeder Existenz entzogen. Nun kommt noch Fürchterlicheres als der Tod: die Notiz, sich zum Abtransport bereitzuhalten. Niemand weiß, wohin er geschafft wird. Sind die Gerüchte wahr, daß nicht Polen, sondern die zerschossenen Gebiete Rußlands Bestimmungsorte für die Protektorats-Juden sind? Haben deutsche Soldaten bei „Manöverübungen" deportierte Juden „als Feind benützt?" Wann wird es an der Türe klopfen? Wer wird geholt werden? Wird man jemals wieder von ihm hören? Eine furchtbare Panik hat die Judengemeinde Prags ergriffen. *Viele Selbstmorde werden gemeldet.* Dieser Tage traf die Bestätigung in New York ein, daß auch Eduard Stutz, einstmals Direktor und Vizepräsident der Böhmischen Unionbank,[9] seinem Kollegen Otto Freund[10] in den Tod gefolgt ist. Man hat ihn erst aus der Villa in Bubenc vertrieben,[11] dann seiner Kunstschätze und Bank-Konti beraubt, später aus der neuen, kleinen Wohnung, die er gemie-

5 Walter Wannenmacher (1902–1985), Nationalökonom und Journalist; 1933 NSDAP-Eintritt; Chefredakteur von Der Neue Tag und der Kulturzeitschrift Böhmen und Mähren; 1945–1955 in tschechoslowak. Haft; Autor zahlreicher Bücher, schrieb u. a. in Christ und Welt sowie im Merkur.

6 Der Neue Tag war das Veröffentlichungsorgan deutscher Dienststellen im Protektorat.

7 Karel Werner (1906–1947), Journalist; 1939 Mitbegründer der Tschechischen Liga gegen den Bolschewismus; 1941 stellv. Chefredakteur beim Mittagsblatt, 1944 Hauptschriftleiter der tschech. Zeitung Večerní České Slovo; 1947 wegen Kollaboration zum Tode verurteilt und hingerichtet.

8 Gemeint ist die Zeitung der von dem tschechoslowak. Politiker Jiří Stříbrný gegründeten faschistischen Partei Národní liga (Nationale Liga).

9 Die Böhmische Union-Bank wurde im März 1940 durch die Deutsche Bank übernommen.

10 Otto (Ota) Freund (1876–1939), Bankkaufmann; von 1916 an bei der Böhmischen Union-Bank, zuletzt als geschäftsführender Direktor; nahm sich in Gestapo-Haft das Leben.

11 Richtig: Bubeneč; Stadtteil im Nordwesten Prags.

tet hatte, delogiert, bis der ehemalige Vizepräsident der Börse sich von der Kultusgemeinde erhalten lassen mußte.
Wie im Reich, so geschieht auch in Prag der Abtransport der Juden nur bei Nacht, um so wenig Aufsehen als möglich zu verursachen. Gespenstisch verschwinden Menschen; am nächsten Tag ist jemand anderer in der Wohnung.
Niemand wird geschont. Selbst Alter schützt nicht. Die Witwe eines Großindustriellen, deren Villa bekannt war als eine Stätte edler Kammermusik, ist einen Tag vor Eintreffen ihres Cuba-Visums deportiert worden. Kinder eines Prager Kaufmannes zittern um das Schicksal ihres Vaters. Er wohnt in einem jener Häuser, in denen jüdischen Mietern jedwede Besuche verboten sind. So wissen Vater und Tochter, beide in derselben Stadt, nichts voneinander. Nichts als die Tatsache, daß von den 90 000, die deportiert werden sollen, bereits 42 000 verschickt wurden. Also jeder Zweite.[12]
Bis Neujahr – so sagt die Nazi-Presse – wird kein Jude mehr im Lande sein. Dann kann *das neue Postamt in der Ostrovni*, tief unter dem Straßenniveau des National-Theaters, wieder zusperren. Es ist eigens für Juden errichtet worden, die von keinem andern Amt Briefe senden dürfen. Stundenlang pilgern sie aus entlegenen Stadtvierteln hierher, stundenlang haben sie zu warten.[13] Wie viele dieser Briefe werden uns erreichen?
Und trotzdem: Keine Zensur, kein Spezial-Postamt, kein anderes Mittel der Abwürgung kann verhindern, daß die Prager Greuel der Nazi-Untiere berichtet werden. Furchtlose Tschechen werden weiter fortfahren, das Weltgewissen aufzurufen. Mögen die stiernakkigen Sadisten Denkmäler der Kunst verwüsten und edle Bronze in Kanonen umgießen, mögen sie in Prager Palästen hausen und sich eines „judenfreien" Bubenc rühmen, mögen die Produkte ihrer Brunst die Stätten hoher Wohnkultur zertrampeln; je größer die Plünderungen, desto stärker der Glaube an die Wiedergutmachung; je grausamer die Verfolgung, desto kräftiger der Kampf der Abwehr. Trotz der Warnung vom 30. Oktober finden sich immer wieder Arier, die ihren jüdischen Freunden beizustehen versuchen. Vor fünf Monaten wurde ein bekannter tschechischer Bürger ins Konzentrationslager verschleppt, weil er einen jüdischen Freund unterstützt hat. Trotz Publizität dieses Falles findet der Brave immer wieder Nachahmer. Denn das tschechische Volk fühlt, was *Jan Masaryk*,[14] der tschechoslowakische Außenminister, in seiner New Yorker Rede am 28. Oktober so ergreifend schlicht ausgedrückt hat: „Ich gedenke heute auch jener in den Ghettos. Ich gedenke aller dieser Menschen mit derselben Liebe, mit der ich meiner Mutter gedenke."

12 Bis Anfang Nov. 1941 waren etwa 5000 Juden aus Prag deportiert worden.
13 Siehe Dok. 245 vom 17.10.1941.
14 Jan Masaryk (1886–1948), Politiker; Sohn des tschechoslowak. Präsidenten Tomáš Garrigue Masaryk; 1925–1938 tschechoslowak. Botschafter in Großbritannien, 1938 Amtsniederlegung aus Protest gegen das Münchener Abkommen, blieb während des Zweiten Weltkriegs Mitglied der Exilregierung in London; nach 1945 Außenminister der Tschechoslowakei, kam 1948 beim Sturz aus einem Fenster des Außenministeriums unter ungeklärten Umständen ums Leben.

DOK. 251
Tschechische Frauen und Männer bitten Präsident Hácha am 18. November 1941 um Gnade für ihre jüdischen Ehepartner[1]

Anonymer Brief aus Prag vom 18.11.1941[2]

Verehrter Herr Präsident,[3]
Tausende in Mischehen lebende Frauen und Männer wenden sich heute mit folgender Bitte an Sie:
Es geht um das Schicksal unserer Familien. Man will unsere Ehen, unser einträchtiges Zusammenleben zerstören!!
Wir haben uns die Treue versprochen. Warum sollte dieses *Gelöbnis ohne Grund und ohne unsere Zustimmung aufgehoben werden??* Wir möchten auf ehrenvolle Weise unseren Verpflichtungen nachkommen und unsere Versprechen erfüllen und *auch zukünftig gemeinsam leben!!*
Weder *Gott* noch *der Heilige Vater kann mit solch einer Maßnahme einverstanden sein!!*
Es geht um das Schicksal unserer Kinder!! Ihre Väter oder Mütter tragen einen Stern – kann das der Wunsch des Heiligen Vaters sein?? *Nein!! Niemals!!*
Warum zerstört oder bedroht man glückliche Ehen?? Warum lässt man sie nicht *in Frieden* bestehen??
Tausende in Mischehen lebende Frauen und Männer wenden sich daher heute an Sie, verehrter Herr Präsident, als den höchsten Repräsentanten des tschechischen Volkes mit der Bitte:
Retten Sie die Mischehen vor der Zerrüttung!
Erhalten Sie den Kindern die Eltern!!
Wer wirklich eine Scheidung möchte, kann *vor Gericht darum bitten*; wer aber *Ehen rücksichtslos auflöst, ist gegen Gott!!*[4]
Sie, verehrter Herr Präsident, können mit der Autorität Ihres Amtes die glücklichen und zufriedenen Mischehen gewiss *vor dem Schlimmsten bewahren – dies ist unser aller Wunsch und auch der unserer Eltern!!*
Wir danken Ihnen im Voraus, verehrter Herr Präsident.
Dieser Brief wurde auf ausdrücklichen Wunsch und mit Zustimmung ar[ischer] Ehefrauen und Ehemänner aus 163 Mischehen abgeschickt!!
Wir würden Ihnen unsere Bitte gerne *persönlich* vorbringen!!!![5]

1 Archiv KPR, D 408/41. Das Dokument wurde aus dem Tschechischen übersetzt.
2 Im Original handschriftl. Bearbeitungsvermerk und Eingangsstempel der Kanzlei des Staatspräsidenten (Eingangsnr. D 04 724/41) vom 19.11.1941.
3 Dr. Emil Hácha.
4 Eine VO zur Zwangsscheidung von Ehepartnern in sog. Mischehen ist nicht bekannt.
5 Das Gesuch blieb ohne Antwort.

DOK. 252
Marta Uherová schildert ihrer Tochter Franziska am 22. November 1941 ihre Beziehung zu einem Mann, der sie aus Angst vor der Deportation nicht heiraten will[1]

Brief von Marta Uherová[2] an ihre Tochter Franziska[3] vom 22.11.1941 (Abschrift)

Mein liebes Mädel,
Dein lieber Brief freute mich wie immer, trotz der enttäuschenden Nachricht, nicht zu Euch kommen zu können, daß ich die Einreisebewilligung nicht bekommen hab. Aber damit haben wir ja schon gerechnet. Es war doch dasselbe voriges Mal, wie wir angesucht haben, damals vor zwei Jahren.
Mach Dir nichts draus. Alles kommt, wie es kommen muß. Du hast wirklich getan, was Du konntest.
Von hier ist nicht viel zu berichten. Man ist dankbar, wenn man nichts zu erzählen hat. Trotzdem ist das Dasein hier so enervierend, jeden Augenblick hat man neue Sorgen.
In unserem Freundeskreis hier hat sich nichts geändert. Walter[4] kränkt sich, daß Du nie nach ihm fragst. Ob Du ihn schon als „erledigt“ betrachtest. Er ist der hochanständigste Kerl, den es gibt.
Und jetzt zu Herrn W. Er heißt Max. Ich hab ihm gesagt, er soll mir ein Photo für Dich geben, aber da er eitel ist, wie die meisten Männer (und gerade das macht mir Spaß), muß ich warten, bis er ein gutes Bild hat. Ich werde es Dir dann schicken.
Schau, solange ich die Aussicht hatte, zu Dir zu kommen, wollte ich mir nichts Bindendes anfangen. Er seinerseits sitzt wieder auf einem anderen Pferd, er glaubt, sein arischer Sohn wird ihm das Hierbleiben sichern können. In dem Moment, wo er mich heiratet, nützt ihm der arische Sohn nichts mehr.[5]
Darum sind wir beide sozusagen ein bissl auf einem toten Punkt miteinander angelangt, jedenfalls was eine Ehe betrifft.
Wir sehen uns zwar täglich, er wohnt doch im selben Haus, und, Liebes, wir haben es so nett, wenn wir beisammen sind!
Es ist zwar eng in meiner Kammer, aber gemütlich, und er sitzt täglich abends bis halb zwölf bei mir. (Das könnte er nicht, wenn wir nicht im selben Haus wohnen würden.)

1 Original in Privatbesitz, Kopie: JMP, DP 43 c. Abdruck in schwed. Übersetzung in: Frenci Erikson, Min judiska moder, Stockholm 1991, S. 157 f.

2 Marta Uherová, geb. Weiner (1893–1942); übersiedelte 1938 wegen Anfeindungen seitens der SdP aus ihrer Geburtsstadt Saaz (Žatec) nach Prag, 1941 Konfiszierung des Familienbesitzes; am 27.7.1942 nach Theresienstadt und wenige Tage später in das Lager Malyj Trostinec bei Minsk deportiert und dort erschossen.

3 Franziska Cäcilie Uherová, später Frenci Uher (1923–2009), Schauspielerin; Kindheit in Wien, wuchs nach der Trennung der Eltern in Prag auf; Ende Febr. 1939 mit einem Kindertransport der Jüdischen Gemeinde Stockholm nach Göteborg emigriert; Autorin von „Min judiska moder“ („Meine jüdische Mutter“) unter dem Pseudonym Frenci Erikson (2001).

4 Mitarbeiter des Großvaters von Marta Uherová in Prag. Er blieb mit Frenci Uher im Laufe der Jahrzehnte in Kontakt.

5 Vermutlich hatte Max W. die deutsche Staatsangehörigkeit, denn nur in diesem Fall konnte ihn ein nichtjüdischer Sohn, sofern er nicht älter als 21 Jahre war, vor der Deportation bewahren; siehe Dok. 307 vom 21.9.1942. Ob der Sohn von Max W. andere Möglichkeiten hatte, seinen Vater zu schützen, ist nicht bekannt.

Ich mach uns einen Tee, wir plauschen und verstehen uns glänzend. Das ganze Haus betratscht uns natürlich, aber das ist mir wirklich egal.
Er hat unlängst selbst gesagt, „wir sollen den Dingen ihren Lauf lassen, vielleicht ist es am besten so."
Weißt Du, auf ein ernsteres Geleise, d. h. Ehe, will ich die Freundschaft vorläufig selber nicht schieben, und ich will auch keine Geheimnisse haben, das wäre Walter vis-á-vis kein fair play.
Es ist vielleicht nicht das Alltäglichste, daß ich Dir, meiner Tochter, das alles erzähle, aber Schatzerl, unser gegenseitiges Verhältnis ist ja auch kein alltägliches, gelt, Du verstehst mich?[6]
Auf alle Fälle hätte bei einer Zusage meinerseits Deine Meinung den Ausschlag gegeben, nachdem ich aber jetzt Deine Sympathie für eine eventuelle Ehe hab, weiß ich, was ich bei einer zukünftigen Aussprache antworten werde.
Da ich nicht immer den weiten Weg zur Post machen und dort so lange warten will, hab ich paarmal in Gesellschaft geschrieben und jemand hilft mir, den Brief auf die Post zu bringen.
Schreib mir weiter (hoffentlich noch recht lang) an diese Adresse. Gruß an alle.

DOK. 253
Vor der Deportation müssen Prager Juden am 22. November 1941 eine Vermögenserklärung ausfüllen[1]

Bekanntmachung der JKG Prag (2 38/22.11.1941/P/-120/), ungez., vom 22.11.1941

Erklärung.
Die Vermögenserklärung haben alle Transportteilnehmer für ihre eigene Person abzugeben. In die Vermögenserklärung sind alle zurückgelassenen Vermögensbestandteile aufzunehmen, die dem Transportteilnehmer gehören.[2]
Abzugeben sind die *Vermögenserklärungen* entweder gleichzeitig bei der Abgabe des Mitgepäckes[3] am Sonntag, den 23.XI.1941 zwischen 7 und 10 Uhr am Bahnhof Bubna[4] oder im großen Saal des Jüdischen Rathauses Prag I., Phillipp-de-Monte-Gasse 18, ebenerdig, ebenfalls am Sonntag, den 23.11.1941 zwischen 8.30 und 11 Uhr. Alleinstehende Personen, die ohne Mitbewohner ein Zimmer oder eine Wohnung bewohnen, haben ihre Zimmer- bezw. *Wohnungsschlüssel* in dem ihnen ausgegebenen Schlüsselsäckchen

6 Marta Uherová erzählte ihrer Tochter regelmäßig in den Briefen von ihren Beziehungen und Liebschaften, die sie nach der Scheidung von Franziskas Vater, František Uher, unterhielt.

1 JMP, T 141, Karton 13.
2 Jede betroffene Person musste ihr gesamtes Vermögen inkl. Bankguthaben, Wertpapiere, Lebensversicherungen sowie sämtliche Wohnungsgegenstände in einem mehrseitigen Fragebogen angeben. Unmittelbar nach der Deportation wurde das Vermögen vom Deutschen Reich beschlagnahmt. Am 24.11.1941 traf der erste Transport mit 342 jungen Männern als sog. Aufbaukommando (AK I) von Prag in Theresienstadt ein. Zuvor waren im Okt. und Anfang Nov. 1941 bereits etwa 5000 Juden aus Prag in das Getto Litzmannstadt deportiert worden.
3 Die Deportierten durften i. d. R. max. 50 kg Gepäck sowie Essen für wenige Tage mitnehmen.
4 Gemeint ist der Deportationsbahnhof Bubny im Stadtteil Holešovice.

am Montag bei Antritt des Transportes bei der Transportleitung abzugeben. Zu der Transportleitung werden Ordner hinweisen.
Vor Abgabe sind die Schlüsselsäckchen mit dem Namen des Transportteilnehmers, seiner genauen Anschrift und mit einer Bemerkung zu ergänzen, ob der Betreffende Hauptmieter oder Untermieter ist / eine Wohnung oder ein Zimmer besitzt./

DOK. 254
Vertreter der Jüdischen Gemeinde Prag nehmen am 1. Dezember 1941 Anweisungen zur Verwaltung des neu eingerichteten Gettos Theresienstadt entgegen[1]

Aktenvermerk, ungez., vom 1.12.1941

Aktenvermerk über die Vorsprache bei Herrn SS-Sturmbannführer Günther[2] im Beisein des Herrn SS-Obersturmführer Dr. Seidl[3] am 1. Dezember 1941.
Herr SS-Sturmbannführer Günther ordnet an, daß sich Edelstein[4] mit einem Stab von Mitarbeitern Donnerstag, den 4. Dezember 1941 in Theresienstadt einfindet.
Edelstein und sein Stellvertreter[5] werden die grundsätzliche Linie der Arbeit bestimmen und die technischen Aufgaben den entsprechenden Sachbearbeitern zur Erledigung zuweisen.
Edelstein bleibt weiter Leiter-Stellvertreter der Jüdischen Kultusgemeinde Prag. Die Meldung des Leiters der Jüdischen Kultusgemeinde Prag, Dr. Weidmann,[6] daß er keinen Vertreter für Edelstein namhaft mache und daß er Dr. Franz Friedmann und Dr. Franz Kahn zur engeren Mitarbeit heranziehen werde, wird von Herrn SS-Sturmbahnführer Günther genehmigend zur Kenntnis genommen.
Edelstein hat im Laufe des morgigen Nachtmittags fernmündlich anzufragen, um welche Zeit er bei Herrn SS-Sturmbannführer Günther vorsprechen und das Verzeichnis der Mitarbeiter seines Stabes vorlegen könne.
Herr SS-Sturmbannführer verfügt, daß die Verbindung zwischen dem Ghetto Theresienstadt und der Jüdischen Kultusgemeinde in Prag zunächst nur auf schriftlichem Wege

1 YVA, O.7 CZ/85. Teilweise abgedruckt in: Adler, Theresienstadt (wie Dok. 244 vom 10.10.1941, Anm. 1), S. 34.
2 Hans Günther.
3 Dr. Siegfried Seidl (1911–1947), Historiker; 1930 NSDAP-, 1931 SA-, 1932 SS-Eintritt; von Dez. 1939 an Inspekteur der Sicherheitspolizei Wien, 1940 in der Umwandererzentralstelle Posen, Nov. 1941 bis Juli 1943 Lagerkommandant von Theresienstadt, von Juli 1943 an in Bergen-Belsen, von März 1944 an beim Sondereinsatzkommando 5 unter Eichmann in Ungarn, seit Juli 1944 Führer des Außenkommandos Wien; 1946 in Wien von einem Volksgericht zum Tode verurteilt und 1947 hingerichtet.
4 Dr. Jakob Edelstein (1903–1944), Jurist, zionistischer Verbandsfunktionär; von 1933 an Leiter des Palästina-Amts in Prag, führender Vertreter der tschech. Juden gegenüber der deutschen Verwaltung, verantwortlich für Fragen der Auswanderung; am 4.12.1941 nach Theresienstadt deportiert und dort bis Jan. 1943 Judenältester, im Dez. 1943 nach Auschwitz deportiert und am 20.6.1944 zusammen mit seiner Frau und seinem Sohn erschossen.
5 Zu diesem Zeitpunkt Otto Zucker (1892–1944).
6 Dr. Franz (auch František) Weidmann.

erfolgen soll. Sämtliche Meldungen werden im Wege der Stadtkommandantur zu erstatten sein.
Herr SS-Sturmbannführer Günther ordnet an, daß für die nächsten 4 Wochen der Postverkehr zwischen Insassen des Juden-Ghettos und ihren Angehörigen einzustellen sei. Während dieser Zeit dürfen auch keine Briefe und Pakete im Judenghetto einlangen. Nach Ablauf der 4 Wochen wird der Postverkehr so geregelt werden, daß jeder Insasse zweimal monatlich wird schreiben dürfen.[7] Der Reiseverkehr ist vorderhand nicht erwünscht. In besonders dringenden Fällen wird die Kommandantur die Entscheidung treffen.
Herr SS-Sturmbannführer Günther verweist darauf, daß den Aufgaben auf dem Gebiete der Arbeitsbeschaffung und des Gesundheitswesens besondere Aufmerksamkeit gewidmet werden soll. In diesem Zusammenhang verfügt Herr SS-Sturmbannführer Günther, daß kranke Personen, insbesondere mit ansteckenden und Geisteskrankheiten behaftete Personen, sowie sonstige schwer gelagerte Fälle aus den Transporten auszuschließen sind.
Es wird angeordnet, daß raschest ein Zahnarzt mit einer kompletten Einrichtung nach Theresienstadt zu entsenden ist. Eine Meldung enthaltend die Aufstellung einer kompletten zahntechnischen Einrichtung, die aus einem jüdischen Privatbesitz entnommen werden kann, ist zu erstatten. Für die Zahnbehandlung wird im Ghetto ein besonderer Raum zur Verfügung gestellt werden.[8]
Für die Leitung des Judenghettos soll ein besonderer Raum bereitgestellt werden. Im Rahmen der Möglichkeiten wird die Beistellung eines besonderen Gebäudes bezw. einer Abteilung für die Verwaltung und Unterbringung der leitenden Funktionäre bestimmt.[9]
Eine Isolierstube für Kranke wird in Theresienstadt einzurichten sein.
Herr SS-Sturmbannführer Günther nimmt genehmigend die Meldung zur Kenntnis, daß Dr. Erich Munk[10] zum Leiter des Gesundheitswesens bestimmt wurde.
Herr SS-Sturmbannführer Günther verfügt, daß eine Ghettowache zu bestimmen sei. Die Wache soll aus einem Kommandanten, 2 Stellvertretern und 20 Mann bestehen. Die 20 Mann sollen aus den Transportteilnehmern ausgewählt werden, die bereits in der Messehalle angetreten sind.[11] Es sollen verläßliche und körperlich gesunde Menschen sein.
Bezüglich der Ausrüstung der Wachmannschaft wünscht Herr SS-Sturmbannführer Günther die Vorlage einiger Muster von Mützen. Die Ghettowache soll mit Stecken ausgerüstet sein. Die Familienangehörigen dieser Wache sollen besondere Begünstigungen

7 Auch wenn nicht gerade eine – mitunter mehrmonatige – Postsperre bestand, durften die Gettobewohner monatlich meist nicht einmal zwei kurze Briefe oder Postkarten versenden und Pakete empfangen.
8 Die Ausstattung ermöglichte eine Grundversorgung der rasch wachsenden Zahl von Patienten, nicht jedoch die Behandlung größerer Zahnprobleme.
9 Die führenden Vertreter der jüdischen Gemeinden waren – wie auch die prominenten Häftlinge – gemeinsam mit ihren Familien in der Magdeburger Kaserne untergebracht. Dort befanden sich auch der Sitz des Judenrats sowie die Büros der sog. jüdischen Selbstverwaltung. Es fanden Kulturveranstaltungen und Gottesdienste statt.
10 Dr. Erich Munk (1904–1944), Arzt, Zionist; am 4.12.1941 von Prag nach Theresienstadt deportiert, von Dez. 1941 an Mitglied des Ältestenrats und Leiter des Gesundheitswesens, am 28.10.1944 nach Auschwitz deportiert und dort umgekommen.
11 Zum Sammellager Messehalle siehe Dok. 249 vom 4.11.1941, Anm. 5.

haben. Sie können besser untergebracht werden, und ihre Familien können, falls dies gewünscht wird, erst mit dem letzten Transport nach Theresienstadt kommen.
Nach Theresienstadt ist eine größere Anzahl von Judensternen zu schicken. Im Ghetto wird jeder Jude 2 Sterne[12] tragen.
Ins Ghetto sind ferner Kessel zum Kochen zu schicken. Herr SS-Sturmbannführer Günther nimmt genehmigend zur Kenntnis, daß ein Teil der Volksküche abmontiert und nach Theresienstadt geschickt werden wird.[13]
Nach Theresienstadt ist ferner Scheuermaterial, wie Besen usw., zu schicken.
Die Zentralstelle für jüdische Auswanderung Prag wird dem jüdischen Ghetto 20 Schreibmaschinen überlassen.
Bezüglich der weiteren Einrichtung des Büros wird die Leitung des Ghettos im Wege der Kommandantur Vorschläge zu unterbreiten haben. Die Zentralstelle für jüdische Auswanderung Prag wird die notwendigen Einrichtungsgegenstände aus den hinterlassenen Möbelstücken der evakuierten Juden dem Ghetto zur Verfügung stellen.
Herr SS-Sturmbannführer Günther wünscht die Vorlage einer Eingabe bezüglich der Bestellung von Bezugsscheinen für Werkzeuge aller Art. Auf Grund der erteilten Bezugsscheine sollen dann die Werkzeuge beschafft und nach Theresienstadt geschickt werden. Die Freistellung der erforderlichen Beträge wird sofort erfolgen.
Im Ghetto ist eine Matrik und Judenevidenz[14] einzurichten. Über jeden Todesfall wird im Wege der Kommandantur nach Prag zu berichten sein.
Im Ghetto können auch nicht zugelassene jüdische Ärzte gemäß ihrer Qualifikation zur ärztlichen Tätigkeit herangezogen werden. Bezüglich der Medikamente wird sich die Leitung des Ghettos an die Kommandantur zu wenden haben. Ein Vorgang betreffend Mitnahme von Medikamenten für die Transportteilnehmer ist bei der Zentralstelle für jüdische Auswanderung einzureichen.

DOK. 255

Eine Tschechin äußert am 11. Dezember 1941 ihre Empörung darüber, dass ein dreijähriges Kind allein deportiert wurde, und bietet ihre Hilfe an[1]

Anonymer handschriftl. Brief einer Tschechin aus Trhové Sviny an den Staatspräsidenten des Protektorats Böhmen und Mähren[2] vom 11.12.1941[3]

Hochverehrter und hochgeachteter Herr Präsident!
Ich trage an Sie, hochverehrter Herr Präsident, eine Bitte heran und bitte Sie, dass Sie meinen Brief lesen und meine Bitte wenigstens zum Teil unterstützen mögen.

12 Vermutlich ist gemeint, dass auf Vorder- und Rückseite der Kleidung je ein Stern zu tragen war.
13 Gemeint ist die Volksküche der Jüdischen Kultusgemeinde Prag.
14 Die Zentralevidenz in Theresienstadt diente der Registrierung aller Insassen sowie ein- und abgehender Transporte.

1 Archiv KPR, D 5004/41. Das Dokument wurde aus dem Tschechischen übersetzt.
2 Emil Hácha.
3 Im Original handschriftl. Bearbeitungsvermerke und Eingangsstempel der Kanzlei des Staatspräsidenten (Eingangsnr. D 05 125/41) vom 13.12.1941.

Während meiner letzten Reise nach Prag wurde ich zufällig Zeugin des Transports von Juden nach Polen.
Unter den Evakuierten befand sich ein kleines Mädchen, ein dreieinhalbjähriges Waisenkind, dem kurz nach seiner Geburt die Mutter gestorben war. Der Vater wurde vor zweieinhalb Jahren gleich in ein Arbeitslager geschickt.
Ich werde nie die traurigen Äuglein des kleinen Mädchens vergessen, als es einen von denen, die den Transport begleiteten, fragte: Bist du der gute Herr, der mich zum Vati bringt? Das Kind wurde ganz allein dorthin geschickt und war völlig auf das Mitgefühl fremder Menschen angewiesen.
Daher appelliere ich an Ihren gerechten Charakter und an Ihr gutes Herz und bitte Sie im Namen von allem, was Ihnen heilig ist, an den Herrn Protektor Heydrich zu appellieren, ob es eine Möglichkeit gibt, wenigstens diesen kleinen Kindern etwas zu Weihnachten zu schicken. Jede von uns tschechischen Frauen würde gern mit irgendeiner Kleinigkeit helfen. Der Reichsprotektor hält viel von Ihnen, versuchen Sie es, Sie sind unser guter Vater, Tausende Menschen werden Sie und den Herrn Reichsprotektor segnen.
Er ist sehr streng, hat aber sicher auch ein sehr gutes Herz.
Während dieser Feiertage ist jeder von uns verpflichtet, irgendeine gute Tat zu vollbringen, und hier ist die richtige Gelegenheit. Lassen Sie das im Radio senden, vielleicht gelingt es Ihnen, die Kleinen können doch nichts dafür, und unser Führer hat Kinder so gern. Gestatten Sie außerdem, mir zu verzeihen, dass mein Brief ohne Unterschrift bleibt, ich weiß nicht, ob er nicht in falsche Hände gelangt. Und jetzt am Ende meines Briefes bitte ich Sie noch einmal dringend, sich [für die Kinder] zu verwenden. Ich bin eine Tschechin und Christin und habe selbst Kinder, die ein warmes Zuhause haben. Es ist meine Pflicht, durch meine Fürbitte wenigstens jenen Kleinen dort in Polen ein bisschen zu helfen. Ich danke Ihnen im Voraus auf das Herzlichste und segne Sie, unseren edlen Vater des tschechischen Volkes. Gott wird es Ihnen und Ihren Lieben vergelten.
In tiefer Hochachtung M. S. Trhové Sviny[4]

DOK. 256

Heydrich erlässt am 15. Dezember 1941 Durchführungsbestimmungen für die Deportation und die Enteignung der Juden aus dem Protektorat[1]

Schreiben (streng vertraulich!) des Reichsprotektors in Böhmen und Mähren, (Tgb.Nr. B.d.S. I – 3098/41), SS-Obergruppenführer und General der Polizei, gez. Heydrich, an a) alle Herren Oberlandräte, b) die Zentralstelle für jüdische Auswanderung Prag,[2] c) die Staatspolizeileitstelle Prag, d) die Staatspolizeileitstelle Brünn vom 15.12.1941[3]

Betrifft: Evakuierung der Juden: Durchführungsbestimmungen.
Abgesehen von den bereits im Gange befindlichen Abtransporten von Juden in die Ghettos Litzmannstadt, Minsk und Riga, sind nunmehr auch die Vorbereitungen für die

4 Am 4.1.1942 legte die Kanzlei des Staatspräsidenten das Schreiben zu den Akten.

1 NAP, ÚŘP, I-3b 5860, Karton 390, Kopie: USHMM, RG-48005 M, reel 3, Protektorat.
2 Leiter war von 1939 an SS-Sturmbannführer Hans Günther.
3 Im Original handschriftl. Kürzel.

Einrichtung eines Judenghettos in Theresienstadt soweit vorgeschritten, daß bereits jetzt mit der Einweisung größerer Transporte begonnen werden konnte.
Die Leitung der gesamten Evakuierung und der damit zusammenhängenden Aufgaben ist dem Befehlshaber der Sicherheitspolizei und des SD übertragen, dessen Anordnungen unbedingt nachzukommen ist. Alle Dienststellen meines Amtes sind gehalten, ihm hierbei die größtmöglichste Unterstützung angedeihen zu lassen.
Im besonderen ordne ich noch folgendes an:
I. Auswahl der einzuweisenden Juden.
Die gebietsmäßige und personelle Auswahl in der Reihenfolge der Einweisungen trifft der Befehlshaber der Sicherheitspolizei und des SD, da nur eine zentrale Steuerung eine entsprechende Bedachtnahme auf die Erfordernisse der Wirtschaft, des Verkehrs, des Arbeitseinsatzes und die Wahrung sonstiger allgemeiner Interessen gewährleistet.
Die Einweisung erfolgt grundsätzlich nur in Sammeltransporten, deren Zusammenstellungen der Zentralstelle für jüdische Auswanderung obliegt.
II. Sicherstellung und Abwicklung der jüdischen Vermögenschaften.
A) *Übernahme der Vermögenschaften.*
Das Vermögen der evakuierten Juden übernimmt auf Grund der Zweiten Verordnung des Reichsprotektors vom 12. Oktober 1941 über die Betreuung der Juden und jüdischen Organisationen (VBlRProt., S. 555) die Zentralstelle für jüdische Auswanderung. Als Grundlage dient die von den Juden unmittelbar vor der Evakuierung abgegebene Vermögenserklärung (Muster liegt bei).[4] Bei der Abwicklung des Vermögens bedient sich die Zentralstelle für jüdische Auswanderung des Auswanderungsfonds für Böhmen und Mähren.[5] Der Abwicklungserlös wird zur Tragung der Auswanderungs- und Evakuierungskosten verwendet.
Die im Zuge befindlichen Arisierungen (Maßnahmen nach den Verordnungen des Reichsprotektors vom 21. Juni 1939 über das jüdische Vermögen, VBlRProt., S. 45, und vom 26. Januar 1940 zur Ausschaltung der Juden aus der Wirtschaft des Protektorats, VBlRProt., S. 41) gehen in der bisherigen Form weiter. Es wird lediglich der Enderlös von der Zentralstelle für jüdische Auswanderung auf Grund der ihr von den früheren jüdischen Inhabern erteilten Vollmachten eingefordert werden.
B) *Regelung der von den Juden offengelassenen Verbindlichkeiten.*
Die Befriedigung von Ansprüchen Dritter gegen derartige jüdische Vermögen erfolgt auf Grund der Bestimmungen der Dritten Verordnung des Reichsprotektors über die Betreuung der Juden und jüdischen Organisationen vom 19. November 1941 (VBlRProt., S. 642). Etwa bei den Oberlandräten einlangende Ansuchen auf Bezahlung solcher Forderungen sind unter Anschluß der Belege an die Zentralstelle für jüdische Auswanderung weiterzuleiten. Eine Befriedigung durch die Oberlandräte hat nicht stattzufinden, auch wenn entsprechende Barmittel vorhanden wären.

4 Liegt nicht in der Akte.
5 Den Auswanderungsfonds für Böhmen und Mähren hatte der Reichsprotektor mit der VO über die Betreuung der Juden und jüdischen Organisationen am 5.3.1940 eingerichtet. Juden, die auswandern wollten, mussten vorher ihr Eigentum diesem Fonds bzw. dem Vermögensamt überschreiben. Der BdS hatte die Aufsicht über den Fonds, der auf dem Konto der Zentralstelle für jüdische Auswanderung bei der Böhmischen Escompte-Bank deponiert war, weitere Konten wurden bei der Böhmischen Union-Bank unterhalten. Das Anfangskapital betrug elf Millionen Kronen; VBl. RProt., 1940, Nr. 11, S. 77–79; siehe auch VEJ 3/304.

C) *Verwaltung und Verwertung der von den ausgewanderten und evakuierten Juden zurückgelassenen Vermögenschaften.*

1.) *Sicherung der Wohnung.*

Die Zentralstelle für jüdische Auswanderung sorgt bei der jeweiligen Zusammenstellung eines Transportes für die ordnungsgemäße Absperrung der freigewordenen Judenwohnung. Die Schlüssel werden nach dem Abtransport dem Oberlandrat ausgehändigt. Im Oberlandratsbereich Prag und Brünn verbleiben die Schlüssel bei der Zentralstelle für jüdische Auswanderung bzw. bei deren Verbindungsstelle in Brünn.

2.) *Bewegliche Sachen.*

Was im Einzelfall von den Juden mitgenommen werden darf, bestimmt die Zentralstelle für jüdische Auswanderung nach den jeweils gegebenen Bedürfnissen. Es wird sich hierbei immer nur um Bedarfsgegenstände des täglichen Gebrauchs handeln, die der Jude selbst mittragen kann. Wohnungseinrichtungen und sonstiger Hausrat bleiben stets zurück.

a) *Wohnungseinrichtungen und Hausrat:*

Die Verwertung der Wohnungseinrichtungen und des Hausrats (Kleider, Wäsche etc.) erfolgt mit Ausnahme für die Oberlandratsbereiche Prag und Brünn durch die Oberlandräte selbst.

Der Oberlandrat hat daher sofort nach Abtransport des Juden für die Schätzung der zurückgelassenen Wohnungseinrichtungsgegenstände und des Hausrates durch einen gerichtlich vereidigten Schätzmeister zu sorgen. Nach durchgeführter Schätzung kann der Abverkauf entweder aus der Wohnung selbst oder nach vorherigem Abtransport in ein Sammellager erfolgen. *Schätzung und Verkauf hat nach volkspolitischen Gesichtspunkten* unter Bevorzugung der minderbemittelten deutschen Volksgenossen *zu geschehen.* Es wird empfohlen, die verantwortlichen Sachbearbeiter vor dem Anlaufen einer solchen Aktion anzuweisen, sich durch eine Vorsprache bei der Zentralstelle für jüdische Auswanderung die Erfahrungen dieser Dienststelle auf diesem Gebiete zunutze zu machen.

Beim Verkauf ist unbedingt auf den Barerlag[6] des Schätzwertes zu sehen. Eine unentgeltliche Abgabe von Vermögensstücken kann nicht erfolgen.

Auf eine saubere und in jeder Beziehung ordnungsgemäß belegbare Verwertung ist unbedingt zu achten. Ich mache hierfür die Herren Oberlandräte persönlich verantwortlich.

b) *Kunstgegenstände und Sammlungen.*

Kunstgegenstände (wie besonders wertvolle Bilder, hochwertige Antiquitäten, besonders wertvolle Teppiche) und Sammlungen (Briefmarkensammlungen, Münzensammlungen etc.) sind gesichert in Verwahrung zu nehmen. Über die Art der Wertgegenstände, den früheren Inhaber und den jetzigen Verwahrungsort, wenn möglich auch über den mutmaßlichen Wert, ist der Zentralstelle für jüdische Auswanderung kurz zu berichten.

3.) *Verwertung der freiwerdenden Wohnungen.*

Über die freiwerdenden Wohnungen verfügen im Rahmen der bestehenden Vorschriften (Verordnung des Reichsprotektors über die Vermietung von Judenwohnungen vom 7. Oktober 1940, VBlRProt., S. 511) die Oberlandräte.

6 Barzahlung.

Es ist darauf zu achten, daß die von den Juden geräumten Wohnungen bis zum Ende der Zinsperiode freigemacht sind, damit nicht der Vermieter für Zinsrückstände von seinem gesetzlichen Pfandrecht Gebrauch machen kann.

4.) *Abfuhr des Erlöses.*

Der Erlös aus dem Abverkauf beweglicher Sachen ist auf das Konto 1003 des Auswanderungsfonds für Böhmen und Mähren bei der Böhmischen Escompte-Bank zu überweisen. Dem Auswanderungsfonds ist darüber Mitteilung zu machen. Diese hat zumindest den Vor- und Zunamen des jüdischen Vorbesitzers, den Gegenstand der Veräußerung (Wohnungseinrichtung, Kleider etc.), den Schätzwert und die Höhe des zur Überweisung gebrachten Erlöses zu enthalten.

Alle Aufzeichnungen über Schätzung, Verkauf und Abfuhr des Erlöses müssen so gehalten sein, daß sie jederzeit einer Rechnungsprüfung standhalten.

D) *Behandlung von Liegenschaften.*

a) *Verwaltung.*

Die Verwaltung der Liegenschaften ausgewanderter oder evakuierter Juden führen in den Oberlandratsbezirken Prag und Brünn der Auswanderungsfonds für Böhmen und Mähren, in den übrigen Oberlandratsbezirken die Oberlandräte. Der Auswanderungsfonds für Böhmen und Mähren kann die Gesamtverwaltung oder die Verwaltung einzelner Liegenschaften auch in diesen Bereichen an sich ziehen.

Die vom Bodenamt geführten Zwangsverwaltungen landwirtschaftlicher Liegenschaften sowie die mit gewerblichen Betrieben im Zusammenhang von Treuhändern verwalteten Liegenschaften werden durch diese Anordnungen nicht berührt.

Die Verwaltung der Liegenschaften hat im Namen und auf Rechnung des Auswanderungsfonds für Böhmen und Mähren zu erfolgen.

Es ist darauf zu achten, daß die Liegenschaften ordnungsgemäß und wirtschaftlich genützt werden. Es ist deshalb für eine entsprechende Verpachtung oder Vermietung Sorge zu tragen, wobei bezüglich der Höhe der Mietzins[e] die Kundmachung der Obersten Preisbehörde vom 24.6.1939 Nr. 333/VI/4/39 zu beachten ist.[7] (Zulässige Miete [ist] der am 1.3.1939 tatsächlich gezahlte Mietzins.) Irgendwelche Ausnahmebewilligungen bedürfen der Zustimmung des Auswanderungsfonds für Böhmen und Mähren. Vor Vornahme größerer Instandsetzungen sowie für Aufwendungen, welche die Höhe des jährlichen Mietzinsertrages übersteigen, ist die Zustimmung des Auswanderungsfonds für Böhmen und Mähren einzuholen.

Der Verwalter muß sich immer vor Augen halten, daß die Erträgnisse der Liegenschaft öffentliche Mittel darstellen, über welche nur in sparsamster Weise verfügt werden darf.

b) *Verwertung.*

Die Veräußerung von jüdischen Liegenschaften erfolgt nach den Grundsätzen meines Erlasses vom 17. April 1941[8] – B.d.S. I-189/41 – durch die Zentralstelle für jüdische Auswanderung. Kaufangebote sind dieser vorzulegen.

7 Verbot der Mietzinsverteuerung. Maßnahmen gegen eine unbegründete Erhöhung der Mietzinse, in: Prager Archiv für Gesetzgebung und Rechtsprechung. Das Recht des Protektorats, Prag 1939, Bd. 21, S. 404 f.

8 Siehe VEJ 3/304.

III. Der Befehlshaber der Sicherheitspolizei ist ermächtigt, über die Verwaltung jüdischer Liegenschaften, soweit sie von den Oberlandräten geführt wird, weitere Richtlinien zu erlassen.
Zusatz für die Zentralstelle für jüdische Auswanderung:
Ich ersuche, für die Verzeichnung, die Schätzung, den Verkauf der Wohnungseinrichtungen und des Hausrates sowie für die Abrechnung des Erlöses ein kurzgefaßtes Merkblatt auszuarbeiten, das den Oberlandräten zugeschickt werden kann.
Desgleichen ist ein Merkblatt vorzubereiten, in dem die wichtigsten Richtlinien über die Verwaltung von Liegenschaften (Verwendung des Ertrages, Vornahme von Instandhaltungsarbeiten, Abschluß von Miet- und Pachtverträgen etc.) festgelegt sind.[9]
Mit der Führung der Geschäfte beauftragt:[10]

DOK. 257

Eva Mändl schreibt am 17. Dezember 1941 in ihrem Tagebuch über ihre Deportation von Prag nach Theresienstadt[1]

Handschriftl. Tagebuch von Eva Mändl,[2] Theresienstadt, Eintrag vom 17.12.1941

Mittwoch, 17. Dezember 1941
Früh um sechs Uhr aufstehen. Das Schlafen ist furchtbar, die ganze Zeit gehen Leute hin und her, immerfort wird gehustet, Mutti[3] hat schrecklich schlecht geschlafen, ich die letzten zwei Nächte besser.[4] Allen Männern wurden die Haare geschnitten, den Frauen nicht. Um acht Uhr alle fahrbereit. Um neun Uhr unter furchtbar starker Bewachung von deutschen Soldaten mit geladenen Gewehren auf den Bahnhof[5] geführt worden, in plombierte Waggons gesetzt und erst um ein Uhr weggefahren Richtung Theresienstadt. Furchtbar eingequetscht in den Waggons mit dem vielen Gepäck. Das alles ist so seltsam,

9 Die beiden genannten Merkblätter konnten nicht ermittelt werden.
10 Das Schreiben ging nachrichtlich an die Abt. I–IV der Behörde des Reichsprotektors sowie die Zentralverwaltung, die Gruppen I/1, I/2, I/3, I/6, I/9, I/10, I/11, II/1, II/2, II/3, II/4, II/6, II/7, III/1, III/2, III/4, IV/2, IV/3, das Büro des Reichsprotektors, das Büro des Staatssekretärs, das Büro des Unterstaatssekretärs, den Wehrmachtbevollmächtigten, den Arbeitsgauführer, den BdSO, den BdS, den Vertreter des AA, die Parteiverbindungsstelle und den SD-Leitabschnitt Prag.

1 Original nicht aufgefunden. Abdruck in: Eva Mändl Roubíčková, „Langsam gewöhnen wir uns an das Ghettoleben". Ein Tagebuch aus Theresienstadt, hrsg. von Veronika Springmann unter Mitarbeit von Wolfgang Schellenbacher, Hamburg 2007, S. 71. Abdruck mit freundlicher Genehmigung des Konkret Literatur Verlags.
2 Eva Mändl, später Roubíčková (1921–2013); Sekretärin, Übersetzerin; wurde am 17.12.1941 nach Theresienstadt deportiert; traf nach dem Krieg ihren Verlobten Richard Roubíček wieder, sie heirateten, hatten zwei Kinder und lebten in Prag.
3 Antonia Mändl (auch Antonie Mändlová), geb. Ernst (1899–1944), Hausfrau; am 17.12.1941 nach Theresienstadt und von dort am 16.10.1944 nach Auschwitz deportiert, wo sie ermordet wurde.
4 Eva Mändl und ihre Mutter befanden sich im Sammellager in Holešovice auf dem Prager Messegelände; siehe dazu Dok. 249 vom 4.11.1941, Anm. 5.
5 Bubny, Bahnhof im Norden von Prag, von dem die meisten Deportationszüge abfuhren; i. d. R. wurden die ca. 1000 Juden eines Transports in den frühen Morgenstunden nach einem mehrstündigen Appell zu Fuß vom Sammellager dorthin gebracht.

daß man es einfach nicht versteht. Gott sei Dank, denn wenn man das alles völlig begreifen würde, könnte man verrückt werden. Nachmittags um zwei Uhr in Theresienstadt. Dort gleich vom Hilfsdienst empfangen worden. Die Burschen schauen alle ziemlich schlecht aus, wenig zu essen, unrasiert, geschnittene Haare, aber die Laune ist nicht allzu schlecht. Von Bohušovice[6] nach Theresienstadt zu Fuß gegangen, obwohl wir nur ganz wenig Gepäck hatten, war uns doch furchtbar schwer. In eine Kaserne geführt worden, dort von einer Menge Juden in Empfang genommen, unter anderem auch von Rudi Lekner.[7] Er hat sich entschieden zu seinem Vorteil verändert. Fannys Mann[8] und einige Bekannte haben uns gleich in ein Zimmer geführt, ein kleines mit fließendem Wasser und einem hübschen Ofen. Auf dem Boden Holzwolle. Das ist die Hohenelber Kaserne,[9] das Spital, und wir werden wahrscheinlich bloß vorübergehend dortbleiben. Die Männer sind in derselben Kaserne, aber in anderen Zimmern untergebracht. Wir sind zu acht, alles anscheinend sehr nette Leute.

DOK. 258

Der Dermatologe Kurt Böhm legt nach dem 24. Dezember 1941 Beschwerde gegen die Entscheidung des Reichssippenamts über seine Abstammung ein[1]

Schreiben des Facharztes Dr. med. Kurt Böhm,[2] ungez., Prag II., Wassergasse 18, an den RMdI, o. D., nach dem 24.12.1941 (Durchschlag)

Betrifft: Beschwerde gegen eine Entscheidung des Reichssippenamtes
Ohne Vorgang.
Gegen die Entscheidung des Herrn Direktors des Reichssippenamtes[3] in meiner Abstammungsangelegenheit – Aktenzeichen Nr. I/4 B. I 29/41 Dr. Pr./Bö – vom 24. Dezember 1941 lege ich hiermit Beschwerde ein.
Die angefochtene Entscheidung ist schon rechtlich nicht haltbar. Die Erteilung eines formellen Abstammungsbescheides ist in dem angefochtenen Bescheid mit der Begründung abgelehnt worden, ich sei Protektoratsangehöriger und habe nur die deutsche

6 Bohušovice (Bauschowitz) war drei km von Theresienstadt entfernt; bis Juni 1943 hielten dort alle Deportationszüge. Von Ende Aug. 1942 bis Juni 1943 verlegten etwa 300 jüdische Häftlinge Bahngleise nach Theresienstadt, die von Süden her direkt ins Getto hineinführten.
7 Rudolf Lekner (1913–1942), Jurist; wurde im Nov. 1941 nach Theresienstadt, im Okt. 1942 nach Auschwitz deportiert und dort ermordet.
8 Fanny, eine Bekannte aus dem Sammellager in Prag, meldete sich freiwillig zur Deportation, da ihr Mann bereits in Theresienstadt war.
9 In der Hohenelber Kaserne befanden sich das zentrale Krankenhaus sowie eine Küche für Kranke und das Zentralbad.

1 JMP, DP 58. Karton 16. Rechtschreibung behutsam korrigiert.
2 Dr. Kurt Böhm (1906–1942), Arzt; am 19.2.1942 nach Theresienstadt und am 18.4.1942 nach Rejowiec bei Lublin deportiert, wahrscheinlich im Vernichtungslager Sobibor ermordet.
3 Dr. Kurt Mayer (1903–1945), Historiker; 1923 NSDAP-Eintritt; 1933 Hauptabteilungschef und Sachbearbeiter für Rassenfragen beim RuSHA, 1935 Amtschef der Reichsstelle für Sippenforschung und Leiter des Amts für Sippenforschung der NSDAP und des Volksbunds der Deutschen sippenkundlichen Vereine; nahm sich das Leben.

Staatsbürgerschaft beantragt.[4] Für die rassische Einordnung von Staatsangehörigen des Protektorats Böhmen und Mähren seien die Protektoratsbehörden zuständig. Dieser Standpunkt ist nach meiner Auffassung unhaltbar.

Ich bin in Karlsbad geborener Sudetendeutscher, also Volksdeutscher. Bis zum Jahre 1918 besaß ich die österreichische Staatsangehörigkeit. Durch die Gründung der Tschechoslowakei wurde ich tschechoslowakischer Staatsangehöriger. Seit dem Jahre 1924 hatte ich meinen Wohnsitz in Prag. Ich bin demnach nicht mit der Angliederung des Sudetenlandes an Deutschland also auf Grund des deutsch-tschechoslowakischen Staatsangehörigkeits- und Optionsvertrages vom 20. September 1938 Reichsdeutscher geworden, sondern blieb damals Staatsangehöriger der zweiten tschechosl. Republik. Gemäß dem Erlaß des Führers und Reichskanzlers über das Protektorat Böhmen und Mähren vom 16. März 1939 und der Verordnung über den Erwerb der deutschen Staatsangehörigkeit durch frühere tschechoslowakische Staatsangehörige durch frühere tschechoslowakische Staatsangehörige deutscher Nationalität[5] vom 20. April 1939 bin ich dann Reichsdeutscher und zwar mit Wirkung vom 16. März 1939 geworden, wenn ich als Volksdeutscher anzusehen bin, wenn ich ferner nach den Vorschriften des Reichsbürgergesetzes vom 15. September 1935 Reichsbürger sein kann. Meine Eigenschaft als Volksdeutscher kann wohl nicht in Abrede gestellt werden. Meine Mutter ist jedenfalls deutschblütig, meine Muttersprache ist die deutsche, ich habe das deutsche Gymnasium in Karlsbad und die deutsche Universität in Prag besucht und verstehe nur wenig tschechisch, obgleich ich seit rund 18 Jahren in Prag lebe.

Ich bin daher seit dem 16. März 1939 Reichsbürger, sofern dem nicht die Bestimmungen des Reichsbürgergesetzes entgegenstehen. Eines Antrages auf Zuerkennung der deutschen Staatsangehörigkeit bedarf es jedenfalls für Volksdeutsche nicht, die früher die tschechoslowakische Staatsangehörigkeit besaßen und ihren Wohnsitz im Protektorat hatten. Diese sind automatisch und ohne Antragstellung Reichsdeutsche geworden, oder sie sind es eben nicht geworden, wenn die Bestimmungen des Reichsbürgergesetzes dem entgegenstehen.

Diese rechtliche Lage verkennt die angefochtene Entscheidung des Reichssippenamtes. Dieses ist auf jeden Fall dafür zuständig, einen Abstammungsbescheid in meiner Sache zu erteilen. Nach meinen standesamtlichen Papieren würde ich Mischling I. Grades sein. Mein gesetzlicher Vater war Volljude. Ich war bei Erlaß der Nürnberger Gesetze mit einer Jüdin verheiratet, würde also als Geltungsjude gemäß § 5, Absatz I der ersten Verordnung zum Reichsbürgergesetz anzusehen sein, sofern mein gesetzlicher Vater auch mein natürlicher Vater ist. Für das Protektorat ist ja leider kein anderer Stichtag als der der Nürnberger Gesetze vorgesehen, obgleich diese Gesetze erst vier Jahre später für das Protektorat wirksam geworden sind. Da jedenfalls der Stichtag des Inkrafttretens der Nürnberger Gesetze für das Protektorat maßgebend ist und ich damals mit einer Jüdin

4 Die im Protektorat lebenden Deutschen hatten, wenn sie der deutschen Minderheit angehörten, d. h. sog. Volksdeutsche waren, die deutsche Staatsbürgerschaft, wenn sie aus dem Altreich kamen, hatten sie „außerdem den Status als deutsche Reichsbürger". Tschechen galten unter der deutschen Besatzung hingegen als Staatsangehörige des Protektorats und damit als Bürger 2. Klasse. In dem zugrundeliegenden Erlass wurde die Stellung der jüdischen Bevölkerung nicht eigens definiert. Im Unterschied zu den tschechischen Juden konnten nichtjüdische Tschechen nach entsprechender Selektion „eingedeutscht" werden; siehe VEJ 3, S. 19.

5 Dopplung im Original.

verheiratet war (die Ehescheidungsklage habe ich sofort nach dem Einmarsch der deutschen Truppen in Prag erhoben), entscheidet die Frage nach meinem natürlichen Vater darüber, ob ich Geltungsjude bin und demnach nicht Reichsdeutscher am 16. März geworden oder ob ich Vollarier bin und demnach trotz der erwähnten Ehe die deutsche Staatsangehörigkeit erworben habe. Unter diesen Umständen kann nur das Reichssippenamt dazu zuständig sein, in meiner Sache einen Abstammungsbescheid zu erteilen. Würde man einen anderen Standpunkt vertreten, also aus der Tatsache, daß nach einem Abstammungspapier mein Vater Volljude, ich auch beim Inkrafttreten der Nürnberger Gesetze mit einer Jüdin verheiratet war, die Folgerung herleiten, daß ich zunächst als Protektoratsangehöriger angesehen werden müßte und die Protektoratsbehörden demnach zuständig seien für meine rassische Einordnung, so würde dies nichts anderes bedeuten, als daß die Protektoratsbehörden demnach zuständig seien, welcher Staatsbürgerschaft ich bin.

Wenn nämlich die Protektoratsbehörden meine Darstellung über meine Abkunft väterlicherseits als erwiesen ansehen würden, so würde dies bedeuten, daß ich Vollarier bin und demnach am 16. März 1939 automatisch die deutsche Staatsangehörigkeit erworben habe. Die Entscheidung des Reichssippenamtes gibt letzten Endes in allen Fällen, in denen die Beantwortung der Frage der Abstammung entscheidet, ob die deutsche Staatsbürgerschaft erworben worden die Entscheidung ist, in die Hände der Protektoratsbehörden.[6] Das gilt sowohl dann, wenn einer nach seinen Abstammungspapieren Mischling ist und als Geltungsjude anzusehen ist, behauptet Vollarier, als auch dann, wenn einer nach seinen Papieren Volljude ist und behauptet, Mischling und alsdann privilegiert zu sein.

Das Reichssippenamt hätte demnach einen Abstammungsbescheid erteilen müssen. Wichtiger als die formelle Entscheidung des Reichssippenamtes ist deren materieller Inhalt. In dieser Hinsicht bitte ich zunächst zu prüfen, ob nicht die Erstattung eines Obergutachtens angeordnet werden kann. Von dem Gutachten der Poliklinik für Erb- und Rassenpflege ist mir nur bekannt, was in dem Bescheid des Reichssippenamtes darüber wiedergegeben ist, daß also die Untersuchung der Einzelmerkmale einige jüdische Rassenmerkmale ergeben habe. Eine Kritik des Gutachtens im einzelnen ist mir unter diesen Umständen nicht möglich. Das Reichssippenamt steht auf dem Standpunkt, daß das Gutachten nur für den Dienstgebrauch bestimmt sei. Es bleibt mir daher nichts anderes übrig, als ohne Kritik im einzelnen die Überprüfung des Gutachtens durch das Ministerium und, falls das Gutachten hierfür Anhaltspunkte ergibt, die Anordnung eines Obergutachtens zu erbitten.

Aus dem angefochtenen Bescheid geht jedenfalls hervor, daß meine Behauptung der Abstammung väterlicherseits von Max Edelmann durch das Gutachten der Poliklinik nicht ausgeschlossen worden ist, sondern daß die Behauptung durchaus richtig sein kann.

Unter diesen Umständen hätte das Reichssippenamt auch das andere Beweismaterial einer Prüfung und Wertung unterwerfen müssen. Es ist hierbei besonders gedacht an die eidesstattliche Versicherung von Frau Kelen. Frau Kelen hat unter anderem an Eides Statt versichert, daß ihr verstorbener Mann, der ebenfalls wie mein gesetzlicher Vater

6 So im Original.

Arzt in Karlsbad war, und der meinen gesetzlichen Vater behandelte, ihr erzählt habe, daß mein gesetzlicher Vater nicht zeugungsfähig sei. Natürlich ist eine solche Erzählung eines Arztes über seinen Patienten nicht ein vollgültiger Beweis für die Zeugungsunfähigkeit meines gesetzlichen Vaters, diese ist aber damit in hohem Maße wahrscheinlich gemacht. An der Glaubwürdigkeit von Frau Kelen kann irgendein Zweifel wohl nicht bestehen. Sie ist Vollarierin, und ihr verstorbener Mann, Herr Dr. Kelen, war ebenfalls Vollarier.

Auch die Würdigung der eidesstattlichen Versicherung von Frau Kelen im übrigen hat das Reichssippenamt unterlassen. Ihre Schilderung über die Beziehungen meiner Mutter zu Max Edelmann, über die sie als Vertraute meiner Mutter unterrichtet war, kann man doch nicht einfach beiseite schieben, ebenso kann man die Erzählung meiner Mutter über meinen wirklichen Vater nicht einfach ignorieren. Diese Erzählungen sind aber an Eides Statt bestätigt von Frau Kelen und auch von mir selbst.

Auch die Würdigung meiner eidesstattlichen Versicherung ist unterblieben, und aus dieser ergibt sich schließlich, daß ich mit meinem gesetzlichen Vater ein so schlechtes Verhältnis hatte, daß dies als unnatürlich bezeichnet werden müßte, wenn mein gesetzlicher Vater auch mein natürlicher Vater gewesen wäre. Es ergibt sich aus meiner eidesstattlichen Versicherung weiter, daß nicht nur meine Mutter mir einen anderen, Max Edelmann, als meinen natürlichen Vater bezeichnet hat, sondern daß auch mein gesetzlicher Vater mich wiederholt darauf hinwies, daß er selbst gar nicht mein Vater sei und daß er mich entsprechend behandelte.

Endlich spricht auch die eidesstattliche Versicherung von Frau Kuha für die Möglichkeit, daß ich ein Halbbruder der Geschwister Edelmann bin. Diese sind übrigens selbst fest davon überzeugt.

Wenn in so besonderem Maße dieses Beweismaterial unberücksichtigt geblieben ist, das dem Reichssippenamt für die Entscheidung über meine Abstammungsangelegenheit zur Verfügung gestellt wurde – das anthropologische Gutachten ist schließlich auch nur ein Beweismittel und hat eine eindeutige Antwort nicht gegeben –, so offenbar mit Rücksicht auf die schweren Beschuldigungen, die gegen mich seitens des deutschen Ärzteführers in Prag[7] bez. der ihm unterstellten Gesundheitskammer erhoben worden sind. Der hierüber bei den Akten des Reichssippenamtes befindliche Bericht ist mir so gut wie unbekannt. Ich weiß nur vom Hörensagen, daß er einen außerordentlich feindseligen Charakter trägt und daß er darin kulminiert, daß ich auch dann, wenn ich nachweise, daß ich Vollarier sei, nicht mehr die Zulassung als Arzt erhalte. Ich bitte den Herrn Minister anzuordnen, daß mir dieser Bericht im Wortlaut mitgeteilt wird. Ich kann mich gegen diesen Bericht nicht zweckentsprechend wehren, solange ich ihn nicht kenne. Dieser Bericht hat aber nach meiner Überzeugung in entscheidendem Maße den ungünstigen Ausgang meiner Abstammungsangelegenheit bei dem Reichssippenamt beeinflußt. Ich bin der Auffassung, daß ohne diesen Bericht des Prager Ärzteführers niemals die anderen vorgebrachten Beweismittel völlig ignoriert worden wären. Wenn es mir jetzt noch nicht möglich ist, zu diesem Bericht im einzelnen Stellung zu nehmen, eben

7 Dr. Rudolf Wächter (*1907), Arzt; 1938 Militärarzt in Prag; 1938 NSDAP-Eintritt, später SS-Eintritt, ab 1944 Sturmbannführer; von 1939 an Leiter der Deutschen Gesundheitskammer im Protektorat, die er 1940–1945 im Zentralen Medizinrat vertrat; nach Kriegsende Arzt in Nordböhmen, ging später in die DDR.

weil ich ihn noch nicht kenne, so muß ich doch auf folgendes verweisen. Der Prager deutsche Ärzteführer und Verfasser des Berichts ist der Facharzt Dr. Wächter. Dr. Wächter ist ein jüngerer Kollege (Fachkollege) von mir, den ich schon auf der Universität kennengelernt habe, und der sogar, und zwar als die oben erwähnte Ehe bestand, in meinem Hause mit seiner Frau verkehrt hat.

Ich glaube, daß persönliche Dinge zu der feindseligen Einstellung von Herrn Dr. Wächter mir gegenüber erheblich beigetragen haben. Außerdem ist es für mich ein großer Nachteil, daß sowohl der deutsche Ärzteführer in Prag als auch sein Vertreter ausgerechnet zu dem halben Dutzend deutscher Dermatologen in Prag gehören, zu dem auch ich gehöre. Es scheint mir daher geboten, daß der Bericht von Herrn Dr. Wächter durch seine vorgesetzte Stelle einer Überprüfung unterworfen wird. Ich werde von mir aus in dieser Hinsicht das Erforderliche veranlassen, kann dies aber erst dann, wenn ich den Bericht von Herrn Dr. Wächter kennengelernt habe. Schon jetzt möchte ich sagen, daß Dr. Wächter es entgegen seiner Darstellung wohl nicht hätte durchsetzen können, daß mir die weitere Zulassung als Arzt in Prag verweigert worden wäre. Eine solche Entscheidung zu treffen liegt auch gar nicht im Bereich von Dr. Wächter. Gegen meine Tüchtigkeit und Zuverlässigkeit ist niemals etwas vorgebracht worden, im Gegenteil, ich kann hierfür und zwar ausschließlich aus deutschen und aus der Partei angehörigen Kreisen ein sehr umfangreiches Material vorlegen.

Es mußte natürlich auf das Reichssippenamt einen besonders ungünstigen Eindruck machen, wenn die Prager Gesundheitskammer erklärte, daß ich auf keinen Fall mehr als Arzt zugelassen würde. Bei dem Reichssippenamt mußte der Eindruck entstehen, daß die Entscheidung meiner Abstammungsangelegenheit von untergeordneter Bedeutung sei, da ich in jedem Falle beruflich vernichtet sei, auch wenn das Abstammungsverfahren für mich günstig ausgehe. Darauf führe ich es auch zurück, wenn die Berücksichtigung des sonstigen Materials unterblieben ist.

Im ganzen bitte ich demnach, die angefochtene Entscheidung des Reichssippenamtes aufzuheben, die Erteilung eines Abstammungsbescheides anzuordnen, weiter die Anordnung der Erstattung eines Obergutachtens zu prüfen und mir endlich Kenntnis zu geben von dem Bericht der Gesundheitskammer in Prag, damit ich mich hiergegen im einzelnen verteidigen kann.[8]

8 Ein Antwortschreiben konnte nicht ermittelt werden.

DOK. 259
Zdenka Marková schreibt am 6. Januar 1942 unmittelbar vor ihrer Deportation aus Theresienstadt einen Abschiedsbrief[1]

Illegaler Brief von Zdenka Marková[2] an Ludvík Charvát[3] vom 6.1.1942

Mein lieber Ludvíček!
Ich habe soeben eine sehr schlechte Nachricht erhalten, *ich werde nach Polen fahren.* Ich werde am Freitag, dem 9. d. M.,[4] und als eine der Ersten fahren. Meine Schwester, mein Schwager[5] und ich werden natürlich zusammenbleiben. Ich weiß nicht einmal, wie ich alles wieder gepackt bekommen habe, denn mir scheint, dass ich allmählich den Verstand verliere. Ich bleibe aber dennoch ganz ruhig, ich sage mir nämlich, dass ich sowieso schon alles verloren habe und mein Leben mir überhaupt nichts mehr wert ist. Bis zum heutigen Tag habe ich gehofft, dass ich Dich vielleicht irgendwann noch einmal sehen werde, und Du kannst mir glauben, dass ich jede Sekunde an Dich gedacht und mich nach Dir gesehnt habe. Ich versichere Dir, mein Ludvíček, dass mein Herz ganz Dir gehört, und sollte ich trotz allem um mein Leben kämpfen, so wird es nur Deinetwegen und wegen meiner Eltern[6] sein. Mein Ludvíček, bleibe gesund und denke an mich. Es küsst Dich innigst und ganz treu Deine Zdenka. Sei so lieb und teile Arnošt[7] mit, dass wir wegmüssen, und falls er es für sinnvoll hält, soll er darüber im Bund berichten. Richte ihnen Grüße von uns aus und sage, dass wir es nicht mehr geschafft haben, ihnen zu schreiben. Einen Handkuss für Deine Mutter[8] und herzliche Grüße an Jarda

1 JMP, T 327, Karton 115. Das Dokument wurde aus dem Tschechischen übersetzt.
2 Zdenka Marková, geb. Steinová, später Loheitová (*1913); heiratete 1934 Václav Marek in Český Brod, 1936/37 zog sie allein nach Prag, arbeitete als Angestellte und Korrespondentin bei Fa. Finger & Stein; im Dez. 1941 wurde sie nach Theresienstadt deportiert, im Jan. 1942 nach Riga, wurde in Lauenburg befreit; heiratete im Sept. 1945 Viktor Loheit (*1912), Kaufmann.
3 Ludvík Charvát (1903–1981), Typograph; heiratete 1931 Helena Suchá, ging nach der Scheidung eine Beziehung mit Zdenka Marková ein, seine weiteren Lebensstationen sind unbekannt.
4 Am Freitag, dem 9.1.1942, fand die erste Deportation von Theresienstadt nach Riga statt. Von den 1000 Deportierten wurden 897 ermordet.
5 Růžena (Rosa) Nettlová, geb. Steinová (1911–1995); am 10.12.1941 zusammen mit ihrem Mann Adolf Nettl (Nettel) (1908–1944) nach Theresienstadt deportiert; dort arbeitete er in der Transportleitung und im Sicherheitswesen, wurde im Okt. 1944 nach Auschwitz deportiert und dort ermordet; seine Frau wurde zunächst nach Auschwitz, dann ins sächs. Oederan und wieder nach Theresienstadt deportiert und wahrscheinlich dort befreit.
6 Olga Steinová (1888–1943) aus Český Brod und Rudolf Stein (1884–1942) aus Kolín wurden im Juni 1942 nach Theresienstadt deportiert; er starb dort im Nov. 1942.
7 Arnošt Freimuth (1886–1944); Bruder von Zdenka Markovás Mutter; im Jan. 1942 aus Prag nach Theresienstadt, von dort im Okt. 1944 weiter nach Auschwitz deportiert, wo er ermordet wurde.
8 Anna Charvátová.

DOK. 260
Die zwölfjährige Věra Kohnová beschreibt im Januar 1942 die letzten Tage ihrer Familie in Pilsen vor ihrer Deportation nach Theresienstadt[1]

Handschriftl. Tagebuch von Věra Kohnová,[2] Einträge vom 6. bis 15.1.1942

6. Januar
Jetzt bin ich doch ziemlich verwundert. Ich werde jetzt alles der Reihe nach aufschreiben: Mittags sagte Franta Steiner[3] zu mir, dass ich um zwei Uhr im Haus des Rabbiners sein soll. Er ist jetzt den ganzen Tag da, denn es gibt dort eine ganze Menge zu tun. Ich bin also zum Haus des Rabbiners gekommen. Dort waren schon einige Kinder. Die Erwachsenen haben uns Handzettel gegeben, die wir dann an verschiedene Leute weiter verteilen sollten. Es ging darum, dass die Leute heute um sechs Uhr abends ins Haus des Rabbiners kommen und dort einige Befehle bekommen sollten. Die Gemeinde braucht jetzt viele Leute, die helfen können, und deswegen gründete sie so eine Art Hilfsdienst. Die Leute, die Handzettel von uns bekamen, gehören zu diesem Hilfsdienst. Es sind nur Erwachsene. Das Beste dabei ist also die Tatsache, dass Freda Kohn[4] auch mir so einen Zettel gebracht hat. Stell Dir mal vor, mein liebes Tagebuch, *mir*!
Ich ging zum Haus des Rabbiners, um zu fragen, ob es sich vielleicht doch um einen Irrtum handelt. Angeblich ist es kein Irrtum. Ich soll dort morgen früh um acht Uhr sein. Die Juden sollen irgendwohin fahren (vermutlich nach Terezín), und damit ist viel Arbeit verbunden. Ich bekam den Tagesdienst. Einige haben Nachtschicht. Ich wundere mich jedoch, dass ich so etwas auch mache, wo doch alle anderen Erwachsene sind.
Als ich die Handzettel zugestellt habe, holte ich Alis[5] ab. Auch Dolfi[6] und Emil[7] kamen zu ihr. Alle sind dann also mit mir mitgegangen. Emil ist sehr nett und ich mag ihn sehr. Dolfi ist auch sehr nett, bis auf die Tatsache, dass er heute eine Lumperei auf meine Kosten gemacht hat. Ich musste um fünf Uhr zu Hause sein. Emil wollte mich begleiten, und so gingen wir in den Flur, um unsere Mäntel zu holen. Alis ist mit uns mitgegangen. Nur Dolfi ist in der Küche geblieben. Ich habe mit Dolfi heute viel gekämpft (nur so aus Spaß). Jetzt gab es mir Dolfi zurück. Er wusste, dass ich es eilig habe. Weil der Schlüssel für die Tür zwischen Küche und Flur in der Küche war, hatte er zugeschlossen und ließ uns nicht rein. Ich hatte in der Küche noch einige Sachen und deswegen musste ich

1 JMP, DP 79, Karton 37. Abdruck in: Zdeněk Susa (Hrsg.), Deník Věry Kohnové, Středokluky 2006, S. 177–197. Die Übersetzung aus dem Tschechischen wurde dieser mehrsprachigen Publikation entnommen.
2 Věra Kohnová (1929–1942), Schülerin; wurde am 22.1.1942 von Pilsen nach Theresienstadt deportiert, von dort im März 1942 nach Izbica und dann ermordet.
3 František Steiner (1921–1942), Schüler; am 26.1.1942 aus Pilsen nach Theresienstadt deportiert, im März 1942 nach Izbica und dort ermordet.
4 Alfred Kohn (1929–1942), Schüler; am 18.1.1942 von Pilsen nach Theresienstadt deportiert, im April 1942 nach Zamość und dort ermordet.
5 Alice (Alis) Epsteinová (1929–1942), Schülerin; sie wurde am 18.1.1942 aus Pilsen nach Theresienstadt deportiert, von dort im Juni 1942 nach Sobibor und dann ermordet.
6 Adolf Immergut (1928–1942), Schüler; er wurde am 22.1.1942 aus Pilsen nach Theresienstadt deportiert, von dort im Okt. 1942 nach Auschwitz und dann ermordet.
7 Emil Zunterstein (1928–1942), Schüler; er wurde am 22.1.1942 aus Pilsen nach Theresienstadt deportiert, von dort im März 1942 nach Izbica und dann ermordet.

wieder rein. Es war schon um fünf Uhr, als uns Dolfi reingelassen hat. Wir waren also in der Küche. Dann hat Dolfi die Tür wieder zugeschlossen und den Schlüssel behalten. Jetzt konnten wir nicht raus. Es war schon halb sechs abends, als ich mich auf den Weg machte.

Ich bin gespannt, wie es morgen beim Rabbiner laufen wird.

7. Januar

Heute Morgen um acht Uhr bin ich zum Haus des Rabbiners gegangen. Dort waren schon einige Kinder. Ich habe wieder die Handzettel zugeteilt und verschiedene Nachrichten ausgerichtet. Ich war auch in der Turnhalle. Es gab nämlich schon wieder die Registrierungen. Diesmal haben sie in der Turnhalle stattgefunden. Scheinbar werden alle Juden weggebracht. Es werden insgesamt drei Transporte sein.[8] In der Turnhalle findet drei Tage vor der Abfahrt der Juden eine Versammlung statt. In der zweiten Woche soll der erste Transport abfahren und gleich danach der nächste.

Heute war ich also in der Turnhalle und erledigte einiges. Dort waren sehr viele Leute. Am Nachmittag war ich wieder im Haus des Rabbiners. Vormittags machte es mir jedoch mehr Spaß, vor allem deswegen, weil etwa um elf Uhr Emil und Dolfi gekommen sind. Sie sind aber gleich wieder weggegangen. Beim Turnen war ich heute nicht.

8. Januar

Es ist jetzt nach dem Mittagessen, und ich habe keine Lust, etwas zu machen. Mama[9] ist mir ständig böse, weil ich nicht helfe und nur störe usw.

Am Vormittag war ich wieder im Haus des Rabbiners. Ich habe ein kleines Kind betreut. Dort ist jetzt nämlich eine Art Heim für die Kinder, deren Eltern sich für die Abfahrt vorbereiten. Mir wurde ein kleiner Junge anvertraut. Sonst spielte ich noch Tischtennis, und es ging mir gut.

Um vier Uhr nachmittags gehen wir zur Registrierung. Dort erfahren wir, mit welchem Transport wir fahren werden. Alis fährt mit dem ersten, Eva Löwy[10] mit dem zweiten. Sonst war noch niemand von unseren Bekannten bei der Registrierung. Ich bin also gespannt, wie es laufen wird, was uns betrifft. Ich bin auch gespannt, wie es bei Emil und Dolfi sein wird. Gleich nachdem ich von der Turnhalle aus nach Hause komme, teile ich Dir mit, mein liebes Tagebuch, was ich erfahren habe.

So, Gott sei Dank, schon sind wir zu Hause. Wir waren dort fast drei Stunden. Wir fahren mit dem zweiten Transport. Am Sonntag in einer Woche, am 18. Januar werden wir schon in die Turnhalle gehen und gleich ein paar Tage danach sind wir mit dem Zug unterwegs. Ich muss mich von dir verabschieden, mein liebes Tagebuch. Wir nehmen nur die notwendigsten Sachen mit. Ich bin sowieso schon kurz vor dem Ende des Tagebuchs. Ich wollte mir ein zweites anschaffen. Es geht aber nicht. Es tut mir wirklich leid.

8 Etwa 2500 Juden aus Pilsen und Umgebung wurden am 18., 22. und 26.1.1942 nach Theresienstadt deportiert. Die Turnhalle des Sokol-Vereins in Štruncovy sady in Pilsen diente als Sammellager. Es überlebten 204 Personen.

9 Eliška Kohnová (1902–1942) wurde gemeinsam mit ihrem Ehemann Otakar Kohn (1889–1942), Prokurist bei der Fa. Teller, und ihren beiden Töchtern nach Theresienstadt und am 11.3.1942 nach Izbica deportiert, die gesamte Familie wurde ermordet.

10 Eva Löwyová (1929–1942), Schülerin; sie wurde am 22.1.1942 nach Theresienstadt deportiert, von dort im Okt. 1942 nach Auschwitz und dort ermordet.

10. Januar
Das ist aber prima! Emil und Dolfi fahren auch mit dem zweiten Transport. So fahren wir wenigstens zusammen. Im Haus des Rabbiners ist jetzt sehr viel zu tun. Ich bin dort von acht Uhr morgens an. Nach Hause komme ich dann um halb eins. Um eins gehe ich schon wieder los. Zurück nach Hause komme ich erst abends kurz vor sieben. Manchmal bleibe ich bei den Kindern, doch meistens verteile ich die Handzettel und richte verschiedene Nachrichten aus. Heute habe ich Kopierblätter zu den normalen Blättern geheftet, damit man die gleich kopieren kann. – Mit Alis treffen wir uns nicht mehr. Die Arme. Übermorgen schon fährt sie – ich meine, geht sie in die Turnhalle, wo sie die Abfahrt erwarten wird. Alis ist die Einzige von uns allen, die sich in der letzten Zeit getroffen haben, die mit dem ersten Transport fährt.
12. Januar
Den gestrigen Tag werde ich bis zu meinem Tod nicht vergessen. Erstens: Es war der letzte Sonntag, an dem ich zu Hause war. Und zweitens: So sehr wie gestern habe ich noch nie geweint. Mama weint ständig und ist furchtbar traurig und sieht alles schwarz. Ich weine mit Mama, weil sie mir leid tut, und Hanka[11] weint auch. Wir packen die notwendigsten Sachen, und zwar jeder von uns einzeln, denn wir werden dort nicht zusammen sein.
Heute verabschiedete ich mich von Irena[12] und Alis. Sie fahren schon morgen früh um neun Uhr. Alis musste ich versprechen, dass ich sie morgen bis zur Turnhalle begleite. – Am Nachmittag wurden wir – Eva (sie gehört zu den Leuten, die Hilfsdienst leisten) und ich – zu denjenigen geschickt, die Hilfe beim Einpacken brauchen. Also waren wir dort. Wir haben Sauerkirschkompott und Mandeln gegessen.
13. Januar
Am Morgen um halb neun bin ich zur Familie Epstein gekommen. Alle anderen waren schon dort: Emil, Oli[13] und Dolfi. Emil gab mir seine Photographie. Von Alis und von Oli bekam ich sie schon gestern. Ich nehme sie alle mit. Nach einer Weile gingen wir zur Turnhalle. Ich habe einen Rucksack getragen. Jeder hat seine Nummer, die auf den Koffern und auch auf der Kleidung, die man trägt, stehen muss. Es war ein trauriger Weg. Für Alis hoffentlich das letzte Mal. Bei der Turnhalle fand ein großer Abschied statt. Alis und Oli haben geweint. Ich konnte mich nur schwer beherrschen. Ich gab Alis einen Kuss. Werde ich sie noch einmal sehen?
Zu Hause gibt es jetzt sehr viel zu tun. Ich muss auch viel helfen.
15. Januar
Der Sonntag kommt leider immer näher. Bei uns ist es immer traurig. Wir alle müssen packen. Gestern habe ich meine Haare schneiden lassen. Ich hatte sehr lange Haare bis zur Hälfte des Rückens. Ich habe meine Haare hinten mit zwei Schleifen zugebunden getragen. Jetzt habe ich kurze Haare. Ich habe mich auch photographieren lassen. Die Photographien sollen angeblich schon morgen fertig sein.

11 Hana Kohnová (1924–1944), Schülerin; Schwester von Věra Kohnová, am 22.1.1942 nach Theresienstadt deportiert, im März 1942 weiter nach Izbica.

12 Irena Welkerová (1929–1944), Schülerin; am 18.1.1942 nach Theresienstadt deportiert, im Okt. 1944 nach Auschwitz und dann ermordet.

13 Olga Zuntersteinová (1929–1942), Schülerin; am 22.1.1942 nach Theresienstadt deportiert, von dort im März 1942 nach Izbica und dann ermordet.

O mein Gott, ich bin schon am Ende des Tagebuches. Tja, ich kann ja sowieso nicht mehr viel schreiben. Wir sind hier nur noch morgen und übermorgen und dann – wer weiß, was dann wird. Heute ist schon der erste Transport von der Turnhalle abgefahren. Übermorgen sind wir dran. Wie werde ich mich, mein liebes Tagebuch, nach dir sehnen! Ich habe wirklich nicht gedacht, als ich im August nach den Prüfungen anfing, meine Erlebnisse aufzuschreiben, dass ich so traurig enden werde. Ich habe zwar in dieser Hälfte des Jahres nicht viele schöne Sachen erlebt, aber wie gerne würde ich doch bleiben.
Gott sei mit Dir, mein liebes Tagebuch!
Gott sei mit uns!

DOK. 261

Die Sicherheitspolizei bittet am 22. Januar 1942 den Wehrmachtsbevollmächtigten um 5000 Skiausrüstungen aus jüdischem Besitz für den Osteinsatz[1]

Vermerk des Befehlshabers der Sicherheitspolizei und des SD in Prag, gez. Böhme, vom 22.1.1942[2]

Betr.: Skiausrüstungen für die Sicherheitspolizei im Osteinsatz
I.
SS-Obergruppenführer *Heydrich* hat angeordnet, daß ich mich mit dem Wehrmachtbevollmächtigten in Verbindung setze, damit er für die Sicherheitspolizei 5000 Paar Skiausrüstungen wieder zur Verfügung stellt.
Ich habe heute Herrn Generalmajor *Toussaint* aufgesucht und ihm mitgeteilt, daß allein von der Zentralstelle für jüdische Auswanderung 4 ½ Tausend Paar Skiausrüstungen und 7 Tausend Paar Skistiefel an die Partei für die Wehrmacht abgegeben wurden. Inzwischen seien für den Osteinsatz der Sicherheitspolizei 5 Tausend Paar Skiausrüstungen angefordert worden. Ich bat ihn, diese zur Verfügung zu stellen. Herr General Toussaint hat mir dies zugesagt.
II.
SS-Obergruppenführer *Heydrich* mit der Bitte um Kenntnisnahme vorgelegt.
III.
Durchschlag an Herrn Oberregierungsrat *Kreckloe* vom Reichssicherheitshauptamt, z. Zt. Prag.
IV.
Durchschlag an SS-Sturmbannführer *Günther*.

1 NAP, ÚŘP, AMV, Karton 41, Bl. 87.
2 Im Original handschriftl. Bearbeitungsvermerke und Stempel, darunter Eingangsstempel des Reichsprotektors (23.1.1942) und des Chefs der Sicherheitspolizei und des SD (26.1.1942).

DOK. 262
Ein anonymer Verfasser fordert Staatspräsident Emil Hácha am 27. Januar 1942 auf, sich für Juden im Protektorat einzusetzen[1]

Anonymer handschriftl. Brief an Exz. Herrn Staatspräs. Dr. Emil Hácha, Prag-Hofburg, vom 27.1.1942[2]

Ein alter Deutscher schämt sich, Herrn Staatspräsidenten bitten zu müssen den kleinen Teil noch nicht gemordeter ehem. tschechosl. *treuen* Staatsbürgern mosaischer Religion die Schutzeinrichtungen der *tschechosl. Tierschutzvereine* zur Verfügung zu stellen: Z. Bsp. heute bei 15° minus Reaumur[3] sind 1000 alte und junge Juden in den ungeheizten Messepalast[4] eingezogen, von wo sie teils nach Teresienstadt, woselbst *Scharlachepidemie* und *Hungertyphus* grassieren, teils nach Polen, woselbst *Flecktyphus* zur *Dezimierung* ausersehen wurden, verschickt wurden, nachdem sie vorher „dem Reiche freiwillig auf Grund ersuchter Evakuierung aus dem Protektorate" ihr ganzes mobiles und immobiles Hab und Gut geschenkt haben ...
Ist das menschlich? Ist das nicht bestialisch? Sind Exzellenz wirklich so ohnmächtig, Hitler „in drei Wochen" seinen Sieg in der Judenfrage (Judenmord!!) ohne jede Geste als oberster Staatsleiter zuzulassen!
Ich bin *Arier* seit Urzeiten; ich schäme mich als *Arier* mit diesem Zeitgenossen namens Hitler zu leben; als Deutscher habe ich auch schon Korrekturen vorgenommen, deshalb kann ich heute nur an Exzellenz appellieren.
In Ehrfurcht:
ein guter Mensch.

DOK. 263
Heydrich fasst am 4. Februar 1942 die deutsche Politik im Protektorat zusammen und erwägt, Tschechen in die Eismeerregion zu deportieren, um sie dort als Aufseher über die Juden einzusetzen[1]

Ansprache von Reinhard Heydrich vor leitenden Funktionären der Protektoratsbehörde im „Deutschen Saal"[2] der Prager Burg am 4.2.1942 (Abschrift)[3]

Parteigenossen, Parteigenossinnen, meine Herren!
Nach rund vier Monaten meiner Tätigkeit hier und unserer gemeinsamen Arbeit möchte ich heute Gelegenheit nehmen, nach einem gewissen Abschluß der letzten Entwicklung

1 Archiv KPR, D 778.
2 Grammatik und Rechtschreibung wie im Original.
3 15° minus Réaumur entspricht minus 18,75° Celsius.
4 Zum Sammellager Messehallen siehe Dok. 249 vom 4.11.1941, Anm. 5.

1 NAP, ÚŘP, dodatky I, Karton 53. Teilweise abgedruckt in: Kárný u. a., Deutsche Politik (wie Dok. 242 vom 2.10.1941, Anm. 1), S. 221–234.
2 Heute: Rudolfova galerie (Rudolfsgalerie).
3 Es handelt sich um eine unredigierte Mitschrift der Rede.

zu Ihnen zu sprechen und Ihnen einiges zu sagen über die Dinge, die hinter uns liegen, und einige Richtlinien zu geben für die neuen Aufgaben der näheren und weiteren Zukunft.

Dafür ist es notwendig, daß ich beim Rückblick doch ganz kurz eingehe auf die Lage, wie ich sie hier vorfand, auf der tschechischen Seite, aber auch auf der deutschen Seite – über Probleme der Behandlung Fremdvölkischer, über die Probleme, die uns als Nationalsozialisten grundsätzlich berühren, und wie wir diese Probleme zu lösen beabsichtigen.

Wenn Sie die Lage ansehen, wie ich sie hier Ende September vorfand, so müssen wir zugeben, daß – von der tschechischen Seite gesehen – wir auf dem besten Wege waren, eine Entwicklung zu erleben, wie wir sie im Weltkrieg zu Zeiten des Österreich-Ungarischen Kaiserreiches fanden. Der Tscheche, der – und das möchte ich hier nochmals feststellen – als überwiegend slavischer Mensch sich biegt, ohne gebrochen zu sein, ist eben in der Beziehung gefährlicher und anders zu behandeln als andere Menschen. Den nordischen, den germanischen Menschen überzeugt man oder bricht ihn – den tschechischen, slavischen Menschen kann man sehr schwer überzeugen, biegen tut er sich immer, brechen kann man ihn nie, und wenn dann das Biegen aufhört und man losläßt, dann schwingt er wieder hoch und steht wieder da und ist eben ein Gegner. Und die Konsequenz ist eben, daß man den Daumen dauernd daraufhalten muß, daß er eben immer gebogen bleibt und nun pariert und zieht.

Wenn ich weiterhin feststelle, wie die Lage seinerzeit war, so muß ich zunächst hier den Männern meines engeren Arbeitsbereiches aus meiner Tätigkeit in Berlin Dank zollen, die als Männer der Sicherheitspolizei und des SD hier unter sehr schweren Verhältnissen in der Lage waren, die Situation beim Gegner zu übersehen und wirklich lückenlos Überblick zu geben über die Situation in der Widerstandstätigkeit des Gegners. Ob das die militärische Ebene war, d. h. die Situation der beabsichtigten Militärorganisation, ob das die geheime Terror- oder Sabotagetätigkeit war, ob es die Sabotagen auf wirtschaftlichem Gebiet waren, ob es die Einflußlinie in die tschechischen Ministerien war, ob es die mehr oder weniger planmäßigen oder bewußten Querverbindungen des Tschechen in den deutschen Sektor hinein waren, wo der deutsche Beamte und besonders Gesellschaft liebende Deutsche durch fahrlässige Wichtigtuerei den Tschechen Vorschub leistete – all das war uns lückenlos bekannt.

Der Grundfehler – ich möchte das in diesem Kreis einmal offen sagen –, der damals in der Gesamtlinie dem Tschechen gegenüber gemacht wurde, war der, daß man den Tschechen und die tschechische Regierung behandelte, als seien sie eine tatsächlich eigenstaatliche Angelegenheit und als sei die deutsche Vertretung, als sei das Amt des Reichsprotektors lediglich eine vergrößerte Gesandtschaft bei einem fremden Staatspräsidenten, und daß sich der Tscheche auf diese Art hineindenken konnte in die Gedankengänge einer Eigenstaatlichkeit und dabei auch den staatsrechtlichen Vorgang und die staatsrechtliche Tatsache des 16. März 1939 übersah und vergaß, nach der eindeutig dieses Protektorat ein Teil des Reiches war.[4] Man kann einen solchen Raum nicht führen

4 Am 16.3.1939 marschierten deutsche Truppen in den tschech. Teil der Tschechoslowakei ein, der nach dem Münchener Abkommen vom 30.9.1938 von der Tschechoslowakei nicht abgetreten werden musste. Die Slowakei erklärte sich zu einem selbständigen Staat. Per Erlass vom 16.3.1939

und nicht umformen und nicht im Sinne des Reiches entwickeln, wenn man an die Menschen dieses Raumes herangeht mit rein außenpolitischen Gedankengängen. Man kann aber auch nicht den Raum lösen, wenn man mit rein innerdeutschen und rein parteilichen Gedankengängen herangeht. Man muß sich im klaren sein, daß man hier viele Dinge kombinieren muß. Man kann den tschechischen Menschen und die tschechische Bevölkerung nicht dadurch dem Reich zuführen, daß man etwa glaubt, über gute gesellschaftliche Verbindungen zu dem tschechischen Adel einen Einfluß auf die Bevölkerung zu erhalten. Darin liegt der Fehler, daß man glaubt, den tschechischen Adel einsetzen zu können, und daß man annimmt, daß der tschechische Adel einen Einfluß auf die tschechische Bevölkerung hätte.

Man muß vielmehr ganz nüchtern die Tatsachen erkennen, die Stärke des Gegners abschätzen und nach klaren Grundsätzen des Nationalsozialismus antreten und seinen Weg gehen. Alle übrigen Dinge sind dann Angelegenheit der Taktik des, ich möchte beinahe sagen: diplomatischen Zwischenspiels, das aber nie die Grundlage verkennen und abweichen darf.

Die ersten Maßnahmen nach dem September,[5] die, ich möchte sagen: mobmäßig[6] in Berlin vorbereitet waren nach genauen Planungen mit dem Staatssekretär und den zuständigen Polizeistellen – die ersten Maßnahmen galten der Niederschlagung der Widerstandsbewegung, die – das möchte ich hier einmal sagen – weit umfassender und weit gefährlicher war, als man es je annehmen konnte. Wenn wir jetzt, nach Ablauf von rund 4 Monaten, allein auf dem Gebiet der Bekämpfung des tschechischen Nachrichtenwesens, im Technischen gesehen, feststellen müssen, daß wir an die 90 Kurzwellensender ausgehoben haben in der Zwischenzeit, wenn Sie die Zahl der Standgerichtsurteile mit rund 4–500 nennen, die Zahl der Verhaftungen aber zwischen 4–6000 lagen und liegen, so wird Ihnen klar, daß es sich hier um eine Organisation handelte, noch dazu gekennzeichnet, muß ich sagen, daß die Menschen, die verhaftet wurden und zum Tode verurteilt wurden, alles Menschen waren, die geistiger Qualität waren – es waren nicht Mitläufer, es war ein Führungsapparat! –, so werden Sie sich im klaren sein, was letzten Endes hier zu erwarten gewesen wäre, wenn wir nicht stur und hart durchgegriffen hätten. Die Niederschlagung dieses Widerstandes war an sich in der richtigen Zeit gekommen, wie immer, wenn Nazis das machen, hinein in die endgültige Vorbereitung, und so gelang auch hier das lückenlos. Und wir haben die Widerstandsbewegung in einer Zeit zerschlagen, in der sie noch nicht in der Lage gewesen wäre, weitgehend führungsmäßig Einfluß auf die breiten Massen zu bekommen. Immerhin war interessant, und es darf zurückgerufen werden in die Erinnerung, daß die Emigrantenregierung – die, wie wir wissen, sehr klaren und ständigen Kontakt zu der Führung des Widerstandes hatte, nicht nur durch Kuriere und Funkverbindungen, sondern auch auf verschiedenen anderen Gebieten –, daß diese Emigrantenregierung so weit gekommen war, daß der Londoner Sender eigentlich eine Art Befehlsinstrument, ein Lautsprecher für die Wiedergabe

proklamierte Hitler das Protektorat Böhmen und Mähren, das „autonom" sein und sich selbst verwalten sollte, aber „im Einklang mit den politischen, militärischen und wirtschaftlichen Belangen des Reiches"; siehe Einleitung, S. 45.

5 Nach seinem Amtsantritt ließ Heydrich vor allem die polizeiliche Überwachung im Protektoratsgebiet intensivieren; siehe Dok. 245 vom 17.10.1941, Anm. 9.

6 Mobilisierungsmäßig.

der Befehle der illegalen Regierung bedeutete,[7] der sehr weitgehend Widerhall fand – wenn Sie sich erinnern, daß auf einen eine Stunde vorher ergehenden Appell des Londoner Rundfunks die Bevölkerung automatisch reagierte, sei es in der Behandlung der Judenfrage, im Demonstrieren mit besternten Juden, sei es in anderen Fällen usw., so mögen Sie sich im klaren sein, was es bedeutet hätte, wenn wir einige Wochen länger gewartet hätten und den nun fertig stehenden Widerstandsapparat hätten loslassen müssen, und können auf die Beeinflussung der Bevölkerung hin ermessen, wie wir dann den 28. Oktober als Staatsfeierlichkeit unter diesen Umständen erlebt hätten.[8] – All das sage ich nur, um noch einmal die Situation zu erklären.

Nach Niederwerfung dieses Widerstandes, der im übrigen optisch gar nicht sichtbar wurde – es sind weder Verbände der Wehrmacht noch der uniformierten Polizei marschiert, sondern es war lediglich ein „illegales" Beseitigen der feindlichen Führung, die (das möchte ich hier auch einmal sagen) auch ihre Opfer gekostet hat. Erst Ende Dezember noch sind (ich sage es hier ganz offen) bei dem fehlgeschlagenen Versuch der Verhaftung eines der wichtigsten Führer der Widerstandsbewegung, der seit 2 ½ Jahren im Protektorat in 25 verschiedenen Wohnungen illegal wohnt, in einem der Wohnungsausgänge drei Beamte der Gestapo mit schweren Verletzungen in einem Feuergefecht niedergeworfen worden. Dies alles bloß als Andeutung über die Härte des Widerstandskampfes.

[…][9]

Zunächst noch einmal auf bestimmte politische Probleme zurückkommend, möchte ich noch einmal in die Erinnerung rufen, was die eigentliche innere Zielsetzung ist. Äußerlich sieht es jetzt so aus, als hätten wir die tschechische Regierung gebildet, die das ganze tschechische Volk hineinführt in das Reich. Das würde bedeutet haben müssen, als wollten wir das ganze tschechische Volk einmal eindeutschen. Ich möchte als unseren internen Grundsatz ganz klar das Ziel unterstreichen, daß eine Eindeutschung beabsichtigt ist, aber nur derer, die tatsächlich eindeutschbar sind. Das setzt also voraus, daß wir nun darangehen, auf getarnte Weise eine sogenannte völkische Bestandsaufnahme zu machen. Es ist ja ganz klar: Wenn ich eindeutschen will, muß ich vorher erst einmal wissen, wer ist eindeutschbar. Ich rechne nach wie vor mit Zahlen zwischen 40 und 60 %. Nun wird also diese völkische Bestandsaufnahme erfolgen, und zwar auf dem Wege über die Kennkarte voraussichtlich. Die Kennkarte wird sowieso eingeführt werden, die Verordnung ist schon heraus, und es wird ein Fragebogen entworfen, in dem nur die Merkmale drinstehen, die zur Kennkarte an sich erforderlich sind, und die wir darüber hinaus gebrauchen, um aus äußerlichen Angaben ganz bestimmter Art eine gewisse oberflächliche Siebung durchzuführen.[10] Wir werden wahrscheinlich auf diese Weise aus dieser

7 Gemeint ist die in London residierende tschechoslowak. Exilregierung, die über Rundfunksendungen die Bevölkerung im Protektorat zum Widerstand gegen die deutschen Besatzer aufrief.

8 Der 28. Okt. ist bis heute der wichtigste tschech. Nationalfeiertag, an dem der Gründung der Tschechoslowakei 1918 gedacht wird.

9 Heydrich schildert im Folgenden, wie seit seinem Amtsantritt die Zugehörigkeit des Protektorats zum Deutschen Reich durchgesetzt wurde.

10 Die reichsdeutsche Kennkartenverordnung, die seit dem 1.10.1938 galt, wurde im März 1942 auf das Protektoratsgebiet ausgedehnt; RGBl., 1942 I, S. 100. Ende März mussten acht Jahrgänge die Kennkarte beantragen; der dem Antrag beiliegende Fragebogen enthielt auch Fragen nach rassischen Merkmalen.

Kennkartenkontrolle schon etwa ein Drittel aussieben können von denen, die von vornherein nicht eindeutschbar sind, vielleicht ein weiteres Drittel aussieben können, von denen, die wir oberflächlich für eindeutschbar halten. Dann bliebe noch ein Drittel übrig, die in einer kurzen ersten Untersuchung noch durchgesiebt werden müssen. Das würde bedeuten, wir würden eine Zeit der völkischen Bestandsaufnahme von drei Jahren vielleicht herabmindern können auf ein Jahr, was immerhin praktisch und gut ist.
Dazu wird gleichzeitig – und hier wird nun das Bodenamt eine mehr politische Bedeutung bekommen, es läuft zur Zeit die Aufnahme der sogenannten Hofkarten[11] – nach dem Muster des Reiches werden die Höfekarten angelegt und so ist es einfach. Wir brauchen, habe ich nur die Ergebnisse der Kennkarten, die Übersicht der völkischen Bestandsaufnahme – rot oder blau – in eine Karte einzuzeichnen, die das Ergebnis der Hofkarten zusammenstellt, dann haben wir (sagen wir, wenn rot nicht-eindeutschbar darstellt) die roten Flecke auch auf bäuerlichem Gebiet, die wir nicht als eindeutschbar halten. Das sind die Ansatzpunkte einer deutschen Siedlung. Ich kann das nur kurz andeuten, das sind Probleme, die im Laufe der Zeit auf dieser Ebene heranreifen.
Nun, rein äußerlich, ich sagte schon, sieht es ganz so aus, als wollten wir diesen Raum eindeutschen, als wollten wir die tschechische Sprache zum Dialekt herab-, herunterwerten, als wollten wir die Tschechen allmählich erziehen, daß sie sich als Deutsche fühlen. Das muß ich tun, weil wir ja bei der Frage der Eindeutschung nunmehr den Gedanken gefaßt haben, die Evakuierung oder sagen wir: die Entfernung des nicht-eindeutschbaren Elementes nicht auf brutale und gewaltsame Art [zu] machen, sondern auf einem getarnten Weg. Da ich diese Absicht habe, die vom Führer gebilligt wird, so kann ich heute ruhig tun, das erleichtert uns die augenblickliche Kriegssituation sehr, als wollte ich die ganze Bevölkerung eindeutschen, auf eine legale Weise dem Reich zuführen. Denn wenn ich im Moment Maßnahmen ergreifen würde, die deutlich zeigen, daß ich einen Teil nicht auf dem Boden lassen will, dann würde ich in kurzer Zeit eine Revolution bekommen, die uns Schwierigkeiten macht. Insofern haben wir uns Gedanken gemacht über eine spätere friedliche Evakuierung dieses Volkes, derer, die nicht eindeutschbar sind, im Wege ähnliches eines Arbeitseinsatzes mit der Vergünstigung,[12] ihre Familien nachziehen [zu] können usw., so daß wir auf diese Weise aufbauend heute so tun können, als wollten wir den ganzen Raum en bloc dem Reich einfügen. Das möchte ich im großen und ganzen nun als geheimes und offenes Ziel hier festgelegt haben.
Nun möchte ich dabei auf eines hinweisen. Wir dürfen nicht vergessen, daß wir nun bei den ganzen, sehr schwierigen Aufgaben der nächsten Zeit die Gesamtproblemstellung nicht verwechseln mit der Behandlung der einzelnen Tschechen. Wenn ich sage, ich möchte 40–60 % eindeutschen, so darf ich nicht als deutscher Beamter und Deutscher schlechthin nun sagen, ich behandle jetzt den Tschechen, den ich für eindeutschbar halte, so, als wäre er eingedeutscht. Das würde die einheitliche Frontstellung und die Schlagkraft des deutschen Elementes für die Erfüllung dieser Aufgaben erschweren und dem Gegner, dem tschechischen Element, derartige Ansatzpunkte zum Zersetzen geben, daß es nicht eintreten darf. Ich darf ganz kurz noch darauf eingehen.

11 In diesen Karten wurden Besitzverhältnisse und Bodenqualität erfasst.
12 So im Original.

Nun die praktischen Wege, sagen wir: Versuche, diese tschechische Bevölkerung in einem gewissen Sinne hier heranzubringen, liegen auf bestimmten Ebenen.
1.) Zunächst auch im politischen Interesse des Reiches, vor allen Dingen die Einführung der Arbeitsdienstpflicht. D. h., wir können mit gutem Recht, nachdem die tschechische Regierung diese erlassen muß, können wir mit gutem Recht sagen: Nachdem ihr Tschechen nicht teilnehmt an dem Befreiungskampf des Reiches bis auf eine arbeitende Tätigkeit in den Rüstungsfabriken, wie es die Heimat, das Reich auch tut, so ist es nur recht und billig, wenn ihr eine bestimmte Anzahl von Jahrgängen – eine Wehrpflicht gibt es nicht – im Rahmen einer Arbeitsdienstpflicht einzieht. – Nach Möglichkeit im Reich unter Führung hervorragender, ausgesuchter Arbeitsdienstführer in einer völlig andersgearteten Uniform, geteilt nach Eindeutschbaren und Nichteindeutschbaren, in verschiedenen Lagern zu erziehen, d. h. erziehen zu einem Arbeiter und handwerklichen Beruf, d. h., wenn die zwei Jahre im Lager waren, müssen sie einen gewissen Abschluß als Geselle oder sonst was haben. Die Eindeutschbaren würde man dann möglichst geschickt im Reich in Arbeit vermitteln, daß sie überhaupt nicht erst zurückkommen. Die noch nicht Eindeutschbaren wird man vielleicht bei der weiteren Erschließung des Eismeer-Raumes – wo wir ja die Konzentrationslager der Russen übernehmen,[13] die nach unserer augenblicklichen Kenntnis etwa 15–20 Millionen Deportierte[14] haben und dadurch zukünftig ideales Heimatland der 11 Millionen Juden aus Europa sein werden – vielleicht könnten wir dort nun die Tschechen, die nicht eindeutschbar sind, unter einem positiven Vorzeichen einer prodeutschen Aufgabe als Aufseher, Vorarbeiter usw. einsetzen mit der Chance, auch ihre Familie nachzuziehen. Dieses Gebiet ist nebenbei gesagt, nicht ein so ödes Gebiet, wie man das Eismeer-Gebiet immer ansieht. Es hat nur einen sehr langen Winter, aber ausgesprochen konzentriert gute Landwirtschaft und rohstoffmäßig [eine] hervorragende Basis. Wir haben nach unserer Kenntnis, die wir in unseren sicherheitspolizeilichen Einsatzgruppen im Osten erlangt haben, erstaunliche Ergebnisse festgestellt. Es ist nicht so, daß dieses Gebiet etwa völlig z. B. landwirtschaftlich von der Ukraine abhängig gewesen wäre, sondern sie haben sich in letzter Zeit fast völlig selbständig ernähren können. Wir haben Rohstoffgebiete, die ganz erstaunlich sind. Das sind Dinge, die ins Unreine gesprochen sind, die aber wesentlich sind und die erwogen werden können. Denn wir dürfen den Tschechen, den ich für nicht eindeutschbar halte, nicht als Feind in den Osten jagen, sondern ihn mit einem für das Reich positiven Vorzeichen einsetzen, damit er im Osten, in dem nicht von uns kolonisierten Osten – im engeren Kolonisationsgebiet wird deutsch besiedelt –, als europäischer Vorposten steht. Das sind aber Probleme, die noch besprochen und geklärt werden. Zunächst kommt die Arbeitsdienstpflicht. Wir werden überlegen, ob sich zwischendurch ½ Jahr des Arbeitsdienstes in Lagern im Protektorat durchführen läßt, um der tschechischen Bevölkerung den Gedanken der Zwangsdeportierung ihrer Jugend zum Arbeitseinsatz im Reich zu nehmen. Aber auch umgekehrt, ich bin überzeugt, daß diese ein-

13 Heydrich plante bereits seit Sept. 1941, sobald es die militärische Lage zulassen würde, die Juden in die sowjet. Arbeitslager in der Eismeerregion zu deportieren, wobei davon ausgegangen wurde, dass sehr viele von ihnen dort umkommen würden. Die Lager in der Eismeerregion waren für den Bau des Weißmeer-Ostsee-Kanals als Gulag-Sondersiedlungen eingerichtet worden, die von 1931 bis Sept. 1941 bestanden; siehe auch Dok. 242 vom 4.2.1942.

14 In den Eismeerlagern waren zwischen 1931 und 1941 mehr als 1,1 Millionen Menschen inhaftiert.

deutschbare Jugend, um die es sich hier nur handeln kann, daß die eindeutschbare Jugend nach 1 bis 1 ½ Jahren schon so erzogen ist, daß sie hier nachher sogar positiv wirken kann, wenn man sie hierher tut. Das sind Probleme, die einer genauen Überprüfung bedürfen, die ich nur anschneiden möchte.

Ein weiteres Problem, und sogar das wichtigste, ist einmal die Schulfrage, die tschechische Schulfrage, und das zweite die tschechische Jugendfrage. Die wird wohl kombiniert gelöst werden. Da ist der Minister Moravec[15] derjenige, den wir hier mit diesen Problemen betrauen wollen. Wesentlich ist eines besonders, das ist, daß die tschechische Universität nicht wiederkehrt. Die Herren haben meine Argumente eingesehen, indem ich erklärte, was eigentlich der Grund wäre für eine tschechische Universität. Ich könne mir eine Prager Universität, aber nicht eine tschechische vorstellen. Ich wüßte nicht, wieso das Medizinstudium z. B. ausgesprochen tschechisch wäre, oder das Mathematik-Studium, usw. Das wären alles Dinge, die völlig unabhängig vom völkischen Problem seien, und es könnten die Tschechen, die sich dafür eignen, ebensogut an einer deutschen Universität lernen. Das ist das wesentlichste, das der Moravec zieht, ganz klar und eindeutig, in dieser Linie, und eine Hochschule, eine tschechische Universität, gibt es nicht mehr und wird nicht mehr kommen. Wir müssen taktisch nur einen Grund suchen, die Schließung der Universität zu beenden.

Das übrige ist das Schulproblem. Da ist es wesentlich, zunächst einmal hineinzuschlagen in die tschechische Lehrerschaft, die hier das Ausbildungskorps der Opposition ist für die tschechische Regierung. Hier müssen wir ganz klar hineinhauen und im übrigen im Zusammenhang damit einen Abbau der tschechischen höheren Schulen vornehmen. Dann wird ohne Zweifel die tschechische Jugend irgendwo gesammelt werden müssen in einer Form, die eine Erziehung außerhalb der Schule ermöglicht, die ermöglicht, besonders da man ja nicht alle tschechischen Lehrer einsperren kann, sie aus der Atmosphäre herauszuholen. Das geht ohne Zweifel bei der tschechischen Einstellung zu diesen Dingen wohl am besten auf dem Gebiet des Sportes. Wir werden also auf dem Gebiet der Leibeserziehung und des Sportes im völligen Einklang mit der deutschen Reichsjugendführung, der Partei, hier Wege gehen, die ganz klar durchgedacht werden und die dann einen klaren Weg gehen. Ich glaube, daß das Dinge sind, die nun versucht werden müssen, um eine Umformung, eine Umerziehung, eine Erziehung überhaupt zu ermöglichen, wobei ich immer noch natürlich sage: Es ist ein Versuch, wenn es nicht geht, geht es nicht, dann muß es anders gemacht werden. Jedenfalls ist es ein Versuch mit Tschechen, die tschechische Jugend heranzuführen an das Reich. [...][16]

15 Emanuel Moravec (1893–1945), Offizier, Schriftsteller, Politiker; 1914 Soldat in der Tschechischen Legion, 1924 Chef des Nachrichtendiensts im Hauptstab der tschech. Armee; trotz seines Nationalismus und antideutscher Polemiken wurde er 1942 von Heydrich zum Minister für das Schulwesen ernannt; nahm sich während des Prager Aufstands 1945 das Leben.

16 Im Rest der Rede befasst sich Heydrich mit der Einführung eines Ständewesens im Protektorat, das die tschech. Bevölkerung entpolitisieren solle, sowie mit der Bekämpfung des „Schleichhandels". Er schließt mit Bemerkungen zum sog. Volkstumskampf, als dessen Stoßtrupp sich die Beamten der Protektoratsbehörden begreifen sollten. Um jegliche Form der Verbrüderung zu verhindern, müsse intensiver Kontakt zwischen Tschechen und Deutschen unterbunden werden. Deutsch müsse als erste Sprache im Protektorat durchgesetzt werden.

DOK. 264

Zeiss Ikon bittet den Höheren SS- und Polizeiführer Prag am 16. Februar 1942 um die Bereitstellung von Baracken für jüdische Arbeitskräfte[1]

Brief der Zeiss Ikon AG Dresden, Ingenieurbüro (Dr. Has/Nbt), gez. i. A., Unterschrift unleserlich, an den Höheren SS- und Polizei-Führer in Prag (Protektorat)[2] vom 16.2.1942[3]

Betrifft: Beschaffung von Baracken für die Unterbringung von jüdischen Arbeitskräften
Auf Veranlassung des Höheren SS- und Polizei-Führers Dresden[4] haben wir die in unseren Betrieben beschäftigten 300 jüdischen Arbeitskräfte in Baracken unterzubringen, damit die entsprechenden Wohnungen deutschen Gefolgschaftsmitgliedern zur Verfügung gestellt werden können. Die Kreisleitung Dresden der NSDAP,[5] mit der wir in dieser Angelegenheit Rücksprache hielten, hat uns mitgeteilt, daß der Höhere SS- und Polizei-Führer Prag noch Baracken besitze, die früher einmal der Kreisleitung angeboten worden sind.
Wir wären für umgehende Mitteilung dankbar, ob und zu welchen Bedingungen uns diese Baracken zur Verfügung gestellt werden könnten.
Heil Hitler!

DOK. 265

Das Ministerium für Land- und Forstwirtschaft regelt am 2. März 1942, welche Lebensmittel jüdische Ärzte für ihre Patienten beantragen dürfen[1]

Interner Erlass des Ministeriums für Land- und Forstwirtschaft (Z. 34 515-IV D/42, Beilage 72 qq), ungez., vom 2.3.1942 (Abschrift)

Ausgabe von Zusatzkarten für Kranke an Juden.
Ärztliche Anträge auf zusätzliche Lebensmittel für kranke Juden, die in häuslicher Behandlung sind, dürfen in Zukunft nur jüdische Ärzte ausstellen und einreichen. Arischen Ärzten ist dies verboten. Die jüdischen Ärzte bezeichnen die ganze erste Seite des ärztlichen Antrages schräg mit roter Tinte mit „Jude".

1 NAP, 109-4-978, Karton 54.
2 Karl Hermann Frank.
3 Im Original handschriftl. Bemerkungen und Unterstreichungen sowie Eingangsstempel des Staatssekretariats beim Reichsprotektor in Böhmen und Mähren vom 20.2.1942.
4 Udo von Woyrsch (1898–1983), Offizier; 1929 NSDAP-, 1930 SS-Eintritt; von 1932 bis März 1933 MdL in Preußen, von März 1933 an MdR; seit 1935 beim Persönlichen Stab des RFSS, 1939 Kommandeur einer Einsatzgruppe z.b.V. in Polen, vom 20.4.1940 an HSSPF SS-Oberabschnitt Elbe; 1948 zu zehn Jahren Haft verurteilt, 1952 entlassen, 1957 vom Landgericht Osnabrück wegen Beteiligung an der Niederschlagung des angeblichen Röhm-Putschs zu zehn Jahren Haft verurteilt, 1960 entlassen.
5 Hellmut Walter (*1908); 1926 SS-, 1927 NSDAP-Eintritt, von 1934 an Kreisleiter der NSDAP Dresden; 1936–1945 MdR; 1940 freiwillige Meldung zur Waffen-SS, von 1944 an wieder in Dresden.

1 JMP, DP 9, Karton 6.

Für kranke Juden darf nicht verschrieben und bewilligt werden: Butter, Schweinefett, Eier, Fleisch, Gries und Reis. Als Ersatz dafür kann kranken Juden verschrieben werden: Margarine, Graupen, Weizenmehl 00[2] und ähnl. Die Amtsärzte sind verpflichtet, die ärztlichen Anträge versehen mit „Jude" sorgfältig zu prüfen und insbesondere zu kontrollieren, ob die verschriebenen Zusatzlebensmittel notwendig sind.
Wenn der Bezirksbehörde deutsche Amtsärzte zugeteilt sind, so werden diesen die ärztlichen Anträge für Juden zur Überprüfung und Genehmigung vorgelegt.
Als Juden sind die Personen anzusehen, die verpflichtet sind, den Judenstern zu tragen.

DOK. 266

Nach Aufhebung des Ausnahmezustands will der Reichsprotektor in Böhmen und Mähren am 2. März 1942 die in „privilegierter Mischehe" lebenden Juden weiterhin schlechter versorgen[1]

Vermerk des Reichsprotektors in Böhmen und Mähren (Nr. I 3 b-636),[2] i. A. gez. Unterschrift unleserlich, Prag IV, vom 2.3.1942[3]

Betrifft: Bezeichnung der Lebensmittelkarten für jüdische Eheteile bei privilegierten Mischehen – Aufhebung des Ausnahmezustandes[4]
1.) *Vermerk:*
Die Polizeiverordnung über die Kennzeichnung der Juden[5] sieht für die in privilegierten Mischehen lebenden Personen gewisse Erleichterungen vor. (Äußere Kennzeichnung, Verlassen des Wohnsitzes u.s.w.) Durch die Verhängung des Ausnahmezustandes in einigen Oberlandratsbezirken bedingt, wurden den tschechischen Personen, die in derartigen Mischehen leben, diese Erleichterungen entzogen. Das Ministerium für Land- und Forstwirtschaft bittet mit Schreiben vom 10.2.1942 unter Hinweis auf die bereits erfolgte Aufhebung des Ausnahmezustandes,[6] diese Erschwerungen wieder aufzuheben und die tschechischen Volkszugehörigen den Deutschen wieder gleichzustellen.[7] Mit Rücksicht auf die endgültige Lösung der Judenfrage besteht jedoch keine Veranlassung, den

2 Mehltyp.

1 NAP, ÚŘP, I-3b 5852, Karton 389, Bl. 671.
2 Zur Gruppe I 3 siehe Dok. 247 vom 27.10.1941, Anm. 4.
3 Im Original handschriftl. Bearbeitungsvermerke.
4 Am 27.9.1941 hatte Heydrich den Ausnahmezustand in allen größeren Städten des Protektorats verhängt.
5 Vom 15.9.1941 an mussten sich alle Juden in der Öffentlichkeit mit einem gelben Stern kennzeichnen; siehe VEJ 3/212.
6 Der Ausnahmezustand wurde im Jan. 1942 in Prag und Brünn aufgehoben, im übrigen Protektorat bereits Ende Nov. 1941.
7 Das Schreiben liegt nicht in der Akte. Am 29.9.1941 verfügte Heydrich, dass von nun an jüdische Frauen in kinderloser „privilegierter Mischehe" mit einem nichtjüdischen Tschechen einen gelben Stern tragen mussten. War eine Jüdin jedoch mit einem deutschen Nichtjuden verheiratet, galt keine Kennzeichnungspflicht. Die VO betraf auch den jüdischen Ehemann in „privilegierter Mischehe" mit Kindern, die nicht als Juden galten. Er musste den gelben Stern tragen, wenn er mit einer tschech. Nichtjüdin verheiratet war, in Ehe mit einer deutschen Nichtjüdin jedoch nicht; wie Anm. 1.

Tschechen gegenüber die bereits aufgehobenen Erleichterungen wieder zu gestatten. Von hier aus ist nichts zu veranlassen, da der BdS. federführend ist und die Gruppe I 3 nur nachrichtlich in Kenntnis gesetzt wurde.

DOK. 267
Der 16-jährige Pavel Glücklich verfasst am 6. März 1942 einen Lebenslauf[1]

Handschriftl. Lebenslauf von Pavel Tomáš Glücklich,[2] Prag, vom 6.3.1942

Mein Lebenslauf.
Ich bin 16 Jahre alt; ich wurde am 1. Mai 1926, am Tag der Arbeit, in Prag geboren. Schon als fünfjähriger „Bengel" trat ich dem Sokol bei. Später nahm ich am Turnunterricht des Makkabi[3] teil, wo ich Fredy[4] kennenlernte. Mit sieben Jahren wurde ich als „Wölfling"[5] Mitglied bei den Pfadfindern. Ich verbrachte die Ferien in [ihren] Lagern. Ich fuhr Rad und machte viele Ausflüge. Häufig fuhr ich ganz allein. Der Mensch braucht das manchmal. Ich treibe alle Sportarten. Am liebsten laufe ich Ski. Ich habe etliche Preise gewonnen, vor allem im Riesengebirge. Ich war [auch] im (ehem.) Österreich und in Deutschland. Bis jetzt war mir nicht klar, dass ich Jude bin. Ich fing erst an, über die Vor- und Nachteile [des Jüdischseins] und die Tätigkeiten der Juden und ihre künftigen Aufgaben nachzudenken, nachdem wir aus unserer Wohnung auf dem Letná-Berg ausziehen mussten und ich zum Hagibor[6] ging, wo ich die Ferien verbrachte, die ich mir nicht hätte vorstellen können. Ich war nie Mitglied einer Bewegung, und ich habe keine Vorstellung von den Aufgaben und Zielen einer solchen Bewegung. Bis vor kurzem fühlte ich mich als tschechischer Patriot. Der Zionismus ist eine schöne Idee, aber ich kann dennoch nicht behaupten, dass ich ein [Zionist] bin. Ich bin ein Zionist und bin keiner. Ich bin ein Tscheche und bin keiner. Kurz, ich bin in einer merkwürdigen Lage – in einer seelischen Verwirrung.
Ich habe einen Bruder[7] (*20* Jahre alt) – er ist in England. Ich möchte ihn noch sehen und besuchen. Ich bin ohne Vater aufgewachsen.[8] Im Winter (bis zur Tertia besuchte

1 APT, A11819. Das Dokument wurde aus dem Tschechischen übersetzt.
2 Pavel Tomáš Glücklich (1926–1942); lebte nach der Scheidung seiner Eltern bei seiner Mutter Irma Glücklichová, geb. Vogelová (1896–1942), Hausfrau; im Juli 1942 gemeinsam mit ihr aus Prag nach Theresienstadt deportiert, am 4.8.1942 weiter nach Malyj Trostinec, wo sie beide ermordet wurden.
3 Internationale zionistische Turnvereinigung, die nach dem Ersten Weltkrieg in der Tschechoslowakei auch unter nicht zionistisch orientierten jüdischen Jugendlichen sehr beliebt war.
4 Alfred (Fredy) Hirsch (1916–1944); ursprünglich aus Aachen, von 1935 an in der Tschechoslowakei, in der jüdischen Jugendbewegung tätig; im Dez. 1941 nach Theresienstadt deportiert, in leitender Funktion in der Jugendfürsorge der jüdischen Selbstverwaltung, im Sept. 1943 nach Auschwitz deportiert, im sog. Theresienstädter Familienlager betreute er Kinder und Jugendliche, nahm sich vermutlich kurz vor der Liquidierung des Lagers das Leben.
5 Bezeichnung für sechs- bis elfjährige Pfadfinder.
6 Jüdischer Sportklub auf dem gleichnamigen Areal im Stadtbezirk Strašnice. Dort befand sich ein Sportplatz, ein jüdisches Altersheim und ein Friedhof, von 1939 an auch eine Schule für jüdische Kinder, die keine öffentlichen Schulen und Spielplätze mehr besuchen durften. 1944 wurde Hagibor ein Arbeitslager für 3500 jüdische „Mischlinge" sowie jüdische und nichtjüdische Ehepartner in „Mischehen".

ich eine Realschule, danach legte ich die Prüfung für die Quarta ab, auf die ich mich privat vorbereitete) fing ich an, ernsthaft über mein Lebensziel nachzudenken. Zunächst habe ich bloß „herumgespielt" – das heißt verschiedene *elektr*[ische] Geräte und Maschinen gebaut. Später begann ich Elektrotechnik zu „studieren", und allmählich wende ich mich dem Radio und den Strahlen zu. Ich möchte Wissenschaftler, Ingenieur werden. Was wird kommen? Die Zukunft ist unsicher – und ohne Vater, aber ich habe keine Angst.
Tomáš Glücklich
P. S. Ich lerne Englisch und bringe es Ríša[9] bei und er mir Ivrit.[10]

DOK. 268
Arijský boj: In einem Artikel vom 7. März 1942 wird die Einrichtung des Gettos Theresienstadt begrüßt[1]

Die Konzentration der Juden in einer Stadt

Als der stellvertretende Reichsprotektor SS-Obergruppenführer und Polizeigeneral *Heydrich* im Herbst vergangenen Jahres Journalisten empfing, verkündete er, dass die *Judenfrage* nun endgültig und radikal gelöst werde.[2]
Seither offenbart die gesamte Tätigkeit des stellvertretenden Reichsprotektors, dass seinen Worten *auch Taten folgen* werden.
Die Entscheidung, für die hiesigen Juden *eine Stadt zu räumen*, bedeutet die endgültige Beseitigung der *Judenfrage im Protektorat.*
Dabei müssen die bislang dort ansässigen Arier keine Nachteile fürchten, denn sie sollen angemessen entschädigt werden.[3]
Unsere Zeitschrift hat von Anfang an dafür plädiert, die Juden aus dem tschechischen Leben zu verbannen. Denn all die ständigen Gerüchte entsprangen jüdischen und judenfreundlichen Quellen. Es waren die Juden, die bewusst falsche Nachrichten verbreiteten, um das tschechische Volk zu verwirren. Es waren ebenfalls die Juden, die mit Unterstützung ihrer Helfershelfer auf den Märkten Panik verbreiteten und Lebensmittel

7 Hans Glücklich, später John Grant (*1922), wurde 1939 als eines von 669 Kindern in einem von Nicholas Winton (1909–2015) organisierten Kindertransport aus dem Protektorat nach Großbritannien gerettet; während des Kriegs bei einer brit. Einheit der Royal Air Force; emigrierte 1965 in die USA.
8 Bedřich Glücklich (1868–1942), Bürstenmacher; im Okt. 1942 aus Prag nach Theresienstadt und weiter nach Auschwitz deportiert und dort noch im selben Monat ermordet.
9 Kurzform für Richard.
10 Hebräisch.

1 Arijský boj (Arischer Kampf), Nr. 9 vom 7.3.1942, S. 1: „Koncentrace Židů do jednoho města". Arijský Boj war das Nachfolgeblatt der Zeitschrift Štít národa (Schild der Nation) und wurde unter der Leitung Rudolf Nováks von der antijüdischen Liga herausgegeben. Die Zeitschrift erschien wöchentlich von Mai 1940 bis April 1945 in einer Auflage von bis zu 23 000 Exemplaren in Prag. Der Artikel wurde aus dem Tschechischen übersetzt.
2 Siehe Dok. 244 vom 10.10.1941, Anm. 9.
3 Siehe ebd., Anm. 19.

und andere wichtige Artikel unter der Hand für teures Geld aufkauften und sie dadurch den Ariern und insbesondere der Arbeiterklasse streitig machten.
Die Juden verbreiteten eine widerliche Seuche um sich, von der auch arglose Arier infiziert wurden, die für ihren Leichtsinn büßen mussten.
Daher hat der stellvertretende Reichsprotektor eine gesunde und für das tschechische Volk förderliche Maßnahme ergriffen, die den jüdischen Bazillus ein für alle Mal ausmerzen wird.
Nach Hunderten von Jahren wird unsere tschechische Heimat endlich wieder von den jüdischen Händlern und Wucherern befreit, die durch Blut und Schweiß des tschechischen Volkes reich geworden sind. Unsere Städte und Dörfer werden von lüsternen Juden befreit, die tschechisches Blut und tschechische arische Frauen verdorben haben. Und unsere Jugend wird [endlich] vor dem Nihilismus jüdischer Intellektueller bewahrt, der sie moralisch und geistig zerrüttete.
Da anzunehmen ist, dass diese Maßnahme des stellvertretenden Reichsprotektors schleunigst umgesetzt wird, kann das *tschechische Volk bald aufatmen und sich darüber freuen, nicht mehr täglich in die Fratzen jeglicher Art von Israeliten blicken zu müssen.*
Wie wir bereits hervorhoben, hat sich unsere Zeitschrift von jeher für die Isolierung des jüdischen Elements ausgesprochen. Die Entscheidung des stellvertretenden Reichsprotektors, die Juden in eine Stadt umzusiedeln und sie dort streng zu isolieren, begrüßt sie daher mit großer Dankbarkeit.
Es wird für unser Blatt eine Erleichterung sein, sich wieder anderen Aufgaben widmen zu können. Das tschechische Volk erlebt einen großen Umbruch, und es ist wichtig, dass ihm in dieser historischen Situation Organe wie das unsere mit aller Kraft zur Seite stehen.
Wir werden auch in Zukunft ohne Nachsicht gegen alle Judenfreunde wettern, die ihr Schicksal mit dem der Juden verbunden haben und es nicht schaffen, sie einfach zu vergessen. Wir werden uns für die Ausschaltung der Freimaurer aus allen wichtigen Positionen des tschechischen Lebens einsetzen und insbesondere all jene an den Pranger stellen, die das tschechische Volk mit Vorstellungen des alten Regimes[4] vergiften.
Kurz und gut: Wir möchten und werden als tatkräftiges Blatt für eine neue Orientierung des tschechischen Volkes sorgen.

DOK. 269

Viktor Slatkes beschreibt in seinem Tagebuch am 10. und 11. März 1942 den Hunger und die schwere Zwangsarbeit in den Kladnoer Bergwerken[1]

Handschriftl. Tagebuch von Viktor Slatkes,[2] Kladno,[3] Einträge vom 10. und 11.3.1942

10/III 1942
Nach elf faulen Tagen trat ich Sonntagabend wieder zur Arbeit an. Ich hatte ein wenig Angst. Die Jungs arbeiten bereits seit zwei Wochen ohne Pause, und ich werde ihnen nachhinken; ich bin kein starker Mann, werde ich die schwere und anstrengende Arbeit

4 Gemeint ist die demokratische Erste Tschechoslowakische Republik, die von 1918 bis 1938 bestand.

1 APT, A11881. Das Dokument wurde aus dem Tschechischen übersetzt.

überhaupt aushalten? Die Nachtschicht: Als ich am Fahrstuhl stehe, erscheint ein mir unbekannter Bergmann und sagt: „Greif in meine Tasche und nimm!" Er hatte da etwas in Zeitungspapier eingewickelt. Unten habe ich festgestellt, dass es zwei Schmalzbrote waren. So sind die Bergleute! Deswegen fühlen wir uns unter ihnen wie Menschen. In dieser Nacht lud ich drei Hunten[4] Kohle auf. Ein solcher Wagen macht einen kleinen Eindruck, aber beim Beladen scheint er bodenlos zu sein. Ich hatte nur ein Unterhemd, Hose und Schuhe an, aber der Schweiß floss in Strömen an mir herunter und lief mir in die Augen. Eine schwere Arbeit, gefährlich und schlecht bezahlt. (Wir erhalten überhaupt keinen Lohn.) Aber ich würde es gerne hier aushalten, ich möchte nicht nach Theresienstadt zurück, doch auch hier beginnt es, unangenehm zu werden. Herr Ing. Cíza fordert Ordnung und redet ständig über Hygiene: Das Putzen der Baracken, Kehren usw. Aber die Wäsche hat uns bisher niemand gewaschen, es wartet ein ganzer Haufen dreckige Wäsche auf mich, und ich habe weder fließendes Wasser noch Zeit, um selbst etwas zu waschen. Die Zeit! Nachdem wir früh um viertel acht von der Nachtschicht zurückkamen, mussten wir schon wieder zur Nachmittagsschicht. Ich habe kaum drei Stunden geschlafen. Und die Nachmittagsschicht war auch schnell vorüber – beim Arbeiten und mit Nachdenken. Und nach dem Bad, das angenehm ist (aber der Wachdienst hat es eilig mit dem Heimkommen, das ist unangenehm!), kommen wir erst gegen Mitternacht „nach Hause", essen Abendbrot und gehen schlafen. Nachdem wir nicht einmal acht Stunden geschlafen haben, müssen wir schon wieder frühstücken, die Wirtin möchte schnell fertig sein, sie braucht das Geschirr und den Herd fürs Mittagessen. Man muss aufstehen und in die Kälte hinaus [und] in den kalten Saal: Asche hinausschaffen, Kohle und Holz holen, Wasser, anfeuern, kehren, man muss sich anziehen, rasieren, das Bett machen …

Unterdessen eine neue Anordnung: Wir dürfen nur zu bestimmten Zeiten in die Küche zum Essen, hinausgehen dürfen wir gar nicht, weder um Wasser zu holen, noch um es hinauszuschaffen: Dabei mangelt es dem Wirt an Leuten für diese Arbeit! Zwischen 13 und 14 Uhr soll jemand nach Kladno, um für uns Fleisch von der Notschlachtung zu holen. Unser Wachdienst ruft im Betrieb an, dort weist man darauf hin, dass es in die Zuständigkeit des Wirtes fällt, dieser hat jedoch weder ein Gefährt noch Leute. Bekommen wir also nicht einmal das Fleisch von der Notschlachtung!? Wir sind Sklaven. Wir dürfen den kalten Saal nicht verlassen, haben nichts zu lesen (außer Lehrbüchern, auf die man sich nur in Ruhe konzentrieren kann), wir schlafen nicht genug: Morgens um halb fünf weckt uns der Lärm oder das laute Reden jener, die aufstehen und zur Frühschicht gehen; so lange wie die Bergleute dürfen wir nicht liegen bleiben. Ob ich das alles körperlich und seelisch verkrafte? Wäre es nicht besser, nicht zu sein? Nur die

2 Viktor Slatkes (1911–1944), Versicherungsbeamter; am 4.12.1941 von Prag nach Theresienstadt deportiert, arbeitete außerhalb des Gettos – zuerst in der Grube Mayrau in Vinařice bei Kladno (die sog. Mayrovka), später beim Bau der Bahn von Bohušovice ins Getto Theresienstadt; im März 1943 nach Auschwitz deportiert und dann ermordet.

3 In den Kladnoer Bergwerken der Prager Eisengesellschaft (PEG) arbeiteten im Febr. 1942 zunächst 100 Männer aus Theresienstadt, eine zweite Gruppe von 200 Personen wurde im März 1942 entsandt, der Einsatz endete im Juni 1943.

4 Als Hunt (Hund) wird in der Bergmannsprache ein offener, kastenförmiger Förderwagen bezeichnet.

Erinnerung an Mama[5] und Anička[6] lässt mich durchhalten. Anička! Ob sie jetzt so viel an mich denkt wie ich an sie? Ich habe hier nicht einmal ein Bild von ihr, ich kann mit niemandem über sie reden, es wäre auch nicht ratsam, ich weiß nicht, was sie macht, wie es ihr geht und wann ich sie sehen werde, für ein paar nervöse, unruhige, gefährliche Augenblicke, die vergänglich wie Glücksmomente sind. Warum das Ganze? Warum all die Kränkungen, so viel Böses, der ganze Hass und das Unglück? Wann wird das alles aufhören?

[1]1/III.[7] Gestern herrschte bei uns gedrückte Stimmung (außer bei den Jungs, die alles wie eine abenteuerliche Robinsonade empfinden) und viele empfanden den Aufenthalt hier noch schlimmer als in Theresienstadt: Ich fühle mich im Bergwerk, unter den Bergleuten wirklich besser: Es sind einfache, aber nachdenkliche Menschen, aufrichtig und angenehm. Die Arbeit ist schwer, ich bin sie nicht gewohnt, ich bin unbeholfen und ungeschickt, so dass bei mir alles länger dauert, und ich muss mich auch mehr anstrengen. Aber hoffentlich werde ich es doch aushalten! Ich weiß nicht, ich weiß nicht ... Nur nicht zurück nach Theresienstadt, nur nicht wieder woanders hin. Ich bin ungeduldig, und der Gedanke lässt mich jetzt nie los ... Warum ist Anička wohl nicht gekommen? Was wird sie auf meine Frage antworten? Wird sie mir irgendeinen Vorschlag machen oder eine Idee haben? – Ich bin froh, dass in meiner Schicht zwei angenehme Jungs auf derselben Sohle arbeiten. Gustavs Mutter ist Französin, er ist bei den Bergleuten sehr beliebt, denn er ist witzig, obwohl er einen schwarzen Humor hat: Sein Bruder ist im Konz.lager umgekommen. Er ist 35 Jahre alt und war im Zivilleben sehr gut situiert. Jirka, der ungefähr so alt ist wie ich, macht keine Witze und ist verschlossener. Er war sechs Jahre mit einer Arierin verheiratet und ist nun geschieden, er leidet unter Heimweh und hat Sehnsucht ... Aber heute sind wir alle in einer ähnlichen Situation: Gustav hat keine Nachrichten von seiner Mutter, Jirka erwartet irgendwelche Sachen und eine Mitteilung, und ich weiß auch nicht, warum Anička nicht gekommen ist und auch nichts ausrichten ließ. Gustav hat außerdem keine Vorräte mehr und nichts zu essen; auch ich muss hauchdünne Brotscheiben schneiden und mit dem Aufstrich sparsam umgehen: An Fett habe ich fast nichts mehr und Margarine noch für etwa 3–4 Brotscheiben, außerdem nur künstlichen Honig und gestreckte Marmelade. Ich esse 3–4 Würfel Zucker: Auch der wird nicht mehr lange halten. Nur Salami habe ich noch genug. Wie widerlich ist das ganze Nachdenken übers Essen, wie widert mich ein Leben an, das keines ist. Warum hängen wir eigentlich am Leben, das wertlos und nur von kurzer Dauer ist, und das wir häufig genug aus eigener Schuld verschwenden? Und nun vergehen die Tage, Wochen, Monate ohne eigene Schuld, ohne eigenes Vergehen ... Wie anders ließe es sich leben! Die Natur wird uns verwehrt. Unsere „freie" Zeit verbringen wir in einem kalten Saal. Der Arbeitsweg ist unser einziger Ausgang. [Andere] bestimmen, wann wir aufzustehen und schlafen zu gehen haben, wann wir Mittag und wann wir Abend zu essen, wann wir aufs Klo zu gehen haben ... Berge, Wälder, Sonne, nichts davon ist für uns. Kunst, Musik, Literatur, Wissenschaft sind für uns unzugängliche Quellen der

5 Olga Slatkesová (1886–1943); im Juli 1942 aus Prag nach Theresienstadt, im Sept. 1943 von dort nach Auschwitz deportiert und dort ermordet.

6 Vermutlich: Anna Zachová (1912–2002); sie schenkte das Tagebuch von Viktor Slatkes im Jahr 2001 der Gedenkstätte Theresienstadt.

7 Im Original unleserlich. Gemeint ist der 11. März.

Schönheit: „Wir sind Sklaven, [fremder] Willkür Spiele …", um mit Sv. Čech[8] zu sprechen. Gegen Mittag wurde der graue Alltag durch einen Lichtstreifen aufgehellt: eine Nachricht von A[nička]! Sie denkt also doch an mich! Wie wärmend dieser Gedanke ist.

DOK. 270
Die Innenverwaltung des Protektorats macht am 13. März 1942 Vorschläge zur Kontrolle der jüdischen Ärzte[1]

Schreiben der Gruppe I 3[2] (Nr. I3b-886), ungez., an die Gruppe II 4,[3] im Hause (Eing. Abt. I, 13.3.1942), o. D. [4]

Betrifft: Ärztliche Behandlung der jüdischen Krankenversicherten
Bezug: Ihr Vermerk vom 7. März 1942, II 4 c – 140/42[5]
Ich halte es für richtig, daß die Behandlung der jüdischen Versicherten grundsätzlich durch die bisher zugelassenen jüdischen Ärzte erfolgen soll. Die Entlohnung nach dem Mindestsatz der bestehenden Krankenkassentarife wird mit Rücksicht auf die sonstige Behandlung der Juden im öffentlichen Leben zweckmäßig sein. Es wäre noch zu prüfen, ob im Hinblick auf die fortschreitenden Evakuierungsmaßnahmen[6] in gewissen Fällen nicht die üblichen Vertragsärzte der Versicherungsträger die Behandlung jüdischer Personen zu übernehmen hätten. (Z. B. bei Lebensgefahr, oder wenn der jüdische Arzt nicht zu erreichen ist.) Die Betreuung der Juden durch „arische" Ärzte ist aus politischen Gründen untragbar, da die Tschechen immer noch große Bindungen zum Judentum haben. Den Vorschlag der Gesundheitskammer, die Beurteilung der Arbeitsfähigkeit der Juden den Distriktsärzten zu übertragen, halte ich für empfehlenswert.
In allgemeinen gesundheitspolizeilichen Angelegenheiten wird den Gemeinde-, Stadt- und Distriktsärzten auch weiterhin über die jüdischen Ärzte eine gewisse Aufsichts- bezw. Überwachungsbefugnis zustehen müssen.

8 Svatopluk Čech (1846–1908), Schriftsteller und Journalist. Zitat aus: Die Lieder der Sklaven/Písně otroka, Prag 1895, S. 12.

1 NAP, ÚŘP, 1005, Karton 389.
2 Siehe Dok. 247 vom 27.10.1941, Anm. 4.
3 Abt. II in der Behörde des Reichsprotektors befasste sich mit Wirtschaft und Finanzen. Die Gruppe II 4 war zuständig für Arbeits- und Sozialangelegenheiten.
4 Im Original handschriftl. Bearbeitungsvermerke und ein unleserliches Namenskürzel.
5 In dem Vermerk ist erwähnt, dass „arische" Ärzte die Behandlung von jüdischen Patienten abgelehnt hätten, eine Behandlung jüdischer Patienten aber „aus sanitären Gründen" im öffentlichen Interesse sei. Anschließend werden die Regelungen für das Protektorat und das Reichsgebiet geschildert und verschiedene Vorschläge zur Neuregelung der Frage nach der Behandlung von jüdischen Versicherten aufgelistet.
6 Die Massendeportationen aus dem Protektorat begannen am 15.10.1941.

DOK. 271

Egon Redlich notiert Mitte März 1942 in seinem Tagebuch die Zurückstellung von Zionisten von der Deportation nach Polen[1]

Handschriftl. Tagebuch von Egon (Gonda) Redlich,[2] Einträge vom 13. bis 15.3.1942[3]

13.3.1942, Freitag
Was wird passieren? Der Beamte[4] hat befohlen, dass die Juden für jede Kleinigkeit die Todesstrafe bekommen. Um die Ernsthaftigkeit seiner Worte zu unterstreichen, wurden die Bedauernswerten erhängt.
Den ganzen Tag haben wir reklamiert.[5] Es ist schwierig zu intervenieren, weil es viele Gründe zur Intervention gibt.
Ich nahm an einem Gespräch mit Ärzten teil, die vorschlugen, wer von den Kranken herausgenommen werden sollte. Ich habe mich sehr gewundert, denn mir wurde klar, dass sich die Ärzte nicht bewusst sind, dass das eine sehr schwierige Sache ist. Sie gehen damit zu leichtfertig um. Protektion ist hier groß. Jeder Beamte, auch wenn er nur Bediensteter in seiner Abteilung ist, bemüht sich, alle seine Bekannten [von der Deportationsliste] zu streichen, und meistens gelingt das auch.

14.3.1942, Samstag
Protektion, Protektion. Bei wichtigen Dingen wie bei der Reklamierung aus den Transporten sollte es sie nicht geben. Das sind Dinge, die uns ziemlich belasten, ich weiß nicht, wie wir uns irgendwann dafür werden verantworten können. Verschickt werden Alte und Kinder – es gibt so viele Fälle von Protektion, dass jede Liste mehrmals umgestellt werden muss. Die Reklamation der Chawerim ist auch schwierig und verantwortungsvoll. Haben wir ein Recht dazu oder nicht? Der einzige Unterschied ist, dass es hier nicht um persönliche Bekanntschaften geht. Und dennoch, haben wir das Recht zu reklamieren? Junge Menschen … Der Hass gegen den Stab[6] wegen der Betten ist immer gleich. Auflösung des Dramas: Fast niemand aus Zimmer 34[7] muss fahren.

1 APT, Inventar 12 831, Signatur 1226, 2–1. Abdruck in: Miroslav Kryl (Hrsg.), Egon Redlich: Zítra jedeme, synu, pojedeme transportem, Brno 1995, S. 103. Das Dokument wurde aus dem Hebräischen und Tschechischen übersetzt.
2 Egon (Gonda) Redlich (1916–1944), bis 1939 Jurastudent; aktiv in der zionistischen Bewegung, leitete bis zu seiner Deportation im Dez. 1941 eine Auswanderungsschule für Palästina in Prag; Mitglied des Ältestenrats und Leiter der Jugendfürsorge in Theresienstadt, wurde mit seiner Frau Gertruda, geb. Bäcková (1916–1944), und seinem sechs Monate alten Sohn Dan im Okt. 1944 nach Auschwitz deportiert und dort ermordet.
3 Das Tagebuch wurde in den 1960er-Jahren bei Umbauarbeiten auf dem Gelände der Gedenkstätte Terezín gefunden. Egon Redlich schrieb es in einen Kalender, die einzelnen Tagebucheinträge können daher nicht immer einem bestimmten Datum zugeordnet werden. Das Tagebuch schrieb er überwiegend auf Hebräisch, an den Samstagen jedoch auf Tschechisch.
4 Gemeint ist wahrscheinlich Lagerkommandant Siegfried Seidl.
5 Reklamieren bedeutete im Sprachgebrauch von Theresienstadt, dass Personen, die deportiert werden sollten, durch den Ältestenrat zurückgestellt wurden.
6 Gemeint sind Vertreter der Jüdischen Kultusgemeinde, die am 4.12.1941 nach Theresienstadt deportiert wurden und Leitungsfunktionen in der sog. Selbstverwaltung übernahmen. Auch Redlich gehörte der Gruppe an, die als „Stab“ bezeichnet wurde.

15.3.1942, Sonntag
Der Hass gegen uns wegen der Betten ist immer noch da. Haben wir das Recht, die Chaverim zu reklamieren? Sie sind jung und an ihre Stelle treten dann Alte, Kranke und Kinder. Es kommen 4 Transporte aus Brünn.[8] Die Kluft zwischen der Leitung und den anderen hat sich wieder vertieft. Es wurde uns vorgeworfen, dass wir die Protektion der Zionisten dulden.

DOK. 272
Wolfgang Salus schreibt am 23. März 1942 seiner Geliebten in Prag über den Alltag in Theresienstadt und das Arbeitskommando in Kladno[1]

Handschriftl. Brief von Wolfgang Salus[2] aus Kladno[3] an Johny vom 23.3.1942

Meine Liebste,
ich möchte Dir mein Leben in den vergangenen vier Monaten schildern, denn diese waren für mich von großer Bedeutung, und ich weiß, dass ich mich sehr verändert habe, und möchte nicht, dass Du mich nicht wiedererkennst, wenn ich vielleicht eines Tages wieder zu Dir zurückkehre.
Ich weiß, mein liebes Mädchen, das Wort „vielleicht" aus dem letzten Satz mag Dir wehgetan und Deine schönen blau-grau-golden-grünlichen Augen mögen sich verschleiert haben – ich meinte jedoch keinesfalls die Veränderung meiner Gefühle Dir gegenüber, sondern den Fallstrick, der mir in diesen ehrlosen Tagen droht, der vor meinen Augen schwingt, in meinen Ohren saust und sich um meinen Hals zusammenzieht. Ich hatte nie Angst, mein Leben für etwas aufs Spiel zu setzen, woran ich glaube. Du weißt das sehr gut, besser als sonst jemand. Aber ich habe Angst – umsonst gelebt zu haben und einen sinnlosen Tod zu sterben. Heute sind es vier Monate – über ein Vierteljahr – seitdem ich von Dir Abschied nahm, mein liebes Mädchen, und Deine Tränen brennen immer noch in meinen Träumen und verätzen meine Seele. Und wegen Deiner Tränen und wegen des Henkers und schließlich, um mich Dir in meiner neuen Gestalt zu nähern – schreibe ich diese Zeilen.

7 In den Einträgen vom 7. und 8. März schildert Redlich, dass zunächst alle Frauen aus Zimmer 34 der Dresdener Kaserne in Theresienstadt deportiert werden sollten. Daraufhin versuchte Edelstein zwei Familien zu „reklamieren", das aber lehnte Seidl ab und ordnete an, dass die Frauen selbst entscheiden sollten, wer fährt. Dazu kam es aber auf Beschluss des Ältestenrats schließlich doch nicht.

8 Es handelt sich um die Transporte Ac am 19.3., Ad am 23.3., Ae am 29.3. und Af vom 31.3.1942 mit insgesamt 4004 Personen.

1 JMP, T 327, Karton 118. Das Dokument wurde aus dem Tschechischen übersetzt.

2 Wolfgang Václav Salus (1909–1953), Schriftsteller; 1929 Privatsekretär und Leibwächter Trotzkis auf der türk. Insel Büyükada, Herausgeber der Zeitschrift Jiskra in Prag, von 1938 an Leiter der trotzkistischen Gruppen in der Tschechoslowakei; kam im Nov. 1941 mit dem Aufbaukommando nach Theresienstadt, im Sept. 1944 nach Auschwitz deportiert, wurde in Buchenwald befreit; emigrierte 1948 in die Bundesrepublik, starb 1953 infolge eines sowjet. Attentats in München.

3 Die Bergbaudirektion der Prager Eisenbahngesellschaft forderte am 23.1.1942 beim Arbeitsamt Kladno 50 männliche Juden aus Theresienstadt an, da in dem Steinkohlebergwerk wegen der Deportation jüdischer Bergleute Arbeitskräftemangel herrschte. Insgesamt arbeiteten dort 300 Männer aus Theresienstadt in zwei Bergwerken.

Theresienstadt: eine Stadt, die schon immer einen schlechten Ruf hatte, eine Stadt, in deren Kasematten die freien Geister aller Völker des alten Österreich-Ungarns schmachten mussten, von den Aufständischen aus der Lombardei[4] bis hin zu jenem verrückten Studenten Princip.[5] Eine Stadt, in der Masaryks von Menschenrechtsphrasen strotzende „demokratische" Republik ihre politischen und militärischen Häftlinge gefangen hielt, und schließlich die Stadt des Konzentrationslagers und des Gettos. Das Blut von Generationen von Häftlingen ist in den hässlichen roten Backsteinmauern der Festung geronnen und die Tränen der Gequälten in den zwischen ihnen fließenden Bächen und Kloaken und der lüsterne Atem der Quäler und Henker in den zahlreichen „Bars", die Bordellen ähneln. Und innerhalb der Mauern [liegt] eine kleine Stadt aus Kasernen, Militärgebäuden, Reitanlagen, Offiziersvillen, Feldwebelhäusern und Baracken. Dazu [kommen] einige wenige Militärschneider und Schuhmacher, Konditoren, Friseure, eine Post und schließlich eine Brauerei und eine Kirche, sozusagen die Repräsentanten der Kultur. Das Ganze [wird] von Polizisten, SS-Männern, Wehrmachtsoldaten, Regierungshäftlingen und Politischen überflutet, in grünen tsch[echo]s[lowakischen] Uniformen mit dem roten oder blauen Dreieck auf Brust und Rücken beziehungsweise dem ominösen gelben Stern.[6]

Und dann die Juden: Greise, die sich an Stöcken dahinschleppen, über 80 Jahre alte Weiber mit zerzausten, kurz geschnittenen grauen Haaren, Kranke auf Tragen, Kinder. Ein Blinder. Reife Frauen, Männer. Jüdische Unterwelt. Kartenspieler, Einbrecher, Prostituierte. Die Blüte der jüdischen Intelligenz: Wissenschaftler, Künstler aller Art. Die unendlichen Reihen des jüdischen Kleinbürgertums. Vertreter, Rechtsanwälte, Ärzte, Kaufleute, kleine Gewerbetreibende, eine graue Masse. Jüdische Handwerker. Metallarbeiter und Bäcker, Schornsteinfeger und Schneider, Kutscher und Chauffeure, Elektrotechniker, Kleinbauern. Und schließlich die jüdische Bourgeoisie, raff- und habgierig, mehr oder weniger kultiviert, präpotent, hochmütig und stolz auf ihre verlorenen Posten in Aufsichtsräten und Banken. Dazu noch die Funktionäre der jüdischen Gemeinde und ihre (meist zionistischen) Günstlinge und Schützlinge. Aber auch unter diesen Kategorien gibt es einzelne Gruppen: tschechische Juden, deutsche Juden, Amphibien,[7] Internationalisten, Slowaken, Magyaren, Polen. Sie alle werden zu Hunderten in den Kasernen gefangen gehalten. Frauen und Männer getrennt. Zerrissene Familien. Der Vater hier, der Sohn dort, die Mutter woanders, die Kinder wiederum woanders. Treffen von Familienmitgliedern sind sehr kompliziert, Zusammenkünfte ganzer Familien beinahe unmöglich. Bemerkt ein reizbarer Polizist oder gar ein deutscher Amtsträger einen Kuss

4 1847 hatten Aufständische eine weitgehende Autonomie Lombardo-Venetiens von Österreich-Ungarn gefordert und zunächst die österreich. Truppen besiegt. Diese eroberten jedoch bis 1849 das Gebiet vollständig zurück.

5 Gavrilo Princip (1894–1918), Student, bosnisch-serbischer Nationalist, am 28.6.1914 in Sarajevo beteiligt am Attentat auf den österreich.-ungar. Thronfolger Franz-Ferdinand und seine Frau Sophie Herzogin von Hohenberg. Die dadurch ausgelöste politische Krise mündete in den Ausbruch des Ersten Weltkriegs. Princip wurde zu 20 Jahren Zwangsarbeit in der Kleinen Festung (Malá pevnost) von Theresienstadt verurteilt und starb dort an Tuberkulose.

6 Politische Häftlinge wurden mit einem roten Dreieck, Emigranten, die nach ihrer Auswanderung wieder in den deutschen Machtbereich gelangt waren, mit einem blauen Dreieck gekennzeichnet. Sie waren in der Kleinen Festung inhaftiert.

7 Gemeint sind Personen, die aufgrund von Zwei- oder Mehrsprachigkeit keiner Nationalität eindeutig zugeordnet werden konnten.

zwischen Mutter und Sohn, Mann und Frau, Vater und Tochter, setzt es 25 Hiebe aufs nackte Hinterteil. Und die Wunden sind schlimm. Der Betroffene kann mehrere Tage lang weder sitzen noch auf dem Rücken liegen. Über all dem liegt eine graue Wolke aus Langeweile und Hunger. Junge gesunde Männer, die willkürlich zusammengetrieben wurden, schlafen zu 60 bis zu 350 Personen pro Raum auf Strohsäcken, auf Holzwolle [oder] einer Matratze in zwei- bis dreistöckigen Betten [oder] auf dem Betonboden, sie liegen den ganzen Tag herum und reden über Gerichte, die sie früher einmal gegessen haben, über Zigaretten und Getränke. Manchmal sprechen sie auch über ein Problem, spielen Karten oder Schach. Erstaunlicherweise wird wenig über Frauen geredet. Aber jedes zweite Wort lautet: Wann ist es endlich zu Ende? Wenn es zu Ende ist … Das sexuelle Problem ist unerklärlich: Die Männer werden erotisch gleichgültig, sinnliche Frauen leiden Hunger. Apropos: Hunger. Die Nahrung eines erwachsenen Menschen: In der Frühe heißer schwarzer „Kaffee“, mittags [?] Schleimsuppe, genau sieben Löffel, abends Suppe, die ihren Namen nicht verdient, eine viertel Schüssel. Dazu 375 g Brot pro Tag. Manchmal gibt es statt der Abendsuppe 40 g Margarine. Sonntags gibt es 40 g Pferdefleisch pro Person. Wörter wie „sich satt essen“ und „satt“ sind aus dem Theresienstädter Wörterbuch zu streichen. Zu all dem gesellt sich eine schreckliche Kälte. Kalt auf den Gängen, kalt in den Stuben, draußen. Manche schaffen es, auf geheimnisvollen Wegen Essen und Zigaretten in die Kasernen zu schmuggeln. Die anderen schließen krampfhaft ihre Augen, um sie nicht hungrig und gierig anstarren zu müssen. An der Organisation hapert es. Anfangs musste man etwa zwei Stunden auf dem kalten Hof warten, bis man an die Reihe kam und ein wenig schwarzen Kaffee oder Suppe fassen konnte. Die Situation hat sich in der letzten Zeit etwas verbessert. Man steht aber eine Stunde auf dem Hof, wenn man in eine andere Kaserne oder zur Arbeit am Bahnhof muss. Die Theresienstädter Kaserne beherbergt durchschnittlich 12 000 Menschen.[8] Jeden Monat werden weitere 5000 eingeliefert, einige Tausend werden nach Polen, nach Riga oder sonst wohin verbracht, zu welchem Zweck, welchem Schicksal entgegen? Man weiß es nicht. Man weiß überhaupt manches nicht. So weiß man etwa nicht, nach welchen Gesichtspunkten Menschen für die „Transporte gen Osten“ ausgewählt werden. Dann kommt der Tag, an dem Arbeitsgruppen und Einzelpersonen, die nach Vorlage eines Sonderausweises das Lager verlassen durften, nicht mehr hinaus dürfen. Gewöhnlich ahnt man schon etwas am Vorabend beim „Flüstergespräch“, das hier wie sonst nirgendwo floriert. Und am nächsten Morgen holen Polizisten sechs oder acht Menschen aus dem Gefängnis ab, die nie wieder zurückkehren werden. Sie werden immer zu zweit gehängt, verurteilt ohne Gerichtsverfahren, wegen eines Delikts, das sie nie verübt haben, ohne jede rechtliche Basis. Man bricht ihnen den Hals, wie man ein Streichholz bricht. Welchen Wert hat ein Menschenleben? Wozu hat die Mutter bei der Geburt Schmerzen erlitten? Wofür hat man gekämpft, gelitten, gearbeitet, wenn eine frevelnde Hand alles brechen kann – für nichts. Aber – was sind diese wenigen Hingerichteten schon aus der Perspektive des Massenmordes im modernen Krieg, der Hekatomben von Gefallenen und Verstümmelten? Nichts. Wie ich jedoch aus eigener Erfahrung weiß, wird unsere Vorstellungskraft mehr berührt, wenn wir beispielsweise erfahren, dass der uns bekannte

8 Wahrscheinlich ist das gesamte Getto gemeint; am 1.4.1942 befanden sich in diesem 15 372 Personen. Im Juli 1942 verdoppelte sich die Häftlingszahl durch die eintreffenden Transporte der reichsdeutschen Juden von 21 304 auf 43 403.

Nachbar Herr XY gestorben sei, als wenn wir in der Zeitung über Zehntausende von gefallenen Soldaten dieser oder jener Armee gelesen hätten. Dies bleibt doch Lektüre beim Morgenkaffee. Aber wenn Herr XY gestorben ist, erschüttert das unser Innerstes. Zum Schluss müssen noch ein paar Worte über die politische Gesinnung im Getto gesagt werden. Jede Nachricht wird sofort zugunsten der Feinde der Achsenmächte kommentiert. Es gibt kaum Gerüchte, die phantastisch genug wären, als dass ihnen nicht auch kritische Geister Glauben schenkten oder sie sogar verbreiteten. Erwähnt jemand, dass die Achsenmächte hier oder da einen Erfolg zu verzeichnen hätten, kommt das einem Selbstausschluss aus dem Kollektiv gleich. Nirgendwo sonst ist der Wunsch so sehr der Vater des Gedankens wie im Theresienstädter Lager. Es wird Dich wohl besonders interessieren, wie es mit der medizinischen Verpflegung aussieht. An Ärzten, und zwar wirklich guten Ärzten, herrscht Überfluss. Sie kämpfen jedoch mit bloßen Händen. Sie haben weder Medikamente noch Instrumente, kaum Verbandszeug. Ausrüstungsmäßig stehen sie schlechter da als ein mittelalterlicher Wundarzt. Trotzdem gelingt es ihnen häufig, Menschenleben zu retten. Und das ist wohl das Wichtigste. Die Todesraten übersteigen kaum den normalen Durchschnitt.[9]

Was also wäre natürlicher, als aus diesem Gefängnis zu springen, egal wie es ausgeht? Daher habe ich mich als einer der Ersten für die Arbeit im Bergwerk des Kohlenreviers von Kladno gemeldet. Ich ging dabei von folgender Annahme aus: Soll man eine nennenswerte Leistung bringen, muss es dort mehr Essen geben. Schon deshalb, weil sich Kontakte zur übrigen Arbeiterschaft nicht vermeiden lassen, wird die persönliche Bewegungsfreiheit größer sein. Sollte die Flucht sich als notwendig erweisen, ist es von Kladno aus näher nach Prag als von Theresienstadt. Ich will nun schildern, inwiefern meine Annahmen sich als richtig erwiesen haben. Wir wohnen in einem Wirtshaus. Jeder von uns hat ein breites Bett mit einem Strohsack und zwei Zudecken. Über dem Kopf hängt ein Regal für unsere Sachen. Die darin eingeschlagenen Nägel reichen für die Bekleidung aus. Das Essen schmeckt sehr gut, wir haben Lebensmittelkarten für Schwerarbeiter. Wir hätten genug zu essen, wenn es eine kleine Aufbesserung gäbe. Nach vier Hungermonaten verschwindet jedoch alles spurlos in unseren Mägen. Die Bergleute verhalten sich ausgezeichnet. Jeden Tag bekommen wir von den armen Teufeln mal eine Buchtel, mal eine Zigarette. Sie reden sich untereinander mit „Kamerad" an und titulieren auch uns so. Bei ihnen kommt das aber nicht oberflächlich heraus, so wie man sich in politischen Parteien früher etwa mit „Bruder" oder „Genosse" anredete. Das Fundament dieser einfachen Menschen, die sich mit uns durch die Solidarität der Unterdrückten und Erniedrigten verbunden fühlen, ist die Kameradschaft [im Sinne] der Bereitschaft, Genossen zu helfen [und] das eigene Leben für andere einzusetzen. Wir werden kaum überwacht. Wir bekommen allerdings keinen Lohn (zumindest bis jetzt nicht). Unsere Arbeit ist ziemlich schwer, aber machbar. Aber das Wichtigste ist: Unser moralisches Befinden hat sich binnen weniger Tage tausendfach verbessert. Einen großen Beitrag leisten die Päckchen, die wir nun auf unterschiedlichen Wegen erhalten, und vor allem die Besuche. Nur ich fühle mich einsam und warte auf Deinen Brief. Ob er kommen wird? Und kommst Du auch irgendwann? Ich würde Dich gerne sehen, ich weiß

9 Die Todeszahlen in Theresienstadt stiegen im Sommer 1942 drastisch an, nachdem die Lebensmittelrationen für nicht arbeitende, zumeist ältere Personen gekürzt worden waren; siehe Einleitung, S. 58 sowie Dok. 285 vom 17.5.1942.

jedoch nicht, ob das gut wäre. Aber schreiben musst Du mir! Und zwar möglichst ausführlich. Das beigefügte Bild habe ich für den 18.3. vorbereitet.[10] Hoffentlich findest Du Freude daran. Bewahre die Manuskripte auf.
Denke also auch ein bisschen an mich. Ich denke ständig an Dich und verbleibe in unendlicher Sehnsucht
Dein […][11]
Bestätige den Eingang dieses Päckchens mit der Anmerkung: Man hat mir den Gruß ausgerichtet.

DOK. 273
Das Sondergericht in Brünn verurteilt Moritz Bauer am 23. März 1942 wegen „Rassenschande" zu einer Gefängnisstrafe[1]

Urteil der I. Kammer des Sondergerichts beim Deutschen Landgericht in Brünn gegen Moritz Bauer,[2] (GL.: 2 K La […][3] o 23/42 (3 AK 92/42), gez. Dr. Mnich,[4] Dr. Hellbach,[5] Hagedorn,[6] vom 9.4.1942[7]

Urteil.
Im Namen des Deutschen Volkes!
Strafsache gegen den geschiedenen Hilfsarbeiter Moritz *Bauer*, Jude, geboren am 1.5.1891 zu Brünn, zuletzt wohnhaft in Brünn, Dornich Nr. 18, Protektoratsangehöriger,[8] in dieser Sache seit dem 5.11.1941 in Polizei- und seit dem 8.11.1941 in Untersuchungshaft im deutschen Gerichtsgefängnis in Brünn, wegen Rassenschande.
Die 1. Kammer des Sondergerichts beim Deutschen Landgericht in Brünn hat in der Sitzung vom 23. März 1942, an der teilgenommen haben:
Landgerichtsdirektor Dr. Mnich als Vorsitzender,
Landgerichtsrat Dr. Hellbach, Landgerichtsrat Hagedorn als beisitzende Richter,

10 Liegt nicht in der Akte.
11 Unterschrift unleserlich.

1 BArch, R 3001/157518.
2 Richtig: Mořic Bauer (1891–1942), Arbeiter; bis 1938 bei der Brünner Garten- und Straßenbauverwaltung angestellt, später Hilfsarbeiter; wurde am 24.10.1942 nach Theresienstadt und von dort zwei Tage später nach Auschwitz deportiert und ermordet.
3 Eine Ziffer unleserlich.
4 Dr. Johannes Mnich (1896–1957), Jurist; von 1928 an Amtsgerichtsrat in Wansen, 1930 Amtsgerichts- und Landgerichtsrat in Habelschwerdt und Glatz; 1933 NSDAP-Eintritt; 1940 Landgerichtsdirektor am Deutschen Landgericht Brünn; 1949 Hilfsrichter im Oberlandesgerichtsbezirk Hamm, von 1955 an Amtsgerichtsrat in Dortmund.
5 Dr. Alfred Hellbach (1897–1953), Jurist; 1933 NSDAP-Eintritt; von 1929 an Landgerichtsrat in Köln, seit 1941 beim Sondergericht in Brünn, im Juni 1944 Vorsitzender des Sondergerichts Aachen; nach 1945 Landgerichtsdirektor in Aachen.
6 Richard Hagedorn (*1906), Jurist; vor 1945 Landgerichtsrat am Sondergericht Brünn und Oberkriegsgerichtsrat bei der 83. Infanteriedivision; von 1954 an Oberstaatsanwalt in Hamburg.
7 Im Original handschriftl. Unterstreichungen und Stempel des Landgerichts.
8 Siehe Dok. 258 vom 24.12.1941, Anm. 4.

Staatsanwalt Dr. Ackers[9] als Beamter der Staatsanwaltschaft,
apl. Just. Assistent [...][10] als Urkundsbeamter der Geschäftsstelle,
für Recht erkannt:

Der Angeklagte wird wegen fortgesetzter Rassenschande zu 1 – einem – Jahr Gefängnis, von dem 4 Monate und 2 Wochen durch die erlittene Polizei- und Untersuchungshaft verbüßt sind, und zu den Kosten des Verfahrens verurteilt.

Gründe:

Der 50 Jahre alte Angeklagte ist Protektoratsangehöriger und, ebenso wie seine Eltern und seine Großeltern, jüdischer Rasse und Religion. Er war bis zum Jahre 1938 als Hilfsarbeiter bei der städtischen Garten- und Straßenbauverwaltung in Brünn beschäftigt und daneben noch als Vertreter für verschiedene Firmen tätig. In dieser letzteren Eigenschaft beging er zahlreiche Betrügereien und Veruntreuungen, wegen derer er insgesamt 27 mal bestraft worden ist. Seine frühere Ehe, aus der ein jetzt 20 Jahre altes Kind hervorgegangen ist, ist geschieden.

Der Angeklagte war von Jugend auf mit der Florentine Klein,[11] später verwitweten Frau Hargesheimer, aus Mähr.-Ostrau befreundet, die früher viel in der Familie seiner Eltern verkehrt hatte. Nach der Scheidung seiner Ehe nahm er sich, als die Witwe Hargesheimer im Jahre 1930 in Brünn im Krankenhause lag, ihrer an. Es kam zu einem Liebesverhältnis zwischen ihm und der Hargesheimer, das dazu führte, daß beide seit dem Jahre 1930 in Brünn zusammenwohnten, wie Eheleute miteinander lebten und auch den Beischlaf miteinander ausübten. Sie behielten die gemeinsame Wohnung bei, bis im Oktober 1941 den Juden das Zusammenwohnen mit Ariern verboten wurde.[12] Die jetzt 52 Jahre alte Witwe Hargesheimer stammt, wie der Angeklagte auch wußte, von deutschen Eltern, spricht deutsch und bekennt sich zum Deutschtum. Seit März 1940 ist sie auch im Besitz des Ausweises über die deutsche Staatsangehörigkeit. Aus diesem Grunde kamen dem Angeklagten schon im Frühjahr 1939 nach der Errichtung des Protektorats Bedenken gegen die Zulässigkeit seines weiteren Zusammenlebens mit der Witwe Hargesheimer. Er suchte deshalb mit dieser einen Rechtsanwalt auf und bekam von diesem die Auskunft, daß er mit der Witwe Hargesheimer weiter zusammenwohnen dürfe, weil sie beide ja schon ziemlich bejahrt seien und wohl keinen geschlechtlichen Verkehr mehr miteinander haben würden. Obwohl der Angeklagte hieraus das Unzulässige seines geschlechtlichen Verkehrs mit der Witwe Hargesheimer erkannte, setzte er mit dieser das Zusammenleben in der bisherigen Weise fort und übte mit ihr noch einige Male, zuletzt im April 1941, den Beischlaf aus.

Dieser Sachverhalt ist auf Grund des Geständnisses des Angeklagten und der Aussage der Zeugin Hargesheimer als erwiesen festgestellt. Der Angeklagte, der den Sachverhalt im übrigen zugibt, läßt sich nur dahin ein, daß er nach der Auskunft des Rechtsanwalts den Geschlechtsverkehr mit der volksdeutschen Witwe Hargesheimer für erlaubt gehal-

9 Dr. Ewald Ackers (1906–2002), Jurist; 1933 NSDAP-Eintritt; von 1938 an Staatsanwalt am Landgericht München, 1939 abgeordnet an das Landgericht Brünn, ab 1943 vermutlich Dienst in der Wehrmacht; von 1946 an vermutlich Tätigkeit beim Caritasverband für die Erzdiözese Freiburg, 1964–1972 Vorstandsmitglied der Badischen Landeskreditanstalt.

10 Name unleserlich.

11 Florentine Hargesheimer, geb. Klein (*1890), arbeitete in Brünn als Köchin und Hausangestellte.

12 Nicht ermittelt.

ten habe. Der Rechtsanwalt habe ihm nämlich gesagt, daß der Verkehr zwischen ihnen nicht verboten sei, weil in Anbetracht ihres vorgerückten Alters Kinder doch nicht mehr zu erwarten seien. Diese Einlassung ist, da der von dem Angeklagten behauptete Irrtum sich nur auf den Inhalt strafrechtlicher Vorschriften beziehen würde, unerheblich. Sie ist aber auch widerlegt, weil der befragte Rechtsanwalt nach der Aussage der Witwe Hargesheimer ausdrücklich gesagt hat, das Zusammenwohnen des Angeklagten mit ihr sei nur deshalb nicht strafbar, weil es dabei nicht zum Geschlechtsverkehr kommen werde. Nach dieser Auskunft muß der Angeklagte sich des Verbotenen seines Tuns im wesentlichen bewußt gewesen sein.
Für das Verhältnis der Juden zur deutschen Bevölkerung im Protektorat ist nach Art. 2, Absatz I, Satz 2 des Führererlasses über das Protektorat Böhmen und Mähren vom 16.3.1939 und § 1 der dritten Ausführungsverordnung zum Blutschutzgesetz vom 5.7.1941 seit dem 16.3.1939 das Gesetz zum Schutze des deutschen Blutes und der deutschen Ehre vom 15.9.1935 maßgebend.[13] Der Angeklagte ist danach der Rassenschande schuldig. Denn er ist, wie er zugegebenermaßen auch gewußt hat, Jude im Sinne von § 5 Absatz 1 der ersten Verordnung zum Reichsbürgergesetz vom 14.11.1935. Er hat dadurch, daß er mit der Witwe Hargesheimer, von der er wußte, daß sie sich zum deutschen Volkstum bekannte und dadurch gemäß dem Führererlaß deutsche Staatsangehörige geworden ist, noch nach dem 16.3.1939 bis zum April 1941 mehrmals außerehelichen Geschlechtsverkehr gehabt hat, fortgesetzt gegen § 2 des Gesetzes zum Schutze des deutschen Blutes und der deutschen Ehre verstoßen. Er ist deshalb nach § 5 Absatz 2 dieses Gesetzes zu bestrafen.[14]
Bei der Strafzumessung waren die erheblichen, wenn auch nicht einschlägigen Vorstrafen des Angeklagten straf[ver]schärfend zu berücksichtigen. Strafmildernd kam dagegen in Betracht, daß es sich bei dem Zusammenleben des Angeklagten mit der Witwe Hargesheimer um ein seit langen Jahren bestehendes, auf gegenseitiger Zuneigung beruhendes, eheähnliches Verhältnis gehandelt hat und daß die formelle Eheschließung nur deshalb unterblieben ist, weil die frühere Ehe des Angeklagten nur geschieden, nicht aber dem Bande nach getrennt war. Weiter konnte strafmildernd berücksichtigt werden, daß es zwischen dem Angeklagten und der Witwe Hargesheimer wegen der Kränklichkeit der letzteren nur sehr selten zum Verkehr gekommen ist, aus welchem überdies wegen des vorgerückten Alters der Beteiligten keine unerwünschten Folgen zu erwarten waren. Schließlich war zu berücksichtigen, daß der letzte Geschlechtsverkehr des Angeklagten mit der Hargesheimer schon längere Zeit vor Erlaß der dritten Ausführungsverordnung zum Blutschutzgesetz erfolgte, durch die die Geltung des Blutschutzgesetzes im Protektorat für den Angeklagten erst einwandfrei klargestellt wurde. Das Gericht hat aus diesen Gründen die erkannte Strafe von einem Jahr Gefängnis für eine angemessene und

13 Das sog. Blutschutzgesetz verbot Ehen und außereheliche sexuelle Beziehungen zwischen Juden und Nichtjuden; RGBl., 1935 I, S. 1146 f.; siehe auch VEJ 1/199. Es galt, wie in Art. 2 des Führererlasses über das Protektorat Böhmen und Mähren festgelegt, auch im Protektorat; RGBl., 1939 I, S. 485 f. Wer als Jude zu gelten habe, war in § 5 der 1. VO zum Reichsbürgergesetz definiert; RGBl., 1935 I, S. 1333 f., siehe auch VEJ 1/210. Diese Definition erhielt mit der 3. VO zur Ausführung des sog. Blutschutzgesetzes auch im Protektorat Gültigkeit; RGBl., 1941 I, S. 384 f., siehe VEJ 3/732.

14 Nach § 5 Abs. 2 des „Blutschutzgesetzes" sollten Männer, die das in § 2 festgelegte Verbot des außerehelichen Geschlechtsverkehrs zwischen Juden und „Staatsangehörigen deutschen oder artverwandten Blutes" missachteten, mit Gefängnis oder Zuchthaus bestraft werden.

ausreichende Sühne erachtet. Auf diese Strafe ist dem geständigen Angeklagten gem. § 60 StGB die bisherige Haft mit 4 Monaten und 2 Wochen angerechnet worden. Die Kostenentscheidung beruht auf § 465 StPO.

DOK. 274
Der Ältestenrat in Theresienstadt erteilt am 25. März 1942 Anweisungen zum Arbeitseinsatz von Frauen[1]

Bekanntmachung des Tagesbefehls Nr. 84 durch den Ältestenrat in Theresienstadt, i. A. gez. Dr. Rudnik,[2] vom 25.3.1942

1./ *Frauenarbeit im Pürglitzer Wald*[3]
Laut Auftrag der vorgesetzten Behörde haben Anfang April 1000 Frauen die Arbeit im Pürglitzer Wald anzutreten.[4]
Die Frauen werden 6–8 Wochen auf dem Arbeitsplatz verbleiben.[5] Die 1000 Frauen werden eingeteilt in 13 Arbeitsgruppen, und zwar wie folgt:

Gruppe 1: 145	Gruppe 8: 145
Gruppe 2: 45	Gruppe 9: 45
Gruppe 3: 65	Gruppe 10: 25
Gruppe 4: 45	Gruppe 11: 145
Gruppe 5: 70	Gruppe 12: 45
Gruppe 6: 80	Gruppe 13: 100
Gruppe 7: 45	

An der Spitze einer jeden Gruppe wird eine Partieführerin stehen, die von der Arbeitszentrale bestimmt wird.[6]
Frauen der Transporte G, H, K, L, M, N, R, S, T, U, V, W, X, Y, Z[7] im Alter von 18–45 Jahren können sich im Laufe des 25. März und am 26. März bis 12 Uhr mittags bei der zuständigen Einsatzstelle der Arbeitszentrale freiwillig melden. Es ist selbstverständlich, daß nur gesunde, arbeitsfähige Frauen in Frage kommen; die Einsatzfähigkeit wird von den Ärzten überprüft. Es können ledige und verheiratete Frauen zur Arbeit herangezogen werden.

1 JMP, T 143, Karton 14, Kopie: APT, A2942.
2 Dr. Adolf Rudnik (1907–1944), Jurist; stammte aus Žatec und wurde am 26.1.1942 von Pilsen nach Theresienstadt, von dort im Okt. 1944 nach Auschwitz deportiert und vermutlich direkt nach der Ankunft ermordet.
3 Hierbei handelte es sich um ein Außenkommando von Theresienstadt. Der Ort Křivoklát (Pürglitz) ist 70 km von Prag entfernt.
4 Am 10.4.1942 ging aus Theresienstadt der Transport mit 1000 Frauen ab, die im Pürglitzer Wald Bäume pflanzen mussten; siehe auch Dok. 282 von Ende April 1942. Neben den Gettoinsassen waren auch fast 450 Zivilarbeiterinnen dort eingesetzt. Bewacht wurde das Kommando von den Forstverwaltungen aus Prag und Pürglitz.
5 Das Kommando kehrte am 6.6.1942 nach Theresienstadt zurück.
6 Den 13 Partieführerinnen waren jeweils noch Zugführerinnen unterstellt. Die Namen wurden am 6.4.1942 im Tagesbefehl Nr. 93 durch den Ältestenrat bekannt gegeben.
7 Diese Transporte kamen zwischen dem 30.11.1941 und dem 26.2.1942 aus Brünn, Kladno, Pilsen und Prag nach Theresienstadt.

Bei der freiwilligen Meldung kann auch angegeben werden, mit welchen anderen Frauen man in eine gemeinsame Gruppe eingeteilt werden will. Die Arbeitszentrale wird solche Wünsche von Freiwilligen nach Möglichkeit berücksichtigen.
Um den sich freiwillig meldenden Frauen die Möglichkeit einer raschen Verständigung mit ihren Familienangehörigen zu geben, wird die Ghettopost einen Sonderdienst einrichten, der während des ganzen 25. März und 26. März bis 12 Uhr mittags funktionieren wird. Solche Briefe sind mit dem Buchstaben „P" zu versehen.
Hinsichtlich des Zeitpunktes der Abfahrt zum Arbeitsplatz, der Gepäckmitnahme, der Unterbringung am Arbeitsplatz u.s.w. werden erst in den nächsten Tagen von der Lagerkommandantur Weisungen ergehen.[8]
Bei verheirateten Frauen ist es im Sinne der im Tagesbefehl Nr. 81 vom 22. März 1942[9] unter „Aufforderung" Punkt 1.) Familienzerreißung, veröffentlichten Richtlinien selbstverständlich, daß ihre Männer und ledigen, minderjährigen Kinder bis 18 Jahre vor einer Einreihung in Ostentransporte geschützt sind.
Sollte sich keine genügende Anzahl an Freiwilligen melden, werden die restlichen Frauen bestimmt werden.[10]
Gegen die Nominierung gibt es keine Reklamation.
2.) *Verhütung der Verbreitung von Infektionskrankheiten*
Ghettoinsassen, bei denen eine Infektionskrankheit festgestellt wird, haben sofort nach Agnoszierung der Krankheit jeden Verkehr mit der Umgebung abzubrechen, um die Mitbewohner nicht zu gefährden und nicht zur Verbreitung einer Epidemie beizutragen. Hierzu gehören auch schriftliche Mitteilungen, welche Erkrankte nach Agnoszierung der Krankheit nicht mehr absenden dürfen. Die Mitbewohner werden im eigenen Interesse aufmerksam gemacht, in solchen Fällen Schriftstücke zur Weiterleitung nicht zu übernehmen.
3.) *Urteile des Ghettostrafgerichtes*[11]
Vom Ghettostrafgericht in Theresienstadt wurde bestraft:
Lederer, Zdeněk,[12] 315/J, wohnhaft in der Sudetenkaserne, mit Freiheitsentziehung auf die Dauer von 2 Tagen.
Strafbare Tat: Am 6.3.1942 beleidigte er einen diensthabenden Ghettowachmann.

8 Am 3.4.1942 wurde der Abfahrtstermin 10.4.1942 bekannt gegeben. Am 9.4.1942 durften sich die Frauen des Arbeitskommandos von ihren Familien verabschieden. Sie durften ein großes Gepäckstück mit Wäsche, warmer Kleidung, festen Schuhen bzw. Gummischuhen, persönliche Sachen sowie Decke und Schlafsack mitnehmen. Im Außenkommando kamen die Frauen u. a. in Gaststätten unter.

9 In diesem Tagesbefehl legte der Ältestenrat fest, welche Personengruppen zunächst von Transporten in den Osten zurückgestellt werden konnten: neben Personen, deren engste Familienangehörige in Theresienstadt zurückgeblieben wären, auch Kriegsinvalide, Personen über 65, Angehörige von Mitgliedern des Aufbaukommandos sowie Träger bestimmter Kriegsauszeichnungen und Juden, die in „Mischehen" lebten; JMP, T 143, Karton 14.

10 Da sich nicht genügend Frauen meldeten, wurden weitere zwangsrekrutiert.

11 Theresienstadt besaß ein eigenes Gericht, in dem jüdische Häftlinge als Richter fungierten und über Delikte wie Diebstahl oder Verstöße gegen die Vorschriften der SS urteilten. Jedes Urteil wurde von der SS-Dienststelle überprüft.

12 Zdeněk Lederer (1920–1981); Journalist, Historiker; wurde am 4.12.1941 im 2. Aufbaukommando von Prag nach Theresienstadt, von dort im Herbst 1944 nach Auschwitz und einen Monat später ins KZ-Außenlager Meuselwitz deportiert; lebte von Juli 1948 an in London, arbeitete als Journalist für die BBC; Autor von „Ghetto Theresienstadt" (1953).

4.) *Todesfälle*

Name:	Sterbetage:	Geb. Jahr:	Transp.Nr.:
Steiner Emanuel[13]	24.3.1942	1862	794/Ad

Der Ältestenrat.

DOK. 275
Die Stapoleitstelle Prag verhaftet Anfang April 1942 Mitglieder der illegalen Kommunistischen Partei Tschechiens[1]

Meldung (streng vertraulich) wichtiger staatspolizeilicher Ereignisse, Nr. 2, hrsg. vom Reichssicherheitshauptamt Amt IV,[2] vom 4.5.1942

[...][3]

Im Zuge der Anfang April 1942 neu eingesetzten Aktion der Stapoleitstelle Prag gegen die illegale KPC wurden in Prag insgesamt 65 Protektoratsangehörige, darunter 10 Juden, wegen kommunistischer Betätigung festgenommen.

U.a. konnten bei einer Funktionärsitzung der seit dem Jahre 1939 flüchtige Zentralfunktionär Julius *Fucik*,[4] der Instrukteur für Spezialaufgaben Jaroslav *Klecan*[5] und der Verbindungsmann im technischen Apparat, der Jude Paul *Fried*,[6] festgenommen werden. *Fucik* hatte in der Zentralleitung der illegalen KPC die Funktion des Redakteurs inne, war Verfasser zahlreicher Hetzschriften und Aufrufe der Zentralleitung; er hatte rund 219 000 Kronen, die aus illegalen Mitglieds-und Spendenbeiträgen stammten, in seinem Besitz.

Alle an der Funktionärsitzung teilnehmenden Kommunisten hatten bei ihrer Festnahme Widerstand geleistet und versucht, aus dem Fenster zu entfliehen.

Im Zusammenhang mit der Festnahme des *Fried* wurden der Protektoratsangehörige Lorenz[7] und dessen Braut, die Jüdin *Baumgarten*,[8] als Hersteller von mehreren hundert Exemplaren der Schrift „Das Rote Recht“[9] festgestellt und in Haft genommen. Zuletzt hatten die beiden die Mai-Ausgabe der erwähnten Schrift, die auch Anweisungen über

13 Emanuel Steiner (1862–1942) wurde am 23.3.1942 von Brünn nach Theresienstadt deportiert und starb dort angeblich an einem Lungenödem.

1 BArch, R 58/204, Bl. 14 f.

2 Amt IV war im RSHA das Geheime Staatspolizeiamt unter Leitung von Heinrich Müller und zuständig für Gegnerforschung und -bekämpfung.

3 Der Bericht beginnt mit einer Aufzählung der Verhaftungen von Kommunisten im April 1942 in Deutschland und Österreich.

4 Julius Fučík (1903–1943), Schauspieler, Journalist; 1921 KPČ–Eintritt, Mitarbeiter der Parteizeitung Rudé právo (Das Rote Recht); von März 1939 an im Widerstand aktiv, 1941 ZK-Mitglied der KPČ; am 24.4.1942 in Prag verhaftet, im Gefängnis Pankrác inhaftiert und gefoltert, 1943 nach Bautzen deportiert, vom Volksgerichtshof wegen Hochverrats zum Tode verurteilt, in Berlin-Plötzensee hingerichtet; Autor von „Reportage unter dem Strang geschrieben“ (1943).

5 Jaroslav Klecan (1914–1943), landwirtschaftlicher Volontär; 1937 Teilnahme am Spanischen Bürgerkrieg, Internierung in Frankreich, 1941 nach Deutschland überführt, dort Zwangsarbeit, Flucht nach Prag, schloss sich dort der Widerstandsgruppe um Fučík an; gemeinsam mit diesem zum Tode verurteilt und am 8.9.1943 in Plötzensee hingerichtet.

6 Paul Fried (1907–1943), Kaufmann; Inhaber eines Textilgeschäfts in Iglau; verbrachte einige Zeit in Palästina, kehrte 1937 zurück, am 24.4.1942 mit seiner Ehefrau Rivka, geb. Lubecká, in der Wohnung von Julius Fučík verhaftet, wurde am 1.1.1943 nach Auschwitz deportiert und dort ermordet.

den Bau von Explosivkörpern enthält, in 400 Exemplaren hergestellt. Außer umfangreichem Propagandamaterial, darunter 4,25 kg Seidenpapier, das für mehrere 100 000 Streuzettel vorgesehen und für den Vertrieb am *1. Mai* bestimmt war, wurden 1200 Klebezettel, 2 Schreibmaschinen, sonstige technische Gegenstände für die Herstellung von illegalem Schriftenmaterial sowie ein Partei-Archiv mit Adressen, Ausweispapieren, Blankolegitimationen und Lageberichten beschlagnahmt.
Bei der Aushebung von kommunistischen Betriebszellen in drei Prager Rüstungsbetrieben wurden insgesamt 22 Protektoratsangehörige als Betriebszellenmitglieder in Haft genommen.
Die Aufdeckung einer „Roten Eisenbahnerorganisation“[10] der illegalen KPC führte zur Festnahme von 19 Protektoratsangehörigen, die sich meist aus Angestellten der böhmisch-mährischen Bahnen zusammensetzten.
Die übrigen Beschuldigten waren zum Teil als Materialkuriere, Obleute für Quartierbeschaffung tätig oder gewöhnliche Mitglieder der illegalen KPC.
[...][11]

DOK. 276

Die Gestapo Prag informiert den Reichsprotektor am 13. April 1942 darüber, wie verhindert wurde, dass Pfarrer Juden christliche Geburts- und Taufscheine ausstellen[1]

Schreiben der Gestapo, Staatspolizeileitstelle Prag (B. Nr. 32/42 -g- II B 1), gez. i. V. Unterschrift unleserlich, an den Reichsprotektor in Böhmen und Mähren (Gruppe I/11)[2], z. Hd. von SS-Stubaf. Pommerening[3], o.V.i.A., Prag IV., Czernin-Palais, nachrichtlich an den BdS, z. Hd. von SS-Staf. Böhme, o. V. i. A., vom 13.4.1942[4]

Betrifft: Matrikenführung durch die Pfarrämter der Religionsgesellschaften im Protektorat Böhmen und Mähren.
Vorgang: Ohne.
Nach der Errichtung des Protektorates am 15.3.1939 versuchten die Juden aller Nationalitäten möglichst sofort, das Protektorat zu verlassen. Die Auslandsvertretungen erteilten

7 Arnošt Lorenz (1914–1944), Chemiker, Widerstandskämpfer; am 30.5.1944 in der Kleinen Festung in Theresienstadt hingerichtet.
8 Margarete Baumgartenová (1910–1942), Beamtin; Deckname Jarka, Partnerin von Arnošt Lorenz, wurde am 30.5.1942 in Prag hingerichtet.
9 Lorenz und Baumgartenová waren Mitglieder der kommunistischen Widerstandsgruppe Svět proti Hitlerovi (Die Welt gegen Hitler), die eine gleichnamige Zeitschrift herausgab und als technische Abt. der illegalen KPČ tätig war, deren Drucksachen sie veröffentlichte, darunter auch die Parteizeitung Rudé právo.
10 Nicht ermittelt.
11 Im Folgenden wird über die Bekämpfung der Kommunistischen Partei Österreichs und den „politischen Katholizismus“ sowie über Sabotageaktionen und Feindpropaganda berichtet.

1 NAP, ÚŘP, I-3b 5817, Karton 389, Bl. 305–307.
2 Die Gruppe I 11 bei der Behörde des Reichsprotektors war zuständig für Hochschulen, Kultus und Volksbildung.
3 Richtig: Helmut Pommering (*1902); Polizeirat beim RSHA (Ref. IV E6); kam zusammen mit Heydrich nach Prag, dort bei der Adjutantur des Stellv. Reichsprotektors tätig.
4 Im Original handschriftl. Bearbeitungsvermerke und Eingangsstempel des Reichsprotektors in Böhmen und Mähren vom 15.4.1942.

jedoch den Antragstellern die Auskunft, daß Auslandsvisen nur an Christen nach Vorlage eines Taufscheines erteilt würden. Hierbei machten die Auslandsvertretungen keinen Unterschied zwischen Juden und Ariern, sondern nur zwischen Juden und Christen.
Die Folge war, daß bei den christlichen Religionsgemeinschaften ein starker Andrang von Täuflingen entstand, die möglichst schnell ohne jede Formalität den Taufschein erlangen wollten.
Für die Juden war die Ausstellung des amtlichen Vordruckes der Pfarrämter besonders günstig, da dieses Formular gleichzeitig die Geburt und die Taufe des Juden bestätigte. Hierdurch wurde ihr eigentlicher Geburtsschein der israelitischen Matrikenführung hinfällig. Da die Matrikenführer der christlichen Religionsgemeinschaften auf dem Geburts- und Taufschein nicht hinzusetzten, daß der Täufling früher der israelitischen Religionsgemeinschaft angehört hatte, war die jüdische Abstammung des Täuflings nicht mehr zu erkennen. Um auf diese Weise im Ausland als „Christ" zu gelten und im Inland sich einen falschen Ariernachweis erschleichen zu können, wurde für diesen Geburts- und Taufschein jeder Preis bezahlt.
Diese Gelegenheit wurde von den Geistlichen der verschiedenen Richtungen als günstiges Geldgeschäft ausgenutzt, um sich persönlich zu bereichern. Die Folge war, daß eine Anzahl Matrikenführer wegen schwerer Urkundenfälschungen festgenommen werden mußte.
Als besonderer Fall wird der katholische Pfarrer Ferdinand *Hrouda*,[5] geb. am 8.4.1874 in Teschner, Protektoratsangehöriger, von der St. Nikolauskirche in Prag angeführt, der gemeinsam mit seiner jüdischen Haushälterin Massentaufen von Juden durchführte. Er taufte in 2 1/2 Monaten 500 Juden und datierte ihre Taufscheine teilweise bis zu ihrer Geburt zurück. Die jüdischen Täuflinge ließ er durch Agenten in Kaffeehäusern werben.
Um den Juden die Möglichkeit zu nehmen, mit dem Vordruck des Geburts- und Taufscheines der christlichen Religionsgemeinschaften sich persönliche Vorteile zu schaffen, wurde im Jahre 1940 in freier Vereinbarung mit dem erzbischöflichen Konsistorium folgende vorläufige Regelung getroffen:
1.) Die Ausstellung eines Geburts- und Taufscheines für Juden auf dem vorgeschriebenen Formular ist grundsätzlich verboten. Will ein Jude den Nachweis seiner Taufe erbringen, so ist auf dem Geburtsschein der israelitischen Religionsgemeinde der Tag der Taufe durch den Matrikenführer [ein]zutragen.[6]
2.) Kann ein Geburtsschein von dem Juden nicht beigebracht werden, so darf der Matrikenführer lediglich eine Bescheinigung über die erfolgte Taufe ausstellen, wobei ausdrücklich vermerkt sein muß, daß der Täufling früher der israelitischen Religionsgemeinschaft angehört hat. Grundsätzlich darf keinem Juden, der lediglich getauft wurde, von dem Matrikenführer seine Geburt bestätigt werden.
3.) Handelt es sich um einen Auszug aus katholischen Matriken, in welchen in früheren Zeiten auch jüdische Geburten eingetragen wurden, ist immer dazu folgende Anmerkung zu setzen:

5 Ferdinand Hrouda (1874–1941), Theologe und Philosoph; 1896 zum Priester geweiht, Pfarrer in der St.-Nikolaus-Kirche auf der Kleinseite in Prag, 1938/39 taufte er zwischen 300 und 475 Juden, zweimal wurde er deshalb von der Gestapo verhaftet und im Mai 1940 verurteilt, nach Intervention von Kardinal Karel Kašpar und Staatspräsident Emil Hácha frühzeitig entlassen, kurz danach gestorben.
6 Unleserliche handschriftl. Korrektur.

„Weil es am Orte keine jüdischen Matriken gab, mußte diese Eintragung in der katholischen Matrik erfolgen."
Das erzbischöfliche Konsistorium Prag hat damals alle katholischen Matrikenämter im obigen Sinne verständigt.
Durch diese Maßnahmen wurden die Taufen der Juden unterbunden, da lediglich die Bestätigung der Taufe auf dem jüdischen Geburtsschein den Juden keinen Vorteil mehr brachte.
In der letzten Zeit wurden wieder mehrere Fälle festgestellt, in denen sich Juden den Ariernachweis erschlichen haben, indem sie den Behörden einen Geburts- und Taufschein einer christlichen Religionsgemeinschaft vorlegten, aus dem ihre frühere Zugehörigkeit zur israelitischen Religionsgemeinschaft nicht hervorging. Die fraglichen Geburtsscheine wurden im Bereich der Suffraganbistümer[7] der Erzdiözese Prag und der Erzdiözese Olmütz ausgestellt.
Um weitere derartige Fälle von vorneherein auszuschalten, rege ich an, die Landesbehörden zu veranlassen, einheitliche Richtlinien im angeführten Sinne für die Martikenämter im Protektorat herauszugeben.

DOK. 277
Max Weinreich vom Jüdischen Wissenschaftlichen Institut kritisiert in einem Brief an Jan Masaryk am 14. April 1942 die Umsiedlungspläne von Staatspräsident Beneš[1]

Brief von Max Weinreich,[2] Wissenschaftlicher Direktor des Yiddish Scientific Institute – YIVO, 425 Lafayette Street, New York City, an Dr. Jan Masaryk, Außenminister der tschechoslowak. Republik,[3] tschechoslowak. Generalkonsulat, 1440 Broadway, New York, vom 14.4.1942 (Kopie)

Sehr geehrter Herr Dr. Masaryk,
ich hoffe, Sie gestatten mir, mich heute in einer Sache an Sie zu wenden, die mir sehr am Herzen liegt.
Unser Institut,[4] das seit sechzehn Jahren als eine Forschungs- und Lehranstalt auf dem Gebiet Jüdische Gesellschaftsstudien tätig ist – zuerst in Vilnius in Polen und seit Ausbruch des Kriegs in dieser Stadt –, wird demnächst eine Bestandsaufnahme zum Bevölkerungsaustausch in den Balkanstaaten und den unlängst von Hitler besetzten Gebieten veröffentlichen.[5] Der Autor kommt, offenbar gestützt auf Tatsachen, zu dem Ergebnis, dass

7 Verwaltungsbezirke der Katholischen Kirche.

1 NAP, ZTA N 14 1237, Karton 389. Das Dokument wurde aus dem Englischen übersetzt.
2 Max Weinreich (1894–1969), Linguist; 1925 Gründer und Mitarbeiter des YIVO in Wilna, 1940–1950 Wissenschaftlicher Leiter des Instituts in New York, bis 1932 Leiter der von ihm 1927 gegründeten jüdischen Jugendbewegung Bin; von 1947 an Professor für jiddische Studien am City College in New York City; Autor von „Hitler's Professors" (1946).
3 Gemeint ist die Exilregierung.
4 Das Jüdische Wissenschaftliche Institut wurde 1925 in Wilna gegründet, um die jiddische Sprache, Literatur und Kultur sowie die Geschichte der Juden Osteuropas zu erforschen. Es unterhielt Zweigstellen in Warschau, Berlin (bis 1933) und New York. Dort konnte es in den Kriegsjahren seine Tätigkeit unter dem Namen Yiddish Scientific Institute (YIVO) fortsetzen und besteht heute weiter als YIVO Institute for Jewish Research.
5 Mark Vishniak, Dos transferirn bafelkerungen vi a mitl tsu farentfern di problem fun minoritetn, New York 1942.

1) der erzwungene Austausch von Bevölkerungsgruppen eine bereits beschlossene Sache war, ohne dass andere Mittel zur Lösung der Probleme überhaupt in Betracht gezogen worden wären;
2) die Belange der direkt betroffenen Personen nur marginal Berücksichtigung fanden und vielmehr die Interessen der Staaten im Vordergrund standen, deren Führungen zum damaligen Zeitpunkt die Völker kaum angemessen repräsentierten;
3) es einen engen politischen Zusammenhang zwischen früheren „Austauschmaßnahmen" und den von Hitler verantworteten Bevölkerungsverschiebungen gibt und deshalb jedes Urteil über Hitlers Anordnungen auch für alle vorherigen, als Vorbild dienenden Maßnahmen in Südeuropa und in Kleinasien gilt.[6]
Wie erwähnt, scheinen diese Schlussfolgerungen von den vorliegenden Fakten untermauert zu sein. Es gibt allerdings einen Punkt, den wir gern vor der Freigabe unseres Berichts geklärt hätten. Es geht um den Aufsatz von Präsident Beneš,[7] den er in der Januarausgabe von *Foreign Affairs* veröffentlicht hat[8] und in dem er den Bevölkerungstransfer als eine wünschenswerte oder doch zumindest eine unvermeidliche Maßnahme darstellt, um das Minderheitenproblem in Zentraleuropa zu lösen. Obwohl einige Sätze vermuten lassen, dass Dr. Beneš hierbei nur an die deutschen Minderheiten gedacht hat, insbesondere die Sudetendeutschen, legen andere Abschnitte nahe, dass der [Bevölkerungs-]Austausch generell ein wirkungsvolles Mittel [der Minderheitenpolitik] sei.
Nun ist für uns Juden dieses Projekt des Bevölkerungsaustausches alles andere als eine akademische Frage. Wie Sie wissen, haben einflussreiche politische Kreise und sogar einige der betreffenden Regierungen schon vor Kriegsbeginn die „Evakuierung" der Juden aus einigen osteuropäischen Ländern forciert. Selbst in den „Freiheitsbewegungen" finden sich zu unserem großen Bedauern auch heute noch Kräfte, die für eine solche „Lösung" in Bezug auf die jüdische Minderheit plädieren.
Sie können sich sicherlich vorstellen, dass unter Juden solche Evakuierungsvorschläge auf wenig Begeisterung stoßen. Wir sind davon überzeugt, dass wir ein Recht darauf haben, in unseren Herkunftsländern zu bleiben, weil wir dort ebenso Teil der Gesellschaft sind wie alle anderen auch. Zugleich stehen uns nach unserer Auffassung bestimmte Minderheitenrechte zu. Deshalb erscheinen uns die Darlegungen von Dr. Beneš als hochgradig gefährlich. Wenn diese wie von mir ausgeführt zu verstehen sind, kann man sie als Rechtfertigung ähnlicher gegen Juden gerichteter Maßnahmen interpretieren. Und wie Sie wissen, sind Juden bei manchen aufstrebenden Machthabern im zukünftigen Europa nicht gerade beliebt.
Ich wäre daher wirklich sehr froh, wenn wir in den von mir erwähnten Bericht eine Erklärung aufnehmen könnten, in der die Position der tschechoslowakischen Regierung

6 Der Vertrag von Lausanne regelte 1923 die Zwangsumsiedlung von ca. 355 000 griech. Muslimen und 1,2 Millionen anatol. Griechen, die zu einem großen Teil bereits vorher vertrieben worden waren. Die Abmachung, die der ethnischen Homogenisierung dienen sollte, gilt als der erste völkerrechtliche Vertrag über einen Bevölkerungsaustausch. Der Vertreibung der poln. jüdischen und nichtjüdischen Bevölkerung im deutsch besetzten Polen lag kein internationaler Vertrag zugrunde.

7 Edvard Beneš (1884–1948), Politiker; 1918–1935 Außenminister, 1935–1938 Staatspräsident der Tschechoslowakei; 1938 nach London geflohen; nach Kriegsende bis zu seinem Tod erneut Staatspräsident.

8 Edvard Beneš, The Organization of Postwar Europe, in: Foreign Affairs, Bd. 20, Januar 1942, S. 226–242.

in Bezug auf die Frage des Bevölkerungstransfers dargelegt wird.[9] Das wird hoffentlich weiteren irreführenden Interpretationen der Ausführungen Dr. Beneš' einen Riegel vorschieben.
Da sich die Studie bereits in der Druckerei befindet, wäre ich für eine schnellstmögliche Reaktion Ihrerseits dankbar.
Ich bedanke mich im Voraus für Ihre Mühe einer Antwort.[10]

DOK. 278
Olga Weiss bittet am 15. April 1942 in einem Brief aus dem Getto Izbica ihre Verwandten um die Zusendung von Lebensmitteln[1]

Handschriftl. Brief von Olga Weiss,[2] Izbica,[3] Generalgouvernement, an ihre Verwandten vom 15.4.1942

Meine Liebsten! Dieses ist meine dritte Nachricht, die ich Euch von hier sende. Ich weiß gar nicht, wie mir geschehen ist, *kann meine Gedanken gar nicht ordnen, um Euch ordentlich schreiben zu können. Ich bin nur von der einen Angst beherrscht, daß wir einer vom anderen eines Tages nichts mehr hören werden* u. auch von Pepi u. Grete[4] nicht, dann wäre alles aus! –
Wie schmerzlich ist es für mich, wenn ich den kleinen Byvoj[5] *nicht sehen werde,* ich wäre so gern mit ihm ausgefahren, wenn er oder sie im Kinderwagerl ausgefahren wird. Ich bin schon so ungeduldig, bis ein Brief von Euch kommen u. mir von Euch u. den 5 Kindern berichten wird. Denkt Andulička manchmal noch an mich? Ich habe hier sehr große Sorgen, da ich für alles u. jedes selber aufkommen muß, und nicht weiß, wo aus, wo ein. Ich bin so hilf- und ratlos, ich weiß nicht, was mit mir werden soll. Andere sind mit Mann und Kindern hier, ich kann mir meine nächste Zukunft überhaupt nicht vorstellen. Bitte sendet mir so rasch als möglich *Geld*, entweder vom Sparkonto oder wie es sonst geht. Ich habe Schritte unternommen, um meine Pension zu bekommen, es ist eine Frage, ob es bewilligt wird, wird jedenfalls längere Zeit dauern, bis es spruchreif ist u. dann ist es ganz unzulänglich. Tante Stein hat mir alles schön u. praktisch eingepackt,

9 Siehe Dok. 289 vom 2.6.1942.
10 In seinem Antwortschreiben vom 5.5.1942 zeigte Masaryk Verständnis für Weinreichs Sorgen und stellte heraus, dass die vorläufigen Umsiedlungspläne ausschließlich auf Teile der deutschen Bevölkerung bezogen seien und Juden mit Sicherheit nicht beträfen; Abdruck in: Vishniak, Dos transferirn bafelkerungen (wie Anm. 5), S. 7.

1 APT, A508/3–1.
2 Olga Weiss, geb. Reichová (1882–1942), Köchin; aus Hořeňoves in Böhmen stammend, ihre Familie lebte in Německý Brod (Deutsch Brod), verheiratet mit Max Philip Weiss, mit dem sie in Wien bis zu seinem Tod 1925 lebte, kam nach dem Anschluss 1938 zusammen mit ihrem Sohn Josef und seiner Frau zunächst nach Deutsch Brod, dann nach Prag, von wo sie am 30.1.1942 nach Theresienstadt und am 17.3.1942 nach Izbica deportiert wurde.
3 Siehe Dok. 115 vom 18.5.1942, Anm. 4.
4 Josef und Grete Weiss, Sohn und Schwiegertochter von Olga Weiss, emigrierten 1938 in die USA.
5 Gemeint ist Ivan Martin Salač (*1942), Großneffe von Olga Weiss; er wurde am 25.1.1943 mit seiner Mutter Alžběta nach Theresienstadt deportiert und überlebte den Krieg; siehe VEJ 3/288.

nur sind die mitgegebenen Sachen für Teresin[6] gut gewesen, hier unbrauchbar oder fast unbrauchbar. Bitte schickt mir ein Liebesgabenpäckchen, am besten *Sachen, die ich nicht erst kochen muß,* denn mit dem Kochen sind große Schwierigkeiten [verbunden], vielleicht etwas von Maceška[7] etc. Getrocknete Schwämme, Suppenwürfel (Einbrennsuppen, Erbsensuppen etc.), dann würde ich sehr gute, sehr dünne Strümpfe brauchen, gute hübsche Kopftücher u. Küchenschürze, denn die Sachen werden hier sehr strapaziert u. müssen [...][8] Mittelfarbe nicht zu licht oder dunkel, wie sie Mařenka[9] und Betuška[10] tragen, für den Sommer. Dann Reibfetzen, können aus alten Verdunklungsdecken gemacht sein.

Wenn *2 kg Päckchen* nicht zulässig sind, dann *Muster ohne Wert, ich glaube zu 20 dkg!* Ich möchte Euch nicht bemühen, wenn ich nicht so mangelhaft ausgerüstet wäre. Wie geht es euch allen, den [...]aulischen, Chrudimern, Zlínern,[11] u. allen Töchtern der Familie? Von Erna Holle höre ich gar nichts mehr, [ob] sie noch lebt? Was schreibt Mama[12] und Regerl? Vielleicht könnte Max Rotter mir etwas Geld schicken, das ist erlaubt, oder Bertschi? Für Alice u. Isi habe ich große Befürchtungen, ich wäre nur angenehm überrascht, wenn jetzt nach so langer Zeit doch ein Lebenszeichen von ihnen käme, u. was ihr armer Bub macht, ob ihn seine Tuberkulose nicht schon dahingerafft hat? Schreibet bitte bald, bleibt mir alle gesund.

Grüßet alle Lieben, Kornfeld, Figdor, Taussig. Ich denke an alle, auch wenn ich sie nicht aufzähle. Bitte Mařenka u. Betuška sollen sich meine u. Pepi's Adresse an mehreren Stellen gut notieren, ich fürchte so, daß wir einmal einer vom anderen die Adresse nicht wissen werden, sehr wichtig überall bei meiner Adresse die Transportnummer Ab, 39.

Olga Weiss, Ab. 39.
Izbica a/Wieprz
Kreis Krasnystar
District Lublin
[Ja]kob Korenfeld
[u]lica Dzika.

Wohne mit einem Ehepaar Wolf, dessen Mutter wohnt Prag I., Leinergasse 6, bei Dr. Ausch, bitte richtet persönlich bald Grüße aus.[13]

6 Theresienstadt.
7 Firma, die Leberwurst und Paté herstellt.
8 Unleserlich.
9 Marie Egertová, geb. Pachner (1902–1995), Nichte von Olga Weiss.
10 Alžběta Salačová, geb. Pachner (1909–1973); Schwester von Marie Egertová; heiratete den nichtjüdischen Juristen Vladimír Salač, trennte sich 1939 offiziell und versuchte nach der Geburt von Ivan Martin, das Scheidungsurteil aufheben zu lassen. Vladimír Salač versorgte sie und den gemeinsamen Sohn bis zum Ende des Krieges mit Lebensmitteln und Kleidung.
11 Gemeint sind Freunde oder Verwandte aus den Orten Chrundim und Zlín.
12 Elsa Pachner, geb. Reichová (1879–1942), Mutter von Alžběta und Schwester von Olga Weiss.
13 Darunter in anderer Handschrift: „Max Rotter, Nr. 449 Magdeburger Kaserne, Arbeitskolonne [...]". Die letzten zwei oder drei Worte sind unleserlich.

DOK. 279
Juliana Vlková schreibt ihren Töchtern am 18. April 1942 aus dem Zug von Theresienstadt nach Polen[1]

Handschriftl. Brief von Juliana Vlková[2] an ihre Kinder[3] vom 18.4.1942

Meine Lieben,
wir wurden eben einwaggoniert zur Fahrt nach Osten,[4] bekamen eine gute Suppe. Die Sonne scheint + ich habe für 4 Tage Brot, Wurst, Marmelade, [...] etc. gefaßt. – Sitzen recht eng, aber mit Gottes Hilfe werden wir in einigen Tagen irgendwo ankommen. Schreibet versuchsweise nach T.n.stadt, Transport Aj 832/360.[5] Bin gesund, ruhig, gut gelaunt. Ganz in Gottes Hand, bete für Euer Wohl. Die mir Angefreundeten sind nicht mit. Aber es finden sich neue Freunde.
Grüßet alle die alten Freunde + seid von meinem ganzen „ich" geküßt. Eure Mutter

DOK. 280
Die tschechoslowakische Exilregierung beschreibt am 23. April 1942 die Haltung der Bevölkerung gegenüber den Juden[1]

Bericht der Kanzlei des Präsidenten der Republik (972/42/vertraulich), ungez., London, vom 23.4.1942

Nachrichten aus der Heimat
Die Deutschen
Für die breiten Volksschichten kompliziert sich die Lage dadurch, dass Böhmen und Mähren durch ein sogenanntes Abkommen eingegliedert wurden, und zwar schon vor dem Krieg und nicht erst in dessen Verlauf. Dies wiederholen die Deutschen unablässig und bläuen es den Menschen ein, damit es sich ihnen irgendwie einprägt, jedoch vergeblich. Es ist ihnen nicht gelungen, und es wird ihnen auch nicht gelingen, den passiven, [aber dennoch] konsequenten und unbeugsamen Widerstand des Volkes zu erschüttern

1 JMP, T 327, Karton 120.
2 Juliana Vlková, geb. Katserová (1896–1942); heiratete 1919 Dr. Bohuslav Vlk (1885–1978), Augenarzt; das Paar trennte sich vor dem Krieg; sie wurde am 8.4.1942 nach Theresienstadt deportiert, am 18.4.1942 nach Rejowiec und überlebte nicht.
3 Juliana Vlková, später Preissová (1922–2002), Ärztin; lebte während des Kriegs mit ihrem Mann Alexander Preiss in Prag und ist wahrscheinlich die Adressatin des Briefs. Ihre Schwester, Helena Vlková (*1926), blieb in Brünn beim Vater, emigrierte vermutlich 1968 in die Schweiz.
4 Der Transport ging nach Rejowiec, wo von 1941 an ein Getto für die jüdische Bevölkerung des Ortes (ca. 2000 Menschen) bestand, die im April 1942 in das 70 km entfernte Sobibor deportiert wurde; von April bis Juni kamen ca. 5000 Juden aus der Slowakei und dem Protektorat nach Rejowiec. Nach der Auflösung des Gettos im Sommer 1943 wurden die verbliebenen Juden ins KZ Lublin-Majdanek deportiert.
5 Nummer des Transports, mit dem Juliana Vlková am 8.4.1942 nach Theresienstadt deportiert worden war. Der Transport, in dem sie den vorliegenden Brief geschrieben hat, hatte die Nummer Ap (832). Von den etwa 1000 Personen in diesem Zug überlebten nur drei.

1 NAP, AHR 1-50-5-1/12, Karton 183. Das Dokument wurde aus dem Tschechischen übersetzt.

und es durch verschiedene, von den Deutschen bezahlte Organisationen wie beispielsweise die „Vlajka"[2] zu zersetzen. Diese ist völlig gescheitert, nicht einmal zwei Prozent der Bevölkerung stehen hinter ihr. Sie zerfällt zunehmend, und man hört von ihr weniger als früher.[3] Vielmehr setzt sich immer mehr die Überzeugung durch, dass ein Deutscher ein Deutscher bleibt und es zwischen ihnen keinen Unterschied gibt. In den breiten Schichten herrscht eine solche Stimmung, dass nach dem Zusammenbruch kaum ein Deutscher mit dem Leben davonkommen wird. Nichtsdestotrotz ist sich die Mehrheit bewusst, dass auch dann immer noch genügend Deutsche übrigbleiben. Wenn man mit den Leuten über solche Dinge spricht, heißt es, die Reichsdeutschen würden fliehen, und zwar so schnell wie möglich. Ihnen müssten jedoch sofort diejenigen folgen, die sich früher als Tschechen verstanden hatten, sich dann aber, nachdem sie eine wie auch immer entfernte deutsche Abstammung entdeckt hatten, den Deutschen anschlossen. Darüber hinaus wird häufig die Kategorie der aktiven Nazis genannt, ferner diejenigen, die dem Nazismus freiwillig und begeistert gefolgt sind, und schließlich jene, die sich dazu gezwungen sahen und keine andere Wahl hatten. Das sind jedoch vergleichsweise wenige.

Alle Deutschen, ob sie sich als Reichsdeutsche oder Volksdeutsche bezeichnen, sind deutsche Staatsangehörige und besitzen einen Reichspass.

Die Judenfrage

Im Volk herrscht keine hasserfüllte Abneigung gegen die Juden, da mögen die Deutschen tun, was sie wollen. Vielmehr ist ein gewisses Mitleid mit ihnen zu beobachten. Wenn die bisherige Entwicklung anhält, wird es in einem Jahr bei uns kaum noch Juden geben, und die übriggebliebenen werden zu Bettlern. Ihr Vermögen wird von den Deutschen verbraucht worden sein, ihre Immobilien werden sich mehrheitlich in den Händen deutscher Banken befinden.[4] Vom jüdischen Eigentum gelangte nichts oder nur verschwindend wenig in tschechische Hände.[5]

In Prag leben inzwischen 90 000 Juden (Anmerkung: Bericht vom März), früher waren es 40 000.[6] Alle Juden aus dem Sudetenland und dem Protektorat sind dort zusammen-

2 Tschech.: Fahne. Das Tschechische nationalsozialistische Lager – Vlajka (Český národně socialistický tábor – Vlajka) entstand 1939 aus einem Zusammenschluss faschistischer Kleingruppen. Die Vlajka wurde durch das Deutsche Reich finanziell unterstützt, allerdings nicht in ihrem Ziel, die tschech. Protektoratsregierung zu übernehmen. Nach wiederholter Kritik der Vlajka an Minister Moravec, der von deutscher Seite unterstützt wurde, wurde die Organisation im Okt. 1942 aufgelöst und ihr Vorsitzender Jan Rys-Rozsévač (1901–1946) im KZ Dachau inhaftiert. 350 Mitglieder wurden zur Zwangsarbeit nach Deutschland deportiert.

3 Im Sommer 1940 verzeichnete die Vlajka einen Höchststand von 13 500 Mitgliedern. Viele von ihnen bekannten sich allerdings zum Deutschtum oder siedelten nach Deutschland über, so dass die Organisation bereits im Mai 1941 nur noch etwa 5000 Mitglieder hatte.

4 Deutsche Banken wurden teilweise als sog. Sammelverwalter für eingezogenen Grund- und Immobilienbesitz eingesetzt.

5 Anfängliche Versuche der tschech. Protektoratsregierung, von der Enteignung jüdischen Eigentums zu profitieren, wurden durch die VO über das jüdische Vermögen vom 21.6.1939 unterbunden, welche die „Arisierung" unter die Kontrolle des Reichsprotektors stellte; siehe Einleitung, S. 48 f., und Dok. 256 vom 15.12.1941, sowie VEJ 3, S. 24 f.

6 Eine im Okt. 1942 durchgeführte „Sonderaktion" zur „Erfassung der Juden" zählte 88 105 Juden im gesamten Protektorat. Bis März 1942 waren bereits mehrere tausend Juden aus Prag und anderen Städten nach Theresienstadt deportiert worden.

geströmt. Selbstverständlich heißen unsere Leute die grausame Verfolgung der Juden nicht gut. Doch es ist damit zu rechnen, dass diese nach dem Krieg nicht mehr in ihre ehemaligen Positionen zurückkehren werden. Die Propaganda, die Juden hätten [den übrigen Tschechen] bislang alle einflussreichen Stellen weggenommen, hat auch in eher unvoreingenommenen Kreisen ihre Wirkung getan, und man muss sie ernst nehmen.

Die Religion
Das Volk ist religiöser als früher, die Kirchen sind gut gefüllt, alle Schichten finden sich dort zusammen. Die Geistlichkeit hält sich gut. Die Kirchen sind dem deutschen Geist am wenigsten unterlegen, es wird dort nur Tschechisch gesprochen und nicht wie im Radio beide Sprachen. Die religiöse Toleranz ist größer geworden, zwischen den einzelnen Konfessionen gibt es keine Reibungen.

DOK. 281
Der Ältestenrat des Gettos Theresienstadt informiert am 26. April 1942 darüber, dass alle über 67-Jährigen von den Transporten in den Osten ausgenommen werden[1]

Bekanntmachung eines Sonder-Tagesbefehls durch den Ältestenrat in Theresienstadt, i. A. gez. Janowitz,[2] vom 26.4.1942

Betrifft: Ostentransporte.[3]
Von der Lagerkommandantur wurde heute um 12.30 Uhr nachstehende Anordnung erlassen:
Alle Personen über 65 Jahre sind mit sofortiger Wirkung aus den vorgesehenen Ostentransporten auszuscheiden. Ausgenommen sind 65- bis 67-Jährige, sofern sie vom Arzt als transportfähig anerkannt werden.
Die Lagerkommandantur verfügt, daß die Liste des Transportes für den 27. d. M.[4] im Laufe des heutigen Nachmittags dahingehend umgeändert wird, daß sämtliche Überalterte ausgeschieden werden und durch Jüngere zu ersetzen sind.
Die bisher infolge ihres Einsatzes in der Produktion, Wirtschaft, Administrative, usw. von den Ostentransporten ausgenommenen Personen sind nunmehr ebenfalls in die Transporte einzubeziehen.
Im Sinne der Weisungen der Lagerkommandantur haben sämtliche Personen über 67 Jahre sich als aus dem Transporte ausgeschieden zu betrachten. Schriftliche Verständigungen ergehen an sie nicht. Alle übrigen Transportteilnehmer, die für den Ostentransport vom 27. d. M. bestimmt waren, mit Ausnahme der Angehörigen des

1 JMP, T 143, Karton 14. Abdruck in: Adler, Theresienstadt (wie Dok. 244 vom 10.10.1941, Anm. 1), S. 289 f.
2 Dr. Leo Janowitz (1911–1944), Jurist, Zionist; war durch seine Tätigkeit als Sekretär des Palästina-Amts in Prag eng mit dessen Leiter Dr. Jakob Edelstein verbunden; am 4.12.1941 von Prag nach Theresienstadt deportiert, wo er als Zentralsekretär beim Ältestenrat arbeitete, am 6.9.1943 wurde er nach Auschwitz deportiert und dort ermordet.
3 Zwischen dem 18. und 30.4.1942 gab es sechs „Ostentransporte" mit jeweils 1000 Personen, u. a. nach Zamość und Izbica. Gleichzeitig kamen fast 3000 Menschen neu in Theresienstadt an.
4 Am 27.4.1942 wurden 1000 Personen von Theresienstadt nach Izbica deportiert.

Transportes A/m,[5] erwarten ihren neuen Bescheid, bis heute abends. Personen aus dem Transporte A/m, die aus dringenden Reklamationen[6] ausgeschieden wurden, erhalten ihre Verständigung gleichfalls bis heute abends.
Zur Zusammenstellung des Transportes für den 27. April 1942 erweist sich die Notwendigkeit, folgende Transporte heranzuziehen:
V, W, X, Y, Z, A/c, A/d, A/e, A/f, A/h, A/i, AK/B.[7]
Die Teilnehmer dieser Transporte haben damit zu rechnen, daß sie bis zum Abend eine Verständigung über ihre Einteilung in den Ostentransporten[8] erhalten können. Dasselbe gilt auch für Personen, die zwar mit anderen Transporten gekommen sind, aber nächste Angehörige der Transportteilnehmer aus obigen Transporten sind. Sie sollen sich also schon jetzt bereithalten und dafür sorgen, daß ihr Gepäck erreichbar ist.
Von der Einreihung in die Ostentransporte sind ausgenommen außer den überalterten Personen auch die Teilnehmer der Transporte AK/I[9] und AK/II sowie die Angehörigen/ Ehegatten, minderjährige Kinder und Eltern Minderjähriger / der sich auf Außenarbeit in Pürglitz, Kladno, Budweis und Oslawan befindlichen Arbeitergruppen. Die Ausnahme von AK/I und AK/II bleibt vorläufig im alten Ausmaße aufrecht.
Mit Rücksicht auf die Kürze der Zeit ist ein Reklamationsverfahren diesmal nicht möglich.
Der Ältestenrat

DOK. 282

Vally Fink schildert Ende April 1942 in ihrem Tagebuch die Lebens- und Arbeitsbedingungen in einem Außenkommando von Theresienstadt[1]

Tagebuch von Vally Fink,[2] Einträge vom 21.4. bis 1.5.1942 (Abschrift)

21.4.42

Wenn es lauter solche Tage gäbe, wie der heutige war, dann müßte man sich umbringen. Vormittag mußten 4 Mädels, darunter Cilly[3] und ich, von einem Wald in den anderen Bäumchen tragen.[4] 3 Stunden ohne Niedersetzen, der ungeräumte Waldboden, teilweise sumpfig, so daß man ganz versunken ist, war schrecklich. Wir blieben hängen, das Ge-

5 Am 24.4.1942 ging dieser Transport mit 1000 Personen von Prag nach Theresienstadt.
6 Stand ein Gettoinsasse auf der Deportationsliste, konnte er dagegen schriftlich Berufung einlegen und dies z. B. mit Krankheit oder der Trennung von der Familie begründen. Es musste jedoch für jeden Zurückgestellten eine Ersatzperson gefunden werden. Anfangs waren die Reklamationen z. T. erfolgreich, später fast aussichtslos.
7 Die Transporte mit der Kennzeichnung V/W/X kamen aus Prag, Y/Z aus Kladno, alle A-Transporte aus Brünn und der AK/B-Transport aus Budweis nach Theresienstadt.
8 So im Original.
9 AK = Aufbaukommando.

1 Wiener Library, DOC 1656/3/8/552.
2 Vally (Valerie) Fink (1913–1986); 1941 mit ihrem Mann Leo und dessen Vater von Prag nach Theresienstadt deportiert; sie kehrten nach Kriegsende zuerst nach Prag zurück und emigrierten 1948 nach London.
3 Cilly Fink; verheiratet mit Vally Finks Schwager Erwin.
4 Vally Fink arbeitete beim Außenkommando Pürglitz (Křivoklát) in der Gruppe VIII; siehe auch Dok. 274 vom 25.3.1942. Die in Theresienstadt zurückgebliebenen Männer und minderjährigen Kinder der dort arbeitenden Frauen wurden für die Dauer des Arbeitseinsatzes vom Transport in den Osten verschont.

strüpp verwickelte sich in unsere Füße, wir hatten Skyschuhe an, die Sonne brannte, es war zum Verzweifeln. Der 22-jährige Hainy[5] befahl wie ein Feldherr und führte Reden, die mehr als unmenschlich waren. Mittag hatten wir ½ Stunde Pause, in der wir kalte Wassersuppe und 1 Stück trockenes Brot herunterschluckten, und schon jagte er uns wieder zur Arbeit. So ging es ununterbrochen bis 6 Uhr abends. Todmüde kamen wir heim, holten uns schnell das bisl Gemüse zum Essen und schon ins Bett. Ein elendes, armseliges Leben, das von Tag zu Tag ärger wird. Gestern waren 2 Selbstmorde, und eine 28jährige Frau wurde wahnsinnig, es ist alles kein Wunder. Ich kann alles verstehen, wenn ich nicht Euch, meine Lieben, hätte, würde ich auch gern Ruhe für immer haben, wir sind so müde und unser Geist ist so verflacht. Wenn man 12 Stunden am Tag stehen und arbeiten muß, nicht genug zu essen hat und noch die unflätigsten Reden anhören muß, ist man ein Held, wenn man noch hofft.

22.4.42
Aus techn. Gründen blieb ich heute daheim und erhole mich im Bett von „Herrn Polomasuik"[6] – er ist so ein feiner Herr, daß Erna[7] weinend von der Arbeit heimkam, und trotzdem er sah, daß sie keine Schuhe hat, mußte sie gleich wieder in den Wald zurück. Wir sind alle sehr unglücklich, schreiben dürfen wir nicht, und so müssen wir all das Leid in uns hereinfressen. Auch die anderen Menschen sind zu uns sehr häßlich – es hat im ersten Augenblick viel besser ausgesehen – aber in Wirklichkeit ist alles dasselbe, nur dort in Kasernen und hier im Wald. Wie lange wird Gott noch zusehen? Mit Brot gehen wir wie mit Medizin um. Cilly hackt heute den ganzen Tag, sie hat sicher viel Hunger, seit 7 Uhr früh bis 6 Uhr abends hat sie 4 Scheiben Brot und Suppe. Wir zählen schon die Tage, bis wir nach Terezin zurückfahren, dort sehen wir wenigstens doch für ein paar Minuten unsere Männer. Hier ist es langsam unerträglich. Für 1 Stunde vergaß ich heute, wo ich bin. Rueza Béhal borgte mir Rainer Maria Rilkes „Weise von Liebe und Tod des Cornets Christoph Rilke"[8] – die Sprache ist so prachtvoll, und gerade darin sagt Rilke so vieles, das für unser heutiges Leben paßt ... Und der Mut ist so müde geworden und die Sehnsucht so groß ...

25.4.42
Am 23. und 24. hat sich nicht viel Neues begeben, außer daß wir begonnen haben, Bäumchen zu setzen. Die Arbeit ist sehr schwer, ich kann es bis jetzt noch nicht machen wegen meiner Hände. Außerdem braucht man sehr viel Kraft dafür. Ich habe zwar ein bißchen, aber die hebe ich mir für meinen Mann auf. Ich bin schon müde genug von leichterer Arbeit, Luft und Hunger. Heute war es sehr kalt im Wald, um ½ 5 wurden die Motijčky[9] zum Schleifen gegeben, so gingen wir mit unserem „betamten"[10] Hajny an der Spitze 1 ½ Stunden spazieren. Zum Nachtmahl gabs Leberwurst, Kartoffeln und

5 Tschech.: Wildhüter.
6 Handschriftl. Anmerkung in der Abschrift, die möglicherweise später eingefügt wurde: „Name unseres Aufsehers".
7 Erna Lux, Partieführerin der Gruppe VIII des Außenkommandos Pürglitz.
8 Erzählung, deren Erstfassung Rilke 1899 schrieb. Die Titelperson ist ein 18-jähriger Fahnenträger (Cornet), der in Ungarn in den Kampf gegen die Türken zieht und unter dramatischen Umständen fällt.
9 Handschriftl. in Klammern „Harken" eingefügt.
10 Jidd.: reizend.

Kraut, und morgen ist gottlob wieder Sonntag. Wir zählen die Tage bis zum Wegfahren, aber es ist noch so lang. 7 ganze Wochen! Ob Dir auch so bange ist, mein Ledeschl? Cilly ist heute sehr fleißig gewesen, hat Rekord gesetzt – 87 Bäumchen. Dafür liegt sie jetzt hundemüde neben mir und denkt sicher an ihren Mann. Erna ist weiter tüchtig und brav und so ein lustiger Kerl, daß wir abends im Bett manchmal lachen – da erholen wir uns für 5 Minuten. So Edesch, kiš profâm,[11] gute Nacht – ein Zuckerl statt ein Pussi von Dir – und ich schlaf schon.

29.4.42
Es war heute ein ganz langsamer, verschlafener Sonntag. Wir ruhten uns aus, es war den ganzen Tag Regen. Ausruhen bei uns ist ein relativer Begriff, denn im Zimmer ist so viel Lärm, daß man das eigene Wort nicht versteht. Montag und Dienstag war Aufregung wegen der Arbeitsunfähigen, die nach Terezin zurückmüssen. Und heute, Mittwoch, war der ärgste Tag überhaupt. Kalt wie im Jänner und ein fürchterlicher Sturm. Wir konnten kaum atmen. Jeden Augenblick glaubten wir, umfallen zu müßen, und eine Stunde war lang wie ein Jahr. Wie wir noch 7 Wochen so aushalten sollen, ist uns ein Rätsel. Man behandelt uns wie Sklaven. Früh um 7 Uhr geht man in den Wald, dort jagt man uns bis 6 Uhr abends, und wenn wir endlich in die Bude kommen, jagt man uns um Wasser und Holz. Guter Gott, wie lange noch?? Wir sind so kaputt und verzweifelt. Mir ist so wahnsinnig bange, auch nach Dir, Muttinko – ich zähle die Tage und die Stunden.

30.4.42
Es ist der letzte April, und wir haben heute etwas läuten gehört, daß der 1. Mai arbeitsfrei ist, aber auf Samstag verlegt wird. Wenn das wahr wäre! Da könnten wir uns mal richtig erwärmen! Es ist eine Bärenkälte, wir sind ganz erfroren und sehen aus wie unsere eigenen Dienstmädeln – und die haben besser ausgesehen. Aber wir sind auch schon in unserem Wesen wie orlische Taglöhner.[12] Früh wenn „budiček"[13] ist, wird geflucht – absolut nicht damenhaft; dann ziehen wir uns an und die schweren Schuhe, die nur einmal in der Woche geputzt werden. Waschen tun wir uns prinzipiell nur am Abend. So und jetzt auf die Latrine – die ist hübsch weit im Wald. Dort sitzen wir wie die Hühner, eine neben der anderen auf einer Stange und fluchen natürlich wieder. Bis 7 Uhr trinken wir unseren Kaffee, machen schnell die Betten und richten uns die Suppe, die wir mitbekommen mit dem 1/8 Brot für den ganzen Tag zurecht. „Nastup"[14] wird gebrüllt wie auf eine Horde Kühe. Im Hof werden wir gezählt und losgelassen. Mit den Hacken über der Schulter und dem Bündel Essen in der Hand wandern wir auf unsere Pasečka.[15] Dort arbeiten wir wie Männer 10 Stunden und gehen um 6 Uhr müde und abgespannt nach Hause. Hungrig wie Wölfe stürzen wir das Nachtmahl herunter und legen uns für die paar Stunden nieder mit dem miesen Vorgeschmack des „budiček"[16] um ½ 6 Uhr früh. So vergeht ein Tag wie der andere und diese beiden Frosttage sind die ärgsten. Morgen ist der 1. Mai und dann 2 freie Tage – hurra!

11 Handschriftl. in Klammern „Liebling" eingefügt.
12 Nicht ermittelt.
13 Handschriftl. in Klammern „Weckruf" eingefügt.
14 Handschriftl. in Klammern „Antreten" eingefügt.
15 Tschech.: Lichtung. Handschriftl. in Klammern „Waldabschnitt" eingefügt.
16 Handschriftl. in Klammern „Weckruf" eingefügt.

1.5.42
Herrgottnochmal, es ist erst ½ 6 Uhr früh, und man weckt uns mit so einem brüllenden budiček saugrob auf – ärger als beim Militär. Draußen liegt Schnee, und es regnet und schneit noch weiter. In so ein Wetter will man uns jagen? Tatsächlich wir mußten antreten. Es ist grauenhaft. Reisig sollen wir brennen in dem Wetter! Jetzt ist aber Nachmittag, und wir liegen im Bett! Man hat uns zwar 3 Stunden im Wald stehen lassen, und als wir durch und durch patschnaß waren, schickte man uns heim. Kinder 3 Tage frei – das ist ein Fest! Heute ab Freitag mittag bis Montag früh. Wir freuen uns schon so aufs Wegfahren und hoffen wir, daß schöneres Wetter die nächsten Tage sein wird. 2 ½ Tage will ich mich freuen, meine Sachen ordnen und an nichts Bitteres denken.

DOK. 283
Die Ordnungspolizei im Protektorat berichtet am 4. Mai 1942 über die Haltung der tschechischen Bevölkerung gegenüber Juden und vom Widerstand gegen die deutsche Besatzung [1]

Tätigkeitsbericht Nr. 39 (vertraulich) des Befehlshabers der Ordnungspolizei beim Reichsprotektor in Böhmen und Mähren[2] (Ia 1672), gez. Bogs,[3] vom 4.5.1942[4]

1.) Stimmung der deutschen Bevölkerung.
Die Stimmung der deutschen Bevölkerung ist ausgesprochen gut. Die ständig wachsenden Erfolge unserer U-Boot-Waffe,[5] das Nachlassen der starken Angriffe der Sowjets, das stetige Vordringen der Japaner[6] werden lebhaft besprochen. Im allgemeinen ist man der Ansicht, daß im Osten in diesem Jahr die Entscheidung fallen wird.
Das Vertrauen der deutschen Bevölkerung, ihre Treue und Hingabe zu Führer und Volk, zeigen sich immer wieder in den Sammelergebnissen des KWHW[7] und in der regen Teilnahme an den Veranstaltungen der Partei. Sichtbaren Ausdruck fand das Bekenntnis

1 NAP, ÚŘP, I-1a 1811, Karton 286, Bl. 118–121.
2 Paul Riege (1888–1980), Polizist; von 1908 an beim Militär, seit 1912 im Polizeidienst; 1933 NSDAP-, 1939 SS-Eintritt; 1936–1940 Inspektor der Ordnungspolizei in Nieder- und Oberschlesien, 1940 BdO in Norwegen, dann in Krakau, seit Sept. 1941 im Protektorat, im Sept. 1943 vom Dienst suspendiert, Ende 1943 bis Mai 1945 beim Zentralverband der Industrie für Böhmen und Mähren; 1951 beim Bundesgrenzschutz; Autor von „Kleine Polizei-Geschichte" (1954).
3 Rudolf Bogs (1897–1982), Polizist; von 1921 an im Polizeidienst; nach 1945 Polizeirat und Lehrer am Polizeiinstitut in Hiltrup, 1951 zu dessen stellv. Leiter ernannt, 1954–1958 bei der Kreispolizeibehörde Bochum.
4 Im Original handschriftl. Anstreichungen und Bearbeitungsvermerke. Der Bericht ging an den Reichsführer SS, z. Hd. Hptm. d. Sch. Goebel o.V.i.A., StS. SS-Gruppenführer K. H. Frank, z. Hd. Hptm. d. Sch. Steinhauer, das Polizei-Regiment Böhmen, das Polizei-Regiment Mähren, das Amt Verwaltung und Recht der Ordnungspolizei (mit besonderem Anschreiben), verschiedene Abteilungen des BdO, nachrichtlich an UStS Dr. v. Burgsdorff und den BdS.
5 Im Jan. und Febr. 1942 versenkten deutsche U-Boote zahlreiche US-amerikan. Schiffe vor der Atlantikküste.
6 Zwischen Dez. 1941 und März 1942 eroberten japan. Truppen u. a. Singapur, Teile Birmas, die Philippinen, Malaysia sowie Niederländisch-Indien.
7 Kriegswinterhilfswerk.

zur deutschen Sache in der Beflaggung der Häuser und Ausschmückung der Geschäfte zum Geburtstag des Führers.
Die Kürzung der Lebensmittelmengen, die Verknappung der Bedarfsgüter, die Verkehrseinschränkungen werden zwar als unangenehm und drückend empfunden, aber mit Einsicht und dem nötigen Verständnis im Vertrauen auf eine bessere Zukunft willig ertragen.
Die in den letzten Tagen des Monats April vom Feind durchgeführten Störflüge in das Protektorat konnten der guten Stimmung bei den Deutschen keinen Abbruch tun.
Die Einrichtung der Gendamerie-Außenstellen wurde von der deutschen Bevölkerung begrüßt.
2.) *Stimmung der tschechischen Bevölkerung.*
Das Verhalten der tschechischen Bevölkerung ist nach wie vor betont zurückhaltend. Ein Teil der Tschechen, vorwiegend Bauern und Arbeiter, zeigen einen guten Willen zur Mitarbeit, während der andere Teil, besonders die jüngeren Leute, kein Verständnis für das Zeitgeschehen aufbringt.
Allgemein wird über die unzureichenden Fleisch-, Fett- und Brotrationen geklagt. Die Kürzung der Lebensmittelmengen hat große Unzufriedenheit hervorgerufen. In tschechischen Kreisen verlautet, daß im kommenden Sommer mit weiteren Kürzungen zu rechnen sei.
Hetz- und Flüsterpropaganda sowie das Abhören von feindlichen Sendern haben in der letzten Zeit zugenommen. Die stille Wühlarbeit wird trotz aller harten Strafen und Maßnahmen beim Ergreifen der Beschuldigten fortgesetzt.
Es geht das Gerücht um, daß in einzelnen Städten des Reiches bereits Unruhen ausgebrochen seien, die auf ungenügende Lebensmittelversorgung zurückzuführen wären. Weiter wird z. B. im Oberlandratsbezirk Königgrätz verbreitet, daß an der Ostfront bei 80 % Verlusten nur 2 % durch Schußverletzungen, der andere große Teil der strengen Kälte zum Opfer gefallen sei.[8] Gelänge den Deutschen in den nächsten Wochen nicht ein entscheidender Erfolg, so sei ein Sieg Deutschlands ganz unwahrscheinlich. Der Kampfgeist unserer Truppen sei derartig gesunken, daß an eine Offensive nicht mehr zu denken sei. Die deutsche Front könnte zu Beginn der wärmeren Jahreszeit mit Leichtigkeit von den Russen aufgerollt werden. In diesem Zusammenhang wird auch das Gerücht verbreitet, die deutsche Nordarmee sei vor Petersburg eingeschlossen und stehe vor ihrer vollständigen Vernichtung.[9]
In Nachod hält sich hartnäckig das Gerede, daß alle aus Nachod stammenden Tschechen, die sich in einem Konzentrationslager befinden, nicht mehr am Leben seien und ihre Angehörigen vom Ableben keine Kenntnis erhielten.
Einen weiteren Beweis deutschfeindlicher Haltung lieferte ein Teil der judenfreundlichen Bevölkerung dadurch, daß beim Abtransport von Juden am Bahnhof in Tischnowitz Spalier gebildet wurde.[10] Daß ein tschechischer Student auf einem jüdischen Friedhof 88 Grabsteine umwarf und beschädigte, darf als Ausnahmeerscheinung bezeichnet werden.

8 Bis Ende Jan. 1942 waren rund eine Million deutsche Soldaten an der Ostfront, etwa 20 % der gesamten Truppe, gefallen, vermisst, verwundet oder krank.
9 In der Kesselschlacht von Demjansk, südöstlich von St. Petersburg, hatte die Rote Armee Anfang 1942 sechs Divisionen der deutschen Heeresgruppe Nord eingeschlossen.
10 Nicht ermittelt.

3.) Verhalten der Regierungspolizei und Protektoratgendarmerie.
Im allgemeinen ist das Verhalten dieser Organe nicht zu beanstanden. Polizei und Gendarmerie des Protektorats sind im dienstlichen Verkehr entgegenkommend, hilfsbereit und bemüht, alles zu tun, was von ihnen gefordert wird. Selbständiges Einschreiten, vor allem gegen den Schwarzhandel, ist jedoch nicht zu bemerken. Die Berufung des Oberstleutnants Langhammer zum Gendarmerie-Landeskommandanten, der u. a. die Anwendung der deutschen Sprache im Schriftverkehr mit dem Gend.-Landeskommando anordnete, erregte anfangs unter den Gendarmen Besorgnis. Ein Teil befürchtete bei einer bevorstehenden Neuorganisation, die eine starke Verminderung der Beamtenschaft vorsehen soll, entlassen zu werden. Ein anderer Teil freut sich jedoch, bald die deutsche Uniform tragen zu dürfen. Der Deutschunterricht wird daher mit großem Eifer betrieben.
4.) Wirtschaftliche Lage.
Die Versorgungslage hat sich gegenüber dem Vormonat nicht wesentlich geändert. Nach wie vor ist ein Mangel an Kartoffeln festzustellen. Zeitige Wintersaaten stehen angeblich mittelmäßig bis gut. Späte Wintersaaten zeigen teilweise Auswinterung.
Der Schleichhandel hat, besonders im Großhandel, in letzter Zeit nachgelassen, dagegen im Kleinhandel erheblich zugenommen.
Im Kohlenrevier Mähr.-Ostrau zeigt die Förderung von Kohle eine Steigerung von 10 %, die Herstellung von Briketts sogar eine Steigerung von etwa 40 % gegenüber dem Vormonat.
5.) Einsatz der Polizei.
[...][11]
Vom 24.4.42, 12.00 Uhr, bis 27.4.42, 07.00 Uhr, wurde in verschiedenen Standorten des Protektorats durch verstärkten Streifen- und Bahnhofswachdienst der Wehrmacht in Zusammenarbeit mit Kripo, Gestapo und Deutschem Gend.-Kdo. eine schlagartige Überprüfung der Wehrmachtsangehörigen außerhalb der geschlossenen Truppe durchgeführt. Zweck des Einsatzes war Fahndung nach im Protektorat sich aufhaltenden Fahnenflüchtigen, Kriegsgefangenen, Wehrmachtsangehörigen, die sich ohne Urlaub in einem anderen Standort befanden, und sonstigen Zivilpersonen, die sich unerlaubt im Protektorat aufhielten (letztere nur für Polizeistellen).
Judentransporte:

Am 1.4.42 von Theresienstadt nach Travniki
" 18.4.42 " " " Izbica.
Die Begleitkommandos stellte das Res.-Pol.-Btl. Prag.
Am 4.4.42 von Brünn nach Theresienstadt
" 8.4.42 " " " " .
Die Begleitkommandos wurden vom Res.-Pol.-Btl. 134 gestellt.

Zur Großfahndung nach dem am 17.4.42 aus dem Gefangenenlager Königstein/Elbe entflohenen französischen Armeeführer General Giraud wurden alle Organe der Deutschen Ordnungspolizei eingesetzt, da der Verdacht bestand, daß sich der Flüchtling im Protektorat aufhielt. Die Fahndung war mit dem 30.4.42 beendet.[12]

11 Unter Abschnitt 5 werden zunächst Einsätze der Ordnungspolizei bei einer Trauerfeier, einer Viehzählung, einer Suche nach Fallschirmagenten und einer Kundgebung beschrieben.

12 Der franz. General Henri Giraud (1879–1949) erreichte wenige Tage nach seiner Flucht trotz Großfahndung die Schweiz.

6.) Besondere Vorkommnisse.

Vom Zollfahndungsdienst Prag wurden wegen Schleichhandels und Schwarzschlachtungen in den Bereichen der Bezirke Senftenberg und Reichenau 24 Personen festgenommen. Einer der Festgenommenen erhängte sich in der Gefängniszelle. Ein tschechischer Fabrikant erschoß sich, weil bei ihm nichtangemeldete Textilwaren im Werte vom RM 400 000.– vorgefunden wurden.

In verschiedenen Orten des Protektorats, besonders in Prag, wurden in der Berichtszeit zahlreiche staatsfeindliche Flugblätter verschiedenen Inhalts aufgefunden.

Im Monat April wurden 3 Propagandaballone ohne Lasten sichergestellt.

Am 30.4.42 wurde durch einen tschechischen Landwirt auf einem Felde bei Rakonitz ein Koffer gefunden, in dem sich eine Sendeanlage befand. Die Gestapo Kladno, die durch die Protektoratsgendarmerie davon verständigt wurde, ordnete darauf[hin] die Bewachung der Fundstelle durch die Gendarmerie an. Gegen 22.00 Uhr erschienen an der Fundstelle 2 Zivilpersonen, die scheinbar das Funkgerät abholen wollten. Zwischen ihnen und den beiden tschechischen Gendarmen, die dort Wache hielten, kam es zu einem Feuergefecht, in dessen Verlauf ein tschechischer Gendarm erschossen, einer schwer verwundet und einer der Zivilisten erschossen wurde. Die zweite Zivilperson entfloh. Der erschossene Zivilist ist ein Tscheche, der im Jahre 1939 nach England ging, dort angeblich Leutnant wurde und am 23.3.42 mit Fallschirm abgesprungen ist. Bei dem Erschossenen wurde ein Lageplan gefunden, aus dem das Versteck verschiedener Sachen hervorgeht. Das Abstreifen des Geländes wurde von der Wehrmacht, Waffen-SS, Deutschen Gendarmerie und der tschechischen Gendarmerie durchgeführt. Gefunden wurden bis jetzt: 6 Fallschirme, 1 großer und 1 kleiner Lastfallschirm, mehrere Gummihelme, Lebensmittel, Tabak und 3 Behälter mit Sprengstoff. Aus einem Zettel, den der erschossene Zivilist bei sich trug, ging die Adresse eines Mannes aus Rostok bei Pürglitz hervor, der mit der zweiten geflohenen Zivilperson identisch sein soll. Die Verhaftung wurde inzwischen durchgeführt.

An 10 Güterwagen wurden durchschnittene Bremsschläuche festgestellt. Telefon-, Signal- und Postleitungen wurden an mehreren Eisenbahnstrecken durchschnitten bzw. zerstört. Durch Blockieren von Eisenbahnschienen auf der Bahnstrecke Rakonitz – Beraun wurde versucht, die Verkehrswege zu unterbrechen.

Die Brandschadenshöhe im Monat April, die teils durch größere, teils durch kleinere Brände verursacht wurde, beläuft sich auf ungefähr RM 470 000,– Die Brände entstanden durch fahrlässige Brandstiftung, Unvorsichtigkeit, Funkenflug und Blitzschlag.

[...][13]

13 Im Folgenden werden Luftangriffe im Protektorat beschrieben und tote, verletzte und kranke Ordnungspolizisten aufgelistet.

DOK. 284

Der Oberfinanzpräsident von Prag teilt am 16. Mai 1942 die Festnahme von Juden mit, die versucht haben, in die Slowakei zu fliehen[1]

Schreiben (geheim) des Oberfinanzpräsidenten Prag[2] (RV-IIb-B-147/42g 2. Ang.), gez. i. V. Sahner,[3] Prag XII, Schlesische Str. 9, an das Büro des Herrn Staatssekretärs beim Reichsprotektor in Böhmen und Mähren, z. Hd. von Herrn Oberregierungsrat Dr. Gies[4] oder Vertreter im Amt, Prag IV, Czerninpalais, vom 16.5.1942[5]

Betrifft: Aufdeckung eines Menschenschmuggels
Im Bezirk des Hauptzollamtes Luhatschowitz konnte durch das umsichtige Verhalten einer Streife des Zollgrenzschutzes ein besonderer Aufgriff erzielt werden. Es gelang am 24.4.1942, vier Juden festzunehmen, die illegal die Grenze in Richtung Slowakei überschreiten wollten. Bei der Auswertung des Aufgriffs konnten außerdem vier Grenzbewohner (Protektoratsangehörige), die den Juden beim Grenzübertritt behilflich sein sollten und die bereits früher Juden beim Grenzübertritt behilflich waren, festgenommen werden.
Die Juden, von denen zwei am 25. April 1942 in das Arbeitslager Theresienstadt einrükken sollten, führten durchwegs größere Geldbeträge mit sich, von denen sie einen Teil zur Bezahlung der Schlepper und den Rest zur illegalen Ausfuhr verwenden wollten. Als Lohn für die Schlepper war ein Betrag von ungefähr 1000,– RM für eine Person vorgesehen.
Weiterhin wurden bei den Juden eine Reihe von Briefen, Notizbüchern, Landkarten und andere Unterlagen – insbesondere Adressen – vorgefunden, die auf eine weiterverzweigte Menschenschmuggelorganisation schließen lassen.
Die Festgenommenen wurden mit dem vorgefundenen Material noch am 24. April 1942 der am Ort eingetroffenen Gestapo übergeben.
Ich bitte um Kenntnisnahme.

1 NAP, ÚŘP-ST, 109-4/408, Karton 34.
2 Dr. Karl Groß (1884–1945), Jurist; 1912 Gerichtsassessor, 1913–1919 Verwaltungsassessor bei der Generalzolldirektion Hamburg, 1918 Reg.Rat, in dieser Funktion von Okt. 1919 an in der Reichsfinanzverwaltung tätig, 1923 ORR, von Dez. 1927 an Direktor beim Landesfinanzamt Unterelbe; 1939 Beauftragter des RFM für Zollsachen beim Reichsprotektor, von Okt. 1940 an Oberfinanzpräsident in Prag.
3 Sahner, Finanzpräsident; Leiter der Abt. Zoll beim Oberfinanzpräsidenten Prag.
4 Dr. Robert Gies (1902–1974), Verwaltungsbeamter; 1933 NSDAP-, 1935 SS-Eintritt; seit 1934 Reg.Rat in Eisleben, Köln, Jüterbog und Trier; 1937–1939 hauptamtl. beim SD, von Mai 1939 an persönlicher Referent von Karl Hermann Frank in Prag, 1942 Min.Rat; 1943 O'Stubaf.; 1945 in US-Gefangenschaft, danach u. a. beim Verwaltungsgericht in Münster.
5 Im Original handschriftl. Bearbeitungsvermerke.

DOK. 285

Der Ältestenrat in Theresienstadt legt am 17. Mai 1942 in einem Tagesbefehl fest, dass Schwerstarbeiter eine höhere Brotration erhalten[1]

Bekanntmachung des Tagesbefehls Nr. 127 durch den Ältestenrat in Theresienstadt, i. A. gez. Dr. Janowitz, m.p.,[2] vom 17.5.1942 (Abschrift)

1.) Transport Au/1
Der Transport Au/1 mit 1000 Personen ist am 15. Mai 1942 aus Prag im Ghetto eingetroffen.

2.) Ostentransport Ay
Um eine klaglose Abfertigung des Ostentransportes Ay[3] zu ermöglichen, wurde folgende Anordnung getroffen:
Sämtliche Büros im Kavalier 8 werden am 17. Mai 1942 um 12 Uhr mittags geschlossen. Ab 13 Uhr bis zum Abgang des Transportes ist allen im Kavalier 8 wohnenden Personen, mit Ausnahme der in den Transport Ay Eingereihten, den Mitgliedern des Ältestenrats sowie den an den Transportarbeiten beteiligten Personen das Betreten des Hofes im Kavalier 8 streng untersagt.

3.) Weisungen für den am 18. Mai 1942 eintreffenden Transport Av.[4]
Der am 18. Mai d. J. aus Iglau eintreffende Transport Av wird im Kavalier durchschleust. Das Betreten der Schleuse[5] am 18. Mai ab 18 Uhr abends und am 19. Mai bis 12 Uhr mittags ist außer den Mitgliedern des Ältestenrates bloß jenen Personen gestattet, welche an den Transportarbeiten beteiligt sind.
Die vom Zentralsekretariate für den Transport Au/1 zum Betreten der Schleuse ausgegebenen Bescheinigungen behalten ihre Gültigkeit auch für diesen Transport.
Das Betreten des Hohenelber Gebäudes zu obenangeführter Zeit ist bloß aus dienstlichen Gründen gestattet. Besuche jeder Art, auch Krankenbesuche, sind untersagt.

4. Brotzuteilung für Schwer- und Mehrarbeiter.
Beginnend Montag, den 18. ds. M. wird die Brotzuteilung an die Belegschaft in drei Kategorien erfolgen.

1. Kategorie	S: Schwerstarbeiter,	50 dkg Brot täglich
2. Kategorie	N: Normalarbeiter,	37 1/2 dkg Brot täglich,
3. Kategorie	K: Wegen Gebrechlichkeit Arbeitsunfähige	33 1/3 dkg Brot täglich.

ad 1.) In die Kategorie S wurden nur die Schwerstarbeitenden des Ghettos eingereiht, wie die Arbeiter beim Krematoriumbau,[6] Arbeitsgruppe Leitmeritz,[7] Kanalisationsarbeiter, Heizer, Maurer, einzelne Lagerarbeiter, einzelne Arbeiter in der Landwirtschaft u.dgl.

1 JMP, T 144, Karton 16.
2 Manu propria (lat.) = eigenhändig.
3 Am 17.5.1942 wurden mit dem Transport Ay 1000 Personen von Theresienstadt nach Lublin deportiert.
4 Am 18.5.1942 wurden mit dem Transport Av 720 Personen aus Iglau nach Theresienstadt deportiert.
5 Siehe Einleitung, S. 57.

ad 2.) Die Kategorie N umfasst alle Arbeitenden mit Ausnahme der Schwerstarbeiter. Personen, die Schwerarbeit, Nachtarbeit, Arbeit unter besonderen Umständen u.dgl. leisten, erhalten eine Brotzulage zu ihrem normalen Brotbezug gemäß dem Prämiensystem. Die Grundsätze, nach denen die Bemessung erfolgt, sind folgende:

Prämiensystem

I.) Arbeiter sind:

a) manuelle

b) administrative

Bei gemischter Tätigkeit entscheidet den Arbeitscharakter das zeitliche Übergewicht, gemessen an der Wochenarbeitsleistung.

II. *Arbeitszeit und Arbeitsdauer:*

a) Voraussetzung jeder Prämiierung ist bei manuellen Arbeitern eine 48stündige, bei administrativen Arbeitern eine 54stündige normale Wochenleistung. Die über diese Zeitdauer währende Arbeit gilt als Überzeit.

b) Bei manuellen Arbeitern ist die zwischen 22 und 6 Uhr geleistete Arbeit Nachtarbeit. Bei administrativen Arbeitern gilt als Nachtarbeit die zwischen 20 und 6 Uhr geleistete Arbeit.

III. *Manuelle Arbeiter* werden mit Zusatzbrot bedacht:

a) 1.) Bei Überzeitarbeit

2.) " Schwerarbeit

3.) " Arbeit unter besonderen Umständen

4.) " Nachtarbeit.

Die Arbeitszentrale entscheidet auf Grund von Sachverständigengutachten, ob Schwerarbeit vorliegt, sie beurteilt das Vorhandensein besonderer Umstände und bewertet sie. Beim Zusammentreffen mehrerer Qualifikationen tritt Kumulierung ein.

b) 1.) Jede Überstunde ergibt einen Punkt,

2.) Jede Stunde Schwerarbeit gibt einen 50 %igen Zuschlag zu einem Punkt.

3.) Besondere Umstände werden mit einem Zuschlag von 20–50 % bewertet.

4.) Bei Stückarbeit wird eine besondere Entlohnung vorbehalten.

c) Die Gesamtzahl der Punkte samt Zuschlägen bildet die Brotprämienberechnungsgrundlage unter Zuhilfenahme des Punktwertes. Der Punktwert richtet sich nach der Menge des vorhandenen Brotes. Er wird bis auf weiteres mit 1.5 dkg Brot festgesetzt. Die kleinste Brotprämie beträgt ein Achtel Brot. Die Zuteilung erfolgt bei Erreichung von mindestens 10 Punkten.

d) Jede durchlaufende Nachtarbeit von 22 bis 6 Uhr wird mit 1/4 Brot prämiiert. Jede kürzere Nachtarbeit wird für jede abgearbeitete Stunde mit einem 50 %igen Zuschlag bedacht. Die in einer Woche geleistete Nachtarbeit wird zusammengerechnet und für je 8 Stunden mit 1/4 Brot prämiiert. Die darüber verbleibenden Nachtstunden werden mit Punkten bewertet.

IV. *Administrative Arbeiter* werden für die Nachtarbeit nur dann mit Zusatzbrot bedacht, wenn diese 5 Stunden dauert. Die Nachtarbeit der administrativen Arbeiter beginnt frühestens um 20 Uhr. Die Prämie beträgt:

6 Im Auftrag der SS-Kommandantur errichtete ein Arbeitskommando zwischen Mai und Sept. 1942 ein Krematorium außerhalb des Gettos.

7 Die Arbeitsgruppe wurde beim Straßenbau in der benachbarten Stadt Leitmeritz eingesetzt.

A. Bei Nachtarbeit, die an die Tagesarbeit anschließt, 1/6 Brot für jede Nacht,
B. Bei Nachtarbeit ohne vorhergehende Tagesleistung 1/8 Brot für jede Nacht.

V. Für die mit einer ständigen erhöhten Brotration bedachten Schwerarbeiter wird bei Berechnung der zusätzlichen Brotzuteilung eine Punktzahl von 60 Punkten von der erreichten Gesamtpunktzahl in Abzug gebracht.

Beispiele:

1.) Brotprämie bei Überzeitarbeit

1 Arbeiter arbeitet	58 Stunden
ab Normalleistung	48 "
	10 Überstunden
10 Punkte á 1.50 dkg - 15 dkg	
Brotprämie /aufgerundet/	1/8 Brot.

2.) Brotprämie bei Schwerarbeit:

Arbeitszeit 54 Stunden,	
hievon 30 Stunden Schwerarbeit	54 Punkte,
plus 50 % Zuschlag von 30 Stunden	15 "
	69 Punkte,
ab Normalleistung	48 "
	21 Punkte
21 Punkte á 1.50 dkg	1/4 Brot.

3.) Arbeit unter besonderen Umständen wird wie ad.2.) berechnet.

4.) *Brotprämie bei Nachtarbeit*:

Arbeitszeit	60 Stunden, hievon	
Nachtarbeit	8 " und	
Schwerarbeit	26 "	
plus 50 % von 26 Stunden		60 Punkte
		13 "
		73 Punkte
ab Normalleistung		48 "
verbleiben		25 Punkte á 1.5 dkg-
		1/4 Brot,
dazu kommen f. 8 Stunden Nachtarbeit		1/4 "
Gesamtprämie		1/2 Brot.

Die Aufrundung und Abrundung beträgt:

von 10–19 Punkten	1/8 Brot
" 20–29 "	1/4 "
" 30–46 "	1/3 "
" 47–59 "	1/2 Brot
" 60–70 "	2/3 "
" 71–92 "	3/4 "
" 93 Punkten	1 Brot

Rekapitulation.

Die Kategorie K erhält eine gekürzte Brotration, die Kategorie S eine ständig erhöhte Brotzuteilung, während die Arbeiter und Arbeiterinnen der Kategorie N die normale Brotzuteilung wie bisher erhalten. Sie werden nur dann, wenn sie eine besondere Lei-

stung (Schwerarbeit, Überstunden, Nachtarbeit u.s.w.) vollbringen, nach dem Prämiensystem mit einer zusätzlichen Brotration beteilt, die wöchentlich je nach der Leistung 1/8 bis 1 Brot beträgt. Die Arbeiter der Kategorie S erhalten über ihre erhöhte Brotration hinaus nur dann eine weitere Zulage, wenn eine ganz außerordentliche Leistung vollbracht ist (siehe Prämiensystem Punkt V).
Die gerechte Verteilung der Brotzulagen hängt von der genauen Führung der Präsenzlisten und Arbeitsübersichten der einzelnen Arbeitsgruppen und Arbeitsstellen ab. Diese Leistungsausweise werden von den Kontrollorganen der Arbeitszentrale genauest überprüft werden. Für falsche Angaben, durch die sie sich oder den ihnen unterstellten Personen eine erhöhte Nahrungszuteilung auf Kosten der übrigen Belegschaft zu verschaffen suchen, werden die für die Führung der erwähnten Listen verantwortlichen Partieführer, Meister, Werkstättenleiter, Büroleiter usw. aufs Schärfste bestraft werden.

5. *Todesfälle.*
am 14. ds. M. starben:

Name:	Geb.J.	Transp.Nr.:
Winternitz Rudolf	1859	At/523
Brill Emil	1886	Y/84
Glück Rudolf	1858	Am/83
Kohn Margarethe geb. Weinfeld	1900	At/290
Stein Flora	1855	AkB/485.

DOK. 286

Der Befehlshaber der Sicherheitspolizei beschwert sich am 20. Mai 1942 über die Anspruchshaltung deutscher Beamter, die Wohnungen von Juden übernehmen wollen[1]

Rundschreiben des Befehlshabers der Sicherheitspolizei und des SD, Prag (Tgb. Nr. BdS -xX- VR 1-1134/42), gez. Böhme, an das Büro des Reichsprotektors, das Büro des Staatssekretärs, die Zentralverwaltung, die Abteilungen I–IV,[2] sämtliche Gruppen,[3] den Wehrmachtbevollmächtigten,[4] den Arbeitsgauführer (Eing. 2.6.1942), den Befehlshaber der Ordnungspolizei,[5] den Vertreter des Auswärtigen Amts, die Parteiverbindungsstelle[6] vom 20.5.1942[7]

Betr.: Zentralstelle für jüdische Auswanderung, Prag.

Über die dem Befehlshaber der Sicherheitspolizei und des SD unterstellte Zentralstelle für jüdische Auswanderung in Prag werden in letzter Zeit von allen möglichen Stellen

1 YVA, O.7 CZ/6. Abdruck in: Adler, Die verheimlichte Wahrheit (wie Dok. 72 vom 31.1.1942, Anm. 1), S. 84 f.
2 Die Behörde des Reichsprotektors war in die Abt. I (Verwaltung, Justiz, Unterricht), Abt. II (Wirtschaft und Finanzen), Abt. III (Verkehr) und Abt. IV (Kulturpolitik) untergliedert.
3 Untergruppen der Behörde des Reichsprotektors.
4 Rudolf Toussaint.
5 Paul Riege.
6 Im Protektorat schuf die NSDAP keine eigene Gauleitung, sondern schlug die Regionen den Parteigliederungen in den anliegenden Gauen Sudetenland, Bayerische Ostmark, Oberdonau und Niederdonau zu, so dass deren Gauleiter ein Mitspracherecht in Angelegenheiten des Protektorats hatten. Um die Maßnahmen der vier Gaue zu koordinieren, wurde am 30.1.1940 eine Parteiverbindungsstelle beim Reichsprotektor geschaffen.
7 Im Original handschriftl. Unterstreichungen und Stempel.

Ansichten geäußert, die geeignet sind, das Ansehen dieser Dienststelle und damit meines Amtes in der Öffentlichkeit zu untergraben.
Ich möchte dazu folgendes sagen:
Wenn es der deutschen Bevölkerung in Prag und insbesondere den Herren Beamten und sonstigen Dienststellenangehörigen leicht ermöglicht wird, eine anständige Wohnung zu beziehen und darüber hinaus sich in der gegenwärtigen Zeit Wohnungseinrichtungen zu mäßigen Preisen zu kaufen, so ist das ausschließlich das Verdienst der Zentralstelle für jüdische Auswanderung. Man scheint allgemein vergessen zu haben, wie demgegenüber die Verhältnisse im Reich lagen. Nur durch die Initiative der Zentralstelle für jüdische Auswanderung wurde verhindert, daß die Juden ihre Wohnungen an die Tschechen verschoben. Es könnte der Zentralstelle für jüdische Auswanderung kein Mensch einen Vorwurf machen, wenn sie die Maßnahmen nicht durchgeführt hätte, die diese Absichten der Juden verhinderten. Ich brauche nicht besonders zu betonen, daß diese gewaltige Aufgabe mit dem geringstmöglichen Aufwand an deutschen Kräften peinlichst genau und korrekt durchgeführt wurde. Es ist selbstverständlich, daß die Zentralstelle für jüdische Auswanderung als deutsche Dienststelle jedem deutschen Volksgenossen gern helfen will, das kann aber nicht so weit gehen, daß diese *Dienststelle* mit einem Warenhaus und mit einem Wohnungsvermittlungsbüro verwechselt wird. Ich möchte bei den mir immer wieder gemeldeten widerlichen Vorkommnissen nicht im einzelnen untersuchen, zu welchem Zeitpunkt die anspruchsvollsten Herrschaften Antisemiten geworden sind.
Es ist für die SS-Männer, die die an sich wenig schöne Aufgabe haben, sich laufend mit Juden abgeben zu müssen, eine beachtliche Zumutung, wenn sie sich von Personen anpöbeln lassen müssen, denen man an der Nasenspitze ansieht, daß sie vermutlich noch vor drei Jahren mit den Prager Juden in einem Kaffeehaus gesessen haben.
Ich darf bitten, der Arbeit der Zentralstelle für jüdische Auswanderung mehr Verständnis entgegenzubringen.

DOK. 287

Petr Ginz erwähnt im Frühsommer 1942 in seinem Tagebuch das Attentat auf Heydrich und die Folgen für die Prager Bevölkerung[1]

Handschriftl. Tagebuch von Petr Ginz,[2] Einträge vom 27.5. bis 2.6.1942

27.5.1942 (Mittwoch)
Vormittags in der Schule. Soll von Beinkoles[3] einen Verweis bekommen. Nachmittags mit Popper[4] spazieren.
Auf den SS-Obergruppenführer Heydrich hat man einen Bombenanschlag verübt.[5] Daraufhin wurde der Ausnahmezustand erklärt. Alle, die heute nach 21 Uhr und morgen vor 6 Uhr die Straße betreten und bei der ersten Aufforderung nicht stehen bleiben,

1 YVA. Abdruck in: Petr Ginz. Prager Tagebuch 1941–1942, hrsg. von Chava Pressburger, Berlin 2006, S. 99–102. © 2004 Chava Pressburger, Nutzung mit Genehmigung der Liepman AG, Zürich. Die Übersetzung aus dem Tschechischen von Eva Profousová wurde aus diesem Buch übernommen.

2 Petr Ginz (1928–1944), Schüler; führte Tagebuch von Okt. 1941 bis zu seiner Deportation nach Theresienstadt im Okt. 1942, verfasste und illustrierte zwischen seinem 8. und 14. Lebensjahr fünf Romane; in Theresienstadt Herausgeber der Zeitschrift Vedem, zeichnete und schrieb zu Themen wie Geographie, Soziologie, Geschichte, Technik; Autor eines Esperanto-Tschechischen Wörterbuchs; im Sept. 1944 mit einem der letzten Transporte nach Auschwitz deportiert und dort ermordet.

werden erschossen. Für denjenigen, der die Attentäter der Polizei übergibt, wurde eine Belohnung in Höhe von 10 000 000 Kronen ausgesetzt. Derjenige, der die Attentäter kennt und es nicht meldet, wird mit der gesamten Familie erschossen.[6]

28.5.1942 (Donnerstag)
Vormittags wurde gemeldet, dass sich Herr Heydrich außer Lebensgefahr befindet. Nachmittags in der Schule.
Abends kam eine Lautsprechermeldung, dass acht Leute wegen Beherbergung von ungemeldeten Personen erschossen wurden. Unter ihnen auch ein Siebzehnjähriger.

29.5.1942 (Freitag)
Vormittags in der Schule. Nachmittags zu Hause und draußen.
Ein gewisser Valcik[7] wird gesucht. Belohnung 100 000 Kronen.

30.5.1942 (Samstag)
Nachmittags mit Popper. Habe ein neues Plakat gesehen, auf dem ein weiterer Mörder gesucht wird. Belohnung 10 000 Kronen.
Wegen öffentlicher Billigung [des Attentats] wurden 45 Menschen erschossen.[8]
In den Kohner'schen Briefkasten haben wir die Zeitschrift „Die Wehrmacht" gesteckt, die unsere Oma[9] seit langem umsonst bekommt. Herr Kohner dachte allerdings, dass das kein Zufall war, er heißt doch Kohner, da haben die Deutschen bestimmt gedacht: Ein echter Germane!, und schicken ihm die Zeitung frei Haus. Bei der nächsten Nummer machen wir das wieder. Nachmittags zu Hause.

31.5.1942 (Sonntag)
Vormittags Hausaufgaben. Nachmittags alle im Schlachthof,[10] unten bei den Flößen. Es liegen da fünf vor Anker.
Die Protektoratsregierung hat die Belohnung von 10 000 000 Kronen um weitere 10 000 000 Kronen erhöht. Die erste wurde von dem Leiter der SS ausgesetzt.

1.6.1942 (Montag)
Insgesamt 18 Menschen erschossen, meist wegen Beherbergung ungemeldeter Personen. Vormittags in der Schule, nachmittags zu Hause und draußen. In Berlin wurde ein

3 Jan Beinkoles (1915–1943), Lehrer; im Juli 1942 nach Theresienstadt, im Dez. 1943 nach Auschwitz deportiert, wo er ermordet wurde.
4 Harry Popper (1926–1942), Schüler; Freund von Petr Ginz; wurde im Aug. 1942 nach Theresienstadt deportiert, im Okt. 1942 nach Treblinka und dort ermordet.
5 Siehe Einleitung, S. 60–62.
6 Anordnung vom 27.5.1942, veröffentlicht am 28.5.1942 in: Der Neue Tag, Ausg. 145, S. 1.
7 Josef Valčík (1914–1942), Sattler; arbeitete zunächst in der Bat'a Schuhfabrik in Zlín; 1936–1938 Wehrdienst, 1939 Flucht nach Frankreich, von Aug. 1940 an in tschechoslowak. Einheiten in Großbritannien, von 1941 an freiwilliger Einsatz hinter der Front und Aufbau eines Nachrichtendienstes im Protektorat, einer der Heydrich-Attentäter, nahm sich nach Kämpfen mit der SS in der orthodoxen St. Cyrill und Method Kirche das Leben.
8 Siehe Einleitung, S. 60.
9 Berta Ginz (1867–1943); sie wurde im Juli 1942 nach Theresienstadt deportiert.
10 Der zentrale Schlachthof befand sich im Prager Stadtteil Holešovice, auf dem heutigen Gelände der Prager Markthalle.

Attentat auf die Ausstellung „Das Sowjetparadies" verübt, in der Nähe hat man ein paar Juden erwischt. Deswegen wurden 250 [Juden] erschossen und 250 in die Konzentrationslager (KZs) gebracht.[11]

2.6.1942 (Dienstag)
Vormittags zu Hause und in der Stadt, nachmittags in der Schule. Ganz Libeň[12] ist abgeriegelt, es muss dort etwas passiert sein. Ein paar aus unserer Klasse, die aus Libeň stammen, haben gehört, dass einer aus dem Fenster guckte und dabei angeschossen wurde. Die ganze Nacht sind dort (bei ihnen) Autos mit deutschen Soldaten herumgefahren, und als jemand (etwa um 5 Uhr morgens) aus dem Fenster sah, haben sie auf ihn geschossen. Alle älteren Mädchen aus Libeň wurden abgeführt, man hat ihnen die Haare gewaschen und sie dann wieder entlassen. Es wird eine Blondine gesucht, die den Attentätern das Fahrrad gehalten haben soll.
Die Juden dürfen nicht mehr zum Friseur.[13]

DOK. 288

Egon Redlich schildert in seinem Tagebuch in Theresienstadt Anfang Juni 1942 die Folgen des Heydrich-Attentats[1]

Handschriftl. Tagebuch von Egon (Gonda) Redlich, Einträge vom 28.5. bis 3.6.1942

28. Mai 1942, Donnerstag
Attentat auf den Reichsprotektor.[2] Die Lage ist sehr gespannt und aufregend. Mein Verhältnis zur Schwiegermutter[3] ist nach wie vor sehr gut. Ich besuche sie jeden Tag, und sie gefällt mir. Auch meine Schwägerin gefällt mir immer besser. Heute habe ich sehr viel über meine Liebste[4] gesprochen. Ich habe meine Schwiegermutter beleidigt, weil ich ihr erzählt habe, dass sie meinen Schwager viel mehr liebt als meine Liebste.

29. Mai 1942, Freitag
Heute stand in der Zeitung: Wer einen Unbekannten oder polizeilich nicht Gemeldeten bei sich versteckt, [oder] wer eine staatsfeindliche Aktion vorbereitet, wird mit seiner gesamten Familie erschossen.[5]

11 Siehe Dok. 157 vom 27.8.1942.
12 Stadtteil von Prag.
13 Die Zentralstelle für jüdische Auswanderung erließ am 29.5.1942 eine Anordnung, die Juden den Friseurbesuch verbot.

1 APT, Inventar 12 831, Signatur 1226, 2–1. Abdruck in: Kryl (Hrsg.), Egon Redlich (wie Dok. 271 von Mitte März, Anm. 1), S. 122. Das Dokument wurde aus dem Hebräischen und dem Tschechischen übersetzt.
2 Siehe Einleitung, S. 60–62.
3 Berta Bäcková (1887–1944), Hausfrau; verwitwet, Mutter von Gertruda Bäcková (später Redlichová) und Viktor Bäck (1919–1945); am 22.5.1942 nach Theresienstadt und im Okt. nach Auschwitz deportiert und dort umgekommen.
4 Redlichs zukünftige Frau Gertruda Bäcková wurde am 12.9.1942 aus Prag nach Theresienstadt deportiert.
5 Siehe Dok. 287 vom Frühsommer 1942, Anm. 6.

Der Lagerkommandant[6] fragte eine internierte Angestellte, ob sie krank sei. Diese antwortete, ihr Auge tue weh. Der Lagerkommandant erwiderte: „Willst du vielleicht, dass dir auch noch dein Maul weh tut?“

30. Mai 1942, Sonnabend
So ist das Leben hier. Nächste Woche werden es sechs Monate sein, die wir hier sind. Du solltest vorbeikommen, meine Liebe. Wenngleich ich im Augenblick irgendwie gleichgültig und müde dem Ganzen gegenüber bin, wegen der Erkältung und wohl auch der Ernährung, weiß ich doch, dass ich dich brauche. Was uns letztendlich beeinträchtigt hat, ist bei sogenannten gesunden Ehepaaren hier an der Tagesordnung. Man gewöhnte sich daran. Es ist wohl Nervosität, bedingt durch die Umstände. Und unter welchen Umständen haben wir gelebt? Steigerte sich nicht vor allem in den letzten Monaten meine Nervosität beständig?

31. Mai 1942, Sonntag
Wir haben keine Nachrichten. Man hat mir erlaubt, an Keuchhusten leidende Kinder auf die Wiese hinauszubringen. Heute fand ein sehr interessantes hebräisches Seminar statt. Rabbi Weiss[7] erzählte uns über das Leben im Cheder und in der Jeshiwa.[8] In seinem Cheder gab es einen energischen und strengen Lehrer, der die Kinder prügelte. Er erzählte uns über die Gewissensbisse, die ihn geplagt hätten, als er die „Bücher der Moral“[9] gelesen habe.

1. Juni 1942, Montag
In diesen Büchern lernte das Kind alle Höllenstrafen kennen und sich zu fürchten, sehr zu fürchten.
Mord, Verfolgung – schrecklich, schrecklich. Es wurden ein berühmter Schriftsteller[10] und mehrere bekannte Professoren erschossen.[11] Die Lage ist mit der im Mittelalter vergleichbar. Damals wurde das Eigentum der Ermordeten vom König, heute

2. Juni 1942, Dienstag
wird es vom Führer geerbt. Gemäß den Urteilen reicht es, wenn jemand wegen des Einverständnisses mit dem Mord am Reichsprotektor angezeigt wird.[12] Es genügt, wenn gegenüber einem Freund die Billigung [des Attentats auf Heydrich] zum Ausdruck

6 Siegfried Seidl.

7 Richtig: Evžen Jenö Weisz (1910–1944), Rabbiner; am 8.4.1942 aus Brünn nach Theresienstadt deportiert, organisierte dort jiddische Theatervorführungen und hielt Vorträge über jüdische Kultur und Religion; am 19.10.1944 nach Auschwitz deportiert und dort ermordet.

8 Cheder ist eine jüdische, zumeist jiddischsprachige Grundschule; die Jeshiwa ist eine jüdische Hochschule, in der meist männliche Schüler die Tora studieren.

9 Vermutlich sind die Divrei Aggadot gemeint, die sich in der Tora im Abschnitt der Halacha befinden und die Lehren über Moral und Tugenden beinhalten.

10 Vladislav Vančura (1891–1942), Schriftsteller, Arzt, Dramatiker; von 1920 an Mitglied der avantgardistischen Künstlervereinigung Devětsil; seit 1921 Mitglied der Kommunistischen Partei, 1929 ausgeschlossen; von 1939 an im tschech. Widerstand, wurde im Zuge der Vergeltungsmaßnahmen am 1.6.1942 in Prag von der SS hingerichtet.

11 Zu den Repressionsmaßnahmen nach dem Attentat auf Heydrich siehe Einleitung, S. 60.

12 Siehe Dok. 289 vom 2.6.1942.

gebracht wurde. Ins Konzentrationslager wurden neue Häftlinge eingeliefert. Sie wurden gezwungen, durch die Stadt zu laufen. Ein Greis, der

3. Juni 1942, Mittwoch
nicht gehen konnte, wurde von zwei Juden getragen. Unter den Ermordeten befindet sich heute ein 73-jähriger Jude. Ich war krank. Ich bin noch immer nicht gesund. Heute hat mich die Schwiegermutter besucht. Sie gefällt mir immer mehr.

DOK. 289
Hubert Ripka informiert am 2. Juni 1942 die Alliierten über die Verfolgung der tschechischen Bevölkerung nach dem Attentat auf Heydrich[1]

Diplomatische Note der tschechoslowak. Exilregierung (2438/42/vertraulich), London, gez. Hubert Ripka,[2] vom 2.6.1942 (Durchschlag)[3]

Verehrte Exzellenzen,
ich habe die Ehre, Sie darüber zu informieren, dass die Regierung der Tschechoslowakischen Republik Berichte über eine erneute Verfolgungswelle erhalten hat, der die tschechoslowakische Nation ausgesetzt ist.
Am 27. Mai wurde ein Anschlag auf den Stellvertretenden Reichsprotektor in Böhmen und Mähren, Reinhard Heydrich, verübt. Dieser Angriff ist Ausdruck des Widerstands und der legitimen Selbstverteidigung des tschechoslowakischen Volkes und Antwort auf die Terrorherrschaft Heydrichs, seitdem dieser am 28. September 1941 in Prag eingetroffen ist.
Reinhard Heydrich, Himmlers rechte Hand, war zu diesem Zeitpunkt nach Prag entsandt worden, nachdem alle Versuche des von Hitler zum Reichsprotektor von Böhmen und Mähren ernannten Freiherrn von Neurath gescheitert waren, den tschechoslowakischen Widerstand zu brechen. Von Heydrich wurde erwartet, dass er härter durchgreifen würde, und er tat dies auch hemmungslos. Unmittelbar nach seiner Amtseinsetzung verhängte er in den wichtigsten Regionen des Landes das Kriegsrecht, und Sondergerichte nahmen ihre Arbeit auf. Bestätigten Informationen zufolge wurden bis Ende 1941 mehr als 400 Personen erschossen oder gehängt. Sie wurden beschuldigt, sich subversiv betätigt oder Sabotage in Landwirtschaft oder Industrie betrieben zu haben, oder man warf ihnen vor, Mitglied in einer der ehemaligen tschechoslowakischen Parteien zu sein. Oft genügte schon der Verdacht, einen ausländischen Radiosender gehört und die auf

1 NAP, PMR-L 84, Karton 58. Das Dokument wurde aus dem Englischen übersetzt.
2 Dr. Hubert Ripka (1895–1958), Journalist, Politiker; 1925–1930 Redakteur des Legionärsblatts Národní osvobození (Nationale Befreiung), 1930–1938 Redakteur der Lidové noviny (Volkszeitung); emigrierte 1940 nach Großbritannien, 1940–1945 StS im Außenministerium der tschechoslowak. Exilregierung; 1945 Rückkehr nach Prag und bis 1948 Außenhandelsminister, danach erneute Emigration nach Großbritannien.
3 Mit Anschreiben vom 6.6.1942 (Nr. 2438/geheim/42) versandt an die Regierungen Großbritanniens, der Sowjetunion, der USA, Chinas, Australiens, Belgiens, Ägyptens, des Freien Frankreichs, der Niederlande, Südafrikas, Jugoslawiens, Kanadas, Luxemburgs, Mexikos, Norwegens, Neuseelands, Polens und Griechenlands.

diesem Wege erfahrenen Nachrichten verbreitet zu haben. Die Hinrichtungen fanden noch bis vor kurzem statt, wenn auch in geringerer Zahl. Die Gesamtzahl der Opfer beläuft sich auf etwa fünfhundert, soweit dies den offiziellen Verlautbarungen der deutschen Gerichte entnommen werden kann. Unter den Opfern befinden sich sowohl Männer als auch Frauen. Ihre tatsächliche Zahl kann nicht einmal annähernd geschätzt werden, da unter dem Regime Heydrichs, der für sämtliche Taten der Gestapo die persönliche Verantwortung übernommen hatte, zahlreiche Menschen ohne jedes Gerichtsverfahren hingerichtet wurden.[4]

In dieser Zeit wurden auch Tausende verdächtige Personen von der Gestapo verhaftet, und auch wenn viele von ihnen später wieder freigelassen wurden, wurde die Mehrzahl von ihnen in Konzentrationslager verschleppt, darunter ins Lager Auschwitz, das für die besonders barbarische Behandlung der Tschechen dort berüchtigt ist.

Heydrich beseitigte selbst die letzten Reste von Autonomie auf tschechischem Boden. General Eliáš, Ministerpräsident der Protektoratsregierung, gehörte zu den Ersten, die zum Tode verurteilt wurden. Stattdessen wurde in die ihrer zentralen Figur beraubten Regierung Dr. Walter Bertsch,[5] ehemaliger preußischer Beamter, der kein Wort Tschechisch versteht, als Minister für Wirtschaft und Arbeit aufgenommen. Die tatsächliche Macht liegt in seinen Händen, und die übrigen Regierungsmitglieder beschränkten sich auf ihre Rolle als Statisten. Dr. Bertsch intensivierte die Bemühungen, die Ressourcen und Produktionskapazitäten im Protektorat im Sinne der Kriegsziele des Reichs auszuschöpfen. Die Nahrungsmittelrationen wurden drastisch reduziert, den Arbeitern wurde das Recht auf freie Berufswahl verwehrt, die Arbeitszeit ausgedehnt, und in jeder Fabrik gleich welcher Größe wurde eine Gestapo-Zelle installiert, um jegliche Sabotage aufzudecken. Die letzte Maßnahme, die Heydrich einen Tag vor dem Attentat verfügte, war die Einberufung der gesamten männlichen Bevölkerung des Protektorats, beginnend mit den Sechzehnjährigen.[6] Personen, die bislang noch nicht in Rüstungsfabriken gearbeitet hatten, sollten in Arbeitsbataillone geschickt werden, deren Auftrag es war, die Straßen hinter der Front instand zu halten.

Gleichzeitig unternahm Heydrich einen rücksichtslosen Feldzug gegen das tschechische Bildungssystem und das kulturelle Leben im Allgemeinen. Unter den Hingerichteten befanden sich außerordentlich viele Lehrer. Alle tschechischen Bildungseinrichtungen mit Universitätsrang waren bereits im November 1939 geschlossen worden.[7] Ähnlich verfuhr Heydrich nun bei den meisten weiterführenden Schulen, den Pädagogischen Hochschulen sowie den höheren Klassen der Grundschulen. In Presse und Rundfunk wurde eine Kampagne gestartet, um die „tschechische Seele" zu gewinnen, d. h. um die tschechische Nation endlich davon zu überzeugen, dass es ihre Bestimmung sei, den Deutschen als Sklavin zu dienen, wofür eine Grundschulausbildung ausreiche.

4 Zur Repression nach dem Amtsantritt Heydrichs in Prag siehe Einleitung, S. 46.

5 Dr. Walter Bertsch (1900–1952), Jurist; 1933 NSDAP-Eintritt; von 1942 an Minister für Arbeit und Wirtschaft im Protektorat; 1944 SS-Brigadeführer; 1948 in der Tschechoslowakei zu lebenslanger Haft verurteilt, in der Haft verstorben.

6 In seinem letzten Lagebericht vom 18.5.1942 unterbreitete Heydrich seine Pläne für die Einführung einer Jugenddienstpflicht für Kinder und Jugendliche vom 10. bis 18. Lebensjahr, die 17- und 18-Jährigen sollten in Lagern auf einen Arbeitseinsatz im Reich vorbereitet werden; Kárný u. a., Deutsche Politik (wie Dok. 242 vom 2.10.1941, Anm. 1), S. 267.

7 In der sog. Sonderaktion Prag wurden am 17.11.1939 tschech. Einrichtungen des Hochschulwesens geschlossen; siehe auch Dok. 263 vom 4.2.1942.

Mit brutaler Rücksichtslosigkeit verdoppelte Heydrich die Anstrengungen, um Böhmen und Mähren zu germanisieren. In den ausschließlich tschechischen Städten wurden deutsche Verwaltungskommissare eingesetzt und die letzten Überreste der lokalen Regierungen beseitigt. Der ehemalige Bürgermeister von Prag[8] wurde hingerichtet.
Besonders erbarmungslos ging Heydrich gegen die Juden vor. Viele Menschen richteten die Deutschen einzig auf Grund ihrer jüdischen Abstammung hin. Die Diskriminierung der Juden wurde auch bei der Zuteilung von Nahrungsmitteln verschärft. Mehrere Tausend Juden wurden unter schrecklichen Umständen aus dem Protektorat nach Polen deportiert, während die Deutschen die gesamte verbleibende jüdische Bevölkerung des Protektorats, ungefähr siebzigtausend Personen, in der Festung Theresienstadt einsperrten, in der normalerweise nicht mehr als siebentausend Menschen untergebracht waren.
Tag für Tag unternahm Heydrich alles, was in seiner Macht stand, um das tschechische Nationalempfinden zu provozieren und zu verletzen. Er bemächtigte sich der Kronjuwelen der tschechischen Könige, die als Heiligtümer und nationale Reliquien gelten.[9] Er verfolgte die Angehörigen der tschechoslowakischen Armee, die im letzten Krieg in Russland, Frankreich, Serbien und Italien entstanden war.[10] Und in Artikeln und Ansprachen beleidigte er in gröbster Weise alle herausragenden Persönlichkeiten, die die tschechoslowakische Nation repräsentieren.
Die Art und Weise, wie die deutschen Behörden in Böhmen und Mähren auf den Anschlag auf Heydrich reagierten, überbietet in ihrer Grausamkeit die bis dato begangenen Verbrechen der Deutschen in den besetzten Ländern Europas. Die Grausamkeit dieser verbrecherischen Maßnahmen belegt gleichzeitig aber auch die Tatsache, dass selbst Heydrichs acht Monate währende Schreckensherrschaft es nicht vermocht hat, den Widerstandsgeist der tschechischen Bevölkerung zu brechen. Im Rahmen dieser Maßnahmen wird jede Person, die einem Beschuldigten Hilfe gewährt hat, erschossen – und mit ihr die gesamte Familie. Indem nun auch Frauen und Kinder ermordet werden sollen, wenn sich ein männliches Familienmitglied den Unterdrückern nicht unterwirft, bekennt sich die gegenwärtige deutsche Regierung erstmals öffentlich zu einer neuen und empörenden Form des Terrorismus. Das darf niemals in Vergessenheit geraten.
Allen Personen, die sich in Böhmen und Mähren aufhalten und sich bei den deutschen Behörden bisher nicht gemeldet haben, hatten dies bis spätestens 29. Mai um Mitternacht zu tun. Jede Person, die sich nach diesem Zeitpunkt ohne Anmeldung dort aufhält, muss mit Erschießung rechnen. Das gleiche Schicksal soll demjenigen zuteilwerden, der nach Ablauf dieser Frist eine Person beherbergt, die nicht gemeldet ist.[11]
Alle Theater und sonstigen Kultureinrichtungen und Amüsierstätten sind geschlossen worden.[12]
Bestätigten Berichten zufolge begann die Ermordung ganzer Familien tatsächlich schon vor Ablauf der Frist für nicht registrierte Personen, denn bereits am 28. Mai wurden

8 Otakar Klapka.
9 Heydrich ließ sich am 19.11.1941 die Schlüssel zur Krönungskammer im Prager Veitsdom aushändigen.
10 Gemeint sind die Tschechoslowakischen Legionen. Diese Vorläufer der tschechoslowak. Armee waren militärische Verbände, in denen ca. 250 000 Slowaken und Tschechen im Ersten Weltkrieg auf Seiten der Entente kämpften.
11 NAP, ÚŘP, D-1110-28/5-42; siehe auch Dok. 287 vom Frühsommer 1942, Anm. 6.
12 Ebd.

zwei Familien einschließlich der Frauen und Kinder erschossen. In den folgenden Tagen ereilte mehr als zehn Familien das gleiche Schicksal, darunter einen Jungen von sechzehn Jahren. Den bislang vorliegenden Berichten zufolge beläuft sich die Zahl der zwischen dem 28. Mai und dem 1. Juni hingerichteten Personen auf 107; 22 von ihnen sind Frauen. Eine der Frauen war 74 Jahre alt, sie wurde zusammen mit ihrem 71-jährigen Ehemann, ihrem Sohn und ihrer Tochter hingerichtet.[13] All diese Opfer gehörten unterschiedlichen politischen Parteien an. Unter ihnen befinden sich zahlreiche Intellektuelle, beispielsweise drei Universitätsprofessoren, ein bekannter Autor und mehrere höhere Beamte – so sieht die schreckliche Bilanz deutscher Brutalität nach nur fünf Tagen aus. Um diese Exekutionen zu rechtfertigen, wurde behauptet, dass die Opfer erstens Personen beherbergt hätten, die sich nicht bei der Polizei gemeldet hatten und in deutschfeindliche Handlungen verwickelt waren, sich zweitens nicht entsprechend den am 27. Mai 1942 erlassenen Vorschriften bei der Polizei gemeldet hätten oder die drittens das Attentat auf Heydrich öffentlich begrüßt und dazu aufgerufen hätten, beschuldigten Tätern Schutz zu bieten.[14]

Die tschechoslowakische Regierung erhebt ihren entschiedenen Protest gegen diese barbarischen Taten, die eine schreiende Verletzung jeglicher Prinzipien von Menschlichkeit und Gerechtigkeit darstellen, und sie appelliert an das Gewissen der gesamten zivilisierten Welt. Indem sie sich die grundlegende Sicht zu eigen macht, dass jede Nation, soweit sie nicht Opfer direkter Gewalt von außen wurde, für die Politik ihrer Regierung verantwortlich ist, erklärt die tschechoslowakische Regierung, dass die Verantwortung für die von den Deutschen begangenen Verbrechen nicht nur bei deren Regierung liegt, sondern bei allen Deutschen, die unmittelbar in diese Verbrechen verwickelt sind, sowie bei allen, die bei diesen Verbrechen Hilfe geleistet haben. Die tschechoslowakische Regierung wird alles Erforderliche unternehmen, um sicherzustellen, dass diese Grausamkeiten vergolten werden. Sie wird nicht nachlassen in ihren Bemühungen, all jene zur Rechenschaft zu ziehen, die diese Verbrechen begangen haben oder in irgendeiner Weise für sie verantwortlich sind, gleichgültig ob sie sie befohlen oder ausgeführt haben oder in irgendeiner anderen Weise daran beteiligt waren – und zwar so lange, bis die Gebote des Rechts und der Gerechtigkeit erfüllt sind, entsprechend der Proklamation der Interalliierten Konferenz im St.-James-Palast vom 13. Januar 1942.[15]

Ich bin beauftragt, zum Ausdruck zu bringen, dass die tschechoslowakische Regierung dankbar wäre, wenn die Regierung von …[16] diese Entschließung wohlwollend zur Kenntnis nähme. Zugleich bitte ich darum, den Text der Erklärung der tschechoslowakischen Regierung vom 29. Mai 1942 beizufügen.[17]

Ich versichere Ihre Exzellenz meine vorzüglichste Hochachtung.

13 Vom 27.5.1942 an galt der Ausnahmezustand, vom 28.5. bis 1.9.1942 wurden als Vergeltung für das Attentat 3188 Tschechen verhaftet und 1357 hingerichtet; Detlef Brandes, Die Tschechen unter deutschem Protektorat. Teil I: Besatzungspolitik, Kollaboration und Widerstand im Protektorat bis Heydrichs Tod (1939–1942), München u. a. 1969, S. 266.

14 477 Menschen wurden wegen „Gutheißung des Attentats“ hingerichtet; Anlage D zu Abschlussbericht Reichsprotektor „über den Mordanschlag auf SS-Obergruppenführer Heydrich“; ebd.

15 Siehe Dok. 203 vom 18.12.1942, Anm. 3.

16 So im Original.

17 In der Erklärung solidarisierte sich die tschechoslowak. Exilregierung mit den europäischen Juden und zeigte sich zuversichtlich, dass die Verbrechen an den Juden und am tschechoslowak. Volk gesühnt würden; wie Anm. 1.

DOK. 290

Staatssekretär Frank ordnet am 5. Juni 1942 an, den Pferdehändler Jeřábek zu bestrafen, weil er Juden geholfen hat[1]

Schreiben (vertraulich) des Reichsprotektors in Böhmen und Mähren (I 1 a-1811),[2] i. A. gez. Unterschrift unleserlich, an den Befehlshaber der Sicherheitspolizei in Prag (Eing. 8.6.1942) vom 5.6.1942[3]

Auf Anordnung des Herrn Staatssekretärs[4] teile ich aus dem SD-Bericht vom 29.5.1942–71/42 – folgendes mit:
Die in den letzten Tagen erfolgte Aussiedlung der Juden aus dem OLB[5] Iglau[6] bildete für viele Tschechen ein besonderes Ereignis. Häufig zeigten die Tschechen für die „armen Juden" großes Mitleid, das sie auch nach außen hin zur Schau trugen. Der tschechische Pferdehändler Jeřábek[7] aus der Stadt Saar[8] beförderte z. B. mit seinem Privatwagen am Tage der Judenevakuierung zahlreiche Juden zum Bahnhof, damit diese nicht zu Fuß gehen brauchten. Der Herr Staatssekretär hat hierzu vermerkt: „Jeřábek als Juden behandeln" und um rücksichtsloses Einschreiten gegen ihn ersucht.[9]

DOK. 291

Ein Angestellter des Wohnungsamts Proßnitz meldet am 6. Juni 1942 dem Regierungskommissar der Stadt, dass die sechsjährige Dagmar Hrubanová auf städtische Kosten im Waisenhaus lebt[1]

Schreiben, gez. Franz Ungar,[2] Proßnitz, Schafarikgasse 17, an den Regierungskommissar der Stadt Proßnitz,[3] Rathaus, vom 6.6.1942[4]

Betrifft: Uneheliches Kind der *Hrubanová*,[5] wohnhaft in Proßnitz, St. Anna
Bezug: ohne.
In Wohnungsangelegenheiten habe ich Frau H. vorgeladen und konnte dabei folgende Feststellung machen:

1 NAP, ÚŘP, I-1a 1811, Karton 286, Bl. 173.
2 Zur Gruppe I 1 siehe Dok. 247 vom 27.10.1941, Anm. 2.
3 Im Original handschriftl. Bearbeitungsvermerke.
4 Karl Hermann Frank.
5 Oberlandratsbezirk.
6 Am 18., 22., und 25.5.1942 wurden die im Umkreis der Stadt Iglau lebenden Juden über das Sammellager Třebíč nach Theresienstadt deportiert.
7 Eduard Jeřábek (*1898), Viehhändler, besaß eine Pferdefleischerei; er wurde zu mehreren Monaten Haft verurteilt, weil er Josef Stern (1885–1942) zum Sammelplatz in Třebíč gebracht hatte; er wurde während des Kriegs wegen verschiedener Delikte wie z. B. Schwarzschlachten verfolgt, überlebte den Krieg und zog 1949 mit seiner Frau nach Znaim.
8 Tschech.: Žďár nad Sázavou.
9 Es folgt handschriftl. durchgestrichen: „Ich darf hierzu um weitere Veranlassung und um gefl. Mitteilung über den Ausgang der Angelegenheit bitten", sowie eine teilweise unleserliche handschriftl. Ergänzung: „[...] bitte ich Kenntnis zu nehmen".

1 SokA Prostějov, Bezirksarchiv in Proßnitz, Sign. 2326_185.

Die H. ist bis heute noch ledig, hat aber schon 3 uneheliche Kinder. Das erste Kind ist 4 Jahre alt und mit einem gewissen Beranek Miloslav aus Proßnitz, Tetingasse. Das zweite Kind ist 1 Jahr alt und ist mit einem gewissen Lachnit Max,[6] Proßnitz, Buchbindergasse. Das dritte Kind heißt Dagmar Hrubanová[7] und ist von dem sexualberüchtigten Juden Klein Max,[8] der in der Judenzeit hier war, dann aber in einen Sexualprozeß verwickelt wurde und 2 ½ jährige Kerkerstrafe bekam. Dieses letzt[e] Judenkind befindet sich im städt. Waisenhaus auf städt. Kosten.
Ich erachte dies als meine Pflicht zu melden, weil doch öffentliche Mittel nicht zur Erhaltung von Judenkindern da sind.
Heil Hitler![9]

DOK. 292
Jewish Telegraphic Agency: Meldung vom 7. Juni 1942 über Erschießungen nach dem Attentat auf Heydrich[1]

Noch vier Juden von den Nazis als Vergeltung für Heydrichs Tod hingerichtet

Die Namen von vier weiteren Juden, die von den Nazis im Protektorat hingerichtet worden sind, wurden heute von der tschechischen Regierung bekanntgegeben. Diese Hinrichtungen sind Teil der willkürlichen Vergeltungsmaßnahmen, die auf das Attentat auf Reinhard Heydrich folgten. Die Regierung verkündete, dass sich die Gesamtzahl der Hingerichteten nun auf 153 Personen beläuft, unter ihnen sind 29 Frauen.
In Prag wurde Dr. Max Sachs (59) erschossen, weil er ohne Genehmigung im Haus des tschechischen Friseurs Emanuel Grof[2] gewohnt hat, der ebenfalls erschossen wurde. In

2 Franz Ungar (*1900), Tapezierer; während des Kriegs Verwalter des städtischen Wohnungsamts Proßnitz, Propagandaleiter der NSDAP, heiratete 1922 Johanna Jodlová, mit der er 1926 einen Sohn namens Kurt hatte.
3 Dr. Maximilian Girth, Jurist; war ab Mai 1940 Regierungskommissar in Proßnitz, ab Juli 1942 Bürgermeister der Stadt.
4 Im Original handschriftl. Bearbeitungsvermerke und Unterstreichungen.
5 Emilie Hrubanová (1911–1972), Schneiderin und Arbeiterin; hatte insgesamt vier Kinder: Dagmar (*1935), Miroslav (*1938) und Květoslav (1941–1972) sowie Eugen (*1943), dessen Vater Vilém Schlesinger (1911–1976) Hrubanová heiratete.
6 Max Lachnit, Friseur.
7 Dagmar Hrubanová lebte seit Dez. 1939 im Kreiskinderheim; in einem Prozess vor dem Krieg versuchte ihre Mutter die Vaterschaft von Max Klein feststellen zu lassen, verlor jedoch, wodurch Dagmar Hrubanová als vaterlos galt.
8 Max Klein, geboren als Max Tannenbaum (*1887), Kürschner; wurde 1938 zu einer Strafe auf Bewährung wegen Ehrbeleidigung verurteilt und aus der Tschechoslowakei ausgewiesen, seine Frau Dora, geb. Schér (1892–1943), blieb in Proßnitz und wurde deportiert; das Schicksal Kleins während des Kriegs ist nicht bekannt, er kehrte jedoch im Juni 1945 nach Proßnitz zurück.
9 Auf der Rückseite handschriftl.: „*Vermerk*: Herrn Dir. Dr. Vanrouck/Vavrock [?] in V. des Dr. Nejedlý mündlich zur Kenntnis gebracht: Proßnitz, den 8. 6. 42“, unleserliches Kürzel.

1 JTA, Daily News Bulletin, Bd. IX, Nr. 128 vom 7. 6. 1942. Das Dokument wurde aus dem Englischen übersetzt.
2 Emanuel Grof (1899–1942).

Brünn wurden Moric Abelas (57), Ivan Ealtig (46) und Moric Judenberg (50) hingerichtet, weil sie „das Attentat auf Heydrich befürwortet hatten".
Durch diese Hinrichtungen erhöht sich die Zahl der ermordeten Juden auf sechs, letztes Wochenende waren bereits zwei jüdische Frauen hingerichtet worden. Aus tschechischen Kreisen ist zu erfahren, dass ohne Zweifel auch anderen Juden dasselbe Schicksal widerfahren ist, aber ihre Namen sind noch nicht bekannt.

DOK. 293

Der Leiter der Partei-Kanzlei gibt am 8. Juni 1942 eine Weisung Hitlers weiter, dass in der Öffentlichkeit nicht über etwaige Deportationen von Tschechen diskutiert werden darf[1]

Rundschreiben (Geheim! Nicht zur Veröffentlichung) (Nr. 28/42g), gez. M. Bormann, Berlin, an alle NSDAP-Gauleiter vom 8.6.1942

Die durch das Attentat auf den Stellvertretenden Reichsprotektor in Böhmen und Mähren, SS-Obergruppenführer Heydrich, ausgelöste Empörung des deutschen Volkes hat die Aufmerksamkeit weitester Kreise auf die Frage nach der künftigen Behandlung der im Protektorat und insbesondere der in den übrigen Teilen des Reiches lebenden Tschechen gelenkt. Es sind bereits Stimmen laut geworden, daß nach Abschluß der Evakuierung der Juden mit einer Aussiedlung der Tschechen begonnen werden müsse. Im Auftrage des Führers weise ich darauf hin, daß jede Diskutierung der Tschechenfrage in Parteiversammlungen oder gar in der Öffentlichkeit zu unterbleiben hat. Ebenso unterbleibt jede Erörterung der Tschechenbehandlung in der Presse.

DOK. 294

Aufbau: In einem Artikel vom 12. Juni 1942 wird über die Inhaftierung von Prager Juden im Konzentrationslager Mauthausen und über dortige Giftgasexperimente berichtet[1]

Amerikanischer Beamter bestätigt Mauthausen-Verbrechen

Auch Prager Juden betroffen – Die Vorgänge in Liebenau
Die zuerst vom „Aufbau" einer erschrockenen Welt zur Kenntnis gebrachten Vorgänge über die Giftgas-Experimente im Konzentrationslager Mauthausen sind jetzt neuerdings durch einen hohen amerikanischen Beamten bestätigt worden,[2] der früher in der Tschechoslowakei stationiert war und in der letzten Woche auf dem Diplomatenschiff „Drottningholm" in New York eingetroffen ist. Auch er weiß von Vorgängen, die sich in diesem 20 Meilen nördlich von Linz gelegenen Lager abspielen. Neu ist, daß nicht nur

1 BArch, NS 19/2383. Abdruck in: Kárný u.a, Deutsche Politik (wie Dok. 244 vom 10.10.1941, Anm. 1), S. 293.

1 Aufbau, Nr. 24 vom 12.6.1942, S. 5.
2 Die Gaskammer in Mauthausen wurde im März 1942 fertiggestellt.

Hunderte in Holland aufgegriffene Juden durch die Gasexperimente in Mauthausen getötet worden sind und ungefähr 1200 in den in der Nähe des Lagers befindlichen Minen starben – das ist eine Anschuldigung, die auch die niederländische Regierung zu ihrer eigenen gemacht hat –, sondern der eingetroffene Beamte bestätigt auch, daß mehrere hundert Juden aus Prag, aller Papiere und sonstiger Identifikationszeichen beraubt, nach Mauthausen gebracht worden sind. Offiziell ist von den Behörden in dem Protektorat angegeben worden, daß diese Deportierten nach den polnischen Ghettos verschickt worden seien. Es konnte aber festgestellt werden, daß sie in Wahrheit nach Mauthausen gekommen sind.[3]
Wie dem „Aufbau" von zuverlässiger Seite gemeldet wird, hat eine Zeitlang ein zweites Mauthausen in dem früheren Nonnenkloster Liebenau in Württemberg bestanden, wohin von den Nazis schwachsinnige junge Männer – oder wen immer sie in diese Kategorie einordneten – zu ähnlichen Zwecken wie in Mauthausen transportiert worden waren. Es handelte sich in diesem Lager um jüdische und nichtjüdische Gefangene.
Später wurden diese Versuche in Liebenau eingestellt und das Kloster als Internierungslager für Ausländerinnen eingerichtet.[4]

DOK. 295
Petr Ginz notiert am 13. Juni 1942 in seinem Tagebuch, dass in Lidice ein Massaker stattgefunden hat[1]

Handschriftl. Tagebuch von Petr Ginz, Eintrag vom 13.6.1942

13.6.1942 (Samstag)
Vormittags zu Hause, nachmittags bei Oma.
Bei Kladno hat es ein Riesenmassaker gegeben. Man hat dort einen Geheimsender und viel Munition gefunden. Deswegen wurden alle Männer erschossen, alle Frauen und Kinder in die KZs gebracht und das Dorf (es war ziemlich groß, etwa 1000 Häuser) in Brand gesteckt.[2] Das Feuer konnte man sogar vom Weißen Berg[3] sehen. Als die Feuerwehr kam und löschen wollte, schossen die Deutschen auf sie.

3 Das Lager Mauthausen war in den Niederlanden besonders gefürchtet, nachdem der Tod fast aller nach dem Februarstreik 1941 dorthin deportierten jungen Männer bekannt wurde; siehe VEJ 5, S. 33 f. In dem KZ und seinen Außenlagern starben von März 1942 an sowohl in der Gaskammer als auch in Gaswagen mindestens 10 200 Männer und Frauen, darunter auch niederländ. und tschech. Häftlinge; Florian Freund, Tötungen durch Giftgas in Mauthausen und Gusen, in: Brigitte Bailer-Galanda/Wolfgang Benz/Wolfgang Neugebauer (Hrsg.), Wahrheit und „Auschwitzlüge". Zur Bekämpfung „revisionistischer" Propaganda, Wien 1995, S. 119–136.

4 Im Kloster Liebenau, nordöstlich von Friedrichshafen gelegen, befand sich eine Anstalt für Menschen mit Behinderungen, aus der im Rahmen der „Euthanasie"-Morde insgesamt 501 Personen in die Tötungsanstalten Grafeneck und Hadamar deportiert und dort ermordet wurden.

1 YVA. Abdruck in: Ginz. Prager Tagebuch (wie Dok. 287 vom Frühsommer 1942, Anm. 1), S. 104. Die Übersetzung aus dem Tschechischen von Eva Profousová wurde aus diesem Buch übernommen.

2 Gemeint ist das Dorf Lidice in der Nähe von Kladno. Zu dem Massaker, das die Deutschen dort verübten, und zur Zerstörung des Ortes siehe Einleitung, S. 61.

3 Knapp 400 m hoher Berg am heutigen westlichen Stadtrand von Prag.

DOK. 296
Marta Uherová beschwört ihre Tochter am 17. Juni 1942, sie solle sich über die Zukunft ihrer Mutter keine Sorgen machen[1]

Brief von Marta Uherová, Prag, an ihre Tochter Franziska in Göteborg vom 17.6.1942 (Abschrift)

Kannst Dir meine Freude vorstellen, als heute endlich Dein langer Brief kam, auf den ich so gewartet hab. Du hast ihn mit Luftpost geschickt und [er] kam wahrscheinlich deshalb verhältnismäßig rasch.
Die Hochzeit in Stockholm, klingt ja wie im Märchen. Du, mit Sven[2] und seinen Eltern, im großen, rosa Abendkleid, mit alten Spitzen, die Dir Svens Mutter geschenkt hat. Hast Du denn kein Photo? Was habt Ihr zu essen bekommen? So gut, daß Du in Stockholm auch unsere Freunde besucht hast, Kerstin F. und Frau B. aus Ličkov.
Aber ganz abgesehen davon, muß ich Dir mal bissl den Kopf waschen und die Leviten lesen. Sag, was für Vorwürfe machst Du Dir meinetwegen? Was hättest Du denn um Himmels willen tun sollen? Du hast doch mehr als andere und genug getan. Gott sei Dank geht's Dir wenigstens (unberufen!!!) gut. Du schreibst, Du lebst wie im tiefsten Frieden. Leb nur weiter, wie Du kannst, und genieße, was sich Dir bietet.
Wenn sich jemand Vorwürfe machen soll, bin nur ich es, daß ich damals nicht alles intensiver für eine Ausreise betrieben hab. Aber als es noch Zeit dazu war, befand ich mich in einer Verfassung, die mich an allem hinderte, und dann, wie ich wieder normal wurde, war's zu spät.
Und glaub mir, trotzdem waren diese drei Jahre für mich keine verlorenen. Die Schule des Lebens, die ich da durchgemacht hab, ist unbezahlbar. (Du wirst allerdings sagen, daß ich das woanders hätte billiger und angenehmer haben können).
Auch etwas anderes, das sehr wichtig ist. Ich hab in Walter[3] einen Menschen kennengelernt und einen Freund gefunden, was in diesen Zeiten sehr, sehr viel wert ist, wie Du es ja selbst am besten wissen wirst.
Es ist nicht nur, daß er mich „über alles liebt", wie er sagt. Das hat er jetzt schon viele Jahre getan, aber er ist das Verläßlichste, das existiert, und will mich vor allem glücklich sehen. Daß dazu in erster Linie mein Beisammensein mit Dir gehört, das weiß er.
Wegen Emil, Anda und Emma mach Dir kein Kopfzerbrechen.[4] Dem Emil wird's dort nicht schlechter gehen als hier. Wenn er, was bei seinem Alter anzunehmen ist, dort ins Altersheim kommt, hat er, wenn auch gerade kein üppiges, so doch ein ruhiges und geordnetes Leben. (Ich schreib auf einem zweiten Blatt weiter.)

Blatt Nr. 2.
Man sagt hier allgemein, daß es den alten Leuten, die dort im Altersheim bleiben, verhältnismäßig gutgeht. Hoffentlich kann Anda bei Emma bleiben, denn für Emma wärs

1 Original in Privatbesitz, Kopie: JMP, DP 43 c. Abdruck in schwed. Übersetzung in: Erikson, Min judiska moder (wie Dok. 252 vom 22.11.1941, Anm. 1), S. 170–172.
2 Lebensgefährte und späterer Ehemann von Franziska Uherová.
3 Siehe Dok. 252 vom 22.11.1941, Anm. 4.
4 Emil Fanta, Onkel von Marta Uherová. Anda und ihre Schwester Emma waren entfernte Verwandte, bei denen Franziska Uherová kurze Zeit gewohnt hatte und deren Deportation nach Theresienstadt bevorstand.

insoweit schlimm, da sie wirklich sehr leidend war, und wenn Anda nicht [immer]fort um sie herum ist, wen soll sie sekieren?[5]
Zerbrich Dir nicht den Kopf wegen der Zukunft, leb für die Gegenwart, dieser elendige Krieg muß doch auch mal ein Ende nehmen.
Du schreibst, die Tage in Stockholm haben Dir gutgetan. Gewiß, so bissl eine angenehme Zerstreuung mit Champus tut manchmal den Nerven gut. Nimm nicht alles so schrecklich ernst. Schau, ich hab den besten Willen durchzuhalten, nur gesund muß ich bleiben. Es ist so wie mit den Soldaten an der Front. Manche werden verwundet, manche fallen und viele kommen gesund zurück. Das ist alles Schicksal, und hoffentlich gehör ich zu denen, die bissl Glück haben.
Vorwürfe würde ich mir nur dann machen, wenn ich mir sagen müßte, ich bin durch mein Schicksal an Deiner Nervosität schuld und Du wirst dadurch in Deiner Entwicklung und Deiner zukünftigen Laufbahn gehemmt. Also nur keine Sorgen für übermorgen, vorläufig geht es mir noch gut.
Gestern hatte ich außerdem einen herrlichen Tag. Ich weiß nicht, ob Du Dich an den Sohn unseres alten, verstorbenen Hausarztes erinnerst, Hans G. Er lebt mit seiner Frau hier, und zwar ziemlich außerhalb der Stadt, direkt ländlich schon. So war ich den ganzen Tag bei ihnen, herrlich im Freien, an der Luft. Da ich ganz verschwitzt dort ankam, haben sie mir gleich eine „Gartentoilette“ geborgt. Sven hätte Freude gehabt, wenn er seine zukünftige Schwiegermutter in Shorts gesehen hätte.
Gut gegessen haben wir auch. Ich hab diese Woche Fleischpunkte gespart, und wir hatten ein herrliches Rindsfilet und Nockerln und feine Sauce. Auch Suppe und Nachspeis, also geht's uns nicht schlecht!
Sei gescheit! Bleib gesund, schreib bitte bald und mit Luftpost. Jetzt muß ich schlafen. Es ist fast zwölf Uhr, und ich schreib im Bett. Bin aber den ganzen Tag herumgelaufen und bin jetzt wirklich müde. Schlaf gut, mein Liebling.

DOK. 297
Der Ältestenrat von Theresienstadt veröffentlicht am 3. Juli 1942 Vorschriften, Verbote und Strafandrohungen für die Gettobewohner[1]

Bekanntmachung des Ältestenrats von Theresienstadt, ungez., vom 3.7.1942 (Abschrift)

Geltende Gebote und Verbote
1. Angehörige der Lagerkommandantur, der SS, der Regierungsgendarmerie, wie überhaupt jeder deutsche Uniformträger, ist zu grüßen. Männliche Ghettoinsassen nehmen die Mütze ab, Frauen verneigen sich. Marschierende Arbeitergruppen haben ohne Kommando die Mütze abzunehmen. Verstöße gegen die Anordnung werden in Hinkunft mit 10 Stockhieben bestraft.

5 Österreich. für „gängeln“.

1 YIVO, 116 Czechoslovakia I, 1.13.

2. Die Ghettoinsassen müssen schärfste Disziplin und alle Vorschriften des Ältestenrates und seiner Organe im Interesse der Gesamtheit, als auch im eigensten Interesse, genauest befolgen.
3. Die Kaserne darf von keinem Ghettoinsassen ohne schriftliche Erlaubnis verlassen werden. Es wird ausdrücklich darauf aufmerksam gemacht, daß auch nur der Versuch eines solchen Verlassens strafbar ist. Flucht oder Fluchtversuch wird mit dem Tode bestraft.
4. Eigenmächtige Übersiedlung innerhalb und auch außerhalb der Kaserne ist verboten.
5. In den Unterkunftsräumen, auf den Gängen, in den Waschräumen, in den Aborten, ist auf peinlichste Reinlichkeit zu achten.
6. Jeder Ghettoinsasse hat morgens die Pflicht, seine Bettstelle nach gründlicher Reinigung in Ordnung zu bringen. Jedes Zimmer muß sauber ausgekehrt, gelüftet und in Ordnung gebracht werden.
7. Ghettoinsassen, die sich in Kolonnen auf Arbeit begeben, dürfen ihre Kolonne nicht verlassen und haben sich während des Marsches durch die Stadt geziemend zu benehmen.[2] Der Kolonnenleiter ist für die Einhaltung dieser Vorschrift verantwortlich.
8. Jeder Ghettoinsasse muß seine Bürgerlegitimation / Ausweispapier / ständig bei sich tragen.
9. Jeder Ghettoinsasse muß ständig den Judenstern fest angenäht tragen. Ghettoinsassen, welche ohne Hemd draußen arbeiten, müssen den Judenstern mit Stecknadeln auf der Hose anbringen und ihn sofort entfernen, sobald sie den Rock mit dem Judenstern anlegen.
10. Nach 22 Uhr ist der Aufenthalt auf dem Hofe und am Gange nicht gestattet.
11. Der Eintritt zu den Küchen ist nur den Befugten gestattet.
12. Verunreinigung des Hofes, besonders durch Spucken, ist strengstens verboten.
13. Das Ausschütten glühender Asche in die Müllkästen ist verboten.
14. Das Rauchen ist strengstens untersagt.
15. Zündhölzchen sind abzugeben.
16. Abzugeben sind: Geld und Briefmarken, Musikinstrumente, Lichtbildgeräte, Belichtungsmesser, Meßinstrumente aller Art, Medikamente aller Art, Haus- und Taschenapotheken, Drogen, Zahnpasta, Parfüme, Haarwasser, Hautkreme, Zigaretten, Zigarren, Tabak, Konserven aller Art, Kunstgegenstände aller Art, Schmuck (außer Eheringen), Uhren aus Edelmetall und sonstige Gegenstände aus Edelmetall, Tee aller Art.
17. Männer haben die Haare bis auf 3 mm, Frauen bis auf einen Herrenschnitt gekürzt zu haben.
18. Mit Wasser ist zu sparen.
19. In den Büros ist mit Papier zu sparen.
20. Alle Ghettoinsassen werden nachdrücklichst darauf aufmerksam gemacht, daß Arbeitseinteilungen nur im Wege der Einsatzstellen durch die Arbeitszentrale oder Personalkanzlei erfolgen. Bei ständigen Arbeitseinteilungen erhält die betreffende Person von der Einsatzstelle des Wohngebäudes die schriftliche Verständigung / Aufnahmebestätigung /

2 Alle Insassen im Alter zwischen 16 und 60 Jahren (teilweise auch von 14 bis 65 Jahren) mussten Zwangsarbeit innerhalb des Gettos bzw. in der Umgebung leisten, z. B. in der Bäckerei, der Landwirtschaft oder bei Bauarbeiten. Ferner gab es acht Außenkommandos, u. a. im Bergwerk Kladno; siehe auch Dok. 269 vom 10./11.3.1942, Anm. 3.

von der erfolgten Zuteilung, und nur dann ist es zulässig, die Beschäftigung anzutreten. Beschäftigungen, die ohne Anweisung der Arbeitszentrale, resp. Personalkanzlei ausgeübt werden, sind nicht zulässig und sich daraus ergebende Folgen, wie z. B. Brotration für Nichtarbeitende, hat jeder einzelne sich selbst zuzuschreiben.

21. Jede direkte oder indirekte Absendung von Zuschriften aus dem Ghetto wird standgerichtlich mit dem Tode bestraft. Sämtliche Schreibmaterialien sind abzugeben.

DOK. 298

Camilla Hirsch beschreibt ihre Ankunft in Theresienstadt am 15. Juli 1942, den elenden Alltag dort sowie eine Beerdigung[1]

Handschriftl. Tagebuch von Camilla Hirsch[2]

Nach 1 1/2 Stunden, 15. Juli, 1/2 11 Uhr sind wir am Ziel Theresienstadt.[3] Ein freundliches Städtchen, das einmal wohl 8000 Personen faßte, jetzt sind es mehr als 40 000. Man sieht ganze Reihen leerstehender Häuser, die auf den Beleg warten. Man kann sich nicht leicht verlaufen, denn die Stadt besteht ausschließlich aus Längs- und Querstraßen, die Längsstraßen mit L'-1 u.s.w. die Querstraßen mit Q'. Wir kommen vorläufig in eine Schleuse,[4] um von da zum definitiven Wohnort zu gelangen. Der Weg führt an zahlreichen Kasernen vorbei, aber noch immer sind wir nicht am Ziel. Dann ein großer Platz mit verglasten Baracken, die als Werkstätten dienen. Das Haus, das uns zugewiesen wird, ist das ehemalige Bräuhaus. Eine große zweistöckige Front mit zwei Seitenflügeln, in der Mitte ein großer Hof mit einem Brunnen und einem Riesenbehälter für den Müll. Der Hof ist der Sammelplatz, es wird den ganzen Tag Wasser geschöpft, getrunken und gewaschen. Trotzdem man den Leuten erklärt, daß Verunreinigung des Brunnens Typhusgefahr bedeutet, geschieht dies immer aufs neue. Die Klosette sind in desolatem Zustand. Aber wir haben rasch eine Hilfskolonne gebildet. Jeder Insasse unseres Traktes bewacht die Reinlichkeit des Klos durch eine halbe Stunde. Das macht Schule im ganzen Haus.

Durch Erfahrung in der Malzgasse[5] klug geworden, suche ich ein Zimmer mit wenig Insassen zu bekommen. Wir sind im ganzen sechs, darunter Mila und ein Ehepaar. Der Mann schwer asthmatisch, die Frau in steter Sorge um ihn, läuft um den Arzt bei Tag und bei Nacht. Das Leiden ist durch die ausgestandenen Strapazen nicht besser geworden. Der Mann ist eine Woche später gestorben.

Die große Sensation des Tages ist das Zubringen der Bettsäcke, sie liegen in Bergeshöhe auf dem Hof, belagert von einer Unzahl Menschen, die nach ihren Betten schreien und

1 Archiv Beit Theresienstadt, 160,675/59/4053 (154,014). Abdruck in: Beit Theresienstadt (Hrsg.), Theresienstadt (wie Dok. 140 vom 10.7.1942, Anm. 1).

2 Camilla Hirsch hat ihre Aufzeichnungen nicht nach dem Tag der Niederschrift datiert, sondern ihre Erlebnisse in größeren Abständen rückblickend geschildert.

3 Vom Ankunftsbahnhof mussten die Deportierten einen längeren Fußweg bis ins Getto zurücklegen.

4 Siehe Einleitung, S. 57.

5 Gemeint ist ein Sammellager in der Malzgasse im 2. Wiener Gemeindebezirk; siehe Dok. 140 vom 10.7.1942.

dadurch die Arbeit der sich wirklich redlich bemühenden Ordner erschweren. Ich habe Glück und bekomme meinen Bettsack noch am selben Abend, so daß ich mir ein Lager am bloßen Boden bereiten kann. Am nächsten Tag kommt das kleine Gepäck dazu und zum Schluß die Koffer. Ich habe alles bekommen, bis auf einige Kleinigkeiten, Zünder, Kerzen, Schreibpapier und ein Kleid ist mir nichts abhanden gekommen.[6] Cornelie Frank ist es nicht so gut gegangen, sie bekommt ihren Bettsack leer, Duchent und Pölster[7] sind verschwunden. Ärzte kommen und untersuchen die Köpfe. Das ist eine Beruhigung, denn die Angst vor Läusen ist groß. Das Haus dürfen wir nur verlassen, um den Weg in die gegenüberliegende Kaserne anzutreten, um das Essen zu fassen. Das kostet jedesmal eine Stunde Zeit. Man steht in Schlangen. Das Essen besteht aus schwarzem Kaffee zum Frühstück, Suppe mit Kartoffeln und Tunke zum Mittagessen. Manchmal löst ein Knödel das Monotone der Speisekarte ab. Zum Abendessen Suppe oder schwarzer Kaffee. Aber gute Milch bekommen wir, jeder einen Viertelliter ein bis zweimal in der Woche, etwas Margarine, 5 Dk. Wurst und genügend Brot. Es ist steinhart, auch manchmal bitter, aber es wird gegessen. Wir haben hier „den besten Koch"!
Ich schaue mich nach Dürrheims um, der Mann hat sich in ein paar Tagen bis zur Unkenntlichkeit verändert. Ich glaube nicht, daß er es lange machen wird. Cornelie ist guter Dinge, sie freut sich, daß wir beisammen sind und gibt mir Tee und Schokoladenstückchen. Ich suche meine ehemalige 86jährige Hausfrau. Sie liegt im Marodenzimmer. Das ist die Hölle. Die Kranken liegen am Fußboden, selten auf einer Matratze, haben weder Hilfe noch Pflege. Einige sind bereits gestorben. Viele Insassen klagen über Durchfall. Man hütet sich vor dem Wasser, aber die Leute sagen, es komme vom Brot. Man hört selten ein deutsches Wort und bekommt auch viel eher Auskunft, wenn man der Frage ein „Prosim"[8] vorsetzt. Ich suche meine Paar böhmischen Brocken hervor und nehme mir vor zuzulernen.
Nach 5tägigem Aufenthalt übersiedeln wir ins definitive Heim. Wir packen unsere Sachen zum fünften Mal, seit wir das Heim verließen, und hoffen nur auf ein Wiedersehen. Mila und ich schleppen so viel als möglich selbst, damit wir das Notwendigste in der Hand haben. Wir werden im Hof aufgestellt, abgezählt, 260 Personen kommen wir in ein Haus, an der Spitze schreitet der neue Hausälteste, der den Zug führt. Es sind kaum 10 Minuten Wegs, aber er erscheint mir endlos. Ich muß manchmal stehenbleiben und meine Sachen abstellen, endlich sind wir beim Haus L.223. Ein großer Hof, wenn auch um vieles kleiner als der frühere, nimmt uns auf. Wir werden wieder abgezählt und dann in die Zimmer verteilt. Der Hausälteste schlägt uns vor, mit Freunden und guten Bekannten beisammenzubleiben. Ehepaare werden getrennt. Mit Mühe gelingt es mir, mit Mila beisammenzubleiben, aber endlich sind wir glücklich in unserem Zimmer. Ein freundliches zweifenstriges Gemach mit Gassenaussicht und einem Blick auf eine Allee von schönen Bäumen. Wir sind 17 Personen. Mila und ich nehmen den Platz zwischen den Fenstern, die übrigen verteilen sich an den drei Wänden. Das Zimmer ist vollkommen leer. Ich lege meinen Bettsack als Unterlage, darauf Duchent und Pölster und decke mich mit einer Reisedecke zu, dann schlafe ich bis zum frühen Morgen. Ich stehe um 5 Uhr auf, um mich ungehindert waschen zu können. Das Wasser schöpfe ich

6 So im Original.
7 Federdecke und Kissen.
8 Tschech.: „Bitte".

am Brunnen in meine Menageschale[9] und schütte mir es auf den Waschlappen. Die Zähne putze ich im Hof bei einem Ausguß. Das Essen wird weiter aus der Magdeburger Kaserne geholt, es ist die einzige Zeit, wo man das Haus verlassen darf. Ich bin müde und schlafe viel. Briefe abzusenden ist bei Todesstrafe verboten.[10] Ich kenne einen Fall, wo ein 22jähriger Junge gehenkt wurde, weil er einen Brief nach Prag an seine Braut schmuggelte und der aufgefangen wurde. Auch sonst gibt es für vieles Todesstrafe oder Polen.[11] Dagegen existiert Lokopost. Man wirft Nachrichten in den im Hausflur befindlichen Postkasten, und sie kommen getreulich an. Junge Leute zimmern rohe Holzsessel gegen etwas Brot. Ich verschaffe mir einen solchen.
Ich suche Therese Friedmann[12] und Grete Kormos,[13] frage den Hausverwalter nach dem Weg. Er gibt freundliche Auskunft. Bei dieser Gelegenheit trage ich mich ihm als Kanzleikraft an, was er mit Freude akzeptiert. Am nächsten Morgen hält er Appell, wir erfahren alle Pflichten, die wir haben, und der Arbeitsdienst wird zur Not geregelt. Die Reinigung ist erschwert, da wir keine Besen besitzen und mit Zeitungspapier den Mist zusammenkehren. Aber Papier ist auch rar.
Ich bekomme den Kanzleidienst und beginne sogleich damit, einen Index und eine Kartothek anzulegen. Es macht viel Mühe, da ich von Zimmer zu Zimmer gehen muß, um die Daten zu erfragen. Die meisten sind krank oder senil, so daß man keine richtige Antwort bekommt. Dann sind die Essenskarten auszufertigen. Ich suche mir einen Platz auf einem breiten Fensterbrett und arbeite ungestört. Der Verwalter, wie wir den Hausältesten nennen, ist mit mir zufrieden, bedankt sich vielmals, zeigt mir seine Anerkennung, indem er mir mehr Margarine, Zucker und Milch gibt. Auch eine Matratze bekomme ich von den ersten drei, die ins Haus kommen.
Zu den 260 Wienern kommen noch 48 Personen aus Prag dazu. Die Invasion kommt mit Plötzlichkeit. Mehrere Zimmer werden ausgeräumt und die Wiener in anderen Zimmern zusammengedrängt. Unter den geräumten Zimmern ist auch das Zimmer von Cornelie Frank. Sie sitzt hilflos wie ein Häuferl Elend auf dem ihr nun zugewiesenen Platz, weiß nichts mit sich anzufangen. Am anderen Tag spricht sie wirr. Ich halte es für einen leichten Schlaganfall. Der Arzt meint, daß sie, solange sie ruhig bleibt, im Hause bleiben kann, aber bei Tobsucht müßte sie in die Psychiatrische kommen. Es ist schwer, mit ihr zu verkehren. Sie fordert Antwort auf ihr Kauderwelsch, das ich nicht verstehe. Da sie ohne die geringste Pflege ist, bitte ich den Verwalter, sie im Spital unterzubringen. Es ist nicht leicht, aber man erfüllt mir den Wunsch. Noch am selben Abend wird sie fortgetragen zu ihrem großen Entsetzen. Alle meine Vorstellungen, daß ich es gut mit ihr meine, sind umsonst. Ich besuche sie täglich, verstehe sie nicht. Sie spricht ein Durcheinander von Deutsch, Ungarisch und Französisch. Dann spricht sie plötzlich ausschließlich Französisch, und das verständlich, gibt auch Antwort auf meine Fragen. Ich muß einen Tag den Besuch aussetzen, weil das Mittagessen von elf Uhr auf 4 Uhr

9 Österreich. Ausdruck für persönliches Essgeschirr beim Militär.

10 Vom 10.1.1942 an wurde das illegale Verschicken von Post mit dem Tod bestraft.

11 Gemeint ist die Deportation.

12 Therese Friedmann (1870–1942) wurde am 11.7.1942 aus Wien nach Theresienstadt deportiert und ist dort am 1.12.1942 gestorben.

13 Margarethe Kormos, geb. Altmann (1873–1943), wurde am 16.7.1942 von Prag nach Theresienstadt und von dort am 15.12.1943 nach Auschwitz-Birkenau deportiert, wo sie ermordet wurde.

verlegt wurde, und es gibt nur bis 4 Uhr Einlaß im Spital. Am nächsten Tag erhalte ich die Nachricht, daß sie gestorben ist, sie soll einen Tobsuchtsanfall gehabt haben. Ich will zum Begräbnis, aber da höre ich bei kompetenter Stelle, daß sie bereits 12 Stunden nach ihrem Ableben beerdigt wurde. Ich wurde nicht verständigt, weil ich nur eine Schwägerin bin und keine Blutsverwandte. So wurde sie verscharrt.
Ich erhielt einen Durchlaßschein von der Bezirksleitung und kann jetzt ungehindert ausgehen und auch Begleitung mitnehmen. Das tue ich. Am Abend setze ich mich mit Mila ins Grüne auf einen Rasen. Auch Theresa Friedmann habe ich besucht. Sie war guter Dinge. Ich versprach, sie bald wieder zu besuchen, aber bisher ist es beim Versprechen geblieben.
Wir leben hier im Ghetto. Es ist ein Judenstaat im wahren Sinne des Wortes. Obrigkeit, Polizei, Justiz – alles in Händen der Juden. Ein strenges Regiment, besonders Diebstähle werden schwer bestraft. Der Judenstaat wird absolut regiert; an den Judenältesten ist schwerer heranzukommen wie einst an weiland Kaiser Franz Joseph.
Viele Transporte kommen, auch Transporte nach Polen gehen ab. In solchen Fällen müssen die Fenster geschlossenbleiben, und niemand darf die Straße betreten. Das dauert manchmal eine Stunde und länger.
Unser Verwalter, den wir alle lieben, wird plötzlich entlassen, muß binnen einer Stunde seine Agenden übergeben. Ohne Angabe der Gründe, ohne Beschuldigung, nur weil man es so für gut findet. Wir senden eine Deputation. Viele Unterschriften von Pragern und Wienern demonstrieren gegen die Entlassung. Ohne Erfolg! Mir tut es leid, doch kann man sich auch über den neuen Verwalter nicht beklagen. Mit mir ist er freundlich und hoffe ich, mit der Zeit auch etwas bei ihm durchsetzen zu können. Ich habe jetzt auch eine Kanzlei mit Sessel und Tisch.
Herr Dürrheim ist heimgegangen. Ein Opfer von Theresienstadt. Ich gehe zum Begräbnis. Es ist in der Sudetenkaserne. Ein endlos großer Hof, auf dem sich das Leben abspielt. Viel Jugend, viel Lärm. In einem Winkel des Hofes findet die Beerdigungsfeierlichkeit statt. Drei Särge aus rohem Holz stehen in einer Reihe, und immer wieder bringen Träger Särge herbei, bis es 17 an der Zahl sind, die alle dicht aneinandergereiht stehen. Man sieht Neugierige und Leidtragende. Viele Leute weinen, ein Herr, Doktor genannt, hält eine kurze Leichenrede auf Czechisch und Deutsch. Während der Rede hielt der Lärm im Hof an. Es wird geschrien, gebrüllt, sogar gesungen. Dann kommt ein Leiterwagen angefahren und hält knapp vor den Särgen, die in 2 Reihen übereinander aufgeladen werden. Wir schreiten hinter dem Wagen her bis zum Ausgang. Auf den Friedhof darf niemand mit. So ist ein Begräbnis in Theresienstadt, und es sind ca. 100 an jedem Tag.
Mein Husten peinigt mich sehr. Ich nehme Pulver und Medizin, die ich mitgebracht habe. Hier ist nichts zu bekommen, die Apotheken sind leergefegt. Acht Stunden täglich verbringe ich in der Kanzlei.
Grete Kormos, Lise und Grete Schmahl[14] habe ich bereits getroffen. Es war eine große Freude. Grete Schmahl liegt im Spital, in einem Bett auf einem schmutzigen Kissen. Ich schenke ihr einen frischen Überzug, worüber sie glücklich ist. Mathilde Wertheimer[15] hat mich aufgesucht. Sie sieht zum Erbarmen aus. Möchte gerne bei uns im Haus wohnen, aber ich glaube nicht, daß es gehen wird.

Das Wetter ist gut. Ich sitze im Hof, auf einer der Bänke, die Insassen gezimmert haben, und schreibe trotz des Lärmens und Streitens um mich herum. Ruhe habe ich nur in der Kanzlei.
Das Essen immer gleich. Morgens schwarzer Kaffee, mittags leere Suppe und Kartoffel mit Tunke oder etwas Fett. Abends eine dicke Suppe oder schwarzer Kaffee.

DOK. 299
Marta Uherová berichtet ihrer Tochter am 20. Juli 1942 von ihrer bevorstehenden Deportation nach Theresienstadt und will ihr gleichzeitig Mut machen[1]

Brief von Marta Uherová, Prag, an ihre Tochter Franziska in Göteborg vom 20.7.1942 (Abschrift)

Mein geliebtes Mädel, Dein heutiger Brief mit seinen so herzlichen Worten kam gerade zur rechten Zeit. Kopf hoch, ich muß übersiedeln, und zwar schon am Donnerstag.[2]
Ich bitte Dich, mein Schatzerl, bleib gesund und tapfer, ich bin es auch absolut! Ich bin ja so glücklich, daß ich Dich dort hab und Du den Sven und die Charlotte[3] hast. Der Gedanke, mal zu Euch kommen zu können, hilft mir über alles hinweg. Außerdem wird nichts so heiß gegessen, wie es gekocht wird. Schau, ich bin nach menschlicher Voraussicht mit allem nötigen – was man haben darf – ausgerüstet. Bin auch relativ noch nicht so alt, daß ich nicht ein paar Strapazen aushalten könnte.
Das Schlimmste ist nur, daß wir jetzt längere Zeit nichts voneinander hören werden. D. h. wenn ich im Lande bleibe. Sollte ich dann später weiterfahren, ist natürlich vom Gouvernement die Post erlaubt.
Sollte ich im Land bleiben und Du hörst nichts, so mach Dir keine Sorgen. Allgemein hört man, daß es den Leuten dort (in T)[4] gutgeht. Schreib nur ab und zu an Onkel Edi[5] und Deinen Vater.[6] Walter wird Dir Freitag schreiben. Sobald ich dann an der Reihe bin mit der Schreiberlaubnis, schreibe ich denen sofort hierher nach Prag.[7] Also kein Grund zum Kopfhängen. Du würdest Dich wundern, wie ruhig und fesch ich bin. Und weißt

14 Margarete Schmahl (1882–1942), Schriftstellerin, Drehbuchautorin, Frauenrechtlerin; verfasste die Drehbücher für die Filme „Der Fürst der Nacht“ (1919), „Der Schuß aus dem Fenster“ (1920) und „Die Schlange mit dem Mädchenkopf“ (1919/20); am 23.7.1942 wurde sie nach Theresienstadt deportiert und starb dort fünf Wochen später.

15 Mathilde Wertheimer (1869–1944) wurde am 20.6.1942 von Wien nach Theresienstadt deportiert und starb dort.

1 Original in Privatbesitz, Kopie: JMP, DP 43 c. Abdruck in schwed. Übersetzung in: Erikson, Min judiska moder (wie Dok. 252 vom 22.11.1941, Anm. 1), S. 172 f.

2 Dies wäre der 23.7.1942 gewesen. Tatsächlich ist Marta Uherová am Montag, den 27.7.1942, nach Theresienstadt deportiert worden.

3 Sven war der Ehemann von Franziska Uherová. Diese bezeichnete Charlotte Hamberg als ihre „zweite Mutter“.

4 Theresienstadt.

5 Bruder von Marta Uherová.

6 František Uher.

7 In Theresienstadt bestanden mitunter mehrmonatige Postsperren; siehe auch Dok. 254 vom 1.12.1941, Anm. 7.

Du, wer gemeinsam mit mir geht? Hans G. mit Frau. Ich war doch vor kurzem bei ihnen zum Mittagessen eingeladen, und habe nun gute und nette Gesellschaft.
Auf einer extra Korrespondenzkarte schreib ich Dir meine neue Anschrift, die Nummer des Transportes.[8]
Also mein Alles! Du weißt, daß ich mit jedem Atemzug an Dich denke. Wenn Du mich liebhast, versuchst Du, Dich gesund zu erhalten, wie ich es auch für Dich tun will. Der liebe Gott schütze Dich.
Dort wo der rote Fleck vom Lippenstift ist, hab ich ein Bussi gegeben.

DOK. 300
Aufbau: Ein Flüchtling berichtet am 24. Juli 1942 nach seiner Ankunft in New York über die Situation der Prager Juden nach dem Attentat auf Heydrich[1]

Vor sechs Wochen noch in Prag
„Sie können nicht ermessen, was es heißt, nicht mehr den gelben Stern tragen zu müssen", sagt ein Refugee zu mir, der – vor 6 Wochen noch in Prag – am 30. Juni auf der „Drottningholm"[2] *in New York angekommen und nach 13 Tagen aus Ellis Island entlassen wurde.*

Bei diesen Worten zieht er ihn aus der Tasche – den gelben Stern mit der Inschrift: Jude. Ich habe schon Abbildungen von ihm gesehen – aber so in Natur sieht er doch schlimmer aus als man glaubt.
„In Prag", fährt er fort, „macht einen der Judenstern wirklich zu einem Aussätzigen – man hat stets das Gefühl, der nächste Nazi wird einem eine Ohrfeige versetzen – oft genug ist es vorgekommen – und dann ist man wehrlos, wenn man nicht verhaftet werden will. Man muß ihn immer unverdeckt tragen – und kann damit in keinen Autobus und nur in den Anhängewagen der Straßenbahn steigen, ganze Straßenzüge sind verboten, z. B. der Hradschin,[3] und bei besonderen Anlässen auch die Hauptverkehrsstraßen wie der Wenzelsplatz, der Graben und die Gegend um den Hauptbahnhof – den früheren Masaryk-Bahnhof. Seit Heydrichs Leichenzug sind die Straßenzüge von Sonnabend mittags bis Montags früh für Juden gesperrt. Wer dort wohnt, kann eben 40 Stunden lang nicht ausgehen …
Man hört dauernd von Sabotageakten. In den Kinos lachen die Tschechen, wenn die Kriegsbilder und die ‚Führer' gezeigt werden. Eine Zeitlang gingen sie vor den News hinaus. Jetzt muß man zum Anfang da sein und darf nicht vor dem Ende des ganzen Programms weggehen …
In den Parks hat man wochenlang täglich 30 bis 40 Uniformen von Deserteuren gefunden. Sie überfielen Zivilisten, zogen sich ihre Anzüge an und verschwanden – sogar Offiziersuniformen waren darunter. Jetzt sind die Parks für das Militär geschlossen …

8 Marta Uherová wurde mit Transport AAu mit der Transportnr. 5 deportiert.

1 Aufbau, Nr. 30 vom 24.7.1942, S. 7 f.
2 Die „Drottningholm" fungierte vom 4.3.1942 an als Charterschiff der US-Regierung, um offizielle Personen, Kriegsgefangene und Flüchtlinge zwischen den Alliierten und den Achsenmächten auszutauschen.
3 Teil Prags, in dem sich die Burg mit dem Regierungssitz befindet.

‚Ja, ich war noch da, als das Attentat auf Heydrich verübt wurde. Ich saß nachmittags in meinem Büro, als ein paar meiner Arbeiter hineinkamen und berichteten, auf der Straße werde erzählt, Heydrich sei bei einer Wegbiegung bei Wysotshan[4] angeschossen worden. Etwa eine Stunde später wurde durch Lautsprecher das Attentat offiziell bekanntgemacht. Bald fuhren die Lastwagen mit Gestapo, SS und Militär durch die Straßen, riegelten ganze Häuserblocks ab und durchsuchten die Wohnungen.
Ich beherbergte in jener Nacht einen Freund, der ständig auf der Flucht war, weil er es einfach nicht über sich bringen konnte, den Judenstern zu tragen – ich nahm ihn auf, obschon ich wußte, daß, wenn man ihn unangemeldet bei mir fände, man mich und mein treues christliches Dienstmädchen mit ihm zusammen erschießen würde ... Ich hatte Glück – die Polizei kam erst um 4 Uhr nachts, schon ermüdet von der fruchtlosen Suche – sie glaubten mir, als ich sagte, ich sei allein in der Wohnung und suchten nicht viel ...
An den nächsten Tagen ging die Suche weiter. In den Arbeitergegenden, wo man jedes junge Mädel festnahm, um sie zu untersuchen, gab es Schießereien mit der Polizei. Ganze Familien wurden in jenen Tagen hingerichtet, weil sie Leute unangemeldet beherbergten – die Zeitungen gaben die Namen mit allen Details, auch mit der Altersangabe – es waren Greise und von 75[5] und Babys von 2 Jahren unter den Opfern.‘
Ich war gerade auf meinem Weg zum Schweizerischen Konsulat, um meine Ausreisepapiere in Empfang zu nehmen, als die Fahne auf der Burg auf Halbmast gesetzt wurde. Am gleichen Tage wurde die Belohnung verdoppelt und die Sperre von den Hauptstraßen über die Wochenenden für Juden festgesetzt. Die Vorsitzenden der Gemeinde wurden nach Berlin beordert – wo man gerade etwa 260 Juden wegen des angeblichen Attentats auf die Sowjetausstellung[6] ermordet hatte, und es wurde ihnen angedroht, daß Hunderte von Juden für jeden Nazi, dem etwas passierte, erschossen werden würden ... Zugleich wurden tausend Prager Juden außer der Reihe nach Polen verschickt ...“[7]
„Finden diese Transporte regelmäßig statt?“
„Ja, etwa alle 8 bis 10 Tage. Die Nazis haben ja versprochen, daß die Tschechoslowakei bis zum Herbst ‚judenrein‘ sein soll – ganze Städte wie Pilsen sind es schon. Die Zahl der Prager Juden ist bis jetzt von etwa 48 000 auf 25 000 gesunken, da können Sie es sich ausrechnen.
Die Angst vor der Verschickung ist das Allerschlimmste. Es ist ein Lotteriespiel, wer dran ist, und jeder Jude lebt ständig in der Angst davor.
Das Niederträchtigste ist, daß die Gestapo die jüdische Gemeinde mit der ganzen Sache beauftragt. Die Gestapo erklärt einfach, 1000 Juden haben bis zu dem und dem Tage abmarschbereit zu sein, und gibt der Gemeinde die Listen. Die stimmen natürlich nie. Manchmal waren bis zu 200 von den Aufgerufenen entweder nicht mehr am Leben oder schon fort. Da müssen eben andere 200 dran glauben. Wir haben jedesmal 40 bis

4 Vermutlich ist fälschlicherweise der Prager Stadtteil Wissotschan (Vysočany) gemeint. Heydrich wurde am 27.5.1942 im Prager Stadtteil Libeň durch ein Attentat schwer verletzt und starb am 4.6.1942 im Prager Krankenhaus Bulovka.

5 So im Original.

6 Zur Erschießung von 250 Juden als Vergeltung für den Brandanschlag auf die Propagandaausstellung „Das Sowjetparadies“ in Berlin siehe Einleitung, S. 71, sowie Dok. 117 vom 29.5.1942 und Dok. 157 vom 27.8.1942.

7 In einem sog. Straftransport wurden 1000 Juden aus Prag nach Ujazdów bei Lublin deportiert.

50 Selbstmorde zu verzeichnen gehabt, wenn die Leute ihre Order bekamen. Die müssen dann auch – häufig in der letzten Minute – aufgefüllt werden, denn in dem Sammellager, in der großen Messehalle,[8] sind 1000 Strohsäcke bereit – und die müssen besetzt werden. Die armen Opfer müssen dann genaue Aufstellungen von allem, was sie in der Wohnung zurücklassen, machen – müssen ihr Geld und ihre Eheringe abgeben – anderen Schmuck haben sie ja nicht mehr – und noch dazu ein Formular unterschreiben, daß sie ihre Sachen freiwillig abgegeben haben.
In der Messehalle haben sie dann mit ihrem Gepäck – nicht mehr als 50 Kilo – und den Wohnungs- und Schrankschlüsseln zu erscheinen. Manchmal werden sie erst in das Ghetto nach Theresienstadt gebracht – aber meistens gleich weiter irgendwohin nach Polen.[9] Da hält dann der Zug meilenweit von dem Dorf, wo sie hin sollen, entfernt auf offener Strecke. Ihr Gepäck sehen sie nie wieder; das ist entweder bei der Abreise ‚vergessen' oder der Gepäckwagen ist schon vorher irgendwo abgekoppelt worden …"
„Und was wird aus den Sachen, die sie zurücklassen?"
„Für die muß wieder die Gemeinde sorgen. Juden müssen entsprechend den Inventaren die Sachen packen – und sie abtransportieren in die Auktionshäuser – die früheren Tempel.[10] Aus denen hat man die Bankreihen und die heiligen Gegenstände entfernt und hat sie diesem neuen Zweck ‚geweiht'. Dabei ist mit deutscher Gründlichkeit alles gut eingeteilt. Die Möbel kommen z. B. in einen Tempel und das Porzellan in einen anderen. Nur die Nazis – nicht etwa die Tschechen – dürfen dann auf Auktionen die Sachen für ein Butterbrot ersteigern …"
„Und was sagen die Nicht-Juden dazu?"
„Die wenigsten wissen etwas davon. Verkündet wird es nicht und irgendwelche Verbindung mit Juden dürfen sie ja nicht haben. Wird ein Nicht-Jude der Sympathie mit Juden überführt, dann erhält er den Judenstern auf weißem Grund – wird als ‚weißer Jude' gebrandmarkt.[11] Mitunter erhält er auch nur die geringe Lebensmittelration, die die Juden bekommen, und ist auch sonst den gleichen Beschränkungen ausgesetzt wie die Juden …"
„Werden die Maßnahmen gegen die Juden mit der gleichen Schärfe durchgeführt wie im Reich?"
„Womöglich noch schärfer. Sie dürfen auch da keine Zeitungen kaufen, kein Telephon benutzen, bekommen keine Kleiderkarten, kein Gemüse, kein Obst, keinen Fisch, keine Schokolade – dürfen nur nachmittags von 3 bis 5 Uhr einkaufen – d. h. mittwochs gar nicht, weil da die Geschäfte nur morgens aufhaben. In ganz Prag gibt es 2 jüdische Barbierläden – Friseure für die Damen gar nicht, und ein einziges Postamt, das von 1 bis 5 Uhr geöffnet ist.[12] Wenn man rauchen will, darf man es nur hinter verschlossenen Fenstern tun, denn ein Jude bekommt offiziell keinen Tabak. Die Leute, die Geld haben,

8 Im Prager Stadtteil Holešovice.

9 Ende 1941 fuhren die Deportationszüge aus dem Protektorat nach Litzmannstadt, Minsk und Riga; nach Einrichtung des Gettos Theresienstadt wurden die meisten Prager Juden zunächst dorthin deportiert; siehe Dok. 256 vom 15.12.1941.

10 Gemeint sind Synagogen.

11 Als „weiße Juden" wurden Nichtjuden diffamiert, die sich angeblich wie Juden verhielten bzw. jüdische Eigenschaften hatten. Die erwähnte Kennzeichnung gab es jedoch nicht.

12 Zu den Einkaufszeiten für Juden siehe Dok. 242 vom 2.10.1941, Anm. 13 und Dok. 245 vom 17.10.1941.

kaufen eben hintenherum – das mag in Prag etwas billiger und leichter sein als in Berlin. Ich habe z. B. 250 Kronen für 100 Zigaretten und 800 bis 1000 Kronen für ein Pfund Kaffee bezahlt. Wer Geld hat, gibt es aus, denn mitnehmen kann er es ja doch nicht. Aber für die Mittellosen ist es furchtbar. Die würden verhungern, wenn die Gemeinde nicht Speisungen für sie eingerichtet hätte.
Und das Allerschlimmste ist noch das Lager von Mauthausen. Da kommt keiner lebendig heraus. Ich habe einen furchtbaren Fall in meiner nächsten Freundschaft miterlebt. Meine Frau, die Amerikanerin ist und mit unserem Jungen schon bei der ersten Fahrt der „Drottningholm" herüberkam, hat eine gute Freundin. Die lebte mit ihrer Mutter und drei Brüdern zusammen. Sie hatten einen christlichen Untermieter. Eines Tages wurde auf der Bahn ein Paket mit schwarzgeschlachtetem Fleisch entdeckt, das an diesen jungen Mann adressiert war. Die Polizei kam in das Haus, um ihn zu verhaften. Da er nicht zu Hause war, nahm die Polizei die drei jungen Juden mit. Der Nichtjude wurde später verhaftet. Vier Wochen wurden sie bei der Polizei festgehalten. Die Mutter und Schwester wurden immer wieder beruhigt, die jungen Leute würden entlassen werden, denn sie seien ganz unschuldig. Dann kam eine Karte von ihnen – sie würden nach Mauthausen überführt – und weitere vier Wochen später wurde die Schwester von einem fremden Notar benachrichtigt – sie solle den Nachlaß der drei Brüder regeln. – Sie und der junge Nicht-Jude waren tot.
Die Schwester wurde halb wahnsinnig. Sie wollte Selbstmord begehen. Wir Freunde hielten Tag und Nacht Wache bei ihr – sie hat nicht den Mut gefunden, der Mutter die Wahrheit mitzuteilen. Die hofft immer noch, die Söhne einmal wiederzusehen."
„Und müssen die Juden in Prag auch Zwangsarbeit machen?"
„Ja. Mein Junge bekam seinen Stellungsbefehl zur Zwangsarbeit am Tage, nachdem er gottlob mit meiner Frau abgereist war. Ich glaubte damals nicht, daß ich sie jemals wiedersehen würde. Als ich mich jetzt von meinen Freunden in Prag verabschiedete – weinten alle. Sie wußten, daß ich wohl der letzte Glückliche war, der ihrem furchtbaren Schicksal noch entrinnen konnte …"
M.T.E.

DOK. 301
Das US-Konsulat in Genf übermittelt am 17. August 1942 Informationen des Jüdischen Weltkongresses über die sich dramatisch verschärfende Situation der im Protektorat verbliebenen Juden[1]

Streng vertrauliche Notiz (800 HE/lc) von Howard Elting Jr.,[2] Vize-Konsul des US-Konsulats in Genf, an die Gesandtschaft in Bern, Kopien an das State Department und die US-Botschaft in Vichy, vom 17.8.1942

Der Sekretär des Jüdischen Weltkongresses in Genf, Gerhart *Riegner*, hat folgende Informationen die jüngsten antijüdischen Entwicklungen im Protektorat Böhmen und Mähren betreffend übermittelt. Die Quelle wird als vertrauenswürdig eingestuft:

1 NARA, RG, Entry 3208, Box 7, 840,1 Jews in Bohemia and Moravia. Das Dokument wurde aus dem Englischen übersetzt.
2 Howard Elting (1908–2001), Diplomat; von 1930 an im diplomatischen Dienst der USA u. a. in Dresden, Istanbul, Batavia (heute Jakarta), Juli 1940 US-Vizekonsul, 1944 US-Konsul in Genf; nach 1945 u. a. in Marokko, Athen und Kairo, bis April 1960 in Vietnam sowie beim CIA.

Es wird berichtet, dass sich einschließlich der getauften Nichtarier nur noch 33 000 Juden im Protektorat aufhalten. In Prag selbst befinden sich nur noch 15 000 Juden. Im gesamten Protektorat kommen auf 4600 Sterbefälle 617 Geburten.
Die Deportationen der Juden finden wöchentlich statt, abgesehen von der kurzen Unterbrechung von der letzten Dezemberwoche 1941 bis zum 14. Januar 1942.[3] Sie werden zunächst nach Theresienstadt gebracht und dann nach Polen überstellt.
Die Situation der Juden im Protektorat hat sich seit dem 1. Juli verschlechtert. Die schon zweimal verschobene Verordnung zu ihrer vollständigen Evakuierung aus dem Protektorat soll nun bis Ende August durchgeführt werden, und allem Anschein nach gibt es keinen weiteren Aufschub.[4] (Die letzte diesbezügliche Verlautbarung[5] steht offenbar in Zusammenhang mit den antijüdischen Aktivitäten der Deutschen in anderen Gebieten, vor allem in Frankreich).
In Theresienstadt leben offenbar noch folgende Personen:
1. Deportierte, die bis zu ihrem Abtransport nach Polen dort untergebracht sind. Schon im Juli wurden viele Transporte mit alten Menschen, die offiziell für Theresienstadt bestimmt waren, direkt nach Polen umgeleitet.[6]
2. Im Lager befinden sich außerdem etwa 7000 junge gesunde Menschen, die seit dem 5. Dezember 1941 dorthin gebracht worden sind. Sie arbeiten in der Landwirtschaft und Industrie oder sind mit dem Bau von Baracken in und um die Stadt herum für weitere Deportierte beschäftigt. Angeblich werden sie für ihre Arbeit geringfügig entlohnt.
3. Ca. 40 000 alte Menschen zwischen 65 und 85 Jahren leben inzwischen im Zentralen Altersheim. Allein zwischen dem 1. und 13. Juli wurden 8000 dorthin gebracht.
Alle diese Menschen kamen mittellos und ohne persönliche Habe nach Theresienstadt.
Die allgemeine Situation der Juden im Protektorat hat sich verschärft, seitdem man sie dazu zwingt, ihre Einkäufe zwischen 12 und 1 Uhr zu erledigen (dies scheint den neuesten Maßnahmen im besetzten Frankreich zu folgen).[7] Die Deutschen kaufen zwischen 8.00 Uhr und 10.00 Uhr vormittags ein, die Tschechen zwischen 10.00 Uhr und 12.00 Uhr. Man kann sich vorstellen, wie schwierig es für die Juden ist, sich [danach] selbst mit den erlaubten Grundnahrungsmitteln zu versorgen. Der schneller werdende Rhythmus der Deportationen wirkt sich auf die Zurückbleibenden demoralisierend aus und führt zu einem angespannteren Verhältnis zu den jüdischen Institutionen, obwohl diese alles in ihrer Macht Stehende für sie tun.

3 Die sog. Transportkrise im Dez. 1941/Jan. 1942 war vor allem darauf zurückzuführen, dass an der Ostfront wegen der extrem niedrigen Temperaturen viele Lokomotiven ausfielen und nicht schnell genug repariert werden konnten. In der Folge wurden die Deportationen vorübergehend ausgesetzt, um die Züge für Truppen- und Materialtransporte zu nutzen.

4 Wie aus einem Rundschreiben Bormanns wenige Tage nach Heydrichs Tod hervorgeht, rechnete die NS-Führung damit, dass die „Evakuierung der Juden" aus dem Protektorat in Kürze abgeschlossen sein werde; siehe Dok. 293 vom 8.6.1942.

5 Nicht ermittelt.

6 Bereits am 10.6.1942 war als Vergeltung für das Attentat auf Heydrich erstmals seit den Transporten nach Litzmannstadt im Herbst 1941 wieder ein Deportationszug aus Prag nicht wie üblich nach Theresienstadt, sondern direkt ins besetzte Polen geleitet worden. Kurz zuvor waren dort die ersten Züge mit Juden aus dem Reichsgebiet eingetroffen. Im Juli 1942 fuhren zwei Deportationszüge aus Theresienstadt nach Weißrussland.

7 In der Regel war Juden das Einkaufen nur zwischen 15 und 17 Uhr erlaubt; siehe Dok. 245 vom 17.10.1941 und Dok. 308 vom 13.10.1942.

Die tschechische Bevölkerung versucht den Juden trotz steigenden Risikos und ständig wiederholter Drohungen soweit wie möglich zu helfen.
Laut neuesten Informationen ist die Zahl der Todesfälle unter den tschechischen Arbeitern in Deutschland in den vergangenen Monaten ständig gestiegen, eventuell eine Vergeltung für das Heydrich-Attentat. In diesem Zusammenhang wurden auch zwei tschechische Landwirtschaftsminister, die nach dem Mord an Heydrich ernannt worden waren, unter dem vagen Verdacht der Mittäterschaft [beim Attentat] exekutiert.[8] Ihr gesamter Besitz wurde beschlagnahmt, das Eigentum des einen Ministers dann aber an seine Familie zurückgegeben mit der Erklärung, dieser sei „aus Versehen" erschossen worden.

DOK. 302
Der Reichsprotektor in Böhmen und Mähren vermerkt am 11. September 1942, dass Renten und Vermögen deportierter Juden der Zentralstelle für jüdische Auswanderung übertragen werden[1]

Vermerk des Reichsprotektors in Böhmen und Mähren (II 4 c 207/42),[2] gez. Dr. Laggai,[3] Prag, vom 11.9.1942 (Abschrift)

Betrifft: Rentenzahlung an evakuierte Juden
1.) *Vermerk*
Besprechung am 9.9.1942 mit SS-Obersturmbannführer Dr. Maurer vom BdS.
Anwesend vom Reichsprotektor: OberregRat Schneider, OberregRat Dr. Laggai

1.) Nach § 1 Abs. 1 der Verordnung des Reichsprotektors über die Betreuung der Juden und jüdischen Organisationen vom 12. Oktober 1941 – VOBl.d.RProt., S. 555 – kann die Zentralstelle für jüdische Auswanderung in Prag die Abwicklung des Vermögens auswandernder Juden übernehmen, wenn dies bei ihr vom Verfügungsberechtigten in einer Niederschrift beantragt wird. Sämtliche Juden, die aus dem Protektorat evakuiert werden, geben die Erklärungen nach § 1 Abs. 1 a.a.O. ab. Rückfragen, ob die Juden die Erklärung nach § 1 Abs.1 a.a.O. abgegeben haben, sind daher überflüssig. Wird die Erklärung nach § 1 Abs. 1 a.a.O. abgegeben, so wird die Zentralstelle für jüdische Auswanderung verfügungsberechtigt über das ganze Vermögen der Juden. Zum Vermögen gehören auch die Renten aus der Sozialversicherung, und zwar ohne Rücksicht darauf, ob es sich um Renten aus der Reichsversicherung oder aus der Protektoratsversicherung

8 Nicht ermittelt. Landwirtschaftsminister war von Jan. 1942 bis Jan. 1945 durchgängig Adolf Hrubý (1893–1951).

1 NAP, ÚŘP, I-3b 5835, Karton 389, Bl. 799 f.
2 Die Gruppe II 4 in der Behörde des Reichsprotektors war zuständig für Arbeits- und Sozialangelegenheiten.
3 Dr. Edwin Laggai (1904–1992), Jurist; 1933 NSDAP-Eintritt; 1934 Amtsrichter in Neuenbürg, von 1935 an im Reichsversicherungsamt, seit 1940 Referent für Sozialversicherung beim Reichsprotektor in Böhmen und Mähren; nach 1945 Vizepräsident des Verwaltungsgerichtshofs Baden-Württemberg, 1967 Großes Bundesverdienstkreuz.

handelt. Nicht zum Vermögen gehören etwa in der Sozialversicherung erworbene Anwartschaften. Die Verordnung des Reichsprotektors vom 12. Oktober 1941 ist ein Sondergesetz zur Regelung der Judenfrage im Protektorat. Sie geht daher allen entgegenstehenden Vorschriften vor. Die Übertragung des jüdischen Vermögens zur Abwicklung an die Zentralstelle für jüdische Auswanderung muß daher, wenn die Zwecke der Verordnung des Reichsprotektors erreicht werden sollen, bedingungslos möglich sein. Im Rahmen des § 1 Abs. 1 der Verordnung des Reichsprotektors vom 12.10.1941 können daher die Vorschriften der Sozialversicherungsgesetze, wonach die Übertragung der Renten nur unter bestimmten Voraussetzungen zulässig ist, keine Anwendung finden.
Die in die Verfügungsgewalt der Zentralstelle für jüdische Auswanderung übergegangenen Renten sind an die Zentralstelle für jüdische Auswanderung zu zahlen. Voraussetzung der Zahlung ist die Vorlage von Lebensbescheinigungen.[4] Das Nähere über das Verfahren zur Vorlage der Lebensbescheinigungen soll später im einzelnen noch geklärt werden.
Es wird in Aussicht genommen, in der Protektoratsversicherung besondere gesetzliche Vorschriften zu schaffen, wonach es ermöglicht werden soll, die in die Verfügungsgewalt der Zentralstelle für jüdische Auswanderung übergegangenen Renten abzufinden. Die Erörterungen sind vom Ministerium für Wirtschaft und Arbeit schon eingeleitet. Haben Juden, für deren Rente die Zentralstelle für jüdische Auswanderung zuständig wird, im Gebiet des Deutschen Reichs einschließlich des Protektorats nichtjüdische Angehörige, denen im Falle des Ablebens des Juden eine Rente zustünde, so kann unter Umständen die Rente teilweise an diese Personen gezahlt werden. Das Nähere ist jeweils im einzelnen Fall mit dem Befehlshaber der Sicherheitspolizei zu vereinbaren.

2.) Die Zentralstelle für jüdische Auswanderung legt auf die auf sie nach § 1 Abs. 1 der Verordnung des Reichsprot. vom 12.10.1941 übergegangenen Renten nur insoweit Wert, als sich die Juden noch im Lager in Theresienstadt befinden. Werden die Juden von dort aus nach dem Osten abgeschoben, so gelten die allgemeinen Grundsätze. Entsprechend dem vertraulichen Erlaß des Reichsarbeitsministers vom 16.6.1942 – II a 8594/42[5] – können daher auch die Renten der Protektoratsversicherung an nach Litzmannstadt abgeschobene Juden eingestellt werden. Bei allen Juden, die sich im Ausland, im Generalgouvernement, in den von den deutschen Truppen besetzten oder in deutsche Verwaltung übernommenen Gebieten aufhalten oder in Zukunft aufhalten werden, kann die Reg-Verordnung 100/42 über das Ruhen der Renten bei reichsfeindlicher Betätigung[6] angewendet werden.
Soweit Juden, deren Rente hiernach einzustellen oder zum Ruhen zu bringen ist, im Gebiete des Deutschen Reichs einschließlich des Protektorats nichtjüdische Angehörige zurückgelassen haben, kann diesen die Rente in Höhe der Witwen- bezw. Waisenrente überwiesen werden.

4 Amtliche Dokumente zur Bestätigung, dass eine Person am Leben ist.
5 In dem Erlass wird angeordnet, Rentenzahlungen an Juden, die nach Litzmannstadt deportiert wurden, einzustellen; Generallandesarchiv Karlsruhe, 462, Zugang 1994–38, Nr. 283, Bl. 37.
6 Gemeint ist die Regierungsverordnung 200 (Tippfehler im Original) über das Ruhen der Renten in der Sozialversicherung bei reichsfeindlicher Betätigung vom 29.5.1942; in: Sammlung der Gesetze und Verordnungen des Protektorates Böhmen und Mähren vom 9.6.1942, Nr. 90, S. 947 f.

DOK. 303
The Manchester Guardian: Artikel vom 17. September 1942 über die Lebensbedingungen in Theresienstadt[1]

Die Gefängnisfestung von Terezín
Die reichseigene Aussonderungsstelle für Juden

Von unserem Sonderkorrespondenten
Die berüchtigte, an der Elbe im westlichen Böhmen gelegene ehemalige Gefängnisfestung von Terezín, besser bekannt als Theresienstadt, hat sich unter der Herrschaft der Deutschen zu einem Getto für betagte Juden aus dem Protektorat Böhmen und Mähren, aus Deutschland, Frankreich und den Beneluxstaaten entwickelt. Offiziell wird das Lager als „Zentralunterkunft des Reichs für ältere Juden" beschrieben, obwohl es auch als Durchgangslager für Jüngere dient, die weiter nach Osten deportiert werden.
Ein glaubwürdiger Bericht, wahrscheinlich der erste, der die Außenwelt erreicht, enthüllt etwas von dem, was sich hinter diesem Etikett, das die Deutschen Terezín verpasst haben, tatsächlich verbirgt.
Die ursprüngliche Bevölkerung, etwa 7000 Tschechen und Sudetendeutsche, wurde in der zweiten Hälfte des Jahres 1941 umgesiedelt. Zwischen Dezember 1941 und Juli 1942 waren zunächst um die 7000 jüngere Juden beiderlei Geschlechts aus Böhmen und Mähren in der Festungsstadt eingesperrt. Einige mussten am Fluss oder auf den Feldern arbeiten, die meisten wurden jedoch beim Bau von Baracken eingesetzt, die sich rasch mit weiteren Juden füllten, die man zuerst aus der Tschechoslowakei dorthin brachte, später kamen sie aus Deutschland und anderen westeuropäischen Ländern.[2]
Seitdem Terezín vollständig genutzt wird – das heißt seit dem Beginn der europaweiten verschärften Judenhatz –, ist der Ort überfüllt mit Deportierten. Am 15. August hat man 40 000 Juden im Alter zwischen 65 und 85 Jahren in den neu gebauten Baracken oder im alten Teil des Gefängnisses zusammengepfercht. Zusätzlich beherbergt Terezín 7000 jüngere Menschen, durchweg Juden, die Zwangsarbeit leisten müssen. Man bezahlt ihnen 12 Kronen am Tag (das entspricht einem Pfund und sechs Penny), wovon die Hälfte für den Unterhalt der älteren Bewohner, so behaupten es zumindest die Deutschen, einbehalten wird.
Die Lebensbedingungen der Alten, genauso wie die der Jüngeren, könnten kaum schlimmer sein. Die Unterkünfte sind völlig unzureichend, es gibt so gut wie keine sanitären Anlagen. Die bedauernswerten Insassen mussten ihre gesamte persönliche Habe abliefern. Vor ihrer Überstellung nach Terezín wurden sie aus ihren Häusern und Wohnungen vertrieben und gezwungen, ihre Möbel und Kleider, ihr Bettzeug und Geld zurückzulassen, was daraufhin alles von den Deutschen konfisziert worden ist. Jedem wurde 100 Pfund Gepäck mitzunehmen gestattet und versprochen, dies zum Zielort zu schicken. Von diesem Gepäck ist aber nie etwas in Terezín angekommen.

1 The Manchester Guardian vom 17.9.1942, S. 4: „The prison fortress of Terezin. Reich's ‚Clearing-House' for Jews". Das Dokument wurde aus dem Englischen übersetzt.

2 An dieser Stelle ist eine Landkarte vom Protektorat Böhmen und Mähren in den Artikel eingefügt, die hier nicht abgedruckt wird.

Das Los der Kranken
Den Kranken und all denjenigen, die gegen die strenge Lagerordnung verstoßen, ist ein hartes Los bestimmt. Sie werden in das feuchte und stickige Kellergewölbe des Schlosses gesteckt, wo in früheren Zeiten die Gefängnis- und Folterzellen lagen.[3] Dort, etwa vier Meter unter der Erde, sind die Kranken und „Kriminellen" vollständig von ihren Leidensgenossen isoliert. Man weiß nichts über das endgültige Schicksal derjenigen, die in diesen Kerkern verschwinden.
Die Jüngeren bleiben nur vorübergehend in Terezín, wahrscheinlich die letzte Station, bevor sie in den Gettos von Polen, Litauen oder Russland landen. Allein 60 000 tschechoslowakische Juden haben hier Station gemacht, bevor man sie im Bezirk Lublin in halb verfallenen und verlassenen Dörfern unterbrachte. Nach den wenigen vorliegenden Berichten über die dortigen Zustände zwingt man Frauen und Männer bis zu einem Alter von 50 Jahren zu strapaziösen Straßenbau- und Waldarbeiten. Die Todesrate ist hoch und steigt weiter an, was wenig verwundert, wenn man bedenkt, dass nicht nur die Art der Tätigkeit viele körperlich überanstrengt, sondern sie auch medizinisch nicht betreut werden.
Von einer anderen Gruppe jüngerer Juden, die von Terezín in sogenannte Arbeitslager in Oberschlesien gebracht worden sind, fehlt seit ihrer Abreise jede Spur. Die Gruppe bestand aus mehreren Tausend jungen alleinstehenden Männern und schien eigens zusammengestellt worden zu sein, aber man hat nie wieder etwas von ihnen gehört.[4]
Terezín ist ein anschauliches Beispiel dafür, was den Juden in Europa unter der Herrschaft der Deutschen widerfährt. Innerhalb eines ausgedehnten Systems des organisierten Menschenhandels erfüllt es sowohl die Funktion eines Abladeplatzes als auch einer Aussonderungsstelle. Die Gesunden sollen so lange leben, wie man sie gebrauchen kann; die Alten und Ausgemusterten sollen nach Belieben zugrunde gehen.

DOK. 304
Camilla Hirsch notiert in ihrem Tagebuch Mitte September 1942, dass ihre Freundin sich das Leben genommen hat[1]

Handschriftl. Tagebuch von Camilla Hirsch, Theresienstadt, Einträge vom 3. bis 21.9.1942

15/9 Das Essen ist heute besser. Ein Ereignis! Wir haben Erdäpfelpüree zum Abendessen, während wir bisher noch nie etwas anderes bekommen haben als schwarzen Kaffee oder dünne Suppe. Selbstverständlich gibt das zu denken, und es schwirren viele Gerüchte in der Luft. Man sagt, daß wir unter dem Schutz fremder Mächte stehen. Ich kann nicht daran glauben, es wäre zu schön. Vederemo![2]

3 Möglicherweise sind hier die Kasernen an den Festungswällen gemeint. Das Gefängnis befand sich in der außerhalb der Stadt gelegenen Kleinen Festung und war der Gestapo Prag unterstellt. Dort wurden hauptsächlich aus dem Protektorat stammende politische Gefangene festgehalten.
4 Gemeint sind wahrscheinlich die Zwangsarbeitslager der Organisation Schmelt; siehe Dok. 239 vom 23.3.1943, Anm. 16.

1 Archiv Beit Theresienstadt, 160,675/59/4053 (154,014). Abdruck in: Beit Theresienstadt (Hrsg.), Theresienstadt (wie Dok. 140 vom 10.7.1942, Anm. 1), S. 60–63.
2 Richtig: Vedremo (italien.): Wir werden sehen!

16./9 Es hat sich etwas Trauriges ereignet. Nelly, meine liebe Freundin, hat sich mit Veronal vergiftet. Es war eine große Übereilung und wahrscheinlich die erste Dummheit, die sie im Leben gemacht hat. Schuld daran war ein nicht wegzubringender Durchfall, der über 8 Tage anhielt, aber das ist doch schließlich kein Grund zum Selbstmord! Noch dazu, wenn man Kinder hat. Kaum war sie tot, als ihr Schwager, der ehemalige Präsident der Wiener Kultusgemeinde, hier mit seiner Frau eintraf.[3] Es war ein wunderschönes Verhältnis zwischen ihr und dem Schwager, und wenn sie gewußt hätte, daß er auch nach Theresienstadt kommt, hätte sie es gewiß nicht getan. Er ist sofort in den Ältestenrat aufgenommen worden. Aber was einmal geschehen ist, läßt sich leider nicht mehr ändern. Sie hat mir einiges hinterlassen, wovon sie am Tag zuvor mit mir gesprochen hat, aber ich habe an eine ernste Absicht ihrerseits keinen Augenblick gedacht. Die Menschen sterben hier wie die Fliegen. Wir haben heute 3 Tote im Haus. Kein Wunder, wo lauter Überalterte hierherkommen. Im letzten Transport waren eine Menge Krüppel, die zu uns ins Haus kamen. Eine Frau kam sogar auf der Bahre.

17/9 Unser Hausboden wurde belegt mit 116 Personen aus Kassel.[4] Das Gepäck deutet auf gut situierte Leute hin. Meistens sind sie überaltert, viel[e] Krüppel, Lahme und auch Blinde. Unser Verwalter tut, was er kann. Er hat auf den Boden Bretter legen lassen und die zerbrochenen Fenster wurden frisch verglast, und es soll auch elektrisches Licht kommen. Einstweilen haben sie Kerzen, und das ist feuergefährlich. Hoffentlich passiert nichts.

20/9 Wir dachten, daß es mit Theresienstadt sein Bewenden hat, aber zu unserem Entsetzen hörten wir von neuen Registrierungen, und so sind heute 65 von unseren Leuten in die Schleuse gekommen,[5] um nach einem anderen Ghetto abtransportiert zu werden.[6] Je gebrechlicher und je höher im Alter, umso mehr Aussicht fortzukommen. Es war furchtbar! Der Zug glich einem Leichenzug. Alles mit Gepäck beladen, das ihnen die Glücklicheren des Hauses, die zurückbleiben durften, tragen halfen. Ob die Armen ihr Gepäck je wiedersehen werden, ist fraglich.

21/9 Wunder über Wunder! Wir bekommen ein Lebensmittelgeschäft, auch ein Wäsche- und Kleidergeschäft, Parfümerie, Papier etc. Es wird mit Dampf daran gearbeitet. Bezahlt wird mit Punkten, die ausgegeben werden.[7] Langsam hintereinander an alle Insassen des Ghettos. Die Leute stehen vor den Auslagen und sehen zu, wie diese hergerichtet werden.[8] Registrierungen dauern an, jetzt kommen wieder Tschechen daran, während

3 Dr. Desider Friedmann (1880–1944), Jurist; 1921 Vizepräsident, 1932 Präsident der IKG in Wien, Mitglied des Österreich. Staatsrats; wurde nach dem Anschluss Österreichs in das KZ Dachau deportiert und war kurzzeitig in Buchenwald inhaftiert, er wurde im Herbst 1942 nach Theresienstadt deportiert, dort zum Leiter der Bank der jüdischen Selbstverwaltung ernannt, im Okt. 1944 mit seiner Ehefrau Ella, geb. Stiassni (1897–1944), nach Auschwitz deportiert und dort ermordet.

4 Am 8.9.1942 erreichte ein Transport mit 844 Juden aus Kassel und Chemnitz Theresienstadt.

5 Siehe Einleitung, S. 57.

6 Am 19. und 21.9.1942 gingen Deportationszüge aus Theresienstadt nach Treblinka ab.

7 Die Punkte wurden als Zahlungsmittel in Form von Bezugsscheinen für die in den Läden erhältlichen Waren ausgegeben.

8 Camilla Hirsch beschreibt hier die sog. Verschönerungsaktion, die im Hinblick auf den Besuch einer Delegation des Roten Kreuzes veranlasst wurde.

im letzten Transport bloß Deutsche waren. Gestern wurde Grete Kormos registriert, doch da sie deutsche Staatsangehörige ist und nur mit einem tschechischen Transport gekommen, kommt sie vorläufig nicht in Betracht. Ein Transport nach dem anderen kommt und geht. Wie wenn es nicht einfacher wäre, die Leute hier in Ruhe zu lassen und die neuen Transporte anderswohin zu dirigieren. Aber die Juden müssen ständig in Bewegung bleiben, auch in den Häusern hier. Jeden Augenblick wird eines ausgeräumt, indem es zum Blindenasyl, Kriegsbeschädigtenheim oder sonst zu einem Zweck verwendet wird. Wann werden diese Leiden ein Ende nehmen?

DOK. 305
Die Jüdische Kultusgemeinde Prag muss vom 21. September 1942 an prüfen, ob die in „Mischehe" lebenden Juden und ihre Kinder deportiert werden können[1]

Vermerk, gez. Dr. H. Aschermann,[2] vom 24.9.1942 (Abschrift)

Betrifft: Registrierung der Mischehen. / Überprüfung der Belege von Personen, welche mit Ariern verwandt sind, soweit sie in Prag wohnen.
Laut Auftrag des Herrn S.S.O.St.F. Günther[3] sind, beginnend mit dem 21.9.1942, Personen im Bereiche der JKG Prag, welche mit Ariern verwandt sind, fortlaufend – durchschnittlich 100 täglich – in die Sommerbergstraße vorzuladen, wo überprüft wird, ob die bei der Registrierung gemachten Angaben über ihre Verwandtschaft mit Ariern zutreffen und ob sie derartig sind, daß sie die Befreiung von der Einteilung in den Transport begründen.[4]
Nach der bisherigen Praxis ist hiebei die Einhaltung etwa folgender Richtlinien entscheidend.

1. *Mischehen.* Juden, welche in einer Ehe mit einem Arier leben, werden in den Transport nicht eingereiht, wenn die Ehe tatsächlich besteht, d. h. weder geschieden noch getrennt ist. Gemeinsamer Haushalt ist nicht Bedingung.
Wenn aus der Mischehe Kinder vorhanden sind, welche als Juden gelten, sind sie von Transporten geschützt, wenn sie unmündig sind (unter 14 Jahren). Bei deutschen Staatsangehörigen genügt es, wenn sie minderjährig sind (unter 21 Jahren).
2. Andere Fälle.
a. Protektorats-Angehörige. Wenn die Mischehe nicht mehr besteht und daher die Ausschließung aus dem Transport nicht bewirkt, schützt der arische Elternteil die

1 Original nicht aufgefunden, Kopie: YVA, O.7 CZ/87.

2 Dr. Hanuš Aschermann (1914–1944), Jurist; arbeitete in der JKG Prag in der Auswanderungs-, Reise- und Transportabt.; am 15.7.1942 nach Theresienstadt deportiert, ab Okt. 1944 in der Kleinen Festung inhaftiert, wo er im „Urnen-Kommando" arbeitete, dessen Aufgabe es war, die Asche aus dem Theresienstädter Krematorium in den Fluss Ohře zu schütten; alle Mitglieder des Kommandos wurden erschossen.

3 SS-Obersturmführer Hans Günther.

4 In der Sommerbergstraße (tschech. Letenská) 113 in Prag befand sich die Zentralmatrikel der JKG sowie die Registrierungsexpositur. Das Hauptbüro (Registrierung der Juden, Vorbereitungsarbeiten für die Überprüfung der Ausweise der „arisch versippten" Personen) lag in der Josefovská (heute: Široká). Im März 1943 wurden in Prag 3913 Personen gezählt.

jüdischen Kinder aus dieser Ehe, wenn sie unter 14 Jahren sind, unter der Bedingung, daß kein jüdischer Elternteil vorhanden ist, mit welchem die jüdischen Kinder gemeinsam in den Transport eingereiht werden könnten. Arische Kinder schützen niemals ihre jüdischen Eltern.

b. Deutsche Staatsangehörige. Der arische Elternteil schützt die jüdischen Kinder bis 21 Jahre unter allen Umständen, und das arische Kind schützt bis zu seinem 21. Jahre den jüdischen Elternteil ebenfalls unter allen Umständen.

Technisch wird die Sache so durchgeführt, daß die Parteien zuvor in unsere Registrierungs-Expositur vorgeladen werden, wo dzt. aus der Reg. Abtlg. Dr. Lev Kohn,[5] Dr. Berger, Dr. Doktor, Frau V. Kohn und Frl. Ella Katz arbeiten. Hier wird der Beleg vorläufig geprüft, es wird ein kurzes Protokoll verfaßt und ein Formular mit Familienstammbaum ausgefüllt. Die Partei wird an die Regierungspolizei verwiesen, welche die Belege kontrolliert und den Fall zur endgültigen Entscheidung Herrn Burger[6] abtritt. Hier wird die Entscheidung in Anwesenheit des Dr. Klauber angemerkt. Die Vorladung geschieht auf Grund des Verzeichnisses, das uns das Zentralamt übergibt.

Die Entscheidung wird administrativ in der Abtlg. für Registrierung und Transport-Administrative ausgearbeitet, wo insbesondere die bestätigten bezw. abgelehnten Fälle, Fristen und säumige Parteien vorgemerkt werden. Die Abteilung führt die Vorladung neuer Parteien durch sowie die Fristenevidenz. Erledigte Fälle überträgt sie sodann auf die Konzepte der Registrierungskarten. Außerdem werden die erledigten Fälle in Verzeichnissen verarbeitet, welche zur Verfügung der Abteilungen verbleiben, welche es betrifft.[7]

DOK. 306

Eva Mändl berichtet am 7. Oktober 1942 über die scheinbar verbesserte Versorgung in Theresienstadt, aber auch über die vermehrt stattfindenden Deportationen nach Polen[1]

Handschriftl. Tagebuch von Eva Mändl, Theresienstadt, Eintrag vom 7.10.1942[2]

Geschäfte werden eröffnet. Ganz Theresienstadt lacht. Die Auslagen sind voll der herrlichsten Sachen. Lebensmittel, Kleider, Schuhe, Hausrat, Papier, Parfümerie, Galanteriewaren, alles, was anderen Leuten weggenommen wurde, wird hier ausgestellt. Es heißt,

5 Dr. Lev Kohn (*1903), Arzt; 1934 Heirat mit Edith (Kitty) Lustigová; von 1939 an in Prag, wo er bei der JKG in der Auswanderungs-, Reise- und Transportabt. arbeitete.

6 Gemeint ist die Außenstelle des Zentralamts für die Regelung der Judenfrage in Böhmen und Mähren in Brünn, die Anton Burger vom Frühjahr 1941 bis Juli 1943 leitete.

7 Es folgt auf tschechisch: „Vertraulich!! 1.10.1942 Überprüfung von Dokumenten von Personen, die mit Ariern verwandt sind. Als Zusatz zu meinem Vermerk vom 24.9.1942 teile ich mit, dass sich die Richtlinie geändert hat. Wenn es um Protektoratsangehörige geht, schützen arische Kinder aus Mischehen bis zu ihrem 14. Lebensjahr ihren jüdischen Elternteil unter der Bedingung, dass es keinen arischen Elternteil gibt, bei dem das Kind leben könnte. Die besprochenen Fälle werden nochmals überprüft. Dr. Aschermann, Leiter Sekretariat Dr. Fr. Fiedmann [wahrscheinlich: Franz Friedmann] Organisationsbüro, Persönliches Büro Dr. Kollek".

1 USHMM, 1996 A. 0388, Kopie: APT, A11890–1. Abdruck in: Mändl Roubíčková, „Langsam gewöhnen wir uns an das Gettoleben" (wie Dok. 257 vom 17.12.1941, Anm. 1), S. 103 f.

2 Original in Gabelsberger-Kurzschrift, für diese Edition neu transkribiert.

dass großdeutscher Besuch kommen soll.[3] Nach ein paar Tagen stellte sich heraus, dass diese ausgestellten Sachen wirklich zu kaufen wären, und zwar für Arbeitende, die Punkte bekommen werden.[4] Mutti[5] [hat] sehr bald welche bekommen, ich [erst] später, allerdings ist die ganze Einkauferei ein schrecklicher Schwindel. Man muss nehmen, was man bekommt, wer Protektion hat, bekommt mehr und anständige Sachen, wer keine hat, bekommt Rübensaft, Lebkuchenpulver und solchen Dreck. Letzteres bekamen wir. Bei den Kleidern sind ganz schöne Sachen [dabei], auch ohne Protektion, alles aus den gestohlenen Koffern. Zum Beispiel Thermosflaschen; Feldflaschen, Trockenspiritus sind Kontraband,[6] die bei jedem Transport unbedingt genommen werden, und in den Auslagen sind sie ausgestellt, und man bekommt sie zu kaufen. So eine Komödie!
Mit Mama[7] bin ich täglich beisammen. Schreckliche Angst vor den Polentransporten, in den ersten kam sie nicht rein und wurde sehr bald danach bestätigt, so dass diese Gefahr vielleicht doch vorüber ist. Die Arbeit freut mich, bis auf dass ich Krausens[8] das Dienstmädel spielen muss und dadurch ständig viel zu tun habe. Aber ich habe große Vorteile. Jeder Magdeburger[9] [bekommt] einen halben „Kübel" Mansch aus der nämlichen Küche, im Viktoria[10] früh Brot oder Weißbrot (man stelle sich vor), mittags irgendein Essen, Suppe oder […][11] Markknochen, oder Milch. Alles kann verwendet werden. Muttis Beruf ist scheußlich. Wenn ich ihr nur etwas anderes besorgen könnte. Aber es ist wahnsinnig schwer, und es gehört große Protektion dazu, und die haben wir überhaupt nicht. Vati[12] durfte eine Zeitlang nicht aus der Kaserne, wegen der Polentransporte musste er liegen. Es gehen auch jetzt Polentransporte von Deutschen aus dem Reich, die bisher überhaupt nicht in Frage kamen. Aber da die Sterblichkeitsziffer so enorm hoch war (täglich gegen 100), kam der Befehl, Deutsche von 65 bis 90 Jahren, soweit sie bis Bohušovice lebendig sind, wegzuschicken.[13] Es ist grauenhaft, das mitanzusehen. Dabei verbessert es sich andererseits weiter, was Freiheit und Verpflegung betrifft, zusehends. Man darf nur nicht in die Blockhäuser sehen, mit dem Schmutz, wo ein Ruhrkranker auf dem anderen liegt, wo Leichen mit anderen, die schon fast Leichen sind, tagelang zusammen nebeneinander gepfercht liegen, wo die Matratzen triefen und nicht ausgewechselt werden können, so dass sich unter ihnen bereits Würmer befinden. Das

3 Für Okt. 1942 war ein Besuch Himmlers im Getto vorgesehen, doch aufgrund der seit Sommer 1942 herrschenden Ruhr- und Typhusepidemie kam es nicht dazu.
4 Zum Punktesystem siehe Dok. 304 vom Sept. 1942, Anm. 7.
5 Antonia Mändl, die zu diesem Zeitpunkt im Hilfsdienst bei der Abfertigung der Deportationen arbeitete.
6 Gemeint ist Schmuggelware.
7 Marie Roubíčková, geb. Gibian, Mutter von Eva Mändls Verlobtem Richard Roubíček, der nach Großbritannien ausgewandert war.
8 An anderer Stelle im Tagebuch wird ein Häftling Ing. Kraus erwähnt, der die Landwirtschaftsabt. übernahm und hier wohl gemeint ist.
9 Zur Magdeburger Kaserne siehe Dok. 254 vom 1.12.1941, Anm. 9.
10 SS-Kameradschaftsheim in Theresienstadt.
11 Unleserlich.
12 Arnošt Mändl (1888–1944), Lehrer; wurde im Aug. 1942 aus Prag nach Theresienstadt und im Okt. 1944 nach Auschwitz deportiert, dort ermordet.
13 Vom 15. bis 26.10.1942 wurden 7866 zumeist ältere Menschen aus Theresienstadt nach Auschwitz und Treblinka deportiert.

alles sollte gefilmt und ins Ausland geschickt werden. Das kann sich niemand vorstellen! Jeden Abend bei Eva.[14] Sie ist zu ihrer Großmutter übergesiedelt, und wir sitzen jeden Abend auf der Veranda, Eva, Benny[15] und ich. Richtig wieder Party.

DOK. 307
Der Reichsprotektor in Böhmen und Mähren erklärt am 13. Oktober 1942, er wolle bei der Lebensmittelversorgung von Juden in „Mischehen" keine Privilegien mehr dulden[1]

Schreiben (Eilt!) des Reichsprotektors in Böhmen und Mähren, I 3 b,[2] i. A., Unterschrift unleserlich, an den Befehlshaber der Sicherheitspolizei in Prag vom 13.10.1942

Betrifft: Lebensmittelversorgung der Juden. – Kennzeichnung der Lebensmittelkarten.
Anlagen: 1 Entwurf und 1 Bund Akten.[3]
Angeschlossen übersende ich den Entwurf eines Erlasses an das Ministerium für Land- und Forstwirtschaft in Prag, der wesentliche Änderungen in der Lebensmittelversorgung der Juden vorsieht. Danach sollen vor allem Juden künftig vom Bezug von Fleisch, Eiern und Weißgebäck ausgenommen werden. Auch sollen ihnen keine zusätzlichen Lebensmittel zugeteilt werden. Diese Regelung soll (was allerdings aus dem Wortlaut des Entwurfs nicht ganz eindeutig hervorgeht, da in Absatz 3 des Entwurfs auf § 3 der Kundmachung vom 10.8.1942[4] nicht ausdrücklich Bezug genommen wird) nicht für Juden gelten, die in den privilegierten Mischehen mit deutschen Staatsangehörigen leben. Ich habe mich bereits früher mit Rücksicht auf die besonderen örtlichen Verhältnisse im Protektorat Böhmen und Mähren gegen die Gewährung von Privilegien an Juden, die mit deutschen Staatsangehörigen in Mischehen leben, gewandt. Mit dem dortigen Schreiben vom 19.8.1942, VR 1-2017/42,[5] wurde dargelegt, daß die Privilegien auch im Protektorat Böhmen und Mähren gewährt werden müssen, soweit sie reichseinheitlich vorgeschrieben sind. In vorliegendem Fall liegt eine Reichsregelung, die auch für das Protektorat unmittelbar wirksam ist, nicht vor. Der Runderlaß des Reichsministers für Ernährung und Landwirtschaft vom 18. September 1942, II B 1–3530, gilt nur für das übrige Reichsgebiet,[6] während die Regelung für das Protektorat Böhmen und Mähren selbständig durch das Ministerium für Land- und Forstwirtschaft bezw. dem

14 Eva Glauberová (1922–1944) war eine gute Freundin von Eva Mändl; sie wurde am 15.12.1943 nach Auschwitz deportiert und kam dort um.
15 Ruben (Benny) Grünberger (1922–1942) wurde am 22.10.1942 von Theresienstadt nach Treblinka deportiert und dort ermordet.

1 NAP, ÚŘP, I-3b 5852, Karton 389, Bl. 672 f.
2 Siehe Dok. 247 vom 27.10.1941, Anm. 4.
3 In der Anlage befindet sich ein Dokument mit dem Titel „Stellung der Juden im öffentlichen Leben, Kennzeichnung der Juden" .
4 In § 3 der VO wird erklärt, wer als Jude anzusehen sei; es wird darauf verwiesen, dass die VO vom 21.6.1939 über den Umgang mit dem jüdischen Vermögen gelte (siehe VEJ 3/247) sowie auf die VO zur Kennzeichnungspflicht Bezug genommen (VEJ 3/212).
5 Schreiben liegt nicht in der Akte.
6 Siehe DOK 168 vom 18.9.1942

Reichsprotektor erfolgt. Der Sachbearbeiter der Gruppe II/2[7] (Reg.Rat Niemann) bestätigt meine Auffassung, daß der Regelung im Protektorat Böhmen und Mähren durch die Reichsregelung nicht vorgegriffen ist. Unter diesen Umständen halte ich es für richtig, die Lebensmittelversorgung der Juden einheitlich für sämtliche Juden zu regeln und auch für die in privilegierten Mischehen mit deutschen Staatsangehörigen lebenden Juden keine Ausnahme mehr zuzulassen. Ich bitte, mir Ihre Stellungnahme unter Rückgabe der übersandten Akten möglichst umgehend zu übermitteln.[8]

DOK. 308
Ein Vertreter der Jüdischen Kultusgemeinde Prag protokolliert am 13. Oktober 1942 seine Vorladung bei der Polizei wegen zweier Verstöße gegen antijüdische Bestimmungen[1]

Vermerk des Rechtsreferats der Jüdischen Kultusgemeinde Prag (J2, Dr.K/SM), gez. Zentralsekretariat H. Dr. Fleischmann,[2] H. Richard Friedmann,[3] H. Hugo Steiner,[4] vom 13.10.1942

Aktenvermerk über die Rücksprache vom 12.10.1942 bei Herrn Aktuar Drnovsky[5] im Polizeipräsidium Pres. B.

Herr Hugo Steiner teilte mir am 12.10.1942 vormittags mit, daß mich Herr Aktuar Drnovsky, Polizeipräsidium Pres. B zu sprechen wünsche, weshalb ich mich mit Herrn Hugo Steiner am 12.10.1942 mittags bei Herrn Aktuar Drnovsky einfand.

Herr Aktuar Drnovsky erklärte, es seien seiner Ansicht nach in 2 Fällen von der JKG resp. von mir unrichtige Auskünfte gegeben worden, in deren Verfol[g][6] gegen 2 Juden eingeschritten wurde, und zwar handelt es sich:

7 Die Gruppe II 2 in der Behörde des Reichsprotektors war zuständig für Ernährung und Landwirtschaft.

8 Am Ende des Dokuments handschriftl. hinzugefügt: „Vermerk: 1. Der Entwurf v. II 2 wurde entspr. geändert u. mitgezeichnet von I 3 u. vom B.d.S. 2. z.d.A. 4.11. W“. Am Rand handschriftl. teilweise unleserlicher Vermerk: „23.10.42. Gruppe I B Stimme der dortigen Stellungnahme zu.“ Unterschrift unleserlich.

1 YVA, O.7 CZ/157.

2 Dr. Karl Fleischmann (1904–1944), Journalist; Zentralsekretär der JKG Prag, Redakteur des Jüdischen Nachrichtenblatts; wurde am 15.7.1943 von Prag nach Theresienstadt deportiert, wo er Mitglied des Ältestenrats war, im Okt. 1944 nach Auschwitz deportiert und dort ermordet.

3 Richard Friedmann (1906–1944), Verbandsfunktionär, Zionist; von 1929 an als Beamter in der IKG Wien tätig, 1939 zur JKG in Prag versetzt und dort Mitglied des Zentralsekretariats; am 28.1.1943 nach Theresienstadt, im Mai 1944 nach Auschwitz-Birkenau deportiert und dort erschossen.

4 Hugo Steiner (1889–1943?), Beamter; arbeitete im Spiritushandel und während des Kriegs für die JKG Prag im Rechtsreferat, zuständig für polizeiliche Angelegenheiten, er agierte als Verbindungsmann zwischen der JKG und der Polizeidirektion in Prag; wurde von der Gestapo verhaftet, nach Auschwitz deportiert und starb dort wahrscheinlich am 21.12.1943.

5 Richtig: Leo Drnovsky (*1906), Beamter; zunächst im Großhandel tätig, von März 1938 an Polizeidienst in Reichenberg und Jungbunzlau, seit 1939 in Prag, Verbindungsmann zwischen der tschech. Kriminalpolizei und der Gestapo, bis Sept. 1943 Leiter des jüdischen Kommissariats der Kripo; im April 1947 in der Tschechoslowakei zu lebenslanger Haft verurteilt, die später auf 25 Jahre reduziert wurde.

6 Im Original durchgestrichen, soll vermutlich „Verfolg“ heißen.

1.) um den Fall Riesenfeld, der als privilegierter Jude außerhalb der Einkaufszeit Lebensmittel eingekauft hat und vom Polizeikommissariat für Prag I. und Josefstadt zu einer Geldstrafe von K 3000.- verurteilt wurde.
2.) um den Fall Zeimer,[7] der auf Grund einer Auskunft der JKG das Judenkennzeichen nicht getragen hat, obwohl er dazu verpflichtet sei.[8]
Im ersten Falle erklärten wir Herrn Aktuar Drnovsky, daß über unsere Anfrage von der Geheimen Staatspolizei die Antwort erteilt wurde, daß beim Einkauf von Lebensmitteln sich der jüdische Eheteil an die Einkaufszeit von 15–17 Uhr nicht halten muß.[9] Eine Beschränkung auf die privilegierte jüdische Ehefrau sei hier nicht erfolgt, so daß anzunehmen war, daß auch der privilegierte jüdische Ehemann sich beim Einkauf von Lebensmitteln an die Einkaufszeit nicht zu halten brauche. Es sei auf Grund einer neuen speziellen Anfrage nunmehr von der Gestapo die Auskunft erteilt worden, daß sich bloß die jüdische Ehefrau im Falle einer privilegierten Mischehe nicht an die Einkaufszeit halten muß.
Herr Aktuar Drnovsky gab sich mit dieser Erklärung zufrieden und erklärte, daß es sich also da offenbar um ein Mißverständnis gehandelt habe.
Was den zweiten Fall anbelangt, verhielt sich die Sache so, daß die deutschblütige Ehefrau[10] des Herrn Zeimer, über deren deutsche Abstammung laut Angaben des Herrn Zeimer ein Ahnenpaß vorliegt, vor längerer Zeit verstorben ist, seine Söhne nicht als Juden gelten, jedoch Protektoratsangehörige sind.
Da die verstorbene Ehefrau des Herrn Zeimer den Nachweis der deutschen Staatsangehörigkeit nicht erbringen konnte, ansonsten ihre Deutschblütigkeit aber einwandfrei nachgewiesen war, (sie stammte aus den Sudeten) und auch die übrigen Voraussetzungen des § 3 der Polizeiverordnung vom 1.9.1941[11] gegeben waren, unterlag Herr Zeimer meiner Ansicht nach nicht der Kennzeichnungspflicht der Juden.
Herr Aktuar Drnovsky war jedoch der Ansicht, daß bei privilegierter Mischehe auch die Kinder die deutsche Staatsangehörigkeit haben müssen, damit die Ehe als privilegiert angesehen werden kann.
Ich wies darauf hin, daß bezüglich der Kinder bloß die Erfordernis gelte, daß sie nicht als Juden gelten, ansonsten ein weiteres Erfordernis aber nicht gegeben ist, sondern nur der arische Teil Deutsch-Arier sein und die deutsche Staatsangehörigkeit besitzen müsse.
Herr Aktuar Drnovsky stimmte sodann dieser Ansicht bei, und es wurde übereinstimmend festgestellt, daß also bei privilegierten Mischehen bezüglich der Kinder bloß die Tatsache entscheidet, ob sie als Juden gelten oder nicht.

7 Am 9.10.1942 nahm Polizeiwachtmeister Jaroslav Horn den Müller Karel Zeimer (1889–1944?) auf der Straße fest, weil er keinen „Judenstern" trug. Zeimer wurde am 13.7.1943 von Prag nach Theresienstadt und von dort am 1.10.1944 nach Auschwitz deportiert und ermordet.
8 Siehe Dok. 242 vom 2.10.1941.
9 Zu den Einkaufszeiten für Juden siehe Dok. 242 vom 2.10.1941, Anm. 13, und Dok. 245 vom 17.10.1941.
10 Ida Zeimer, geb. Lang (1896–1939); von 1920 an mit Karel Zeimer verheiratet.
11 In § 3 dieser VO wurde festgelegt, dass der privilegierte jüdische Ehemann, „sofern Abkömmlinge aus der Ehe vorhanden sind und diese nicht als Juden gelten, und zwar auch dann, wenn die Ehe nicht mehr besteht", keiner Kennzeichnungspflicht unterliege; siehe auch VEJ 3/212.

Lediglich in jenen Fällen, in denen wie im Falle Zeimer der deutschblütige Eheteil verstorben ist, so daß ein Nachweis der deutschen Staatsangehörigkeit derselben nicht erbracht werden kann, müsse wenigstens eines der Kinder die deutsche Staatsangehörigkeit besitzen, damit aus dieser Tatsache allein ersehen werden kann, daß der verstorbene Eheteil deutschblütig war und daß dies von den die Staatsangehörigkeit verleihenden Behörden auch durch Verleihung der deutschen Staatsangehörigkeit an das Kind anerkannt worden ist.
Ich habe dieser Ansicht sodann zugestimmt. Es wurde also auch in dieser Frage eine vollkommene Übereinstimmung der Ansichten festgestellt.
Im übrigen erklärte Herr Aktuar Drnovsky sowie sein Vertreter, Herr Dlesk,[12] daß für die in privilegierter Mischehe lebenden Juden mit Bezug auf Polizeianordnungen bloß die folgenden Privilegien gelten:
Befreiung von der Kennzeichnungspflicht und für die jüdische Ehefrau Befreiung von der Einhaltung der Einkaufszeit beim Einkauf von Lebensmitteln.
Ansonsten hätten alle Polizeianordnungen auch für die in privilegierter Mischehe lebenden Juden zu gelten.
Demgegenüber wies ich darauf hin, daß bezüglich der Benützung der Telefone eine Ausnahme statuiert wurde. Den Wortlaut der diesbezüglichen Verordnung der Polizeidirektion habe ich durch Herrn Steiner den Herren Drnovsky und Dlesk überreichen lassen.
Auch bezüglich der Benützung der elektrischen Straßenbahnen waren die Herren anderer Ansicht als die die betreffenden Vorschriften herausgebenden elektrischen Unternehmungen.
Für die elektrischen Unternehmungen gilt als Jude bloß der, der der Kennzeichnungspflicht unterliegt.
Die Herren Drnovsky und Dlesk erkannten diesen Standpunkt jedoch nicht an.
Ich erklärte, daß dann allerdings die Polizeidirektion ihren Standpunkt durch eine Kundmachung präzisieren müsse.
Zum Schluß erklärte Herr Drnovsky noch, sowohl den Fall Zeimer als auch den Fall Riesenfeld einer umgehenden günstigen Erledigung zuführen zu wollen.

DOK. 309

Ottilie Kohn schildert zwischen dem 10. September und dem 14. Oktober 1942 ihre Angst vor der Deportation nach Theresienstadt und die Sorge um ihre Angehörigen[1]

Handschriftl. Tagebuch von Ottilie Kohn,[2] Dobruška, Einträge vom 10.9. bis 14.10.1942[3]

10/9.42
Heute ist wieder ein so trauriger Tag, ich mußte mir nur viele Tränen erleichtern[4] – So unglüklich sind wir alle u zu alledem muß ich den großen Ärger erleiden, kein freundliches Wort, ich beanspruche es schon gar nicht, oder auf jede Frage eine barsche böse

12 Jan Dlesk (*1914), Beamter; von Aug. 1936 an im Polizeipräsidium Prag, übernahm im Sept. 1943 die Leitung des jüdischen Kommissariats von Leo Drnovský; 1948 aus dem Polizeidienst entlassen.

1 Deutsches Tagebucharchiv Emmendingen, Tagebuch der Ottilie Kohn 1914–1942, Reg. 70, 2.

Antwort, als ob ich der dümmste, unwürdigste Fratz wäre – Und dann wieder soll ich gut sein, u. ich zwinge mich u schweige – Aber dies würgt in mir, u. ich fürchte einmal kommt es zur Explosion – Allen Ärger, den Jenny[5] fühlt, der kommt über mich, außer Josef[6] ist ja Niemand da, u öffnet sich das Ventill bei mir – – – Schon die Nächte u. gar die heutige sind so schreklich, immer sehe ich Else[7] vor mir, fürchte sie ist in Polen, hat Hunger u. Schmutz u. ich kann ihr gar nicht helfen – dieses unerhörte Martyrium, daß wir erleiden müssen, diese Rohheit u Grausamkeit ist der größte Hohn der Menschlichkeit – Teresienstadt ist eine Hölle, ist eine Hinrichtungart, in großem Stile, legal, niemand kann die Mörder beschuldigen. –
Oft bin ich in der Versuchung mir das Leben zu nehmen, aber ich will Euch meine geliebten Kinder,[8] nicht noch diesen Schmerz zufügen – das Schiksal in T. wird mir dazu helfen, immerfort u stets denke ich daran, u. fühle es, ich werde Euch meine Kinder nicht mehr sehen – Ich werde dahin gehen, ohne Eure lieben Hände in meine[n] halten zu können, unter Fremden! Wie beneide ich die theure Gabi,[9] die so schön von hier gehen konnte, umgeben von so viel Liebe u Wärme –
Und nun *muß* ich mitteilen daß ich heuer im Winter sehr arg dran war, sehr erkrankt – Eine gefährliche Blutarmut hat mich erfaßt, ich wußte es nicht, was es war, wenn ich heraus in die Kälte gieng, hatte ich fürchterliche Brustschmerzen, u. doch gieng ich stets, da ich meist Alles Nötige selbst zu versorgen auf der Sorge habe – aber es gieng nicht mehr, die Füße waren wie Blei und bis zum Knie angeschwollen – der Arzt kam, u. ich mußte nach Reichenau[10] zur Blutuntersuchung – die fiel nicht gut aus, es sollte eine Bluttransfusion vorgenommen werden, aber vorerst sollte man es mit täglichen Injektionen von Leberpräpar. versuchen – Und Gott Lob diese wirkten, nach 2 Wochen verschwanden die schweren Anzeichen, ich bekam Apetit u. nach 3 Monaten hatte die Blutuntersuchung das gute Resultat, daß die Blutgeschaffenheit schon eine normale ist – Und so erholte ich mich weiter u. fühle mich ziemlich wol – An Gewicht freilich nehme ich nicht zu, dies ist wol auch die Lebensmittelnot schuld, da Brot u. Alles keinen solchen Nährwert hat u. vor allem ist es die Fettnot – Obwohl Jenny wirklich eine Künstlerin ist u. Alles so gut zubereitet ist u. reichlich, daß man zufrieden sein muß –

2 Ottilie Kohn, geb. Korálková (1875–1943), Kauffrau; nach dem Tod ihres Mannes Rudolf Kohn (1856–1913) führte sie ein Wäschegeschäft in Brüx (Most), nach dessen Konkurs zog sie Anfang der 1930er-Jahre nach Teplitz-Schönau, 1938 nach Gutenfeld (Dobruška); am 18.10.1942 vermutlich nach Königgrätz (Hradec-Královė) und am 21.12.1942 nach Theresienstadt deportiert, dort umgekommen.

3 Rechtschreibung und Zeichensetzung wie im Original.

4 So im Original.

5 Jana (Jenny) Fleischer, geb. Korálková (1875 oder 1876–1945) war Ottilie Kohns Schwester, bei der sie seit 1938 wohnte; sie wurde nach Theresienstadt deportiert und überlebte das Lager, starb aber im Sommer 1945.

6 Josef Fleischer (1853–1943), Ehemann Jenny Fleischers, am 21.12.1942 zusammen mit Ottilie Kohn nach Theresienstadt deportiert.

7 Else Kohn (*ca. 1894), Tochter Ottilie Kohns, wurde nach Theresienstadt, später nach Auschwitz deportiert und kam dort um.

8 Außer Else hatte Ottilie Kohn noch eine weitere Tochter, Hedwig (Hede) Geeringer, geb. Kohn (*1896).

9 Gabriele Hahn, geb. Korálková, Schwester von Ottilie Kohn.

10 Vermutlich: Reichenau an der Knieschna (Rychnov nad Kněžnou).

19/9.42 – Es ist jetzt wieder zwischen uns besser, denn Jenny sieht, daß sie unrecht tat, sie ist eben ein so aufbrausender Mensch, doch sehr gut dabei – Sie ist klug u. energisch, aber sehr selbstsicher, doch wir sind uns doch gegenseitig gut – Jeder hat seine Fehler, man muß nur nachsichtig sein, u. jedem auch seine guten Seiten anrechnen – – –
Von Else, meinem Unglücksind, höre gar nichts, ich gräme mich, es ist furchtbar, daß man gar nichts erfährt von einander! Wann werden diese Hölllenqualen ein Ende haben, wann dieses furchtbare Menschenmorden aufhören – Wir Juden leiden das Unmenschlichste, daß sich sadistische Hirne ausgedacht haben – In Theresienstadt sind 50 Tausend Menschen eingepfercht, der größte Teil verhungert. Alles ist herunter gekommen, die Kleidung wurde gestohlen, auch das Essen daß sie mitnahmen – Täglich sterben Unzälige, wie viele halten das Leben aus, ohne jede Reinlichkeit – Meine guten Kinder in Br.[11] wie leiden sie mit uns, u. sie sind noch mein einziger Trost, denn sie leben noch halbwegs in Ruhe und die Kinder gedeihen u. lernen gut, sind ernst u. klug u. gute Menschen werden sie sein – Mögen sie nur gesund bleiben, u. ich die Kraft haben, Alles Böse zu überleben.

20/9 – Wie traurig ist mir, wie leide ich um meine arme gute Else, es fühlt Niemand mit mir meinem Schmerz, ich schweige lieber u. weine mich aus, wozu über sie sprechen, bin lieber allein – – Wer hilft ihr? Wie geht es ihr? Vier Jahre lebte, vergetirte sie verlassen in Prag, u. nun ist dies das Ende! Das letzte Jahr hatte sie es besser, hatte sehr brave Hausleute, doch die mußten fort, nach Polen u. so blieb sie wieder allein –
Gott gebe uns nur bald ein Ende dieser Leiden, wir verschuldeten ja nichts –

10/XI[12] Eine längere Pause! denn ich habe leider noch immer nicht Besseres zu sagen – Von meiner Else immer noch kein Lebenszeichen, wo ist sie? Lebt sie? Es ist zum Verzweifeln! Oft werfe [ich] mir vor, ihr nicht genug geholfen zu haben, doch es wurde mir zu sehr erschwert, u. seit dem liegt ein Schatten in unserm Verhältniß – Ich bin so geartet, daß ich für ein gutes Wort viel u. gerne tue, aber ich höre den ganzen Tag keines, nur mürrisches, Jennys schlechte Laune verstehe ich, sie hat Grund dazu, aber ich bin die einzige, wo sie ihrer Laune freien Lauf läßt, von früh an, denn Josef gegenüber beherrscht sie sich – aber ich muß Alles auskosten – Nichts ist recht, es ist oft schwer zu ertragen, u. nach u nach fange ich an, auch so zu werden, diesen Ton aufzunehmen – Was wird noch mit uns werden! In kurzer Zeit werden wir doch auch fort müssen, in diese Hölle, u. ich werde wol nicht mehr wiederkommen, trotz allem Willen, ich fühle es, ich bin körperlich nicht stark genug – Es bleibt nur die Hoffnung auf ein baldiges Ende – Möge nur Else gesund bleiben und bessere Zeiten erleben, ich muß eben das Schicksal der Juden tragen u. resignieren.

14/10 42 Am 18/ d. Monates verlassen wir unser Heim für immer, man verurteilt uns, wie alle Juden, in das Konzentrans Lager nach Theresienstadt –

11 Bratislava. Gemeint sind Hedwig Geeringer und ihr Mann sowie deren Kinder Peter (*1925) und Esther (Esthy) (*ca. 1927). Die Eltern hatten 1922 geheiratet und arbeiteten im Wäschegeschäft Ottilie Kohns. Nach dessen Konkurs wurde es von einer Prager Firma übernommen, und der Vater konnte seine Anstellung behalten. 1936 zog die Familie nach Bratislava, wo der Vater Direktor der dortigen Filiale wurde.

12 So im Original.

Ich kann vor Leid u. Herzleid nicht weiter schreiben! Werde ich wiederkommen u meine Kinder, mein Einziges wiedersehen? Kaum! ich bin alt u. nicht gesund! Und dorten vergeht man vor Hunger u. Unreinlichkeit u wol auch Kälte – Es ist ein furchtbares Schiksal – Aber wir schließen uns in dem großen Unglük mehr an einander, ich sehe doch, wie ein guter Mensch die brave Jenny ist.
Möge uns Gott Kunst geben, Alles zu überstehen – Und unsere Kinder, die doch um uns so leiden müssen, mögen sie nur Alle gesund bleiben u. bewahrt von all dem Bösen, das jetzt in der ganzen Welt die Oberhand hat.-

DOK. 310
Ilse Weber schreibt ein Abschiedsgedicht für ihre Mutter, die am 19. Oktober 1942 nach Auschwitz deportiert wurde[1]

Gedicht von Ilse Weber,[2] Theresienstadt, o. D. [19.10.1941] (Abschrift)[3]

Abschied von der Mutter.[4]
Ich hab Dich immer liebgehabt, schon in den Kinderjahren
Und fühl es heute mehr denn je, daß wir stets Freunde waren.
Trotzdem ließ ich Dich heute gehen, ohne Dir die Hand zu geben,
Ließ Dich in Deiner Not allein, zum ersten Mal im Leben.
Ich seh Dich aus der großen Schar, das Bündel auf dem Rücken,
Erstaunt und unruhevoll empor nach meinem Fenster blicken.
Ich wußte wohl, Du suchtest mich und bin doch nicht gekommen
Und hab' mit keinem einz'gen Wort, Abschied von Dir genommen.
Mit meinen Blicken hab' ich Dich von Ferne scheu umfangen,
Und bin doch feig zurückgebebt und nicht zu Dir gegangen.
Ich seh' Dich durchs Kasernentor davonziehen mit den anderen,
Gequält und heimatlos wie sie, ins Ungewisse wandern.
Ich hab' Dir nicht Adieu gesagt, vielleicht wirst Du's nicht fassen
Und doch warst Du mir nie so nah, als da ich Dich verlassen.[5]

1 Original verschollen, Kopie: YVA, M58/JM 13 058. Abdruck in: Ilse Weber, Theresienstadt, hrsg. von Hanuš Weber, Stockholm 1978, S. 36.

2 Ilse Weber, geb. Herlinger (1903–1944), Kinderbuch- und Hörspielautorin, Übersetzerin; sie wurde zusammen mit ihrem Mann Wilhelm Weber (1901–1974) und dem jüngsten Sohn Tomáš (Tommy) (1934–1944) am 8.2.1942 nach Theresienstadt deportiert, wo sie als Kinderkrankenschwester arbeitete, schrieb im Getto Gedichte und Lieder, die sie Mithäftlingen vorsang, im Herbst 1944 mit ihrem Sohn nach Auschwitz deportiert, wo beide ermordet wurden.

3 Ilse Weber datierte ihre Gedichte nicht; bei der Abschrift wurde das falsche Datum 9.10.1941 eingesetzt. Da Ilse Webers Mutter am 19.10.1942 deportiert wurde, ist das Abschiedsgedicht vermutlich an diesem Tag entstanden.

4 Therese Herlinger, auch Terezie Herlingerová, geb. Bellak (1866–1942), Sängerin; heiratete 1895 den Witwer Moritz Herlinger, arbeitete danach im Gasthof ihres Mannes mit; sie wurde am 12.5.1942 nach Theresienstadt, von dort am 19.10.1942 nach Treblinka deportiert und dort ermordet.

5 Wilhelm Weber konnte vor seiner Deportation von Theresienstadt nach Auschwitz am 28.9.1944 die Gedichte und Lieder seiner Frau vergraben und sie nach dem Krieg bergen. Er ließ Abschriften anfertigen und auch andere Personen bewahrten Abschriften der Gedichte auf. Der größte Teil der Originale ging zwischen 1949 und 1952 verloren.

DOK. 311

Der Neue Tag: Meldung vom 31. Oktober 1942 über die Verurteilung von zwei Tschechen, die einen Juden versteckt hatten[1]

Juden monatelang versteckt gehalten.

Der Jude Moritz Neubauer,[2] geboren am 28. Juni 1899 in Brünn, wurde seit Anfang 1942 von der Polizei gesucht. Die 30jährige Anna Čechovský[3] aus Prag, XII., und der 29jährige Josef Stehlik[4] aus Prag, X., wußten, daß die Polizei nach dem Juden Neubauer fahndete. Trotzdem nahm die Čechovský auf Veranlassung des Stehlik den Juden unangemeldet in ihre Wohnung auf, verköstigte ihn und vermittelte ihm sogar Zusammenkünfte mit seiner nichtjüdischen Frau. Als die Čechovský nach dem Attentat auf SS-Obergruppenführer Heydrich Angst bekam, versteckte Stehlik den Juden im Keller seines Wohnhauses, wo er schließlich doch gefunden wurde. Das Sondergericht beim Deutschen Landgericht in Prag hat Čechovský und Stehlik zu je acht Jahren Zuchthaus, den Juden Neubauer zum Tod verurteilt.

DOK. 312

Josef Klaber von der Gettowache blickt am 24. November 1942 auf ein Jahr Theresienstadt zurück[1]

Rede von Josef Klaber,[2] ungez., vor Angehörigen der Gettowache, vom 24.11.1942

Im Rahmen des heutigen Rückblickes auf „Ein Jahr Theresienstadt" will ich Ihnen, verehrte Anwesende, in gedrängter Form einiges über den Aufbau des Sicherheitswesens sagen.
Ende November – anfangs Dezember vorigen Jahres kamen zuerst 350, einige Tage später weitere 1000 junge Männer als Aufbaukommando in die damals vom Militär ge-

1 Der Neue Tag, Nr. 301 vom 31.10.1942, S. 4. Der Neue Tag wurde 1939 als Nachfolgeblatt der Zeitung Prager Tageblatt gegründet.
2 Moritz Neubauer (1899–1943); bis 1926 Angestellter verschiedener Textilfirmen, 1926–1940 Handelsvertreter in Prag; am 30.11.1941 nach Theresienstadt deportiert, flüchtete am 7.1.1942 von dort und kehrte im April 1942 nach Prag zurück, am 15.6.1942 verhaftet; am 21.10.1942 zum Tode verurteilt und am 5.2.1943 in Dresden hingerichtet.
3 Richtig: Anna Čechovská (*1912); arbeitete als Verkäuferin; am 15.6.1942 verhaftet und am 21.10.1942 zu acht Jahren Zuchthaus verurteilt, verbüßte die Strafe in Aichach und im Lager Kolbermoor; arbeitete nach 1945 in einer Fabrik.
4 Richtig: Josef Stehlík (*1913); bis 1936 als Kürschner tätig, danach Pförtner in einer Fabrik; am 15.6.1942 verhaftet, am 21.10.1942 verurteilt, Haft in Waldheim; arbeitete nach 1945 in einer Fabrik.

1 YVA, M58/JM 12 004, Kopie: JMP, T 56, Karton 8. Teilweise abgedruckt in: Adler, Theresienstadt (wie Dok. 244 vom 10.10.1941, Anm. 1), S. 108.
2 Josef Klaber (1885–1950), Kaufmann; bis 1939 bei der Bank Petschek & Co.; heiratete 1929 Gertruda Wollnerová (*1901), mit der er eine Tochter, Zuzana Terezie (*1932), hatte; im Dez. 1941 von Prag nach Theresienstadt deportiert, dort bis Juni 1943 Leiter der Gettowache, Stellv. des Leiters des Sicherheitswesens, wegen Verstoßes gegen die Lagerordnung abgesetzt; nach dem Krieg Handelsreisender.

räumte Sudetenkaserne, gleichzeitig mit ihnen der sogenannte Stab, bestehend aus 23 Personen, welche den Grundstock für die jetzige Leitung bildeten. Leere Zimmer und Wände, Schmutz, Kälte, keine Hilfsmittel – das fanden sie vor. Und schon kamen die ersten 1000 Menschen, Männer, Frauen und Kinder allerlei Alters. Die ersten Befehle an die Kasernenbewohner wurden ausgegeben. Der erste Appell durch die übergeordnete Behörde[3] fand am Hofe der Sudetenkaserne statt. Unterkunft, Verpflegung, sanitäre Einrichtungen, Sicherheit und Ordnung müssen rasch geschaffen werden. Die Sudetenkaserne wird für die weiteren Tausenden Neuankommenden zu klein. Die Frauen und Kinder müssen separiert werden. Die Sudetenkaserne wird für die weiteren Tausenden Neuankommenden zu klein.[4] Die Dresdner Kaserne als erste Frauenkaserne wird bezogen. Das Gepäck der Familien muß rasch umgepackt werden. Der erste Chock: Trennung der Familie; auf wie lange? Wann werden wir uns wiedersehen? Es muß sein – Auftrag der Behörde. Die Kasernentore sind von der Gendarmerie bewacht. Kein Passieren des Tores ohne besonderen, von der vorgesetzten Behörde ausgestellten Durchlaßschein. Gruppen von Arbeitern werden von der Gendarmerie militärisch formiert, gezählt und begleitet. Jedermann drängt darauf, in die Arbeitskolonne für die Frauenkaserne eingeteilt zu werden – er will Frau und Kinder sehen. Schlafgelegenheiten sind noch nicht genügend zur Stelle. Die Kochkessel reichen nicht aus. Die karge Menage, alte Kartoffeln oder Rüben müssen etappenweise gekocht werden. Es wird spät nachmittags, bis der Letzte das wenige Essen erhält.

Die Kranken müssen betreut und gelagert werden. Die ersten Toten: Gefrorener Boden, Gräberschaufeln. Auf zweirädrigen Karren werden die Toten nachts im tiefen Schnee hinausgeschafft. Das sind die Eindrücke der ersten Tage. Nervosität darf nicht entstehen. Man improvisiert, organisiert, und es gelingt. Am 2. Tage, es ist der 5. Dezember, ersteht mit 35 Mann, ehemalige Offiziere, Unteroffiziere und Soldaten – die Ghettowache. Tor- und Schanzenposten. Wachen bei den Küchen, Waschräumen, auf den Gängen und Höfen, Begleitung von Arbeitsgruppen in- und außerhalb der Stadtgrenze, Nachrichtenvermittlung zwischen den Kasernen und den getrennten Familien, Informationen und Hilfeleistungen bei allen Gelegenheiten, das sind die ersten Dienste der Ghettowache. Weitere Kasernen werden nach und nach geöffnet und mit Wachen besetzt. Die bisher für 3000 – maximal 5000 Mann reichenden Kasernen beherbergen 15–20 000 Menschen, heute sogar 22 800. Mit der steigenden Einwohnerzahl vermehrten sich auch die Aufgaben der GW,[5] so daß deren Stand entsprechend erhöht werden mußte.

Langsam werden die Häuser von der Zivilbevölkerung geräumt.[6] Dagegen rollen fast täglich Transporte 1000 bis 2000 Menschen an. Der Monat August-September bringt einen Zu- und Abgang von 27 000 Menschen. Die Höchstzahl mit 58 491 ist am 18.9.1942 erreicht. Statt 3000 bis 3500 Zivilpersonen, sind nun 26 000 Menschen in den Privathäusern untergebracht. Welche Arbeit wird geleistet, um die sich jetzt frei bewegende Menschenmasse von fast 60 000 auf dem beschränkten Raum in Ruhe, Ordnung und Sicherheit zu halten. Im Ghetto sind jetzt Überalterte in der Mehrzahl: Es mangelt an jungen

3 Gemeint ist die SS.
4 Wiederholung im Original.
5 Gettowache.
6 Die vor der Errichtung des Gettos in Theresienstadt ansässige Bevölkerung wurde zwangsumgesiedelt; siehe auch Dok. 244 vom 10.10.1941.

Arbeitskräften. Täglich rollen 10–20 Waggons Kartoffeln, Kohle und andere Güter für den Winter an. Es sind ständig bis 300 Tote unbegraben. Auch hier wird die GW zur Arbeit eingesetzt. Registrierung und Abtransport von 22 000 Überalterten müssen in wenigen Tagen durchgeführt werden. Die GW hat auch diese Aufgabe in 48–72stündigem ununterbrochenen Dienst gelöst. Alte und gebrechliche Leute verlieren ihre Personaldokumente, vergessen ihren Namen und Wohnplatz und irren hilflos durch die Straßen. Aus einigen hilfsbereiten Männern und Frauen (heute 27 Männer und 10 Frauen) wird der O.D.[7] aufgestellt. Rastlos werden die Straßen abgegangen, nicht selten 40–50 Verirrte täglich nach stundenlangem Recherchieren in ihr Heim abgeführt. Die Wachstube des O.D. labt und beherbergt auch nachts solche Hilfsbedürftigen. Durch Besuche bei den Alten in ihren Wohneinheiten, durch Worte des Trostes und der Aufmunterung, durch Rat und Tat hat der hilfstätige OD. manchen aus seiner Lethargie, manchen aus seiner Verzweiflung wieder emporgebracht. Mit der Aufstellung der GW wurde auch eine Fundstelle errichtet. Heute sind es 8 in den Kasernenobjekten, eine Zentral- und eine fliegende Fundstelle in der jeweiligen Schleuse,[8] mit 18 Beamten und Beamtinnen, die der Kriminalwache angegliedert sind. Erwähnenswert sind einige Zahlen: 3–6000 Fundgegenstände wurden bei manchen Transporten, spez. der Überalterten aus dem Altreich, von der fliegenden bzw. Zentralfundstelle gesammelt. Über 1000 Personen besuchten im Hochsommer täglich die Zentralfundstelle. Heute sind bis 300 in der Zentralfundstelle und 30–100 Besucher in den Fundstellen der Kasernen. Über 5000 Stücke werden monatlich ausgefolgt bzw. den nicht Gehfähigen zugestellt. Derzeit sind ca. 50 000 kg unbezeichnete Gepäckstücke der Entlausten im Sortieren begriffen, um den Verlustträgern zugestellt bzw. ausgefolgt zu werden.

Bei Aufstellung der GW haben zuerst 2, später 7 Rechercheure einen Dienst versehen, der dem Dienst einer Kriminalwache ähnelte. Mit der Entwicklung des Ghettos ist diese Institution zu einer Kriminalwache mit dem heutigen Stande von 2 Untersuchungsorganen, 35 männlichen und 15 weiblichen Kriminalbeamten, 4 Gefängnisaufsehern[9] und dem nötigen administrativen Personal aufgebaut worden. Die Besonderheiten des sozialen Zusammenlebens der Ghettoinsassen, die Art der Massenunterbringung, die Erschwernis des Verschließens der Habseligkeiten, die Verköstigung aus gemeinsamen Küchen, die Unmöglichkeit, zusätzliche Lebensmittel und Gegenstände des täglichen Bedarfes nach eigener Wahl nachzuschaffen, die im Ghetto geltenden Bestimmungen über den Nachlaß und die Erbfolge der Verstorbenen und nicht zuletzt die Not erregen den Wunsch, sich auf Kosten der übrigen Insassen bessere Lebensbedingungen zu schaffen. Diese Besonderheiten haben auch der Kriminalität im Ghetto den Stempel aufgedrückt. Im Gegensatz zum bürgerlichen Leben sind, abgesehen von Verstößen gegen die Lagerordnung, keine schweren Vergehen vorgekommen, dagegen insbesondere Eigentumsdelikte häufig. So differenziert wie das Leben im Ghetto ist, ist auch die Tätigkeit der Kriminalwache. Ob es sich um einen Fund oder einen Verlust, um ein Delikt oder einen Mißstand handelt, nimmt der einzelne Lagerinsasse die Kriminalwache in An-

7 Orientierungsdienst; der Hilfsdienst der Gettowache wurde am 1.2.1944 aufgelöst; siehe auch Dok. 313 vom Winter 1942, Anm. 2.

8 Siehe Einleitung, S. 57.

9 In Theresienstadt gab es ein Gefängnis mit einer eigenen Gefängnisordnung. Insassen wurden z. B. wegen Diebstahls oder Beleidigung verurteilt und konnten nur durch die SS entlassen werden.

spruch. Die Kriminalwache selbst besorgt die Feststellung und die Eruierung von Übertretungen, Personen- und Hausdurchsuchungen, regelmäßige Kontrolltätigkeit in den Häusern, Küchen, Magazinen, Betrieben, Razzien, Bewachung der Gütertransporte, Personalrecherchen, Agnoszierung[10] von Toten, Verwaltung von Gefängnissen, kurz eine vielseitige Tätigkeit, die viel, viel Zeit und Energie erfordert. Eine kleine Statistik des Jahres:
Rund 5200 Delikte gelangten zur Anzeige von 78 im Jänner bis 821 im August steigend, also 440 Durchschnitt im Monat. Hievon:
3800 d.s. 72 % Diebstähle bzw. Verluste,
620 d.s. 12 % Verlassenschaftsangelegenheiten,[11]
520 d.s. 11 % polizeiwidriges Verhalten,
102 d.s. 2 % Betrug und Veruntreuung,
92 d.s. 2 % Raufhändel,
50 d.s. 1 % Ehrenbeleidigungen.
Dies ist in groben Zügen die Arbeit der Kriminalwache. Ende September tritt zu diesen Organisationen noch die Feuerwehr-, Luftschutz- und Baupolizei hinzu. Die Leistungen dieser aus 52 Mann bestehenden Abt. seien kurz erwähnt.
Die anfangs als Feuerwache in den Kasernen mit wenigen Hilfsmitteln diensttuende Feuerwehr übernahm Ende Mai das Feuer- und Luftschutzmaterial der Theresienstädter Zivilfeuerwehr mit Motorspritze etc.
In rund 200 Fällen von Zimmer-, Kamin-, Kohlen-, Aschenbunker-, Dippel-, Elektrotransformatoren- und Schaltertafelbränden ist sie in Tätigkeit getreten. Transporte von Kranken und Toten, erste Hilfe bei Unfällen, Pölzungen,[12] Verbrennungen von infiziertem Material, Verdunklungskontrollen u. a. ergänzten die vielseitige Arbeit der Feuerwehr.
Unter schwierigen Verhältnissen in Kälte und Eis, bei ungenügender Ausrüstung an Kleidung und Material hielt die Feuerwehr durch 2 Monate Hochwasserbereitschaft an der Eger, bis Mitte März infolge Rückstauen der Elbe, die Gefahr des [um] 2.6 m gestiegenen Wassers mit Erfolg bekämpft werden konnte. Auch in diesem Zweige der Sicherheit wurde manche der Öffentlichkeit unbekannte Arbeit geleistet. Alle die hier genannten Institutionen wurden Ende September in der Abteilung Sicherheitswesen vereint. Sie müssen ständig den Erfordernissen des Ghettolebens angepaßt, ergänzt und durchgebildet werden. So wurde in letzter Zeit die Wirtschaftsprüfstelle geschaffen, deren Aufgabe es ist, laufend die Wirtschaftseinrichtungen des Ghettos zu überprüfen, also nicht nur dort einzugreifen, wo ein Delikt begangen worden ist, sondern auch dort, wo in wirtschaftlicher Hinsicht Mängel auftreten.
Wie vielseitig die Tätigkeit der einzelnen Abteilungen des SW[13] sein mußte, zeigt uns am besten ein kurzer Rückblick auf die Tätigkeit unserer Insassen im ersten Jahre: Massenunterkünfte, Küchen, erweiterte Wasser-, Elektrizitäts-, Kanalisierungsleitungen, landwirtschaftliche Betriebe, Krankenhäuser, Krematorium, neue Straßen, Arbeiter,

10 Identifizierung.
11 Erbschaftsangelegenheiten.
12 Österreich. Ausdruck für Abstützungen auf einer Baustelle.
13 Sicherheitswesen.

Kinder-, Invaliden-, Blinden- und Altersbetreuung haben Kinder-, Frauen- und Männerhände in diesem Jahre geschaffen. 244 kleine und große Transporte brachten rund 110 000 ausgesiedelte Menschen ins Ghetto. 31 Transporte mit 44 000 Menschen verließen es nach Osten.[14]

Die 200 Jahre alte Festung Theresienstadt, früher mit 8–9000 Einwohnern, beherbergt jetzt rund 50 000 zusammengedrängte Menschen, Menschen aus allen Gegenden, allen sozialen Schichten unter ganz besonderen Umständen im Kriege – der speziell für das jüdische Volk eine der größten politischen und sozialen Umwälzungen bedeutet. Einzelschicksale von Menschen aber sind unvermeidliche Opfer dieser zernierten Festung,[15] in der wir uns befinden. Die Jugend mußte sich umstellen, das Alter sich der bisherigen Gewohnheiten und Gepflogenheiten begeben und der Gemeinschaft unterordnen.

Eine ungeheure Aufgabe und Leistung, die nur durch Selbstdisziplin, Aufopferung und Entsagen erfüllt werden konnte. Ich habe Ihnen kurz die Ereignisse eines Jahres geschildert. Nun will ich als Sprecher des SW Ihnen noch unsere, die Einstellung des SW, zum Ghettoinsassen klarlegen.

Wir sind kein Polizeistaat, sondern *Polizei im Staate*, deren Parole heißt: „Wir sind die Freunde der Ghettoinsassen, wir wollen nicht strafen, sondern helfen."

Und der Ausblick?

Die festgemauerten Schanzen der Festung Theresienstadt waren immer ein Hindernis zur Entwicklung des kleinen Soldatenstädtchens. Man wollte und konnte weder die Arbeitsmittel, noch die Kosten aufbringen, um die Schanzen umzulegen und ein freies Städtchen auszubauen. Gerade den jetzigen Soldaten der Festung – den Juden – hat das Schicksal diese Arbeit bestimmt. Ist es Zufall oder ein Symbol, daß gerade in der Richtung der Wärme und der Sonne, dem Süden, die erste Bresche durch jüdische Arbeiterhände in die Schanzen geschlagen wird? Wofür? Für eine neue Bahn in die Festung, ins Ghetto![16]

Wir aber hoffen, die Bresche wird den Ausgang bilden für unsere neue, glückliche Lebensbahn aus der zernierten Festung.

14 Zwischen dem 24.11.1941 und dem 20.11.1942 kamen insgesamt ca. 261 Transporte mit mehr als 103 000 Personen aus dem Deutschen Reich und dem Protektorat Böhmen und Mähren in Theresienstadt an. Zwischen dem 9.1. und dem 26.10.1942 verließen in ca. 35 Transporten rund 44 000 Personen Theresienstadt u. a. nach Riga, Izbica, Malyj Trostinec und Zamość. Vom 26.10.1942 an gingen die Transporte fast ausschließlich nach Auschwitz.

15 Zur Festungsstadt Theresienstadt siehe Einleitung, S. 53. Zerniert bedeutet umschlossen, umzingelt.

16 Siehe Dok. 257 vom 17.12.1941, Anm. 6.

DOK. 313

Die Gruppe Manes organisiert in Theresienstadt im Herbst und Winter 1942 Vorträge über Philosophie, Geschichte, Religion, Naturwissenschaft und Kunst[1]

Verzeichnis deutschsprachiger Vorträge in Theresienstadt zwischen dem 21.9. und 5.12.1942

Vortragsreihe der Gruppe Mannes[2]

1./	21.9.1942	Phillip Mannes[3]	– Aus meinem Leben.
2./	23.9.1942	Ludwig Sochaczewer[4]	– Zeitgenossen.
3./	25.9.1942	Ludwig Sochaczewer	– Zeitgenossen (Fortsetzg.)
4./	27.9.1942	Dr. Johann Weinberger	– Anfänge des Christentums.
5./	29.9.1942	Louis Treumann[5]	– Aus meinem Leben.
6./	1.10.1942	Diskussionsabend	– Mußte es so kommen?
7./	3.10.1942		– Heitere Stunde.
8./	4.10.1942	Dr. Berth. Feigl[6]	– Als Kriegsgefangener in Rußland
9./	6.10.1942	Rabb. Dr. Neuhaus[7]	– Die Zahl 13.
10./	8.10.1942	Philipp Mannes	– Erlebtes.
11./	10.10.1942	Prof. Levy[8]	– Bakterienkunde.
12./	11.10.1942	Dr. Berth. Feigl	– Als Kriegsgefangener in Rußland.
13./	12.10.1942	Dr. Ernst Meyer[9]	– Kriminalfälle aus meiner Praxis.
14./	14.10.1942	Fritz Janowitz	– Elf Monate Theresienstadt.
15./	16.10.1942	Erich Narewczewitz	– Aufbau der Materie.
16./	17.10.1942		– Bunter Abend.
17./	18.10.1942	Rabb. Dr. Schön[10]	– Ein Tag in Jerusalem.

1 JMP, T 320b, Karton 85.

2 Die Gruppe war benannt nach Philipp Manes (1875–1944), Pelzhändler aus Berlin; im Juli 1942 nach Theresienstadt deportiert, leitete dort den Orientierungsdienst, der älteren Menschen half, die sich im Getto verirrten; der Dienst organisierte auch eine Veranstaltungsreihe mit mehr als 500 Vorträgen, Lesungen und Vorstellungen; Manes wurde im Okt. 1944 nach Auschwitz deportiert und dort ermordet; Autor von „Als ob's ein Leben wär" (2005).

3 Richtig: Philipp Manes.

4 Ludwig Sochaczewer (1870–1943), Journalist, Schriftsteller und Regisseur; arbeitete u. a. beim Memelner Dampfboot, beim Berliner Tageblatt und als Direktor der Deutschen Lehrfilm GmbH; starb in Theresienstadt.

5 Louis Treumann, geb. als Alois Pollitzer (1872–1943), österreich. Sänger und Schauspieler; von 1890 an am Carl-Schulze-Theater in Hamburg, seit 1899 bei verschiedenen Wiener Bühnen, bekannt durch die Rolle des Danilo in der Operette „Die lustige Witwe", spielte auch in Stummfilmen; starb in Theresienstadt.

6 Richtig: Dr. Berthold Feigel.

7 Dr. Leopold Neuhaus (1879–1954), Rabbiner; von 1908 an Rabbiner in Lauenburg (Pommern) und Ostrowo, seit 1919 Lehrer und Schulleiter in Leipzig, Mülheim/Ruhr und Frankfurt a. M., 1938–1942 letzter Rabbiner in Frankfurt a. M.; leitete in Theresienstadt die Altenfürsorge und wirkte als Rabbiner; 1945 Rückkehr nach Frankfurt, 1946 in die USA emigriert, Rabbiner in Detroit.

8 Vermutlich: Prof. Dr. Max Levy (1867–1943), Lehrer; 1897–1932 Lehrer am Philanthropin Frankfurt, 1919–1921 dessen Direktor; starb in Theresienstadt.

9 Richtig: Dr. Ernst Mayer.

10 Dr. Albert Schön (1913–1944), Rabbiner; im Alter von 23 Jahren ordiniert, wirkte in Prostějov und war in der zionistischen Jugendbewegung Tchelet Lavan aktiv; auch in Theresienstadt als Rabbiner tätig; er wurde im Sept. 1944 nach Auschwitz deportiert und dort ermordet.

18./	20.10.1942	A. Herzfeld[11]	– Reisen in Algier.
19./	22.10.1942	Ing. Meisl[12]	– Graphologie und Charakter.
20./	24.10.1942	Rezitationen	– Klassiker.
21./	26.10.1942	Louis Treumann	– Aus meinem Leben II.
22./	3.11.1942.	Fredi Hirsch	– Jüdische Wanderung
23./	5.11.1942	Viktor Janowitz	– Prag und seine Bewohner.
24./	7.11.1942	Bunte Stunde	– Hofer[13] -Lindenberg.
25./	8.11.1942	Dr. Salomonski[14]	– Lohnt es sich zu leben?
26./	10.11.1942	Prof. Herzog[15]	– Wünscherleute.
27./	14.11.1942	Bunte Stunde	– Goethe – Schiller, Frau Sussin[16] – Fritz Selten.
28./	15.11.1942	Rabb. Regina Jonas[17]	– Über den Talmud.
29./	17.11.1942	Louis Treumann	– Aus meinem Leben III.
30./	19.11.1942	Alice Bloemendal[18]	– Galsworthy.
31./	21.11.1942	Gustav Hochstetter[19]	– Bunte Stunde.
32./	22.11.1942	Franz E. Klein[20]	– Welt in Musik.
33./	24.11.1942	Dr. Ernst Wolff	– Seelenärztliche Ratschläge.
34./	26.11.1942	Aron Menscher[21]	– Blick auf Palästina.
35./	28.11.1942	Bunte Stunde	– Steiner[22] – Myra Strauss.[23]
36./	30.11.1942	Prof. Emil Utitz[24]	– Kunst des Schauspielers.

11 Albert Herzfeld (1865–1943), Maler; bis 1905 in der Textilfirma seines Vaters tätig, danach Maler in Düsseldorf; 1938 Malverbot; starb in Theresienstadt; Autor von „Ein nichtarischer Deutscher“ (1982); siehe auch VEJ 2/22.

12 Leo Meisl.

13 Hans Hofer, geb. als Hanuš Schulhof (1907–1973), Schauspieler und Kabarettist; Engagements in verschiedenen europäischen Ländern; gründete in Theresienstadt zusammen mit seiner Ehefrau Lisl, geb. Steinitz (1912–1991), das sog. Hofer-Kabarett, Regieassistent beim Propagandafilm über Theresienstadt; am 28.9.1944 nach Auschwitz und später nach Kaufering deportiert; kehrte 1945 nach Prag zurück, von 1960 an am Rostocker Volkstheater.

14 Dr. Martin Salomonski (1881–1944), Rabbiner; 1910–1924 Rabbiner in Frankfurt (Oder), 1916–1918 Feldrabbiner an der Westfront, von 1925 an als Religionslehrer und Rabbiner in Berlin, gründete mehrere jüdische Altersheime; im Okt. 1944 nach Auschwitz deportiert und dort ermordet.

15 Dr. Emerich Herzog (1869–1943), Ingenieur; arbeitete im Ersten Weltkrieg als Wünschelrutengänger für die österreich.-ungar. Armee, an vielen Expeditionen beteiligt; starb in Theresienstadt.

16 Mathilde Sussin (1876–1943), österreich. Schauspielerin; nach Engagements an verschiedenen Bühnen von 1906 an am Lessingtheater Berlin, 1919–1933 am Staatstheater Berlin, spielte 1923 in „Die Buddenbrooks“ und in weiteren Stummfilmen; starb in Theresienstadt.

17 Regina Jonas (1902–1944), Rabbinerin; nach Ordination 1935 weltweit die erste Frau in diesem Amt, wirkte von 1936 an in verschiedenen Synagogen in Berlin, betreute im Auftrag der Reichsvereinigung der Juden seit Winter 1940/41 Gemeinden, deren Rabbiner emigriert oder deportiert worden waren; im Okt. 1944 nach Auschwitz deportiert und dort ermordet.

18 Alice Bloemendal (1874–1959), Lehrerin und Schulleiterin in Hamburg; hielt zahlreiche Vorträge zu literarischen Themen in Theresienstadt und war in der Gettobibliothek tätig.

19 Gustav Hochstetter (1873–1944), Redakteur und Schriftsteller; redigierte 1903–1923 die Berliner Satirezeitschrift Die lustigen Blätter, danach freier Autor; starb in Theresienstadt.

20 Franz Eugen Klein (1912–1944), Komponist, Dirigent und Kabarettist; 1931–1938 Hauskomponist und Kapellmeister der Kleinkunstbühne Der kleine Augustin, dort bekannt für seine Opernparodien, Dirigent an verschiedenen Wiener Theater- und Opernhäusern; schrieb in Theresienstadt die Oper „Der gläserne Berg“; im Okt. 1944 nach Auschwitz deportiert und ermordet.

21 Richtig: Aron Menczer.

37./	2.12.1942	Prof. Stein[25]	– Juden in der Diaspora.
38./	4.12.1942	Rabb. Regina Jonas	– Neue jüdische Dichtungen. Chanukka-Feier
39./	5.12.1942	Dr. Salomonski Richard Treu	– Jüdische Dichtungen – Chanukka-Feier

DOK. 314
Jakob Edelstein bilanziert am 6. Dezember 1942 gegenüber seinen Mitarbeitern seine Tätigkeit als Judenältester[1]

Brief von Jakob Edelstein (Ed./Ste.), gez. Jakob, an die Mitglieder der Arbeitszentrale Theresienstadt[2] Dittl, Erich Oesterreicher, Vinci, Harry, Fred, Igo, Erich Kohn[3] vom 6.12.1942

Liebe Freunde,
muß ich Euch erst versichern, daß mich Euer Geschenk[4] aufrichtig gefreut hat? Ist es notwendig hinzuzufügen, daß mich besonders Eure Kameradschaft und Anhänglichkeit

22 Hanna Steiner, geb. Dub (1894–1944); Journalistin; Leiterin der zionistischen Frauenorganisation WIZO in Prag und der Emigrationsabt. der JKG in Prag, Redakteurin der Blätter für die jüdische Frau; organisierte Hebräischkurse und hielt Vorträge in Theresienstadt; am 16.10.1944 nach Auschwitz deportiert und ermordet.

23 Richtig: Myra Straus-Gruhenberg, geb. Grünberg (1900–1944), österreich. Autorin; veröffentlichte von 1933 an Kurzgeschichten in Wiener und Prager Zeitungen, schrieb Theaterstücke und Hörspiele; in Theresienstadt trat sie zusammen mit ihrem Mann, Leo Straus, in Kabarettprogrammen auf; im Okt. 1944 nach Auschwitz deportiert und ermordet.

24 Dr. Emil Utitz (1883–1956), Philosoph; 1921 Professor in Rostock, 1925–1933 in Halle, 1934–1939 in Prag, Arbeitsschwerpunkt Ästhetik; leitete in Theresienstadt die Gettobibliothek und hielt zahlreiche Vorträge; kehrte nach 1945 nach Prag zurück und war wieder wissenschaftlich tätig, Autor von „Psychologie des Lebens im Konzentrationslager Theresienstadt" (1948).

25 Arthur Stein (1871–1950), Professor für Altertumskunde; von 1923 an in Prag, forschte zur röm. Geschichte; kehrte nach 1945 nach Prag zurück.

1 JMP, T 327, Karton 110.

2 Die Arbeitszentrale war als Teil der Selbstverwaltung Theresienstadts für die Organisation der Arbeitseinsätze der Gettoinsassen zuständig.

3 Dr. Edita Ornsteinová (1913–2003), Juristin; Leiterin der Abt. für Frauenarbeit in Theresienstadt; nach dem Krieg arbeitete sie als Sekretärin für die JKG Prag. Dr. Erich Oesterreicher, auch Österreicher (1910–1944); bis zu seiner Deportation am 28.10.1944 nach Auschwitz Leiter der Arbeitszentrale in Theresienstadt. Dr. Robert Weinberger (1913–1977), Jurist; vor dem Krieg in der zionistischen Bewegung in Brünn und Olomouc aktiv, Nachfolger Österreichers als Leiter der Arbeitszentrale; 1949 Emigration nach Israel, wo er als Finanzmanager tätig war. Harald Marion (Harry) Tressler, später Ari Tarsi (1922–1998), Büroangestellter; Mitarbeiter im Palästina-Amt in Prag; im Dez. 1941 nach Theresienstadt und im Dez. 1943 nach Auschwitz deportiert, im Juli 1944 nach Schwarzheide, 1945 auf dem Todesmarsch von Sachsenhausen bei Schwerin befreit; 1949 Emigration nach Israel. Alfred Kramer (1913–1994), Fotograf und Pädagoge; arbeitete vor dem Krieg in einem Fotoatelier in Prag; nach dem Krieg als Werbefotograf tätig, 1967–1980 unterrichtete er u. a. Fotografie an der Film- und Fernsehfakultät der Akademie der Musischen Künste in Prag. Ignaz Riesenfeld (1900–1944). Erich Kohn (*1904) überlebte Verfolgung und Krieg, sein weiteres Schicksal ist unbekannt.

4 Zum Jahrestag der Errichtung Theresienstadts schenkten sechs Mitglieder der Arbeitszentrale Edelstein ein 47-seitiges Album mit kommentierten Zeichnungen des Malers Leo Haas, in denen auf die Entwicklung des Gettos zurückgeblickt wurde; Anita Tarsi, Arbeit in der Falle. Die Arbeitszentrale im ersten Jahr der Existenz des Ghettos Theresienstadt, in: TSD, 7 (2000), S. 107–122.

mit Befriedigung erfüllt? Solche Worte ebenso wie mein herzlicher Dank sind so selbstverständlich, daß man sie nicht wiederholen muß.
Ich möchte Euch bei dieser Gelegenheit vielmehr sagen, wie ich 12 Monate nach dem denkwürdigen 3. Dezember 1941[5] unsere Entscheidung sehe und wie ich meine Haltung beurteile.
Am 2. Dezember hatte ich eine Vorsprache beim Chef, der mir Mitteilungen machte, die mich zu tiefst erschütterten.[6] Ich habe mich damals gar nicht getraut, sie in einem Vermerke schriftlich festzuhalten, nur 2 oder 3 Personen erzählte ich oberflächlich, welch ein Wind eigentlich im Ghetto Theresienstadt wehen sollte. Ihr werdet vielleicht jetzt meine Abschiedsrede,[7] die tatsächlich traurig war, verstehen. War es nun richtig, seine besten Freunde mitzunehmen, sie ins Chaos und Unglück mitzureißen? Woher nahm ich die moralische Rechtfertigung für mein Verhalten? Ich darf es heute sagen: unsere chaluzische[8] Weltanschauung lehrte uns, immer dort zu sein, wo sich das Schicksal des jüdischen Volkes tragisch gestaltet, aber doch auch neu formt. Wer anderer als wir sind dazu berufen, im Moment höchsten Leidens und schicksalschwerster Entscheidungen in die Bresche zu springen?
Ich habe den Begriff Chaluz nie sehr eng verstanden und gedeutet. Chaluz sein heißt, nicht allein Arbeiter sein, sondern Träger der Verwirklichung, auch aus dem Negativen das Positive herauszuholen und der Gemeinschaft neue Grundlagen des Lebens zu erarbeiten. Ich glaube in Euch Gleichgesinnte zu sehen und freue mich sagen zu können, daß ich im entscheidenden Punkte keine Enttäuschung erlebt habe.
Das Jahr Theresienstadt ist an keinem von uns spurlos vorbeigegangen. Ich empfinde es am stärksten bei mir selbst. Das Bewußtsein, eine geschichtliche Funktion zu erfüllen, und die ständige Furcht, der großen Aufgabe nicht gewachsen zu sein, bestimmte meine Haltung. Ich lernte in noch stärkerem Maße als vorher, bescheiden zu sein und zu erkennen, wie wenig wir doch gelernt haben und wie geringe schöpferische und originelle Fähigkeiten wir besitzen. Unter dem Drucke dieser Empfindungen wurde ich nervöser und unsicherer, was oft [von] unbeteiligten Zuschauern als Schwäche und mangelnder Mut beim Durchsetzen von Programmpunkten ausgelegt wurde. Ich bin in Theresienstadt viel ernster und merkwürdigerweise auch hartnäckiger und zäher geworden.
Überblicke ich das vergangene Jahr, so muß ich feststellen, daß die Dinge, die ich wirklich gewollt und für die zu kämpfen mir dafür stand, langsam, aber doch Wirklichkeit wurden. Diese Methode wirkt sich allerdings in meinem Charakter in der Art aus, daß ich etwas weniger offen und geradlinig wurde, manchmal sogar meinen eigenen Freunden gegenüber. Heute möchte ich Euch versichern, daß ich trotzdem nie den Weg wirklicher Freundschaft und Solidarität verlassen habe.

5 Edelstein war am 4.12.1941 zusammen mit den späteren Mitgliedern der Arbeitszentrale nach Theresienstadt deportiert worden.
6 Vermutlich hatte sich Edelstein am 2.12.1941 bei Hans Günther, dem Leiter der Zentralstelle für jüdische Auswanderung in Prag, einfinden müssen; siehe auch Dok. 254 vom 1.12.1941.
7 Vermutlich hielt Edelstein vor der Deportation nach Theresienstadt eine Abschiedsrede in Prag. Ihr Inhalt ist nicht bekannt.
8 Chaluz (hebr.): Pionier. Hauptanliegen des zionistischen Verbands Hechaluz war die Vorbereitung junger Menschen auf ein Arbeitsleben in Palästina. Alle Mitglieder der Arbeitszentrale waren im Hechaluz aktiv, Edelstein von 1929 an im tschechoslowak. Hauptbüro der Organisation.

Ich wollte Euch das sagen, um zum Ausdruck zu bringen, daß ich mit der Wahl vom 3. Dezember 1941 zufrieden bin, daß ein gütiges Geschick unser Leben besser gestaltet hat, als ich damals befürchten mußte, und daß ich trotz mancher Charakterwandlung Euer treuer Kamerad geblieben bin.
Mit herzlichen Grüßen

DOK. 315
In einem geschmuggelten Brief vom 10. Januar 1943 beschreibt Viktor Kosák die Lebensumstände in Theresienstadt[1]

Brief von Viktor Kosák[2] aus Theresienstadt an Otto František Reiman[3] in Prag vom 10.1.1943 (Abschrift)[4]

Anlage: „Illegale“ Briefe aus Theresienstadt nach Prag
Geschrieben von Viktor, den Versand vermittelte Karel Stern,[5] nach dessen Weggang schickte František Stern[6] einen Brief ab.
Geschrieben in den Hannover'schen Kasernen auf dem Kavalett:
10.1.1943
In den nächsten Tagen gehen die Transporte nach Polen los. Es fahren jeweils 5000 Protektorats- und Reichsangehörige.[7] Alle sind nervös, nur diejenigen, die bereits länger

1 Original verschollen, Abschrift im Besitz der Familie. Das Dokument wurde aus dem Tschechischen übersetzt.
2 Dr. Viktor Kosák (1911–1993), Arzt; arbeitete bis März 1939 in einer neurologischen Klinik, danach in einem Krankenhaus in Prag; im Frühjahr 1942 Zwangsarbeit u. a. im Straßenbau, im Dez. 1942 nach Theresienstadt deportiert, wo er u. a. im Siechenheim arbeitete, lernte im Getto seine spätere Ehefrau Truda Kosáková, geb. Kleinová (1921–1970), aus Pilsen kennen, er wurde im Sept. 1943 nach Auschwitz deportiert; beide lebten nach dem Krieg in Prag.
3 Dr. Otto František Reiman (*1911), Jurist; wohnte mit seiner nichtjüdischen Ehefrau Marie Polanecká (*1908) in demselben Haus wie Viktor Kosák in Prag und war Sohn eines Studienfreundes von dessen Vater; arbeitete vor dem Krieg in einer Anwaltskanzlei und später vermutlich für die JKG Prag; wurde am 25.2.1945 nach Theresienstadt deportiert; arbeitete später als Anwalt; er gab nach dem Krieg Viktor Kosák die Originalbriefe zurück.
4 Der hier abgedruckte Brief ist der erste von vermutlich vier Briefen, die Viktor Kosák illegal aus Theresienstadt schrieb. In der Abschrift, die Kosák nach dem Krieg anfertigte, befinden sich vermutlich nachträglich hinzugefügte erläuternde Anmerkungen u. a. zu Personen.
5 Karel Stern (*1885 oder 1889), Bauer; vermutlich der Bruder von Viktor Kosáks Mutter Anežka (Agnes) Kosáková; wurde am 8.9.1942 von Prag nach Theresienstadt deportiert und freundete sich mit einem tschech. Kutscher an, der Viktor Kosáks Briefe in seinem Stiefel an den Bahnhof Bohušovice schmuggelte und von dort frankiert nach Prag schickte. Karel Stern musste im Getto Milch an kranke Inhaftierte verteilen und wurde im Febr. 1943 nach Auschwitz deportiert; er überlebte nicht.
6 František Stern (*1890); vermutlich der Bruder von Karel Stern; er wurde am 16.11.1942 zusammen mit seinem jüngsten Sohn von Tábor nach Theresienstadt deportiert, seine Ehefrau kam im Juli 1943 auch nach Theresienstadt, er schmuggelte vermutlich nur einen Brief aus dem Getto, am 15.12.1943 von Theresienstadt nach Auschwitz deportiert; keiner überlebte.
7 Am 20., 23., 26. und 29.1.1943 wurden ca. 6000 Menschen von Theresienstadt nach Auschwitz deportiert, am 1.2.1943 ging der vorerst letzte Transport mit etwa 1000 Personen ab. Danach wurden die Deportationen erst im Sept. 1943 wieder aufgenommen.

hier sind, wirken gleichgültig. Beim letzten Transport im November 1942[8] konnte man pro Person einen Koffer mit vorgeschriebenem Inhalt, darunter eine Decke, die im Koffer sein musste, und eine Handtasche mitnehmen. Wer mehr eingepackt hatte, dem wurde es beim Abmarsch zum Bahnhof weggenommen. Ursprünglich war angeordnet worden, Rucksäcke zu benutzen, erst im letzten Moment sollte alles in Koffer umgepackt werden. Das Chaos und die Aufregung könnt ihr euch nicht vorstellen. Für die Eltern[9] würde dies das Ende bedeuten, uns wurde jedoch versprochen, alles daranzusetzen, dass es nicht so weit komme. Der Vater ist jetzt im Krankenhaus untergebracht, dort hat er Ruhe und Ordnung, ein Bett und besseres Essen. Er kann keine Besuche machen, und das tut ihm gut. Er hat sich sehr erholt. Wir werden bestimmt eine ordentliche Wohnung für ihn finden. Er hat keine besondere Krankheit, aber er ist insgesamt nur sehr erschöpft und, wie die Mutter sagt, *„abgebraucht"*.[10] Da er seine Ordnung hat und es ihm besser geht, ist auch die Mutter ruhiger geworden. Sie weint nicht mehr (nur wenn man sie an zu Hause erinnert). Mit den Mitbewohnerinnen kommt sie gut aus, sie geht oft zu unserer älteren Dame,[11] die uns aufopfernd unterstützt und uns allen hilft. Die Mutter hatte eine leichte Form der *Terezínka*,[12] sie lag sogar einen Tag lang flach, hat sich aber mit Hilfe einer Diät kuriert und erholt sich jetzt langsam. Sie hat sich für die Diätküche gemeldet, dort krallen sich aber schon andere fest, und es ist derzeit unmöglich unterzukommen. Sie wird also in der Maschinenwäscherei arbeiten.
Mein Beruf bereitet mir große Schwierigkeiten. Früher wurden Ärzte einige Tage nach der Ankunft zur Arbeit eingeteilt, jetzt bestehen die Herren Kollegen darauf, die sogenannte *Hundertschaft*[13] abzuarbeiten, das bedeutet hundert Stunden körperlicher Arbeit. Ich wurde schon vom Labor des Krankenhauses in [der] Hohenelbe[r Kaserne] (Vrchlabí) angefordert, wo sie mich gut gebrauchen könnten, auch das Arbeitsamt würde mich sofort freigeben, doch die eifrigen Herren Ärzte möchten davon nichts hören. Der Personalreferent hat mich sogar hinausgeworfen, er habe nur vormittags Sprechstunde, und es sei ihm egal, dass ich vormittags in der Hundertschaft arbeite. Kurzum: arrogante Juden. Wäre kein Frost, würde mich meine jetzige Arbeit nicht so verdrießen. Wir arbeiten wenig, und dennoch vergeht der Tag schnell. Einmal habe ich Lehm geschaufelt (in einer halben Stunde eine Schaufel), ein andermal Patienten auf Bahren getragen, und einmal war ich unter Selbstverleugnung sogar in der Entlausungsstation beschäftigt. In letzter Zeit habe ich einen hervorragenden Trick. Ich fahre Milch aus. Am Morgen holen wir die leeren Fässer und Kannen mit einem Lastwagen ab, danach haben wir frei. Gegen Mittag oder nachmittags kommt ein Auto mit den gefüllten Gefäßen zurück. In jeder Kaserne wird etwas davon entladen, und während der Abfüllung

8 Der letzte Transport aus dem Getto vor einer mehr als zweimonatigen Unterbrechung ging am 26.10.1942 mit fast 1900 Personen nach Auschwitz ab.

9 Dr. Leo Kosák (1874–1944), Arzt, und seine Ehefrau Anežka (Agnes) Kosáková, geb. Sternová (1885–1944), wurden zusammen am 22.12.1942 von Prag nach Theresienstadt und am 28.10.1944 nach Auschwitz deportiert und dort ermordet.

10 In der Abschrift deutsch.

11 Bedřiška Kohnová, geb. Adlerová (*1875); 1898 Heirat mit dem Kaufmann Leopold Kohn (gest. 1935) in Písek, Mutter von Máďa (Max) und Rudolf Koma (bis 1920: Kohn); sie wurde im Juni 1942 nach Theresienstadt deportiert und dort befreit.

12 Abkürzung für *Terezínská nemoc*, Theresienstädter Krankheit = Enteritis.

13 In der Abschrift deutsch.

haben wir frei. Es werden viele Stunden aufgeschrieben, so dass ich die Arbeitsverpflichtung bald erledigt habe. Bislang hungere ich nicht, ich habe jedoch den ganzen Tag Appetit. Meistens esse ich Brot. Mutter lässt mir von ihrem etwas übrig, so dass ich auskomme. Das Essen ist nicht schlecht, oft sogar sehr gut – aber zu wenig. Es gibt wenig Kartoffeln, Fleisch nur in kleinen Stückchen zur Ansicht, manchmal einen Hefeknödel oder eine Buchtel. Von solchen Knödeln könnte ich fünf bis sechs verdrücken, einer ist lediglich eine Kostprobe. Zum Abendessen bekommen wir meistens etwas schwarzen Kaffee, dazu ein Stück Sana,[14] manchmal Milch und Zucker. Wer der Küche nahesteht, sieht gut aus. Die übrigen sind dünn. Ich selbst habe bisher noch nicht abgenommen, die Eltern jedoch sehr. Das kommt bei ihnen eher von der psychischen Belastung als von der Unterernährung. Unsere ältere Dame kocht uns fast jeden Tag eine Suppe, heute zum ersten Mal Palatschinken. Das war übrigens eine besondere Delikatesse! Wir gehen sehr sparsam mit unseren Vorräten um. Bei unserer älteren Dame kommen die Pakete immer unversehrt an, sie freut sich sehr darüber.[15] An der Handschrift erkennt sie, welches von Ola[16] und welches von Alice[17] stammt. Es ist wichtig, die Adresse auch auf den Karton zu schreiben, manchmal reißen sie auf der Post das Packpapier ab.

Wenn ihr uns etwas an Males[18] Adresse schickt, dann schreibt immer dazu, dass es für uns bestimmt ist. Ihr könnt es auch an die Mutter oder an mich schicken, [besser nicht] an den Vater, [da er] im Krankenhaus ist und umziehen wird. Mutters Adresse: Transportnummer und Q 603. Meine Adresse: Transportnummer und B IV. Ich weiß nicht, ob ihr den letzten Brief erhalten habt, daher wiederhole ich, was hier am meisten vermisst wird und uns bald ausgeht: *vánočka*,[19] Gebäck, Zucker, Sana, Fett, Marmelade, harte Eier, Salz, Brot, in Stücke geschnittene Salami. Uns mangelt es auch an Kartoffeln. Versucht doch, ein paar Zweikilo-Pakete mit rohen Kartoffeln zu schicken. Sie sind sehr sättigend, und es werden hier nur wenige ausgegeben. Das Essen ist bereits gesalzen, es schadet jedoch nicht, einen Vorrat [an Salz] zu haben. Probiert bitte [auch], einen Blechlöffel mitzuschicken – ich habe nur einen.

Nun zu meinem Leben hier: Ich stehe früh um sechs Uhr auf, um sieben Uhr ist Appell im Hof. Danach arbeiten wir mit Pausen bis 16 oder 17 Uhr, danach besuche ich meine Eltern und danach Bekannte.

Zwei- bis dreimal am Tag schaue ich bei unserer älteren Dame vorbei, sie wärmt mir etwas auf oder kocht für mich, wir reden miteinander, und dann gehe ich wieder. Am häufigsten bin ich bei Ille.[20] Sie hat das schönste Zimmer, es gibt dort immer nette Gesellschaft, auch ihr Vater ist dort. Gestern, am Samstag, war ich zum Tee eingeladen.

14 Pflanzliches Fett, Margarine.

15 Verwandte und Freunde durften den Deportierten Pakete nach Theresienstadt schicken.

16 Vermutlich: Karel Sterns Freundin aus Prag.

17 Dr. Alice Komová, geb. Kosáková (1909–1944), Juristin; Schwester von Viktor Kosák; sie wurde am 13.7.1943 zusammen mit ihrem Ehemann Dr. Rudolf Koma (1906–1944), Jurist, und den Kindern Milan Alexander (1935–1944) und Jiří Hanuš (1939–1944) von Prag nach Theresienstadt, von dort im Okt. 1944 nach Auschwitz deportiert, alle vier Familienmitglieder wurden ermordet.

18 Dr. Máďa (Max) Koma (bis 1920: Kohn) (*1900), Ingenieur; Bruder von Rudolf Koma; er wurde am 24.11.1941 von Prag nach Theresienstadt deportiert, im Getto lernte er vermutlich seine spätere Ehefrau Eliška Ertlová (*1911) kennen, beide wurden in Theresienstadt befreit; Sohn Jan wurde nach dem Krieg geboren.

19 Eine Art Hefezopf.

20 Ille Löwy, eine Freundin von Viktor Kosák aus Prag.

Ich habe mich wie auf einer *Hofmansbande*[21] gefühlt. Aus den Pritschen wurden Logen gebaut, Papierdekoration, schöne Beleuchtung. Viel lustige Jugend, es wurde gelacht, zur Musik von Rudas[22] Mitschüler getanzt, Programm. Es waren überwiegend [Angehörige] des AK und Beamte [anwesend].[23] Elegante Damen. Es wurde Tee serviert. Man sprach auch über die polnischen Transporte, aber nur so nebenbei – das betrifft ja die anderen. Ich konnte für einen Augenblick unsere Lage vergessen und bin ihnen für den schönen Nachmittag dankbar. Ansonsten nehme ich an keinen Festivitäten teil. Mit den Mädchen gehe ich förmlich um, an einem Flirt bin ich noch nicht interessiert, [sondern] erst, wenn ich mich für längere Zeit niederlasse.

Die Freunde sind ein Glück. Es gibt viele davon, in jedem Büro, in jeder Arbeitsgruppe, in jeder Kaserne. Es ist so schön, wenn wir verloren geglaubte Menschen gesund und lachend vor uns stehen sehen. Die Bekannten aus der Generation [unserer] Eltern sind jedoch schlecht dran. Abgemagert, müde, weiß und gelblich im Gesicht, leidend. Sie ertragen es schlecht. Dennoch sind alle erfüllt von Glauben und Optimismus. Die Mitbewohner sind alles in allem angenehm. Sie lassen mich in Ruhe, und das ist die Hauptsache. Nur der *Zimmerälteste* ist ein streitsüchtiger Jude aus Prag, gierig nach Schmiergeld, er meckert den ganzen Tag und bemitleidet sich. Damit geht er uns ziemlich auf die Nerven. Ich höre ihm einfach nicht zu, und auch sonst ist mir alles ziemlich gleichgültig. Da ich dies alles lediglich als Übergangszustand betrachte, sind die „Affären" zwischen den sich zankenden Juden für mich bloß Unterhaltung. Am häufigsten streiten sie sich in der Essensschlange. Immer möchte sich einer vordrängeln, die anderen schimpfen und schieben sich zusammen. Es handelt sich fast immer um Juden aus dem Nachbarstaat, die sich durch Hinterlist und Mogelei auszeichnen. Zum Glück schaffen sie es nicht in die Behörden,[24] dort herrschen die Zionisten. Theoretisch ist das richtig, aber sie erkennen nur Angehörige ihrer eigenen Gruppe als Juden an, und aus dem Zionismus ist *Protektsionismus*[25] geworden. Das Wort „tschechischer Jude" erregt hier ein mitleidiges Lächeln, so in etwa wie der Name *Schwejk*.[26] Selbst solche Finessen unter den Juden bringen mich nicht aus dem Gleichgewicht. Nur sich fest- und durchhalten!

Falls ihr herkommen solltet, bringt bitte viel Geschirr mit. Jeder Topf wird hier gebraucht, die Menschen haben auch Porzellanteller und -tassen.

Wie ich [bereits] geschrieben habe, könnt ihr das unbesorgt in einen Koffer packen, ihr müsst ihn nur gut *beschriften*!

Flöhe sind hier die größte Qual. Sie sind überall. Sie stechen Edelstein[27] ebenso wie uns gewöhnliche Juden, in der Nacht reißen sie einen aus dem Schlaf. Ich habe gelernt, sie zu fangen. Mein Schlafsack ist dafür wie geschaffen, weil es in ihm sehr warm ist. Auch

21 Hofmanns Bande war eine Gruppe von Komödianten im 18. Jahrhundert. Vermutlich sind deren Aufführungen gemeint.

22 Rudolf Koma.

23 Die Männer vom AK (Aufbaukommando) hatten im Getto eine angesehene Stellung und blieben zunächst von Deportationen ausgenommen. Von Herbst 1943 an wählte jedoch die SS vermehrt Personen vom AK zur Deportation aus.

24 Gemeint ist die Gettoverwaltung.

25 So in der Abschrift.

26 Švejk/Schwejk – Protagonist des Romans „Die Abenteuer des braven Soldaten Schwejk" (1923) von Jaroslav Hašek. Die literarische Figur des Josef Švejk steht im übertragenen Sinne für eigensinniges, ironisierendes Verhalten, insbesondere gegenüber Autoritäten.

27 Dr. Jakob Edelstein, bis Jan. 1943 Judenältester im Getto.

die Flöhe haben das mitbekommen und halten sich gerne dort auf. Flöhe sind immerhin besser als Läuse, und die treten nur bei älteren, unsauberen Menschen auf. Bei uns in der Stube gibt es keine.
Der Typhus ist auf dem Rückzug. Es gibt keine gehäuften neuen Fälle. Es gibt jedoch viele Grippefälle und andere unerklärliche, fieberhafte Erkrankungen. Die Sterblichkeitsrate entspricht der hohen Zahl von Alten.
Der derzeitige Stand: 50 000 Juden, bis jetzt wurden 127 Transporte nach und von Theresienstadt abgefertigt. Auf drei Frauen kommen zwei Männer.
Es sind nur wenige Kinder darunter. Die Kinder hier sehen eigentlich gut aus und rodeln den ganzen Tag. Bis zum 16. Lebensjahr essen sie in der Kinderküche, wo besser gekocht wird und sie mehr zu essen bekommen. Im Sommer haben sie es hier besser als in Prag, sie spielen auf den Schanzen. Also kein Anlass zur Besorgnis. Sie erhalten mehr Milch als in Prag.

DOK. 316
Vor der Deportation schickt Sophie Redlich am 14. Januar 1943 ihrem Bruder Alfred Freimann Hinweise, wo er ihr zurückgelassenes Eigentum finden könne[1]

Handschriftl. Brief von Sophie und Josef Redlich[2] an Alfred Freimann[3] in Palästina vom 14.1.1943

S.R.[4] Lieber Alfred, am 18. Januar wandern wir aus, wir fahren nach Ung[arisch] Brod, werden dort in einer Schule gesammelt u. nach 3 Tagen nach Theresienstadt geschickt. Ob wir da bleiben oder weiter nach Polen müssen, ist ganz unsicher. Von hier gehen alle Juden mit, nur 13 Personen in Mischehe bleiben, Zlín, Napagedl, Gaya[5] wandert mit uns aus. Ob Josef[6] mit uns zusammenbleibt, ist nicht sicher. Hoffentlich kommt d.l. Mama[7] in ein Altersheim in Theresienstadt in Böhmen u. findet dort die l. Tanten aus Berlin vor.[8]

1 Original in Privatbesitz der Nichte von Sophie Redlich, Jenny Michael, New York.
2 Sophie Redlich, geb. Freimann (1891–1943), Hausfrau; das älteste Kind von Rabbiner Dr. Yacob (Jakob) Freimann (1866–1937) und seiner Frau Regina; ihr Ehemann Josef Redlich (1883–1944) leitete bis 1939 eine Likörfabrik in Holleschau; Sophie und Josef Redlich wurden am 23.1.1943 nach Theresienstadt deportiert, drei Tage später nach Auschwitz und dort ermordet.
3 Dr. Alfred Freimann (1899–1948), Jurist; jüngster Bruder von Sophie Redlich; 1928 Land- und Amtsgerichtsrat, 1933 entlassen; kurz darauf wanderte er mit Frau Nelly und Tochter Ruth nach Palästina aus; 1942 Universitätsdozent in Jerusalem, Mitarbeit am Entwurf einer Verfassung Israels; bei einem Überfall auf einen Konvoi zur belagerten Universität von Arabern getötet; Autor von „Die Bürgschaft nach den ältesten Quellen des jüdischen Rechts" (1922).
4 Abkürzung für Sophie Redlich.
5 Gemeint sind die jüdischen Gemeinden der genannten drei Kleinstädte Zlín, Napagedl (Napajedla) und Gaya (Kyjov).
6 Josef Redlich.
7 Regina Freimann, geb. Freimann (1869–1943); arbeitete als Ehefrau des Rabbiners in dessen Gemeinde mit; Anfang 1939 zog sie von Berlin nach Holešov zu ihrer Tochter, die Auswanderung nach Palästina scheiterte; am 23.1.1943 wurde auch sie nach Theresienstadt und von dort am 15.12.1943 nach Auschwitz deportiert.
8 Eine der Tanten war Johanna Simonsohn, geb. Levy (1869–1944), eine Schwester von Regina Freimann; sie wurde am 12.8.1942 von Berlin nach Theresienstadt deportiert und starb dort.

Auf diesem Wege wollen wir uns von Euch allen verabschieden u. Euch, meine Lieben, sagen, wo Ihr nach dem Kriege eventuell nach uns forschen könnet.
Wir lassen 2 Häuser Nr. 2 u. Nr. 3 in der Zöpergasse schuldenfrei mit Feldern (im Grundbuch einzusehen) zurück.
Ungefähr 8 kg Silber (Besteck u.s.w.) u. Schmuck (auch von der l. Mama und Annchen u. Ernst[9]) sind bei Frau Helene Černocky, geb. Vodička, Glas u. Porzellan u. 1 Teppich beim Tierarzt Dr. Ludwig Volák, Kleider u. Wäsche, sowie Mamas Pelz, darüber u. über vieles andere kann Božka, die jetzt Buchta heißt u. in Holleschau wohnt, genauer Bescheid geben.
Mamas Ersparnisse von dem Witwengeld liegen in der Sparkasse der Stadt Holleschau u. machen cz K 92 000 aus. Unser Geld ist bei derselben Bank, es sind wohl cz K 150 000 da. Das läßt sich ja laut Büchern feststellen.
Wir beten zu Gott, daß er uns die auferlegte Prüfung glücklich überstehen läßt u. daß wir uns im Frieden wiedersehen.
Wir grüßen Euch alle herzlichst
Eure Sophie u. Josef
Meine geliebten Kinder,
Heute war ich zum Abschied bei Eurem geliebten, guten Vater,[10] dessen Geist uns in den schweren Zeiten umschweben möge. Seid innigst gegrüßt von Eurer Mutter[11]

DOK. 317
Der Ältestenrat der Juden in Theresienstadt protokolliert am 26. Januar 1943 die Anweisungen des Lagerkommandanten Siegfried Seidl[1]

Aktenvermerk des Ältestenrats Theresienstadt, gez. Edelstein, Dr. Epstein,[2] über die Besprechung vom 25.1.1943 mit dem Lagerkommandanten SS-Hauptsturmführer Dr. Seidl vom 26.1.1943 (Abschrift)

Es wird überreicht: Standmeldung, alphabetisches Verzeichnis des Cr-Transportes.[3]
Brief an die JKG, Prag, Freistellungsschein[4] Nr 519.
Herr Lagerkommandant wiederholt die Weisung, daß am 27.1. um 8.30 Uhr 20 junge Leute nach Jungfern Brezan[5] abzugehen haben. Am 26. d. M. sind die Namen der Leute sowie der Ort der Zusammenkunft zu melden.

9 Regina Freimann, Johanna Simonsohn und Ernst Freimann, Sophie Redlichs Bruder, der Ende 1938 über Großbritannien in die USA auswandern konnte.
10 Gemeint ist das Grab von Yacob Freimann in Holešov.
11 Regina Freimann.

1 JMP, T 146, Karton 20.
2 Richtig: Dr. Paul Eppstein.
3 Am 23.1.1943 ging dieser Transport mit ca. 2000 Personen nach Auschwitz, wofür der Ältestenrat vermutlich eine Namensliste hatte erstellen müssen.
4 Ein Freistellungsschein wurde erteilt, wenn Inhaftierte z. B. außerhalb eines Gettos Zwangsarbeit leisten mussten und somit nicht im Getto wohnten oder arbeiteten.
5 Das Schloss Jungfern-Breschan (Panenské Břežany) wurde von Ostern 1942 an von Heydrich und seiner Familie als Wohnsitz genutzt. Von Juli 1942 an verrichtete ein Arbeitskommando aus

Herrn Lagerkommandanten wird gemeldet, daß der Meister Komarek gestern bei Dr. Janowitz vorgesprochen hat und die Ausreihung von 13 Bahnarbeitern gefordert hat. Dr. Janowitz hat Herrn Komarek an die Langerkommandantur verwiesen. Herr Komarek sagte Dr. Janowitz, daß er eigentlich nur an 2 Leuten interessiert sei. Herr Lagerkommandant macht darauf aufmerksam, daß in Hinkunft Interventionen von arischer Seite nicht zu beachten sind, und bedauert, daß ihm nicht rechtzeitig Meldung gemacht wurde.
Herrn Lagerkommandanten wird die Meldung erstattet, daß
Kaufmann Jakob,[6] Bz/625
Nassau Ludwig[7] /735/Br[8] mit Frau Nassau Ilse,[9] Bf/734.
der erstere von der Gruppe Landwirtschaft, der zweite von der Gruppe Bahnbau sich des Diebstahls schuldig machten. Es wird um die Erlaubnis gebeten, beide noch in den heutigen Transport einreihen zu dürfen. Nach Rücksprache mit dem Verwalter Kursawo,[10] der Kaufmann als unentbehrliche Kraft bezeichnet, verfügt Herr Lagerkommandant die Einreihung beider Personen in den Transport.
In diesem Zusammenhang kommt Herr Lagerkommandant auf die gestrige Verfügung hinsichtlich des Personals des Gesundheitswesens zu sprechen. Herrn Lagerkommandanten werden die Zusammenhänge und die Schwierigkeiten bei der Auswahl der Personen dargelegt. Es wird mit besonderer Genugtuung die Erklärung des Herrn Lagerkommandanten zur Kenntnis genommen, wonach er selbst den nächsten Transport zusammenstellen wird. Insbesonders wird auf das von Herrn Lagerkommandanten gebrauchte Wort „Freunderlwirtschaft" hingewiesen. Herr Lagerkommandant erklärt, daß er damit nicht Herrn Edelstein gemeint habe, daß aber andere diese Freunderlwirtschaft treiben. Auf direkte Anfrage nennt er: Schliesser[11] und erwähnt, daß die Wirtschaftsabteilung Leute wie Pekarek[12] oder Leute, die in der Sudetenkaserne[13] Fleisch gestohlen haben, mit seinem Namen deckt.[14] Auch Dr. Munk habe sich dieses Vergehens schuldig

30 männlichen Häftlingen des Gettos Theresienstadt dort Garten- und Instandhaltungsarbeiten. Von Febr. 1944 an diente das Schloss als Außenlager des KZ Flossenbürg, wo Zeugen Jehovas aus dem KZ Sachsenhausen Zwangsarbeit leisteten.

6 Richtig: Jakub Kaufmann (1921–1943); wurde am 12.11.1942 von Tábor im Transport Bz/625 mit über 600 weiteren Personen nach Theresienstadt und am 26.1.1943 nach Auschwitz deportiert und dort ermordet.

7 Ludwig Nassau (*1921), Koch; am 8.9.1942 von Prag nach Theresienstadt, von dort am 26.1.1943 nach Auschwitz deportiert, von Jan. 1945 an war er im KZ Sachsenhausen, dann in Flossenbürg inhaftiert; emigrierte im Aug. 1949 von Genua aus mit dem Schiff „Cyrenia" nach Australien.

8 Richtig: Transport Bf, der am 8.9.1942 von Prag mit ca. 1000 Personen nach Theresienstadt geschickt wurde.

9 Ilse Nassau (1921–1943); sie wurde mit ihrem Mann zunächst nach Theresienstadt, dann weiter nach Auschwitz deportiert und dort ermordet.

10 Wahrscheinlich: Otto Kursawe.

11 Karel Schliesser.

12 Vermutlich: Evžen (Eugen) Pekárek (1902–1945), Fleischer aus Klattau; kam am 24.11.1941 mit dem sog. Aufbaukommando von Prag nach Theresienstadt, war dort im Jan. 1941 Gebäudeältester der Aussiger Kaserne (Kleiderkammer) und von Juli 1942 an Gebäudeältester in der Bäckerei, nach Ende Aug. 1943 nach Auschwitz deportiert, von dort im Jan. 1945 nach Buchenwald, wo er im Außenlager S III bei Ohrdruf starb.

13 Die Sudetenkaserne (Block E I) lag im Südwesten des Gettos. Dort befand sich eine der großen Küchen des Gettos und von Juli 1943 an wurde das Archiv des RSHA aus Berlin dort untergebracht.

14 So im Original.

gemacht, indem er den Preuss,[15] der falsche Standmeldungen für die Proviantur abgegeben hat, gedeckt habe. Herrn Lagerkommandanten wird Aufklärung über den Fall Pekarek gegeben und über die Salami-Affaire[16] in der Sudetenkaserne. Es wird gemeldet, daß die Einreihung [...][17]
Bis morgen früh sind die Personalien und näheren Angaben des neuen Prominenten Prof. Taussig[18] abzuliefern.
Die Witwe des Senators Pollach ist aus der Prominentenliste zu streichen.
Herr Lagerkommandant, SS-Hauptsturmführer Dr. Seidl, verfügt, daß Frau Adele Milch, die erst vor wenigen Tagen aus der Haft entlassen wurde, das Zimmer nicht verlassen darf, außer zu wichtigen Zwecken.[19] Der Zimmerkommandant ist für die Einhaltung dieser Anordnung verantwortlich.[20]

DOK. 318
Das Sondergericht Prag verurteilt Oskar Löwenstein am 27. Januar 1943 wegen Passfälschung zum Tode[1]

Urteil des Deutschen Landgerichts in Prag (Geschäftsnr. 7 KLs 432/42 III 1910/42), gez. von Bellmann,[2] Hallbauer,[3] Höhne,[4] vom 28.1.1943 (Abschrift)[5]

[...][6]
Im Namen des Deutschen Volkes!
In der Strafsache gegen

15 Vermutlich: Hirschel Preuss (1870–1943), Kaufmann; am 31.8.1942 von Breslau nach Theresienstadt deportiert, wo er am 3.3.1943 verstarb.
16 Vermutlich ging es um den Diebstahl von Fleisch aus der Sudetenkaserne. Der Schlachter Bohumil Benda (*1911) soll dieses entwendet und vom Erlös Schmuck für seine Verlobte gekauft haben. Er wurde entlassen und zunächst in ein Arbeitskommando versetzt; im Sept. 1944 nach Auschwitz deportiert und dort ermordet.
17 Text im Original unvollständig.
18 Dr. Leo Taussig (1884–1944); Psychologe und Neurologe in Prag; in Auschwitz ermordet.
19 Adele Milch (1875–1944); von Wien am 20.8.1942 nach Theresienstadt deportiert, wo sie am 4.4.1944 ermordet wurde. Sie gab fälschlicherweise an, ungar. Staatsbürgerin zu sein, und kam deswegen von Okt. 1942 an in Haft.
20 Der Aktenvermerk ging an folgende Mitglieder des Ältestenrats: Dr. Egon Popper (1908–1944/45), Leiter der Abt. für innere Angelegenheiten; Karel Schliesser (1899–1944), Leiter der Wirtschaftsabt.; Dr. Jakob Wolffing (1876–1944); Dr. Desider Friedmann, Leiter der Bank der jüdischen Selbstverwaltung; Dr. Leopold Neuhaus (1879–1954), Leiter der Altersfürsorge; Karl Stahl (1882–1944), leitender Funktionär der Wirtschaftsabt.; Dr. Rudolf Bergmann (1910–1944/45), Leiter der Finanzabt.; Otto Zucker (1892–1944), u. a. Stellv. Edelsteins und Leiter des Zentralsekretariats; Erwin Elbert (1903–1944), Vorstandsmitglied der Gebäudeleitung; Dr. Jiří (auch Georg) Vogel (1904–1995), leitender Funktionär der Technischen Abt.; Dr. Rudolf Freiberger (1906–1978), Leiter der Produktion; Dr. Leo Janowitz (1911–1944), Zentralsekretär beim Ältestenrat; Julius Grünberger (1900–1944), Leiter der Technischen Abt.; Dr. Erich Munk (1904–1944), Leiter des Gesundheitswesens; Dr. Karl Loewenstein, später Loesten, Leiter des Sicherheitswesens; Dr. Erich Oesterreicher; Robert Stricker (1879–1944), arbeitete in der Technischen Abt.; Prof. Dr. Hermann Strauss (1868–1944), Leiter des wissenschaftlichen Ausschusses im Gesundheitswesen; Dr. Erich Klapp (1907–1944), Leiter der internen Abt. des Krankenhauses. Außer Neuhaus, Vogel, Freiberger und Loewenstein überlebte niemand.

1 BArch, R 3001/157533.

1./ Ing. Oskar *Löwenstein*[7] aus Prag, geb. 10.X.1897 in Weleschin, Jude, verh. Protektoratsangehörigen,
2./ Sprachlehrerin Marcelle *Yung*[8] aus Prag XVI, geb. 21.7.1905 in Lausanne (Schweiz), ledig, Schweizer Staatsangehörige,
z. Zt. in der deutschen Untersuchungshaftanstalt in Prag-Pankratz,
wegen Verbrechens nach § 2 d. VO des Reichsprotektors in Böhmen und Mähren v. 3. Juli 1942 V.O.Bl.Prot., S. 182[9] hat die III. Kammer des Sondergerichts bei dem Deutschen Landgericht Prag in der öffentlichen Sitzung vom 27. Januar 1943, an der teilgenommen haben:
Landgerichtsdirektor Dr. *Bellmann* als Vorsitzer.
Landgerichtsrat *Hallbauer* und Amtsgerichtsrat Dr. *Höhne* als Beisitzer,
Staatsanwalt Dr. *Pörtl*[10] als Beamter der Staatsanwaltschaft,
Referendar Dr. *Gulatz*[11] als Urkundsbeamter der Geschäftsstelle für Recht
erkannt:
Die Angeklagten werden verurteilt:
Löwenstein wegen Fälschung von Personalausweisen
zum Tode,
Yung wegen Aushändigung eines Personalausweises zum unbefugten Gebrauch zu 3 Jahren Zuchthaus, worauf 2 Monate der Untersuchungshaft angerechnet werden. Die

2 Dr. Kurt Bellmann (1901–1980), Jurist; 1933 NSDAP-Eintritt; 1933 Amtsgerichtsrat, 1938 Landgerichtsdirektor in Hannover, von 1941 an am Sondergericht in Prag; 1947 zu lebenslanger Haft in der Tschechoslowakei verurteilt, 1955 als „nichtamnestierter Kriegsverbrecher" in die Bundesrepublik zurückgeführt; von 1956 an Landgerichtsdirektor in Hannover.

3 Heinrich Hallbauer (1905–1988), Jurist; 1929–1932 SPD-Mitglied, 1933 SA- und NSDAP-Eintritt; 1935 Richter in Altona, 1938 in Eschwege, 1940–1942 in Krummau (Sudetenland), danach am Sondergericht beim Deutschen Landgericht Prag; Sept. 1943 zum Wehrdienst eingezogen; Kriegsende bis Juli 1945 in brit. Gefangenschaft; von 1947 an Richter in Hamburg.

4 Dr. Bruno Höhne (1908–1959), Jurist; 1938 SdP-, NSDAP-Eintritt; Juni bis Dez. 1940 Wehrdienst, davon freigestellt und bis Juni 1942 Gerichtsassessor beim OLG Leitmeritz und Tetschen, 1.6.1942 Amtsgerichtsrat am Sondergericht Prag; Mai bis Sept. 1945 in Kriegsgefangenschaft, 1950/51 Dezernent beim Versorgungsamt Düsseldorf, 1952 Reg.Rat.

5 Im Original Dienststempel.

6 Am Beginn des Dokuments stehen die – im Folgenden wiederholten – Angaben zu den Personen der Angeklagten, den ihnen zur Last gelegten Vorwürfen sowie die Urteile gegen sie.

7 Dr. Oskar Löwenstein (1897–1943), Dipl.-Ingenieur; arbeitete von 1922 an in Prag in verschiedenen Firmen zur Herstellung von Filmvorführgeräten, 1942 aufgrund seiner jüdischen Herkunft entlassen; er wurde am 1.7.1943 im Gefängnis Prag-Pankratz hingerichtet.

8 Marcelle Alexandrine Yung (1905–1995), Sprachlehrerin; kehrte auf Betreiben des Schweizer Generalkonsulats in Prag Ende Okt. 1943 durch einen Gefangenenaustausch in die Schweiz zurück; arbeitete von 1962 an als Technikerin bei einer Versicherungsgesellschaft in Lausanne, letzter Wohnort Ecublens.

9 Nach § 2 der VO wurden Personen zum Tode verurteilt, wenn sie gefälschte Personalausweise anfertigten, diese einer anderen Person vermittelten oder weitergaben.

10 Dr. Karl Pörtl, auch Poertl (1898–1992), Jurist; 1929–1939 als Rechtsanwalt tätig, 13.11.1939 Assessor, später am Sondergericht Prag als Staatsanwalt, an mindestens 30 Todesurteilen beteiligt; 1960 Senatspräsident am Landessozialgericht München.

11 Dr. Heinrich Gulatz (1914–2007), Jurist; 1949–1951 u. a. Gerichtsassessor beim Landgericht Bielefeld und beim Amtsgericht Minden, 1951 Landgerichtsrat, 1958 Landgerichtsdirektor und Vorsitzender der Wiedergutmachungskammer beim Landgericht Bielefeld, 1961–1968 Richter am Obersten Rückerstattungsgericht in Herford, 1973–1980 Bundesrichter beim Bundesgerichtshof Karlsruhe.

bürgerlichen Ehrenrechte werden dem Angeklagten *Löwenstein* auf Lebenszeit, der Angeklagten Yung auf die Dauer von drei Jahren aberkannt.
Die Angeklagten haben die Kosten des Verfahrens zu tragen.
Gründe:
Der Angeklagte *Löwenstein* ist Volljude. Er wurde in Weleschin in Südböhmen geboren und wuchs in Dux, wo sein Vater als Arzt tätig war, auf. Die höhere Schule besuchte er in Teplitz. Nach seiner Angabe meldete er sich bei Ausbruch des ersten Weltkrieges als Kriegsfreiwilliger, kämpfte an der russischen und italienischen Front, wurde mit dem Karl-Truppenkreuz und der Großen Silbernen Tapferkeitsmedaille ausgezeichnet und nach Kriegsende als Leutnant entlassen. Anschließend studierte er an der Deutschen Technischen Hochschule in Prag; er verließ die Hochschule 1922 mit dem Abschlußexamen als Dipl. Ing. Hiernach war er ständig bei verschiedenen Firmen der Kinomaschinenbranche tätig. Am 1. Juli 1942 mußte er seine letzte Stellung wegen seiner Eigenschaft als Jude aufgeben. Er hat zweimal geheiratet; seine erste Frau endete durch Selbstmord, von der zweiten,[12] mit der er ein 9jähriges Kind hat, lebt er seit mehreren Jahren getrennt. Als er im Jahre 1939 auf den Gedanken kam, seine französischen Sprachkenntnisse aufzufrischen, lernte er die Angeklagte *Yung* kennen, die als Privatlehrerin der französischen Sprache tätig war. Aus dieser Bekanntschaft entwickelte sich bald ein Liebesverhältnis.
Die Angeklagte Yung ist Schweizer Staatsangehörige. Sie ist in Lausanne als Tochter des Besitzers einer kleinen Möbelfabrik geboren und besuchte dort das Lyzeum und die Handelsschule. Anschließend war sie jahrelang in verschiedenen Stellungen, u. a. in Karlsbad, Prag und Aussig, als französische Erzieherin tätig. Seit 1938 lebte sie ständig als Sprachlehrerin in Prag.
Als im August 1942 die Frau und das Kind des Angeklagten Löwenstein aus Prag evakuiert wurden, reifte in ihm der Entschluß, seinerseits dies Schicksal nicht über sich ergehen zu lassen, sondern, bevor es dazu komme, in die Schweiz zu flüchten. Da er dies mit seinen eigenen Personalpapieren nicht tun konnte, kam ihm der Gedanke, seinen Plan mit Hilfe der Personalausweise seiner Geliebten, der Angeklagten Yung, durchzuführen. Er drang in sie, ihm ihren Paß zu überlassen. Sie setzte dem zunächst mit dem Hinweis auf die Gefährlichkeit und vermutlich auch Nutzlosigkeit seines Unternehmens Widerstand entgegen, gab aber schließlich aus Liebe und falsch verstandenem Mitleid mit ihm nach und händigte ihm ihren Schweizer Paß aus. Der Angeklagte Löwenstein fälschte nun diesen Paß, indem er ihr Lichtbild durch das seinige ersetzte, den plastischen Stempel des Schweizer Generalkonsulats in Prag, der in der Weise in den Paß eingedrückt war, daß er teils das Papier des Passes, teils das Lichtbild bedeckte, nachmachte und sodann erneut auf die gleiche Stelle des Passes drückte und ferner von dem Vornamen „Marcelle“ die beiden letzten Buchstaben mit Hilfe von Tintentod entfernte, so daß nunmehr die männliche Form „Marcel“ dieses Vornamens im Paß erschien. Schließlich setzte er auch noch vor den Namen das Wort „Monsieur“. Ferner entwendete er der Angeklagten Yung ihren von der Kantonsregierung des Kantons Waadt ausgestellten Heimatschein und fälschte ihn in genau der gleichen Weise wie den Paß. Die

12 Gemeint ist Valeska (auch Valesca) Löwenstein, geb. Pick (1898–1944). Sie wurde mit dem gemeinsamen Sohn Jan Löwenstein (1933–1944) am 8.9.1942 von Prag nach Theresienstadt, von dort am 12.10.1944 nach Auschwitz deportiert, wo beide ums Leben kamen.

Angeklagte Yung bemerkte zwar die Entwendung des Heimatscheins, noch ehe Löwenstein Prag verließ, forderte ihn aber von ihm nicht zurück.
Am 17. Oktober 1942 bekam der Angeklagte Löwenstein die Nachricht, daß seine Evakuierung in nächster Zeit bevorstehe. Daraufhin faßte er den Entschluß, nunmehr schnellstens mit Hilfe der bereits gefälschten Papiere der Angeklagten Yung in die Schweiz auszureisen. Er besprach seinen Plan mit ihr und stellte ihr in Aussicht, Nachricht zu geben, sobald er in der Schweiz angelangt sei. Es war ferner geplant, sie später in die Schweiz nachkommen zu lassen. Da ihr von ihm veranlaßter, noch vor Fälschung des Passes unternommener Versuch, einen Durchlaßschein für die Ausreise aus dem Protektorat Böhmen und Mähren zu erlangen, fehlgeschlagen war, mußte Löwenstein zunächst versuchen, das Protektorat heimlich über die grüne Grenze zu verlassen. Er tat dies in der Nacht auf den 30. Oktober in der Nähe von Jechnitz mit Erfolg. Von hier fuhr er über Karlsbad nach Eger und bestieg hier den Schnellzug Prag – Stuttgart. In Stuttgart hielt er sich einige Zeit auf, besuchte den Seniorchef der Fa. Bauer, für die er früher gearbeitet hatte, und gab sein großes Gepäck nach Zürich auf. Bei der Zollkontrolle dieses Gepäcks legte er den gefälschten Paß vor, der geprüft wurde und dabei unbeanstandet blieb. Danach fuhr er am 2. November mit dem Schnellzug Stuttgart – Konstanz bis zur Grenzstation Singen a.H.[13] Hier verließ er den Zug, um die Grenze zu überschreiten und nach Schaffhausen weiterzufahren. Während zweimaliger Paßkontrolle im Zuge blieb sein Paß wiederum unbeanstandet. Dagegen wurde Löwenstein, als dieser beim Versuch, die Grenze zu überschreiten, den Paß beim Grenzpolizeikommissariat vorlegte, bemängelt, daß er keine Einreisebewilligung enthalte. Daraufhin wurde der Paß genauer geprüft und die an ihm vorgenommene Fälschung entdeckt. Löwenstein wurde daraufhin festgenommen und nach Prag zurückbefördert.
Vor seiner Abreise hatte er der Angeklagten Yung 10 000 K und eine Vollmacht zur Behebung eines geschäftlichen Guthabens gegeben. Etwas Geld hatte er bei sich, um es schwarz über die Grenze zu bringen. 43 S[chweizer] Fr[anken] hatte er zu diesem Zwekke von der Mitangeklagten erhalten.
Dieser Sachverhalt ist in der Hauptverhandlung auf Grund der umfassenden und in allen Einzelheiten übereinstimmenden Geständnisse beider Angeklagten festgestellt worden. Danach haben beide Angeklagten, Löwenstein durch die Fälschung des Passes, die Angeklagte Yung durch die Überlassung des Passes zu unbefugtem Gebrauch, ein Verbrechen nach § 2 der VO des Reichsprotektors in Böhmen und Mähren zur Abwehr der Unterstützung reichsfeindlicher Handlungen vom 3. Juli 1942 (VOBl. Prot. S.182) begangen und müssen auf Grund dieser Vorschrift bestraft werden.
Das von den Angeklagten begangene Verbrechen ist grundsätzlich mit dem Tode bedroht; nur in leichteren Fällen kann nach § 3 der VO auf Zuchthaus erkannt werden. Es handelt sich also um die Frage, ob bei den Taten der beiden Angeklagten ein leichterer Fall i.S. dieser Vorschrift gegeben ist.
Dies muß für die Tat des Angeklagten Löwenstein verneint werden. Ein Jude, der sich den von der Staatsführung über die Juden verhängten Maßnahmen widersetzt und sich dem Zugriff der Behörden durch die Flucht in die Schweiz zu entziehen versucht, tut dies selbstverständlich, um vom neutralen Auslande aus gegen das Reich zu arbeiten

13 Singen am Hohentwiel.

und zu hetzen. Bei ihm kann daher ein leichterer Fall des Verbrechens nach § 2 der VO nicht vorliegen. Vielmehr erscheint die *Todesstrafe* als die einzig mögliche und gerechte Sühne für das von ihm begangene Verbrechen. Auf sie ist deshalb erkannt worden. Daneben sind ihm wegen der Ehrlosigkeit seines Verhaltens die Rechte nach §§ 33, 34 StGB auf Lebenszeit aberkannt worden.

Dagegen liegen bei der Angeklagten Yung Umstände vor, die ihre Tat in einem erheblich milderen Licht erscheinen lassen als bei dem Angeklagten Löwenstein. Sie hat keine besondere verbrecherische Aktivität an den Tag gelegt, sondern nur dem hartnäckigen Drängen Löwensteins nachgegeben. Sie hat dabei aus Liebe und falsch verstandenem Mitleid gehandelt. Politisch war sie bisher nicht unliebsam hervorgetreten und hat sich bei der Hingabe des Passes an Löwenstein offensichtlich nicht in erster Linie von reichsfeindlichen Gedankengängen leiten lassen. Auch mag ihr die Tragweite ihres Handelns bei ihrer stark gefühlsbetonten Einstellung nicht in vollem Umfange klargeworden sein. Alle diese Umstände lassen als vertretbar erscheinen, die Tat der Angeklagten Yung als leichteren Fall zu betrachten und sie demgemäß mit Zuchthaus zu bestrafen.

Bei Bemessung der über sie zu verhängenden Zuchthausstrafe muß als erschwerend ins Gewicht fallen, daß die Angeklagte das ihr gewährte Gastrecht in schwerer Weise durch die Mißachtung der im Gastlande geltenden Gesetze verletzt hat. Auch das Vertrauen ihres Vaterlandes hat sie durch die Überlassung des ihr ausgestellten Passes zu Fälschungszwecken gröblich mißbraucht. Auf der anderen Seite waren als mildernd die gleichen Umstände zu berücksichtigen, die zur Annahme eines leichteren Falles führen mußten. Bei Abwägung von Tat und Persönlichkeit der Angeklagten erscheint für sie eine Zuchthausstrafe von *drei* Jahren als schuldangemessen. Da auch sie ehrlos gehandelt hat, wurden ihr gem. § 32 StGB die bürgerlichen Ehrenrechte auf drei Jahre aberkannt.

Mit Rücksicht auf ihr Geständnis erschien es billig, der Angeklagten Yung gem. § 60 StGB zwei Monate der Untersuchungshaft auf die Strafe anzurechnen.

Die Kostenentscheidung ergibt sich aus § 465 StPO.[14]

14 In den 1960er-Jahren wurde gegen die Juristen des Sondergerichts Prag wegen verschiedener von ihnen gefällter Todesurteile, u. a. gegen Löwenstein, Strafanzeige gestellt. Die Ermittlungen wurden jedoch eingestellt, da den Beschuldigten nicht individuell nachgewiesen werden konnte, ob sie in jedem Einzelfall für die Todesstrafe votiert hatten oder nur überstimmt worden waren; Staatsarchiv Hamburg, 17 023/64, 213–11, Bd. 1–4; A 3697, 241–2.

DOK. 319

Evald Bauer blickt mit einer humoristischen Zeichnung auf die Woche vom 8. bis 14. Januar 1943 in Theresienstadt zurück[1]

Zeichnung von Evald Bauer,[2] Januar 1943, Theresienstadt[3]

1 YVA, 064/64. 1.

2 Erich Evald Bauer (1906–1944), Innenarchitekt; am 24.11.1941 nach Theresienstadt deportiert, zeichnete von Jan. bis April 1943 allwöchentlich einen Vochnberychd, der mit bizarrem Humor auf den Alltag in seinem Schlafsaal oder dem technischen Büro des Ältestenrats blickte, jeweils nur eine Seite umfasste und im Getto zirkulierte; er gab anschließend die Satirezeitschrift Shalom na pátek (Shalom zum Freitag) heraus; am 29.9.1944 nach Auschwitz deportiert und dort ermordet.

3 Übersetzung der Kommentare aus dem Tschechischen von oben nach unten: „Unser neues Logo": „Viritus unitis" (lat.): Mit vereinten Kräften, Wahlspruch Franz Josephs I. (1830–1916), österreich.-ungar. Kaiser; „Nächtliche Überraschung", „Das Blutbad oder mein Kampf um das Brot"; Odkolek: tschech. Großbäckerei, gegründet 1850.

DOK. 320

Eva Mändl berichtet Anfang des Jahres 1943 über Deportationen und Veränderungen im Ältestenrat[1]

Handschriftl. Tagebuch von Eva Mändl, Theresienstadt, Einträge vom 27.1. bis 3.2.1943[2]

Mittwoch 27. Januar 1943
Transporte, Transporte, nichts als Transporte nach Polen.[3] Die ersten zwei. Viele Weisungen,[4] ich habe ganz bestimmt damit gerechnet, auch zu fahren. Leute mußten wegen der kleinsten Dummheiten, wegen ganz unbedeutender Sachen fahren. Angelegenheiten, die schon längst erledigt sind, waren auf einmal [Gründe für] Weisungen. Es ist einfach unglaublich, unfaßbar und so ein unerhörter Zufall, daß ich nicht darin bin. Natürlich ist es nicht ausgeschlossen, daß ich noch fahren werde, weil jetzt eben niemand mehr geschützt ist, aber wenn ich hereinkomme, dann ist es kaum mehr Weisung. Es kamen inzwischen noch junge [...],[5] von denen durchschnittlich 500 Personen mitgingen, aber es werden trotzdem immer wieder von alten Transporten Menschen genommen, und Protektionskinder aus dem neuen bleiben hier. Das ist Ungerechtigkeit.
Sonntag 31. Januar 1943
Im Ghetto finden große Veränderungen statt. Ein neuer Ältestenrat wurde eingesetzt. Eppstein aus Berlin ist Judenältester, Löwenherz aus Wien sein Stellvertreter, Edelstein an dritter Stelle. Das wird wahrscheinlich Folgen haben. Jedenfalls werden viel mehr Protektoratsangehörige als früher von hier weggehen.

Mittwoch, 3. Februar 1943
Bis jetzt hat der neue Ältestenrat noch keine Veränderungen gebracht. Statt Löwenherz aus Wien kam Murmelstein, ein noch größeres Schwein. Aus Prag kam Mandler,[6] im Auto mit Fiedler,[7] Weidmann[8] mit Familie, 16 Personen. Mandler wurde bereits verprügelt, zur Freude des ganzen Ghettos. Vorläufig gehen keine weiteren Transporte,[9] weder nach Polen noch irgendwelche Arbeitertransporte, noch daß Edelstein weggeht und anderswo ein neues Ghetto aufbauen wird.
Den deutschen Berichten zufolge sind an der russischen Front enorme Angriffe der Russen zu verzeichnen. Die Deutschen wurden bei Stalingrad eingeschlossen, mußten sich

1 USHMM, 1996 A.0388, Kopie: APT, A11890-1. Abdruck in: Mändl Roubíčková, „Langsam gewöhnen wir uns an das Gettoleben" (wie Dok. 257 vom 17.12.1941, Anm. 1), S. 122–124.
2 Original in Gabelsberger-Kurzschrift, für diese Edition neu transkribiert.
3 Im Jan. 1943 wurden etwa 7000 Menschen in vier Zügen nach Auschwitz deportiert.
4 Befehle zur Deportation, meistens als Strafe für ein „Vergehen" im Getto. Für die Bestraften konnte der Ältestenrat keine Zurückstellung beantragen.
5 Einige Wörter unleserlich.
6 Robert Mandler (1896–1944), Geschäftsmann; 1939–1940 im Auswanderungsamt in Prag Verbindungsmann zur SS, 1941–1943 Leiter der Transportabt. der JKG in Prag, zuständig für das Sammellager in Holešovice; im Jan. 1943 nach Theresienstadt deportiert, Leiter einer Abt. der Gettowache, im Okt. 1944 nach Auschwitz deportiert, dort ermordet.
7 Johann (Hans) Fidler (Fiedler) (*1913), Metzger; Mitarbeiter in der Zentralstelle für jüdische Auswanderung Prag, leitete 1942 Deportationen in Mährisch-Ostrau, hatte das Kommando in der Sammelstelle Holešovice, zwischenzeitlich bei der Wiener Zentralstelle beschäftigt, dann wieder in Prag.
8 Franz, auch František Weidmann.
9 Vom 1.2.1943 bis 6.9.1943 fanden keine Deportationen aus Theresienstadt statt.

ergeben. An allen Stellen rücken die Russen vor. Auch in Afrika steht es gut. Tripolis haben die Engländer erobert, und es besteht die Hoffnung, daß der Krieg dort bald beendet sein wird.
Wir sind angeblich in der Landwirtschaft[10] von jedwedem Transport geschützt. Mutti mußte jetzt ein paar Tage in der Typhusabteilung Dienst machen. Es war furchtbar, und sie ist froh, daß sie wieder zurück in der Hamburger ist.[11] Typhus verbreitet sich erschreckend schnell. Es ist eine große Gefahr. Gott sei Dank sind es aber meist leichte Fälle. Mit Mama sind wir weiter täglich beisammen. Die Kinder ärgern sie, und manchmal klagt Mama. Sie bekommen viele Pakete, sowohl offiziell als auch inoffiziell, und haben von allem etwas. Ich bekomme auch immer etwas. Auch von meinem Arier[12] wieder etwas bekommen, Mehl und Margarine, Zucker, Fett, Sirup und andere Sachen. Er will mich sogar, falls ich nach Polen muß, verstecken, und ich kann bis zum Kriegsende bei ihm bleiben. Ist das nicht unglaublich?
Kartoffeln bringe ich, zwar schlechte, genug nach Hause, und wir sind froh, daß wir sie haben. Ich habe zugenommen, und ich will gar nicht so dick werden. Auch Mutti sieht gut aus, wie sie schon lange nicht ausgesehen hat. Vati[13] könnte von früh bis spät essen, Gott sei Dank können wir ihm immer etwas geben. Eva[14] ist wieder zu Hause. Sie hat ein hübsches Zimmer mit lauter jungen Mädchen, wo von früh bis spät gekocht wird. Die Burschen bringen ihnen ständig etwas zu essen, schleusen en gros,[15] sogar die Ghettowache, bei jedem Transport haben sie ganze Koffer. Dabei heißt es, die Ghettowache schleust nicht.
Löwenstein[16] will militärische Ordnung hier hereinbringen und setzt dies mit großer Strenge durch. Die Bäckerei steht bereits.[17] Jarka ist in der Kinderküche. In der Beziehung ist er sehr geschickt, wenn er auch oft unsympathisch ist. Mit Egon[18] bin ich weiter fast jeden Abend zusammen. Der eine aus seinem Zimmer mußte nach Polen, an seine Stelle kam ein netter Bursche mit einer noch netteren Frau. Mit Egon verstehe ich mich ausgezeichnet. Es ist Freundschaft mit hie und da ein bissel Flirt. Er hilft mir sehr, die furchtbare Episode mit Benny zu verschmerzen.[19]

10 Eva Mändl arbeitete in der Landwirtschaftsabt.

11 Die Hamburger Kaserne wurde zunächst als Frauenunterkunft genutzt, später für niederländ. Juden. Mitte Juli 1943, nach der Fertigstellung der Bahnstrecke nach Theresienstadt, endeten die Gleise direkt vor der Kaserne, und die Zentralschleuse für abgehende und ankommende Deportationszüge wurde dort eingerichtet.

12 Karel Košvanec (gest. 1950), Eisenbahner; 1942–1945 Mitglied eines Schmugglerrings, versorgte Familien in Theresienstadt mit Lebensmitteln und schmuggelte Briefe aus dem Getto; Eva Mändl war seine Verbindungsfrau.

13 Arnošt Mändl.

14 Eva Glauberová.

15 Gemeint ist schmuggeln.

16 Richtig: Dr. Karl Loewenstein, später Loesten (1887–1975), Seeoffizier und Privatbankier; Mitbegründer der Bekennenden Kirche in Berlin; im Nov. 1941 nach Minsk, im Mai 1942 nach Theresienstadt deportiert, im Sept. 1942 dort zum Leiter des Sicherheitswesens ernannt; emigrierte nach dem Krieg nach Großbritannien und Australien, verstarb in Berlin.

17 Die seit Anfang 1942 bestehende Zentralbäckerei wurde Anfang 1943 ausgebaut.

18 Egon Forscher gehörte zum Prager Freundeskreis von Eva Mändl; er heiratete in Theresienstadt Markéta Drexlerová (später Nováková), wurde 1944 mit ihr zusammen nach Auschwitz deportiert; nach Kriegsende Scheidung und Emigration nach Australien.

19 Benny Grünberger war kurz zuvor deportiert worden.

DOK. 321

Am 13. Februar 1943 bietet der ehemalige Landesleiter der Neuzionistischen Organisation dem Ältestenrat von Theresienstadt die Zusammenarbeit an[1]

Brief von Josef Porges,[2] 841/M,[3] B IV[4] / 153,[5] Theresienstadt, an den Judenältesten Dr. Paul Eppstein vom 13.2.1943

Als ehemaliger Landesleiter der Neuzionistischen Organisation[6] in der früheren tschechoslowakischen Republik gestatte ich mir hiermit, Ihnen im eigenen Namen sowie im Namen meiner Freunde unsere Mitarbeit an der Leitung der Geschicke des Ghettos anzubieten.

Als wir vor 14 Monaten nach Theresienstadt kamen, erachteten wir es als unsere Pflicht, ungeachtet der weltanschaulichen und persönlichen Differenzen, die uns von den damaligen Leitern des Ghettos trennten, uns unverzüglich zur Mitarbeit zu melden. Wir wurden jedoch nicht nur nicht herangezogen, sondern darüber hinaus verfolgt, zurückgesetzt und von jeder Mitbestimmung ausgeschlossen. (Die Geschichte dieser 14 Monate vom obigen Gesichtspunkte aus zu schildern, ist nicht Aufgabe dieser kurzen Schrift. Über Ihren Wunsch sind wir jedoch bereit, dies in einer eigenen Darstellung nachzutragen).

Die vor kurzem eingetretenen Änderungen in der Leitung des Ghettos veranlassen uns von neuem, uns im Bewußtsein unserer Pflicht zur Mitarbeit zu melden.[7] Wir tun dies in der Überzeugung, daß Sie, Herr Judenältester, dem aufrechte jüdische Haltung und ausgeprägter Sinn für Ordnung und Sauberkeit im jüdischen öffentlichen Leben nachgesagt werden, zur Bewältigung der sicherlich nicht leichten Aufgaben, die Ihrer harren, die Mitarbeit *aller konstruktiven* Kräfte benötigen werden.

Nachstehend gestatte ich mir, unsere Vorschläge zur Reorganisierung der gesamten Arbeit im Ghetto in ganz allgemeinen Umrissen zu skizzieren.

Ziel der Arbeit der Ghettoleitung muß unserer Ansicht nach sein: die Erhaltung des Lebens, der Gesundheit, der Arbeitsfähigkeit und der moralischen Kräfte der Ghettoinsassen durch Schaffung entsprechender Lebens- und Arbeitsbedingungen im Rahmen der von den vorgesetzten Behörden weitgehenden Selbstverwaltung und durch gerechte Verteilung der zur Verfügung stehenden Lebensgüter.

Zur Erreichung dieses Zieles sind folgende Maßnahmen unerläßlich:

1.) Die Schaffung eines zweckmäßigen, tadellos funktionierenden Verwaltungs- und Hilfsapparates. Voraussetzung hiefür ist:

1 JMP, T 49b, Karton 7.

2 Josef Porges (1901–1944), zionistischer Aktivist; wurde am 14.12.1941 aus Prag nach Theresienstadt und am 16.10.1944 nach Auschwitz deportiert und dort ermordet.

3 Nummer des Transportes, mit dem Porges nach Theresienstadt deportiert wurde.

4 Kürzel für Hannover'sche Kaserne in Theresienstadt.

5 Wahrscheinlich die Häftlingsnummer in der Hannover'schen Kaserne.

6 Zionistisch-revisionistische Partei, die 1925 aus der von Zeev Jabotinsky gegründeten Bewegung hervorging und die Staatsgründung Israels in den Grenzen des biblischen Königreichs Israel im Mandatsgebiet Palästina voranzutreiben versuchte.

7 Eppstein wurde am 26.1.1943 nach Theresienstadt deportiert, wo er Jakob Edelstein in der Position des Judenältesten ablöste.

a.) Die personelle Sichtung der gesamten Beamtenschaft und aller Hilfskräfte des Ghettos und radikale Eliminierung derjenigen Elemente, die nicht die nötige Qualifikation für die von ihnen bekleideten Stellen besitzen oder bisher ihren Dienst nicht in uneigennütziger Weise versahen. Die Aufnahme von Angestellten in die Dienste des Ghettos geschah zum Teil nach rein persönlichen Gesichtspunkten ohne Rücksicht auf fachliche und moralische Eignung. Diese Angestellten sind daher nicht nur unfähig, selbst in einem geordneten Verwaltungskörper zu arbeiten, sondern es ist zu erwarten, daß sie sich aus privatem Interesse jedem Reformversuch widersetzen, [und] da sie zum Teil in Schlüsselpositionen sitzen, eine Reorganisation unmöglich machen werden.
b.) Schaffung eines neuen Organisationsstatutes und Neuorganisierung aller bestehenden Abteilungen. Viele Abteilungen sind im Laufe der Zeit teils mangels fachmännischer Führung, teils im Bestreben, möglichst große Machtpositionen an sich zu ziehen, überorganisiert bezw. unzweckmäßig organisiert worden, wodurch einerseits der gesamte Verwaltungsapparat schwerfällig wurde, anderseits dem Ghetto dringend benötigte Arbeitskräfte entzogen werden, die an vielen anderen Stellen im Ghetto fehlen.
2.) Revision der Wohnungsverhältnisse, da die Wohnungsfrage hier im wahrsten Sinne des Wortes eine Lebensfrage darstellt. Es geht nicht an, daß (schätzungsweise) einige hundert Personen, ohne durch ihre Arbeit hier oder durch ihre Verdienste in der Vergangenheit sich ein Anrecht darauf erworben zu haben, sehr gut, zum Teil sogar luxuriös wohnen, während Tausende auf den Dachböden oder sonst unter unerträglichen Verhältnissen hausen und daran zugrunde gehen.
3.) Gleichmäßige Verteilung der Pflichten und Beseitigung der Scheinbeschäftigungen.
4.) Änderung der Zusammensetzung und der Praxis der Transportkommission, damit jedem Ghettoinsassen die Sicherheit wiedergegeben wird, daß die Einreihung in Osten-Transporte nach gerechten Richtlinien geschieht. Die Transportkommission darf kein Instrument zur Beseitigung unbequemer Menschen sein.
5.) Hebung der gesellschaftlichen Moral und rücksichtslose Ausmerzung des Diebstahls, teils durch strenge und unnachsichtige Ahndung aller solcher Verfehlungen, teils durch systematische Aufklärung und Beseitigung der Ansicht, daß in Theresienstadt allgemeine Moralbegriffe keine Gültigkeit haben.

Ich bitte Sie, die obigen Vorschläge bloß als allgemeinen Rahmen zu betrachten. Als genaue Beobachter der ganzen Arbeit seit Beginn des Ghettos und als gründliche Kenner der persönlichen und sonstigen Verhältnisse sind wir in der Lage, zu diesem gesamten Fragenkomplex detaillierte Vorschläge zu unterbreiten.

Wir sind uns dessen bewußt, daß es für uns heute vielleicht vorteilhafter wäre, weiterhin abseits zu stehen und für das, was hier geschehen ist, keine Verantwortung zu tragen. Wir wollen jedoch, da sich durch Ihre Ernennung zum Judenältesten Möglichkeiten, manches wiedergutzumachen, ergeben haben, unser persönliches Interesse dem allgemeinen Wohle hintanstellen.

Ich bitte Sie, dieser Schrift Ihre freundliche Aufmerksamkeit zu widmen, und verbleibe Ihr sehr ergebener[8]

8 Eine Antwort konnte nicht ermittelt werden.

DOK. 322
Vedem: Josef Stiassný ruft in seinem Leitartikel am 26. Februar 1943 Jungen in Theresienstadt dazu auf, für ihre Ideale zu kämpfen[1]

Motto der Woche: Warum? Darum!

Vor einigen Tagen wurde mir[2] unter vier Augen erzählt, Theresienstadt sei nur ein böser Traum. Irrtum. Für einen jungen Menschen bedeutet Theresienstadt einen Lebensabschnitt, in dem er Erfahrungen für ein ganzes Jahrzehnt sammeln kann, weil es ihm die Möglichkeit gibt, jede Theorie sofort in der Praxis zu überprüfen. Theresienstadt gleicht der Welt in einer Nussschale. Man kann hier im Kleinen hinter die Kulissen der Weltbühne schauen, man sieht Schauspieler ohne Masken, ist Schauspieler und Zuschauer [zugleich], sieht und erlebt ein Drama.
Theresienstadt ist nicht die Welt selbst, denn die liegt hinter dem Stacheldraht, der das Getto von ihr trennt, die passive Stadt von der aktiven Welt, die für Ideale kämpft. Theresienstadt ist lediglich eine Episode im Leben von uns jungen Menschen. Dennoch müssen wir hier auch lernen, der Wirklichkeit ins Auge zu sehen, dem Leben und dem Tod – konsequent, kritisch und männlich!
Jungs,[3] vielleicht wird in ein paar Jahren eine Frau, die monatelang im Getto von Theresienstadt gelebt und so viel moralischen und physischen Dreck gesehen hat – den Hunger älterer Frauen, die Verzweiflung junger Mütter, deren Säuglinge im Sterben lagen –, hysterisch kreischen, wenn eine kleine graue Maus aus dem Schrank springt.
Vielleicht werdet ihr in ein paar Jahren [auch] einem Mann begegnen, der in der *Transportleitung*[4] die Transporte in den Osten und die eingehenden Transporte mit alten, im Sterben liegenden und [bereits] toten deutschen Juden auf dem Bahnhof von Bohušovice[5] abgefertigt hat, der sich vom Schicksal eines Filmpaars rühren lässt.
Beide, der Mann und die Frau, haben in Theresienstadt gelebt, sich aber nie die Frage gestellt: Warum? Und wenn doch, beantworteten sie sie nicht richtig. Sie sind der Sache

1 Vedem, Nr. 11 vom 26.2.1943, S. 1: Heslo týdne: Proč? Protože!; APT, A1317. Abdruck in: Ist meine Heimat der Ghettowall? Gedichte, Prosa und Zeichnungen der Kinder von Theresienstadt, hrsg. von Marie Ruth Křížková, Kurt Jiří Kotouč und Zdeněk Ornest, Hanau 1995, S. 140. Das Dokument wurde aus dem Tschechischen übersetzt. Die Zeitschrift gaben die Kinder und Jugendlichen im Theresienstädter Knabenheim L417 heraus, in dem 10- bis 15-jährige Jungen lebten. Chefredakteur war Petr Ginz. Zwischen 1942 und 1944 erschienen insgesamt 82 Ausgaben.

2 Josef Stiassný (1916–1944), Buchhändler; Verfasser von Kritiken und Rezensionen für die Zeitschrift Mladý knihkupec (Der Junge Buchhändler); im Juli 1942 aus Prag nach Theresienstadt deportiert, dort als Erzieher im Heim L417 tätig, im Sept. 1944 nach Auschwitz deportiert, wo er sich nach einer Selektion das Leben nahm, indem er sich in den elektrischen Stacheldrahtzaun warf.

3 Die Herausgeber von Vedem publizierten Gedichte, Erzählungen, Literaturkritiken, Witze, Zeichnungen; abends wurde aus Vedem laut vorgelesen. Die Bewohner gründeten auf Anregung ihrer Betreuer, Valtr Eissinger und Josef Stiassný, die Republik Škid, inspiriert vom gleichnamigen Kinderroman „Republik der Strolche" von Leonid Pantelejev und Grigorij Belych von 1927. Der teilweise autobiographische Roman handelt von Straßenkindern in Petrograd, die in einer Schulkommune namens Dostojewski leben.

4 Im Original deutsch.

5 Siehe Dok. 257 vom 17.12.1941, Anm. 6.

nie auf den Grund gegangen. Theresienstadt bedeutete für sie die Welt, in deren Mittelpunkt sie standen – *Ich* (Josef Kohn),[6] *Wir* (die Juden, die jüdische Frage).
Freunde, lasst uns heute und morgen diese Frage stellen: *Warum*? Und lasst uns alle das Warum mit einem klaren und logischen *Darum* beantworten. Denn wenn wir darauf antworten können, werden wir nicht wie Tratschweiber dastehen. Wir werden keine weibischen Jungs sein, die ihre Hände in den Schoß legen und Tränen, beschämende Weibertränen, über unser unseliges kollektives Los – die jüdische Existenz – vergießen, sondern richtige Männer, auf deren Schild nicht das Gebet, sondern die *Tat* steht, Kämpfer, die an das Ideal glauben, für dessen Sieg sie *aktiv* kämpfen.
pepek[7]

DOK. 323
Der 14-jährige Hanuš Hachenburg veröffentlicht am 26. Februar 1943 ein Gedicht über Theresienstadt[1]

Gedicht von Hanuš Hachenburg,[2] Theresienstadt, vom 26.2.1943

Theresienstadt

Das bisschen Dreck in dreckigen Wänden,
um sie herum ein bisschen Draht
und 30 000, die schlafen.
Wenn sie aufwachen
werden sie
ihr eigenes Blut vergossen sehen.

Ich war einst ein Kind
– vor zwei Jahren noch.
Die Jugend sehnte sich
nach anderen Welten doch.
Nun bin ich kein Kind mehr
– ich habe die Glut gesehen,
jetzt bin ich erwachsen und kenne die Angst,
das blutige Wort und den getöteten Tag.
Das ist etwas anderes als Schreckgespenster.

6 Josef Kohn steht hier als Allerweltsname für keine konkrete Person.
7 Spitzname von Josef Stiassný.

1 Vedem, Nr. 11 vom 26.2.1943, S. 1 f.: „Terezin“; APT, A1317. Das Gedicht wurde aus dem Tschechischen übersetzt.
2 Hanuš Hachenburg (1929–1944), Schüler; lebte mit seiner Mutter Eliška Hachenburg (1904–1943) in Prag, von 1937 an im Kinderheim, im Okt. 1942 wurde er nach Theresienstadt deportiert, schrieb regelmäßig für Vedem, außerdem Märchen und Erzählungen, im Nov. 1943 zusammen mit seiner Mutter nach Auschwitz deportiert, dort im Juli 1944 ermordet.

Ich aber glaube, dass ich nur schlafe,
in meine Kindheit kehre ich zurück.
Eine Kindheit, die der wilden Rose gleicht,
wie eine Glocke, die aus dem Traum mich weckt,
wie eine Mutter, die das schwächliche Kind am meisten liebt.

Wie schrecklich eine Jugend,
die Ausschau hält nach dem Feind,
nach dem Strick.

Wie schrecklich eine Jugend,
die zu sich selbst sagt,
hier sind die Guten, da die Bösen.

Dort in der Ferne schläft ruhig die Kindheit,
dort auf den Wegen der Stromovka,[3]
dort aus dem Haus, lehnt sich jemand hinaus, wo für mich nur Verachtung blieb,
irgendwo dort in den Gärten Blumen,
wo meine Mutter mich gebar
– zu weinen.

Im Schein der Kerze am Rand des Bettes
schlafe ich,
einst werde ich wohl verstehen,
dass ich ein schrecklich kleines Geschöpf gewesen bin,
genauso klein, wie dieser Chor
– der 30 000.

ha-[4]

3 Stromovka ist ein Park in Prag-Bubeneč.
4 Mit dem Kürzel ha- und akademie unterzeichnete Hanuš Hachenburg seine Beiträge in Vedem.

DOK. 324

Der Chef der Sicherheitspolizei und des SD regt im Februar 1943 an, 5000 alte und kranke Juden aus Theresienstadt nach Auschwitz zu deportieren[1]

Schnellbrief (geheim) des Chefs der Sicherheitspolizei und des SD, IV B 4 a 2093/42g (391), im Entwurf gez. Dr. Kaltenbrunner, SS-Gruppenführer, an den Reichsführer SS und Chef der Deutschen Polizei, z. Zt. Feld-Kommandostelle, vom Februar 1943[2]

Betrifft: Abbeförderung von Juden aus Theresienstadt.
Bezug: FS-Bericht vom 16.12.1942 – IV B 4 a 2093/42g (391) –[3]
Im Zuge der für Januar angeordneten verstärkten Einweisung von arbeitsfähigen Häftlingen in die Konzentrationslager[4] wurden u. a. die genehmigten Transporte mit 5000 arbeitsfähigen *unter* 60 Jahre alten Juden aus dem Ghetto Theresienstadt nach Auschwitz durchgeführt.
Nach Abzug dieser 5000 Juden befinden sich z. Zt. in Theresienstadt 46 735 Juden; davon
25 730 Juden *unter* 60 Jahren und
21 005 " *über* 60 Jahre.
Der Arbeitseinsatz zeigt folgendes Bild: Von der Altersgruppe *unter* 60 Jahren sind
18 601 Juden arbeitsfähig
7129 " arbeitsunfähig.
Von der Arbeitsgruppe *über* 60 Jahre sind
2759 Juden arbeitsfähig,
18 246 " arbeitsunfähig.
Sämtliche arbeitsfähigen Juden sind wie folgt zur Arbeit eingesetzt.
6000 Juden für Bauarbeiten (Straßen-und Eisenbahnbau), Handwerk und Produktion,
2300 " " Versorgung und Landwirtschaft,
4800 " " Gesundheitswesen, Betreuung und Entwesung,
5500 " " innere Verwaltung, Sicherungswesen, Gebäude, Organisation,
2700 " " Reinigung und Hilfsarbeiten, technischen Dienst.
Aus dieser Aufstellung bitte ich zu entnehmen, daß z. Zt. etwa 6000 Juden für den erforderlichen Ausbau und etwa 15 000 Juden für die Aufrechterhaltung des Ghettos – unter ihnen allein 4800 Juden für die Betreuung und Behandlung der großen Anzahl alter, kranker und siecher Juden – verwendet werden. Der hohe Aufwand an Arbeitskraft und -zeit sowie an Medikamenten macht sich bei der beträchtlichen Anzahl der kranken und siechen Juden und mit Rücksicht auf die starke Belegung des Ghettos

1 BArch, NS 19/352.
2 Im Original handschriftl. Bearbeitungsvermerke und Stempel, u. a. Eingangsstempel des Persönlichen Stabs des RFSS. Tagesdatumsangaben sind weder auf dem Schnellbrief noch auf dem Eingangsstempel entzifferbar.
3 Liegt nicht in der Akte.
4 Am 14.12.1942 hatte Himmler befohlen, bis Ende Jan. 1943 mindestens 35 000 arbeitsfähige Häftlinge in Konzentrationslager einzuweisen; Müller an alle Dienststellen der Sicherheitspolizei, 17.12.1942, IMT, Bd. XXVI, Doc. 1063(d)-PS, S. 701–703; Müller an Pohl, 31.12.1942, Doc. NO-1523; siehe auch VEJ 16/45.

laufend erforderlich,[5] um einen Ausbruch von Seuchen, der die umliegende sudetendeutsche und tschechische Bevölkerung gefährden würde, zu unterbinden.
Wie berichtet wird, ist angesichts der technischen und sonstigen Mängel der alten Stadtanlage von Theresienstadt sowie der schwierigen hygienischen Verhältnisse und der unzulänglichen sanitären Anlagen damit zu rechnen, daß sich z. B. die tägliche Erkrankungsziffer an Typhuskranken im Frühjahr 1943 auf einem hohen Niveau halten wird (z. Zt. 406 Typhuserkrankungen – Maßnahmen zur schnellen Isolierung der typhuskranken und typusverdächtigen Juden wurden sofort eingeleitet).
Eine Auflockerung der Gruppe der über 60 Jahre alten Juden, bei der es sich in erster Linie um Seuchenträger handelt, die außerdem eine große Anzahl für einen zweckmäßigeren Arbeitseinsatz verwendbare arbeitsfähige Juden bindet, ist daher dringend erforderlich.
Ich bitte, zu genehmigen, zunächst 5000 über 60 Jahre alte Juden aus Theresienstadt abziehen und nach Auschwitz bezw. nach dem Generalgouvernement transportieren zu dürfen. Bei der Auswahl der für einen Abtransport in Betracht kommenden Juden wird, wie bei den früheren Transporten, darauf gesehen, daß ausschließlich Juden erfaßt werden, die über keine besonderen Beziehungen und Verbindungen verfügen und keinerlei hohe Kriegsauszeichnungen besitzen.[6]

DOK. 325
Der SS-Angehörige Josef Weiszl berichtet seiner Frau am 12. März 1943 von seiner Arbeit bei der Zentralstelle für jüdische Auswanderung in Prag[1]

Brief von Josef Weiszl,[2] Prag, an seine Ehefrau[3] in Wien vom 12.3.1943

Liebes Goscherl.
Habe Deinen lieben Brief vom 8.3. erhalten und auch die Geburtstagskarte vom Feri. Ich habe ihm sofort geantwortet darauf und mich bedankt. Ferner habe ich ihm auch gleich geschrieben, daß es doch keinen Zweck hat, wenn wir beide uns da stets so böse gegenüberstehen. Er hat keinen Grund, und ich bin es nicht gewesen, der böse geworden ist. Also habe ich denn das Kriegsbeil zwischen uns beiden eingegraben. Es kann also möglich sein, daß die Gusti eines Tages bei Dir erscheint. Ich habe ihn zwar nicht

5 So im Original.
6 Das Antwortschreiben Himmlers ist abgedruckt in: Adler, Die verheimlichte Wahrheit (wie Dok. 72 vom 31.1.1942, Anm. 1), S. 131. Darin lehnte Himmler den Abtransport ab, da sonst „die Tendenz, daß die Juden im Altersghetto Theresienstadt in Ruhe leben und sterben können, gestört würde". Adler datiert den hier wiedergegebenen Brief Kaltenbrunners auf den 16.2.1943. Im Sept. und Okt. 1943 gingen mehrere große Transporte von Theresienstadt nach Auschwitz. Der letzte von insgesamt 25 Transporten nach Auschwitz verließ Theresienstadt am 28.10.1944.

1 WStLA, Volksgericht Wien, Vr 871/55 Josef Weiszl.
2 Josef Weiszl (1912–1983), Verkäufer; 1938 SA-, 1940 NSDAP-Eintritt; von Nov. 1938 an bei der Zentralstelle für jüdische Auswanderung in Wien, von 1939 an in Prag tätig, 1940/41 Leiter des Umschulungslagers Doppl, seit 1942 an der Deportation der österreich. und franz. Juden beteiligt; 1945 in Wien verhaftet, 1949 in Frankreich zu lebenslanger Haft verurteilt, 1954 entlassen.
3 Pauline Christine Weiszl, geb. Pinter (1912–1978), Hilfsarbeiterin.

ersucht, er soll die Gusti zu uns schicken, aber wie ich den Feri kenne, wird er ihr ganz sicher schreiben, sie solle Dich besuchen. Sei daher nicht überrascht, wenn eines Tages Gusti zu Dir kommt.
Ich freue mich auch, daß unser kleines Helgakind so schön zunimmt, hoffentlich wirst Du auch ein paar Kilo wieder zunehmen, denn Du bist ja jetzt wieder scheinbar so schlank wie zu der Zeit, als wir uns kennenlernten. Na, und eine gar so schlanke Frau (ich will nicht sagen dürre Frau) will ich denn doch nicht haben. Aber das wird schon wieder kommen. Jetzt ist ja auch nicht die richtige Zeit, um zuzunehmen. Außerdem hast Du ja jetzt das Kind an der Brust, da ist die Gelegenheit auch nicht gar zu groß, um wie gesagt etwas zuzunehmen. Hauptsache aber ist mir jetzt, ihr beide, Du und das Kind, seid mir wenigstens gesund. Dicker werden könnt ihr ja noch später.
Ich habe mit unserem Chef gesprochen,[4] bezüglich Griechenland. Ob ich hinfahren muß oder nicht. Da hat er nur gelächelt und hat gesagt, das kommt gar nicht in Frage für Sie, denn ich bin froh, daß Sie hier in Prag sind, ich kann Sie hier sehr gut gebrauchen. Ich habe da die Dokumentenüberprüfung der Mischlinge. Ist eine ganz interessante Arbeit. Allerdings erfordert sie eine große Genauigkeit, denn wie willst du bei einem feststellen, ob er Jude, Mischling oder Arier ist, wenn der nur die halben Papiere auftreiben kann und außerdem noch ein uneheliches Kind ist, wo gar kein Vater angegeben ist. Zum Glück gibt es da aber wieder Vorschriften und Gesetze für solche Sonderfälle. Aber der Hund liegt da eben begraben, daß man sie immer richtig anwendet. Und da hat eben unser Chef gesagt, ich glaube schon, daß Sie da der Richtige sind, um mit Fingerspitzengefühl zu arbeiten. Denn ich weiß nicht, was die beiden Günthers an mir gefressen haben.[5] Der Berliner Günther wollte mich nicht wegfahren lassen und jetzt macht es der Prager Günther genau wieder so. Und warum ich aus Berlin doch weggekommen bin, na, das sage ich Dir bei meiner nächsten Anwesenheit in Wien, brieflich kann ich über solches nicht schreiben.[6]
Nun, liebes Kind, für heute wieder einmal Schluß, seid beide recht brav, und ich freue mich schon heute, bis ich Euch wiedersehen kann, denn Kleinhelga muß ja von Tag zu Tag lieber werden, nur schade, daß ich das nicht miterleben kann. Es ist halt traurig, daß man die schönste Zeit der Eltern, d. i. die Entwicklungszeit ihres Kindes, bei unserem Verein nicht erleben kann. Denn bis ich jetzt wiederkomme, ist sie ja schon wieder soundso viele Wochen alt und hat sich schon höchstwahrscheinlich 10mal wieder verändert. Doch ich freue mich auch so, bis ich sie endlich sehen kann. Aber auch Dich, liebes Goscherl, würde ich nunmehr schon wieder einmal sehr gerne sehen, Du brauchst nicht beleidigt zu sein, weil ich mich scheinbar nur mehr auf ein Wiedersehen mit unserem Kind freue. Auch Du bist über unser Kind hinaus nun nicht vergessen, also mit einem Wort: ich freue mich auf Euch beide.

4 SS-Sturmbannführer Hans Günther.

5 Hans Günthers Bruder Rolf Günther war von 1941 an Stellv. Eichmanns in der Abt. „Auswanderung und Judenangelegenheiten" im RSHA.

6 Weiszl gehörte zu dem kleinen Stab, mit dem Alois Brunner im Herbst 1942 nach Berlin gekommen war, um das dortige Judenreferat der Gestapo zu reorganisieren; siehe Einleitung, S. 72–75. Von Berlin aus wurde Brunner direkt nach Thessaloniki entsandt, um die im März 1943 beginnenden Deportationen der Juden von dort nach Auschwitz vorzubereiten.

Du wirst jetzt denken, mein Mann scheinbar hat einen Vogel, weil er einen solchen Mist verzapft, doch kann ich Dir nur sagen ist es die Freude, Euch *beide* zu Hause zu wissen. Das Papier ist aus, daher Schluß. Recht viele Küsse von[7]

DOK. 326
Die Malerin Else Argutinsky-Dolgorukow resümiert am 15. März 1943 ihre ersten vier Monate in Theresienstadt und schildert die Konflikte zwischen deutschen und tschechischen Juden[1]

Tagebuch von Else Argutinsky-Dolgorukow,[2] Eintrag vom 15.3.1943 (Abschrift)[3]

Theresienstadt 15. März 43.
Erst nach über 4monatlichem Aufenthalt hier kommt mir der Gedanke, doch einige Aufzeichnungen für meine Angehörigen über das ungewöhnliche Schicksal, das über uns hinwegrollt, zu machen. Den Anstoß gibt mir der Tod meiner Berliner Freundin Margarete Wolf[4] aus Zehlendorf, die wortlos aus dem Schoße der Familie für immer versinkt. Das gleiche Schicksal droht auch mir und darum die Anwandlung zu diesem Entschluß, wie ich in den Mädchentagen es tat, wieder über mich zu berichten. Ich hoffe, dieses Buch irgend jemand, an dessen Durchhalten ich noch glaube, übergeben zu können zur Weiterleitung an die noch vorhandene Familie. Rückblickend über die vergangenen 4 Monate war der schwerste Augenblick die Ankunft hier! Morgens um 3 ½ Uhr aus der Großen Hamburger Straße abmarschiert, glücklicherweise mit den Klausener Bekannten Landgerichtsrat Rothschild u. Frau[5] kamen wir in tiefer Dunkelheit in Theresienstadt gegen 7 Uhr abends an. Herausgezerrt aus dem Zuge durch den Hilfsdienst der jüdischen Gemeinde, resp. Ghettoverwaltung, wurde uns ein rauher Empfang zuteil, da wenig Sympathien für uns aus dem Reich vorhanden. Zuerst bei Regen und Schneesturm 3 klm nach dem Ort von der Bahn gehen mit leichtem Handgepäck nach langer ermüdender Fahrt! Warum habe ich das Veronal nicht früher genommen mein einziger Gedanke und Bedauern. Schließlich gelang es uns dreien doch, auf einem Lastauto stehend mitgenommen zu werden. Ankunft: durch tschechische Gendarmerie Zollrevision,

7 Der letzte Satz sowie der Gruß wurden handschriftl. hinzugefügt.

1 Archiv Beit Theresienstadt, 160,675/59/4054, Kopie: ZfA/A, Lebensgeschichtliche Sammlung, Argutinsky. Teilweise abgedruckt in: Ilka Wonschik, „Es war wohl ein anderer Stern, auf dem wir lebten …“. Künstlerinnen in Theresienstadt, Berlin 2014, S. 60–62.

2 Else (Elisabeth, Elsbeth) Argutinsky-Dolgorukow, geb. Fleischer (1873–1953), Malerin; lebte in Kasan und Tiflis, floh 1918 mit gefälschten Papieren nach Berlin, stellte 1919 auf der Berliner Kunstausstellung aus; am 5.11.1942 von Berlin nach Theresienstadt deportiert, arbeitete dort im Technischen Zeichenbüro; nach Kriegsende Rückkehr nach Berlin; der Großteil ihrer Arbeiten gilt als verschollen.

3 Sprachliche Eigenheiten wurden beibehalten.

4 Margarete Wolf, auch Wolff (1876–1943), wurde am 10.9.1942 von Berlin nach Theresienstadt deportiert und starb angeblich an Herzschwäche.

5 Vermutlich: Paul Ludwig Rothschild (1867–1943) und Elisabeth Rothschild, geb. Rothschild (1880–1944?); das Ehepaar lebte in Berlin-Charlottenburg und wurde von dort am 5.11.1942 nach Theresienstadt deportiert, wo Paul Rothschild im Frühjahr 1943 starb; seine Frau kam mit den sog. Herbsttransporten am 19.10.1944 nach Auschwitz und wurde dort ermordet.

Wegnahme nur aller Thermosflaschen, schwer entbehrlicher Gegenstand, wie sich später erwies. Darauf Mitteilung, daß alle Koffer beschlagnahmt werden, verblieb also nur Bettsack, Rucksack u. Plaidhülle und Basttasche mit Reiseproviant. Keine Wäsche zum Wechseln, fast alles Notwendige nicht mehr zu haben für uns. Und doch gewöhnte man sich daran. Woran gewöhnte man sich nicht?! An das Unvorstellbarste, an das Schwierigste, an grenzenlose Bedrängtheit, an Hunger, Schmutz und Kälte! Und doch gab es immer wieder Lichtblicke, die den Glauben an die Menschen unsres Schicksals wieder aufrichtete, auch Heiterkeit und Momente der Begeisterung. Mir war das Schicksal besonders günstig durch meine Malerei. Davon später.
Ich greife vor! Heut ist Frühlingssonne, ich warte, daß es etwas wärmer wird und gehe – Malen – Aquarellieren – und das hebt und trägt mich!
Zurück zu den ersten Wochen in Theresienstadt. Im Zeughaus[6] der aufgehäuften Strohsäcke für 3 Personen 2 Stück, was durch das Zusammensein mit Rothschilds so angenehm war, daß wir uns einig waren, durchhalten zu können.
Eine strenge, aber angemessene Leitung, Herr Fürst[7] aus Wien mit seinen Helferinnen, der überaus reizenden Frau Dr. Jakobowitz, sorgte einigermaßen unter den niemals zu disziplinierenden Juden für Ordnung, dazu auch viele absolut wie wir, verbürgerlichte Elemente, die tätig mit angriffen, unter uns waren. Erschreckend war die Erkenntnis, wie dünn unsre Schicht war und wie unmöglich, man nach Aufgabe aller Begriffe der Ästhetik, der Kultur, des Individualismus, es war, sich an alles das zu gewöhnen, gewissermaßen sich die Gewohnheiten der Unkultiviertesten zu eigen zu machen. Und doch war dieser Anfang noch lange nicht das Schwerste; ja wir wurden anfangs noch satt, hatten noch Mut, Gesundheit und Kraft und fühlten uns manches Mal froh u. zufrieden, daß es ging. – Immer neue Transporte trafen ein, immer mehr wurden wir zusammengedrängt; nur der Liebenswürdigkeit unsrer Saal-Kommandantin verdankten wir, daß wir auf unsren 2 Strohsäcken, von vielen Flöhen abgesehen, zu dritt bleiben. Nach 2 Wochen, nachdem wir uns wirklich eingewöhnt hatten, sogar an die im Hofe befindlichen Latrinen – alles war militärisch (man hat uns erklärt und auch ohne dieses wußte man es) Theresienstadt sei kein Sanatorium, sondern ein Konzentrationslager mit allen seinen Auswirkungen. Sehr enttäuscht waren wir, als nach 2wöchigem Aufenthalt in dem Zeughaus eines morgens ganz unerwartet der Befehl kam, in 2 Stunden abmarschbereit mit allem Gepäck zu sein; es war am 19. November, erster Frost und Schnee und unsre Bleibe der Boden der Dresdner Kaserne; keine Feder, kein Pinsel kann schildern, was das bedeutete. Wir lagen zwar auf Strohsäcken am hintersten Ende einer Riesenkaserne, zwischen 2 Fenstern mit Holzjalousien, ohne Fensterglas; es zog, es schneite auf uns, zudem völlige Dunkelheit und der Weg zum Ausgang, resp. Treppe ging wie ein niedriges Trottoir höher als der Fußboden, dazu so schmal, daß jede Bewegung auf dem sehr langen Weg verhängnisvoll durch Fehltritte, Anprall. Entgegenkommend oft Gehbehinderter war. Ohne Heizung die Nacht und der Tag, es war fürchterlich, und hätte ich nicht so gut mit Bettzeug disponiert (außer Einschütte für Stroh, die überflüssig war, eine

6 Das ehemalige Zeughaus der österreich. Garnison hieß im Getto Bodenbacher Kaserne. Zu Beginn diente es als Unterkunft für männliche Häftlinge und als Schleuse, die alle Häftlinge bei Ankunft und Abfahrt passieren mussten. Von Juli 1943 an wurde hier ein Teil des RSHA-Archivs untergebracht.

7 Gebäudeältester der Bodenbacher Kaserne.

Matratzenschondecke aus Willys[8] Bett, 2 Kopfkissen, Kamelhaardecke und Plumeau, unter dem Frau Rothschild und ich zusammen lagen.[9] Das war unsre Rettung, wenn es mich auch nicht vor schwerer Erkältung mit fürchterlichem Darmkatarrh rettete. Dabei die Closetts in der Dunkelheit und Eile so schwer zu erreichen; vom Bodenausgang bis ans Ziel eine steile Treppe und einen weiten Gang durch zugige Laubengänge bis ans Ziel. 7mal in größter Eile in einer Nacht, keinen Arzt, keine Diät, keine Medikamente! Aber doch einen Helfer hatte ich. Ihr werdet staunen. Auf dem Transportwege von Berlin begleitete unsern Wagen bis nach hier ein Arzt,[10] der ab und zu fragen kam nach dem Ergehen der Evakuierten. Da Herr Rothschild vor dem Abmarsch aus der Kl. Hamburger Str.[11] einen Herzschwächeanfall hatte, hatte Frau Rothschild ihn gebeten, ungerufen ab und zu wie zufällig nach ihm zu sehen. Der Doktor und seine bedeutend jüngere Frau[12] gefielen uns; er setzte sich zu uns ins Abteil, ich wußte seinen Namen nicht. Dann nannten Rothschilds unser beider Namen; ich sagte ihm gleich, meiner dürfte ihm fremdartig sein, worauf er: „Durchaus nicht. Ich kannte in Bonn als Student einen russischen Professor im Pflügerschen Institut."[13] Stellt Euch mein Erstaunen vor! Er: Aber mein Name dürfte Ihnen völlig fremd sein, er kommt in Deutschland nur einmal vor. Ich: „Ich kenne ihn aus Düsseldorf, Rosenstr. 35. Dr. Zandy."[14] „Das bin ich, und Rosenstr. 35 wohnten Boschs!" Na, also man war sofort im Bilde, und wir haben uns auch bisher nicht verloren. Erst heute morgen war er bei mir. In Krankheitsfällen noch immer meine Zuflucht.

Also auf besagtem Boden unter menschenunwürdigsten Verhältnissen blieben wir 10 Tage, dann erbarmte man sich unser. Dr. Zandy beriet mich, und das einzige Medikament, das erreichbar war, lieferte mir die gute Frau Eiseck.[15] Als man am 10. Tage unsre Umquartierung nochmals verschieben wollte, protestierte ich so energisch, daß ich einfach meine Sachen packte mit Aufbietung meiner letzten Kräfte und erklärte, [daß ich] bei meiner Lebensgefahr nicht eine Nacht länger bliebe; man erlaubte mir, eine Nacht auf zusammengestellten Bänken in einer Kanzlei zu schlafen. War das wunderbar! wieder einmal allein zu sein, einmal wieder ohne Lärm und schlechte Luft, ohne dauernd angestoßen zu werden. Der nächste Tag brachte den Aufbruch nach sogenannten

8 Willy Fleischer (1871–1939), Textilfabrikant; der älteste Bruder von Else Argutinsky-Dolgorukow.

9 Schließende Klammer fehlt im Original.

10 Dr. Carl Zaudy (1874–1943), Arzt; 1901–1938 Arzt für Magen- und Darmkrankheiten in Düsseldorf; nach Berufsverbot und Zerstörung seiner Wohnung während des Novemberpogroms ging er in seine Heimatstadt Wesel zurück, im Febr. 1939 inhaftiert wegen Nichtangabe seiner Wertpapiere, danach Übersiedlung nach Berlin und von dort am 5.11.1942 nach Theresienstadt deportiert, wo er am 15.8.1943 starb.

11 Gemeint ist vermutlich das Sammellager in der Großen Hamburger Straße in Berlin, von dem aus die Juden nach Theresienstadt deportiert wurden.

12 Martha Zaudy, geb. Benjamin (1891–1944); war seit 1941 mit Carl Zaudy verheiratet, wurde mit ihm von Berlin nach Theresienstadt deportiert, am 23.10.1944 weiter nach Auschwitz und dort ermordet.

13 Else Argutinsky-Dolgorukow war mit dem russ. Fürsten und Arzt Professor Peter Michailowitsch Argutinsky-Dolgorukow (1850–1911) verheiratet.

14 Richtig: Zaudy. Fehler wahrscheinlich in der Abschrift.

15 Ida Mathilde Eiseck, geb. Cohen (1872–1944), lebte mit ihrem Ehemann, dem Arzt Dr. Ernst Eiseck, und den Kindern Gertrud (1898–1943) und Dr. Hans Albert (1900–1945) in Berlin-Charlottenburg, sie organisierte in ihrem Haus Vorträge; wurde Ende Okt. von Berlin nach Theresienstadt und am 16.5.1944 nach Auschwitz deportiert und dort ermordet.

Wohnblocks, und dabei wurde ich zum ersten Mal von Rothschilds getrennt und für beide Teile begann das Zusammensein mit einem andern Kulturniveau, ein schauderhafter Zustand, der mit unserm völligen Unterliegen endete. So etwas von unflätiger Behandlung wie im Ghetto kann man sich nicht vorstellen. Man nennt das Heraufkommen der Unkultivierten, der Säftestieg von unten, ist hier das Schlimmste, alle klagen über die Behandlung im Ghetto, und alle sagen, solange wir noch mit Ariern zusammenlebten, nahmen sich die Juden zusammen – jetzt wird aus jedem Schacherjuden ein Vorgesetzter. Aber natürlich gibt es auch unter den führenden Persönlichkeiten wertvolle Menschen. Es wird geschoben, geschwindelt, gewuchert, übervorteilt, es ist grausig. Und trotz allem ist man froh, daß man gesund ist und daß man noch lebt. So etwas von Sterben kann man sich nicht vorstellen. Ein Toter ist nicht mehr als ein überflüssiges Ding. Und wie viele bedeutende Männer und Frauen gehen ein, ohne daß man mit der Wimper zuckt, jeder hofft für sich: „Nur durchhalten, nur am Leben bleiben." Manchmal tauchen die phantastischsten Gerüchte auf über baldige Befreiung aus dieser Drangsal; der Hunger und die Unterbringung. In einem großen 3fenstrigen Zimmer sind 35–37 Menschen in 3etagigen Kavaletts untergebracht. In meinem Schlafplatz, in den nie ein Strahl Tageslicht dringt, sind in 6 Betten nur 7 Menschen übereinander untergebracht, aber dauernd sind hier noch 2 Kinder und 6 Ehemänner zu den Mahlzeiten kommend. Außerdem haben außer mir die tschechischen Insassen soviel Hausrat, Koffer, Kleider etc. bei sich, daß so ein Kavalett von oben bis unten vollbehangen ist mit Kleidern, Lappen, Töpfen, Schüsseln, Eimern, kurzum, wie unser Willy zu sagen pflegte: „Wie bei Pinkus in Schweidnitz." Hat man das Glück, mit Leuten zusammenzusein von Kulturbegriffen unsrer Schicht, so geht es noch. Aber mir ist das nicht zuteil geworden, wenn auch nicht unsympathische so doch primitive Menschen. Eine 5köpfige Familie trinkt aus dem engen, langen Schnäuzchen einer Kaffeekanne, die niemals gereinigt wird, da nur ein feiner Flaschenreiniger hindurchgeht. Hygiene! Theresienstadt! Ein weites Feld. Ebenso schwer wie diese zu erreichen ist, ist es mit der einfachsten Sauberkeit; einer schüttelt seinen Mist rücksichtslos auf den andern und wehe, wenn man besonders als Disziplinierter aus dem Reich meckert. Gleich Empörung! Denn wir sind auch im Ghetto in Feindesland! Die Sache mit dem Weltjudentum stimmt wieder einmal nicht. Die tschechischen Juden, wenn sie nicht Zionisten sind oder Kinder im Ausland haben, zu denen sie einst, einst? kommen wollen, besonders die junge Generation der letzten erfolgreichen 25 Jahre des tschechischen Reiches, sind national tschechisch gesinnt und sieht in uns Schwergetroffenen ihre Feinde und Mitschuldigen des Regimes der NSV. Wie gedankenlos auch hier wieder die Menge! Was ist sie für eine urteilslose Gewalt.

DOK. 327
Martha Weißweiler schreibt am 21. März 1943 ein Gedicht für Vilma Bobek über eine Opernaufführung in Theresienstadt[1]

Gedicht von Martha Weißweiler[2] für Vilma Bobek vom 21.3.1943 (Abschrift)

In Theresienstadt

Ich sitz' im Leseraum der Dresdener Kaserne,

Da macht ein Ton aufhorchen mich von ferne.
Der nahe Frühling liegt schon in der Luft,
Die Berge scheinen nah im Nebelduft,
Der Himmel ist tiefblau und warmer Sonnenschein,
Flutet wie Gold zum offnen Fenster ein.
Warum macht stutzen mich der ferne Ton?
Ein andrer folgt – die Töne hört' ich schon.
Sie reihn sich zu vertrauter Melodie,
Das ist ja Mozart – doch wieso und wie?
Singt man im Ghetto Mozart? Ach, ja so,
Sie spielten gestern abend „Figaro"!
Und eine Sehnsucht faßt mich schwer und süß,
Nach Mozarts Welt, der Tonwelt Paradies. –
Und heute ist der erste Frühlingstag,
Das Purimfest zugleich – das feiere, wer da mag.
Ich aber sitz' im Saal, der, übervoll
Dem Ghettovolk „Figaros Hochzeit" zeigen soll.
Kahl ist der Saal. Wo bleibt der Wiener Oper Prunk,
Wo man sie sah zum erstenmal, als man noch jung?
Das Publikum ist seltsam auch, es hat
Eben den Anstrich von Theresienstadt.
Im Kopftuch sieht man manche Dame sitzen,
Dabei in Stiefeln Männer und sie stützen
Den Kopf in beide Hände, andere stehn
Erwartungsvoll, das lang entbehrte Spiel zu sehn.
Die Sänger rücken an, bald sind bereit,
Die Sängerinnen auch in schwarzem Kleid,
mit einer Perlenschnur als einziger Zierde;
Sie tragen all den Judenstern mit Würde.
Der Chor erscheint; der Dirigent sitzt schon
An dem Klavier, er probt den ersten Ton.

1 YVA, JM/3530.AM.

2 Martha Weißweiler (1888–1944), Lehrerin; unterrichtete am Gymnasium Wenzgasse in Wien; wurde am 24.9.1942 von Wien nach Theresienstadt, Mitte Okt. 1944 nach Auschwitz-Birkenau deportiert und kam dort ums Leben.

Dann gibt das Zeichen er, um zu beginnen,
Nach Harmonie des Spiels steht all sein Sinnen.
Er spielt die Ouvertüre auf dem Klavier.
Verstimmt scheint es zuerst und ach, gibt's hier
kein Instrument, das vollere Töne hätt?
Man tröstet sich – es klingt wie ein Spinett.
Und immer reiner wird der Ton und voller,
Das Spiel hebt an – auch hier wird's immer toller.
Die Stimmen auch, sie klingen voll und rein,
Zwar nicht bei allen – doch wie könnt' das sein?
Nicht alle Sänger sind von erster Klasse,
Doch können alle was – das liegt wohl in der Rasse.
Und wie je nach der Rolle man jauchzt oder klagt,
Man merkt es nicht, daß alle Hunger plagt.
Der junge Cherubin klagt seiner Liebe Not,
Verzweifelt wünscht die Gräfin sich den Tod,
Figaro sinnt, wie er sich räche an dem Grafen,
Den wieder lassen Liebesgier und Eifersucht nicht schlafen.
Susanne ganz alleine, in ihrer Hand
Verknüpft die Fäden sie mit viel Verstand.
Bis sie sie lösen kann zum guten Schluß,
Und Scham erfüllt die Männer, denn es muß
Der Graf sowohl wie Figaro erraten,
Daß sie den treuen Frauen Unrecht taten.
Doch die Musik, die das ausdrückt, sie ist
So himmelsschön, daß man das Spiel vergißt.
Wie dank' dir, o Meister Wolfgang Amadee,
Du lindertest mir schon so mancher Stunde Weh,
Doch niemals deine Heiterkeit mich so ergriffen hat,
Wie hier und heute in Theresienstadt.
Zehn Stimmen einen sich zu seligem Schlußgesang,
Aufrauscht der Beifall eine Weile lang,
Man klatscht entzückt, Begeistrung füllt den Saal,
Heute konnte wieder sein man Mensch einmal.
Doch drängt man wieder gleich zum Saal hinaus
S'ist Nachtmahlzeit – ein jeder strebt nach Haus.
Heimwärts begeb' ich mich; Vollmond erhellt den Schritt
Und gibt als Trost mir diese Hoffnung mit:
Natur und Kunst sie werden – wenn wir leben –
Dem neuen Leben Sinn und Inhalt geben.

Zur Erinnerung an den Frühlingsanfang 1943

Frau *Vilma Bobek* herzlich zugeeignet von

DOK. 328
Das Rasse- und Siedlungshauptamt begutachtet am 22. März 1943 Aussehen und Abstammung von Lydia Vítková[1]

Schreiben (Az. III J Kl/Fi 765/43) des Leiters des Rasse- und Siedlungshauptamts SS, Außenstelle Böhmen-Mähren in Prag,[2] i. V. gez., Drabsch,[3] SS-Obersturmführer und Stabsführer, an den Reichsprotektor in Böhmen und Mähren,[4] Prag IV, Czernienpalais (Eing. 24.3.1942), vom 22.3.1943

Betr.: Abstammung der *Lydia Vitek*, wohn.: Prag XII, Celakovskypark 12
Bezg.: Dort. Schreiben v. 6.2.43[5]
Anlg.: -
Die Untersuchung der Vitek, geb. Movsenson, Lydia,[6] wohnh.: Prag XII, Celakovskypark 12 hat ergeben, daß sie erscheinungsbildlich absolut *untragbar* ist. Sie sieht wie eine ausgesprochene Volljüdin aus; ziemlich schlanker zierlicher Typ; könnte eine armenische Jüdin sein.
Wieviel jüdische Großelternteile Lydia Vitek besitzt, war nicht festzustellen, da sie nur väterlicherseits jüdische Abstammung zugibt. Die Abstammungsunterlagen fehlen. Nach dem Erscheinungsbild ist niemals eine genaue Aussage zu machen, ob es sich um 25 %, 75 % oder 100 % jüdischen Bluteinschlag handelt.
Von ihren 3 Kindern lassen 2 deutlich jüdischen Blutseinschlag erkennen und sind erscheinungsbildlich untragbar. Es handelt sich dabei um den Sohn Georg, 1935 geboren, und die Tochter Eva, 1933 geboren. Die Tochter Nora, welche 1938 geboren ist, läßt bisher den jüdischen Einschlag nicht erkennen.

1 NAP, ÚŘP, I-3b 5821, Karton 389, Bl. 890.
2 Von Okt. 1942 bis Juni 1943 leitete der Anthropologe Dr. Michael Hesch (1893–1979) die Außenstelle.
3 Gerhart Drabsch (1902–1945), Schriftsteller; 1933 SS-, 1937 NSDAP-Eintritt; von 1934 an Abteilungsleiter im Reichsbund Volkstum und Heimat, von Aug. 1941 bis Jan. 1944 im RuSHA, in Prag für die Germanisierungspolitik im Protektorat zuständig; Autor von Kinderbüchern, u. a. „Die Indianer-Geschichte".
4 Kurt Daluege hatte nach dem Attentat auf Reinhard Heydrich dessen Funktion als geschäftsführender Stellvertretender Reichsprotektor für Böhmen und Mähren inne.
5 Liegt nicht in der Akte.
6 Lydia Vítková, geb. Movsenson (1903–1957), Ärztin; siedelte von Daugavpils in Lettland nach Prag über, heiratete 1928 während eines Studienaufenthaltes in Paris den Medizinprofessor Jiří Vítek, das Ehepaar hatte drei Kinder; Lydia Vítková wurde nicht deportiert; sie lebte nach dem Krieg in Prag.

DOK. 329
Marta Richterová schildert im Frühjahr 1943 rückblickend die Lage der aus Theresienstadt deportierten Juden im Rigaer Getto[1]

Handschriftl. Briefe von Marta Richterová,[2] Riga, an Heda Stuchlíková, Stanislav und Rudolf Stuchlík[3] sowie an Josef und Jiří Piskatý[4] vom 16.5.1943[5]

Liebe Heda, Staňa und Rudíček,
ich habe die Gelegenheit bekommen, Euch wieder zu schreiben. Ich will Euch allen kurz beschreiben, wie es hier aussieht. Es ist nur ein Ausschnitt, im Detail kann ich es nicht schildern. Der Zug mit den Transporten hielt in einem Vorort an, etwa acht Kilometer von Riga entfernt.[6] Wir stiegen aus, und die SS wütete mit Revolvern in der Hand. Alles Gepäck ablegen, Uhren, Ringe, Papiere abgeben, auch ich kam an die Reihe [...][7] nichts, und dabei schien mir, als ob meine Uhr lauter getickt hätte. Der Weg ins Getto [...] acht Kilometer, ich hatte nur eine Essenstasche dabei.[8] Im Getto hieß uns die jüd. Polizei mit Stöcken in der Hand willkommen und in einigen Fällen auch [...]. Am Anfang war es schrecklich. Vor uns waren schon vier Transporte aus Deutschland eingetroffen.[9] Nach [...] Tagen ging ein Appell an die Männer, die 16 Kilometer vom Getto entfernt arbeiten sollten![10] Männer bis 55 Jahre [...] vor allem die aus unserem Transport wur-

1 JMP, DP 64/8, Karton 22. Das Dokument wurde aus dem Tschechischen übersetzt.

2 Marta Richterová, geb. Piskatá (1909–1942?), Verkäuferin und Schneiderin; verheiratet mit Jan Richter (1904–1982), einem Angestellten beim Brünner Radio, das Paar ließ sich vor Okt. 1940 scheiden; sie wurde im Dez. 1941 aus Brünn nach Theresienstadt und im Jan. 1942 in das Getto Riga deportiert, dort ermordet.

3 Hedvika (Heda) Stuchlíková, geb. Trakatschová (1920–1999), Verkäuferin; Cousine von Marta Richterová; sie musste sich nach der Inhaftierung ihres Ehemanns Stanislav Stuchlík (1910–1999), Leiter einer Ziegelbrennerei in Brünn, mit ihrem Sohn Rudolf Stuchlík (*1937) und zwei weiteren Kindern bei Verwandten ihres Mannes verstecken; Stanislav Stuchlík wurde im Okt. 1944 in das Arbeitslager Postelberg (Postoloprty) bei Brüx verschleppt.

4 Josef Piskatý (1906–1945), Beamter und Kassierer; verheiratet mit Margita Piskatá, geb. Kohnová (1913–1944), Bruder von Marta Richterová; im April 1942 nach Theresienstadt deportiert, dort Mitglied des Ordnungsdienstes, im Sept. 1944 nach Auschwitz deportiert, starb in Dachau. Jiří Piskatý (*1937), Neffe von Marta Richterová, wurde nach Theresienstadt und von dort 1944 nach Auschwitz deportiert und ermordet.

5 Der Brief ist auf den 16.5.1942 datiert, schildert aber auch deutlich später liegende Ereignisse. Vermutlich wurde er im Frühjahr 1943 verfasst. Ein deutscher Bekannter von Marta Richterová schmuggelte den Brief aus dem Getto und sandte ihn während seines Heimaturlaubs an ihre Verwandten in Brünn.

6 Der Güterbahnhof Riga-Škirotova war 12 km von Riga entfernt. Am 12.1.1942 kam der erste Transport mit 1005 Menschen aus Theresienstadt in Riga an. Bis Mitte Febr. 1942 wurden über 10 000 Juden aus Prag und Brünn über Theresienstadt sowie aus Wien, Berlin, Leipzig und Dortmund deportiert. Zwar standen 15 073 Juden auf den Transportlisten, es ist jedoch unklar, wie viele tatsächlich das Getto erreichten, da viele direkt bei der Ankunft erschossen wurden.

7 Hier und im Folgenden wenige Worte unleserlich.

8 Die Deportierten mussten ihr Gepäck zurücklassen, das später von Häftlingen der Lager Jungfernhof und Salaspils sortiert wurde. Sie bekamen ihr Eigentum nicht zurück.

9 Insgesamt gab es vor dem ersten Transport aus Theresienstadt neun Deportationen aus dem Deutschen Reich, fünf von ihnen erreichten das Getto selbst, die anderen Häftlinge wurden in die Lager Jungfernhof und Salaspils gebracht bzw. unmittelbar nach der Ankunft erschossen.

10 Auf der Lagerbaustelle Salaspils.

den weggebracht. Nach sechs Monaten kamen sie in einem schrecklichen Zustand zurück. Von den insgesamt 2000 Männern kehrten 1200 wieder. Von den 430 Männern aus Prag kam genau die Hälfte zurück.[11] Überall verhält sich die jüd. Polizei am schlimmsten. In den ersten Wochen wurde außer ein, zwei Scheiben Brot pro Tag kein Essen zugeteilt. Das G[etto] ist groß, früher wohnten hier die Ärmsten. Es ist mit Stacheldraht umzäunt und wird außen von der lett. Polizei überwacht. Von den 4000 lett. Juden sind wir ebenfalls durch Stacheldraht getrennt, sie dürfen mit einem Passierschein zu uns herüber. 400 lettische Frauen wurden separiert. Es lebten insgesamt 94 000 hier,[12] die Frauen und Kinder wurden regelmäßig während des abendlichen Appells im G. erschossen, jeweils zwei nacheinander. Die Häftlinge mussten sie dann selbst begraben. Viele von ihnen fanden ihre Frauen und Kinder usw., natürlich tot. Nach drei Tagen wurden wir unter Aufsicht zur Arbeit in die Schutzbunker für [...] abgeordnet. Wir durften [...] Lebensmittel mitnehmen. Auf dem Boden lagen eineinhalb Meter Kleidungsstücke [...] der Tisch war gedeckt und das Essen [...]. Um viertel sieben früh gab es einen Appell, und um 9 kamen wir bei minus 35 Grad und mit einer Scheibe trockenen Brotes nach Hause, der Hunger war schrecklich. Nach zwei Monaten wurde ich dem Schneeschippen zugeteilt, wieder dort, wo ich angekommen war.[13] Wir fingen mit der Arbeit an, im G. lagen noch Kleiderberge. Die meisten verkauften ihre Uhren und Ringe für sehr wenig Geld. Ich konnte mich nicht davon trennen und habe deshalb ziemlich gehungert. Es gab dort häufig bewaffnete Kontrollen. Auf Tausch[14] stand die Todesstrafe. Jeden Tag wurde jemand wegen Tauschens erschossen oder gehängt. Oft wurden wir nach der Arbeit zum Galgen geführt, um uns die Bestrafung anzusehen. Das war alles ganz schrecklich. Das Gepäck bekamen wir nicht zurück. Nur einige Lumpen. Ich selbst bekam nur eine Bettrolle.[15] Fast alles Gepäck, das nach Riga mitkam, ging an die SS. Es gibt hier eine Kleiderkammer,[16] aber man kriegt nur schwer etwas, und wenn, dann lauter kaputte Sachen, die guten bekommt ausschließlich die Polizei usw. Es kam ein zweiter Transport aus Theresienstadt[17] – 65 Männer kamen nach Salaspils,[18] die Frauen und der Rest in den Wald, ins Jenseits. Danach kamen noch einige Transporte aus Deutschl[and] und Wien an. Die erste Aktion fand hier zwei Mon[ate] nach unserer Ankunft statt. 1500 Alte wurden in den Wald gebracht

11 Die Männer kamen Ende April mit einem sog. Rekonvaleszenztransport wieder ins Getto. Die meisten der Überlebenden mussten etwa vier Wochen später zurück nach Salaspils.

12 Bei Abriegelung des Gettos im Okt. 1941 lebten dort 30 000 Menschen, im Nov. und Dez. 1941 wurden etwa 26 000 Juden erschossen. Das Getto wurde auf ein Drittel des ursprünglichen Territoriums reduziert, in einem kleinen Teil lebten die verbliebenen lett. Juden, im größeren die neu hinzugekommenen deutschen und tschech. Juden. Am 16.2.1942 lebten noch insgesamt 4717 lett. und litau. Juden im Rigaer Getto; siehe auch Dok. 59 vom 26.12.1941, Anm. 12.

13 Laut Lagebericht für Febr. 1942 wurden für diese Arbeiten 900 Juden eingesetzt.

14 Im Original tschechisierte Form „tauš".

15 Im Original tschechisierte Form „betrola". Gemeint sind zusammengerollte Sachen, wie Decken o. Ä.

16 Im Original deutsch.

17 Die 997 Deportierten des zweiten Transports aus Theresienstadt, der am 19.1.1942 in Riga ankam, wurden mit hoher Wahrscheinlichkeit bis auf wenige Ausnahmen sofort ermordet.

18 Das KZ Salaspils wurde ab Ende 1941 von sowjet. Kriegsgefangenen sowie lett. und deutschen Juden errichtet, als erweitertes Polizeigefängnis vor allem für politische Häftlinge genutzt und bestand bis Ende Sept. 1944; die verbliebenen Häftlinge wurden mit Schiffen ins KZ Stutthof gebracht.

und dort ins Jenseits befördert. Die zweite [Aktion] vergangenes Jahr zu Pessach,[19] die dritte betraf die lettisch[en] Juden. 41 lettisch. Juden wurden im Getto mit dem Maschinengewehr [erschossen], 140 im Wald ins Jenseits [befördert].[20] In Salaspils starben die meisten an Hunger oder durch Kugeln. Die Beziehungen zwischen den deutsch. und tschechischen Juden gehen bis aufs Messer. Die tschechischen Juden sind bei den Ariern und den holländ. Juden beliebt, die deutschen nicht.

Vor einem Jahr wurde ich einer Fabrik zugeteilt, in der Waggons repariert werden. Es arbeiten hier 40 lett. Juden und acht Frauen aus Prag. Um dreiviertel sieben U[hr] früh haben wir Appell und um sieben U[hr] [abends] gehen wir nach Hause. Die Arbeit ist manchmal ziemlich schwer. Der Weg aus dem G. und zurück dauert insgesamt drei St[unden]. Es arbeiten 500 lett. Ar[ier] hier, russische Kriegsgefangene und außerdem Holländer. Ich kann mich schon sehr gut auf Russisch verständigen. Mit den Ar[iern] spreche ich nur Russisch. Deutsche sind auch da. Auch ein Bekannter von mir arbeitet hier. Er ist ein sehr anständiger Mensch, etwas älter. Er überbrachte mir den letzten Gruß von Heda und Jenda.[21] Meine Freude könnt Ihr Euch gar nicht vorstellen. Post direkt hierher [zu schicken] ist kompliziert, es herrscht Zensur, und die ersten Grüße musste ich meist mit Rauchwaren bezahlen. Ich mache Tauschgeschäfte für andere und behalte ein Drittel für mich, davon lebe ich, nur von den Rationen kann man nicht leben. Wir bekommen etwa 10 dkg Zucker für 14 Tage, das Brot reicht mir statt für drei lediglich für eineinhalb Tage, [außerdem] Kaffee, [Hafer]flocken, schwarz[es] Mehl, Salz, Grütze,[22] stinkende Fischköpfe und Kr[aut]blätter. Wir pflücken Brennnesseln [als Ersatz für] Spinat, das schmeckt ausgezeichnet. Wir sind im Zimmer zu viert, mit Freslers, die Jožka kennen, K. und J., aber [wir sind] keine Gemeinschaft. Wir haben schon genug davon, und ich habe auch schon genug riskiert. Überhaupt wundere ich mich manchmal, dass ich hier bin.

Der Schwarzhandel ist hier sehr teuer, ein Kilogramm Butter 90 RM, Speck 65 […], Eier 3–6 […], Mehl 25 […] usw. Ich verkaufe gegen Geld[23] Textilien und erwerbe die Waren etwas günstiger. Man sagt, ich sei tüchtig.[24] Also zittere ich. Mein Bekannter, derselbe, der mir Eure Grüße ausrichtete, fährt für sechs Tage in Urlaub. Heda, wenn Du die Sachen organisieren könntest, wäre ich Dir sehr dankbar. Ich brauche dringend Herrenschuhe Größe 40–41, falls Jenda welche übrig hat, aber sie müssen für die Arbeit geeignet sein. Ich trage jetzt Herren[schuhe] Größe 42, aber sie sind schon am Ende, abgelaufene Sohlen, und die Strapaze[25] schaffe ich nur in bequemen Schuhen (es können auch Hafrlata[26] sein). Dann noch Sandalen für Herren, Größe 39–40, wie die, die Staňa im

19 Im Frühjahr 1942 fanden mehrere Massenerschießungen von Juden aus dem KZ Jungfernhof und dem „Reichsjuden-Getto“ in Riga statt; dieser sog. Aktion Dünamünde fielen mind. 4800 Menschen zum Opfer.

20 Wahrscheinlich meint die Verfasserin die sog. Blechplatzaktion im Okt. 1942; nach gescheiterter Flucht von Mitgliedern des jüdischen Ordnungsdiensts im kleinen lett. Getto wurden zwischen 50 und 300 Menschen ermordet.

21 Josef Piskatý.

22 Im Original tschechisierte Form „gryce“.

23 Im Original „dengi“, russ. für Geld.

24 Im Original tschechisierte Form „tychtig“.

25 Im Original tschechisierte Form „štrapac“.

26 Gemeint sind einfache sportliche Halbschuhe.

Büro trug. Sie müssen aber gut sein. Dann noch etwa drei Paar Sommersocken, den ganzen Sommer habe ich Skisocken getragen, zwei Mal Zahnpasta und schließlich ein paar tschechische Zigaretten für unseren Gruppenleiter, der sich mir gegenüber sehr ordentlich verhält, er hat im G. das Sagen. Außerdem hat Sembera [?], Jenda hat seine Adresse, meinen Ring, könntest Du [ihn sowie] mein Armband, das bei Dir liegt, und was sich sonst an Goldsachen auftreiben lässt, unauffällig in Kartoffelpuffer einarbeiten? Alle Briefe in die Schuhsohlen [verstecken] und einen per Post an seine Adresse [des Bekannten schicken]. Das Paket darf nicht groß sein, nur etwas größer als ein Schuhkarton. Heda, falls Du eine Schürze aus Zephir[27] hast, egal welche, könntest Du sie als Bettdecke zusammennähen und dazulegen, ich würde mir davon ein Arbeitskleid nähen lassen. Sprich darüber mit Staňa, und sollte Jožka noch in Brünn sein, auch mit ihm. Nur macht bitte sehr schnell, damit es ihn [den Bekannten] rechtzeitig erreicht. Er fährt am 27. d. M. aus Deutschland und hat nur sechs Tage Urlaub. Schickt ihm extra, ohne Brief, Zigaretten, er ist ein Kettenraucher. Ich weiß nicht, ob Ihr das alles auftreibt, ich kenne weder Eure Verhältnisse, noch weiß ich, wie die Lage bei Euch ist. Außerdem füge ich noch einen Brief bei, falls es möglich wäre, die Adresse herauszufinden und eine kurze Antwort zu bekommen, ob die Betreffenden in Prag sind, Otto Polák, Praha XIII, Král[e] Jiřího 917. Ich bin [...] verbunden.

Ich gratuliere Euch nun zu Eurem Kleinen. Schreibt mir alles, meine liebe Heda und Staňa, wie es Euch geht, unter welchen Verhältnissen Ihr lebt, was Pepíček[28] treibt und ob Ihr Nachrichten von Isa[29] habt. Es ist wirklich ein Wunder, wenn jemand eine Nachricht erhält oder Gelegenheit hat zu schreiben. In den hiesigen Wäldern gibt es viele Partisanen und Fallschirmjäger. Kontakte sind schwer zu knüpfen, wir haben hier schon Freunde, für den Fall, dass etwas passiert. Ich weiß jedoch nicht, ob wir von hier wegkommen, nach den Aktionen in Kowno und Warschau[30] zweifeln wir allmählich daran. Also liebe Heda, Staňa und Rudíček, ich danke Euch im Voraus vielmals für Eure Bereitschaft und Hilfe. Bleibt alle gesund und haltet auch in diesen Zeiten, wie ich sie erlebe, zusammen. Es ist schrecklich, wenn man allein ist.

Es grüßt Euch Eure Marta.

Lieber Jožko, [...], und Jiříček,[31] ich kann Euch nicht viel schreiben, ich denke sehr oft an Euch. Schreibe mir, ob die Schwester[32] schreibt, und ihre genaue Adresse, und wie es ihr geht und ob sie Euch schreibt. Ich möchte auch mit ihr in Verbindung treten. Der Gedanke an die Eltern[33] ist schrecklich. Schreibe mir, was mit ihnen los ist, sie sind alte Leute und hier überkommen einen merkwürdige Gedanken. Aber schreibe nur die Wahrheit. Wie geht es Euch, und was gibt es Neues? Hier [sind] [...] der Neugebauer und der Bruder von der Gemeinde bei den lett. Juden, ich rede oft mit ihnen. Was ist mit den Kohns?[34] Hilf Heda beim Schicken. Bleibt alle gesund.

27 Reißwolle.

28 Josef Trakatsch (1919–1944), Bruder von Heda Stuchlíková.

29 Isabela Trakatschová (1895–1942), Großtante von Heda Stuchlíková.

30 Gemeint sind Deportationen aus Warschau und Kaunas.

31 Jiří Piskatý.

32 Luisa Piskatá (1905–1942), Schwester von Marta Richterová.

33 Růžena Piskatá, geb. Bergmann (1874–1943), und Eduard Piskatý (1865–1943); gemeinsam im April 1942 nach Theresienstadt deportiert, wo sie im Mai bzw. Juli 1943 starben.

34 Familie ihrer Schwägerin Margita Piskatá.

Es grüßt und küsst Euch
Marta
Schreibe auch ein paar Zeilen an Heda, alle sollen auf dünnem Papier schreiben, damit es nicht zu dick wird. Ich nehme auch Sachen für Dika, falls noch Platz ist, sie ist meine einzige Freundin.

Glossar

Aktuar
: Veraltete Bezeichnung für Gerichtsangestellte.

Alija (hebr.)
: Aufstieg; jüdische Einwanderung nach Palästina. 1933 gründete die Jewish Agency unter ihrem Dach außerdem die Jugendalija, um jüdische Kinder und Jugendliche aus Deutschland zu retten. Nach dem Zweiten Weltkrieg betreute sie Kinder, die überlebt hatten.

Altreich
: Die Gebiete Deutschlands in den Grenzen von 1937, also vor dem Anschluss Österreichs.

Berufsverbot für jüdische Anwälte
: Jüdischen Rechtsanwälten war mit der 5. VO zum Reichsbürgergesetz vom 27.9.1938 die Ausübung ihres Berufs verboten worden. Eine geringe Zahl von ihnen erhielt eine Zulassung als sog. jüdischer Konsulent zur Beratung und Vertretung jüdischer Mandanten.

Buchtel
: Dampfnudel, Hefeknödel.

Chanukka
: Jährliches jüdisches Lichterfest zum Gedenken an die Wiedereinweihung des zweiten Tempels.

Chawer (hebr.)
: Freund, Genosse; Plural: Chawerim; vor allem unter Zionisten gebräuchlich.

Deutsche Arbeitsfront
: Die Deutsche Arbeitsfront (DAF) wurde am 10. Mai 1933 nach der Zerschlagung der freien Gewerkschaften gegründet. Sie war die Einheitsorganisation der Arbeitnehmer und Arbeitgeber im Nationalsozialismus.

Eisernes Kreuz
: Auszeichnung für militärische Verdienste, Tapferkeit vor dem Feind.

Evakuierung
: Euphemismus bzw. Tarnbezeichnung für Deportation.

Geltungsjude
: Nach den Nürnberger Gesetzen von 1935 wurden Menschen, die zwei jüdische Großeltern hatten, als „Mischlinge ersten Grades“ bezeichnet. Gehörten sie zusätzlich der jüdischen Gemeinde an oder hatten einen jüdischen Ehepartner, so wurden sie als sog. Geltungsjuden rechtlich „Volljuden“ gleichgestellt.

Hilfsverein der deutschen Juden/Hilfsverein der Juden in Deutschland
: Der Hilfsverein der deutschen Juden wurde 1901 als Wohlfahrtsorganisation in Berlin gegründet und 1933 in Hilfsverein der Juden in Deutschland umbenannt. Er organisierte die jüdische Emigration in alle Länder außer Palästina. 1939 wurde der Hilfsverein zwangsweise als Abt. Wanderung in die Reichsvereinigung der Juden in Deutschland eingegliedert.

Joint

American Jewish Joint Distribution Committee (JDC). Jüdische Hilfsorganisation in den USA, die Juden in Europa unterstützte, u. a. durch Finanzierung der Auswanderung. Nach dem Kriegseintritt der USA war solche Hilfe nur noch auf Umwegen möglich.

Jüdischer Weltkongress

Der Jüdische Weltkongress (World Jewish Congress, WJC) wurde im August 1936 in Genf – dem Sitz des Völkerbunds – von Nahum Goldmann und Vertretern aus 32 Staaten als internationale Vereinigung jüdischer Gemeinschaften und Organisationen gegründet. Der Hauptsitz befand sich zunächst in Paris. Vorbild für den WJC war der American Jewish Congress, der 1918 als Organisation mit zionistischer Ausrichtung ins Leben gerufen worden war.

Jugendalija

Siehe Alija.

Kavalett

Einfaches Bettgestell in der österreich. Militärsprache.

Konsulent

Siehe Berufsverbot für jüdische Anwälte.

Matrik

Österreich. und tschech. für Standesamt; in Theresienstadt das Geburten-, Sterbe- und Heiratsregister.

Palästina-Amt

Das Palästina-Amt der Jewish Agency förderte die Auswanderung nach Palästina u. a. mittels Verteilung von Einwanderungszertifikaten. 1918 in Wien gegründet, hatte das Amt seinen Hauptsitz in Berlin und unterhielt zahlreiche Zweigstellen; im April 1941 wurde es aufgelöst und in die Reichsvereinigung der Juden in Deutschland eingegliedert.

Plaid

Reisedecke.

Sokol

Der Sokol (slaw.: Falke) war eine 1862 in Prag gegründete patriotische Turnbewegung, die für die tschech. Unabhängigkeit eintrat; von April 1941 an im Protektorat verboten, aber weiterhin aktiv; viele der führenden Mitglieder wurden ermordet.

Sonderkonto W

Vor ihrer Deportation mussten die Juden mindestens 25 % ihres Vermögens der Reichsvereinigung der Juden „spenden". Diese hatte das Geld auf das Sonderkonto W – „W" stand für „Wanderung" – einzuzahlen zur Finanzierung der Deportationen. Auf diese Weise sicherte sich das Reichssicherheitshauptamt den Zugriff zumindest auf einen Teil des Vermögens der deportierten Juden, über dessen Verwertung ansonsten die Reichsfinanzverwaltung entschied.

Terezin

Tschech. Bezeichnung für Theresienstadt.

Veronal

Schlafmittel.

Abkürzungsverzeichnis

Die Archivkürzel finden sich im Archivverzeichnis.

AA	Auswärtiges Amt
ADAP	Akten zur deutschen auswärtigen Politik
BDM	Bund deutscher Mädel
BdS	Befehlshaber der Sicherheitspolizei und des Sicherheitsdienstes
BHE	Bund der Heimatvertriebenen und Entrechteten
CdZ	Chef der Zivilverwaltung
D.	Doktor der Theologie
DAF	Deutsche Arbeitsfront
DDP	Deutsche Demokratische Partei
Dir.	Direktor
dkg	Dekagramm (= zehn Gramm)
DNVP	Deutschnationale Volkspartei
DRK	Deutsches Rotes Kreuz
EK/E. K.	Eisernes Kreuz
EKD	Evangelische Kirche in Deutschland
Ev. Nr.	Evakuierungsnummer
Geh.rat/Geh. R.	Geheimrat
Gestapa/ Gestapo	Geheimes Staatspolizeiamt/Geheime Staatspolizei
G. l.	Gott lob
G. s. D.	Gott sei Dank
HA	Hauptamt/Hauptabteilung
HJ	Hitler-Jugend
HSSPF	Höherer SS- und Polizeiführer
IdS	Inspekteur der Sicherheitspolizei
IKG/I. K. G.	Israelitische Kultusgemeinde
IKRK	Internationales Komitee vom Roten Kreuz
JKG	Jüdische Kultusgemeinde
JKV	Jüdische Kultusvereinigung
JTA	Jewish Telegraphic Agency
K./Kr	Kronen
Kdo.	Kommando
KdS	Kommandeur der Sicherheitspolizei und des SD
KJVD	Kommunistischer Jugendverband Deutschlands
KL.	Konzentrationslager
KPC/KPČ	Kommunistische Partei der Tschechoslowakei
KPD	Kommunistische Partei Deutschlands
Krim. Insp.	Kriminalinspektor
Krim.-Ober-Ass./Krim-O-Ass.	Kriminal-Ober-Assistent

k. u. k.	kaiserlich und königlich
lfdm.	laufender Meter
l. Mg/l. MG	leichtes Maschinengewehr
LR	Legationsrat
M/Mk	(Reichs-)Mark
MdI	Ministerium des Innern
MdL	Mitglied des Landtags
MdR	Mitglied des Reichstags
Min.Dir.	Ministerialdirektor
Min.Rat	Ministerialrat
M. P.	Maschinenpistole
NHM	Naturhistorisches Museum (Wien)
NMT	Nuremberg Military Tribunals
NSDAP	Nationalsozialistische Deutsche Arbeiterpartei
NSRB	Nationalsozialistischer Rechtswahrerbund
NSV	Nationalsozialistische Volkswohlfahrt
OB	Oberbürgermeister
Oberreg.Rat	Oberregierungsrat
OGruf./O-Gruf.	Obergruppenführer
OKH	Oberkommando des Heeres
OKW/O. K. W.	Oberkommando der Wehrmacht
OLG	Oberlandesgericht
OLR	Oberlandrat
ORR	Oberregierungsrat
o. V. i. A.	oder Vertreter im Amt
PG./Pg.	Parteigenosse
Pol.Präs.	Polizeipräsident
RAM	Reichsaußenminister
RArbM	Reichsarbeitsminister/-ium
Reg.Rat	Regierungsrat
REM	Reichserziehungsminister/-ium/Reichsminister/-ium für Wissenschaft, Erziehung und Volksbildung
RFM	Reichsfinanzministerium
RFSS/RF-SS	Reichsführer-SS
RGBl.	Reichsgesetzblatt
RJM	Reichsjustizministerium
RM/Rm	Reichsmark
RMdI	Reichsminister/-ium des Innern
RMEuL	Reichsministerium für Ernährung und Landwirtschaft
RMfbO	Reichsministerium für die besetzten Ostgebiete
RMfVuP	Reichsministerium für Volksaufklärung und Propaganda
RProt	Reichsprotektor
RR	Regierungsrat
RSHA	Reichssicherheitshauptamt
RStGB	Reichsstrafgesetzbuch
R. u. KR.	Regierungs- und Kriminalrat
RuSHA	Rasse- und Siedlungshauptamt
RWM	Reichswirtschaftsminister/ -ium

SA/SA.	Sturmabteilung
SD	Sicherheitsdienst
SdP	Sudetendeutsche Partei
s. G. w.	so Gott will
Sipo	Sicherheitspolizei
Slg.	Sammlung
SS	Schutzstaffel
SS-Gruf.	SS-Gruppenführer
SS-OStubaf.	SS-Obersturmbannführer
SS-O'Stuf./ S.S.O.St.F.	SS-Obersturmführer
SSPF	SS- und Polizeiführer
SS-Stubaf.	SS-Sturmbannführer
Stapo	Staatspolizei
StdF	Stellvertreter des Führers
StGB	Strafgesetzbuch
StPO	Strafprozessordnung
StS/StS.	Staatssekretär
TSD	Theresienstädter Studien und Dokumente
UStS/UStS.	Unterstaatssekretär
VB	Völkischer Beobachter
VBl./VOBl	Verordnungsblatt
VEJ	Die Verfolgung und Ermordung der europäischen Juden (Edition)
VfZ	Vierteljahrshefte für Zeitgeschichte
v. g. u.	vorgelegt, genehmigt, unterschrieben
VLR	Vortragender Legationsrat
VO	Verordnung
WVHA	Wirtschaftsverwaltungshauptamt
z. b. V.	zur besonderen Verfügung

Verzeichnis der im Dokumententeil genannten Archive

Aktives Museum Spiegelgasse, Wiesbaden
American Jewish Archives (AJA), Cincinnati
Archiv der Arbeitsstelle Holocaustliteratur an der Universität Gießen
Archiv der Hoffnungstaler Stiftung Lobetal (AHSL)
Archiv der IKG Wien
Archiv Kanceláře prezidenta republiky (Archiv KPR, Archiv der Kanzlei des Präsidenten der Tschechischen Republik), Prag
Archiv Památníku Terezín (APT, Archiv der Gedenkstätte Theresienstadt), Terezín
Archives Nationales de Luxembourg (ANLux), Luxemburg
Archivio Centrale dello Stato (ACS, Zentrales Staatsarchiv), Rom
Archivio Segreto Vaticano (ASV, Vatikanisches Geheimarchiv), Rom
Archiwum Żydowskiego Instytutu Historiycznego (AŻIH, Archiv des Jüdischen Historischen Instituts), Warschau
Arolsen Archives (ehem. International Tracing Service, ITS), Bad Arolsen
Beit Lochamei haGeta'ot (BLHG, Haus der Gettokämpfer), Lochamei haGeta'ot
Beit Theresienstadt Archiv, Givat Haim Ihud
Brandenburgisches Landeshauptarchiv (BLHA), Potsdam
British Library, London
Bundesarchiv (BArch), Berlin/Freiburg i. Br./Koblenz
Bundesarchiv, Außenstelle Ludwigsburg (BArch LB)
Central Archives for the History of Jewish Peoples (CAHJP), Jerusalem
Central Zionist Archives (CZA), Jerusalem
Centre de Documentation Juive Contemporaine (CDJC), Paris
Deutsches Literaturarchiv Marbach
Deutsches Rundfunkarchiv (DRA), Frankfurt a. M./Potsdam
Deutsches Tagebucharchiv Emmendingen
Dokumentationsarchiv des Österreichischen Widerstandes (DÖW), Wien
Eidgenössische Technische Hochschule (ETH), Zürich, Thomas-Mann-Archiv
Evangelisches Zentralarchiv (EZA), Berlin
Gedenkstätte Bonn
Gedenkstätte Deutscher Widerstand, Berlin
Generallandesarchiv Karlsruhe
Historisches Archiv der Wiener Philharmoniker, Wien
Holocaust Memorial Center Farmington Hills, Michigan, USA
Hoover Institution Archives, Stanford University, Kalifornien, USA
Industrie- und Filmmuseum Wolfen
Institut für Stadtgeschichte (IfS), Frankfurt a. M.
Institut für Stadtgeschichte Recklinghausen
Institut für Zeitgeschichte, Archiv (IfZArch), München
Jüdisches Museum Berlin (JMB)
Jüdisches Museum Prag (JMP)
Jüdisches Museum Wien (JMW)
Landesarchiv Berlin (LAB)
Landesarchiv Nordrhein-Westfalen Abt. Ostwestfalen-Lippe (LAV NRW OWL), Detmold
Landesarchiv Nordrhein-Westfalen Abt. Rheinland (LAV NRW R), Duisburg
Landesarchiv Thüringen, Hauptstaatsarchiv Weimar (LATh – HstA Weimar)
Landeskirchliches Archiv Stuttgart (LKA)
Leo Baeck Institute (LBI), New York
Mahn- und Gedenkstätte Düsseldorf
MARCHIVUM, Mannheim
Nationalarchiv Prag (NAP)
NS-Dokumentationszentrum Köln
Österreichisches Staatsarchiv (ÖStA), Wien
Politisches Archiv des Auswärtigen Amts (PAAA), Berlin
Rossijskij gosudarstvennyj voennyj archiv (RGVA, Russisches militärisches Staatsarchiv), Moskau
Sächsisches Staatsarchiv Leipzig

Schocken Library, Jerusalem
Schweizerisches Bundesarchiv (BAR), Bern
Staatsarchiv Hamburg
Staatsarchiv Nürnberg
Staatsarchiv Würzburg
Stadtarchiv Breisach
Stadtarchiv Leipzig
Stadtarchiv München
Stadtarchiv Wiesbaden
Státní okresní archiv Prostějov (SOkA Prostějov), Prostějov (Prossnitz)
United States Holocaust Memorial Museum (USHMM), Washington, D.C.
Universitätsbibliothek Johann Christian Senckenberg, Frankfurt a. M.
US National Archives and Records Administration (NARA), College Park, Maryland
Wiener Library, London
Wiener Stadt- und Landesarchiv (WStLA), Wien
Yad Vashem Archive (YVA), Jerusalem
YIVO Institute for Jewish Research, New York
Zentrum für Antisemitismusforschung (ZfA), Berlin

Systematischer Dokumentenindex

Die angegebenen Zahlen beziehen sich auf die Nummern der Dokumente.

Register der Institutionen, Firmen und Zeitschriften

Zeitungen und Zeitschriften sind ins Register nur aufgenommen, wenn der Text Informationen über die Zeitung/Zeitschrift als Institution enthält (z. B. Erscheinungszeitraum, Herausgeber), nicht, wenn sie lediglich erwähnt oder als Quelle genannt werden.

Ortsregister

Orte, Regionen und Länder sind i. d. R. nur verzeichnet, wenn sie Schauplätze historischen Geschehens sind, jedoch nicht, wenn sie nur als Wohnorte erwähnt werden.
Die Namen größerer Orte, bei denen auch eine deutsche Form gebräuchlich ist, werden auf Deutsch verzeichnet, bei anderen in den Dokumenten eingedeutschten Namen wird der jeweils 1941 völkerrechtlich gültige Name in Klammern hinzugefügt (dies gilt analog für russische, jiddische etc. Namensvarianten). Taucht ein Ortsname in den Dokumenten in mehreren Varianten auf – einschließlich der völkerrechtlich gültigen –, werden diese im Register durch Klammern getrennt aufgelistet und der völkerrechtlich gültige Name an erster Stelle genannt. Unterscheiden sich die Varianten nur marginal (z. B. durch das Fehlen von Sonderzeichen), werden sie nicht alle aufgeführt; ist die Diskrepanz wesentlich, wird jeweils auf die völkerrechtlich gültige Schreibweise verwiesen. Sonderzeichen werden den betreffenden Buchstaben des Alphabets zugeordnet (also steht ą bei a, č bei c, ł bei l usw.).

Personenregister

In Fällen, in denen der Vorname unbekannt ist, folgt in Klammern eine Angabe zu Beruf bzw. Funktion oder Rang, wenn diese nicht bekannt sind, eine Ortsangabe.

Protektorat Böhmen und Mähren 1941–1945
DEUTSCHES REICH
DEUTSCHES REICH
Sudetenland
Sudetenland
Oberschlesien
SLOWAKEI
Österreich
Protektorat Böhmen und Mähren
PRAG
KÖNIGGRÄTZ
PILSEN
BUDWEIS
IGLAU
BRÜNN
MÄHRISCH-OSTRAU
Olsagebiet
Aussig
Karlsbad
Theresienstadt
Lidice
Kladno
Pürglitzer Wald
Prag
Pilsen (Plzeň)
Pibrans (Příbram)
Königgrätz (Hradec Králové)
Hohenbruck (Třebechovice pod Orebem)
Pardubitz (Pardubice)
Deutsch Brod (Německý Brod)
Iglau (Jihlava)
Triesch (Třešť)
Höditz (Hodice)
Hrottowitz (Hrotovice)
Eibenschitz (Ivančice)
Brünn (Brno)
Böhmisch Budweis (České Budějovice)
Olmütz (Olomouc)
Kojetein (Kojetín)
Holleschau (Holešov)
Friedeck (Frýdek)
Witkowitz (Vítkovice)
Ostrau (Ostrava)
Teschen
Troppau
Gleiwitz
Rybnik
Oppeln
Nitra
Wien
Preßburg
Turnau
Starkenbach
Semil
Münchengrätz
Neupaka
Nachod
Raudnitz
Melnik
Jitschin
Horschitz
Königinhof
Jungbunzlau
Neustadt
Laun
Kralup
Königgrätz
Neuenburg
Schlan
Brandeis
Podiebrad
Neubidschow
Reichenau
Senftenberg
Kladno
Böhmisch Brod
Rakonitz
Ritschan
Kolin
Pardubitz
Prag-Land
Beraun
Eule
Hohenmauth
Kralowitz
Horschowitz
Kuttenberg
Tschaslau
Chudrum
Leitomischl
Rokitzan
Beneschau
Chotieborsch
Pibrans
Wlaschim
Littau
Ledetsch
Neustadt
Seltschan
Gumpolds
Olmütz-Land
Mährisch Weißkirchen
Wallachisch Meseritsch
Friedeck
Friedberg
Mährisch-Ostrau
Pilsen
Pschestitz
Tabor
Pilgrams
Iglau
Boskowitz
Proßnitz
Blatna
Prerau
Holleschau
Wsetin
Mühlhausen
Groß-Meseritsch
Taus
Klattau
Pisek
Kamnitz
Kremsier
Wischau
Zlin
Trebitsch
Schüttenhofen
Strakonitz
Moldautein
Teltsch
Brünn-Land
Wittingau
Ungarisch Hradisch
Ungarisch Brod
Wodnian
Mährisch-Budwitz
Gaya
Budweis
Göding
Protektorat Böhmen und Mähren
Grenzen der Oberlandratsbezirke nach der Gebietsreform von 1940 (im Protektorat Böhmen und Mähren)
Kreisgrenzen nach der Gebietsreform von 1940